AKAL TEXTOS
48

D1605414

Maqueta Cubierta
Sergio Ramírez
Diseño Interior
RAG

Esta publicación está financiada parcialmente por la Comunidad de Madrid y el Fondo Social Europeo
a través del Programa de Investigación Aglaya «Estrategias de Innovación en Mitocrítica Cultural»
(ref. H2019/HUM-5714, AGLAYA-CM).

UNIÓN EUROPEA
Fondo Social Europeo

Comunidad
de Madrid

ISBN: 978-84-460-5267-8
Depósito legal: M-25.194-2022

Impreso en España

Mitocrítica cultural. Una definición del mito

José Manuel Losada

akal

ARGENTINA / ESPAÑA / MÉXICO

Prefacio

La inspiración y la necesidad de escribir este libro remontan a treinta y tres años atrás, cuando, tras la licenciatura en Valladolid y durante la tesis en la Sorbona, redactaba un artículo sobre *El laurel de Apolo* de Calderón de la Barca.

Siguieron prolongadas estancias en otras universidades (Navarra, Harvard, Montreal), algunas de varios años (Oxford), donde pude analizar los intrincados vericuetos (las «tripas») de algunos mitos antiguos, medievales y modernos (Fedra, el ángel caído, el Grial, Don Juan), pero sin abordar todavía una teoría ni, menos aún, una metodología satisfactoria del objeto de estudio.

A raíz de nuevas lecturas, ya en la Complutense, dialogué asiduamente con los estudiantes sobre los mitos. Caí entonces en la cuenta de la confusión reinante, también en congresos nacionales e internacionales, en torno a la esencia del mito. Urgía construir un armazón sólido sobre una concepción no exclusivamente artística, literaria o religiosa, sino cultural, holística, global. Siguieron años de avances y lecturas, cientos de páginas tirados a la papelera: toda edificación genera escombros; con el tiempo, pude reciclarlos para mejor apuntalar mi reflexión. La tarea era ingente y la senda anunciaba riesgos. No convenía precipitarse.

Un proyecto nacional de investigación («Antropología mítica contemporánea», 2007-2011) constituyó el detonante para enfocar el mito como un ente singular, en parte solo coincidente con lo que hasta entonces yo había sostenido: como un relato, sin duda, pero preñado de las preguntas más importantes para la vida. Un segundo proyecto («Nuevas formas del mito: una metodología interdisciplinar», 2013-2015) sirvió como banco de pruebas para debatir con colegas especializados en la materia. Un tercer proyecto («Acis & Galatea: actividades de investigación en mitocrítica cultural», 2016-2019) y una larga estancia en la Universidad de Durham (R.U.) ayudaron a cohesionar cuanto bullía en mi cabeza. Un cuarto proyecto («Aglaya: estrategias de innovación en mitocrítica cultural», 2020-2023) dio la oportunidad de contrastar la teoría con las formulaciones de los distintos correlatos del imaginario próximos al mito.

Entre unos y otros proyectos acometí la redacción definitiva del volumen, que habría de someter a discusión y cuestionamiento en seminarios impartidos en decenas de universidades. Paralelamente, en particular durante el último lustro, breves estancias en Soustons (Gascuña) junto al prof. André Labertit contribuyeron a perfilar y calibrar mi concepto del mito y la mitocrítica. Muchas reflexiones, referenciadas en la bibliografía, fueron pasando a la imprenta.

En estos últimos años, desde 2007 hasta 2022, obligándome a la mayor objetividad crítica, no he dejado de cuestionar mis planteamientos, indagar sus puntos débiles, sopesar sus fortalezas.

* * *

El libro presenta una estructura en dos partes relativas a la disciplina y al mito: hermenéutica y análisis de nuestro tiempo (I) y definición y desarrollo (II). La primera presenta no una hipótesis de trabajo sino una tesis para mí incuestionable: nace de un largo debate con mis colegas.

La segunda comienza con mi definición del mito. Puede sorprender que el mito aparezca definido tan tarde: más abajo aporto las razones. Los especialistas en la materia reconocerán algunos elementos habituales en este tipo de trabajos; otros son más novedosos. De cualquier manera, la exposición que sigue es totalmente nueva, por cuanto aplica la metodología de la mitocrítica cultural al patrimonio mitológico de Occidente tomado en su conjunto.

Este volumen asienta que, asumido el imaginario literario y religioso de nuestra cultura occidental, el mito solo es mito a condición de incluir la trascendencia absoluta y sagrada tanto en la dimensión del personaje como en sus coordenadas espacio-temporales dentro del universo ficcional. La relevancia de la ficción y sus derivadas relativas a la realidad requieren una reflexión que abordo en la Introducción.

Este punto de partida es inasumible por quienes tienen puestas unas anteojeras que impiden concebir el significado de la trascendencia. La niegan por principio. Y solo admiten una inmanencia material, gnoseológica o fantástica. Dedico amplias páginas a explicar qué entiendo por trascendencia.

Hubiera sido más ameno ceñir este volumen a una descripción, una antología, un catálogo de mitos o una visión panorámica de la mitología (también hubiera exigido menos tiempo de elaboración). He preferido aclarar por qué unos relatos son míticos y otros no, ofrecer los criterios definitorios del mito, dar unas pautas inconfundibles para identificarlo…; estudiar el mito, pero no desde la política, la sociología o la antropología, ni siquiera desde la literatura o la religión, sino en sí mismo, como un científico analiza su experimento. Fundamentar una mitocrítica cultural.

La mitocrítica cultural enuncia y apuntala juicios sobre los mitos, su presencia o su ausencia, su identidad, su significado y su función. También los analiza. Por defecto, es perfectamente asumible la expresión «análisis del mito»; por mi parte, la utilizaré con parsimonia, sin connotación teórica. La terminología para los profesionales de la mitocrítica es problemática: «mitocrítica» plantea habitualmente una ambigüedad (sustantivo/adjetivo) que es preciso salvar mediante perífrasis o agudezas gramaticales; «estudioso del mito» arrastra una connotación anticuada; «analista» resulta inhabitual, por sus ramificaciones médicas, económicas y políticas. La mitocrítica cultural es la hermenéutica y metodología que me ha parecido más pertinente para llevar a cabo una mitocrítica relevante. Todo este volumen es una meditación sobre el mito y un ejercicio de mitocrítica cultural.

* * *

Algunas observaciones para la lectura de este volumen. El lector encontrará reflexiones sobre la mitología en la literatura y la cultura occidentales desde la Antigüedad hasta la Edad Contemporánea (grecolatina y judeocristiana, con numerosas calas en los ámbitos celta, nórdico, eslavo, finoúgrio y musulmán). Aparecen, como contrapunto, referencias textuales a mitos de otras culturas orientales y precolombinas.

También observará el lector reflexiones de carácter filosófico; el mito contiene siempre una considerable carga sapiencial. Al llegar a su casa a la vuelta del instituto, la joven Sofía Amundsen encuentra una carta. «En la notita ponía: "¿Quién eres?"». Las demás cartas que recibe en días siguientes contienen preguntas de semejante cariz: «¿De dónde viene el mundo?», «¿Crees en el destino?», «¿Son las enfermedades un castigo divino?», etc. (*El mundo de Sofía*). Cuestiones que interpelan directamente al personaje; esperan, de Sofía y del lector, una respuesta sobre nosotros mismos y cuanto nos rodea. Se mire como se mire, no existe una literatura –menos aún, una mitología– desgajada de contenido filosófico en sentido sapiencial, incluso cuando aborda mundos hechos a nuestro modo: «la literatura», dice Pessoa, «es el arte casado con el pensamiento y la realización sin la mancha de la realidad» (*Libro del desasosiego*).

El lector topará con disquisiciones sobre elementos relativos al fenómeno mitológico y con análisis detallados de algunos mitos determinados, pero no con las exposiciones eruditas que le proporcionaría un experto, ni con las exhaustivas que le ofrecería una enciclopedia: me he atenido a la centralidad del mito y al talante teórico del libro. Menos aún espere pormenorizadas aplicaciones a las mitologías orientales, musulmanas o precolombinas: salvo raras excepciones, he preferido no inmiscuirme en un terreno que desconozco. Como el oro en el crisol, los ejemplos traídos a colación sirven para revalidar grandes acercamientos previos, invalidar aproximaciones peregrinas, consolidar la teoría y el método propuestos.

* * *

En fin, unas brevísimas aclaraciones sobre vocabulario, puntuación y grafía.

Como regla general, solo utilizo las mayúsculas obligatorias. Por comodidad, me sirvo indistintamente de los términos mito, mitos, relato mítico, excepto cuando la precisión es necesaria. Escribo Dios, con mayúscula inicial, cuando me refiero al de la tradición judeocristiana, para distinguirlo de los dioses de otras tradiciones y culturas; y, de acuerdo con la RAE, Cielo(s) e Infierno(s) cuando se usan en sentido mitológico (a veces, religioso), no espacial. En la mención de autores literarios, utilizo su apellido (Joyce) o su nombre universalmente conocido (Platón); en la de investigadores y críticos, la inicial de su nombre y su apellido.

Todos los textos son citados tal cual aparecen en la fuente de referencia: ninguna cursiva o comilla ha sido añadida. Las comillas angulares encuadran las citas y los títulos de los artículos; las voladas, una cita enmarcada dentro del texto ya entrecomillado con angulares; las simples, un significado, por lo general etimológico. He adaptado a las normas de la RAE los signos de puntuación de otras lenguas: supresión de espacios insecables, p. e., en francés, antes de signo de puntuación doble (*manteau ; viens-tu ?*); homologación de comillas alemanas con las angulares y voladas en español (»*Anführungszeichen*«, „*Anführungszeichen*"); separación de palabras antecedentes y siguientes al texto incluido entre guiones largos en inglés (*«He broke his metatarsal—the technical name for the foot bone—during the game»*), etcétera.

Los títulos de los volúmenes aparecen en cursiva; su cita, en redonda, también en los de otros idiomas, excepto cuando se trata de una o dos palabras y no lleva a confusión con un título. Los títulos de los poemas y relatos breves aparecen en cursiva y entre comillas, para distinguirlos de los volúmenes.

El símbolo § envía a un capítulo dentro del volumen.

Aporto, en nota al pie de página, los textos literarios en su lengua original; cuando me ha parecido útil, también ofrezco los críticos en el original. Si no hay referencias al traductor tras un texto, soy yo el responsable.

Las referencias bibliográficas en nota (autor, título, tomo o volumen, página o páginas –p. o pp.–) no son exhaustivas. Ofrecen una orientación cuya información completa encontrará el lector en la bibliografía final.

Referencio las citas de la Vulgata Latina conforme a la Biblia de Jerusalén. De acuerdo con el uso, los textos bíblicos y apócrifos en hebreo aparecen sin vocales. Para la transcripción del cirílico he seguido el sistema propuesto por Salustio Alvarado en *Sobre la transliteración del ruso y de otras lenguas que se escriben con alfabeto cirílico,* Madrid, Centro de Lingüística Aplicada «Atenea», 2003.

* * *

La mitocrítica cultural aquí expuesta pretende ser un impulso que colabore en la tarea de mantener vivos y actualizar los estudios sobre el mito: conocer mejor los mitos gracias a nuestro tiempo y nuestro tiempo gracias a los mitos. Es de esperar que la disciplina se vea reforzada en el futuro por nuevos factores y ricas aportaciones que ahora apenas imaginamos. Como el mito, la mitocrítica cultural es dinámica.

Parte I

INTRODUCCIÓN

Entre todos los tipos posibles de relato, el mítico es el más evocador de la condición enigmática del ser humano. Solo una crítica cabal y fundamentada permitirá comprender su riqueza en todas sus escrituras, desde las más antiguas hasta las más modernas.

La mitocrítica ha bebido, excepciones aparte, en manantiales de otros predios. En cierto modo, el estudio de los mitos ha sufrido idéntica deriva que el de la literatura, cuyos investigadores, en los siglos XIX y XX, adaptaron los métodos de otras ciencias (historia, lingüística, sociología, antropología, psicología) para autorizarla como tal: la quimera de las ciencias humanas[1]. Por supuesto, la mitocrítica requiere un diálogo profundo

---

[1] El mismo origen del término denota esta antigua dependencia de la mitocrítica respecto a otras ciencias. Su explicación pormenorizada abocaría a una exposición de mayor extensión que la permitida en estas páginas. Durand explica así su denominación: «El término de "mitocrítica" fue forjado hacia 1970 sobre el modelo del utilizado veinte años antes por Charles Mauron "psicocrítica" (1949), para significar el empleo de un método de crítica literaria o artística que focaliza el proceso comprensivo sobre el relato mítico inherente […] a la significación del relato», G. Durand, *Figures mythiques et visages de l'œuvre*, pp. 307-308. Durand enfoca la mitocrítica como una metodología sintética entre diversas críticas literarias y artísticas (positivismos, psicoanálisis, estructuralismos…) que él reorienta hacia la centralidad del «relato simbólico o "mito"» (*ibid.*); según este investigador, el mito está fundado sobre una valencia narrativa y simbólica, independientemente de su carga trascendente, aspecto sin relevancia alguna en sus análisis; véase M. Tomé Díez, «¿Qué es la mitocrítica?», p. 139. El «mitoanálisis» o «mitanálisis» durandiano (término forjado en 1972) se aleja de las explicaciones causales, explicativas, semiológicas, y se interesa por los «mitemas latentes» o «contenidos alejados», es decir, por las características y obsesiones no explícitas sino implícitas de una época, de un escritor (*ibid.*, p. 311), por la «tópica sistémica» susceptible de comprensión e interpretación; dicho de manera un tanto esquemática: la mitocrítica se limitaría a los textos, en tanto que el mitoanálisis sería más apto para los «contextos» sociales y «prácticas» institucionales; véanse *Introduction à la mythodologie*, pp. 159-161 y 205, y «À propos du vocabulaire de l'imaginaire…», pp. 7-13. Los discípulos de Durand son numerosos y prominentes, como J.-J. Wunenburger. Entre las discípulas más fieles a Durand se encuentra Fátima Gutiérrez, cuya *Mitocrítica: naturaleza, función, teoría y práctica* sigue muy de cerca las tesis del teórico del imaginario. Para esta investigadora, la mitocrítica es «un modelo de lectura crítica que analiza el texto literario de la misma manera que se analiza un mito»; sin embargo, precisa, aun cuando la mitocrítica «favorece el descubrimiento de estructuras míticas, […] de ninguna manera puede reducirse este tipo de análisis a la búsqueda única ni prioritaria de estas hipotéticas estructuras» (p. 127). También rinde homenaje a la crítica durandiana mi buen colega y amigo L. A. Pérez-Amezcua, que incluye, al final de *Hermes en la encrucijada*, un «esbozo biográfico» del crítico francés (pp. 203-206). La psicocrítica, en fin, sobre la que Durand modela el nombre de nuestra disciplina, se propone (relacionando crítica literaria y «personalidad inconsciente», pero sin caer en la tendencia

y discreto sobre su objeto de estudio con otras ciencias humanas y sociales (la pluridisciplinariedad), pero no de manera subordinada. De lo contrario, mientras continúe indagando los mitos con objetivos heurísticos y métodos ajenos, espurios, mientras no se despoje de un cometido ancilar, la mitocrítica, pienso, nunca alcanzará su madurez.

A este efecto, será preciso, a lo largo de todo el volumen, apuntalar los fundamentos de una teoría, metodología, hermenéutica y epistemología del mito hoy: su objeto, su acercamiento, sus pretensiones cognitivas. La tarea es complicada en el horizonte de las infinitas opiniones. Creo, no obstante, que es posible elaborar lo que denomino una crítica cultural del mito.

Todo mito hinca sus raíces en una cultura determinada. En consecuencia, considero que el conocimiento del universo imaginario y de los valores vehiculados por esa cultura (principalmente, a través de los textos literarios y religiosos) se impone como base para la interpretación de los diversos relatos míticos.

Manos a la obra, me he percatado de un sinfín de rasgos, tanto esenciales como estructurales, que comparten todos los relatos sometidos a estudio. Concretamente, he comprobado que es perfectamente posible y legítimo estudiar la estructura misma del mito desde los valores que más profundamente han marcado nuestra civilización occidental; que es posible una crítica del mito a partir de las culturas donde nace. Dicho por metonimia: Grecia, Jerusalén y Roma (sin ignorar la rica aportación de las antiguas tradiciones escandinavas, germánicas, eslavas y otras como la egipcia o las árabes). Por eso mi interpretación del fenómeno mítico hace hincapié, habida cuenta de sus condicionamientos cronológicos, en las manifestaciones literarias, artísticas y religiosas, como facetas de un único proceso configurador del inmenso caleidoscopio de nuestra cultura mitológica. Tanto más cuanto que el mito reaparece una y otra vez, siempre con originalidad novedosa, en medio de una cultura proclive a discutir la esencia misma del fenómeno mítico. Ahí está la gran paradoja: la mitificación es uno de los fenómenos más recurridos en una sociedad caracterizada por su pretensión desmitificadora (el *Ulises* de Joyce, como botón de muestra).

El mito subsiste. Su maleabilidad es su fuerza. La tozuda resiliencia del mito, valga la expresión, nos impone un cambio de estrategia para comprenderlo hoy. Esta coyuntura exige sumo cuidado para ir adecuando, en un proceso de adaptación crítica, nuestro conocimiento de cada mito a las tendencias e influencias que cada cultura acopia y moviliza a lo largo de los siglos en todas sus latitudes. Por eso se hace apremiante prestar atención a los condicionamientos que afectan a los relatos míticos del pasado y de la actualidad, como la globalización, el consumismo, la inmanencia, susceptibles de modificar de manera notable la recepción y reviviscencia de los mitos en nuestro tiempo.

Se impone, pues –a mi parecer–, una nueva orientación de nuestra disciplina: la mitocrítica cultural, llamémosla así, cuyos presupuestos teóricos y metodológicos exponen

---

terapéutica del psicoanálisis) descubrir «asociaciones de ideas obsesivas», esto es, «las asociaciones de ideas involuntarias subyacentes a las estructuras conscientes del texto»; véase C. Mauron, *Des métaphores obsédantes au mythe personnel*, pp. 13-24. «Mito», para esta última metodología, es una «imagen de la personalidad inconsciente y de su dinamismo interior» (*ibid.*, p. 25). El lector descubrirá a lo largo de este volumen mi profunda desavenencia respecto a esta concepción de la mitocrítica. La mitocrítica, sin dejar de rendir tributo a quien la bautizó, discurre hoy por sus propios derroteros.

estas páginas. ¿Acaso la reviviscencia de los mitos ofrecería una clave interpretativa válida de la conciencia individual y colectiva de nuestro tiempo? En tal caso, la mitocrítica cultural ayudaría a desenmascarar las imposturas que confieren de modo arbitrario el estatuto mítico a realidades solo asíntotas cuando no adyacentes o incluso claramente opuestas al mito en su acepción epistémica. Valgan de prueba los siguientes ejemplos.

En su volumen *Death and Resurrection of Elvis Presley* (2016), Ted Harrison desarrolla ampliamente el «mito de Elvis», su alcance y su influencia, la rapidez con la que se ha convertido «en una nueva realidad» a medida que los inversores descubrían el rédito económico de su figura como *celebrity*. Se trata de un proceso de mitificación que traslada, de modo efímero (y con motivos especuladores), las propiedades de los mitos a personajes famosos de nuestro tiempo.

En una entrevista de enero de 2018, Stanley G. Payne expone el «mito romántico» de la España exótica, que apasiona a los franceses del siglo XIX, y el «mito del buen salvaje» de la España republicana, que entusiasma a los ingleses durante la Guerra Civil (*Land of Freedom*, Ken Loach). La mitificación se extiende esta vez a pueblos y acarrea ideologías.

De igual modo, *Myths of Modern Individualism* (Ian Watt, 1996) presenta a «Don Quijote, Don Juan, Fausto y Robinson Crusoe como poderosos mitos con una resonancia particular en nuestra sociedad individualista». Meter en el mismo saco los mitos donjuanesco y fáustico junto al ingenioso hidalgo y el célebre náufrago no disimula la artificiosidad de la mezcolanza: el caballero de la Triste Figura y el marino de York pueden tematizar el individualismo mejor que ningún otro personaje de ficción, pero su inclusión en el panteón mitológico poco tiene que ver con los fundamentos de la mitología (por muchos razonamientos que el crítico dé sobre el valor simbólico y trascendente de sus personajes).

Podría añadirse una legión de estudios que directa o indirectamente explotan la terminología mitológica para fines espurios: los mitos de la deformación burguesa (*Mythologies*, Barthes), de la opresión de la mujer (*Le Deuxième Sexe*, Simone de Beauvoir, o *Le Rire de la Méduse*, Hélène Cixous), de la pasión reprimida (*Illness as Metaphor*, Susan Sontag) o de las diferencias postizas (*A Cyborg Manifesto*, Donna Haraway). Estos ejemplos bastan para percatarse de la artificiosa inflación del vocablo «mito» (¿por espejismo del término o por indigencia semántica?) y la enmarañada confusión en la que el pensamiento actual se encuentra atorado a propósito del mito: es preciso clarificar el panorama; llamar al pan, pan, y al vino, vino.

I
Prolegómenos

La nueva crítica del mito tiene por delante tareas irrenunciables: encontrar su acomodo dentro de la clasificación de las ciencias –conviene asentar su carácter científico– e interpretar los mitos antiguos, medievales y modernos a la luz de esta epistemología, indagando su efecto desmitificador en nuestra sociedad contemporánea.

PRINCIPIO: EL MITO POR OBJETO

Entendámonos: el estudio del mito desde dentro del mito. La mitocrítica cultural no puede reducir su actividad a los análisis de tipo narratológico, retórico o genérico: estos son importantes e imprescindibles, pero el mito no se limita al discurso literario. El mito es lo que hay que conocer, no lo conocido[1]. Querámoslo o no, hay opiniones para todos los gustos.

Reseña de disquisiciones

La primera concierne la definición misma del mito. Afirma Vattimo, algo descorazonado, que «no hay, en la filosofía contemporánea, una teoría satisfactoria del mito –de su esencia y de sus relaciones con otras formas de interrelación con el mundo–»[2]. Tras

---

[1] La nómina de teorías sobre el mito es infinita. T. J. Sienkewicz ofrece el mayor elenco detallado de libros y artículos sobre el tema en el volumen *Theories of Myth: An Annotated Bibliography*. Aunque menos exhaustivo, el volumen de E. Csapo, *Theories of Mythology,* presenta la ventaja de abordar una serie de escuelas de pensamiento sobre el mito: comparatismo, psicología, ritualismo y estructuralismo.

[2] «Non c'è, nella filosofia contemporanea, una sodisfacente teoria del mito –della sua essenza e delle sue relazioni con altre forme del rapporto con il mondo», G. Vattimo, *La società trasparente*, p. 42 (el filósofo italiano exceptúa de este yermo conceptual la teoría de Cassirer, que remonta a 1925). Muchos especialistas muestran su escepticismo sobre una definición universal del mito; quienes la dan, basculan entre la segmentación (el mito como género literario), la generalidad (el mito como relato de dioses y héroes) y la manipulación (el mito como deformación social); véase G. S. Kirk, «On Defining Myths», en *Sacred Narrative*, pp. 53-57. Por supuesto, antes de nada, doy por sentada la premisa de la «desnaturalización» del mito: teorizo sobre el hecho de que, en algún momento, ha sido pensado como misterioso, singular, no destinado al estudio académico; véase A. Nicholls, «Theory of Myth versus Meta-theory of Myth», p. 219. Entiendo «crítica» como una fundamentación de exégesis lite-

leer a Barthes (*Mitologías*), Sorel (*Reflexiones sobre la violencia*) y Lévi-Strauss (*Antropología estructural*), el filósofo italiano se queja de la vaguedad de sus planteamientos, defecto que también advierte en el uso del término «mito» en la conversación cotidiana. Ojalá pueda remediar la insatisfacción del filósofo, la cual me insta a proponer una definición del mito destinada tanto a identificarlo allá donde se encuentra como a contradecir las afirmaciones de quienes afirman encontrarlo en tal o cual texto o producción artística, aunque así no sea.

Dejando de lado todo descorazonamiento, confieso que me habría gustado proponer, desde el comienzo, dicha definición, precisamente porque no hay, hasta hoy, una universalmente válida. Espectadores, lectores y críticos coinciden, a lo sumo, en la existencia de una mitología antigua, otra medieval y otra moderna, pero sin alcanzar un acuerdo unánime sobre lo que es un mito. El mismo desacuerdo generalizado en torno a los elementos que interactúan con el mito (imagen, arquetipo, símbolo, motivo, tema, mitema, personaje, figura, tipo, forma, estructura) está en la base de las disensiones. A esta disconformidad generalizada se suman la ambigüedad, el impresionismo crítico e, incluso, los presupuestos ideológicos. En tales circunstancias, alcanzar un consenso sobre la definición del mito forma parte de las quimeras del investigador[3]. El intento es, no obstante, ineludible.

A pesar de mi deseo de proponer, de entrada, mi propia definición, me he visto obligado, por requisito y escrúpulo epistemológico, a demorarla al comienzo de la segunda parte de este volumen. Es más, dejo para otro momento el desarrollo pormenorizado de una tipología del mito[4]. Me explico. Advierte Barthes que «la tipología precede a la definición»[5], lo que equivale a decir: solo el análisis permite definir la realidad. Con anterioridad, Schlegel desarrollaba la misma idea: «Una clasificación es una definición que contiene un sistema de definiciones»[6]. Y, bien antes de Barthes y Schlegel, Aristóteles decía: «es preciso que la definición bien hecha se haga mediante el género y las

---

raria y «teoría», como posibilidad de evaluación crítica dentro de un sistema generalizado de conceptos; a este propósito, véase P. de Man, *The Resistance to Theory*, pp. 5-7. La propuesta de la mitocrítica cultural, concebida como teoría, metodología, hermenéutica y epistemología del mito, dirige el foco hacia sus modos de producción y recepción, o sea: ¿cuáles son las condiciones de posibilidad del mito?, ¿cuáles, sus condiciones de adaptación?, ¿qué puede decirnos el mito en un mundo desmitificado?

[3] Definir es abstraer para concretar, delimitar, recortar, pero también adoptar una perspectiva. En mitocrítica no existe una definición matemática, incuestionable y aséptica; el ser humano, al definir los textos y contextos, se define. Ante esta complejidad inherente al objeto de estudio y al sujeto que lo estudia, unos críticos han optado por definiciones del mito según su contenido, su estructura o su rendimiento pragmático; otros han preferido ceñirse a definiciones de su forma, contenido, función y contexto. Para una reflexión sobre «el escollo de la definición» del mito, véase L. Duch, *Mito, interpretación y cultura*, pp. 50-62.

[4] Ya incoada en el capítulo «Los mundos del mito» del volumen *Mitos de hoy*. Además, los apartados dedicados a las «tipologías de la trascendencia» (§ 2) y la «tipología del prosopomito» (§ 6), así como los capítulos dedicados a las funciones del mito (§ 4) y sus relaciones con la cosmogonía o la escatología (§§ 10 y 11), ofrecen ya un avance de esos futuros derroteros.

[5] «La typologie est antérieure à la définition», en «La division des langages», R. Barthes, *Œuvres complètes*, E. Marty (ed.), t. IV, p. 355.

[6] «Eine Klassifikation ist eine Definition, die ein System von Definitionen enthält», F. Schlegel, *Athenäums-Fragmente und andere Schriften*, fragmento 113, p. 39.

diferencias»[7]. ¡Enjundiosas sentencias! Ahora bien, no me ha sido posible acatar tan sabios dictámenes; el título de este libro lo pone en evidencia: solo abordaré la definición, dejando la tipología para otra ocasión. ¿Por qué? Porque he optado por exponer de manera académica y didáctica las conclusiones alcanzadas después de una fase de análisis tipológico provisional –posteriormente descartado, consciente de que su materialización exigiría otro volumen–[8]. El objetivo de este volumen no es, pues, de orden tipológico, sino una propositiva inserción en el mito con vistas a una clasificación por venir. Se entenderá así que la definición, requerida por la epistemología, vaya seguida de una tipología que reservo para otros trabajos.

Sí conviene ofrecer, en cambio, la definición del mito según el primer teorizador de la mitocrítica: «un sistema dinámico de símbolos, arquetipos y esquemas que, impulsados por un esquema, tiende a componerse en un relato»[9]. Esta y otras definiciones del sociólogo confunden a menudo el mito con cualquier «relato simbólico». «Imperativo» literario, el mito y su inseparable «decorado» de secuencias redundantes serían el componente principal de la escritura literaria, la cual, a su vez, no sería sino un calco del mito: es más, toda literatura sería mítica, postura que suscita circunspectas prevenciones.

No me resisto a transcribir aquí una sentencia que Gilbert Durand espetó a Javier del Prado en un coloquio barcelonés sobre el imaginario: «El hombre necesita una mitología mitigada», que el mismo destinatario me interpretó así en febrero de 2022: «Durand no cree en la posibilidad de racionalizar el mito, dado que esta racionalización (reducción a conceptos) destruiría su razón de ser. Además, Durand no da importancia a la función temática que el mito pueda tener en el interior de una estructura literaria moderna (piénsese en *Le Décor mythique de la "Chartreuse de Parme"*, 1971), porque

---

[7] Aristóteles, *Tópicos*, vi, 4, 141a-141b, en *Tratados de lógica (Órganon)*, M. Candel Sanmartín (ed.), t. I, p. 231. Definición y tipología míticas se sostienen mutuamente por el recurso a una actitud «crítica»: la ciencia mitológica formula juicios críticos, cuyo gran teorizador occidental fue el mismo Aristóteles; sus normas estructurales (relativas a un ideal estético) y funcionales (relativas a un ideal teleológico y mimético) dejaron el camino expedito para la crítica occidental; véase L. Doležel, *Historia breve de la poética*, pp. 47-48.

[8] Semejante procedimiento eligió V. Propp a propósito del cuento: «Nos proponíamos presentar no solamente un estudio de la estructura morfológica del cuento […], sino también un estudio de su estructura lógica absolutamente particular», «Préface», *Morphologie du conte*, 1965/1970, p. 7.

[9] «un système dynamique de symboles, d'archétypes et de schèmes, système dynamique qui, sous l'impulsion d'un schème, tend à se composer en récit», G. Durand, *Les Structures anthropologiques de l'imaginaire*, p. 64. En un trabajo posterior, el investigador del imaginario define mito como «récit (discours mythique) mettant en scène des personnages, des décors, des objets symboliquement valorisés, segmentable en séquences ou plus petites unités sémantiques (mythèmes) dans lequel s'investit obligatoirement une croyance (contrairement à la fable et au conte) appelée "prégnance symbolique"», G. Durand, *Figures mythiques et visages de l'œuvre*, p. 34. Fátima Gutiérrez nos ofrece su traducción: «relato (discurso mítico) que pone en escena personajes, decorados y objetos simbólicamente valorizados, segmentable en secuencias o unidades semánticas más pequeñas (mitemas), obligatoriamente investido de una creencia (al contrario que en la fábula y el cuento) llamada "preñanza" simbólica», *Mitocrítica: naturaleza, función, teoría y práctica*, p. 59. «Croyance» evoca, para Durand, un valor meramente simbólico, no un objeto referido de dimensión trascendente. La carga («preñanza») simbólica procede de E. Cassirer. Véase también, del mismo Durand, «À propos du vocabulaire de l'imaginaire…», p. 5.

piensa que la ficción no es sino una compensación de frustraciones y una sublimación de deseos»[10].

La sentencia del primero y la reacción del segundo me han ayudado a profundizar en la teoría del imaginario según Durand, en su concepción del mito y, por extensión, en una tónica general de grandes investigadores de mitocrítica.

La expansionista concepción durandiana del mito (con inclusión de «mitos» de cualquier pelaje: alquímicos, milenaristas, nazis, comunistas, gitanos, imperialistas, paisajísticos, provincianos) responde, en última instancia, a la premisa adoptada, según la cual todo (sueño, ensoñación, rito, mito, relato imaginario) sigue una «ilógica» imaginaria opuesta al pensamiento tradicional de Occidente, basado en el principio «aristotélico» y «cristiano» del «tercero excluido», la milenaria axiología dualista occidental y su consiguiente «iconoclastia endémica»[11]. El punto de partida durandiano es tan encomiable como frustrante su punto de llegada: abominar del racionalismo positivista para caer en el idealismo simbolista.

Este dualismo excluyente recuerda la fórmula de Taubes: «Básicamente, hay solo dos maneras posibles de interpretar el mito: o bien se explica el lenguaje del mito como una forma específicamente simbólica, o bien se toma el relato del mito como una reali-

---

[10] La frase exacta de Durand en aquel coloquio fue «À l'homme il lui faut une mythologie mitigée». Sobre este punto, a las obras de G. Durand comentadas en este volumen, añádase «La creación literaria…» (incluye la ponencia de Durand en el coloquio de Barcelona, probablemente en 1987). La expresión implica cierto cinismo por parte del sociólogo: si bien asume la necesidad indirecta de una dimensión numinosa de la vida humana, el epíteto, debido a su connotación compensatoria, desvaloriza el alcance espiritual. ¿No era Voltaire quien decía «Quiero que mi procurador, mi sastre, mis criados e incluso mi mujer crean en Dios; supongo que así me robarán menos y me pondrán menos los cuernos»?; «Je veux que mon procureur, mon tailleur, mes valets, ma femme même croient en Dieu; et je m'imagine que j'en serai moins volé et moins cocu», *Dialogues*, XXIV: *Entre A, B, C*, diálogo XVII: «Sur des choses curieuses», en *Dialogues et entretiens philosophiques*, t. XXXVI, pp. 330-331. Sobre la mitocrítica de J. del Prado, véanse «De la arqueología mítica al tematismo estructural…», *passim*, y *Teoría y práctica de la función poética*, pp. 305-309.

[11] Véase G. Durand, *L'Imaginaire*, pp. 52-57. En uno de sus últimos trabajos, Durand aborda el mito desde una perspectiva psicoanalítica. El sociólogo no asume plenamente la propuesta freudiana: toma las instancias «ello», «yo» y «superyó» de la segunda tópica como puntos de referencia para su propio diagrama metafórico. Afirma Durand que el *sermo mythicus* y sus nódulos arquetípicos contienen las «explicaciones» o desarrollos siguientes: el «ello» social analizado por los mitólogos (los arquetipos sociales y las imágenes arquetípicas culturales), el «yo» social estudiado por los psicólogos (conjunto «actancial» de papeles o «estratificaciones sociales»: castas, sexos, clases, edades) y el «superyó» o «consciente colectivo», objeto de interés de politólogos, juristas y pedagogos (depósito de códigos, ideologías, proyectos que transforman el *mythos* en *logos*). De modo que el *sermo mythicus* sería el vínculo entre estos tres niveles metafóricos de la tópica social, el engrudo de los niveles arquetípico, funcional y lógico, cuya combinación resulta en la pretensión utópica del mito y sus consabidas desmitificaciones; véase G. Durand, véase *Introduction à la mythologie*, pp. 133-140. Si en sus trabajos anteriores este gran investigador reducía el mito a cualesquiera «imágenes arquetípicas o simbólicas […] ligadas unas a otras en forma de relato» (*Les Structures anthropologiques…*, p. 410), si más tarde lo confunde con la invención de los paisajes del alma, la mirada afectiva hacia las cosas o el decorado místico del relato imaginario (véase «La creación literaria…», pp. 26-29), aquí acusa la deriva psicoanalítica de corte junguiano para fundamentar su concepción principal del mito como cualquier instrumento narrativo analizable gracias a «haces de variaciones redundantes», de grandes momentos culturales o «cuencas semánticas» de una civilización.

dad»[12]. Según esta dicotomía, la primera opción recluye el mito al reino de la fantasía de las «realidades psíquicas»; la segunda lo enfrenta al carácter inmodificable de las leyes naturales. Ilusión del imaginario o mentira desvelada por el científico: eso sería el mito. Hemos vuelto al positivismo decimonónico.

De rebote, estas reflexiones me han alumbrado para comprender la perspectiva reductora de otros acercamientos paralelos, más condescendientes de lo que cabía esperar con los dualismos recíprocamente excluyentes apenas mentados[13]. Básicamente, la presencia del mito queda reducida a una función retórica, a «un significante disponible»[14]. Grandes figuras acusan una renuencia a salir del eje sintagmático o, al menos, articularlo con el paradigmático, adoptar una lectura no puramente semiótica y asumir que el mito no cabe ni en la red de una referencialidad autotélica ni en el frasco de las formas; que, atravesado todo él de sentido gracias a su valencia trascendente, puede hablarnos de este mundo e, incluso, del otro (¿secuelas del estructuralismo formalista, del racionalismo decimonónico y, en definitiva, de la pérdida cartesiana del ser?).

Frente a la crítica embarazada por el discurso de la negatividad, la mitocrítica cultural asume la dimensión metasémica del referente. Sin reducirse a mera metáfora, el texto mítico tiene todo el derecho a estructurarse metafóricamente, a establecer una

---

[12] J. Taubes, *Del culto a la cultura*, S. Villegas (trad.), p. 284. Son palabras difíciles de aceptar por una epistemología holística. En honor a la verdad, es preciso aclarar que el filósofo vienés no incide tanto en el dualismo como en la fundamentación de las razones por las que la modernidad no alcanza a comprender el mito. Para la Antigüedad (argumenta en su comentario a *Die Wirklichkeit der Hebräer*, de Oskar Goldberg, 1925), el principio de la vida une el espíritu y el reino de la materia. Dado que la vida es el elemento dominante en la estructura de la naturaleza, la biología bien entendida es supraempírica, metafísica: las «fuentes originales» o «centros biológicos» de la vida, son los dioses de la era mítica. De ahí el politeísmo: los dioses de un pueblo se diferencian de los dioses de otro pueblo por su centro biológico. En cambio, en la modernidad, con la amalgama de razas y disolución de naciones, las sociedades humanas se disocian progresivamente del sistema biológico (antes divinizado) y se adhieren al sistema natural (cuya deriva tecnológica destruye todos los vestigios activos de mito y rito); véase *ibid.*, p. 285.

[13] Tras afirmar con ironía que «no existe el mito como realidad universal, no hay una ontología del mito» («il n'existe pas de mythe comme réalité universelle, il n'y a pas d'ontologie du mythe», *L'Invention d'un mythe: Psyché*, p. 15), Véronique Gély remite explícitamente a su maestro, contrario a quienes se empeñan «en querer hablar *del* mito cuando uno se encuentra frente a la multiplicidad de mitos»; «L'erreur, c'est de s'entêter à vouloir parler *du* mythe quand on se trouve en face de la multiplicité des mythes», P. Brunel (coord.), *Mythes et littérature*, «Présentation», p. 10. Tampoco existen la música o la poesía –en las acepciones técnicas de estos términos– sino en partituras musicales o textos poéticos, lo cual no impide definirlas.

[14] «Le mythe […] est un signifiant disponible», M. Detienne, *L'Invention de la mythologie*, p. 236. En este libro, basilar en nuestros estudios, el investigador sostiene la escisión entre mito y mitología. Debido a la desnaturalización provocada por la escritura, las experiencias primigenias del espíritu –solo transmisibles mediante lenguaje primitivo y oral– se han vuelto inaudibles, inaccesibles. Cuantas reflexiones occidentales han intentado acceder al mito –helenismo socrático, poética aristotélica, lectura neoplatónica, racionalismo ilustrado, gramática comparada, historiografía etnológica, idealismo simbólico, estructuralismo antropológico, semiótica lingüística–, solo alcanzan a mostrar la máscara maltrecha de las mitografías y están abocadas al fracaso de la ilusión mitológica: «no es posible franquear la distancia entre la palabra vivida del mito y la tradición escrita» (*ibid.*, p. 227). La mitocrítica cultural procura reducir a racional y emotiva la infinita distancia que Detienne afirma que existe entre el mito y nosotros, también con el recurso, indispensable, a los mitos medievales y modernos, parada y fonda que torna más hacedero el camino.

correlación entre los niveles de la verticalidad y la horizontalidad (paradigmático y sintagmático). Renegando de todo platonismo, nominalismo y conceptualismo, la mitocrítica cultural sostiene el carácter escrutador y develador del mito. Debido a su base natural, el código lingüístico tiene una función esencialmente óntica y onomasiológica (no solo autotélica), por mucho que la elaboración artística pretenda alejarlo de esa «naturalidad». Más aún que la literatura de ficción –el mito no es reducible al hecho literario–, el relato mítico puede ser un instrumento de prospección sistemática de los espacios ignotos de la realidad, material o mental, humana y sobrenatural.

Segunda disquisición: ceñirse al mito, instaurado como petición de principio, obliga a salir al paso de su contrapartida: el denominado «mito literario». Sería fastidioso hacer el recuento del distingo que buena parte de la crítica establece entre mitos etnológicos, religiosos, literarios, etc., como si el supuesto «mito literario» poco o nada tuviera en común con lo sagrado o, *a contrario*, como si existiera una idea platónica de la literatura[15]. Esta sintomática y dañina compartimentación no solo es contraproducente para una sana interdisciplinariedad, sino, además –pienso–, nociva para comprender la naturaleza misma del fenómeno mitológico en todas sus manifestaciones.

Metidos en harina terminológica, no podemos por menos de observar que Bauzá distingue «mitología», entendida como una «hermenéutica» de los relatos míticos, de «mitografía», entendida como «acopio de mitos solo con afán de anticuario o coleccionista» (compendios del Pseudo-Apolodoro o Higino). La mitología sería la hermenéutica que somete aquella «vasta red de leyendas […] al arbitrio de una racionalización», algo seme-

---

[15] Negándose a entrar en el terreno de elección originario de los mitos (la religión) o en el de otras disciplinas (la etnografía, la psicología, la política), P. Albouy hace una distinción neta entre mito y «mito literario»; este último, afirma, «se constituye mediante el relato, que el autor recoge y modifica con una gran libertad, y mediante las nuevas significaciones que se le añaden», *Mythes et mythologies dans la littérature française*, p. 12. En su estela, P. Sellier separa el «mito etnorreligioso» (anónimo, colectivo, verdadero) del «mito literario» (marcado por una «saturación simbólica» o «sobredeterminación», una «reformalización» o complejidad estructural y una «iluminación metafísica»); véase «Qu'est-ce qu'un mythe littéraire?», pp. 112-126. L. Martínez-Falero sostiene también que «las sociedades generan dos tipos de mitos culturales: por una parte, los mitos etno-religiosos, ligados a rituales y con un papel fundamental en las creencias de una sociedad; y los mitos literarios, creados por la individualidad a imitación de los anteriores»; es decir, separa tajantemente lo etno-religioso de lo literario; cfr. «Literatura y mito: desmitificación, intertextualidad, reescritura», p. 482. Klik ha cuestionado los argumentos de Albouy (según él, carecen de coherencia en cuanto a los límites del mito literario) y de Sellier (en su opinión, ignoran los descubrimientos de etnólogos y clasicistas sobre el concepto esencialista del mito etnorreligioso). A su vez, Klik propone su propia definición del mito literario: «un esquema narrativo acabado que incluye personas particulares, o criaturas particulares con rasgos humanos (dioses, héroes, animales metamorfoseados), habituales en diferentes obras literarias», M. Klik, «The Crisis of the Notion of Literary Myth in French Literary Studies», p. 95; a la ambigüedad de Albouy y la «literarización» de Sellier, añade la suya. Ahora bien, para este viaje no hacen falta alforjas; ya lo había observado, sin ocultar su exasperación por esta «querella estéril», el mismo G. Durand: «¡incluso en nuestros cenáculos de estudios del Imaginario todavía se ve confrontar a los puristas defensores del "mito literario" con los impuros antropólogos –etnólogos y psicoanalistas– que, por el contrario, rastrean el mito por todas partes! […] ¡No hay ninguna diferencia entre el mito difuso, no escrito, de las literaturas orales […] y la literatura de las bibliotecas!», *Introduction à la mythologie*, p. 160. No salimos de la eterna polarización: ¿la literatura es madre o hija del mito?, ¿el mito engendra o es engendrado por la literatura?; véase J. R. Resina, «Teoría y práctica del mito», p. 9.

jante a la antigua yuxtaposición de lecturas operada por autores que «articulan mitos desde el ángulo de la razón»[16]. A pesar de esta distinción, el problema de tal denominación subyace en la polisemia del término «mitología», que abarca un *corpus* orgánico de mitos, un conjunto de narraciones emanadas de un determinado pueblo, etcétera.

El término «mitocrítica» representa una tentativa para salir de esta confusión y una voluntad de independizarse de otras disciplinas sin romper puentes con ellas (véase nota 1 de este volumen). Con ánimo clarificador, la mitocrítica cultural considera la mitografía como el conjunto de compilaciones mitológicas transmitidas y la mitología, como el conjunto de relatos míticos con sus respectivas tradiciones culturales (p. e., la mitología nórdica transmitida en la *Edda en prosa* de Snorri Sturluson).

Baudelaire afirmaba que «la mitología es un diccionario de jeroglíficos vivos»[17]. Sin duda, los descubrimientos de Champollion, cuatro decenios atrás, estaban entonces más presentes, pero también en la actualidad podemos comparar el estudio de los mitos con el desciframiento de un sistema complejo que cada lector habrá de desentrañar ayudado de su «llave», por utilizar el término del célebre egiptólogo[18]. A su manera, los mitos siguen hablando al hombre de hoy; basta aguzar el oído.

Cabe incluir en este elenco terminológico el mitologema, introducido por Kerényi en 1941:

> El término «mito» es demasiado polivalente, está gastado y es confuso: resulta más difícil de usar que ciertas expresiones que con μῦϑος combinan el verbo «reunir, decir», λέγειν. [...] Existe una materia especial que condiciona el arte de la mitología: es la suma de elementos antiguos, transmitidos por la tradición –*mitologema* sería el término griego más indicado para designarlos–, que tratan de los dioses y los seres divinos, combates de héroes y descensos a los infiernos, elementos contenidos en relatos conocidos y que, sin embargo, no excluyen la continuación de otra creación más avanzada[19].

---

[16] H. F. Bauzá, *Qué es un mito*, p. 141. Los significados habituales del término «mitología» son dos: «colección de los mitos que son propios de determinada civilización» y «ciencia de la explicación de los mitos», L. Duch, *Mito, interpretación y cultura*, p. 82. A. Ruiz de Elvira define la mitología como «el conjunto de las leyendas» y mitografía como «el conjunto de las obras literarias que tratan de la mitología», *Mitología clásica*, p. 25. Para este investigador no hay distinción entre mito y leyenda o, como él la define, «relato de sucesos que son inciertos e incomprensibles, pero sobre los cuales existe una tradición que los presenta como realmente acaecidos» (*ibid*). A estos términos se añaden otros «datos o indicios, y en particular los de índole iconográfica, esto es, las representaciones pictóricas y escultóricas, muchas de las cuales están provistas de textos epigráficos».

[17] «La mythologie est un dictionnaire d'hiéroglyphes vivants», Baudelaire, *Réflexions sur quelques-uns de mes contemporains*, VII, «Théodore de Banville», en *Œuvres complètes*, C. Pichois (ed.), t. II, p. 165.

[18] «la véritable *clef du système hiéroglyphique*», J.-F. Champollion, *Précis du système hiéroglyphique des anciens Égyptiens*, p. xix. El descubrimiento de Champollion data de 1821; el texto de Baudelaire, de 1861. El egiptólogo consiguió desentrañar la gramática de la antigua escritura gracias a las «combinaciones variadas [de los] signos jeroglíficos fonéticos» (*ibid*). Conjugando habilidades arqueológicas, estilísticas y hermenéuticas, la mitocrítica cultural aspira, en cada texto, a desentrañar la «gramática» de los mitos, es decir, la información transmitida, la actitud de escritores hacia esa información y su relevancia para la comprensión del mundo actual (sobre el estilo, véase D. Lodge, *Language of Fiction*, pp. 49-60).

[19] C. G. Jung y K. Kerényi, *Introducción a la esencia de la mitología*, B. Kiemann y C. Gauger (trads.), p. 17. En un estudio sobre los cuentos, Jung identifica el mitologema como una variante del

De aceptar la propuesta, el mitologema sería la unidad significativa mínima de una mitología, de igual modo que el mitema lo es del mito. El vocablo deriva de la lingüística moderna.

La tercera disquisición atañe a la sempiterna relación entre mito y rito, aquí entendido como modo de enlace y de comunicación entre las naturalezas humana y divina[20]. Dejo atrás la insoluble cuestión de la precedencia temporal entre uno y otro (¿el huevo o la gallina?), elucubraciones cuyo resultado es altamente tributario de concepciones apriorísticas. Dirijo más bien mi interés a su interrelación, ora en forma verbal, ora en forma gestual. Compete al investigador ponerlos en paralelo sinóptico con vistas a extraer el denominador común: la rememoración del acontecimiento primordial. Así, los rituales de la Tierra Madre en algunos pueblos tradicionales revelan el surgimiento de la vida tras una hierogamia entre el Cielo y la Tierra como ceremonia unitiva entre el sacerdote y su esposa, condición indispensable para comenzar a trabajar una tierra que antes era considerada virginal. Estas ceremonias y los pasos dramáticos de otros rituales reiteran periódicamente la cosmogonía. El rito persigue reencontrar las reservas vitales y germinativas antiguamente manifestadas en el acto grandioso de la creación. Este denominador guarda relación con los distintos numeradores o ámbitos de la vida en los que el rito despliega su función: nacimiento, iniciaciones (pubertad, matrimonio, caza), edad adulta, vejez y muerte. Maduración espiritual la llamamos en las culturas modernas; es algo más: los rituales sitúan a la mujer y al hombre en el centro del misterio de su existencia, simbolizan el paso de la vida antigua, infantil, profana, a una nueva existencia, consciente y sabia[21].

---

arquetipo psicológico; véase *Simbología del espíritu*, M. Rodríguez Cabo (trad.), p. 52. Más recientemente, F. Gutiérrez define el mito como «respuesta al mitologema» y este como «toda pregunta que se plantea el ser humano y que no tiene explicación desde el positivismo científico. Cuatro mitologemas fundamentales serían, por ejemplo: los de la Vida, el Amor, el Sufrimiento y la Muerte», en «Mitos, amores, palabras y música», p. 56. Definición, dicho sea con perdón, harto difusa que, por su generalidad, se presta a confusiones; sintomáticamente, el artículo está dedicado al «mito» de Carmen... Por su parte, A. Álvarez de Miranda, tras priorizar el «fluido material» de los mitos sobre los personajes en que se encarnan, afirma: «el interés de la mitología se desplaza, por tanto, del sujeto al objeto, del protagonista al mitologema», *Mito, religión y cultura*, p. 86 (ejemplo: no Narciso, sino su sangre como origen de la vida vegetal).

[20] Recordemos la definición de rito que da el zorro al Principito: «Es una cosa muy olvidada [...]. Es lo que hace que un día sea diferente de los demás, una hora, de las demás»; «C'est [...] quelque chose de trop oublié [...]. C'est ce qui fait qu'un jour est différent des autres jours, une heure, des autres heures», Saint-Exupéry, *Le Petit Prince*, XXI, p. 70. Esta definición se restringe al ámbito interpersonal y sociológico, pero deja columbrar la dimensión sagrada original de todo rito.

[21] Véanse M. Eliade, *Mythes, rêves et mystères*, pp. 228-229 y 240-246, e *Images et symboles*, pp. 73-74, W. Burkert, *Religión griega arcaica y clásica*, H. Bernabé (trad.), p. 78, y A. Álvarez de Miranda, *Mito, religión y cultura*, p. 87. Lord Raglan, aunque yerra en su concepción sobre el acontecimiento mítico (lo confunde con cualquier necesidad o situación humana recurrente), enfoca con acierto el carácter narrativo de los ritos en los relatos míticos; véase «Myth and Ritual», pp. 122-124. La mayoría de los estudios etnográficos del siglo XIX (E. B. Tylor, J. G. Frazer, G. Murray, J. E. Harrison) sostenían la prioridad del rito. Estos trabajos constataban que, mientras el rito sufre un proceso de degradación –desde la solemnidad hasta el espectáculo o, incluso, el divertimento–, el mito sobrevive en la religión, la literatura, el arte y otras formas simbólicas, donde la creciente incomprensión del mito es compensada por una aportación intelectual; véase S. E. Hyman, «The Ritual View of Myth and the

A la par que el rito, la magia exige una clarificación previa. Esta, sobre todo en su forma intencional e individual, ambiciona la consecución inmediata de un deseo o un encargo (fertilidad, amor, riqueza, poder, dañación), en tanto que aquel, recurrente y colectivo, ordena y formaliza una veneración y una anamnesis en comunidad, dejando la consecución de bienes al arbitrio de la divinidad. Por decirlo toscamente, a riesgo de caer en la simplificación, el mito cuenta el acontecimiento, el rito lo actualiza; aquel, por su carácter narrativo, se aloja en la mente y en la imaginación, este, de carácter gestual, atañe a la vista y al cuerpo.

La cuarta disquisición gira sobre cuestiones de perspectiva: ¿en el texto o en la vida? Aquí el mito será analizado desde un punto de vista libresco, no en su patencia ceremoniosa o cultual –off the verandah, como recomendaba Malinowski–. Los tiempos han cambiado: el estudio etnográfico ya está hecho. Esta cuestión de enfoque y la necesaria objetividad del análisis riguroso del mito ya la había zanjado Kant al establecer que es preciso «salir fuera del concepto dado para considerar, en relación con [él], algo completamente distinto de lo pensado en él»[22]; dicho de otro modo, un observador no debe aplicar sus categorías de pensamiento a un objeto si este es él mismo, porque el observador es arrastrado por el fenómeno observado: percibe el objeto en relación a su situación particular, no en sí mismo. Para evitar este conflicto de intereses, el investigador en mitocrítica cultural debe verificar continuamente que su análisis está suficientemente despojado de sí mismo como para asimilar el texto o la obra de arte sometidos a estudio; debe, también, velar por que su metodología y su hermenéutica (sus herramientas) no modifiquen su propio carácter lógico y psicológico[23].

La quinta disquisición es tópica –opone mito y logos– y connatural a la palabra «mito». Mŷthos (μῦθος), originariamente (Pitágoras, Heráclito, Parménides), vale tanto como 'discurso' que solo puede ser narrado (cual las historias de dioses), frente a los discursos argumentativos e históricos designados por lógos (λόγος, 'palabra'). Frente a la narración

---

Mythic», pp. 136-139. La literatura contemporánea contiene numerosas referencias a los ritos. Raros son los textos de Lovecraft sin alusión o mención explícita, aun cuando a menudo reenvíen a rituales celebrados desde tiempos pretéritos (algunos, incluso, como el de Yule, son «más antiguos que el hombre», «The Festival»), habitualmente destinados a «conservar viva la memoria de los antiguos caminos» («The Call of Cthulhu»); aquí los ritos formalizan la adoración de las furezas malignas o persiguen ahuyentarlas («The Curse of Yig»); véase H. P. Lovecraft, en The Complete Cthulhu Mythos Tales, pp. 33, 49 y 95, respectivamente.

[22] Kant, Crítica de la razón pura, I, 2.ª parte, 1.ª div., lib. 2.º, cap. II, sec. 2, «El principio supremo de todos los juicios sintéticos», P. Ribas (trad.), p. 194. También Jameson condiciona el acceso al significado del texto al «descentramiento» de la conciencia del sujeto, si bien lo hace desde una óptica marxista: «solo una unidad colectiva [el proletariado, el partido] puede lograr esa transparencia; el sujeto individual está siempre situado dentro de la totalidad social», F. Jameson, Documentos de cultura, documentos de barbarie, T. Segovia (trad.), p. 229. Ambos consejos recuerdan la necesidad de una prudencia extrema que nos impida adherir, como si formaran parte de él, nuestras proyecciones al texto.

[23] Regla de oro: no ser juez y parte. En palabras de Piaget, es necesario que el «sujeto egocéntrico» respete la frontera con el «objeto epistémico»; véase J. Piaget, Épistémologie des sciences de l'homme, pp. 46-48. Este conflicto es también problema habitual de las ciencias sociales, en las que el hombre estudia al hombre en sociedad; véase F. Vandenberghe, «Las condiciones de posibilidad de conocimiento del objeto», p. 316.

mitológica, que se da por objetivo la verosimilitud, el discurso lógico propone la demostración. Más adelante en el tiempo, gracias a la feliz herencia socrática, el mito amplía el pensamiento para alcanzar otra explicación del mundo. Es más, en el panorama de los saberes (donde la ciencia –*epistēmē*– no designa en absoluto la experiencia, sino la pura racionalidad), el mito, como historia inventada, difiere del acontecimiento histórico relatado a base de documentos o testimonios por los historiadores: estos solo informan acerca de la verdad particular, en tanto que el mito informa de la universal[24]. En esta universalidad coinciden mito y logos. En realidad, uno y otro se complementan mutuamente: «el *mŷthos* da cuenta del mundo a través de una explicación dramática; el *lógos*, en cambio, lo hace de modo abstracto»[25].

A este propósito, surge la sexta disquisición, formulada en la célebre tesis de Gadamer sobre la modernidad, cuyo origen arranca tanto de la Ilustración como del Romanticismo, bipolaridad que se manifiesta en la relación establecida entre mito y razón[26].

---

[24] De ahí que Gadamer haya afirmado que «la relación entre mito y ciencia es sencillamente connatural a la palabra "mito"», H.-G. Gadamer, *Mito y razón*, J. F. Zúñiga García (trad.), p. 23. «El mythos narra […] algo verdadero en un "lenguaje" saturado de imágenes de la realidad», L. Schajowicz, *Mito y existencia*, p. 47. Ningún investigador ha ido más allá que K. Hübner en la fundamentación racional del mito: a la «pregunta filosófica» sobre la «justificación y el fundamento *racionales* del mito», el pensador alemán responde que el mito es un «sistema de pensamiento y experiencia […] racional en sí mismo» pues comprende las características de intuición, inteligibilidad, fundamentación, consistencia lógica, claridad y comprensibilidad universal obligatoria. Frente a los prejuicios simplistas (que califican de «vagas y no intersubjetivables» las nociones y normas que sirven de basamento al mito), Hübner muestra que las proposiciones, los juicios y los conceptos del mito son plenamente racionales; al igual que la ciencia experimental, el mito produce teorías como sistemas explicativos de ordenamiento universal. Básicamente, este investigador de la lógica del mito sostiene que los presupuestos ontológicos del modelo mítico y del modelo científico «desempeñan la misma función en el interior» de sus modelos explicativos respectivos. ¿Qué distingue, entonces, uno de otro? Que la ciencia, en virtud de la historicidad de los presupuestos para la experiencia, debe considerar sus presupuestos como «históricamente *contingentes* y rechazar la idea del conocimiento de la verdad absoluta», K. Hübner, *Crítica de la razón científica*, E. Garzón Valdés (trad.), pp. 237-266. Desde otra perspectiva, Durand corrobora este carácter científico del mito: el mito refiere el deber ser al modelo de un ser teórico, en tanto que la ciencia empírica refiere un hecho (*étant*) a una necesidad lógico-matemática: «en ambos casos, el procedimiento de referencia [hacia la universalización] es el mismo», G. Durand, *Introduction à la mythologie*, p. 62.

[25] H. F. Bauzá, *Qué es un mito*, p. 110. L. Duch contempla *mŷthos* y *lógos* como «dos direcciones interpretativas de la realidad humana», *Mito, interpretación y cultura*, p. 16; ambas «*apalabran*» la misma realidad, aquel de modo imaginativo, este de modo conceptual. Su propuesta, como reza el subtítulo de su trabajo (*Aproximación a la logomítica*), es «el concurso de una praxis y un discurso *logo-míticos*» coherentes con el «polifacetismo humano» (p. 18). La distinción puede servir, pero solo como propuesta provisional. En efecto, como señala C. Lévi-Strauss, «el doble carácter del pensamiento mítico, [consiste en] coincidir con su objeto del que ese pensamiento forma una imagen homóloga», *Mythologiques. I: Le Cru et le Cuit*, p. 14. En el mito coexisten concepto e imagen; no hay tal línea de demarcación que permita reducir mito a imagen o símbolo, ni, mucho menos, privarlo de razón: la visión holística de la mitocrítica cultural pone de relieve el carácter híbrido (imaginativo y conceptual) del mito.

[26] Históricamente, Jameson adelanta el inicio de la modernidad occidental al Concilio de Trento (concluido en 1563), es decir, coincidiendo con la secularización o reducción de la religión a un asunto privado y una forma de subjetividad, esto es, a una opción más entre otras (si bien la Contrarrefor-

Respecto al pensamiento ilustrado, el filósofo alemán recuerda «la clásica crítica que el racionalismo moderno [hace de] la tradición religiosa del cristianismo»: la ciencia habría disuelto la «imagen mítica del mundo» (*Mito y razón*, p. 14). Contra quienes identificaban mito, religión y cristianismo, el mismo Gadamer repara en que «el cristianismo ha sido quien primeramente ha hecho, con la proclamación del Nuevo Testamento, una crítica *radical* del mito» (*ibid.*, p. 15), porque, con excepción del Dios judeocristiano, todos los dioses y demonios han pasado a ser «mundanos», esto es, figuras del mundo asequible a los sentidos. En otros términos, sin cristianismo no habría habido Ilustración. Coincide aquí plenamente con Horkheimer y Adorno, que identifican el programa ilustrado –el desencantamiento del mundo– con «disolver los mitos», «quebrar [...] la concepción mítica»[27].

Respecto al pensamiento romántico, el hermeneuta llama la atención sobre el rechazo del orden coetáneo y la nostalgia del antiguo: «el mito se convierte en portador de una verdad propia, inalcanzable para la explicación racional del mundo». El Romanticismo, según Gadamer, ha revalorizado el mito. El anhelado retorno a los esplendores de la Antigüedad pagana, germánica o cristiana, patente en los románticos, y en Nietzsche después, hace reverberar culturas pretéritas, exentas de contaminación por el aporte de la razón histórica[28].

Tras la Ilustración y el Romanticismo la humanidad ha asistido a tiempos convulsos en los que el cuerpo académico occidental se ha replanteado esta problemática en torno al mito. Así, los autores de finales del siglo XIX enfrentaron «su visión mítica o paramí-

---

ma retrasaría el desarrollo homogéneo del proceso secularizador); véase F. Jameson, *The Ancients and the Postmoderns*, pp. 3-4. Atestiguado por primera vez en la última década del siglo V, el término *modernus* (al igual que *modo*, 'únicamente', 'precisamente', 'ya', del que deriva) presenta al principio el significado técnico de frontera de la actualidad, pero pronto adopta el sentido de 'ahora', 'actualmente', que marca la contemporaneidad al que habla o escribe. Un siglo después, en el uso de la pareja *antiqui* y *moderni*, se percibe la oposición conceptual entre la Antigüedad clásica y el presente: la *antiquitas* separa el pasado modélico del presente o modernidad cristiana (así, en el siglo IX, el Imperio carolingio será denominado «siglo de los modernos» –*seculum modernum*– frente a la Antigüedad romana). El neologismo «modernidad» aparece en una relación que Berthold von der Reichenau hace del sínodo convocado por Gregorio VII en 1075 para recordar determinadas prescripciones de los Padres que la *modernitas nostra* ha olvidado (*ibid.*, pp. 11-23). Modernidad significa, en estos casos, la toma de conciencia de un cambio de época en las mentalidades intelectuales.

[27] M. Horkheimer y T.W. Adorno, *Dialéctica de la Ilustración*, pp. 59-61. Según estos filósofos, el proyecto «desilusionador» del mundo hunde sus raíces en F. Bacon, «padre de la filosofía experimental», como lo califica Voltaire en sus *Lettres philosophiques*, J. Van den Heuvel (ed.), XII, «Sur le chancelier Bacon», p. 34.

[28] Desempeña aquí un papel importante la irrupción de la literatura gótica, opuesta a la filosofía ilustrada y precursora del pensamiento romántico. Considerada desde finales del siglo XVIII como una recuperación de la Edad Media germánica inmediatamente posterior a la caída del Imperio romano, esta nueva estética articuló el enfrentamiento entre lo caótico y lo armonioso, entre la transgresión y la norma; surgió así una inusual reivindicación de la literatura primitiva y genuina, rica en situaciones desasosegantes y desfamiliarizadoras, entre las aguas de lo sublime y lo grotesco, lo siniestro y lo destructivo; véase A. González-Rivas Fernández, *Los clásicos latinos y la novela gótica angloamericana*, pp. 55-63. Entre otras, *El castillo de Otranto* (*The Castle of Otranto*, 1764) de Walpole, *Frankenstein* (1818) de Mary Shelley o *Melmoth, el Errabundo* (*Melmoth the Wanderer*, 1820) de C. Maturin abordaron mitos antiguos bajo tamices antes insospechados (si bien la obra de Walpole no desarrolla mito alguno).

tica del mundo al "logos" dominante en las ciencias de la naturaleza»[29]. Ciertamente, tal era su concepción del mito en su época, marcada, como en cada crisis histórica, por una correspondiente «crisis de la conciencia mítica». Unos ejemplos: en la antigua Grecia esta crisis es protagonizada, antes y durante la época clásica, por Anaximandro, Jenófanes, Anaxágoras, Leucipo o Epicuro; durante los primeros siglos del cristianismo, por Clemente de Alejandría, Justino, Orígenes, y, a finales del siglo XIX, por escritores y publicistas como Barrès:

El hastío bosteza sobre este mundo descolorido por los sabios. Todos los dioses están muertos y lejanos; no pensemos que nuestro ideal vivirá más que ellos. Una indiferencia profunda nos invade[30].

Palabras amargas. Más positivas parecen las de Mallarmé, publicadas en esos mismos años:

La mitología no es más que la compilación de las *habladurías* con las que los hombres de antaño se contaron todo lo que veían u oían en los países donde vivieron. [...] Así percibimos, nosotros, modernos, mejor que los pueblos clásicos, hasta qué punto, en su forma primitiva, esas *habladurías* eran naturales y estaban al mismo tiempo adornadas de una hermosura y una verdad maravillosas[31].

Como Barrès, también el poeta constata el paso irremisible del tiempo, pero deja abierta una ventana a la dimensión poética y pedagógica de los mitos. Quedan atrás los tiempos en que el mito era despectivamente considerado como un recurso explicativo de sociedades arcaicas:

El mito no es una fase primitiva y superada de nuestra historia cultural, sino, por el contrario, una forma de saber más auténtica, no devastada por el fanatismo puramente cuantitativo y la mentalidad objetivante propia de la ciencia moderna, de la tecnología y el capitalismo[32].

---

[29] H. Hinterhäuser, *Fin de siglo. Figuras y mitos*, p. 12.

[30] «L'ennui baille [sic] sur ce monde décoloré par les savants. Tous les dieux sont morts et lointains; pas plus qu'eux notre idéal ne vivra. Une profonde indifférence nous envahit», M. Barrès, «Le sentiment en littérature», p. 33. Sobre la crisis de la conciencia mítica a lo largo de la historia, véanse W. Nestle, *Historia del espíritu griego*, pp. 43-55; P. Lévêque, *L'Aventure grecque*, p. 296; F. Chamoux, *La Civilisation grecque*, pp. 232-236, y M. Onfray, *Les Sagesses antiques*, pp. 47 y 200.

[31] «La mythologie est simplement le recueil des *on-dit* par lesquels les hommes d'autrefois se contèrent tout ce qu'ils voyaient ou entendaient dans les pays où ils vécurent. [...] Nous percevons donc, nous autres modernes, mieux que ne le firent les peuples classiques, combien, dans leur forme primitive, ces *on-dit* étaient naturels en même temps que dotés d'une beauté et d'une vérité merveilleuses», S. Mallarmé, *Les Dieux antiques*, p. 25. El poeta, profesor de inglés desde 1863, toma estas ideas del libro de G. W. Cox, *A Manual of Mythology in the Form of Question and Answer*, Londres, 1867, cuya traducción francesa publica en 1879.

[32] «Il mito non è una fase primitiva e superata della nostra storia culturale, ma anzi è una forma di sapere più autentica, non devastata dal fanatismo puramente quantitativo e dalla mentalità obiettivante propria della scienza moderna, della tecnologia e del capitalismo», G. Vattimo, *La società trasparente*, p. 48.

Epistemología

Manos a la obra: la mitocrítica cultural se comporta como una disciplina híbrida, transversal. Su objeto de estudio no pertenece, por supuesto, al ámbito del mundo material, ni, por lo tanto, a su experimentación (al *facere*), sino a un área del mundo estético y espiritual: estamos en el orden del relato, del símbolo, de la emoción, la impresión y la apreciación propias del receptor (el *recipere*)[33]. Pero esto no implica salirse de la ciencia. El estudio de lo empírico y lo poético es compuesto, pero no opuesto ni excluyente desde el punto de vista científico[34].

La crítica del mito se anuncia como una actividad de conocimiento específico, híbrido. A mi modo de ver, la ausencia de teoría y definición convincentes del mito se explica tanto por la carencia de una epistemología propia de la mitocrítica como por los intentos de suministrarle hermenéuticas y metodologías extraídas de otras disciplinas.

Si queremos asentar el carácter epistémico de la mitocrítica cultural, debemos investirla de un «espíritu científico nuevo», al igual que se ha hecho en todas las revoluciones científicas[35]: ¿cómo pensar el mito hoy día? Por lo anteriormente dicho, se echa de ver que el problema es arduo, de tipo literario y artístico, pero también filosófico y psicológico: sabemos de dónde venimos y qué resultados ha dado una mitocrítica confinada en los marcos de la narratología, la psicología y la sociología. También es un problema de tipo religioso[36]. Todo esto implica, antes que nada, situarla en el marco científico.

Las clasificaciones de las ciencias humanas son innúmeras. Tomemos la más general e inclusiva:

1. Ciencias jurídicas: están caracterizadas por su carácter normativo; el derecho indica, ante todo, lo que se debe hacer y evitar en sociedad.
2. Ciencias nomotéticas: la sociología, la etnología, la lingüística, la economía, la demografía e incluso la psicología. Extraen sus leyes tanto de las relaciones cuantitativas constantes (que se expresan bajo una forma de funciones matemáticas), como de los hechos generales y análisis estructurales (que se traducen mediante un lenguaje corriente o formalizado)[37].
3. Las ciencias históricas.

---

[33] Sigo a J. Kristeva en su reflexión sobre el texto literario: ella distingue, refiriéndose a B. Croce, H. Spencer, C. K. Odgen e I. A. Richards, entre el conocimiento científico únicamente formal (*facere*) y la necesaria consideración de los modos diversos de generación y recepción de un texto literario; véase Σημειωτική. *Recherches pour une sémanalyse*, pp. 15-19.

[34] Véase H. Meschonnic, *Pour la poétique* II, p. 21.

[35] Véase G. Bachelard, *L'Activité rationaliste de la physique contemporaine*, p. 23.

[36] Sin bajar al ruedo de las opciones religiosas ni a sus doctrinas, la mitocrítica se interesa también por la dimensión religiosa del ser humano; según los informes del Pew Research Center, en 2050 el 86,8% de la población mundial se sentirá afiliado a una religión (www.pewforum.org). Religión aquí designa un sistema comunitario de creencias y consiguientes prácticas racionalizadas, con un alto grado de interiorización, acerca de una entidad sobrenatural de tipo sagrado y personal; véanse J. T. Alvarado Marambio, «¿Qué es una "religión"?», pp. 35-38, y A. Ramos González, «Ateísmo y espiritualidad», p. 170.

[37] J. Piaget, *Épistémologie des sciences de l'homme*, pp. 15-28. No hay ciencia social que no sea, al mismo tiempo, humana.

4. Las ciencias filosóficas.
5. Las ciencias de lo numinoso o ciencias divinas.

Ni 3 ni 4 ni 5 requieren explicación.

La tendencia a emparedar la mitocrítica entre las ciencias humanas canonizadas ha sido letal para su desarrollo. Metida con calzador en la horma de la lingüística (aportaciones estructuralistas), de la historia (estudio historicista) o de la filosofía (idealismos y gnoseologías), no ha gozado del espacio necesario para respirar a sus anchas y desarrollarse como ciencia autónoma. Por suerte, la evolución positiva que actualmente están experimentando las ciencias en su apertura transdisciplinar nos permite augurar un futuro alentador si la mitocrítica cultural define su propio terreno.

6. Las ciencias de la literatura, que llamamos, en España y los países de Iberoamérica, filológicas. A este propósito, me permito traer a colación la definición que el *Diccionario de Autoridades* da de la filología:

> Ciencia compuesta y adornada de la Gramática, Rhetórica, Historia, Poesía, Antigüedades, Interpretación de Autores, y generalmente de la Crítica, con especulación general de todas las demás Ciencias[38].

Personalmente, considero que la mitocrítica cultural debe ser una disciplina a caballo entre cinco grandes tipos de ciencias humanas: nomotéticas, históricas, filosóficas, filológicas y divinas (dejando al margen las jurídicas). Este carácter híbrido y transversal la capacita para dar una razón profunda y demostrativa de las manifestaciones artísticas y literarias del ser humano en el mundo pasado, presente y futuro.

Nuestra disciplina debe reunir las condiciones de certeza, extensión, valor y legitimidad, es decir, las «fuentes y condiciones de posibilidad» que Kant reclamaba para la suya[39]. Además de esas condiciones, la crítica del mito debe añadir una sana combinación del legado transmitido desde antiguo y de las llamadas autoridades[40].

La nuestra no es una disciplina experimental: no cabe incubar mitos en probetas de laboratorio para observar su desarrollo y extraer consecuencias. La mitocrítica cultural posee en sí misma el marco deductivo suficiente y necesario que reclama el desarrollo de toda ciencia humana, a condición de apoyarse, como un puente en sus pilares, sobre los criterios de los cinco grandes tipos de ciencias humanas y no verse encasillada en los márgenes de ninguna de ellas.

Así, la mitocrítica cultural ha de ser:

---

[38] Madrid, Gredos, 1964, facsímil, t. III, «Philologia» [1737].

[39] Kant, *Crítica de la razón pura*, Prólogo a la 1.ª edición, A XXI, P. Ribas (trad.), p. 14; «die Quellen und Bedingungen ihrer Möglichkeit», *Kritik der reinen Vernunft*, p. 13. Solo desde entonces, nos recuerda E. Cassirer, Occidente ha empezado a desarrollar una «crítica»; véase *Das mythische Denken*, «Vorwort», en *Philosophie der symbolischen Formen*, t. II, p. vii.

[40] «En el comienzo de toda hermenéutica histórica debe hallarse, por lo tanto, *la resolución de la oposición abstracta entre tradición e investigación histórica, entre historia y conocimiento de la misma*», H.-G. Gadamer, *Verdad y método*, A. Agud Aparicio y R. de Agapito (trads.), t. I, p. 351. Este mismo pensador da claves preclaras para una «rehabilitación de autoridad y tradición» (pp. 344-349).

a) Nomotética. Con los principios expuestos en este estudio, comprobaremos que es posible extraer leyes a partir de hechos generales y análisis estructurales. La repetición cuantitativa de datos particulares proporcionados por los textos permite su generalización factual, precisamente la misma que conduce al establecimiento de la estructura mínima del mito a base de mitemas (§ 9). Gracias a esos principios, observaremos que, en condiciones y circunstancias estables, las mismas causas producen siempre los mismos efectos; que, respetados unos requisitos cualitativos, estructurales, referenciales y coyunturales precisos, el fenómeno mítico se produce indefectiblemente. Siempre que, en el mundo de la ficción, un acontecimiento extraordinario de carácter trascendente remite a una cosmogonía o a una escatología absolutas, ya sean individuales o colectivas, irrumpe el mito. Esta constatación será complementada por la descripción de las funciones del mito.

b) Histórica. Aun consciente de la irreductibilidad cronológica, la mitocrítica cultural se propone concertar diversos tiempos (de la historia, de la diégesis) con la ucronía del mito. Esta mitocrítica, sin embargo, no debe operar nunca de manera historicista, error procedimental consistente en aplicar el método histórico a una ciencia no histórica. Su objeto es diverso al de la historia[41].

La relación entre mitocrítica e historia es sumamente compleja. No pocas veces la labor de los críticos en mitocrítica se ha limitado a «desvelar, ya sea en un escritor o en la obra de una época y un medio determinados, los mitos directivos y sus transformaciones significativas»[42]; así resume Tomé Díez el trabajo de Durand. Esta síntesis de las teorías y prácticas del insigne investigador francés me parece exagerada, pero nos previene del riesgo continuo que se cierne sobre la disciplina. La mitocrítica no puede ser una ciencia vicaria de la historia, ni establecer catálogos de mitos como cierta historia hacía con las dinastías. La historia está para ayudar a la mitocrítica, no para fagocitarla.

c) Filosófica. Sin limitarse a una corriente filosófica determinada, la mitocrítica cultural debe apoyarse sobre los hechos (objetivables de modo incuestionable en el texto o en los testimonios), evidenciar la naturaleza de los conflictos (no es ajena al ámbito de los acontecimientos) e investigar el campo de las emociones, las pulsiones y las contradicciones (el *recipere*); de este modo, la mitocrítica cultural entra en consonancia, respectivamente, con la filosofía empírica, dialéctica y, sobre todo, fenomenológica[43].

---

[41] Aristóteles distingue entre el objeto del historiador y del poeta: «la diferencia está en que uno dice lo que ha sucedido, y el otro, lo que podría suceder»; véase Aristóteles, *Poética*, 1451b4-5, V. García Yebra (ed.), p. 158; pero los historiadores modernos combinan irreductibilidad de los tiempos históricos y concordancia de los tiempos. Sobre esta cuestión, véase P. Ricœur, *Le temps raconté*, en *Temps et récit*, t. III, pp. 19 y 112-113.

[42] M. Tomé Díez, «¿Qué es la mitocrítica?», p. 140. Este crítico muestra cómo los trabajos de Durand permiten trazar «la fluctuación histórica de un mito [...] teniendo en cuenta la frecuencia de aparición de un "paquet" [paquete] sincrónico de *mitemas* a lo largo de una secuencia temporal (años, decenios, siglos)»; no salimos de la historia, nos quedamos apartados de la mitocrítica.

[43] Sobre el compromiso ideológico del filósofo, véase J. Piaget, *Épistémologie des sciences de l'homme*, pp. 82-88; sobre las derivadas psicológicas de la fenomenología, véase F. Copleston, A *History of Phi-*

d) Relativa a lo numinoso o divino. Al margen de apreciaciones valorativas sobre tal o cual opción religiosa, la mitocrítica cultural indaga el elemento sobrenatural ínsito en el relato literario. Como veremos, la referencia a este elemento o acontecimiento extraordinario –explícito o implícito, afirmado o negado, etc.– es *conditio sine qua non* para que esta mitocrítica pueda operar sobre un objeto de estudio.

e) Filológica. Ciencia compuesta, resueltamente abarcadora, la filología (*filos-lógos*) liba lo mejor de cada ciencia aledaña para empavesar de sentido todo objeto oral, escritural y artístico. Pluridisciplinar por antonomasia, la filología es imprescindible para la mitocrítica cultural.

Una observación, a modo de añadidura, sobre el material de estudio. A lo largo de estas páginas utilizo con frecuencia el término «texto»; lo hago en su sentido amplio de cadena lingüística hablada o escrita con fines comunicativos de tipo literario. En ocasiones tal o cual uso puede sugerir (sin duda como consecuencia de una práctica docente polarizada hacia la escritura) una orientación exclusiva hacia el texto escrito; no es tal mi intención, y agradezco de antemano la indulgencia del lector. Aquí entran en consideración, por tanto, los textos orales y los textos escritos, todos ellos compuestos por un «tejido» lingüístico, pero también cuantas manifestaciones artísticas que, de un modo u otro, incluyen como referente un texto literario: artes plásticas y corporales, musicales y del espectáculo, cinematográficas, etc. El mito no repara en medios para darse a conocer.

Además de esta transversalidad, la mitocrítica cultural se caracteriza por validar los procesos de observación y verificación propios de las ciencias humanas[44]. Debe comparar, esto es, salirse del centro de la escena, tomar distancias respecto a su propio punto de vista, establecer paralelismos enriquecedores con otras ciencias e incluir cada nuevo conocimiento en la serie de conocimientos previos. Conseguirá así delimitar los problemas, combinando dos reglas epistemológicas incuestionables: la existencia de fronteras entre cada ciencia y el dinamismo movedizo de toda frontera.

La mitocrítica cultural escoge su proceder, esto es, recurre a un método encaminado al desarrollo de sus funciones generales y al uso de los instrumentos de verificación. El método es indispensable para alcanzar unos resultados: estos no se entienden sin aquel, utillaje determinante de una buena consecución. Cada método establece un plan de ataque teórico-práctico sobre un *corpus* de estudio homogéneo y coherente[45]. Lejos de ser estático y definitivo, el método evoluciona de acuerdo con nuevos controles sobre nuevos textos y análisis mitológicos. La disciplina está abierta a un constante reajuste epistemológico. En efecto, el investigador debe proceder con soltura y disponibilidad para evitar una excesiva fijación dentro de una sola disciplina, de un limitado grupo de textos, latitudes o épocas: esto le impediría saltar a la órbita de otra disciplina próxima para calibrar debidamente sus conclusiones a la luz de nuevas informaciones. Ahí reside, en buena medida, el reto de la mitocrítica cultural como ciencia.

---

losophy, t. VII, pp. 430-431. La intencionalidad fenomenológica contrarresta el peligro de la ingenuidad del objetivismo empirista; véase H.-G. Gadamer, *Verdad y método*, A. Agud Aparicio y R. de Agapito (trads.), t. I, pp. 306-307.

[44] Véase J. Piaget, pp. 28-43.

[45] Véase J. Starobinski, *La Relation critique*, p. 13.

A diferencia de otros conocimientos, como el del universo (mediante las ciencias empíricas) o de las cosas divinas (mediante la teología), el aportado por el mito no es crítico ni demostrativo (sí debe serlo, en cambio, la mitocrítica cultural). La literatura, las artes y la mitología aspiran a un conocimiento más profundo, fluido y flexible que el empírico o el sistemático[46]. Compete al investigador proceder a una criba para separar luces de sombras.

* * *

Arrojar una luz: en eso consistía la hermenéutica en un principio, recurso de filósofos, historiadores, filólogos y estudiosos de lo numinoso frente a textos contradictorios o versiones enfrentadas, tanto en tiempos medievales como, sobre todo, durante los debates entre católicos y protestantes. Con el tiempo, la reflexión hermenéutica se trasladó a la mera crítica de los textos, sobre todo cuando Kant puso de relieve el papel crucial del sujeto en todo proceso cognitivo. Siguieron las interpretaciones románticas, para las que la obra de arte ofrecía, prioritariamente, un carácter intencional: el texto o las artes plásticas eran encarnaciones de ideas que el lector o espectador solo podían desvelar gracias a una capacidad experiencial similar a la del creador. Esta concepción se vio truncada cuando el triunfo de las ciencias experimentales acabó por inspirar a antropólogos, sociólogos, psicólogos, historiadores, filósofos, filólogos y «numinólogos» (todos ellos operarios de las ciencias humanas y sociales) el sueño de emularlas en sus poderes explicativos; con el positivismo decimonónico cambió, definitivamente, el objeto de la hermenéutica:

> [...] la «comprensión» del fenómeno se desplomó en una «explicación». Sin «significado» en el sentido de la intención, «comprender», esto es, asir intelectualmente la lógica de los fenómenos, se fundió con su «explicación», es decir, la demostración de las reglas generales y las condiciones específicas que hacían inevitable la aparición de los fenómenos[47].

A continuación, la comprensión de cualquier acto humano vino a confundirse con la de alcanzar el sentido del que estaba investido. Esto condujo a un callejón sin salida porque ningún investigador en ciencias humanas podrá nunca alcanzar, en la interpretación de actos marcados por la subjetividad intencional (por naturaleza inverificable), semejante grado de exactitud y consenso al alcanzado en sus deducciones por un investigador en ciencias experimentadas en un laboratorio.

---

[46] «Myths, which simultaneously enlighten and obscure the truth...», A. Goodbody, «Editorial», p. i. Una auténtica sociedad del conocimiento no puede sostener, ni menos aún propugnar, un carácter unívoco del conocimiento; siempre ha habido, hay y habrá −es lógico, natural y bueno− múltiples tipos de conocimiento: práctico (*ars*) y teórico (*scientia*), empírico y filosófico, privado (*arcana imperii*, *arcana naturæ*) y público, legítimo y prohibido (*arcana Dei*), elevado y bajo, liberal y utilitario, etc.; véase P. Burke, *A Social History of Knowledge*, pp. 82-90.

[47] «the "understanding" of phenomena collapsed into "explaining". Without "meaning" in the sense of purpose, "understanding", i. e. the intellectual grasp of the logic of phenomena, was one with their "explanation", i. e. the demonstration of the general rules and specific conditions which made the occurrence of given phenomena inevitable», Z. Bauman, *Hermeneutics and Social Science*, p. 11.

¿Debemos concluir, de esta evolución, que las ciencias humanas carecen de carácter científico? Un positivista no se plantea la cuestión. Frente a las corrientes de pensamiento ancladas en la negación continua de las posibilidades de la hermenéutica, aquí optaremos por el diálogo de ciencias humanas y sociales que se apoyen recíprocamente para desentrañar los sentidos de la literatura y el arte.

MITO Y CULTURA

De sentido se trata. El sentido principal de lo narrado por el texto está sujeto a una serie de mojones (referencias culturales a la tradición histórica, filosófica, filológica, religiosa) que movilizan, como esquemas interpretativos, diversos modos de lectura de los que el lector es único responsable[48]. Lo cual no quiere decir que su lectura pueda desprenderse de toda obligación con respecto a la descodificación. Al lector compete ponderar la polisemia del texto como juego, parodia, queja, etc., y determinar la pertinencia de cualesquiera significaciones alegóricas o simbólicas. Dicho de otro modo, la exégesis debe hacerse con vistas a vencer la distancia respecto al texto original, por principio oriundo, para «incorporar su sentido a la comprensión presente que uno puede tener de sí mismo»[49]. Estamos hablando de axiología, de balizas interpretativas, de palimpsestos, indispensables en un estudio de mitocrítica cultural. De ahí la conveniencia de una serie de reflexiones sobre el concepto mismo de cultura antes de pasar a sus modos de interpretación[50]; solo entonces se facilita el paso de la interpretación de un texto a la interpretación de un mito. Las reflexiones abordarán aspectos filosóficos, éticos, religiosos y estéticos, todos ellos inherentes a una cultura.

I. El concepto filosófico de cultura –heredado de Aristóteles, aunque él no use el término– distingue entre materia y espíritu: a un lado se encuentra lo material, lo funcional y lo necesario; a otro, lo verdadero, lo bueno y lo bello. Es más, en esta concepción aristotélica, cultura se refiere a los trascendentales del ser (*unum, verum, bonum, pulchrum*): el hombre culto no habla sino del espíritu. Este idealismo antiguo supedita el ámbito de la materialidad al del conocimiento de la verdad, y los separa nítidamente: el saber del filósofo no está llamado a iluminar la vida del comerciante, el soldado o el esclavo. En general y sin descender a detalles, el pensamiento medieval no se diferencia mucho del aristotélico.

Con el humanismo y las primeras centurias de la modernidad, este horizonte cultural cambia radicalmente: el hombre crea y recrea lo bello mediante su genio y su gusto. Este giro en la estética corresponde a la nueva manera de enfocar el mundo: la búsqueda de la realidad y la verdad dejan paso al interés denodado por la claridad y la certeza; nada

---

[48] Véase M. Charles, *Rhétorique de la lecture*, p. 57.

[49] Cfr. «incorporer son sens à la compréhension présente qu'un homme peut prendre de lui-même», P. Ricœur, *Le Conflit des interprétations*, p. 8.

[50] Evidentemente, aquí me restrinjo a una cultura definida por sus contenidos, no por sus formas, como cabría hacer en un análisis semiológico, p. e., el ofrecido por Barthes sobre el paradigma «cultura de minorías/cultura de mayorías»; véase R. Barthes, «Culture de masse, culture supérieure», en *Œuvres complètes*, E. Marty (ed.), t. II, pp. 709-710.

importa tanto como someter cualesquiera datos al control de la razón, como percibir los modos de ser de la conciencia. Esta evolución no es inocua: a su paso deja víctimas en la cuneta, como el hombre natural, del que incluso Rousseau debe renegar en nombre de la comunidad social (*Contrato social*, II, 7), y que la Ilustración sacrifica en el altar de la cultura: «El hombre es un ser cultural, no un ser natural»[51].

Este concepto de cultura se expande hacia los cuatro puntos cardinales del continente europeo. La antropología del siglo XIX sigue por esta veta, combinándola con una especialización hasta entonces desconocida: la religiosa (W. R. Smith), la lingüística (M. Müller), etc., cuya síntesis ofrece Tylor al definir la cultura como «el conjunto complejo que incluye conocimiento, creencia, arte, moral, ley, costumbres y cualquier otra capacidad y hábito adquirido por el hombre como miembro de una sociedad»[52].

La filosofía contemporánea opera un giro brusco sobre el concepto de cultura. Según Scheler, la estructura fundamental del ser del hombre (la tensión entre el espíritu y la vida, es decir, la objetivación a la que el espíritu somete todo) origina la cultura: el lenguaje, la conciencia moral, las herramientas, las ideas, el Estado, las artes, la religión, la ciencia y, por supuesto, el mito[53]. Solo me permitiré un reparo a esta concepción de la cultura: confina la existencia de las ideas a la inmanencia del pensamiento. La teoría de la «objetivación del espíritu» es una herencia de Hegel, reductora del mundo a la inmanencia del espíritu: rechaza el objeto cultural como existente en sí mismo, esto es, independiente del espíritu subjetivo. Por suerte, como veremos más adelante, el mismo Scheler logra zafarse del pensamiento hegeliano y retornar al mundo de los valores objetivos, entre los que el ente cultural también encuentra acomodo.

Para desligarse del idealismo del espíritu absoluto, algunos filósofos aplican el componente histórico. Según Marcuse, el rechazo práctico del idealismo antiguo origina el concepto de «cultura burguesa». El hombre actual no quiere despreocuparse de los procesos materiales de la vida: «si la relación del individuo con el mercado es inmediata [...], también lo es su relación con Dios, con la belleza, con lo bueno y con la verdad»[54].

---

[51] «Man is a culture being, not a natural being»; la sentencia es de A. Bloom, que ofrece el ejemplo de Rousseau y sostiene el origen kantiano del concepto moderno de cultura como acuerdo entre las reivindicaciones de la naturaleza y la sociedad; véase «Culture», en *The Closing of the American Mind*, pp. 186-190. Para la deriva estética, véase L. Ferry, *Le Sens du beau*, pp. 19-21; para la deriva filosófica, véanse R. Corazón González, *Filosofía del conocimiento*, pp. 30-35, e I. Martínez-Liébana, «Notas sobre la doble idea de sensación en la filosofía de la modernidad», pp. 278-279.

[52] «Culture or Civilization, taken in its wide ethnographic sense, is that complex whole which includes knowledge, belief, art, morals, law, custom, and any other capabilities and habits acquired by man as a member of society», E. B. Tylor, *Primitive Culture*, I, p. 1. Esta definición ha sido posteriormente adoptada, con mínimas modificaciones, por la institución internacional destinada a promover la cultura; véase «Cultural Diversity» (http://www.unesco.org). En el siglo XIX, también son relevantes las aportaciones de Arnold. En línea con las doctrinas ilustradas del siglo XVIII, el crítico inglés aboga por el aspecto social y moral de la cultura: más allá de aumentar la pasión científica por el mero conocimiento («the scientific passion for pure knowledge»), la cultura debe orientarse hacia el bien común («diminishing human error and misery»), esto es, precaverse contra los tres grandes vicios: la superficialidad, el oscurantismo y la vulgaridad («Barbarians, Philistines, Populace»); véase M. Arnold, *Culture and Anarchy*, pp. 91-92 y 140-143.

[53] Véase M. Scheler, *El puesto del hombre en el cosmos*, V. Gómez (trad.), pp. 101, 115 y 122.

[54] Véase H. Marcuse, *Cultura y sociedad*, E. Bulygin y E. Garzón Valdés (trads.), p. 49. «Wie jedes Individuum unmittelbar zum Markte ist [...], so auch unmittelbar zu Gott, unmittelbar zu Schönheit,

Estos valores supremos han permeado nuestra vida cotidiana. Somos cultos porque, sin abandonar las contingencias materiales, asumimos esos valores. Marcuse sostiene que, a diferencia de los idealismos antiguos y modernos, la «cultura burguesa occidental» es capaz de compatibilizar dos responsabilidades: la de lo inestable material y la de lo estable espiritual[55]. Preciso es reconocer el acierto de este filósofo al devolver a la materia una cualidad indispensable para el concepto de cultura: no es menos relevante que los trascendentales *unum, verum, bonum, pulchrum*.

Solo parcialmente comparto estos acercamientos a la cultura, exponentes del idealismo tradicional (la cultura como fruto de una singular apropiación del mundo), inmanente (la cultura como fruto de la estructura mental objetivada por el espíritu) o materialista (la cultura como fruto de la estructura mental aplicada a los procesos de la materia). No podemos reducir el ser humano a los datos intelectivos (Platón, Aristóteles) o sociales (Scheler, Marcuse). Una concepción cabal de cultura no puede excluir (sería irracional) el dominio más intrincado de la psique (emociones, pasiones) ni la posibilidad de otros ámbitos distintos del natural. Toda cerrazón sería fatal para el progreso de las ciencias e imposibilitaría asociar lo emotivo y lo numinoso a la cultura.

Según Ortega y Gasset, la cultura es como «el sistema de ideas vivas que cada tiempo posee. Mejor: el sistema de ideas *desde* las cuales el tiempo vive»[56]. También según este filósofo, las «funciones vitales –[...] hechos subjetivos, intraorgánicos–, que cumplen leyes objetivas que en sí mismas llevan la condición de amoldarse a un régimen transvital, son la cultura»[57]. Como es sabido, Ortega distingue entre funciones vitales espontáneas (propias del cuerpo) y funciones vitales espirituales. Funciones vitales generadoras de cultura son, siempre según el ensayista madrileño, el pensamiento, la voluntad, el sentimiento estético, la emoción religiosa, etc.; facultades que, a diferencia de otras funciones vitales (como las corporales), tienen una dimensión trascendente. Aquí, la trascendencia no señala un mundo ajeno al nuestro (tal como sostiene la mitocrítica cultural), sino la dimensión constituida por una función vital determinada cuando «sale de sí misma y participa de algo que no es ella, que está más allá de ella»; esa trascenden-

---

Güte und Wahrheit», *Kultur und Gesellschaft*, t. I, p. 62. Una parte importante de la filosofía contemporánea procura rehabilitar la materia, darle cartas de nobleza semejantes a las otorgadas al espíritu; en esta línea, es preciso desvelar la extraña dialéctica existente entre dos mundos heterogéneos. Cuestión: ¿el acontecimiento mítico tendría lugar cuando, por un resquicio del relato, el mundo de la trascendencia, marcado por una determinada composición de espíritu y materia, se colara en el de la inmanencia, también marcado, aunque diversamente, por esa composición de espíritu y materia? De acuerdo con la naturaleza híbrida que barrunto en el mito, ¿trazaría este, también a través de la materia, su camino entre dos mundos habitualmente escindidos?

[55] No obstante, recordemos la crítica fundamental del marxismo a los valores burgueses, su pretendida ahistoricidad, en consonancia con antecesores directos, los pensadores clásicos: «la filosofía idealista burguesa, para demostrar la existencia de "valores" eternos, afirma que ya Aristóteles era un "axiólogo"», C. Morales, «Marxismo y valores», pp. 24-25. «Axiología», entiéndase: ética de los valores objetivos; el concepto remonta a Brentano.

[56] J. Ortega y Gasset, «Cultura y ciencia», *Misión de la universidad*, IV, en *Obras completas*, t. IV, p. 341; «ideas vivas», esto es, «*efectivas* convicciones sobre lo que es el mundo y son los prójimos, sobre la jerarquía de los valores que tienen las cosas y las acciones», *ibid.*

[57] J. Ortega y Gasset, «Cultura y vida», *El tema de nuestro tiempo*, IV, en *Obras completas*, t. III, p. 166.

cia apunta, en definitiva, a una «espiritualidad», a la cualidad de tener un sentido, un valor propio, más cercano al intelecto o necesidad de entender (νοῦς) que al alma o psique (ψυχή).

No le falta razón a Ortega, si bien cabría apuntar que ni el hombre ni la cultura se limitan a las funciones aludidas. Además, es preciso hacer hincapié en la indisoluble interacción entre las funciones vitales espirituales y las funciones vitales espontáneas. Un concepto global y holístico de cultura (tal como yo la concibo) rechaza cualquier dicotomía analítica en el ser humano: todo él es uno y único, resultado de asumirlo en su conjunto (inteligencia, voluntad, memoria, imaginación, sentimientos, afectos, emociones y pulsiones). Cuando el ser humano escinde naturaleza y cultura, se arriesga a ver el mundo de perfil, perder la visión frontal de sí mismo y, en lo que a nosotros incumbe, dar la espalda al mito[58].

Bauman concibe la cultura como un sistema dinámico en el que los modelos sociales, conectados entre sí, se mantienen formalizados. Merece la pena resaltar la ambivalencia de este concepto de cultura, donde la «regulación normativa» interactúa con la «creatividad» y recibe elementos externos solo en la medida en que se adapten y pueda asimilarlos. Es la habitual dialéctica entre lo ordinario y lo extraordinario, lo armónico y lo problemático, lo interno y lo externo. La dinamicidad del sistema cultural es capital: una cultura solo sobrevive si evita la petrificación de sus formas vitales, si las somete a continuas e inacabadas invenciones que reestructuren el conjunto matricial. De hecho, la identidad surge de la dramática contienda en la que un individuo escoge entre lo inevitable (los lazos sanguíneos y geofísicos) y lo evitable[59]. Hace falta un árbitro: la libertad.

Eagleton ha inundado multitud de páginas con sus escritos sobre la cultura. En su último libro al respecto aborda cuatro significados de este complejo término: 1) un conjunto de obras artísticas e intelectuales; 2) un proceso de desarrollo espiritual e intelectual; 3) un espectro de valores y prácticas simbólicas; 4) un modo de vida. Los tres primeros, afirma el crítico inglés, se caracterizan por su precisión, en tanto que el último adolece de generalidad. En realidad, unos y otros se entrelazan con frecuencia, sin que sea posible, las más de las veces, detectar la línea fronteriza que los delimita. A esta dificultad analítica se añade la tensión con la naturaleza (término del que, en última instancia, aquella deriva conceptualmente: *natura* > *cultura*): la cultura consiste en laborar y «cultivar» los bienes naturales, darles forma, tarea que contradice la misma noción de espontaneidad propia a la germinación natural. Una cosa es incuestionable: la cultura posibilita la apertura de la naturaleza a realizarse plenamente, ir más allá de sí misma[60]. Genial declaración que la mitocrítica habrá de aprovechar.

---

[58] P. P. Pasolini lo ha declarado de modo escandaloso en *Medea* (1969); cuando el centauro Quirón relata a Jasón niño los entresijos de su desafortunada situación, recurre a la única explicación plausible, la íntima conexión entre lo natural y lo sobrenatural: «Todo es santo, todo es santo, todo es santo. No hay nada natural en la naturaleza, hijo mío, mételo bien en la cabeza. Cuando la naturaleza te parezca natural, todo habrá acabado»; «Tutto è santo, tutto è santo, tutto è santo. Non c'è niente di naturale nella natura, ragazzo mio, tienitelo bene in mente. Quando la natura ti sembrerà naturale, tutto sarà finito».

[59] Véase Z. Bauman, *Culture as Praxis*, pp. xiv-xxxv.

[60] Cfr. «Human nature [...] needs culture (or grace) in order to fulfil and transcend itself», T. Eagleton, *Culture*, p. 29. En un libro de igual fecha, J. Gomá distribuye también la cultura en cuatro

II. No hay filosofía sin aplicación ética. Lejos de mí la intención de identificar el valor con la estima subjetiva; de lo contrario, abriría una espita a un chorro de subjetividad absoluta. Scheler sostiene que hay «*auténticas* y *verdaderas* cualidades de valor»[61]. Persigue así zafarse de las apreciaciones relativistas al uso, presentes ya en su época. Frente al relativismo de los valores, el filósofo declara sin ambages que estos «son *independientes en su ser* de sus depositarios». Se acopla en este aspecto al pensamiento de Aristóteles, quien, en su *Lógica*, distingue entre razonamientos por «demostración» y razonamientos «dialécticos»; los primeros, de orden impersonal (dignos de crédito por sí mismos), los segundos, asentados en opiniones generales o «plausibles» («parecen bien a todos, o a la mayoría, o a los sabios»)[62]. También Scheler se suma a quienes piensan que no todos los valores son iguales ni susceptibles de aplicación indiscriminada: independientes de sus sujetos depositarios, los hay mejores y peores; lo demuestra, a las claras, la deriva de sabias culturas que en el siglo XX periclitaron tras adoptar «valores» que primaban de modo absoluto el bien del Estado sobre el de la persona.

Una trabazón impalpable liga naturaleza y cultura. Sería perverso instituir valores contrarios a nuestro ser natural y erigirlos en icono cultural. Por perfectible que sea, nuestra naturaleza no deja de ser apreciable y buena; también nuestra cultura individual y colectiva son mejorables. El proceso que imprimamos al sano equilibrio entre ambas dirá mucho de nuestros propios valores. En efecto, lejos de toda volubilidad, los valores traslucen una armoniosa consonancia entre naturaleza y cultura que corre pareja a la tensión armoniosa que el mito consigue establecer entre la naturaleza natural y la sobrenatural[63]. De esa cultura y de esos valores –pero siempre a su modo– nos habla el mito. Sirva esta afirmación a modo de sencillo y rendido homenaje a la fusión que Lévi-Strauss siempre ha indagado y encontrado entre naturaleza y cultura[64].

---

sentidos: 1) imagen o interpretación del mundo; 2) obra de arte; 3) industria cultural; 4) política cultural; véase *Dignidad*, pp. 63-78. De estos sentidos, el 1 cubre los 2, 3 y 4 del crítico inglés, y el 2 su primero –Eagleton no presta atención a los 3 y 4 de Gomá–. Aquí nos interesamos por el primer sentido según Gomá –que presenta la ventaja de considerar la cultura como «condición de posibilidad de la visión» o interpretación del mundo (p. 64)–, o, lo que es igual, por los sentidos 3 y 4 de Eagleton –que presentan la ventaja de una mayor disección y análisis para comprender las condiciones de posibilidad y subversión del mito según el espectro de valores y prácticas simbólicas adoptados por el modo de vida moderno y posmoderno–.

[61] M. Scheler, *Ética. Nuevo ensayo de fundamentación de un personalismo ético*, H. Rodríguez Sanz (trad.), p. 60. El autor distingue diversas esferas de valor, en orden jerárquico ascendente: de lo agradable sensible, de lo estético, de lo ético. Lejos de todo hieratismo ético y estético, estamos ante una auténtica «experiencia» de la razón y del corazón, con sus correspondientes «juicios de valor empíricos sobre el existir empírico», M. Scheler, *Metafísica y axiología, en particular, ética*, J. M. Palacios (trad.), pp. 21-21.

[62] Aristóteles, *Tópicos*, I, 1, 100a-100b, en *Tratados de lógica (Órganon)*, M. Candel Sanmartín (ed.), t. I, p. 90. El estudio de los razonamientos analíticos le ha valido al filósofo helénico ser llamado padre de la lógica. El rechazo de esta distinción aristotélica remonta a Pierre de La Ramée en su *Dialéctica* (*Dialectique*, 1555); véase C. Perelman, *L'Empire rhétorique*, pp. 15-17.

[63] «La fusión del punto de vista individual con las observaciones objetivas facilita la conciencia de que los valores están incorporados en la realidad supraindividual, de que corresponden a la naturaleza misma de las cosas. Ahora bien, esta es justamente la función cultural del mito», J. R. Resina, «El dilema de la modernidad: ¿historia o mito?», p. 256.

[64] En todos sus estudios, el antropólogo prosigue una metódica investigación sobre las representaciones míticas del paso de la naturaleza a la cultura. De igual modo que el fuego de cocina «socializa»

Es más, cabe hablar de una entidad *a priori* objetivamente valiosa de las formas civilizadoras que conforman las culturas. Hay valores excelsos e inalienables: el respeto a la vida, la dignidad humana, la verdad y la libertad, la solidaridad y cuidado de los desfavorecidos. Tendremos ocasión de ver cómo, a su manera, tantas veces velada, el mito nos rememora su importancia.

«No donde naces sino con quien paces». En esta sentencia de *La lozana andaluza*, tomada del refranero popular y repetida de formas muy diversas en la literatura posterior (*Segunda Celestina*, *Don Quijote*, *Guzmán de Alfarache*), estriban dos pilares de la cultura. Otros refranes dicen lo contrario: «de tal palo, tal astilla», por ejemplo. Quizá convendría enunciar el dicho de otra manera: «de donde naces y con quien paces». La cultura no es tanto el cúmulo de saberes adquiridos (eso es, la crianza, la educación, la erudición) como nuestra manera personal de mirar el mundo una vez los hemos asimilado, y nuestra aptitud para mejorar nuestra percepción a medida que aprovechamos nuestra herencia y experiencia. La jerarquía de valores importa, pero no menos que nuestra aptitud y actitud para contrastarlos con lo que somos y ambicionamos ser. La cultura así entendida es algo más que un simple apósito intelectual, vivencial o social; interactúa con nuestra conciencia (muy distinta de la manida ipseidad de nuestros pensamientos y sentimientos) y con nuestra naturaleza (muy distinta de la socorrida biología de nuestras tendencias y pulsiones). Una cultura que no educa ni libera no es tal.

Uno de los grandes descubrimientos puestos de manifiesto por el mito es la profunda unidad del ser humano: aun desgarrados por vergüenzas inconfesables y agobiados por caprichos fatalistas, las heroínas y los héroes míticos saben lo que son y para lo que son (aunque se sientan incapaces de arrostrar las situaciones); que viven conscientemente

---

el alimento crudo, las madres de los indios pueblo en Nuevo México o en California dan a luz sobre un montón de arena caliente o sobre hornos cavados en el suelo, simbolizando así la incorporación de un nuevo miembro al grupo; véase *Mythologiques. I: Le Cru et le Cuit*, pp. 341-342. Este tránsito de la «materia bruta» a la «actividad cultural» se refleja en todos los objetos de consumo; así, en los indios bororo de Brasil, los mitos sobre el origen de la miel propiamente dicha (producto natural) presentan una simetría perfecta con los mitos sobre su recolección y consumo (producto destinado al rito social y religioso en la fiesta de la miel); véase *Mythologiques. II: Du Miel aux Cendres*, pp. 31-38; estas relaciones se expresan de modo simétrico entre los indios timbiras de Brasil (que prescriben el silencio «en la mesa del jaguar, señor de un fuego terrestre y constructor») y asimétrico entre los de las Llanuras en América del Norte (que prescriben la masticación ruidosa en la mesa del Sol, «señor del fuego celeste y destructor»); véase *Mythologiques. III: L'Origine des manières de table*, pp. 265-266. Como complemento, otra serie de mitos de los indios chehalis en América del Norte (la madre maga, la abuela disfrazada) figura y explica respectivamente el origen de fenómenos atmosféricos (la luna y el sol) o telúricos (los seísmos); véase *Mythologiques. IV: L'Homme nu*, pp. 427-429. La vasta obra de este antropólogo representa un fuerzo titánico de síntesis por reducir datos aparentemente arbitrarios a un orden: a las supuestas incoherencias del matrimonio (solventadas dentro de un sistema significativo en *Les Structures élémentaires de la parenté*) responde la dimensión semántica argumentada en los cuatro tomos de *Mythologiques*, donde la oposición entre ausencia y presencia de la cocina (*Le Cru et le Cuit*), así como la presencia de esta para comprender sus «alrededores» (*Du Miel aux Cendres*) y sus «contornos» (*L'Origine des manières de table*) desde la perspectiva de un «cuadro coherente» (*L'Homme nu*), muestran que los mitos sobre el origen de la naturaleza están íntimamente relacionados con los mitos sobre el origen de la cultura: esta expresa aquella. Con todo, no conviene obviar la ausencia de dimensión trascendente en esta mitocrítica: al estructuralismo simbólico durandiano (primero postural o reflexiológico y después psicoanalítico), Lévi-Strauss responde con un estructuralismo sociofamiliar.

su identidad profunda a despecho de lo que manifiestan y de las consecuencias de sus manifestaciones; que no se reducen a sus hazañas ni a sus fracasos. Hay una cadena invisible pero fuerte como la muerte entre cultura, naturaleza, persona, opinión y verdad.

Por eso la cultura, así enfocada, ya que fundamenta la recepción personal y colectiva de los textos, ayuda a ponderar los argumentos que permitan distinguir entre trillados y novadores. Siempre disponible para sintonizar con una multitud de textos, permitirá interpretarlos convenientemente gracias a una hermenéutica apropiada que evite ideologías deformantes, para localizar en qué consiste el mito, dónde está, qué funciones ejerce, qué significaba en otros tiempos, qué significa hoy, en sí misma y en relación con el universo literario, artístico y existencial.

Investir un mundo con valores es, sin duda alguna, una tarea intencional, dirigida al futuro, pero propulsada por el pasado. La *traditio* ejerce una influencia enorme en nuestra cultura. Sin demorarme ahora en la dialéctica sobre los valores indiscutibles (los «excelsos e inalienables» antes mentados) y la asunción de otros en las épocas moderna y contemporánea, llamo aquí la atención sobre la importancia de la tradición heredada; en honor a la verdad, hemos de admitir que «somos enanos a hombros de gigantes»[65].

En justicia, el reconocimiento de los valores transmitidos debe ser lo más inclusivo posible. Sería injusto no ya despreciar, sino ignorar todas las fuentes principales que irrigan nuestra cultura occidental: me refiero tanto a la aportación de las filosofías antiguas y medievales como a las religiones judía y cristiana –puestas hoy en tela de juicio cuando no relegadas al estatuto de ilusiones–. Afirmar, por ejemplo, que «el orbe histórico al que pertenecemos es producto del genio filosófico y artístico de Grecia, completado por el genio religioso de la gente hebrea y el genio político y jurídico de la gente romana» es reductor e incompleto[66]. Grecia, Roma (en sus dos sentidos principales),

---

[65] La fórmula, de Bernard de Chartres, nos la ha transmitido John of Salisbury en su *Metalogicus*: «Dicebat Bernardus Carnotensis, nos esse quasi nanos, gigantium humeris insidentes, ut possimus plura eis et remotiora videre, non utique proprii visus acumine, aut eminentia corporis, sed quia in altum subvehimur et extollimur magnitudine gigantea», en *Opera omnia*, J. A. Giles (ed.), t. V, III, IV, p. 131.

[66] A. Reyes, *Estudios helénicos*, en *Obras completas*, XIX, p. 23. Más acertadamente, y de forma menos restrictiva, Benedicto XVI ha expresado la feliz confluencia de las culturas: «Este acercamiento interior recíproco que se ha dado entre la fe bíblica y el planteamiento filosófico del pensamiento griego es un dato de importancia decisiva, no solo desde el punto de vista de la historia de las religiones, sino también del de la historia universal», *Discurso... en la Universidad de Ratisbona*, 12 de septiembre de 2006; «La cultura de Europa nació del encuentro entre Jerusalén, Atenas y Roma; del encuentro entre la fe en el Dios de Israel, la razón filosófica de los griegos y el pensamiento jurídico de Roma», *Discurso en el Parlamento Federal* (Berlín), 22 de septiembre de 2011. Unos años antes, Juan Pablo II había reivindicado que no se olvidase la cultura cristiana a la hora de definir las raíces de Europa: «desde Santiago, te lanzo, vieja Europa, un grito lleno de amor: Vuelve a encontrarte. Sé tú misma. Descubre tus orígenes. Aviva tus raíces. Revive aquellos valores auténticos que hicieron gloriosa tu historia y benéfica tu presencia en los demás continentes. Reconstruye tu unidad espiritual, en un clima de pleno respeto a las otras religiones y a las genuinas libertades. Da al César lo que es del César y a Dios lo que es de Dios», «Discurso en Santiago de Compostela», 9 de noviembre de 1982. Sobre esta espinosa cuestión, véase A. Dupuy, *Le Courage de la vérité*, pp. 172-188. Por supuesto, la permeabilidad de las culturas discurre en ambos sentidos, como muestra la helenización del judaísmo (*Septuaginta*, Flavio Josefo, Filón de Alejandría) y del cristianismo (san Justino, Clemente de Alejandría, Eusebio de Cesarea); véanse L. Kolakowski, *Si Dios no existe...*, M. Sansigre Vidal (trad.), pp. 60-61; A. Piñero, «El judaísmo helenizado», pp. 118-121; J. Signes Codoñer, «La convergencia entre

Jerusalén, bien anudadas con otras aportaciones que ahora mentaré, han compuesto un magnífico mosaico que debemos conservar como nuestro mejor patrimonio cultural.

Por mi parte y en lo referente al mito, he prestado sumo interés a las grandes tradiciones de Occidente: me han ayudado a recorrer un camino que otros podrán recorrer en diferentes sentidos. En todos los relatos míticos de estas tradiciones reverbera una serie de elementos invariantes sumamente operativos para elaborar una mitocrítica (una trascendencia que arma de completitud la vida humana, el acontecimiento extraordinario que interconecta dos mundos, la cosmogonía y la escatología que modelan el sentido de la existencia). La literatura comparada nos ha ayudado a estudiar los procesos de transformación y desplazamiento operados entre varias literaturas (préstamos, influencias, diferencias)[67]. Sin prescindir un ápice de esta aportación, aquí pongo el foco en el elemento estructurante en torno al cual giran esos procesos: el mito.

La comprensión del mito sería imposible, para la mitocrítica cultural, sin la aportación de las tradiciones griega, romana, judía, cristiana, celta, nórdica (escandinava, con sus estribaciones germánicas y anglosajonas), eslava, finoúgria y musulmana[68]. Dowden observa los dos extremos del mito griego –desde su pasado indoeuropeo hasta sus modernas interpretaciones contemporáneas– y afirma que entre ambos «se encuentran la cultura y la historia de los griegos, con los que el mito está en diálogo continuo»[69]. Aquí

cristianismo y paganismo en el ámbito del pensamiento y la literatura griegas», pp. 144-147, y el sabroso librito de G. Steiner, donde este crítico aborda la «doble herencia de Atenas y Jerusalén», *La idea de Europa*, M. Condor (trad.), pp. 52-62.

[67] I. Lotman, *La semiosfera*, I, D. Navarro (trad.), pp. 62-64. Una lengua, una literatura y un elemento numinoso permiten ver una cara del hecho mitológico, pero el mito es poliédrico, más aún, caleidoscópico; su definición resultará aquí de la puesta en común de una multiplicidad de facetas, dejando siempre la puerta abierta a nuevos destellos. Precisamente Kirk ha criticado a cuantos elaboran una teoría «asumiendo que la mitología griega ofrece un patrón para todos los demás mitos», G. S. Kirk, «On Defining Myths», p. 54.

[68] De todas estas, quizá la más difícil de rastrear sea la mitología prehispánica. Conservamos objetos culinarios y utensilios sacrificiales (vaso de la danza bastetana, pátera de Tivisa, cálato de Cabezo de la Guardia), pero la carencia de textos torna insatisfactorios los intentos de interpretación; véase M. V. García Quintela, *Mitos hispánicos*, pp. 9-16.

[69] K. Dowden, *The Uses of Greek Mythology*, p. 168. N. Frye resume el objetivo de su investigación en «dar cuenta racional de algunos de los principios estructurales de la literatura occidental en el contexto de su herencia clásica y cristiana», *Anatomy of Criticism*, p. 133; por esta misma senda, C.-G. Dubois ha expuesto de modo convincente, dentro del espectro imaginario occidental, la íntima confluencia de los relatos fundacionales e identitarios surgidos de las mitologías grecolatina y judeocristiana; véase *Mythologies de l'Occident*, pp. 7-26. Al entramado de estas tradiciones hay que añadir las que acabo de mentar, absolutamente indispensables para la comprensión del mito en la cultura occidental. Así, por ejemplo, a partir de las reflexiones de F. Borkenau (*End and Beginning*, 1981), J. M.ª Mardones ha evidenciado la huella de la mitología alemana en la «sensibilidad mítica» de Occidente: el individualismo del *Nibelungenlied* (el «yo» hablante, la conciencia de soledad, la preocupación por la muerte y el destino personal) configura, junto a las demás epopeyas, el «trasfondo mítico» europeo; véase *El retorno del mito*, pp. 134-136. A ellas, en fin, hay que añadir muchas otras influencias, como las esotéricas y ocultistas, sobre las que volveré más adelante. Aparecerán pinceladas herméticas acá o allá, pero he preferido, en aras de una mayor concreción, evitar una dispersión que podría confundir al lector sobre la naturaleza del mito. En este volumen he procurado, en la medida de mis posibilidades, aunar estas tradiciones para la elaboración de la mitocrítica cultural; lamento no estar en condiciones de añadir el valiosísimo bagaje de la herencia musulmana. Aquí dejo los prolegómenos; otros, si los consideran acertados, seguirán por esta senda.

ampliaré el espectro de estudio para mostrar que el mito, en sí mismo considerado, establece un diálogo tremendamente fructífero con todas las tradiciones de Europa desde los tiempos antiguos hasta los nuestros y colabora activamente en la conformación y comprensión de la cultura occidental. Estoy plenamente convencido de que el *lógos* y el *mýthos* griegos, sin confundirse, se combinan felizmente en una simbiosis sin precedentes con el pensamiento judeocristiano y el pragmatismo romano en la configuración posterior de una mitología medieval maravillosamente irrigada por las contribuciones celta, nórdica, irlandesa, eslava o finoúgria (Tristán, Arturo, el Grial, Odín, Beowulf, las rusalcas, el *Kalevala*); y también de que la mitología moderna (Fausto, Macbeth, Hamlet, Don Juan, Frankenstein, Drácula) es, *lato sensu,* una peculiar adaptación judeocristiana de las mitologías grecolatina, germánica y eslava[70].

No me viene a la mente mejor ejemplo que el *Fausto II* de Goethe (1.ª ed. 1833, fechada en 1832). Durante la mascarada en el salón de palacio, dado que los «poetas de la noche y de las tumbas» conversan con un vampiro, el Heraldo recurre «a la mitología griega, que incluso en máscara moderna no pierde carácter ni encanto» (acto I)[71]. Salen entonces a escena las Gracias, las Parcas, las Furias, Zoilo-Tersites (figura de invención a partir del filósofo cínico y el guerrero homérico), Plutón, faunos, Sátiro, gnomos, gigantes, ninfas. A estos personajes se une, ya en el acto II, el Homúnculo (clara referencia a Paracelso), que describe el encuentro amoroso de Zeus y Leda, observa el marco en que se encuentran (fusión de los mundos gótico y griego) y advierte que celebran «la noche clásica de Walburga» (contrapartida de la Noche de Walburga del *Fausto I*, 1.ª ed. 1808). Al ignorante Mefistófeles («Nunca había oído hablar de cosa parecida»), el Homúnculo burlón espeta: «Conocéis únicamente espectros románticos; / un espectro genuino ha de ser también clásico» (vv. 6.946-6.947). Durante la *Klassische Walpurgisnacht,* fiesta en honor de santa Walburga por su papel en la conversión de los pueblos paganos y por su eficacia para ahuyentar los espíritus malignos, Mefistófeles manifiesta su renuencia a conversar con «los colegas de la Antigüedad» (v. 6.949); gentilmente hará de tripas corazón para dialogar con una buena multitud de ellos (grifos, la Esfinge, legendarias hormigas gigantes, los arimaspos de un solo ojo, sirenas, Peneo, ninfas y el centauro Quirón). Apenas Fausto se interna en el Inframundo guiado por la sibila Manto en busca de «Helenas», Mefistófeles continúa su multifacética aventura con nuevos personajes míticos de la Antigüedad (lamias, una empusa, una oréade, una dríade) y cierra con las Fórcides un trato «mitológico» («Da ging' es wohl auch mythologisch an», «*Klassische*

---

[70] Una adaptación, sin duda, tremendamente singular. Frente a la personificación de las fuerzas de la naturaleza (una de las principales interpretaciones de las mitologías «paganas»), la mitología cristiana vendría a ser una «personificación de los destinos humanos, [no] del hombre en general, sino del hombre cristiano [que] se conoce a sí mismo y conoce a Dios», V. Risco, «Mitología cristiana», p. 373. Según este escritor, el mito grecolatino busca el infinito fuera del hombre, en el cosmos; el cristiano, dentro de sí, ya se trate del ciclo épico (Arturo, Roldán, Galahad) o del trágico, humanista o, incluso, anticristiano (Hamlet, Don Quijote, Don Juan, Fausto). Risco puede caer y cae en generalizaciones, imprecisiones y equívocos, pero acierta en que la «mitología cristiana es el drama interior hecho historia» (*ibid.*), porque el cristianismo no puede existir sin ella; se trata de una historia que el mismo mito procura difuminar para posicionarse como tal.

[71] «der Herold [...] ruft indessen die griechische Mythologie hervor, die, selbst in moderner Maske, weder Charakter noch Gefälliges verliert», Goethe, *Fausto II*, acto I, «Palacio - Salón», en *Fausto, una tragedia*, P. Gálvez (trad.), p. 394.

Walpurgisnacht - Peneius», v. 8.015). Esta serie de escenas en torno al dios fluvial Peneo concluye con el Diablo disfrazado de Fórcide y da paso a otra también acuática (con abundancia de sirenas, nereidas y tritones) donde el Homúnculo monta a lomos de Proteo metamorfoseado en delfín. En el acto III (la famosa *Helena* de Goethe) asistimos a una guerra de Troya invertida. Prevenida por la diabólica Fórcide de que Menelao atenta contra su vida, Helena se refugia en el castillo de Fausto, que resiste la embestida aquea con la ayuda inestimable de los pueblos del Norte europeo[72]. Conquistada Grecia («sol de las naciones») y tras una breve secuencia bucólica en «Arcadia[,] vecina de Esparta» (vv. 9.514 y 9.569), presenciamos el estrepitoso fracaso de Euforión (fruto del amor entre Fausto y Helena, y figura de lord Byron), nuevo Ícaro cuya caída provoca la muerte de la madre, que desciende a los Infiernos. Del acto IV cabe resaltar a «los tres poderosos» (*Die drei Gewaltigen*): Matasiete (Raufebold), Cogepronto (Habebald) y Trincaforme (Haltefest). Estas reminiscencias goethianas de Isbaal, Eleazar y Sammá (2 Sam 23, 8-12) y de Salal Jaš Baz (Is 8, 1) prestan su apoyo a Fausto y desbaratan los planes del Contraemperador. En el acto V, nuevas presencias de la mitología clásica: Baucis y Filemón, cuya casa arrasa Mefistófeles ayudado por «los tres poderosos» en una brillante subversión de la fábula latina (Ovidio, *Metamorfosis*, VIII, vv. 611-724), y la muerte del protagonista en brazos de los lémures o espíritus errantes de los muertos (Ovidio, *Fastos*, V, días 9, 11, 13). Las escenas finales presentan la lucha por el alma de Fausto entre el Diablo y los espíritus buenos (ángeles, santos y penitentes). Toda la obra es una fantástica hibridación de mitologías (griega, romana, bíblica, nórdica), correlatos esotéricos (alquimia, astrología, magia, ocultismo) y otras derivadas populares (folclore, supersticiones y brujería). De Goethe viene el consejo, y bueno es cobijarse bajo su patrocinio: el mito es uno y así será estudiado en este volumen.

La singular fusión de todas estas corrientes de pensamiento e imaginación justifica esta uniformidad en el modo de afrontar el fenómeno mitológico, al tiempo que acredita el establecimiento de nexos de unión y comprensión entre los mitos antiguos, medievales y modernos de Occidente.

No ignoro la división tripartita de Spengler en lo que atañe a las «almas» de la cultura. Según este filósofo de la historia, el alma *apolínea* caracteriza «la cultura antigua, que eligió como tipo ideal de la extensión el cuerpo singular, presente y sensible»; frente a ella se sitúa «el alma *fáustica*, cuyo símbolo primario es el espacio puro, sin límites, y cuyo "cuerpo" es la cultura occidental, que comienza a florecer en las llanuras nórdicas, entre el Elba y el Tajo, al despuntar el estilo románico en el siglo X». Quedaría, medianera entre ambas, «el alma *mágica* de la cultura árabe, que despierta en la época de Augusto, en el paisaje comprendido entre el Tigris y el Nilo, el mar Negro y la Arabia meridional»[73]. Lógicamente, Spengler no desciende a detalles; no tiene por qué: está configurando el

---

[72] «¡Fortifica y defiende, germano, / las bahías de Corinto! / La Acaya, con sus cien pasos, / la confío, godo, a tu poder. // Carguen contra Élide los francos, / sea entregada Mesenia a los sajones, / que el normando despeje los mares / y haga una Argólida grande»; «Germane du! Corinthus Buchten / Verteidige mit Wall und Schutz, / Achaia dann mit hundert Schluchten / Empfehl ich Gote deinem Trutz. // Nach Elis ziehn der Franken Heere, / Messene sei der Sachsen Los, / Normanne reinige die Meere / Und Argolis erschaff er groß», *ibid.*, «Innerer Burghof», vv. 9.466-9.473, p. 763 («bahías de Corintias», en la versión de Gálvez).

[73] O. Spengler, *La decadencia de Occidente*, M. García Morente (trad.), t. I, pp. 238-239.

esquema de su visión evolucionista (y pesimista) de la historia. Su panorama puede contribuir, desde la filosofía de la historia, a comprender algunas de las fuerzas principales que han movido Europa. Pero la mitocrítica cultural refuta esta propuesta, convencida de que el holismo provee de toda su fuerza al organismo resultante: la mitología europea no es un agregado de elementos inconexos entre sí; su energía procede de la simpar estructuración de pensamientos e imaginarios aparentemente contradictorios[74].

Menos aún ignoro la llamada de atención de Lotman sobre el carácter marcadamente escritural de la cultura europea –organizada en torno a la memoria evenemencial (los anales e informes periodísticos)– frente a otras variantes orales de Europa y otras culturas –organizadas en torno a la memoria secuencial (las costumbres y los rituales)–[75]. Como veremos (§ 2), esta perspectiva ilustra el progresivo distanciamiento entre la cultura occidental y el mito. La corriente helenística de racionalización clásica, el modo romano de utilidad práctica, la aportación judía de la creación cósmica o el concepto cristiano de divinidad histórica, propulsados por el fenómeno único de las universidades medievales, la aplicación de la autonomía moderna y el cientificismo contemporáneo, han configurado esta deriva predominante en la cultura europea. Tenemos aquí uno entre tantos criterios epistemológicos explicativos de los obstáculos que el mito ha debido salvar para sobrevivir en un ámbito que niega el pan y la sal al dominio ritual, simbólico y oral (piénsese en *Los dioses en el exilio* de Heine y en los dramas de Fausto, Hamlet o Don Juan). Todo sea dicho: en el último siglo, esta vertiente cultural ha experimentado una crisis insospechada debido a la competencia de nuevos formatos –la fotografía, la televisión y el cine– y a la preponderancia de la imagen y el sonido sobre la escritura –desarrollo de las tecnologías digitales–. De todo habrá de dar cuenta la mitocrítica cultural.

Por estas mismas razones, y porque conoce el beneficio de la apertura global –a condición de conservar la propia identidad–, la mitocrítica cultural no debe limitarse a las culturas antes mentadas, ni temer franquear límites geográficos, cosmológicos e históricos. Es muy valioso lo aportado por otras civilizaciones, todas ellas generadoras de grandes mitos, que merecen el máximo respeto; aunque aquí la reflexión y los ejemplos procedan, en su mayoría, del mito según el pensamiento y el imaginario europeos, las miras de la mitocrítica cultural no pueden ser eurocéntricas ni occidentalistas. Soñar es gratis, y permite imaginar expansiones al acervo cultural de la humanidad.

III. Junto a la filosofía y la ética, la religión. Hasta aquí solo la he mentado en su acepción de legado de una tradición o en una enumeración epistemológica junto a otras ramas de la investigación (literatura, historia, etc.). Ha llegado el momento de considerarla directamente en sus relaciones con la mitología para evitar el habitual *quid pro quo* entre disciplinas limítrofes: de igual modo que sería un dislate establecer o no establecer una correspondencia absoluta entre *lógos* y *mýthos*, también lo sería hacer otro tanto

---

[74] Sobre el holismo, véase el artículo homónimo de A. J. Perona, pp. 295-297. En cuanto al «alma *mágica*», que Spengler condensa en una agrupación de elementos aparentemente inconexos (álgebra, astrología, alquimia, mosaicos, califas, sacramentos y libros sagrados de las religiones persa, judía, cristiana y maniquea), en este volumen yo no la considero sino como el atajo de una serie de relatos (mitológicos unos, fantásticos otros), comparable a la paraciencia en los de ciencia ficción.

[75] I. Lotman, *La semiosfera*, II, D. Navarro (trad.), pp. 81-92.

entre mito y religión. Cassirer escribió una vez con frase lapidaria que «el mito es, desde su comienzo, una religión en potencia»[76]. Significaba así que todo mito contiene algunos elementos anticipadores de los ideales más elevados de la religión. Ciertamente, las religiones paganas han sido abandonadas y las monoteístas han experimentado un declive pronunciado (sobre todo en Occidente) de modo parejo al proceso de secularización; pero su fuerza estructuradora aún perdura y se manifiesta de manera críptica (a través de símbolos) o estrepitosa (a través de resurgencias)[77]. Se entiende que la mitocrítica cultural deba marcar, mediante una serie de reflexiones claras, su terreno frente al de la religión y al de las ciencias religiosas[78].

1. La primera reflexión se refiere a la vivencia religiosa (religiones vivas *vs.* religiones muertas). A diferencia de las religiones politeístas vivas, y habida cuenta de excepciones que confirman la regla (p. e., el renacimiento de cultos y ritos neopaganos), las antiguas religiones politeístas europeas generadoras de las respectivas mitologías objeto de nuestro estudio carecen de fieles practicantes. No así las religiones monoteístas generadoras de los mitos bíblicos o musulmanes.

Añadiré que mito y religión conviven de manera íntima, de modo semejante a como el mito comparte su ámbito con la literatura o las artes. Convivencia no es sinónimo de promiscuidad: mitocrítica y ciencia de la religión divergen en objeto, métodos y fines. La mitocrítica solo se ocupa de mitos y persigue una comprensión del ser humano en el mito (y viceversa) mediante sus propios procedimientos interpretativos.

Pero sería de ciegos, además de necios, ignorar el elefante en la habitación. Las religiones monoteístas refieren la existencia de una trascendencia sagrada de la divinidad cuya fe canónica profesan. También el mito la refiere, sin por ello profesar fe canónica alguna. La confluencia de estas dos referencias explica la confusión. Ahora bien, solo de modo superficial es comprensible que los fieles de una religión concernida puedan molestarse al ver que su divinidad o sus modelos de santidad entran en la nómina de la mitocrítica (sobre los personajes míticos de las religiones monoteístas, § 6). Bastaría con aguzar la vista para constatar que esa divinidad o esos santos únicamente aparecen en los relatos míticos como personajes míticos, no como personas reales (el «donante del relato» no es ninguna persona real, Barthes). Todo este libro considera que las líneas de la opera-

---

[76] Cassirer, *An Essay on Man*, p. 116 (original en inglés).

[77] Cfr. C.-G. Dubois, *Mythologies de l'Occident*, p. 4.

[78] No existe un común acuerdo sobre la filosofía de la religión, parte de la antropología filosófica sobre la dimensión religiosa del hombre y del hecho religioso al margen de la teología filosófica. De modo muy general, cabe hacer la distinción entre el acercamiento analítico (de raigambre anglosajona), centrado en las afirmaciones sobre las creencias religiosas y sobre los conceptos específicos del lenguaje religioso, y la tradición histórica (de origen alemán), orientada hacia la forma –y, consiguientemente, el significado– en que diversas civilizaciones han expresado simbólicamente el hecho religioso. Aquella investigación concibe el fenómeno religioso como una serie de enunciados sobre la divinidad; esta, como manifestaciones culturales de la conducta humana susceptibles de comparación; véase L. Kolakowski, *Si Dios no existe…*, M. Sansigre Vidal (trad.), pp. 13-14. Para una exposición sobre el desarrollo de la filosofía de la religión, véase J. Ferrer, *Filosofía de la religión*, pp. 61-79.

tividad de lo trascendente en mitocrítica cultural y en ciencias de las religiones son asintóticas.

2. La segunda reflexión aborda las fuentes de las que manan mitos y religiones. Por ejemplo, la Biblia como marco narrativo del «universo mitológico» más influyente en Occidente hasta el siglo XVIII. Esta compilación de textos puede ser leída con trasfondo religioso, pero también mitológico. Otro tanto ocurre con el Corán.

Frye, en *El gran código*, considera que la acción de los dioses narrada en el mito es de interés medular para una sociedad. El mito, afirma, es un relato «sagrado» que profiere «lo opuesto a "lo no realmente verdadero"»; expresión algo alambicada que reformula en esta otra: «la mitología no es un *dato*, sino un *hecho*»; algo interior al hombre y su comunidad cultural, no una respuesta al entorno natural, sino parte de la insularidad imaginativa que nos separa de ese entorno[79]. Esta definición nos orienta sobre la esencia del mito, producto destinado a dar explicaciones plausibles del mundo. ¿Verdades efímeras, coyunturales? Quizá algo más. La Biblia contiene, sin duda, episodios etiológicos (las proezas de Sansón o la carga etimológica de la designación de un lugar), propagandísticos (la preferencia de Jehú sobre Ajab) y ejemplarizantes (la desgracia de Job); en ninguno de ellos está delimitada con claridad la mutación de historia en ficción y viceversa. ¿Anécdotas de dudoso origen? Más bien, diría yo, senderos conducentes a una lectura espiritual: la Biblia es el relato, narrado en forma mítica, de los altibajos de un pueblo que abandona a Dios, es castigado por sus infidelidades con la esclavitud y finalmente perdonado y liberado de sus enemigos por la misericordia divina. En un estudio posterior, Frye revisita su teoría sobre el mito: «no se trata tanto de que "esto sea verdad" como de que "esto es lo que tienes que saber"»[80]. Así se deduce del término *torá*, 'instrucción esencial' que nadie puede ignorar.

Se podrá achacar al investigador canadiense un acercamiento en exceso retoricista de la literatura, incluso una concepción en extremo psicologista del mito; se debe alabar su esfuerzo ímprobo por establecer una teoría coherente sobre la génesis del mito. Con los debidos arreglos, nos ayuda a distinguir una lectura religiosa de otra mitocrítica.

3. La tercera reflexión concierne al aspecto mitológico social. El edificio de la mitocrítica se asienta sobre unos pilares fundamentales (religión, literatura, bellas artes) y otros subsidiarios (antropología, psicología, sociología). La contribución de cada uno es dispar: prioritaria en religión, literatura y bellas artes, secundaria en antropología, psicología y sociología. Los profesionales de estas disciplinas faltarían al debido rigor de la investigación académica si, a costa de retorcer y desnaturalizar los textos, arrimaran o modularan el relato mítico hacia juicios preestablecidos: la exégesis se volvería 'eiségesis'. Sus disciplinas, indispensables en mitocrítica, se

---

[79] N. Frye, *The Great Code*, pp. 33 y 37 respectivamente. La sentencia superlativa sobre el «universo mitológico» de la Biblia es del mismo Frye. Este crítico hace hincapié en la distinción entre mitos y cuentos: aquellos se diferencian por el carácter sagrado, el canon aglutinador y el área cultural abarcada; no así los cuentos, siempre profanos y nómadas, que, según este crítico, intercambian por el mundo temas y motivos.

[80] N. Frye, *Words with Power*, p. 31.

tornarían nocivas si ellos impusieran metodologías espurias a su investigación sobre el mito. Como veremos más adelante (§ 2), no es correcto forjar un mito a partir de una «deformación» social (Barthes) o de una «sublimación» enfermiza (Freud). Que un sociólogo o un psicoanalista hablen del mito comunista o edípico no va más allá de la impropiedad académica.

Flaco favor hacen a la mitocrítica todos los reduccionismos. Más que ninguno los de la prensa sensacionalista: en ella el término «mito» se aplica a diestro y siniestro. En ocasiones, un fiel de una religión monoteísta se irrita cuando oye que un investigador de mitocrítica habla del «mito» de Adán. Tal recelo puede estar infundado: el uso de este término no implica necesariamente mistificar esa figura del Antiguo Testamento; puede proceder de la quisquillosidad de algunos fieles en lo tocante a figuras señeras de su religión. Son plétora los malentendidos entre mitología y religión, ámbito inflamable donde los haya. Suele decirse que los investigadores deben andar como sobre ascuas al abordar las relaciones entre su objeto de estudio y la religión. No ha de ser así en nuestra disciplina: si los estudiosos de religión y mitología se ciñen a su ámbito y quehacer propios, se prestarán rico y mutuo apoyo. La contención y el respeto intelectuales forman parte del rigor académico.

IV. Un hecho indiscutible: no hay cultura sin estética. Otra cosa será lo que cada cual entienda por estética. «La estética tiene una mala reputación»[81]. Con esta sentencia comienza Rancière un ensayo sobre una disciplina amenazada de sospecha en la crítica contemporánea. Según este crítico, a la estética se le achaca la creación de una «distancia» entre los gustos populares y la distinción cultural, un perverso sometimiento en la apreciación de las obras «a una maquinaria de pensamiento concebida para otros fines: un absoluto filosófico, la religión del poema o el sueño de emancipación social». Esta suspicacia sobre la estética salta a la vista cuando los críticos, en primer lugar, pasan por alto que los textos han sido creados para la recepción estética de los lectores, no para que ellos los interpreten, y, en segundo lugar, supeditan esos textos a prejuicios supuestamente culturales[82]. No es válida una mitocrítica «presupuestaria», que supondría lo que el mito significa sin demostrar lo que de hecho significa. Lo veremos (§ 3): en mitocrítica, no es posible separar forma y fondo. Ahí subyace, en buena medida, mi concepción de la estética. No ignoro la evolución occidental del concepto de belleza: entidad mensurante de la inteligencia humana y la verdad divina, revelado-

[81] J. Rancière, *Malaise dans l'esthétique*, p. 9. Tolkien sale al paso de cuantos críticos han querido ver en el gran relato de *Beowulf* un documento histórico de la Germania en tiempos de Roma, una alegoría teutónica o una saga teológica nórdica; nada es tan importante, señala el escritor oxoniense, como apreciar su belleza poética, la congruencia entre tema y estilo. Ya en el siglo XVIII, el primero en hablar de este relato mítico (el librero H. Wanley, 1705) lo trata como poesía, no como historia: «ejemplo egregio de poesía de los anglosajones»; véase J. R. R. Tolkien, «*Beowulf*: The Monsters and the Critics», pp. 15-20.

[82] Obviar esta «experiencia estética primaria» es lo que H. R. Jauss denomina la «arrogancia del filólogo», *Experiencia estética y hermenéutica literaria*, p. 14. Tres son las funciones básicas de la praxis estética según las normas de la poética: *poíēsis*, *aísthēsis* y *kátharsis*, respectivamente correspondientes a las actividades productiva, receptiva y comunicativa; véase *ibid.*, p. 12.

ra de la inteligencia y la bondad divinas, mensurada por la razón y la sensibilidad humanas, diseminadora de la disolución del sujeto… Clasicismo, medievalismo, modernidad y posmodernidad: treinta siglos para significar la empresa tantálida del goce inasible de lo bello.

«Desde Platón sabemos que las demandas de sentido son demandas de belleza»[83]. Entonces comienza a establecerse un primer canon, seguidamente ampliado por los filólogos alejandrinos, luego por el Pseudo-Dionisio (belleza primera y absoluta según el ideal de consonancia y claridad) y, más tarde, por la escolástica[84]. Durante siglos, toda apreciación se basaba en la convertibilidad de los trascendentales del ser (*unum, verum, bonum, pulchrum*), posteriormente institucionalizada por Tomás de Aquino en sus *Quæstiones disputatæ de veritate* (aunque el Doctor Angélico no menciona explícitamente el *pulchrum*) y reforzada por los últimos coletazos del clasicismo preilustrado. Estética y hermenéutica iban al unísono. En nuestro terreno, una vez establecido el canon, bastaba con leer a Homero, los mitógrafos o Dante para cumplir con el estándar estético. Así hasta que la «Querella de los antiguos y los modernos» se disolviera en la historización completa del arte y las producciones de la Antigüedad perdieran su carácter modélico en favor de la liberación de la experiencia estética autónoma y de la hermenéutica universal[85]. Quedaba así el camino expedito para que los artistas románticos fundamentaran su arte sobre una expresividad independiente del realismo mimético o de la utilidad moral[86]. Las vanguardias recogieron el testigo y abanderaron la negación a ultranza del control racional y la puesta de largo del subconsciente[87]; antes, durante y después de ellas la modernidad estaba imponiendo un modo nuevo de enfocar el mundo, original por la manera de combinar una serie de vectores (ascetismo, falocentrismo, logocentrismo, autoritarismo) y gustos estéticos (teleologismo –en su triunfante proceso de lo más nue-

---

[83] G. Luri Medrano, «El lenguaje del mito», p. 38.

[84] A la concepción tradicional de belleza como 'armonía' (*consonantia*), el Pseudo-Dionisio –de acuerdo con Plotino– añade la de 'luz' (*claritas*), pues lo bello emana de la belleza absoluta a semejanza de la luz: «εὐαρμοστίας καὶ ἀγλαΐας», *Sobre los nombres de Dios*, IV, VII, J.-P. Migne (ed.), *PG*, t. III, col. 701; véase W. Tatarkiewicz, *Historia de la estética, II*, D. Kurzyka (trad.), p. 33. Más tarde, Fray Luis de León incidirá en *De los nombres de Cristo* y en su poesía (*Oda a Francisco Salinas*) sobre la armoniosa conjunción de claridad y sonoridad.

[85] La célebre *Querelle des Anciens et des Modernes* constituye un punto de inflexión en la emancipación de la modernidad frente a la tradición antigua –tanto en Francia (a finales del siglo XVII) como en Alemania (a finales del siglo XVIII)– y, en consecuencia, en la recepción de los mitos antiguos: implica una representación naturalista-cíclica del decurso histórico según la cual las obras literarias no presuponen un concepto absoluto o canónico de los trascendentales (*esse, unum, verum, bonum, pulchrum*), y plantea la cuestión de la escisión entre cultura natural y artificial; véase H. R. Jauss, *La historia de la literatura como provocación*, J. God Costa y J. L. Gil Aristu (trads.), pp. 65-99.

[86] Sobre la ruptura de los románticos con el siglo XVIII –su gusto por los extravíos de la fantasía y por la sensación de lo extraño–, es decir, sobre la atracción irresistible de la «belleza medusea», véase M. Praz, *La carne, la morte e il diavolo nella letteratura romantica*, pp. 36-44.

[87] Cfr. «DADA es el librepensamiento artístico. […] No debemos conservar ningún control sobre nosotros mismos. Ya no se puede hablar de estos dogmas: la moral y el gusto», «Hay que instruir un proceso a la actitud realista»; A. Breton, *Deux manifestes Dada* (1920) y *Manifeste du surréalisme* (1924), en *Œuvres complètes*, M. Bonnet *et al.* (eds.), t. I, pp. 230 y 313, respectivamente; véase C. Taylor, *The Sources of the Self*, pp. 470-472, y E.W. Said, «Cultura, identidad e historia», pp. 37-38.

vo a lo novísimo–, minimalismo, culto al genio o vidente)[88]. Esta apoteosis incorporaba ya tonalidades parecidas al canto del cisne; una serie de circunstancias, acompasadas por dos guerras mundiales y los reequilibrios mundiales, preludiaban la articulación de una nueva estética, la posmodernidad marcada por la afirmación exotérica de la experiencia sensible, la libérrima disposición de todas las formas pasadas, una mezcla azarosa de la alta cultura y la cultura de masas, y la adopción de una escritura autotélica anunciadora del fin del libro como principio de unidad[89]. Entre las múltiples líneas difusoras de la estética actual, cabe resaltar la vulgarización igualitaria, los juegos de experimentación formal y la atracción por una segunda realidad virtual que suplen el concepto de lo bello por el de «lo interesante»[90]. Uno de los retos más acuciantes y atractivos de la mitocrítica cultural consistirá en casar estos vectores modernos y posmodernos con la presencia, ora subversiva, ora paródica, del mito en las diversas producciones. Tarea harto compleja pero no menos fascinante: «la apertura a otro mundo –más allá de la realidad cotidiana– es, también en nuestros días, el paso más importante hacia la experiencia estética»[91].

Hoy, ¿quién habla de canon? Según impera la *dóxa*, la estética es de todos y de nadie. Mentira. La realidad es otra: de algún modo, todos somos guiados en nuestros gustos por la imposición de dictámenes ideológicos, políticos, mercantilistas y personales; la misma *dóxa* marxista considera la literatura como una mera promoción mistificadora de las instituciones burguesas[92]. En la sociedad de masas, la estética ha quedado marcada por criterios espurios no menos impositivos que los de Platón.

Una estética heurísticamente fundada debe decretar cuáles son las obras estéticamente canónicas. En cualquier análisis de mitocrítica cultural podrán incluirse o no obras «menores», pero nunca deberán desaparecer del horizonte las obras fundacionales del mito en las tradiciones grecolatina y judeocristiana, y las que, de una manera u otra (celtas, nórdicas, eslavas…), traslucen los elementos invariantes previamente aludidos. Si esto llegase a ocurrir, habría que lamentar una pérdida irreparable para la comprensión del mito.

* * *

[88] Véase F. Jameson, *A Singular Modernity*, p. 1. Consciente de la dificultad de trazar una frontera decisiva entre modernidad y posmodernidad, este crítico establece una serie de máximas para el estudio de la primera, que resumo restringiéndome a nuestro ámbito de estudio: debemos considerar la modernidad como una categoría narrativa (no como un concepto), únicamente susceptible de narración a través de las situaciones de la subjetividad (al margen de toda representación); véase *ibid.*, pp. 15-95.

[89] H. R. Jauss, *Las transformaciones de lo moderno*, R. Sánchez Ortiz de Urbina (trad.), pp. 11-17 (volveremos sobre la estética de la posmodernidad al comienzo de § 2). Sobre «el fin del libro» concebido como fin de «un orden sometido a *la unidad*», véase M. Blanchot, *L'Entretien infini*, p. vii.

[90] En unas pinceladas tan escuetas como clarividentes, J. Gomá describe cómo el arte actual ha conseguido romper los grilletes de la «autoconciencia del yo» impuesta por la modernidad, pero sin imponer aún la deseada «poética de la objetividad finito-igualitaria», *Materiales para una estética*, p. 28.

[91] H. R. Jauss, *Experiencia estética y hermenéutica literaria*, p. 33; fascinante, por cuanto esa experiencia de otros mundos, al eliminar la obligación del tiempo en el tiempo, «procura placer en presente» y, al posibilitar el distanciamiento de roles del espectador, «permite saborear lo que, en la vida, es inalcanzable o lo que sería difícilmente soportable»; véase *ibid.*, p. 40.

[92] Véase H. Bloom, *The Western Canon*, p. 18.

Se entiende así que hable de mitocrítica cultural. En primer lugar, porque la noción de cultura aquí propuesta (testimonio de los valores con los que investimos el mundo) irriga su práctica a tenor de valores rectores: esta mitocrítica misma es ya cultura. En segundo lugar, porque la teoría que la anima mana del modelo de una tradición mitológica fuera de lo común (sin prejuzgar teorías aplicadas a otras grandes corrientes mitológicas). En tercer lugar, porque, sin ignorar otras disciplinas (psicología, sociología, semiótica), guarda una prudente distancia para salvaguardar su independencia: ella misma se sabe capacitada para fundamentarse como investigación sobre los mitos a partir de los textos en un entorno de sana interdisciplinariedad. En cuarto lugar, porque valora siempre las raíces culturales: analiza previamente los mitos en sus fuentes primigenias con la mayor profundidad posible y con gran rigor metodológico. En quinto lugar, porque respeta tanto la sincronía como la diacronía: estudia los mitos en su horizonte de expectativas y su recepción a través del tiempo. El adjetivo «cultural» tiene menos de premisa que de resultado: ayuda a integrar mitocrítica y cultura.

HERMENÉUTICA

Hermes transmite los mensajes de los dioses, pero es preciso interpretarlos, porque el inventor del lenguaje es por naturaleza embaucador y goza con nuestros desconciertos; de ahí la necesidad de la hermenéutica en su versión religiosa (desvelar el sentido de los textos mitológicos, órficos, herméticos y bíblicos)[93]. El mismo lenguaje no es cristalino: su composición sémica y simbólica, así como su dependencia de la conciencia del emisor y las limitaciones del receptor se abren a infinitas equivocaciones; de ahí la necesidad de la hermenéutica en su versión filosófico-comunicativa (declarar la «verdad o falsedad» de los enunciados[94]). Más aún: la desorientación ocasionada por la inflación especulati-

---

[93] El *topos* no es virgiliano, pero aparece bien formulado en la *Eneida* cuando Eneas explica a Dido el motivo de su partida a Italia: «ahora mismo el mensajero de los dioses / que acaba de mandarme el mismo Júpiter, / lo juro por tu vida y por la mía, ha bajado a transmitirme su orden / a través de las auras volanderas», Virgilio, *Eneida*, III, vv. 356-359, J. de Echave-Sustaeta (trad.), p. 122; «interpretes divom, Iove missus ab ipso», reza el original latino, *Aeneid*, J. B. Greenough (ed.), v. 356. Del mantuano lo toma Camões, cuando el embajador de Vasco de Gama se dirige al rey de Melinde: «a tu puerto seguros navegamos / conducidos de intérprete divino», Camões, *Los Lusiadas*, II, 82, B. Caldera (trad.), p. 144; «A teu porto seguros navegamos, / Conduzidos do intérprete Divino», *Os Lusíadas*, ed. 1572, p. 128.

[94] Aristóteles, *Sobre la interpretación*, 16a, en *Tratados de lógica (Órganon)*, M. Candel Sanmartín (ed.), t. II, p. 36. El Estagirita no inventa el sustantivo (el título de su obra –Περὶ Ἑρμηνείας– lo debemos a su comentarista Amonio de Hermia, siglos v-vi), aunque sí utiliza el verbo (ἑρμηνεύειν) con el significado de 'indicar mediante la expresión', 'comunicar'; su estudio proporciona un análisis semántico-gramatical de los enunciados y lógico de los razonamientos. El introductor del neologismo «hermenéutica» en la investigación moderna es J. C. Dannhauer, tanto en su *Idea boni interpretis* (1630) como, sobre todo, en su *Hermeneutica sacra* (1654), donde acomete el discernimiento de pasajes oscuros en textos carentes de interpretación unánime: allí donde no basta la lógica, la hermenéutica debe esclarecer la plurivocidad del significado; véanse Intr. de M. Candel Sanmartín a *Sobre la interpretación*, en *Tratados de lógica*, t. II, p. 34; N. J. Moules, «Hermeneutic Inquiry», p. 2, y L. Catoggio, «Las raíces ilustradas de la hermenéutica filosófica», pp. 31-32. De acuerdo con esta herencia, concibo la hermenéutica en el sentido de G. Steiner: «acto de esclarecer, trasladar y anexar la significación», proceso que siempre exige, por parte del intérprete, una «comprensión de la comprensión»,

va desgajada del ser de las cosas y de las acciones requiere, como contrapartida, una claridad inequívoca[95]. Esta *claritas* no es incompatible con una exquisita precisión en los matices, acorde con la riqueza y complejidad del objeto de estudio. La mitocrítica cultural, que litiga en la arena de textos y otras manifestaciones artísticas donde abunda la polisemia de signos, símbolos literarios y religiosos, precisa, más que otras disciplinas, de una hermenéutica apropiada.

I. Interpretaciones ideológicas y biográficas

Unas breves palabras a cuenta del procedimiento común a las interpretaciones positivistas, sociales y autobiográficas. Contra ellas protesta Susan Sontag cuando pasa revista a lo que denomina «excesivo énfasis» por desentrañar el contenido de las obras de arte, en especial las literarias, desde una óptica positivista. Los estoicos, por ejemplo, podían discrepar de la lectura literal de los textos homéricos, pero consideraban el tesoro demasiado precioso como para ser descartado; en cambio, los marxistas y freudianos, liberados de toda devoción hacia el texto heredado, desdeñan el «contenido latente» para exhumar el sentido «verdadero» social o individual de un subtexto:

> El estilo antiguo de la interpretación era insistente, pero respetuoso; erigía otro sentido encima del literal. El estilo moderno de la interpretación excava y, al excavar, destruye; escarba «detrás» del texto para encontrar un subtexto que es el verdadero[96].

La escritora y filósofa sale así al paso de una asunción generalizada de la interpretación que reduce el arte a contenido. En línea con este agudo análisis, la mitocrítica cultural sostiene el carácter inseparable de fondo y forma (§ 3); de ahí las apreciaciones del mito desde una perspectiva estética, poética y retórica a la vez. Por lo demás, como va dicho, este volumen no se circunscribe al arte, la literatura o la religión: solo al mito.

A menudo la crítica se explaya en el estudio de elementos externos al texto (biografía de los autores, complejos psicológicos, contexto histórico-social, intertextualidad). Quizá el epítome de este acercamiento haya sido Sainte-Beuve. Según este crítico, la clave para entender una obra reside en la biografía del autor:

> Mientras uno no se haya hecho sobre un autor un determinado número de preguntas y no las haya respondido, aunque solo fuera para sí y en voz baja, no se está seguro de poseerlo por completo, aun cuando estas preguntas parecieran extremadamente ajenas a la naturaleza de sus escritos: −¿Qué pensaba en asuntos religiosos? −¿Cómo le afectaba el espectáculo de la naturaleza? −¿Cómo se comportaba en cuestión de mujeres, en cuestión de dinero? −¿Era

---

Después de Babel, A. Castañón (trad.), pp. 339 y 477; solo comprendemos rectamente cuando conjugamos razonamiento deductivo, razonamiento inductivo y habilidad intuitiva.

[95] «Las palabras son nuestras herramientas y, como mínimo, debiéramos usar herramientas pulidas: debiéramos saber qué significamos y qué no, y debemos estar prevenidos contra las trampas que el lenguaje nos tiende», J. L. Austin, «Un alegato en pro de las excusas», en *Ensayos filosóficos*, A. García Suárez (trad.), p. 174.

[96] S. Sontag, *Against Interpretation, and Other Essays*, p. 6. Las interpretaciones pueden legítimamente ser infinitas: «la interpretación de un acto de lenguaje es inagotable precisamente porque su contexto es el mundo», G. Steiner, *«Sobre la dificultad»* y otros ensayos, A. M. Díaz Enciso (trad.), p. 51; solo es censurable la adulteración del texto y/o el contexto.

rico, era pobre? –¿Cuál era su régimen de vida, su manera cotidiana de vivir?, etc. –En fin, ¿cuál era su vicio o su punto débil? Todos tienen alguno. Ninguna respuesta a estas preguntas es indiferente a la hora de juzgar al autor de un libro y el libro mismo, a menos que ese libro sea un tratado de geometría pura, sobre todo si es una obra literaria, es decir, en la que hay de todo[97].

Los estudios beuvianos conjugan vida e historia con el contenido y la forma de las obras artísticas. Así, por ejemplo, la «asombrosa precocidad» de Víctor Hugo se debería al temple de su espíritu y a las circunstancias de sus más tiernos años: experiencias infantiles en los campos de combate, educación entre soldados, recorridos incansables por Europa desde su más tierna edad. Consecuentemente, esta crítica psicobiográfica se esforzará por «entrar en el autor», revivir sus aspectos más íntimos como él mismo debió hacerlo para componer tal o cual texto[98]. El contexto histórico, espiritual o sociológico es esencial en la crítica literaria de Sainte-Beuve, sirve de punto de apoyo para la explicación de tal o cual aspecto de la obra: todo depende en gran medida de las circunstancias y del carácter mismo del autor.

Taine da un paso más al introducir la relación causa-efecto: la obra es un instrumento muerto e inservible si no nos lleva a su autor: de igual modo que estudiamos la concha para imaginarnos al animal, es preciso estudiar el documento para conocer a su autor; la concha y el documento, despojos muertos, no valen sino como indicios del ser entero y viviente[99]. El modelo biológico de Darwin y el molde positivista de Comte imponen sus reglas a una crítica que procede a estudiar el arte y la literatura como meras funciones del hombre.

El subjetivismo de Sainte-Beuve conduce al estudio del yo biográfico para explorar la personalidad creadora del autor. El experimentalismo filosófico de Taine desemboca en determinismo: la obra es consecuencia de influencias hereditarias, cronológicas y ambientales. La aportación de ambos críticos a la ciencia literaria ha sido fecunda[100]. Pero el investigador ha de discriminar una sana historia literaria de un enfermizo historicismo, que supedita la literatura a la historia, si no quiere escorarse hacia una cultura únicamente externa, poco propicia para adentrarse en los textos mitológicos y extraer sus implicaciones.

Nadie se ha opuesto con mayor denuedo a estos acercamientos que Proust. El autor de *En busca del tiempo perdido* lamenta un método basado en la «historia natural de los espíritus», como si la «biografía del hombre» nos diera la clave para «entender sus obras

---

[97] C.-A. Sainte-Beuve, «Chateaubriand jugé par un ami intime en 1803», 22 de julio de 1862, en *Nouveaux Lundis*, t. III, p. 28.

[98] Cfr. C.-A. de Sainte-Beuve, «*Odes et Ballades*, par M. Victor Hugo», p. 322; véase J.-L. Diaz, «"Aller droit à l'auteur sous le masque du livre". Sainte-Beuve et le biographique», p. 47.

[99] Cfr. «Pourquoi étudiez-vous la coquille, sinon pour vous figurer l'animal? De la même façon vous n'étudiez le document qu'afin de connaître l'homme; la coquille et le document sont des débris morts, et ne valent que comme indices de l'être entier et vivant», H. Taine, *Histoire de la littérature anglaise*, t. I, pp. iv-v.

[100] No sin razón siguen siendo objeto de estudio en la ciencia literaria; el mismo Richard retoma las derivadas psicológicas de los *Portraits littéraires* de Sainte-Beuve para desarrollar conceptos tan relevantes como el talento o el genio literarios; véase J.-P. Richard, *Études sur le romantisme*, p. 246.

y la naturaleza de su genio». Proust denuesta el método de unir «el hombre y la obra» porque este procedimiento «desconoce lo que nos revela un trato mínimamente profundo con nosotros mismos: que un libro es el producto de otro *yo* distinto del que manifestamos en nuestras costumbres, en la sociedad, en nuestros vicios»[101]. El afán por buscar «el yo verdadero del poeta» o, si se prefiere, de «juzgar [...] al poeta por el hombre o por lo que digan sus amigos», responde a una concepción científico-empírica (hija del positivismo decimonónico) que nos separa irremisiblemente del texto como obra literaria. Porque en ningún modo cabe identificar el yo de un texto con el yo de su hacedor biológico y social.

En la reflexión académica, la semiología estructuralista representa una oposición radical a la visión de Sainte-Beuve y Taine. Así, para Barthes, el «donante del relato» no es ninguna persona real (ni una persona psicológica, ni una conciencia impersonal, ni un narrador-pesonaje), porque tanto narrador como personaje son «seres de papel», absolutamente dispares del autor material. *«Quien habla* (en el relato) no es *quien escribe* (en la vida) y *quien escribe* no es *quien es»*, porque en el relato, desde el punto de vista referencial o real, no pasa nunca absolutamente *«nada»*; en el relato solo hay lenguaje o, si se quiere, aventura del lenguaje[102]. Sin duda la narratología nos ha enseñado a distinguir entre autor, narrador y personaje, pero, llevadas al extremo, las tesis semiológicas conducen irremisiblemente a «la muerte del autor» y, en última instancia, al absolutismo textual. Si la escritura no expresa más que la propia escritura, el lenguaje no es determinado por nada ni por nadie, al contrario, él determina todo, al margen de cualquier palabra y, en definitiva, de cualquier intención[103].

Sería pretencioso ofrecer aquí una solución a esta problemática recurrente. Lo difícil es mediar entre las opiniones de Sainte-Beuve y de Proust, porque ambas posturas tienen

---

[101] M. Proust, *Contre Sainte-Beuve*, pp. 126-127.

[102] Véase R. Barthes, «Introduction à l'analyse structurale des récits», en *Œuvres complètes*, E. Marty (ed.), t. II, pp. 854-855 y 865. Este alegato contra las posturas biográficas viene refrendado en la mitocrítica porque, hablando en puridad, «los mitos no tienen autor: apenas son percibidos como mitos, cualquiera que sea su origen real, solo existen encarnados en una tradición», C. Lévi-Strauss, *Mythologiques. I: Le Cru et le Cuit*, p. 26. Shakespeare o Stoker inventan o adaptan dramas o relatos donde incluyen mitos y mitemas heredados.

[103] Véase J.A. Millán, «En la muerte de la filología», p. 65. Al concluir el tercero de sus tres primeros volúmenes sobre narratología, G. Genette denomina sus trabajos como una «tecnología», un «procedimiento de descubrimiento y un método de descripción», *Figures III*, pp. 269 y 271; en un volumen posterior, reconoce que la narratología no puede aspirar a recomponer cuanto el análisis textual descompone: «una cuadrícula [tabla sinóptica o de lectura] debe quedar *siempre* abierta», *Nouveau Discours du récit*, p. 108. El análisis narratológico es una herramienta útil, indispensable incluso, para un tipo determinado de textos, muchos de ellos mitológicos, pero nunca su clave definitiva de interpretación. De diverso cariz es el embate de otras doctrinas. La reducción del discurso literario al goce (*plaisir du texte*) según Barthes, o a juegos lúdicos (*homo ludens*) según Derrida, abole cualquier contrato entre texto y mundo. Steiner se opone con tesón a estos postulados inconciliables con la universalidad subjetiva y la búsqueda compartida de la verdad: «de ahí que la fuerza seductora de la semiótica desconstructiva de la "post-palabra" [...] sea la de un nihilismo o una nulidad rigurosamente consecuentes», G. Steiner, *Presencias reales*, J. G. López Guix (trad.), p. 164. En el fondo de la reflexión de este crítico subyace una reivindicación de la deuda que Occidente ha contraído con «la teología y la metafísica de la presencia» (p. 166), con Platón, Aristóteles, Agustín de Hipona y Tomás de Aquino.

su parte de fundamento. El problema de la relación entre el autor y su obra participa tanto de la historia como de la biografía. Por un lado y con razón, Sainte-Beuve concede al crítico la licitud de sopesar la obra literaria en la balanza de la vida privada del autor. Esta privacidad sería –dirá más tarde la psicocrítica– como el negativo de la obra. El autor solo ofrece o disimula una parte de cuanto le concierne: «la misma obra de Proust no permite refutar que el poeta encuentra en su vida el material de su mensaje»[104]. Por otro lado, no con menos razón, el mismo Proust reclama con ahínco el derecho de hablar de su propia creación y defiende con más derecho aún la necesaria adecuación entre el objeto de estudio y el método crítico. Eso procuro hacer: evitar la reducción de los datos de una vida a material de laboratorio, por el sencillo motivo de que el mensaje del texto es mucho más rico y complejo, irreducible a los datos biográficos.

II. Ficción, mímesis, verosimilitud

Las fronteras de la ficción exigen una reflexión en nombre de la pluralidad e hibridación de los artefactos culturales[105]. Hay que evitar la posición dualista (otros dicen «polémica»[106]) que levanta un tabique entre los mundos de la realidad y de la ficción. El mito hay que vivirlo intelectual y emocionalmente; el crítico debe integrar dos vivencias: la del lector y la del investigador, jerarquizar las apariencias en ambos ámbitos. Este carácter lindero autoriza a establecer una serie de homologías entre ambos mundos, p. e., la aptitud atribuida a unos personajes de un mundo semejante al nuestro, natural o conocido por nosotros, de relacionarse con otros personajes de otros mundos; e, incluso, de brindarnos conocimientos sobre nosotros mismos que nunca hubiéramos imaginado, o de transmitirnos emociones capaces de resolver enrevesados dilemas personales. La ficción no es evidente: requiere puntos de apoyo para evidenciar lo narrado.

---

[104] J. Lacan, *Écrits II,* p. 219.

[105] Cfr. «C'est bien au nom d'une conception des artefacts culturels sous le signe de la pluralité et de l'hybridité, inspirée par l'imaginaire des mondes possibles, que nous proposons de repenser les frontières de la fiction», F. Lavocat, *Fait et fiction,* p. 12. Lo paradójico es el intento del escritor por escamotear a los ojos del lector esa frontera entre su mundo y el representado, cfr. «The circumstantial particularity of the novel is thus a kind of anti-convention. It attemps to disguise the fact that a novel is discontinuous with real life», D. Lodge, *Language of Fiction,* p. 42. J.-J. Wunenburger distingue claramente entre ficción e imaginario. Las ficciones son «invenciones que no corresponden a ninguna realidad», pues «todo lo que es ficticio no lo es generalmente más que de modo relativo y en cierto momento»; el imaginario, en cambio, aparece como un «conjunto dinámico de producciones, mentales o materializadas en obras a base de imágenes visuales (cuadro, dibujo, fotografía) o lingüísticas (metáfora, símbolo, relato), que forman conjuntos coherentes y dinámicos, y que pertenecen a una función simbólica en el sentido de un engranaje de sentidos propios y figurados que modifican o enriquecen lo real percibido o concebido», *L'Imaginaire,* pp. 31 y 35. Asumo esta noción del imaginario según Durand y Wunenburger, pero tengo mis reservas sobre su concepto de ficción. Esta es una verdad psicológica que añade una nueva estructura a las que ya existen; respetando, combinando y subvirtiendo una serie de normas (mímesis, verosimilitud, etc.), la ficción persigue, «intenta» el interés de la experiencia estética, interesante por sí, independientemente de su existencia real y al margen de sus aplicaciones morales, filosóficas, sociales, históricas o científicas (que no son literatura, sino «literatura aplicada»); véase A. Reyes, «Apolo o de la literatura», en *Antología,* pp. 41-43.

[106] Cfr. «Toute connaissance prise au moment de sa constitution est une connaissance polémique», G. Bachelard, *La Dialectique de la durée,* p. 24.

Primer punto de apoyo: la mímesis, particular representación de entidades reales[107]. Esta mímesis ha sido estudiada de mil maneras que, por necesidades de espacio, resumiré en tres teorías básicas: 1.ª los personajes, objetos y acontecimientos particulares de la ficción o ficcionales en tanto que representaciones de personajes universales reales; 2.ª los personajes, objetos y acontecimientos particulares de la ficción en tanto que «preexistentes al acto de representación»; 3.ª la génesis, la conservación y la recepción de los mundos de ficción dependen exclusivamente de las capacidades semióticas de los textos de ficción[108]. Cada lector escoja.

Junto a la mímesis, la verosimilitud. Todo artefacto ficcional solicita la complicidad del lector, su adhesión. Los textos «realistas» no suscitan graves problemas de credibilidad; los demás (mitológicos, fantásticos y de ciencia ficción, por ejemplo), sí. Aquellos se enmarcan en una realidad conocida o intuida, estos trasponen a un espacio cuyas coordenadas no concuerdan plenamente con las de la realidad conocida o intuida: pero unos y otros se ven obligados a ataviarse con una serie de convenciones (isomorfismo

---

[107] Entre los innumerables estudios al respecto, el de Gomá –sin duda una novedosa teoría general de la imitación– ofrece el valor añadido de vincular las diversas vicisitudes de la imitación al decurso de las grandes épocas de nuestra civilización. En la que él denomina «premodernidad» triunfan tres clases de imitación: de orden ideal, objetivo y cronológico, esto es, imitación de las ideas, de la naturaleza y de los antiguos. Este inmemorial «absolutismo de la realidad» es sustituido en el siglo XVIII por el «absolutismo del sujeto», caracterizado (como veremos en § 2) por basar la perfección sobre la autonomía del hombre soberano, emancipado de todo yugo imitativo. Paradójicamente, nuestra posmodernidad –sin ánimo de restaurar la imitación premoderna– alumbra una cuarta clase de imitación: de modelos o, más precisamente, de «prototipos» (el término procede de M. Scheler), que no indican ejemplos concretos sino intuiciones e ideales *a priori* estructurados en torno a valores morales; véase J. Gomá, *Imitación y experiencia, passim*. Si bien el filósofo desborda el espectro de nuestro estudio, me parece que su reflexión aporta claves orientativas para la recepción histórica de los mitos en nuestra sociedad contemporánea.

[108] Según Doležel, los dos primeros modelos interpretativos –que él denomina respectivamente «semántica universalista», abanderada por la tradición de Aristóteles a Auerbach, y «pseudomímesis», abanderada por la tradición historicista y su gran exponente, I. Watt– presentan el inconveniente de alterar o vaciar la idea de representación mimética, pues refieren toda ficción a un único universo de discurso o «modelo marco de mundo único», el mundo real. Como contrapartida, su teoría del marco de mundos múltiples propone que los mundos ficcionales carecen de existencia real, son ilimitados, accesibles, incompletos, complejos y objetivos; véanse L. Doležel, «Mímesis y mundos posibles», *passim*, y *Heterocósmica*, pp. 13-54. Esta semántica ficcional parte del principio según el cual el procedimiento básico de la lógica de la imaginación consiste en «la transformación de lo posible en lo ficcionalmente existente», L. Doležel, *Historia breve de la poética*, p. 72. El crítico checo devuelve, con toda justicia, el mérito a la lógica de Leibniz –aplicada a la lógica modal contemporánea por filósofos como S. A. Kripke– y a la estética de J. J. Breitinger, cuya *Critische Dichtkunst* (1740) estableció las bases de una semiótica de los mundos imaginarios, basados en la función evocativa del lenguaje poético. Es preciso advertir, empero, que la semiótica nada tiene que ver con la cuestión del mito como texto narrativo específico ni, por consiguiente, con los elementos, temas y sistemas mitológicos. La disciplina semiótica solo aborda el mito como fenómeno lingüístico de la conciencia, a partir de sus correlaciones lógico-lingüísticas susceptibles de descodificación con vistas a una comunicación; véase I. Lotman, «Mito, nombre y cultura», en *La semiosfera*, III, D. Navarro (trad.), pp. 143-145. Así se entiende que Barthes solo alcance a ver el mito como «lenguaje», «palabra», «forma», «mensaje», «modo de significación» o «sistema de comunicación» cuyo significado se agota en el dato propuesto por el sistema semiológico, nunca como «objeto», «concepto», «idea» ni, menos aún, el contenido de una hermenéutica o el tipo de relato definido por la mitocrítica cultural; véase R. Barthes, *Mythologies*, en *Œuvres complètes*, É. Marty (ed.), t. I, p. 823. Este último volumen, a pesar de su interés, ha oscurecido notablemente el estudio de la mitocrítica (§ 2).

descriptivo, recurso testimonial, etc.) que apuntalan la credulidad de la conciencia lectora[109]. En esto consiste el pacto de lectura.

¿Qué ocurre en el mito? En él la ficción consiste en atribuir a unos personajes situados en un mundo semejante al nuestro (natural) la capacidad de relacionarse con otros personajes de un mundo diverso del nuestro (sobrenatural), o viceversa. La mitocrítica cultural levanta acta de la porosidad entre el mundo ficcional semejante al nuestro y el mundo ficcional sobrenatural; y viceversa. Ambos mundos se interpenetran.

III. El acto de lectura

Nadie ignora que el texto tiende a esquivar un único sentido. El lector que ejerce papel de crítico ha de observar cierta circunspección ante quienes presumen conocer las intenciones del autor: por principio, estas son impenetrables, afirma Charles[110]. De acuerdo, salvo cuando el autor ha dado balizas interpretativas: la lectura intencional es peligrosa, pero a veces necesaria.

El mitólogo cultural se enfrenta a una tarea dúplice de desciframiento: por un lado, entrando, como lector, desde el puesto crítico que le corresponde, en la diégesis del relato; por otro, entrando, por procuración, en la vivencia mítica. Solo entonces, por mor de esta doble labor crítica y participativa, estará autorizado a levantar acta objetiva y subjetivamente[111].

Hoy día, dejando aparte el voyerismo lector, las orientaciones críticas (proclives a describir la actividad lectora como una operación cerrada sobre sí misma) levantan barreras entre realidad y ficción, se desentienden de cualquier relación de contigüidad entre ambas, niegan toda posibilidad de compromiso entre la obra literaria y la acción social o política. Pienso, no obstante, que los textos de ficción –de igual modo que los religiosos, ideológicos o políticos– pueden reivindicar su derecho a construir mundos y habitarlos, modelizar marcos de pensamiento y patrones de conducta, impeler al asentimiento o a la disensión, vehicular una finalidad prescriptiva o preceptiva. No todo acercamiento debe ser exclusivamente exterior, historicista, aséptico y desligado de compromiso: el sujeto lector se deja arrastrar a otra cosmovisión, con otra conciencia de sí mismo. Toda lectura es diálogo de conciencias. En todo acto de escritura existe una conciencia primera, la del sujeto social que escribe –objeto de estudio de los biógrafos–, y una conciencia segunda, la del sujeto-poeta –objeto de los críticos–. Paralelamente, en todo acto de lectura o recepción existe, además de la conciencia primera o del sujeto social que lee, una conciencia segunda, la del sujeto íntimo del lector o sujeto-lector o receptor.

El diálogo entre estas entidades comunicativas segundas se torna posible gracias al mundo que el sujeto-emisor pone a disposición del sujeto-receptor. En el acto de lectura, la materialidad objetiva del texto se transmuta, gracias al lenguaje, en objeto imaginario. Antes de la lectura, el objeto textual aparece al lector como mudo, impermeable; mediante la operación lectora, el muro de incomunicabilidad entre texto y lector se desmorona y deja ver el prodigio: la conciencia del lector se avecina a la conciencia del escritor,

---

[109] Véase R. Campra, *Territorios de la ficción. Lo fantástico*, pp. 65-69.

[110] Véase M. Charles, *Rhétorique de la lecture*, pp. 33 y 45, respectivamente.

[111] «El impacto de lo divino en nuestro interior, o la fuerza de irradiación de las imágenes míticas que lo han moldeado, no son algo objetivable a los fines de una explicación analítica», L. Schajowicz, *Mito y existencia*, p. 28.

su conciencia se comporta como conciencia de otro. «La lectura es exactamente eso: una manera de "ceder el sitio" no solamente a una multitud de palabras, imágenes e ideas ajenas, sino al mismo principio ajeno de donde emanan y que las abriga»[112]. Yo diría, por mi parte, que es un «ceder-ocupar». En función de este principio de intersubjetividad, el lector es el sujeto cuyo predicado son los pensamientos de otro «yo» pasados por la criba de la propia intimidad.

La mitocrítica cultural propone una lectura de los textos míticos reveladora de un tránsito, una contigüidad, un vaivén entre el mundo ideado y el mundo real; desecha la relegación absoluta de la lectura al mundo ficticio precisamente porque recusa la existencia de una ficción exclusivamente ficticia: la ficción tiene mucho que decirnos sobre nosotros mismos. Así las cosas, ¿será riguroso asentar que el mito se confina en sí mismo y carece de cualquier valor indicativo sobre nuestro mundo real? La mitocrítica cultural cuestiona esta propuesta, porque constata que ambos mundos, el ficcional y el real, se encarnan en el personaje, el cual, aun cuando forma parte del mundo de la ficción, no se recluye absolutamente dentro de ella.

Iser nos ha enseñado que «el texto es un potencial de efectos», únicamente susceptible de actualización en el proceso de lectura; lo cual lanza a la palestra la problemática sobre la interpretación del lector y del crítico. Dado que el texto es «el modelo de las indicaciones estructurales para favorecer las representaciones del lector», el sentido solo se deja captar como imagen; en consecuencia, el efecto estético responde a un acto perceptivo y representativo en la imaginación y la emoción del lector. Ahora bien, el crítico, en cuanto crítico y en razón de la escisión discursiva que establece entre sujeto y objeto, parece incapaz de percibir este hecho representativo; en consecuencia, «permanece ciego ante la diferencia entre imagen y discurso»[113] (las dos maneras independientes y mutuamente irreducibles de captar el mundo de la ficción). Todo lo cual sugiere la conveniencia de que el crítico en mitología se despoje de los postulados de sistemas explicativos dominantes en cada época y se revista del talante de un lector que procura comprender la obra como un contexto cuya consistencia descansa, paradójicamente, en el rompimiento de las fronteras de dos mundos o en la subversión de dicha fractura (a esto me refiero con la expresión «estudiar el mito desde dentro del mito»).

IV. Personaje mítico y mito del personaje

La terminología sobre el personaje mítico es borrosa. Conviene precisar.

Un ejemplo: en el *Poema de Gilgamesh* (relato mítico), Gilgamesh (personaje mítico humano), emprende un viaje en busca de la inmortalidad (mitema); tras varias aventuras llega ante Utnapishtim (personaje mítico humano inmortalizado por el personaje mítico divino Enlil tras el diluvio, acontecimiento extraordinario y mitema). El sabio pone a prueba a Gilgamesh y le deniega, por incompetencia, su deseo; pero, a modo de compensa-

---

[112] G. Poulet, *La Conscience critique*, p. 281. La semiótica coincide en este punto: «el contacto con otro "yo" constituye una condición necesaria del desarrollo creador de "mi" conciencia», I. Lotman, *La semiosfera*, I, D. Navarro (trad.), p. 64. Cumple recordar aquí la máxima que alumbra como un faro en la noche: «yo es otro»; «Je est un autre», carta de Rimbaud a Georges Izambard (13 de mayo de 1871) y a Paul Demeny (15 de mayo de 1871), *Œuvres complètes*, A. Guyaux (ed.), pp. 340 y 343 respectivamente.

[113] W. Iser, *El acto de leer*, J. A. Gimbernat (trad.), pp. 11 y 27.

ción, le entrega una planta, la «planta de la vida» (objeto mítico), como prenda de rejuvenecimiento (mitema), que una serpiente (símbolo teriomórfico de tipo lunar) le arrebata poco antes de regresar a su ciudad. Hablar indistintamente de «mito» en todas estas ocurrencias es error manifiesto. El personaje mítico anima el mito –su propio mito, el llamado «de Gilgamesh»–, conocido por el destinatario a través de los episodios vividos por el personaje, incuestionable entidad mitológica; ni la inmortalidad, ni el diluvio, ni la planta, ni la serpiente son mitos, sino temas, mitemas, símbolos o motivos míticos, según el caso.

Por otra parte, que el mito exista en función de esta relación entre personaje, relato y destinatario, y esté preñado de significación, de acuerdo: el mito es indisociable del mundo inmanente y del mundo trascendente[114]. Significar implica tres dimensiones (emotiva, reflexiva y conductual), de acuerdo con una axiología de valores, expectativas y patrones de conducta. Cada ser humano es único: cuanto hace le concierne de lleno (inteligencia, voluntad, sentidos externos e internos); su coherencia o incoherencia frente a un acontecimiento inesperado evidencia la significación con la que colorea o imprime su mundo. A menudo una reacción espontánea descubre más sobre una persona que una retahíla de principios dudosamente asimilados. De ahí la importancia de prestar toda la atención a las reacciones personales ante el acontecimiento mítico.

«Personaje» es un lexema que arrastra para la crítica literaria implicaciones de índole psicológica (§ 6, 1.ª nota). Por su naturaleza desestabilizadora, el mito pone al personaje y a los destinatarios en una situación crítica donde convergen aspectos efímeros y trascendentes de la existencia; tanto es así que la reacción del lector al acontecimiento extraordinario es (aunque desproporcionada y asintótica) correlativa a la valencia y a la significación que el personaje les confiere. De ahí surge la experiencia vital asimilada por un ser humano (materia espiritualizada, espíritu materializado), esto es, valorada y significada.

El valor que un personaje mítico otorga a un acontecimiento es de primera importancia, como vemos en este otro ejemplo, entre miles que se podrían aducir. Según la tradición musulmana, la Piedra Negra situada en el santuario preislámico de la Kaaba, en La

---

[114] La significación, término lingüístico en su origen, ha atraído progresivamente la atención de los expertos en psicología. Sobre la valencia, véase G. Spreitzer, J. P. Stephens y D. Sweetman, «The Reflected Best Self field experiment with adolescent leaders». A diferencia de estos acercamientos, la mitocrítica cultural considera la valencia como la capacidad del relato para combinarse de mil maneras sin perder su carga mítica; es comparable a la carga eléctrica, al fertilizante de las plantas o, mejor, a la linfa que atraviesa tejidos variados cargándose de sustancias grasas sin perder su capacidad vitalizadora. Sobre la relación entre el sentido de la vida, la valencia del acontecimiento y su significación para la persona, véase L. A. King y J. A. Hicks, «Detecting and constructing meaning in life events»; sobre la significación como vinculación entre vida emotiva y vida reflexiva, véase F. Martela y M. F. Steger, «The three meanings of meaning in life»; sobre el sentido de la significación en las experiencias críticas en la vida, véase L. S. George y C. L. Park, «The Multidimensional Existential Meaning Scale». Hoy estamos lejos de tales maneras de enfocar el sentido y la significación: de Greimas («La significación no es sino la transposición de un nivel de lenguaje a otro, de un lenguaje a otro diferente, y el sentido no es sino esa posibilidad de *transcodificación*», *Du Sens*, p. 13), de Barthes («Siempre entiendo la *significación* como proceso que produce el sentido, y no ese mismo sentido», *Essais critiques*, en *Œuvres complètes*, E. Marty [ed.], II, p. 510), de Deleuze (la significación es la «relación de la palabra con los conceptos *universales o generales*», *Logique du sens*, p. 24), es decir, de un orden conceptual donde las proposiciones se limitan a demostrar algo mediante premisas y conclusiones. En otra línea, A. Compagnon declara: «El *sentido* es el objeto de la *interpretación* del texto; la *significación*, de la *aplicación* del texto al contexto de su recepción (primera o ulterior) y, por lo tanto, de su evaluación», *Le Démon de la théorie*, p. 89.

Meca, cayó del Cielo para indicar a Adán y Eva dónde debían construir un altar. Originariamente el aerolito era puro y blanco, pero fue ennegrecido por los pecados de los hombres. Esta reliquia se salvó milagrosamente del diluvio y con posterioridad fue recuperada por Ibrahim gracias a una revelación del arcángel Gabriel[115]. Ismael, hijo de Abraham, construyó la Kaaba, donde más tarde Mahoma colocó la Piedra. El ritual exige a los peregrinos dar siete vueltas en torno a ella (la conocida circunvalación o *tawaf* en sentido contrario a las agujas del reloj) para acercarse y reproducir el beso que le diera Mahoma o, si no alcanzan, tender al menos su mano derecha en dirección a la Piedra. El contacto real o intencional con la Piedra produce efectos extraordinarios, como los descritos por Iqbal en su peregrinación:

> Al final de la segunda vuelta, tuve uno de esos momentos extraordinarios que a veces ocurren en torno a la Piedra Negra. Al aproximarme a la Esquina, de pronto la turbamulta fue obligada a retroceder por un hombre fuerte que acababa de besar la Piedra Negra. Este empujón produjo una corriente hacia atrás, que creó, entre la multitud, una abertura momentánea cerca de la Piedra Negra justo cuando yo llegaba; rápidamente aproveché la oportunidad recitando *Bi'mi'Llāh, Allāhu Akbar wa li'Llāhi'!-ḥamd*, puse las manos en la Piedra Negra y la besé. Miles de rayos destellaron, la Piedra relució y algo se removió dentro de mí. Pasaron unos segundos. Luego fui apartado por un guardia[116].

El carácter sobrenatural de la Piedra Negra procede de su relación metonímica con lo sagrado (la señal dada por Dios a Adán y Eva) e histórica con el Profeta (que la colocó por indicación divina en el santuario). El origen sobrenatural y los cambios de coloración pronto la convierten en un símbolo de lo divino, de la pureza anhelada y del desprendimiento necesario para alcanzar la visión de Dios. De ahí el fenómeno existencial experimentado por el personaje Iqbal.

V. Proceso hermenéutico

Una fenomenología de los acontecimientos y sus manifestaciones puede ayudarnos en esta pesquisa; puesto que atiende a todas las dimensiones del acontecimiento mítico, nos conduce al proceso hermenéutico de la mitocrítica cultural.

---

[115] Sin duda uno de los emisarios más importantes de las tradiciones judía, cristiana y musulmana: anuncia la vida, la muerte, la gracia y la venganza; preside en el Paraíso y se sienta a la izquierda de Dios. Su función mensajera es patente para Mahoma: Gabriel (Ǧibrīl o Jibril) «es quien, autorizado por Dios, lo reveló [el Corán] a tu corazón», *Corán*, 2, 97, J. Cortés (trad.), p. 17; véase G. Davidson, *A Dictionary of Angels, including the Fallen Angels*, p. 117. En este volumen distingo revelación sobrenatural o positiva (cual es el caso citado, similar para el Antiguo y el Nuevo Testamento, u otras revelaciones procedentes «de arriba») de revelación simbólica u onírica (del inconsciente, de la imaginación creadora, de los sueños).

[116] «At the end of the second round, I was granted one of those extraordinary moments which sometimes occur around the Black Stone. As I approached the Corner the large crowd was suddenly pushed back by a strong man who had just kissed the Black Stone. This push generated a backward current, creating a momentary opening around the Black Stone as I came to it; I swiftly accepted the opportunity reciting, *Bi'mi'Llāh, Allāhu Akbar wa li'Llāhi'!-ḥamd*, put my hands on the Back Stone and kissed it. Thousands of silver lines sparkled, the Stone glistened, and something stirred deep inside me. A few seconds passed. Then I was pushed away by the guard», M. Iqbal, *Dawn in Madinah*, p. 21.

No podemos evaluar el mundo si no evaluamos previamente sus manifestaciones de orden lógico y lingüístico[117]. Aquí las distribuyo en tres momentos fundamentales, cada uno acompasado por un tipo de proposición lingüística:

1. Modo asertivo: el mundo está ahí como *datum*, cosa o acontecimiento extraordinario individualizado (no universalizado), presentado y designado mediante indicadores de tipo identificativo y situacional («esto es esto», «esto no es esto», «esto está aquí», «esto se produce allá», etcétera).
2. Inferencia individual: el mundo está relacionado con el sujeto, *ego* del personaje que ve, reacciona (con credulidad o incredulidad, con interés o desagrado) y enuncia su reacción al *datum* mediante proposiciones de tipo causal respecto al acontecimiento («esto lo hizo aquí, ahí o allá», «esto lo hizo entonces», «esto lo hizo así»…). La impresión que el mundo ejerce sobre el sujeto y las diversas maneras que este tiene de reaccionar orientan sobre la significación del acontecimiento para el sujeto.
3. Deducción general: de las reacciones e inferencias individuales del acontecimiento dado, el oyente, lector o espectador deducen una serie de conceptos universales o generales formulados mediante proposiciones de tipo deductivo («esto implica aquello», «de ahí se deduce esto»…).

Apliquemos estos momentos al acontecimiento mítico. El mito surge cuando impactan entre sí los mundos inmanente y trascendente, es vivido de modo emocional por el personaje; solo con posterioridad es conceptualizado por el oyente, lector o espectador, que extraen su propia deducción, pueden creer y aceptar, o no creer y rechazar el mito. Esto depende de múltiples factores, ligados al carácter lógico según cada momento fenomenológico (lo que podríamos denominar la adherencia condicional al pacto de ficción). La aserción tiene carácter entitativo; la inferencia, identificativo; la deducción, universal.

Salta a la vista que estos momentos corresponden a tiempos y espacios diversos: por un lado, los relativos al decurso diegético de la acción (los vividos por el personaje o los personajes); por otro, los relativos al decurso extradiegético de la acción (los de una época y geografía determinadas); por otro, en fin, los relativos al discurso mismo del comentario (sea del lector, espectador o crítico). Es vital que el proceso hermenéutico respete estos parámetros espacio-temporales, socio-culturales y la idiosincrasia del mitólogo. La inferencia presenta conjuntamente una reacción lógica frente a diferentes aporías, un componente socio-psicológico y una coerción lingüística. Parece adecuado fundamentar nuestra hermenéutica sobre el pilar donde coincidan lógica, socio-psicología y lingüística del acontecimiento. El primero actúa como desencadenante indispensable del segundo, en tanto que el tercero corresponde a las deducciones lógicas *a toro pasado*: las que hacen o pueden hacer el protagonista, los demás personajes y, claro está, el destinatario de la ficción (lector o espectador). Nuestra hermenéutica privilegiará el instante crítico marcado por el tránsito del primer al segundo momento del acontecimiento, precisamente cuando, en la tensión de los decursos intra- y extradiegético, el personaje humano acusa el impacto provocado por la incursión de un personaje sobre-

---

[117] G. Deleuze establece una tipología expresiva de los acontecimientos en función del valor lógico de proposiciones lingüísticas; véase *Logique du sens*, pp. 22-25. Aunque en un sentido distinto

natural. Esta opción metodológica no implica desechar otros momentos, al contrario: los resitúa en su debido lugar.

Elemento crucial de la mitocrítica cultural es la heterogeneidad biofísica, sobre la que me extenderé más adelante. En la cultura occidental, el mito exige la interacción de personajes sobrenaturales o –mucho más a menudo y con mayor rentabilidad dramática– el choque de los mundos inmanente y trascendente a través de sus respectivos personajes. Este punto es esencial para la distinción de lo mítico y lo fantasmagórico, el cual, habitualmente, se despliega en un solo mundo dentro de la imaginación del sujeto receptor (y, en ocasiones, del personaje)[118]. Nada importa tanto como la escena en la que el protagonista vive el sumo acontecimiento, ese momento acmé en que dos entidades biofísicas distintas procedentes de mundos diversos chocan; no es otro el elemento mollar del acontecimiento mítico –valga, a modo de ejemplo, el encuentro de Don Juan y la estatua parlante del Comendador–. En esa escena radica el sentido del mito.

De todo lo cual resulta la necesidad de un proceso hermenéutico que debe incluir un análisis textual (filológico, lingüístico, poético, retórico, estilístico) y geográfico-histórico (no historicista)[119]. Se suele decir que, al igual que cualquier estructura semiótica, el texto mitológico se presenta como un metalenguaje[120]. Sea como fuere, esta pretendida distinción no exime de un necesario, lento y sutil proceso de explicitación.

Por lo demás, el texto mitológico está organizado en función de unos efectos comunicativos difícilmente accesibles debido a la ignorancia sobre su génesis[121], aun cuando

---

(mi aplicación difiere radicalmente del pensamiento del filósofo, que en ningún momento habla del mito), me ha parecido oportuno adaptar parcialmente esas proposiciones a esta reflexión, sin la menor intención de atribuir a Deleuze lo que aquí denomino «dimensión fenomenológica del acontecimiento mítico».

[118] Por lo demás, no hay en la mitocrítica cultural punto de fricción con la mística, experiencia real –o así interpretada– en personas –no en personajes– de un contacto directo con una realidad espiritual no humana, y que habitualmente lleva asociado un deseo invencible de unión o, incluso, de disolución personal con lo divino o con el sentimiento de lo divino; véase L. Kolakowski, *Si Dios no existe…*, M. Sansigre Vidal (trad.), pp. 99-100. K. Jaspers define la mística como superación de «la separación del sujeto y el objeto en una plena identificación de estos dos términos», *La filosofía desde el punto de vista de la existencia*, J. Gaos (trad.), p. 29; muy al contrario, pues, del mito, donde, además de la dimensión ficcional, se preserva también la naturaleza heterogénea de los personajes. Por supuesto, también cabe encontrar escenas místicas en la ficción, en las que solo habrá mito cuando impacten de modo manifiesto, no solamente espiritual, dos naturalezas biofísicamente dispares.

[119] Esta interpretación postula un respeto del texto: «la lectura materialista de un texto supone, ante todo, el abandono del yo, el estricto atenerse al texto, en el rigor de la materialidad que le es propia; que, solo siguiendo sus propias leyes, su propia estructura –descontextualizándolo, en una palabra–, podemos llegar a captar la peculiaridad de aquello que en él nos es dicho», R. Albiac, *De la añoranza del poder o consolación de la filosofía*, p. 157.

[120] Véase A. J. Greimas, «La mythologie comparée», en *Du Sens*, p. 117. «Todo metalenguaje remite a una categoría de metadescripción, esto es, a cierto lenguaje abstracto de descripción (en otras palabras, a cierto constructo abstracto que no tiene significación fuera de ese lenguaje de descripción)», I. Lotman, «Mito, nombre y cultura», en *La semiosfera*, III, D. Navarro (trad.), pp. 143-144.

[121] Sin duda el artista crea, pero sobre todo descubre: «yo ya había llegado a esta conclusión: que no somos de ninguna manera libres ante la obra de arte, que no la hacemos según nuestra conveniencia, sino que, preexistente a nosotros, debemos, porque ella es a la vez necesaria y está oculta, y de igual modo que haríamos con una ley de la naturaleza, descubrirla»; «j'étais déjà arrivé à cette conclusion que nous ne sommes nullement libres devant l'œuvre d'art, que nous ne la faisons pas à notre gré, mais

se haya dicho que, independientemente de la cultura y de la situación existencial del receptor, existe una forma conclusa en sí misma, «completa y *cerrada* en su perfección de organismo perfectamente calibrado»[122].

Este proceso prestará particular atención al análisis cultural, centrado en los distintos momentos de resurgimiento del mito, momentos también áuricos, de intensa oralidad o de anamnesis, tal como se verifica en los mitos medievales y modernos.

Todo análisis cultural debe ser exegético:

> La exégesis es el comentario incesante e inmediato que una cultura se da a sí misma de su simbolismo, de sus prácticas, de todo lo que la constituye como cultura viva. Palabra parásita que se adueña de todo cuanto puede evocar, la exégesis prolifera desde dentro; es una palabra que alimenta y hace crecer la tradición a la que se agarra y de la que extrae su propia sustancia. No hay tradición viva sin el rumor de las exégesis que se da a sí misma y que la habitan, que forman con ella un cuerpo inseparable[123].

Nunca se incidirá lo suficiente en la necesidad de este paso autonutricio (de la historia y la tradición al texto, y viceversa). A este respecto, cabe traer a colación la «teoría funcional de la cultura» sostenida por Malinowski, esto es, la necesidad de estudiar los detalles del acontecimiento, «desde la galería»; de no hacerlo así, la teoría se atrofia, el campo de trabajo se restringe y el acercamiento práctico se echa a perder[124]. A imagen del antropólogo y del historiador, con sus propios útiles y métodos, el investigador de mitología debe atender a cómo se inscribe el mito estudiado en sus coordenadas espacio-temporales y culturales, así como en otras que anterior o posteriormente lo acogen o lo vetan. Así se verán respetadas sincronía y diacronía.

Ser de una generación no implica asumirla en bloque: «somos de una época en la medida en que nos sentimos capaces de aceptar su dilema y combatir desde uno de los bordes en la trinchera que este ha tajado», apunta Ortega y Gasset[125]. Habida cuenta de esta vivencia cultural tensionada, la epistemología de la mitocrítica cultural analizará los relatos míticos en la dialéctica de fuerzas opuestas: la centrípeta (los elementos constitutivos de su identidad irreductible) y la centrífuga (los factores configuradores de nuestra sociedad contemporánea). Pluralidad de análisis y pluralidad de enfoques, siempre con el texto por norma y la conciencia de andar sobre un terreno tan frágil como maravilloso.

---

que préexistant à nous, nous devons, à la fois parce qu'elle est nécessaire et cachée, et comme nous ferions pour une loi de la nature, la découvrir», Proust, *Le Temps retrouvé*, P.-E. Robert (ed.), p. 187. Sobre esta paradójica alianza entre coerción y libertad, véase L. Fraisse, *L'Esthétique de Marcel Proust*, p. 89.

[122] U. Eco, *Obra abierta*, p. 30. Por supuesto, este análisis crítico en nada previene el carácter «abierto» de la obra según la cultura y la situación existencial del lector.

[123] M. Detienne, *L'Invention de la mythologie*, pp. 131-132.

[124] Cfr. B. Malinowski, *The Dynamics of Culture Change*, p. 41.

[125] J. Ortega y Gasset, «Cultura y vida», en *El tema de nuestro tiempo*, IV, *Obras completas*, t. III, p. 163.

2
Análisis de un tiempo nuevo para el mito

En este volumen estudio el mito ayer y el mito hoy: solo el mito. El marco de esta investigación comprende, sobre todo, la literatura de la cultura occidental, es decir, la literatura europea y americana desde sus comienzos hasta nuestros días. También incluye las artes, en particular el cine y las series de ficción, fenómeno característico de nuestro tiempo. Entran aquí los mitos clásicos (Fedra, Ulises), bíblicos (Adán, Lilit), celtas (Arturo, el Grial), nórdicos (las valquirias), eslavos (las rusalcas) y modernos (Fausto, Don Juan). Ocasionalmente, tendré en cuenta los relatos procedentes de otras culturas en la medida en que colaboren a profundizar en la nuestra.

Para este estudio procedo según los criterios de la mitocrítica cultural descritos en el capítulo anterior. A ellos se añaden los presupuestos obvios de toda investigación: disposición a la discusión académica, interdisciplinariedad e intermedialidad, equilibrio entre tradición e innovación… Habida cuenta de la confusión reinante en los estudios de mitocrítica, no está de más incidir en la importancia de las fuentes primarias con sus lenguas respectivas (fuera el miedo al griego, al latín, a las antiguas lenguas vernáculas) y de algunas disciplinas denostadas por ignoradas (poética, retórica, estilística). También hay que recordar la importancia del respeto al texto. Siempre será él quien motive el significado: solo el texto, sabia y honradamente interpretado por el crítico, ofrece la clave y la orientación decisivas del estudio: «ningún libro que habla de un libro dice más que el libro en cuestión»[1].

Ni el *corpus* ni estos presupuestos deberían plantear problema alguno. Pero la mitocrítica cultural debe considerar, además, el nuevo marco psicosociológico en el que se desenvuelve el mito.

* * *

Juzgamos sin miramientos los tiempos antiguos, medievales y modernos porque el transcurso de los años ha permitido una sedimentación pausada de las ideas: en el horizonte trasluce el genio de Julio César, el descubrimiento de América o la Revolución

---

[1] Cfr. «La scuola e l'università dovrebbero servire a far capire che nessun libro che parla d'un libro dice di più del libro in questione», I. Calvino, *Perché leggere i classici*, p. 14. «Una teoría de la lectura que aniquile el texto literario dinamita el puente más importante entre los lectores reales y el universo de las ficciones», L. Doležel, «Mímesis y mundos posibles», p. 84.

francesa. Con esta garantía, es difícil equivocarse. No ocurre lo mismo en nuestro tiempo, donde las ramas no dejan ver el bosque; la información ingente y, a menudo, contradictoria, el inmenso panorama y nuestro excesivo acercamiento a los hechos nos dificultan el discernimiento de corrientes e ideas.

Occidente, desde mediados del siglo xx hasta nuestros días, aparece atravesado por el pensamiento y la estética de la posmodernidad, aun cuando existen ambientes (coágulos u oasis, según la óptica adoptada) ajenos a la cultura dominante. No es sencillo resumir en nociones asépticas las claves de esta nueva modernidad: pluralismo de valores (tensión entre verdades particulares frente a la pretensión de una verdad universal), focalización en las diferencias (en contraste con la pretensión moderna de reconducir la realidad a la unidad), desconfianza, cuando no rechazo, hacia los cuerpos institucionales (sustituidos por una política o un credo a la carta), preeminencia del razonamiento científico experimental como único régimen del saber (en detrimento de otras disciplinas), asimilación cultural en términos de sexo (como verdad manifiesta, ubicua y compulsiva), presentismo absoluto (supresión de las lecciones del pasado y los proyectos del futuro), trivialidad (atrofia espiritual como estado nihilista por excelencia), formalismo representativo (sustitución de los contenidos por meras representaciones)[2].

En principio, ni la posmodernidad ni la ultracontemporaneidad se avienen al mundo mitológico: les cae tan grande que lo toman a chanza. Pero les falta espíritu deportivo. Desde el mismo momento en el que suena la campana, los voceros de esos movimientos desarticuladores aprovechan la inocencia del lenguaje para desfogarse e imponer, en medio de una bacanal ludópata, su caprichosa norma de la anomia absoluta –estratagema trapacera destinada a desprestigiar toda posibilidad de trascendencia y reducir el ser humano a mero discurso desprovisto de sentido– antes de retirarse del cuadrilátero dejando tras sí la palabra mítica, desnuda, desamparada y violada.

No; ni nuestro tiempo ni nuestro espacio son el tiempo o el espacio de los mitos (lo cual no impide que muchas creaciones literarias y artísticas recurran a ellos como referente temático o estructural). A juzgar por el estado actual de la humanidad, no parece del todo infundado que un cataclismo físico y moral de dimensiones cósmicas y personales separase para siempre el mundo primigenio del posterior y que, consiguientemente, surgiesen entonces la mayor parte de los mitos cosmogónicos y sus posteriores fluorescencias heroicas. Así hasta que el advenimiento del cristianismo detuviera, progresivamente en nuestro entorno geográfico y cultural, el desarrollo efectivo de esa mitología:

Se marcharon los dioses del Olimpo. [...]
Ya casi no los vemos. ¿Existieron esos dioses
de Grecia? [...]
Se fueron. Desfallecen. Son prematuramente gagás[3].

---

[2] Véanse F. Jameson, *Teoría de la postmodernidad*, C. Montolío Nicholson y R. del Castillo (trads.), p. 9; J. A. Estrada Díaz, «La religión en una sociedad secular», pp. 215-216; S. Connor, *The Cambridge Companion to Postmodernism*, «Introduction», pp. 10-11; N. Bolz, «Más allá de las grandes teorías: el *happy end* de la historia», p. 178; I. Yarza, *Introducción a la estética*, pp. 156-157, y R. Argullol, en R. Argullol y E. Trías, *El cansancio de Occidente*, pp. 45 y 91.
[3] L. A. de Villena, «Extrarradial», en *Honor de los vencidos*, M. Rodríguez-Gaona (ed.), p. 61. Ya en plena modernidad Yeats señalaba, como contrapunto a la manida admiración por la mitología

Andando el tiempo, durante el Renacimiento y la Edad Moderna surgieron nuevos mitos, claramente marcados por la huella cristiana (Fausto, Hamlet, Don Juan, Franken-stein, Drácula). En la época poscristiana, nuestro mundo ha quedado a su vez irremisi-blemente escindido de la mitología cristiana: «Otros dioses adoramos ahora» (*ibid.*). Ya no podemos pensar ni vivir el mito como fue pensado o vivido en los tiempos antiguos y medievales o, en gran medida, en los modernos.

A este respecto, resulta esclarecedora la teoría de Kathryn Hume, según la cual la mitología habitualmente ha suplido algo ausente en una determinada cultura (así, las representaciones de Adán y Eva desnudos en el Paraíso durante una Edad Media reluc-tante hacia la desnudez del cuerpo, o la evocación de la Edad de Oro durante el Roman-ticismo reacio al sistema capitalista). El mito sería un tipo de compensación psicológica del individuo insatisfecho ante el mundo circundante[4].

Derrida tiene razón al decir que «un texto no es un texto a menos de esconder al primer vistazo, al primero que llega, la ley de su composición y la regla de su juego»[5]. En mitocrítica no basta, como en matemáticas o química, con proporcionar leyes y reglas que tornen accesible una fórmula: también hay que contar con la variante humana. El relato mítico se hace y deshace de manera infinita: se esconde tanto a quien afirma con arrogancia y sin discernimiento su facultad para desvelar los enigmas como a quien se pertrecha con ignorancia y condescendencia de herramientas melladas: solo quien se pres-ta con prudencia al juego de la lectura y la escritura inacabadas –quien asimila el tiempo pasado y se adapta a los nuevos tiempos– dispone de armas adecuadas para asaltar el parapeto mitológico.

Ciertamente, el mito ha perdido la capacidad *performativa* de su deixis, pero quizá no haya perdido toda su valencia y sugerencia. No creo, por tanto, pecar de pretenciosidad al investigar qué significaba el mito para nuestros predecesores y qué puede significar para nosotros.

La mitocrítica cultural debe identificar las causas de la desmitificación reinante, ana-lizar el modo como esas causas han incidido en la depauperación o el resurgimiento del mito, y abastecerse de los recursos necesarios para recuperar su función hermenéutico-

---

griega, esta banalización incipiente: «si hubiéramos andado / en esas torres descubiertas / que Elena frecuentara con su joven / habríamos dado al resto / de los hombres y mujeres de Troya / una palabra y una burla», «*Cuando Elena vivía*», en *Antología poética*, E. Caracciolo Trejo (trad.), p. 79; «had we walked within / Those topless towers / Where Helen walked with her boy, / Had given but as the rest / Of the men and women of Troy, / A word and a jest», «*When Helen Lived*», *Responsibilities* (1914), en *The Collected Poems*, p. 124. El juego trivial –ora censurado, ora asumido– es signo de nuestra época, porque estamos saciados de desengaño y sabemos que aquel tiempo antiguo no volverá, como el poeta irlandés exclama en otro poema en referencia a su amada: «¿Había acaso otra Troya para que ella [la] incendiara?», «*Sin otra Troya*», en *Antología poética*, cit., p. 59; «Was there another Troy for her to burn?», «*No Second Troy*», en *The Green Helmet and Other Poems* (1910), en *The Collected Poems*, p. 101. Con razón afirma N. Frye que, según la concepción histórica del poeta, «a una civilización trági-ca y heroica le sigue otra cómica y social», *Words with Power*, p. 276.
[4] K. Hume, *The Metamorphoses of Myth in Fiction since 1960*, pp. 276-278. El análisis es clarifica-dor, pero, en sus conclusiones, también reductor; este tipo de identificaciones del mito con sublima-ciones y deformaciones sociales es científicamente insostenible (§ 2).
[5] «Un texte n'est un texte que s'il cache au premier regard, au premier venu, la loi de sa composi-tion et la règle de son jeu», J. Derrida, *La Dissémination*, p. 71.

referencial; de lo contrario, no solo corre el riesgo de avanzar con paso lento y a trompicones, sino de hacerlo en la mala dirección: «costurera sin dedal, cose poco y cose mal». Con un método adecuado, el investigador estará en condiciones de acceder con provecho al mensaje enriquecedor y desconcertante del mito.

Habida cuenta de las nuevas condiciones en las que se desenvuelve, la mitocrítica cultural debe calibrar cómo afectan a su definición del mito una serie de factores propios de nuestro tiempo, proceder a su identificación en los relatos o las producciones artísticas, y detectar sus funciones predominantes. La articulación de estas consideraciones pretende la comprensión analítico-sintética de la complejidad del mito y sus manifestaciones en las condiciones espacio-temporales y sociopsicológicas de la cultura contemporánea.

En concreto, las condiciones culturales, ideológicas y económicas de la sociedad actual, en vertiginosa mutación debido a una serie de factores de alto impacto, han supuesto dos cambios fundamentales en el espectro mitológico:

1. Han modificado de manera considerable el concepto, la recepción y la difusión de los mitos antiguos, medievales y modernos.
2. Han promovido la creación de una pseudomitología que entra en conflicto con el significado y la función auténticos del mito.

La mitocrítica cultural estudia una serie de factores de nuestra época que incide en la asimilación, modificación y reutilización de los mitos tradicionales en nuestros días. Aquí veremos tres factores: el fenómeno de la globalización, la lógica de la inmanencia y la *dóxa* del relativismo. Son factores porque inciden de modo factual y general en los miembros de la sociedad contemporánea. También los podríamos denominar lógicas o tendencias: lógicas, porque revelan un nuevo modo de pensar el mundo; tendencias, porque evolucionan en una determinada dirección. Obviamente, estos factores no agotan la panoplia de cuantos afectan a la cultura contemporánea, pero, habitualmente ignorados por la mitocrítica, parecen los más indicados para explicarnos la situación actual del mito.

Los traigo aquí con ánimo de utilizar su valor heurístico: nos ayudarán a comprender las dificultades encontradas por la disciplina. Inmersa en un mundo basilarmente antimítico, la reflexión sobre el mito en ocasiones ha errado en su ponderación del fenómeno mitológico, cuando no ha derivado en análisis asintóticos de «mitos» que no lo son.

Estas vicisitudes de la reflexión impropia en torno al mito quedan patentes en el apartado «Mitologías de la inmanencia», seguido del apartado «Tipologías de la trascendencia», que ayudará a distinguir entre distintos correlatos de nuestro imaginario.

EL FENÓMENO DE LA GLOBALIZACIÓN

La globalización, proceso cultural, social, político, económico y tecnológico a gran escala, consiste en la comunicación y dependencia entre los distintos países del mundo y en la hibridación de culturas, sociedades y mercados, esto es, la supresión real de fronteras culturales a pesar de las distancias geográficas. Originada en la civilización occidental y expandida alrededor del mundo en la segunda mitad del siglo xx, la globalización recibe su mayor impulso con la caída del comunismo en Europa, el fin de la Guerra Fría y, más recientemente, el desarrollo de las comunicaciones, sobre todo desde la incorporación de internet a escala universal. Aquí me centraré en la globalización como proceso cultural.

En sentido lato, la globalización interrelaciona las sociedades y culturas locales en una cultura única, global; se manifiesta en la integración y el contacto de prácticas culturales: marcas, valores, iconos, personajes, costumbres e imaginarios colectivos circulan en países con niveles de vida, mentalidades y tradiciones muy diferentes. En sentido limitado, la globalización se aplica a la difusión y el consumo de los productos culturales a escala mundial, incluidos los destinos turísticos y los grandes eventos. En ambos casos, la globalización se encamina de modo irremisible a una cultura de alcance general.

La bondad de este proceso desde un punto de vista cultural es discutible. La especificidad de las estructuras sociales genera diversos tipos de identidad, reconocibles en casos particulares: en otro tiempo, los celtas tenían una identidad diferente de los eslavos; los celtas de la Galia, de los celtíberos de Iberia; una reina celta, de un marino celta, etc. El imaginario y el comportamiento cotidianos dependían de esas tipificaciones. Además, el tránsito de unos ámbitos culturales a otros no siempre es posible: el derecho a la cultura no significa que todos los individuos hayan de tener idéntica cultura particular[6]. Los derechos culturales o comunitarios no pueden ser considerados una extensión de los derechos políticos y sociales; estos últimos deben ser universales, aquellos conciernen, por definición, a una cultura particular. En fin, en todo proceso unificativo, las especificidades de las culturas marginales disponen de menos utillaje para su deseable pervivencia.

De ahí se desprende la oposición unánime a la uniformización sociopolítica por los movimientos antisistema, defensores de su identidad comunitaria por encima de la identidad nacional o internacional. Según el modelo de David y Goliat, los movimientos de la antiglobalización desafían, en nombre de los más pobres, a los dirigentes de la economía mundial, identificados con los privilegiados. Su aportación al equilibrio de fuerzas es indiscutible. Con frecuencia enarbolan la bandera de la justicia social y la dignidad individual. Gustavo Bueno, padre del materialismo filosófico hispánico, ha hecho un esfuerzo intelectual considerable para mostrar que la globalización es un «fenómeno plural»: en propiedad, no se debería hablar de una, sino de muchas globalizaciones. Ocurre como con las guerras: ambos fenómenos son, esencialmente, «clases lógicas» encaminadas al enfrentamiento, de naciones o etnias en un caso, de compañías y economías en otro[7]. Sin embargo, los movimientos antiglobalización, tomados en su conjunto, presentan también puntos débiles: no consiguen definir con realismo sus propuestas ni sus concepciones culturales, ni evitan los análisis tremendistas trenzados en discutibles silogismos. El mismo filósofo, poco sospechoso de alentar la globalización, les echa en cara que su consigna habitual («la globalización conduce, tarde o temprano, a la guerra») es,

---

[6] Ni, mucho menos aún, una idéntica cultura colectiva: la sociología hegeliana instaurada en la Alemania de 1920 a 1940 implica un peligro de hipostatización falsa; véase P. L. Berger y T. Luckmann, *La construcción social de la realidad*, p. 214; véase también A. Touraine, *Un nouveau paradigme*, p. 270.

[7] Véase G. Bueno, *La vuelta a la caverna*, pp. 35-43. Para los efectos perversos de una globalización descontrolada sobre la desigualdad, el empleo y la seguridad, véase P. Krugman y R. Wells, *Macroeconomics*, p. 154.

cuando menos, «gratuita, o simplemente grosera o indiscriminada» (*ibid.*, p. 263); esto es, se apoya a su vez sobre otros tantos lemas infundados por su inoperatividad actual, como el vacío *beatus ille* con el que anhelan retroceder a supuestas edades de oro.

A su pesar, estos movimientos antiglobalizadores se enfrentan a un fenómeno ineluctable. En primer lugar, porque internet crea con pasmosa rapidez la globalización de la información, que hace difícil, si no imposible, una vuelta atrás, desfavorable (según se vea) para el consumidor. En segundo lugar, porque la internacionalización de las cadenas de producción genera una comunidad de intereses entre los países concernidos. En tercer lugar, porque las derivadas económicas de un cierre de fronteras, aun limitado en el tiempo, acarrea consecuencias demasiado graves para quien lo decida, dada la importancia actual de las importaciones y exportaciones en el consumo y la producción. Solo una gran crisis o una guerra podrían bloquear el desarrollo de la globalización[8].

Pregunta: ¿cuál es la relación entre el fenómeno de la globalización y el mito?

El mito se opone a la uniformidad global de igual modo que las minorías comunitarias se oponen a la intrusión de instituciones administrativas de nivel superior. En contrapartida al falso «mito» del igualitarismo propuesto por los paraísos artificiales, el mundo mitológico propone la complementariedad: ni los dioses ni Dios han querido a los hombres iguales, amorfos, indiferenciados, sino desemejantes para que se ayuden y sostengan mutuamente[9]. Lo cual no empece la diversidad dimensional de los mitemas constitutivos en función de particularidades étnicas o culturales: unos son de alcance universal, otros, de carácter local; así, todas las divinidades requieren sacrificios y teofanías, pero no todas exigen la inmolación de víctimas humanas o la manifestación en modo de encarnación. El progreso nace de la sabia confrontación de disparidades.

El mito es producto del acervo de un pueblo, una comunidad, una cultura, no de un modelo monolítico de vida y sociedad; su nacimiento y desarrollo dependen de su medio cultural, no de la *dóxa* oficial. Ciertamente, el mito endógeno se enfrenta al intrusismo exógeno, que atraviesa las fronteras físicas o psicológicas de otros predios para imponer elevados impuestos (estereotipo, uniformidad, desprestigio); en mitología, el diálogo de culturas es claramente existente, pero restringido. Lejos de ser un alegato contra la mitología comparada, esta restricción dialógica es una simple constatación de las barreras psicológicas existentes entre mitologías vecinas. En efecto, no obstante este principio, el mito muestra su enorme flexibilidad, aquí como en todo. Baste pensar en la tradición y comunidad *manganime,* donde una pléyade de fans aprende la lengua japonesa y adquiere todo tipo de habilidades tecnológicas para comprender y expandir por doquier la mitología japonesa.

---

[8] Véase M. Pébereau, «Rationalité économique et mondialisation», p. 49. Guste o no, el fenómeno de la globalización es hoy día ineluctable, porque todo intento radical de limitarlo haría descarrilar la máquina económica o negaría la función de los Estados: tal es la opinión del Nobel de Economía J. Tirole, *Économie du bien commun,* p. 25. La pandemia de la covid-19, que ha puesto a prueba nuestras estructuras municipales, regionales, nacionales e internacionales, se ha extendido como la pólvora debido al fenómeno de la globalización. El conflicto bélico provocado por el Estado ruso contra Ucrania ha evidenciado los insoportables gravámenes del ostracismo a escala nacional e internacional.

[9] «El igualitarismo es una ideología que se desarrolla sobre el olvido de lo religioso», R. Sarah, *Dios o nada,* G. Esteban Villar (trad.), p. 229. La sana igualdad, en cambio, dignifica.

Habitualmente, la adopción de elementos ajenos ha sido positiva. Cibeles (en puridad, Cibele), de origen frigio, fue felizmente importada a Grecia, y en Roma llegó a compartir, junto con Ops y Ceres, el poder soberano sobre la reproducción de las plantas, los animales y los hombres. Licencias del politeísmo. En otras ocasiones, los resultados de las tentativas de adopción fueron traumáticos. Los orfebres de Éfeso, comandados por el platero Demetrio, amotinaron al pueblo contra Pablo por persuadir a muchos habitantes de la verdad de su Dios en detrimento del culto a Ártemis[10]. La divinidad anunciada por Pablo era excluyente y, además, amenazaba con reducir considerablemente los ingresos monetarios de un gremio. En cualquier caso, las adaptaciones (como la de Cibeles al mundo grecolatino) eran lentas y pacíficas: la divinidad exógena acababa adquiriendo carta de ciudadanía en su nuevo destino, no sin antes someterse a un *aggiornamento*.

En nuestro tiempo, la dinámica de la globalización es fundamentalmente distinta. Hoy, los mitos circulan a sus anchas por todos los países y en todas las lenguas, en función de las fiestas y del turismo, con tal rapidez que se convierten en fugaces atracciones de escaparate o comparsas de tiovivo: se van tan aprisa como vienen, se suceden sin que sea posible considerarlos con detenimiento. Los contrastes entre los relatos míticos se difuminan; todos se vuelven, cuando no equivalentes, indiferentes (la diferencia y la *différance* posmodernas significan menos identidad que indiferenciación). En la era de la globalización, el mito pierde carácter, personalidad. La globalización imprime un sesgo de trivialización que poco se compadece con la tradición mitológica occidental.

Dando un paso adelante con respecto a la mitocrítica tradicional, la mitocrítica cultural tiene en cuenta dos tipos fundamentales de globalización: social y técnica.

La globalización social

> Todo el mundo era de un mismo lenguaje e idénticas palabras. [...] Entonces se dijeron el uno al otro: «Ea, vamos a edificarnos una ciudad y una torre con la cúspide en los cielos». [...] Dijo Yahveh: [...] «Ahora nada de cuanto se propongan les será imposible. Ea, pues, bajemos, y una vez allí confundamos su lenguaje, de modo que no entienda cada cual el de su prójimo». Y desde aquel punto los desperdigó Yahveh por todo el haz de la tierra, y dejaron de edificar la ciudad. Por eso se le llamó Babel; porque allí embrolló Yahveh el lenguaje de todo el mundo (Gn 11, 1-9).

Leyendo las reflexiones de Stefan Zweig sobre este relato bíblico, da la impresión de que aquella época de la humanidad debió de constituir un particular *momentum*. El mito en cuestión simboliza que

> todo es posible para la humanidad mientras se mantenga unida. [Es más,] tal vez alguna nebulosa recordación de aquella época primitiva perdura aún en nuestro espíritu, un recuerdo

---

[10] Véase Hch 19, 23-40. En el terreno estrictamente mitológico, observamos el deterioro sufrido por los mitos locales: fuera de la Cólquida, Medea, en la película homónima de Pasolini, queda absolutamente desorientada, pierde el «centro» que Jasón y sus compañeros desprecian («Voi non cercate il centro»).

platónico de que hubo un tiempo en que la humanidad fue una, y una nostalgia acuciante y dolorosa de que vuelva a ser una, para coronar la obra que dejó iniciada[11].

¿Leyenda?, ¿infantilismo? Preguntas a las que el polígrafo austríaco responde con ingenio: este mito no tiene menos valor que las interpretaciones de Freud sobre los sueños, porque todos los sueños de un hombre son solo «deseos encubiertos y disfrazados, [...] jamás están totalmente desprovistos de sentido»[12]. De hecho, concluye, todas las grandes obras alcanzadas han sido ya acariciadas por antecesores más audaces; hay un nexo enigmático entre el sueño y la realidad[13].

Resulta difícil resolver cuál es mayor globalización, la de toda la humanidad hablando una sola lengua en una sola edificación o la que empezamos a vislumbrar en nuestro tiempo. La globalización contemporánea no tiene, cuantitativamente, parangón con ninguna otra en la historia de la humanidad: esta implica acelerados procesos de cambio, flujos sociales y culturales que compriman de modo inaudito las dimensiones de tiempo y espacio, de modo distinto a anteriores globalizaciones, como la expansión del Imperio romano. A diferencia de otros movimientos a gran escala, esta globalización se extiende sobre todo a las ideas, los bienes simbólicos y culturales, hasta el punto de pretender la inauguración de una única sociedad humana.

Evitemos el buenismo utópico (contrarrestado por indignas desigualdades sociales, económicas y políticas), la elucubración ingenua (frente al pensamiento global, el hombre siempre actúa a nivel local, como recuerda la «glocalización»[14]), y dejemos una ventana abierta a las derivadas mitológicas del fenómeno.

El fenómeno ineludible e irreversible de las migraciones sustituye un mundo predominantemente estático por otro en constante ebullición, donde la perspectiva relativista causa una disgregación del patrimonio (supuestamente) único, mezclándolo de manera sincrética con elementos exógenos. Otro tanto ocurre con la migración de productos culturales: la cultura de masas constituye un nuevo folclore cosmopolita que integra rasgos regionales y étnicos, «un conglomerado de folclores que se unen para formar un tronco universalizado»[15]. Como consecuencia de este mestizaje, la mitocrí-

---

[11] S. Zweig, *Tiempo y mundo*, J. Fernández Z. (trad.), p. 244. El sintagma «torre de Babel» no aparece en la Biblia; el nombre dado a la construcción procede del hebreo *bll* (*blbl, bālal*), 'embrollar'. Babilonia, por su parte, significa en acadio 'Puerta de Dios'.

[12] También Sartre establece semejante relación entre mito, sueño y psicoanálisis: «Las sociedades, como los hombres, tienen sus secretos; los mitos son símbolos —como nuestros sueños—. De ahí la misión nueva del historiador: psicoanalizar los textos»; J.-P. Sartre, «La chronique de J.-P. Sartre», p. 244. La diferencia subyace en que psicoanálisis y marxismo se contentan con explicar, en tanto que la mitocrítica aspira a comprender.

[13] «Solo lo que soñamos es lo que realmente somos», decía uno de los heterónimos de Pessoa, *Libro del desasosiego*, P. E. Cuadrado (trad.), p. 360; «Só o que sonhamos é o que verdadeiramente somos», *Livro do desassossego*, T. Sobral Cunha (ed.), t. II, «Prosa de férias», p. 227; la distancia entre ambos estados es menor de la que se piensa, ambos lejanos de las ilusiones, decía también Pessoa.

[14] F. Entrena-Durán, «La sociedad en la era de la globalización», p. 112.

[15] E. Morin, *L'Esprit du temps*, en *La Complexité humaine*, H. Weinmann (ed.), p. 222. La cultura de masas, afirma este filósofo, combina íntimamente dos universales, «el universal de la afectividad elemental» —propio del «hombre imaginario universal, cercano al niño y al arcaísmo»— y «el universal de la modernidad», p. 223.

tica cultural indaga la presencia de nuevos patrones perceptivos y conductuales con el objetivo de detectar trasvases de elementos míticos entre diversas culturas. Veamos dos ejemplos:

1. La película *Atrapado en el tiempo* (*Groundhog Day*, H. Ramis, 1993). El meteorólogo Phil Connors acude cada 2 de febrero al pueblo de Punxsutawney para retransmitir el comportamiento de una marmota que predice el tiempo; pero, en una ocasión, queda inmerso en una secuencia cíclica donde todos los acontecimientos se repiten sin cesar. El recurso al *time loop* o *temporal loop* puede leerse como una reviviscencia, en forma de parodia tragicómica, del eterno retorno.

2. La serie *American Gods* (2017 y 2019). Wednesday (encarnación de Odín) recorre tierras norteamericanas con ánimo de reclutar a sus iguales (los dioses tradicionales) y entablar una guerra contra las «divinidades modernas». Dioses, semidioses, héroes mitológicos y folclóricos de todas las culturas pululan en los ocho episodios de la primera temporada: africanos (egipcios como Anubis y Tot, o del oeste de África, como Anansi), judeocristianos (la reina de Saba y Jesucristo), musulmanes (*ifrits*, *djinns* y Allah), romanos (Vulcano), eslavos (Chernobog y Zorya), irlandeses (como el Leprechaun), nórdicos (islandeses como Odín, germánicos como Hinzelmann u Ostara) e incluso cheroquis (Nunyunnini). Coaligados en torno a Odín, todos deben enfrentarse a los nuevos dioses, personificaciones de nuevas realidades omnipotentes: Mr. World (la globalización), Media (los medios de comunicación y entretenimiento) y Technical Boy (internet y la tecnología)[16].

En *Atrapado en el tiempo*, observamos cómo una curiosa actualización del eterno retorno se apodera, sin duda de modo fantástico, de la mente y la vida de un personaje. De los relatos míticos del eterno retorno aquí no queda nada: reducido a mero ciclo cronológico aplicado a un solo individuo, el retorno temporal es despojado de elementos trascendentes[17]. Así concebida, la película demanda una reevaluación del modo como son trasladados y recibidos los relatos míticos. En *American Gods*, el trasiego de dioses antiguos simboliza, por sinécdoque, todas las culturas de la tierra; el encuentro de aquellos con las divinidades modernas se resuelve en una gigantesca hibridación tendente a disolver identidades, poner en diálogo el indiferentismo religioso con el ansia de trascendencia y los valores relativos con los absolutos.

---

[16] L.A. Pérez-Amezcua define esta serie como una «mistagogía hipermoderna»: el hecho de que los dioses solo se manifiesten como tales en determinadas circunstancias, facilita considerablemente la revelación pausada y progresiva de los misterios, única manera de ser aceptada en el «sistema capitalista global», «Mito y mistagogía hipermoderna en *American Gods*», p. 128.

[17] Con todo, tras este movimiento cíclico del tiempo hay reminiscencias de alguna fuerza difícil de identificar, pero que remite, en última instancia, a la cultura judeocristiana. De hecho, solo se rompe el bucle temporal cuando Phil consigue exteriorizar su mejor yo. En este sentido, se trataría de un mito de redención que mezcla el tiempo cíclico antiguo con la concepción cristiana moderna.

La globalización técnica

La globalización técnica acarrea una serie de cambios de primera magnitud en el mundo del mito, tanto a nivel material como mental. En nuestra época, el ser humano concibe la técnica de modo diverso a como la concebía en épocas pretéritas. Frente a la producción de la técnica antigua, medieval y moderna, la contemporánea impone a la naturaleza sus propias leyes. Antes, el molino aprovechaba la fuerza del viento y el labrador confiaba la siembra a la fuerza germinativa de las semillas; ahora, la técnica, incluso aplicada a labores agrícolas, libera forzosamente las energías ocultas en la naturaleza. La modificación es sustancial: la técnica actual descubre esas energías para transformarlas y repartirlas (incluso para someterlas, en ocasiones, de modo irrespetuoso). Aquí subyace el viraje fundamental del desvelamiento: «la técnica no es […] simplemente un medio. La técnica es un modo de desocultar»[18].

Las consecuencias para el fenómeno mítico saltan a la vista: tanto el poder mistérico como la revelación simbólica del mito (piénsese en el retorno de las estaciones, una de las interpretaciones aplicadas al mito de Perséfone) quedan en entredicho frente a una técnica que desvela los entresijos más escondidos de la naturaleza. También la ciencia ficción aprovecha la oportunidad en un intento por desbancar al mito en la explicación del mundo[19].

Los cambios de mentalidad debidos a esta globalización también se hacen sentir de modo contundente en la transmisión de la información. Con la progresiva y rápida digitalización de los soportes de comunicación, se reducen las barreras a la difusión mundial, reservada hasta finales del siglo xx a las firmas de radiodifusión, a los circuitos de exhibición y, en resumidas cuentas, a un espectro informativo considerablemente limitado: frente a los parámetros anteriores, hoy día cada individuo es protagonista de la información, a veces con alcances imprevisibles. Hemos asistido a la mutación de la sociedad de la información hacia la sociedad de la comunicación; si aquella comienza con la imprenta y continúa con la edición (periódicos, revistas, radio, cine y televisión), esta empieza con los grandes equipos informáticos y continúa con internet de modo ininterrumpido (ordenadores personales y, sobre todo, los móviles como extensiones o cuasi prótesis): la estructura piramidal del modelo precedente ha cedido el paso a las redes interpersonales y el acceso selectivo, horizontal, de las informaciones. Las visionarias profecías de McLuhan en los años 60 del siglo pasado se han convertido en realidad: la sustitución de la imprenta por la tecnología electromagnética ha favorecido la generación del entorno de la simultaneidad en el que «la familia humana ahora existe en condiciones de una "aldea global"»[20];

---

[18] M. Heidegger, *Filosofía, ciencia y técnica*, F. Soler (trad.), p. 121.

[19] Este conato de usurpación discurre paralelo a la progresión exponencial de los avances en la ciencia empírica. Baste un ejemplo paradigmático: *Metrópolis* (novela de Thea von Harbou, 1925, y película de F. Lang, 1927), donde Rotwang fabrica un robot con objeto de sustituir a Hel, su amante fallecida. El inventor traspasa los límites humanos: resucita con su ciencia al ser querido; pero este gesto no es gratis, por la visión desesperanzadora de un futuro donde los humanos quedan sometidos a la tiranía de las máquinas; véase A. Arconada, «*Metrópolis*», p. 86.

[20] Cfr. «certainly the electro-magnetic discoveries have recreated the simultaneous "field" in all human affairs so that the human family now exists under conditions of a "global village"», M. McLuhan, *The Gutenberg Galaxy*, p. 31.

es decir, el individuo ha sido reemplazado por la colectividad, por una forma de vida tribal progresivamente uniforme y acrítica.

El mito no se desenvuelve cómodamente en un entorno abierto. Ya hemos visto que prefiere los límites impuestos por una cultura, para seguidamente desafiarlos; pero este proceso es complicado cuando desaparecen las barreras interculturales. Otro tanto cabe decir del entorno mayoritariamente jerarquizado que lo vio nacer. El mito reta esa verticalidad (la *hýbris* es uno de sus recursos más socorridos); pero este proceso también es menos viable cuando se allanan las diferencias entre dioses y héroes.

La cultura global es, sobre todo, audiovisual y popular. Los argumentos universales narrativos y simbólicos tienden a fundirse en los nuevos iconos audiovisuales, renovados en su estética y dirigidos al gran público (actrices y actores, efectos especiales, ambientación, etc.). En contrapartida, los conocimientos que no son traducidos mediante los métodos de la información telemática, están condenados a caer en el olvido[21]. Así ocurrirá con muchos relatos míticos, anquilosados en un pasado obsoleto que nadie revive. De igual modo que la mayor parte del saber inscrito en piedra se perdió cuando no se transfirió al papel, otro tanto habrá de ocurrir con los relatos míticos conservados en celulosa, acetato o poliéster que no se adapten a los soportes digitales.

El ejemplo de *American Gods*, apuntado para la globalización social, nos viene de perlas para la globalización técnica. Frente a los antiguos dioses, la sociedad actual aparece gobernada por los nuevos: la comunicación (representada por el personaje Media), la tecnología (Technical Boy), la fama, el sexo, la droga, el juego, el ejército y las armas, capitaneados por el histérico Mr. World. Los dioses antiguos presentan cuerpos deshechos y llevan vestidos andrajosos, metonimia de su fracaso creciente en el mundo de las nuevas divinidades, todas revestidas de apariencia brillante y espectacular.

A este propósito, el mensaje de los diez episodios de la primera temporada es múltiple:

1. Los dioses antiguos están en peligro de extinción. Así lo muestra por metáfora el caso del dios Nunyunnini: una vez la tribu siberiana hubo atravesado el estrecho de Bering, sus adoradores lo olvidaron y se adhirieron a los dioses de la nueva tierra americana.
2. La supervivencia de los dioses antiguos depende de su capacidad para acomodarse a los nuevos tiempos. Así lo ejemplifica el esplendor de Easter en su fiesta homónima (derivada de la antigua Ēostre u Ostara, diosa germánica de la primavera): a diferencia de otros, aquí tenemos un «antiguo dios actualizado», como le espeta Media, representada por Judy Garland[22]. Esta facultad de conformarse viene a ser un «darwinismo religioso» («religious Darwinism») solo asumido por los dioses capaces de adaptarse al medio.

---

[21] «Cuanto en el saber constituido no sea traducible será abandonado»; «tout ce qui dans le savoir constitué n'est pas ainsi traduisible sera délaissé», J.-F. Lyotard, *La Condition postmoderne*, p. 13. Sobre el tránsito de la sociedad de la información a la sociedad de la comunicación, véase J. de Rosnay, *Le Cerveau planétaire*, pp. 293-298.

[22] «an old god new again»; «Come to Jesus», *American Gods*, 8.° episodio de la 1.ª temporada. La mosca que revolotea y zumba en torno a Ostara simboliza la decrepitud de esta antigua diosa, en ácido contraste con su elegante parafernalia.

3. Asistimos a la aparición de nuevos «dioses». Son los dioses del progreso tecnológico, quienes controlan las plataformas de distribución audiovisual, las narraciones y cualquier tipo de información que discurre por la red. Dioses sin duda poderosos, contra los cuales toda oposición parece irrisoria: «No puedes luchar contra el progreso» («You can't fight progress»), reta despectivamente Technical Boy a Wednesday (*ibid.*). La diferencia entre los antiguos y los nuevos dioses es notable; también lo es el modo de concebirlos: la posmodernidad y la ultracontemporaneidad los trivializan[23].

La estructura reticular de internet también amenaza la estructura jerárquica de la mitología tradicional. La jerarquía social o estatutaria, habitual en el ámbito mitológico (escala descendente de los dioses a los animales, pasando por titanes, semidioses, humanos y monstruos), es puesta en entredicho: las nuevas tecnologías, los nuevos soportes informáticos y audiovisuales accesibles al gran público se han convertido en un fenómeno de distribución transversal. El mito discurre hoy, sobre todo, a través de sistemas de comunicación multidireccional, regidos por expertos al servicio de multinacionales y *lobbies* económicos o ideológicos. Han desaparecido las escalas sociales: el patrón de organización de la red se caracteriza por sus relaciones no lineales[24]; el mundo no lo regulan seres sobrenaturales, sino bucles recursivos que se autorregulan lejos de un equilibrio predispuesto: se diría que los individuos se han tornado completamente autónomos. En el universo hipertextual, Zeus se ve despojado de poder.

Otro tanto puede decirse de la mentalidad mutante de los medios de información, en pleno contraste con la mentalidad estática del mundo mitológico; el mito es un relato dinámico y adaptable, pero dentro de un mundo constante, en tanto que la globalización técnica reclama una reactualización inacabada del *software*. Aún hay más: frente al «documento» oral, escrito sobre piedra, papel o incluso chip, en la cultura del programa y sus aplicaciones ya no hay documentos, sino actos, ejecuciones dinámicas en tiempo real. Un mito concreto, en determinadas circunstancias textuales, siempre será el mismo (el personaje mítico de Antígona en la tragedia de Sófocles, por ejemplo); no así los contenidos de las nuevas tecnologías, virtualmente infinitos debido al flujo continuo de información (un usuario habitual de Google Earth constata cambios diarios debido a los nuevos datos de satélite, panorámica y 3D que se incluyen sin cesar[25]). La globalización técnica está operando en los usuarios una serie de modificaciones psicológicas en una

---

[23] En el cuarto episodio de la segunda temporada, Mr. World se desprende del dios de la tecnología (Technical Boy) por su ineptitud para impresionar a nuevos adoradores. En el octavo y último episodio, Mr. Xie lo reinventa como Quantum Boy o New Technical Boy. Cuando, como réplica del fresco de Miguel Ángel en la capilla Sixtina, el nuevo dios toca a Mr. Xie, este solo recibe una momentánea descarga eléctrica sin mayores consecuencias: estamos lejos de casos más sonados en la mitología tradicional, donde Sémele muere ante la epifanía de Zeus o Don Juan tras estrechar la mano del Comendador. No extraña que, tras la descarga, el Chico de la Nueva Tecnología esclarezca a Mr. Xie la nueva tesitura: «mi único límite está en tu imaginación», «my only limit is your imagination»; «Moon Shadow», *American Gods*, 8.º episodio de la 2.ª temporada. Las tornas han cambiado: dado que los dioses están ahora hechos a nuestra imagen, el único problema son nuestras limitaciones.
[24] Cfr. P. Gómez García, «Evolución de la diversidad cultural en la sociedad global informacional», p. 671.
[25] Véase L. Manovich, «Los algoritmos de nuestras vidas», p. 20.

dirección diametralmente opuesta a la consuetudinaria del mito. De este solo queda, en apariencia, un esquema narrativo, asombrosamente similar, por cierto, al de Sísifo, siempre subiendo y bajando con su piedra la misma montaña, como también ahora nosotros, abocados a subir y bajar infinitos paquetes de monótona información digital (1-0-1-0…) de una nube que nos acongoja como Zeus al hijo de Eolo.

Estas ejecuciones dinámicas en tiempo real no coinciden con la dinamicidad del mito: la globalización técnica imprime en el usuario una sensación de inmediatez antes nunca experimentada. Frente a la clausura tradicional de los sistemas informáticos, los nuevos medios de comunicación generan una curiosa percepción de porosidad: cualquier persona a varios miles de kilómetros habla con su familia cual si estuviese en la misma habitación; cualquier catástrofe al otro lado del planeta aparece al instante en las pantallas de todos los móviles. Este avance técnico innegable ha generado una propensión popular a querer saber siempre y en cualquier lugar cuanto ocurre a nivel mundial, nacional o local, hasta el punto de provocar un desafecto por el acontecer mediato (sin contar la desgraciada adicción a los dispositivos que todos conocemos[26]). Tan es así que el individuo hiperconectado pierde interés por el decurso ordinario, por el trabajo que tiene entre manos; quiere estar en todas partes y no está en ninguna, solo quiere estar donde no está. Pascal ha observado mejor que nadie esta tendencia:

> *Divertimiento*. Cuando algunas veces me he puesto a considerar las diversas agitaciones de los hombres, y los peligros y las penas a las que se exponen en la corte, en la guerra, de donde nacen tantas querellas, pasiones, empresas osadas y frecuentemente malas, etc., he descubierto que toda la desgracia de los hombres proviene de una sola cosa, que es no saber permanecer en reposo, en una habitación[27].

Sustitúyanse la corte o la guerra por las ensoñaciones del próximo viaje que un turoperador insinúa de modo subliminal a través de la televisión o el teléfono móvil.

Por supuesto, los tiempos han cambiado, y existe un margen para la contemporización; además, la mitocrítica cultural no puede prescindir de las nuevas tecnologías, convertidas en artífices de cultura. No es menos cierto que el usuario se encuentra inmerso en su aparato, aislado de su entorno inmediato por estar, de modo absorbente, conectado con lo que no es su entorno. La vivencia del usuario técnico global en nada se parece a la del lector de un relato mítico. El mundo del mito comprende episodios y traslados brujescos: Fausto asiste, sin que medien explicaciones, a una noche de Walpurgis; pero el acontecimiento extraordinario sucede precisamente en un mundo ordinario válido en

---

[26] Según Turkle, las nuevas generaciones adictas a los mensajes por vía telemática han desarrollado, debido al abandono de la conversación tradicional, una indiferencia al dolor ajeno difícil de recuperar; véase S. Turkle, *En defensa de la conversación*, pp. 26-27. Muy por el contrario, los relatos míticos producen una empatía que nos hace más humanos. *Desideratum*: aplicaciones móviles que potencien igual resultado mediante este tipo de relatos.

[27] B. Pascal, *Pensamientos*, n.º 136, M. Pajarón (trad.), p. 78. «–*Divertissement*. – Quand je m'y suis mis quelquefois à considérer les diverses agitations des hommes et les périls et les peines où ils s'exposent, dans la cour, dans la guerre, d'où naissent tant de querelles, de passions, d'entreprises hardies et souvent mauvaises, etc., j'ai découvert que tout le malheur des hommes vient d'une seule chose, qui est de ne savoir pas demeurer en repos, dans une chambre», *Pensées*, D. Descotes (ed.), p. 86.

sí, siempre inesperado y no disponible a placer. La frase mágica «¡Ábrete, Sésamo!» embelesa por su dificultad (su olvido es letal para Kassim, hermano de Alí Babá) y por su unicidad (solo la conocen los ladrones y Alí Babá), pero sobre todo porque la misma boca, al accionarse, introduce al personaje en un mundo de otra naturaleza. Hoy olvidamos las claves o contraseñas, pero podemos recuperarlas automáticamente, e incluso cambiarlas a discreción; la técnica se ha vuelto monótona, insípida, trivial.

LA *DÓXA* DEL RELATIVISMO

El loable anhelo de una fina imparcialidad ante la muchedumbre de fenómenos contradictorios y el noble intento por respetar la volubilidad de cuanto respira vida, están en la base del relativismo tal como lo concebimos actualmente, sin duda «una de las más típicas emanaciones del siglo xix»[28].

El relativismo es la ideología dogmática que dictamina el carácter relativo de todo: niega un marco permanente ahistórico que determine la naturaleza de la racionalidad, el conocimiento, la verdad y la realidad[29]. Definido de manera positiva, el relativismo afirma que nuestros juicios y creencias están íntimamente ligados a nuestras formas de vida o, a nivel social, a acuerdos adoptados de modo comunitario: las mentes objetivistas presuponen haber encontrado el punto de apoyo que solicitaba Arquímedes, sin el cual es imposible evitar un escepticismo radical[30]. Como veremos de inmediato, esta dialéctica tempestuosa entre objetivismo y subjetivismo está en la base de las posibles lecturas del mito: la mirada absolutamente relativista incapacita para alcanzar las implicaciones más íntimas del relato mítico.

En el núcleo del relativismo se condensa una tensión sobre los valores; más precisamente, sobre el «valor» de los valores, siempre expuesto a la interpretación. Esta interpretación depende menos de una hermenéutica disciplinar que de la valoración o desvalorización de algo según criterios definitorios y prácticos referidos a dos instancias principales: el paradigma afectivo y el paradigma organizativo. El primero regula el cam-

---

[28] J. Ortega y Gasset, «Relativismo y racionalismo», en *El tema de nuestro tiempo*, III, *Obras completas*, t. III, p. 157.

[29] El surgimiento de las ideologías puede situarse a finales del siglo xviii. Frente al pensamiento antiguo (y, en su estela, el renacentista y el clásico del siglo xvii), donde la representación –debido a su respeto de los objetos vistos y analizados– era capaz de fundamentar por sí misma las relaciones entre diversos elementos, el pensamiento ideológico sitúa esas relaciones fuera de la representación, es decir, enrolladas sobre sí mismas; dicho de otro modo, la representación de la constatación externa es sustituida por la interna. El orden tradicional (lugar compartido entre las cosas y su representación) ha sido definitivamente roto; a un lado están las cosas (su organización, su espacio y su tiempo), a otro, la representación parcial del mundo ante la subjetividad, ante la conciencia del individuo psicológico, hasta el punto de que hoy día la ideología se da como única forma racional y científica aceptable, como único fundamento filosófico propuesto a las ciencias en general y a cada dominio de conocimiento en particular; véase M. Foucault, *Les mots et les choses*, pp. 249-256. Valga esta somera explicación como marco del pensamiento ideológico que, según propongo, distorsiona nuestra representación del mundo y, en el campo de la mitocrítica, puede imponer interpretaciones ajenas a las permitidas por los textos.

[30] Véanse J. V. Arregui, «Sobre algunas raíces particulares de la razón universal», p. 311, y R. J. Bernstein, *Beyond Objectivism and Relativism*, p. 8.

po de los afectos y las pulsiones de la intimidad, mide la relación del sujeto con un estado particular de las cosas o del mundo; el segundo regula el campo de los intercambios y la vida en sociedad, mide las relaciones entre las cosas. Aquel moldea la relación que el sujeto mantiene con el mundo (un texto determinado), este moldea la relación que el mundo (un texto determinado) mantiene con los demás (otros textos). Por eso el paradigma afectivo es fundamentalmente evaluativo (dictamina sin remedio porque está axiológicamente orientado), en tanto que el paradigma organizativo es fundamentalmente descriptivo (no dictamina porque es axiológicamente neutro). Se explica así que la proyección de un foco descriptivo sobre una escala de valores tan fuertemente vectorial como la de los afectos y las pulsiones cimente el relativismo escéptico, mediante el cual el sujeto se distancia de su propia intimidad[31].

Previamente he abordado los valores, los objetivos y los subjetivos, como elementos configuradores en la orquestación de una cultura. Se hace evidente que la mitocrítica cultural no puede hacer caso omiso de la tensión tradicional entre objetivismo y subjetivismo, manifiesta en todo relato mítico; menos aún puede hacerlo en nuestro entorno sociocultural, donde el subjetivismo ha ganado la partida. Aquí subyace una de las dificultades mayores para la comprensión y la crítica del mito.

El racionalismo de corte idealista –la convicción de que solo podemos conocer de la realidad nuestro modo de conocerla, de que nunca podremos conocer en qué consiste la realidad en sí misma– ha contribuido no poco a esta percepción relativista del mundo. De la mano del positivismo, los grandes descubrimientos de la ciencia física y geológica han sido atribuidos a un determinado «hábito de pensamiento». Para las tesis emanadas de la Ilustración, solo este «tono» racionalista habría posibilitado el progreso humano[32].

Paradójicamente, asistimos hoy a una extrapolación del paradigma afectivo, que invade terrenos pertenecientes, hasta ahora, al paradigma organizativo u objetivo. En efecto, en determinados momentos de la historia, cual es el nuestro, el relativismo se impone

---

[31] «La projection d'une grille descriptiviste sur une échelle aussi fortement vectorisée que celle des affects fonde le relativisme sceptique, par lequel le sujet se met à distance de ses propres affects», B. Vouilloux, *Ce que nos pratiques nous disent de nos œuvres*, p. 293. Evidentemente, además del sujeto y el objeto, hay una tercera instancia: tradición, memoria, modelos, prescriptores, etc., que conforman la «triangulación simbólica»; sobre estos dos paradigmas, véase *ibid.*, pp. 285-290. He sustituido la expresión «paradigma económico» («paradigme économique») por «paradigma organizativo», porque este crítico habla de la economía en un sentido etimológico, relacional, que aquí podría inducir a confusión.

[32] Según historiadores como W. E. H. Lecky, las verdades de la religión serían una rémora para el espíritu humano. Dicho de otro modo: la incompatibilidad entre religión y razón exigiría poner en sordina dogmas que, supuestamente, la ciencia desarbolaría; véase *History of the Rise and Influence of the Spirit of Rationalism in Europe*, I, p. vii. El hecho de que determinadas personas o instituciones hayan frenado o puesto reparos a los descubrimientos empíricos, no da patente de corso para deslegitimar toda religión, como hace Lecky a propósito de los descubrimientos de Copérnico y Galileo; véase *ibid.*, pp. 272-281. Este error intelectual ya lo había cometido Spinoza mucho antes. Por limitarme al ámbito cristiano, ni hay tantos dogmas (sus múltiples formulaciones se acaban reduciendo a un puñado), ni la ciencia experimental (a menos de prostituirse) puede invadir terrenos ajenos. Nada tan opuesto a la razón como el racionalismo, que se yergue como única vía verdadera y se torna, a la postre, escéptico sobre las facultades racionales del hombre.

como *dóxa*[33]. Llevado hasta sus últimas consecuencias, el relativismo pone en tela de juicio la existencia de algo universal y verdadero al margen de interpretaciones.

Con un poco de sentido común, no es imposible desmontar tal escepticismo por cuanto existe una relación íntima y fuerte entre la verdad y el individuo: que «la verdad [sea] accesible solo mediante una relación personal insustituible»[34], no implica que la verdad de los hechos y las cosas pueda separarse de una ontología del mundo[35].

---

[33] Según Bourdieu, la *dóxa* es el «conjunto de creencias fundamentales que ni siquiera necesitan ser afirmadas en forma de dogma explícito y autoconsciente»; «ensemble de croyances fondamentales qui n'ont même pas besoin de s'affirmer sous la forme d'un dogme explicite et conscient de lui-même», P. Bourdieu, *Méditations pascaliennes*, p. 26. En el campo cultural, la *dóxa* ni se formula en tesis explícitas ni se basa en razón; si acaso, una gran crisis puede precipitar su transformación en ortodoxia o en dogma, pero, por lo general, gusta de la presencia implícita y se perpetúa en estado larvado; véase P. Bourdieu, *Les Règles de l'art*, pp. 306 y 320. La *dóxa* «formatea» nuestra interpretación de las cosas, esto es, delimita el espacio de discusión legítima y excluye como absurda o impensable cualquier tentativa opuesta o imprevista; la *dóxa*, en definitiva, normaliza y legitima un orden social; véase D. Golsorkhi e I. Huault, «Pierre Bourdieu. Critique et réflexivité comme attitude analytique en sciences de gestion», pp. 4-6. La δόξα vale tanto, en la teología helénica y cristiana, como aparición (la gloria de los dioses) y, en los sofistas y Platón, como punto de vista, opinión, parecer o creencia; véase J. Wahl, *Vers la fin de l'ontologie*, p. 108; de este último significado parte el pensamiento de Bourdieu. Puesto que de imposición se trata, cabe hablar de una «dictadura del relativismo que no reconoce nada como definitivo y que deja como última medida solo el propio yo y sus antojos»; J. Ratzinger, homilía «Pro eligendo pontífice», 18 de abril de 2005. R. Sarah revela la amplitud de esta imposición invisible: «El relativismo es un mal difuso y difícil de combatir. La tarea se vuelve aún más compleja por el hecho de que instituye arbitrariamente una especie de carta magna de un modo de vida comunitaria», *Dios o nada*, G. Esteban Villar (trad.), p. 220.

[34] L. Pareyson, *Verdad e interpretación*, C. Giménez (trad.), p. 44; «la verità è accessibile solo mediante un insostituibile rapporto personale e formulabile solo attraverso la personale via d'accesso ad essa», *Verità e interpretazione*, p. 17. Según este filósofo, el hecho de que la verdad se preste a muchas perspectivas prueba que la verdad es simultáneamente única e infinita, pero no significa que la interpretación pueda ni deba ser relativista; cfr. *ibid.*, p. 74. La incompatibilidad entre la unicidad de la verdad y la multiplicidad de sus formulaciones no es, recuerda Pareyson, sino un «falso dilema».

[35] Definiciones de verdad hay tantas como verdades, y no es cuestión de abordar aquí una teoría del conocimiento; además, cada lector posee en mayor o menor medida un conocimiento intuitivo del concepto de verdad. Aquí me refiero a «las intenciones contenidas en la denominada concepción "clásica" de verdad [...], en contraste, por ejemplo, con la concepción "utilitaria"», «the intentions which are contained in the so-called "classical" conception of truth ("true-corresponding with reality")" in contrast, for example, with the "utilitarian" conception ("true-in a certain respect useful")», A. Tarski, *Logic, Semantics, Metamathematics*, p. 153. Esta idea clásica de verdad es la intención por descubrir la ligazón entre el ser y el aparecerse del mundo; «la realidad está recubierta; se trata de descubrirla, en eso consiste la verdad»; J. Wahl, *Vers la fin de l'ontologie*, p. 106. En su crítica a la relación entre el ser y la apariencia según Heidegger, este filósofo pone el ejemplo de Edipo: el rey de Tebas descubre progresivamente la verdad ínsita en él, tan insoportable que se arranca los ojos, se exilia y ordena abrir todas las puertas para que todos vean quién es él; la tragedia de Edipo es la pasión fundamental del conocimiento de la propia verdad; véase *ibid.*, p. 112. Frente a la consuetudinaria *adæquatio* entre la cosa y el intelecto, se oponen numerosas interpretaciones, entre las cuales no es menor la que, precisamente, sostiene que el mundo admite «infinitas interpretaciones», «unendliche Interpretationen», Nietzsche, *Die fröhliche Wissenschaft*, en *Sämtliche Werke*, G. Colli y M. Montinari (eds.), t. III, p. 627, puesto que la condición fundamental de toda vida es el «ser perspectivista» («der perspektivische Charakter des Daseins», *ibid.*, p. 626), «no podemos ver desde fuera de nuestro rincón». Reducido a perspectiva, el sujeto solo puede elaborar el objeto a partir de esas condiciones fundamentales del conocimiento, que, como decía Kant, la razón no puede rebasar; véase D. Puche Díaz, «En

Sin pretender aquí una respuesta a la cuestión, es preciso recordar que el mundo del mito, por principio, sí postula un marco general incuestionable y admite una serie de principios universalmente válidos. Por ejemplo: la superioridad de los dioses, la fuerza del destino, la tendencia humana a la rebelión y su deseo insaciable de crear otros seres. En este marco se encuadra la utilización frecuente en este volumen del término «absoluto».

El participio pasado latino *ab-solutus* expresa una in-dependencia: lo absoluto no depende de nada, su existencia es necesaria, al margen de cualquier contingencia; solo «lo incondicionado es lo absoluto»[36]. La enunciación más simple y directa del silogismo sobre la contingencia y el absoluto parte de la premisa mayor «si no hubiera más que contingencia, no habría nada» (pues todo podría no ser), introduce la premisa menor «hay algo» y concluye la consecuencia «luego el absoluto existe». Más brevemente: «lo contingente implica lo absoluto»[37]. Cuando digo que un acontecimiento remite a una cosmogonía o a una escatología absolutas, significo su realidad independientemente de la imaginación del personaje (cual ocurre en la fantasía quijotesca), de las quimeras del alquimista (Paracelso) o de la gnoseología filosófica (idealismo cartesiano o kantiano)[38].

Contra ese marco absoluto se rebela el relativismo. En Occidente, el cuestionamiento de una verdad universal afecta, en un primer tiempo, a las mitologías antiguas y, en un segundo tiempo, a la bíblica. Robert Segal evalúa las mitologías en función de su resistencia a estos embates:

---

torno al materialismo nietzscheano», pp. 105-106. En consecuencia –salvada la verdad de lo que sea el hombre y el mundo–, hay tantas verdades como sujetos y tantas definiciones verdaderas de mito como sujetos interpretativos. Por eso importa mucho, en un estudio convergente como este, dar con esa definición de mito que solo me compromete a mí y que, al mismo tiempo, no pueda ser sino la expuesta, dentro del marco epistemológico definido.

[36] S. Weil, *La Connaissance surnaturelle*, *Cahier XIV*, ms. 12, M.-A. Fourneyron *et al.* (eds.), t. VI, p. 169.

[37] J. Baechler, *Le Devenir*, p. 53.

[38] Precisamente, el mito consiste en la inmersión de lo absoluto en lo relativo; adapto aquí la expresión de L. Schajowicz, «la vida divina es una paradigmática inmersión de lo absoluto en lo individual», *Mito y existencia*, p. 223. Soy consciente de la problemática adherida al concepto de absoluto: el racionalismo siempre ha sostenido la ineptitud de nuestro entendimiento para asumirlo; no así el Romanticismo, defensor acérrimo de una especulación estética capaz de comprenderlo de modo afectivo e imaginativo para, posteriormente, expresarlo en la obra de arte; véase M. J. Binetti, «Kierkegaard como romántico», p. 126. El Romanticismo, precisamente, recupera las ensoñaciones alquímicas: la piedra filosofal, el elixir de la vida. «¡He deducido la existencia del *Absoluto*!» («J'ai déduit l'existence de *l'Absolu*!»), exclama Balthazar Claës a su mujer en *La Recherche de l'Absolu* (1834), de Balzac, M. Ambrière (ed.), *La Comédie humaine*, P.-G. Castex *et al.* (eds.), p. 717; pero este absoluto se limita a una sustancia material, un «absoluto químico» (p. 770), o una operación (la descomposición del nitrógeno, la cristalización del carbono), sin referencia a ninguna trascendencia, a menos de atribuir, con madame Claës, esta «pasión maldita» del alquimista a la intervención diabólica (p. 755). El primer alquimista que canta victoria en la consecución del *magnum opus* a partir de la *Prima materia* es Flamel, al que J. K. Rowling dedica un capítulo en *Harry Potter and the Philosopher's Stone*: «¡Nicolas Flamel es, que se sepa, el *único en haber conseguido la piedra filosofal*!» («Nicolas Flamel, [...] is the *only known maker of the Philosopher's Stone!*», p. 161), exclama Hermione a sus amigos Harry y Ron mientras les muestra un libro donde se relata el hallazgo del alquimista. Su éxito fue rotundo: no solo transformar los metales en oro, sino también obtener el elixir de vida; de hecho, según sus cálculos, ya cuenta seiscientos sesenta y cinco años de vida...

La omnipresencia de la mitología clásica o pagana es mayor proeza que la de la mitología bíblica. Porque la mitología clásica ha sobrevivido a la desaparición de la religión de la que, hace dos mil años, formaba parte, mientras que la mitología bíblica se ha mantenido por la sólida presencia del cristianismo. La mitología clásica se ha conservado gracias a la cultura ligada a la religión que acabó con la religión clásica[39].

Congrua congruis referendo, podríamos prolongar la formulación: la mitología bíblica ha sobrevivido a la desaparición de la religión de la que, hace dos mil años, formaba parte. La mitología bíblica se ha conservado gracias a la cultura ligada a una religión que da signos de agotamiento, al menos en Occidente. De modo que hoy día, como sucediera hace veinte siglos, los personajes míticos ligados a la religión judía (el Diablo, Adán y Eva, Jonás, el gólem...) y a la religión cristiana (Fausto, Hamlet, Don Juan, Frankenstein, Drácula...) apenas tendrían mayor relevancia que la conferida por el mundo académico, cuando no se limitan al ámbito lúdico o meramente referencial, de no ser gracias a la fuerza mitológica que los vivifica sin cesar. La duda, extrapolable a otras mitologías, es lícita y este libro propone solventarla. Descendamos a los detalles, para observar (al igual que a propósito del fenómeno de la globalización) cuáles son los principales ejes del relativismo contemporáneo que entran en fricción con el mito.

El sistema democrático

Este sistema político ha protagonizado una marcha triunfal desde 1989; nunca, antes de la caída del Muro de Berlín, ha habido tantos Estados gobernados democráticamente como hasta ahora. No ignoremos, sin embargo, que la política transnacional, producto de negociaciones y acuerdos a escala global tan complejos y opacos como frágiles y efímeros, evidencia un déficit democrático porque se basa en compromisos ajenos a los intereses y a la participación activa de los individuos. Por si fuera poco, la democracia exige demócratas, convivencia de valores, ideas e instituciones, parámetros claros respecto de lo justo y lo injusto, lo bueno y lo malo, la libertad y el libertinaje[40]. Dios no quiera que nos acostumbremos a una sociedad solo formal y electoralmente democrática.

Sin entrar a considerar las bondades o maldades de los sistemas políticos, salta a la vista que ninguno de los actuales es reducible al mítico. La mitología es ajena a las leyes cívicas que hoy conocemos; no se funde con ningún sistema político establecido por consenso, donde el valor de las personas y los bienes dependan del acuerdo cambiante de la mayoría, es decir, sean relativos. En el mundo mitológico, las leyes proceden menos del asentimiento que de la naturaleza, menos de la inscripción que de la palabra. De

---

[39] «The pervasiveness of classical, or pagan, mythology is even more of a feat than the pervasiveness of biblical mythology. For classical mythology has survived the demise of the religion of which, two thousand years ago, it was originally a part, whereas biblical mythology has been sustained by the solid presence of Christianity. Classical mythology has been preserved by the culture tied to the religion that killed off classical religion», R. Segal, «Myth and Literature», pp. 23-24. (Sobre la dialéctica entre mitologías moribundas y su correspondiente remitificación, § 8.)

[40] J. Thesing, «Globalización y democracia cristiana», pp. 28-31.

ahí la consecuencia moral: en el mundo mitológico, las leyes no generan la moral, sino que la confirman; muy al contrario que en los sistemas democráticos occidentales, donde los ciudadanos opinan, las más de las veces, que la moral es un producto legislativo («si es legal, está bien; si no, está mal»). Verbigracia de esta heterogeneidad entre ley humana / ley divina o ley escrita / ley no escrita: Creonte y Antígona. El sistema democrático, tal como lo conocemos y practicamos, es un concepto moderno sin parangón en el mundo mitológico.

El universo mítico no se rige por criterios de orden cuantitativo con pretensiones cualitativas, esquema correspondiente a los sistemas totalitarios y democráticos conocidos en Occidente. Cometeríamos un craso error si, movidos por la implícita o explícita adoración que, excepciones aparte, Occidente profesa hacia la democracia, juzgáramos el mundo del mito según criterios democráticos. No se trata tanto de mundos contrarios como ajenos entre sí.

Esta escisión entre los mundos mítico y democrático explica que, en ocasiones, la crítica cometa errores de bulto. Así, en nombre de una democracia insalubre –dominada por la *dóxa* del relativismo propio de una inmanencia absoluta–, abundan juicios desacertados sobre el sentido de los relatos míticos. No cabe duda de que el mito es, como todo relato, polisémico, pero su sentido más profundo está siempre cargado de cierta verdad[41]. Ignorado este sentido, la crítica intentará pasar por válidos otros sentidos accesorios, cuando no prescindibles, en tal o cual relato mítico.

Los ejemplos son numerosos. Valga uno como síntesis. En su estudio *La tragedia griega y los mitos democráticos*, Herreras aborda diversas tragedias de Esquilo, Sófocles y Eurípides como «metáforas de un "arte democrático"», esto es, como instrumento «para reafirmar a la democracia ateniense»: más allá de «la *catarsis*, auspiciada por Aristóteles», la *paideía* o cultura democrática helénica sugiere al autor que «las tragedias pueden comportarse como mitos democráticos»[42]. Pertrechado con este aparato metodológico, este crítico invita al lector y al espectador a «identificarse» con un personaje trágico y juzgar el argumento de las tragedias a la luz de sus propias metas y aspiraciones, como corresponde a «una ciudadanía inteligente». Así, el análisis de la *Antígona* de Sófocles conduce, de la mano de Hegel, Schopenhauer, Nussbaum, Gutmann y Thompson, a las conclusiones de consenso políticamente correctas donde la prolijidad de argumentos morales no logra ocultar que el mito ha sido en todo momento ignorado[43]. En efecto, si la crítica no repa-

---

[41] En su crítica a *L'Univers imaginaire de Mallarmé*, de J.-P. Richard, Derrida propone la sustitución de la «polisemia» por la «diseminación», proceso donde el texto sustituye toda verdad definitiva: «el texto [ya] no es la expresión o la representación (feliz o no) de alguna "verdad" que se difractaría o se agruparía en una literatura polisémica. El concepto hermenéutico de "polisemia" debería ser sustituido por el de "diseminación"»; «le texte n'est plus l'expression ou la représentation (heureuse ou non) de quelque "vérité" qui viendrait se diffracter ou se rassembler dans une littérature polysémique. C'est à ce concept herméneutique de "polysémie" qu'il faudrait substituer celui de "dissémination"», J. Derrida, *La Dissémination*, p. 294. Pero ya sabemos que la polisemia del texto mítico reenvía a una verdad imaginaria, intencional y vivida, la misma de la que toda diseminación abjura.

[42] E. Herreras, *La tragedia griega y los mitos democráticos*, pp. 19-21.

[43] «De ese modo Sófocles […] plantea un tipo de deliberación basado en un respeto mutuo que se apoya en la reciprocidad [y] una virtud que debiera ser básica para el funcionamiento de una democracia. Sin embargo, he ahí nuestra conclusión, aunque haya un desacuerdo permanente en determinadas visiones morales, no por ello debemos dejar de buscar los mejores argumentos, aunque sean circuns-

ra en el destino que pesa sobre Antígona (la maldición que cayera sobre los descendientes de Cadmo y Harmonía), siempre verá en los textos subsiguientes (aquí, la tragedia sofóclea) meros conflictos argumentales cuya solución reside en la aplicación de los principios de nuestras instituciones políticas contemporáneas.

La mitocrítica cultural recuerda, por el contrario, que la cultura del mito no es reducible, sin más, a la dominante en nuestra contemporaneidad. El mito de Antígona habla, sin duda, del conflicto entre ella y Creonte, entre una «ciudadana» y su rey, entre dos concepciones, además, frontalmente opuestas en la concepción de las leyes[44]; pero la joven, precisamente por su origen mítico, no puede ser considerada como un personaje más en una ciudad dominada por un poder tiránico. La contradicción íntima de Antígona no es únicamente fruto de su amor por Polinices o de su oposición a Creonte; es, sobre todo, la contradicción de un ser heroico marcado por un origen y un destino trascendentes.

El mito no remite a una certidumbre creada a partir del consenso de una mayoría, sino a verdades transmitidas de modo simbólico, no deductivo, ínsitas en lo más profundo de nuestro ser individual o adquiridas gracias a una singular comunión con el universo. El mundo del mito y el mundo de la democracia son, las más de las veces, recíprocamente irreductibles. Si hace tabla rasa de estos condicionamientos del mito, la crítica, parapetada tras el aura democrática de nuestra sociedad, aborda los mitos según criterios ajenos a esos mismos mitos. Atrincherada en una serie de valores supuestamente sacrosantos e inamovibles, se arroga el derecho a enjuiciar los acontecimientos de un relato mítico desde premisas ontológica y cronológicamente inválidas.

Por suerte, una parte considerable de la producción ficcional reescribe y adapta convenientemente los mitos antiguos, medievales y modernos a nuestro mundo contemporáneo (como muestran, por ejemplo, las enriquecedoras relaciones entre mito y ciencia ficción, nacidas desde la modernidad y potenciadas en la cultura posmoderna); por suerte también, no es minoritaria la crítica académica respetuosa de los contextos donde surgieron los mitos.

---

tanciales, y tampoco dejar de pensar sobre la superioridad moral de una de las posiciones, desde una perspectiva universalista (Antígona), aunque momentáneamente, pudiera ser, no le demos la razón, por motivos, repetimos, circunstanciales», *ibid.*, p. 214. Adviértanse los malabarismos intelectuales y sintácticos necesarios para compatibilizar, solo en apariencia, sistemas de pensamiento tan opuestos cuales son el democrático y el mitológico.

[44] «El término *nomos* designa en Antígona lo contrario de lo que con toda convicción Creonte llama *nomos*»; «Le terme *nomos* désigne chez Antigone le contraire de ce qu'en toute conviction Créon appelle *nomos*», J.-P. Vernant, *Mythe et tragédie en Grèce ancienne*, en *Œuvres. Religions, rationalités, politique*, I, p. 1099. Por si fuera poco, el término «democracia» no es unívoco ni significa el gobierno omnímodo del pueblo; Sócrates rechazó la democracia en nombre, precisamente, de la ley: «su oposición a la democracia es oposición a que el *demos*, aunque sea realmente *todo* el *demos*, pueda decidir contra lo que la razón *dicta* como justo (*díkaion*)», P. Fernández Liria, «Reflexiones socrático-platónicas sobre la democracia en el umbral del siglo xxi», p. 107. C. Delsol rubrica este problema inherente al sistema: «la democracia sufre siempre los potenciales efectos perversos que la aquejaban desde la Antigüedad; la soberanía popular no se identifica necesariamente con el respeto de las leyes», *Les Idées politiques au XXe siècle*, p. 205.

La mentalidad consumista

No es que antes no se consumiera, sino que ahora se consume en masa, de un modo febril; el consumo se ha convertido en un fin en sí mismo: mientras consume, el ciudadano se siente vivo y en comunión con los demás. Tampoco es que antes no hubiera diferenciación entre objetos de consumo: ahora no hay patrones universalmente aceptados de distinción en esos objetos.

La modernidad (estéticamente caracterizada por una apropiación selectiva de los aspectos culturales, por la designación de unas elites literarias y la pretensión de transformación del referente natural) se ha visto sustituida por la nueva sensibilidad que rechaza cualquier calificación valorizadora de la cultura. Este consumo indiscriminado de la cultura está lejos de ser aceptado; muchos lectores aún no entienden el carácter heteróclito de la sección cultural de periódicos y revistas donde se solapan reseñas de libros y exposiciones de arte con crónicas costumbristas y ecos de sociedad. La llamativa combinación de los tradicionales iconos culturales con elementos cotidianos (p. e., las producciones de estilo *kitsch*) fue un recurso habitual del arte pop para cuestionar el elitismo moderno, siempre resentido contra el filisteísmo burgués incapaz de apreciar el espíritu exclusivo del arte (una especie de *delicatessen* estética). Así, hoy la cultura consume todo y ese mismo consumo produce cultura:

> El consumo es una parte significativa de la circulación de sentidos compartidos y conflictivos que denominamos cultura. Comunicamos por medio de lo que consumimos. El consumo es, quizá, el camino más visible en el que organizamos y representamos el drama de la autoformación. En este sentido, por lo tanto, el consumo también es una forma de producción[45].

Esta dinámica, generada en el siglo XIX, conoce su apogeo tras la Segunda Guerra Mundial. Las teorías de la evolución de las adaptaciones (Darwin), de la situación en la historia (Marx), del inconsciente psicológico (Freud) o de las aptitudes e ineptitudes lingüísticas (Saussure) han descentrado el concepto tradicional del yo estable y fijo; la concepción del ser humano se ha visto sensiblemente afectada. Frente a la identidad tradicional (una persona es algo coherente e inmutable, garantizado por la naturaleza y la biología humanas), han ido apareciendo múltiples identidades posmodernas, todas ellas marcadas por esa dinámica generativa sin fin (una persona es un constructo incompleto y continuamente sometido al proceso del devenir). La naturaleza ha sido sustituida por la historia y, más recientemente, por la cultura, siempre susceptible de acumular nuevas formulaciones y de adherir nuevas identidades contradictorias entre sí[46]. El gran

---

[45] J. Storey, *Inventing Popular Culture*, p. 78; véanse también pp. 41 y 63-64. E. Morin sostiene semejante pensamiento, al tiempo que combina consumismo y globalización: «Las necesidades de bienestar y felicidad, en la medida en que se universalizan en el siglo XX, permiten la universalización de la cultura de masas. Recíprocamente, la cultura de masas universaliza esas necesidades», *L'Esprit du temps*, en *La Complexité humaine*, H. Weinmann (ed.), p. 222.

[46] En su fino análisis sobre este tránsito, F. Jameson ofrece la clave sobre el cambio capital en esta sempiterna relación: «La postmodernidad es lo que queda cuando el proceso de modernización ha concluido y la naturaleza se ha ido para siempre. Es un mundo más plenamente humano que el antiguo, pero en él la cultura se ha convertido en una auténtica "segunda naturaleza"», *Teoría de la post-*

sueño de Durkheim («naturalizar» la cultura) ha sido reemplazado en la segunda parte del siglo xx por su opuesto («culturizar» la naturaleza). La cultura como rutina y continuidad ha dejado paso a la cultura como actividad libre del espíritu, que se da (o cree darse) a sí misma la crítica y la trascendencia[47].

Una puntualización es precisa: el ser humano no ha cambiado; ha cambiado su modo de concebirlo. La identidad humana ha sido cubierta por un revestimiento (trasparente, traslúcido u opaco según los casos) que modifica indiscutiblemente la idea de cualquier espectador y, por ende, su valoración cultural. La clonación de la oveja Dolly, además de asombrar a todo el mundo, legos y científicos por igual, cambió nuestro concepto de ser vivo y, por ende, del ser humano, que ya no se concibe como singular e irrepetible (al menos en su generación o producción). Por esto el consumo es un factor de primera importancia: no porque cambie el bloque en bruto del hombre, sino su modo de percibirlo.

Esta transformación social genera paradojas frente a la naturaleza del mito. El mercantilismo acarrea la desaparición sistemática del concepto de ejemplar único y perdurable, cual es el mito[48]. Para la dinámica consumista, todo se convierte en «provisional»[49]. Nunca como ahora ha estado tan presente el concepto de mercancía indistinta e indeterminada (*commodity*), porque hoy todo es susceptible de monetización, independientemente de su especificidad; en el mundo provisorio, la cualidad cede ante la cantidad[50].

---

modernidad, C. Montolío Nicholson y R. del Castillo (trads.), p. 10; véase también J. Storey, *Inventing Popular Culture*, p. 79. El aspecto dinámico de la identidad ha sido puesto de relieve por Z. Bauman: «La "identidad" [...] se ha convertido en un asunto de aguda reflexión [...] cuando, en lugar de algo obvio y "dado", empezó a parecer algo problemático y una "tarea"»; «"Identity" [...] has become a matter of acute reflection [...] when instead of something obvious and "given" it began to look like something problematic and a "task"», *Culture as Praxis*, p. xxix.

[47] «En pocas palabras: un discurso generó la idea de la cultura como la actividad del espíritu de libre itinerancia, el lugar de la creatividad, de la invención, de la autocrítica y la autotrascendencia; otro discurso planteó la cultura como una herramienta de rutina y continuidad, una servidora del orden social»; «To put it in a nutshell: one discourse generated the idea of culture as the activity of the free roaming spirit, the site of creativity, invention, self-critique and self-transcendence; another discourse posited culture as a tool of routinization and continuity–a handmaiden of social order», Z. Bauman, *Culture as Praxis*, p. xvi. Desde el punto de vista histórico, G. Lipovetski establece tres fases diferenciadas en la aventura individualista y consumista de las sociedades liberales: primera o del «comercio a gran escala» (desde 1880 hasta la Segunda Guerra Mundial), segunda o de la «sociedad de la abundancia» (hasta finales de los años 70), y tercera o del «hiperconsumo» (desde los años 80); véase *Le Bonheur paradoxal*, pp. 27-39.

[48] «Cualquiera que sea su naturaleza, el mito es siempre un *precedente* y un *ejemplo*, no solo en relación a las acciones ("sagradas" o "profanas") del hombre, sino también en relación a su propia condición; más aún, el mito es un precedente para todos los modos de lo real en general», M. Eliade, *Traité d'histoire des religions*, p. 349.

[49] Véase Papa Francisco, «*Amoris Lætitia*», n.º 39; cfr. «Vivimos en una cultura de lo provisional», en «Discurso a los participantes en el coloquio sobre la complementariedad del hombre y la mujer». Existe un vínculo entre la globalización técnica y la mentalidad consumista: «los sitios de las redes son víctimas de la moda. [...] Los rebaños migrantes que van de un servidor al otro simplemente demuestran una mentalidad impulsiva», Grupo Ippolita, G. Lovink y N. Rossiter, «El supuesto digital: 10 tesis», p. 15.

[50] En el 5.º episodio de la 1.ª temporada de *American Gods*, Mr. World se mofa de los antiguos dioses, confiados en la unicidad del ejemplar, en el atractivo de la marca, signo de distinción; el mundo actual anhela uniformidad, también en el consumo: «Marcas. Por supuesto. Una heurística muy útil. Pero, al fin y al cabo, todo se resume en la interconexión de todos los sistemas: un único produc-

Antiguamente la destrucción de la estatua de una divinidad ponía en peligro el culto que sus adoradores le rendían e, incluso, la pervivencia de un pueblo; hoy, una empresa puede producir en un día miles de estatuillas de esa misma divinidad o retirarlas del mercado por un defecto de producción sin consecuencia alguna. El carácter sagrado de las estatuas estaba ligado a su unicidad, cuando no a su origen: el Palladion, la estatua de Atenea supuestamente caída del cielo, era única y, por esto, en cierta manera, imagen real y verdadera, es decir, innegablemente mítica.

El consumismo va de la mano del igualitarismo, supone la multiplicación seriada de los productos. Este acceso universal a los bienes reduce considerablemente la especificidad de los estilos de vida: salvo contadas excepciones, todos los ciudadanos comparten semejantes ideales de bienestar, viajes, novedades y cuerpo esbelto. Cuanto más disminuyen las desigualdades económicas, más aumentan las aspiraciones de consumo: «el sistema referencial es idéntico, [...] el universo simbólico de las normas es homogéneo»[51]. Estamos en el campo opuesto a los mitos, siempre reticentes a la homogeneidad.

La aplicación de parámetros consumistas a obras mitológicas paradigmáticas puede llegar a conmover los fundamentos del mito. Ejemplar único, excepcional, heterogéneo y sagrado, el mito sometido al molde del consumo cambia sensiblemente de apariencia. En la *Odisea* homérica, cada aventura sucede en un lugar y en un tiempo siempre novedosos y distintos de los precedentes: un paso arriesgado por un estrecho o el abordaje a una isla misteriosa son antesala y anuncio de acontecimientos extraordinarios. No así en el *Ulises* de Joyce (1922), en el que todo ocurre a un hombre cualquiera en un día cualquiera (16 de junio de 1904), en calles y edificios de una ciudad europea: rasgo de contingencia que pone de relieve una ironía, una inversión arbitraria, como si la atemporalidad del mito ya no fuera representable sino en la aventura de lo cotidiano[52]. Baste traer a colación la conversación sobre la irrelevancia del fallecimiento de la madre de Stephen Dedalus frente al de tantos moribundos en los hospitales dublineses, o los fríos pensamientos de Bloom frente a las intimaciones de Kernan sobre la muerte y la resurrección[53]. En una carta enviada a un crítico italiano, el novelista escribe:

---

to manufacturado por una única compañía para un único mercado global. Picante, normal o en trocitos: por supuesto que pueden escoger, ¡por supuesto! Pero todos están comprando salsa»; «Brands. Sure. A useful heuristic. But ultimately, everything is all systems interlaced, a single product manufactured by a single company for a single global market. Spicy, medium, or chunky. They get a choice, of course. Of course! But they are buying salsa». Y en la cinta *Transporter 3* (O. Megaton, 2008), Johnson, el jefe de los matones del mafioso Vasilev, aclara a la joven Valentina los nuevos valores por los que se rige el mundo: «Este es el "nuevo mundo". No hay países; todo eso es pensamiento pasado de moda. Solo hay realidad económica. Ganancia y pérdida. Eficacia y desperdicio. Piensa en global, no en local»; «This is the "new world". There are no more countries, that's old think. There's economic reality. Profit and loss. Efficiency and waste. Think global, not local». Nunca como hoy la globalización ha ido de la mano del consumismo y el relativismo.

[51] «Le système référentiel est identique, [...] l'univers symbolique est homogène», G. Lipovetski, *Le Bonheur paradoxal*, p. 130. Tan es así, que las grandes empresas, conscientes de este nuevo horizonte, tienden a la uniformidad, proceden a estandarizar su imagen de marca para posicionarse socialmente y evitar eventuales derivas arriesgadas; véase E. Kwik, «Les composantes culturelles de la publicité internationale», pp. 954-955.

[52] Véase H. Blumenberg, *Trabajo sobre el mito*, P. Madrigal (trad.), pp. 92-93.

[53] Véase J. Joyce, *Ulysses*, D. Kiberd (intr.), pp. 8 y 133.

Es una epopeya de dos razas (israelita/irlandesa) y, al mismo tiempo, el ciclo del cuerpo humano y también una pequeña historia de un día (una vida). [...] Mi intención consiste en trasponer el mito *sub specie temporis nostri*[54].

La expresión latina es una réplica, en variante pastiche, de otra de Spinoza (*sub specie æternitatis*)[55], según la cual la razón debe contemplar las cosas como necesarias y verdaderas (no como contingentes) por cuanto «esta necesidad de las cosas es la misma necesidad de la naturaleza de Dios». Por antinomia, Joyce hace hincapié en el tiempo finito, contingente y cíclico, sin relación alguna con el propio de la mitología. La adaptación «a nuestro tiempo» imprime al mito la trivialidad de lo cotidiano, irrelevante una vez consumido. También por antinomia, el escritor confronta la fecundidad (el octavo hijo varón de Mrs. Purefoy) con la esterilidad (las recurrentes visitas de Stephen a los burdeles) o, incluso, con una búsqueda de aparente trascendencia (de la creación artística, por Stephen, y de la paternidad espiritual, por Bloom)[56]. Sin duda, el *continuum* cotidiano de los antihéroes puede prestarse a la trascendencia sobrenatural del mito: descubrir la trascendencia en lo ordinario es sobremanera interesante, pero habitualmente no ha sido el caso.

Esta dificultad (no imposibilidad) de adaptación del mito a nuestro tiempo se origina también en el embotamiento de una sociedad saciada. A base de consumir sin medida, el hombre y la mujer actuales parecen como saturados, y este empacho provoca una abulia para las ofertas de los mundos extraordinarios[57]. Estamos ante el «desencanto del mundo» pronosticado por Weber[58].

Uno de los preceptos más respetados en la sociedad de consumo es: «si puedes hacerlo, debes hacerlo». Tanto es así que la idea de no aprovechar las oportunidades disponi-

---

[54] «È l'epopea di due razze (Israele-Irlanda) e nel medesimo tempo il ciclo del corpo umano ed anche una storiella di una giornata (vita). [...] La mia intenzione è di rendere il mito *sub specie temporis nostri*», J. Joyce, *Selected Letters*, R. Ellmann (ed.), p. 270; carta –en italiano, en el original– a Carlo Linati, 21 de septiembre de 1920.

[55] «Es propio de la naturaleza de la razón percibir las cosas bajo alguna especie de eternidad», Spinoza, *Ética demostrada según el orden geométrico*, II, prop. 44, corolario 2, A. Domínguez (trad.), p. 112. Spinoza adapta un principio hermenéutico de la Torá: la enseñanza divina no está circunscrita a nuestro tiempo finito. Aprovecho para incidir en la definición de «eternidad» según la mitocrítica cultural: concepción o dimensión temporal sin origen y sin final, en contraste con el cómputo humano o cósmico, esto es, fuera del tiempo relativo al orden creado.

[56] Véase A. Camps, «Entre la mueca y el artificio», p. 68. De modo paralelo a Joyce, que adapta el mito homérico a la cotidianidad dublinesa, la apariencia mediocre, medrosa y romántica de Superman en el periodista Clark Kent «personifica, de forma perfectamente típica, al lector medio, asaltado por complejos y despreciado por sus propios semejantes», U. Eco, *Apocalípticos e integrados*, A. Boglar (trad.), pp. 266-267. Aunque Superman carezca de la trascendencia sagrada de los mitos, vale el ejemplo como adaptación literaria a los parámetros de la cultura occidental.

[57] C. Rivero ha relacionado recientemente esta saturación del hombre moderno con la situación de César en la película *Abre los ojos* (A. Amenábar, 1997); el protagonista, parangón del consumismo desenfrenado (dinero, sexo, drogas), firma con la compañía *Life Extension* un contrato «por el Paraíso»: a su muerte, mediante la crionización, podrá vivir eternamente la vida soñada, sin problemas ni miedos; «Realidad y simulacro: la desmitificación de la técnica en *Abre los ojos*"», pp. 205-206. Tras el hastío, el consumo produce más ansias de consumo, lejos del Paraíso prometido por la religión.

[58] «die Entzauberung der Welt», M. Weber, «Wissenschaft als Beruf», p. 341, traducida como «desmagificación del mundo» en la edición de J. Abellán, *La ciencia como profesión*, p. 67. Tomo esta lúcida relación entre consumismo, técnica y Weber del artículo de C. Rivero recién citado.

bles para mejorar el aspecto del cuerpo (esto es, aproximarlo a la moda dominante) se plantea como algo despreciable y humillante para la propia autoestima. Las bogas del tatuaje y la cirugía plástica traslucen la dialéctica de la pertenencia y la autodefinición. Al igual que nuestro mundo sustituye la comprensión por la navegación *(surfing)* y la admiración por el desencanto *(Entzauberung)*, esas modas operan en la superficie *(surface)* de los cuerpos, proporcionan una comprensible ilusión de búsqueda de la identidad personal (esfera de la elección y la libertad) como sustituto de la identidad comunitaria (esfera de la coerción y la obligatoriedad)[59]. No opera así el mito: lejos de echar un vistazo *(browsing)*, mira encantado (admira) y procura comprender; combina, sin enemistarlas entre sí, las esferas de la identidad personal, la identidad comunitaria y la trascendencia. Sin adherirse a la tendencia autoidentitaria de la elección superficial en la sociedad de consumo, el mito prefiere la elección personal y colectiva dentro del horizonte inmenso ofrecido por una esfera trascendente. Aquella elección, en apariencia libre, es tremendamente limitada; esta, en apariencia obligatoria, es de hecho ilimitada.

Cualquier mito está cargado de referencialidad. Todas las manifestaciones iterativas de un producto pseudomitificado remiten a un mito singular e irrepetible. De ahí la tensión entre la proliferación masiva de bienes en la sociedad de consumo y el atractivo del objeto único. Así se explica la mitificación de una producción selecta (el perfume *Olympea* de Paco Rabanne) y de una producción exclusiva ligada a un héroe fílmico: el Aston Martin de James Bond[60]. En la producción cinematográfica reciente, cabe destacar el caso de *American Gods*, donde las *celebrities* (Lucille Ball, David Bowie, Marilyn Monroe y Judy Garland) representan los nuevos dioses, o el de la película original *Westworld* (M. Crichton, 1973), donde los visitantes acuden al parque temático con ansia desenfrenada, conscientes de que los humanoides de dicho parque, una vez consumidos, son de inmediato repuestos.

En el mundo del consumo todo adopta un carácter lúdico. Los grandes almacenes habían instituido una centralización cuantitativa de los productos que imponía al cliente un camino casi obligatorio, utilitario, sintomático de la época que los vio nacer: la del acceso habitual de amplias clases sociales a los bienes de consumo. Los nuevos centros comerciales suponen un paso más: en lugar de yuxtaponer las mercancías por categorías, practican una «amalgama de signos, de todas las categorías de bienes considerados como campos parciales de una totalidad consumista de signos»[61]. Esta mezcolanza caleidoscópica (cafés, frutería, cine, vestido, librería, menaje del hogar…) juega con la ambigüedad del signo, opera un cambio estatutario en las mercancías, útiles sublimados como por arte de birlibirloque, en un juego ambiental representativo de la neocultura que asimila de igual modo una lata de caviar o un libro de paleontología, o, más precisamente, un kilo de «mítico» caviar del Caspio o un tratado sobre el «mítico» mamut.

---

[59] Véase Z. Bauman y T. Leoncini, *Generación líquida*, pp. 24-25 y 34-35.

[60] Véase, respectivamente, el videoclip de 2015 [https://www.youtube.com/watch?v=HCvI_Io-VJp8] (consultado el 9 de septiembre de 2017) y la noticia en *Le Figaro* (28 de octubre de 2010): «El mítico Aston Martin DB5 de James Bond vuelve a Estados Unidos» (consultado el 9 de septiembre de 2017).

[61] «le drugstore […] pratique l'"amalgame des signes", de toutes les catégories de biens considérés comme champs partiels d'une totalité consommatrice de signes», J. Baudrillard, *La Société de consommation*, p. 21.

Este fenómeno de la mitificación incide igualmente en la percepción de los personajes. Los reales mitificados (las *vedettes*) son tan pronto provistos como desprovistos de un aura de excepción, colocados en un pedestal o relegados al olvido. El mejor modo de saber la cuota de pantalla o éxito que tiene una *celebrity* es conocer su grado de aparición en los anuncios[62]. Otro tanto ocurre en el mercado del arte, cuyas estrategias realzan el carácter exclusivo de sus productos con objeto de mitificarlos entre marchantes y obtener así mayores beneficios.

La fiebre coleccionista por la posesión de objetos únicos (que se tornan de inmediato en objetos «mitificados») se topa con otra paradoja de nuestro tiempo. Con excepción de las ferias artesanales y subastas de coleccionistas, resulta cuando menos sorprendente que el consumidor no experimente rechazo ante un objeto técnicamente reproducido. Bien pensado, hay una diferencia esencial entre los conceptos de reproducción tradicional y contemporánea: la minusvaloración de la autenticidad. A este propósito, Benjamin observa que «el ámbito entero de la autenticidad se sustrae a la reproducibilidad técnica»[63]. En efecto, la reproducción manual ha sido normalmente catalogada como falsificación, a diferencia de la técnica, por dos razones. En primer lugar, la reproducción técnica se acredita más independiente que la manual respecto del original; así, la fotografía puede resaltar aspectos del original totalmente inaccesibles al ojo humano y, en cambio, únicamente accesibles a una lente especial. En segundo lugar, la reproducción técnica es ajena a las constricciones situacionales del original; así, una sinfonía musical puede ser reproducida en cualquier momento en un *podcast* sin que el oyente considere para nada un supuesto carácter «falso».

No obstante cuanto precede, las relaciones entre la lógica económica del consumo y el mundo de los procesos de mitificación generan sorprendentes complicidades. Hoy nadie discute el papel prominente del lenguaje de la publicidad. Este lenguaje es, quizá, el más funcional de los lenguajes; en consecuencia, se sitúa aparentemente en las antípodas del lenguaje mítico. Paradoja: las agencias de publicidad recurren a los relatos míticos sabiamente condimentados con las técnicas propias de la retórica más tradicional: ironía, parodia, anfibología, hipérbole, prosopopeya, quiasmo visual y verbal, juego de palabras…[64]. Las técnicas de la mercadotecnia consiguen así alcanzar nuevos segmentos de consumo, enardecer el carácter impulsivo del potencial cliente y multiplicar los beneficios. Recientes estudios han mostrado que las marcas más exitosas vencen a la competencia no solo mediante la entrega de beneficios innovadores, servicios y tecnologías, sino forjando o recreando historias en conexión con la mitolo-

---

[62] Las personalidades del deporte, la música, el cine o la televisión que nos persuaden de la bondad de un producto, son una estrategia habitual de los publicistas: sus «testimonios» ejercen una persuasión simbólica particularmente apreciada por el público; véase V. Packard, *The Hidden Persuaders*, pp. 113-115. Recientemente han ocupado un papel fundamental los productores y gestores de contenido audiovisual por internet (p. e., los *youtubers*); más allá de su función informadora y orientadora, también dejan huella de la obsesión, hoy apremiante, de ser objeto de la visión ajena.

[63] W. Benjamin, *Conceptos de filosofía de la historia*, p. 99; «Der gesamte Bereich "der Echtheit entzieht sich der technischen –und natürlich nicht nur der technischen– Reproduzierbarkeit"», *Das Kunstwerk im Zeitalter seiner technischen Reproduzierbarkeit*, p. 12.

[64] Véase D. de Martino, *«Io sono Giulietta». Letterature & miti nella pubblicità di auto*, pp. 54 y 66.

gía[65]. Toda una semiótica mitológica se pone al servicio del comercio para persuadir intelectual y anímicamente de la bondad de un producto.

Ahora bien, cuando hablo de pulsiones e impulsos, me refiero a un epifenómeno de la sociedad occidental contemporánea. Ciertamente «el carácter impulsivo y espontáneo en sus afectos [también] caracteriza a los pueblos primitivos», pero no por idéntica causa: la espontaneidad de los pueblos generadores de mitos «está en relación con la brevedad de sus órdenes teleológicos»[66]. En efecto, para esos pueblos, la vida se compone de series simples de intereses que alcanzan su objetivo merced a una cantidad reducida de medios; en consecuencia, sus principales ocupaciones adquieren carácter de inmediatez y, en última instancia, de espontaneidad y pulsión biológica. No ocurre así en la sociedad desarrollada, donde la vida presenta una serie unitaria mucho más articulada gracias a tener ampliamente satisfechas las necesidades básicas. Incluso cabría apuntar que la satisfacción elevada de estas necesidades puede ser una de las razones por las que, liberados de la necesidad perentoria de alimento y vestido, y abducidos por el indudable atractivo de lo superfluo en forma de imagen y sonido, los individuos occidentales se vacían en una serie de movimientos impulsivos ajenos a todo razonamiento final. No es lo mismo consumir mitos (recurso de la sociedad necesitada) que objetos mitificados (recurso de la sociedad opulenta).

¿Quiere todo esto decir que el mito no tiene cabida en la sociedad de lo común, lo homogéneo y lo repetitivo? No exactamente. También el mito aborda estas situaciones; Sísifo o Tántalo ejecutan sin cesar un trabajo o una condena, y simbolizan así, al menos formalmente, la vida monótona de tantos ciudadanos. En otro registro, Don Juan o Drácula multiplican de modo ilimitado sus víctimas. Los relatos míticos están siempre ahí, a nuestra disposición, para leerlos una y mil veces. La repetición, nuevo intento inacabado, suprime arbitrariedad al signo, desarrolla una homofonía generalizada que asegura la vida. «Encanto y decepción a un tiempo, la repetición nos entrega el mundo mediante un lenguaje cifrado»[67]. Es labor del crítico detectarla en los textos y revelar su riqueza para nuestro tiempo.

La mitocrítica cultural no debe soslayar los cambios producidos por el fenómeno consumista en la percepción contemporánea: ecuación entre oferta y demanda, valoración de lo efímero y lo perdurable, evolución de la respuesta del consumidor, facilidades de acceso a los bienes de consumo, fenómenos publicitarios, sofisticación de las estrategias relativas a los objetos de arte, *merchandising* previo y posterior al lanzamiento de películas y musicales, programaciones de museos y exposiciones, rituales, celebraciones estacionales, conmemoraciones, centenarios... Las campañas publicitarias al rebufo de una nueva producción cinematográfica, ya sea con ocasión de un centenario de *Frankenstein* o *Drácula*, o del último episodio de *La guerra de las galaxias* o *Juego de tronos*, más allá de mover cifras de vértigo, modelan de modo contrastable la recepción y la percepción actual de los mitos.

---

[65] Sobre una lectura sociosemiótica de las relaciones entre relato mítico y publicitario, véase C. del Pino, «Publicidad y mito: un binomio insoluble», *passim*.

[66] Véase G. Simmel, *Filosofía del dinero*, R. García Cotarelo (trad.), p. 555.

[67] M.-L. Bardèche, *Le Principe de répétition*, p. 223.

LA LÓGICA DE LA INMANENCIA

A propósito de los «factores» configuradores de nuestra sociedad contemporánea, antes he indicado que también podríamos denominarlos «lógicas, porque revelan un nuevo modo de pensar el mundo». Evidentemente, no me refiero a la disciplina lógica como ciencia formal o arte de juzgar rectamente, sino al cúmulo dinámico de conceptos y juicios normativos y prácticos realizados por nuestro pensamiento sobre los seres que circunscriben fenomenológicamente nuestra percepción vivencial del mundo: nuestra reflexión y nuestra experiencia van elaborando en nuestra conciencia un marco fenomenológico que condiciona, casi de modo ineluctable, cada uno de nuestros acercamientos a cada nueva experiencia[68]. De modo lato y genérico, el hombre posmoderno no puede sino percibir cuanto le rodea de modo globalizado, relativista e inmanente. Entre estas lógicas, dos presentan particular interés para la mitocrítica cultural: la lógica de la inmanencia y la lógica de la trascendencia o del mito.

El concepto de inmanencia puede ser considerado desde un punto de vista gnoseológico (posiciones idealistas), ontológico (posiciones realistas) y epistemológico (posiciones fenomenológicas). Aquí será utilizado como el índice de una existencia correlativa a nuestro mundo sensible respecto a otra exterior o trascendente, ambas igualmente entitativas y necesarias para el acontecimiento mítico. En el ámbito literario y artístico del mito hay dos mundos: el universo tangible, con su esfera terrestre y sus galaxias innúmeras, y otro, habitualmente inaccesible a nuestros sentidos, donde moran los seres dotados de una naturaleza divina, sobrenatural. El mundo primario es inmanente respecto al «otro», mundo secundario o trascendente.

Buena parte del pensamiento moderno ha recluido la realidad a nuestro universo sensible, virando así hacia un inmanentismo negador de toda trascendencia; lo cual no excluye momentos de crisis dentro de esta misma inmanencia[69]. Esto proviene de la fijación psicológica más típica de la modernidad: la autonomía[70]. Toda trascendencia amplía sobremane-

---

[68] Entrelazo íntimamente lógica y psicología: «lo psicológico hunde su raíz en los mismos conceptos constitutivos de las leyes lógicas», E. Husserl, *Prolegómenos a la lógica pura,* III, epígrafe 18, en *Investigaciones lógicas,* M. García Morente y J. Gaos (trads.), t. I, p. 68; dicho de otro modo, afrontamos y aceptamos el mundo de acuerdo con un «patrón lógico-psicológico» del que a menudo somos inconscientes; véase F. Pérez, «La razón de lo pretendidamente ilógico», p. 84. Mi reflexión no busca deformar el pensamiento del filósofo alemán, ferozmente opuesto al psicologismo, por cuanto este invade el terreno de la lógica; lejos de entrar en la querella, solo justifico el recurso al término «lógica» (en un sentido no formal) para referir nuestra visión del mundo tanto desde el punto analítico como fenomenológico.

[69] «La modernidad, el mundo moderno, erige la Razón como su único dios, el único al que debe latría, adoración, fe. [...] Hoy quizá esa "fe" ha entrado en convulsión. O mejor, hoy culmina un largo proceso a través del cual se ha ido, poco a poco, descreyendo de la razón», E. Trías, en R. Argullol y E. Trías, *El cansancio de Occidente,* p. 73.

[70] La crítica identifica el *Discurso sobre la dignidad del hombre,* de Pico della Mirandola (*Oratio de hominis dignitate,* 1486), como el pistoletazo de salida de esta carrera hacia la apropiación absoluta del libre arbitrio. En este «manifiesto renacentista», el autor –mediante una genial prosopopeya– pone en boca de Dios estas palabras dirigidas al primer hombre: «Oh Adán, no te he dado ni un lugar determinado, ni un aspecto propio, ni una prerrogativa peculiar con el fin de que poseas el lugar, el aspecto y la prerrogativa que conscientemente elijas y que de acuerdo con tu intención obtengas y conserves. La naturaleza definida de los otros seres está constreñida por las precisas leyes por mí prescritas. Tú, en cambio, no constreñido por estrechez alguna, te la determinarás según el arbitrio a cuyo poder te he

ra el espectro de realidades y, consecuentemente, de incertidumbres inabarcables e, incluso, de leyes a las que la naturaleza humana deba someterse. Dados el descreimiento progresivo en Occidente –debido, entre otras causas, tanto a los errores exegéticos del pasado como al positivismo exacerbado de la modernidad– y nuestra repugnancia innata a la heteronomía, el hombre actual adopta, consciente o inconscientemente, la táctica del avestruz: niega la posibilidad de otros mundos e ignora que se ha contagiado del virus del inmanentismo.

Aquí radican, en buena medida, las dificultades de muchos investigadores para entender en toda su extensión el mito; la opción práctica por la imposibilidad de una trascendencia puede, inconscientemente, arrastrar a recusar, como hipótesis de trabajo, su posibilidad de existencia (incluso en el mundo de ficción), así como las derivas de los textos que la dan por supuesta. La interpretación del relato mítico es ardua, si no inviable, cuando se ve cercenada de la dimensión trascendente: trascendencia y mito están indisolublemente entrelazados.

Las religiones antiguas desaparecidas (celta, ibérica, helénica, romana, escandinava, germánica, eslava…) y las actuales (politeístas –hinduismo, jainismo, religiones precolombinas– o monoteístas –judaísmo, cristianismo, islam–) fecundan obras literarias y artísticas donde una plétora de mitos se abre a la trascendencia. Otro tanto ocurre, al menos en principio, con algunas corrientes espiritualistas antiguas y contemporáneas: gnosticismo, esoterismo, New Age…

En su estudio sobre las manifestaciones artísticas, la mitocrítica cultural debe, combinando el rigor académico y el respeto exquisito hacia todas las opciones éticas y religiosas sensatas, integrar nuevos métodos abiertos a la comprensión de lo trascendente ínsito en toda producción mítica. Esta propuesta conserva su validez aun cuando se

---

consignado», Pico della Mirandola, *Discurso sobre la dignidad del hombre*, A. Ruiz Díaz (trad.), p. 48. Daría comienzo entonces una asunción, en progresión exponencial, de la autonomía en el pensamiento occidental en los terrenos gnoseológico –«no incluir en mis juicios sino lo que se presentara tan clara y distintamente a mi espíritu que no tuviera ocasión de ponerlo en duda»; «ne comprendre rien de plus en mes jugements, que ce qui se présenterait si clairement et si distinctement à mon esprit, que je n'eusse aucune occasion de le mettre en doute», Descartes, *Discours de la méthode*, II, G. Rodis-Lewis (ed.), p. 40–, político –«cada individuo [tiene] existencia absoluta y naturalmente independiente»; «chaque individu [a une] existence absolue et naturellement indépendante», J.-J. Rousseau, *Du contrat social*, I, VII, P. Burgelin (ed.), p. 42– y moral –«la *moralidad* es, pues, la relación de las acciones con la autonomía de la voluntad»; «*Moralität* ist also das Verhältniß der Handlungen zur Autonomie des Willens», I. Kant, *Grundlegung zur Metaphysik der Sitten*, zweiter Abschnitt, 439, en *Werke in sechs Bänden*, t. III, R. Toman (ed.), p. 239. Véanse H. G. Huyn, *Seréis como dioses*, J. Zafra Valverde (trad.), pp. 22 y 27, y J. Mardomingo Sierra, *La autonomía moral en Kant*, pp. 198-203, que aborda la filiación rousseauniana del filósofo alemán a este respecto. También Steiner traza la evolución de esta progresiva secularización desde el Renacimiento hasta la actualidad, pasando por la Ilustración, el darwinismo y la tecnología moderna: «la historia política y filosófica de Occidente durante los últimos 150 años puede ser entendida como una serie de intentos […] de llenar el vacío central dejado por la erosión de la teología», G. Steiner, *Nostalgia del absoluto*, M. Tabuyo y A. López (trads.), p. 15. A una sana y justa autonomía de la razón se opone la opción por una autonomía absoluta (negadora de leyes universales), cuyas consecuencias se hacen notar en el terreno cognoscitivo y moral, hasta el punto de atribuir «a cada individuo o a los grupos sociales la facultad de *decidir sobre el bien y el mal*: la libertad humana podría "crear los valores" y gozaría de una primacía sobre la verdad, hasta el punto de que la verdad misma sería considerada una creación de la libertad; la cual reivindicaría tal grado de *autonomía moral* que prácticamente significaría su *soberanía absoluta*», Juan Pablo II, *El esplendor de la verdad*, II, 1, 35, p. 51.

trate de formulaciones que, abierta o calladamente, prescindan de ese entrelazamiento e, incluso, lo parodien. La mitocrítica cultural no presupone opción religiosa alguna: solo será ciencia a condición de preservar sus métodos analíticos, sus experimentos sintéticos y la consiguiente constatación universal, en tiempo y espacio, de sus resultados, dentro de los márgenes requeridos por las ciencias humanas.

De igual modo que el fenómeno religioso occidental, primordialmente individual, no contraviene su dimensión colectiva, así tampoco los mitos: estos presentan un carácter simultáneamente individual y colectivo, modelan una cultura, sancionan una actualidad histórica (real o vivida como tal), garantizan una situación económica, explican un comportamiento social, legitiman un *statu quo* político, cimentan unos valores éticos.

La lógica de la inmanencia se manifiesta en nuestro tiempo de múltiples maneras; aquí abordaré su actualización en la vida y la reflexión.

La vivencia inmanente

Una constatación: en la sociedad occidental contemporánea, la cosmovisión inmanente es tan mayoritaria como articulada en el imaginario individual y colectivo. Amplias capas de la cultura contemporánea se asientan sobre el dogma incuestionable e incuestionado de la inmanencia vital y reflexiva. El único mundo existente es el nuestro; un filósofo lo ha expresado de un modo singularmente atractivo y desconcertante: «Hay otros mundos, pero están en este»[71]. Es más, si los hubiese, serían tan irrelevantes como inaccesibles.

Frente a las cosmovisiones antiguas y medievales, donde el más acá y el más allá constituían las dos partes de la realidad total, para la modernidad todo se ha reducido a este mundo: hemos asistido a un empequeñecimiento de la realidad. El muñeco resultante de esta jibarización apenas guarda un parecido con el anterior; tampoco la vida remanente, marcada por «un súbito e inexplicable eclipse de trascendencia»[72]. El mundo real del hombre moderno es, básicamente, el mundo de lo experimentable por los sentidos y el sentimiento.

1.º Por los sentidos: Galileo consiguió que «todas las discusiones, que a lo largo de los siglos torturaron a los filósofos, fueran resueltas con la certidumbre de nuestros ojos»[73];

---

[71] Esta feliz expresión y sus variantes se le han atribuido erróneamente a Paul Éluard. En un volumen publicado en 1939, el poeta y crítico del Surrealismo recopila la fórmula del escritor suizo germanófono Ignaz Paul Vital Troxler (1780-1866), que él encuentra en *L'Âme romantique et le rêve* (pp. 90-91), publicado ese mismo año por Albert Béguin: «Sin duda hay otro mundo, pero está en este, y es preciso, para alcanzar su perfección completa, reconocerlo bien y profesarlo. El hombre debe buscar su estado futuro en el presente y el cielo, pero no encima de la tierra, sino en sí mismo»; «Il y a assurément un autre monde, mais il est dans celui-ci et, pour atteindre à sa pleine perfection, il faut qu'il soit bien reconnu et qu'on en fasse profession. L'homme doit chercher son état à venir dans le présent, et le ciel, non point au-dessus de la terre, mais en soi», P. Éluard, *Œuvres complètes*, L. Scheler y M. Dumas (eds.), t. I, p. 986.

[72] H. Arendt, *La condición humana*, R. Gil Novales (trad.), p. 282.

[73] «ut & altercationes omnes, quæ per tot sæcula Philosophos excruciarunt ab oculata certitudine dirimantur», Galileo, *Sidereus Nuncius*, p. 18.

entonces saltaron por los aires el entusiasmo de Giordano Bruno, la pía exultación de Johannes Kepler y la satisfacción de Nicolás de Cusa. Razón no le faltaba, y recientemente han sido reconocidos los errores cometidos contra él[74]. Lo irracional de su postura consistió, mediante la extrapolación indiscriminada del método científico experimental a toda la realidad, en la identificación unívoca entre lo imaginado sobre la Vía Láctea –a partir de sus observaciones y mapas astronómicos– y su estructura real. Desde su descubrimiento, la apertura a otros mundos ha sido cercenada por el dogma de la reducción de la realidad a lo demostrable mediante hechos físicos y mensurables:

> Según las ciencias de la naturaleza (divulgadas), el universo mismo se ha convertido ya desde hace cuatro siglos en una república. Esta se entiende desde sí misma, no desde creaciones y manejos de un supremo señor celeste[75].

Hemos asistido a la disipación del cenit precedente: la instancia superior ha quedado, si acaso, para tapar los agujeros de las explicaciones empíricas aún insuficientes. Si el ser humano se empeña en construir con seguridad la morada de su alma, habrá de hacerlo sobre su propio fundamento, sin expedientes de instancias consoladoras.

2.º Por el sentimiento: Lutero ha ligado firmemente el «espíritu de la palabra» a los «medios»; hasta tal punto que la relación más plausible entre el hombre religioso y el objeto de la religión pasa a fundarse en la «creencia», esto es, en la fe implícita en ese mismo objeto, y en las emociones e impulsos íntimos surgidos por esa fe[76]. En correspondencia con la doctrina luterana de la palabra y la fe, en adelante, sobre todo a partir de la Ilustración, la vinculación con Dios queda estrechamente ligada al núcleo de verdades que aportan a la vida humana felicidad, tranquilidad y fuerza. El sentimiento de actualidad y presencia (aquí y ahora) pasa a ocupar un lugar preponderante en la religión.

La modernidad occidental ha desarrollado una alergia ante las preguntas y las respuestas tradicionales sobre otros mundos, sobre su propio origen y su destino, sobre acontecimientos extraordinarios incomprensibles. Empeñada en acomodarse a una «ruta unilateral», nuestra cultura se ha despojado de todo cuanto la desvía de sus fines prácticos, todos exclusivamente inmanentes:

> Esto incumbe tanto a la esfera de lo moral, con la eliminación de los valores comunitarios y solidarios, cuanto a la esfera de lo trascendente, donde empieza por erradicarse el elemento «sagrado» y acaba por negarse, simplemente, la posibilidad de todo enigma[77].

---

[74] Los teólogos de entonces se confundieron, afirma Juan Pablo II, al «pensar que nuestro conocimiento de la estructura del mundo físico estaba impuesto, de algún modo, por el sentido literal de la Escritura Santa». En cambio, Galileo cometió el error de no distinguir «entre el acercamiento científico a los fenómenos naturales y la reflexión sobre la naturaleza, de orden filosófico, que generalmente requiere esa reflexión». Paradójicamente, el mismo Galileo, creyente sincero, se mostró más perspicaz que sus adversarios teólogos sobre la necesidad de revisar sus propios criterios de interpretación de la Escritura»; véase «Discurso a los participantes en la sesión plenaria de la Academia pontificia de las ciencias», 31 de octubre de 1992.

[75] E. Bloch, *El ateísmo en el cristianismo*, J. A. Gimbernat Ordeig (trad.), p. 12.

[76] Véase R. Otto, *The Philosophy of Religion*, pp. 37-38.

[77] R. Argullol, en R. Argullol y E. Trías, *El cansancio de Occidente*, p. 95.

Hay en este rechazo cierta actitud complaciente: «el hombre moderno es metafísicamente resignado, vive con modestia, se ha vuelto muy, muy modesto»[78]; se ha conformado con lo que le ofrece este mundo, muy poco –piensa–, pero lo único existente. Tan es así que su estoicismo lo lleva a una indiferencia hacia las eternidades de la religión tradicional cristiana y de otras religiones, reducidas, si acaso, a mero objeto de estudio erudito.

Sin llegar a establecer una ley de causa a efecto, hay una relación latente entre la mentalidad consumista y el fin de la vivencia trascendente. Derrumbada la utopía marxista de planificar la historia mediante una lucha de clases hasta la desaparición de las clases, la sociedad moderna de Occidente propone un materialismo práctico caracterizado por una indiferencia a cualquier tipo de «utopías», tanto intramundanas como extramundanas; hasta los sindicatos han perdido su contagioso entusiasmo inicial y se han reducido a una retrógrada y cansina reclamación de derechos minúsculos en comparación con la magnanimidad de una auténtica solidaridad planetaria. El esquema generalizado de una vida individual y social únicamente regida por la mentalidad mercantilista y contractual representa el «mito» central de una sociedad comprometida con el proceso histórico y técnico de dominio de la naturaleza. El deseo viene de lejos. Ya al comienzo del Renacimiento, el hombre occidental había sustanciado en las formas del mal la empresa puritana y prometeica del progreso, de racionalidad y eficiencia en el trabajo:

> Líneas, círculos, escenas, letras y caracteres. ¡Eso es lo que Fausto desea sobre cualquier cosa! ¡Oh, qué mundo de provecho y delicias, de poder, honor y omnipotencia se le promete al artesano esforzado! Todas las cosas que se mueven entre los tranquilos polos estarán bajo mi dominio[79].

Más tarde, el antiguo tema del pacto diabólico resurgió en los primeros tiempos de la era industrial: Fausto fue sustituido por Frankenstein. Desde entonces, el «mito» de la fatalidad técnica, propulsado por las amenazas de una catástrofe atómica, impregna la ciencia ficción y la mitología cotidianas. La era del consumo se presenta, así, como una alienación radical: la obsesión por la posesión y el disfrute de los productos de consumo rige no solamente el trabajo, sino toda la cultura, la sexualidad y las pulsiones individuales. Esta dinámica demiúrgica, caricaturizada en el cuento del aprendiz de brujo, ha virado hacia la mitificación del mercado y la producción, que deja entrever en los desarrollos atómicos una amenaza sin par contra la humanidad. El afán consumista no es prometeico, sino hedonista y regresivo. El proceso generalizado del consumo ha borrado cualquier horizonte espiritual; las mujeres y los hombres aparecen sin volumen, sin imagen, sin alma:

> El hombre del consumo nunca está frente a sus propias necesidades ni al propio producto de su trabajo, tampoco está confrontado con su propia imagen: *es inmanente a los signos que ordena*. Ya no hay trascendencia, ni finalidad, ni objetivo: lo que caracteriza esta sociedad es

---

[78] H. U. von Balthasar, *Escatología en nuestro tiempo*, p. 91.

[79] «Lines, circles, scenes, letters, and characters– / Ay, these are those that Faustus most desires. / O, what a world of profit and delight, / Of power, of honor, of omnipotence, / Is promised to the studious artisan!», C. Marlowe, *Doctor Faustus*, A-Text, vv. 51-55, D. S. Kastan (ed.), p. 9.

la ausencia de «reflexión», de perspectiva sobre ella misma. Ya no hay tampoco una *instancia maléfica* como la del Diablo, con la que comprometerse mediante un pacto fáustico para adquirir la riqueza y la gloria, puesto que todo esto es ofrecido por un *ambiente benéfico* y maternal, la misma sociedad de la abundancia[80].

Una semiótica espectacular ha ocupado el centro de la escena; los procesos de superación y producción materiales han sido sustituidos por el proceso de emisión y recepción de signos, de absorción de los signos y devoración por los signos, dinámica combinatoria que ha terminado por esterilizar las ansias de absoluto del ser humano y, con ellas, su querencia hacia el mito. En una sociedad ajena a toda trascendencia, antimítica, las dificultades de una mitocrítica para acceder a la trascendencia del mito parecen poco menos que imponentes.

* * *

¿Vivir según qué? Nos faltaba una regla de conducta. Una ley superior a la voluntad humana y acorde con su dignidad: eso es la ética[81]. Pero no cabe confundir ética y religión ni, mucho menos, reemplazar una por otra. En sí misma considerada, la ética no entra en conflicto de intereses ni con la trascendencia ni con la religión.

A nadie se le ocultan las numerosas disputas entre estos ámbitos a lo largo de la historia. No han faltado ejemplos de dioses crueles y sanguinarios en la historia del politeísmo; menos aún vergonzosas connivencias entre los poderes de los Estados y de las religiones en la historia del monoteísmo. A este error en la delimitación de los campos respectivos de la política y la religión se suma el legado ilustrado. La sociedad contemporánea occidental está impregnada de las categorías del pensamiento inspirado por la filosofía de las Luces. *Grosso modo*, esta filosofía afirma los derechos fundamentales de todo ser humano y, al mismo tiempo, muestra sus reservas sobre las posibilidades de la razón para el conocimiento del hecho religioso e, incluso, de toda dimensión trascendente. A este propósito, Benedicto XVI invita a «aceptar las verdaderas conquistas de la Ilustración, los derechos del hombre, y especialmente la libertad de la fe y de su ejercicio», y a «oponerse a una dictadura de la razón positivista que excluye a Dios de la vida de la comunidad y de los ordenamientos públicos, privando así al hombre de sus criterios

---

[80] «L'homme de la consommation n'est jamais en face de ses propres besoins, pas plus que du propre produit de son travail, il n'est jamais non plus affronté à sa propre image: *il est immanent aux signes qu'il ordonne*. Plus de transcendance, plus de finalité, plus d'objectif: ce qui caractérise cette société, c'est l'absence de "réflexion", de perspective sur elle-même. Il n'y a donc plus non plus d'*instance maléfique* comme celle du Diable, avec qui s'engager par un pacte faustien pour acquérir la richesse et la gloire, puisque ceci vous est donné par une *ambiance bénéfique* et maternelle, la société d'abondance elle-même», J. Baudrillard, *La Société de consommation*, p. 309.

[81] En el orden académico, «se puede intentar reducir a una raíz común lo que conocemos como obligaciones, virtudes, normas o valores morales, y ponerlos en una relación sistemática al derivarlos de esa raíz; he aquí el tradicional quehacer de la Ética filosófica», R. Spaemann, *Ética: cuestiones fundamentales*, p. 16. Este filósofo expone con inusitado sentido común la existencia de un consenso sobre valores absolutos en cuanto contenido de nuestros pensamientos, sentimientos y actos en la realidad concreta (pp. 22-33 y 49-60).

93

específicos de medida»[82]. Frente al laicismo excluyente, ignorante de la realidad religiosa en la vida social y ansioso por limitar la religión al ámbito de la esfera individual, Benedicto XVI aboga por una «sana laicidad» como base científica para aceptar, cuando menos, la posibilidad de una trascendencia en el mundo contemporáneo.

A la desafección provocada por las escandalosas complicidades entre Estados y religiones institucionales, a la ausencia de Dios en la vida social derivada de la ideología de la Ilustración y al reduccionismo positivista incapaz de aceptar que la instancia divina no es incumbencia de su ámbito de investigación, se añade el tema de la muerte de Dios. Desde finales del siglo XIX, el mundo occidental no ofrece seguridades morales, ni religiosas ni políticas; las nuevas generaciones nacen «en plena angustia metafísica, en plena angustia moral, en pleno desasosiego político», porque las generaciones precedentes habían derrumbado «todos los fundamentos de la fe cristiana, porque su crítica bíblica, pasando de crítica de los textos a crítica mitológica, [había reducido] los Evangelios y las anteriores escrituras sagradas de los judíos a un montón confuso de mitos, de leyendas y de simple literatura»[83]. Salta a la vista que, en palabras de Octavio Paz, no se trata de

<hr />

[82] Benedicto XVI, *Discurso… a la curia romana*, 22 de diciembre de 2006. No faltan voces autorizadas que sostienen la necesidad imperiosa de la religión para el desarrollo auténtico de la libertad: «Por paradójico que pueda parecer, solo la religión puede contener la libertad, porque solo ella puede impedirle saltar por encima de sus diques», C. Delsol, *Les Pierres d'angle*, p. 96. Conferir la libertad a los seres humanos sin indicarles límites interiores –sostiene esta filósofa– es demasiado peligroso; si el sujeto no tiene encima de sí a Otro que le impida tomarse por Dios, entonces, impulsado por su propio instinto natural, se tomará a sí mismo por Dios. Hay una ligazón íntima entre la filosofía del sujeto y el respeto del orden natural: «si queremos que la tierra vuelva a ser objeto de respeto, u optamos por el panteísmo, o retornamos a un pensamiento de la trascendencia», *ibid.*, p. 97. Imposible no recordar aquí la celebérrima sentencia de Iván que atormenta a Aliosha en *Los hermanos Karamazov* de Dostoievski: «Sin la inmortalidad del alma, no hay virtud; por tanto, todo está permitido», I, II, VII, A. Vidal (trad.), p. 104. «Si Dios no existiera, todo estaría permitido»; J.-P. Sartre, *L'Existentialisme est un humanisme*, p. 39. Esta frase, erróneamente atribuida por Sartre a Dostoievski, compendia el pensamiento del filósofo francés sobre la inexistencia de valores previos o *a priori*: solo el hombre puede establecerlos. Al libertinaje del existencialismo, Lacan opone su propia paradoja: «a *Dios ha muerto* [nuestra experiencia] responde *nada está permitido*» (*viz.* la fórmula sartriana consolidaba la ley de la que pretende liberar el psicoanálisis), J. Lacan, *Le Séminaire, Livre* XVII, p. 139; véase J.-D. Causse, «Psychanalyse, mort de Dieu et kénose», p. 28. En un discurso dirigido a juristas, el mismo pontífice explicita sin ambigüedades este descarte de Dios en nuestra sociedad: «Se habla hoy de pensamiento laico, de moral laica, de ciencia laica, de política laica. En efecto, en la base de esta concepción hay una visión a-religiosa de la vida, del pensamiento y de la moral, es decir, una visión en la que no hay lugar para Dios, para un Misterio que trascienda la pura razón, para una ley moral de valor absoluto, vigente en todo tiempo y en toda situación. Solamente dándose cuenta de esto se puede medir el peso de los problemas que entraña un término como laicidad, que parece haberse convertido en el emblema fundamental de la posmodernidad, en especial de la democracia moderna», Benedicto XVI, *Discurso… a juristas católicos italianos*, 9 de diciembre de 2006.

[83] F. Pessoa, *Libro del desasosiego*, «Autobiografía sin acontecimientos», n.º 175, P. E. Cuadrado (trad.), p. 194; «Nascemos já em plena angústia metafísica, em plena angústia moral, em pleno desassossego político. Ébrias das fórmulas externas, dos meros processos da razão e da ciência, as gerações, que nos precederam, aluíram todos os fundamentos da fé cristã, porque a sua crítica bíblica, subindo de crítica dos textos a crítica mitológica, reduziu os evangelhos e a anterior hierografia dos judeus a um amontoado incerto de mitos, de legendas e de mera literatura», *Livro do desassossego*, T. Sobral Cunha (ed.), t. II, «Prefácio», p. 21.

«un tema filosófico, sino religioso»[84] o, si se prefiere, de un derrumbamiento de la estructura filosófica, política y moral por desmoronamiento de los fundamentos religiosos.

Así, el mundo moderno considera irritante, por indecorosa, la mención de la divinidad. Esta profunda tensión entre inmanencia y trascendencia se manifiesta de dos maneras en la producción artística y literaria: a través de la desaparición y a través de la reaparición de los dioses.

1. Desaparición divina. Los dioses tradicionales están abocados a la extinción, a la adaptación o al ridículo. Media recurre a una fórmula categórica: «Ahora vivimos en un mundo ateo» (*American Gods*, temp. 1, ep. 8). El ateísmo es la formulación explícita de la inmanencia; sin Dios ni dioses, tampoco hay trascendencia. A pesar de su calma aparente, Wednesday no puede ocultar su angustia ante el crepúsculo de los dioses.

En las religiones monoteístas, si Dios existe, no puede morir. En otras religiones, los dioses de la fertilidad (Tammuz, Perséfone, Quetzalcóatl) imitan el ritmo de la naturaleza: permanecen una parte del año en el Inframundo y dispensan sus bienes durante la otra parte en la superficie, esto es, mueren y reviven[85]. Es célebre la sentencia del *Sueño* en *Siebenkäs*, de Jean Paul, en la que un Cristo no resucitado anuncia a sus discípulos que «no hay Dios», que él mismo también ha sido objeto de una farsa, hasta que el mundo colapsa y súbitamente el narrador se despierta, llorando de alegría, porque puede adorar de nuevo al Creador[86].

Nerval adapta el *Sueño* de Jean Paul en su poema «Cristo en el monte de los Olivos» (1844). En una atmósfera de amargo desamparo, Jesús dirige a sus apóstoles, abotargados por el sueño, el grito lastimoso de la ausencia divina en la víspera de su crucifixión: «dios falta en el altar donde yo soy la víctima»[87]. Los cinco sonetos del poema no relatan un sueño, sino el monólogo de un Cristo entregado a su destino, apostrofando a un Dios que no lo escucha, mientras suena, de fondo, la voz de Pilato que da la orden de su arresto definitivo. De modo sublime, Jesús simboliza el fracaso de los mitos paganos: «Ícaro olvidado […], Faetón perdido bajo el rayo de los dioses, […] Atis herido».

A Jean Paul siguieron también Mme de Staël, Nietzsche, Dostoievski, Mallarmé, Joyce, Unamuno, Pessoa y Valéry:

La conciencia poética de Occidente ha vivido la muerte de Dios como si fuese un mito. Mejor dicho, esa muerte ha sido verdaderamente un mito y no un mero episodio en la historia de las ideas religiosas de nuestra sociedad. El tema de la orfandad universal, tal como lo encarna la figura de Cristo, el gran huérfano y el hermano mayor de todos los niños huérfanos que son los hombres, expresa una experiencia psíquica que recuerda la vía negativa de los místicos: esa «noche oscura» en la que nos sentimos flotar a la deriva, abandonados en un

---

[84] O. Paz, *Los hijos del limo*, p. 71.

[85] Sobre los rasgos comunes del dios mesoamericano con los dioses babilónicos y helénicos, véase E. Florescano, *El mito de Quetzalcóatl*, pp. 355-367.

[86] «"Christus! ist kein Gott?" Er antwortete: "Er ist keiner"», Jean Paul (Richter), en *«Rede des toten Christus vom Weltgebäude herab, daß kein Gott sei»*, en *Siebenkäs*, II B., I B., en *Werke*, Norbert Miller y Gustav Lohmann (eds.), II, p. 269.

[87] «Le dieu manque à l'autel où je suis la victime», G. de Nerval, «Le Christ aux Oliviers», I, *Pages choisies*, G. Rouger (ed.), p. 77.

mundo hostil o indiferente, culpables sin culpa e inocentes sin inocencia. No obstante, hay una diferencia esencial: es una noche sin desenlace, un cristianismo sin Dios[88].

Entre otros cometidos, la mitocrítica cultural indaga esta sensación de desamparo divino como pauta orientativa de una lectura errónea de los textos mitológicos y, por contraste, ofrece los utensilios oportunos para una lectura discreta que contemple adecuadamente su horizonte trascendente. Cuando este falta, la disciplina indaga los motivos de la ausencia, las estrategias supletorias y, en definitiva, los posibles significados de los textos huérfanos de trascendencia.

2. Reaparición divina. En su vigorosa respuesta a Media, Wednesday (Odín) resume a la perfección el enfoque teogónico:

> La gente crea dioses cuando se pregunta por qué ocurren las cosas. ¿Sabéis por qué ocurren las cosas? Porque los dioses hacen que ocurran. ¿Queréis saber cómo hacer que las cosas buenas ocurran? Sed buenos con vuestro dios. Tú das un poco y recibes otro poco. La sencillez del trato siempre ha sido atractiva[89].

Esta exposición sobre el origen y la pervivencia de los dioses sitúa la religión al albur de las necesidades humanas. Basta creer en los dioses para conseguir los propios deseos; la convicción precede la existencia. El mismo Wednesday afirma «tengo fe» (en perfecta sintonía con el contexto, es un dios quien habla). Tras fulminar con un rayo a los secuaces de los nuevos dioses, Odín enumera sus diversos epítetos, provoca una conmoción atmosférica, seguida de una mutación instantánea de la superficie terrestre por la diosa de la primavera (Ostara-Easter). Ante la majestad revelada, Shadow también confiesa su fe[90].

El planteamiento de esta primera temporada de *American Gods* difiere de la tradición mitológica en la creación de nuevos «mitos» y coincide con ella en la perduración o

---

[88] O. Paz, *Los hijos del limo*, pp. 76-77. Sin Dios ni dioses, ni seres híbridos, nada que haya colmado su ausencia, como medita García Madero en un taxi: «no hallé el fallo, el abismo que si miraba por encima de mi hombro se abría detrás de mí, un abismo que por otra parte no me atemorizaba, un abismo carente de monstruos aunque no de oscuridad, de silencio y de vacío», R. Bolaño, *Los detectives salvajes*, p. 124.

[89] *American Gods*, temp. 1, ep. 8.

[90] «Do you have faith?», y, más adelante, tras el milagro: «[Wednesday:] –Do you believe? –I believe. –What do you believe? –Everything», *ibid*. Al término de la segunda temporada, sin embargo, regresamos a la existencia divina dependiente de la fe humana, cuando Wednesday reitera a Shadow: «Creer es ver. Los dioses son reales si crees en ellos» (episodio 8). La epifanía de Odín, acompasada por la enumeración de sus epítetos (Padre de la guerra, Enmascarado, Tercero, Adivino, Portador de la vara…) significa tanto la versatilidad como la potencia del dios; sobre las denominaciones de las divinidades en esta mitología, véase E. Bernárdez, *Los mitos germánicos*, pp. 68-71. Por principio, toda divinidad rehúye mostrarse de modo habitual: «tú eres un dios oculto» (*deus absconditus*, Is 45, 15); de ahí la importancia de las teofanías, las autorrevelaciones que dan, en la medida asumible por nuestra condición, una idea de la magnitud de lo numinoso: «Moisés hizo salir al pueblo del campamento para ir al encuentro de Dios, y se detuvieron al pie del monte. Todo el monte Sinaí humeaba, porque Yahveh había descendido sobre él en el fuego» (Ex 19, 17-18).

reinvención de los antiguos. Frente a la propuesta inmanente del personaje Media, se yergue una trascendencia *sui generis* exigiendo la fe de los dioses en sí mismos, al tiempo que los reduce a un cometido ancilar de las necesidades humanas (cuando no a un resultado de la autosugestión: la fe provoca el ser, herencia sesgada del idealismo absoluto). La peculiar inmanencia contemporánea pretende suplantar la trascendencia clásica y cristiana como antídoto frente a la angustia existencial.

Consciente de este contexto sociocultural, la mitocrítica cultural se da por tarea identificar los epifenómenos que remiten a la trascendencia inherente al mito o «trascendencia latente». Ejemplo: la serie *Westworld* (J. Nolan y L. Joy, 2016), donde unos droides de un parque temático adquieren de modo inesperado y progresivo (mediante una inteligencia emocional improvisada y una concatenación de secuencias de la memoria) la condición humana. La serie se nutre del mitema de la creación de hombres. La trascendencia aquí late en el surgimiento imprevisto de vida por asociación de vicisitudes en la memoria; en ningún momento se discute de dónde puede proceder esa vida. Con razón: no puede ser de origen divino, pues aquí el único dios (así mentado, en clave hiperbólica) es el ingeniero y fundador del parque. No obstante, el origen de la vida evoca una trascendencia superior a las expectativas del inventor, que acaba perdiendo la suya a manos de un ginoide.

La reflexión inmanente

Las tendencias de la reflexión occidental enfrentadas con el mito son innúmeras. Resumiré las que sintetizan una oposición a la trascendencia.

I. El positivismo

La inmanencia filosófica de esencialistas y existencialistas encuentra su parangón religioso en el deísmo, forma políticamente correcta de manifestar una fe en un Dios irrelevante.

No fue así al principio. En la Edad Moderna hay un buen número de providencialistas caracterizados por la creencia en un Dios «único, eterno, infinito, inteligente, todopoderoso, sapientísimo, creador, conservador y monarca soberano del universo»; estos deístas conservan los elementos de una religión positiva, pero, como apostilla irónicamente Hazard, «es una desgracia que nieguen la Revelación»[91]. Desde esta faceta más o menos ortodoxa, la pendiente conduce ineluctablemente hacia una despersonalización del ser trascendente: la moral humana se limita a seguir concienzudamente los requisitos del orden ínsito en el mundo. Este recorrido finaliza cuando la creencia se transforma en una religión natural, *de facto* en ausencia de Dios. Siguiendo la línea marcada por Hazard, Taylor ha descrito pormenorizadamente el «cambio antropocéntrico» acaecido en el tránsito del siglo XVII al XVIII, caracterizado por la progresiva reducción del papel atribuido a la trascendencia: grandes capas de la sociedad intelectual (Matthew Tindal, Jean Le Clerc, Jacques Bernard, el abate de Saint-Pierre) se dejaron arrastrar por esta

---

[91] P. Hazard, *La Crise de la conscience européenne*, p. 240.

corriente humanizadora, de modo que la dimensión trascendente de su fe se hizo prácticamente inexistente[92].

Hoy día, el peso del deísmo es insignificante en comparación con el positivismo. El deísmo es un intento por fundamentar la existencia de un Dios de dimensiones razonables; el positivismo, por fundamentar su inexistencia. Aquel opera de manera sinuosa, no frontal.

Es conocida la «ley fundamental» establecida por el fundador de la filosofía positiva: «cada una de nuestras concepciones principales, cada rama de nuestros conocimientos, pasa sucesivamente por tres estados teóricos diferentes: el estado teológico, o ficticio; el estado metafísico, o abstracto; el estado científico, o positivo»[93]. Tres «métodos de filosofar [...] radicalmente opuestos [y] autoexcluyentes», afirma Comte, que describen la transición de la inteligencia humana, desde el punto de partida hasta su estado fijo y definitivo. Frente a los dos estados primeros, el positivo rechaza todo supuesto conocimiento absoluto sobre el origen y el destino del universo, y se entrega, mediante el razonamiento y la observación, a descubrir las «leyes efectivas» de los fenómenos, esto es, «sus relaciones invariables de sucesión y similitud»[94].

No es este el lugar de discutir sobre la sucesión de los tres estados, ni sobre el carácter definitivo que Comte atribuye al estado positivo frente al teológico y metafísico; lo basilar para nosotros es la pretendida oposición frontal entre teología, metafísica y física («son profundamente incompatibles», declara). El punto de partida, sobre el que no cabe discusión, es que «la realidad se reduce a pura facticidad, a un conjunto de hechos brutos y neutros»[95]. Toda extrapolación de los hechos para alcanzar significados metafácticos está proscrita por el positivismo. Por supuesto, el problema no reside, ni

---

[92] Cfr. «even people who held to orthodox beliefs were influenced by this humanizing trend; frequently the transcendent dimension of their faith became less central», C. Taylor, *A Secular Age*, p. 222. Más adelante veremos las implicaciones del deísmo en el mito del eterno retorno según Ballanche, en el siglo xix. Por supuesto, estas reflexiones no pretenden circunscribir el deísmo a la modernidad; lo encontramos ya en Ennio: «yo siempre afirmé y afirmaré que existe el linaje de los dioses celestiales, pero pienso que no se cuidan de lo que hace el género humano», *Telamón*, en *Fragmentos*, J. Martos (ed.), p. 432.

[93] A. Comte, *Cours de philosophie positive. I*, M. Serres *et al.* (eds.), p. 21.

[94] Comte ilustra el carácter irreconciliable del positivismo con los demás estados mediante un ejemplo: la ley newtoniana de la gravitación universal explica la inmensa variedad de hechos astronómicos, simple extensión del fenómeno de la gravedad de los cuerpos que observamos cada día; hasta aquí, la ciencia. Cualquier pregunta ulterior sobre qué sea la gravedad es «insoluble» para la física y, afirma cáusticamente Comte, debe ser abandonada «a la imaginación de los teólogos, o a las sutilezas de los metafísicos», que no harán sino explicar la atracción universal por la gravedad y esta por aquella, *ibid.*, p. 26.

[95] J. M. Barrio Maestre, *El Dios de los filósofos*, p. 242. Sobre la pretendida incompatibilidad entre ciencia y religión, K. Giberson y M. Artigas escanean los postulados de seis grandes lumbreras de nuestro tiempo: Carl Sagan, Steven Weinberg, Richard Dawkins, Stephen Hawking, Edward O. Wilson y Stephen Jay Gould. Más allá de la aversión antirreligiosa que enarbolan algunos de entre ellos (Weinberg y Dawkins), todos se caracterizan por la voluntad de suplantar el pensamiento religioso por el científico y por la extrapolación del naturalismo metodológico científico (búsqueda de explicaciones naturales) al naturalismo ontológico (negación de cualquier realidad fuera del alcance de la ciencia); véase *Oráculos de la ciencia*, pp. 316-325. Salta a la vista la *contradictio in terminis*: rechazan, por filosófica (no científica), una opción y encajan, apoyándose en la fascinación de sus logros, su propia posición científica (que también es filosófica).

mucho menos, en el análisis de las «circunstancias de la producción» de los fenómenos, quehacer fundamental de la ciencia empírica; el punto en discordia concierne a la premisa (inmotivada, en mi opinión) de que cualquier otra indagación, tanto analítica como sintética, sobre el ser y la causa de las cosas está condenada al fracaso. Es imposible, según Comte, alcanzar ningún tipo de verdad a través de una ciencia no empírica; e ilusoria, por tanto, cualquier propuesta de un supuesto conocimiento del mundo trascendente.

Durkheim aplica el positivismo comtiano a la antropología de la religión. Según este sociólogo, todos los sistemas religiosos se resumen en dos modalidades estrechamente unidas: una dirigida a seres espirituales, otra a seres materiales. Por un lado, se encuentra la religión de los espíritus (almas, genios, divinidades, demonios), agentes animados y conscientes como el hombre, pero imperceptibles y poderosos: es el animismo, cuyas creencias son «representaciones alucinatorias sin fundamento objetivo alguno»[96]; por otro, se halla la religión de la experiencia vital, surgida como un «sistema de imágenes alucinatorias, puesto que reduce la religión a no ser sino una inmensa metáfora sin valor objetivo»: es el naturalismo, sin duda basado en lo real (las sensaciones), pero transmutado en «concepciones extravagantes» (*ibid.*, p. 114). Dos grandes figuraciones que inventan, a través de sensaciones soñadas (animistas) o cósmicas (naturalistas), la noción de lo sagrado. Frente al supuesto fiasco de estos sistemas (y a sus estudiosos más egregios, Tylor y Müller, respectivamente), Durkheim propone otro concepto que (a diferencia de ellos, según él) sí justifica el valor objetivo de la religión: el totemismo, cuyos elementos fundamentales (agrupación en torno a un clan, carácter sagrado de determinados animales, sistema cosmológico), estudiados a la luz de las principales actitudes rituales (culto negativo o prohibitivo, culto positivo en sus variantes sacrificial, mimética, representativa y expiatoria), conducen a una serie de conclusiones sobre la religión: 1) se apoya sobre una experiencia grupal susceptible de estudio científico; 2) posee un carácter eterno superior a cualquier simbolismo particular; 3) genera pensamiento lógico, conceptual y comunicable. De ahí la definición durkheimiana de la religión: «sistema solidario de creencias y prácticas relativas a cosas sagradas –es decir, separadas, prohibidas–, creencias y prácticas que unen en una misma comunidad moral, llamada Iglesia, a cuantos a ella se adhieren» (p. 65). Así concebido, el fenómeno religioso no resulta de una realidad sobrenatural, ni siquiera del individuo que lo piensa o imagina, sino únicamente de la colectividad; hasta el punto de que el culto a la divinidad y a la comunidad se identifican: «la religión es algo esencial en la vida social, pues no es otra cosa que la

---

[96] E. Durkheim, *Les Formes élémentaires de la vie religieuse*, p. 106. El animismo estriba en considerar los objetos reales como seres conscientes, dotados de *anima*; difiere del naturalismo, consistente en estimar los objetos inertes como espacios temporal o permanentemente ocupados por seres sobrenaturales; no es lo mismo el alma del árbol que el dios del bosque; véase J. Frazer, *The Golden Bough*, p. 141. También puede ayudar esta reflexión de L. Lévy-Bruhl: «Los "primitivos" no clasifican como nosotros los seres de la naturaleza en reinos netamente separados, y no atribuyen la misma importancia a la distinción entre los seres vivos y los demás. Creen, sin haber reflexionado en ello, en la homogeneidad esencial de los seres y los objetos, incluso inanimados, que los rodean»; véase *Le Surnaturel et la nature dans la mentalité primitive*, p. 79. Así, p. e., «los pájaros son, ora portavoces de los seres invisibles –cuyas voluntades comunican, y de los que se distinguen–, ora los seres invisibles mismos –encarnados y hechos accesibles a los sentidos del hombre–», *La Mentalité primitive*, p. 135.

vida social misma deificada»[97]. En lo que a nosotros concierne: la mitología solo sería proyección transfiguradora de la estructura comunitaria, única realidad constatable en el campo sociológico desde la perspectiva positivista.

Ya bien entrado el siglo xx, el neopositivismo lógico agudiza las premisas de Comte. Según Carnap, el rigor científico del quehacer filosófico proscribe «toda la metafísica»; en bloque, las tesis del realismo y del idealismo son tildadas de «pseudoproposiciones, proposiciones que carecen de contenido fáctico»[98]. Cualquier pregunta del ser humano sobre el mundo debe prestarse a un hallazgo empírico; de lo contrario, ha de ser ignorada por irrelevante. Tampoco aquí queda espacio para los conocimientos (preguntas y respuestas) resultantes de la reflexión sobre la trascendencia.

Obsérvese el proceso en la evolución del positivismo radical. Parte de una premisa evidente: la ciencia empírica solo puede ocuparse de una parte del mundo (los fenómenos contrastables de modo experiencial); seguidamente, propone, no sin temeridad, que solo el conocimiento extraído por la ciencia empírica puede ser considerado como auténtico conocimiento (en consecuencia, todos los demás «conocimientos» solo pertenecen al campo de las opiniones y costumbres); finalmente –triple salto mortal–, a medida que la ciencia amplía asombrosamente sus conocimientos, el positivismo extrapola su ámbito de conocimiento y se erige en único instrumento válido para el conocimiento absoluto de todo lo cognoscible. Aquí ya deviene cientificismo: dilatación indebida de la ciencia experimental hasta exceder sus límites e invadir terrenos para los que carece de herramientas adecuadas.

Uno de estos terrenos es el problema de la divinidad. Las propuestas han sido innumerables, pero se reducen a dos: la existencia de la divinidad «sí pertenece»/«no perte-

---

[97] V. Cadenas de Gea, «Las teorías del sacrificio primitivo y su significado antropológico», p. 124. Este pensamiento no es realmente radical por cuanto une «lo profano con lo sagrado», como dice J. M. Marinas («El fetichismo de lo sagrado», p. 44), sino porque delimita la realidad del fenómeno religioso en los márgenes de una «potencia moral» exterior a los individuos y más grande que ellos: la sociedad; véase E. Durkheim, *Les Formes élémentaires de la vie religieuse*, pp. 322-323. Véase también E. M. Meletinski, *El mito*, P. López Barja de Quiroga (trad.), pp. 36-39. En la rodera de Durkheim, L. Lévy-Bruhl investiga la mentalidad de las sociedades «primitivas», caracterizada por regirse según una «categoría afectiva», solo capaz de establecer relaciones emocionales y morales –nunca intelectuales– con las potencias invisibles y sobrenaturales; véase *Le Surnaturel et la nature dans la mentalité primitive*, pp. xxvii-xxxvi.

[98] R. Carnap, *La construcción lógica del mundo*, L. Mues de Schrenk (trad.), «Prólogo a la segunda edición», p. xvi. En opinión de Carnap, muchas cuestiones habituales están mal planteadas, son falsas, ya que no tenemos «ninguna posibilidad de encontrar un estado empírico de cosas que nos ayude a representarnos algo y a decidir nada en cuanto a dichos problemas», *ibid.*, p. 40; p. e., la pregunta sobre la esencia de las relaciones entre los procesos psíquicos y los procesos neuronales es metafísica, falsa, y no ha de ser atendida. Vale lo mismo para el dualismo alma/cuerpo, principio metafísico de la naturaleza del mundo, y resultado, argumenta este filósofo, de una «delimitación arbitraria entre dos dominios de objetos [que], en principio, no están divididos» (p. 298): son solamente «formas ordenatorias de un mismo dominio único», sin propiedades, porque la filosofía, como las matemáticas, solo sabe de relaciones, no de esencias. ¿Con qué derecho, entonces, podemos plantearnos nada sobre la realidad? Y Carnap nos responde: «En cuanto al problema de la realidad, la ciencia no puede tomar una posición afirmativa o negativa, dado que la pregunta no tiene sentido», *Pseudoproblemas en la filosofía*, epígrafe 9, L. Mues de Schrenk (trad.), p. 33. Para una refutación de esta postura antifilosófica, a partir de la historia de la ciencia y la mecánica cuántica, véase K. Hübner, *Crítica de la razón científica*, caps. VI y X.

nece» al dominio de la ciencia empírica. Quienes optan por la primera afirmación, habitualmente han concluido que la divinidad no existe: son los positivistas. Su opción, inmanente por principio, llega a resultados igualmente inmanentes.

La ciencia es una actividad eminentemente demostradora de verdades; por mor de su búsqueda, la ciencia es racional[99]. El problema estalla cuando se acota el campo de la racionalidad científica a las ciencias empíricas[100]. Cuando la ciencia se pone estas anteojeras, concluye indefectiblemente que, más allá de la experiencia, no hay posibilidad de conocimiento verdadero: puesto que los útiles de laboratorio no alcanzan a probar nada que escapa a sus demostraciones, nada se puede afirmar con verdad[101].

De aceptar este embuste epistemológico, las ciencias humanas y sociales, por naturaleza no experimentales, no buscarían verdades y, por lo tanto, no serían ciencias: tan absurdo es pedir demostraciones a un poeta como persuasiones a un matemático[102]. Toda

---

[99] «La ciencia en general puede definirse como un todo de proposiciones verdaderas conectadas entre sí por relaciones de fundamentación», M. Heidegger, *Ser y tiempo*, I, epígrafe 4, J. E. Rivera C. (trad.), p. 34. Así, nuestro conocimiento resulta de la interpretación objetiva del mundo y del intercambio conceptual entre los sujetos. Y Husserl: «La ciencia es [...] una unidad antropológica, esto es, una unidad de actos y disposiciones del pensamiento, juntamente con ciertos dispositivos exteriores relacionados con aquellos», *Prolegómenos a la lógica pura*, XI, epígrafe 62, en *Investigaciones lógicas*, M. García Morente y J. Gaos (trads.), t. I, p. 191. Según este filósofo, lo propio de la ciencia es el conocimiento por el fundamento: «La unidad esencial de las verdades de una ciencia es la unidad de la explicación», *ibid.*, p. 195. No faltan teorías contrarias, p. e., el constructivismo radical, cuya epistemología sostiene que nuestro conocimiento resulta del proceso interpretativo de la mente individual subjetiva, al margen de lo que de hecho ocurre en la realidad. Esta hipótesis, propia de la posmodernidad, se remonta a la célebre máxima de Vico, según la cual «la verdad y el hecho se identifican»; «Latinis "verum" et "factum" reciprocantur, seu, ut Scholarum vulgus loquitur, convertuntur», G. Vico, *Della antica sapienza degl'italiani*, I, C. Sarchi (trad.), p. 13.

[100] En un alucinante episodio de la célebre serie *House*, asistimos a un crudo diálogo entre el paciente Jack Moriarty y el doctor. Mientras este escribe afanosamente sus fórmulas químicas sobre un cristal, Moriarty le espeta: «Tú piensas que la única verdad que importa es la que puede ser medida; que las buenas intenciones no importan, que lo que hay en tu corazón no importa, que dar importancia a algo no importa. Pero la vida de un hombre puede ser medida por cuántas lágrimas se derraman cuando muere. Solo porque no puedas medirlas, solo porque no quieras medirlas, eso no significa que no sean verdad»; *House M.D.*, temp. 2, ep. 24, «No Reason». Evidentemente, un argumento emocional no es alegato de una verdad trascendente, pero la invectiva sí es una crítica abierta al cientificismo.

[101] Jacques Monod mismo ha basado toda su epistemología crítica en este principio. Su postulado principal es claro: la «objetividad de la naturaleza», es decir, «el rechazo *sistemático* de considerar que pueda conducir a un conocimiento "verdadero" cualquier interpretación de los fenómenos dada en términos de causas finales, de "proyecto"», *Le Hasard et la Nécessité*, p. 32. Esto puede aplicarse sin problemas mayores al terreno acotado de su especialidad: la cantidad invariable de información genética que cada generación de una especie natural transmite a la siguiente parece regirse por una teleonomía que no es tal; hasta el mínimo elemento vital replica de manera mecánica y necesaria la estructura inscrita en su ADN. Lo grave es ampliar ese concepto de objetividad a toda la naturaleza, algo que el premio Nobel hace cuando saluda el advenimiento del «conocimiento objetivo como *única* fuente de verdad auténtica»; *ibid.*, p. 185. Solo así se entiende que tache de explicaciones destinadas a calmar las angustias del hombre las ontogénesis o mitos de creación. En román paladino: el cientificismo se empeña en pescar sardinas con redes de atunes; al no encontrar ninguna enredada, exclama: «no existen las sardinas».

[102] La comparación viene de buena mano: cfr. «Aceptar que un matemático hable para convencer es como pedir demostraciones a un orador», Aristóteles, *Ética a Nicómaco*, I, 3, 1094b, J. L. Calvo (ed.), p. 49.

declaración sobre una verdad inverificable según métodos empíricos pecaría de presuntuosidad[103]. Es un error provocar y mantener una tensión inexistente entre lo científico empírico y lo científico humano en nombre de una práctica en continuo proceso teórico, es decir, que no puede ser una teoría finita, acabada[104].

El pensamiento es erróneo por excluyente: al limitar la verdad a su expresión material, el positivismo desecha la verdad inaccesible a los sentidos. Así, la afirmación de Renan sobre la excelencia del método experimental, destinado a revelar el «infinito real», no solo menosprecia «las aventuras más atrevidas de [la] fantasía», sino que restringe «el mundo verdadero» al alcanzado por las disciplinas experimentales, encargadas desde entonces a ser las únicas garantes de la «ciencia y la filosofía»[105]. Profesar votos en las ciencias empíricas no debería requerir la apostasía de las ciencias humanas.

Este desacierto ha sido cometido por grandes lumbreras en todos los tiempos. José Antonio Marina achaca a las religiones su «elaboración de conceptos e imágenes de Dios difíciles de racionalizar» y considera una insolencia que «nos habl[en] de un espíritu», porque «nuestra inteligencia solo se mueve con seguridad en la materia». Sin ánimo de polemizar, los dislates del espíritu, incuestionables, no echarán nunca por la borda todo nuestro conocimiento espiritual, en muchos aspectos más seguro que el material (sin contar que el conocimiento material es, propiamente, espiritual: todo conocimiento exclusivamente material es una *contradictio in terminis*). Llega incluso a censurar nuestro filósofo que la Biblia nos proponga «un Dios apasionado, colérico, vengativo, paternal, implacable, que favorece a su pueblo y machaca las entrañas de sus enemigos, es decir, un dios humano, demasiado humano»[106]; como si los redactores del siglo VI a.C.

---

[103] Hipótesis aplicable a nuestra civilización y a las orientales. Recuérdese, p. e., la célebre frase de Buda: «Tres cosas no pueden ocultarse: el sol, la luna y la verdad», o, en un ámbito más existencial, su doctrina sobre las «cuatro nobles verdades», en las que se cifran sus enseñanzas: las verdades sobre el sufrimiento, la causa del sufrimiento, la extinción del sufrimiento y el sendero que conduce a la extinción del sufrimiento; véase R. Gethin, *The Foundations of Buddhism*, p. 59.

[104] Cfr. H. Meschonnic, *Pour la poétique II*, p. 21: «une pratique qui se théorise, qui n'est pas et ne peut pas être une théorie finie». «Es imposible hacer coincidir una epopeya y una excavación», concluye con razonable sarcasmo P. Vidal-Naquet tras exponer los problemas encontrados por la arqueología para descubrir cuál de las once estratificaciones de la antigua Troya en la colina de Hisarlik (Turquía) corresponde a la Ilión mentada por el aedo en su *Ilíada*; véase *El mundo de Homero*, M. J. Aubet (trad.), p. 26.

[105] Cfr. E. Renan, *L'Avenir de la science*, p. 96. La objetivación radical del mundo –y, con ella, la del hombre– ha perpetuado la incapacidad, epitomizada en Descartes, de aceptar la unidad entre *res cogitans* y *res extensa*. Para la relación entre el dualismo cartesiano y el cientificismo, véase R. Spaemann, *Lo natural y lo racional*, D. Innerarity y J. Olmo (trads.), pp. 21-51. En esta línea, la asunción del mundo material como conjunto de nexos de condiciones objetivas (no es otra cosa el cientificismo) abre la claraboya por la que Kant escapa de las leyes objetivas: su concepción de la subjetividad humana como condición de la objetivación del mundo le permite (en apariencia) enajenarse de las leyes de ese mismo mundo. Si el hombre está «sometido a las leyes del mundo objetivo sola y exclusivamente cuando se hace a sí mismo *objeto* de consideración teórica, […] se hurta por principio a esas leyes» cuando actúa como sujeto de leyes voluntarias; véase R. Spaemann, *Ensayos filosóficos*, L. Rodríguez Duplá (trad.), pp. 201-203. Lo que se dilucida, en definitiva, es la autonomía frente a la heteronomía: en última instancia, el cientificismo –y su correlato, el evolucionismo absoluto–, al tiempo que establece leyes objetivas que determinan al hombre, le permite escabullirse por la ventana de lo incondicionado (la moral fundamental). Otra manera, más sibilina, de escapar a toda trascendencia.

[106] J. A. Marina, *Dictamen sobre Dios*, pp. 126-127.

hubieran de atenerse a definiciones empíricas de Dios y no debieran adaptarse a la mentalidad de un pueblo nómada acorralado por sus adversarios.

En la investigación académica abundan quienes tachan la Biblia de historia inventada, invención caprichosa al margen de la ciencia moderna, máxime a propósito de los primeros capítulos del Génesis. Desconocen las constricciones del género literario y la necesidad de un estudio himnográfico y simbólico para aflorar los acontecimientos reales ahí descritos. Que la verdad contada por esos capítulos sea primariamente teológica y no científica no les quita un ápice de relevancia: «el escritor del Génesis, inspirado por el Espíritu Santo, está más interesado en qué es Dios que en cómo hizo el Universo»[107]; y, en esta tarea heurística, tanto la ciencia como la Biblia son complementarias.

Lo que caracteriza las ciencias empíricas es su demostrabilidad universal mediante la comprobación sensible, pero eso no las hace ni más científicas ni más certeras que las ciencias humanas y sociales. El rigor en sus demostraciones es quizá la mayor gloria de las ciencias experimentales; pero ellas nunca podrán penetrar el misterio[108]. Y el mito, a su modo, habla del misterio.

II. Esencialistas y existencialistas

La cosmovisión y el imaginario cultural contemporáneos replican en buena medida la reflexión inmanente de las principales ideologías que surcan el pensamiento de Occidente, incapaces, por cierto, de proceder a un análisis objetivo de sí mismas[109]. Todas las cosmovisiones inmersas en este «plano de la inmanencia» se mueven en «Un-Todo ilimitado» –una «Omnitud»–, un medio fluido, informe y fractal, un horizonte «absoluto» de todos los acontecimientos posibles y sus correspondientes conceptos, independiente, por supuesto, de cualquier observador externo. Espejismos de la inmanencia. Este plano imaginario del pensamiento no remite a ninguna coordenada espacio-temporal; queda clausurado en un horizonte en continuo movimiento donde la ida se confunde con la vuelta, es decir: una «reversibilidad, un intercambio inmediato, perpetuo, instantáneo, un relámpago»[110].

En aras de una comprensión global, necesariamente no exhaustiva, y aun a riesgo de caer en generalidades, conviene esbozar un somero panorama de los principales paradigmas ideológicos de interpretación occidentales sobre el ser; será una ayuda preciosa para comprender la dificultad que algunos investigadores experimentan cuando enfocan el campo de la mitología desde esos puntos de vista. Básicamente pueden sintetizarse en los enfoques extremos sobre la esencia y la existencia[111].

---

[107] D. Wilkinson, *The Message of Creation*, p. 227. Quien declara esto es, además de pastor metodista, astrofísico.

[108] «L'intelligence ne peut jamais pénétrer le mystère», S. Weil, *La pesanteur et la grâce*, p. 133.

[109] Con lucidez reconoce H.-G. Gadamer la telaraña en la que se encuentran atrapados los espíritus adheridos a la reflexión inmanente: «Es difícil sustraerse […] a la lógica interna del idealismo de la conciencia y a la fuerza del movimiento reflexivo que todo lo sumerge en la inmanencia», *Verdad y método*, M. Olasagasti (trad.), t. II, p. 16; «Auf der anderen Seite kann man sich der inneren Geschlossenheit des Bewußtseinsidealismus und dem Sog der Reflexionsbewegung, die alles in die Immanenz einsaugt, kaum entziehen», *Hermeneutik II: Wahrheit und Methode*, en *Gesammelte Werke*, t. 2, p. 8.

[110] G. Deleuze y F. Guattari, *Qu'est-ce que la philosophie?*, pp. 40-41.

[111] Una tercera perspectiva en la reflexión occidental es la ontológica, propia de Aristóteles y Tomás de Aquino; dado que la filosofía del ser no afecta directamente al mito, aquí será ignorada. Descarto, por idéntico motivo, una cuarta perspectiva: la relativa a la moral («"Existir" significa que

Esencia (οὐσία) es el modo de ser más íntimo de algo, su naturaleza; existencia es el hecho de ser (en virtud de su acto de existir, algo es un ser). Ahora bien, la historia del pensamiento occidental podría describirse como una incesante y sucesiva identificación de ambas con el mismo ser: de tal dinámica han surgido las metodologías epistemológicas sustitutorias de la metafísica. De algún modo, podría decirse que ahí tienen su origen el logicismo escolástico, el matematismo cartesiano, el idealismo kantiano, el sociologismo comtiano, la dialéctica marxista, el evolucionismo spenceriano, la fenomenología husserliana, la desontificación heideggeriana, etc. Estamos ante una inacabada e inacabable serie de extrapolaciones metafísicas, de intentos por fundamentar las condiciones del pensamiento radical o trascendental desde nuestro mismo pensar, donde los pensadores sustituyen la indeterminación del concepto de ser por una metodología básicamente hipotética o irrealizable[112].

Hasta tal punto es así, que, cargadas de afectividad o visceralidad según los casos, la esencia se torna en esencialismo y la existencia en existencialismo; en ideología subjetiva, en ambos casos[113]. Es característica de la concepción esencialista la prioridad atribuida a las ideas, a los conceptos y al espíritu, a la necesidad sobre la contingencia; en definitiva, a la trascendencia exclusivamente gnoseológica y a sus correspondientes propuestas: las filosofías racionalista o sistemática (Descartes, Leibniz), empírica o británica (Locke, Berkeley, Hume) y formalista o kantiana, con su culminación en el idealismo absoluto (Hegel), todas ellas incuestionablemente inmanentes. En el polo opuesto, el existencialismo prima la materia y los hechos, los instintos y el determinismo biológico, la psicología del individuo y los afectos, la contingencia y la inmanencia; en definitiva, la percepción de la existencia como algo dado, misterioso e irreductible a la esencia (en la concepción de Kierkegaard, Jaspers, Marcel o Mounier), o como algo clausurado en su finitud (trágica o heideggeriana y activista del absurdo o sartriana y camusiana). El esencialismo es la filosofía que concede a la esencia la primacía sobre la existencia; el existencialismo es la filosofía que percibe la existencia como algo dado, irreductible a la esencia.

[el ser viviente] es consciente de que hay diferencia entre un movimiento vital correcto y uno falso»), y también hago caso omiso de una quinta, relativa en exclusiva a la religión («El hombre […] existe a través de Dios»), cual las expone R. Guardini en *La existencia del cristiano*, pp. 7 y 19 respectivamente.

[112] Véanse E. Gilson, *L'Être et l'Essence*, pp. 315-317, y J. Arellano, «Las condiciones del pensamiento radical (trascendental)», pp. 21-26. La crítica que hace Heidegger a la metafísica occidental, acusándola de ocultar el ser tras el ente, probablemente sea justa en casi todos los metafísicos occidentales, incluido Aristóteles; quizá con la excepción de Tomás de Aquino, para quien la existencia, o acto de ser, no es un «modo» de ser, sino el acto último que actualiza (activa) cualquier modo. Ciertamente el concepto de ser, o de existencia, sí es el más general e indeterminado (*genus generalissimum*); pero el ser mismo –la existencia de cada ente– no es un concepto, es concretísimo, actualísimo y determinado en cada ente a ser según un modo determinado de ser: el que determina en cada caso la esencia de ese ente.

[113] Dos precisiones se imponen. 1.ª Lejos de mi intención desprestigiar los pensamientos filosóficos y las prácticas literarias que inciden con clarividencia en la componente esencial o existencial del ser humano (M. de Unamuno, N. Berdiáyev, M. Buber, K. Jaspers, J. Ortega y Gasset, P. Tillich, G. Marcel, E. Mounier, M. Merleau-Ponty, M. Henry, etc.); para estos y otros muchos pensadores, la existencia es, precisamente, la lanzadera en la búsqueda de una trascendencia. 2.ª No se han de identificar el existencialismo tradicional (que distingue esencia de existencia), el moderno (que pone la existencia como inspiración fundante de su pensamiento) y el existencialismo como escuela filosófica (que sitúa la existencia antes de la esencia).

Esta descripción tan simple como sumaria de las ideologías puede ser corroborada por tres paralelismos.

1.º Se puede establecer una correlación entre el pensamiento de las esencias y la lógica (ciencia de las leyes de los juicios), entre el pensamiento de las existencias y la psicología (ciencia de las leyes de los hechos psíquicos). Basta fijar la mirada en Descartes y otros idealistas, cuya filosofía estudia la relación sujeto-objeto a través del pensamiento como enunciado, o, por el contrario, en los empiristas ingleses del siglo XVIII, cuya filosofía estudia dicha relación a través del pensamiento como vivencia. Más precisamente, los primeros reducen todas sus ideas a pensamiento (las confusas a claras y las claras a pensamiento); inversamente, los segundos eliminan del pensamiento lo que tiene de lógico, de enunciativo, reducen todo pensamiento a vivencia, a modificación psicológica de su conciencia.

2.º No es muy descabellado asemejar, con suma prudencia, el pensamiento de las esencias con el idealismo y el pensamiento de las existencias con la materia concreta o la individualidad. Los esencialistas sostienen la primacía de la idea, ya sea eterna (Platón), innata (Descartes), trascendental (Kant), absoluta (Hegel), siempre con la consiguiente desvalorización de la materia; por el contrario, los existencialistas defienden la primacía de la materia, ya sea naturalista (Epicuro), sensualista (Comenius, Locke, Hume, Diderot, Condillac), dialéctica (Marx) o existencialista de etiqueta (Sartre)[114].

3.º Llevados hasta sus últimas consecuencias, tanto el esencialismo como el existencialismo borran todo atisbo de trascendencia sobrenatural. Ciertamente los partidarios de la concepción esencialista, sin duda por el peso que el espíritu ocupa en su pensamiento, reservan a la trascendencia un lugar más o menos relevante. No es menos cierto que muchos partidarios de la concepción existencialista tienden a reservar menor espacio a la trascendencia, sin duda, también, por la importancia que prestan a la materia. Es muy arriesgado trazar líneas divisorias en este terreno y preferible retomar la proposición innegable: llevados a su radicalidad, el esencialismo y el existencialismo suprimen del horizonte la trascendencia mítica objeto de este estudio[115].

Pero el lector tiene derecho a conocer el terreno que pisa, y a mí me toca en suerte resumir, con aristas ásperas y trazos gruesos, una mínima historia del pensamiento occidental en función de las tendencias esencialista o existencialista (ambas opuestas en su comprensión del mundo, pero indistintamente aferradas a la inmanencia); solo así, por

---

[114] Lo sé: el paralelismo es arriesgado y peca de simplismo; no cabe colocar el marbete de materialistas a existencialistas como Kierkegaard, Schopenhauer, Jaspers o Marcel, ni menos aún asimilarlos a la filosofía de Nietzsche, sencillamente porque no hay uno, sino muchos existencialismos (como también muchos idealismos). Solo intento –por su relevancia en la comprensión posterior del universo mitológico– establecer tendencias orientadoras sobre el peso que unos u otros filósofos dan al mundo material y su representación, en sí mismos y en la conciencia.

[115] Véanse R. Gambra, *Historia sencilla de la filosofía*, pp. 150-154 y 225-232; M. García Morente, *Lecciones preliminares de filosofía*, p. 169 *et seq.*, y M. Fazio y D. Gamarra, *Historia de la filosofía, III. Filosofía moderna*, pp. 47-52.

contraste, se tornará evidente su relevancia para el análisis de los relatos míticos, nuclearmente trascendentes, unos, contrarios a la trascendencia, otros, pero todos ellos develadores del mito.

Grosso modo, dieron prioridad a la esencia Platón y Descartes; a la existencia, Epicuro y Gassendi. Los descubrimientos científicos del siglo XVII produjeron, en el terreno de la reflexión, una diversificación antes desconocida. La ciencia positiva físico-matemática de Newton dio al traste con el racionalismo de Descartes, del que sobrevivió sin embargo su dualismo esencialista (Spinoza y Leibniz). Frente a la desagregación epistemológica (Leibniz, Hume, Newton), Kant propuso la combinación de todos estos postulados en sus sucesivas *Críticas*: el ser de las cosas, inaccesible en sí, no es sino «objeto» de conocimiento para el sujeto pensante. Aunque el filósofo se deshace en elogios al empirismo humeano, en ningún momento se desembaraza del racionalismo cartesiano; en última instancia, su idealismo trascendental propicia el advenimiento del idealismo alemán en sus diversas fases: subjetivo (Fichte), objetivo (Schelling) y absoluto (Hegel).

Durante todo este tiempo, el existencialismo había logrado avanzar más que nunca, tanto entre los empiristas ingleses y escoceses (Locke, Berkeley, Hume) como entre los materialistas franceses (La Mettrie, Helvétius, d'Holbach, este último nacido en Edesheim, actual Renania-Palatinado), considerados más tarde mecanicistas por no admitir sino los cambios cuantitativos de la materia. Tan lejos fue su empuje que, a partir de entonces y durante los siglos XIX y XX, desaparece progresivamente la dicotomía que nos ocupa y la reflexión va adoptando un tono monocolor: mientras el esencialismo cuenta con grandes pensadores, pero de mitigada influencia social, el existencialismo triunfa de manera avasalladora. Marcuse lo declara de modo taxativo: «Después de Hegel, la corriente principal de la filosofía occidental está agotada. [...] En términos metafísicos, el cambio es expresado por el hecho de que la esencia del ser ya no es concebida como Logos»[116]. Dicho de otro modo, la forma verdadera del pensamiento deja de coincidir con la forma verdadera del ser, el ser deja de ser, en su misma esencia, razón. Schopenhauer ya define la esencia del ser como voluntad, y Nietzsche como voluntad de poder, esto es, como facticidad existencial al margen de la tradición ontológica. El camino queda expedito para que Freud defina la esencia del ser como *eros*, no como *lógos*; del ser no queda sino vida orgánica –íntimamente ligada a la materia inorgánica mediante el instinto de la muerte– o, a lo sumo y en términos eufemísticos, una búsqueda existencial por el placer y la aniquilación.

III. El triunfo de los existencialismos

En grandes líneas, la filosofía occidental describe una continuidad llamativa en la línea de Parménides[117], agotada tras la explicación conjunta que Hegel ofrece sobre la

---

[116] H. Marcuse, *Eros y civilización*, p. 116. Esta reflexión es compartida por múltiples filósofos: «Todas [las] interpretaciones antitéticas del hombre en las que alternativamente se desintegra o enajena, son productos de la diáspora en que se dispersa la conciencia humana al romperse la unidad de la concepción hegeliana», M. A. Virasoro, «El problema del hombre en la filosofía contemporánea», p. 35.

[117] Esto es: el ser es, el no ser no es. «Se ha de decir y pensar, siendo ello lo que es, que lo hay: pues puede así ser que lo haya; pero, sin serlo, no puede. [...] Que decir o pensar que ello sea lo que es y a la vez no lo es, esas dos no pueden ser ambas verdad a la vez», Parménides, *Fragmentos del poema*, vv.

naturaleza y la historia; desde este último, culmen de la trascendencia gnoseológica, la filosofía ha sido una rebelión o una desesperación contra el principio anunciado por el Eleata (el ser es, el no ser no es): tras el derrumbe del idealismo hegeliano, las grandes ideologías sospechan del legado del pasado, arrinconan cuestiones de identidad y *quididad*, o son existencialistas. Para comprobarlo, baste mentar a continuación varios pensadores propiamente existencialistas y, seguidamente, resumir los extremos existencialistas de cuatro ideologías que lo explicitan.

El último Schelling, Schopenhauer, Wagner o Nietzsche son existencialistas; lo es más aún Kierkegaard, que, disgustado del mundo artificioso de Hegel y de la mentalidad burguesa, se aferra, angustiado, al dato radical de la existencia contingente y reduce la verdad al modo de conocerla[118]. Scheler, Jaspers y Heidegger también son existencialistas, cada uno en su contexto.

1. Marxismo. Tras el reproche antihegeliano de Feuerbach (los deseos y las necesidades del hombre, no sus ideas, rigen el mundo), Marx retoma la dinámica del idealismo, pero propugna la existencia primordial de la materia sobre el pensamiento, la reciprocidad de las acciones (todo efecto se convierte en causa y viceversa) y la aparición de modificaciones cualitativas como consecuencia de la acumulación de cambios cuantitativos[119]. Ciertamente la evolución de las organizaciones políticas evidencia un fracaso: de Marx hoy solo queda, paradójicamente, su espíritu materialista. Mientras la globalización del capitalismo celebra el «fin de la historia», el fantasma de Marx se ha convertido en un «mito», inconfesado pero obsesivo, de las desigualdades materiales que aquejan al hombre contemporáneo[120]. Todos los análisis marxistas son manifestaciones de una ideología que rechaza el idealismo esencialista y se adhiere a la inmanencia existencialista.

Concretamente, para Marx y Engels las formas de conciencia son meras expresiones de las relaciones históricas reales; la conciencia solo es el ser consciente del hombre, mientras que el ser del hombre es su proceso de vida real. En consecuencia, no son las formas de conciencia, como diría Hegel, las que pueden explicar las relaciones históricas reales, sino que solo estas relaciones pueden explicar aquellas formas; tal como reza la célebre fórmula: «no es la conciencia la que determina la vida, sino la vida la que deter-

---

42-58c, A. García Calvo (ed.), pp. 50-54. A partir de Anaximandro (τὸ ἄπειρον), Parménides procede a la sustantivación del participio singular neutro del verbo ser (εἰμί: τό ὄν) y lo convierte en un hiperónimo de todos los seres (τὰ ὄντα). La abstracción de «lo que es sido» en el «ser» constituye un pilar incuestionable del pensamiento de Occidente. Compárese con el *Rigveda* (*Ṛgveda*): «lo que es» (*sat*), en una concepción diametralmente opuesta a Parménides, p. e., en el himno a Bráhmaṇas-páti, alias de Bṛhaspati (*Rigveda*, X, 72, 2-3): «el ser nació del no ser»; véase A. Bernabé y J. Mendoza, «Ser y no ser en el *Ṛgveda* y en Parménides».

[118] Sobre la noética de Kierkegaard, véase E. Gilson, *L'Être et l'Essence*, p. 241.

[119] Véase G. Durozoi y A. Roussel, *Dictionnaire de philosophie*, p. 252.

[120] Las conexiones entre mitología, religión y marxismo son llamativas: «El marxismo pide una fe incondicional en cuanto que el conjunto ha tomado la forma de la ciencia misma, de la explicación exacta del pasado, presente y futuro del hombre. [...] No se puede cerrar los ojos al apasionamiento y la fascinación que despierta y que vienen de su raíz profética, que promete un mundo para cuyo advenimiento no se ve racionalmente ningún signo», J. Ratzinger, *Escatología*, p. 26. A falta de trascendencia y divinidad, el marxismo se queda en pseudomito.

mina la conciencia»[121]. La existencia humana resulta de los procesos económicos, definidos como la infraestructura social y causantes de la superestructura ideológica (la religión, la moral, la estética, el derecho). Aquí tenemos las célebres alienaciones, las ilusiones de la ideología, que deben caer de los ojos como escamas «menos trascendentes», porque «el análisis de la alienación [comienza] con la crítica de la religión»[122]. En la mente de Marx todos los «mitos» deben ser destruidos en aras de la única realidad superior, una sociedad sin clases o comunismo universal, único «mito» que, sin denominarlo así, aceptaría el filósofo.

En la línea de Marx se inserta el sindicalismo revolucionario de Sorel, cuyas teorías catapultan los «mitos» sociales. Su obra vale tanto para la extrema izquierda como para la extrema derecha, para el comunismo y el socialismo marxistas como para el fascismo y el socialismo nazi. Entre muchas, valga esta propuesta, estremecedora por su escalofriante perspicacia:

> Hay que juzgar los mitos como medios de actuar sobre el presente; cualquier discusión sobre la manera de aplicarlos materialmente en el curso de la historia está desprovista de sentido. *Lo único que importa es el conjunto del mito*; sus partes no ofrecen mayor interés que el relieve que dan a la idea contenida en la construcción[123].

Pensamientos como este explicarían la irrelevancia de muertes que pueden acarrear las ideologías políticas extremas por el «bien» de la sociedad o la ideología estatal. El «mito» social ha venido para solucionar, como sea, un problema histórico del presente; poco importa que los trabajadores revolucionarios confundan la realidad con la fantasía, si así (lo único importante es el conjunto del «mito») cambian el *statu quo* y dan vida a «las aspiraciones del socialismo».

2. Existencialismo propiamente dicho. La fenomenología de Husserl («puesta entre paréntesis» de la pregunta por el ser y consideración de que el yo, como conciencia, es, a su modo, el ser del mundo) pareció dominar el problema del principio de identidad suscitado por los esencialistas; a través de la «corriente de conciencia», el ser humano (no la naturaleza o la historia) retomaba el centro de la especulación filosófica. Pero este humanismo contemporáneo fracasa con «el pecado de *hýbris*»[124], ausencia de moderación y de contención; siempre, claro está, dentro de un trascendentalismo gnoseológico.

El gran teorizador alemán del existencialismo en el siglo XX es Heidegger. Descontento con la preocupación kantiana sobre la posibilidad de los juicios sintéticos *a priori* y la «prueba ontológica» de la existencia de las cosas fuera del yo, el autor de *El ser y el tiempo* considera que el hombre está convocado a la existencia, abrazado a la angustia y la muerte[125]. La estructura fundamental del «ser-ahí», del hombre, consiste en «ser-en-el-

---

[121] K. Marx y F. Engels, *La ideología alemana*, W. Roces (trad.), p. 26. Véase C. Ruiz Sanjuán, «Sentido de lo histórico en la concepción materialista de la historia», p. 14.

[122] E. Bloch, *El ateísmo en el cristianismo*, J. A. Gimbernat Ordeig (trad.), p. 252.

[123] G. Sorel, *Réflexions sur la violence*, p. 152.

[124] R. Argullol, en R. Argullol y E. Trías, *El cansancio de Occidente*, p. 112.

[125] Heidegger designa al hombre con el término «ser ahí»: «Dieses Seiende fassen wir terminologisch als "Dasein"», *Sein und Zeit*, epígrafe 4, p. 11. El filósofo define la existencia de modo muy diver-

mundo», esto es, «comprender» el mundo al que ha sido «arrojado», un mundo ajeno, que no es su casa, y ahí precisamente nace la angustia del «ser-ahí», en el hecho de salir una y otra vez de su «cadente absorberse en el "mundo"»; el mundo es inhóspito para el hombre, siempre atemorizado en el fondo de su ser. Por eso irrumpe la desazón ante la muerte: si la existencia define el ser del hombre, y su esencia está constituida por el «poder ser», entonces el hombre se enfrenta al poder no ser, lo único que le falta, algo que él puede ser y será, el «fin» mismo, porque el «"fin" del "ser en el mundo" es la muerte» (p. 256; «Das "Ende" des in-der-Welt-seins ist der Tod"», epígrafe 45, p. 234).

En términos ontológicos, esto significa que el sentido del ser es la temporalidad, esto es, la nihilidad[126]. Sobre esta base, el hombre puede imaginar que se comporta respecto al ser que le ha sido dado (el ser ajeno, que él no ha creado) de igual modo como se comportó el Creador antes de la creación del mundo, creado, precisamente, *ex nihilo*. Dicho de otro modo, si el ser, que el hombre no ha creado, es obra de un ente que no es él y que él no conoce (el «Señor del Ser», como lo denominaba Schelling), acaso entonces la nada sea el dominio propio y libre del ser humano: puesto que el ser humano ya no puede ser un ente creador de mundo, acaso pueda ser su destructor[127].

El principal teórico francés del existencialismo es Sartre, convencido de que «la existencia precede a la esencia», de que «no hay una naturaleza humana» ni una «moral general», sino opciones morales resultantes del compromiso, única válvula de escape de la angustia de sabernos una «pasión inútil»[128]. El mismo Sartre ha escrito su propia autobiografía, *Las palabras* (1964), para contradecir el «mito» de la literatura. Del existencialismo quedan hoy sus iconos: Sartre arengando a las juventudes del 68, Camus con su cigarrillo poco antes de que un accidente de tráfico le segara la vida. No obstante, los existencialistas han revisitado con frecuencia los mitos.

Sísifo, «el trabajador inútil de los Infiernos», no podía dejar indiferentes a los existencialistas[129]. Para Camus, la tragedia del rey de Corinto no consiste tanto en el esfuerzo de subir eternamente una piedra como verlo descender, tras una pausa, ladera abajo hasta el abismo desde donde habrá de subirla de nuevo. Sísifo es absurdo porque consta-

---

so a la tradicional *existentia*, a la que denomina «estar-ahí» (*Vorhandensein*), y solo atribuye el término *existentia* como determinación de ser al *Dasein*. Además, afirma, «la "esencia" del *Dasein* consiste en su existencia», Heidegger, *Ser y tiempo*, J. E. Rivera C. (trad.), p. 67.

[126] Heidegger opina que el hombre «no es "tempóreo" porque "esté dentro de la historia", sino que, por el contrario, solo existe y puede existir históricamente porque es tempóreo en el fondo de su ser», *ibid.*, v, epígrafe 72, p. 393; «El modo propio de estar vuelto hacia la muerte, es decir, la finitud de la temporeidad, es el fundamento oculto de la historicidad del Dasein», epígrafe 74, p. 402: el hombre es un ser hacia la muerte, ser para la muerte.

[127] Véase H. Arendt, *¿Qué es la filosofía de la existencia?*, A. Serrano de Haro (trad.), pp. 65-69 y 81-84. Dejo sin explorar, por exigencias del alcance de este estudio, la habitabilidad del mundo mediante el decir del poeta.

[128] J.-P. Sartre, *L'Être et le Néant*, IV, II, III, «De la Qualité comme Révélatrice de l'Être», p. 678; véanse *L'Existentialisme est un humanisme*, p. 40, y «Autoportrait à soixante-dix ans», *Situations* X, p. 139.

[129] «le travailleur inutile des Enfers», A. Camus, *Le Mythe de Sisyphe*, en *Œuvres*, R. Enthoven (pref.), p. 325. Llevada a un terreno exento de mitología, la conciencia de inutilidad de cualquier esfuerzo explica la respuesta del doctor Rieux a Tarrou, cuando este imagina su frustración de la lucha desesperanzada contra la pandemia de ratas: «Sí, dijo Rieux. Una derrota interminable»; *La Peste*, II, *ibid.*, p. 573.

ta el carácter incurable de su mal: este «proletario de los dioses, impotente y rebelado, conoce todo el alcance de su condición miserable», única obsesión que acongoja su espíritu cuando baja, apesadumbrado, la pendiente de su castigo. En consonancia con el autor de *El extranjero*, otra escritora ha visto con claridad que el hombre, sin la divinidad, es «una de las absurdidades irreductibles de la condición humana»[130]. Sísifo mismo es existencialista: se sabe dueño y señor de la serie de acciones inconexas que conforman su destino, lo único cierto en su mundo.

3. Estructuralismo. El pistoletazo de salida para este método hermenéutico lo da Saussure, quien, en su dialéctica de oposiciones (lengua/habla, diacronía/sincronía, significante/significado), se distancia de la tradicional búsqueda del origen del lenguaje para volcarse en el estudio de las funciones. Para buena parte de su escuela, el objeto literario es únicamente considerado en su estructura específica como entidad autónoma, sometida a sus propias leyes y cuya literariedad o poeticidad depende solo de la manera de tratar el material lingüístico. El estructuralismo aglutina las investigaciones de Jakobson (lingüística), Lévi-Strauss (etnología), Greimas (semiótica), Barthes (semiología) y Genette (narratología), entre otros[131].

Frente a la tesis principal del historicismo (la comprensión del mundo radica en encontrar la génesis, la forma anterior, las fuentes), el estructuralismo busca la inteligibilidad del mundo a través de los ordenamientos y organizaciones sistemáticas. Su método incluye tres reglas básicas: la lengua se presenta como un sistema de signos, la diacronía se subordina a la sincronía y las leyes lingüísticas designan un nivel inconsciente (en sentido kantiano: categorial, combinatorio).

En esta línea, Lévi-Strauss propone la existencia de un pensamiento salvaje –únicamente divergente del lógico en que sus clasificaciones y nomenclaturas operan en el nivel de lo sensible–, concebido como sistema de diferencias y susceptible de análisis objetivo, cual si de una lengua se tratase. La labor del investigador no consiste en asimilar las intenciones de los sujetos (cuyo análisis se inscribiría en la línea de actos históricos de la tradición continua, rechazada por el estructuralismo), sino en descodificar las homologías entre ordenamientos pertenecientes a niveles diferentes de la realidad con objeto de desentrañar los modelos de sociedad. Así, los rituales (como el del simbólico casamiento entre un bisonte y una mujer) persiguen disolver la consuetudinaria oposición entre naturaleza y cultura[132]. Para la mitocrítica cultural, la mayor aportación de Lévi-Strauss es el término mitema, como veremos en su lugar (§ 9).

---

[130] Así define S. Weil nuestra vida cuando se rechaza el terreno de lo trascendente y del misterio; *La Connaissance surnaturelle*, *Cahier* XIII, ms. 16, M.-A. Fourneyron *et al.* (eds.), t. VI, p. 87.

[131] Véase P. Bourdieu, *Les Règles de l'art*, pp. 322-323. El estructuralismo etnológico surge de la aplicación de los descubrimientos lingüísticos a los problemas de parentesco; los fenómenos se integran en sistemas de relaciones íntima e inconscientemente estructuradas, con independencia del mundo extralingüístico: solo existen el signo y sus funciones intratextuales; véase C. Lévi-Strauss, *Anthropologie structurale*, p. 47. A partir de las teorías de este antropólogo, A. J. Greimas ofrece un interesante acercamiento semiótico al mito: «Pour une théorie de l'interprétation du récit mythique», *Du Sens*, pp. 185-230, previamente publicado en *Communications* 8 (1966), pp. 28-59.

[132] Véase C. Lévi-Strauss, *La Pensée sauvage*, pp. 153-158. Mejor que ningún otro investigador, este antropólogo ha mostrado la rigurosa relación estructura/función entre «las imágenes del mito»;

4. Psicoanálisis. La referencia a Freud es obligada. A favor o en contra, incontables estudiosos del mito lo citan profusamente: Bachelard, Kerényi, Campbell, Sartre, Lévi-Strauss, Ricœur, Vernant, Barthes, Kirk, Durand, Foucault, Baudrillard, Brunel, Segal... Las excepciones, nunca absolutas (Frazer, Dumézil, Eliade), son también elocuentes.

Sus premisas sobre el primitivo asesinato fundador de la civilización, así como su inscripción del psiquismo en un horizonte biológico y determinista, dan al traste con una concepción autónoma del sujeto. Lejos de regirse por un raciocinio infalible, el individuo siempre aparece sometido a deseos, obsesiones y fantasmas que nublan la frontera entre la norma y sus patologías.

Freud asimila y afina una hipótesis de otros psicoanalistas de su época: la actividad onírica tiene por finalidad «la realización de deseos». El psicoanalista austríaco debe buena parte de su celebridad a la aceptación de sus teorías sobre el sueño, expuestas de modo programático en su *Interpretación de los sueños* (1899). El fenómeno onírico le interesa por su distinción respecto a la actividad mental en estado de vigilia: en reposo, afirma Freud, «el sueño piensa principalmente en imágenes», no en conceptos; y estas «representaciones involuntarias», a diferencia de lo comúnmente aceptado, «no son en ningún modo meras representaciones, sino *verídicas y verdaderas experiencias del alma*»[133]. Para el psicoanalista, la hermenéutica de los sueños se revela como herramienta imprescindible en la terapia de los casos patológicos: el contenido manifiesto de los sueños es una deformación (por desplazamiento y condensación) de su contenido latente, deformación debida a traumas y represiones ejercidos sobre el individuo en su periodo ontogénico.

El postulado que mayores adhesiones y rechazos ha suscitado es el relativo a la sexualidad, factor al que Freud adscribe «la máxima importancia en la génesis de las afecciones nerviosas»[134]. Piénsese, por ejemplo, en sus hipótesis sobre el totemismo a partir de los estudios de J. G. Frazer, W. R. Smith, J. J. Atkinson y A. Lang. Según Freud, solo el psicoanálisis explicaría, en una supuesta comunidad ancestral, la confabulación de los hermanos para matar y devorar al padre, así como el surgimiento inmediato de la conciencia de culpabilidad con los consiguientes tabúes: la prohibición de la muerte del tótem (sustitución del padre) y la renuncia al contacto sexual con las mujeres de la horda (por fin

---

ibid., pp. 50-51. Ahora bien, fiel a la doctrina de la lingüística estructuralista, el profesor del Collège de France impone al mito la arbitrariedad del signo, lo despoja de cualquier relación significativa con la conciencia del sujeto y limita su función a expresar el fenómeno mismo de la significación (al margen de cualquier explicación de la naturaleza e intimación a la moral): los sistemas mitológicos, mágicos o totémicos –afirma Lévi-Strauss– «deben su valor operativo a su carácter formal: son códigos, aptos para vehicular mensajes extrapolables a términos de otros códigos», nunca contenidos determinados; *ibid.*, pp. 95-96. Véanse J. R. Resina, «Teoría y práctica del mito», pp. 12-13; K. Hübner, *La verdad del mito*, L. Marquet (trad.), pp. 61-66; E. M. Meletinski, *El mito*, P. López Barja de Quiroga (trad.), pp. 69-90 y P. Ricœur, *Le Conflit des interprétations*, pp. 35-37 y 43-44, que caracteriza el método de la antropología estructural como «una elección de la sintaxis frente a la semántica» (p. 44).

[133] S. Freud, *La interpretación de los sueños*, en *Obras completas*, L. López-Ballesteros y de Torres (trad.), t. I, XVII, I, «La literatura científica sobre los problemas oníricos», e), p. 379. En este punto concreto, Freud hace suya la teoría de Ludwig Strümpell, *Die Natur und Entstehung der Träume*, Leipzig, Von Veit & Co., 1877, p. 34.

[134] *Ibid.*, II, «El método de la interpretación onírica», p. 418.

accesibles a los hijos). De este modo, la estabilidad social es fruto de estos dos tabúes del totemismo, los cuales coinciden con los deseos reprimidos del complejo de Edipo[135].

Freud vincula la cuestión de lo sagrado al doble tabú que afecta a la comunidad prehistórica: el asesinato del padre (rebelión contra la autoridad) y las relaciones con la madre (incesto); los dos elementos constitutivos del relato de Edipo describen así el advenimiento y la organización de la sacralidad. La emergencia de las figuras de articulación dialéctica entre la ley y la prohibición sostenidas por Freud ha perdido su relevancia en nuestra sociedad occidental, donde toda autoridad y prohibición se han visto vaciadas de contenido absoluto. Se explica así que, de las revueltas analizadas por Freud, tan solo prevalezcan sus análisis tipológicos. En cambio, comenta Kristeva, sí prevalecen aún los análisis freudianos sobre la lógica constitutiva de la «esencia superior del hombre», es decir, sobre la intimidad de la ligazón simbólica con la cual, contra la cual y en la cual los hombres y las mujeres se rebelan. Como es sabido, ese lugar íntimo, ora alimentado por percepciones y sensaciones biológicas, ora estructurado por términos preconscientes, ora, en fin, exteriorizado fuera de la psique, es el lenguaje. En su análisis de estos modelos lingüísticos según Freud, la psicoanalista afirma:

Para cada ser humano, la instancia de la función paterna, de la función de autoridad, viene dada de manera inmanente en nuestra aptitud al lenguaje. En otros términos, el lenguaje es un dios inmanente. A menos que ustedes prefieran pensar que Dios es una extrapolación metafórica de la inmanencia[136].

Así concebido, el ser humano es mera consecuencia del sometimiento a impulsos caprichosos; no hay lugar para el raciocinio ni para la voluntad: la libertad es pura ilusión. La trascendencia no existe ni como sucedáneo metafórico. Conviene reincidir en el carácter existencialista de estos postulados: la predilección por los aspectos más biológicos y por la psicología en detrimento de la lógica, el énfasis en la espontaneidad del organismo, cuyas expresiones son siempre fisiológicamente motivadas, nunca decididamente arbitrarias: todo cuanto existe se resuelve en pulsiones biológicas inmanentes al individuo, al margen de cualquier trascendencia.

Se podrá, con Steiner, lamentar la «indiferencia» de Freud por la naturaleza del lenguaje –materia prima de su técnica–, disentir de su reduccionismo de la poética a «me-

---

[135] Véase *Tótem y tabú*, en *ibid.*, t. II, LXXIV, IV, «El retorno infantil al totemismo», pp. 1810-1850. Obsérvese, por una parte, cómo el mito del rey tebano adquiere una función exclusivamente explicativa mediante el recurso a la alegoría y, por otra, cómo ese mismo mito se ve despojado de toda referencia a la trascendencia originaria. La conciencia de culpabilidad se deslinda de la noción bíblica: según Freud, la culpa es intrínseca a la estructura de la conciencia (mediante la interiorización pulsional de las prohibiciones por la función simbólica o paterna); según Heidegger, la existencia humana es un endeudamiento primordial (la culpabilidad del *Dasein* o «estar ahí» procede del sentimiento de deuda respecto al Ser por el mismo hecho de la existencia); véase J. Kristeva, *Pouvoirs et limites de la psychanalyse*, t. II, pp. 30-33. El sentimiento de culpa nada tiene que ver con el experimentado por personajes en relatos míticos, como el ángel caído de *La Mesíada*, de Klopstock. Perdido el sentido de la trascendencia, tanto en Freud como en Heidegger, la culpabilidad deja de ser mítica para ser biológica o filosófica, inmanente, en cualquier caso.

[136] J. Kristeva, *Pouvoirs et limites de la psychanalyse*, t. I, p. 68.

canismos de sublimación» y deplorar su «mala lectura» de Sófocles[137], pero sería injusto ignorar los intentos del psicoanalista por demostrar (en ocasiones, solo con apariencia científica) la unión indisoluble entre cuerpo y espíritu. Gracias a sus reflexiones sobre el origen de nuestro conocimiento espiritual y emocional del mundo, necesariamente entrelazado con nuestros condicionamientos fisiológicos, Freud ha inaugurado el desmantelamiento de las líneas de demarcación entre literatura, filosofía y ciencias experimentales; se entiende así la sana desconfianza que brotó con posterioridad hacia la filosofía impersonal y abstracta[138]. En otras palabras, su existencialismo asestó un golpe fatal al periclitado y moribundo esencialismo del siglo XIX.

También es obligada la referencia a Jung. El psicoanalista suizo rompe con el austríaco tras la aparición de *Metamorfosis y símbolos de la libido* (1912). El desacuerdo brota como consecuencia de su crítica al pansexualismo freudiano, su diversa concepción de la libido (expresión psíquica, según Jung, de una energía vital cuya orientación distingue los tipos psicológicos entre extrovertidos e introvertidos) y su definición de la neurosis (no limitada, según Jung, a las turbulencias de la infancia). En última instancia, ambos divergen en cuanto al materialismo, fundamental en el primero, relativo en el segundo: según Jung, Freud reduce la psicología a una «parte de la fisiología de los instintos»[139]. De modo un tanto simplista, se podría decir que Freud enfatiza las dificultades de la primera parte del ciclo humano, mientras Jung hace otro tanto con la segunda.

Acompasando a Freud, Jung ha sido pionero en el descubrimiento de la interconexión entre los traumas psicológicos y los relatos míticos (siempre, claro está, desde una perspectiva exclusivamente instrumental de corte alegórico). Con rara clarividencia ha establecido sugerentes paralelismos entre las asociaciones de ideas y determinadas creaciones poéticas; también ha pretendido demostrar que dichos paralelismos no son tanto fruto de la tradición cultural como de la psique inconsciente, es decir, son «reinstauraciones autóctonas»: toda psique inconsciente contiene elementos estructurales «formadores de mitos» (*ibid.*, p. 141). Más aún que Freud, Jung concede un lugar privilegiado al estudio de los símbolos, los arquetipos y los mitos; son célebres sus análisis sobre los mitologemas del «niño divino», Core (Perséfone) o Prometeo. Además del inconsciente personal, existe un inconsciente colectivo que representa la prodigiosa herencia evolutiva del género humano (hipótesis del «segundo nacimiento» en cada estructura individual). Estructurado por los arquetipos, este inconsciente colectivo se enuncia a través de los símbolos culturales (folclore, religiones), así como en las obras de arte o en los sueños.

---

[137] G. Steiner, *Presencias reales*, J. G. López Guix (trad.), pp. 63, 96 y 267.

[138] A. Rodríguez-Monroy, «An Other Word: Language and the Ethics of Social Interaction in Bakhtin, Freud and Lacan», p. 27, y F. Kuna, «Vienna and Prague 1890-1928», en M. Bradbury y J. McFarlane (eds.), *Modernism: A Guide to European Literature*, p. 128.

[139] C. G. Jung, *Los arquetipos y lo inconsciente colectivo*, p. 54; véase «Über die Archetypen des kollektiven Unbewußten», edición de 1954, p. 40. El psicoanalista suizo, a diferencia de las escuelas más fervientes del existencialismo, sostiene que no hay prueba alguna de que la psique sea una mera huella de procesos físicos o químicos. Esta afirmación, a primera vista, no excluye la posibilidad de otros mundos. No nos llamemos a engaño: para Jung solo la psicología que estudia la existencia de una psique inconsciente es una «ciencia empírica», no así la psicología que estudia con «prejuicios filosóficos» los sentidos y sus funciones, la mente consciente y sus funciones, es decir, la psicología metafísica; véase *ibid.*, pp. 54 y 140.

Por estos derroteros psicológicos discurre el *Trabajo sobre el mito* de Blumenberg. Su teoría principal parte de una hipótesis sobre el terremoto acaecido en la mente después de que los seres «pre-humanos» abandonaran su postura primigenia sobre cuatro extremidades y adoptaran la postura erecta. Entonces perdieron la protección de su antigua vida oculta en el bosque y se expusieron a la inseguridad de un nuevo «horizonte de percepción» indeterminado. En efecto, la liberación de la presión de selección natural no fue gratis. Para explicarlo, el filósofo alemán recurre a un concepto propio:

> Lo que aquí llamamos absolutismo de la realidad es un compendio de las correspondencias originadas con ese salto en la situación, no concebible sin un sobreesfuerzo que es consecuencia de una abrupta inadaptación[140].

Así, esta mejor capacitación al medio, debido a un traumático enfrentamiento con lo ignoto, acarrea consecuencias inesperadas: un puro estado de prevención incierta, de angustia o «intencionalidad de la conciencia sin objeto» que es preciso racionalizar en forma de miedo. Parte del proceso de esta conjura racional consiste en la producción de «nombres» generadores «de un trato de igual a igual»; el mundo es así «liberado de su carácter inhóspito y extraño a través de la metáfora, revelándose, mediante la narración de historias, el significado que encierra» (*ibid.*, p. 14). Los mitos serían, en consecuencia, el resultado de mecanismos defensivos frente «al pánico y la paralización –los dos extremos del comportamiento angustioso–». El ser humano habría recurrido a unas magnitudes calculables y unas formas regulables (rito y magia). Este punto de partida existencial (la resolución de los acuciantes problemas que retan al recién ser humano) explicaría el mito como un mecanismo de adaptación mediante el cual el terror primordial ante lo desconocido es conjurado por terrores nombrables: el mito sería el proceso metafórico de sustitución de la angustia vital ante lo incógnito por historias dominables relativas a cada nueva situación. El mito supone, para el nuevo bípedo, un auténtico «trabajo» (*Arbeit*) de asimilación al nuevo mundo, y, para el investigador, una tarea inacabable de reconstrucción.

Blumenberg pretende liberar al mito del encajonamiento al que habían conducido las críticas racionalista (Cassirer) y de la racionalidad (Adorno), esto es, de la reducción del mito a una función estética y antinatural: no habría mito prerracional o arcaico, ni tampoco tránsito del *mŷthos* al *lógos*, sino solo una nueva percepción de la realidad efectiva o, si se quiere, una nueva realidad: «la línea fronteriza entre el mito y el *lógos* es imaginaria» (p. 19). Su estudio, señero, ofrece una hipótesis de los orígenes del mito –con la correspondiente explicación angustiosa existencial, como en Kierkegaard y Freud–, un ascenso fenomenológico al *status naturalis* sin análisis definitorio del mito.

Estas concepciones existencialistas del ser humano no se excluyen frontalmente. La primacía otorgada a la materia, a los instintos y a la biología, al determinismo y a los afectos, explica la confluencia de las interpretaciones psicoanalíticas y otras hermenéu-

---

[140] H. Blumenberg, *Trabajo sobre el mito*, P. Madrigal (trad.), p. 12; véanse J. R. Resina, «Teoría y práctica del mito», pp. 23-25, y C. Jamme, *Introduction à la philosophie du mythe*, pp. 14-15 y 138-143.

ticas en la postulación de una contingencia y una inmanencia absolutas. No son de extrañar los puentes de unión que enlazan, incluso de modo explícito, el estructuralismo y el marxismo (L. Goldmann), el estructuralismo y el psicoanálisis (C. Lévi-Strauss, J. Piaget, J. Lacan) o el estructuralismo, el marxismo y el psicoanálisis (W. Reich, H. Marcuse, J.-P. Sartre). Ninguna de estas escuelas acepta una trascendencia: el ser humano está aislado en su mundo, con sus signos, sus pulsiones y sus fobias; pero también con sus esperanzas: varios de estos pensadores fueron elevados al rango de nuevos mesías que venían a colmar el vacío dejado por la pérdida de la trascendencia[141].

Aupadas por la autoridad de representantes tan señeros, estas teorías e ideologías modernas han encontrado en nuestra sociedad posindustrial de la comunicación y la información el terreno abonado para un estado anímico cultural antes impensable. Nacidas en la modernidad, que pensaba en las cosas de manera sustancial, utópica y esencial, se han visto propulsadas en la posmodernidad, que las piensa de manera formal, pasajera y accidental. La nueva «política cultural radical» instalada desde la segunda mitad del siglo XX ha proyectado la idea de una «nueva norma cultural sistemática» constituida por una «nueva superficialidad» (prolongada en la cultura de la imagen y el simulacro), el consiguiente «debilitamiento de la historicidad» (manifestado en la sospecha hacia la historia oficial y en las nuevas estructuras «esquizofrénicas» de la privacidad) y un «nuevo subsuelo emocional» (cristalizado en el concepto de intensidad presentista)[142]. La supervivencia del mito en este nuevo aire enrarecido estaba amenazada de muerte: si bien nuestro tiempo, al decir de Jameson, «busca rupturas, acontecimientos antes que nuevos mundos» (*Teoría de la postmodernidad*, p. 9), esos acontecimientos, marcados por la inmanencia posmoderna, aparecen siempre escindidos de cualquier componente extramundana.

* * *

La importancia capital de estos factores (globalización, relativismo e inmanencia) en la configuración actual de la civilización occidental obedece a varias causas; sería ocioso determinarlas todas. ¿Deriva secularizadora respecto a la tradición judeocristiana?, ¿adhesión incondicional al postulado de la razón científica y experimental?, ¿inocencia enfermiza sobre las contradicciones del espíritu humano?[143]. En este libro el lector buscará en vano una respuesta plenamente satisfactoria a esos interrogantes; sí encontrará,

---

[141] No es casual que G. Steiner haya dedicado un ensayo a las «metarreligiones» o «antiteologías» que él denomina, comillas incluidas, «mitologías» de los siglos XIX y XX, debido al uso espurio que sus teorizadores hicieron de los mitos: Marx (Prometeo), Freud (Edipo) y Lévi-Strauss (profeta apocalíptico); véase *Nostalgia del absoluto*, M. Tabuyo y A. López (trads.), en particular, pp. 16, 41, 66, 72 y 85. En un estudio posterior, el ensayista expone su teoría del «eclipse de lo mesiánico» aplicada al marxismo en términos que nos ayudan a entender el binomio de los dos mundos que aborda nuestro volumen: «En [el marxismo], la pretensión de trascendencia se hace inmanente; se afirma que el reino de justicia e igualdad, de paz y prosperidad, pertenece a este mundo», *Gramáticas de la creación*, A. Alonso y C. Galán Rodríguez (trads.), p. 18.

[142] Véase F. Jameson, *Teoría de la postmodernidad*, C. Montolío Nicholson y R. del Castillo (trads.), p. 28.

[143] Para una exposición de las principales tesis sobre la nueva faz que muestra Occidente, véase G. Vattimo, *After Christianity*, L. d'Isanto (trad.), pp. 69-72.

en cambio, herramientas y reflexiones coadyuvantes a la comprensión del mito mismo y la sociedad en la que se desarrolla: una hermenéutica del mito, no de la historia.

Sin duda, la mitocrítica cultural se verá reforzada en el futuro por nuevos factores configuradores de la sociedad que ahora apenas podemos imaginar, o modificada por la obsolescencia de algunos hoy estudiados; esas reorientaciones no serán un problema: como el mito, la mitocrítica es dinámica.

Así, surgen ya futurologías que vislumbran un nuevo horizonte tras la superación de los principales problemas que acuciaban a la humanidad desde sus primeros albores (la hambruna, la peste y la guerra). Fascinada por un anhelo inacabable, nuestra especie parece conducirse hacia nuevos horizontes: «Es probable que los próximos objetivos de la humanidad sean la inmortalidad, la felicidad y la divinidad»[144]. Pero no perdamos de vista la amplitud y seriedad de aquellos factores: las propuestas de acabar con el «problema técnico» de la muerte (ser «amortales» en lugar de «inmortales»), aumentar las expectativas de felicidad («amañar nuestro sistema bioquímico») y ascender al estatuto divino («ingeniería biológica, ingeniería cíborg e ingeniería de seres no orgánicos») son ramificaciones, no tronco, de una vida reducida a la inmanencia relativa y global. Es más, estas propuestas, en última instancia, responden a la gran propuesta mítica («seréis como dioses», Gn 3, 5), generadora de los principales mitos aquí estudiados.

MITOLOGÍAS DE LA INMANENCIA

En las páginas precedentes hemos visto cómo se vive y se piensa en clave inmanente. Ahora interesa ver el trasvase de esa lógica de la inmanencia tanto a la creación literaria o artística como a la reflexión crítica. No estigmatizo, ni mucho menos, la inmanencia: nosotros mismos vivimos en nuestro mundo y no en otro. Digo que tanto el descarte de cualquier dimensión trascendente en el ámbito del mito como la calificación subrepticia de trascendencia para situaciones realmente inmanentes son posturas inconciliables con una ciencia de los mitos. Estas tomas de posición provocan en sus usuarios una tendencia viciada que los incapacita para ahondar en el significado mitológico de los textos; vienen a ser como esos tics o manías posturales que una persona adopta sin percatarse al andar y que, si no los corrige, acaban perjudicando su complexión corporal, cuando no impidiendo sus funciones motrices. Más vale prevenir que curar.

La aplicación sistemática de los presupuestos inmanentes a la mitología dibuja dos escenarios principales que veremos a continuación: la atribución de una supuesta dimensión trascendente a procesos de tipo exclusivamente gnoseológico y de una supuesta dimensión trascendente a relaciones de tipo exclusivamente social.

---

[144] Y. N. Harari, *Homo Deus*, J. Ros (trad.), p. 32. Evidentemente, esta afirmación exige matizaciones: todavía muere gente de hambre y guerras, y la covid-19, aunque no resista una comparación con las grandes plagas del pasado, ha supuesto una bofetada sin precedentes al engreimiento científico. El balance, sin embargo, es alentador.

Reescrituras en clave gnoseológica

La trascendencia del primer escenario corresponde a uno de los grandes sistemas filosóficos modernos, el racionalismo, que toma forma moderna en Descartes y alcanza su cenit en el idealismo absoluto; es interior al sujeto pensante y se refiere, sobre todo desde Kant, al conocimiento trascendental sobre nuestro modo de conocer el mundo, esto es, sobre los elementos o contenidos formales que nuestro entendimiento aporta para conocerlo. En la estela del filósofo de Königsberg, aunque en modo desemejante, Husserl procede al establecimiento de una lógica trascendental que, como conciencia constituyente, fundamente el mundo constituido al que pertenece el entramado de subjetividades de los individuos[145].

Dado que la mitología solo se entiende desde el mito, me serviré del caso de una estirpe mitológica de la Antigüedad clásica y de una serie de interpretaciones literarias y críticas contemporáneas. Al trasluz del mito de un infortunado linaje resaltará, por contraste, el sesgo inmanente so capa de trascendencia que imprimen algunos estudios de mitocrítica.

El mito de los atridas versa sobre una de las familias más importantes de la mitología clásica, la de los tantálidas, pelópidas o, de manera restringida pero más conocida, descendientes de Atreo (entre los que no figuran Tiestes ni Egisto, pertenecientes a otra rama familiar, pero indispensables en la historia de esta genealogía). Veremos cómo, en cada acmé de su devenir, estos héroes nos revelan aspectos fundamentales de la trascendencia. Se impone antes un resumen de los acontecimientos más relevantes de esta compleja genealogía.

Tántalo, hijo de Zeus y de Pluto, es rey de la región que circunda el monte Sípilo, en Lidia, provincia de Asia Menor, hoy parte de Turquía. Invitado a la mesa de los dioses, se alimenta de néctar y ambrosía. Tántalo devuelve el favor a los inmortales invitándoles a su mesa; pero, con objeto de poner a prueba su omnisciencia, les sirve, guisado, a su propio hijo Pélope. Esta 'desmesura' (ὕβρις) provoca su proverbial suplicio de hambre y

---

[145] Véase J. L. Blasco Estellés, «Trascendental», pp. 561-563. K. Jaspers también hila conciencia y conocimiento trascendente: «somos conscientes de nosotros mismos como dados a nosotros mismos, con nuestra libertad, por la trascendencia», *La filosofía desde el punto de vista de la existencia*, J. Gaos (trad.), p. 54. Cuando Wittgenstein afirma que «la lógica es trascendental» –*Tractatus lógico-philosophicus*, 6.13, L. M. Valdés Villanueva (trad.), p. 254–, significa que sus proposiciones muestran algo presente en todas las proposiciones que dicen algo, pero que ninguna llega a decir; razón no le falta: como «ciencia y arte de las leyes formales del pensamiento», la lógica «no alcanza la existencia» de las cosas; cfr. E. Gilson, *L'Être et l'Essence*, p. 283. La filosofía moderna emanada del racionalismo opta por el adjetivo «trascendental». La trascendencia propugnada por los discípulos del *cogito* cartesiano y el idealismo trascendental kantiano es, nuclearmente, inmanente, porque se limita a un proceso mental y niega una trascendencia sobrenatural como objeto de conocimiento. En este volumen distingo claramente entre esa filosofía «trascendental» y la dimensión «trascendente» del mito, resultado de la conexión de dos mundos biofísicamente heterogéneos en un momento dado del relato de ficción. Cuando aparece en literatura, «trascendental» puede tener una connotación muy variada: positiva, peyorativa o, como en la obra de T. Gautier, paródica: «Tiburcio pasó así quince días en un estado de lirismo trascendental», «Tiburce passa ainsi plus de quinze jours daus un état de lyrisme transcendantal», *La Toison d'or* (El Vellocino de oro), en *Romans, contes et nouvelles*, P. Laubriet *et al.* (eds.), t. I, p. 790.

sed continuas. Una vez resucitado, Pélope es amado por Poseidón, del que recibe el carro de oro y el tiro de caballos alados que le permiten, con arte de felonía, conquistar a Hipodamía, hija del rey Enómao de Pisa, en la Élide, en el Peloponeso. Esta aventura ocasiona, por maldición de Mírtilo, una retahíla de desgracias sobre sus descendientes, los atridas.

Así es. Hipodamía da a luz a los gemelos Atreo y Tiestes, cómplices en el asesinato de su hermano Crisipo, crimen que acarrea el exilio de la familia a Micenas. Allí se enfrentan por el Vellocino de Oro, la posesión de Aérope (mujer de Atreo) y el reinado sobre la ciudad-Estado. Atreo sube al trono y, como antes hiciera su abuelo Tántalo con los dioses, sirve en macabro banquete a su hermano Tiestes a los hijos que este había tenido con una náyade (Áglao, Calileonte y Orcómeno). Más tarde, con intención de vengar a sus hijos y por inspiración del oráculo de Delfos, Tiestes engendra de su propia hija Pelopia a Egisto, que, tras su crianza por unos pastores, mata a su padre adoptivo, Atreo, y restaura a su padre en el trono de Micenas.

A su vez, Agamenón, hijo de Atreo, apoyado por Tindáreo, rey de Esparta, recupera el trono y exilia a su tío Tiestes. Casa con Clitemnestra, con la que engendra a Ifianasa (Ifigenia), Crisótemis, Laódice (Electra) y Orestes. Mientras tanto, el rapto de Helena desencadena la guerra con Troya. Los vientos son contrarios y la flota aquea, atracada en Áulide, no puede zarpar rumbo a Ilión. El adivino Calcante (Calcas) descubre la causa: Ártemis, ofendida por Agamenón (cazador sacrílego o fanfarrón, según los textos), exige en reparación el sacrificio de su hija Ifigenia; de lo contrario, los vientos no se apaciguarán y la flota helena no podrá partir hacia Tróade. Agamenón sacrifica a su hija (o al menos así lo creen todos, puesto que, en el último instante y subrepticiamente, la diosa sustituye por una cierva a la joven, que ejercerá como sacerdotisa de su culto en Táuride, en la actual península de Crimea); la flota puede zarpar rumbo a Troya.

Durante la guerra de Troya, Clitemnestra, la esposa de Agamenón, en Micenas, se convierte en la amante de Egisto. Tras la victoria sobre los Teucros, Agamenón regresa a su patria en compañía de la joven cautiva Casandra, hija de Príamo. Los celos de Clitemnestra se encienden con el antiguo rencor (Agamenón había asesinado a su primer marido, Tántalo –otro Tántalo, hijo de Tiestes–) y la determinan al asesinato de su esposo y rey. Tras el crimen, Electra, princesa de Micenas, salva a su hermano Orestes de una muerte segura y lo confía a su tío, el rey Estrofio de Fócide.

Años más tarde, el joven Orestes regresa a Micenas en compañía de su primo y amigo Pílades con el fin de vengar, por orden de Apolo, a su padre Agamenón. Tras ejecutar a Egisto y a su propia madre, es presa de las Erinias, que lo persiguen por su matricidio. Loco y comido de remordimientos, por consejo de Apolo se refugia en Atenas, donde el Areópago, gracias a la intervención decisiva de Atenea, le concede el indulto. Purificado en Delfos, Orestes recibe de la Pitonisa el mandato de viajar a Táuride para traer la estatua de la diosa Ártemis; solo así será definitivamente sanado. A punto de ser sacrificado por los Tauros, logra escapar en compañía de su hermana, la sacerdotisa Ifigenia, con la estatua de Ártemis. Finalmente, recobrada la paz, se desposa con Hermíone (hija de Menelao y Helena) y sube al trono de Argos (ciudad-Estado de este antiguo reino). La concordia regresa a los corazones de la descendencia maldita.

Esta maraña genealógica de infanticidios, matricidios y parricidios invita a diversas reflexiones al hilo de varias piezas que confrontan a los personajes y conforman la base de las obras contemporáneas que nos interesan. Pondré el foco en dos aspectos relativos a la confluencia de dos mundos: uno sobre la aparición de personajes procedentes del mundo sobrenatural, otro sobre el carácter de esa confluencia.

I. La aparición del muerto

Sea la tragedia *Electra* de Sófocles. Crisótemis relata a su hermana el sueño de su madre Clitemnestra:

> Razones de cierto peso indican que ella vio por segunda vez la aparición de[l] padre, tuyo y mío, tras haber subido él al mundo de la luz; que luego, tras coger el cetro que usaba en otro tiempo él y en el tiempo presente Egisto, lo había plantado en el hogar, y que de él había brotado exuberante una rama por la que había quedado oculto bajo las sombras todo el país de los micenenses[146].

El texto contiene símbolos distintos pero inseparables. En primer lugar, el sexual: el brote del ramo que Agamenón clava en la tierra y después germina metaforiza el germen, la raíz o el esperma de Orestes (en el *Agamenón* y *Las coéforos* de Esquilo), en su día depositado en el seno de Clitemnestra y que ahora anuncia la venganza del padre. En segundo lugar, el social: el cetro (σκῆπτρον), lejos de pertenecer a Egisto (afeminado usurpador mediante el recurso al lecho) o a Clitemnestra (usurpadora de la virilidad del marido), debe volver al hombre y padre de la familia. En tercer lugar, el político: en lugar de pasar a un segundo plano en el gobierno del reino, como figura extraña a la estirpe (sus padres son Leda y Tindáreo), Clitemnestra se ha instalado en un trono que no le corresponde[147].

Estas interpretaciones, básicamente psicoanalíticas, son literariamente válidas, pero incompletas. En efecto: desde el punto de vista de la mitocrítica cultural, cualquier hermenéutica se queda en la superficie si no tiene en consideración la trascendencia. La visión de Agamenón ha tenido lugar: Clitemnestra ha visto a su marido, cuyo cetro no solo es un símbolo sexual, social y político, sino sobre todo imagen de la soberanía de Zeus, transmitida por Hermes a los atridas. La aparición del esposo muerto no es un motivo literario entre tantos, es una llave que permite el acceso al otro mundo; si el intérprete no se sirve de ella, le será imposible comprender plenamente la historia de esta familia. Ciertamente su representación es compleja; sin embargo, lejos de ser superfluos, episodios como este constituyen una llamada de atención, apuntan al mito.

Un inciso a propósito de esta aparición de Agamenón muerto. Los fantasmas o espectros aparecidos son, ante todo, una experiencia del personaje humano y una intimación al lector o espectador (el término «fantasma» se refiere a una manifestación sensible de algo o alguien inmaterial). El clímax alcanzado con la aparición fantasmagórica es, en este caso, imprescindible para que podamos hablar de mito. Piénsese en la manifestación espectral del rey de Dinamarca a Hamlet[148], en la aparición del comendador a Don

---

146 Sófocles, *Electra*, vv. 417-423, en *Tragedias completas*, J. Vara Donado (trad.), p. 288.

147 Véanse J.-P. Vernant, *Mythe et pensée chez les Grecs*, en *Œuvres. Religions, rationalités, politique*, I, pp. 390-392, y N. Frye, *Words with Power*, p. 222.

148 Véase W. Shakespeare, *Hamlet*, I, 1 y I, 4. El príncipe cree lo que sus ojos han visto y sus oídos han oído, y obedece al espectro de su padre a pesar de su indecisión, que unos achacan al exuberante

Juan[149] o en la del *Fausto* de Turguénev, sobremanera dependiente de la interpretación del lector[150].

Retomemos nuestro hilo conductor. La historia de los atridas está escrita a modo de vaivén: es la confluencia intermitente de dos mundos, el natural y el sobrenatural. Desde el sacrilegio de Tántalo, todos los descendientes caen porfiadamente en la desmesura, resonancia de la arrogancia primera: no hay mayor impiedad que la *hýbris* de engañar a los dioses. Goethe lo ha visto bien: en su *Ifigenia en Táuride*, la protagonista rechaza la mano del rey Thoas (Toas) por la maldición de su antepasado: «¡Escucha! Soy de la estirpe de Tántalo»[151]. Desde aquella primera insolencia, todos los vástagos se matan entre sí. La sucesión produce aturdimiento: cada crimen atrae otro mayor, a un sacrilegio le sigue otro, a un exilio le sucede otro aún, siempre en un clima de recelo, odio y venganza. Esta seriación de desmanes no es únicamente un recurso argumentativo de uno u otro autor para mantener viva una trama rentable ante un público familiarizado con la historia de los atridas: por encima de la estrategia de escritura, objeto de un análisis textual indispensable, se encuentra la coherencia de un mundo inexplicable sin su relación con *otro* mundo. Aunque la consistencia del mito no dependa solo de este mundo, existe.

---

desarrollo de su actividad intelectual –Goethe– y otros a su histeria, impedimento para vengarse de quien ha realizado sus deseos infantiles, es decir, «usurpar […], en el trono y en el lecho conyugal, el puesto de su padre» –S. Freud, *La interpretación de los sueños*, en *Obras completas*, L. López-Ballesteros y de Torres (trad.), t. II, XVII, V, p. 509–; véase R. Sinopoulou, «Myth, tragedy, psychoanalysis: a narrative triangle», p. 417. El mito no está en la indecisión de Hamlet motivada por su sabiduría o su enfermedad, sino en el encuentro físico entre el personaje del mundo natural con el personaje (el fantasma, *ghost*) del mundo sobrenatural en lo alto del castillo. Saxo Grammaticus había narrado en su *Gesta Danorum* (siglo XII) el argumento: el envidioso Feng asesina a su hermano el rey Horwendil, toma su reino y desposa a su mujer Gerutha; tras muchos años fingiendo locura, el príncipe Amleth (Amlóði) –niño en el momento del regicidio– atraviesa a su tío con una espada. Ni Saxo ni Belleforest en sus *Histoires tragiques* (1566-1583), que Shakespeare conocía, incluyen un espectro venido del más allá; tampoco era necesario: dado que en sus relatos el magnicidio era de todos conocido, bastaba que el infante alcanzara fuerza y crédito para ejecutar su venganza. Quizá sí apareciera en la pieza *Hamlet* (¿1589?), hoy perdida, que la crítica atribuye a Thomas Kyd. En cualquier caso, el uso de los tiempos en la escena no permitía la lenta espera del niño hasta la madurez: Shakespeare opta por recurrir a la revelación del asesinato secreto que solo puede hacer un espíritu venido del más allá; véase S. Greenblatt, *Will in the World*, pp. 294-305.

[149] El mito de Don Juan hace gala de una asociación perfecta entre *eros* y *thánatos*: sin la muerte a sus talones, las seducciones convertirían al héroe en seductor de pacotilla. Rousset lo ha visto mejor que nadie: «Don Juan como mito nace en la muerte, por el Muerto, por el contacto final con el "Convidado de Piedra" que ha dado el título a tantas piezas, guiones y óperas. […] El drama de Don Juan se lee al revés, a partir del episodio indispensable: el encuentro con la Estatua y las apariciones del Muerto. Todo depende de estos cara a cara sobrenaturales, en el umbral prohibido a los vivos», J. Rousset, «Don Juan: les apparitions du Mort», p. 295.

[150] En efecto, unos «aparecidos» aparecen, otros parece que aparecen. Ladanov, el abuelo de Vera Nikoláevna en el *Fausto* de Turguénev, era un alquimista y evocaba a los muertos; su nieta aseguró haber visto a su madre durante el prohibido abrazo amoroso a P. B.; véase I. Turguénev, *Fausto*, J. Ribera (trad.), IX, p. 88. ¿Hubo aparición o autosugestión? El texto no permite optar a ciencia cierta por una alternativa; caso de ser mera aprensión, el mito solo estaría en el recurso alegórico a la pieza de Goethe.

[151] «Vernimm! Ich bin aus Tantalus' Geschlecht», Goethe, *Iphigenie auf Tauris*, I, 3, v. 306; 2001, p. 13 (la versión en prosa es de 1779, la versión en verso, de 1786).

II. La trascendencia y la tragedia

Hay una íntima vinculación entre mito y tragedia. No me refiero al género ni al sentimiento trágicos, sino a la situación trágica, marcada por la convergencia de dos mundos. Una mujer o un hombre, señalados con un carácter fuera de lo común, se enfrentan a enigmas cuya solución catastrófica se descubre al final de la acción. Esos héroes parecen tomar la iniciativa de su comportamiento, prever las consecuencias, asumir la responsabilidad, dominar la situación, hasta que las peripecias de la trama revelan la cruda realidad: no son ellos quienes explican el sentido de sus actos, sino, inversamente, son sus actos los que desvelan quiénes son ellos mismos y qué han hecho o sufrido, sin que rerlo ni saberlo[152].

Esta conciencia trágica, resultado de una situación trágica, es uno de los elementos constitutivos del mito. No porque el mito sea de suyo trágico (yo lo calificaría de «grave»), sino porque conduce derechamente del mundo de la inmanencia al de la trascendencia. En el mito siempre hay una confrontación de voluntades, como en la tragedia, pero al menos una de ellas es divina. Pondré un ejemplo contrario.

Parcialmente inspirado en *Madame Chrysanthème* de Pierre Loti (1887), John Luther Long dio a una de sus novelas cortas el título de *Madame Butterfly* (1898), seguidamente puesta en escena por David Belasco, bajo el título *Madame Butterfly: A Tragedy of Japan*, en Nueva York y después en Londres, en 1900, donde la presenció Puccini; de ahí el subtítulo de su ópera *Madama Butterfly: «tragedia giapponese»*. La trama es conocida: casada en Nagasaki con el voluble Pinkerton, oficial de la marina estadounidense, la geisha Cio-Cio-San espera paciente e ingenuamente junto a su hijo que su marido regrese de Estados Unidos. Cuando el militar vuelve en compañía de su nueva mujer, con intención de llevar consigo al niño a América, Madama Butterfly se quita la vida.

Por mucho que el espectador simpatice con la protagonista, sufra con ella el abandono e incluso el trance de la muerte, es imposible identificar esta situación trágica con la situación trágica propia de los mitos. Si no hay instancias sobrenaturales, tampoco hay tragedia mítica. Tanto nos hemos acostumbrado al uso laxo de los términos literarios,

---

[152] Véase J.-P. Vernant, «Tragédie», *Dictionnaire des genres et notions littéraires*, F. Nourissier (pref.), p. 832. La definición aristotélica de la tragedia apenas sufre grandes quebrantos en la evolución occidental medieval y moderna. Chaucer la define como «cierto tipo de historia, nos recuerdan los libros antiguos, de algún hombre que una vez vivió en prosperidad, y cayó desde una condición elevada a la miseria y acabó de forma calamitosa»; «Tragedy means a certain kind of story / As ancient books remind us of some man / Who was once living in prosperity, / And fell from high estate to misery, / And who came to a calamitous end», *The Monk's Tale: Prologue*, en *The Canterbury Tales* (ca. 1400), D. Wright (ed.), p. 378. El «ideal trágico» prosigue en Shakespeare, Calderón, Racine o Schiller. G. Steiner remacha la diferencia entre esta tónica y la de otras composiciones aparentemente semejantes, incluso de los más grandes dramaturgos, como Ibsen, cuyas obras «no son tragedias. En la tragedia no hay remedios temporales. [...] La tragedia no habla de dilemas seculares que pueden ser resueltos mediante recursos racionales, sino de inclinaciones constantes hacia la inhumanidad y la destrucción en el curso del mundo», *The Death of Tragedy*, p. 291. En un artículo con igual título –«The Death of Tragedy»–, S. Sontag distingue tragedia antigua y moderna en el sentido de realidad del mundo en aquella frente al creciente peso de subjetividad en esta; véase *Against Interpretation, and Other Essays*, p. 134. Esta apreciación fortalece dos tesis de la mitocrítica cultural: el necesario impacto de los mundos natural y sobrenatural para que haya mito, y la aptitud de la disciplina para la comprensión de nuestra sociedad contemporánea.

que apenas nos percatamos de su uso incorrecto; es el camino habitual del uso al abuso. Se dice que una situación es trágicamente mítica con la misma ligereza con que se califica de «míticos» un coche, una joya o un estadio de fútbol. En sí misma, la aplicación de los adjetivos no es problemática, a condición de que el usuario (emisor y receptor) no caiga en la miopía de confundir los registros de uso, lengua y contexto.

Regresemos a nuestra disquisición. No hay situación trágica sin trascendencia: «Un acontecimiento no es trágico por sí mismo, sino por lo que significa, y esta significación es trágica cuando introduce el signo de una trascendencia»[153]. Lo trágico no reside en que algo sea insoportable (el dolor provocado por el abandono del *marine* o la ponzoña en la herida de Tristán), sino en la conciencia de que el remedio no llegará porque así lo ha decretado un dios o el destino. Camus ha propuesto a Sísifo como paradigma del héroe trágico y absurdo. Además de la función referencial inmanente que el personaje adquiere en este ensayo, la aplicación metafórica –«Sísifo, proletario de los dioses»– desvela la equiparación del antiguo rey de Corinto con una conciencia trágica sin motivo, sin esperanza y sin fin[154]. Pero lo absurdo, hablando en propiedad, carece de sentido trágico: en primer lugar, porque un mundo absurdo carece de cualquier sentido; en segundo lugar, porque un mundo absurdo carece de trascendencia.

De igual modo que sin trascendencia no hay lugar para la tragedia, tampoco lo hay para el mito. A *contrario*, la dimensión trascendente reviste de carácter mítico las situaciones trágicas de Perceval, Fausto o, por retomar nuestro hilo, Clitemnestra.

Como antes anunciaba, es útil, por no decir indispensable, la confrontación del mito en sus formas primigenias con sus reescrituras contemporáneas. Algunas son míticas, otras no. El hecho de que algunos textos naveguen entre dos aguas (adapten de modo subversivo un relato mitológico) no disminuye, al contrario, su importancia para la mitocrítica: todos alimentan la reflexión mitológica, ávida de estudiar las vicisitudes del mito a través del tiempo. Ahora pasaré a la percepción filosófico-gnoseológica del mito de los atridas en la obra y la crítica de dos autores medularmente existencialistas (Sartre y Simone de Beauvoir), antes de ofrecer, a modo de contraste, dos textos de dos autoras (Yourcenar y Bertière) que presentan una apertura a la trascendencia mítica. Un último texto (Littell) nos pondrá sobre la vía del siguiente apartado (la supuesta dimensión trascendente en clave social). La homología de los textos escogidos (todos redactados en francés) aportará cierta unidad lingüística al análisis sobre la interpretación.

1. *Las moscas* (Jean-Paul Sartre)

El argumento de *Les Mouches* (1943) se adapta, básicamente, al de *Las coéforos*, de Esquilo. La ciudad de Argos debe expiar el crimen de Egisto y Clitemnestra: el asesinato del rey Agamenón. La princesa Electra ha sido reducida a la esclavitud y el príncipe Orestes al exilio. Argos está infestada de moscas molestas, «símbolo» (*symbole*) del castigo que agobia a todos los habitantes por cuanto son cómplices, con su silencio y pasividad, del regicidio; símbolo, también, del remordimiento por la «culpa original» (*faute*

---

[153] H. Gouhier, *Le Théâtre et l'existence*, p. 34.
[154] «Sisyphe, prolétaire des dieux», A. Camus, *Le Mythe de Sisyphe*, en *Œuvres*, R. Enthoven (pref.), p. 326 ; «no es trágico sino en los raros momentos en los que es consciente», *ibid*.

originelle)[155]. En consecuencia, los ciudadanos de Argos visten luto en signo de duelo y aflicción. Quince años después del regicidio, precisamente el día de la fiesta de los muertos, Orestes vuelve, de incógnito, a su ciudad natal con ánimo de vengar la muerte de su padre. Tras la anagnórisis de Electra, su hermana lo presenta, bajo el falso nombre de Philèbe, a su madre, que se estremece nada más verlo sin llegar a identificarlo. La reina presiente, sin embargo, que su «presencia es nefasta» y presagia que «acarreará desgracias» (a. I, esc. 5). El temor revela la angustia que se ha apoderado de todos los gobernantes de Argos.

No faltan críticos que sostienen la fidelidad del texto francés respecto al griego en la dimensión religiosa. Según Hebe Campanella, «la relación del ser humano con sus dioses en el horizonte religioso del teatro de Esquilo no se rompe»[156]. En efecto, *Las moscas* respeta la situación mítica de *Las coéforos*, donde el Coro describe las funestas consecuencias del homicidio:

> Por las gotas de sangre bebidas por la tierra nodriza vengativo coágulo de sangre se forma que no vuelve ya a fluir. Una acerba ruina deja pasar el tiempo y el culpable da una buena cosecha de males que lo invaden todo[157].

Como confirmación de esta culpa, Clitemnestra sufre una continua pesadumbre que es transferida al pueblo.

Pero la fidelidad de *Les Mouches* al marco religioso de Esquilo es solo aparente. En una confidencia de Egisto a Clitemnestra, el espectador y el lector descubren que todo se reduce a un engaño del nuevo rey a los habitantes de Argos: «Si no los hubiera llenado de terror, se habrían librado en un periquete de sus remordimientos» (a. II, esc. 3). Todo son «fábulas» (*fables*), agrega Clitemnestra; la reina ya conocía que el mito, como en nuestros días, puede ser utilizado con el significado de falacia.

Egisto no es ni ateo ni omnipotente: admite sumiso su dependencia de Júpiter. El diálogo que mantienen ambos desvela las claves principales de la pieza. El dios conmina al rey a que detenga a Orestes y lo encierre en un calabozo junto a su hermana Electra (a. II, esc. 5); solo así se disipará la amenaza de una rebelión: el rey gobernará sobre la ciudad y el dios sobre el mundo. Ante la negativa de Egisto, Júpiter explica, para remachar su orden, la diferencia entre los crímenes: el de Egisto fue fruto de la ignorancia y el miedo; el de Orestes, en cambio, será fruto del conocimiento y el método. El de Egisto fue un crimen «antiguo» (*antique*); por el contrario, el de Orestes pertenece a la «nueva generación» (*génération nouvelle*). Hay una clara oposición de orden o régimen: el antiguo (azaroso como un «cataclismo», espontáneo como la «rabia») frente al nuevo («ligero» como el «vapor» e «insolente» como la «ingratitud»); también hay contraste de dos tipos de humanidad: frente al hombre viejo, sumiso y temeroso, Orestes representa el hombre

---

[155] J.-P. Sartre, *Les Mouches*, a. I, esc. 1, pp. 113 y 115 respectivamente; la referencia cristiana, aun impugnada, es palmaria.

[156] H. Campanella, «De la tragedia griega al teatro existencialista francés», p. 126.

[157] Esquilo, *Las coéforos*, vv. 66-70, en *Tragedias completas*, J. Alsina Clota (trad.), p. 324. «Coéforos» es más fiel al griego antiguo, cuya forma χοηφόρος valía tanto para masculino como para femenino.

nuevo, libre y de «conciencia pura». De ahí la amenaza que representa: «Orestes sabe que es libre», admite finalmente Júpiter. La conciencia de su libertad es incompatible con la de una norma superior: «Cuando la libertad explota en el alma de un hombre, los Dioses [sic] ya no pueden nada contra ese hombre» (p. 203).

Esta conciencia de libertad se hace aún más patente tras el asesinato de Egisto y Clitemnestra. Júpiter reclama entonces a Orestes remordimiento por su crimen, pero el héroe se niega a reconocer otra ley distinta de su libertad: «No soy ni el dueño ni el esclavo, Júpiter. ¡*Soy* mi libertad! Apenas me creaste, en ese mismo momento dejé de pertenecerte»[158]. Por eso Orestes rechaza toda sumisión a los dioses y pronuncia su discurso al pueblo: él ha cometido un nuevo crimen, pero, a diferencia de sus predecesores, tiene el «coraje» de asumirlo porque esa transgresión era su «razón de vivir»; con su ejemplo y su acto, ha sido rey unos instantes y, ahora que se despide, es «un rey sin tierra y sin súbditos»[159]. Apenas concluye y sale de la ciudad, las Erinias se abalanzan sobre él.

La mitocrítica no puede limitarse al resumen de argumentos, ni a la comparación de semejanzas y diferencias entre textos míticos, ni siquiera a la interpretación sociopolítica de los mitos en un contexto histórico determinado: debe dar razón del mito, «explicar lo inexplicable»[160], sobrepasar la inmanencia dentro del máximo respeto al marco textual. Todas estas fórmulas sentenciosas de *Les Mouches* revisten una importancia especial porque desvelan la aplicación de una lógica inmanente sobre una obra nacida trascendente. Sartre aplica su característico proceso gnoseológico constituyente a las relaciones intersubjetivas. Según el filósofo francés, la reducción de un sujeto pensante a la inmanencia convierte al sujeto reductor en trascendente. Esto es así porque, en su fenomenología, el sujeto pensado, como objeto (en ausencia de una conciencia superior, divina, que lo configure), pasa a ser constituido mediante la operación intencional y cognoscitiva del sujeto pensante. Según este razonamiento «trascendental», la conciencia inmanente o conciencia de sí «pone» el objeto (lo imagina) y, de inmediato, ella misma deja de ser conciencia en-sí, pasa a ser conciencia para-sí. La trascendencia sartriana es transformadora: del ser pensado en inmanente y del ser pensante en trascendente.

En esta perspectiva, Orestes es el único personaje capaz de trascender el objeto «puesto» frente a su conciencia: el pueblo anónimo de Argos, Egisto y Clitemnestra, Electra misma, ¡e incluso Júpiter!, son meros objetos, sujetos inmanentes incapaces de salir de su esclavitud (que Sartre identifica con la imposición de una culpa que no tienen). Hay una correspondencia escondida entre el significado de estos personajes y el propósito de la gnoseología existencialista. Veámoslo con cierto detenimiento.

En la escena 4.ª del acto II encontramos un diálogo particularmente elocuente. Júpiter advierte a Egisto del peligro que se cierne sobre su autoridad: si Orestes es encarcela-

---

[158] *Ibid.*, a. III, esc. 2, p. 235. El empleo de palabras en cursiva, frecuente en la obra filosófica de Sartre, remite al ser desde una perspectiva existencialista; véase M. Vamvouri Ruffy, «Sortir de l'ombre du mythe: Oreste chez Eschyle, Sartre et Ritsos», p. 93; de ahí la diferencia entre «no ser señor ni esclavo» y «*ser* la propia libertad», donde esta última constituye el proyecto de vida de Orestes.

[159] A. III, esc. 6, p. 246. Aunque se ha interpretado el exilio de Orestes como un «fracaso» (H. Campanella, *op. cit.*, p. 128), el héroe considera con «orgullo» (a. III, esc. 6, p. 246) su acto como victoria: él ha cumplido su proyecto y «tomado sobre [sí]» las faltas, los remordimientos y las angustias de los hombres.

[160] P. Brunel (coord.), *Mythes et littérature*, «Présentation», p. 8.

do, ellos dos continuarán sometiendo al pueblo con sus fábulas inventadas; si, por el contrario, Orestes lleva a cabo su empresa y mata a los reyes homicidas, el pueblo descubrirá la fabulación y recobrará su libertad. La fábula o mentira es la «imagen» –la palabra aparece cuatro veces en este diálogo– que el rey y el dios pretenden dar de sí mismos, la ilusión de una existencia en la conciencia del pueblo argivo:

> EGISTO: Pero soy yo mi primera víctima; ya no me veo más que como ellos me ven, me inclino sobre el pozo abierto de sus almas y ahí veo mi imagen, al fondo del todo, que me repugna y fascina. Dios todopoderoso, ¿qué soy yo, sino el miedo que los demás tienen de mí?
>
> JÚPITER: ¿Y qué te crees que soy yo? (*Apuntando a la estatua [de Zeus].*) Yo también tengo mi imagen. ¿Acaso crees que no me da vértigo? Desde hace cien mil años danzo ante los hombres[161].

Rey y dios desempeñan su papel en una «comedia» (*comédie*) para enmascarar la falsedad de su poder, para que el pueblo fije su atención en su soberano y en su dios, no en sí mismo, en su posibilidad de libertad. Egisto y Júpiter han reducido al pueblo a la esclavitud, pero ellos mismos se han plegado a las condiciones de su mentira; de modo que todos (hombres, mujeres, rey, reina y dios) viven en la inmanencia, en la dependencia, en la esclavitud de lo que otros piensan de ellos, con la diferencia de que la desaparición de los «comediantes» acarreará la liberación de los «espectadores». En ese momento dramático –la ceremonia por la fiesta de los muertos– interviene el forastero. Ante la esclavitud de los residentes de Argos, Orestes descubre su misión y se propone remover sus conciencias para que sean libres y comiencen una nueva vida (a. III, esc. 6).

Leamos ahora el texto en clave de gnoseología trascendental. Debido a su «mala fe», rey y dios intentan en vano ser la única verdad en la conciencia del pueblo, cuando saben perfectamente que no son sino una realidad material en tanto que objeto; paralelamente, los argivos pretenden representar el papel de la sumisión a una autoridad y a una creencia, cuando saben, también indefectiblemente, que no pueden escapar a la realidad de su materialidad absoluta. Unos y otros cohabitan en el concepto pseudoestable de la «trascendencia-facticidad»[162]. Menos Orestes y Electra, todos los personajes viven sumergidos en la «ilusión de inmanencia»[163], según la cual confieren a aquello en lo que creen (su contenido psíquico) una cualidad de realidad que aquello no posee; piensan que pueden ir más allá de la pura contingencia de las cosas, se engañan conscientemente pensando que pueden trascender el mundo, cuando en realidad saben que los pensamientos y los enunciados son trascendentes en la medida en que no existen. No así Orestes ni Electra. Uno tras otro, los habitantes de Argos se manifiestan ante la conciencia del héroe como sujetos maniatados por la trascendencia, o lo que es lo mismo, por su ilusión de inmanencia (la trascendencia ontológica ha sido sustituida por la gnoseológica). Electra aparece, al comienzo de la obra, como la más clarividente: entra en escena con una irrisoria ofrenda –una caja de desechos y desperdicios–, prueba de que no se deja embaucar por los dioses, a los que llama «basura» (*ordure*); a medida que la pieza

---

[161] J.-P. Sartre, *Les Mouches*, p. 201.
[162] J.-P. Sartre, *L'Être et le Néant*, I, II, II, «Les conduites de mauvaise foi», p. 93.
[163] J.-P. Sartre, *L'Imaginaire*, p. 110.

avanza, la heroína se hace tímida y crédula, hasta que, finalmente, capitula. El héroe, en cambio, que al principio se presenta despersonalizado y desarraigado, recorre el camino opuesto a su hermana y, tras un enfrentamiento con Egisto, cambia súbitamente de proceder. No vive ni en el engaño («la mala fe») ni en la verdad («un tipo particular de trascendencia»); él es pura libertad (*Je «suis» ma liberté!*), su «intención» de liberar a sus contemporáneos, su propio «proyecto»[164]. Orestes sale de sí, reduce el pueblo de Argos a la inmanencia y, mediante este proceso, se trasciende. De ahí el intento de linchamiento de que es objeto: para seguir creyendo en sus reyes y dioses falsos, el pueblo tiene que desconfiar de su libertador. El mundo de la sumisión y de la creencia es a la libertad de Orestes lo que el mundo del objeto inmanente es al sujeto trascendente.

La postura del pueblo, alérgico a su libertad, parece contradictoria, pero solo en parte: Sartre está instrumentalizando la literatura en favor de la filosofía. Todo conocedor de este escritor lee aquí, como en filigrana, un anuncio de *Las palabras* (1964), relato autobiográfico sobre la renuncia a la literatura. Su infancia fue un engaño de su imaginación[165]; imbuido de ínfulas por «salvar a la humanidad» y salvar a sus «contemporáneos» (pp. 148 y 150), de niño fue un «impostor» que «pensaba decir la verdad a través de las fábulas» (p. 174), hasta que comprendió su «ilusión retrospectiva» (p. 203) –ser mártir, salvador, inmortal a través de la literatura–; solo le queda su «proyecto» (p. 205) de salvación propia: «me he puesto manos a la obra para salvarme por completo» (p. 206). Para Sartre, la salvación intelectual solo viene de la filosofía. Para mostrar mejor al hombre «en acto» (léase, «sencillamente, el hombre»), Sartre recurre al teatro. *Les Mouches* es una *pièce à thèse* en la que, como el autor apuntó a la prensa para la presentación de la obra en 1943, la «tragedia de la fatalidad» se transforma en «tragedia de la libertad»[166], pero solo de modo individual: para que uno «trascienda», en sentido sartriano, los demás deben ser «inmanentes»; el pueblo es el objeto de la única conciencia trascendental –la de Orestes–, que le hace ser tal cual es para anunciar el proyecto de su libertad individual.

No se nos escapa el carácter subversivo de esta trascendencia meramente gnoseológica que reduce a irrisorios jirones trascendentes los juegos de magia de Júpiter y la persecución de las Erinias. La pieza se introduce en los invariantes míticos para dinamitarlos desde dentro. La estructuración y el mensaje conforman una estrategia de trastocamiento frente al mito general y a favor de una filosofía precisa: *Las moscas* transforma una historia marcada por la trascendencia sobrenatural o divina, referente del mito antiguo, en una refutación de la trascendencia[167]. Todo el texto es un alegato contra la existencia de una divinidad (la «fábula»). Al rechazar todo tipo de sometimiento a los dioses, Orestes afirma la gratuidad de los dioses y, consiguientemente, su inexistencia: el Olimpo es desechable.

---

[164] «el hombre es en primer lugar un proyecto que se vive subjetivamente», J.-P. Sartre, *L'Existentialisme est un humanisme*, p. 30.

[165] Cfr. «c'était la réalisation de l'imaginaire. Pris au piège de la nomination», J.-P. Sartre, *Les Mots*, p. 117.

[166] J.-L. Jeannelle, *Jean-Paul Sartre. «Les Mouches»*, p. 117.

[167] La presencia de un dios en la pieza reafirma la tesis sartriana. Júpiter, cuya existencia solo depende de la credulidad del pueblo, es impotente ante Orestes, cuya incredulidad anuncia el «crepúsculo» del dios («un homme devait venir annoncer mon crépuscule», a. III, esc. 2, p. 238). Al instante, este dios de papel desaparece y la pieza continúa sin él.

2. *El segundo sexo* (Simone de Beauvoir)

«Un mito es la proyección del Sujeto, de sus esperanzas y sus temores, a través del Otro»[168]. Con estas palabras inicia Simone de Beauvoir el segundo de sus tres artículos sobre «La mujer y los mitos», publicados en 1948 en la revista entonces dirigida por Sartre *Les Temps Modernes*. Al año siguiente aparece el primer volumen del libro que la ha convertido en bastión mundial del feminismo, *Le Deuxième Sexe*, donde la fórmula aparece ligeramente modificada: «Cualquier mito implica un Sujeto que proyecta sus esperanzas y sus temores hacia un cielo trascendente»[169]. Además de mínimos ajustes de estilo, la sustitución del «Otro» por «un cielo trascendente» nos pone sobre la pista del significado que esta filósofa aplica a la inmanencia y la trascendencia. La segunda fórmula, sin duda más poética, revela que la trascendencia señalada es la de una conciencia («del Otro»). Ahí es donde reside, según Simone de Beauvoir, el mito.

De acuerdo con la moral existencialista formulada por Sartre, cualquier sujeto experimenta una necesidad indefinida de trascenderse, de adquirir trascendencia a través de sus proyectos: su libertad consiste en conseguir, sin cesar, nuevas libertades. Pero puede ocurrir, conjetura de Beauvoir, que el sujeto caiga «de la trascendencia en la inmanencia», que vea degradada su existencia y su libertad. Si esta claudicación es consentida, comete una «falta moral»; si es sufrida, conoce una frustración y una opresión. En ambos casos se enfrenta a un «mal absoluto». Esta teoría se aplica al caso femenino:

> Ahora bien, lo que define de una manera singular la situación de la mujer es que, siendo, como cualquier ser humano, una libertad autónoma, ella se descubre y se encuentra en un mundo en el que los hombres le imponen asumirse como el Otro: pretenden inmovilizarla como objeto, condenarla a la inmanencia, puesto que su trascendencia será perpetuamente trascendida por otra conciencia esencial y soberana (*ibid.*, pp. 33-34).

Independientemente de las derivadas sociales, aquí importa subrayar el carácter gnoseológico de esta reflexión. El hombre proyecta sobre la conciencia de la mujer su poder de diferentes modos: la relegación a un estatuto secundario y servil, la reducción a un objeto de deseo, la materialización exenta de cualidades intelectuales: la degradación, en definitiva, al nivel de objeto accesorio en una sociedad creada y organizada por y para los hombres. Este proceso presenta dos caras: la realización trascendente del sujeto activo y la cosificación inmanente del objeto. La disposición de la mujer como propiedad física o espiritual del hombre implica, simultáneamente, la realización del hombre «como ser existente», «como único sujeto soberano»[170]. La mujer siempre será el otro para el hombre, no puede existir sino alienada, a menos que haya hombres de actitud auténticamente moral, que renuncien a toda posesión de la mujer, que renuncien a *ser* (en el sentido sartriano) para asumir su existencia. Al calor de esta teoría comprendemos la importan-

---

[168] S. de Beauvoir, «La femme et les mythes (II)», p. 2.199.
[169] S. de Beauvoir, *Le Deuxième Sèxe*, t. I, p. 243.
[170] *Ibid.*, pp. 115 y 240 respectivamente. Profundamente mitificada y mistificada, la mujer es, según la definición sartriana del mito, «la expresión de las reacciones afectivas generales del hombre, [...] el producto simbólico de una situación histórica individual»; véase J.-F. Louette, «Le deuxième sexe dans *Les Mains sales*», p. 371.

cia de combinar las frases de 1948 y 1949: según la ideología feminista de Beauvoir, la mujer –en ocasiones a sabiendas, a menudo contra su voluntad– es el mito engañado y engañoso del hombre, esto es, el único sujeto degradado –por el hombre mitificador de su inexistencia– a la condición de objeto falto de libertad. Cosificada por el hombre, la libertad autónoma de la mujer es reducida a la inmanencia que le impone el pensamiento «trascendente», la conciencia soberana del hombre. Veamos su aplicación al mito.

Salvo raras excepciones, la tesis de partida no admite el caso inverso, es decir, el hombre poseído por la mujer, sometido, esclavizado socialmente por ella:

> Cualquier mito implica un Sujeto que proyecta sus esperanzas y sus miedos hacia un cielo trascendente. Dado que las mujeres no se sitúan como Sujeto, no han creado el mito viril en el que se reflejarían sus proyectos; no tienen religión ni poesía propias: sueñan a través de los sueños de los hombres. Adoran a los dioses fabricados por los machos[171].

El razonamiento merece consideración. Este concepto social del mito, innovador para la época del ensayo (1949), ha gozado de un éxito considerable. Simone de Beauvoir se adelanta en casi una década a las *Mythologies* de Barthes.

La estructura del mito, según la autora, resulta tanto de la aplicación de la ontología fenomenológica de Sartre a su crítica feminista como de la metaforización social de mitos tradicionales para apoyar esa ontología; la misma Simone de Beauvoir recordaba, en una entrevista a Sartre, que su obra era altamente deudora del autor de *Les Mouches*[172]. Se entiende mejor así la tesis central según la cual, cada vez que el hombre reduce la trascendencia de la mujer a la inmanencia, la obliga a pasar del ser «para sí» al ser «en sí», de sujeto de conciencia pensante a objeto de conciencia pensado por el hombre. En el terreno psicológico, esto se traduce en un engaño: el hombre embauca a la mujer, o ella misma –cayendo en la «mala fe», según Sartre– se deja embaucar (igual que los argivos en *Las moscas* se dejaban embelecar por un dios inexistente); en cualquier caso, su libertad es mistificada. Nacen entonces los «mitos» femeninos, metáforas sociales de un proceso de mitificación de la mujer que la escritora persigue deconstruir; valgan dos ejemplos:

a) El mito de la mujer fructífera: las sociedades ancestrales creían que la mujer, debido a su fertilidad, era capaz de hacer brotar frutos y espigas en los campos sembrados; por eso el hombre le ha confiado habitualmente los trabajos agrícolas (t. I, p. 121).
b) El mito de Cenicienta: dado que, históricamente, la mujer ha sido incapaz de acceder, mediante el desarrollo de sus capacidades, a una casta superior, la joven debe ser educada con vistas a un matrimonio beneficioso y esperar el advenimiento de un príncipe encantado (t. I, p. 233).

A estos «mitos» –lugares comunes de la función impuesta por los hombres a la mujer– se podrían añadir otros: la madre, la suegra, la virgen, la prostituta, etc. Analicemos

---

[171] S. de Beauvoir, *Le Deuxième Sexe*, t. I, p. 243.
[172] «Vous m'avez vivement encouragée à écrire *Le Deuxième Sexe*», entrevista en J.-P. Sartre, *Situations*, X, p. 119.

brevemente uno que muestra como ningún otro, debido a la subversión del estereotipo, la revolución feminista que Simone de Beauvoir presta a estos casos engañosos; el ejemplo es particularmente relevante porque reincide en la lógica de la inmanencia que engloba nuestro entorno, incluido el de los grandes pensadores. Se trata del «mito de la feminidad devoradora» (*le mythe de la féminité dévorante*, t. I, p. 55), de la mujer fatal, reflejado en la mantis religiosa, que mata y come al macho tras la cópula, hábito biológico que representa «un sueño femenino de castración» (*ibid.*).

El recurso de Simone de Beauvoir a la mantis religiosa evoca el magnífico trabajo que Roger Caillois había publicado once años antes en su volumen *El mito y el hombre*. Para el sociólogo, el comportamiento de este insecto prueba la profunda ligazón biológica existente entre la nutrición y la sexualidad, relación que los fantasmas de la patología delirante desarrollan en el complejo de castración, y que la mitología y el folclore desarrollan en los demonios femeninos caníbales[173]. La interpretación de *El mito y el hombre* sostiene una postura contraria a la de *El segundo sexo*: el sometimiento del macho por la hembra responde a una serie de conductas biológicas susceptibles de interpretación arquetípica y mitológica, como prueba la amplia encuesta entomológica, antropológica y etnológica llevada a cabo por el sociólogo.

Sin mentarlas, la escritora refuta estas interpretaciones. Por un lado, niega los tópicos comúnmente asumidos: la mayor longevidad de la mantis hembra o su papel irremplazable en la conservación de la especie no autorizan a extrapolaciones sobre una supuesta prioridad frente al macho; por otro, enfatiza los factores reveladores de la dependencia de la hembra frente a la autonomía del macho (aquella solo vive para la puesta, la incubación y el cuidado de las larvas; este goza de la iniciativa reproductora y de mayor evolución en los órganos motores). De aquí puede deducirse, según la autora, que solo el macho disfruta de «una existencia individual» (p. 56). Así, donde el imaginario social interpreta la aprensión del hombre ante el mito de la mujer fatal (la mantis macho ante la mantis hembra, esto es, el complejo masculino de castración asociado a los ritos de desfloramiento y las prácticas mágicas destinadas a la obtención del alimento), Simone de Beauvoir no ve sino una falacia que traduce, por el contrario, la sumisión de la mujer, su reducción a la inmanencia, su dependencia a los sueños trascendentales del hombre[174].

---

[173] Véase R. Caillois, *Le Mythe et l'homme*, pp. 57-60. Recuérdese, a este propósito, el relato de Filóstrato de Atenas sobre el riesgo que corrió el joven Menipo seducido por «una empusa –una especie de lamia o mujer vampírica– que [lo] cebaba de placeres con vistas a devorar su cuerpo», Filóstrato, *Vida de Apolonio de Tiana*, IV, 25, A. Bernabé Pajares (trad.), p. 253. Curiosamente, Beauvoir no menta el volumen de Caillois. Sí lo menta Sartre –con quien ella compartía cualquier idea intelectual– en una reseña de *L'Amour et l'Occident*, de D. de Rougemont. Según el filósofo, ambos libros (y el artículo de Caillois «*Paris, mythe moderne*», 1937) presentan el mito como «la expresión de reacciones afectivas generales y como el producto simbólico de una situación histórica individual»; J.-P. Sartre, «La chronique de J.-P. Sartre», p. 243. Esta definición, compartida entonces por Bloch o Malraux, reduce el mito a una manifestación social de un complejo individual, objeto de estudio del psicoanálisis.

[174] Mujer fructífera, desdichada Cenicienta, mujer fatal, mantis religiosa... a estas metáforas sociales, veintiséis años después del ensayo de Beauvoir, Cixous añade la de Medusa, «la Musa de la literatura. Una *queer*. Otros dicen la *queen de las queers*», H. Cixous, *Le Rire de la Méduse*, p. 32. Este manifiesto, lanzado contra los representantes del aparato falocéntrico y destinado a suscitar «una escritura femenina», recurre al poder transgresor y soberano de una criatura de identidad indefinida, cercana y lejana, opuesta a todo pudor y control.

En su aplicación al mito de los atridas, y precisamente en conjunción con los textos antiguos previamente citados, Simone de Beauvoir sostiene que la mayor revolución ideológica de la Antigüedad consistió en la sustitución de la filiación uterina por la agnación (esto es, vincular la sucesión a la consanguinidad masculina). Desde entonces, la madre fue degradada al estado de nodriza y sirvienta, al tiempo que el padre fue exaltado al rango de soberano y transmisor de derechos. Para ilustrar su tesis, la escritora reproduce el siguiente texto de *Las Euménides* de Esquilo. Habla el dios Apolo:

> Del hijo no es la madre engendradora, / es nodriza tan solo de la siembra / que en ella se sembró. Quien la fecunda / ese es engendrador. Ella, tan solo / –cual puede tierra extraña para extraños– / conserva el brote, a menos que los dioses / la ajen[175].

El texto de Esquilo no admite dudas: según Apolo, la mujer es solo materia, el hombre es principio de vida y, por lo tanto, único titular de la posteridad. El dios solar reordena el universo desbaratado por la mujer: Orestes, hijo únicamente de Agamenón, debe retomar la autoridad y el derecho a la sucesión que Clitemnestra pretendía arrebatarle. De este modo queda sancionada la relegación de la mujer a la simple procreación y a las tareas serviles. Los acontecimientos siguientes no hacen sino confirmar este presupuesto y llevarlo a sus últimas consecuencias. Favorecido por la diosa, Orestes es absuelto por el asesinato de su madre (tema central del *Orestes* de Eurípides). Puede entonces desposarse con Hermíone y acceder al trono de Argos. Las Erinias se vuelven propicias y reciben el nombre que da título a la última tragedia de *La Orestía* de Esquilo (*Las Euménides*). Expira la sociedad matriarcal, nace la patriarcal: el mito reorganiza el mundo.

Simone de Beauvoir considera esta interpretación una maquinación interesada, una auténtica «profesión de fe» (*Le Deuxième Sexe*, t. I, p. 135), en modo alguno apoyada en una base científica. Profesión de fe equivale aquí a ideología y costumbre, no a conocimiento ni constatación de los hechos; los hombres han sustituido la realidad observada por su «voluntad de poder». Esta tergiversación de la realidad, cristalizada en las «mitologías» del género humano (p. 136), no es gratuita: la afirmación del hombre como sujeto, actividad, forma, orden, bien y libertad, implica la negación de la mujer como objeto, pasividad, materia, desorden, mal y esclavitud. En la concepción dialéctica de la escritora, el hombre pretende «afirmar la trascendencia contra la inmanencia» (p. 128).

Este pensamiento –justamente fustigador de una situación y una ideología frustrantes para la mujer– corre el peligro, en lo que aquí nos atañe, de provocar una paradoja: el intento de Simone de Beauvoir por deconstruir lo que ella denomina «mitos» de la mujer la conduce a construir otros «mitos» (en cualquier caso, pseudomitos). Es una de las principales críticas que Suzanne Lilar lanza contra este *opus magnum* del feminismo. Una multitud de mitos ha sido puesta al servicio de la política y la ideología masculinas. Pero

---

[175] Esquilo, *Las Euménides*, vv. 657-662, en *Tragedias completas*, J. Alsina Clota (trad.), pp. 418-419. Similiar afirmación expone Orestes ante el Corifeo en el texto de Eurípides: «Mi padre me engendró, tu hija me alumbró tras recibir de otro la semilla, como la tierra de labor. Y sin el padre jamás habría existido el hijo», *Orestes*, vv. 552-554, en *Tragedias*, J. M. Labiano (ed.), t. III, p. 202. No faltan dioses que engendran directamente, sin contribución femenina: Atenea, fruto de los amores entre Zeus y Metis, nació de la cabeza del dios supremo.

la marca indeleble de ideología marxista (la vida como reflejo de una lucha de clases e intereses, cristalizada aquí en la lucha de sexos) y de ideología existencialista en clave gnoseológica (la mujer, carente de naturaleza previa, objeto de la conciencia del varón) provoca una serie de interferencias epistemológicas en la reflexión sobre el mito[176].

3. *Clitemnestra o el crimen* (Marguerite Yourcenar)

La *Ilíada* evoca el vicio del esposo y la *Odisea* la virtud de la esposa. En el *Agamenón* de Esquilo, Clitemnestra venga, en nombre de la justicia, el sacrificio (real o supuesto) de su hija Ifigenia. Con Eurípides y Séneca, el conflicto entre rey y reina se interioriza: Clitemnestra concibe odio por la imposición de un casamiento, rencor por la muerte de su hija Ifigenia y humillación por las infidelidades de su marido. Marguerite Yourcenar y Simone Bertière insertan sus relatos en esta línea de rehabilitación de Clitemnestra. Cada cual lo hace a su modo, pero ambas recuperan la trascendencia del mito.

Fuegos (1936) es una compilación de relatos sugeridos por antiguos personajes míticos: Fedra, Aquiles, Patroclo, Antígona, Lena, María Magdalena, Fedón, Clitemnestra y Safo. Cada uno –leemos en el prefacio de 1967– es una epifanía sobre «el amor total» que un personaje, las más de las veces una mujer, concibe por un hombre. Todo amor absoluto resulta medularmente enfermizo: arrastra una serie interminable de riesgos, mentiras y abnegaciones que provocan el escándalo o la chanza de propios y extraños.

Pero la absolutización del amor también puede aportar un cariz radicalmente superior a las consideraciones terrenales, chatas, en línea con la grave declaración de Yourcenar:

> Lo que parece evidente es que esta noción del amor loco, a veces escandaloso, pero sin embargo penetrado por una especie de virtud mística, apenas puede subsistir sino asociada a cierta forma de fe en la trascendencia, aunque solo fuera en el seno de la persona humana, y que, una vez privado del soporte de los valores metafísicos y morales hoy despreciados, quizá porque nuestros predecesores abusaron de ellos, el amor loco deja enseguida de ser algo más que un vano juego de espejos o una manía triste[177].

Sentencia densa y compleja. Hay una cadena, sutil y fuerte al mismo tiempo, entre el amor absoluto y la lógica trascendente; esta realza aquel, como confirman los relatos del volumen.

---

[176] Frente a la violencia y la agresividad de este mundo desequilibrado por sobreestimar la masculinidad, Simone de Beauvoir no propone el respeto, la acogida de los valores femeninos, sino «anular» la diferencia, «asexuar» a la mujer, «neutralizar» su problema (de ahí las diatribas de Camus contra esta obra), como si la mujer necesitara renunciar a su femineidad para alcanzar su libertad. Aun en el supuesto de que asumiéramos su desconcertante nomenclatura del mito, no podríamos de ningún modo aceptar la consumación del divorcio entre los sexos o, como afirma Lilar, entre «el mito y el contramito», S. Lilar, *Le Malentendu du «Deuxième Sexe»*, p. 97; véase también pp. 12-13. Nos encontramos ante una trascendencia gnoseológica: no salimos de la lógica de la inmanencia.

[177] «Ce qui semble évident, c'est que cette notion de l'amour fou, scandaleux parfois, mais imbu néanmoins d'une sorte de vertu mystique, ne peut guère subsister qu'associée à une forme quelconque de foi en la transcendance, ne fût-ce qu'au sein de la personne humaine, et qu'une fois privé du support de valeurs métaphysiques et morales aujourd'hui dédaignées, peut-être parce que nos prédécesseurs ont abusé d'elles, l'amour fou cesse vite d'être autre chose qu'un vain jeu de miroirs ou qu'une manie triste», M. Yourcenar, «Préface», *Feux*, pp. 21-22.

El que aquí nos interesa lleva por título *Clitemnestra o el crimen*. La reina expone su alegato ante los jueces del tribunal con vistas a una rehabilitación, si no por el tribunal, al menos por el lector. Destinada por sus padres al rey de Micenas, se fundió en fiel y tierno amor a su marido. El comienzo de la guerra de Troya provocó el desgarrón psicológico y político. Por un lado, las historias paralelas a la contienda engendraron el arañazo de los celos; por otro, la desolación de la tierra exigió su autoridad al frente del reino. La compañía de Egisto, el único hombre al que ella engañaba, no hacía sino corroborar su fidelidad a Agamenón. El final de la guerra pudo haber restañado la herida de la ausencia. Incluso ya se disponía ella a matar a su amante, cuando sucedió algo inesperado: accidentalmente, frente a un espejo, se percató de que había envejecido; al regresar a casa, el rey solo vería «una especie de cocinera obesa». A esta decadencia física se añadieron los rumores de su infidelidad con Egisto y, con ellos, la amenaza de una muerte segura. Entonces llegó Agamenón acompañado de una «especie de bruja turca» (Casandra), sin duda parte del botín. Apenas instalado, el rey ignoró a su mujer mientras se deshacía en delicadezas hacia su concubina, que, por demás, estaba encinta. Surgió entonces el propósito del asesinato: «lo mataba por eso, para forzarlo a darse cuenta de que yo no era una cosa sin importancia que se puede abandonar o ceder al primero que venga»[178]. Siguieron la denuncia de Orestes a la policía (la obra está temporalmente actualizada), la cárcel y, ahora, el juicio, cuyo resultado ella conoce de antemano.

Lo importante en la *nouvelle* es el móvil del asesinato. En nada coincide con la tragedia de Sófocles –donde la reina adúltera implora a Apolo para conservar el «palacio y el cetro de los atridas» (v. 651)– y solo en parte con la de Eurípides –donde la reina actúa tanto por avaricia como por venganza–[179]. No así en el texto de Yourcenar, donde Clitemnestra contradice a la predecesora sofóclea y justifica parcialmente las razones de la euripídea[180]. La escritora dispone los mimbres antiguos para que la antigua princesa de Troya aparezca a los ojos de la reina de Micenas como una esclava en delirio; humillación suplementaria que la incita definitivamente al asesinato. De modo que esta Clitemnestra no es criminal por rencor materno, ambición política o lujuria adúltera: en línea con el hilo sutil que une los relatos de *Fuegos*, el regicidio es fruto de su amor enloque-

---

[178] «je ne le tuais que pour ça, pour le forcer à se rendre compte que je n'étais pas une chose sans importance qu'on peut laisser tomber, ou céder au premier venu», M. Yourcenar, *Clytemnestre ou le crime*, en *Feux*, p. 127.

[179] En *Hamlet* también la reina Gertrudis se amedrenta ante las amonestaciones de su hijo, pero aun entonces persiste en su adulterio y se aferra al trono; véase W. Shakespeare, *Hamlet*, III, 4, v. 102, S. Wells & G. Taylor (ed.), p. 676. Los móviles de las reinas en las piezas de Sófocles y Shakespeare son idénticos: la avaricia, la lujuria y la ambición.

[180] En efecto, el despecho de la protagonista procede de la *Electra* de Eurípides, donde la irritada reina confiesa a su hija Electra: «él me vino con una ménade poseída, una muchacha; la trajo y la metió en su cama, así que éramos dos las mujeres que tenía a la vez en la misma casa», Eurípides, *Electra*, vv. 1.032-1.034, en *Tragedias*, J. M. Labiano (ed.), t. II, p. 116. La situación, por injusta, resulta insoportable: si la mujer acoge a un amante, sobre ella llueven los insultos del marido; los hombres, en cambio, se arrogan todos los derechos (vv. 1.035-1.039). Esta injusticia, seguimos leyendo en el texto griego, se acrecienta por el escarnio: la amante es una «joven ménade poseída» (μαινάδ' ἔνθεον κόρην); en efecto, la hija de Príamo y Hécuba había sido «frenéticamente entusiasmada», esto es, poseída en delirio por el dios Apolo.

cido por Agamenón; dentro de su respeto a la tradición, Yourcenar es asombrosamente original. La reina sucumbe ante la humillación de su temido envejecimiento y la ignominia de sus hirientes celos. Su asesinato nace de una «experiencia pasional», de un «amor loco».

Poco antes del final, un golpe teatral: esta «experiencia amorosa» perdura en los dos mundos, el natural y el sobrenatural. Aquí radica la clave del relato. Al final de su alegato, Clitemnestra hace partícipes a los jueces no solo de su responsabilidad en el homicidio, sino de sus visiones tras el crimen y tras la entrada en la cárcel:

> Me puse a esperarlo: volvió. No muevan la cabeza: les digo que volvió. Él, que durante diez años no se molestó en tomar un permiso de ocho días para venir de Troya, volvió de la muerte. […] Yo creía que en prisión estaría al menos tranquila; pero también ahí vuelve: se diría que prefiere mi calabozo a su tumba[181].

El *revenant* (la aparición del muerto) disipa cualquier duda sobre la existencia de dos mundos. La genialidad de la novela corta reside en la perfecta correlación entre ambos. Así lo anuncia Clitemnestra a sus jueces. Apenas sea decapitada, irá al mundo de los muertos, donde Agamenón la cubrirá con sus besos y después la abandonará antes de marcharse a conquistar una provincia del reino de la Muerte; entonces, transida de amor, ella esperará a su esposo, que regresará acompañado de su infernal bruja turca… En ultratumba se repetirá, como en un espejo, la historia amorosa de antes y después de la guerra de Troya. Clitemnestra entrará en el tiempo circular de algunas cosmogonías griegas. Con la diferencia de que, en los Infiernos, el despecho amoroso la incitará de nuevo al homicidio; de ahí la contradicción: «sin embargo, no se puede matar a un muerto» («On ne peut pourtant pas tuer un mort», p. 130). La obra se cierra con esta observación lúcida y desconcertante. Clitemnestra, avezada en el mundo de las sombras gracias a las visitas del marido en su prisión, previene a los jueces de la situación contradictoria con la que se enfrentará apenas decreten su sentencia. Nada hay más trascendente que la vida de un muerto.

4. *Apología por Clitemnestra* (Simone Bertière)

En la línea de Marguerite Yourcenar, esta novela (2004) supone una exculpación más radical, si cabe, de Clitemnestra. Desde las nieblas del Érebo, frente a los cargos que se le imputan, la reina solo admite uno: ha matado a su marido. No lo ha hecho por lujuria o ambición de poder, ni siquiera por humillación o celos: es una madre que venga la muerte de su hija.

El precedente lo encontramos en Sófocles y Eurípides. En la *Electra* del primero, Clitemnestra confía a su hija, reducida a esclava, no sentir ningún remordimiento por el asesinato de Agamenón:

---

[181] «Je me suis remise à l'attendre: il est revenu. Ne secouez pas la tête: je vous dis qu'il est revenu. Lui, qui pendant dix ans ne s'est pas donné la peine de prendre un congé de huit jours pour revenir de Troie, il est revenu de la mort. […] Je croyais qu'en prison je serais au moins tranquille; mais il revient quand même: on dirait qu'il préfère mon cachot à sa tombe», M. Yourcenar, *Clytemnestre ou le crime*, en *Feux*, p. 129.

Porque ese tu padre a quien lloras sin cesar fue el único entre los griegos que osó sacrificar a los dioses a un ser por el que corría tu misma sangre, porque no sufrió las fatigas dolorosas igual que yo cuando la engendró, como yo que la traje al mundo[182].

En la *Electra* del segundo, Clitemnestra rememora el infausto suceso, cuando Agamenón,

engañando a mi hija so pretexto de unas bodas con Aquiles, se marchó y se la llevó de nuestra casa rumbo a Áulide, el refugio de los barcos. Allí, tras ponerla bien extendida sobre una pira, desgarró las blancas mejillas de Ifigenia[183].

La protagonista no pretende exculparse del juicio de los lectores –destinatarios de la autodefensa–: solo desea exponer que su crimen tiene una explicación. Esta Clitemnestra descuella entre todas por su carácter eminentemente racional. Desconfía de la magia y los augurios: frente a la superstición de los griegos –que «atribuían contrariedades y desgracias a la intervención maliciosa de fuerzas exteriores»–, ella afirma su libertad y autonomía. La racionalidad no está reñida con la trascendencia, si bien –reconoce– durante un tiempo no prestó la debida atención a esta última. Ahora se lamenta. Todo remonta a la maldición del escudero Mírtilo contra Pélope, padre de Atreo y Tiestes. En nuestro texto, Clitemnestra escucha este incidente de labios de una esclava, su nodriza Mélaena, poco antes de sus desposorios con Agamenón. La nodriza la advierte con severidad y determinación de las implicaciones de casarse con un descendiente de Pélope:

Ten cuidado, dijo Mélaena. Una maldición es algo peligroso. Tiene vida autónoma. Una vez pronunciada, no hay modo de conjurarla. […] No tomes las maldiciones a la ligera, hija mía. No les gusta que se las desprecie[184].

Clitemnestra, joven casadera, no prestó atención al aviso, tomó los episodios legendarios por supercherías inconsecuentes y dirigió sus pasos a Argólida para comenzar una nueva vida. Ahora, con la perspectiva del tiempo, ha comprendido el alcance de aquel maleficio. No se vio inmiscuida en los odios fratricidas ni en los festines caníbales, porque el infausto suceso que había de afectarla era de un cariz más cruel aún.

Sigue el conocido episodio en Áulide: las naves impedidas, el reclamo de Ifigenia bajo falsa promesa de casamiento con Aquiles para sacrificarla a las exigencias de Ártemis. Nada doblega a una madre: Clitemnestra se opone al filicidio, máxime cuando el objetivo final es recuperar a Helena, «una mujer entregada al vicio» (p. 150). Los argumentos religiosos y políticos son ligeros frente al peso de la sangre.

Años más tarde, Clitemnestra, la mujer viril, con una pequeña ayuda de Egisto, mata a Agamenón. En su descargo aduce incluso móviles religiosos: «había castigado a Aga-

---

[182] Sófocles, *Electra*, vv. 530-533, en *Tragedias completas*, J. Vara Donado (trad.), p. 291.
[183] Eurípides, *Electra*, vv. 1.020-1.023, en *Tragedias*, J. M. Labiano (trad.), t. II, pp. 115-116.
[184] «Prends garde, dit Mélaena. Une malédiction, c'est dangereux. Ça vit d'une vie autonome. Une fois prononcé, ça ne se rattrape pas. […] Ne traite pas les malédictions à la légère, ma fille. Elles n'aiment pas qu'on les tienne pour rien», S. Bertière, *Apologie pour Clytemnestre*, pp. 92-93.

menón por su impiedad» (p. 230). En efecto, el sacrificio de Ifigenia, había precisado Esquilo, no era una obligación sino una condición. Calcante no había dicho: «sacrifica a tu hija», sino que había revelado «a los caudillos un remedio más terrible que la tempestad misma»[185]. Si Agamenón se oponía, los vientos del Estrimonio no cesarían y las naves no podrían zarpar. Él habría perdido todo su prestigio al mando del ejército, pero habría salvado a su hija. De modo que el oráculo de Ártemis no se impone a Agamenón como un imperativo categórico sino como una condición para la victoria[186]. Tras la vacilación, el rey desoye la llamada de la sangre y opta por la alternativa política y militar: «¿Cómo ser yo desertor de la armada?»[187]. Los acentos de laceración expresados por el padre («¡ojalá sea para bien!») son insignificantes para Clitemnestra: no hay imperativo mayor que la fuerza de la sangre. Ella no niega su crimen, antes bien, lo reivindica sin impetrar clemencia. Este razonamiento realza aún más el temple de la reina, dispuesta a arrostrar todas las consecuencias de su acto libérrimo. Clitemnestra se percata de que ella es un eslabón ajeno pero necesario en la cadena de crímenes que devoran la casa de los atridas.

El encuentro inopinado de Clitemnestra con Eurípides en el Érebo trae un poco de claridad: la purificación de Orestes por matarla –explica el dramaturgo convertido en personaje– no implicó su sanación; para curarse, el joven hubo de emprender un peligroso viaje y recuperar la estatua de Ártemis (argumento de *Ifigenia entre los tauros*). La explicación de Eurípides confirma a Clitemnestra en su percepción de la injusticia de los dioses y en el odio a su esposo; avalora, sin embargo, su defensa del regicidio y su obsesión por autoexculparse:

> Nadie puede cambiar nada de lo que fue. No me detendré en nostalgias vanas. No intentaré descargar mi responsabilidad sobre los dioses, el destino, la herencia, la fatalidad, las pasiones, la sociedad u otros sustitutos cómodos[188].

Estas palabras, extraídas del epílogo, son particularmente esclarecedoras. Esta apología *pro vita sua* no es, ni mucho menos, una abjuración de los dioses o el destino: Clitemnestra los hace compatibles con su libertad femenina («He intentado ser libre en una tierra donde las mujeres son tan poca cosa»); admite la afinidad, paradójica solo en apariencia, entre su conducta libre de mujer y las exigencias misteriosas del otro mundo. Ahí reside su fuerza, la misma que la introduce en el «panteón» de las figuras más importantes de la mitología: ha sido una mujer capaz de combinar su razón, su libertad, su creencia y su sentimiento trágico de la vida.

5. *Las Benévolas* (Jonathan Littell)

El panorama es netamente diverso en *Les Bienveillantes* de Jonathan Littell (2006), novela de lo implícito, donde lo dicho enmudece lo esencial. Dejemos al margen la re-

---

[185] Esquilo, *Agamenón*, vv. 199-200, F. S. Brieva Salvatierra (trad.), t. II, p. 66.

[186] Véase J.-P. Vernant, *Mythe et tragédie en Grèce ancienne*, en *Œuvres. Religions, rationalités, politique*, I, p. 1.123.

[187] Esquilo, *Agamenón*, vv. 211-213, F. S. Brieva Salvatierra (trad.), t. II, p. 67.

[188] «À ce qui fut, nul ne peut rien changer. Je ne m'attarderai pas en vains regrets. Je ne tenterai pas de rejeter ma responsabilité sur les dieux, le destin, l'hérédité, la fatalité des passions, la société ou autres substituts commodes», S. Bertière, *Apologie pour Clytemnestre*, p. 329.

escritura subversiva del mito de Orfeo y Eurídice: el protagonista, Maximilian Aue, evocación del poeta de Tracia, amante incestuoso de su hermana Una, a la que no se atreve a mirar por miedo de perderla, pues prefiere un cuerpo fantaseado al previsible rechazo. Centrémonos en la reescritura, igualmente subversiva, del mito micénico. Estamos ante dos atípicas *Orestíadas*, la primera, familiar (en Antibes, durante una convalecencia del protagonista); la segunda, nacional (durante varios años en el frente ruso y los campos de concentración)[189].

La *Orestíada* familiar liga la tríada del sur de Francia (Maximilian/Héloïse/Aristide) con la tríada de la antigua Grecia (Orestes/Clitemnestra/Egisto). De igual modo que Agamenón viaja a Troya durante la infancia de sus hijos y recibe la muerte a su regreso, en *Las Benévolas*, el padre abandona a su familia cuando Maximilian es aún niño, y, al cabo de siete años, la madre obtiene el reconocimiento oficial de su desaparición (alusión a la muerte).

En ocasiones, la relación entre los personajes de la novela y de la epopeya es tan estrecha que parece un reflejo; en otras, sin embargo, la relación es más lábil (por ejemplo, cuando Aue no se identifica con Orestes sino con Electra, como en la representación escolar de la tragedia de Sófocles[190]). Pero incluso esta ligera correspondencia se torna elocuente y vigorosa: basta considerar que, por su carácter bisexual, Maximilian puede asumir simultáneamente el papel de Orestes (la policía y el lector le atribuyen la muerte de su madre y el padrastro) y el de su hermana Electra.

A su vez, esta *Orestíada* familiar describe una correspondencia íntima con la *Orestíada* nacional. En su introspección, Aue se percata de que «el problema colectivo de los alemanes [es] el mismo que el [suyo, que] a ellos también les [cuesta] salirse de su pasado doloroso»; es más, así han llegado «a la solución radical entre todas, el asesinato, el triste horror del asesinato» («Sarabande», p. 751). El alejamiento de ambos hermanos impúberes por miedo al incesto y por evocación del padre desaparecido viene a ser un eco de la cuestión alemana: la vida afectiva del oficial alemán es el microcosmos del macrocosmos nacional, una historia del nacionalsocialismo entendida como proceso de purificación, concretamente, de las manchas exógena (el humillante tratado de Versalles) y endógena (el mestizaje de comunidades, particularmente la judía).

En la tragedia de Esquilo, todo crimen exige un ritual de purificación: Orestes, tras el matricidio, se somete a una doble expiación, en Delfos (que lo libera de la mancha ante sí mismo y ante los dioses) y en Atenas (que lo absuelve ante el pueblo). El rito simboliza el paso de la civilización tribal a la urbana. En la novela de Littell, el crimen es de carácter doble: al crimen material de la madre y su amante se une el crimen social, pero de modo subvertido: una civilización avanzada retorna, mediante sofismas, a dinámicas tribales (el holocausto), cuya superación histórica ha de resolver, supuestamente, las

---

[189] Véase J. Pagès Cebrián, «Orestes o la perversión del mito: una lectura de *Les Bienveillantes* de Jonathan Littell», pp. 59-61.

[190] «En cuanto Orestes reapareció, yo, poseída por la Erinia, gritaba, vociferaba mis increpaciones»; «Oreste réapparu, possédée par l'Érinye, je criais, vociférais mes injonctions», J. Littell, *Les Bienveillantes*, «Courante», p. 590. Al decirse «poseída», Aue se despoja de su personalidad masculina (Orestes) para adoptar la femenina (Electra); el «complejo de Electra» («un tal Dr. Karl Jung» es mentado en la p. 533) no es asumido por una mujer sino por un hombre; véase A. Renault, «Hilar el mito: incesto y matricidio en *Las Benévolas*», pp. 269-271.

tensiones y conflictos que padece la sociedad. Por eso aquí el proceso es inverso al de la fuente helénica: de la urbe a la tribu.

Sin embargo, este giro de la historia familiar a la nacional, del mito helénico al «mito» político-social, no se cierra por completo: Aue evoluciona hacia la resistencia al régimen nazi. Esta subversión tiene consecuencias irremediables. Los incansables agentes policiales Clemens y Weser –encarnación de las Erinias helénicas–, que persiguen a Maximilian por el asesinato de Héloïse y Moreau, no se convierten en agentes policiales salutíferos (como en Esquilo, donde las divinidades ctónicas se convierten en Euménides o Benévolas); al contrario, Aue, como otros oficiales nazis, cambia de identidad para evitar el juicio de Nuremberg. El conflicto queda sin resolver, la *Orestíada* ha sido frustrada. Pero no por ello Aue experimenta remordimientos: al oficial nazi solo le quedan secuelas orgánicas (pesadillas nocturnas, alteraciones gastrointestinales y desequilibrio psíquico), sucedáneos patológicos de las Erinias, pero desprovistos de dimensión mítica. La novela condensa patologías individuales y colectivas susceptibles de análisis según la metodología de Barthes (que veremos de inmediato) sobre la sociedad mistificada.

Mistificaciones sociales

Para la cultura helénica en época de los filósofos, todo en el universo, aun sin ser eterno, es inmortal, a excepción de los hombres. La mortalidad es la marca registrada de la existencia humana. Así, los animales solo existen como miembros de una especie cuya permanencia está garantizada por la procreación: la naturaleza asegura su inmortalidad en cuanto especies mediante su repetición cíclica. No así el hombre, único ser que se desarrolla íntegramente como individuo, más allá del marco biológico de su especie, con una historia reconocible y rectilínea desde el nacimiento hasta la muerte –el pensamiento procede de Aristóteles[191]–. Precisamente ahí radica la grandeza de los seres humanos, en su habilidad para producir actos y palabras merecedores de perduración en el tiempo: solo a través de este mérito pueden encontrar su lugar en un cosmos donde todo perdura, todo excepto ellos mismos. A este propósito, Hannah Arendt afirma: «por su capacidad en realizar actos inmortales, por su habilidad en dejar huellas imborrables, los hombres, a pesar de su mortalidad individual, alcanzan su propia inmortalidad y demuestran ser de naturaleza "divina"»[192]. Solo los mejores (*áristoi*), los que prefieren la fama inmarcesible a las cosas mortales, son verdaderamente humanos; los demás, satisfechos con los placeres que les proporciona la naturaleza, viven y mueren como animales –el pensamiento es de Heráclito, como veremos dos notas más adelante.

---

[191] «para todos los vivientes […] la más natural de las obras consiste en hacer otro viviente semejante a sí mismos […] con el fin de participar de lo eterno y lo divino en la medida en que les es posible; [ahora bien,] puesto que les resulta imposible participar de lo eterno y divino a través de una existencia ininterrumpida, […] cada uno participa en la medida en que le es posible, unos más y otros menos; y lo que pervive no es él mismo, sino otro individuo semejante a él, uno no en número, sino en especie», Aristóteles, *Acerca del alma*, 415a27-415b8, T. Calvo Martínez (trad.), pp. 179-180. El protagonista de *El inmortal* se suma al pensamiento de Aristóteles: «menos el hombre, todas las criaturas son [inmortales], pues ignoran la muerte», J. L. Borges, en *El Aleph*, p. 25.

[192] H. Arendt, *La condición humana*, R. Gil Novales (trad.), p. 31.

Con posterioridad a estos filósofos, los mismos griegos se mostraron escépticos sobre las posibilidades de la *polis* en cuanto a la inmortalidad. Peor frustración supuso, más adelante, la caída del Imperio romano, acompasada por el crecimiento del evangelio cristiano: «ambos –rubrica Arendt– hicieron fútil e innecesaria toda lucha por una inmortalidad terrena» en favor de la preocupación por la eternidad. Quizá la imparable secularización en los tiempos modernos haya invertido las jerarquías, no solo en lo tocante a despreciar la perpetuación ilimitada, sino también en la recuperación de la lucha por una persistencia que restañe las heridas de la muerte.

La civilización occidental tiene un problema con el deceso; no lo entiende y lo tilda de espectáculo odioso, humillante y antihumano. Hasta tal punto es así, que hoy día se considera de mal gusto hablar de la muerte (solo cuando, por omnipresente, se torna inevitable, es reducida a cómputos numéricos, como en la pandemia de la covid-19)[193]. No faltan quienes adoptan una actitud algo más resignada: sin osar la pretensión de los faraones, consideran que su vida es digna de permanencia y proponen erigirla en «monumento». Una obra de arte o una placa conmemorativa aseguran un sucedáneo de perennidad posterior. Con razón Javier Gomá considera que esta pleitesía a la excelencia es «una objetividad que trasciende al sujeto y que al mismo tiempo lleva su marca»[194]. No se puede cuestionar la mayor valía de esta postura frente a la de quienes huyen de toda mención de la bicha de marras. Pero, desde el punto de vista de la mitocrítica, incluso la actitud resignada de una perduración monumental carece del menor atisbo de trascendencia: quedar en la memoria de quienes tampoco podrán evitar la muerte se circunscribe a una vivencia ilusoria e inmanente, muy diversa de la trascendencia propia de la mitología.

Esta supuesta trascendencia antropológica se resume en una operación de sublimación de situaciones, patologías y comportamientos sociales en forma de supuestos mitos que no son tales. Dado que el abanico de posibilidades es inmenso, abordaré en primer lugar la teoría de Barthes sobre el mito a través de su comentario sobre una novela; veremos su utilidad para comprender otras mistificaciones ejemplificadoras: la superpoblación y la tuberculosis.

---

[193] P. Ariès delata una incongruencia en el enmudecimiento generalizado de la muerte; filósofos y literatos la abordan de modo aséptico, en tanto que la mayoría de sociólogos la ignora como si de un tabú se tratara: «ese desacuerdo entre la muerte libresca, que continúa siendo prolija, y la muerte real, vergonzosa y silenciada, es, por lo demás, uno de los rasgos extraños pero significativos de nuestro tiempo», *Historia de la muerte en Occidente*, F. Carbajo y R. Perrin (trads.), p. 224. Casos habituales que el historiador pone como ejemplo: la privación de la muerte al moribundo («lo que debía ser solemne, es eludido») y el rechazo del duelo («a la necesidad milenaria del duelo [...] le ha sucedido, a mediados del siglo xx, su interdicción»), pp. 231 y 245.

[194] J. Gomá, «Humana perduración», p. 7. El anhelo de subsistir en la memoria de los vivos ya había sido puesto en valor por Heráclito de Éfeso: «Los mejores prefieren una cosa a todo, el honor sempiterno a lo mortal. Los más se hartan como animales», Heráclito, *Fragmentos*, epígrafe 29, J. A. Míguez (trad.), p. 208; véase también *Los filósofos presocráticos*, J. García Fernández (trad.), p. 249. Este fragmento 29 nos ha sido transmitido por Clemente de Alejandría en sus *Stromata*, V, IX, *Opera quæ extant omnia*, J.-P. Migne (ed.), PG, t. IX, col. 91. Tal es el caso de Aquiles, que optó por una vida corta pero gloriosa frente a una larga pero oscura; irónicamente, no nos han llegado las circunstancias exactas de su muerte; véase C. García Gual, *La muerte de los héroes*, pp. 81-91. Los ejemplos literarios son plétora, y no menos los de escritores, como Sartre: «la inmortalidad terrestre se ofreció como sustituto de la vida eterna»; «la inmortalité terrestre s'offrit comme substitut de la vie éternelle», *Les Mots*, p. 202.

I. El «mito» de *La dama de las camelias* (Roland Barthes)

El término «mito» en sentido social se ha extendido como mancha de aceite desde el siglo XX, cuando irrumpió en la fraseología académica una inflación mítica sin precedentes para designar un nuevo modo de enfocar diversas realidades refractarias a la metodología de la crítica tradicional. En algunos medios académicos, los estudios de mitología aún no se han repuesto del tsunami provocado por el ensayo *Mitologías* (1957), en el que Roland Barthes exploraba diversos «hechos de actualidad» con objeto de abordar «de manera metódica el mito contemporáneo».

Barthes expone una larga serie de lo que él denomina «mitos» de la sociedad contemporánea: el deporte de la lucha libre profesional, la actriz Greta Garbo, el avión a reacción, la consejera del corazón en los programas de radio, el estriptis o incluso el reconocimiento social. Un único capítulo («El mito, hoy», 2.ª parte del volumen) está destinado a definir el mito desde una perspectiva semiológica. Según Barthes, el mito es un sistema de comunicación particular, más concretamente una infinidad indeterminada y cambiante de «representaciones colectivas» basadas en una relación de deformación[195]. Su estructura resulta de un solapamiento parcial: sobre la base del sistema semiológico primario de la lengua (signo como asociación de sentido pleno entre significante lingüístico y significado o concepto), se edifica un sistema semiológico secundario donde el nuevo signo es la asociación de un nuevo significante (el signo del primer sistema semiológico) y un nuevo significado, o, dicho con otra terminología, donde la asociación de una forma (segundo significante) y un concepto (segundo significado) origina una nueva significación.

Esta teoría tiene dos precedentes básicos: en cuanto al signo, Saussure; en cuanto a la agregación de significados, Hjelmslev. De hecho, el solapamiento de dos sistemas semiológicos procede de la agregación del significado connotativo al significado denotativo según el lingüista danés. La originalidad de Barthes reside en la aplicación de los presupuestos estructuralistas y glosemáticos al estudio del mito.

Para ilustrar esta concepción del mito, Barthes recurre a una imagen, portada de un ejemplar de la revista *Paris-Match:* un joven negro vestido de uniforme saluda a la bandera tricolor francesa. Primer signo del sistema semiológico lingüístico: un soldado negro hace el saludo militar francés. Segundo signo del sistema semiológico lingüístico y mítico: el Imperio francés, idea por naturaleza esencialista (lo que es y debe ser) en la que todos caben bajo una misma bandera. Este tercer signo o «significación» es el mito, deformación de una realidad, percepción deformadora y ambigua de un grupo determinado sobre una realidad (los franceses que imaginan la totalidad de la historia de Francia, su historia heroica, su aportación positiva, sus aventuras coloniales, etc.). En un texto posterior (febrero de 1970), a modo de prefacio de una reedición, Barthes se reafirma en su convicción de que el mito hoy es una consecuencia de «la mistificación que transforma la cultura pequeñoburguesa en naturaleza universal»[196].

Esta postura barthiana es fruto de tres presupuestos: 1) una ideología marxista, tanto por el proceso de creación de conciencia como por la fundamentación sobre la lucha de

---

[195] R. Barthes, *Mythologies*, en *Œuvres complètes*, É. Marty (ed.), t. I, p. 835.
[196] *Ibid.*, p. 673. Sobre la faceta política del mito (naturalmente «de derechas», transitoriamente «de izquierdas» cuando «la revolución se para»), véase J. Kristeva, *Pouvoirs et limites de la psychanalyse*, t. II, pp. 174-175.

clases; 2) una ideología existencialista, tanto por el apriorismo de la inexistencia de una naturaleza humana universal como por su creación dialéctica a partir de las proyecciones de la conciencia; 3) una noción inmanente del mito, tanto por su limitación a la conciencia individual –donde se produce la deformación de la realidad– como por su derivada social –pues se circunscribe a una dimensión sociohistórica, no al espíritu absoluto, como en el idealismo y el neokantismo–. Frente a la concepción del mito que derivaba de una percepción universal, permanente y necesaria de la naturaleza humana, la de Barthes deriva de una percepción particular, cambiante y contingente, sin imagen ni paradigma, porque la intrínseca relatividad humana carece de referente absoluto; dicho con toda gravedad: porque, en términos de semiología estructuralista, solo el signo tiene carácter absoluto; el mundo se resume en la inmanencia absoluta del signo. Barthes denomina mitos a las obsesiones y fantasías de los individuos sociales; como si una sublimación pudiera cambiar no solo la razón de ser de los conceptos sino también de las cosas.

Un ejemplo, esta vez sacado de la literatura, nos ayudará a profundizar en la teoría de Barthes. *La dama de las camelias* es una novela universalmente conocida de Alejandro Dumas, hijo; más aún gracias a *La traviata* de Verdi. Narra el amor del joven burgués Armand Duval por la cortesana Marguerite Gautier, enferma de tuberculosis y caracterizada por llevar prendidas en su ropa camelias de diversos colores. Desafortunadamente, el padre de Armand disuade a Marguerite –que morirá paupérrima y abandonada– de continuar la relación con su hijo.

A partir de la problemática social de la trama, Barthes deduce el mito subyacente:

> Este éxito llama la atención sobre una mitología del Amor que probablemente todavía subsiste, pues la alienación de Marguerite Gautier ante la clase de los señores no es fundamentalmente diferente de la de las pequeñoburguesas de hoy, en un mundo igualmente clasificado. / Ahora bien, el mito central de *La dama de las camelias* no es el amor sino el reconocimiento[197].

La cortesana se siente amada por Armand; más aún, se sabe valorada, algo inaudito en su vida de mujer socialmente excluida. Su sacrificio (la renuncia a Armand para que la hermana de este contraiga matrimonio con un hombre de la «buena sociedad») la revaloriza. Sin embargo, los mundos de Armand y Marguerite son inconciliables. Él es burgués y, en consecuencia, vive su amor de modo posesivo y celoso de cuantos mantienen a Marguerite (no por otra razón se retira con ella al campo). Ella es una cortesana y, en consecuencia, vive en la conciencia de su alienación. Pero Marguerite es capaz tanto de asumir su propia leyenda (el torbellino de la mundanidad) como de sobreponerse abnegadamente a esa misma leyenda (el sacrificio del amor). Tanto cuando desempeña el papel que los «señores» esperan de ella como cuando se eleva a un grado superior en el mundo de esos mismos señores, Marguerite actúa con cierta conciencia («sémi-lucidité ou […] lucidité parasite») de su alienación. Esta actitud singular desvela, afirma Barthes, «el contenido mítico de su amor, arquetipo de la sentimentalidad pequeñoburguesa, […] y su riqueza dramática» (pp. 812-813). Este empleo heterodoxo del término «mito» (y del término «arquetipo») resultaba herético, en 1957, para el ojo meticuloso

---

[197] R. Barthes, *Mythologies*, en *Œuvres complètes*, É. Marty (ed.), t. I, p. 811.

de la mitología tradicional. Hoy es moneda corriente, mas fraudulenta. Esto requiere una explicación.

El proceso de deformación de la realidad en la conciencia –similar al descrito por el psicoanálisis– es consecuencia de un exceso emocional en la conciencia imaginativa del personaje, del espectador o del lector: del consumidor del mito. De igual modo que Marguerite Gautier cree ingenuamente que su actitud la despoja de su condición malsana, la libera de su enajenación social y la eleva a una clase superior, el lector de *Paris-Match* se extasía, también candorosamente, ante las fabulaciones sobre la gloria del imperio y de la patria. En ambos casos hay una exaltación: la cortesana, sublimada gracias al sacrificio, se cree heroica, y el lector, extasiado gracias al conjunto efectista de la foto, sueña con delirios de grandeza. Una y otro viven en la *dóxa* del mito, es decir, de la imagen del mundo ideal, mistificado, que se han forjado en su imaginación. En ambos casos, el popular y rutinario personaje (la cortesana que se siente reconocida por la alta burguesía, el ciudadano que se siente partícipe de un imperio) sueña enajenado en un mundo irreal, su paraíso correspondiente a la dictadura del proletariado. La ideología política y el complejo social pergeñan una utilización fraudulenta del mito.

Una multitud de investigadores ha cedido a estos cantos de sirena barthianos. Así, se identifica el mito con constantes antropológicas ligadas a los sentimientos de los personajes: nombres como «Combray» o «Guermantes», íntimamente ligados a la infancia del protagonista de *En busca del tiempo perdido* (M. Proust, 1913-1927), adquieren un estatuto «mítico» por la revivisvencia que suscitan[198].

Este tipo de crítica hace bien en analizar y leer las fijaciones psíquicas de los personajes literarios como cristalizaciones de tendencias sociales en una determinada época, pero yerra en el utillaje terminológico y conceptual, por cuanto puede desorientar al confundir el mito con la sublimación de un complejo o un sentimiento, en ausencia de cualquier coordenada relativa a un mundo sobrenatural dentro de la ficción.

II. El «mito» de la superpoblación

Malthus observó a finales del siglo XVIII que el ritmo de crecimiento de la población y el ritmo de aumento de los recursos para la supervivencia eran dispares: el primero obedecía a una progresión geométrica, el segundo, a una aritmética. En consecuencia, de no intervenir obstáculos represivos (hambre, guerras, pestes), el nacimiento de nuevos seres aumentaría la pauperización gradual de la especie humana. Su *Ensayo sobre el principio de la población* (1798) predijo la extinción de la especie humana por estos motivos:

---

[198] Véase A. Schwennsen, «Myth Lost and Found in Proust's À *la recherche du temps perdu*», p. 363. La sombra de Barthes es alargada: encontramos aplicaciones de su teoría a un erotismo de corte psicoanalítico (E. Oktapoda, coord., *Mythes et érotismes dans les littératures et les cultures francophones de l'extrême contemporain*), a la percepción de ideologías políticas en la película (no el libro) *El niño con el pijama de rayas* (M. Herman, 2008, véase M.J. Fernández Gil, «La mitificación del nazismo en *El niño con el pijama de rayas*», p. 180), al espíritu de frontera erigido en mito fundacional por la administración Reagan (véase J. González Etxeberria, «Mitos en crisis: la crisis del mito o la supervivencia del eterno retorno», p. 346). A favor o en contra, no salimos de las obsesiones sociales, erróneamente asimiladas al concepto de mito (si bien estos artículos muestran, con intuitivo acierto, el vuelco generalizado en la nueva percepción del concepto de trascendencia).

Parece que el hambre es el último y más temible recurso de la naturaleza. El poder de la población es tan superior al poder de la tierra para producir la subsistencia del hombre, que tarde o temprano la muerte asolará la raza humana[199].

De confirmarse sus modelos de producción y subsistencia, la profecía del demógrafo debería cumplirse en el siglo XIX, hacia 1880. Un error de cálculo basado en otro de base.

Pasemos al siglo XX. En 1900, la población humana era de 1.650 millones; en 1950, 2.500; en 1975, como consecuencia de la explosión de la natalidad tras la Segunda Guerra Mundial, 4.070; en 2000, 6.000 millones… Según las teorías neomalthusianas, de continuar este crecimiento exponencial, nos aproximamos inexorablemente a un punto de crisis extrema debido al pauperismo.

En clave de Barthes: una reacción emocional desproporcionada (esto es, una deformación psicológica) originada entre las capas pudientes del mundo desarrollado forjaría una inquietud creciente en torno a una calamidad cósmica por exceso poblacional. Esta turbación imaginaria provocaría, sobre todo durante el siglo XX, una angustia ante la hipotética hambruna, a la que sucedería un pánico global entre la población acomodada, cuyos efectos serían las actuaciones preventivas para evitar el desastre: aplicación de una economía sostenible, control de la natalidad en los países en vías de desarrollo, intervenciones eugenésicas, regulación de la dependencia farmacéutica, etcétera.

El uso del condicional podría parecer retórico; no lo es. A continuación, aplicaré, en dos fases, la teoría de los dos sistemas semiológicos propuestos por Barthes al caso de la superpoblación.

1.ª Un significante y un significado conforman un signo con un sentido neutro: el anuncio del hecho inevitable, la superpoblación, consecuencia del crecimiento exponencial de la población a mediados del siglo XX. Como ejemplo, valga el siguiente texto, extraído del editorial de una revista médica:

> Desde hace tiempo se ponen la muerte y los impuestos como ejemplos principales de lo inevitable. A este dúo habitual puede añadirse un tercero en el caso de que, como parece posible, la humanidad se vea libre (o se libre ella misma) de la aniquilación atómica. Parece casi seguro que la superpoblación de nuestra tierra es tan inevitable como los mencionados ejemplos de lo inevitable[200].

Más que ocultarla, el humor sarcástico del texto realza la gravedad de la amenaza demográfica, comparada aquí con la hipotética confrontación nuclear que sobrevolaba los espíritus durante la Guerra Fría.

2.ª Sobre este signo escueto se edifica el segundo signo, con sus correspondientes significante (o «forma») y significado (o «concepto»), con la particularidad de que este segundo signo es una «significación», el (supuesto) mito propiamente dicho. Este nuevo signo no está basado en la realidad (los datos del crecimiento

---

[199] T. Malthus, *Essay on the Principle of Population*, t. II, c. XI, 1809, p. 74.
[200] «The Population Bomb», *The Canadian Medical Association Journal* 86 (9 de junio de 1962), p. 1.074.

exponencial, el anuncio de la inevitable superpoblación), sino en un difuso y desnaturalizado conocimiento de la realidad. El paso de la realidad a su deformación (del sentido a la forma) indica la función del combinado mítico: advertir de las consecuencias nefastas de un inminente exceso de población. Como ejemplo, sirva el siguiente texto, encontrado en un epitafio del Bernice Pauahi Bishop Museum (Honolulu, Hawai):

En memoria del hombre / 2 000 000 a.C. – 2030 d.C. El que una vez dominó la tierra, la destruyó con sus desperdicios, sus venenos y su número elevado.

Ya se da por muerta la especie humana. Semejante horizonte lúgubre pronostica el anónimo redactor del artículo «Un estiramiento de la imaginación»; después de transcribir el epitafio del museo hawaiano, a renglón seguido deduce:

Estamos agotando rápidamente el espacio disponible y los recursos naturales. Los problemas causados por la presión demográfica (tal como se observa en colonias de ratas que se reproducen descontroladamente) son en sí mismos una amenaza para la supervivencia[201].

Otra placa fúnebre añade un detalle interesante. Se encuentra en el Historical Marker del Selah Bamberger Ranch (Texas), un ambicioso proyecto por preservar el hábitat:

En memoria del hombre. 2 000 000 a.C. – 20¿? d.C. El que una vez dominó la tierra, la destruyó con sus desperdicios, sus venenos y su número elevado.

La inscripción es un plagio del epitafio del museo hawaiano. Reproduce exactamente las palabras del original, con una diferencia: la fecha «AD 2030» ha sido sustituida por «20? AD». Consciente de que las previsiones del modelo hawaiano no se cumplirían, J. David Bamberger, fundador de ese rancho tejano en 1969, prefiere augurar una fecha limitadamente imprecisa: toda mitificación requiere un distanciamiento y una difuminación de sus límites.

El responsable del epitafio y el autor del artículo conjeturan, en una congruente adaptación de las hipótesis malthusianas, el final del mundo próximo. En el imaginario colectivo de las últimas décadas, la amenaza de la catástrofe demográfica ha desplazado los temores de una guerra nuclear apocalíptica que amenazaba el planeta hasta los años 70 del siglo xx. Casi dos siglos después del anuncio de Malthus, la «profecía» de la superpoblación se ha convertido, por su carácter inminente y perentorio, en «uno de los mitos del siglo 20»; así lo ha calificado *The New York Times* en su *Millennium Edition* del 1 de enero de 2000. Terminología inapropiada para una inquietud social.

---

[201] «A Stretch of Imagination», 31 de octubre de 1975, sección «Faculty Forum» del semanario *The Hi-Po* (High Point College, North Carolina), p. 2.

III. El «mito» de la tuberculosis

Sacerdote, profeta, vate, genio… El desarrollo cultural de Occidente ha llevado al creador artístico por caminos variados, pero siempre marcados por la excepcionalidad: el artista es una especie marginal. Este individuo ha adquirido en el imaginario social dimensiones de personaje atravesado, ora por una disfunción patológica, ora por una idealización heroica. Piénsese en las teorías sobre el genio en el siglo xix: abandonada la interpretación negativa de Kant, bajo la férula de Schopenhauer se impone la equiparación del genio y la locura condensados en el artista romántico[202].

En determinados medios culturales, la patología de la tuberculosis fue asociada con una pasión reprimida: los tuberculosos eran genios melancólicos que no lograban expresarse convenientemente. Por si fuera poco, la pseudomedicina explicaba que la pasión tendía a interiorizarse infectando los lugares más recónditos del organismo. Susan Sontag abunda sobre este imaginario social en el Romanticismo inglés:

> El mito de la tuberculosis constituye el penúltimo episodio del largo recorrido de la antigua idea según la cual la melancolía era la enfermedad del artista, de acuerdo con la teoría de los cuatro humores. El carácter melancólico o tuberculoso era de orden superior, propio de los seres sensibles, creativos y excepcionales. Keats y Shelley parecen haber sufrido atrozmente esta enfermedad. Pero Shelley consoló a Keats diciéndole que «esta consunción es una enfermedad particularmente encaprichada con gente que escribe versos tan buenos como los tuyos…». El cliché que relacionaba la tuberculosis con la creatividad estaba tan arraigado que al final del siglo un crítico sugirió que la desaparición progresiva de la tuberculosis era la responsable de la decadencia de la literatura y las artes[203].

Aunque de baja extracción, Keats no pretendía tanto emular al noble y acomodado Shelley como integrarse en el reducido clan de los ilustres poetas, hasta el punto de que, refiere su hermano George, nada temía tanto como el fracaso artístico. Las palabras de ánimo que le dirige Shelley revelan la dosis de conciencia corporativa de este sentimiento. Una deformidad física (la enfermedad tuberculosa) es sublimada por determinados individuos que padecen una deformidad psicológica (la ansiedad artística) en forma de refrendo de una cualidad o excelencia (confirmación artística). Los vericuetos de esta mitocrítica son, cuando menos, tortuosos.

Lo que se dice del artista se hace extensible al personaje, considerado por buena parte de la crítica como repositorio de sus fobias y fantasmas. Hoy se pone un marcado énfasis en el alcance «simbólico» y «trascendental» de diversos personajes que condensan ideas particulares de nuestra sociedad: tal sería el caso, según Ian Watt, de Fausto, Don Quijote, Don Juan y Robinson Crusoe, pues todos marcan «la transición desde el sistema social e intelectual de la Edad Media al dominado por el pensamiento individualista moderno»[204].

---

[202] Véase E. Neumann, *Mitos de artista*, M. Salmerón Infante (trad.), pp. 52-53.

[203] S. Sontag, *Illness as Metaphor*, pp. 32-33. Keats, como su madre y su hermano Tom, falleció de tuberculosis. La asociación entre «mito» de artista y «mito» de la tuberculosis era habitual en novelas y diarios: *Armance* de Stendhal (1827), *Diario íntimo* de H. Amiel (*Journal intime*, redactado entre 1839 y 1881).

[204] I. Watt, *Myths of Modern Individualism*, p. xii. En la estela de este crítico, R. Falcón aborda un apasionante estudio de múltiples «robinsonadas», ejemplo de «la primacía del individuo sobre lo colectivo», *Robinson y la isla infinita. Lecturas de un mito*, p. 69.

Así, lo que «transforma a Don Quijote en un mito» es el desarrollo de una idea: «la dialéctica continua entre su mente y las realidades con las que se topa, una dialéctica capaz de variedad y complejidad infinitas» (p. 53). Paralelamente, el famoso náufrago sería un mito porque representa «un significado simbólico más profundo» (la soledad, el individualismo económico y religioso, p. 150) o las dudas internas del hombre actual a la «conversión religiosa» (p. 167). Otro tanto, sazonando los condimentos, cabría decir de mil personajes más. Esta concepción del mito, vaciada de toda intervención de trascendencia sagrada en la historia narrada, corre el riesgo de desdibujarlo hasta convertirlo en un magma indescifrable y de travestirlo en un muñeco maleable al albur de cada nueva interpretación impresionista. Ya lo decía Pessoa: «El mito es la nada que es todo»[205].

* * *

Las moscas propone una interpretación alegórica en clave gnoseológico-existencialista: el proyecto de Orestes consiste en trascenderse mentalmente a costa de reducir el pueblo a la inmanencia. *El segundo sexo* aprovecha este proyecto para limitar los mitos a un proceso mistificador dentro de una perspectiva socializadora. Ambos textos solicitan justamente la atención de la mitocrítica: muestran la posibilidad de componer sobre mitos o hablar de ellos desde la lógica de la inmanencia. *Clitemnestra o el crimen* remodela el mito desde la pasión amorosa y *Apología por Clitemnestra* interpela a lectores ávidos de entender las reivindicaciones de la sangre en un mundo patriarcal. También estos dos textos apelan a la mitocrítica: manifiestan de manera irrefutable que los aspectos más humanos (el amor, la maternidad) encuentran su mejor acomodo en la lógica de la trascendencia. *Las Benévolas* subvierte el modelo helénico en sublimación psicoanalítica y nacionalista; el mito subsiguiente, reducido a su función referencial, entra en la nómina de las deformaciones míticas según Barthes.

«Mito» de la burguesía (Marguerite Gautier), «mito» de la patria (*Paris-Match*), «mito de la superpoblación» (Malthus y neomalthusianismo), «mito» del artista (Keats), «mito» de Don Quijote, «mito» de Robinson Crusoe… La amplitud de los ejemplos da una idea

---

[205] «O mytho é o nada que é tudo. / O mesmo sol que abre os céus / É um mytho brilhante e mudo – / O corpo morto de Deus, / Vivo e desnudo. // Este, que aqui aportou, / Foi por não ser existindo. / Sem existir nos bastou. / Por não ter vindo foi vindo / E nos creou. // Assim a lenda se escorre / A entrar na realidade, / E a fecundal-a decorre. / Em baixo, a vida, metade / De nada, morre», Pessoa, «*Ulisses*», en *Mensagem*, 1.ª parte: «*Brasão*», J. A. Seabra (coord.), p. 17. Evidentemente, el genial poeta aplica su fórmula de modo oportuno y pertinente. El mundo («El mismo sol que abre los cielos», «el cuerpo muerto de Dios») es susceptible de aniquilación; el mito, en cambio («Este [Ulises] que aquí [Lisboa] tocó puerto […] y nos creó»), es susceptible de reificación. La capital portuguesa (una de cuyas etimologías posibles contiene referencias a su mítico fundador) adquiere así solidez, sale de la nada y queda introducida en el todo; de ahí la generación de sus habitantes: «fue viniendo / y nos creó». El enigma inicial, acentuado por el hermetismo de la construcción anastrófica típica del poeta («fue… existiendo»), se resuelve gracias a las oraciones causales –con valor explicativo–, a la negación de la lógica vulgar –con valor antitético– y a la construcción de gerundio –con valor continuativo–; la realidad no proviene, como se piensa, de fuera, sino de lo más íntimo de la imaginación poética. Frente a las pseudomitificaciones, independientemente del espíritu nihilista y agnóstico del autor, el heterónimo Alberto Caeiro incluye, junto a la faceta humana, la sobrenatural trascendente.

del carácter expansivo de esta concepción del mito. Despojadas de los tópicos populares y los oropeles eruditos, estas propuestas básicamente sacan el mito del campo mitológico y lo revisten con un ropaje sociológico, sin respetar la debida autonomía de las disciplinas, como si la mitocrítica hubiera de contentarse con el papel de *ancilla disciplinarum*[206]. Los resultados se prestan a un lucimiento personal donde el intérprete ejecuta la partitura según su propio criterio, sin atenerse al texto; pero el crítico digno de su trabajo y su tiempo deberá sopesar la conveniencia de introducirse por esos laberintos conducentes a un callejón sin salida. Si penetra por los intrincados vericuetos de esa mitocrítica, debe previamente justificar su concepción del mito, es decir, advertir que interpreta como mito la mistificación colectiva y que se posiciona en una lógica de la inmanencia. Pero cuide de que su definición sea aplicable a toda su práctica y en todos los casos; lo contrario sería jugar con cartas marcadas; además de confundir al lector, correría el riesgo de convertir su propia tarea investigadora en un maremágnum ecléctico de pecios inservibles.

El problema tiene raíces profundas. Un volumen como este, deseoso de comprender el mito en clave epistemológica y el imaginario de nuestro tiempo en clave mítica, debe osar el desengaño, por destripamiento, de esa pseudomitocrítica.

La modernidad occidental, debido a un exceso de religiosidad oficial en el pasado y la habitual tendencia humana al libertinaje, exhibe con arrogancia el estandarte de la desacralización: pretende marcar de inmanencia todo lo trascendente, sea o no religioso. Este proceso secularizador, más acentuado en los países de larga tradición cristiana, recurre a la dimensión social como un embudo por el que se cuelan realidades e ideas en bruto que, sin el tamiz de la conciencia crítica, acaban reducidas a ideologías sociales. A consecuencia de esta maniobra, el pansociologismo concibe toda trascendencia como fenómenos circunscritos al ámbito de lo social y, por ende, solo comprensibles mediante una hermenéutica sociológica. Así procedieron Marx, Sorel, Durkheim y Weber, para quienes la dimensión espiritual del hombre era una traducción distorsionada de la realidad social o, en clave dialéctica, un producto del proceso histórico.

A pesar de este reduccionismo, la trascendencia sigue ahí, testaruda. Obstinado, el pansociologismo acomete entonces la segunda fase: en lugar de rechazar abiertamente la aspiración trascendente del hombre, paradójicamente la admite, pero limitándola a trascendencias horizontales (la nobleza de sangre o de educación, la defensa y el amor a

---

[206] Nunca es ocioso prevenir sobre el peligro de psicoanalistas, sociólogos o politólogos travestidos en investigadores del mito que previamente le imponen los presupuestos de sus propias disciplinas (cuando no sus propias ideologías) para seguidamente sacar de sus análisis –hábilmente adornados con abalorios academicistas– resultados que ningún especialista del texto –excepto ellos– podría presagiar; la mitocrítica queda así gravada con el «cometido ancilar» al que me he referido páginas atrás. «Decir que el mito trata simplemente sobre una cosa o que simplemente sirve a diversas funciones –psicológica, sociológica, antropológica y otras más– es no entender que el mito trata básicamente sobre ontología, sobre lo que significa, lo que básicamente es real, aun cuando se presente como ficción o fantasía»; J. Mills, «Deconstructing Myth», p. 241. Esta prevención no incrimina, al contrario, sale en defensa de egregios antropólogos que han estudiado los mitos como ofertas explicativas del mundo físico (Tylor, Frazer) o de la existencia humana en sus vertientes social o religiosa (Malinowski, Eliade, Segal); véase R. Main, «Myth, Synchronicity, and the Physical World», p. 248. Lo importante, en antropología como en otras ciencias que abordan el mito, es preservar la idiosincrasia del objeto de estudio con bases epistemológicas indiscutibles, respetando las ascuas del texto, sin arrimarlas a la sardina del investigador.

la patria, la genialidad de la escritura y el arte). Algunas entre ellas pueden ser dignas de encomio; todas, en cambio, se restringen a una dimensión meramente humana. Lo peligroso es concebirlas, a efectos de la mitocrítica, cual epifenómenos de la trascendencia que separa dos dimensiones heterogéneas; en efecto, utilizadas como sucedáneos, provocan la ilusión de haber traspasado, en sentido vertical, la frontera hacia la trascendencia[207].

Estas mitocríticas de la inmanencia se proponen descubrir las derivadas sociopolíticas de una conciencia mítica al margen del acontecimiento mítico; de ahí su interés por descubrir y analizar nuevas sublimaciones, mistificaciones y complejos –«mitos», los llaman–. La inmanencia trascendental es un hermoso oxímoron.

Viene al pelo la desnuda declaración de un sabio de la crítica literaria: «Historicistas resentidos de diversas convicciones –procedentes de Marx, Foucault y el feminismo político– estudian hoy la literatura esencialmente como una historia social periférica»[208]. El maltrato del texto, en beneficio de espurios intereses, depaupera la literatura y, con ella, la historia social misma.

TIPOLOGÍAS DE LA TRASCENDENCIA

Nuestra sociedad contemporánea viene configurada por estos y otros muchos factores. Me he centrado en ellos por cuanto inciden directamente en el modo como el mito es pensado y estudiado hoy.

Los tres factores analizados chocan frontalmente con la lógica de la trascendencia. Generado en esta, el mito se entiende cumplidamente desde ella; y desde ella la disciplina podrá dar lo mejor de sí misma. Como a Pablo de Tarso, será necesario dejar que caigan las escamas, obstáculos que impiden un análisis sopesado y científico del mito: la globalización, que arrasa con toda idiosincrasia cultural; el relativismo, que arrambla con el valor absoluto de la naturaleza humana, y, sobre todo, la inmanencia, que borra del horizonte cualquier atisbo de realidad trascendente.

---

[207] Véase A. E. Carretero Pasin, «La trascendencia inmanente», *passim*. Un ejemplo literario permitirá asir mejor mi pensamiento. A propósito de *Los novios* (*I promessi sposi*, A. Manzoni, ed. def. 1842), Jameson aborda el tema de la salvación. Tras incontables peripecias, a cada cual más azarosa, los protagonistas logran sus expectativas: preservar sus vidas y colmar sus deseos amorosos. A pesar de las incontables referencias divinas, la salvación aparece aquí como una categoría filosófica, un paralogismo «concedido para desacreditar las supuestas premisas religiosas de las secularizaciones (como el marxismo), o para afirmar la persistencia inconsciente de la religión en un mundo aparentemente moderno y modernizado», F. Jameson, *Las antinomias del realismo*, pp. 226-227 (el crítico toma el término «paralogismo» de H. Blumenberg, *La legitimación de la Edad Moderna*). Erraríamos el camino si concibiéramos la «salvación» de los novios como una articulación relativa a la trascendencia, porque Manzoni se limita a aplicar, con un significado totalmente nuevo, formas y contenidos heredados. La salvación de Renzo y Lucia no es aquí sino expresión, en terminología religiosa, de una euforia singular.
[208] H. Bloom, *The Anxiety of Influence*, p. xxv. En una entrevista, Christophe Honoré, director de la película *Metamorfosis* (2014), declara su intención de «entender figuras, modelos en movimiento, [y no] encerrarlas en un "ropaje" psicológico o sociológico», B. Cerquiglini (ed.), *Métamorphoses*, p. xvii; véase P. Brunel, «Variantes modernes sur le mythe de la métamorphose», p. 89. Despojar el mito de impropias vestiduras ideológicas parece uno de los cometidos más urgentes de la mitocrítica cultural.

El vuelo sobre estos tres factores es de cariz esencialmente positivo y optimista: por un lado, libera la disciplina de malos hábitos que entorpecen su desarrollo sostenido; por otro, abre la puerta a nuevos estudios comprometidos con los relatos míticos de antes y de ahora. Desembarazada de la rémora y propulsada con viento seguro, la mitocrítica cultural contribuye a la comprensión del mito.

Ha llegado el momento apropiado para exponer qué sea la trascendencia mítica, noción medular, que, frente a la globalización desenfrenada, respeta el término medio entre el desarrollo local y global, y, frente al relativismo omnipresente, recupera el singular valor de la naturaleza humana. Este ensayo de definición exige un desarrollo mínimo, por contraposición, de otros tipos de trascendencia.

Abordaré con algún detenimiento la trascendencia de otros correlatos mayores del mundo imaginario: esoterismo, fantasía y ciencia ficción[209]. Estos tres tipos de imaginario y, por extrapolación, de género literario no son objeto de este volumen, pero su estudio es paso obligado para comprender mejor el mito. Esoterismo, fantasía, ciencia ficción y mito comparten la cualidad de ser estructuras complejas: a diferencia de una novela realista, pongamos por caso, esos imaginarios (puntualmente parangonables a géneros literarios) son «estructuras duales, cuyos elementos del universo primario manifiestan rasgos distintos a los del universo secundario»[210]; el Lobo feroz que habla a Caperucita Roja, los «saltos» espaciales a la velocidad de la luz, el acceso a los arcanos del universo o el icor (ἰχώρ) que circula por las venas de los dioses presentan un heteromorfismo sin parangón en el universo primario (que sí guarda un isomorfismo con el nuestro).

Estos correlatos se desarrollan habitualmente en convivencia. Las estrategias de escritura aconsejan a los creadores distribuir los diversos elementos trascendentes o similares a lo largo del texto; no conviene abusar del índice de saciedad del lector, el oyente o el espectador. Un relato atiborrado de elementos de esoterismo, fantasía, ciencia ficción y mito según los casos se torna insoportable. El estudio de estos correlatos por separado en las páginas siguientes responde a una necesidad heurística. Sin dejarse arrastrar por una confusión disolutiva de características epistemológicamente irreducibles, la crítica debe considerar la tendencia progresiva hacia la convivencia de los distintos elementos en los textos de ficción. Lo que ocurre con los acontecimientos es aplicable a los géneros, que pueden definir una obra aun incluyendo elementos tradicionalmente propios de otros[211]. En efecto, la conveniencia de estudiar en paralelo la

---

[209] Correlato sería el concepto referente a otro concepto inmediatamente contiguo en el mismo marco de referencia; así, en el terreno de las ficciones, denomino correlatos imaginarios al mito, la leyenda, la fantasía y la ciencia ficción; véase C. S. Peirce, «On a New List of Categories», sec. 1-11. Abordo en primer lugar el esoterismo, por cuanto es, en principio –pero no siempre– y en lo relativo al volumen, ajeno a la ficción; sin duda por esto los tres restantes presentan actualmente mayores interrelaciones.

[210] E. Ariza, «Mito y ciencia ficción desde la semántica ficcional», p. 8; Eva Ariza aplica en este artículo las teorías de L. Doležel y T. Pavel sobre la semántica de los mundos posibles (coincidencia de restricciones epistémicas y deónticas) y las estructuras duales, respectivamente.

[211] Esta hibridación de acontecimientos y géneros es comparable a la de los sistemas semióticos, que no existen por sí solos y de manera unívoca; véase I. Lotman, *La semiosfera*, I, D. Navarro (trad.), p. 22. Los elementos fantásticos, paracientíficos, esotéricos y míticos solo funcionan sumergidos en un *continuum* que la mitocrítica debe analizar.

trascendencia de estas estructuras viene refrendada por su progresiva cohabitación en la creación artística contemporánea, aun cuando, en cada caso, una de ellas prevalezca, lleve la voz cantante.

La trascendencia del esoterismo

En nuestro terreno conviene partir de Hermes Trismegisto, cuya doctrina abarca dos grandes campos: los tratados de corte «técnico» (relativos a la magia, la alquimia o la astrología) y los textos propiamente filosóficos y religiosos que nos han llegado por vía de mixtura cultural entre Egipto y el mundo grecolatino; entre estos últimos, los dieciasiete tratados del *Corpus hermeticum* abordan la cosmogonía y diversos aspectos del alma (su renacimiento, liberación del mundo material y ascenso al mundo de lo divino), en tanto que el *Asclepius* (cuya versión latina fue erróneamente atribuida a Apuleyo) se extiende sobre la religión egipcia del momento[212].

La enseñanza hermética forma más tarde cuerpo común con la también esotérica de los principales saberes mistéricos: cábala, gnosticismo, pitagorismo renacentista, etcétera[213]. La cábala ('tradición') persigue interpretar el sentido cifrado de la Escritura, es decir, el no accesible en una lectura convencional. Desde su inicio hacia el siglo III a.C. y a partir de reglas combinatorias como la gematría, antiguos y nuevos doctores descifraban los misterios universales entre números, letras del alfabeto hebreo y atributos o emanaciones (*sefirot*) de Ain Sof (el Dios infinito anterior a cualquier manifestación). Importante entre todos es el arameo *Libro de esplendor* (*Séfer ha-zohar* o *Zohar*), atribuido al rabino Shimon bar Yojai por su posible autor, Moisés de León (siglo XIII), y particularmente rico para el simbolismo místico.

---

[212] Ante la invasión de los hicsos (siglo XVII a.C.), los sacerdotes del antiguo Egipto se recluyeron en los templos para proteger las tradiciones del dios Tot (Thoth), a quien los griegos identificaron con Hermes con el sobrenombre de Trismegisto («el tres veces más grande»); de ahí que ese cuerpo doctrinal que tan celosamente guardaron se convirtiera en un conocimiento esotérico; véanse F. Ebeling, *The Secret History of Hermes Trismegistus*, pp. 27-31, y M. J. Vázquez Alonso, *Enciclopedia del esoterismo*, *passim*. El término 'esoterismo' (ἐσωτερικός, de ἐσώτερος y este del adverbio ἔσω, 'en el interior') inicia su recorrido en una obra de Luciano donde Zeus y Hermes subastan a los paseantes, como si de una almoneda se tratase, las «vidas» o comportamientos de los filósofos; ante un posible comprador, Hermes ensalza las virtudes del género: «Por fuera da la impresión de ser uno, pero por dentro parece ser otro; así que, si lo compras, acuérdate de llamar a una parte "exotérica" y a otra "esotérica"», XXVI, *Subasta de vidas*, en *Obras*, t. II, J. L. Navarro González (trad.), p. 48. Tras desechar una definición general del esoterismo, C. Sánchez Pérez expone la conveniencia de enfocarlo desde una serie de perspectivas según sus intereses fundamentales: «religionista» (verdad espiritual universal), sociológica (dinámicas sectarias y cultuales), etimológica (control secretista del conocimiento), discursiva (conceptualización de la «otredad») e histórica (identificación de las corrientes); véanse *Hermes Trismegisto: de la mística a la fantasía*, p. 28, y «Esoterismo, mito y subversión en *Promethea* de Alan Moore», pp. 25-26. Señalo hermetismo «técnico» en la primera recurrencia porque el término «ocultismo» (que utilizaré en adelante) no aparece hasta el siglo XIX.

[213] Misterio significa aquí, ora una instancia mística (los mecanismos del universo, inaccesibles, en principio, incluso a los iniciados), ora una instancia mágica (los secretos celosamente ocultos por estos para preservarlos de los profanos). Por definición, los esoterismos antiguos son todos heterodoxos frente a la *dóxa* de las religiones oficiales. No abordo aquí la magia, que ocupa otro apartado en este volumen.

El gnosticismo (cuya definición no concita acuerdo común) sostiene la existencia de un elemento cognoscitivo (γνωστικός), reservado a los iniciados, en virtud del cual estos acceden a la visión de las realidades más profundas y a la salvación personal. Se trata de una escuela fundamentalmente dualista (espíritu/materia, alma/cuerpo). Por degeneración o emisión de eones inferiores, la plenitud de lo divino (*pléroma*) degeneró en el mundo material, posteriormente ordenado por un demiurgo. En el gnosticismo de corte cristiano, los iniciados (espirituales o «pneumáticos», por oposición a los «psíquicos» o simples creyentes y a los materiales o «hílicos» –ὕλη–), destello de la luz divina perdido en un cuerpo extraño, se salvan gracias a la encarnación, muerte y resurrección simbólicas del eón superior (Jesucristo): iluminados por el conocimiento proporcionado por Jesús, ascienden tras su muerte hasta el *pléroma* en un viaje en el que se produce un progresivo abandono de los aspectos materiales y corpóreos. Reviviscencias gnósticas encontramos en el movimiento cátaro.

La protociencia alquímica se apropió conocimientos prácticos de orfebrería, minería o comercio de drogas y remedios sanitarios que puso al servicio de una ascesis conducente hacia una revelación espiritual (si bien la alquimia ha tenido en muchas ocasiones fines exclusivamente materiales). En sus procesos químicos y modificaciones cromáticas, los alquimistas perseguían, además de la Gran Obra (*magnum opus*, objeto de la alquimia operativa o práctica), establecer correspondencias con el mundo animal y sobrenatural (objeto de la alquimia especulativa)[214]. Por ejemplo, los seguidores de Hermes Trismegisto gustaban de establecer implicaciones metafísicas y teológicas a partir de su *arte regia*; así, debido a su estado líquido y su capacidad de evaporación, el mercurio fue considerado como agua especial (blanca, seca), plata viva, líquido sutil y, por derivación, agua divina; igualmente, debido a su fuerza abrasiva y su utilización como detonador de la pólvora, fue considerado fuego elemental (*ignis elementaris*) y, por tanto, indispensable para la revelación divina. En efecto, el mismo dios Mercurio (nombre romano de Hermes) emerge de la humedad como un vapor de agua y brilla cual luz de la naturaleza (*lumen naturæ*); inútil remachar aquí el antiguo papel de Hermes como dios de la revelación. De modo que, desde sus inicios –probablemente en Egipto como técnica para la tintura de los metales– hasta su apogeo renacentista, la alquimia experimenta una evolución: desde la iatroquímica (tratamiento terapéutico gracias a los conocimientos químicos adquiridos) hacia la soteriología (búsqueda de una vía salutífera al margen del laboratorio)[215].

---

[214] «y esta ciencia es la alquimia especulativa, que observa todo lo inanimado y toda generación de las cosas a partir de los elementos. Hay también una alquimia operativa y práctica, que enseña a obtener metales nobles y colores, y muchas otras cosas de modo mejor y más abundante mediante su oficio»; R. Bacon, *Opus tertium*, XII, en *Opera*, J. S. Brewer (ed.), t. I, pp. 39-40. El texto de Bacon es de 1267. La fusión de ambas alquimias la encontramos en *Frankenstein*, de Mary Shelley: partiendo del principio alquímico que conecta la muerte con la vida, el doctor une miembros de hombres y animales recuperados de osarios, salas de disección y mataderos de Ingolstadt para «devolver la vida allí donde la muerte hab[í]a, en apariencia, entregado los cuerpos a la corrupción», Mary Shelley, *Frankenstein*, M. Serrat Crespo (trad.), IV, p. 81; «I might in process of time […] renew life where death had apparently devoted the body to corruption», *Frankenstein, or The Modern Prometheus*, S. Jansson (ed.), IV, p. 43. Este científico genera, en la práctica, vida animada; sobre la alquimia en este mito, véase el interesante trabajo de E. G. Saavedra, *«Frankenstein» y la metáfora de la alquimia: una búsqueda hacia la androginia de los opuestos*, pp. 228-230.

[215] En un erudito estudio, Jung sintetiza las características alquímicas del concepto de Mercurio: naturaleza física y espiritual, versatilidad transformadora, carácter diabólico y divino, imagen de la

Andando el tiempo, el esoterismo experimenta múltiples evoluciones: primeramente, una refundación durante el humanismo renacentista[216]; seguidamente, un florecimiento durante la Ilustración y el Romanticismo[217]; finalmente, a través de los misticismos contemporáneos[218].

---

experiencia mística... Su interés para la mitocrítica cultural no necesita explicación; sí conviene precisar, no obstante, que el psicoanalista pone el foco sobre el «*material psíquico*» de esta antroposofía gnóstica para obtener únicamente representaciones del proceso de individuación y el inconsciente colectivo; véase C. G. Jung, «El espíritu Mercurio», en *Simbología del espíritu*, M. Rodríguez Cabo (trad.), pp. 69-109. La relación entre compuestos químicos y mitología hermética explica el recurso a códigos de gran complejidad simbólica; baste recordar las elucubraciones de Maier sobre las implicaciones entre el metal de oro y el Vellocino de Oro ansiado por Jasón, las manzanas de oro vigiladas por las ninfas en el jardín de las Hespérides o el oro en el que se convertía cuanto Midas tocaba; véase M. Maier, *Arcana arcanissima* (1614), l. II, pp. 56-94. Sobre este punto y el deslizamiento experimentado por la alquimia desde sus inicios, véase F. Greiner, *Les Métamorphoses d'Hermès*, pp. 51 y 329-339.

[216] De la Baja Edad Media es preciso mentar a Nicolas Flamel (*ca.* 1330-1418), a quien se atribuye *Le Livre des figures hiéroglyphiques* (1.ª ed. 1612), que el autor da por traducción de un texto latino y en el que a su vez se encuentra *Le Livre d'Abraham le Juif*, cuya interpretación simbólica le permite «lograr» la piedra filosofal (*magnum opus*) en 1382. Algunos nombres inevitables del Renacimiento: Marsilio Ficino (1433-1499), exponente del neoplatonismo renacentista, cuyo *De vita* (1489) interpreta los secretos del universo en los astros e identifica, adelantándose a Swedenborg, las almas celestes con las estrellas; Cornelio Agrippa (1486-1535), humanista preclaro, fundador de un instituto para el estudio de las ciencias ocultas y célebre por su *De occulta philosophia libri tres* (1531-1533); Paracelso (1493-1541), médico, místico, alquimista y escritor prolífico, acérrimo defensor de la teoría neoplatónica del microcosmos y macrocosmos; John Dee (1527-1608), astrólogo, cabalista y alquimista que aseguró haber entrado en contacto directo con los espíritus y condensó en su símbolo jeroglífico la unidad del cosmos (*Monas hieroglyphica*, 1564); Giordano Bruno (1548-1600), cuyos diálogos filosóficos (*La cena de le ceneri, De la causa, principio et uno* y *De l'infinito, universo e mondi*, todos de 1584) sostienen la omnipresencia divina, la eternidad de la materia en continua evolución y su relación con un Dios inmanente al mundo; Jakob Böhme (1575-1624), que interpreta la naturaleza (*mysterium magnum*) como escisión entre opuestos (bien/mal, amor/odio, luz/tinieblas) encaminada a la resolución definitiva en el triunfo de Cristo sobre Satanás.

[217] Saint-Martin (1743-1804) procura conciliar las enseñanzas de su primer maestro, Martinès de Pasqually, con la mística de su «segundo maestro», Böhme, en aras de alcanzar una vida mística. Fabre d'Olivet (1768-1825), hierofante, espiritista, pitagórico y francmasón, cuya *Histoire philosophique du genre humain* (1824) establece la relación entre providencia, destino y voluntad humana. Eliphas Lévi, pseudónimo de Alphonse Constant (1810-1875), profundo conocedor de los místicos esotéricos, el tarot y la alquimia, cuyas obras (*Dogme et rituel de la haute magie, Histoire de la magie* y *La Clef des grands mystères*, 1854-1859) exponen sus postulados sobre el misterio y establecen sus leyes sobre la magia (correspondencia alterna, voluntad humana y luz astral). Helena Petrovna Blavátskaja o Blavatski (1831-1891), fundadora de la Sociedad Teosófica, nos ha dejado *Isis Unveiled* (1877), que profundiza en el principio renacentista de la *Prisca theologia* (una teología, entrelazamiento de todas las religiones, fue antiguamente entregada por Dios al hombre), y *The Secret Doctrine* (1888), ensayo de reconciliación entre las diversas religiones y doctrinas filosóficas, con especial atención a la antigua sabiduría oriental y la ciencia moderna. Un seguidor de esta teosofía, Rudolf Steiner, se alejó posteriormente de esa corriente para crear el movimiento antroposófico.

[218] El enigmático Fulcanelli se ha labrado un lugar prioritario entre los alquimistas contemporáneos; sus obras rehabilitan los tesoros esotéricos del pasado, en particular la iconología hermética de la Edad Media; véase *Las moradas filosofales*, pp. 65-69. George Ivánovich Gurdjieff (¿1877?-1949), célebre por sus expediciones en busca de lo misterioso y oculto, fundó el «Instituto para el desarrollo armónico del hombre», destinado, mediante danzas y otras técnicas, a liberar al ser humano de la prisión del mecanicismo y alcanzar el yo real, como leemos en su obra póstuma, publicada en inglés,

No todo son nombres propios. En la Edad Moderna toman cuerpo importantes órdenes herméticas: la Rosacruz, cuyos miembros se reclaman herederos de un legendario padre C. R. (Christian Rosenkreuz), autor de los manifiestos (*Fama fraternitatis*, 1614, *Confessio Fraternitatis*, 1615, y *Chymische Hochzeit Christiani Rosencreutz anno 1459*, publicado por el teólogo Johannes Valentinus Andreae en 1617). Su objeto es alcanzar las verdades esotéricas del pasado sobre el universo físico y espiritual. Ulteriormente, los ritos y prácticas rosacrucistas se ven subsumidos en diversas órdenes masónicas. Conviene mentar la orden hermética *Golden Dawn*: entre finales del siglo XIX y principios del XX reúne en diversos templos de Inglaterra e Irlanda dedicados a Isis-Urano, Hermes o Amón-Ra a célebres cabalistas y alquimistas (W. Wynn Westcott, S. L. M. Mathers y A. Edward Waite) para estudiar magia, fabricar talismanes y relacionarse con ángeles protectores. Yeats y Spare, avezados en los misterios ocultos, interpretan el sistema mitográfico de Blake a la luz de la teosofía de esta orden[219]. En fin, las divinidades, en todas sus formas, están en la base de los paganismos modernos; así, la Wicca de Gerald Gardner y Doreen Valiente fomenta el culto dual (una diosa y un dios) y las experiencias anímicas de inmersión universal obtenidas a través del yoga o la hipnosis.

Hasta aquí los apuntes históricos. Más nos importa aún la dimensión trascendente del esoterismo y de sus correlatos: ¿hay trascendencia? Esta sencilla pregunta requiere una compleja respuesta. La trascendencia puede referirse al principio o al objeto de conocimiento. Referida al principio: a diferencia de los sabios religiosos –que atribuyen el origen de sus conocimientos a una revelación y trascendencia religiosa positiva–, y aun cuando no faltan sabios esotéricos que atribuyen sus saberes a una fuente sobrenatural, la mayoría de herméticos, alquimistas y astrólogos se sirve de la razón natural para desentrañar los arcanos del universo. Referida al objeto: a diferencia de los sabios científicos –que solo se interesan por los conocimientos experimentables–, aquí hay mayor concordancia entre sabios religiosos y esotéricos, pues estos persiguen el conocimiento de realidades que sobrepujan la razón científica. Dicha coincidencia no permite identificarlos entre sí, por cuanto el objeto de conocimiento y de culto en las religiones positivas está revestido de una dimensión sobrenatural de tipo personal, algo habitualmente descartado en los esoterismos[220]. La dificultad aumenta cuando se acercan los extremos

---

Life is Real Only Then, When «I Am»: All and Everything (1978). René Guénon (1886-1951), filósofo cercano a la mística sufí, defensor de la «Tradición primordial» (desarrollo de la *Prisca theologia*) y convencido en la existencia del gran centro iniciático y legendario de Agartha (*Le Roi du monde*, 1927). Julius Evola (1898-1974), enfrentado a la teosofía y el espiritismo, investiga la naturaleza sapiencial y filosófica de la alquimia en su obra *La tradizione ermetica* (1931).

[219] Véase J. Whittaker, «The divine image: remaking Blake's myths», pp. 22-26. A propósito de la distinción entre masonería gremial y masonería especulativa u ocultista, así como las teorías sobre su origen, merece una lectura el libro de C. Vidal, *Los masones*, pp. 9-37. Aunque la Rosacruz ha tenido muchos epígonos, no se ha probado su existencia como orden primigenia.

[220] Los gnosticismos divergen en este aspecto tanto de las religiones reveladas como de los esoterismos. Su Dios es absolutamente trascendente al mundo, es decir, ajeno a cualquier relación con el mundo: «Dios Extraño» (*xénos, allotrios, extraneus*), «el Otro» (*allos, héteros, alius*), «Escondido» (*agnôstos, ignotus*), «Desconocido» (*naturaliter ignotus*), solo cognoscible por revelación gnóstica, y opuesto a otro dios, inferior o malo, creador o dominador, Demiurgo o Diablo, principio engendrado o Príncipe de las tinieblas. Por tanto, su Dios es también ajeno a cualquier relación con la historia del mundo, en oposición al tiempo cíclico o circular de la tradición helénica y al tiempo continuo y uni-

aquí separados: abundan los textos esotéricos que combinan de modo sincrético las fuentes (religiosas, astrológicas, alquímicas) y las dimensiones trascendentes (personal, impersonal)[221]. A este aprieto se suma el provocado por el símbolo, recurso habitual del esoterismo, cuyas significaciones no derivan menos de los rasgos gráficos que del entorno cultural en el que nacen o son interpretados[222]. Piénsese en el tarot medieval (de orígenes posiblemente milenarios), convertido en arte divinatoria por el ocultista Etteilla (Jean-Baptiste Alliette), y cuyo simbolismo mistérico («arcano mayor», «arcano menor») ha sido profusamente utilizado en literatura[223].

Por si estas disquisiciones fueran pocas, debe añadirse una más: el marco ficcional. En efecto, por muchos y muy importantes que sean los elementos esotéricos de un texto, la mitocrítica cultural solo podrá tenerlos en cuenta si aparecen, de algún modo, como soporte, centro o derivaciones del universo de ficción.

Estas coordenadas previas pueden ayudarnos a ver cómo funciona la trascendencia en clave esotérica. Sirva de ejemplo un texto que combina brillantemente estos saberes

---

lineal de la tradición cristiana: frente al círculo griego y la línea derecha cristiana, la línea quebrada gnóstica; véase H.-C. Puech, *En quête de la Gnose, I.– La Gnose et le temps*, pp. 217-240. Conviene mentar la corriente gnóstico-iraní en la que encuentra acomodo la unión mística propugnada por Sohrawardi, que H. Corbin sintetiza en el motivo del «hombre y su ángel»: culminación del yo personal en la persona del ángel que, siendo su origen, también es su «lugar» de regreso; tras el exilio, el alma no se une con el «abismo divino impersonal e insondable» ni con el «Dios extracósmico, trascendente y personal», sino con su «Unidad», una unidad arquetípica que presupone «algo así como un catenoteísmo místico», *L'Homme et son Ange*, pp. 41-42.

[221] Así, el tratado anónimo *Aurora consurgens* (siglo xv), comentario de la traducción latina de *El agua plateada* del alquimista Ibn Umail (siglo x), contiene, además de ilustraciones del también alquimista y gnóstico Zósimo de Panópolis (siglo iii), varias paráfrasis al *Cantar de los cantares* y otros textos bíblicos, en las que dialoga una pareja alquímica cuyos miembros no son fácilmente identificables: ¿quién es la «Reina» o «Sabiduría del Mediodía»?: ¿la Sophia gnóstica, la reina de Saba o la Virgen María?; ¿quién es el «Rey»?: ¿Salomón o Jesucristo?; véase C. Janés, «Una estrella de puntas infinitas», p. 27. Así, también, al sentido puramente religioso del templo de la Kaaba, se añaden las interpretaciones esotéricas: los cuatro ángulos de la construcción aluden a las misiones respectivas de Noé, Abraham, Moisés y Jesús, pero, además, el ángulo iraquí, en el que está encajada la Piedra Negra, «tipifica la relación de toda cosa terrenal con el mundo superior de la Inteligencia», H. Corbin, *Templo y contemplación*, p. 222.

[222] Una cruz cuyos lados están doblados en ángulo recto sugiere en múltiples tradiciones milenarias diversos referentes astrales según los lados se doblen a la derecha (esvástica o suástica) o hacia la izquierda (sauvástica): sol/luna, sol primaveral ascendente/sol autumnal descendente, fuerzas del yin y del yang. Este símbolo también ha sido asociado con el disco solar alado y con el polo, el centro místico y el *axis mundi*. Puesta en movimiento, la esvástica sugiere la circularidad del cuadrado y la cuadratura del círculo, tan importantes en el simbolismo del mandala. Las connotaciones eternas de la esvástica no han pasado inadvertidas a posteriores movimientos ocultistas; véase A. Stevens, *Ariadne's Clue*, p. 185. Sobre el *axis mundi*, como «especie de columna universal que liga y a la vez sostiene el Cielo y la Tierra», véase M. Eliade, *Le Sacré et le Profane*, pp. 34-52.

[223] Fátima Gutiérrez analiza agudamente las claves interpretativas del tarot (inversión de lo ficticio en real y viceversa, ordenación occidental de la naturaleza salvaje) en *Vendredi ou les limbes du Pacifique*, de M. Tournier (1967); véase «Sobre el Tarot y otras mancias en *Vendredi…*», *passim*. En *Arcanes du désir*, última novela de Bertozzi, un joven investigador francés se dirige al Cairo, ávido de aumentar sus conocimientos sobre la arquitectura cultual egipcia. Tras enamorarse de su cicerone Nefertiti, adquiere saberes de alquimia, masonería, religión y mitología; todos se revelarán útiles en su empeño final: alcanzar, gracias a la unión mística con Nefertiti, dramáticamente fallecida, una larga vida, sucedáneo de la vida eterna; véase p. 134.

con el mito del hombre primordial como andrógino cósmico, desintegrado en partes conflictivas en nuestro mundo material y bisexual, pero aún apto para recobrar su integridad perdida. En *El banquete* de Platón, Aristófanes se propone mostrar la excelsitud del dios Amor; el texto es archiconocido: «tres eran los sexos de las personas, no dos, como ahora…». Tras describir al ser humano primigenio, precisa: «Eran tres los sexos y de estas características, porque lo masculino era originariamente descendiente del sol, lo femenino, de la tierra, y lo que participaba de ambos, de la luna, pues también la luna participa de uno y de otro»[224]. Continúa el relato con la decisión de Zeus de cortar a los hombres por la mitad para atajar sus insolencias. Dejemos al dios atareado en su taller de cirugía y fijémonos en la correspondencia astral sol–tierra–luna/masculino–femenino–andrógino. Esta relación, típicamente esotérica, replica el binomio macrocosmos/microcosmos, originado en la escuela jónica de la filosofía presocrática, y la aplicación de la bisexualidad a la luna, sostenida por Filócoro de Atenas por estar situada entre el sol y la tierra. Estamos ante una serie de pensamientos apreciados por el gnosticismo y el orfismo que encontrarán fértil terreno de cultivo en el neoplatonismo y serán diseminados en Occidente a través de la astrología y la cábala posteriores.

Así, la correspondencia astral entre el ser humano («pequeño mundo») y el cosmos («gran mundo») está en el corazón de las doctrinas de Paracelso: «El "astro interior" del hombre es igual al "astro exterior" en su condición, índole y naturaleza, en su desarrollo y estado, y distinto únicamente en su forma y materia. Porque por naturaleza son un solo ser en el éter y también en el Microcosmos, en el hombre. […] Debes contemplar al hombre como un trozo de Naturaleza encerrado en el cielo»[225]. Por su parte, el planteamiento neoplatónico, según el cual el curso cósmico va desde el Uno y el Bien hacia la multiplicidad y la maldad antes de regresar al Uno, encuentra eco en los comentaristas cabalísticos previamente mentados (*Séfer ha-zohar* o *Zohar*), que elaboraron una interpretación mística o figurativa del Antiguo Testamento. Para un pueblo traumatizado por una repetida diáspora, el mal es concebido como exilio, no solo del lugar de la tierra patria sino también de la fuente del Ser divino a la que es preciso retornar; esta separación reduplica, además, el pecado de Adán, evento eminentemente separador de la «esposa» con Dios («el exilio de la Shejiná»)[226].

Como vemos, a nadie se le esconde la dificultad de análisis que presentan los textos esotéricos. No basta corroborar la trascendencia, también hay que penetrar en su ori-

---

[224] Platón, *El banquete*, 190a-b, en *Diálogos*, M. Martínez Hernández (trad.), t. III, p. 223; véase también n. 69.

[225] Paracelso, *Textos esenciales*, C. Fortea (trad.), pp. 80-96. El Fausto de Goethe retoma más tarde estas teorías en una curiosa simbiosis de aspiraciones alquímicas, astrológicas y herméticas. Confinado en su gabinete como en un calabozo, el mago sostiene sobre sus manos un volumen de Nostradamus; siente entonces, más que nunca, aborrecimiento por sus papeles e instrumentos y sueña con conocer «el rumbo de los astros», dejarse instruir por la naturaleza y así descubrir las facultades del alma. Abre entonces el libro, fija sus ojos sobre «el signo del macrocosmos» («das Zeichen des Makrokosmus») y exclama: «¡Ah, qué placer ante esta imagen / fluye de súbito por todos mis sentidos!», Goethe, *Fausto I*, «Noche», vv. 430-431, en *Fausto, una tragedia*, P. Gálvez (trad.), p. 39; de ahí su anhelo y el pacto con Mefistófeles. No hay macrocosmos sin microcosmos: el mismo Diablo, más adelante, confiesa que llamaría «el señor Microcosmos» («Würd' ihn Herrn Mikrokosmus nennen») al hombre capaz de conocer cuanto él mismo sabe (*ibid.*, v. 1.802, p. 127).

[226] Véase M. H. Abrams, *Natural Supernaturalism*, pp. 154-163.

gen (natural, sobrenatural), su dimensión (personal, impersonal) y su marco (ensayístico, ficcional).

En este volumen mento personajes metidos de hoz y coz en alguna de las derivadas esotéricas. Se llevan la palma los que abordan el mundo de la alquimia con fines más o menos peregrinos: Claude Frollo en *Notre-Dame de Paris*, de Hugo (1831); Balthazar Claës en *La Recherche de l'Absolu*, de Balzac (1834); Zénon en *L'Œuvre au noir*, de Marguerite Yourcenar (1968); don Perfecto en *La saga/fuga de J.B.*, de Torrente Ballester (1972), o, incluso, Harry Potter en *Harry Potter and the Philosopher's Stone*, de Rowling (1997).

Otros muchos quedan en el tintero, como las exploraciones sobre los estados del alma (origen, degeneración, transmigración o metempsicosis) que Dante Gabriel Rossetti nos ha dejado, de manera fragmentaria, en su bella historia *St. Agnes of Intercession* (*ca.* 1848). Por supuesto, también son de interés los textos donde un real o hipotético esoterismo, sin ser explícito, ha espoleado la curiosidad de la crítica: piénsese en las *Continuations* del ciclo del Grial, el *Parzival* de Wolfram von Eschenbach (siglo XIII) o *The Waste Land* de T. S. Eliot[227].

En fin, de algún modo y en sí misma considerada, la literatura tiene una faceta esotérica; juguetea con los sentidos dobles de las palabras, con las formas más inverosímiles de la trascendencia, con la inversión de los sistemas establecidos[228]. No en vano Pessoa, desdeñoso del ocultismo de etiqueta, apostólico y filantrópico, simpatizaba con esta «fuente copiosa de sensaciones de misterio y de terror»[229].

La trascendencia de la fantasía

Cuando un personaje trasciende o sube desde su mundo natural al sobrenatural sagrado, acaece el mito (Don Juan frente a la estatua semoviente del Comendador); cuando un personaje trasciende o sube desde su mundo natural al sobrenatural fantástico, acaece la fantasía (Alicia en la novela de Lewis Carroll). Aquí procuraré precisar en qué se distinguen las trascendencias mítica y fantástica.

La fantasía exige la combinación creíble entre realidad e irrealidad, lo cual implica una brevísima reflexión sobre esta última y su enorme importancia en nuestra vida. Siempre que una imaginación sobrepasa los límites de lo real, penetra en lo irreal; nues-

---

[227] Las hipótesis de la crítica sobre el esoterismo de estos y otros poetas son innúmeras. P. Brunel, tras pasar revista a las interpretaciones arcanas y místicas que se esconderían en los escritos «ocultistas» de Rimbaud (*«Alchimie du verbe»*, *«Voyelles»*, etc.), restablece la prioridad poética al margen de derivadas esotéricas; véase *Rimbaud sans occultisme, passim*. Sobre la obra de Rossetti, véase E. Fontana, «Rossetti's *St. Agnes of Intercession* as Metempsychic Narrative Fragment». El *Parzival* presenta un interés añadido: parece contener influencias de los *Hermetica* filosófico-religiosos de la Antigüedad (*Corpus hermeticum* y *Asclepius*) en la Edad Media, época en la que se consideraban perdidos; véase C. Sánchez Pérez, *Hermes Trismegisto: de la mística a la fantasía*, pp. 120-121.

[228] La misma metáfora se basa, como las distintas doctrinas esotéricas, en una visión analógica de la realidad («lo que está abajo es como lo que está arriba, y lo que está arriba es como lo que está abajo», leemos en la *Tabla de esmeralda*, siglos VI-VIII). Nadie pone en duda la dimensión estética del esoterismo. Sobre el enigmático texto de la *Tabla de esmeralda*, autoridad suprema desde su difusión en el Occidente medieval, véase F. Greiner, *Les Métamorphoses d'Hermès*, pp. 189-194.

[229] Pessoa, *Libro del desasosiego*, P. E. Cuadrado (trad.), p. 497.

tra vida es dual: realidad o irrealidad, no hay más. Ahora bien, ambas son permeables: la una lleva a la otra. ¿Quién ha dicho que la realidad detenta el monopolio de la conciencia? Precisamente esta se encarga de hermanar lo real con lo irreal. Ahí, ambos mundos coinciden de manera solidaria y cimentan nuestra actitud y visión del mundo, hasta el punto de que un filósofo ha pronunciado esta frase, solo en apariencia paradójica: «sin contar con la noción de lo irreal no cabe ningún realismo»[230]. Estamos indisolublemente unidos a la irrealidad, sin ella no existiríamos: nuestro pasado y nuestro futuro, ahora mismo, son irreales; ciertamente fueron o serán realidad, pero en este preciso instante carecen de ella (sin que esto permita negar la importancia de sus consecuencias o sus expectativas[231]). En este sentido, pasado y futuro no son más reales que los espacios y figuras imposibles (p. e., la cuadratura del círculo), o las ensoñaciones de nuestra imaginación cuando se introduce por los vericuetos de la realidad virtual. A pesar de esta inexistencia, no hay ser humano capaz de vivir sin la irrealidad: «¿Qué seríamos sin la ayuda de lo que no existe?»[232].

Se entiende ahora la combinación fantástica entre realidad e irrealidad. La verosimilitud de esta operación exige el respeto de unas reglas básicas, entre las cuales figura la oferta de un marco general de coordenadas espaciales y temporales reconocibles, es decir, semejantes a las de nuestro mundo, que el hecho fantástico se encargará de violar. Privada de este protocolo mínimo (marco contrastable y puntualmente modificado), la mente se desvincula del mundo fantástico y deriva hacia la locura, la alucinación o el vacío (pasamos entonces al género fantástico, que abajo trato brevemente). Importa ahondar en el alcance de esa ruptura de las constricciones espacio-temporales para interpretar la dimensión de la trascendencia fantástica.

Un ejemplo de todos conocido: la secuencia *El aprendiz de brujo* (*The Sorcerer's Apprentice*) del filme *Fantasía* (*Fantasia*, Walt Disney, 1940), que combina la balada «*El aprendiz de hechicero*» de Goethe («*Der Zauberlehrling*», 1797) y el poema sinfónico *El aprendiz de brujo* de Paul Dukas (*L'Apprenti sorcier*, 1897). Mickey Mouse está cansado de cargar cubos de agua y verterlos en una pila para el brujo. Aprovechando una ausencia de su amo, se cala el gorro mágico, adopta los gestos del mago y hechiza la escoba para que lo sustituya en su ingrato trabajo. Al instante, las cerdas de la escoba se transforman en pies, del palo surgen dos brazos y el utensilio acomete su tarea con docilidad. Mickey cae dormido y sueña con hazañas de brujería, mientras la dócil escoba se multiplica a sí misma y ejecuta frenéticamente sus idas y venidas hasta inundar de agua el antro del brujo.

---

[230] A. Millán-Puelles, *Teoría del objeto puro*, p. 18. E. Morin establece parecida ecuación entre lo real y lo virtual: «Lo que llamamos el mundo, la naturaleza, la materia, la vida, acoge una dialéctica donde realidad y virtualidad son recíprocamente infraestructura y superestructura la una de la otra. Es decir, que la idea de lo *real* por sí misma se torna insuficiente para dar cuenta de la *realidad* (es decir, de la totalidad, de la contradicción, de la relatividad)», E. Morin, *Autocritique*, en *La Complexité humaine*, H. Weinmann (ed.), pp. 195-196.

[231] Uno de los mayores científicos de todos los tiempos confiesa así la ayuda impagable que le han prestado las elucubraciones de su fantasía: «Cuando me examino a mí mismo y mis métodos de pensamiento, llego a la conclusión de que el don de la fantasía ha supuesto para mí más que mi talento para absorber el conocimiento positivo», A. Einstein, en *Einstein and the Humanities*, D. P. Ryan (ed.), p. 125.

[232] P. Valéry, «Petite lettre sur les mythes», en *Variété II*, p. 256.

Cuando el aprendiz despierta, se ve impotente para detener decenas de escobas portea-doras de incontables cubos con agua. Por suerte, aparece el mago…

¿Dónde está la fantasía? Hay dos, una en el mundo de la ficción y otra en la imagina-ción del personaje (encastrada, a su vez, en esa ficción):

1. Un ratón que, de pie y vestido como un humano, carga penosamente cubos de agua y decide imitar a su amo para evitar el cansancio, solo puede ser un ratón fantástico. Su postura bípeda es sintomática: las condiciones físicas que rigen la motricidad de un animal mamífero en nuestro mundo han sido modificadas. Otro tanto cabe decir sobre la vivificación de la escoba al encanto de las palabras y los gestos de Mickey (fantasía y mito comparten el tema mítico de la vivificación).
2. El relato de la escoba ejecutándose como aguadora es propio del sueño de Mic-key. El protagonista se imagina volando por los aires, conminando a las estrellas para que lancen fuegos artificiales, a las olas para que desencadenen una tempes-tad y a los cielos para que desaten una tormenta… hasta que la «auténtica» tem-pestad de cubos de agua lo despierta bajo la mirada airada de su amo. Esta imagi-nación fantástica no es la propia de los cuentos de hadas (§ 7): se limita a la imaginación de un personaje; no difiere, básicamente, de la del *Quijote*.

Vemos que la trascendencia fantástica atañe de modo particular al tratamiento de las coordenadas espacio-temporales[233]. La relatividad es constitutiva del mundo fantástico; no así del mundo mítico, donde incluso las situaciones relativas remiten a otras cargadas de carácter absoluto. La fantasía trastoca sobre todo la extensión de la materia en el es-pacio, hasta el punto de volverla plástica: fantasía y plasticidad van de la mano. Situa-ciones similares observamos en tantos relatos de fantasía. Alicia cambia varias veces de tamaño a medida que bebe el líquido de la botella, come el pastel o toma mordiscos de las dos partes del champiñón (*Alice's Adventures in Wonderland,* caps. I, IV y V). Pulgar-cito, en el cuento homónimo de Perrault (*Le Petit Poucet,* 1697), se enfunda unas botas recién calzadas por un gigante y salta sobre las montañas, esto es, modela el mundo a su antojo. Pinocchio, en el relato de Collodi (*Le avventure di Pinocchio,* 1881-1882), proce-de de un trozo de madera; es más, observa, agradecido, cómo Gepetto le reconstruye los pies quemados por el caldero. En la fantasía, la materia es infinitamente plástica. El de-seo o el miedo imponen a la imaginación modificaciones caprichosas, de orden marca-

---

[233] En su extenso análisis sobre los principios seminales del arte y la crítica, Coleridge distingue entre una imaginación primera –facultad «de toda humana percepción» en tanto que repetición del acto creador del infinito «Yo soy»–, una imaginación segunda –eco voluntario de la anterior, de la que solo difiere en el grado y el modo operativo– y la fantasía *(fancy)*, emparentada con el término griego φαντασία ('aparición'). Esta última «no es otra cosa que un modo de la memoria emancipado del or-den del tiempo y del espacio», S. T. Coleridge, *Biographia literaria,* W. G. T. Shedd (ed.), XIII, p. 364; véase también IV, pp. 201-202. Ni la distinción del poeta romántico ni, menos aún, mis observaciones sobre la fantasía dan cuenta de todos los tipos de imaginación y fantasía, o de sus aplicaciones a lo largo de la historia literaria y artística, pero pueden orientar sobre una diferencia esencial entre los relatos míticos y fantásticos (todo ellos, como los de ciencia ficción, irrigados por la imaginación). Sobre el giro operado en la imaginación occidental en el siglo xix y principios del xx, véase J. Men-txakatorre, «Imaginación poética y verdad: contribuciones de los Inklings al Romanticismo», *passim*.

damente material, que dan al traste con las constricciones de la realidad asimilable a la de nuestro mundo.

Por supuesto, no faltan relatos míticos donde la materia es maleable a voluntad de los dioses; pero ni la focalización ni el sentido de la plasticidad son idénticos, por cuanto en el mito la maleabilidad no obedece tanto a una cualidad de la materia –por mucho que ayude– como a su plena disponibilidad a la voluntad divina. Además, la flexibilidad del mundo, pieza medular en los relatos de fantasía, ni es indispensable ni constituye la esencia de los relatos de mitología. En aquellos podemos hablar de una trascendencia fantástica, pero en modo alguno, como en estos, sobrenatural, numinosa, sagrada.

Hasta aquí colaboran, con naturalidad, la credulidad del lector y del personaje. Al tiempo que aquel se deja engañar, este asume todo sin el menor resquicio de duda; el lector acepta sin inquisición la concurrencia simultánea de hechos ordinarios y extraordinarios según las reglas de su mundo. El pacto de lectura es consciente y voluntario en el adulto y espontáneo en el niño; el personaje no sabe de pactos, está dentro de la diégesis. Mickey y Pulgarcito son usuarios de la fantasía, no se detienen en escrutarla: para ellos, el marco espacial es normal; no está, como para nosotros, desencajado.

Aun conservando sus notas fundamentales, la fantasía ha adoptado en nuestros días formas muy variadas. Las series de ficción han desarrollado sin cortapisas los ingredientes de la fantasía tradicional, hasta entrar en colisión con sus correlatos. A partir del cómic *The Boys* (G. Ennis y D. Robertson, 2006-2012), la serie homónima (E. Kripke, 2019-) presenta un universo donde siete superhéroes gozan de una admiración rendida del público estadounidense debido a sus capacidades (Homelander puede volar, Maeve es invulnerable, Translucent se torna invisible). Algunos, como el escritor mutilado por una heroína «con poderes de hielo» (temp. 1, ep. 6, «The Innocents»), los consideran dioses. A ellos se enfrentan los Chicos, «vigilantes» que procuran reducir el alcance de las hazañas de los Siete, simples fechorías para sus ojos desengañados. En efecto, a medida que Butcher y sus antihéroes recaban información, aumenta su convencimiento de la ruindad, arrogancia y corrupción de sus oponentes. El momento álgido llega en la sección de maternidad de un hospital, donde los Chicos descubren que la empresa Vought International inocula un compuesto químico en determinados bebés para generar nuevos superhéroes[234]. Desde un punto de vista semántico, la patraña es desvelada; desde un punto de vista mitocrítico, la serie da por descartada la vertiente mitológica y opta por la ciencia ficción.

* * *

[234] «Escogidos por Dios, ¡y un huevo! –exclama Butcher–, estos jodidos están siendo fabricados en un laboratorio», *The Boys*, «Good for the Soul», temp. 1, ep. 5. La misma Starlight (Annie en su vida habitual) había creído literalmente a su madre («You made me think that I was chosen by God»), hasta que Hughie le desvela la cruda verdad, temp. 1, ep. 8, «You found me». En este tipo de promiscuidades, la fantasía y la ciencia ficción suelen llevarse la parte del león, sobre todo en el cine –debido a la prioridad de la imagen–: *Tale of Tales* (M. Garrone, 2015, basado en *El Pentamerón* de Basile), *Aquaman* (J. Wan, 2018). Tarea pendiente antes y ahora: ¿cómo representar el mito en el cine y las series de ficción? Con trucajes geniales, sin recurrir a efectos especiales, algunos directores han mostrado pistas, aunque más propias de la fantasía: los guantes «líquidos» y los espejos «penetrables» en *Orphée* (1950) de Cocteau.

Muy distinto es el caso del género fantástico, caracterizado por la vacilación del personaje sobre la realidad circundante y su experiencia de lo siniestro. Los ejemplos son innúmeros: *El hombre de arena* (Hoffmann, 1817), *La Venus de Ille* (Mérimée, 1837), *El monte de las ánimas* (Bécquer, 1861), *La cortina carmesí* (Barbey d'Aurevilly, 1874), *El Horla* (Maupassant, 1882), *Sonata de otoño* (Valle-Inclán, 1902), etcétera.

Todorov afirma que la percepción de un acontecimiento inexplicable según las leyes de nuestro mundo sitúa al personaje o al lector ante la disyuntiva de elegir una entre dos opciones posibles: o bien se trata de una ilusión de los sentidos, esto es, de un engaño de la imaginación (las leyes del mundo son pertinentes), o bien se trata de un acontecimiento real (cuyas leyes son desconocidas):

> Lo fantástico ocupa el tiempo de esta incertidumbre; en el momento en que se elige una u otra respuesta, se abandona lo fantástico para entrar en un género vecino: lo extraño o lo maravilloso. Lo fantástico es la vacilación experimentada por un ser que no conoce más que las leyes naturales, frente a un acontecimiento en apariencia sobrenatural[235].

Cabe extraer de esta cita dos ideas de la mayor importancia: 1) el estudio del concepto de fantasía no es ajeno a las reacciones del personaje, auténtica piedra angular de cualquier relato; 2) no hay, en el género fantástico, el menor atisbo de «fantasía» o de «maravilla» abiertas a la trascendencia sagrada.

Abordaré a continuación un texto contemporáneo dentro de este género. Carlos Fuentes es conocido por aplicar a los argumentos de sus obras una densidad profunda, a la manera de los estratos arqueológicos discernibles en las ciudades mexicanas. Tal es el caso del cuento «Chac Mool», publicado en su primer libro, *Los días enmascarados* (1954). Filiberto adquiere un Chac Mool –tipo de escultura precolombina mesoamericana– que, al contacto con el agua, toma vida y se apodera de él; tras numerosos desasosiegos, por fin logra huir a Acapulco, con la esperanza de que el Chac Mool, depositado en el sótano, envejezca o muera. Pero es él mismo, Filiberto, quien muere ahogado. Cuando el narrador del relato traslada el cuerpo de su amigo Filiberto a la antigua casa de este, lo recibe un indio de fisonomía similar a la de la estatua que pronuncia estas reveladoras palabras: «Lo sé todo. Dígale a los hombres que lleven el cadáver al sótano»[236]. Hay mito en la venganza de sangre insatisfecha que demanda el ídolo, pero también hay fantasía.

Como de costumbre, para distinguir hay que analizar. Si bien el regreso de un ser (presuntamente) muerto a la vida forma parte de un relato mítico, asistimos aquí a dos acontecimientos fantásticos incuestionables:

---

[235] T. Todorov, «Definición de lo fantástico», p. 48; *Introduction à la littérature fantastique*, p. 29. «El tiempo de esta incertidumbre» es homologable al «tiempo de una vacilación», *ibid.*, p. 46. M. Viegnes resume las innumerables concepciones de lo fantástico en dos: la hermenéutica o intelectual (sostenida por Todorov) y la espectacular o visual (la sostenida por M. Milner, que abordaré de inmediato, destinada a mostrar lo increíble y más ligada a la etimología del término»); véase *Le Fantastique*, pp. 14-18. Lo extraño es el producto no marcado de una discrepancia entre cualquier norma y cualquier supuesto acontecimiento empírico; lo maravilloso es lo extraño, pero apropiado a una red de reivindicaciones de poder; cfr. R. Gordon, «Imagining Greek and Roman Magic», p. 169.

[236] C. Fuentes, «Chac Mool», en *Los días enmascarados*, p. 27.

1. La adquisición de formas incompatibles –más precisamente: la adopción sucesiva, por una piedra, de diversas formas al margen de las leyes físicas de nuestro mundo– supone la irrupción de lo fantástico. Esta es la fantasía espacial.
2. La presencia de un ser (aquí, un dios) en diversos tiempos al margen de las leyes cronológicas de nuestro mundo también supone la irrupción de lo fantástico (el Chac Mool, perteneciente al periodo posclásico mesoamericano –siglos X-XVI–, reaparece en el siglo XX). Esta es la fantasía temporal.

Es sintomático que estas dos caras de la fantasía provoquen un cambio radical en el comportamiento del protagonista, hasta el punto de que Filiberto pasa por loco. Pero él, tras atravesar una fase de perplejidad (lapso «fantástico», diría Todorov), está convencido de la realidad de lo que ve y experimenta.

No hay modo de saber, al final del relato, si el personaje que recibe al amigo de Filiberto es un indio más o el mismo Chac Mool. También invade al lector la duda sobre la identidad del cadáver de Filiberto –que el amigo lleva a su antigua casa– e, incluso, del mismo Chac Mool –doble de Filiberto que, siempre ávido de agua, se habría ahogado en Acapulco.

A diferencia del mito, que explica lo inexplicable, la fantasía de este género provoca la irresolución en la mente del personaje y del lector o del espectador, a menudo mediante una estudiada combinación de la trama con ilusiones sensitivas; el relato fantástico recurre al desarreglo de los sentidos (diría Rimbaud), con objeto de provocar la suspensión del juicio. Semejante duda asalta al lector en *El hombre de arena* de Hoffmann o *La Venus de Ille* de Mérimée[237]. Una plétora de relatos testimonia el apogeo del género fantástico, el satanismo grotesco en Francia, lo maravilloso cristiano y la moda gótica en Inglaterra durante el siglo XIX; muchos de ellos hallarán continuidad en los denominados géneros *gore* o *splatter* y *zombi*, hoy masivamente propulsados por los efectos especiales cinematográficos[238]. El género fantástico no persigue tanto la referencia a

---

[237] Con razón la crítica respeta la indefinición acariciada por los autores; así, «en las entrelíneas del motivo fantástico» de estos mismos cuentos, R. Campra admite la hipótesis de «una peculiar hierofanía», *Territorios de la ficción. Lo fantástico*, p. 47.

[238] Sobre estos géneros y subgéneros, el lector consultará con provecho el ingente material proporcionado por Max Milner en *Le Diable dans la littérature française*, donde da cuenta de las perturbaciones producidas en los personajes por la ilusión sensitiva, óptica o musical; véanse t. I, pp. 473-484, y t. II, pp. 325-332. Por desgracia, este crítico no distingue entre mito y fantasía, y, cuando define aquel, lo reduce a «un aspecto de la condición humana condensado en una historia o en un ser, que permite –a quien se contempla en él– resolver sus propios conflictos», t. II, p. 485. La línea fundamental de su trabajo –la «perspectiva histórica», p. 484– incapacita para detectar la distinción entre las diversas trascendencias que somete a estudio. Semejante cajón de sastre encontramos en *La Littérature fantastique en 50 ouvrages*, antología donde S. Rochefort-Guillouet amontona, como buhonero en su carreta, relatos heteróclitos: *Drácula* de B. Stoker, *El Horla* de Maupassant, *El monje* de Lewis, *La piel de zapa* de Balzac, *Frankenstein* de Mary Shelley... Su vagarosa definición de mito («relato fabuloso que pone en escena acciones que evocan simbólicamente aspectos de la acción humana», p. 237), explica esta madeja de confusiones. Más esclarecedora resulta otra obra del mismo Milner: *La Fantasmagorie*. Toda creación imaginaria está condicionada por la evolución de las teorías y las técnicas que modifican las relaciones del hombre con su entorno e incluso la misma representación que él tiene de su situación en el mundo; teorías, técnicas y representación que, las más de las veces, obedecen a exigencias de tipo irracional. El estudio de las ilusiones ópticas vendría a explicar no solo

una trascendencia como la gestación de dilemas en el lector a partir de los experimentados por el personaje. Pero este mismo efecto de duda y extrañeza no tiene razón de mito.

El tema del doble, mentado a propósito de la obra de Fuentes, ofrece una importante ramificación en las reacciones fantasiosas de los personajes. Escurridizo a cualquier intento definitorio, el *Doppelgänger* responde a una serie de características mínimas: compulsión óptica y lingüística, proceso de construcción y representación identitaria marcado por la dualidad gnoseológica y biológica, desplazamiento disfuncional basado en el regreso, la repetición y la deslocalización. A expensas de su conciencia, el personaje afectado por esta patología crea fantasmas marcados por un tándem de anhelos irresistibles, ora hacia la erotomanía, ora hacia la paranoia[239]. *El lago de los cisnes* de Chaikovski (1.ª repr. 1877) no contiene implicaciones sobre el doble; la obra, con sus refinadas acrobacias, concesiones al cuerpo de *ballet* e inolvidables *fouettés*, sintetiza la sempiterna lucha entre el bien y el mal de la que sale victorioso el amor[240]. Sí las contiene una célebre adaptación cinematográfica contemporánea, *Black Swan*, de Aronofski (2010), donde la protagonista es víctima de numerosas alucinaciones causantes de autolaceraciones inconscientes, compensaciones afrodisíacas y, en última instancia, la propia muerte[241]. La antagonista de Nina no es Lily, sino ella misma; lo muestra a las claras el

---

las condiciones de representación y transformación de los fenómenos luminosos en imágenes perceptibles para el ojo humano, sino su función en la literatura fantástica, donde abundan las anomalías de la visión que desvelan a menudo deseos, angustias y temores de los personajes inmersos en el mundo fantástico.

[239] Véase A. J. Webber, *The «Doppelgänger»*, pp. 2-49.

[240] El veleidoso príncipe Siegfried ignora las amonestaciones de su madre para que tome esposa durante el baile del día siguiente. Con la caída de la tarde, llega en compañía de sus amigos al lago para cazar cisnes, donde todos asisten perplejos a la transformación de las aves en hermosas doncellas. La princesa Odette explica a Siegfried su hado: están hechizadas por el mago búho (Von Rothbart) a convertirse en cisnes de día, mientras de noche retoman su forma auténtica junto al lago; el encanto concluirá cuando alguien que nunca antes haya amado la ame de verdad. El joven se dispone a liberarla, pero ella desvela que el genio búho solo morirá cuando alguien enamorado se sacrifique por ella. Tras prometer fidelidad a Odette durante el baile, el príncipe regresa al palacio, donde Rothbart se presenta disfrazado junto a su hija Odile, transformada bajo la apariencia de Odette. El príncipe, creyendo que Odile y Odette son la misma persona, pronuncia su voto de desposarse con la hija de Rothbart. Apenas se percata del engaño, corre presuroso al lago, pero ya es tarde: allí el genio le exige el cumplimiento de su promesa a Odile. Cuando la joven se lanza desesperada desde un acantilado, el genio la persigue para transformarla definitivamente en cisne, pero Siegfried elige compartir su suerte, lo que provoca –además de la muerte del hechicero– la apoteosis de los amantes; véanse el libreto de Marius Petipa (1895 [https://petipasociety.com/swan-lake-libretto/]) y A. Abad Carlés, *Historia del ballet y de la danza moderna*, pp. 104-117.

[241] El director artístico Thomas Leroy busca entre las bailarinas de la Compañía de la Ciudad de Nueva York a la que desempeñará el doble papel de inocente cisne blanco (Odette) y sensual cisne negro (Odile). A pesar de no encarnar bien el segundo personaje, la elección recae sobre Nina. Una competición larvada se desata entre la desenvuelta Lily y la inhibida Nina, que empieza a sufrir una serie de alucinaciones seguidas de inexplicables heridas a lo largo del cuerpo. Tras una noche de desenfreno erótico en compañía de Lily, Nina se obsesiona más aún por asegurarse el papel principal. Enterada de que Lily la sustituirá en el estreno, convence a Thomas para recuperar su papel como Odette. Tras una representación defectuosa debido a una nueva alucinación, Nina encuentra en su camerino a Lily preparándose para actuar como Odile. Ambas se enzarzan en una pelea que hace añicos un espejo; Nina le clava a Lily la esquirla de un cristal, esconde su cuerpo y corre al escenario donde ofrece una actuación perfecta como Odile. De vuelta en su camerino, recibe una visita de Lily

homicidio supuestamente perpetrado contra su compañera cuando, por una disfunción óptica, Nina cree ver en Lily sus propios rasgos faciales y se ataca a sí misma. En el *ballet*, el mago transforma «realmente» a su hija Odile para que aparezca como Odette ante el príncipe y todos los demás cortesanos; en la película, todas las apariencias suceden únicamente en la imaginación trastornada de Nina. La trascendencia fantástica del cuento ruso ha sido sustituida por una crisis de la subjetividad identitaria[242].

* * *

La utopía o descripción de formas de vida comunitaria consideradas como perfectas o altamente valoradas requiere un mínimo apunte. Las antiguas utopías, sean escapistas o constructivas, se caracterizan por el estatismo resultante de la escasez de recursos y su respeto de la simplicidad y moderación, ambos posteriormente reformulados por Thomas More en un sentido universalista y en clave judeocristiana[243]. Fue este último quien bautizó bajo el nombre de *Utopia* (1516) la república feliz de su isla imaginaria, situada a quince millas de tierra firme, en América del Sur, pero más difícil de encontrar que El Dorado. El término ha hecho fortuna, y los autores han competido amontonando en geografías ignotas componendas sociales, movimientos milenaristas, proyectos disparatados a modo de proposiciones para mejorar la vida de la comunidad. En todos ellos sobrepuja un ideal, la confianza en la buena reglamentación para el afianzamiento de una felicidad inasible en las condiciones actuales de la existencia, cuando no la convicción de una sociedad misteriosamente perfecta, a la manera de la ciudad de Dios agustiniana. Sin embargo, «la utopía es la Ciudad del Hombre y nada más que eso, indiferente a cualquier pensamiento religioso»[244]. La ciudad lógica de Hipódamo de Mileto (siglo v

que viene a congraciarse: atónita, Nina descubre que se había clavado el cristal en su propio abdomen, del que empieza a brotar sangre. Retorna a escena para el último acto, en el que vuelve a triunfar y donde, de acuerdo con el argumento, debe cometer un falso suicidio despeñándose por un acantilado (en realidad, cae sobre un colchón escamoteado). Cuando todos acuden a felicitarla, la encuentran agonizante pero feliz por su perfecta actuación.

[242] Según los casos, esta esquizofrenia puede obedecer a motivos mitológicos. En *El Señor de los Anillos*, un célebre personaje, antiguamente hobbit, sufre una severa distorsión física y psíquica debida a la posesión del anillo: su identidad está disociada entre una personalidad «buena» (Sméagol) y otra «mala» (Gollum), que dialogan entre sí –«porque no tienen con quien hablar»– y a las que, movido por su rústica perspicacia, Sam denomina Slinker y Stinker; véase *The Two Towers*, en *The Lord of the Rings*, IV, III, «The Black Gate is Closed», t. II, p. 274. Por más que Gollum diga «¡Mío!» («My own»), él es el poseído por la fuerza maligna del anillo. La cinta homónima correspondiente (P. Jackson, 2002) dramatiza por extenso su lucha interior, resumida en la tesitura de ayudar o perjudicar a Frodo.

[243] Véase J. Lens Tuero y J. Campos Daroca, *Utopías del mundo antiguo*, p. 14. Estos autores consideran a Hipódamo de Mileto y Faleas de Calcedón (cuyas propuestas nos han llegado a través de la *Política* de Aristóteles) como los primeros utopistas.

[244] J. Servier, *L'Utopie*, p. 14. En *Aline et Valcour*, del marqués de Sade (1795), Sainville visita sucesivamente una distopía (el reino de Butua) y una utopía (el reino de Tamoé); Butua, cuyos habitantes son antropófagos, crueles, pérfidos, promiscuos e incestuosos, es una mofa del «mito» del buen salvaje; Tamoé, cuyos habitantes viven de acuerdo con la cultura, la libertad, el deísmo, el trabajo y la filantropía, es un alegato de las Luces, véase carta XXXV, J. M. Goulemot (ed.), pp. 215-374. En ambos relatos el mito brilla por su ausencia.

a.C.), la abadía de Thélème de Rabelais (*Gargantúa*, 1535) o la ciudad femenina de D. Ireland (*City of Women*, 1981) son fantásticos objetos de deseo que dicen mucho de sus inventores, pero nada de una trascendencia[245].

La trascendencia de la ciencia ficción

Una constatación de perogrullo: el mito y la ciencia ficción son extraños compañeros de cama. Como todas las afirmaciones osadas, esta tiene su objetivo: marcar el terreno; de igual modo, como toda declaración terminante, debe ser matizada[246].

A primera vista, la fantasía se presenta más condescendiente en sus relaciones con la ciencia ficción que con el mito. La trascendencia de la fantasía, habitualmente privada de dimensión sobrenatural numinosa, es de carácter eminentemente espacial; con menor frecuencia, temporal. La flexibilidad y la plasticidad que la fantasía imprime al mundo imaginado proceden de la ruptura de los límites materiales de cosas y personajes. Aunque en apariencia impotente, la imaginación lo puede todo. La fantasía imaginativa permite la coalescencia de lo posible y lo imposible: las botas de siete leguas se adaptan tanto a los pies del ogro como de Pulgarcito, un viento del Este trae y lleva consigo a Mary Poppins, la sombra de Peter Pan se separa de su figura... De una manera u otra, estos protagonistas vuelan, ignoran la ley de la gravedad. Poco importa: la fantasía literaria se desentiende (en apariencia) de la verosimilitud; se despreocupa de las reglas, sobre todo las científicas. Por el contrario, la ciencia ficción, habitualmente cuidadosa del efecto verosímil, discurre por una línea tangente. Lo cual no obsta para que fantasía y ciencia ficción se crucen donde sus relatos correspondientes franquean de modo explícito los límites espaciales y, según los casos, los temporales. Ahí encuentran su confluencia fantasía y ciencia ficción.

Basten varios ejemplos de textos y películas para constatarlo. Los robots en *R.U.R.*, las apariciones de los visitantes en *Solaris*, Anakin Skywalker, convertido en cíborg en

---

[245] Cándido y su criado Cacambo visitan por azar El Dorado, donde las calles están recubiertas de piedras preciosas, los niños juegan con tejos de oro, las habitaciones están revestidas de piedras preciosas, los alojamientos son sufragados por el gobierno y la única religión practicada es el deísmo; véase Voltaire, *Candide ou l'optimisme*, XVII-XVIII, J. Van den Heuvel (ed.), pp. 66-75. Caso muy distinto es la presencia de indicios mitológicos en esos lugares fantásticos; así, en un lugar impreciso de América del Sur y con motivo de la fiesta del Sol, un cacique se untaba el cuerpo de aceite perfumado y se recubría todo el cuerpo de una capa de polvo de oro fino antes de sumergirse en un lago: este rito de El Dorado significaba el reposo del Sol; véase S. Requemora, «El Dorado», p. 432. Juan Gil da cuenta pormenorizada de los incontables expedicionarios europeos que se internaron por el Orinoco, el Marañón y otros ríos en busca de los reinos de ensueño (el Candire en Paraguay, el Paititi en Perú); también consigna las explicaciones racionales que dieron al cabo de dos siglos de infructuosas pesquisas; *Mitos y utopías del Descubrimiento*, t. III, *El Dorado*, véanse, en particular, pp. 191-194. Sobre la novela de David Ireland, véase R. Walton, «*City of Women*», p. 120.

[246] No pretenden estas líneas dar definición alguna de la ciencia ficción; existen meritorios intentos, entre los que destacaré *Speculations on Speculation*, editado por J. Gunn y M. Candelaria. Estos especialistas en la materia abordan la problemática de un concepto y un género complejos cuya denominación no ha sido desde el comienzo universalmente aceptada, como muestran numerosas propuestas («novela científica», según H. G. Wells; «cientificación», H. Gernsback; «ficción especulativa», R. A. Heinlein, etcétera).

La guerra de las galaxias, o los androides/ginoides de la película y la serie *Westworld* exponen un tratamiento de la materia y los objetos en buena medida uniforme al de los relatos fantásticos. De igual modo, los saltos en el tiempo de *El planeta de los simios, Regreso al futuro, Una vez tras otra, Terminator* o la serie *El hombre en el castillo* tratan el tiempo de manera relativamente similar a los relatos fantásticos[247]. No es raro que la ciencia ficción recurra a la inteligencia artificial para posibilitar malabarismos secularmente atribuidos a la fantasía: en la serie *Upload* (2020), los humanos pueden desechar la vieja (*old-fashioned*) creencia en una vida celestial más allá de la muerte y firmar un contrato con empresas encargadas de «subirlos» virtualmente (*upload*) a una vida paradisíaca (*digital extended life*); un operador informático (*angel*) asegura mediante su tutorización una nueva vida paradisíaca[248].

Esta relativa cercanía entre ciencia ficción y fantasía pone en evidencia, por contraste, la disconformidad entre ciencia ficción y mito, y, por concomitancia, la divergencia entre estos tres correlatos de nuestro imaginario. En efecto, por un lado, fantasía, ciencia ficción y mito concuerdan en varias notas sustanciales: los tres son relatos de acontecimientos extraordinarios de carácter funcional, simbólico y dinámico, compuestos de una serie de elementos (temas y motivos); por otro, los tres divergen en el modo como concitan esos acontecimientos extraordinarios: en el carácter de su trascendencia y en su referencia al tiempo. Así, la fantasía propone una coalescencia entre dos mundos, uno de los cuales detenta una trascendencia absoluta en su espacio mas no numinosa; la ciencia ficción, a su vez, propone una explicación verosímil del acontecimiento extraordinario, al margen de cualquier carácter absoluto y numinoso; el mito, en fin, propone un impacto entre dos mundos irreducibles, uno de los cuales es absoluto en su espacialidad y temporalidad y, además, sagrado en su trascendencia.

Endiablado trabalenguas, lo concedo. Más aún si aproximamos estos dos últimos tipos de relato. A diferencia de la fantasía, el mito no elude la explicación; es más, el

---

[247] Respectivamente: *R.U.R.* (K. Čapek, 1921), *Solaris* (S. Lem, 1961), *Star Wars: Revenge of the Sith* (G. Lucas, 2005), *Westworld* (M. Crichton, 1973, y J. Nolan & L. Joy, 2016), *Planet of the Apes* (F. J. Schaffner, 1968), *Back to the Future* (R. Zemeckis, 1985), «*Time after Time*» de la serie *Supernatural* (temp. 7, ep. 12, 2012), *Terminator* (J. Cameron y G. A. Hurd, 1984-2019) y *The Man in the High Castle* («*The Road Less Traveled*», temp. 2, ep. 2). Por lo demás, también son posibles los acercamientos entre el género fantástico previamente visto y la ciencia ficción. En *El castillo de los Cárpatos* (*Le Château des Carpathes*, 1892), de Julio Verne, varios episodios incomprensibles (apariciones sonoras de Stilla, la amada muerta) provocan la locura del protagonista, Franz de Télek; solo al final de la trama se revela que los extraños acontecimientos eran exclusivamente deudores del ingenio de Rodolphe de Gortz y su inventor Orfanik: mediante sutiles artefactos (fonógrafos que habían grabado cavatinas de ópera y espejos que habían recreado, por reflexión protoholográfica, la figura de Stilla), el excéntrico barón había obtenido una reproducción ilusionista de la diva «tan "real" como cuando estaba llena de vida», J. Verne, *El castillo de los Cárpatos*, XVIII, E. Bernardo Gil (trad.), pp. 247-248.

[248] La serie ofrece una vuelta de tuerca sobre previas situaciones ideadas en torno a la inteligencia artificial: en la película *Her* (S. Jonze, 2013), Samantha, un sistema operativo inteligente, confiesa a Theodore haberse enamorado de cientos de usuarios; la imposibilidad de un amor auténtico con Samantha conlleva la frustración del protagonista; véase A. García Vidal, «¿Sueñan los humanos con Galateas eléctricas?», *passim*. En *Her*, un personaje se enamora de un programa informático; en *Upload*, el enamoramiento es mutuo. Recientemente, M. Gómez Jiménez ha propuesto un análisis sobre estas relaciones amorosas en la ciencia ficción con el trasfondo mítico de Pigmalión y su estatua animada (posteriormente denominada Galatea); véase «De la mujer natural a la belleza artificial…», pp. 29-37.

anhelo de comprensión, requisito para la explicación etiológica, forma parte de la columna vertebral del mito. Otro tanto cabe decir de la ciencia ficción, que proyecta explicaciones según criterios científicos o paracientíficos. Cada cual, ora el mito, ora la ciencia ficción, demanda explicaciones. Precisamente ahí el mito y la ciencia ficción se alejan de la fantasía y se acercan entre sí[249]. Esta combinación de correlatos imaginarios, característica innegable de la posmodernidad, invita al esfuerzo de los investigadores por resolver, mediante análisis meticulosos, las ambigüedades de cada texto y producción artística.

Afán de explicar, comprender y conocer: ese es el punto donde mito y ciencia ficción confluyen. La búsqueda inacabada de referencialidad reúne mito y ciencia ficción; ambos anhelan dar respuesta a las cuestiones sempiternas: el origen de la vida y la conjura de la muerte. En puridad, cada uno responde a su manera: el mito mediante sus alegorías simbólicas y la ciencia ficción mediante sus proyecciones científicas o paracientíficas, suerte de lenguaje alegórico. El modo de materializar este anhelo traza una línea de demarcación entre estos inseparables e inconciliables hermanos.

Lo he insinuado antes, a propósito de la globalización técnica: el poder omnímodo de la ciencia empírica, acompasado por el de sus frustraciones en el siglo XX, ha contribuido tanto a ridiculizar el mito tradicional como a revalorizarlo frente a los acercamientos

---

[249] Se entenderá mejor cuanto digo con dos ejemplos cinematográficos. En la serie *Lost* (2004-2010), el avión del vuelo Oceanic 815, procedente de Sidney y con destino a Los Ángeles, se quiebra en dos como consecuencia de unas turbulencias; algunos pasajeros logran sobrevivir en dramáticas circunstancias sobre una extraña isla del océano Índico que, habitada por furiosos osos polares y letales nubes de humo negro, súbitamente desaparece y reaparece en otro lugar del océano. Una fantasía, a todas luces, corroborada por el último episodio, donde casi todos los supervivientes son congregados en una iglesia de Los Ángeles: los ciento veinte episodios previos serían un fantástico desarrollo onírico de los pasajeros tras su fallecimiento en el accidente. Pero esta primera opción heurística no casa con las pistas dejadas a lo largo de las seis temporadas de la serie: los protagonistas descubren que los fenómenos extraños, incluidos sus viajes a la década de 1970 y las realidades alternativas paralelas, obedecen a las propiedades electromagnéticas del lugar, origen de las turbulencias aéreas. Todos han muerto efectivamente, pero no en el accidente, sino de modo sucesivo durante su estancia en la isla, como consecuencia de encontronazos con «otros» habitantes y las fuerzas electromagnéticas. Sin embargo, esta solución paracientífica tampoco es plenamente satisfactoria; demasiados indicios impiden confiar todo a la ciencia ficción: no solo el «corazón de la isla» y la nube de humo negro tienen algún tipo de autoconciencia, sino que los sobrevivientes han sido «necesariamente» seleccionados por un milenario protector de la isla (Jacob) que busca a la desesperada el «candidato idóneo» para sustituirle en su misión, único modo de preservar, con la isla, la vida sobre el planeta; la congregación en el templo, ulterior encuentro tras cinco años de penalidades en la isla, mostraría entonces que la «odisea» de los protagonistas ha sido una especie de «purgatorio» para que hagan paces con sus víctimas y consigo mismos; véase L. Thoman, «We Finally Understand the Ending of Lost». Semejante conjunción encontramos en la serie *Battlestar Galactica* (R. D. Moore, 2004-2009). La rebelión de androides apenas ha dejado una flota de supervivientes que, sin recursos, abriga la esperanza de encontrar una fabulosa colonia denominada Tierra. Durante una alocución, la presidenta Roslin experimenta una alucinación, que achaca a los efectos colaterales de una medicina paliativa de su cáncer en estado avanzado. La sacerdotisa Elosha desmiente esta etiología: según las escrituras, un líder en exilio tendrá una visión y morirá a consecuencia de una enfermedad debilitante. Más adelante, la presidenta «ve» el planeta salvador: «Las escrituras, los mitos, las profecías. Todo es real». Frente a la incredulidad del comandante Aldama («Esas historias […] son solo historias, leyendas, mitos»), Roslin asume su responsabilidad de cumplir el destino común y envía a la escéptica teniente Starbuck al planeta Caprica; el éxito de la empresa confirma la verdad de sus intimaciones míticas.

simplistas. Nunca sumaré mi voto al aserto trivial de considerar la ciencia ficción como la mitología de los tiempos modernos (o el mito como la ciencia ficción de los tiempos antiguos); tal infundio, que solo muestra ignorancia de ambos conceptos, responde a desatinos formalistas como reducir literatura a narración y comparar, sin profundidad alguna, las naves espaciales del futuro con la nave Argo de Jasón. El mito no se agota en un género, una estructura o una temática (otro tanto puede decirse de la ciencia ficción); de ahí la complejidad de su definición. Lo cual no impide, al contrario, el estudio de obras y producciones de ciencia ficción que recurren una y otra vez a motivos, temas y argumentos mitológicos[250].

En efecto, la búsqueda paralela de explicaciones no faculta para confundir mitología y ciencia ficción. Sería imprudente, por ejemplo, hablar de aventura mitológica en *Metrópolis* (guion y novela de T. von Harbou, 1926, película de F. Lang, 1927). Las evocaciones de mitos bíblicos (los trabajadores devorados por Moloch y la historia de Babel narrada por María) no convierten el texto o la cinta en relatos mitológicos (por mucho que la sede central del empresario Fredersen lleve por nombre «Nueva Torre de Babel»). Concebida como remodelación de la «andreida» Hadaly (*La Eva futura* de Villiers de l'Isle-Adam) y anuncio de Rachael (*¿Sueñan los androides con ovejas eléctricas?* de P. K. Dick, 1968), la Futura/Maria de *Metrópolis* (von Harbou/Lang) presenta el afán de crear mujeres, pero sin abandonar el terreno de la ciencia ficción[251]. Como siempre, es preciso matizar: si bien es cierto que los referentes mitológicos en un texto de ciencia ficción no producen el mito (el hábito no hace al monje), no lo es menos que algunos temas abordados por la ciencia ficción pueden perfectamente, cual es el caso, remitir de alguna forma a mitos (la ciencia ficción hace de su capa un sayo).

Esta última apreciación permite apurar más aún el carácter medularmente antimítico de la ciencia ficción en lo relativo a una trascendencia sobrehumana. En la película *Interstellar* (C. Nolan, 2014), Cooper, ingeniero y piloto retirado, reprende paternalmente a su hija Murphy, empeñada en atribuir a señales de fantasmas (*ghosts*) la caída inexplicable de libros desde la estantería de su habitación: la ciencia –le recuerda– exige he-

---

[250] Los estudios son legión. Por lo general, observan que la ciencia ficción se sirve de dos estrategias en su reelaboración de la materia mítica: transponer el relato antiguo a un universo ficcional ambientado en el futuro pero fuera del planeta Tierra o plantear una temática futurista en el contexto de un mundo mítico; véanse R. López Grégoris y L. Unceta Gómez: «Dioses postmodernos y mitología tecnológica: *Ilión* y *Olympo*, de Dan Simmons» y L. Unceta Gómez, «Odiseas del espacio: reescrituras de la *Odisea* en la ciencia ficción». Sobre la contienda entre ciencia ficción y mito, véase R. Fernández Urtasun, «La lógica emocional y la tensión entre la ciencia y el mito», pp. 81-91. El estudio de las relaciones entre mito y ciencia ficción ha sido el tema central de las doscientas ponencias del VI Congreso Internacional de Mitocrítica («Mito y ciencia ficción», celebrado en la Universidad Complutense, del 27 al 30 de octubre de 2020).

[251] «[Lord Ewal:] –¿Una Andreida? [Edison:] –Una Imitación-Humana, si lo prefiere»; «[Lord Ewal:] –Une Andréide? [Edison:] – Une Imitation-Humaine, si vous voulez», Villiers de l'Isle-Adam, *L'Ève future*, II, IV, p. 183. ¿A qué compararemos estos autómatas femeninos? Más allá de su definición aséptica de futuriciones artificiales, la crítica ha desentrañado, no sin razón, las pulsiones imaginarias (caricaturas de la mujer real, imágenes ideales de la femineidad, metáforas ingenuas de obsesiones inconfesables) de estas «novias inorgánicas» o «compañeras tecnológicas»; véase P. Pedraza, *Máquinas de amar*, pp. 21-25. Sobre el «síndrome de Pandora» o inclusión de personajes femeninos artificiales (ginoides, maniquiféminas, mujeres virtuales) en la ciencia ficción, véase T. López-Pellisa, *Patologías de la realidad virtual*, pp. 192-248.

chos, análisis y conclusiones. Más adelante, el mismo Cooper descifra en unas señales de polvo un extraño patrón que lo conduce, en compañía de su hija, a una instalación secreta de la NASA. Descubierto, debe explicar a unos científicos cómo ha localizado el lugar: «dimos con estas coordenadas a partir de una anomalía»; cuando el Dr. Doyle le pregunta: «¿Qué clase de anomalía?», Cooper musita timorato: «No quiero denominarla "sobrenatural", pero…». Las reticencias a nombrar tal instancia son comprensibles: el ingeniero está adoptando tímida pero progresivamente la actitud de su hija. Más tarde, ya contratado en una arriesgada misión interespacial para encontrar un planeta habitable, viaja al espacio, de donde consigue regresar al cabo de ochenta años gracias a la agudeza intelectual de su hija: era él mismo, no una entidad numinosa, quien, atrapado en la quinta dimensión, intentaba transmitir señales de auxilio tirando libros al suelo. La película, mediante sofisticaciones más propias de la fantasía que de la física, refuerza las tesis de la ciencia ficción: cualquier fenómeno presuntamente numinoso esconde una explicación experimental.

Que este correlato del imaginario solo contemple como trasfondo la inmanencia de las leyes físico-químicas no impide su uso mitológico: «en manos –por ejemplo– de Lewis, la ciencia ficción se vuelve vehículo de mito, al permitir irrumpir lo sagrado en los parámetros inmanentes o seculares de la tecnociencia moderna»[252]. En la trilogía cósmica de este autor (*Más allá del planeta silencioso*, *Perelandra* y *Esa horrible fortaleza*, 1938, 1943 y 1945, respectivamente), los espacios investigados por la ciencia moderna rebosan de vida, porque replican la de los cielos sempiternos.

El afán cognoscitivo, común al mito y a la ciencia ficción, genera también aventuras en el tiempo. Suele decirse que el mito se inclina hacia el pasado y la ciencia ficción hacia el futuro; la realidad es mucho más compleja, como corroboran los apocalipsis míticos. Sería preferible afirmar que ambos correlatos difieren en su orientación del pasado y del futuro[253]. La relación de la ciencia ficción con el tiempo es análoga a la de la fantasía con el espacio: el tiempo se vuelve flexible, incondicionado por las trabas de nuestra situación fija y de nuestro cómputo astronómico.

Una novela paradigmática de la ciencia ficción –*Foundation* (1951), de Asimov– nos permitirá constatar lo expuesto hasta aquí. Las teorías psicohistóricas de Hari Seldon predicen que el Imperio galáctico está condenado, en apenas unos siglos, a colapsar y quedar sumido en una inevitable edad oscura de treinta milenios cuya duración solo podrá reducirse a uno a condición de crear la *Enciclopedia Galáctica*, un inmenso compendio capaz de almacenar el conocimiento humano requerido para una hipotética reconstrucción tras la época de barbarie. El carácter futurista del texto no sorprende. Sí sorprende, en cambio, la importancia de la trascendencia en este texto, hasta el punto de poder descabalar cuanto precede sobre su inexistencia en el género. Es más, cuando el reino de Anacreonte lanza su ofensiva contra Terminus (el planeta de la Fundación a cargo de la *Enciclopedia*), el sacerdote de la nave atacante revierte contra ella misma la operación:

---

[252] J. Mentxakatorre, «Trascendencia y tecnociencia: la trilogía cósmica de C. L. Lewis», p. 53. Como bien explica este crítico, aquí Lewis se sirve de los frutos de la ciencia ficción, no de su perspectiva, *ibid.*, p. 50.

[253] Véanse L. Burnett, «"The Weight of God": Consciousness in *Galatea 2.2* and *Destination: Void*», p. 94, y, más adelante, las reflexiones sobre el tiempo mítico (§ 3).

«En el nombre del Espíritu Galáctico y de su profeta, Hari Seldon, y de sus intérpretes, los santos de la Fundación, maldigo esta nave. Que sus televisores, que son sus ojos, se vuelvan ciegos. Que los amarres, que son sus brazos, queden paralizados. Que las bombas atómicas, que son sus puños, pierdan su función. [...] En el nombre del Espíritu Galáctico, así maldigo esta nave». [...] ¡Y la nave murió![254].

Los soldados, compungidos por el sacrilegio que estaban a punto de cometer, se amotinan contra su comandante y desbaratan la operación; como consecuencia, Anacreonte reconoce su impotencia frente a la Fundación y el peligro que la amenazaba queda conjurado. ¿Tendría cabida la trascendencia sobrenatural en la ciencia ficción?, ¿estaríamos ante una intervención de lo sagrado en un mundo semejante al nuestro? No nos engañemos. Todo es una gigantesca invención institucional antiguamente prevista por Seldon (él mismo así lo revela, por medio de un holograma grabado varios siglos atrás) para defender su Fundación de inevitables codicias interplanetarias antes de devenir el núcleo de un segundo Imperio galáctico: cuando «la ciencia, como ciencia» (*science, as science*), desapareciera, entonces habría que recurrir al «Poder espiritual» (*Spiritual Power*), una «farsa de peluche» (*fluffy flummery*) fundada sobre el vacío (*vacuum*) y efectos aparentemente sobrenaturales (como esa «muerte» de la nave, mero espejismo técnico operado por otro sacerdote mediante un trasmisor de ultraondas situado a años luz, en el templo de Argólida). Solo por analogía cabe hablar aquí de «Paraíso Galáctico» (*Galactic Paradise*), de «religión de la ciencia» (*the religion of science*) y, en definitiva, de trascendencia.

Pero el ser humano pide algo más que explicaciones: la descripción cabal del mundo puede satisfacer su ansia de comprenderlo, nunca la de juzgarlo; no es una simple máquina de acumular datos: quiere procesarlos y emitir juicios aprobatorios o condenatorios. Más allá del sí y del no, hay un bien y un mal. De ahí que tanto el mito como la ciencia ficción proyecten sin cesar contradicciones en circunstancias inauditas con fines de adhesión o denuncia[255]. Dada la capacidad proyectiva de nuestra imaginación, planteamos escenarios improbables que nos permitan ver con luces nuevas las consecuencias de una situación futura que ahora, reducida a pinceladas incompletas y limitadas, no alcanzamos a abrazar en toda su hondura y extensión.

Por eso, al igual que el mito, la ciencia ficción ha incorporado a su elenco temático tantas angustias de nuestro tiempo. Celebérrimas novelas y películas del género han abordado aprensiones contemporáneas, como una catástrofe nuclear de incalculables consecuencias (tal es la causa de la aparición del monstruo Godzilla, en el filme homónimo de I. Honda, 1954), la necesidad de emigrar a colonias espaciales para evitar la desaparición de la especie humana (¿*Sueñan los androides con ovejas eléctricas?*, P. K.

---

[254] «"In the name of the Galactic Spirit and of his prophet, Hari Seldon, and of his interpreters, the holy men of the Foundation, I curse this ship. Let the televisors of this ship, which are its eyes, become blind. Let its grapples, which are its arms, be paralyzed. Let the nuclear blasts, which are its fists, lose their function [...] In the name of the Galactic Spirit, I so curse this ship". [...] *And the ship died!*», I. Asimov, *Foundation*, M. Dirda (intr.), p. 111.

[255] Véanse A. Rómar, «El mito y la ciencia ficción», pp. 820-821, y F. A. Moreno, *Teoría de la literatura de ciencia ficción*, p. 120.

Dick, 1968) o el miedo a los desmanes científicos para la regeneración de órganos vitales en pacientes millonarios (*La isla*, M. Bay, 2005)[256].

En su estudio sobre la historia cultural de la ciencia ficción, Luckhurst concede a la bomba atómica una preponderancia sin par en el desarrollo del género. A tenor de la prensa estadounidense de agosto de 1945, el imaginario popular quedó en cierto modo «tecnológicamente saturado»; junto a las categorías de espacio y tiempo, en adelante era preciso añadir una tercera: la técnica. Los robots, los cohetes espaciales y los ordenadores se encargaron de modelar la mente occidental según un ingente «determinismo tecnológico»[257]. Quien dice tecnología, dice ámbito tecnológico-científico, una nueva lógica social marcada por la paranoia: la bomba, la carrera espacial y otros acontecimientos provocan y alimentan delirios mentales de gran calibre. Mientras el hombre occidental se entrega a usar y dominar el mundo, el único usado y dominado es él mismo.

Viene aquí como anillo al dedo la primera entrega de las Wachowski (*The Matrix*, 1999). El carácter insurrecto de la trama presenta un futuro netamente desalentador: las máquinas han vencido y esclavizado a los humanos, reducidos a meras baterías cuya conciencia es continuamente alimentada mediante Matrix, un sistema virtual implantado en el sistema nervioso. Esta cinta, sembrada de referencias míticas (Zion, Morpheus, Niobe, Seraph, Persephone), es un intento de liberar a la humanidad de la enajenación metaforizada en las máquinas. El ejemplo es aleccionador. Neo representa los dos extremos cronológicos del mito: por un lado, es el hombre del pasado, por cuanto su búsqueda no se limita a una mera liberación material, sino a una búsqueda del origen en el que los humanos, como entidades autónomas, eran capaces de determinarse a sí mismos; por otro, es el hombre del futuro, por cuanto encarna un superhombre «poshumano» extraordinariamente evolucionado que conoce la verdad sobre el sistema Matrix y lo burla, cumpliendo así el anuncio de una profecía del Oráculo[258]. De no ser por su carencia de dimensión trascendente sobrenatural, *Matrix* sería un relato mítico completo: señala los dos tiempos absolutos de la humanidad, su cosmogonía y su escatología.

A pesar de ser, uno y otra, buscadores de explicaciones, justificaciones o denegaciones de coyunturas desasosegantes, mito y ciencia ficción mantienen una relación de reciprocidad. Lo mismo que los asemeja (la búsqueda de explicaciones y sanciones a los

---

[256] De ahí las famosas «tres leyes de la robótica» enunciadas por Asimov, elenco de prioridades para preservar la especie humana de los estragos que podrían causar los robots. No en vano, cada una de ellas es una variación contrapuesta a las historias contenidas en *Yo, Robot* (1968); véase P. Stockwell, *The Poetics of Science Fiction*, pp. 15-17. Recientemente, L. A. Pérez-Amezcua y E. Junco han mostrado que «el relato de ciencia ficción fundado por *Terminator* no tiene su núcleo en la literatura científica, sino en la mítica», en «Alternativas para el fin del mundo: mito, destino trágico y ciencia ficción», p. 44. Aun cuando la película estudiada, *Terminator: Dark Fate* (T. Miller, 2019), no es un relato mítico, comparte con *Las troyanas* de Eurípides subtemas semejantes (destino trágico, héroe civilizador, guerra total) en torno al gran tema central de la madre protectora.

[257] R. Luckhurst, *Science Fiction*, p. 83.

[258] Véase N. Falkenhayner, «Heroes in/against the Machine», p. 103. El nombre de «El Oráculo» (*The Oracle*) no debe llevarnos a engaño: es un programa inmanente a Matrix, dotado de inteligencia y de sensibilidad artificiales, y designado para pronosticar un futuro pasablemente determinado; sin embargo, la trama muestra que no puede pronosticar con verdad las acciones libres de Neo.

grandes absolutos a través de la proyección en mundos posibles) los separa. Aquel recurre a la etiología trascendente, esta, a la empírica. Cada cual (mito y ciencia ficción) requiere su disciplina de estudio con su metodología y hermenéutica propias.

La trascendencia mítica

Al igual que en los anteriores correlatos, aquí tenemos un mundo ficcional primario, isomorfo respecto al nuestro, y otro mundo ficcional secundario, heteromorfo respecto al nuestro. Debido a sus condiciones materiales, los personajes del primer mundo no se relacionan, en principio, con los del segundo. Estos últimos, en cambio, no están sometidos a idénticas constricciones (algunos son solo espirituales y todos pueden intervenir en el mundo primario); por esta razón son considerados de naturaleza diferente, superior e, incluso, sagrada. La desemejanza de naturaleza entre personajes de ambos mundos y la posibilidad de contacto entre unos y otros están en la base del concepto de trascendencia mítica.

El concepto de sacralidad apenas mentado reclama un breve desarrollo. Lo sagrado (*sacrātum* –lo dedicado a los dioses–, *ius sacrum* –el derecho referente al culto divino–) se contrapone a lo profano, que es solamente temporal y terreno, pues antaño se llamaba profano (*prŏfānus*) a quien estaba fuera, enfrente o delante (*pro-*) del templo (*fānum*) por no estar iniciado en los misterios de la religión. En nuestra tradición occidental, las diversas trascendencias (helénica, romana, judeocristiana, celta, eslava, nórdica, ibérica, etc.) son sagradas[259].

Lo sagrado, por principio extrahumano, adquiere una serie de connotaciones individuales y sociales: es grande, elevado, absoluto, etc. Con objeto de interpretarlo y evaluarlo con neutralidad, al margen de estas premisas cualitativas y su correspondiente saturación ética, Otto propone utilizar «la categoría de lo numinoso». El numen («gesto con la cabeza» y, por extensión, asentimiento atribuido a la divinidad) se puede caracterizar por los efectos que causa: *mystērium tremendum* o espanto místico, la *māiestās* o convicción de la superioridad absoluta del poder divino y la *enérgeia* o fuerza devoradora. Salta a la vista el carácter ambivalente de lo numinoso, porque el ser humano (el personaje, en nuestros textos) experimenta, ora una atracción, ora una repulsión hacia cualquier entidad supranatural[260].

---

[259] El uso del término religiones «paganas» es paradójico. Se denominaba «pagano» (<*pāgānus*) a quien vivía en la «aldea» o en el «campo» (<*pāgus*). Dado que la religión cristiana comenzó a difundirse mayoritariamente por las ciudades, ya desde el siglo IV se aplicó la fórmula «religión de los paganos» (*religio paganorum*) al culto gentil o religión de los campesinos, pues estos conservaron más tiempo sus antiguas religiones. Geográficamente, el cristianismo es, hasta el siglo IX, una religión eminentemente urbana. Hoy se confunde a menudo el paganismo con la arreligiosidad, pero en un principio no fue así; hablando en propiedad, todas esas religiones, tanto las bíblicas como las paganas, son sagradas, tanto en su formulación como en su contenido.

[260] «Formo [...] la palabra lo *numinoso* (si se puede formar *ominoso* a partir de *omen* [presagio], entonces también se puede formar *numinoso* a partir de *numen*), para referirme a una categoría peculiar numinosa de interpretación y evaluación, y asimismo a un estado de ánimo numinoso que se aplica siempre que un objeto es considerado numinoso»; R. Otto, *Das Heilige*, pp. 6-7; véanse también W. Burkert, *Religión griega arcaica y clásica*, H. Bernabé (trad.), pp. 77-78, y J.-J. Wunenburger, *Le Sacré*,

El concepto de lo numinoso, de capital importancia en mitocrítica, merece un pequeño excurso.

Es célebre el sermón *Acerca de lo incomprensible* de san Juan Crisóstomo. Gran conocedor del paganismo y el judaísmo, el apologeta recurre a diversos pasajes del Antiguo y del Nuevo Testamento para expresar la vivencia de lo suprasensible; así, el de Daniel, cuando contempla el tiempo de la cólera y el fin de los tiempos:

> Vi esto: Un hombre vestido de lino, ceñidos los lomos de oro puro: su cuerpo era como de crisólito, su rostro, como el aspecto del relámpago, sus ojos como antorchas de fuego, sus brazos y sus piernas como el fulgor del bronce bruñido, y el son de sus palabras como el ruido de una multitud. Solo yo, Daniel, contemplé esta visión: los hombres que estaban conmigo no veían la visión, pero un gran temblor los invadió y huyeron a esconderse. Quedé yo solo contemplando esta gran visión: estaba sin fuerzas; se demudó mi rostro, desfigurado, y quedé totalmente sin fuerzas[261].

Frente al Dios académico de los aristotélicos, Crisóstomo opone los impulsos primarios del sentimiento religioso auténtico. No abunda el santo en la cercanía del Dios cristiano, sino en la idea de que Dios es inconcebible, inexpresable y desconcertante, ajeno a todo concepto humano. A la hipótesis de sus adversarios (la cognoscibilidad de Dios, la posibilidad de conocerlo con exactitud), sostiene que Dios es

> inefable, ininteligible, invisible e incomprehensible, que sobrepasa todas las capacidades de la lengua humana, que va más allá de la comprensión de un entendimiento mortal, irrastreable para los ángeles, no contemplable para los serafines, inaprehensible para los querubines, invisible para las dominaciones, potestades, poderes celestes y, en general, para toda criatura[262].

A partir de esta reflexión, Otto comenta que «lo incomprensible» no es solo lo que surge de lo «demasiado grande», sino también «del carácter de lo divino como absoluta-

---

p. 12. Recordemos el pasaje en que, aprisionados en el antro del cíclope, Ulises y sus compañeros invocan «a los grandes poderes de la altura» («magna precati numina»), Virgilio, *Eneida*, III, v. 633, J. de Echave-Sustaeta (trad.), p. 99.

[261] Dn 10, 5-8. Las recurrencias a este *tópos* bíblico son infinitas, también en el Nuevo Testamento; cfr., p. e., esta exclamación paulina: «¡Oh abismo de la riqueza, de la sabiduría y de la ciencia de Dios! ¡Cuán insondables son sus designios e inescrutables sus caminos!», Rm 11, 33.

[262] Juan Crisóstomo, «De incomprehensibili Dei natura», J.-P. Migne (ed.), *PG*, t. XLVIII, col. 720. El carácter inefable y entusiasmante de lo numinoso reverbera en el arrobamiento que se apodera de Frodo y Sam al llegar a Cerin Amroth y contemplar la belleza sobrenatural de los bosques de Lothlórien, morada de los elfos. Aun atemperado por el invierno, el prodigio enmudece a los *hobbits*: «Frodo se quedó durante un rato abismado ante la maravilla. [...] Brillaba allí una luz para la cual su lengua no tenía nombre»; «Frodo stood awhile still lost in wonder. [...] A light was upon it for which his language had no name». Sam habla, pero solo para manifestar su incapacidad de expresar con lenguaje hablado su embobamiento: «me siento como si estuviera *dentro de* una canción»; «I feel as if I was *inside* a song», J. R. R. Tolkien, *The Fellowship of the Ring*, en *The Lord of the Rings*, II, VI, «Lothlórien», t. I, p. 393. Ambos «están *en-cantados*», comenta con acierto J. Mentxakatorre, «J. R. R. Tolkien: el fundamento filosófico de la palabra sub-creadora», p. 134. Inefabilidad y encantamiento están en la línea de lo comentado por san Agustín sobre el enajenamiento provocado por el contacto con la divinidad, aparentemente experimentado por Zerbinetta en *Ariadne auf Naxos* (§ 3).

mente heterogéneo», del *mysterium stupendum* (*stupeo*, 'quedarse aturdido', con estupor, «estúpido»), que desemboca en el *mysterium tremendum* y en la *maiestas*. Se trata, por lo tanto, de dos naturalezas heterogéneas, la humana y la divina; solo esta es inconmensurable y, por consiguiente, no abarcable en toda su extensión por el entendimiento humano. El Dios racional de los griegos invitaba a la «admiración racional»; el Dios incomprensible de los judíos y los cristianos invita al «espanto numinoso», al «vértigo», que se avecina al *stupor* y al *tremor*. Hoy diríamos perplejidad. El numen ni es, ni piensa, ni actúa como nosotros. Sus incursiones en nuestro mundo no responden a parámetros antropológicos asumibles. Hay una distancia abismal entre las categorías humana y divina (de ahí el tiento que deben mostrar los investigadores para no cometer errores de coherencia hermenéutica).

Lo numinoso también implica una «posesión esencial del ánimo y algo *fascinans*»; al enmudecimiento primero suceden una humildad y una gratitud por el hecho de ser «terriblemente portentoso». La «bienaventurada esencia» divina invita a una «admiración embelesada», de modo que ambas reacciones corren a la par:

> Y en la pasión del combate por el dios pavoroso e incomprensible, causa de vértigo, arde simultáneamente, sin palabras ni expresión, una posesión y arrebatamiento del alma que es de carácter entusiástico[263].

Este carácter inconcebible y fascinante de lo divino fundamenta buena parte de la teología cristiana, tanto en el terreno de su predicabilidad (Dios como «desierto silencioso», «lo que no tiene nombre», el *Deus absconditus* de Isaías, *Gott der Verborgenheit* de Lutero) como en el de su racionalidad (en el sentido de que, sin proponer ninguna sinrazón, sobrepuja toda razón; no es irracional, sino que está fuera y por encima de toda razón humana). Hasta tal punto es así, que, en palabras de Otto,

> toda teoría de la religión que prescinde de lo numinoso está condenada al fracaso, pues en él se nos da, ya que no la esencia plena de la religión, sí al menos su *a priori* objetivo, que es su condición de posibilidad en general y, con ello, la condición de posibilidad de una historia de la evolución de la religión[264].

Lo numinoso sobrepasa cualquiera de nuestros umbrales: más grande, fuerte, sabio, sonoro y luminoso de cuanto nuestras facultades pueden resistir. El término que mejor designa este carácter de lo numinoso es la excelsitud. Los textos apuntan siempre a la existencia de una fuerza superior, esencialmente distinta de la natural. En la mayoría de los casos, este poder supremo sufre un proceso de metaforización antropomórfica, esto es,

---

[263] R. Otto, *Ensayos sobre lo numinoso*, M. Abella (trad.), p. 23, cfr. «Chrysostomos über das Unbegreifliche in Gott», pp. 239-241.
[264] *Ibid.*, p. 13. Aunque Otto no lo refiera, es evidente que el carácter inconcebible y fascinante de lo divino irriga muchas religiones, si no todas. La propuesta de L. Schajowicz abunda en este rebasamiento de la razón: «Estamos acostumbrados a ver en el *mythos* un modo pre-racional y pre-científico de la aprehensión del mundo. ¿No convendría insistir más aún en su carácter supra-racional?», *Mito y existencia*, p. 80.

conceptualización del ámbito divino en términos humanos[265]; el antropomorfismo nos acerca lo numinoso a un terreno más domeñable. La energía vital se aplica tanto a la duración como al conocimiento; de ahí su inmortalidad y sabiduría. Ahora bien, la excelencia no impide una gradación, generadora de distinción cualitativa y, por consiguiente, de conflictividad, particularmente en los sistemas politeístas, en los que el numen no es autoconsciente o autodefinible.

Todas las tradiciones religiosas rinden culto a la excelsitud de lo numinoso. Lejos de todo formalismo, el sentimiento vivo de la potencia y la presencia divinas impele a mostrar fidelidad y veneración; la devoción (opuesta al servilismo) es una manifestación espontánea y lógica del reconocimiento de la diferencia esencial entre lo humano y lo divino. El rito aparece aquí como un medio particularmente apto, por su cuidado de la forma –reflejo de respeto–, para establecer una comunicación adecuada.

Además, lo numinoso es impertinente: no se limita a estar ahí; también es terco: una y otra vez se ofrece al ser humano, que puede aceptar o rechazar sus invitaciones. Quienes se limitan al mundo cotidiano y material, incluso al espiritual exclusivamente humano, huyen de lo numinoso, por mero instinto de conservación. Solo unos pocos son capaces de tolerar la dimensión trascendente; unos, como Daniel, la asumen; otros, como Jonás, la rehúyen (al menos en sus primeros embates). La historia de la mitología (no muy lejana, en esto, de la historia humana) puede describirse, de hecho, como una serie inacabada de respuestas –unas positivas, otras negativas– a la discreta o vociferante intimación de lo numinoso. Arrostrar los riesgos de encararse con lo numinoso no implica entenderlo; su misma esencia lo hace incomprensible a los humanos. Su misterio no se debe a un defecto en su constitución, sino a la desproporción entre dos naturalezas, la divina y la humana: inabarcable, por inmensamente vasto; invisible, por excesivamente luminoso.

Por eso, cuando se manifiesta, lo numinoso condesciende con nuestra naturaleza: en forma de adversario luchador, frente a Jacob (§ 4), o de estatua, frente a Don Juan (§ 7). Cuando se manifiesta tal cual es, lo numinoso nos reduce a cenizas:

> Zeus se enamoró de Sémele y se unió a ella a ocultas de Hera. Pero dejándose embaucar por Hera, puesto que Zeus le había prometido hacer lo que le pidiera, le suplicó que viniera tal como iba cuando requería de amores a Hera. Zeus, no pudiendo rehusar, se presentó en la cámara nupcial con su carro entre relámpagos y truenos, y lanzó el rayo. Como Sémele pereciera de terror…[266].

La literatura nos ha dejado preciosos textos sobre la relación entre lo numinoso y lo humano. El protagonista del *Sueño de Polífilo* teme por su vida al verse descubierto por criaturas divinas; Rilke canta en las *Elegías de Duino* su temor ante la omnipotencia de un ángel; Cheng exclama su estupor al sentir su cuerpo atravesado por la inmensidad divina: ellos y muchos más –Weil, Eliot…– constatan la indigencia humana ante la fuerza arrolladora de lo numinoso[267]. Todos ellos manifiestan el recelo del ser humano a

[265] Véanse W. F. Otto, *Los dioses de Grecia*, pp. 135-172, y H. Casanova, *Imagining God*, pp. 52-59.
[266] Pseudo-Apolodoro, *Biblioteca mitológica*, III, 4, 3, J. García Moreno (ed.), p. 138.
[267] Cuando el narrador y protagonista del *Sueño de Polífilo* ve avanzar hacia su escondite a unas jóvenes que él toma por ninfas (son alegorías de los sentidos), exclama, apabullado: «¡Ay de mí, yo

coexistir con el ser divino. Sin embargo, de alguna manera, ambos están interconectados: el milagro que encanta el mundo encanta también al hombre. Esta coexistencia no implica una precedencia psicológica: a diferencia de las propuestas idealistas de la primera modernidad, la conciencia de la divinidad no se antepone a la conciencia de sí. Sí implica, en cambio, una compañía: el hombre mítico no está solo en el mundo, tiene conciencia de la presencia celeste, conciencia perdurable, como el muerto, que ya lo sabe todo: ambos están en mayor comunión con la divinidad y, paradójicamente, con el resto de los vivientes.

Junto a la compañía, la protección. Las fuerzas divinas preservan al hombre de amenazas. Lo cual no implica que toda divinidad sea buena; el recurso a los objetos y ritos apotropaicos pretende ahuyentar las fuerzas malignas. Este amparo no otorga patente de corso para actuar de modo irresponsable: al menos parcialmente, la libertad humana queda salvada frente al mal y al destino (el lado nocturno de la existencia, porque en el politeísmo los dioses no son absolutamente omnipotentes). En efecto, en ocasiones la conciencia humana se oscurece e impide distinguir lo hermoso, lo justo y lo razonable. En los sistemas politeístas, el numen no opera directamente en el interior del hombre.

No sería correcto contrastar rígidamente estas abstracciones de lo numinoso con tal o cual divinidad concreta: por un lado, el mundo del mito difiere del doctrinal de las religiones (sobre todo, de las monoteístas); por otro, tal o cual texto puede arrastrar los signos propios de sus autores (con sus recelos, sarcasmos y subversiones). Lo importante es corroborar el «aire» mítico de cada divinidad, considerar que lo numinoso se rige por

---

sentía en aquel momento que todas mis vísceras eran agitadas como las hojas de las cañas por los impetuosos vientos; porque [...] pensaba que su condición era sobrehumana y temía algo semejante a la divina visión que se apareció a Sémele, que fue convertida en cenizas», F. Colonna, *Sueño de Polífilo*, VII, P. Pedraza (trad.), p. 174. Rilke adapta la situación a un contexto hipotético: «si un ángel me cogiera de repente y me llevara junto a su corazón, yo perecería por su existir más potente», «Si ahora se acercara el arcángel, [...] nuestro propio corazón nos mataría», *Elegías de Duino*, I y II, E. Barjau (trad.), pp. 61 y 67. Un cuarteto de Cheng, sin duda tributario de Kierkegaard, cuenta de modo paradójico la resistencia humana al contacto de lo numinoso: «¡Qué desgracia, cuando perdimos la paz de la finitud!; nuestra carne cerrada se vio atravesada por la espada de lo infinito»; «Ce fut malheur quand fut perdue pour nous / la paix de la finitude; / Notre chair close se vit transpercée / par l'épée de l'infini», F. Cheng, *Enfin le Royaume*, CXVI, M. Bertaud (ed.), p. 254. A propósito del poema CXXXV, M. Bertaud expone acertadamente: «la relación que existe entre la trascendencia y el hombre pasa por el lenguaje», *ibid.*, p. 280; nada tan académico y excitante como «mostrar» lo numinoso por los textos. En otro orden, T. S. Eliot desvela la fragilidad de nuestra condición, en contraste con el exceso de trascendencia: «La especie humana no puede soportar mucha realidad»; «...human kind / Cannot bear very much reality», *Cuatro cuartetos*, «Burn Norton», I, E. Pujals Gesalí (ed.), p. 84. Más explícita es la filósofa Simone Weil, cuando habla de Dios: «si nos expusiéramos a la radiación directa de su amor, sin la protección del espacio, del tiempo y de la materia, nos evaporaríamos como el agua al sol»; *La pesanteur et la grâce*, pp. 42-43. En la Biblia, Isaías anhela la teofanía: «¡Ah si rompieses los cielos y descendieses, ante tu faz los montes se derretirían», Is 63, 19. En sus comentarios bíblicos, la patrística evalúa esta diferencia esencial en términos de existencia: «[el Hijo del Padre] reveló Dios a los hombres mediante muchas disposiciones, no fuera a ser que, alejándose de Dios, el hombre dejara de existir», Ireneo de Lyon, *Adversus hæreses*, IV, XX, 7, en J.-P. Migne (ed.), *PG*, t. VII, col. 1037. En todos los casos se trata de heterogeneidad biofísica, de contacto entre naturalezas heterogéneas.

leyes diversas de las humanas, que sería un error hacer mitocrítica imponiendo a los personajes divinos patrones de tal o cual tiempo nuestro que, irremisiblemente, quedará en breve obsoleto.

Como veremos, estas experiencias, debidas al desnivel cualitativo entre la naturaleza divina y la naturaleza humana, son capitales en el acontecimiento mítico. En efecto, el mundo secundario o divino rara vez se manifiesta de modo sensible; cuando un personaje sagrado del otro mundo entra en contacto, en un lugar preciso y durante un lapso de tiempo, habitualmente breve, con un ser del mundo primario o semejante al nuestro, surge el mito. Dos mundos chocan aquí y ahora: *hic et nunc*.

En la espesura del bosque, en una mañana de agosto, junto a una cascada de agua, un hada se aparece a Orso y lo ama; luego le confía que su semilla ha prendido en ella (tendrá un «hijo sagrado») y le entrega una loriga mágica que será siempre su salvaguarda en los peligros. «Cuando el hada del Manantial desapareció, [...] Orso creyó que su encuentro con el hada no había sido más que un sueño». Pero la presencia de la loriga a su lado constituye «la prueba de cuanto le [ha] ocurrido». Años adelante, un campesino se presenta en su castillo y le dice:

> «Señor de Lines, este es tu hijo: Aranmanoth, Mes de las Espigas». [...] Entonces, el antiguo rumor [de agua] regresó y Orso recuperó en su memoria la voz del Manantial, las palabras del hada y su presencia incorpórea en el bosque. Se arrodilló ante el niño, le abrazó, y le dijo: «Hijo mío –entre asombrado y temeroso–, hijo mío»[268].

Un personaje numinoso del otro mundo, el hada, entra en un mundo similar al nuestro. Poco importan el tiempo y el lugar: solo importa el carácter irreductible de dos mundos que, por un momento, se cruzan gracias a un personaje de uno que penetra en el otro. Decía Baudelaire que «la Musa puede, sin transgredir sus normas, relacionarse

---

[268] A. M.ª Matute, *Aranmanoth*, I, p. 20, y II, pp. 29-30. Andando el tiempo, el hada se aparece a Aranmanoth y menta la realidad dual: «no te será fácil vivir entre dos mundos», VI, p. 91; casi al final del relato, tras constatar los desmanes de su amado padre, Aranmanoth revuelve con perplejidad esta tensa convivencia: «La parte humana de mi naturaleza es tan hermosa como horrible», XI, p. 156. Otra interferencia harto conocida: Dante en el Infierno; apenas Virgilio lo presenta como «viviente» a dos condenados en la novena bolsa del octavo círculo, de inmediato estos quedan estupefactos y temblorosos; véase Dante, *Divina comedia, Infierno*, XXIX, vv. 97-98, A. Echeverría (trad.), p. 174. A menudo el narrador hace hincapié en la diferencia física entre su guía y él mismo –aquel, ingrávido; él, pesado–, por razón de su condición corporal; véase XXIV, v. 32, p. 142. Un ejemplo más, sacado de la tradición celta-irlandesa: Pwyll, príncipe de Dyfed o Dyvet (en el sudoeste del País de Gales), vive durante una temporada en Annwn, el 'abismo' o Infierno celta, donde adopta, previo contrato, el aspecto de Arawn, rey de este mundo inferior; véase «Pwyll, príncipe de Dyfet», *Mabinogion*, V. Cirlot (ed.), pp. 77-79. Los *Mabinogion* (1120-siglo XIII) se componen de «cuatro ramas» (*Four Branches*) –probablemente de la pluma de Gwenllian ferch Gruffydd, es decir, Gwenllian de Gwynedd († 1136)–, un grupo de otros cuatro cuentos nativos independientes y tres cuentos artúricos posteriores relacionados con los de Chrétien de Troyes. El término *Mabinogion* procede de un error con *mabinogi* (*mab*, 'niño', 'hijo' > 'hechos de infancia') y, en puridad, se aplica solo a las cuatro ramas, cuyos textos se caracterizan por una prosa que combina inteligencia y enigma; véase A. Breeze, *Medieval Welsh Literature*, pp. 68-72. La interrelación de personajes de este y otro mundo, siempre que los del otro sean sobrenaturales y numinosos, no fantásticos, es medular en todo acontecimiento mítico.

con los vivos»[269]. Todo relato mítico cuenta el acontecimiento extraordinario en el que dos dimensiones, inmanente y trascendente, impactan. Trascendencia sobrenatural, como en la religión, pero en el mundo de la ficción.

Añado un matiz sobre el *nunc*. La confluencia de dos mundos heterogéneos no tiene por qué manifestarse siempre de manera simultánea, pero sí debe ligarlos íntimamente. Mírtilo maldiciendo a Pélope o tres brujas anunciando a Macbeth una muerte poco menos que improbable son predicciones de la trascendencia sobrenatural, puesto que, en ese momento, a pesar de la incredulidad de los destinatarios, anticipan acontecimientos que no dejarán de realizarse[270].

A diferencia de otros mundos posibles, en el relato mítico los actos de los personajes (sentencias, conjuros, oráculos) no se limitan a meros actos imitativos o convenciones sociales, sino que son eficaces, *performativos:* la ficción presenta aquí una energía esencialmente diversa de la habitual. Los actos culturales y míticos en el universo de la ficción se caracterizan por su «eficacia»[271]. Es lo propio de toda ontología de lo sagrado, cuya realidad plena se opone radicalmente a la precaria o inconsecuente de lo profano. El personaje, en un mundo de coordenadas espacio-temporales similares a las del lector, entra en contacto sensible, no solamente espiritual, con un mundo numinoso, trascendente. Don Juan penetra en el camposanto: ahí, durante unos instantes, presencia, atónito, cómo adquiere vida la estatua del Comendador.

Esa trascendencia mítica no es gnoseológica, fruto de un idealismo trascendental, reducida al sujeto pensante; el objeto no está solo en su conciencia, sino realmente fuera de su conciencia: «todos los mitos se fundan en la realidad», oímos repetidamente en la película *Tomb Raider* para desechar la amenaza de la aprensión (R. Uthaug, 2018). Tampoco tiene algo que ver con la trascendencia social: es independiente de la opinión ajena;

---

[269] *Réflexions sur quelques-uns de mes contemporains*, VII, «Théodore de Banville», Baudelaire, *Œuvres complètes*, C. Pichois (ed.), t. II, p. 167. El poeta-crítico saca punta a su idea, sin detenerse en anacronismos: «Venus, que es inmortal, bien puede, cuando quiere visitar París, hacer que baje su carro a los bosques del jardín de Luxemburgo», *ibid.*

[270] ¿Cabría hablar de trascendencia «real»? Si así fuera, no solo se trataría de una inferencia imaginaria entre dos entidades heterogéneas, sino de una auténtica embestida con fundamento *in re*, en la realidad sensible, con sus cualidades primarias u objetivas (objetos con tamaño y forma) y secundarias o subjetivas (objetos visibles, audibles, olfativos, gustativos o tangibles); véase J. L. Blasco Estellés, «Realismo», p. 491. A diferencia del mundo referenciado por el idealismo trascendental, la «realidad» de la trascendencia mítica impone sus contenidos a la conciencia del personaje, que puede negarlos, pero no aniquilarlos. ¿Realismo empírico, ingenuo, científico o incluso formal? Se trata menos de una cuestión epistemológica que experiencial. No obstante, consciente de la confusión a la que podría inducir en crítica literaria el sintagma «trascendencia real», evito su uso.

[271] «Basta que una carga suficiente de energía sea orientada hacia ese tipo de actos miméticos para que abandonen el modo ficcional y basculen hacia la realidad: el mito de Pigmalión cuenta esta transformación», T. Pavel, *Univers de la fiction*, p. 80. Permítaseme precisar que ese exceso de caudal energético debe provocar un salto esencial (no solo gradual): dentro de la ficción, los personajes de un mundo semejante al nuestro acceden a otra realidad. Utilizo el término *performativo* en el sentido de su creador, como acto de habla realizativo o «declaración […] que no "describe", "informa" o constata nada en absoluto [y cuya] expresión es, en todo o en parte, la realización de la acción que *normalmente* no sería descrita como decir algo», J. L. Austin, *How to Do Things with Words*, «Lecture» I, p. 5; p. e., «Sí, quiero» (en una ceremonia matrimonial); «Hago donación de mi casa a mi hermana» (en un testamento), etcétera.

ni la fama ni el descrédito aportan nada esencial y constitutivo. Y es netamente distinta de la que encontramos en la fantasía, donde la trascendencia no es numinosa, divina; donde las constricciones de los parámetros espacio-temporales son por definición ignoradas; donde los acontecimientos suceden por costumbre en la mente, la imaginación o el sueño del sujeto. En fin, comparte con la religión el carácter sobrenatural, divino, personal, pero, desmembrada de marcos dogmáticos, habita el terreno de la ficción, exige una manifestación sensible dentro de esta y un testimonio contrastable de la colisión entre dos dimensiones heterogéneas: hasta el criado Catalinón presencia el acontecimiento extraordinario de una estatua semoviente.

Por supuesto, las trascendencias grecolatina, celta, germánica, eslava o finoúgrias, entre otras, no son idénticas a las monoteístas. Estas conciben un Dios absolutamente trascendente al mundo, en tanto que los dioses de aquellas se incluyen en este:

> Dios está en el universo; el universo está en Dios. El mundo y Dios no son más que uno. / Si se os pregunta: ¿qué es la naturaleza o Dios? Responded: un círculo cuyo centro está en todas partes y la circunferencia en ninguna. / Si se os pregunta: ¿dónde está Dios? Responded: en todo y en ninguna parte[272].

A pesar de encontrarse «dentro» de nuestro universo ordinario, los dioses antiguos presentan características extraordinarias: libertad de movimientos, potencia inmensa, inmortalidad (salvo en el panteón nórdico), etc. Un ejemplo entre tantos: su omnisciencia. El hecho de que lo numinoso sea invisible no implica –antes, al contrario– que no pueda ver. Júpiter se enamora de Io. Tras engendrar con ella a su hijo Épafo y para sustraerla de los celos de Juno, la transforma en ternera. Pero la diosa se percata y pide a su esposo el bóvido como regalo, a lo que el dios no puede negarse, pues «si le hubiese rehusado a su compañera de sangre y lecho un obsequio tan insignificante como una vaca, quizá no hubiera pasado por vaca». Hera pone de inmediato la vaca Io bajo la custodia del más seguro guardián:

> De cien ojos tenía Argos rodeada la cabeza; de entre ellos, dos por turno se entregaban al sueño, mientras los demás vigilaban y permanecían en su puesto. Fuera cual fuera su postura, siempre estaba mirando a Io; aunque estuviera de espaldas, tenía a Io delante de sus ojos[273].

Dejemos a un lado al monstruo gigante (tras adormecerlo con el son de su caramillo, Hermes da buena cuenta de él, cuyos ojos Juno, para consolarse, coloca en las plumas del pavo real); fijémonos más bien en su significado: por transferencia sinecdóquica particularizante (utilización de un nombre propio –Argos– para significar un nombre común –la divinidad–), Júpiter ve todo.

---

[272] Pitágoras, *Las sentencias pitagóricas*, E. Alfonso (trad.), en *La sabiduría pitagórica*, pp. 90-91. Para una descripción de los diversos mundos según la concepción griega y su relativa trascendencia, puede verse T. Bulfinch, *The Golden Age of Myth & Legend*, pp. 1-3.

[273] Ovidio, *Metamorfosis*, I, 626-629, A. Ruiz de Elvira (trad.), I, p. 33; véanse A. Ruiz de Elvira, *Mitología clásica*, p. 160, y W. Burkert, *Religión griega arcaica y clásica*, H. Bernabé (trad.), pp. 90 y 213. (Para la versión del Pseudo-Apolodoro, § 3).

También Odín es omnisciente. Colgado del árbol de la vida (el fresno Yggdrásil, 'Potro del Terrible', eje del cosmos), privado de alimento y traspasado por la lanza Gúngnir, se autoinmola para conseguir, mediante las runas, la sabiduría que le permite ver lo presente, lo futuro y los más profundos saberes[274]. A la postre, sale triunfante acompañado por los dos cuervos (llamados cisnes o azores por trasposición) que todo lo ven y le informan, como Argos a Hera, de cuanto ocurre. Visibilidad por pájaro interpuesto, pero casi ilimitada (de lo exterior y lo esotérico) al fin y al cabo.

Esta capacidad visual se expande en la tradición judeocristiana. Tras comer del fruto prohibido en Edén, «el hombre y su mujer se ocultaron de la vista de Yahveh Dios por entre los árboles del jardín» (Gn 3, 8). De poco les sirvió, porque esta divinidad al instante se percató de su infracción; tal es el sentido del salmo: «tú que escrutas corazones y entrañas» (Sal 7, 10)[275].

Aun desemejantes entre sí, las divinidades comparten rasgos que las distinguen de los humanos: la diferencia es esencial, de naturaleza. Todas ellas son, fundamentalmente, personajes sobrenaturales y, desde el punto de vista religioso, sagrados (sea por adoración amante o pavorosa). Ciertamente, la mayoría de las culturas antiguas (a diferencia de la judía) no concebían la existencia de una trascendencia externa a nuestro universo cósmico, pero sus dioses no estaban supeditados a nuestras condiciones: representaban una trascendencia inmanente por estar dentro de nuestro cosmos. Se entiende así la relación entre esta trascendencia de los dioses y el panteísmo. Epistemológicamente, consideraré su naturaleza como extraordinaria, posibilitadora de la trascendencia mítica.

No todas las trascendencias paganas eran iguales entre sí. Básicamente, la relación entre divinidades y seres humanos corría por dos vías: o bien aquellas salían de su mundo habitual para entrar en el de estos, o bien estos dejaban su mundo habitual para entrar en el de aquellas. Ya que vamos a operar en el ámbito de la ficción, podemos trazar una especie de línea de demarcación entre ambos mundos, determinada por la percepción de nuestros sentidos externos, hacia la que confluyen y desde la que se despliegan ambas trascendencias, sean o no paganas. Pertenecen al mundo trascendente los personajes sobrenaturales sagrados que no son percibidos (vistos, oídos) excepto cuando se «presentan» a los personajes del mundo inmanente (similar al nuestro). La trascendencia sobrenatural sagrada implica, en este sentido, una heterogeneidad biofísica, concepto capital

---

[274] Para beber de las aguas en la fuente del sabio Mímir, Odín debe entregar en prenda uno de sus ojos; véanse Snorri, *Edda menor*, «La alucinación de Gylfi» (*Gylfaginning*), 14, L. Lerate (trad.), p. 46, *Edda mayor*, «La visión de la adivina» (*Völuspá*), 28, L. Lerate (trad.), p. 28, «Los dichos de Grímnir» (*Grímnismál*), 4, p. 77, y «Cantar segundo de Helgi el matador de Húnding» (*Helgakviða Hundingsban önnor*), 43, p. 225; véase E. Bernárdez, *Los mitos germánicos*, p. 205-211. Paradoja: la pérdida de un ojo natural conlleva la visión sobrenatural.

[275] También Jeremías, malquistado con sus paisanos por su profecía, pide auxilio a Yahveh: «¡juez de lo justo, que escrutas los riñones y el corazón!», Jr 11, 20. Estas referencias escriturísticas fundamentan la reflexión de Agustín de Hipona sobre la proximidad divina: «porque tú estabas dentro de mí, más interior que lo más íntimo mío», *Confesiones*, III, VI, 11, A.C. Vega (trad.), pp. 406-407. Se ha especulado mucho sobre el significado del álbum de Alan Parsons *Eye in the Sky* (1982). La letra, p. e., «Soy el ojo en el cielo mirándote. Puedo leer tu mente», ha hecho pensar en *1984* (G. Orwell, 1949) y en satélites o cámaras tan habituales en lugares concurridos, conexiones todas ellas negadas por el compositor. No será superfetación recordar la imagen de portada que aparece en el álbum: el ojo del dios egipcio Horus, 'el elevado', halcón celeste que observa todo desde lo alto.

en mitocrítica cultural: de modo súbito, un ser de un mundo heterogéneo al del personaje humano irrumpe en el mundo de este; dos dimensiones vitales y físicas pertenecientes a mundos diversos, irreductibles, coinciden temporalmente. Pondré un ejemplo esclarecedor, en línea con el encuentro anteriormente visto entre Orso y el hada en *Aranmanoth*.

Adrian Leverkühn se cree solo en una sala; de pronto, experimenta un «frío incisivo» que no proviene de la ventana. Levanta la vista de su libro y se percata de que tiene compañía:

> Alguien está sentado en el sofá, junto a la mesa en medio de la sala, donde tomamos por la mañana nuestro desayuno. Sentado en la semioscuridad, en uno de los ángulos del sofá, con las piernas cruzadas. Pero no es Sch. Es otro, más pequeño y mucho menos elegante. No produce, en conjunto, el efecto de un caballero. Pero el frío me sobrecoge continuamente.

Es imposible, se dice Adrian, que nadie haya entrado, pues «los postigos están cerrados» (de ahí su extrañeza ante la incisiva frigidez). Recurre entonces a una explicación racional: lo que cree ver no es sino una proyección de sus delirios y escalofríos. Pero el personaje lo conmina a rechazar sus deducciones hipocondríacas: «No te dejes llevar por tus ilusiones y no dejes, sin más ni más, que te abandonen tus cinco sentidos». Adrian siente flaquear su certeza sobre la «inexistencia» del visitante al constatar que este emplea giros expresivos de sus propios profesores y conoce a todas sus amistades; nuevo apremio a declinar sus resistencias:

> ¿Por qué empeñarte, pues, en ser insincero y negar lo que ves? Tanto vale invertir los términos de la lógica que os enseñan en las universidades. Afirmas que no existo realmente porque estoy enterado con exactitud, en lugar de creer –lo que más te valiera–, no solo que existo en efecto, sino que soy precisamente aquel por quien tú me has tomado desde un principio[276].

La presencia del Diablo es ya una innegable obviedad: un ser sobrenatural diverso biológicamente de cualquier humano que no necesita llave o treta alguna para franquear los obstáculos físicos y colarse en el cuarto. Tampoco el lector puede desentenderse de esta convergencia de dos naturalezas en un tiempo y un espacio dados de la trama; podrá olvidarla –no en vano es puesta en sordina durante los veintiún capítulos siguientes–, hasta que, al final de la historia y antes de caer fulminado en cumplimiento del pacto otrora sellado, Adrian desvela la autoría diabólica de las muertes recientemente acaeci-

---

[276] T. Mann, *Doktor Faustus*, XXV, E. Xammar (trad.), pp. 316 y pp. 318-319, respectivamente. «Jemand sitzt im Dämmer auf dem Roßhaarsofa, das mit Tisch und Stühlen nahe der Tür ungefähr mitten im Raume steht, wo wir morgens das Frühstück nehmen, –sitzt in der Sofaecke mit übergeschlagenem Bein, aber es ist nicht Sch., is ein anderer, kleiner als er, lange so stattlich nicht und überhaupt kein rechter Herr. Aber fortwährend dringt mich die Kälte an», pp. 297-298. «Und daraus willst du zu deiner eigenen Unehre schließen, daß du nicht recht siehst? Das heißt doch wirklich alle Logik auf den Kopf stellen, wie man sie auf der Hohen Schule lernt. Statt aus meiner Informiertheit zu folgern, daß ich nicht leibhaftig bin, solltest du lieber schließen, daß ich nicht nur leibhaftig, sondern auch der bin, für den du mich die ganze Zeit schon hältst», p. 300. En sintonía con el filósofo Oskar Goldberg, «que no psicologizó ni sociologizó el mito», T. Mann insiste «en la realidad de la vivencia mítica del hombre: los dioses», J. Taubes, *Del culto a la cultura*, S. Villegas (trad.), p. 282.

das y el origen infernal de su propia creación artística durante cinco lustros (pp. 693-698). Este encuentro de dos naturalezas heterogéneas (una humana y otra divina, angélica, demoníaca o monstruosa) es condición indispensable para el mito.

Ya casi al final de este acercamiento a la trascendencia mítica, conviene mentar el folclore. Este acervo costumbrista (primero oral, luego escrito) interesa en cuanto transmisor del mito, cuya huella es perceptible, por ejemplo, en juegos, canciones, proverbios y adivinanzas, aun cuando rito y mito suelan aparecer desemantizados; pero también y sobre todo en los cuentos, como veremos a propósito de las hadas (§ 7). Aquí el trabajo del investigador consistirá en reencontrar la significación tal como fue vivida, en reconstruir el armazón numinoso subyacente: «nunca se hará buena mitología, nunca se abordará seriamente el folclore a menos que el *sentido de lo sagrado* esté presente y asumido»[277]. La labor consiste en un lento despojamiento de estereotipos y comportamientos convencionales para dar con la estructura narrativa develadora del acontecimiento mítico extraordinario; luego vendrá la tarea de la taxonomía (la clasificación de relatos folclóricos preñados de mitología –no todos lo son–) y el redescubrimiento de los valores culturales.

Una variante de esta trascendencia sobrenatural es la cósmica: el ser humano y el universo forman dos caras de la misma moneda, el cosmos. Abundantes relatos míticos escenifican la muerte y el desmembramiento de un primer espécimen, de cuyas partes dimanan otras tantas de un mundo en construcción[278]. En este volumen haré referencia al árbol cósmico, el huevo cósmico, la rueda cósmica, las vacas cósmicas... Sin duda cercana al panteísmo, esta trascendencia establece una relación íntima entre microcosmos y macrocosmos, de gran rentabilidad literaria.

Conviene precisar, no obstante, que las versiones modernas y contemporáneas de esta trascendencia originariamente cósmica combinan por lo general una devaluación

---

[277] A. J. Greimas, «Folklore et mythologie: problèmes de méthode», p. 36.

[278] «Con la carne de Ýmir se hizo la tierra, / con su sangre la mar, / con sus huesos las peñas, / con sus pelos los árboles, / con su cráneo el cielo», *Edda mayor*, «Los dichos de Grímnir» («*Grímnismál*»), 40, L. Lerate (trad.), p. 83. «Cogieron a Ýmir y lo pusieron en medio del Ginnungagap y con él hicieron el mundo: con su sangre el mar y las demás aguas, la tierra fue hecha con su carne, las montañas con sus huesos; los peñascos y piedras los hicieron con sus dientes y muelas y con los trozos de huesos que se habían roto», Snorri, *Edda menor*, «La alucinación de Gylfi» («*Gylfaginning*»), 7, L. Lerate (trad.), p. 38. Las *Eddas* también son conocidas, respectivamente, como *poética* o *prosaica*. Este patrón lo encontramos igualmente en la *Aitareya-upaniṣad* hindú (I, 1), donde el yo interior o aliento (Ātman), tras crear los niveles del universo (cielo, atmósfera, tierra y mundo subterráneo), genera al primer hombre o macho supremo (Puruṣa), que seguidamente se transforma en el cosmos; véase B. Lincoln, *Myth, Cosmos, and Society*, pp. 1-2, 32 y 141. El tema mítico de la génesis del universo a partir del sacrificio de Puruṣa se atestigua ya antes, en el *Rigveda (Ṛgveda)*, donde la afinidad con los pasajes citados de las *Eddas* es aún mayor que en el caso de la *Aitareya-upaniṣad*: «Cuando los dioses prepararon el sacrificio con Puruṣa como ofrenda...», X, 90, 6, en *Hymns of the RigVeda*, R. T. H. Griffith (trad.), p. 518; una traducción más reciente menta de modo explícito la especie humana: «Cuando, con el Hombre como ofrenda, los dioses extendieron el sacrificio...»; «When, with the Man as the offering, the gods extended the sacrifice...», *The Rigveda*, S. W. Jamison y J. P. Brereton (trads.), I, p. 1539; véase A. A. Macdonell, *Vedic Mythology*, pp. 12-13. Esta homología entre fisiología mítica y cosmología mítica, apunta L. Schajowicz, confiere «un sentido cósmico a todas las cosas», *Mito y existencia*, p. 12. Por supuesto, en estos ejemplos también hay trascendencia sobrenatural sagrada; ambas pueden coincidir. Simplemente procuro ilustrar que existen varios tipos de trascendencia sobrenatural, la mítica (sagrada, numinosa, divina) y la cósmica (lindera con el panteísmo).

de la faceta sagrada personal con una sobrevaloración de la faceta profana impersonal. La retórica acompaña: la fusión con el universo, habitualmente, no va más allá de una metáfora de la dispersión o difusión de nuestra materia corporal en el aire, los abismos o el mar; la abrumadora parafernalia léxica de esta integración cósmica no logra disimular, al contrario, que estamos en la linde del nihilismo.

* * *

En definitiva, la comprensión de la trascendencia en los relatos míticos facilita un análisis que su ignorancia entorpece. Este es, al menos, el sino de la mitocrítica enfocada a los mitos de nuestro entorno occidental; de ahí la conveniencia de hacer hincapié en la homología de este entorno con esos mitos.

La filósofa y académica Chantal Delsol explica que los sistemas comunista y nazi del siglo xx no hacían sino obrar de acuerdo con el pensamiento totalitario de la modernidad y la posmodernidad, representado por una única estructura filosófica. Esta operación consistía en «un rechazo de nuestra realidad separada y finita, [...] una voluntad de *resolver*, esto es, de negar lo trágico humano». Se generaba así una búsqueda impaciente de una sociedad perfecta en la que los humanos se verían por fin desembarazados de imperfecciones, de sufrimientos y, sobre todo, de la muerte. Esta alergia al sentido trágico de la vida había prendido magistralmente en el siglo xviii, como respuesta a las inquietudes que la religión moribunda ya no podía satisfacer. ¿Cómo afrontar, si no, la condición humana después de la muerte de Dios? Con razón se podría replicar que muchas otras culturas no tienen un Dios trascendente y tampoco manifiestan una necesidad urgente por encarar esas cuestiones graves. A lo que la filósofa y académica responde:

> Esas culturas se apoyan en tradiciones y en relatos en los cuales el espíritu inquieto del hombre mortal encuentra su lugar, incluso cuando su intranquilidad no se adapta nunca. Pero la cultura europea es prometeica, debido a las raíces griegas y a la trascendencia judeocristiana que desvela la esperanza de una Salvación, es decir, una salida a lo trágico humano[279].

Borrada la trascendencia del horizonte europeo, la voluntad de escapar a ese sentimiento trágico se aferró a otros dioses: la promesa de los Estados totalitarios que en el siglo pasado segaron la vida de tantos millones de seres humanos. Por suerte, parece que hemos aprendido la lección. Pero la base filosófica no ha cambiado: el despotismo del pensamiento único (global, relativista e inmanente) sigue ahí, en continua lucha dialéctica con la tradición y los relatos trascendentes. Por todo esto, afirmo que la investiga-

---

[279] C. Delsol, *La Haine du monde*, p. 132. En un artículo divulgativo («La mitología», 1936), M. García Morente lamentaba la pérdida de afición a las «fábulas mitológicas»; tras un breve comentario sobre la credulidad que le prestaban los mismos antiguos y los mismos lectores europeos hasta mediados del siglo xix, exclamaba nostálgico: «Hoy sabemos muy bien que la salvación está en lo porvenir y no en el pasado», *Estudios literarios*, J. A. Millán Alba (ed.), p. 130. Ya en nuestro tiempo, P. López Raso analiza la «severa secularización» impuesta en los medios artísticos e intelectuales para eclipsar «su intuición de lo sobrenatural, de lo sagrado», simultánea a la generación del estereotipo del artista moderno negador del misterio; véase «Vicisitudes de lo sagrado en el arte contemporáneo», pp. 76-78.

ción en mitocrítica debe conocer en profundidad la tradición cultural de Occidente (antigua, medieval, moderna y contemporánea) y que, en concordia con la especificidad de la disciplina, el investigador en mitocrítica —dejando salvos su pensamiento y su creencia, cuales fueren— debe desvestir la lógica de la inmanencia y vestir la de la trascendencia: solo así estará en condiciones de comprender los mitos de ayer, hoy.

ÚLTIMAS OBSERVACIONES

A vino nuevo, odres nuevos

Clarificado el horizonte de la disciplina gracias a la detección y revalorización ponderada de factores que hasta ahora embarazaban la investigación de los mitos, la mitocrítica cultural puede ya acometer con garantías el reto: abordar desde nuestra cultura contemporánea los mitos del pasado y, desde los mitos del pasado, la idiosincrasia de nuestra cultura contemporánea: a vino nuevo, odres nuevos.

1. Por ser *mito*crítica, prioriza la identificación del mito: sopesa la viabilidad textual de su definición y propone una respuesta pragmática a la pregunta fundamental de cualquier investigador de mitología ante un texto: «¿Dónde está el mito?». La mitocrítica cultural se mostrará siempre atenta a escrutar la dimensión mítica de los relatos, no solo de los originarios sino también de los modernos y contemporáneos. Sí, de todos sin excepción, unos porque refieren la trascendencia de modo tradicional o novador, otros porque la niegan o ponen a prueba en el crisol de un mundo tendente a la opacidad.
2. Por ser *cultural*, focaliza de manera particular la dimensión cultural del mito (primero en su tiempo, también hoy y en diacronía). Más allá de las hermenéuticas propias de otras disciplinas (antropológicas, psicológicas, sociales, políticas, religiosas), la mitocrítica cultural está siempre atenta a la cultura contemporánea propia del texto en cuestión para llegar al mito como cristalización del cerebro y el corazón de los individuos de una sociedad determinada. Al tomar el texto y el contexto como punto de partida, el investigador respeta el carácter de una cultura para la que el mito constituye un modo fundamental de transmitir verdad, emoción y conocimiento.

Un ejemplo ilustrará estos principios metodológicos. Los textos medievales de que disponemos sobre el mito de Tristán e Isolda, con su mitema indispensable del bebedizo amoroso, no apuntan a conflictos de clase, sublimaciones por represión o reivindicaciones libertarias; tampoco desvelan modelos de vida propios de la aldea global, el rechazo a fuerzas sobrenaturales o la adopción de un amor efímero. La mitocrítica cultural cometería un error de bulto si aplicara, de manera indiscriminada, unos principios teóricos a una realidad que no viene refrendada por el texto (el camino siempre debe ser el inverso); si pusiera, en definitiva, el significado antes del significante.

Por el contrario, gracias, en primer lugar, a su análisis de los elementos míticos fundamentales (el acontecimiento extraordinario de carácter personal y su escatología particular o universal); gracias, en segundo lugar, a la consideración de la cultura del momento (incluido el sentido de la trascendencia y la eternidad que se observa en los textos medievales anglonormandos), la mitocrítica cultural muestra que el mito tristiano contenía de modo latente los elementos conducentes a una evolución: desde las versiones en alto alemán medio observamos un alejamiento progresivo del carácter sagrado en aras de un acercamiento igualmente progresivo hacia el carácter cósmico, justamente en la forma adoptada en el siglo XIX por la ópera de Richard Wagner. Aplicada con respeto de su orden natural (indagación del mito en el seno de una cultura) y con prudencia (identificación *in nuce* de los factores de nuestra lógica contemporánea), la nueva metodología aporta así su contribución al análisis y la evolución de un mito que se adapta a los diversos textos y contextos.

Hoy día, con razón, la crítica pone particular énfasis en los estudios culturales en relación con las tradiciones populares y las minorías étnicas. Sin olvidar el concepto primigenio de la cultura (los rasgos de la vida humana aprendidos y transmitidos socialmente, esto es, la cultura técnica del *homo faber* y la cultura informativa del *homo sapiens*), la mitocrítica cultural también tiene en cuenta el aspecto fenomenológico existencial, que reevalúa los conceptos y las prácticas utilizados por la etnología[280]; pero lo hace siempre desde el postulado principal de la trascendencia y la cronología absolutas. Se trata, por lo tanto, de conjugar la cultura relativa al sentido de los actos humanos y al conocimiento de la ontología humana con la cultura como proyecto del hombre (*homo proiectionis*), esto es, del ser humano en sus proyecciones reflexiva, volitiva, imaginaria, mnemónica y emocional.

En el corazón mismo de la mitocrítica cultural se encuentra la reflexión sobre una serie de elementos priorizados por la nueva cultura (su carácter dinámico, lábil, conflictivo y emotivo) que invitan a una reevaluación del mito a la luz de la nueva lógica globalizadora, relativista e inmanente. Dicho de otra manera, precisamente porque combina el legado ontológico y biológico de la cultura tradicional con el carácter polifacético de los nuevos tipos culturales, la metodología de la mitocrítica cultural se encuentra en una posición privilegiada para constituirse en eslabón idóneo de conexión entre elementos biológicos y culturales, hoy enfrentados en una contienda de valores.

Otro ejemplo aclarará la oportunidad de esta mitocrítica. La *Antígona* de Sófocles realza el despotismo de Creonte (que niega la sepultura a los muertos y deja sepultar a la viva) y la piedad heroica de Antígona (que no vive sino por los muertos e ignora a los vivos). La actitud de la heroína supone una crítica acerba contra el tirano por antonomasia. Paralelamente, Creonte y Antígona ilustran el conflicto entre la razón de Estado y la conciencia individual, entre las leyes escritas y las leyes no escritas; esta segunda interpretación, de carácter político, vendría refrendada por los peligros que podría originar, en tiempos de la representación de la pieza, el absolutismo de Pericles, gobernador situado entre una generación religiosa, estricta, y otra orgullosa, independiente[281]. A

---

[280] Véase J. San Martín, «Los tres tipos básicos de cultura y su ordenación jerárquica», pp. 93-105. Frente a la etnología del siglo XIX, para la que el mito era un «ingenuo instrumento precientífico (si no acientífico) de explicación del mundo», la etnología posterior lo considera coherente con una percepción diversa de la habitual en la civilización moderna, más concretamente con una percepción resultante de asociaciones «heterogéneas, emocionales, simbólicas», E. M. Meletinski, *El mito*, P. López Barja de Quiroga (trad.), pp. 27-28. Como veremos en los capítulos 3, 5 y 6, el mito se adecua al marco de un tiempo absoluto y sigue las pautas de la lógica simbólica, emocional.

[281] Véase R. Trousson, «La philosophie du pouvoir dans l'*Antigone* de Sophocle», p. 30.

estos análisis se ha de añadir el peso de la trascendencia ligada al destino, componente fundamental en la maldición que recae sobre los descendientes de Harmonía y Cadmo; sin este elemento mítico, es imposible entender en toda su extensión el detonante y el alcance de los alegatos de Antígona. Por lo tanto, cohabitación de interpretaciones: textual, histórico-política y mitológica.

La mitocrítica cultural, lejos de leer nuevas «Antígonas» cual si fueran antiguas, debe conjugar sus herramientas de modo que permita comprender, precisamente a través del mito, la sociedad actual. Sea el caso de la *Antigone* de Cocteau, estrenada en 1922. El texto y su representación son susceptibles de una interpretación antropológica (oposición de los derechos de la sangre fraterna o sororidad a la filiación y la maternidad) e histórico-poética (incoherencia de enarbolar el heroísmo restringido frente al nacionalismo de Barrès y a un país desgarrado por la *Grande Guerre*), pero también mitocrítica (la Antígona del siglo XX defiende los derechos de Polinices sin la ambigüedad de su modelo helénico, con la energía derivada del esquematismo verbal adoptado por el autor y fundamentada en un absoluto moral –«la regla de los inmortales»–).

En resumen, si la mitocrítica ha experimentado hasta ahora particulares dificultades para juzgar con criterios apropiados los relatos míticos, esta heurística propone la recuperación del mito en sus esencias: gracias, en primer lugar, al respeto de los criterios fundantes del mito en su entorno grecolatino, judeocristiano, nórdico, etc.; en segundo lugar, a la ponderación de su transmisión a través de una cultura profundamente cristiana; en tercer y último lugar, al revulsivo que ofrece, por contraposición, nuestra mentalidad posmoderna alérgica a la trascendencia originaria y a sus tiempos absolutos. Quizá de este modo estemos en mejores condiciones que nunca para abordar, con mayores probabilidades de éxito, una auténtica crítica de los relatos míticos.

El mito como falacia

La siguiente reflexión –escrita solo a modo de apéndice– sale al paso de uno de los mayores errores terminológicos en torno al mito, hoy a menudo utilizado de manera basta, sensacionalista y acrítica, para designar una ilusión o una mentira. En mi opinión, el positivismo y la incuria son, de algún modo, responsables de este uso inadecuado del término «mito». Comenzaré aportando tres ejemplos.

1.º La Inquisición y la Leyenda negra. Kamen estudia los incesantes ataques europeos por desprestigiar la Inquisición como libelos de «actitudes antiespañolas» generadoras de la «Leyenda Negra», etiqueta inventada por Julián Juderías en 1914 para defender a España de los prejuicios de «los extranjeros protestantes y los españoles progresistas». El resultado es una imagen falsa de la institución:

La focalización obsesiva en una cosa terrible llamada «inquisición» nos ha llevado a menudo a evocar a un Godzilla histórico que no coincide con la verdad ni con la realidad[282].

---

[282] H. Kamen, *La Inquisición española: mito e historia*, p. 11; ejemplos de estos libelos son la «propia visión» de italianos (Francesco Guicciardini, el embajador G. Soranzo), la «propaganda antiespaño-

Nótese la equiparación de los juicios precipitados sobre la Inquisición con monstruos, mitos y leyendas. Aún hay más. La nueva edición en castellano del volumen de Kamen aparece bajo el título elocuente *La Inquisición española: mito e historia;* además de motivos de mercadotecnia, esta modificación del título original transpira ínfulas de una postura editorial que recurre a la equiparación del mito con la falacia para apropiarse de la verdad a través de la historia.

2.º Estados Unidos como paladín universal. En su análisis de las relaciones entre el fundamentalismo islámico y el imperialismo occidental, Livingstone sostiene que los Estados Unidos han enarbolado desde hace más de dos siglos la bandera de la defensa de la libertad y la democracia; primero en su Guerra de Independencia, después en las dos Guerras Mundiales y ahora contra el terrorismo:

> De nuevo se recurre a este mito del papel de América en la preservación de la «democracia» y su lucha contra el «despotismo», hasta desencadenar la 3.ª Guerra Mundial, o la llamada Guerra contra el Terror[283].

Para negar la teoría de que las sociedades secretas, el terrorismo y los conflictos a escala global están íntimamente interconectados, este autor escoge un término («mito») que el lector identifica de inmediato con el sentido de falacia.

3.º Los riesgos de la superpoblación. Frente a quienes aseguran la incapacidad de la tierra para generar próximamente recursos energéticos y alimenticios, otros se mofan y pronostican que «la superpoblación continuará siendo en el siglo XXI un mito, como lo fue en el siglo XX; por eso el *New York Times* acertadamente lo incluyó en su lista como "uno de los mitos del siglo XX" en su Edición del Milenio del 1 de enero de 2000»[284].

«Mito» significa aquí angustia desmedida, infundada, frente a los datos y los «hechos», como reza el título de este artículo citado.

Sin ánimo de agotar la cuestión, intentaré arrojar una luz sobre esta acepción del término «mito». En mi opinión, su uso inadecuado por grandes figuras de dos disciplinas (historia y filosofía) ha podido influir en el paso conceptual de la verdad del mito al engaño del mito.

1. La historia

a) Al final de su relación sobre la etnografía del Antiguo Egipto, y antes de proceder al relato de su historia política, Heródoto cree conveniente revelar sus fuentes:

---

la» de holandeses (Guillermo de Orange), los «relatos de pura ficción» de ingleses (John Foxe), etc.; véanse pp. 477-479. La 1.ª edición española del volumen es de 1999, la 2.ª, de 2013; utilizo la reimpresión (erróneamente denominada 6.ª edición) de 2018. Título original: *The Spanish Inquisition: A Historical Revision*, London y New Haven, Yale University Press, 1997; la 2.ª edición inglesa, que respeta este título, es de 2013.

[283] D. Livingstone, *Terrorism and the Illuminati*, p. 5.

[284] A. U. Jan, «Overpopulation: Myths, Facts, and Politics».

Hasta aquí he dicho lo que vi, reflexioné y averigüé por mi cuenta; pero a partir de ahora voy a decir lo que cuentan los egipcios, como lo he oído, si bien añadiré también algo de lo que yo he visto[285].

La validez del discurso de Heródoto queda fundamentada sobre lo visto (ὄψις), conocido (γνώμη) o recogido (λέγουσα) por él mismo; solo excepcionalmente, cuando no ha sido testigo cualificado, recurre a lo referido (λόγους) por otros informadores.

b) En su *Historia de la guerra del Peloponeso*, Tucídides se muestra aún más escrupuloso:

Así vi la época antigua, aunque es difícil dar crédito a cualquier testimonio de modo sistemático, ya que los hombres aceptan unos de otros, de modo indiscriminado y sin comprobación, las noticias sobre sucesos anteriores a ellos, aunque se refieran a su propio país[286].

Quejoso de la ligereza del vulgo, que acepta «las noticias sobre sucesos anteriores a ellos» –esto es, los rumores, las tradiciones (τὰς ἀκοὰς)– sin contrastarlas, Tucídides asegura que su crónica nace de fuentes incuestionables y goza de la máxima credibilidad. No en vano ha sido apodado, con alguna indulgencia, como «padre de la historiografía científica».

Ambos historiadores privilegian lo que ellos han presenciado sobre lo que otros les han referido: la vista, no el oído, es criterio de verdad.

2. La filosofía

a) En el diálogo *Gorgias*, Sócrates concluye que nada hay peor que descender al otro mundo con el alma cargada de crímenes. Para apoyar su opinión, narra a Calicles una historia:

Escucha […] un precioso relato, que tú, según opino, considerarás un mito [μῦθον], pero que yo creo un relato verdadero, pues lo que voy a contarte lo digo convencido de que es

---

[285] Heródoto, *Historias*, II, 99, J. Berenguer Amenós (ed.), t. II, p. 76, y A. D. Godley (ed.). Según J. M.ª Mardones, «Píndaro es el primero que parece usó la palabra mito con el sentido de "expresión mentirosa o engañosa"», *El retorno del mito*, p. 40. Esta aseveración requiere un juicio ponderado. No olvidemos que «el tebano se siente en sintonía con la religión tradicional, olímpica y cívica, configurada por Homero y Hesíodo», M. A. Santamaría Álvarez, «Píndaro y el orfismo», p. 1.180. En Píndaro encontramos tanto el sentido tradicional del mito heredado de la Edad Arcaica como el sentido de «palabra ilusoria» (*párphasis*), p. e., en la oda *Nemea* VIII: «Y, verdaderamente, al enemigo en piel caliente no abrieron ellos heridas semejantes (cual Áyax hizo), rechazados por la troyana lanza defensora, ya junto a Aquiles recién muerto, o bien de otros acosos en los devastadores días. Odiosa mentira, ¡ay!, también entonces hubo, compañera de viaje de las palabras lisonjeras, urdidora de dolo, malhechor denuesto», vv. 28-33, en *Odas y fragmentos*, A. Ortega (trad.), p. 255, y J. Sandys (ed.). «Compañera de viaje de las palabras lisonjeras» (αἱμύλων μύθων ὁμόφοιτος): a resultas de un voto secreto, el astuto rey de Ítaca se ha hecho con las armas de Aquiles; consiguientemente, el hijo de Telamón, sumido en el olvido, se ve abocado al suicidio. En Píndaro, el mito puede designar tanto el relato heroico y divino tradicional como la insignia de la ficción ilusoria; véase M. Detienne, *L'Invention de la mythologie*, pp. 97-99.
[286] Tucídides, *Historia de la guerra del Peloponeso*, I, XX, F. Romero Cruz (ed.), p. 64, y H. S. Jones y J. E. Powell (eds.).

verdad. Como dice Homero, Zeus, Poseidón y Plutón se repartieron el gobierno cuando lo recibieron de su padre[287].

El referente homérico es la *Ilíada*, donde Poseidón responde indignado a la embajada de Zeus transmitida por Iris[288]. Básicamente, el relato de Sócrates aborda el juicio de los muertos en los Infiernos: la riqueza y el prestigio de esta vida carecen de valor en la otra, pues solo arriban a la Isla de los Bienaventurados quienes han ejercido la piedad y la justicia. Ante el tribunal de los muertos sobran el disimulo y la retórica: el alma queda al desnudo. Sorprendentemente, el sabio refiere un relato para apoyar su tesis. Su *lógos* argumentativo se trueca en mito, como si la filosofía careciese del utillaje suficiente para abordar el más allá.

Ahora bien, esta creencia en la veracidad del relato mítico es excepcional en la obra de Platón, para quien el mito no goza de gran predicamento. En primer lugar, como relato imitativo, el mito es sospechoso, tanto porque reproduce una ambigüedad (la presencia de una realidad ausente), como porque persigue una emotividad (respuesta corporal ligada a los apetitos sensibles del hombre). En segundo lugar, como discurso narrativo, el mito es azaroso, o sea, no argumentativo: el relato mítico no sigue un orden guiado por unas reglas cuyo encadenamiento requiera una deducción necesaria. En tercer lugar, a diferencia del λόγος o discurso del filósofo, el mito es inverificable, no designa una realidad extralingüística susceptible de comprobación, ya sea porque su referente (dioses, demonios, héroes, habitantes de los Infiernos) es inaccesible al intelecto o a los sentidos, porque es ajeno al mundo de las formas inteligibles (está sometido al mundo sensible y, por definición, inestable) o, en fin, porque no se circunscribe a tiempos de la experiencia directa o indirecta (pertenece al mundo pasado o futuro).

¿Podrían solventarse estas objeciones argumentando que el mito, precisamente por no ser verificable, está más allá de la verdad o la falsedad? No, según Platón, que presenta el mito como un discurso falso. Para contrastarlo, hemos de recurrir a otro diálogo del filósofo.

b) En el segundo libro de la *República*, tras convenir con sus interlocutores en que el guardián del Estado debe ser excelente, es decir, filósofo, colérico, ágil y fuerte, Sócrates interroga a Adimanto cómo se ha de educar a los niños. Como de costumbre, la pregunta es retórica: el sabio ya sabe que deben formar su cuerpo mediante la gimnasia y su alma mediante la música; de hecho, arguye, en la enseñanza musical deben priorizarse los discursos mentirosos. La escandalosa propuesta sobrecoge al perplejo Adimanto; Sócrates recurre entonces a su habitual asombro, también retórico:

> —¿No entiendes –pregunté– que primeramente contamos a los niños mitos [μύθους], y que estos son en general falsos, aunque también haya en ellos algo de verdad? Y antes que de la gimnasia haremos uso de los mitos[289].

---

[287] Platón, *Gorgias*, 523a, en *Diálogos*, J. Calonge Ruiz (trad.), t. II, p. 139.
[288] Homero, *La Ilíada*, XV, vv. 185-199, E. Crespo Güemes (trad.), pp. 397-398. La raíz del teónimo griego Ζεύς está emparentada, etimológicamente, con la del latino *Deus*, de donde procede nuestro término 'Dios'.
[289] Platón, *República*, II, 377a, en *Diálogos*, C. Eggers Lan (trad.), t. IV, p. 135, y J. Burnet (ed.).

Importa sobremanera, apostilla el mayéutico, conseguir que las nodrizas solo enseñen a los niños los mitos escogidos por los políticos y los filósofos, es decir, que eviten los grandes mitos. Adimanto inquiere a qué grandes mitos se refiere, y Sócrates responde sin titubear:

> Aquellos que nos cuentan Hesíodo y Homero, y también otros poetas, pues son ellos quienes han compuesto los falsos mitos [μύθους] que se han narrado y aún se narran a los hombres (*ibid.*, p. 136, II, 377d).

Sócrates se explica: esos relatos (por ejemplo, la venganza de Crono sobre Urano relatada por Hesíodo) no son convenientes para los niños; además, repite, no contienen nada verdadero (οὐδὲ γὰρ ἀληθῆ, 378c), porque no es propio de los dioses querellarse de continuo. Más vale, agrega, enseñar a los niños la esencia y la bondad de Dios.

Otros ejemplos del *Sofista* o del *Crátilo* mostrarían que la verdad o la mentira del mito no dependen, según Platón, de la adecuación de un discurso con su referente, sino de la concordancia del discurso mítico con el discurso filosófico, elevado al rango de norma y criterio de verdad[290]. Las verdades del mitógrafo solo serán tales si su discurso se conforma al del filósofo sobre las formas inteligibles. Conclusión: la verdad del mito no es propia, sino vicaria. Solo así se entiende que Platón incluya relatos míticos en sus textos, como el célebre juicio de los muertos en la Isla de los Bienaventurados.

* * *

Sería prolijo y fastidioso abundar en el descrédito atribuido a los mitos por los historiadores y los filósofos a lo largo de los siglos[291]. A estos argumentos de incredibilidad se han sumado los científicos en los tiempos modernos. Frente al mito, caracterizado por la diversidad trascendente, el pensamiento indirecto y la comprensión intuitiva, la cultura occidental opone tres elementos antagónicos: la univocidad dogmática, el pensamiento directo y la argumentación científica. Estos criterios, en cierta medida sucesivos en el tiempo desde la Edad Media, han adquirido a menudo tintes ideológicos: el dogmatismo,

---

[290] Véase L. Brisson, *Introduction à la philosophie du mythe*, p. 38. L. Strauss puntualiza que Sócrates, en el citado texto de la *República*, persigue recalcar la importancia de la educación a una vida piadosa, para lo cual no se requieren las historias de los dioses según los grandes poetas, sino «las historias correctas de los dioses». Estas deben respetar dos leyes: por un lado, la bondad y justicia de los dioses, por otro, su sencillez e inmutabilidad, *The City and Man*, pp. 98-99.

[291] A las preguntas socarronas de su amigo, incrédulo de su viaje «en medio de las mismas estrellas», Menipo replica: «Es evidente que tú te burlas de mí desde hace rato y no resulta nada admirable que el componente extraordinario de mi narración te parezca semejante a una fábula», Luciano, *Icaromenipo o el que vuela por encima de la nube*, II, en *Obras*, M. Jufresa y E. Vintró (eds.), t. V, p. 127. El empleo de la palabra «mito» («θαυμαστὸν οὐδὲν εἴ σοι τὸ παράδοξον τοῦ λόγου μύθῳ δοκεῖ προσφερές», fábula, en la traducción) muestra ya la equiparación de mitos con narraciones fabulosas, increíbles o «paradójicas», por retomar la expresión del escritor satírico. Esta práctica del término «mito» también tiene su explicación retórica: se trata de una metábola en el nivel semántico de la lengua, más concretamente, de un tropo de dicción (antigua retórica) o metasemema (nueva retórica). El uso y el abuso del término «mito» en este sentido ha sufrido una lexicalización o una traslación semántica, como ocurre en toda catacresis metafórica.

el pragmatismo y el cientificismo que, afirma Durand, están en la base de la «extinción simbólica»[292]. Es decir, la cultura moderna y contemporánea, caracterizada por la uniformidad, la utilidad y el empirismo, ha olvidado la «gramática de los símbolos»[293]. Este confinamiento del pensamiento simbólico ha sido fatal para nuestra cultura, que se ha tornado alérgica al pensamiento polivalente, desinteresado y aleatorio, esto es: impedida para valorar las representaciones espontáneas y emocionales del imaginario. En consecuencia, ningún relato mítico basado en figuras simbólicas goza de autoridad como razón ontológica y ética en un mundo regido por verdades relativas y compromisos efímeros. En Occidente, la verdad ha experimentado un traspaso patrimonial: contenida parcialmente en frascos simbólicos (los relatos míticos de la Antigüedad), ha sido incautada por historiadores (Heródoto, Tucídides) y filósofos (Platón) en el mundo antiguo, y expropiada por jerarquías religiosas (siglos VI-XVII), ilustradas (siglo XVIII) y positivistas (siglos XIX-XXI) en los tiempos medievales y modernos.

Como todo resumen, la evolución descrita peca de simplismo; no es posible encasillar el desarrollo de un término tan importante para el pensamiento occidental en apenas unas páginas. Además, el caso del mito no es único. En cualquier periodo, desde los días arcaicos hasta los nuestros, han proliferado escuelas y pensamientos reacios a la norma oficial: orfismo, pitagorismo, espiritismo, ocultismo, esoterismo, satanismo, iluminismo (si bien muchos de ellos no son de raigambre occidental: fetichismo, chamanismo, animismo, totemismo…). Sin embargo, es patente que la cultura occidental se ha regulado, de manera preponderante y progresiva, por un pensamiento positivista, hoy omnipresente y omnipotente, hasta el punto de que la calidad en las ciencias humanas y sociales es, incluso en el ámbito académico, supuestamente evaluada mediante criterios cuantitativos empíricamente demostrables.

La epistemología del positivismo presenta diversos dogmas, uno de los cuales es nuclear: solo el conocimiento científico experimental (que incluye un monismo metodológico, aplicado en primer lugar a las ciencias físicas y naturales, y en segundo lugar a las ciencias humanas y sociales) es conocimiento auténtico. Como consecuencia, todos los pensamientos no verificables experimentalmente son marginalizados al ámbito de la mera opinión, cuando no ridiculizados como creencia irracional, cual es el caso del mito. Los estamentos y estructuras racionalistas rectores de Occidente han infligido al mito este desprestigio, del que solo con posterioridad el vulgo se ha hecho eco. Así se entiende hoy la popularización de este significado falaz del término «mito»; y también se comprende su uso y abuso por quienes, recurriendo a un término marcado por sus connotaciones eruditas y elevadas, consideran elevarse en la estima social.

* * *

Se comprende, ahora mejor que nunca, la imperiosa necesidad de establecer una metodología que sostenga de modo científico las bases de una mitocrítica epistemológicamente incuestionable. «Llamar mito al mito» (diferenciando tipo, figura, arquetipo, símbolo, motivo, obsesión, sublimación o complejo), «distinguirlo del pseudomito» (ca-

[292] G. Durand, *L'Imagination symbolique*, p. 23.
[293] J. Campbell, *The Hero with a Thousand Faces*, p. vii.

librando bien los procesos de mitificación, desmitificación y remitificación), «identificar el personaje mítico» (analizando su relación con animales y objetos del entramado mítico), «descubrir el acontecimiento trascendente» (evidenciando las coordenadas temporales absolutas a las que remite) y «respetar las condiciones de la ficción, la historia y la naturaleza humana» (previniendo manipulaciones ideológicas y pseudocientíficas del mito) constituyen bases nomotéticas seguras y válidas de la mitocrítica cultural.

Parte II

DEFINICIÓN Y DESARROLLO

Valga, a modo de hipótesis de trabajo, esta definición:

El mito es un relato funcional, simbólico y temático de acontecimientos extraordinarios con referente trascendente sobrenatural sagrado, carentes, en principio, de testimonio histórico y remitentes a una cosmogonía o una escatología individuales o colectivas, pero siempre absolutas.

No es un relato cualquiera, sino un tipo particular de relato: con sus inconfundibles características, su singular estructura, su objeto específico y su referente absoluto. General, fría y programática, esta definición sale al paso de análisis calificados de «mitocríticos» en los que se echa en falta una fundamentación epistemológica, una coherencia hermenéutica y una voluntad heurística. También aspira a ser pragmática y generalizable. Pretende responder a la pregunta clave que todo investigador debe plantearse ante cualquier producción mitológica: «¿Dónde está el mito?».

La segunda parte del volumen desarrolla esta definición.

Unas observaciones se imponen sobre el orden de los elementos que componen la definición inicial del mito y, por consiguiente, el orden del volumen.

1. La definición reza «El mito es un relato […] de acontecimientos extraordinarios con referente trascendente […]». El sintagma nominal indica un orden gramatical preciso; ahora bien, la presencia de un personaje (aun cuando solo sea narrador) es indispensable para el relato y anterior al acontecimiento. Por este motivo el capítulo «Mito y personaje» precede al capítulo «Acontecimiento extraordinario».

2. El capítulo «Estructura del mito» (análisis de los temas míticos que componen el relato) podría haber seguido a los capítulos relativos al carácter del mito (funcional, simbólico), pero la necesidad de abordar cuanto antes el objeto del mito (acontecimiento extraordinario) y su referente (trascendente sobrenatural sagrado) aconseja colocarlo después.

3. Son innúmeros los estudios acerca de la precedencia y la relación entre mito y rito. Con objeto de centrarme en nuestro objeto de interés, he evitado aventurarme en esta discusión. El lector encontrará una serie de entradas sobre el rito en el índice analítico.

Es preciso añadir, por último, que esta tesis definitoria se encarna en un tiempo, un espacio y, sobre todo, una existencia que la experimente. El mito no es un constructo mental ajeno a las vicisitudes sociales, políticas y económicas de una cultura: lleva marcado en su piel y sus entrañas la huella de cada individuo y sociedad. El mito anima una conciencia ilusionada con la libertad: de igual modo que no puede desembarazarse por completo de una forma y un contenido heredados, tampoco puede dejar de soñar con nuevas formas y contenidos, promesas de una liberación anhelada.

3
Mito y relato

Sin ánimo de conceder a la etimología mayor atención de la necesaria, preciso es recordar que mito (μῦθος) vale tanto como palabra, discurso, razón, dicho, comunicación, mensaje. Parece ser que *mýthos* proviene de la raíz *my-*, onomatopeya que indicaría tanto la imitación o la emisión de sonidos como el acto de no emitirlos (de donde procedería «mudo», «mutismo»). De ahí el oxímoron: palabra silenciada. De este oxímoron surge la ilación entre mito y enigma: gracias al mito, «el hombre ha sido *iniciado* en un misterio»[1].

La palabra relata el enigma. Puede haber relato sin mito, pero no mito sin relato. El mito nace y se desarrolla como relato. Aquí vamos a profundizar en una poética del relato mítico. El estudio de las relaciones entre los procedimientos expresivos y los relatos míticos pasa por una poética de los mitos, esto es, una mitopoética o interrogación científica sobre las condiciones de adaptación de las formas y los contenidos a los mitos y viceversa.

En efecto, la mitocrítica cultural sostiene que la función poética afecta tanto a las formas como a los contenidos; consecuentemente, propugna una «mitopoética de las formas» y una «mitopoética de los contenidos», ambas estrechamente unidas y conducentes a una mejor comprensión del mito en un determinado horizonte cultural. Una vez abordadas estas dos mitopoéticas pasaré a su relación con los aspectos absoluto y relativo del tiempo y a un tipo de relato reacio a toda circunscripción definitiva, ya sea temática o formal: el onírico.

MITOPOÉTICA DE LAS FORMAS

La mitopoética de las formas se ocupa básicamente de las formas o los géneros que vehiculan los mitos. Como cualquier otro relato, el mítico cuenta algo, ya sea en forma de discurso narrativo, representativo o lírico. La tripartición de los géneros literarios en lírica, epopeya y drama es proverbial desde el Romanticismo alemán, si bien aparecía, de manera parcial pero indiscutible, en los preliminares de la *Poética* de Aristóteles:

---

[1] L. Schajowicz, *Mito y existencia*, p. 12; «el *mythos* es la palabra, la palabra que nace del silencio, tal como el Día [Hemera] y el Éter, en la cosmogonía hesiódica, han nacido de la Noche», *ibid.*, p. 23.

la epopeya y la poesía trágica, y también la comedia y la ditirámbica, y en su mayor parte la aulética y la citarística, todas vienen a ser, en conjunto, imitaciones[2].

Léase: epopeya, drama (en forma de tragedia o comedia) y lírica (presente en los ditirambos, esto es, los himnos corales con danza en honor a Dioniso). Tomaré como referencia estos tres géneros como agrupadores del resto para nuestro estudio sobre el relato mítico.

Antes de proseguir, se imponen dos observaciones: la primera, sobre el sujeto enunciador del relato; la segunda, sobre la enunciación formal.

Como veremos a lo largo del volumen, la mayoría de los mitos se «da» de modo anónimo, pero los conocemos a través de un «dador» del relato. Centrémonos en los antiguos. Por oscuro e inaccesible que sea su origen, es obvio que todos surgieron en algún momento y en algún lugar; es más, alguien, un individuo, tuvo que narrarlos por primera vez, aunque fuera de modo embrionario y abierto a nuevas modulaciones: solo los sujetos hablan; en última instancia, todo mito es originado en una creación individual. Lo cual nos conduce a una paradoja, ya que, para pasar al estado de mito, toda creación imaginaria y ficticia debe, con vistas a recabar verosimilitud y universalidad, despojarse de su vestimenta individual (indicios de temperamento, imaginación y experiencias autoriales). La oralidad y la colectividad del mito desgastan sus ropajes singulares en favor de la función social. El caso de los mitos medievales obedece, en sus líneas generales, a este proceso. No así el de los modernos, cuyo autor, por lo general, es conocido y se muestra celoso de su firma. Pero, incluso en estos casos, los investigadores han mostrado que los más de ellos, si no todos, siguen un primer mito (Ur-myth) de reminiscencias ancestrales o, cuando menos, ignotas. Es más, los mitos modernos surgen de la combinación de mitemas previamente presentes en los mitos antiguos o medievales. Hablando en propiedad, no hay un salto generacional o eslabón perdido entre estos y aquellos: «la diferencia entre creaciones individuales y mitos reconocidos como tales por una comunidad no es de naturaleza, sino de grado»[3]. Lo cual da pie para que el análisis pueda aplicarse legítimamente tanto a relatos míticos nacidos en la tradición oral y colectiva como a relatos míticos «escritos» por un solo autor: lo que nos importa es entender el mito, dejando para otros los entresijos eruditos de su configuración histórica.

Pasemos a la observación acerca de la enunciación formal. Los diversísimos relatos antiguos sobre los orígenes del mundo (egipcios, sumerios, griegos, mayas) son hoy, sin

---

[2] Aristóteles, *Poética*, 47a13-16, véase también 48a28, V. García Yebra (ed.), p. 127. La aulética: arte de tocar la flauta; citarística: arte de tocar la cítara. Un ejemplo de sistematización según el Romanticismo alemán: «Solo hay tres formas naturales auténticas de la poesía: la narración clara, la excitación entusiasta y la acción personal: *épica*, *lírica* y *drama*»; Goethe, «Naturformen der Dichtung», en *West-östlicher Divan*, en *Gedichte und Epen II*, E. Trunz (ed.), en *Werke. Hamburger Ausgabe*, t. II, p. 187. Este ejemplo no ignora otros relevantes, como la completísima exposición que Hegel dedica a la poesía épica, lírica y dramática en la sección de su *Estética* destinada a las artes románticas. A decir verdad, debemos la sistematización de las formas fundamentales de la literatura en tres categorías a Diomedes Grammaticus (siglo IV d.C.); sobre la larga historia y evolución de los géneros, véanse G. Genette, *Introduction à l'architexte*, *passim*, y A. García Berrio y J. Huerta Calvo, *Los géneros literarios: sistema e historia*, pp. 116-128.
[3] «la différence entre créations individuelles et mythes reconnus pour tels par une communauté n'est pas de nature, mais de degré», C. Lévi-Strauss, *Mythologiques. IV: L'Homme nu*, p. 560.

excepción, considerados míticos. ¿Cabría aplicar semejante calificación a los judíos, cristianos y musulmanes? Sí y no. Aun siendo medularmente científica, la mitocrítica no es matemática. En puridad, sería preciso diferenciar, en cada caso y situación, el tipo de enunciado y de contenido, la cualidad del narrador y del narratario, las coordenadas espacio-temporales del acontecimiento y su interpretación, etc. La hermenéutica mitológica no es idéntica, ni mucho menos, a la hermenéutica religiosa. Ahora bien, desde un punto de vista exclusivamente formal, todos esos textos de los orígenes son míticos: como reflejo particular de nuestra percepción del mundo, todo mito es formulado como fuente originaria de nuestra vida. No olvidemos que el relato mítico existe, primordialmente, en las formas discursivas dirigidas a circunstancias enunciativas y públicos precisos[4]. Dicho de otro modo: el acto de la creación mitológica presupone la existencia de un sujeto, una fuente y un objeto, esquema triádico de toda formulación creativa que, como tal, también debe ser estudiada[5]. Esta premisa formal en nada invalida (gracias a la hermenéutica de la mitocrítica cultural) la referencial trascendente (el contenido verídico, el mito como «veri-dicción»). De lo contrario, caeríamos en el lamentable error, antes comentado, de orillar el mito hacia el terreno de la falsedad; en cuyo caso nos convertiríamos, con razón, en el destinatario al que Tolkien llamó «misómito»[6].

Mito y géneros

Hay mil maneras de abordar las modalidades utilizadas por los escritores para expresar la experiencia literaria. Por su aptitud para nuestro cometido, utilizaré la división más común (narración, drama, lírica), singularmente condensada en la tragedia ateniense: los prólogos o mensajeros narran sucesos no escénicos (narración), las personas presentes representan mediante ejecución de acciones (drama), el coro manifiesta descargas subjetivas de la emoción acumulada (lírica). Aun cuando sufra considerables modificaciones puntuales (p. e., sustitución del coro por cantos, himnos o poemas sueltos), esta estructura, en abstracto, aparece de un modo u otro en las grandes mitologías de nuestro estudio[7]. Aquí hablaremos de género narrativo, dramático y lírico.

---

4 Véase C. Calame, «Entre récit héroïque et poésie rituelle», p. 123.

5 Véase E. M. Meletinski, *El mito*, P. López Barja de Quiroga (trad.), pp. 155 y 186.

6 «A quien dijo que los mitos eran mentiras y, por lo tanto, sin valor alguno, aunque sean "envueltos en plata"»; J. R. R. Tolkien, *Mythopoeia*, en *Tree and Leaf*, p. 85. El destinatario de Tolkien (Filómito, *Philomythus*, «el amante de los mitos») era C. S. Lewis (Misómito, *Misomythus*, «el que odia los mitos»), quien consideraba, antes del poema conmemorativo, los mitos como mero decorado. «Envueltos en plata»: la expresión ha sido muy discutida; Lewis habría significado que los mitos, como la mona vestida de seda, siempre se quedarían en mitos.

7 A. Reyes, con su habitual claridad, expone también esta estructura tripartita, si bien denomina «funciones» los «procedimientos de ataque de la mente literaria sobre sus objetivos» (*viz*. drama, novela, lírica) y «géneros» las modalidades accesorias, estratificaciones de las costumbres de una época, predilecciones de las pasajeras escuelas literarias [...] circunscrit[a]s dentro de las funciones» (*viz*. drama mitológico, novela bizantina, lírica sacra), «Apolo o de la literatura», en *Antología*, p. 47.

I. El mito presenta una estructura narrativa autónoma; veámoslo de modo analítico:

1. Estructura, porque sus elementos constitutivos o mitemas aseguran la cohesión de tal manera que, si uno de ellos viene a faltar, el mito queda sensiblemente modificado, subvertido o, incluso, amenazado de desaparición.
2. Estructura narrativa, porque esa cadena de mitemas es actualizada a través de un enunciado narrativo.
3. Estructura narrativa autónoma, porque es independiente de otras estructuras narrativas anteriores o posteriores: el mito puede irrumpir desgajado del resto del discurso; por ejemplo, en un segundo nivel diegético: en la *Odisea*, el episodio de las sirenas (XII, vv. 181-200).

En la historia literaria occidental esta conjunción de elementos se ha adaptado con naturalidad a un género específico: la epopeya. Al igual que el mito, también el *épos* (ἔπος) es palabra, vocablo, si bien puede adquirir un aspecto colectivo para designar el discurso o el relato, incluso el canto y la poesía narrativa o épica. De hecho, en la *Ilíada*, la «palabra» aparece habitualmente asociada al 'acto' (ἔργον), tanto para recordar los servicios de Tetis a Zeus (I, 504) como para realzar el apoyo de Zeus a los troyanos (XV, 234): el *épos* es una palabra con valor de acto (*érgon*), una acción guerrera. Un tercer término designaba la palabra entre los griegos: el *lógos* (λόγος); pero el recorrido de este vocablo discurre por otros derroteros, los del discurso histórico y filosófico. Así, aunque en ocasiones los tres términos remiten a la 'palabra', μῦθος, ἔπος y λόγος se decantan en los significados que hoy se les atribuyen generalmente:

> Mientras el *mýthos* o *hieròs mýthos* tenderá a designar cualquier palabra relativa a lo sagrado, a lo que Rudolf Otto denomina lo «numinoso», mientras el *lógos* evolucionará en el sentido del discurso –ya sea del parlamento en el teatro o de la exposición filosófica–, el *épos* estará principalmente ligado a la gesta guerrera o al regreso de los guerreros[8].

Dejemos a un lado el *lógos* (que desde época temprana, socrática, se circunscribe a la reflexión). El mito, menos dependiente de la forma –sin duda por su íntima ligazón con el carácter misterioso que acabamos de ver–, se conjuga de maravilla con la epopeya, relato de actos guerreros (ἔργα). La epopeya destaca como la fórmula privilegiada del relato mítico, la forma más connatural a la «forma simple» del mito (denominación que Jolles da a la disposición o actividad mental relativa al mito[9]). Este género es una «imitación de hombres esforzados en verso y con argumento» que se diferencia de la tragedia, decía Aristóteles, «por tener un verso uniforme y ser un relato. Y también por la extensión; pues […] la epopeya es ilimitada en el tiempo»[10].

---

8 P. Brunel, *Mythopoétique des genres*, p. 131.
9 Cfr. «"Mythe" heißt die sich aus unserer Geistesbeschäftigung ergebende Einfache Form», A. Jolles, *Einfache Formen*, p. 100.
10 Aristóteles, *Poética*, 1449b9-14, V. García Yebra (ed.), p. 143. El «verso uniforme» es el hexámetro dactílico cataléctico, también llamado verso heroico. La *apangelía* (ἀπαγγελία, 'relación', 'exposición') connota la revelación, como sugiere el calco *apangelio*, en clara semejanza con *evangelio*; véase P. Brunel, *Mythopoétique des genres*, p. 135.

Pero conjugación adecuada no significa confusión. Lo propio del relato épico es la guerra conducida por héroes; lo propio del relato mítico es la irrupción del acontecimiento extraordinario de carácter trascendente en el mundo de la inmanencia. Esta combinación no produce un género nuevo (el «mitológico»), sino que reviste el género épico de mitología cuando este se abre a este tipo de acontecimiento. Así, la epopeya no será mítica si solamente está poblada de héroes humanos; también los dioses intervienen. El acontecimiento extraordinario, sobrenatural, es un ingrediente obligado de toda epopeya mítica. A este propósito, Encolpio, un personaje del *Satiricón*, lanza una aguda diatriba contra los jóvenes poetas que se dejan engañar por la manía poética del momento: piensan que bastan la prosodia, la delicadeza y el equilibrio para construir un bello poema, y no producen sino «trivialidad» vulgar:

> Pues no se trata de encerrar en versos la narración de los acontecimientos, lo que hacen mucho mejor los historiadores, sino que la libre inspiración ha de despeñarse por peripecias e intervenciones divinas y la ruidosa torrentera de frases brillantes, a fin de que más se deje ver la locura de un espíritu entusiasmado que la precisión de una narración respetuosa para con los testimonios[11].

¿Qué «intervenciones divinas»? Los conflictos entre dioses: la preeminencia de unos sobre otros. Las teomaquias y las angelomaquias, sin duda las primeras epopeyas guerreras, serían prefiguraciones de las guerras humanas. No pensemos solamente en las batallas encarnizadas de Hesíodo, Milton o Klopstock; las disputas entre dioses también comprenden preferencias particulares. El final del primer canto de la *Ilíada* dramatiza los reproches de Hera a Zeus por su parcialidad en la guerra de Troya[12].

Más cerca de nosotros, ante el tribunal de Júpiter, Venus y Marte sostienen frente a un quejoso Baco la empresa que forja el pueblo lusitano en *Los Lusiadas* (*Os Lusíadas*, 1572). Júpiter recuerda que a Luso, el primer ascendiente de los portugueses, el «Hado eterno» le ha prometido el gozo «del gobierno del mar»; mas «el padre Bacho» no consiente «tal decreto» por miedo de que «el Oriente» olvide el honor que allí se le debe «si allá se ve la lusitana gente». «Contra él sustenta[n] Venus bella, / inclinada a la gente lusitana», y el valeroso Marte, defensor de los buscadores de otro hemisferio, pues «es mostrar flaqueza / desistir de la cosa comenzada»[13].

---

[11] Petronio, *Satiricón*, 118, 6, M. C. Díaz y Díaz (trad.), II, pp. 108-109; M. Heseltine (ed.).

[12] Por ejemplo: «Mas ahora un temor atroz tengo en mi mente de que te engañe Tetis, la de argénteos pies, la hija del marino anciano. Pues al amanecer sentóse junto a ti y te abrazó las rodillas. Creo que con tu veraz asentimiento le has garantizado honrar a Aquiles y arruinar a muchos sobre las naves de los aqueos», Homero, *La Ilíada*, I, vv. 555-559, E. Crespo Güemes (trad.), p. 120.

[13] Camões, *Los Lusiadas*, I, 28-38, B. Caldera (trad.), pp. 84-88; «"[a la] forte gente / De Luso / [...] Prometido lhe está do fado eterno, / Cuja alta lei não pode ser quebrada, / Que tenham longos tempos o governo / Do mar que vê do Sol a roxa entrada". / [...] O padre Baco ali não consentia / No que Júpiter disse, conhecendo / Que esquecerão seus feitos no Oriente / Se lá passar a lusitana gente. / [...] Sustentava contra ele Vénus bela, / Afeiçoada à gente lusitana / [e] [...] Marte valeroso: / [...] "E tu, Padre de grande fortaleza, / Da determinação que tens tomada / Não tornes por detrás, pois é fraqueza / Desistir-se da cousa começada"», *Os Lusíadas*, E. Losada Soler *et al.* (eds.), pp. 16-26.

Esta cercanía entre dioses y hombres es crucial para que el relato mítico de corte épico nos interese. Así lo sostiene Boileau:

> Que Eneas y sus navíos, apartados por el viento, sean llevados por una tormenta hasta las costas africanas, es únicamente una aventura ordinaria y común, un golpe poco sorprendente de los rasgos de la fortuna. Pero que Juno, constante en su aversión, persiga sobre las olas los restos de Ilión; que Eolo, ayudándola, expulsándolos de Italia, abra a los vientos sublevados las prisiones de Eolia; que Neptuno, enfurecido, elevándose sobre el mar, con una palabra calme las olas, ponga paz en el aire, libere los barcos, los arranque de las sirtes, es eso lo que sorprende, extraña, cautiva, interesa[14].

No es menos cierto que si los personajes humanos se comportan como meros maniquíes al albur de sus dioses, el interés queda sensiblemente disminuido. Para mantenerlo, es preciso, como dice Hegel,

> conservar en la acción de los dioses y los hombres la relación poética de mutua autonomía, de suerte que ni los dioses puedan descender a abstracciones inertes ni los individuos humanos ser simples y obedientes servidores[15].

Ahora bien, ¿dónde aparece esta relativa independencia entre acciones humanas y divinas? No, por supuesto, en las epopeyas hindú ni judeocristiana, sino en las de Homero, que dispone de los dioses a su antojo y, como gran prestidigitador, elabora el suspense del oyente o lector y obtiene espectaculares efectos de sorpresa; incluso Hera queda desconcertada, cuando, frente a toda expectativa, Poseidón brinda su protección a Eneas y no a Aquiles[16].

La epopeya mítica puede adoptar múltiples formas. Los mitógrafos acostumbraban a emparentar diversos relatos míticos; estaban convencidos de que los mundos del mito guardan entre sí una conexión íntima. La escritura lineal y encadenada reflejaba una concepción imaginaria diversa de la actual, disuelta y fragmentaria. Las compilaciones de Ovidio o del Pseudo-Apolodoro son ejemplares a este respecto. Fijémonos en este

---

[14] N. Boileau, *Arte poética*, III, en *Poéticas*, A. González Pérez (trad.), p. 172; «Qu'Énée et ses vaisseaux, par le vent écartés, / Soient aux bords africains d'un orage emportés; / Ce n'est qu'une aventure ordinaire et commune, / Qu'un coup peu surprenant des traits de la fortune. / Mais que Junon, constante en son aversion, / Poursuive sur les flots les restes d'Ilion; / Qu'Éole, en sa faveur, les chassant d'Italie, / Ouvre aux vents mutinés les prisons d'Éolie; / Que Neptune en courroux s'élevant sur la mer, / D'un mot calme les flots, mette la paix dans l'air, / Délivre les vaisseaux, des syrtes les arrache; / C'est là ce qui surprend, frappe, saisit, attache», N. Boileau, *Art poétique*, III, vv. 177-188, S. Menant (ed.), p. 103.

[15] F. Hegel, *La poesía*, en *Estética*, A. Llanos (trad.), t. VIII, p. 146; «Hier tritt nun besonders die Forderung ein, in dem Handeln der Götter und Menschen das poetische Verhältnis wechselseitiger Selbständigkeit zu bewahren, so daß weder die Götter zu leblosen Abstraktionen noch die menschlichen Individuen zu bloß gehorchenden Dienern herabsinken können», F. Hegel, *Vorlesungen über die Ästhetik*, III, *Das System der Einzelnen Künste*, III, *Die Poesie*, C, I, *Die epische Poesie*, 2, b. *Die individuelle epische Handlung*, γ, ββ, en *Werke*, E. Moldenhauer y K. M. Michel (eds.), t. XV, p. 366.

[16] Sobre la intervención de los dioses en la epopeya, véase P. Brunel, *Mythopoétique des genres*, pp. 155-174.

último. Al comienzo del tercer libro de su *Biblioteca mitológica*, el mitógrafo anuncia su propósito de contar la historia de la casa de Agénor, rey de Fenicia, de quien desciende Cadmo, el fundador de la genealogía tebana. Muerto Asterio, rey de Creta, sin descendencia, Minos pretende hacerse con el trono de la isla. Con este fin se jacta ante el pueblo de obtener de los dioses cuanto él pida; de ahí la súplica a Poseidón para que envíe «de las profundidades marinas un toro, prometiendo sacrificarlo en cuanto apareciese». Su conocido yerro de avaricia irrita al dios, que provoca «un amor apasionado» de su esposa Pasífae, de cuyo bestialismo nace Asterio, «denominado Minotauro». Esta historia sirve de preámbulo a otra, la del laberinto. Pero el tema mítico del laberinto es completamente independiente del propósito anunciado de trazar la genealogía tebana (los acontecimientos de Layo, Yocasta y su infeliz descendencia); de ahí que el Pseudo-Apolodoro, para no confundir al lector, retome su relato inicial y prometa volver más tarde a la genealogía cretense, en la parte relativa a Teseo[17]. Así lo hace más adelante, cuando aborda el tributo de siete muchachas y siete muchachos que los atenientes deben enviar a Creta como alimento del Minotauro para conjurar la peste que asola su ciudad (III, 15). A mitos distintos, relatos distintos, pero siempre concatenados, porque unos y otros, a pesar de sus incongruencias, se explican entre sí; es la fórmula consuetudinaria de los mitógrafos.

No ocurre así en la literatura contemporánea, donde el texto mítico tiende a escabullirse en otro más general. Por remitirnos al ejemplo del mentado rey de Creta, tomemos el caso de *El empleo del tiempo* (1956), de Michel Butor. Con ánimo de descubrir la causa del insidioso malestar que le invade desde su llegada a la ciudad de Bleston, Jacques Revel se propone escribir el relato de cuanto le ha acontecido últimamente. Son dos relatos en uno: el referido al tiempo transcurrido desde su llegada, ocho meses antes, y el referido al tiempo actual de la investigación. El narrador protagonista se centra en una primera inquisición (un asesinato), y, por concomitancia, en una segunda, la de la averiguación que ha ido llevando a cabo. Pero estas indagaciones parecen contener (*abyssus abyssum invocat*) otra: el laberinto en el que Revel se encuentra enclaustrado. Su recorrido por Bleston, sus vueltas y revueltas complicadas, las figuras femeninas que guían o extravían (Ariane y Rose), la duplicidad de catedrales, los dieciocho tapices del museo alusivos a la aventura grecocretense (la infancia de Teseo, su combate contra el Minotauro, el abandono de Ariadna, etc.) y el peligro amenazador convierten la ciudad y su misma vida en un laberinto angustioso. En ocasiones, el tema mítico del laberinto y su relato irrumpen abiertamente en la narración, como en la descripción de la 11.ª tela del museo, en la 5.ª sala, cuyo motivo representa el combate entre el príncipe y el monstruo, el hilo manejado por la princesa y un barco que se da a la mar[18]. Si, como ocurre, el relato de los itinerarios seguidos por Revel en Bleston y las relaciones individuales creadas

---

[17] Véase Pseudo-Apolodoro, *Biblioteca mitológica*, III, 1, 2-4, J. García Moreno (ed.), pp. 133-134. De una manera u otra, este volumen aborda diversos laberintos de la literatura y el arte contemporáneos (Lope de Vega, Richard Strauss, Merezhkovski, Gide, Butor, Le Clézio, Cortázar, Cristina Iglesias); cuando la construcción surge u obedece a designios de una voluntad sobrenatural, el tema deviene mítico. Sobre el alcance semiótico del laberinto (viaje iniciático, motivo cognitivo, formas simbólicas) y su expresión en la obra de Conrad, Borges y Stuart Moulthrop, véase el profundo estudio de A. Abril Hernández, *A-Maze-ing narratives*.

[18] Véase Butor, *L'Emploi du temps*, I, p. 88.

en esa red inextricable importan más que las peripecias vividas por el mismo Revel, es porque la escritura contemporánea asimila, a su modo, los mitos antiguos; los laberintos humanos (el de las calles de Bleston, el de las relaciones del héroe y el de su investigación) se entrelazan a modo de intrincada puesta en abismo con el de Creta (representado en los tapices de la catedral). Nuestra literatura no se satisface con la mitografía: necesita recrearla.

Dalia el Mourad ha mostrado que el relato mítico desempeña en el texto de Butor una función exterior a los dos relatos (a las dos investigaciones), pues contribuye de manera decisiva a la salvación del protagonista a través de su escritura[19]. La conclusión de la novela es ilustradora a este propósito: Revel apenas tiene tiempo para anotar sus últimos descubrimientos porque le urge abandonar la ciudad en llamas[20]. El protagonista es un nuevo Teseo que, ayudado por el hilo –el tejido–, logra salir con vida del nuevo laberinto, el texto –nuevo tejido–, que opera, por el arte del escritor, como una auténtica *mise en abyme*, un espejo reflectante del relato que lo contiene.

No es inane que una novela del Nouveau Roman recurra al tema mítico del laberinto. Esta corriente literaria tiende a desestructurar el relato: recusar su linealidad y subrayar la tendencia autorreferencial de la literatura. Dédalo, en su ingenio, también perseguía desorientar a las víctimas del Minotauro y conducirlas irremisiblemente al centro de su construcción.

Frente a la claridad y linealidad de la escritura antigua, los velos de la moderna. La escritura del Pseudo-Apolodoro es límpida: a un mito sigue otro, a este, otro, todos relacionados entre sí. La escritura de Butor opta por el desarrollo anómico de un mito, escabullido en la trama de un relato que remite, en última instancia, al corazón de ese mismo mito.

A nadie se le oculta, sin embargo, la distancia entre los héroes antiguos y los de nuestra cultura occidental. En una sociedad donde las necesidades básicas están –salvo excepciones– aseguradas, donde apenas hay peligros naturales –al menos en comparación con los antiguos–, donde los conflictos armados de magnitud planetaria –al menos tras la Segunda Guerra Mundial– parecen conjurados, rara vez los héroes, como Teseo en Creta, deben recurrir a la fuerza de sus músculos. La epopeya se ha jibarizado en un juego de niños. La estructura es, sin duda, la misma: con excepción de luctuosos pero contados casos, las guerras que diezmaban los pueblos, los animales que los amenazaban y los

---

[19] Véase D. el Mourad, «*L'Emploi du temps* ou l'écriture labyrinthique», p. 50. Llama poderosamente la atención esta capacidad redentora de la escritura frente a la condenatoria que encontramos en otros mitos antiguos. Según relata Sócrates, el dios Theuth (Tot) inventó las matemáticas, la astronomía, el juego de los dados y, sobre todo, el arte de la escritura. Tot propuso al rey Thamus (Tamus) de Egipto comunicar su arte a su pueblo, pero este repuso de inmediato que todos se verían perjudicados: la adquisición de la escritura los tornaría olvidadizos –dejarían de ejercer la memoria–; a fuerza de confiar en lo escrito, rememorarían las cosas «desde fuera», no «desde dentro» de sí mismos. Otro tanto ocurriría con la instrucción: sus súbditos rebosarían de conocimientos vacíos; pero carecerían de juicio; en definitiva, acabarían «por convertirse en sabios aparentes en lugar de sabios de verdad», Platón, *Fedro*, 275b, en *Diálogos*, E. Lledó (trad.), t. III, p. 404; véase Platón, *Phèdre*, L. Robin (ed.), pp. li y 88.

[20] «me alejaré de ti, Bleston la agonizante, Bleston completamente cubierta de brasas que atizo»; «je m'éloignerai de toi, Bleston, l'agonisante, Bleston toute pleine de braises que j'attise», Butor, *L'Emploi du temps*, V, 5, p. 394.

diluvios que los arrasaban han sido sustituidos por recesiones económicas, fantasmas imaginarios y obsesiones recurrentes. Conjurado el peligro físico –reducido a las dimensiones manejables de la novela policíaca–, los protagonistas luchan contra demonios interiores, celos amorosos y vanidades mundanas. En tales tesituras, los relatos míticos generan en la mente de los protagonistas (de los escritores, espectadores y lectores) inmensos depósitos donde bucear para encontrar –salvadas las distancias guerreras y las calamidades naturales– situaciones análogas a las que aplicar soluciones análogas o –más habitualmente hoy día– subversivas. Quizá los héroes de las grandes epopeyas se reirían de las nuestras; cuando consideramos que el mito es inasumible en nuestro mundo, creamos el universo Marvel.

* * *

Unas palabras sobre la leyenda –concepto poliédrico habitualmente ligado a una forma escrita (*legenda*: 'las cosas que han de ser leídas'), cuya definición y estudio merecerían otro volumen–. Dado su cariz, me ceñiré al marco de la leyenda occidental, y, más concretamente, a la cristiana en la Edad Media, donde opera una transposición clerical de tradiciones precristianas[21]. Entre el legado pagano, baste mentar, por ejemplo, leyendas de escritores devenidos protagonistas de un relato singular[22].

Las leyendas cristianas reutilizaban aquellos relatos que ofrecían un alcance ejemplar. No en vano la retórica denomina *exemplum* el relato breve integrado en un discurso mayor, presentado como verídico y destinado a ejercer una función salutífera en el auditorio. La leyenda se centra en un personaje histórico de la Antigüedad tardía o la Edad Media, señalado entre sus contemporáneos por una forma «particular de vida» y propuesto a modo de «modelo o imitación (*imitabile*)», habitualmente a través de la forma institucional del «proceso de canonización» y de la objetivación en «milagros o reliquias»[23]. De ahí el sentido de las peregrinaciones (rehacer el camino del santo, obtener mediante súplicas favores que corroboren cierta identificación con él) y de las cruzadas (recuperar los lugares que frecuentó Jesucristo, el santo por antonomasia). De ahí, también, el sentido de la iconografía cristiana y de las reliquias.

---

[21] Véase P. Walter, «Conte, légende et mythe», pp. 59-60.

[22] Valga, como muestra, «El salto de Léucade», donde se conjugan mito y leyenda: Faón, barquero de Lesbos al que Afrodita concedió belleza y seducción, habría suscitado la pasión amorosa de Safo. Dado que la poeta también era de Lesbos y había invocado profusamente a Afrodita, diosa del amor, el desplazamiento estaba anunciado: desesperada ante el rechazo del joven barquero, Safo se suicidó lanzándose al mar en Léucade. En sus *Heroidas*, Ovidio recoge el episodio, donde una náyade sugiere a la enamorada que, al igual que hiciera Deucalión «abrasado de amor por Pirra», se lance desde el promontorio para «libera[rse] de su fuego», «Safo a Faón», en *Cartas de las heroínas*, XV, vv. 167-132, A. Pérez Vega (trad.), p. 135. Así, junto a numerosas comedias antiguas, el poeta de Sulmona contribuyó a la leyenda de Safo desdichada en amores (y a la subordinación de este personaje al de Safo creadora; véase A. Luque, *ibid.*, p. 273).

[23] Véase A. Jolles, *Einfache Formen*, pp. 23-28. Frente a esta acepción, a finales de la Edad Media la leyenda asume la connotación de información de transmisión popular y poco digna de fe, como los relatos de amor y aventuras durante la guerra entre moros y cristianos o las luchas dinásticas y familiares, p. e., sobre Bernardo del Carpio, Fernán González, el Cid o el cerco de Zamora, véase *Leyendas de España*, C. García Gual (pról.), pp. 7-8.

Lo más interesante en la leyenda es el tratamiento particular de la biografía o *vita* del santo. Así, de manera distinta a la biografía histórica (sin interrupción de principio a fin), su biografía muestra, gracias a un hecho extraordinario puntual –el milagro–, la confirmación del carácter operativo de la virtud: no importa tanto la continuidad de una existencia humana como ese instante en el que sobresale el bien o el acontecimiento extraordinario. La vida de los santos trocea la biografía histórica para enfocar únicamente un segmento temporal al que confiere un valor insólito, modélico.

También de manera diversa a la biografía histórica, la vida del santo hace abstracción del santo mismo, que queda como desprovisto de su personalidad, de su propia vida. Si la característica principal de la biografía histórica consiste en preservar la personalidad del individuo, lo específico de la leyenda es, precisamente, deformar los contornos habituales del individuo para posteriormente reconstruirlos de forma que se adapten al imaginario popular.

Un ejemplo: san Jorge. Tomemos lo que nos dice sobre él la *Leyenda dorada* (*Legenda aurea*, 1255-1280), compilación redactada en latín por Jacopo da Varazze o della Voragine para contar, de modo paralelo al calendario litúrgico de la época, numerosos *exempla*, relatos edificantes destinados a la vulgarización laica de la ciencia religiosa. Este tribuno romano y fiel cristiano de Capadocia viajó a Libia, donde un «dragón espantoso» sembraba el pánico en la ciudad de Silena[24]. Para calmar a la bestia, la población debía ofrecerle cada día dos corderos; cuando estos escasearon, los prohombres decidieron entregar a uno de sus habitantes, muchacho o doncella, hasta que llegó el turno de la princesa. El militar peleó contra el dragón en nombre de Cristo y lo sometió; de inmediato, todos los habitantes de la ciudad pidieron el bautismo. Según otra leyenda, bajo el Imperio de Diocleciano, el prefecto Daciano desencadenó en Palestina una persecución que llevó al martirio a 17.000 cristianos. Jorge se despojó de su armadura y blasfemó contra los dioses paganos. El prefecto «lo sometió al potro y ordenó que todos sus miembros fueran desgarrados, uno tras otro, mediante láminas de hierro»; aquella noche, Cristo se apareció y reconfortó al torturado. Al día siguiente, un mago hizo beber veneno al cristiano, pero la pócima resultó inocua y el mismo Daciano mató al hechicero. Tampoco tuvieron efecto las demás torturas infligidas a Jorge. Conducido de nuevo al panteón para que adorase a los dioses, un fuego celeste consumió sus estatuas y a sus sacerdotes. Tras el bautismo de Alejandra, la esposa del prefecto, este mandó decapitar al cristiano. Tiempo después, unos monjes se hicieron con sus restos y los veneraron como reliquias. Pasados varios siglos, san Jorge se apareció a los cruzados que ya desesperaban de retomar Antioquía y Jerusalén (1098 y 1099); animados por su aparición en armadura blanca y cruz roja, conquistaron la ciudad. En la *Leyenda dorada* de Voragine la vida del héroe ha sido descompuesta en acontecimientos extraordinarios autónomos que fijan determinados conceptos cuya actualización forja la leyenda del patrón de Inglaterra.

El testimonio de la historia es diferente del legendario: Jorge nace a finales del siglo II, en Capadocia, de Policronia y Geroncio, oficial del ejército romano. Tras ingresar en el séquito de Diocleciano, acaba siendo uno de sus guardias personales, hasta que el emperador desencadena «la gran persecución». Conminado a apostatar, rehúsa y es de-

---

[24] Véanse J. della Voragine, *La Légende dorée*, T. de Wyzewa (ed.), pp. 226-232, y *National Geographic España*, «La leyenda de san Jorge y el dragón» [10 de abril de 2018].

capitado el 23 de abril de 303, en Lida, Palestina. Años más tarde, Constantino construye una iglesia en su honor y, ya en tiempo de los merovingios, la burgundia Clotilde,
mujer de Clodoveo I, introduce su culto entre los francos (siglo VI). Independientemente de la realidad de los relatos legendarios, la lucha contra el «dragón», el martirio del
«potro» y las «láminas de hierro» ponen el énfasis en determinados conceptos –valores,
nociones y oficios–: coraje, fe, santidad. En el imaginario medieval, cada vez que estos
conceptos convergen, surge de inmediato la figura de san Jorge como modelo que debe
imitarse. El guerrero que se sometía pasivamente a sus verdugos se transmuta en defensor
activo de los enemigos de la fe, simbolizados por el dragón infernal

Esto no es todo: a veinte kilómetros de la cuidad de Lod (Lida en griego) –aquí tropiezan mito y leyenda– se encuentra la ciudad costera de Jaffa (antigua Joppe), lugar
donde, según la tradición griega, Perseo había matado al monstruo marino antropófago
y liberado a la virgen Andrómeda[25]. No es muy arriesgado apuntar una posible absorción
sincretista del carácter del héroe griego por el mártir cristiano. Así, de aquel individuo
sufriente bajo el suplicio imperial, se habría pasado al icono de una figura más antigua,
posteriormente actualizada en el siglo XI: el caballero que mata al dragón y libera a la
doncella, o a la princesa, según la tabla de Paolo Uccello (*San Jorge y el dragón*, ca.
1456). Estamos ante la cristalización de un acontecimiento nuevo: el comienzo de las
cruzadas. No extraña que san Jorge se convierta en su líder, se aparezca a Ricardo Corazón de León y apadrine hasta trece órdenes de caballería. Todo esto es una leyenda: la
conjunción de hechos biográficos y valores morales propone un modelo imitable según
las necesidades de la época.

También hay raudales de leyendas sobre personajes precisamente «legendarios» o,
cuando menos, de una historicidad rayana en la inexistencia. Acorralado en la batalla
en Roncesvalles (778), el sobrino de Carlomagno hace lo imposible para evitar que su
espada caiga en manos sarracenas:

> Roldán ha golpeado en una piedra fría: la hiende mucho más de lo que sé deciros [...].
> Cuando el conde comprende que no la va a romper, con palabras muy dulces la lamenta
> consigo: «¡Durandarte eres bella; Durandarte eres santa! En tu pomo dorado hay bastantes
> reliquias [...]. Sería un sacrilegio que fueras de paganos, pues solo [por] cristianos tienes que
> ser usada»[26].

---

[25] Pausanias mienta el acontecimiento a propósito del color sanguinolento del líquido en el lugar:
«El agua está muy cerca del mar y cuentan los nativos una leyenda de la fuente: que Perseo, después
de matar al monstruo acuático al que estaba expuesta la hija de Cefeo, se lavó allí la sangre», *Descripción de Grecia*, IV, XXXV, 9, M. C. Herrero Ingelmo (trad.), t. II, p. 199; el Pseudo-Apolodoro sitúa la
aventura de Perseo y Andrómeda en Etiopía; véase *Biblioteca mitológica*, II, IV, 3, J. García Moreno
(ed.), pp. 91-92.

[26] *Cantar de Roldán*, CLXXIII, vv. 2.338-2.350, J. Victorio (trad.), pp. 129-130; «Roland frappa
sur une pierre dure, / en fait tomber plus que je ne sais vous dire. [...] Quand le comte voit qu'il ne la
brisera pas, / avec tendresse il fait sa plainte tout bas, pour lui: "Eh! Durendal, comme tu es belle, et si
sainte! / Dans ton pommeau à or, il y a bien des reliques. [...] Il n'est pas juste que des païens te possè-
dent; par des chrétiens tu dois être servie"», *La Chanson de Roland*, I. Short (trad.), p. 124. Más tarde,
la espada de Roldán se convierte en caballero y amante de la hermosa Belerma, como atestigua un
exitoso romance: «¡Oh, Belerma, oh, Belerma, por mi mal fuiste engendrada!», *Romancero*, G. di
Stefano (ed.), pp. 207-208, en asombroso paralelismo con el llanto del héroe franco. Cervantes y

Tamaños fueron los golpes dados con su espada contra la piedra que, según cuenta la leyenda, el paladín acabó abriendo la brecha de setenta metros de profundidad que hoy lleva su nombre en el Circo de Gavarnie (Pirineos franceses). Salta a la vista que la leyenda cristiana medieval comparte un terreno también hollado por el mito (convivencia que en otros lugares replican fantasía y ciencia ficción).

Al margen de este tipo de leyendas, otras mantienen interesantes relaciones con los mitos. Algunas, como veremos en este volumen, conviven amigablemente con ellos (los preceden o los siguen): Lilit, la mujer de Lot, el gólem, Fausto o Don Juan. Otras, en cambio, presentan una solución de continuidad que descarta cualquier aproximación –sin que esta delimitación sea imputable a todas sus variantes–. La «doncella de Escalot»[27] o «la Bella Dama despiadada»[28], por ejemplo, son leyendas surgidas de bellísimas

Góngora sacaron provecho a la invención: véanse, respectivamente, *Don Quijote de la Mancha*, II, XXIV, y «Diez años vivió Belerma…», en *Romances*, A. Carreño (ed.), n.º 8, pp. 106-114.

[27] Aparecida por primera vez en *La Mort du roi Arthur* (*Mort Artu*, siglo XIII), la historia de la dama de Escalot narra la muerte de la hija de un noble locamente enamorada de Lanzarote. Como el caballero se lamenta de no poder disponer de su corazón (es amante de la reina Ginebra), la joven predice su propio deceso, que acaecerá más adelante: una mañana, el rey Arturo y Galván descubren en la ribera de Kamaalot (Camelot) una barquilla varada en la que yace la más hermosa doncella nunca vista; una carta revela su muerte «por haber amado fielmente […] al más valeroso y notorio hombre del mundo. Pero también el más infame», pues en ningún momento, a pesar de sus súplicas y lágrimas, él consintió compadecerse de ella; cfr. «c'est pour avoir aimé fidèlement que j'en suis venue à ma fin; […] c'est pour l'homme le plus valeureux du monde et le plus remarquable, [qui] à aucun moment, malgré mes supplications, malgré mes larmes, […] n'a consenti à me prendre en pitié»; cfr. *La Mort du roi Arthur*, III, V y VIII, E. Baumgartner y M.-T. Medeiros (eds.), pp. 105-107, 145-147 y 179-181. Particularmente célebre fue la adaptación toscana en *Il novelino* (finales del siglo XIII); ante el rechazo del caballero, la joven muere no sin antes escribir sus últimos deseos en una carta: vestida de sus mejores ropas, debe ser colocada en una rica nave que ha de llevarla hasta la ribera de Camalot, donde todos sabrán que ha muerto «a causa del mejor caballero del mundo y del más cruel: [su] señor Lanzarote del Lago», «La doncella de Escalot», en *El Novelino*, n.º 82, I. de Riquer (trad.), p. 183. Muy diferente es el tenor de «The Lady of Shalott», poema de Tennyson (1832): la hermosa doncella –hábil tejedora día y noche de una red mágica– sabe que «sobre ella se cierne una maldición si mira abajo, hacia Camelot»; «She has heard a whisper say, / A curse is on her if she stay / To look down to Camelot». De pronto, cuando Lanzarote, ataviado con su aparato militar y de caballería, se refleja sobre el «mágico espejo» de la pared, este se hace añicos mientras ella exclama: «La maldición se ha apoderado de mí»; «The curse is upon me». Ya conocemos el resto, aquí alargado por el comentario compasivo pero desapegado del caballero: «Tiene una cara preciosa; Dios tenga en su misericordia a la dama de Shalott», Tennyson, «The Lady of Shalott», en *Poems and Plays*, T. H. Warren (ed.), F. Page (rev.), pp. 26-28. Los ribetes mitológicos de la maldición aparecen aquí acompañados por las referencias a fenómenos cósmicos en la luna, el sol y las estrellas.

[28] Publicado en 1424 por Alain Chartier, el poema *La Belle Dame sans mercy* ofrece el diálogo, escuchado por un poeta tras una celosía, entre el amante (*l'amant*) y la dama (*la dame*); cada argumento amoroso del pretendiente es refutado por la dama desdeñosa. Al cabo, sabemos por el poeta que el joven amante «había muerto de languidez», «il en estoit mort de courroux», v. 784, Chartier, *La Belle Dame sans mercy*, A. Piaget (ed.), p. 33. La versión de Keats (1819) acusa un giro considerable. En lugar de un diálogo entre amante y amada, el poeta pregunta al caballero el motivo de su aflicción y desconsuelo, a lo que este responde con el relato de su amor: la hermosa dama, «hija de un hada», «cantó una canción de hadas», declaró amarlo y lo «condujo a su gruta élfica», donde quedó dormido; al despertar solo vio reyes, reinas y caballeros pálidos como la muerte que gritaban: «"¡La Bella Dama despiadada te tiene cautivo!"»; Keats, «La Belle Dame sans Merci», en *Poems*, G. Bullett (ed.), p. 263.

composiciones que han generado sus respectivos ciclos a lo largo de los siglos; nada permite incluirlas en la nómina de los mitos, algo que, en cambio, sí podría hacerse con algunas de sus versiones posteriores. Lo importante, como de costumbre, es detectar los criterios definitorios y distintivos de la leyenda y del mito.

II. Además de narrativo, el relato mítico puede ser de tipo representativo, en cuyo caso los personajes ejecutan o presencian sobre las tablas el acontecimiento trascendente.

La afirmación de Aristóteles según la cual el teatro representa miméticamente personajes en acción, sin recurrir al relato[29], no debe llamar a engaño: el Estagirita recuerda más adelante que la trama o el argumento consisten en la disposición de los episodios (*Poética*, 55b1-3). Además de acciones propiamente dichas, el teatro también puede contener relatos de acciones.

En *El laberinto de Creta* de Lope de Vega (*ca.* 1612), Dédalo descorre una cortina y muestra, pintada en un lienzo, la maqueta del laberinto donde será encerrado el Minotauro (acto 1.º). Más adelante, Teseo, armado de una maza, provisto de tres panes venenosos y confiado en el «hilo de oro» que le diera Ariadna, se adentra en la intrincada construcción. Durante su incursión, Fedra y Ariadna esperan fuera angustiadas por el incierto desenlace, hasta que el héroe sale y relata su hazaña:

Até el hilo de oro, y entro
dando vueltas a mil calles
por infinitos rodeos;
cuando pensaba que estaba
del laberinto en el centro,
estaba más lejos de él,
y cerca cuando más lejos.
Finalmente, yo llegué
a un sitio en cuadro pequeño,
donde estaba el Minotauro
echado entre varios huesos.
Cuando vi tanto cadáver
imaginé si de aquellos
dentro de tan breve espacio
había de ser mi cuerpo,
pero animándome el alma,
al monstro horrible me acerco,
que puesto en sus cuatro pies
me mira espantoso y fiero.
Yo, entonces, aquellos panes
le arrojo, y él, dando en ellos,
comenzó a tragar su muerte
en el cifrado veneno.

---

[29] Véase Aristóteles, *Poética*, 1449b26-27, V. García Yebra (ed.), p. 145.

Alzo la maza animoso,
y de los golpes primeros,
con dos horrendos bramidos,
doy con el monstro en el suelo;
bañado en espuma y sangre
sobre la hierba lo dejo,
y asiendo del hilo el cabo,
por él a la puerta vuelvo[30].

La muerte del monstruo no es representada sobre las tablas, sino actualizada mediante el presente verbal y relatada por el protagonista-narrador en una bella hipotiposis. Tal como hubiera ocurrido en una novela o un poema heroico: el relato mítico no se recluye en la epopeya, también el teatro se aviene a la narración de acciones míticas. Una problemática más compleja atraerá nuestra atención en las páginas siguientes.

III. El relato mítico adopta prácticamente todas las formas: epopeya, prosa didáctica, historiografía, cuento, novela… No abunda, sin embargo, en la lírica, parca en laberintos físicos, materiales. En general, escasean los poemas líricos de tema exclusivamente mítico; no en vano estamos ante el único género «que no corresponde a un modo de enunciación específico»[31].

La lírica, cuando recurre o alude al mito, da por supuesta la narrativa anterior, sobre la que añade la dimensión emotiva que le es propia. Así, cuando el sujeto lírico manifiesta su intimidad, no se detiene en contar ni en describir; el mito puede ser punto de partida, no de llegada. Mediante tropos, el poeta establece asociaciones audaces entre realidades distantes, las más aptas para expresar su sentimiento y estado de ánimo. Por principio, toda imagen lírica crea una relación semántica inesperada entre dos realidades, suscita una nueva epifanía que ilumina con luz nueva el mundo consuetudinario, aun a expensas de arriesgar la comprensibilidad (perspicuitas) del texto. Estas conexiones líricas, como las planchas de plomo para las ondas electromagnéticas, suponen un obstáculo imponente para la transmisión del relato mítico. La subjetividad, incontenible por naturaleza, desborda los cauces narrativos por los que discurre el mito; en sí mismo considerado, el yo lírico, propenso a la connotación, no es mítico.

Si el relato mítico, no obstante, pretende recurrir a la lírica, habrá de amoldarse a sus caprichos: dejar como en suspenso la función referencial directa y descriptiva. En buena

---

[30] Lope de Vega, *El laberinto de Creta*, II, vv. 1.381-1.411, en *Comedias, parte XVI*, S. Boadas (ed.), pp. 81-82, véase también *Comedias mitológicas*, M. Menéndez Pelayo (ed.), p. 75. La obra –inspirada en las *Metamorfosis* de Ovidio y, con toda seguridad, en la celebérrima adaptación de J. de Bustamante, *Las transformaciones de Ovidio*, 1595– fue escrita *ca.* 1612.

[31] O. Ducrot y J.-M. Schaeffer, *Nouveau Dictionnaire encyclopédique des sciences du langage*, p. 628. El nervio de la poesía, sobre todo la moderna, discurre por la expresión de los hechos poéticos y las sensaciones. «*Pintar, no la cosa, sino el efecto que produce*»; (cursivas en el original), decía Mallarmé en una carta a Cazalis (30 de octubre de 1864), *Correspondance choisie*, en *Œuvres complètes*, B. Marchal (ed.), t. I, p. 663. En 1891, durante una entrevista con Jules Huret, el poeta precisa su ideal poético frente a quienes, como los parnasianos, designan las cosas: «*Nombrar* un objeto es suprimir tres cuartos del goce del poema consistente en la felicidad de adivinarlo poco a poco; *sugerirlo*, ese es el sueño»; en J. Huret, *Enquête sur l'évolution littéraire*, p. 103. Véase A. Delgado-Gal, *Buscando el cero*, pp. 32-33.

parte del espectro lírico, al menos hasta mediados del siglo XIX en Occidente, prima la expresión de la función emotiva, esto es, la actitud de la instancia poética hacia lo que se dice: importan más la emoción experimentada y la manera de reproducirla que el objeto referido. El relato mítico debe abandonar sus referencias narrativas –su *facere*–, dejar que el discurso lírico movilice aspectos, cualidades y valores inaccesibles al mundo descriptivo del relato. La referencia lírica es eminentemente emocional, estética, axiológica, incluso, a menudo, atemporal.

Por imponente que sea, este obstáculo de corte lírico no es insalvable; por razón de su enorme proclividad a la emancipación, el mito se adapta ágilmente a todas las formas literarias. Traeré aquí dos ejemplos, uno de la Antigüedad (la inevitable Safo) y otro del Renacimiento (Du Bellay), antes de ver algunos otros contemporáneos.

La expresión de la pasión en los versos sáficos es impactante: modificaciones operadas por Eros en el alma y el cuerpo, en la memoria y la voluntad, en la mirada y la piel. El amor es un enemigo con quien hay que aprender a convivir: deseo y rechazo a un tiempo; de ahí las constantes invocaciones al auxilio de Afrodita en los trances del deseo deseante e indeseado.

Safo es poeta «lírica»: sus poemas dan cuenta de la mente y del cuerpo de la amante mediante palabras idóneas para manifestar recuerdos, imaginaciones, frustraciones y anhelos; pero también mediante las grandes estructuras imaginarias de su tiempo: «la cultura griega arcaica era una cultura del canto en la que la poesía, cantada o recitada, servía de vehículo para conocer los mitos y la historia, fijar las reglas sociales y determinar los significados de lo religioso»[32]. En este entorno, la innovación sáfica consiste en la pedagogía de la imagen mitológica: la escritora toma los relatos míticos como idónea pauta de comparación para representar su intimidad amorosa. El método es patente en los himnos cléticos o suplicantes, como el destinado a Afrodita para impetrar su ayuda en la reyerta erótica. Al igual que Diomedes, herido por la flecha de Pándaro, imploró y obtuvo el auxilio de Atenea en el fragor de la batalla («¡Óyeme, [...] indómita!», *Ilíada*, V, 115, ed. cit., p. 118), Safo suplica la ayuda de la diosa en su contienda amorosa:

Inmortal Afrodita de polícromo trono,
hija de Zeus que enredas con astucias, te imploro,
no domines con penas y torturas,
soberana, mi pecho;
mas ven aquí, si es que otras veces antes,
cuando llegó a tu oído mi voz desde lo lejos,
te pusiste a escuchar y, dejando la casa de tu padre, viniste,
uncido el carro de oro («*Himno a Afrodita*», p. 23).

La diligente respuesta de la diosa («¿A quién seduzco ahora y llevo a tu pasión?») garantiza el desenlace positivo de la empresa. El esquema se repite en el «*Himno a Hera*»,

---

[32] A. Luque, en su ed. *Poemas y testimonios* de Safo, p. 246. La más antigua designación de la escritora como poeta «lírica» (τῆς λυρικῆς Σαπφοῦς) la encontramos en un texto de Tulio Laurea (I a.C.) recogido en la *Antología Palatina*, VII, 17, *apud* A. Luque, *Safo*, p. 167. Para el resto de citas de esta escritora indicaré la página en la edición de A. Luque, cuyos títulos de los poemas no son originales, sino brindados por esta investigadora.

donde la voz lírica implora a la esposa de Zeus, a semejanza de «los ilustres atridas soberanos» para arribar a su patria tras la guerra de Troya (p. 33). El procedimiento pone en
tela de juicio la tradicional primacía otorgada al rutilante arsenal militar (apósito multisecular del imaginario masculino) en comparación con el valor del ser amado.

En ninguna otra pieza refrenda mejor la poeta su particular recurso a los mitos que en
la priamela *Lo que una ama*:

> Dicen unos que una tropa de jinetes, otros la infantería
> y otros que una escuadra de navíos, sobre la tierra
> oscura es lo más bello; mas yo digo
> que es lo que una ama.
> Y es muy fácil hacerlo comprensible
> a todos: pues aquella que tanto destacaba
> en belleza entre todos los humanos, Helena,
> a su muy noble esposo
> dejándolo tras sí marchó a Troya embarcada
> y en nada de su hija o de sus padres
> amados se acordó, sino que la sedujo
> –aunque ella no quisiera–
> Cipris, la diosa que, indómita en su mente,
> cumple muy fácilmente lo que piensa (pp. 31-33).

De nuevo el aparato militar con horizonte mitológico tenido en nada por la escritora
en comparación con la amada:

> ahora me ha llevado a recordar
> a Anactoria, que no está junto a mí,
> y de ella quisiera contemplar
> su andar que inspira amor y el centelleo radiante de su rostro
> antes que los carruajes de los lidios y antes que los soldados
> en pie de guerra (*ibid.*).

El relato épico es así puesto al servicio de la experiencia amorosa, aquí orlada de aura
mítica en la mención de la diosa nacida, según una versión, de las aguas marinas en el
sudoeste de la isla de Chipre.

Otra de las formas literarias donde abundan los mitos es el soneto, epítome de los
grandes géneros líricos. Surgido en la escuela siciliana, el soneto se convierte, gracias a
Dante y Petrarca, en el vehículo por antonomasia de la poesía lírica. Su complicación y
su inocencia le permiten combinar claridad con misterio. De ahí su aptitud para expresar largos desarrollos de acontecimientos que remiten a la radicalidad más íntima del ser
humano. La extensa cadena de formulaciones en lenguas y latitudes le ha conferido una
fisonomía elástica, capaz de asimilar todos los relatos posibles[33]. Libre de las constriccio-

---

[33] «Entre la realidad y la prosa se alza el verso, con todas las ventajas del jugador de ajedrez y ninguno de sus extravagantes cuadros. Ni siquiera el soneto, tan recogido él, tan cruzado de brazos. Pues

nes del poema de arte menor, flexible en las rimas según las lenguas y aupado por el patronazgo de insignes poetas, dramaturgos y aedos, el soneto ha aportado una considerable contribución al panorama mítico.

Leamos el soneto de Joachim du Bellay:

¡Feliz quien, como Ulises, ha hecho un hermoso viaje
o como aquel argivo que conquistó el toisón,
y ha vuelto, después, lleno de experiencia y razón,
a vivir con sus padres el resto de su vida!

¿Cuándo volveré a ver, ay, humear la chimenea
de mi pueblo pequeño, y en qué estación tornaré a ver
el cercado de mi pobre casa, que para mí
es como una provincia, y más y más todavía?

Me place más la morada que elevaron mis abuelos
que el frontón atrevido de un palacio romano,
más que el duro mármol me place la arcilla fina,

más mi Loira francés que el Tíber latino,
más mi pequeño Liré que el monte Palatino,
y más que el aire del mar la dulzura angevina[34].

El poema es un ejemplo de orden retórico precisamente por su «inacabamiento» (*incomplétude*, según Roudaut, véase nota previa, p. 50). Un exordio (1.er cuarteto), una proposición (2.º cuarteto), un desarrollo y una justificación (tercetos). El poeta solo se adapta parcialmente a la preceptiva de una defensa poética según Quintiliano (el *prohœmium*, la *narratio* y la *probatio*, pero no la *refutatio* ni la *peroratio*), sin duda porque el

alguien lo acantiló, lo precipitó por dentro, abombando sus límites para que una historia completa cupiera en una palabra tan triste como esta», Blas de Otero, *Historias fingidas y verdaderas*, p. 33; véase también D. Alonso, *Ensayos sobre poesía española*, p. 398.

[34] Du Bellay, *Antología esencial de la poesía francesa*, M. Armiño (trad.), p. 19; «Heureux qui, comme Ulysse, a fait un beau voyage, / Ou comme cestuy là qui conquit la toison, / Et puis est retourné, plein d'usage & raison, / Vivre entre ses parents le reste de son aage! // Quand revoiray-je, helas, de mon petit village / Fumer la cheminee, & en quelle saison / Revoiray-je le clos de ma pauvre maison, / Qui m'est une province, & beaucoup d'avantage? // Plus me plaist le sejour qu'ont basty mes ayeux, / Que des palais romains le front audacieux, / Plus que le marbre dur me plaist l'ardoise fine, // Plus mon Loyre gaulois que le Tybre latin, / Plus mon petit Lyré que le mont Palatin, / Et plus que l'air marin la doulceur angevine», *Regrets*, XXXI, E. Droz (ed.), p. 56. En consonancia con el sentido que hoy damos a las andanzas azarosas de Ulises, M. Armiño traduce «largo viaje»; pero ninguna edición *ne varietur* ofrece tal lectura. La crítica, cuando ha aceptado a regañadientes el original, ha optado por presumir una ironía o por denunciar una negligencia del poeta; ambas son aquí imposibles, como lo demuestra F. Roudaut en la impresionante y erudita monografía dedicada a este soneto. Du Bellay escoge *beau* porque Ulises, según Dante, ha seguido en su viaje «la virtud y el conocimiento» (*usage* y *raison*) y de ambos ha obtenido, como exigía Aristóteles, el gozo esencial para una vida feliz; véase F. Roudaut, *Sur le sonnet 31 des «Regrets»*, pp. 84-94.

poema está estructurado en forma de «añadidos»: las numerosas conjunciones de coordinación, al principio de verso o de hemistiquio, revelan que no hay lugar para el razonamiento, que todo remite a la desgracia del exilio. Pero la incertidumbre y el cansancio pueden al fin evocar la dulzura de Anjou, promesa de felicidad, como también lo era para Ulises el regreso a Ítaca tras un «hermoso» viaje, o para Jasón el retorno a Yolco tras la reconquista del Vellocino de Oro.

La aparición de los héroes de la *Ilíada* y las *Argonáuticas*, al principio del poema, merece un pequeño análisis, particularmente en un poeta reacio al uso ornamental de la mitología. La figura literaria que introduce a Ulises y Jasón en el soneto es la comparación, procedimiento amplificador de la fuerza de convicción por la vertiente pasional y por la apropiación del mundo que imprime en el enunciador o en el destinatario. Ambos héroes ostentan aquí una función argumentativa inconfundible: son el paradigma del héroe errante. Du Bellay lo sabía por sus lecturas de las *Cartas familiares* de Petrarca[35]: la mención de Ulises por el poeta de Laura evidencia que la comparación con las errancias del héroe troyano era un *tópos* de la época.

Poco importa que Jasón sea mentado solo por alusiones: su evocación ayuda a construir una presencia en la ausencia. Esta segunda comparación amplifica el tema por acumulación ejemplar *(amplificatio rerum)*. También aquí el final es feliz: tras cumplir los trabajos impuestos por Pelias, el inventor de la navegación regresa a Yolco triunfante con el Vellocino de Oro y Medea. Du Bellay sigue las *Argonáuticas* de Apolonio, no los *Amores* ni las *Heroidas* de Ovidio. Jasón mantiene una relación aparentemente ambigua con el aspecto temporal: el pasado indefinido («conquistó») lo distancia radicalmente del mundo circundante, mientras el pretérito perfecto («ha vuelto») lo acerca al aquí y ahora del locutor; del tiempo de la narración (que se confunde con el tiempo mitológico) pasa al tiempo del comentario (tiempo actual).

Ya sea de modo explícito (Ulises) o implícito (Jasón), ambos héroes dan un impulso argumentativo al presente íntimo del poeta. Su situación liminar adquiere valor de mímesis: ausentes en el momento de la composición, Ulises y Jasón son re-presentados y manifiestan su ausencia, que a su vez re-presenta la del poeta lejos de su patria. Du Bellay desborda con su arte los límites del tiempo presente y los límites de la forma literaria: su soneto, abombado por los cuatro costados de la primera estrofa, expresa mediante imágenes inmateriales pero certeras la realidad más acuciante y emotiva del poeta.

Menos aún que la poesía lírica de corte clásico, la moderna tampoco ofrece un campo particularmente abonado para el mito. Básicamente, la poesía clásica hablaba el lenguaje de la prosa clásica, del que era una variación ornamental; ambas compartían idéntico universo. Mediante la constricción decorativa se acercaban los universos de la poesía y la prosa. Con la modernidad literaria, una parte de la poesía lírica instituye una serie inédita de relaciones entre el hombre y el mundo: hace referencia a una vivencia cerrada, clausurada, a la que solo el poeta y unos pocos lectores privilegiados tienen acceso.

---

[35] «Compara mis peregrinaciones con las de Ulises: al margen de la fama de sus aventuras y su nombre, él no erró ni más tiempo ni más lejos que yo. Él abandonó la patria cuando ya era adulto; si en ninguna edad de la vida no hay nada duradero, en la vejez todo es brevísimo»; Petrarca, *Familiarium rerum libri*, I, 1, 21-22, en *Le familiari*, U. Dotti (ed.), t. I, p. 15.

Frente a la pretensión universal de la poética clásica, la lírica contemporánea desde el Simbolismo adquiere una densidad individual y emotiva solo descifrable y compatible con unos privilegiados, a modo de la hermética de los antiguos alquimistas[36].

Cuanto precede no elimina el relato mítico de la poesía lírica. Aunque remiso, el mito no la rechaza de plano, pero la modula, le impone sus cláusulas, como ella a él. *«La siesta de un fauno»* de Mallarmé (1865-1876) contiene los pensamientos y las impresiones de un fauno sobre unas ninfas apenas despierta de su siesta; esta «égloga» es una duda sobre la realidad y la ausencia, o sobre la ausencia de realidad. En su reflexión, el protagonista se pregunta si las féminas que gozó fueron solo «un deseo» de sus sentidos. Vencido por las dudas, apostrofa entonces a los «riberas sicilianas» para que cuenten (CONTEZ, sintomáticamente, en versalitas) el relato, del que transcribo los tres últimos versos: *«Que yo cortaba aquí los huecos juncos domados por el talento; cuando [...] ese vuelo de cisnes, ¡no!, de náyades se esquiva o sumerge…»*[37]. Este fragmento difiere tipográficamente de las partes exclusivamente líricas de la «égloga»: aparece en cursivas, como otros dos con los que, además, coincide en el uso del pretérito imperfecto; el contraste con el presente (tiempo lírico por antonomasia), marco en el que se inserta la reflexión, deja a las claras los dos tiempos de enunciación, uno para la ensoñación poética, otro para el relato mítico. En efecto, los acontecimientos real o supuestamente ocurridos en compañía de las ninfas o náyades, por su tipografía y su tiempo verbal, conforman el relato mítico diseminado en tres momentos; los pensamientos y las impresiones del fauno componen el resto del poema. Tal disposición es prueba fehaciente de que la poesía lírica puede incluir relatos míticos, pero no sin amoldarse parcialmente a las condiciones de la narración. En otros términos, aun fiel al movimiento simbolista, la poesía portadora del mito y el mito que la anima deben respetar sus respectivas constricciones.

Semejante manejo de requerimientos encontramos en uno de los poemarios mitológicos más amplios de la poesía contemporánea *Helena en Egipto* (H. D., 1961). Cada poema, compuesto por una serie de estrofas de tres versos, aparece introducido por un breve interludio en prosa, dispuesto en cursivas y destinado a acompasar con su decurso narrativo el flujo lírico (la relación amorosa entre Helena, su esposo Menelao y sus amantes Teseo, Paris y Aquiles)[38].

Veamos brevemente dos ejemplos más de los malabarismos que hacen mito y poesía para hermanarse. La luna no se presenta en la poesía de Lorca como un prosopomito

---

[36] «Me reservaba la traducción»; Rimbaud, *«Alchimie du verbe»*, en *Une Saison en Enfer*, en *Œuvres complètes*, A. Guyaux (ed.), p. 262.

[37] *«Que je coupais ici les creux roseaux domptés / Par le talent; quand [...] / Ce vol de cygnes, non! de naïades se sauve / Ou plonge…»*, S. Mallarmé, *«L'après-midi d'un faune»*, en *Œuvres complètes*, B. Marchal (ed.), t. I, p. 164 (versión de 1876). «Siesta» o «Tarde» de un fauno; ambas traducciones son aceptables. «Ninfas» en un lugar, «náyades» en otro. La proverbial oscuridad mallarmeana, resultante de la combinación de los tres «niveles de fidelidad» (intelectual –con sus derivadas órfica y eidética–, psicosensorial y discursivo), no impide distinguir el acontecimiento extraordinario de un fauno visitado (o no) por unas ninfas; a este propósito, véase el ensayo determinante de J. del Prado en su «Estudio preliminar» a las *Prosas* del poeta, pp. xxvii-xxxviii.

[38] Así, el dilema heredado del relato épico y expuesto en el interludio –*«¿Cómo reconciliar a troyanos y griegos?»*–, es poéticamente resuelto por Teseo –«no importa, querida niña: estamos todos juntos, cansados de la guerra; solo la Búsqueda permanece–»; H. D., *Helen in Egypt*, H. Gregory (intr.), «Leuké», IV, 6, pp. 157-158.

claramente definido, sino entreverado, a medio camino entre personaje de la trascendencia sagrada y tópico escenográfico de la muerte acechante o del grito desgarrado:

La luna vino a la fragua
con su polisón de nardos. […]
El niño la mira mira.
El niño la está mirando. […]
Por el cielo va la luna
con un niño de la mano.
(«Romance de la luna, luna», 1925).

Dile a la luna que venga,
que no quiero ver la sangre
de Ignacio sobre la arena. […]
La vaca del viejo mundo
pasaba su triste lengua
sobre un hocico de sangres
derramadas en la arena[39].
(«Llanto por Ignacio Sánchez Mejías», 1935).

La antropomorfización lunar es manifiesta: se viste y actúa cual mujer; pero también es psicopompa (ψυχοπομπός, 'guía de almas'), pues lleva consigo al espíritu de la criatura muerta (*Romance de la luna, luna*), y totémica (símbolo sagrado), pues bebe toda la sangre derramada (*Llanto por Ignacio Sánchez Mejías*).

El poema «*Ariadna en Naxos*» (1973), de Jorge Guillén, impregnado de lirismo y tamizado por la acendrada pureza guilleniana, tiene cierto desarrollo narrativo e incluso acentos dramáticos. Cuenta el episodio desde el principio, cuando el barco se detiene en Naxos, a diferencia de las fuentes clásicas, que comienzan *in medias res*. No centra la atención en el argumento («Es una historia antigua. La sabemos»), ni en el momento emotivo (el lamento de «Ariadna agonizante»). El carácter lírico del poema estriba en los repetidos intentos (las construcciones interrogativas) por adentrarse en el psiquismo de la heroína:

El barco se detuvo.
«¿Nombre tiene esa isla?»
Era la voz de Ariadna. […]
Ariadna se sentó sobre una roca.
«Aguárdame».
Y Teseo se fue… ¿por su camino?
Y desapareció.

---

[39] F. García Lorca, «*Romance de la luna, luna*», en *Primer romancero gitano*, C. de Paepe (ed.), pp. 171-175, y «*Llanto por Ignacio Sánchez Mejías*», en *Diván… Seis poemas… Llanto…*, A. A. Anderson (ed.), pp. 289-291. A. Álvarez de Miranda asegura detectar «el mito luna-muerte» o «el personaje mítico» lunar en la poesía y el teatro del poeta; véase *La metáfora y el mito*, p. 48.

¿Acaso para siempre?
Ella aguardó, cansada. […]
Y cedió su vigilia a tal reposo.
La mujer de Teseo:
Deleite de un cansancio que se borra.
Abrió los ojos. Se alarmó. ¿Teseo? […]
¿Habrá ya algún destino
que penda sobre Ariadna, sobre Naxos? […]
Transcurre tiempo. ¿Cuánto?[40].

Estamos ante un lirismo coparticipativo: percepción de la lentitud de las horas por la heroína, traducción de su acercamiento a la muerte, replanteamiento de su pasión por Teseo. Hacia la mitad de la segunda parte, «el poema da un giro hacia el futuro»[41]. Sin apenas narración, la poesía transita desde el «infortunio» hasta la dicha de Ariadna con la que culmina el poema: «Dionisos va a llegar». La parte reservada al relato es mínima, la estrictamente necesaria para introducirnos en el espíritu de la protagonista sin contarnos su mito. Aunque precario, subsiste el compromiso entre mito y lírica contemporánea.

Forma y contenido

El mito es un danzarín de ballet: salta con destreza y de continuo, sin más límites que los del escenario. Se mueve, ágil, entre los géneros, casi sin hacer distingos: cualquier género le vale para manifestarse. No se pueden poner puertas al campo[42]. La razón de esta desfachatez del mito estriba en su mofa de todo formalismo. Quizá en un principio prefiriese la seguridad del encasillamiento; pero, adulto, toma sus distancias. Cuando ha aprendido a andar erguido, el niño debe desprenderse de su andador; de lo contrario, la ayuda se convierte en estorbo. Otro tanto ocurre con el estudio del mito, que puede verse perjudicado por un formalismo excesivo.

Jolles es paradigmático a este respecto. Sus teorías, célebres desde la publicación de su volumen *Formas simples* (1930), han prosperado en numerosos círculos que incluyen el mito entre las formas literarias. Para el autor neerlandés, el mito es una «forma simple», una fijación ordenada de determinadas fuerzas constitutivas del lenguaje. Según Jolles, lo propio del mito es la «disposición mental», noción clave que provoca la pregunta y la explicación sobre el origen de un acontecimiento: «cuando el universo se crea para el hombre por medio de *pregunta* y *respuesta*, una *forma* aparece; nosotros la llama-

---

[40] J. Guillén, «*Ariadna en Naxos*», en *Aire nuestro y otros poemas*, F. J. Díaz de Castro (ed.), pp. 37-47.

[41] R. Fernández Urtasun, «El mito de Ariadna en la poesía española contemporánea», p. 402.

[42] Este empeño sempiterno por sobrepasar los límites puede ser implícito o explícito, como en esta confidencia de Atlas: «Como mi hermano Prometeo, he sido castigado por traspasar la raya. Él robó el fuego. Yo luché por la libertad. *Límites, siempre límites*»; «Like my brother Prometheus, I have been punished for overstepping the mark. He stole fire. I fought for freedom. *Boundaries, always boundaries*», J. Winterson, *Weight*, p. 14.

remos *mito*»[43]. La creación del universo según el relato del Génesis cumple a la perfección esta definición del mito: el hombre mira hacia el firmamento y pregunta quién ha colocado ahí ese sol, esa luna y esas estrellas; la respuesta que recibe apunta a Dios. A la disposición mental responde el «gesto verbal», otra noción primordial; las luminarias celestes son un acontecimiento que debe ser verbalizado, recitado: «el *acontecimiento* define el gesto verbal del *mito*»[44]. Como vemos, el mito requiere una mirada penetrante hacia el mundo (la disposición mental) y un relato que explique el mundo (el gesto verbal). Hasta aquí, de acuerdo.

Con todas sus virtudes, esta teoría corre el riesgo de privar al mito de su dinamismo interno. Jolles habla de abstraer, de «eliminar todo lo que está condicionado por el tiempo o todo lo que se mueve individualmente» para «establecer la forma, circunscribirla y conocerla en su carácter fijo»[45]. Aquí surge el problema. Cuando la crítica hace excesivo hincapié en la forma, por principio privada de movimiento, puede concluir que la literatura y sus respectivas formas son modelos inamovibles al margen del contenido. En este concepto de literatura prevalecen la «validez» y la «cohesión» sobre el sentido dinámico de todos los elementos constitutivos del conjunto. Esta opción metodológica, concomitante con el estructuralismo, se arriesga a limitar el alcance más profundo del texto mismo y, consecuentemente, del mito.

Sin caer en el estructuralismo (los suyos eran otros tiempos), Jolles inserta la «forma simple» del mito entre otras «formas simples» (la leyenda, el cuento, la adivinanza…), como si el mito pudiera reducirse a un esquema verbal correspondiente a una disposición mental. Ciertamente, el sabio neerlandés no elimina la dimensión trascendente del mito, pero la relega a un segundo plano: en coherencia con el formalismo, se limita a considerar las relaciones del sistema literario. A pesar de este reparo, es preciso alabar buena parte de los postulados de Jolles, que revalidan de algún modo tres elementos fundamentales del mito: su dimensión narrativa (el gesto verbal), etiológica (la disposición mental «pregunta-respuesta») y evenemencial (el acontecimiento).

El mito no puede limitarse a una forma, sencillamente porque la relación entre forma y fondo no es de oposición. Una confidencia de Flaubert a su amante Louise Colet aporta luces al respecto:

¿Por qué dices sin cesar que me gustan los oropeles, los tornasoles y las lentejuelas? ¡Poeta de la forma! Ese es el insulto que los utilitaristas lanzan a los verdaderos artistas. En lo que a

[43] «Wo sich nun in dieser Weise aus "Frage" und "Antwort" die Welt dem Menschen erschafft - da setzt die Form ein, die wir "Mythe" nennen wollen», A. Jolles, *Einfache Formen*, p. 97.

[44] «"Geschehen" in diesem Sinne bestimmt die "Sprachgebärde" der "Mythe"», *ibid.*, p. 94.

[45] «Mit Ausschaltung alles dessen, was zeitlich bedingt oder individuell beweglich ist, können wir auch in der Dichtung –im weitesten Sinne– die Gestalt feststellen, abschließen und in ihrem fixierten Charakter erkennen», *ibid.*, p. 6. Su guía aquí es Goethe: «El idioma alemán tiene la palabra *Gestalt* (forma) para designar la complejidad existente de un ser real. Pero en este término, el lenguaje abstrae, de lo que es móvil, un todo análogo y lo fija en su carácter como algo establecido y acabado», *Teoría de la naturaleza*, D. Sánchez Meca (ed.), p. 7; «Der Deutsche hat für den Komplex des Daseins eines wirklichen Wesens das Wort Gestalt. Er abstrahiert bei diesem Ausdruck von dem Beweglichen, er nimmt an, daß ein Zusammengehöriges festgestellt, abgeschlossen und in seinem Charakter fixiert sei», *Die Absicht Eingeleitet*, en *Zur Morphologie*, en *Naturwissenschaftliche Schriften I*, D. Kuhn y R. Wankmüller (eds.), en *Werke. Hamburger Ausgabe*, t. XIII, p. 55.

mí respecta, mientras no me muestren, a partir de una frase precisa, la forma separada del fondo, sostendré que son dos palabras vacías de sentido. No hay pensamientos hermosos sin formas hermosas, y a la inversa[46].

De modo que forma y fondo van de consuno: una implica el otro, y viceversa. Ciertamente no son lo mismo y es preciso distinguirlos. Según Ortega, «la forma es el órgano y el fondo la función que lo va creando», o, con símiles gráficos, el fondo sería como lanzar una piedra, mientras que la forma sería la curva que describe la piedra lanzada. Semejante opción equivale a sustituir la poética antigua por otra basada en los géneros literarios[47]. Más adelante, el Nouveau Roman establece que el «significado profundo», el contenido de un texto, reside exclusivamente en su forma: «hablar del contenido de una novela como de una cosa independiente de su forma equivale a excluir todo el género del terreno del arte»[48]. La ligazón entre forma y fondo es tal, que no es posible distinguirlos como si de entidades independientes se tratase.

Sin duda, unas formas literarias se prestan más que otras para expresar un estado de ánimo; por ejemplo, desde antiguo la epopeya y la elegía se han aplicado a la guerra y al llanto, respectivamente, como recuerda Horacio[49]. No en vano el hexámetro dactílico es al canto épico lo que el dístico elegíaco al lamento fúnebre. Pero este uso habitual no está reñido con la utilización de un ritmo y una forma para otros menesteres: el metro por excelencia de la poesía amorosa en Roma fue, precisamente, el dístico elegíaco.

Lejos de reducirse a una fría fórmula silábica o rítmica (o de una pregunta y una respuesta sobre un acontecimiento, por retomar la teoría de Jolles), las relaciones entre

---

[46] «Pourquoi dis-tu sans cesse que j'aime le clinquant, le chatoyant, le pailleté! Poète de la forme! c'est là le grand mot à outrages que les utilitaires jettent aux vrais artistes. Pour moi, tant qu'on ne m'aura pas, d'une phrase donnée, séparé la forme du fond, je soutiendrai que ce sont là deux mots vides de sens. Il n'y a pas de belles pensées sans belles formes, et réciproquement», Flaubert, *Lettres de Flaubert (1830-1880)*, 18 de septiembre de 1846, D. Girard y Y. Leclerc (eds.). La crítica más aguda coincide con el escritor. Así, S. Sontag: «la misma distinción entre forma y contenido es, en última instancia, una ilusión»; *Against Interpretation, and Other Essays*, p. 11; y M. Charles, tras unas páginas sobre la relación entre el prólogo y el libro de *Gargantúa* de Rabelais, concluye: «el sentido es la forma»; *Rhétorique de la lecture*, p. 58.

[47] «La epopeya, por ejemplo, no es el nombre de una forma poética sino de un fondo poético substantivo que en el progreso de su expansión o manifestación llega a la plenitud. La lírica no es un idioma convencional al que puede traducirse lo ya dicho en idioma dramático o novelesco, sino a la vez una cierta cosa a decir y la manera única de decirlo plenamente», J. Ortega y Gasset, *Meditaciones del Quijote*, «Meditación primera», «Géneros literarios», *Obras completas*, t. I, p. 366.

[48] A. Robbe-Grillet, *Pour un nouveau roman*, p. 42. Dejando al margen la lengua corriente, cuyo carácter de diálogo impide la visualización de sus partes por separado, cualquier texto literario está hecho de palabras e ideas, esto es, partes autónomas constitutivas del discurso; el error de la confusión reside en el método de análisis: en lugar de hacer hincapié en la naturaleza –material/inmaterial– de sus elementos constitutivos, conviene fijarse en la relación de tensión existente entre ellos. «El lenguaje es totalmente cada una de sus partes, palabras y pensamiento con la palabra, pensamiento y palabras con el pensamiento, [...] independientemente de los términos lógicos que lo constituyen», M. Blanchot, «Le mystère dans les lettres», en *La Part du feu*, p. 57.

[49] «Con qué ritmos podían cantarse las gestas de reyes y de paladines y las guerras funestas lo dejó claro Homero. En los versos dispares unidos se incluyó primero el lamento, y luego también el sentir del que ha visto cumplido su voto», Horacio, *Arte poética*, vv. 74-77, J. L. Moralejo (trad.), C. Smart (ed.), p. 388.

forma y fondo también dependen del tono, el emisor y el destinatario, del modo y el medio, de las circunstancias y la época. Entre forma y fondo hay una necesaria concordancia. Si no la respeta, el poeta sumerge al lector «en el universo estrafalario del sinsentido», como ocurre en *La Cantatrice chauve* de Ionesco[50]. Tal disarmonía identifica al dramaturgo del absurdo por antonomasia, lo que viene a subrayar la interdependencia entre forma y fondo.

En consecuencia, si bien el mito requiere una base narrativa mínima (el acontecimiento extraordinario debe ser relatado, representado o experimentado), su argumento puede adoptar cualesquiera formas y géneros literarios. Buscar en una forma literaria la identidad del mito no conduce a ninguna parte y desorienta sobre su misma naturaleza. El mito desafía el encorsetamiento de las formas, como Nijinski las leyes de la gravedad.

Mito e interdisciplinariedad de artes y géneros

Si, como pienso, el relato mítico escapa a una concepción absolutamente estructuralista y formalista de la literatura, entonces su impulso libertario coincide con la tendencia inveterada a ignorar cualesquiera límites espacio-temporales. Antes de pasar a la mitopoética de las formas, compete ver cómo el relato mítico desborda también las fronteras de las disciplinas académicas, cómo su dinamismo interno se transfiere a todos los géneros y formatos.

Esta aproximación al mito entra de lleno en el quehacer de nuestra disciplina, híbrida en su origen y desarrollo: la mitocrítica cultural debe aunar, sin confundir, las aportaciones de saberes homólogos (teoría y crítica literarias, historia de la literatura, bellas artes); también debe relacionar, sin mezclar, saberes contiguos (antropología, sociología, psicología); debe, en fin, abordar con tiento y energía los nuevos modos y soportes de difusión en la era de la comunicación (teléfono móvil, videoconsola, instalaciones digitales). De esta auténtica transdisciplinariedad emanará un sano y discreto espíritu comparatista y, más importante aún, el respeto de la legítima autonomía de los saberes. Varios ejemplos podrán mostrarlo[51].

¿Dónde reside la unidad del conjunto escultórico del Laocoonte, en el dolor que atraviesa a las tres figuras humanas, o en las serpientes que recorren sus cuerpos? La transferencia genérica entre las artes es tributaria de su unidad interna, de su propósito unitario por transmitir la belleza a través de cualesquiera soportes.

Muchas creaciones artísticas de mitos literarios son *retellings*: los cuentan de otra manera. *La Odisea, una secuela moderna*, de Nikos Kazantzakis (1938), retoma en sus 24 rapsodias otras tantas de la obra homérica. El contenido de la novela moderna no discurre

---

[50] «dans l'univers loufoque du non-sens», E. Ionesco, «*Notice*», en *Théâtre complet*, E. Jacquart (ed.), p. 1.472.

[51] Recurriré aquí preferentemente a los escultóricos y operísticos. El acontecimiento extraordinario ocurrido a un personaje puede ser relatado con signos lingüísticos (literatura) o medios sensibles (artes plásticas, musicales, del espectáculo); en el mito, unos y otros están encaminados a desentumecer el entendimiento y mover las emociones. Frente a «la pesadilla de las doctrinas materialistas», V. Kandinski ha dedicado sugestivas páginas a «la vida espiritual, a la que también pertenece el arte»; cfr. *Du Spirituel dans l'art*, P. Sers (ed.), pp. 52 y 68.

por idénticos caminos que su modelo: tras su regreso a Ítaca, el héroe se siente insatisfecho por su vida indolente y decide acometer nuevas aventuras. La *secuela* recrea la *Odisea*.

En mitología no hay compartimentos estancos: son infinitos los casos de mitos de origen literario trasvasados a otros medios artísticos. Piénsese en Tristán e Isolda, mito musicalizado por Wagner según una curiosa aplicación de las ideas filosóficas de Schopenhauer a sus circunstancias vitales (el idilio «culpable» con Mathilde Wesendonck y su concepción del amor hasta la muerte). *Tristán e Isolda* (*Tristan und Isolde*, 1865) elimina las encantadoras anécdotas previas al enamoramiento de los protagonistas, celebérrimas en las versiones literarias, y se centra en la renuncia a los respectivos deberes de los amantes (caballeresco en Tristán, monárquico en Isolda), que se entregan a una muerte liberadora por amor.

En casos de transferencia genérica, no caben prejuicios. Cualquier mito, independientemente del género que lo vio nacer, puede adaptarse de modo irreprochable a otro soporte artístico. El resultado ya no es solo literario: el ajuste (con sus habituales desbroces y amplificaciones o reducciones) incorpora elementos y condiciones del soporte receptor. El mito sigue siendo mito, pero ahora acomodado a un nuevo medio. Estamos en el terreno de la intermedialidad[52].

De sus viajes por Rusia y el extranjero, Víktor Hartmann extrajo ideas para dibujar y pintar los cuadros, en su mayoría hoy perdidos, que posteriormente Músorgski «reflejó» en su suite para piano *Cuadros de una exposición* (*Картинки с выставки*, 1874). El compositor ruso no solo se propuso con su obra «dibujar en música» representaciones más o menos «realistas» –*La Gran Puerta de Kiev* o *Catacumbas*–, sino que también dio espacio a las míticas y a las fantásticas –*Gnomos, Ballet de polluelos en sus cascarones* o *La cabaña sobre patas de gallina*–. El tránsito fue múltiple: de la realidad exterior, de la mitología y de la fantasía a la imagen mental; de esta, a la representación pictórica, y de esta última, a la musical. El reconocimiento que público y crítica siempre han tributado a estos *Cuadros*, sobre todo en la versión orquestada de Maurice Ravel (1922), no es ajeno al acierto magistral de Hartmann y Músorgski en la transmisión de objetos entre diversos formatos: natural, imaginativo, mental, pictórico y musical. Aún hay más: los cuadros de la exposición de Hartmann han sido posteriormente transferidos a medios digitales (la nueva imprenta de internet) y sometidos al diálogo entre los visitantes de las salas y la red, con todos los intercambios perceptivos, emocionales y motivacionales que esto implica.

Los procesos de adaptación de mitos entre las artes son complejos. En primer lugar, por la idiosincrasia de cada mito. Debido a su instinto de conservación, el mito se resiste a una modificación excesiva que suponga un despojamiento parcial o total de sus unidades narrativas invariables (los mitemas), sin las cuales puede quedar distorsionado, subvertido o, incluso, desaparecer. En segundo lugar, por los condicionamientos de cada arte. Transferir mitos de un arte a otro presupone respetar los requisitos mínimos de adaptación. Verbigracia: como demostró Lessing en su ensayo *Laocoonte o sobre los límites en la pintura y poesía* (1766), «los colores no son notas y [...] los ojos no son oídos»[53], por muchas sinestesias que inventemos para apoyar la teoría de la unidad absoluta de las artes.

---

[52] Véase A. López-Varela, «Génesis semiótica de la intermedialidad», p. 97.

[53] G. E. Lessing, *Laocoonte*, XV, E. Barjau (trad.), p. 104 (*Laokoon oder über die Grenzen der Mahlerey und Poesie*). El principal problema de esta transposición o transferencia de las artes estáticas es,

El filósofo alemán hizo este comentario precisamente a propósito de uno de los trasvases genéricos más emblemáticos. En la *Eneida*, Virgilio cuenta cómo el sacerdote troyano Laocoonte rechaza el caballo que los griegos han dejado abandonado: la celebérrima advertencia «temo en sus mismos dones a los dánaos»[54]. Sus conciudadanos desoyen su aviso y él procura quemar el caballo de madera; de pronto, dos grandes serpientes emergen de las aguas y atacan a sus hijos. El sacerdote se lanza para salvarlos, pero en vano. El relato de Virgilio es sobrecogedor:

> Y enroscadas dos veces a su tronco y plegando sus lomos escamosos otras dos a su cuello, aún enhiestan encima las cabezas y cervices erguidas. Él forcejea por desatar los nudos con sus manos –las ínfulas le chorrean sanguaza y negro tósigo– al tiempo que va alzando al cielo horrendos gritos cual muge el toro herido huyendo el ara cuando de su cerviz sacude la segur que ha errado el golpe[55].

Conocido entre los latinistas, este episodio es hoy aún más célebre por el conjunto escultórico anónimo del siglo I a.C. La copia conservada en el museo Pío-Clementino de Roma –el original era de bronce– está esculpida en un solo bloque de mármol blanco, de un tamaño mayor al natural, con estructura oblicua de bulto redondo. La escultura es el eje de la reflexión de Lessing sobre el conocido adagio *ut pictura poesis* de la *Epístola a los Pisones* de Horacio (v. 361): para el filósofo alemán, pintura y poesía no son recíprocamente reducibles. Pero este ensayo no es relevante para nuestro estudio de mitocrítica.

El nexo entre el padre y sus hijos lo constituyen, paradójicamente, las serpientes, que los unen fatídicamente. La acción de mostrar es propia de la escultura, arte por naturaleza demostrativo; la hipotiposis literaria es solo prestada. Esta transferencia de un soporte artístico a otro permite resaltar aspectos ocultos del mito, como el amargor de la impotencia humana frente a la nefasta voluntad divina.

La obra ha dejado su influencia en Miguel Ángel, Juan de Bolonia, Tiziano, Alessandro Allori, el Greco, William Blake, Max Ernst, Giacometti… Se cuentan por centenares las adaptaciones contemporáneas de la escultura. El conjunto ha sido objeto de las más variadas modulaciones: reclamos publicitarios, alegatos políticos… Recientemente lo ha tatuado Fabio Viale, según la técnica del *détournement*, en la gliptoteca de Múnich. Como de costumbre, la variaciones subversivas imprimen a una obra el marchamo de la integración definitiva en el patrimonio común. Despojado de sus rasgos primigenios, el Laocoonte ha adoptado otros: ya no es el sacerdote castigado por sospechar de los griegos

---

huelga decirlo, el dinamismo temporal del relato. ¿Cómo contar, mientras Orfeo canta su amor a unas jóvenes en una campaña idílica, que Eurídice acaba de ser mordida por una serpiente? En su cuadro *Orphée et Eurydice*, Nicolas Poussin intima al espectador a creerle cuando representa a la joven, recién herida, lanzando un grito mientras un pescador se gira, sin duda alarmado; al fondo, el humo del castillo hace presagiar el futuro irremediable; véase el comentario de F. Cheng, *Pèlerinage au Louvre*, p. 74.

[54] Virgilio, *Eneida*, II, v. 49, J. de Echave-Sustaeta (trad.), p. 39; «timeo Danaos et dona ferentis», *Aeneid*, J. B. Greenough (ed.).

[55] *Ibid.*, pp. 45-46; «et iam / bis medium amplexi, bis collo squamea circum / terga dati superant capite et cervicibus altis. / Ille simul manibus tendit divellere nodos / perfusus sanie vittas atroque veneno, / clamores simul horrendos ad sidera tollit: / qualis mugitus, fugit cum saucius aram / taurus et incertam excussit cervice securim», *ibid.*, II, vv. 217-224.

y sus dioses, sino el símbolo del dolor sobrehumano, de la soledad social, de la impotencia frente a las fuerzas incontrolables del desarrollo científico o tecnológico.

Desde mi punto de vista, *Ariadna en Naxos* (*Ariadne auf Naxos*, Richard Strauss, 1912/1916) ostenta un lugar privilegiado en el elenco de inteligentes y felices fusiones de artes y géneros.

Las fuentes antiguas acerca de la princesa cretense son numerosas. Su paso por la *Ilíada* es brevísimo, pero sugerente. Como las armas de Aquiles, que vestía y empuñaba Patroclo, han caído en poder de los troyanos, Tetis ruega a Hefesto que fabrique un escudo, un casco, unas grebas y una coraza. El ilustre cojo forja un escudo en el que representa «una pista de baile semejante a aquella que una vez en la vasta Creta el arte de Dédalo fabricó para Ariadna, la de bellos bucles»[56]. Esta aparición esporádica introduce ya la combinación del relato con la música danzada, de capital importancia en la obra de Strauss. Pasemos por alto ahora la vejación de la heroína en la *Odisea* y el pacto con Teseo en las *Argonáuticas*: la bienaventuranza de la hija de Minos proviene de la *Teogonía*, donde «Dioniso, el de dorados cabellos, a la rubia Ariadna hija de Minos la hizo su floreciente esposa; y la convirtió en inmortal y exenta de vejez el Cronión»[57]. El Pseudo-Apolodoro desarrolla tímidamente este intercambio amoroso: «Durante la noche [Teseo] arriba a Naxos con Ariadna y sus muchachos. Allí Dioniso, enamorado de Ariadna, la secuestró y la condujo a Lemnos»[58]. Entre otros autores, Ovidio narra un catasterismo relacionado con este mito:

> solitaria y profiriendo muchos lamentos estaba ella cuando Líber le llevó el socorro de sus abrazos, y además, para que una constelación perdurable la hiciese resplandeciente, le quitó de la frente la corona y la envió al cielo[59].

Así se convirtió la corona de Ariadna en la constelación de la Corona Boreal, situada entre Hércules y Serpens.

De los tres principales momentos (el salvamento de Teseo, el abandono en Naxos y el desposorio divino), Strauss se ha fijado en el segundo y el tercero. La génesis de *Ariadna en Naxos* es harto compleja (escribiré Ariadne para el personaje de la ópera alemana). Había sido concebida como una ópera menor destinada a sustituir el ballet turco ordenado por Monsieur Jourdain en *El burgués gentilhombre* de Molière (*Le Bourgeois gentilhomme*, 1670). Pero esto requería reunir una compañía de ópera y una compañía de teatro, condición que se tornó inviable desde el punto de vista económico. Con estos mimbres, el compositor sustituyó el marco (la pieza de Molière) por un preludio musical y modificó parcialmente el contenido del antiguo interludio (la ópera sobre Ariadna). Esto ocurría en 1912. Cuatro años más tarde Strauss ofreció una segunda versión, la que ha prevalecido y aquí utilizo.

---

[56] Homero, *La Ilíada*, XVIII, vv. 590-592, E. Crespo Güemes, (trad.), p. 485.
[57] Hesíodo, *Teogonía*, en *Obras y fragmentos*, vv. 947-949, A. Pérez Jiménez (trad.), p. 111. Cronión es un sobrenombre de Zeus, hijo del titán Crono.
[58] Pseudo-Apolodoro, *Epítome* I, 9, en *Biblioteca mitológica*, J. García Moreno (ed.), p. 195.
[59] Ovidio, *Metamorfosis*, VIII, 176-179, A. Ruiz de Elvira (trad.), II, p. 101. «Desertae et multa querenti / amplexus et opem Liber tulit; utque perenni / sidere clara foret, sumptam de fronte coronam / inmisit caelo», H. Magnus (ed.). Líber (padre Libre) es el nombre latino del griego Dioniso.

En casa de un nuevo rico vienés, una compañía operística se dispone a representar una «ópera seria». De modo inesperado, el mayordomo anuncia que tras esta se interpretará una «ópera bufa» confiada a una compañía de la *commedia dell'arte*, lo que reduce considerablemente el tiempo concedido a la primera. Consternación general, que adquiere visos de catástrofe cuando, poco más tarde, el mayordomo comunica otra decisión de su amo: ambas compañías deberán actuar de manera simultánea, dramática herejía para la compañía seria, que deja hundido al joven Compositor de *Ariadne* (con C mayúscula para el personaje). A la fuerza ahorcan: todos acaban por resignarse. Hasta aquí llega el prólogo.

La ópera propiamente dicha se desarrolla entre dos aguas: Ariadne desconsolada en la isla, y los cómicos que la observan asombrados. El encuentro entre la heroína y Zerbinetta es proverbial en la historia del género. La histrionisa no alcanza a comprender cómo un desengaño amoroso puede tan siquiera sugerir ansias de muerte en una joven como Ariadne. Para desbaratar el despropósito, Zerbinetta cuenta su propia vida amorosa, relato que sus pretendientes (Harlekin, Truffaldin y Scaramuccio) refrescan con un chorro imparable de alegría vital. La llegada de Bacchus, que ha conseguido zafarse de la maga Circe, es celebrada por Ariadne, quien, en su confusa excitación, toma al hijo de Zeus y Sémele por Hermes: sin duda viene a darle el beso de la muerte. Ambos quedan prendados y desaparecen de la escena mientras Zerbinetta constata la confirmación de su teoría del amor.

Donde acaban la búsqueda de fuentes y el resumen de los argumentos, la mitocrítica apenas ha comenzado. Detectar los orígenes del mito y sus reapariciones es solo el primer paso: hay que mostrar su función dentro del texto. Habitualmente, el mito es una parte constitutiva, un órgano con una función referencial para el resto del cuerpo textual. Subversión o parodia, ejemplo o argumento, el mito tiene una función ilativa: añade un valor de inferencia que guía, por vericuetos en ocasiones insospechados, la unidad del texto. Es labor del crítico desvelar los caminos intrincados del tejido narrativo con objeto de comprender mejor, gracias al mito, el significado global.

En el caso presente, nos encontramos en el segundo mitema de Ariadna: la joven abandonada por el rey triunfador del Minotauro –el primer mitema (la complicidad en la proeza del laberinto) es someramente narrado entre varios personajes–. La banda de comediantes interfiere de modo fantástico. La conversación entre Ariadne y Zerbinetta augura esperanzas para la mujer desamparada: quizá la muerte no sea la única salida. El relato de los amores por la ligera y espiritual Zerbinetta logra convencer a la princesa; tan es así que Dioniso puede tomarla por esposa (tercer mitema de Ariadna).

Desde un punto de vista literario, el encuentro fantástico solo es verosímil gracias al prólogo, que predispone al espectador para la representación simultánea de dos situaciones inconciliables: la tragedia y la comedia, o, más precisamente, la ópera trágica y el divertimento de danza y disfraces. Paralelamente, dos relatos dispares se compaginan: el abandono de Ariadne y los amores de Zerbinetta. El discurso de la comedianta insufla aire nuevo en el corazón de la princesa; como consecuencia, el relato mítico, aparentemente abocado a un callejón sin salida, retoma un rumbo más prometedor (el de las versiones del citado *Epítome* del Pseudo-Apolodoro, pero también las de Ovidio y Catulo). La fusión de géneros, lejos de ser un obstáculo, dinamiza y organiza de manera original el desarrollo de la acción.

A esta fusión se añade la de disciplinas con sus respectivos soportes artísticos: literatura y música. Dos situaciones cruciales ayudan a constatar su fuerza imperiosa:

1. La primera aparece en el prólogo y se compone de momentos que se suceden de modo alternativo. El Compositor, consternado ante el anuncio de que una arlequinada seguirá a su tragedia, es súbitamente presa de la inspiración artística y canta una melodía que le viene al espíritu: «¡Dios todopoderoso! ¡Oh, mi corazón palpita!»[60]. Poco después, mientras se estremece ante el dislate de la parodia tras su tragedia, es de nuevo invadido por el numen creador y canta la aparición de Bacchus a Ariadne: «El misterio de la vida se ofrece a ellos, los toma de la mano»[61]. Finalmente, cuando comediantes y cantantes se han resignado a compartir el escenario, el visionario Compositor canta «con fuego» el instante del encuentro entre el dios y la joven: «Ella lo toma por el dios de la muerte. A sus ojos, para su alma, eso es lo que él es, y por eso, solo por eso»[62]. Hasta ahora las interrupciones de Zerbinetta eran burlonas, la graciosa muchacha remachaba la frivolidad del amor humano, su convencimiento de que Ariadne, tras el abandono de Teseo, acabaría consolándose con nuevos pretendientes. Pero esta melodía repetitiva, propulsada por los acordes posrománticos y la voz habitada por el estro sonoro, provoca una sensación inesperada en Zerbinetta, que admite íntimamente la fuerza innegable del amor. El espectador puede respirar tranquilo: a pesar de la oposición inicial, la representación tendrá lugar.

2. La segunda situación aparece durante la «ópera» que representan simultáneamente las dos compañías. Harlekin no ha conseguido alegrar el humor de Ariadne. Entregada a su depresión amorosa, la princesa evoca extasiada el nombre de Hermes, el mensajero de la muerte (la huella de Wagner es patente). Irrumpe entonces Zerbinetta; la soprano coloratura despide con vigor a sus compañeros, hace una reverencia teatral, canta su recitativo –«Poderosísima princesa»[63]– y expone en un *allegretto scherzando* de increíbles acrobacias vocales su propia carrera amorosa[64]: la incomprensible conjunción de alegría y tristeza, libertad y esclavitud, seguridad y angustia cada vez que un hombre se apoderaba de su corazón. Compete citar la confesión final de esta tirada:

    ¡Cada uno llegó como un dios y me transformó por completo, me besó en la boca y en la mejilla y me abandoné sin una palabra! ¡Cuando un nuevo dios llegó, me abandoné sin una palabra![65].

---

[60] «Du allmächtiger Gott; o du mein zitterndes Herz!», obertura, R. Strauss, *Ariadne auf Naxos*, H. von Hofmannsthal (libreto), EMI Records, p. 57.

[61] «Das Geheimnis des Lebens tritt an sie heran, nimmt sie bei der Hand», *ibid.*, p. 63.

[62] «Sie hält ihn für den Todesgott. In ihren Augen, in ihrer Seele ist er es, und darum, einzig nur darum», *ibid.*, p. 91.

[63] «Großmächtige Prinzessin», ópera, *ibid.*, p. 119.

[64] Véase G. Kobbé, *Tout l'opéra*, p. 798.

[65] «Als ein Gott kam jeder gegangen, / jeder wandelte mich um, / küßte er mir Mund und Wangen, / hingegeben war ich stumm! / Kam der neue Gott gegangen, / hingegeben war ich stumm!», ópera, ed. cit., pp. 123-125.

«*Stumm*», muda. El amor embargaba a Zerbinetta de tal modo que la enmudecía, la dejaba sin voz. Ahora que recuerda esos trances amorosos tampoco es dueña de sus palabras y por eso canta, impulsada por el misterio de la pasión amorosa. Según san Agustín, el canto jubiloso significa que el corazón dice lo que no puede ser dicho:

> ¿Qué significa cantar con júbilo? Comprender, pero no poder explicar con palabras lo que se canta con el corazón. En efecto, los que cantan, ya sea en la mies, en la viña o en algún otro trabajo intenso, cuando empiezan a desbordar de alegría en las palabras de sus cánticos, de manera que no pueden expresarla con palabras, dejan de atender a las sílabas de las palabras y se entregan al son de su júbilo[66].

No todo lo que se comprende con el alma se puede expresar verbalmente, menos aún «Dios, el inefable» por antonomasia (*ineffabilem Deum*). Entonces el alma rompe a cantar (*quid restat nisi ut jubiles*) sin palabras (*sine verbis*). El canto jubiloso, opuesto al lenguaje conceptual de las palabras, adquiere así un significado hiperbólico, apunta a lo infinito, lo ilimitado[67]. Zerbinetta metaforiza al amante, lo identifica con un dios, de ahí su incapacidad para hablar: la lógica discursiva cede ante la pasión avasalladora; la amante solo puede prorrumpir en un canto inarticulado desde el punto de vista lingüístico. Su vocalización, por definición, se limita a un sonido, una vocal con ataques de notas muy dulces y ligadas entre sí. Impotente para describir lingüísticamente los movimientos de su corazón, Zerbinetta los imita con modulaciones musicales. Esta combinación lírica y narrativa de texto, teatro, música y voz contrasta frontalmente con la ligereza que hasta aquí había caracterizado a la farandulera. Ella quería mofarse del amor total y ha caído en sus redes: está poseída por Amor. La concepción amorosa de Ariadne, hipostasiada en Bacchus, ha hecho mella en Zerbinetta. La situación es paralela a la acaecida en el prólogo, pero ahora la viven personajes «reales», no actrices. A partir de esta intervención cantada, la ópera toma otro sesgo: abre la puerta a un amor total, de dimensiones míticas.

Aunque su relación sea mucho más compleja, en ocasiones se identifica mito y símbolo. Los mitos serían símbolos, emblemas espontáneos e irreflexivos destinados a la instrucción moral o filosófica; Helena personifica el encanto femenino, Perséfone la germinación de la vida… El Compositor, algo pomposamente, define su ópera como «el símbolo de la soledad humana»[68]. En efecto, soledad desde el abandono de Teseo, pero de inmediato conjurada por el matrimonio sagrado entre el dios y la joven; las confidencias melódicas de Zerbinetta llegan con tal efectividad al corazón de la princesa que asistimos al renacimiento del amor total gracias a la hierogamia[69]. Obsérvese que Bacchus no aparece con los ademanes de su proverbial lubricidad, acompañado de sátiros y bacantes, sino solitario y entregado a su amada como el perfecto enamorado:

---

[66] Agustín de Hipona, «In Psalmum XXXII, enarratio II», 8 [v. 3], *Enarrationes in Psalmos*, p. 283.
[67] J.-L. Backès, *Musique et littérature*, pp. 58-59.
[68] «Sie ist das Sinnbild der menschlichen Einsamkeit», R. Strauss, *Ariadne auf Naxos*, obertura, ed. cit., p. 79.
[69] A. F. Araújo y J. A. Ribeiro, «*Ariadna en Naxos* bajo el signo de la metamorfosis», pp. 246-247.

¡Tú! ¡Tú eres todo! ¡Yo soy otro distinto del que era! ¡El espíritu divino se despierta en mí para poseer por completo todo tu ser! ¡Una alegría divina invade mis miembros![70]

De nuevo la jubilación, el gozo total. El aire de «triunfo impertinente» (*spöttischem Triumph*, p. 165) adoptado por Zerbinetta –cuando Bacchus y Ariadne se alejan abrazados, sin proferir palabra– no deja la sombra de una duda sobre el efecto recíproco de Ariadne en su corazón. Ciertamente la actriz/personaje comprueba su tesis principal –un amor sustituye a otro–; pero el mito muestra, a su vez, que el desconsuelo de Ariadne no estaba infundado: su amor por Theseus había sido de tal magnitud que solo un dios podía consolarla; de igual modo, la depravación de Bacchus se transforma en amor pleno e incondicionado. El mito de Ariadna simboliza el amor total, absoluto y destinado a una carrera infinita, como la de su diadema convertida en constelación (cuarto mitema). Ambas heroínas tenían razón.

El periplo existencial de la joven en la génesis de la ópera merece una explicación. Ariadna había traicionado a su familia por un amor conducente a la tragedia en la playa de Naxos. Para Strauss no había duda: la heroína era símbolo de soledad. No así para el libretista, reacio a abandonarla en la isla. Basado en que «la metamorfosis es la vida de la Vida, el misterio mismo de la Naturaleza creadora», Hofmannsthal traspone en su texto la necesidad que tiene la princesa de «superarse, metamorfosearse [y] «olvidar»[71]. Un amor la había condenado, otro, el de Dioniso, logra redimirla.

La realidad mítica, acompasada por el componente musical, bien puede conjugar de manera sintética un concepto con un acontecimiento: la fusión de música, danza y literatura, de notas, ritmo y relato, adquiere una capacidad explicativa y argumentativa que sobrepasa los límites de la literatura. El mito se desenvuelve cómodamente en el terreno de la interdisciplinariedad artística.

La Odisea, una secuela moderna (Kazantzakis), *Tristán e Isolda* (Wagner), los *Cuadros de una exposición* (Hartmann / Músorgski), el grupo escultórico del Laocoonte, *Ariadna en Naxos* (R. Strauss) o «La Gloria y los Pegasos» (Agustín Querol) son ejemplos entre mil[72]. Al mito le sienta bien el dinamismo interdisciplinar. La mitocrítica, en sus diversas corrientes metodológicas, procedía a la identificación de los mitos dentro de las producciones literarias y artísticas de cada época; esclarecía la significación de los mitos a partir de su función en los textos y en las obras de arte, pero no profundizaba en las razones de la utilización simultánea de diversos medios. La mitocrítica cultural se entre-

---

[70] «Du! Alles du! / Ich bin ein anderer als ich war! / Der Sinn des Gottes ist wach in mir, / dein herrlich Wesen ganz zu fassen! / Die Glieder reg' ich in göttlicher Lust!», R. Strauss, *Ariadne auf Naxos*, ópera, ed. cit., p. 163.

[71] «Verwandlung ist Leben des Lebens, ist das eigentliche Mysterium der schöpfenden Natur [...]. Wer Leben will, der muß über sich selber hinwegkommen, muß sich verwandeln: er muß vergessen », carta de H. von Hofmannsthal a R. Strauss sobre la ópera (1912), *Gesammelte Werke*, B. Schoeller y R. Hirsch (eds.), V, p. 297. Con toda razón comenta D. Hernández que el libretista recoge el «largo debate en torno a la esencia del dionisismo como misterio último de la vida cíclica», *El despertar del alma*, p. 310.

[72] El grupo escultórico de Querol corona la fachada del palacio ministerial, en Madrid, brillantemente analizado con todos los pormenores por M. Galán Caballero en *Los Pegasos del Palacio de Fomento*.

ga cada vez con más ahínco a describir la versatilidad del mito y su utilización interdisciplinar: descubrir, analizar y explicar los proteicos tratamientos de los mitos allá donde hay imbricación de varias disciplinas.

La transferencia entre géneros literarios y soportes artísticos nos ilustra sobre la vida íntima del mito y su relación con las artes. Aunque en ocasiones este trasvase puede difuminar el mito originario, por lo común la presencia de sus mitemas preserva su identidad. La transferencia de géneros y soportes desvela el grado en el que una cultura determinada está impregnada de un mito.

MITOPOÉTICA DE LOS CONTENIDOS

La verbalización poética del mito permite hablar de una mitopoética de los contenidos. Esta mitopoética se ocupa básicamente de las ideas, temas o percepciones transmitidos por un mito, esto es, del contenido cultural del enunciado mítico.

Según el formalismo ruso, la función poética del lenguaje centra el mensaje pincipalmente en sí mismo, más exactamente, en su propia formulación. Al proponer la inclusión de la función poética en la mitocrítica, procuro dilucidar si el texto adopta unos procedimientos expresivos para atraer la atención del lector, oyente o espectador sobre ellos mismos y, por ende, transmitir de modo más eficaz el choque de dos mundos, inmanente y trascendente.

La función poética es inseparable de la referencial: la elección de tal o cual objetivo está ligada al referente al que el mito reenvía en cada caso. Platón estigmatizaba a quienes «son torpes, al hablar de "mitologías"», por utilizar los mitos como simples fábulas que se pueden manipular a gusto, sin aportar nada sano ni verdadero[73]. La verdad –la singular verdad del mito– es el referente último del mito, pero este requiere una materialidad lingüística determinada. Aquí veremos el uso de diversos tropos para significar contenidos específicos.

No ignoro que el término «forma» se aplica, en literatura, tanto para las formas genéricas (los géneros) como para las formas retóricas (los tropos). En el apartado «Mitopoética de las formas» hemos visto la relación entre relato mítico y género (epopeya, teatro, lírica). En este apartado veremos la existente entre relato mítico y tropo (alegoría, metáfora y sinécdoque); lo haremos con un objetivo concreto: demostrar cómo estos recursos retóricos, aun siendo indudablemente formales, funcionan como generadores de nuevos contenidos, es decir, resemantizan un sentido explícito en otro que pasa a ser concebido como definitivo del relato mítico. *Frankenstein* de Mary Shelley, *El hombre de arena* (*Der Sandmann*) de E. T. A. Hoffmann o *La Eva futura* (*L'Ève future*) de Villiers de l'Isle-Adam son, indudablemente, alegorías de la mujer o el hombre artificiales, pero abundan igualmente en interpretaciones más o menos tangenciales que la crítica debe explicar.

Este análisis nos permitirá, además, comprobar la íntima ligazón entre forma y significado: ambos se alimentan y retroalimentan hasta fusionarse de manera indisoluble

---

[73] Platón, *Fedro*, 243a, en *Diálogos*, E. Lledó (trad.), t. III, p. 338; «τοῖς ἁμαρτάνουσι περὶ μυθολογίαν», J. Burnet (ed.); véase *Phèdre*, L. Robin (ed.), p. xxviii.

para construir el mito en un determinado horizonte cultural. Esto es así porque la dominante formal utilizada en cada caso aparece firmemente unida a la dominante semántica de nuestra imaginación mítica: los valores heurísticos de la forma (los tropos) se acuerdan, en cada caso, con los valores heurísticos del imaginario (los contenidos); la fusión de ambos desemboca en el canal más oportuno para la transmisión poética de una cultura[74].

La mitocrítica cultural amplía considerablemente este campo al incluir la relación de la formas y los contenidos en el marco de las diversas culturas (la del personaje en el mundo de ficción, la del contexto de recepción por el lector o el espectador, la propia del investigador). No se trata solo de analizar cómo una forma llama la atención sobre ella misma (formalismo), ni siquiera cómo esa forma aparece íntimamente ligada a un contenido mítico (mitopoética), sino también cómo la imbricación de formas y contenidos es un método adecuado para comprender mejor el mito (mitocrítica), cuyas variantes nos permiten asimilar, debido a unos factores condicionantes, las diferentes culturas en las que ese mito toma determinada forma y significación (mitocrítica cultural)[75]. Aquí precisamente se encuentra el nexo entre la función referencial y la función poética: ambas se cruzan para expresar, mediante formas literarias particulares, la confluencia de unos referentes trascendentes e inmanentes. Abordaré esta confluencia de funciones en el próximo capítulo.

Mito y metalogismos: la interpretación alegórica

Como todo mensaje poético, el relato mítico recurre a los dos modos elementales de la comunicación literaria: la selección y la combinación. Ambos están basados respectivamente en las dos relaciones fundamentales que nuestro pensamiento establece (ora de modo diacrónico, ora de modo sincrónico) entre los objetos: la semejanza y la contigüidad. Mediante la semejanza, nuestro psiquismo descubre un parecido denominado analogía; mediante la contigüidad, descubre a su vez dos tipos de relaciones: una relación de correspondencia y una relación de designación generalizadora. De este parecido y de estas dos relaciones emanan las respectivas figuras literarias: metáfora o intersección de significado por coposesión de semas, metonimia o coinclusión de un conjunto de semas y antonomasia o sinécdoque generalizadora por supresión parcial de semas[76].

---

[74] En su *Teoría y práctica de la función poética*, J. del Prado aplica este entrecruzamiento de dominantes estructurales y semánticas a la poesía; véase, por ejemplo, pp. 15-17. La mitocrítica cultural pretende desentrañarlo en todas las manifestaciones del mito.

[75] La «mitopoética» ha sido ampliamente estudiada por P. Brunel (*Mythopoétique des genres*) y V. Gély («Pour une mythopoétique»). Es preciso observar que estos autores se limitan a la «poética de los mitos», es decir, a las vertientes formales. Sobre la distinción entre «poética de los mitos» y «poética del mito», véase V. Gély, «Mythes et genres littéraires: de la poétique à l'esthétique des mythes», p. 37. La potencial confusión entre «poética de los mitos» y «poética del mito» desaconseja el uso de dicha terminología. Con anterioridad, J. del Prado había llevado a cabo un estudio poético del mito en el primer capítulo de su *Teoría de la función poética*: «La poética de los dioses: ensayo de mitopoética».

[76] Un sema es un rasgo semántico pertinente o rasgo distintivo de significación, es decir, la unidad mínima de significación, y representa, sobre el plano del contenido, lo que el fema (rasgo fónico pertinente) es al plano de la expresión. Un semema es un conjunto de semas y se realiza generalmente en

La mayoría de las interpretaciones actuales de los relatos míticos son metafóricas. Se ha llegado incluso a identificar mito con metáfora:

> Un mito es una metáfora que se desconoce a sí misma, que no se reconoce como metáfora. Prometeo robando el fuego de lo alto es un símbolo o metáfora perfecta del rayo. Pero si se toma como expresión de la realidad del rayo, esta metáfora es un mito[77].

Osada identificación que lesiona la retórica y la mitocrítica; pero, como toda definición orteguiana, tiene virtud sugestiva: ¿está justificada la habitual interpretación de los mitos en clave metafórica o, si se prefiere, alegórica? Espero responder a esta pregunta a continuación. Porque la mitocrítica cultural debe dilucidar (desde un acercamiento retórico y poético) cuál es la operación compleja que efectúa nuestra psique cuando leemos, oímos, concebimos o imaginamos un mito, es decir, cuál es la relación existente entre la configuración del mensaje mítico y las figuras retóricas[78].

---

un lexema o gramema (clases formales de morfemas) –esto es, en una palabra (significante)–, considerado en un contexto y una situación de comunicación. En el semema «silla» hay cuatro semas: «con respaldo», «sobre patas», «para una persona», «para sentarse»; véase B. Pottier, *Linguistique générale, théorie et description*, epígrafe 17 y p. 294, F. Lázaro Carreter, *Diccionario de términos filológicos*, pp. 361-362 y Groupe μ, *Rhétorique générale*, pp. 91-122. Como se observa, estamos ante unidades de contenido que suelen corresponder, en un contexto dado y para producir un efecto de sentido, a lexemas, paralexemas (o frases) o sintagmas; de ahí mi denominación: «mitopoética de los contenidos». Ahora bien, dentro de las unidades de contenido, «el mito pertenece [...] al discurso, [...] al orden del lenguaje»; «le mythe [...] relève du discours, [...] de l'ordre du langage», C. Lévi-Strauss, *Anthropologie structurale*, pp. 238 y 240; véase también Groupe μ, *Rhétorique générale*, pp. 30-31. El número y las características de los niveles varían según las teorías; así, Benveniste distingue cuatro niveles: 1) nivel «merismático» (es decir, hipofonemático o de los rasgos distintivos), 2) nivel «fonemático», 3) nivel del signo o de las «palabras» (de formas libres o conjuntas, esto es, los morfemas) y 4) nivel de la frase o «categoremático» (κατηγόρημα o *prœdicatum*, pues el carácter inherente a la frase es el de ser un predicado); véase E. Benveniste, *Problèmes de linguistique générale*, t. I, pp. 119-131. En cualquier caso, los mitos nunca se insertan en los niveles de los rasgos distintivos, de los semas, de los fonemas, de los morfemas o de las palabras. Por eso habremos de pasar, en el siguiente apartado, a hablar de la alegoría. Sobre las relaciones de semejanza y contigüidad y sus respectivas figuras literarias, véase, por ejemplo, R. Jakobson, «The Aspects of Language», en *Language in Literature*, K. Pomorska y S. Rudy (eds.), p. 109.

[77] J. Ortega y Gasset, *Investigaciones psicológicas*, en *Obras completas*, t. XII, p. 352; véase R. E. Aras, *El mito en Ortega*, pp. 173-187.

[78] La retórica tradicional denomina «tropo» al mecanismo que produce el paso del sentido literal de una palabra al sentido derivado o «tropológico»; el usuario recurre a los tropos ya sea por necesidad (extensión) o por elección (figura) –en este contexto, entendemos por «figura» lo que se produce cuando el sentido no se reduce al normalmente denotado por la disposición lexicosintáctica del enunciado, es decir, cuando no hay correspondencia entre la información vehiculada y el sistema–. Esta retórica designa como «figuras» en general (también «figuras de palabra» o «figuras de dicción») las que deben su efecto a la manera expresiva (cambio de palabras, construcción o elocución); «figuras de estilo», las que combinan palabras en una unidad fraseológica, y «figuras de pensamiento», las que solo dependen del pensamiento considerado de modo abstracto, independientemente de la forma que puedan adoptar; véase P. Fontanier, *Les Figures du discours*, pp. 57, 66, 226 y 403. La retórica moderna prefiere hablar de «metábola» para designar cualquier especie de modificación de cualquier aspecto del lenguaje, y divide entre «metasememas» (figuras que sustituyen un semema por otro) y «metalogismos» (figuras que modifican el valor lógico de la frase y no están, por lo tanto, sometidas a restricciones lingüísticas). A diferencia de los metasememas, que operan en el código lingüístico (como tam-

Antes de establecer cualquier tipo de relación, vaya por delante que en ningún momento sugiero aquí que el mito sea reducible a una figura retórica. En su acercamiento al mundo, el mito lo lee e interpreta según su propia lógica, diversa de la empírica y de la exclusivamente argumentativa. Su interpretación se aleja del sentido literal de las palabras y los discursos. «Cesó en el día séptimo de toda la labor que hiciera» (Gn 2, 2), no significa que Dios necesitara un tiempo para recuperar fuerzas tras su tarea cosmogónica, sino que el hombre necesita consagrar un día para glorificar a Dios por su creación. Como fenómeno parcialmente literario, el mito maltrata la lengua. Los procesos psicológicos que intervienen en cada mito se manifiestan de modo lingüístico; consecuentemente, la investigación puede indagar en los efectos argumentativos, persuasivos y valorativos movilizados en cada caso. Dicho de otro modo, el mito es parabólico, ejemplar: procura mostrar el mundo de manera explicativa y, con este objetivo, recurre a figuras. Si bien esta transferencia del sentido propio al sentido figurado autoriza a establecer una correspondencia funcional entre mito y figuras retóricas, no da patente de corso para establecer una equivalencia esencial entre mito y figura (no cabe, por lo tanto, proceder a una tipología mítica según las figuras retóricas). Como veremos a continuación, dada la naturaleza del mito, la relación entre este y la lengua no es de orden figurativo, sino discursivo.

Etimológicamente, alegoría (ἀλληγορία) vale tanto como 'lenguaje velado, figurativo'. Esta figura de pensamiento oculta y desvela a un tiempo el sentido de los relatos míticos. Con razón distingue Dante en su *Convivio* entre sentido «literal», «alegórico», «moral» y «anagógico». El alegórico es «el que se esconde bajo el manto de [las] fábulas, y es una verdad escondida bajo una hermosa mentira»[79].

---

bién los metaplasmos y metataxis, pero estos solo suponen cambio de expresión o forma), los metalogismos trascienden el nivel léxico y están regidos por su referencia a un contexto discursivo o a un dato extralingüístico; véanse Groupe μ, *Rhétorique générale*, pp. 24-25, 34 y 125; F. Lázaro Carreter, *Diccionario de términos filológicos*, pp. 185 y 276; G. Molinié, *La Stylistique*, p. 113, y H. Beristáin, *Diccionario de retórica y poética*, pp. 321 y 435.

[79] Dante, *Convivio*, II, 1, 3, G. Inglese (ed.), p. 84. Sentido anagógico, explica el Poeta Supremo, es el «suprasentido» espiritual que trasciende los demás sentidos y alcanza el nivel de lo divino. Esta multiplicidad interpretativa se remonta a varios siglos atrás: san Pablo, san Jerónimo, san Agustín, santo Tomás de Aquino…, véase U. Eco, *Obra abierta*, p. 32. El sentido anagógico se remonta a Platón, aunque posteriormente ha sido utilizado sobremanera por los Padres de la Iglesia y otros escritores cristianos con el fin de aplicar los textos clásicos al dogma; así, tras perder su contenido religioso originario, la mitología clásica adquirió un valor meramente imaginativo, mientras que para los cristianos se convirtió en una fuente de interpretaciones místicas. Valgan los ejemplos de Jesucristo, considerado «verdadero Orfeo» por sacar a la humanidad (Eurídice) de las oscuridades del profundo Hades, como si fuere su prometida, o el relato de Orfeo y Eurídice según el diálogo *De consolatione philosophiæ* de Boecio como aviso para no volver la vista hacia la gruta tartárea, esto es, como llamada de atención para preparar el día del Juicio Final; véanse H. Rahner, *Mitos griegos en interpretación cristiana*, C. Rubies (trad.), p. 84, y R. González Delgado, «Interpretaciones alegóricas del mito de Orfeo y Eurídice», p. 17, respectivamente. Esta correspondencia secreta entre mitos clásicos y bíblicos recorre grandes paños del quehacer mitocrítico: en el siglo XVIII, J.-F. Lafitau pone en paralelo los sacrificios de Ifigenia y la hija del juez israelita que, tras vencer a los amonitas, cumple su voto de sacrificar a la primera persona que le saliera al encuentro tras su victoria sobre los amonitas (Jc 11, 30): «Il y a beaucoup de rapport entre Iphigénie & la fille de Jephté; la même histoire peut bien être arrivée en deux endroits», *Mœurs des sauvages américains* (1724), p. 164; varias décadas más tarde, en su *Ifigenia en Táuride* (1779/1786), Goethe aplica la segunda parte del relato mítico de la princesa micénica a los planteamientos morales del cristianismo; véase E. Márquez Martínez, *El mito de Ifigenia en las letras hispánicas*,

Si hubiéramos de colocar el mito en un nivel de articulación, lo dispondríamos en fragmentos textuales relativamente extensos. Las principales figuras (figuras en general y figuras de estilo) o metasememas tienen lugar en el universo de las microestructuras, que a menudo transmiten su forma específica a las figuras macroestructurales donde se insertan: una recurrencia microestructural muchas veces repetida (p. e., de una metáfora) puede influir de manera decisiva en la macroestructura textual, incluso transferirle su valor temático[80]. Así, además de la influencia que pueda tener un conjunto de metasememas en el sentido derivado de un texto, este debe su configuración a los metalogismos (figuras de alcance discursivo) de cualesquiera tipos que sean, pues la naturaleza del metalogismo (metábola macroestructural) consiste en asignar transformaciones al contenido referencial. Es el caso de la alegoría.

Aceptado el principio de Frye, según el cual «todo comentario es interpretación alegórica» (esto es, adscripción de ideas a la estructura de la imaginación poética[81]), la alegoría se impone como un recurso literario de particular importancia para la interpretación mitocrítica. Compuesta de metasememas y configuradora de metalogismos, la alegoría es utilizada habitualmente para disfrazar o, más bien, revestir, bajo una apariencia anodina, insólita o encantadora, realidades cuya expresión cruda puede resultar molesta, en exceso directa o, en algunos casos, inasequible mediante la expresión literal. La alegoría, recurso destinado a esquivar la imposición del sentido único del texto, siempre «formula una nueva idea de la lectura»[82]: otro texto más íntimo al lector, quizá todavía algo enigmático, pero también más operativo y profundo. No me refiero aquí a la alegoría como una proposición de doble sentido, literal y espiritual, sino a la representación concreta de una idea abstracta (un esqueleto con guadaña es alegoría de la muerte) y,

---

pp. 76 y 84. N. Frye comparte esta concepción de la anagogía («la forma de literatura más profundamente influenciada por la fase anagógica es la escritura o revelación apocalíptica»), si bien más adelante amplía su espectro para adecuarlo, como de costumbre, a sus tesis sobre la literatura («el principio de la anagogía no es simplemente que cualquier cosa es tema de la poesía, sino que cualquier cosa puede ser el tema de un poema»), *Anatomy of Criticism*, pp. 120-121. También hoy suelen ofrecerse interpretaciones anagógicas de los mitos clásicos, como la del *Baño de Diana* (*Le Bain de Diane*, 1956) de Pierre Klossowski, donde T. Tremblay se implica en el texto, esto es, reactiva el relato desde la posición de *voyeur* que el texto le asigna, véase «Métamorphose, tropologie et anagogie», p. 644. En fin, la anagogía no se restringe a los límites de la cultura occidental. El gran problema de los «pueblos del libro» (*ahl al-kitāb*), afirma H. Corbin, consiste en dar con el «sentido verdadero» de cada libro, tarea dependiente de los modos de comprender de los lectores e intérpretes; el conflicto hermenéutico de Platón o Dante (la verdad del sentido, correlativa a la verdad del ser) también se lo han planteado los grandes pensadores islámicos; véase *Histoire de la philosophie islamique*, pp. 21-23.

[80]   Una parte considerable de la estilística contemporánea opta por los términos «figuras microestructurales» (identificables e interpretables en el interior de un contexto pequeño, necesariamente comprensibles para la aceptabilidad semántica del enunciado y dependientes de elementos formales precisos) y «figuras macroestructurales» (interpretables en función de un contexto amplio, no necesariamente comprensibles para la aceptabilidad semántica del enunciado y permanentes aun cuando se modifiquen algunos de sus elementos formales); mientras que las microestructuras persiguen la persuasión, las macroestructuras no tienen objetivo *in abstracto*, su objetivo depende de cada imaginario individual, véanse G. Molinié, *La Stylistique*, pp. 114 y 130, y H. Van Gorp *et al.*, *Dictionnaire des termes littéraires*, p. 291.

[81]   «all commentary is allegorical interpretation», N. Frye, *Anatomy of Criticism*, p. 89.

[82]   «son but est bien formuler une nouvelle idée de la lecture», M. Charles, *Rhétorique de la lecture*, p. 58.

sobre todo, al relato de carácter simbólico (bajo diversas denominaciones: apólogo, parábola, fábula, etcétera).

A veces, esta alegoría ha sido denominada «alegorismo». En efecto, técnicamente, se trata de una «metáfora continuada», constituida de metáforas y comparaciones (o de sinécdoques particularizantes según los casos) con valor translaticio que tienden a sustituir (mediante el procedimiento de la aplicación, por abstracción simbólica) el sentido aparente o literal de un texto por otro sentido más profundo o alegórico.

Las diversas transformaciones llevadas a cabo por diversos metasememas (metáfora, comparación, sinécdoque) justifican la figura de conjunto o metalogismo (alegoría) aplicado a un referente particular. No puede extrañar que, en ocasiones, se haya definido la alegoría como «personificación», pues en esta figura se establece una ligazón lógica, analógica o de proximidad entre el «foro» o elemento expreso (un personaje) y el tema (p. e., decir «Afrodita» para significar la belleza); conviene, no obstante, evitar las confusiones que esta denominación pueda acarrear entre metáfora y alegoría. En fin, si el tema es un personaje mítico (p. e., cuando un relato reenvía a Fausto), estamos ante una alegoría por antonomasia o sinécdoque particularizante.

Evidentemente, el receptor se enfrenta a una ambigüedad enunciativa. Por lo general, se sitúa ante dos interpretaciones coherentes: la literal parece insuficiente, la derivada la acabala el contexto. Un relato sobre el hombre del progreso o sobre la inocencia primera ofrece diversas lecturas para un lector ilustrado o romántico, naturalista o cristiano; y otro tanto cabe decir sobre la recuperación del orden perdido en el ser humano y en el universo[83]. La función del contexto es ingente. La aptitud de las transferencias de una interpretación a otra depende menos de las figuras en sí que de las relaciones entre las figuras y los mensajes en los que aparecen. Debido a las leyes de la pragmática (lenguaje indirecto, implicaciones conversacionales, etc.), un enunciado puede decir algo muy distinto o, incluso, lo contrario de lo significado por el texto (casos de la metáfora y de la ironía, respectivamente). La interpretación final dependerá del sistema de lugares comunes e implicaciones asociadas al texto. Es competencia del receptor rechazar unas y aceptar la conveniente. Solo cuando falta la correspondencia entre el sentido literal y el figurado se produce el enigma[84].

Se entiende así que un texto pueda ser interpretado de modo distinto a su sentido literal primigenio. De hecho, ocurre habitualmente con los textos mitológicos, normalmente expuestos a una lectura alegórica. La virtud purificadora del diluvio a través del simbolismo acuático, la facultad vivificadora del Grial a través del simbolismo sanguíneo o la hermosura sublime de Helena de Troya contienen un valor trascendente que excede con creces el alcance meramente simbólico del agua, de la sangre o del cuerpo; los cuales purifican, vivifican o relumbran por ser, respectivamente, agua de Dios, sangre de Cristo o hija de Zeus (Ἑλένη significa 'antorcha'). Estos valores sagrados revierten en

---

[83] P. Labarthe muestra cómo Baudelaire hace diversas lecturas del tema mítico de la edad dorada: sueño exento de culpabilidad para los antiguos, transmutado en emprobrecimiento sombrío para los modernos; véase *Baudelaire et la tradition de l'allégorie*, pp. 137-138 y 320-322.

[84] Véanse P. Fontanier, *Les Figures du discours*, pp. 114-118; Groupe μ, *Rhétorique générale*, pp. 137-139; F. Lázaro Carreter, *Diccionario de términos filológicos*, pp. 34-35; B. Dupriez, *Gradus. Les procédés littéraires*, pp. 29-31, y H. Beristáin, *Diccionario de retórica y poética*, pp. 35-36.

una reinterpretación de las diversas facetas del hombre: la filosofía, la moral, la psicología, la sociedad, la economía, la política o la religión adquieren así una dimensión profundamente marcada por el mito.

Varios ejemplos (Psique, Circe, Electra, Penélope y, finalmente, Edipo) nos ayudarán a comprender mejor el sentido alegórico que encierran los textos míticos. Nos percataremos, así, de las implicaciones que entraña toda alegoría, esto es, la diversa manera como los usuarios de la lengua perciben el mundo: la alegoría inocua no existe.

1. Psique

Aunque sea posterior en su formulación, empezaré por el mito más apto para la aplicación alegórica.

El nombre de Psique (que de griego solo tiene el nombre) es testimoniado por vez primera en *Las metamorfosis* de Apuleyo. A diferencia de la mayoría de epónimos ('de acuerdo con su nombre'), cuya etimología resume el mito que los origina (Andrómaca, ἀνήρ-μάχη, 'la que lucha contra el hombre'; Deyanira, δηιόω-ἀνήρ, 'la que mata al hombre'), Ψυχή no es nombre compuesto, sino simple. Dada su simplicidad y atemporalidad, no puede resumir una historia, un relato. De ahí la importancia de prestar atención al sentido del término, simultáneamente abstracto ('alma') y concreto ('mariposa', según Aristóteles), es decir, una cosa, algo, sea imagen plástica (los griegos la representan como una joven con alas de mariposa) o retórica («hija de Entelequia y del Sol», en Marciano Capela)[85].

Psique reúne así todas las formas de la alegoría o doble lectura: imagen, comparación, parábola. Es más, la lectura de su relato mítico es necesariamente alegórica: en ausencia del referente proporcionado por los nombres compuestos y debido a la significación híbrida de su nombre, el lector de cualquier versión busca de inmediato el «sentido» escondido tras la protagonista, los demás personajes de la trama o cada uno de sus episodios. En este sentido, «mitologizar» el relato de Psique (*mythologein,* 'contar mitos') implica interrogarse por su sentido estricto y por su sentido amplio. Más que ningún otro, este mito invita a buscar la alegoría interna (la inmediata al texto) y las alegorías externas (añadidas al margen del texto), técnicamente denominadas «alegorema» (sentido estricto) y «alegoresis» (sentido amplio).

El alegorema de Psique es, a su vez, doblemente alegórico: en primer lugar, marca la personificación de una entidad abstracta (alma); en segundo lugar, indica dos sentidos, símbolo (mariposa) y sucesión de imágenes (metáfora continuada, muy distinta de la simple metáfora). Por su inmensa *enargeia* (capacidad lingüística de crear presencias vívidas, como si el lector tuviera el acontecimiento ante sus ojos), el mito de Psique personifica, ora el alma amante torturada por el amor, ora el alma feliz embargada por el amor.

Las alegoresis de Psique son más habituales: corresponden al inmenso número de sus recurrencias en la obra de filólogos, mitógrafos y gramáticos de todos los tiempos. Así,

---

[85] «Fue su intención [de Mercurio], al menos, reclamar a la hija de Entelequia y el Sol, puesto que era atractiva en grado sumo y se había criado con gran mimo entre los dioses; de hecho, a esta, a Psique…»; «Voluit saltem Endelechiae [sic] ac Solis filiam postulare, quod speciosa quam maxime magnaque deorum sit educata cura; nam ipsi Ψυχῇ [sic]…», Marciano Capela, *De nuptiis Philologiae et Mercurii,* I, 7, F. Navarro Antolín (trad.), I, pp. 10-11. Aristóteles menta las mariposas (ψυχαὶ) en su estudio sobre la formación de los insectos, *Historia de los animales,* V, 19, 551a14, J. Vara Donado (ed.), p. 281.

desde sus primeras versiones hasta la Edad Media, sus comentaristas aplican al antiguo sentido entitativo (alma) diversas circunstancias de tipo moral –alejamiento de la búsqueda del bien debido a la concupiscencia (Marciano Capela), separación del Bien primigenio (Plotino), privación de conocimiento tras la infracción (Fulgencio)–, metafísico –asimilación de la protagonista al alma racional, inmortal y eterna (Juan Escoto)– o estético –en sintonía con el personaje Lucio, oyente privilegiado, que adopta la perspectiva del placer pura y llanamente estético–. A estos «comentarios» han seguido las interpretaciones de los tiempos modernos: Psique, mito de la intimidad y del secreto, del descubrimiento del otro, de la belleza sin parangón, del nacimiento de la voluptuosidad, del amor como camino, del diálogo y del equilibrio[86].

2. Circe

El *Ballet cómico de la reina* fue celebrado el 15 de octubre de 1581 en el Louvre, con ocasión del matrimonio entre el duque Anne de Joyeuse y Marguerite de Lorraine-Vaudémont, hermanastra de la reina Louise de Lorraine-Vaudémont, en medio de un derroche de poesía, canto, danza, música y decorado. Circe ha vencido a todos sus oponentes, incluido Mercurio, pero nada puede frente a Minerva, que acude para restablecer el orden y la armonía. En el volumen que recoge este espectáculo, tras preciosas ilustraciones de los personajes en la magnificencia de su aparato, el coreógrafo Balthazar de Beaujoyeulx expone la «Alegoría de Circe» en estos términos:

> Para entender la alegoría de Circe, es necesario considerar que, por lo general, todas las alegorías de las ficciones poéticas se refieren a la filosofía natural y moral, o a la filosofía sobrenatural y divina, o a una mezcla de una y otra. La alegoría particular de Circe, de acuerdo con la descripción de Homero en el libro 10 de su *Odisea*, parece poder referirse en parte a lo que es divino y sobrenatural, y en parte a lo que es natural y moral[87].

Sigue la etimología (errónea) del nombre de Circe ('mezclar'), su genealogía (hija de Helios y de la oceánide Perseis), la relación con la voluptuosidad de Afrodita y una inferencia sobre el significado último de la diosa hechicera:

---

[86] Véase V. Gély, *L'Invention d'un mythe: Psyché*, pp. 25-43 y 151-159. Este estudio, sin duda el más completo sobre la alegoría y el mito de Psique, traza su recepción desde el primer testimonio (Apuleyo) hasta el siglo XVII, pasando por sus grandes comentaristas, en particular, Marciano Capela, *De nuptiis Philologiae et Mercurii*, siglo V, que eclipsa a Apuleyo hasta el siglo XI. La obra de este último ocupa un lugar importante en las *Mitologías* de Fulgencio (siglos V-VI) y en la *Genealogía de los dioses paganos* de Boccaccio (*Genealogia deorum gentilium*, 1360-1375). Psique ejerce de hilo conductor de un texto alegórico de primera importancia: el *Sueño de Polífilo*. Siguiendo al gramático ilustrado Fontanier, Gély establece una frontera entre alegoría y mito: aquella, como la metáfora, tiene un solo sentido, en tanto que el mito, fundado en la equivocidad, escapa a la traducción única, véase p. 40.

[87] «[Autre] Allegorie de la Circé. Povr l'intelligence de l'allegorie de la Circé, il est besoing de considerer que toutes les allegories des fictions poetiques en general, se referent ou à la philosophie naturelle, ou à la morale, ou à la supernaturelle & diuine, ou à vne meslange de l'vne et de l'autre. L'allegorie particuliere de Circé, selon que la fable est descrite par Homere au liure 10. de son Odyssee, semble se pouuoir referer partie à ce qui est diuin & supernaturel, & partie à ce qui est naturel & moral», B. de Beaujoyeux, *Balet Comique de la Royne*, p. 74.

No carece de razón tomar a Circe por el deseo en general que reina y domina sobre todo lo que tiene vida, mezcla de divinidad y sensibilidad, y produce efectos muy diferentes conduciendo a unos a la virtud y a otros al vicio. Y con esto concuerda el hecho de que se la describe como Reina que tiene a su servicio y sometimiento a las ninfas y las bestias: las virtudes son representadas por las ninfas, que participan de la divinidad, y el vicio y la sensualidad, por las bestias brutas[88].

La interpretación moral se prolonga a lo largo de una página para explicar el sentido de la seducción de los compañeros (presa del vicio) y la resistencia de Ulises gracias al *môly* (símbolo de la razón y chispa divina en el alma humana)[89]. Esta «potente hierba» entregada por Hermes a Ulises es un antídoto (*phármakon*) contra la ponzoña que la maga vierte en la comida del héroe. La tan manida alegoría es tanto una figura como un método para interpretar el sentido de los textos míticos. Convive con la parábola y la fábula, con todo tipo de ejemplificación en general. Lo que define el hecho literario es la asunción de una forma para designar un tema, la encarnación lingüística para explicar el mundo: Circe simboliza el deseo vital en sus dos vertientes: divina (las ninfas) y animal (las bestias).

Cabe preguntarse por qué Circe y las ninfas o los brutos (pero no Ulises o sus compañeros) representan el compendio de las virtudes o el antro de los vicios, por qué una maga (no un mago) transforma primero y seduce después con sus ninfas a los marineros, por qué, en definitiva, suele ser una mujer y no un hombre quien encarna las vertientes virtuosa y viciosa de la especie humana.

La respuesta se presta a una semiótica ulterior de la alegoría. Por supuesto, la lectura alegórica tradicional es lícita (la seducción por los vicios, la salvación por la providencia divina); no lo es menos otra que, posiblemente, pasara inadvertida a los primeros destinatarios de la *Odisea*. En efecto, el episodio homérico en cuestión admite una nueva lectura: la atribución de determinadas connotaciones negativas a la maga (alegoría de tipo moral y religioso, deducible para la audiencia de la época) revela otras connotaciones negativas del sexo y género que ella representa (alegoría de tipo social y político, deducible para el lector de nuestra época). Así, nosotros podemos interpretar determinados aspectos misóginos propios de una sociedad patriarcal. Lo que estaba asumido entonces, hasta el punto de ser irrelevante, de no significar, se convierte para nosotros en un rasgo pertinente con profunda significación.

---

[88] «Il ne sera pas hors de raison de prendre la Circé pour le désir en général qui regne & domine sur tout ce qui a vie & est meslé de la diuinité & du sensible, & fait ses effects bien differens, & mene les vns à la vertu, & les autres au uice. Et à cela s'accorde ce qu'elle est descrite comme Royne, & ayant en son seruice & suiection les nymphes et les bestes: par les nymphes, qui participent à la diuinité, les vertus sont representees: & par les bestes brutes, le vice & la sensualité», *ibid.*, p. 75.

[89] Recordemos el texto original: «Tal diciendo, el divino Argifonte entregóme una hierba / que del suelo arrancó y, a la vez, me enseñó a distinguirla; / su raíz era negra, su flor del color de la leche; / "molu" suelen llamarla los dioses; su arranque es penoso / para un hombre mortal; para un dios todo, en cambio, es sencillo», Homero, *Odisea*, X, vv. 302-306, J. M. Pabón (trad.), pp. 186-187; «μῶλυ δέ μιν καλέουσι θεοί», A. T. Murray (ed.). Hermes ganó su epíteto épico Argifontes (ἀργεϊφόντης) cuando mató al gigante Argos Panoptes, que vigilaba a Io en el santuario argivo de Hera; véase Pseudo-Apolodoro, *Biblioteca mitológica*, libro II, 3, J. García Moreno (ed.), p. 82.

El caso no es único. De hecho, merece la pena desgranar episodios semejantes en otros episodios sobre personajes femeninos (Electra, Clitemnestra, Penélope); todos ellos ayudarán a dar profundidad a nuestro estudio sobre la interpretación alegórica de los mitos.

3. Electra

Los ejemplos de este trato desigual entre personajes femeninos y masculinos son legión. En la historia de los atridas, Electra, alma vengativa del parricidio, gana siempre el favor del público o los lectores gracias a su carácter decidido y sin fisuras[90]. Quizá por esta razón se ha convertido en un personaje ejemplar, heroico. En *Las coéforos*, Esquilo ha dejado inmortalizada la secuencia dramática del mito: tras el asesinato de Agamenón, Orestes regresa a la casa paterna y se reúne con su hermana Electra, personaje siempre expectante; después de la anagnórisis fraterna, Orestes mata a Egisto y Clitemnestra. En el libreto de *Elektra*, compuesto para la ópera de Richard Strauss (1909), Hugo von Hofmannsthal respeta este escenario, con ligeras variaciones (la muerte de Clitemnestra antecede la de Egisto, como en la pieza de Sófocles). La Electra de la pieza homónima de Giraudoux (1937) nos presenta una heroína en extremo rigurosa: frente a la política aburguesada de Egisto, que se contentaría con defender la ciudad de Argos frente a los corintios, la heroína prefiere su destrucción. Seis años más tarde, la Electra de Sartre adopta la actitud intransigente de una joven que toma una decisión extrema en un combate de resultado incierto. La película húngara *Electra, mi amor* (M. Jancsó, *Szerelmem, Elektra*, 1974), plantea idénticos problemas frente al Estado comunista. Un elemento fundamental del personaje es su ambivalencia respecto al matricidio. Sus constantes instigaciones a su hermano y su exultación tras el asesinato (Hofmannsthal) se ven compensadas por su remordimiento (Sartre); Electra desea y rechaza simultáneamente una venganza: también por esto atrae la benevolencia del público y los lectores.

Podríamos enfocar el matricidio desde el punto de vista de la víctima: en la *Apología de Clitemnestra* (*Apologie pour Clytemnestre*, 2004), Simone Bertière presta la palabra a la esposa de Agamenón para que dé su propia visión de los hechos. Este recurso perspectivista es propio de la posmodernidad. Muchas autoras, lógicamente reacias a una visión misógina, adoptan la perspectiva de la mujer relegada, hasta ahora, al papel de mero espectador de la trama.

4. Penélope

En *Ítaca* (Francisca Aguirre, 1972), la heroína espera en la pequeña isla al peregrino Ulises y constata, a su regreso, el cambio operado por las infidelidades conyugales. El poema «Bienvenida» lo hace patente:

A mi mesa se sientan Circe con sus sirenas,
Nausicaa con su juventud.

---

[90] Véase P. Brunel, *Dix mythes au féminin*, pp. 99-134. Este mismo crítico desarrolla las «tres caras de Electra»: esclava por antonomasia en Esquilo (sin queja, apenas, de su condición), esclava voluntaria en Sófocles (de la prostración a la protesta), esclava espectacular en Eurípides (la vergüenza convertida en arma arrojadiza); véase *Le Mythe d'Électre*, p. 91.

Con él están como una nostalgia
que fuera ya una culpa
las vidas y los rostros de las que amó,
el encanto implacable de cuanto arriesgaba
y la alegría de una entrega
más allá de sentimientos y moral[91].

A la vuelta del héroe, apenas hay novedades que contarle («la historia de Ítaca se resume en lo cotidiano»). El mundo está fuera de Ítaca, lo trae el esposo, que no viene solo… Y entonces Penélope revive con amargor todos sus años de espera leal que desembocan en una frustración inconfesable. Para saber esto era preciso que una voz distinta de la de Ulises nos contara la otra cara de la historia.

Pocos relatos míticos contemporáneos han conocido el éxito de *Penélope y las doce criadas* de Margaret Atwood (2005). La paciente esposa relata sus años de infancia, su difícil relación con los cien pretendientes que la acosan y –a medida que las noticias van llegando– los acontecimientos de Odiseo. Su narración es sabiamente acompasada por los interludios de sus doce doncellas, cruelmente ahorcadas a la llegada del héroe por su presunta infidelidad. Con estos mimbres podemos presenciar la otra parte de la historia, la que solo Penélope vivió y Homero desconoció:

¿Qué podía hacer yo para detener a aquellos jóvenes matones aristocráticos? Estaban en la edad de la arrogancia, de modo que los llamamientos a su generosidad, los intentos de razonar con ellos y las amenazas de represalias no tenían ningún efecto. [...] Telémaco era demasiado joven para enfrentarse a ellos. [...] Los hombres que habrían podido ser leales a Odiseo habían zarpado con él rumbo a Troya. [...] Yo sabía que no serviría de nada intentar expulsar a aquellos pretendientes indeseados. [...] Por eso fingía que me complacía su cortejo[92].

Hija de una náyade, Penélope sabe, gracias a su madre y por propia experiencia, que ante los obstáculos es preferible comportarse como el líquido elemento: escapar y fluir[93]. Solo así, con prudencia, consigue sus objetivos, aun a sabiendas de las murmuraciones que su aparente conducta pueda desatar. Como resultado de este juego de espejos, el

---

[91] Francisca Aguirre, *Ítaca*, «La bienvenida», p. 46.

[92] M. Atwood, *Penélope y las doce criadas*, 14, G. Rovira Ortega (trad.), pp. 105-105; «What could I do to stop these aristocratic young thugs? They were at the age when they were all swagger, so appeals to their generosity, attemps to reason with them, and threats of retribution alike had no effect. [...] Telemachus was too young to oppose them. [...] The men who might have been loyal to Odysseus had sailed off with him to Troy. [...] I knew it would do no good to try to expel my unwanted suitors. [...] For this reason I pretended to view their wooing favourably, in theory», *The Penelopiad*, XIV, pp. 107-108.

[93] «El agua no ofrece resistencia. El agua fluye. Cuando sumerges la mano en el agua, lo único que notas es una caricia. El agua no es un muro sólido, no te puede detener. Pero el agua siempre va a donde quiere», *ibid.*, 7, pp. 56-57; «Water does not resist. Water flows. When you plunge your hand into it, all you feel is a caress. Water is not a solid wall, it will not stop you. But water always goes where it wants to go», *ibid.*, VII, p. 43. En cierto modo, su propio marido le ha enseñado a practicar el engaño del acuático elemento, a ser «un auténtico embaucador»; véase G. Rodríguez Salas, «"Close as a Kiss": The Challenge of the Maids' Gyn/Affection in Margaret Atwood's *The Penelopiad*», p. 24.

lector (y el público: la novela ha sido dramatizada en numerosas ocasiones) adquiere otra perspectiva, no menos importante que la tradicional, y se pregunta sobre los criterios últimos de la justicia y la verdad.

En fin, cabe también la significación alegórica por defecto. Con excepción de las hadas Morgana y Melusina, apenas hay heroínas míticas en la Edad Media, menos aún en los tiempos modernos: ninguna mujer en los relatos míticos de Fausto, Frankenstein o Drácula alcanza el estatuto de personaje mítico. De mejor cartelera han gozado algunas víctimas amorosas de Don Juan (Isabela, Tisbea, Ana de Ulloa, Arminta, Elvira…), revulsivos indiscutibles de la acción, pero nunca personajes míticos. Esto sugeriría que los mitos modernos de Occidente son, casi en exclusiva, varones que encarnan una rebelión abiertamente dirigida contra Dios: rebeldía del conocimiento (Fausto), de la política (Macbeth), del amor (Don Juan), de la creación (Frankenstein) o de la vida (Drácula).

Por la misma razón, se entiende que en nuestro tiempo, donde los mitos son mayormente percibidos como alegorías del ser humano, estemos asistiendo a una recuperación inusitada de figuras míticas femeninas de la Antigüedad, claves interpretativas de vertientes antropológicas, cuando no imágenes de la escritura, de la lectura, de la estética, del arte[94].

5. Edipo

Este prosopomito presenta la ventaja inigualable de ser ampliamente conocido en sus elementos invariantes gracias a las múltiples interpretaciones contemporáneas sobre la tragedia de Sófocles.

a) Psicoanálisis. En *La interpretación de los sueños*, Freud expone de manera sistemática lo que se ha dado en llamar el complejo de Edipo. El mismo término de «complejo» (conjunto de representaciones y deseos inconscientes, de tipo conflictivo, que constituye una estructura fundamental de la afectividad) indica ya que hemos dejado el campo de la lógica y hemos pasado al de la psicología y la biología, que hemos entrado en el terreno de las emociones, de la vivencia existencial. Freud se fija en el factor principal del mito en cuestión: el destino, «la oposición entre la poderosa voluntad de los dioses y la vana resistencia del hombre amenazado por la desgracia»[95]. Repetidas veces reincide

---

[94] No es preciso que esta referencia alegórica sea siempre patente; puede perfectamente yacer latente, como L. A. Pérez-Amezcua ha mostrado con aguda penetración a propósito de la novela *Dama de corazones* (1928), de Xavier Villaurrutia; además de representar dos conceptos de literatura (Aurora, la del pasado; Susana, la del presente), ambas hermanas reencarnan las dos fases del mito de Perséfone; véase *Hermes en la encrucijada*, pp. 152-156. Zupančič ha llevado a cabo una interesante interpretación alegórica a partir de los «paradigmas míticos» bíblicos, órficos y cabalísticos presentes en la película *Mother!* de Aronofski: la oposición entre los principios masculino y femenino, las esferas interna y externa de la pareja, etc.; el mismo director desveló en diversas entrevistas lo que él mismo denominó las «dimensiones alegóricas» sobre la Madre Naturaleza, la historia de la humanidad y las historias de la Biblia, véase M. Zupančič, «Aronofsky's Mother! (2017): the disturbing power of syncretic mythical paradigms», pp. 104 y 109. El vol. monográfico 11 (2019) de *Amaltea* lleva por título «Mito y mujeres: virtuosas y perversas».

[95] S. Freud, *La interpretación de los sueños*, en *Obras completas*, L. López-Ballesteros y de Torres (trads.), t. I, XVII, V, «Material y fuentes de los sueños», f), p. 507; «Ihre tragische Wirkung soll auf dem Gegensatz zwischen dem übermächtigen Willen der Götter und dem vergeblichen Sträuben der

el psicoanalista sobre esta tensión para contraponerla a la libertad del hombre, siempre incapaz de satisfacer sus deseos. De hecho, Freud sostiene que los sueños relacionados con este complejo son la realización de un deseo que todos, los enfermos y los aparentemente sanos, tienen por su condición humana:

> la leyenda del rey tebano entraña algo que hiere en todo hombre una íntima esencia natural. [...] Quizá nos estaba reservado a todos dirigir hacia nuestra madre nuestro primer impulso sexual y hacia nuestro padre el primer sentimiento de odio y el primer deseo destructor (*ibid.*).

Dos sueños, uno de atracción u otro de repulsa; dos tendencias que, reveladas, generan «horror» y, consecuentemente, represión: «la fábula de Edipo es la reacción de la fantasía a estos dos sueños típicos». La esencia humana aquí aludida por Freud es producto de la vertiente psicológica y biológica del ser humano; más concretamente, de la pulsión, ese estímulo psíquico, fronterizo entre lo anímico y lo somático, que procede del interior del organismo y emerge como fuerza constante en función del principio del placer[96]. Nuestro ser más íntimo se resume en reacciones físico-químicas que determinan nuestro modo de querer y pensar. Adviértase el vuelco del enunciado: el «destino» clásico ha sido sustituido por el «impulso» natural y la automutilación del rey de Tebas por la represión; la «fábula» que antes representaba el desenlace funesto de un determinismo mítico, ahora alegoriza una irrefrenable pulsión biológica.

b) Marxismo. En *Tótem y tabú* (1912), Freud exponía su teoría central de la sociedad, fundada sobre el ciclo recurrente «dominación – rebelión – dominación». En una época arcana los hombres vivían en pequeñas hordas bajo el dominio de un jefe vigoroso que ejercía el poder con violencia, la posesión de las mujeres y la opresión de los hijos; cuando dicho dominio se tornó insoportable, los hombres se rebelaron, y asesinaron y devoraron al padre. La conciencia de culpabilidad por la aniquilación del principio de orden amenazó la pervivencia del grupo, que decidió repetir la dominación mediante una represión: los tabúes generadores de la moral social, esto es, el incesto y la muerte[97]. En su interpretación de las tensiones sociales, Marcuse se ha fijado en esta «situación edipiana

---

vom Unheil bedrohten Menschen beruhen», *Die Traumdeutung*, V, «Das Traummaterial und die Traumquellen», ß, en *Studienausgabe*, A. Mitscherlich, A. Richards y J. Strachey (eds.), t. II, p. 266.

[96] Véase S. Freud, «Pulsiones y destinos de pulsión», en *Obras completas*, José L. Etcheverry (trad.), J. Strachey (ed.), t. XIV, pp. 113-117. Véase J. Benoist, que privilegia, en la caracterización freudiana de la pulsión, la entidad psíquica sobre la somática, «Pulsion, cause et raison chez Freud», p. 114.

[97] Freud aplica esta teoría a un Moisés egipcio, conductor del pueblo judío y a la postre asesinado por él. Como en el caso de la horda, más tarde el pueblo lamentó el asesinato de su jefe y guía; véase S. Freud, *Moisés y la religión monoteísta*, en *Obras completas*, L. López-Ballesteros y de Torres (trads.), t. III, CLXXXVI, II, 7, pp. 3.267-3.271; véase *Der Mann Moses und die Monotheistische Religion: Drei Abhandlungen*, II, «Wenn Moses ein Ägypter war...», 7, en *Studienausgabe*, Alexander Mitscherlich, Angela Richards y James Strachey (eds.), t. IX, pp. 496-502. Las teorías de *Tótem y tabú* han sido repetidas veces puestas en entredicho; Lévi-Strauss, en ocasiones cercano al psicoanálisis freudiano, confiesa que esta interpretación de la prohibición del incesto es «inasumible», tanto por la gratuidad de la hipótesis de la horda de machos y del asesinato primitivo como por el círculo vicioso que genera el estado social a partir de su desarrollo: el mérito de Freud, reconoce el antropólogo, no reside en describir un acontecimiento incontrastable, sino en mostrar un «deseo de desorden», de rebelión contra un estado natural y social; véase C. Lévi-Strauss, *Les Structures élémentaires de la parenté*, p. 563.

extrema»[98]: un padre dominador del que es preciso deshacerse, aunque sea de modo ilusorio. En efecto, los pensadores freudomarxistas no se limitan a una interpretación estrictamente psicoanalítica, sino que la proyectan sobre la dialéctica histórica de la dominación: el odio al padre y el deseo de la madre son interpretados para explicar aspectos de la civilización contemporánea, como especulaciones de alto «valor *simbólico*». Los conflictos entre las pulsiones del *id*, del *ego* y del *superego* son sistemáticamente leídos como tensiones entre deseos individuales y constricciones sociales. En la sociedad actual, la represión individual del superyó («heredero del complejo de Edipo») se transmuta en represión colectiva de los instintos mediante la organización social por todo un sistema de agentes y agencias extrafamiliares (las pandillas, la radio, la televisión), mediante un trabajo enajenador. Sometido a la mecánica y la rutina, el trabajador se cosifica, el individuo se convierte en número, sus instintos e inhibiciones se osifican, las interacciones entre el ello, el yo y el superyó se congelan como reacciones automáticas. De este modo, el destino mítico sofócleo, alegoría de la libido y represión en Freud, se ha transformado –debido a la enajenación del trabajador– en ansia irrefragable de libertad.

c) Existencialismo. Así como la conciencia fraguaba el mito de Sísifo, la sabiduría precipita el de Edipo. En *El nacimiento de la tragedia* (1871), Nietzsche evoca una antigua «creencia popular, especialmente persa, según la cual un mago sabio solo puede nacer de un incesto»[99]: el hijo de Layo resuelve el enigma de la Esfinge y se casa con Yocasta[100]. La transgresión de las leyes de la naturaleza supone una catástrofe que arroja al héroe al conocimiento de su origen y, con él, a su propia aniquilación, a «experimentar también en sí mismo la disolución de la naturaleza».

Camus, igual que Nietzsche, alude a *Edipo en Colono*, la pieza de Sófocles que resuelve la muerte del héroe. En un ensayo célebre, el escritor del absurdo establece una curiosa analogía entre Sísifo y Edipo. Frente a la opinión habitual, aquel no está siempre afligido: en su descenso tras la piedra, cuando más le aprieta la angustia, el hijo de Eolo encuentra tal vez la «alegría» porque «el inmenso desamparo es demasiado pesado». En esto se asemeja al rey de Tebas. En efecto, al principio Edipo obedece inconscientemente al destino; su tragedia comienza con el conocimiento. En ese mismo instante, ciego y desesperado, reconoce que la única ligazón que lo ata al mundo es la mano fresca de su hija, Antígona; entonces exclama:

---

[98] H. Marcuse, *Eros y civilización*, p. 65; *Eros and Civilization*, p. 58.

[99] F. Nietzsche, *El nacimiento de la tragedia*, A. Sánchez Pascual (trad.), p. 93. «Es giebt einen uralten, besonders persischen Volksglauben, dass ein weiser Magier nur aus Incest geboren werden könne», *Die Geburt der Tragödie*, 9, en *Sämtliche Werke*, G. Colli y M. Montinari (eds.), t. I, p. 66. El filósofo alemán trastoca los elementos originales de la tragedia: su «mago sabio» no es hijo de incesto, sino incestuoso; poco le importa: precisamente sus «fuerzas adivinatorias y mágicas quebrantan el sortilegio del presente y del futuro», *ibid.*, es decir, encaminan el héroe al incesto.

[100] Lo resuelve, a su pesar: troca la tranquilidad del pueblo por su desdicha. Creonte declara: «la Esfinge [...] nos forzaba a nosotros a que, dejando de lado lo oscuro, prestáramos atención a lo que teníamos entre manos», Sófocles, *Edipo rey*, en *Tragedias completas*, J. Vara Donado (trad.), p. 208. El monarca y el adivino Tiresias ven el misterio, pero no lo identifican. El enigma de Edipo solo se dirige a Edipo; solo él sabe descifrarlo, dar una respuesta válida para todos, a cambio de cargar sobre sí su universalidad luminosa, para que los demás sigan siendo, con toda tranquilidad, hombres; véase M. Blanchot, *L'Entretien infini*, pp. 21-23.

«A pesar de tantas pruebas, mi edad avanzada y la grandeza de mi alma me permiten juzgar que todo está bien». El Edipo de Sófocles [...] nos da así la fórmula de la victoria absurda[101].

Camus no dirige su foco tanto a la tremenda aflicción de Sísifo y Edipo como a su conocimiento: ambos saben que su desgracia es fatídica, irremediable; su clarividencia en la desesperanza los convierte en alegorías de la libertad: «la sabiduría antigua se une aquí al heroísmo moderno». No es baladí que el mito de Edipo interese sobremanera al existencialismo: la progresiva pérdida de las nociones tradicionales de padre y madre permite cuestionar las bases sobre las que se asienta la naturaleza humana, una y distinta; privado de una ontología, el hombre no debe tributar por una esencia que se le antoja agobiante.

d) Estructuralismo. Lévi-Strauss recurre al mito de Edipo para el análisis de otros mitos de pueblos aborígenes de América. Cuatro son las relaciones que mantienen entre sí los grupos de personajes de diversos relatos: 1) El parentesco sobrevalorado (el afecto desmedido de Cadmo por su hermana Europa, el matrimonio de Edipo con Yocasta, la pasión de Antígona por Polinices); 2) El parentesco devaluado (el autoexterminio de los espartanos, la muerte de Layo y Polinices a manos de Edipo y Eteocles respectivamente); 3) El origen autóctono del hombre (la inmolación del dragón por Cadmo y de la Esfinge por Edipo); 4) El origen bisexuado, desvelado por la etimología (Lábdaco significa en griego 'cojo'; Layo, 'zurdo'; Edipo, 'pie hinchado').

La relación de los grupos 1 y 2, por un lado, y de los grupos 3 y 4, por otro, sugiere al etnólogo poner en relación los cuatro grupos en dos series opuestas entre sí. Esta oposición le da la clave de interpretación del mito:

> expresaría la imposibilidad en la que se encuentra una sociedad que profesa la creencia en la autoctonía del hombre [...], para pasar, desde esta teoría, a la aceptación del hecho de que cada uno de nosotros ha nacido realmente de la unión de un hombre y una mujer[102].

Esta primera conclusión conduce a Lévi-Strauss a interpretar el mito de Edipo como un instrumento lógico para tender puentes entre dos interrogantes profundos del ser

---

[101] «"Malgré tant d'épreuves, mon âge avancé et la grandeur de mon âme me font juger que tout est bien". L'Œdipe de Sophocle [...] donne ainsi la formule de la victoire absurde», A. Camus, *Le Mythe de Sisyphe*, en *Œuvres*, R. Enthoven (pref.), p. 327. La cita de *Edipo en Colono* es una traducción libre de Camus. El otro gran teórico del existencialismo francés, Sartre, opta por una variación en la vena psicoanalítica: se considera un «Edipo muy incompleto», «un "Œdipe" fort incomplet», J.-P. Sartre, *Les Mots*, p. 24. Dada su orfandad (hijo único, su padre murió cuando él tenía quince meses), desde niño se ha visto libre de cualquier represión de un «superyó» y ha podido gozar de una «tranquila posesión» de su madre.

[102] «Il exprimerait l'impossibilité où se trouve une société qui professe de croire à l'autochtonie de l'homme [...], de passer, de cette théorie, à la reconnaissance du fait que chacun de nous est réellement né de l'union d'un homme et d'une femme», C. Lévi-Strauss, *Anthropologie structurale*, p. 248. Al igual que Marcuse y Sartre, también Lévi-Strauss acaba asimilando sus teorías a las hipótesis psicoanalíticas: «Se trata, una vez más, de comprender cómo *uno* puede nacer de *dos*: ¿cómo es posible que no tengamos un solo genitor, sino una madre, y, además, un padre? No dudamos en situar a Freud, después de Sófocles, en la nómina de nuestras fuentes sobre el mito de Edipo»; «Il s'agit toujours de comprendre comment "un" peut naître de "deux": comment se fait-il que nous n'ayons pas un seul géniteur, mais une mère, et un père en plus? On n'hésitera donc pas à ranger Freud, après Sophocle, au nombre de nos sources du mythe d'Œdipe», *ibid.*, p. 249.

humano: «¿venimos de un ser o de la unión de dos?» y «¿de dónde procede la identidad, de uno mismo o de otro?». A su vez, la concatenación de estas dos preguntas mediante el mito edipiano permite establecer una correlación fundamental entre aquellas cuatro relaciones de los grupos de personajes: «la sobrevaloración del parentesco sanguíneo es a su infraevaluación lo que el esfuerzo para evitar la autoctonía es a la imposibilidad de conseguirlo». Ciertamente, este laberinto de relaciones puede descorazonar al lector no ducho en antropología y psicoanálisis; lo importante es que la «vida social verifica la cosmología en la medida en que una y otra desvelan la misma estructura contradictoria». Dicho de otro modo, «el objeto del mito consiste en proveer de un modelo lógico para resolver una contradicción»: poco importa que la experiencia demuestre lo contrario (que un ser humano tenga padre y madre, y no emerja de la tierra, como dice esta cosmología); lo importante es la función hermenéutica del mito para refrendar la creencia frente a la experiencia. El mito de Edipo es una alegoría de la condición humana, de la incapacidad para aceptar el mundo como es.

e) *Mitocrítica de corte simbólico.* Durand pone menos atención en el origen de Edipo que en su lugar de acogida: su madre, aterrorizada por la predicción del oráculo de Delfos, lo abandona en el monte Citerón después de horadarle los tobillos con una aguja y ligárselos con una cuerda. En la tierra concebida como tumba confluyen diversos criterios de la metodología durandiana: el régimen nocturno de las imágenes, el esquema del descenso, la dominante digestiva, la materia como continente, los símbolos de la intimidad. Y un complejo más: el retorno al origen, a la tierra madre; el pretendido sepulcro se convierte en cuna benefactora. A este isomorfismo telúrico (la autoctonía según Lévi-Strauss) se ligan los sempiternos rituales del abandono de los niños sobre el elemento primordial; el segundo «nacimiento» de Edipo comparte, en este sentido, el destino de héroes como Rómulo y Remo.

Según Durand, el universo del imaginario resulta de la dinámica de relaciones entre las dominantes reflejas, las pulsiones y el medio. Un esquema particularmente importante es el afectivo, resultante de la relación entre el individuo y su entorno primordial. En el mito de Edipo interviene el esquema afectivo de la paternidad (Layo) –correspondiente al reflejo postural de la verticalidad– y el de la maternidad (Yocasta) –correspondiente al reflejo digestivo del hedonismo, del placer–. Pero esa paternidad se trastoca: Layo representa la función sociológica de la soberanía; su cetro es una vara, que el psicoanálisis tiende a relacionar como símbolo fálico[103]. Edipo es una alegoría bifronte: por un lado, representa la represión sexual del padre, por otro, la acogida benéfica de la madre.

En resumidas cuentas, Edipo se nos ha presentado como el gran catalizador de las tensiones psicosomáticas de los individuos (los pacientes), históricas de los individuos frente a las coerciones de la sociedad, gnoseológicas del individuo en búsqueda inane del sentido de su vida, etnológicas de la creencia tribal frente a la constatación real cotidiana y afectivas de los regímenes y dominantes imaginarios del individuo. Todas estas interpretaciones pueden enriquecer, sin duda, un mito sobrecogedor como pocos; pero también se arriesgan, cuando no respetan los textos de referencia e ignoran la valencia

---

[103] Véase G. Durand, *Les Structures anthropologiques de l'imaginaire*, pp. 152-153 y 270.

mítica, a desembocar en reduccionismos de corte psicoanalítico, sociológico, existencialista, estructuralista o simbólico. Sin rechazarlas de plano, una mitocrítica cultural ha de ir a lo esencial, al acontecimiento extraordinario constitutivo del mito: la maldición (el collar de Harmonía), el destino (el oráculo de Delfos) y el efecto mágico (la liberación de la peste tras la resolución de la adivinanza) que remiten a una trascendencia, a un principio y a un final absolutos y que siempre contienen, incluso hoy día, un mensaje altamente evocador sobre nuestra condición humana.

Metasememas de la alegoría mítica

Para concluir la anunciada investigación sobre la interpretación metafórica de los mitos, abordo seguidamente la relación entre el metalogismo de la alegoría y los diversos metasememas que intervienen en el mito, en particular, metáfora y sinécdoque.

Se comprenderá su utilidad al considerar la relación lógica existente entre las respectivas formas del lenguaje y del mito. Grandes pensadores han abordado esta cuestión de diversos modos, a menudo antagónicos, pues unos otorgaban la primacía a la mitología sobre el lenguaje (Herder, Schelling), otros, a este sobre aquella (Müller). Más allá de la precedencia cronológica, conviene fijarse en su indisoluble correlación. A diferencia de la concepción lógico-discursiva del lenguaje (basada en la distinción en especies y géneros), la concepción lingüístico-mítica convierte ciertos contenidos de percepción en centros de significación[104]. Esto es así porque el campo ideológico del lenguaje y el mito está como atravesado por semejantes principios constitutivos: la sustitución (presente en la metáfora) y la identificación (presente en la sinécdoque). La «metáfora mítica» resultaría de una «auténtica y directa identificación» apoyada por las formas de representación artística, ora verbales, ora imaginarias.

1. La metáfora

En nuestro conocimiento del mundo partimos de un modo básico de comprensión que podemos denominar bruto; solo después, gracias a procesos de sustitución y desplazamiento imaginarios y lingüísticos, el mundo se torna progresivamente familiar. Centrémonos en los procesos de sustitución o metafóricos.

Con gran sentido pedagógico, Platón recurría a una sucesión de metáforas (p. e., la alegoría –no mito– de la caverna) para describir la existencia de dos mundos: el sensible y el inteligible. La metáfora (y su correlato metalógico, la alegoría) es el recurso predilecto en toda disciplina didáctica para explicar ideas, teorías y conceptos: ilustra gráficamente algo complejo.

Muchos actos o efectos experimentados resultan asequibles a nuestro sistema psíquico mediante conceptos abstractos cuya referencia solo es observable de manera metafórica: buscamos una palabra o un concepto conocidos que representen en un sentido metafórico las cualidades de aquel acto o efecto[105]. La metáfora concreta abre la puerta

---

104 Véase E. Cassirer, *Mito y lenguaje*, C. Balzer (trad.), pp. 96-106.
105 Véase J. Jaynes, *The Origin of Consciousness in the Breakdown of the Bicameral Mind*, p. 50. Es la diferencia esencial entre imagen poética y metáfora: en esta hay intersección donde coinciden los dos

del concepto abstracto, le proporciona el indispensable sedimento material que condiciona nuestra imaginación. Nuestro mecanismo cognitivo busca entender áreas inexperimentadas y desconocidas a través de otras experimentadas y conocidas; con este fin toma prestadas imágenes y expresiones de nuestro entorno para construir una imagen del universo divino, sobre todo aquellas que lo hacen más humano: «el teísmo puede ser definido como la visualización del mundo divino mediante metáforas, en particular el antropomorfismo»[106]. De ahí la paradoja: el hombre solo es capaz de hablar del mundo divino en términos del mundo humano; pero la literatura ya nos tiene acostumbrados a asumir otras contradicciones aparentes (entre las cuales no es menor la de presentar el mundo natural en términos lingüísticos).

Esta conceptualización es aún más evidente en las obras de arte modernas y contemporáneas, caracterizadas por una apertura infinita. En efecto, el aspecto «informal» o mutante de nuestra cultura genera «resoluciones estructurales de una difusa conciencia teórica (no de una teoría determinada, sino de una persuasión cultural asimilada)»[107]; dicho de otro modo, las obras de arte no tradicionales repercuten una metodología científica innovadora y confirman unas categorías de indeterminación que legitiman interpretaciones igualmente no tradicionales. En este sentido, el crítico está autorizado a desvelar la «metaforización estructural» de los constructos artísticos y contribuir, así, a la «historia de las ideas».

Este tipo de metáfora epistemológica ha gozado de un éxito particular en las teorías científicas, por ejemplo, para designar el «eslabón perdido» en los estados intermedios de la cadena evolutiva, la «música de las esferas» (imaginada por los pitagóricos y adoptada, *mutatis mutandis*, por la astrofísica actual) o la «hipótesis Gaia»[108]. Un ejemplo más cercano: desde principios del siglo XX, una serie de astrofísicos (Aleksandr Aleksándrovich Fridman, Georges Lemaître y Edwin Hubble) propusieron un modelo cosmogónico para describir el origen y la evolución del universo actual en función de una época densa y caliente del universo primordial. Solo varios decenios después, en una emisión

conjuntos constituidos por el elemento comparado y el elemento de comparación; en aquella, hay conjunción inmediata (aun arbitraria) de fuerzas procedentes de dos mundos diferentes. Mientras que en la metáfora, «comparación elíptica», se hace hincapié en los elementos comunes a ambos conjuntos, en la imagen se pone de relieve la representación inmediata resultante, sobre todo, de la actividad del inconsciente que acerca elementos pertenecientes a mundos a la vez conjuntos y opuestos; véase J. Burgos, *Pour une poétique de l'imaginaire*, pp. 64-77.

[106] H. Casanova, *Imagining God*, p. xviii. Este crítico sostiene que la combinación de nuestras historias sobre los dioses crea una metáfora conceptual, esto es, nuestro concepto de dios. Su teoría –que se limita a los textos bíblicos y semíticos– no implica que Dios sea solo un concepto, sino que, dado nuestro modelo cognitivo, la mitocrítica solo puede estudiarlo como metáfora; más concretamente, como metáfora antropomórfica, cuya máxima expresión es Dios como metáfora de rey: «Dios es rey»; «GOD IS KING», p. 162.

[107] U. Eco, *Obra abierta*, p. 136.

[108] Sostenida por J. Lovelock desde 1960, esta hipótesis se opone a todo reduccionismo científico y sostiene que plantas, animales, humanos y el medio ambiente están íntimamente vinculados en un sistema supremo capaz de regularse a sí mismo; véanse los artículos de *The Guardian* (4 de agosto de 1999) y *The Times* (14 de agosto de 2018). Dentro de la ecocrítica, no faltan trabajos que establecen semejanzas entre las teorías del «espacio sagrado» según Eliade y una sacralización de espacios naturales; véase J. P. Bartkowski y W. S. Swearingen, «God Meets Gaia in Austin, Texas: A Case Study of Environmentalism as Implicit Religion».

de la BBC (*The Nature of Things*), este modelo fue designado por primera vez, de manera irónica, bajo el nombre de «Big Bang». La expresión «gran estallido» permite imaginar de modo accesible, por analogía, la expansión de la materia, inicialmente concentrada en un punto de densidad infinita. Las ciencias empíricas y humanas siempre utilizarán metáforas.

He recurrido a estos «mitos» científicos para, por contraposición, acercarme a los auténticos. Pensemos en el diluvio. Prácticamente todas las religiones refieren esta catástrofe: una inundación que anega la superficie terrestre. El diluvio mítico no se resume en el encharcamiento del mundo; incluye una intervención trascendente: una divinidad sumerge la tierra bajo las aguas. Lo vemos con claridad en una película: *Noé* (*Noah*, D. Aronofski, 2014; escribiré Noah para el personaje). La cinta recrea el mito según varias religiones: una inmensa descarga de agua enviada por los dioses (1.er mitema) en respuesta a un desorden moral humano (2.º mitema), con fines punitivos (3.er mitema). La mayoría de los diluvios incluyen el anuncio o amenaza divina (4.º mitema) y la respuesta humana, consistente en la fabricación de una nave que asegure la vida de un héroe, sus familiares y una parte de la vida sobre la tierra para escapar a la destrucción divina (5.º mitema). Encontramos relatos míticos en el babilonio *Poema de Gilgamesh* (relato de Utnapishtim, Ziusudra para los sumerios), en el hindú *Śatapatha Brāhmaṇa* (relato de *Śraddhādeva Manu*), en el libro del Génesis de la Torá escrita (relato de Noé) y en el *Timeo* de Platón[109].

Entre las connotaciones del agua se encuentra la pureza: el agua posee una potencia onírica que imprime coherencia al diluvio, símbolo de los ritos de purificación[110]. La cinta de Aronofski conjuga con tiento y talento efectos especiales, mensajes ecologistas y escenas emotivas que aplica, según las necesidades fílmicas, a personajes de heteróclitas procedencias hebraicas (libros canónicos, apócrifos, tradiciones). Dios, ángeles caídos, semitas y cainitas se ayudan o confrontan mientras asisten a las tres fases principales del mundo: la primigenia, la catastrófica y la actual. Es llamativo cómo los mitemas del diluvio aparecen duplicados: diferentes escenas los representan, por un lado, mediante relatos, recuerdos, sueños; por otro, mediante el desarrollo argumental de la película. Así, junto al fuego, dentro del arca, asistimos al «relato de los relatos» en el que Noah cuenta a su mujer Naamá, sus tres hijos e Illa el origen del mundo (cosmogonía, aquí tomada del Génesis, 1), que enlaza directamente con el pecado original y la pérdida de la inocencia humana[111]. El desbarajuste que esta infracción acarrea sobre la tierra permi-

---

[109] El relato de un diluvio devino popular en Oriente Próximo. Hoy queda demostrado que la epopeya de Gilgamesh (sobre la que volveremos con detenimiento) se inspira del *Atrahasis*; aún no se ha concluido la relación directa entre el diluvio relatado por los textos sumerio y babilónico y el diluvio relatado por el texto hebreo; véase D. A. Young, *The Biblical Flood*, pp. 226-243.

[110] Véase G. Bachelard, *L'Eau et les rêves*, pp. 153-155.

[111] «Dejadme contaros una historia. [...] Al principio, no había nada, nada más que el silencio de una oscuridad infinita, pero el Creador sopló sobre la faz del vacío, susurrando "Hágase la luz", y la luz se hizo, y eso era bueno. El primer día»; «Let me tell you a story. [...] In the beginning, there was nothing, nothing but the silence of an infinite darkness, but the breath of the Creator fluttered against the face of the void, whispering, "Let there be light", and light was, ad it was good. The first day». Naamá es la hermana de Tubalcaín, procedente de Gn 4, 22; la compilación midrásica de este libro establece el parentesco: «Era Na'amah, la mujer de Noé», 1 Génesis Rabbah 23, 3, L. Vegas Montaner (ed.), p. 273.

te presagiar el aguacero inminente: «va a destruir el mundo» («He's going to destroy the world»), desvela el patriarca a su mujer. Una entrañable escena, en la que Noah enseña a su hijo Ham –que acaba de arrancar una flor por mero placer de tenerla en sus manos– el uso sostenido y el respeto de la tierra, pone de relieve la misión de esta familia en este momento pivotante de la humanidad[112]. En fin, una prolepsis (el sueño premonitorio de Noah) anuncia la amenaza imparable del diluvio universal. De este modo, los cinco mitemas diluvianos aparecen, en modo discursivo verbal, en diversos momentos de la película con la función de anunciar o explicar el diluvio en sí, fuste del mito de Noé, que el espectador ve, simultáneamente, en discurso narrativo no verbal. Un discurso es reduplicación del otro. El relato del diluvio, mediante las figuras del ahogamiento y del lavamiento, significa tanto la destrucción de una civilización como la generación de otra. Es un relato mítico que puede ser interpretado como alegoría del castigo divino y de la purificación humana.

Veamos un ejemplo más complejo. El carácter intrincado del laberinto de Creta explica su uso metafórico por los anatomistas –que denominan «laberinto» al complejo sistema de pasillos fluidos en el oído interno, con su cóclea o caracol y su vestíbulo– y por los paleontólogos –que denominan «laberintodontes» a la extinta clase de mamíferos cuya estructura dental era similar a la de un laberinto–; la metáfora es evidente. No lo es tanto en el *Thésée* de Gide (1946), donde el laberinto, debido a las hierbas que lo perfuman, se convierte en una cárcel alucinógena que invita a la permanencia y obnubila la memoria:

> Mis trece compañeros y compañeras, entre ellos Pirítoo, me habían precedido; y los encontré, en la primera sala, ya atontados del todo por los perfumes. [...] Aunque vencí al Minotauro, no conservé de mi victoria sobre él más que un recuerdo confuso[113].

Menos transparente se hace aún la metáfora en *Los reyes* de Cortázar (1949), donde el mismo monstruo espera la muerte, olvido liberador para sí y prisión obsesiva para el vencedor Teseo:

> Te aclamarán los hombres del puerto. Yo bajaré a habitar los sueños de sus noches, de sus hijos, del tiempo inevitable de la estirpe. Desde allí cornearé tu trono, el cetro inseguro de tu raza... Desde mi libertad final y ubicua, mi laberinto diminuto y terrible en cada corazón de hombre[114].

---

[112] «¿Ves esas otras flores, cómo están enraizadas en la tierra? Así deben estar. Tienen un sentido, germinan y florecen. El viento toma sus semillas y crecen más flores. Solo recogemos lo que podemos utilizar y necesitamos. ¿Me entiendes?»; «You see those other flowers? How they're attached to the ground? That's where they should be. They have a purpose, they sprout, and they bloom. The wind takes their seeds and more flowers grow. We only collect what we can use and what we need. Do you understand?». Este cuidado ecológico de la naturaleza, omnipresente en todas las mitologías, está relacionado con el pensamiento animista; véase P. Brunel, *Les Grands Mythes pour les nuls*, p. 98.

[113] «Mes treize compagnons et compagnes m'avaient précédé, dont Pirithoüs; et je les retrouvai, dès la première salle, déjà tout hébétés par les parfums. [...] Si pourtant je triomphai du Minotaure, je ne gardai de ma victoire sur lui qu'un souvenir confus», Gide, *Thésée*, IX, en *Romans et récits*, P. Masson *et al.* (eds.), t. II, pp. 1.009-1.010.

[114] J. Cortázar, *Los reyes*, p. 70.

En estos casos salta a la vista la importancia de fusionar los diferentes niveles de recepción textual: al horizonte mitológico antiguo (que Gide y Cortázar presuponen conocido por el lector) es preciso añadir el horizonte de expectativas «del mundo de la vida» en las coordenadas culturales de la Modernidad en que esos textos han sido redactados. Más allá de una prueba de fuerza física (Teseo) e ingenio (Ariadna), el significado del laberinto aquí se encuentra claramente mediatizado por el ansia de autonomía absoluta y los desarrollos de gratuidad lúdica que operan en la obra de los autores[115]. En su aparente indeterminación, el laberinto forma parte de la estructura metafórica de los textos.

El siguiente ejemplo es un trampantojo: parece una interpretación metonímica del mito cuando, en realidad, se trata de una metáfora. En *El cuento del Grial* (*Le Conte du Graal*, ca. 1185) de Chrétien de Troyes se denomina «grial» al recipiente que contiene el alimento vivificante del padre del Rey Pescador. Posteriormente, en *El román de la historia del Grial* (*Roman de l'Estoire dou Graal*, ca. 1200), Robert de Boron transforma esta vasija (*veissel*) en el «Santo Grial», en el cáliz de la última cena. Poco después, el texto en verso de Boron fue prosificado por un anónimo en el *Joseph d'Arimathie* (*ca.* 1210). En ambos casos asistimos a la integración de la copa en la historia santa, sin duda a partir del Evangelio apócrifo de Nicodemo y la *Vindicta Salvatoris*. Un judío encontró en casa de Simón el Leproso los vasos del sacrificio pascual, los entregó a Pilato y este, compungido por cuanto había ocurrido bajo sus órdenes, entregó uno a José de Arimatea. Seguidamente, al pie de la cruz, José

se acordó de su vaso y pensó que las gotas [de sangre de Jesús] estarían mejor en su vaso que en otro lugar; entonces cogió el vaso, lo puso junto a la llaga del costado y así recogió la sangre de las llagas y de los pies y de las manos y del costado[116].

Tras la resurrección, los judíos constatan la desaparición del cuerpo de Cristo y acusan a José de robarlo del sepulcro. Cuando este yace prisionero en el fondo de una torre, Jesús se presenta con el vaso, que ilumina toda la estancia, le explica el sentido de su venida al mundo y le confía la custodia del vaso a él y a otras dos personas de su elección, prometiendo a cuantos vean el vaso y acompañen a los creyentes «alegría perdurable y cumplimiento de [los deseos] de sus corazones», pues confesarán y serán redimidos de sus pecados (cfr. *ibid.*, pp. 226-227). Nótese que aquí no hay referencia alguna al contenido (algo que sí ocurre en la denominación metonímica del «cáliz» cristiano –copa, *calix*– para designar la sangre de Cristo). Con el tiempo, el Grial adquiere las simbologías más variopintas; este vaso aparece así como metáfora omnímoda de la vida en sus dos principales vertientes: la inmortalidad en este mundo o la eternidad tras la muerte.

---

[115] Sobre el horizonte de expectativas intraliterario implicado por la obra y las funciones extraliterarias proporcionadas por el mundo real, véase H. R. Jauss, «El lector como instancia de una nueva historia de la literatura», pp. 62-63.

[116] «Lors si sovint de son vaissel, si se pensa que cels gotes seroient miauz en son vaissel que en autre leu; lors prist lou vaissel, si li tert anz la plaie dou costé et recoilli anz, lou sanc des plaies et des piez et des mains et dou costé», Robert de Boron, *Petit Saint-Graal ou Le Roman de Joseph d'Arimathie*, E. Hucher (ed.), t. I, pp. 218-219; véase J. Markale, *The Grail*, pp. 65-66. El origen del término «grial» es discutido; la etimología más verosímil lo relaciona con el latín *gradalis* (plato o escudilla), y este con el griego κρατήρ.

No hay duda de que una escritura blanca, en grado cero, designa más netamente que una metafórica; pero la metáfora ofrece un valor elocutivo suplementario. Mediante la persuasión de las imágenes, esta figura nos permite acceder a lo abstracto mediante lo concreto: visualizar, animar y actualizar las cosas aparentemente inanimadas[117]. Su efecto sorpresivo reduplica su elocuencia por cuanto afecta de manera directa a nuestro mundo simbólico y emocional. El laberinto que atraviesa Teseo en los textos de Gide o Cortázar adquiere un sentido existencial, pasa a ser nuestro laberinto; el Grial sugiere deseos que no nos atreveríamos a expresar en público. Se establece así un nexo íntimo entre la representación según la metáfora y la función referencial del mito, que reconstruye el comienzo y el fin de todas las cosas (*mímēsis*) mediante un proceso creativo (*poíēsis*)[118]. No es extraño que la metáfora, trenzada en modo alegórico, sea el instrumento más recurrente del mito.

2. La sinécdoque

En toda antonomasia o sinécdoque particularizante hay una condensación del referente de acuerdo con el contexto. Asistimos a un desplazamiento referencial: de una especie con relación al género, o viceversa. Agustín de Hipona definió a Alarico I como «el azote de Dios». Posteriormente Gregorio de Tours e Isidoro de Sevilla designaron a los hunos con este apodo que más tarde un hagiógrafo de san Lope de Troyes aplicó a Atila; desde entonces, el rey de los hunos (sin ser un mito) es, por antonomasia, el castigo divino.

En el mito ocurre otro tanto. La relación entre mito y grupo de referencia se conserva, la interpretación de la palabra que designa el mito no es incompatible con el contexto. Tanto los individuos como los grupos constituyen un conjunto en el que son, respectivamente, la parte o el todo. Helena, Antígona o Don Juan designan en modo eximio, por sinécdoques particularizantes de individuo, grupos de personajes claramente identificables: de la belleza fatal, la compasión fraterna o la seducción impenitente.

Si prestamos atención a este proceso, observamos una gran porosidad entre la sinécdoque y la metáfora. La retórica clásica distinguía, a partir de Aristóteles, cuatro tropos centrales (metáfora, metonimia, sinécdoque e ironía) e indentificaba cuatro relaciones semánticas según la naturaleza del vínculo lógico que unía sentido propio y sentido figurado: semejanza para la metáfora, correspondencia para la metonimia, solapamiento para la sinécdoque, oposición o contraste para la ironía. Ahora bien, la línea que separa los tropos no es siempre clara, porque un proceso lógico a menudo interacciona con otro que lo es menos, y el metalogismo con el metasemema. Una parte de la retórica contemporánea discute la clasificación tradicional que opone metáfora a sinécdoque[119]. Compete al lector y a la crítica interpretar cuándo se encuentra frente a una alegoría compuesta de varias metáforas simples o de varias metáforas en forma de sinécdoques.

[117] Véase Aristóteles, *Retórica*, III, 10, 1410b, 10-15, en *Rhétorique*, C.-E. Ruelle (trad.), p. 331.

[118] En su proceso *mimético* y *poiético*, el mito «comporta una referencia a la realidad», al reino de la naturaleza, al mismo tiempo que restituye «lo esencial [de lo humano] en modo más grande y noble», P. Ricœur, *La Métaphore vive*, pp. 55-57; para un comentario detallado de los valores de la metáfora, véase *ibid.*, pp. 40-51.

[119] Concretamente, sostiene que la metáfora se presenta como el producto de dos sinécdoques: la intersección entre dos términos, avalada por coposesión de determinados semas (primer proceso

RELATO MÍTICO Y TIEMPO

No hay relato sin tiempo. Ahora bien, para configurarse como mítico, todo relato de acontecimientos extraordinarios no precisa un tiempo cualquiera, sino el tiempo mítico.

Los tiempos de la inmanencia

Los tiempos que convoca el mito son diversos; varios son facultativos, solo uno es vinculante: el tiempo absoluto.

Cualquier mito está constituido por una serie de tiempos, que aquí cabe sintetizar en cuatro inmanentes (uno lingüístico, tres intrahistóricos) y uno trascendente (en cierto aspecto, metahistórico).

1. La narratología nos ha enseñado a analizar la cronología del «tiempo del relato». Cualquier relato mítico implica una economía temporal. Así, todo mito está estructurado como unidad discursiva transfrástica, como una sucesión de enunciados cuyos predicados simulan lingüísticamente una orientación hacia un objetivo. En este sentido, el relato (algoritmo dicotomizado en un antes y un después) posee una dimensión temporal: sus elementos mantienen entre sí relaciones de anterioridad y posterioridad sin las cuales el relato carece de sentido[120].

2. Todo mito está marcado por el «tiempo de la invención»: el momento en que el mito es concebido y aceptado como tal en el seno de una comunidad. Esta producción es originariamente oral en la mayoría de los mitos antiguos y medievales, y escrita en algunos modernos y contemporáneos (forjados, en su inmensa mayoría, sobre mitemas presentes en los mitos antiguos y medievales).

3. Junto con el tiempo de la invención está el «tiempo de la transmisión»: los sucesivos pasos que han modulado el mito original, ya sea enriqueciéndolo o empobreciéndolo, alargándolo o acortándolo, ilustrándolo o desdibujándolo.

4. A estos dos últimos tiempos del mito se añade el «tiempo de la recepción», no tanto la de nuevas modulaciones (clasificables en los tiempos de la invención y de la transmisión) como la de nuestra experiencia existencial.

5. Los tiempos 1.º, 2.º, 3.º y 4.º son predicables de cualquier relato. El 1.º es exclusivamente lingüístico; los siguientes son, además, intrahistóricos. Todos aparecen o pueden aparecer en el relato mítico, pero no como tiempos míticos. Un 5.º tiempo, en fin, atraviesa el mito: el que remite a un «tiempo primordial» o «final» de un mundo, una comunidad (tribu, raza, nación) o un individuo. Este «tiempo absoluto», generador o contemporáneo de una cosmogonía o una escatología, es privativo del mito.

---

metafórico), se extiende a la reunión de esos mismos términos (segundo proceso metafórico): identificar «abedul» con «jovencita» supone una primera sinécdoque generalizadora que permite pasar de «abedul» a «frágil» y una segunda sinécdoque particularizadora que permite pasar de «frágil» a «jovencita»; véanse Groupe μ, *Rhétorique générale*, pp. 107-108, y M. Le Guern, *La metáfora y la metonimia*, pp. 13-15.
[120] Véase A. J. Greimas, «Pour une théorie de l'interprétation du récit mythique», p. 187.

Nadie pone en duda la dificultad para asimilar la hondura de este 5.º tiempo. La *Introducción a la filosofía de la mitología*, publicada a título póstumo, recoge las enseñanzas dispensadas por F. W. Schelling desde 1827 sobre el mito y la mitología. En su primera lección, el filósofo aconseja «volver a la primera impresión suscitada en nosotros por la totalidad de la mitología»[121], esto es, ponernos en el lugar de quien ignorara cualquier noción de mitología y oyera por primera vez la historia griega de los dioses. Sin duda nos sobrecogerían el asombro y el deseo de comprenderla exactamente como fue «*originariamente* comprendida». En su comentario al consejo de Schelling, Blumenberg comenta:

> Esta primera impresión está condicionada por la situación del observador en el interior o quizá al final de una historia que, hasta hoy, ha tomado esencialmente la consistencia de una historia del dogma[122].

Quien dice dogma, dice rigidez, constricción. Frente a su recepción original, el mito sugiere hoy, por contraste, una flexibilidad sorprendente: el lector u oyente actual de un relato, una pieza o un poema míticos no puede evitar una sonrisa condescendiente ante las increíbles relaciones de nuestros antepasados o de actuales escritores osados. Esos relatos con visos de enseñanza numinosa ya no son percibidos como tales; es más, el hecho de que esas historias ya no asombren ni atemoricen las predispone a su recepción «estética»[123]. Blumenberg coloca, frente a frente, al receptor «arcaico» del mito y al receptor contemporáneo; este, socarrón, ha despojado las historias míticas del contenido mítico que simultáneamente atemorizaba y elevaba a aquel. Se entiende –aunque es discutible– que hoy los mitos sean a menudo percibidos solo como pasatiempo y oropeles.

El tiempo de la cultura emisora es complementado por el de la cultura receptora. Todo análisis mitocrítico debe considerar ambas. Así, la narratividad mitogenética está conformada de modo cronológico reticular, es decir, se presenta como una red de relaciones cronológicas tanto a nivel narratológico (el «tiempo del relato») como generativo (el «tiempo de la invención»), comunicativo (el «tiempo de la transmisión»), evolutivo (el «tiempo de la recepción») y absoluto-existencial (el «tiempo primordial» y el «tiempo final»). La narración, invención, comunicación y recepción son relativamente temporales e inmanentes, es decir, remiten a tiempos intralingüísticos (el tiempo del relato) o a tiempos intrahistóricos (de la historia de la humanidad). No es este el caso de la 5.ª cronología, doble pero que se resume en un único tiempo: el de la trascendencia, el único tiempo propiamente mítico.

Observamos una nítida cesura epistemológica entre aquellas cuatro cronologías y esta última, entre el tiempo del mito literarizado (recogido y modificado por autores, oyentes, lectores y espectadores que lo desgajan de su atmósfera de adhesión popular

---

[121] «auf den ersten Eindruck zurückzugehen, den das Ganze der Mythologie in uns hervorbringt», F. W. Schelling, *Einleitung in die Philosophie der Mythologie*, p. 7.

[122] «Dieser erste Eindruck ist gebunden an und bedingt durch einen Standort des Betrachters innerhalb oder vielleicht am Ende einer Geschichte, die bis auf den heutigen Tag im wesentlichen den Aggregatzustand einer Dogmengeschichte hat», H. Blumenberg, *Ästhetische und metaphorologische Schriften*, p. 335.

[123] «und daß selbst die Göttergeschichten nicht mehr schrecken und nicht mehr binden, disponiert sie zugleich zu ihrer ästhetischen Rezeption», véase *ibid*.

inicial) y el tiempo absoluto (tiempo del mito prístino, verbalizado y significante), entre los tiempos de la inmanencia y el tiempo de la trascendencia. Esta desvalorización masiva del mito bajo la presión de las hermenéuticas recibe en mitocrítica el nombre de «mitófora»[124], esto es, un desplazamiento del contenido cultural primigenio a ulteriores contenidos culturales en todas sus formas: ocultista, sincrética, positivista y, sobre todo en nuestros días, social y emocional.

El tiempo de la trascendencia

El mito designa un aspecto temporal frontalmente distinto de los tiempos de la inmanencia; una temporalidad también marcada por un antes y un después –toda sucesión es constitutiva del tiempo–, pero desmarcada de la nuestra. Lo mitológico es que esta cronología exclusiva de la divinidad, esencialmente irreducible a la nuestra, se integre, puntualmente, con esta. El comercio con los seres humanos no desmerece a los divinos. Lo numinoso no es menos divino por incluir la dimensión cronológica[125]; antes al contrario: precisamente porque entra en el flujo temporal –en el acontecimiento, al margen del ser puro y simple–, el mundo divino se da a conocer, muestra que no le somos indiferentes y, de algún modo, nos ayuda a comprender más nuestro propio tiempo inmanente.

El tiempo del relato mítico adopta sus auténticos contornos cuando consideramos el cariz de los elementos a los que afecta. ¿Cuál es la relación existente entre los elementos del relato y el tiempo?, ¿qué condiciones presentan aquellos y este para que podamos hablar de relato mítico? Burnett nos da una pista al respecto:

> Los mitos –de la Antigua Grecia y de cualquier parte– proveen de un amplio material para la elaboración narrativa, pero su función central no es contar una historia. La historia es un subproducto, uno de los medios de transmisión del mito. En el núcleo del mito, ya sea presentado de un modo narrativo o a través de una representación visual, encontramos una valencia emocional que distingue lo mítico de las condiciones que rigen la realidad habitual[126].

Esta afirmación apunta claramente a un elemento «mítico» (*the mythic*) que distingue un relato mítico de otro que no lo es. Pues bien, ese dispositivo mítico es el aconteci-

---

[124] «¿no debería el mito ser entendido como un texto indefinido, una "obra abierta", una historia sin fin? En este sentido, sería por naturaleza "mito-fórico"»; J.-J. Wunenburger, «Mytho-phorie: formes et transformations du mythe», p. 3. En otro lugar, este discípulo de Durand añade: «Los mitos reales, así sometidos a una mitoforía, [...] resultan tributarios de la experiencia y de la reacción vivida por sociedades concretas de recepción», «Mytho-pathologie: la dramaturgie des affects. Controverses», p. 54.

[125] Cfr. «Die Anschauung des Zeitlichen beweist ihren Primat dadurch, daß sie sich geradezu als eine der Bedingungen für die volle Ausbildung des Begriffs des Göttlichen erweist», E. Cassirer, *Das mythische Denken*, II, II, 3, en *Philosophie der symbolischen Formen*, t. II, p. 129. Como es sabido, este filósofo adapta y expande la idea fundamental de la empresa crítica de Kant, razón por la cual aplica al mito las dos grandes intuiciones puras del espíritu según el filósofo de Königsberg: el espacio y el tiempo. Respecto al «espacio estructural del mito», y conforme al objetivo de distinguir lo universal de lo particular, Cassirer desgaja el espacio mítico del espacio dinámico de la física: «solo es válido un acento mítico, que se expresa en la oposición de lo sagrado y lo profano»; «hier gilt nur der eine mythische Wertakzent, der sich im Gegensatz des Heiligen und Profanen ausspricht», *Das mythische Denken*, II, II, 2, *ibid.*, p. 118.

[126] L. Burnett, «Reaching Beyond Reality: The Emotional Valence of Myth», p. 138.

miento extraordinario de carácter trascendente, el choque de dos mundos (el inmanente y el trascendente) sin el cual el relato mítico no puede desencadenar la mirada «originaria» (la del tiempo de la «invención», planteamiento de Schelling y Blumenberg) ni la «valencia emocional» (la del tiempo de la «recepción», planteamiento de Burnett).

Frente a los tiempos de la inmanencia (tiempos del relato, de la invención, de la transmisión y de la recepción), se yergue con fuerza el tiempo de la trascendencia. Frente a aquellos, este es el tiempo «primigenio» y «final», el *momentum*. Aquellos son mensurables; este no. Aquellos se engarzan en una cadena cronológica más o menos larga, tensa y unida; este se desmarca de la historia medida según cómputos modernos. Frente a los tiempos de lo computable, continuado y próximo (*in istis temporibus*), se encuentra el tiempo de lo incomputable, discontinuo y separado (*in illo tempore*), que devuelve a los intrahistóricos su auténtico valor.

No pensemos que este tiempo mítico es vago y maleable a placer. El tiempo absoluto no es un tiempo confuso, sino que comprende subtiempos o tiempos medianos tremendamente concretos. Es preciso establecer una tipología del tiempo mítico.

Según relatan nuestras fuentes de información (catábasis y anábasis), existen, básicamente, dos tiempos absolutos: el original y el final, el cosmogónico (origen del mundo y los seres vivos) y el escatológico (final del mundo y los seres vivos). Ambos pueden ser, a su vez, universales o particulares (afectar a toda o a una parte del universo, a todos los vivientes, a una parte de vivientes o a un único viviente).

El tiempo cosmogónico es relativamente simple: referido al cosmos, remite a un origen a partir del Caos (mitos griegos), de la nada (mitos judeocristianos) o, incluso, a una ausencia de origen (eterno retorno); referido a los vivientes, remite a la generación de los titanes y de los dioses, a las edades de los hombres (*Teogonía* de Hesíodo).

El tiempo escatológico es más complejo por cuanto se presta a una mayor panoplia de posibilidades. Además del eterno retorno (tiempo del mito simultáneamente cosmogónico y escatológico, representado por el uróboros), incluye la regeneración (el ave Fénix), el apocalipsis y el tema mítico que más acapara la imaginación humana: la inmortalidad espiritual, corporal y reputacional. Volveré más adelante sobre estos pormenores (§§ 10 y 11); aquí era conveniente aclarar la categoría del tiempo mítico.

Los subtiempos míticos, en fin, enmarcan los acontecimientos extraordinarios que, aun remitiendo a una cosmogonía o a una escatología, ocurren en un tiempo híbrido de hitos míticos e históricos, sin que estos últimos puedan cernirse con precisión en el cómputo cronológico característico de la modernidad. El ejemplo poético más sobresaliente, en mi opinión, es el Gran Año (*magnus annus*) anunciado por Virgilio:

> una nueva descendencia baja ya de lo alto de los cielos. Tú, casta Lucina, sé propicia al niño que ahora nace, con él la raza de hierro dejará de serlo y por todo el mundo surgirá una raza de oro. [...] Si todavía permanecen algunas huellas de nuestro pecado, destruidas, quedará libre la tierra de un temor perpetuo. Recibirá aquel niño la vida de los dioses y con los dioses contemplará a los héroes mezclados y a él mismo lo verán entre ellos y regirá el mundo apaciguado por las virtudes de su padre[127].

---

[127] Virgilio, *Bucólicas*, IV, vv. 7-17, T. Recio García (trad.), pp. 187-188. Con anterioridad, seguramente influido por tradiciones caldeas y pitagóricas, Platón había mentado el Gran Año para ilus-

Las menciones del «vaticinio de Cumas» (la sibila), la «Virgen» (Temis o Astrea), Apolo (a quien se consagraba el último mes de los diez años divisorios de las edades del mundo), los bienes esperados («toda tierra producirá de todo») y la conciencia de arribar a un punto cenital («"Apresurad siglos tales", dijeron las Parcas») explican la recepción del poema en clave mítica, así como su futura cristianización por muchos Padres de la Iglesia. Independientemente de su interpretación (¿el advenimiento del niño es una representación del cosmos, indica el comienzo de la *aurea aetas*, se refiere a un personaje que vincula dos mundos?), aquí interesa porque evoca, de modo paradigmático, esos tiempos míticos medianos, no explícitamente cosmogónicos o escatológicos, donde intervienen Cielo y Tierra y que constituyen el marco de los acontecimientos míticos de las edades Antigua, Oscura, Medieval y Moderna: de la aparición del Grial a Perceval, del espectro a Hamlet, de la estatua a Don Juan, de Drácula a Harker…

* * *

El mito de la caída del hombre ilustra la complejidad en la comprensión del tiempo de la trascendencia. A diferencia de otro tipo de relatos (histórico, científico, gnómico, etc.), el Génesis articula el fenómeno en un tiempo y un espacio dispares a los de la historia y la geografía definidas de modo crítico. Así, cuando la Biblia cuenta el exilio de Adán y Eva, en ningún momento precisa el tiempo de la expulsión. La mención del «día sexto» (Gn 1, 31) es retórica: este cómputo, solo en apariencia astral, remite a un momento impreciso en nuestro marco temporal. Simple y llanamente, no hay parangón entre el tiempo del relato y el tiempo de la caída. Otro tanto cabe decir de la localización: solo sabemos que Dios colocó al hombre en «un jardín en Edén, al oriente» (Gn 2, 8). Faltan las coordenadas del cómputo abritrario de la modernidad. Esta ausencia de restricción de tiempo y espacio se extiende a la especie: afecta a toda la humanidad globalmente considerada.

Tampoco nos ubican más las coordenadas relativas al pecado: tras el asesinato de Abel, Caín «se estableció en el país de Nod, al oriente del Edén» (Gn 4, 16): lugar altamente simbólico, pues Nod (נוד), además de topónimo, es también la raíz verbal correspondiente a 'vagar', 'andar errante', la misma que se usa unos versículos antes en relación con el castigo de Caín, que habrá de vivir «errante y vagabundo» (נע ונד, *na' wa-nad*, Gn 4, 12 y 14). Steinbeck replica esta simbología en *Al este del Edén* (1952): Salinas Walley y las primeras décadas del siglo XX designan, en última instancia, la facultad humana de elegir el bien sobre el mal, como resume la palabra hebrea *Timshel* con la que concluye la novela[128].

_____

trar su concepción del tiempo, dependiente de las órbitas planetarias; véase *Timeo*, 36d-39d, M. A. Durán (trad.), en *Diálogos*, VI, pp. 180-185. Cicerón hace en siete ocasiones referencia al Gran Año, p. e., en su traducción de esta obra de Platón y a propósito del sueño de Escipión, donde relaciona la gloria humana con el Gran Año (*vertens annus*); véase Cicerón, *Sobre la república*, VI, 22, 24, A. D'Ors (trad.), p. 168; véase P. R. Coleman-Norton, «Cicero's Doctrine of the Great Year», p. 301. Recomiendo la lectura de los sabrosos comentarios esotéricos de Yeats sobre «El Gran Año de los antiguos» (la «profecía» de Virgilio, la resurrección de Atis, las trompetas premonitorias de la sedición de Cayo Mario…), W. B. Yeats, *A Vision*, IV, pp. 243-263.

[128] Cal (Caleb) se cree, erróneamente, rechazado por Adam, su padre, y su ira acarrea la muerte de su hermano Aron. Lee ruega a Adam, moribundo, que mire y bendiga a su hijo Cal, de lo contrario este quedará irremisiblemente «marcado por la culpa». Adam entreabre los ojos y llena dolorosamente de

La razón de esta ausencia de referentes mínimos, según nuestra historia y geografía críticas, radica en la dimensión mítica del relato. Ricœur ve en el episodio bíblico de la primera caída una ilustración analógica de la alienación humana: sin espacio ni tiempo determinados, «la alienación suscita una historia fantástica, el exilio del Edén, que, como historia ocurrida *in illo tempore*, es mito» explicativo de una realidad[129]. El relato mítico de la caída humana es un símbolo del desencuentro del hombre consigo mismo y con Dios. El relato del primer pecado y de la consiguiente expulsión articula personajes, lugares, tiempos y episodios tan simbólicos como reales, aunque no precisos y constatables, como los anunciados por los meteorólogos de radio y televisión.

A partir de la distinción saussureana entre lengua (propia del tiempo reversible) y habla (propia del tiempo irreversible), Lévi-Strauss descubre en el mito una estructura permanente referida simultáneamente al pasado, al presente y al futuro; una estructura no solo «*histórica* y *ahistórica*» (relativa al habla y a la lengua), sino perteneciente a un tercer nivel temporal que combina ambos y presenta, de manera simultánea, «el carácter propio de un objeto absoluto»[130].

Ciertamente, esta teoría estructuralista y existencialista no puede desentrañar el sentido último de los mentados pasajes bíblicos; su método solo permite la plasmación de combinaciones de elementos míticos fundamentales o, cuando más, el escéptico preludio de una búsqueda infructuosa: «Si los mitos tienen un sentido…»[131]. A pesar de esta

---

aire sus pulmones: «Expelió el aire y sus labios se arquearon para modular aquel suspiro. La palabra que susurró pareció quedar flotando en el aire: "–¡Timshel!"», J. Steinbeck, *Al este del Edén*, IV, V. de Artadi (trad.), p. 684; «He expelled the air and his lips combed the rushing sigh. His whispered word seemed to hang in the air. "Timshel!"», *East of Eden*, p. 666. Steinbeck extrae la expresión de este enigmático discurso que Yahveh dirige a Caín: «¿Por qué te has irritado y por qué ha decaído tu semblante? ¿No lo erguirías acaso, si obraras bien?; pero si bien no obras, el pecado acechará a la puerta y tenderá hacia ti, aunque podrás dominarlo» (Gn 4, 6-7, según la traducción de F. Cantera y M. Iglesias). Las dos últimas palabras del pasaje son *timshol bo* (תמשל בו) 'lo dominarás / podrás dominarlo'. *Timshel*, entendido en la novela como «podrás», y, en inglés, *thou mayest*, evoca, en esta forma interrogativa, tanto el poder como el no poder, esto es, la libertad de elección (en hebreo bíblico, la raíz se relaciona con el poder, pero generalmente con un matiz algo distinto: 'dominar', 'gobernar', 'tener poder sobre').

[129] «La même aliénation se suscite une histoire fantastique, l'exil de l'Éden, qui en tant qu'histoire arrivée "in illo tempore" est mythe», P. Ricœur, *Philosophie de la volonté. II. Finitude et culpabilité*, p. 221; el término «fantástica» significa, aquí, imaginaria. También bañan en la imprecisión la caída y el exilio de hombres y mujeres en *The Wild Iris*, de Louise Glück (1992), encantador juego de diálogos entre un jardinero en apuros, sus locuaces plantas y un Dios amante pero extremadamente seco. A pesar de las dádivas de este («Te hice, te amé»; «I made you, I loved you» –«*Retreating Wind*», p. 15–), el jardinero fue infiel; siguió el apartamiento («padre inalcanzable, cuando fuimos exiliados del cielo, hiciste una copia»; «Unreachable father, when we were first / exiled from heaven, you made a replica» –«*Matins*», p. 3–); las flores reaccionan desconcertadas ante los deseos humanos («¿Qué dices?, ¿que queréis la vida eterna?»; «What are you saying? That you want / eternal life?» –«*Field Flowers*», p. 28–); contrito, el jardinero poeta impetra la ayuda celestial («Padre, […] al menos alivia mi culpa»; «Father, / […] alleviate / at least my guilt» –«*Matins*», p. 26–); véase T. Marshall, «Short Review», p. 189.

[130] C. Lévi-Strauss, *Anthropologie structurale*, p. 240.

[131] Para el antropólogo estructuralista, el texto solo interesa en la medida en que es lenguaje, sistema susceptible de exposición según fórmulas concisas, matemáticas, incluso; para el investigador de literatura, en cambio, el texto configura un sentido susceptible de comprensión, contiene un significado: su centro «es de naturaleza contentiva», H. Friedrich, *Humanismo occidental*, R. Gutiérrez Girardot (trad.), p. 183.

imposibilidad, la teoría del antropólogo arroja una luz sobre la temporalidad del relato mítico. La narración de ese «objeto absoluto» (tercer nivel del mito respecto a la lengua y al habla, a los tiempos reversible e irreversible) evoca un tiempo también absoluto. La razón científica que abomina del lugar vacío (privado de materia) es la misma que abomina del tiempo incondicionado (privado de movimiento). Tan importante es resaltar que el relato mítico incluye un lugar y un tiempo imposibles de circunscribir (el sexto día, al oriente del Edén), como asentar que el tiempo del acontecimiento mítico es absoluto. No remite a un pasado, a un presente o a un futuro relativos, sino a una cosmogonía o a una escatología absolutas, incondicionadas e independientes de nuestras coordenadas limitadas, es decir, a un *illo tempore* que implica un curioso *nunc*, es decir, un *semper* que explica, en sentido mítico, la esencia última del ser humano.

MITO Y RELATO ONÍRICO

La práctica textual ayuda siempre a comprender mejor la teoría, de modo particular en los textos extremos. Tal es el caso de los relatos oníricos, donde los mundos se cruzan de modo inesperado y adoptan formas que ponen a prueba las formas y los contenidos más habituales del relato. De ahí la equivocidad del sueño, cuyos referentes se multiplican de manera desenfrenada, sin que a veces sea evidente, en lo que a nosotros concierne, la distinción entre mito y fantasía: seres humanos y sobrenaturales interactúan entre sí y con el sujeto soñador sin que este se percate de la ruptura de las coordenadas espacio-temporales. No obstante esta disrupción lógica, los sueños acarrean una enorme carga íntima, cuya garantía de verosimilitud explica en buena medida su recurso por muchos escritores y su poder cautivador entre tantos lectores. A estas características se añade la convicción tradicional de que los sueños vienen siempre preñados de una significación: son metáfora, alegoría o símbolo de algo. Fiel a su cometido, la mitocrítica cultural busca detectar dónde está el mito en los relatos oníricos.

A su huésped, que no es otro que su marido en modo incógnito, Penélope cuenta el siguiente sueño:

> Tengo aquí una veintena de ocas que comen el trigo en la artesa del agua: me da gozo verlas. Soñaba con que un águila grande y de pico ganchudo, viniendo desde el monte, rompíales el cuello y matábalas; muertas todas ya y en montón, voló el águila al éter divino, mas yo en sueños lloraba y gemía, y al par las aqueas bien trenzadas juntábanse en torno al oír mis lamentos de dolor por la muerte que el águila diera a mis ocas. Pero aquella, viniendo de nuevo, posóse en la viga del salón y me habló en lengua humana, contúvome y dijo: «Ten valor, tú, nacida de Icario, famoso en el mundo. Lo que ves no es un sueño, es verdad que tendrá que cumplirse: son las ocas tus propios galanes; yo, el águila antes, soy ahora tu esposo que vuelve y que a todos aquellos pretendientes habré de imponer su afrentoso destino»[132].

---

[132] Homero, *Odisea*, XIX, vv. 536-550, J. M. Pabón (trad.), p. 351. Sorprende que el protagonista de la *Odisea* lleve por nombre «Ulises» en esta traducción. En este volumen utilizo la designación latina del prosopomito cuando aparece en los textos (p. e., *Ítaca*, de Francisca Aguirre) y cuando ha sido la implícita según determinados autores (p. e., Joyce).

Penélope divide su relato en dos momentos: el ataque del ave de presa a las ocas y su conversación con el águila. Lo que a nosotros nos parece obvio, no lo es para ella; de ahí que solicite el parecer del peregrino («Pero escúchame y juzga del sueño que voy a contarte»). Este lo interpreta de inmediato como una predicción digna de credibilidad («¡Oh, mujer! No es posible entender ese sueño que has dicho de manera distinta [...]: la ruina amenaza a esos hombres; ni uno solo se habrá de escapar de la parca y la muerte»). Pero la heroína expone, de nuevo, sus prevenciones:

> Son, no obstante, mi huésped, los sueños ambiguos y oscuros, y lo en ellos mostrado no todo se cumple en la vida, pues sus tenues visiones se escapan por puertas diversas. De marfil es la una, de cuerno la otra, y aquellos que nos llegan pasando a través del marfil aserrado nos engañan trayendo palabras que no se realizan; los restantes, empero, que cruzan el cuerno pulido se le cumplen de cierto al mortal que los ve; mas no puedo yo creer que sea de estos el sueño pasmoso que acabo de contar: ¡a mi hijo y a mí nos daría tal ventura! (vv. 560-569).

La respuesta del huésped, lejos de apaciguar la turbación de Penélope, acrecienta su recelo ante los sueños. Al cabo, la reina resuelve someter a todos los pretendientes a una prueba:

> serán doce hachas que aquel en su sala, cual si fueran soportes de quilla, ordenaba en hilera para luego a distancia de ellas pasar a las doce con sus flechas. Tal prueba yo ahora pondré a mis galanes. Al que de ellos, tomando en sus manos el arco de Ulises, más aprisa lo curve y traspase las doce señales, a ese habré de seguir alejándome de esta morada (vv. 573-579).

Lejos de preguntarnos por la diferencia de los sueños en función del material de las puertas (ora ebúrneo, ora óseo) o de su aparición posterior en otros autores (Platón, Virgilio y Horacio[133]), nos interesamos por la mentalidad empírica de esta heroína. Si prestamos atención a sus palabras, observamos una postura positivista (valga el anacronismo): a falta de criterios para distinguir el sueño verdadero del sueño engañoso, Penélope opta por un experimento conducente a la certeza del camino que debe seguir.

El episodio gira en torno al significado y la credibilidad de los sueños, los dos problemas que centran la atención de los hombres al respecto[134]. El significado puede ser ambiguo, por dúplice: los sueños suelen disimular, bajo un sentido diáfano, otro misterioso cuando el soñador no alcanza a interpretar su propio sueño; requiere entonces –como en la historia del sueño del faraón de Egipto (Ex 41, 1-36)– de un intérprete (José) capaz de desvelar su sentido a partir de los símbolos descritos. Oniromancia y simbolismo están siempre indisolublemente unidos. En cuanto al problema de la credibilidad de los sueños, esta resulta de las interferencias entre sueño y vigilia, con la consiguiente perplejidad del soñador.

---

[133] Véase A. Stoker, *Les Rêves et les songes*, pp. 21-31 y 45-46.

[134] «Estos se han preguntado, por un lado, lo que los sueños podrían significar, por otro, cuáles eran sus relaciones con el mundo de la vigilia o, si se prefiere, qué grado de credibilidad convenía atribuirles», R. Caillois, «Prestiges et problèmes du rêve», p. 24; el mismo crítico aborda las inquietudes paralelas que afrontan la «densidad ontológica» (*densité ontologique*, p. 31) de estas relaciones entre el mundo del sueño y el de la vigilia.

Sin duda, todos estos asuntos son importantes, pero podrían obrar en nuestra pesquisa a modo de trampantojos y extraviarnos de nuestra epistemología mitológica del onirismo: ¿qué criterios justifican un hipotético carácter mítico? En efecto, desde un punto de vista mitocrítico, es indispensable la confluencia de las dimensiones natural y sobrenatural. De no darse esa convergencia, todo quedará en relato onírico, mera imaginación del soñador, sin que el mundo sobrenatural intervenga para nada en su vida «real». Las siguientes reflexiones indagan en una serie de sueños antiguos, medievales y modernos con el objetivo único de identificar en qué consiste el sueño mitológico.

Sueños de la Antigüedad

1. Escipión Emiliano y el soldado Er

Dos textos (uno de Macrobio, otro de Platón) nos proporcionarán algunos criterios inconfundibles para valorar el carácter mítico de los sueños.

Uno de los sueños más célebres de la literatura clásica viene narrado por Escipión Emiliano en *Sobre la república (De re publica)* de Cicerón (VI, 9-29). Siendo tribuno militar en África, en 149 a.C., recibe en sueños una aparición de su abuelo, Escipión el Africano o el Viejo, que le transmite consejos morales (la fatuidad de la fama), describe la configuración del cosmos, anuncia su porvenir inmediato (su cometido en Cartago y Roma) y revela la existencia del Cielo (lugar «donde los bienaventurados gozan de la eternidad»). Debemos la preservación de este sueño a Macrobio, quien lo incluye, en forma de extracto, en su *Comentario al Sueño de Escipión* (comienzos del siglo v).

En su preámbulo y en varios lugares del *Comentario*, el gramático romano establece un paralelismo entre el sueño de Escipión Emiliano y la visión de Er, soldado de Panfilia. Esta visión y sus circunstancias habían sido primeramente relatadas por Platón. En su *República*, con objeto de ejemplificar a Glaucón la importancia de la justicia y la inmortalidad del alma, Sócrates narra el suceso acaecido al militar:

> te voy a contar […] el relato de un bravo varón, Er el armenio, de la tribu panfilia. Habiendo muerto en la guerra, cuando al décimo día fueron recogidos los cadáveres putrefactos, él fue hallado en buen estado; introducido en su casa para enterrarlo, yacía sobre la pira cuando volvió a la vida y, resucitado, contó lo que había visto allá[135].

Básicamente, el militar revela el destino de las almas después de la muerte: su recompensa o su castigo según hayan sido justas o injustas, la disposición del cosmos, las vicisitudes de las almas cuando regresan a la condición mortal.

---

[135] Platón, *República*, X, 614b, C. Eggers Lan (ed.), en *Diálogos*, IV, p. 487. Aunque el pasaje donde Cicerón también contaba el mito de Er se ha perdido, todo un elenco de filósofos platónicos lo comenta. Así lo resume el mentado Macrobio: «herido en combate y dado por muerto, estaba, al cabo de once días, a punto de recibir los últimos honores de la pira, junto con otros que habían perecido con él, cuando, de repente, recobró la vida, o la retuvo, y se puso a contarle al género humano, como quien hace revelaciones públicas, todo lo que había hecho y visto durante los días que había pasado entre una y otra vida», Macrobio, *Comentario al «Sueño de Escipión» de Cicerón*, I, 1, 9, F. Navarro Antolín (ed.), p. 128.

Desde el punto de vista narratológico, la principal diferencia entre los textos latino y griego radica en la voz de los distintos narradores (la diégesis de Er aparece narrada por un Sócrates extradiegético) y en el modo enunciativo propio al acontecimiento narrado (diálogo en el caso de los dos Escipiones, narración y descripción en el de Er). No es esto, sin embargo, lo que ahora interesa. Lo crucial es determinar las condiciones de posibilidad del auténtico sueño mitológico; saber en qué medida una experiencia onírica puede ser tildada de mítica.

Desde el punto de vista temático, la principal divergencia entre aquel sueño de Escipión Emiliano y este relato de Er estriba en las teorías de la resurrección y transmigración de las almas, aquí aplicables al soldado. Ambos textos versan sobre personajes sobrenaturales y refieren escatologías absolutas (el destino de los protagonistas y de las almas tras la vida terrena); pero solo uno de ellos, el platónico, presenta la heterogeneidad biofísica requerida por el mito. En efecto, la visión nocturna relatada por Escipión Emiliano ocurre únicamente en sueños; será considerada, en principio, como una fantasía enmarcada en una atmósfera onírica. En cambio, el episodio de Er acaece realmente en el espacio y tiempo de los demás soldados y ciudadanos: todos lo han visto caer en combate y regresar a la vida; será, por tanto, considerado como un acontecimiento físicamente constatable. La resurrección del soldado Er es un evento extraordinario que rubrica, si no la veracidad de su visión (imposible de corroborar), al menos su reviviscencia, ocurrida diez días después de su defunción en el campo de batalla. Este acontecimiento es índice del mito.

¿No podemos considerar el sueño de Escipión Emiliano como un sueño mítico? Sí, pero solo *a posteriori*. Veámoslo.

Con ánimo de especificar el tipo de visión experimentada por el cónsul, Macrobio establece la siguiente clasificación:

> De entre todas las visiones que se nos ofrecen en sueños, cinco son las variedades principales, con otras tantas denominaciones. Están, en efecto, según los griegos, el *óneiros*, que los latinos llaman *somnium* (sueño enigmático); el *hórama*, denominado con propiedad *visio* (visión profética); el *chrēmatismós*, que recibe el nombre de *oraculum* (sueño oracular); el *enýpnion*, llamado *insomnium* (ensueño), y el *phántasma*, que Cicerón, cada vez que tuvo necesidad de este término, tradujo por *visum* (aparición)[136].

Seguidamente, el gramático descarta, por irrelevantes para su propósito, el «ensueño» y la «aparición», perturbaciones producidas por una disposición del alma o del cuerpo durante el sueño o a medida que el alma cae en el reposo profundo. Los tres tipos remanentes pueden subsumirse en uno solo, pues la «visión profética» y el «sueño oracular» difieren solo en el carácter del transmisor (natural en la primera, sobrenatural en el segundo), y el «sueño enigmático» se caracteriza solo por su modo de transmisión (a través de «símbolos», que requieren de una hermenéutica para su interpretación). No en

---

[136] Macrobio, *Comentario al «Sueño de Escipión» de Cicerón*, I, 3, 2, ed. cit., p. 137. Las cinco categorías figuran en la *Onirocrítica o Interpretación de los sueños*, de Artemidoro de Daldis (siglo II d.C.), quien considera el *phantásma* como una especie del *enýpnion*; la cita de Cicerón proviene de *Cuestiones académicas*, I, 40 y II, 18 y 77, J. Pimentel Álvarez (ed.), pp. 16 y 58 respectivamente.

vano, el mismo Macrobio asegura que el sueño de Escipión Emiliano abarca en su conjunto los tres tipos de visión[137].

Pues bien, dos años después de la visión, en 147 a.C., el tribuno Escipión fue elegido cónsul, y en 146, como procónsul, destruyó Cartago, obteniendo el sobrenombre de Africano, que era ya el de su abuelo por adopción. Solo entonces, la visión del año 149 («Me mostraba Cartago desde un lugar elevado, lleno de estrellas, brillante y luminoso») se confirma como verdadera: el oráculo se ha cumplido. En este caso, mito y oráculo forman parte de un mismo y único conjunto, donde la profecía o predicción cumplida se convierte en «veri-dicción»[138].

Por supuesto, si la toma de Cartago solo hubiera tenido lugar en la ficción, también habría mito; estaríamos en un caso más próximo a la historia del soldado Er narrada por Platón. En ambos casos hay mito, porque un acontecimiento extraordinario de carácter sobrenatural (reviviscencia del soldado Er, cumplimiento del oráculo victorioso de Escipión Emiliano) viene a refrendar el choque inaudito de dos mundos biofísicamente heterogéneos. La inmanencia de este mundo se abre, por un lapso de tiempo, a la trascendencia del otro.

2. Belerofonte y Circe

Estos criterios para detectar el carácter mítico de determinados sueños pueden ser aplicados a otros relatos oníricos: veremos muy brevemente uno de Píndaro y otro de Apolonio.

Belerofonte se ve incapaz de domar el caballo Pegaso, hijo de Medusa, «hasta que un freno con cabezal dorado la virgen Palas le tra[e], y del ensueño al punto surg[e] para él el claro día». El hijo de Glauco y Eurímede se levanta de inmediato, toma «el prodigioso bocado a su lado puesto» y lo muestra al adivino de la región, quien le ordena erigir

---

[137] «En efecto, es un oráculo, porque [Lucio] Paulo Emilio y Escipión el Africano, ambos padres de Escipión, ambos hombres venerables e influyentes, y vinculados al sacerdocio, le revelaron su futuro. Es una visión, porque vio los parajes donde él habitaría tras su muerte y su futura condición. Es un sueño, porque la altura de las cosas que le fueron reveladas, ocultas por la hondura de la sabiduría, no puede ser accesible para nosotros sin la ciencia de la interpretación», *ibid.*, I, 12, p. 141.

[138] Otro tanto cabe decir del sueño de Jacob, durante su huida de Esaú: «Tomó una de las piedras del lugar, se la puso por cabezal, y acostóse en aquel lugar. Y tuvo un sueño; soñó con una escalera apoyada en tierra, y cuya cima tocaba los cielos, y he aquí que los ángeles de Dios subían y bajaban por ella. Y vio que Yahveh estaba sobre ella, y que le dijo: "Yo soy Yahveh, el Dios de tu padre Abraham y el Dios de Isaac. La tierra en que estás acostado te la doy para ti y tu descendencia. Tu descendencia será como el polvo de la tierra y te extenderás al poniente y al oriente, al norte y al mediodía". [...] Levantóse Jacob de madrugada, y tomando la piedra que se había puesto por cabezal, la erigió como estela y derramó aceite sobre ella. Y llamó a aquel lugar Betel. [...] Jacob hizo un voto, diciendo: "Si Dios me asiste y me guarda en este camino que recorro, y me da pan que comer y ropa con que vestirme, y vuelvo sano y salvo a casa de mi padre, entonces Yahveh será mi Dios; y esta piedra que he erigido como estela será Casa de Dios"», Gn 28, 11b-22a. La escalera que se eleva al Cielo (motivo mesopotámico simbolizado por las torres de pisos o *zigurats*) y la fundación del santuario en Betel (*beit-El*, «casa de Dios») son figuras de la providencia divina, cuya constatación se torna verdadera, se verifica, en la extensión de la descendencia de Jacob, tanto en sentido judío («ya no te llamarás Jacob, sino que tu nombre será Israel», Gn 35, 10) como cristiano (por el carácter universal de la nueva casa de Dios, la Iglesia). El sueño de Jacob no es invención, sino predicción.

un altar a Atenea Ecuestre e inmolar un toro a Poseidón. Apenas obedece, Belerofonte captura al animal y con la brida hechizada modera su fogosidad, monta sobre él ceñido «con armadura de bronce, [y] al instante le hac[e] marcar un trote de guerra»[139]. Hijo de tal madre, Pegaso no podía ser domesticado; que lo haya sido es un acontecimiento extraordinario. No lo es menor el descubrimiento hecho por Belerofonte al despertar: el freno dorado que halla cabe sí es prueba fehaciente del sueño que, de inmediato, se torna mítico por verdadero; de lo contrario, todo habría quedado en pura fantasía onírica.

La verificabilidad de los sueños míticos no solo apunta hacia el futuro: también puede enfocar el pasado. Es conocida la facultad de hablar que tenía el madero ajustado por Atenea en mitad del estrave de la nave Argo. Gracias a ese madero, Jasón y Medea oyen «que no escapar[án] a los duros trabajos del largo mar, ni a sus tormentas terribles si Circe no [lava] anteriormente la muerte implacable de Apsirto». Apenas penetran en el puerto de Eea, encuentran a la maga «lavando su cabeza en las aguas del mar [...] por causa de unos sueños nocturnos»[140]. Tras acoger a la pareja junto al hogar, Circe colige por sus gestos «su cruel destino fugitivo y la maldad de su crimen»; procede entonces al sacrificio expiatorio para calmar la cólera de las Erinias y alcanzar la benevolencia de Zeus. Seguidamente, les pregunta por la razón de su venida; Medea relata la expedición de los héroes y la razón de su huida, pero omite la muerte de su hermano. De poco le sirve, porque «Circe no dej[a] de advertirlo en su mente». Maga intuitiva, Circe no tarda en hilar su basca nocturna con el asesinato de su sobrino: hay una cadena invisible que une, en la zozobra de la alucinación, la desolación de su alcoba con la de su familia. En casos como este, el sueño desvela la verdad mediante un proceso metafórico.

Los sueños de la Antigüedad son, en su gran mayoría, de carácter anticipatorio; anuncian acontecimientos futuros: la muerte de los pretendientes de Penélope, la victoria de Escipión, la doma del caballo Pegaso... También revelan hechos pasados: el asesinato de un hermano[141]. Y cuando desvelan estados inverificables (la vida de las almas en el más allá), esta revelación es confortada por las circunstancias particulares que la rodean (la revitalización de un muerto en el campo de batalla). En todos los casos se trata de mensajes veraces. Las verdades más sobrecogedoras –aquellas donde confluyen mundos heterogéneos– tienen el sueño como canal habitual de comunicación.

---

[139] Píndaro, *Olímpica* XIII, v. 63-87, *Odas y fragmentos*, A. Ortega (ed.), pp. 133-134. Tomo este ejemplo de R. Caillois, «Prestiges et problèmes du rêve», p. 34.

[140] Apolonio, *Las Argonáuticas*, IV, v. 663-664, M. Pérez López (ed.), p. 311. En este sueño de Circe, parecía que su alcoba lloraba y que sus brebajes ardían; dicho de otro modo, «las formas distorsionadas transfigura[n] la casa en un objeto con vida, dentro de un espacio onírico compuesto de elementos desplazados de su cotidianeidad», M. Gómez Jiménez, *Proyección del mito de Circe en la literatura hispánica*, p. 80.

[141] También hay casos donde el sueño no se refiere al futuro ni al pasado, sino al presente. El sueño de Ptolomeo I es emblemático a estos efectos. Cuenta Tácito que «se le apareció mientras dormía un joven de extraordinaria belleza y estatura sobrehumana, que le aconsejó que hiciera traer su estatua, enviando para ello al Ponto a sus amigos más fieles», *Libros de las historias*, IV, 83, J. Soler Franco (trad.), p. 219. El descubrimiento de aquella estatua en Sínope, junto al mar Negro, confirma la autenticidad del sueño; véase R. Caillois, «Prestiges et problèmes du rêve», p. 34. Probablemente se trataba de una confusión con el templo Serapeum de Menfis, donde se rendía culto a Osirapis, resultante de la fusión de Osiris y Apis; véase «Ptolomeo I, el primer faraón griego de Egipto», *National Geographic España* [24 de junio de 2013].

Sueños de la Edad Media

1. *Roman de la rose*

Uno de los sueños más célebres de la Edad Media compone la casi totalidad de las dos partes del *Roman de la rose*[142]. La parte compuesta por Guillaume de Lorris (*ca.* 1230, 4.058 versos) es una suerte de *ars amatoria* al modo cortés. El protagonista cuenta un sueño ocurrido cinco años antes: en un prado hermoso ve una rosa (metáfora de la mujer amada) que no podrá coger sino tras múltiples pruebas –obstáculos impuestos por una serie de alegorías o abstracciones personificadas (Peligro, Castidad, Maledicencia, Vergüenza, Celos...)–, gracias a una serie de ayudantes también personificados (Buena Acogida, Dulce Mirada, Franqueza...) y a los consejos de Amor para conducirse como más conviene (evitar murmuraciones y sentimientos rastreros, vestir y hablar con gracia y galantería...). Poco antes del final de la redacción, el texto, inconcluso, presenta al Amador desesperado, «fuera de los muros, condenado [...] a seguir sufriendo», y a su auxiliar Buena Acogida encerrada por Celos y vigilada por una vieja impasible.

En la parte redactada por Jean de Meung (*ca.* 1275, 17.722 versos), la delicadeza y elegancia dejan paso a un arte práctico de amar –con tintes naturalistas, cuando no obscenos– y a un compendio de asombrosa erudición sobre los amantes y filósofos de la Antigüedad y las ciencias de la época. Los personajes adquieren aquí cuerpo respecto a los encontrados en la parte de Guillaume de Lorris; así, la vieja aparece convertida en un aya intratable con los amantes pobres, pero alcahueta con los ricos. Paralelamente, Jean de Meung defiende el amor desinteresado y lanza una sátira aguda contra las órdenes monásticas, la monarquía y las mujeres.

El comentador del *Sueño de Escipión* previamente analizado es, precisamente, una fuente explícita del *Roman de la rose*:

> Hay muchas personas que dicen que en sueños todo es fábula, todo una mentira; no obstante, sucede que pueden soñarse cosas que no son nada fabulosas sino que, al contrario, son muy verdaderas. Y así yo podría traer de testigo un autor famoso llamado Macrobio, que nunca a los sueños tuvo por quimeras y que describió aquella visión que le sucedió al rey Escipión. [...] Así, cuando yo cumplí veinte años, al punto en que Amor toma posesión de todos los jóvenes, estaba acostado una bella noche, tal como solía, y quedé dormido muy profundamente; un sueño me vino mientras dormía...[143]

Clasifiquemos el sueño del protagonista en función de la tipología de Macrobio. Excluyamos de partida el *insomnium* y el *visum*, por cuanto no proporcionan ningún elemento adivinatorio del futuro; prescindamos también del *oraculum* y la *visio*, por cuanto

---

[142] «Y si acaso alguno quisiera saber cómo quiero yo que la narración que voy a iniciar sea conocida, quiero que se llame *Roman* de la rosa, do está contenido el arte de amar», Guillaume de Lorris, *Roman de la rose*, v. 34-38, J. Victorio (ed.), p. 54. Sobre la grafía del título, caben todas las posibilidades: si lo hispanizamos como *Román de la rosa*, nos encontramos con que el sustantivo «román» no equivale a 'romance', sino que significa 'lengua romance' y está ya en desuso (es «el román paladino / en el qual suele el vulgo fablar a su vezino»). En español, la traducción menos mala es *Romance de la rosa*, dado que se trata de un poema narrativo en octosílabos, pero se presta a equívoco con nuestros romances.

[143] *Ibid.*, v. 1-26, pp. 53-54.

desvelan los acontecimientos tal como se producirán; nos queda el *somnium* (*óneiros* o sueño enigmático del futuro), que reclama una interpretación procedente de la experiencia venidera del soñador[144].

La innovación de Guillaume de Lorris respecto a las tradiciones antigua, bíblica e incluso medieval es palmaria: preferencia del alegorismo moral frente al animal (presente, p. e., en la *Canción de Roldán* o la *Vulgata* artúrica), preferencia del sueño como estructura básica (no como una parte secuencial más) de un relato centrado en la temática amorosa[145]. ¿Cabe hablar de mito? Ambas partes contienen referencias a relatos míticos; limitémonos a la primera y pongamos un ejemplo entre tantos similares. Sobre una piedra junto a una fuente, se pueden leer las siguientes palabras: «ahí arriba murió el bello Narciso»[146], seguidas de un prolijo relato sobre las desgracias de Eco y su insensible amado.

La crítica ha establecido eruditas semejanzas entre el protagonista de las *Metamorfosis* de Ovidio y el soñador del *Roman*: de igual manera que el impasible joven queda inmóvil a la vista de sí mismo reflejado sobre el agua, así le ocurre al amador de Lorris: «durante largo tiempo estarás ausente como una imagen muda, que ni se agita ni se mueve»[147]. Pero este paralelismo adolece de inexactitud e impertinencia: el amador del texto francés es un negativo exacto del joven del texto latino, incapaz de amar a una mujer y enamorado solamente de la ilusión reflejada sobre el agua. Por si fuera poco, en ningún momento el amador de Guillaume de Lorris es presa del destino sobrenatural: no olvidemos que la desgracia de Narciso obedece a una maldición de una ninfa despechada, condena que aprueba Némesis: «asintió la Ramnusia a la justa petición»[148]. Como expresamente declara el autor en los versos liminares, el *Roman de la rose* es el relato de un sueño premonitorio de un acontecimiento amoroso[149]. No nos llamemos a engaño: como veremos más adelante, nunca una referencia mítica, simplemente por estar encastrada en el interior de un texto, lo convierte en mítico.

Ciertamente, muchos textos míticos pueden ser interpretados como alegorías de diversas situaciones existenciales. De igual modo, los prosopomitos resultan de determinadas operaciones a partir de prosopopeyas. Pero sería inadmisible deducir el carácter mítico de un texto dado a partir, exclusivamente, de estas u otras figuras retóricas: equivaldría a reducir la mitología a los escuetos muros del formalismo.

---

[144] «Se llama propiamente sueño a aquel que oculta con símbolos y vela con enigmas la significación, incomprensible sin interpretación, de aquello que muestra», Macrobio, *Comentario al «Sueño de Escipión» de Cicerón*, I, 3, 10, F. Navarro Antolín (ed.), p. 140.

[145] Para una profundización sobre el carácter innovador y la tipología onírica en el *Roman de la rose*, véase A. Strubel, «Écriture du songe et mise en œuvre de la "senefiance"», pp. 150-155.

[146] «qu'anqui desus / Se mori li biaus narcisus», v. 1.434-1.435, *Le Roman de la rose*, A. Strubel (ed.), pp. 118-120.

[147] «Et une grant piece seras / Ausis com une ymage mue / Qui ne se crole ne remue», vv. 2.284-2.286, *ibid.*, p. 166. Según M. Mikhaïlova-Makarius, «esta petrificación del amante en el momento de la representación del objeto amoroso es un eco del mito de Narciso», «Le Roman de la Rose de Guillaume de Lorris, roman coffret, roman à coffrets».

[148] Ovidio, *Metamorfosis*, III, 406, A. Ruiz de Elvira (trad.), I, p. 104. Ramnusia es sobrenombre de Némesis, adorada en su templo de Ramnunte, en el Ática septentrional.

[149] «un sueño me vino mientras dormía. […] Y en este mi sueño nada sucedió, ni un solo detalle, que después los hechos no hayan confirmado tal como soñé», Guillaume de Lorris, *Roman de la rose*, I, v. 26-30, ed. cit., p. 42.

2. Infierno de los enamorados

En España, el *Roman de la rose* fue apreciado por el Marqués de Santillana, como leemos en su *Proemio y carta* al condestable de Portugal[150]. El *Infierno de los enamorados*, del mismo autor, nos interesa por cuanto inaugura, mediante el recurso al sueño, el subgénero literario de los «infiernos de amor». En la tardía Edad Media estas catábasis o visitas al Inframundo –adaptaciones del Infierno de Dante– conocieron un favor particular[151].

En el *Infierno de los enamorados*, «la Fortuna que no çessa» lleva al poeta por «una montaña espessa» donde no sabe «quál camino seguir», hasta que «por la noche [cae] cansado / del sueño que [le] vençía»[152]. Dormido, queda por completo «fuera de [su] poderío» y «privado [del] franco alvedrío». No por ello nos contará patrañas («siguiendo líneas rectas, / fablaré non infintoso»). Allí le asalta un puerco monstruoso –fiera semejante al «de Calidonia» y eco incuestionable de la lujuriosa loba de la *Divina Commedia*[153]– del que lo salva Ypólito, joven caballero hermoso, casto, cortés y, para mayor abundamiento, «quebrant[ador] de las cadenas de Cupido». El hijo de Teseo –que «nunca fue enamorado» y siempre se guardó «de ser burlado»– ofrece sus servicios como guía del inhóspito lugar. Tras atravesar un «valle […] fragoso», ambos llegan a «un castillo espantoso» cercado por fuego y foso. Que las llamas no quemen a los visitantes es aviso mientras están vivos. La gran advertencia, no obstante, está en otro lugar: el consuetudinario desfile de «desconsolada gente» al otro lado del muro. Obvio las referencias a prosopomitos y teratomitos antiguos (Cadmo, Perseo, Dédalo, Cerbero, Minos, Plutón): aquí solo operan cual pretericiones, a modo de meras alusiones fantásticas. Cobran particular relieve las parejas de enamorados que discurren ante la mirada atenta del huésped: Filis y Demofonte, Cánace y Macareo, Eurídice y Orfeo, Paris y Helena, Eneas y Dido, Hero y Leandro, Aquiles y Políxena, Hipermnestra y Linceo, Semíramis y Nino, Ulises y Circe, Tisbe y Píramo, y Hércules e Íole. Todos estos adoradores de Venus llevan horadado el pecho, de donde sale un «fuego ençendido […] que los quema» mientras

---

[150] «D'entre éstos uvo onbres muy doctos e señalados en estas artes; ca maestre Iohán de Loris fizo el Román de la Rosa, "donde –commo ellos dizen– el arte de amor es tota inclosa"; e acabólo maestre Iohán Copinete, natural de la villa de Mun», Marqués de Santillana, *Prohemio e carta…*, en *Poesías completas*, M. A. Pérez Priego (ed.), II, p. 332.

[151] «Como procede fortuna…», de Juan de Andújar, recogida en el *Cancionero de Estúñiga* (*ca.* 1460); el *Purgatorio de amor*, del bachiller Ximénez («De sentir mi mal sobrado…»); el *Infierno de amor*, de Garci Sánchez de Badajoz («Caminando en las honduras…»), y el *Infierno de amores*, de Fernando de Guevara («A vos amarga llorosa…»), fueron recopiladas por Hernando del Castillo en el *Cancionero general* (1511); véase *Fábulas mitológicas en España*, J. M.ª de Cossío (ed.), I, pp. 37-42, M.ª J. Blanco Casals, «Los "Infiernos de amor" del Marqués de Santillana, Juan de Andújar y Guevara», pp. 75-83, y M. Gómez Jiménez, *Proyección del mito de Circe en la literatura hispánica*, p. 217.

[152] Marqués de Santillana, *El infierno de los enamorados*, *Poesías completas*, ed. cit., v. 1-81, I, pp. 225-230. Este *Infierno de los enamorados*, aparecido por vez primera en el *Cancionero de Palacio*, ha sido fechado hacia 1440. Íñigo López de Mendoza también es autor de un *Sueño* («Oyan, oyan, los mortales…»), composición erótico-bélica de 540 versos que expone «las batallas campales» que movieron entre Venus y Diana para prender al poeta en medio; se encontrará en esta misma edición de *Poesías completas*, M. A. Pérez Priego (ed.), I, pp. 195-224. Los tres títulos (*Proemio y carta, Infierno de los enamorados y Sueño*) son de publicación póstuma.

[153] «Luego, una loba, flaca y ominosa, / de deseos cargada en su flacura», Dante, *Divina comedia*, Infierno, I, vv. 49-50, A. Echeverría (trad.), p. 5; «Ed una lupa, che di tutte brame / sembiava carca ne la sua magrezza», Dante, *Inferno*, J.-C. Vegliante (ed.), p. 16.

mansamente se plañen. Curioso, el poeta pregunta por sus cuitas a Macías; el célebre amador de la corte de Enrique de Villena se lamenta con los demás condenados de «los bienes que per[dieron] y del gozo que pas[aron], mientras en el mundo bivi[eron]»; todos asumen su desesperada condena y previenen a los vivos de los tormentos que los esperan si siguen «d'Amor sus vías». La medicina surte efecto: vuelto a tierra de vivos, el poeta –que a Ypólito había declarado su decisión de «servir Amor»– renuncia a esta locura.

Divagación en primera persona, esta catábasis ofrece en modo alegórico una amonestación moralizante tanto más efectista cuanto que solo presta atención a los sufrimientos actuales de los amantes. El descarte de personajes míticos solitarios (Cadmo, Perseo…) reviste de realidad, por contraste, a los personajes míticos emparejados (Filis y Demofonte…); aquellos se caracterizan por estar ausentes, y su mención va precedida de partículas negativas («Non vimos al can Çervero, a Minus nin a Plutón»), estos, por partículas adversativas y unidos por conjunciones aditivas («mas Félix [sic] e Demofón, / Canasçe e Macareo»): de todo ello resulta un efecto de verosimilitud que realza el carácter mítico de la visión. El poeta no fantasea, nos cuenta la verdad que le fue desvelada. ¿Visión mítica? Si aplicamos los criterios antes expuestos, nos será imposible detectar momento alguno donde confluyan mundos heterogéneos: todo el relato del infierno se enmarca en la imaginación fantasiosa del sujeto; nada de él afecta al mundo ordinario del soñador.

Sueños de las edades Moderna y Contemporánea

1. A Midsummer Night's Dream (Shakespeare) y La vida es sueño (Calderón)

Otro texto inexcusable en nuestro análisis: *Sueño de una noche de verano*, de Shakespeare (*ca.* 1594). Como telón de fondo, las bodas de Teseo e Hipólita (actos I y V), en las que tendrá lugar la representación de la tragedia *Píramo y Tisbe*. Entre los preparativos y la celebración, asistimos a las declaraciones amorosas de Lisandro y Demetrio a Hermia, que ama al primero, y de Helena a Demetrio, sin ser correspondida. La magia cambia las tornas: el distraído duende Robin Goodfellow deposita por error una pócima (*juice*) sobre los párpados de Lisandro; a su vez, Oberón, rey de las hadas, deposita otro tanto sobre los de Demetrio: de inmediato, ambos jóvenes quedan arrobados ante Helena. Una nueva pócima (*liquor*) reajusta las parejas de enamorados: Lisandro y Hermia, por un lado; Demetrio y Helena, por otro. Entretanto, el duende Robin ha cambiado la cabeza de Bottom por la de un asno, circunstancia que permite a Oberón la sustracción a Titania de un niño indio, del que él estaba celoso y al que destina para su séquito. Tras la representación de *Píramo y Tisbe*, Robin trata de rebajar el grado de la realidad de la representación: «Si los actores os han ofendido, pensad que todo ha sido reparado: cuando aparecieron estas visiones estabais dormidos; y esta tonta y ociosa historia no fue más que un sueño»[154].

---

[154] «If we shadows have offended, / Think but this, and all is mended: / That you have but slumbered here, / While these visions did appear; / And this weak and idle theme, / No more yielding but a dream», W. Shakespeare, *A Midsummer Night's Dream*, V, Epilogue, 1-6, en *The Complete Works*, S. Wells y G. Taylor (eds.), p. 332.

Ahora bien, si el duende lleva razón, nada ha sido real, todo ha sido fruto de una fantasía onírica, en cuyo caso nada de cuanto hemos visto acarrearía consecuencias en el mundo representado. ¿Tenemos argumentos para tomar su sugerencia en serio? ¿Ha sido todo solo un sueño?

Conviene recordar el «jugo» utilizado por Oberón. Procede de una flecha lanzada por Cupido, que las doncellas llaman «amor en el ocio» *(love-in-idleness)*; depositado en los párpados de un durmiente, provoca su amor por la primera criatura con la que tope al despertar. Así, Titania se enamora de Bottom con cabeza de asno, y Lisandro y Demetrio de Helena. ¿Amor verdadero o amor soñado? El texto no desciende a detalles, pero el impulso amoroso de los amantes es auténtico: Titania cae en ridículas pleitesías hacia Bottom y los nuevos amantes de Helena están, como rivales, a punto de batirse en duelo. Tan alarmante es la nueva situación, que el rey de las hadas decide revertirla. De ahí que Robin deposite unas gotas del jugo sobre los párpados de Lisandro (mientras pronuncia las palabras «Cuando despiertes serás dichoso de ver a la mujer que antes amabas») y Oberón haga otro tanto sobre los de Titania (mientras pronuncia las palabras «Sé como solías ser, ve como solías ver. Este capullo pertenece a Diana y tiene el poder de deshacer los efectos de la flor de Cupido»)[155]. Como era de esperar, gracias al afrodisíaco, todos se emparejan como conviene.

La verosimilitud no produce realidades. Lo comprobamos en la discusión de los actores sobre los problemas de la futura representación de *Píramo y Tisbe*. ¿Cómo hacer creer al público que Píramo se suicida cuando, en realidad, no se suicida?, ¿cómo disimular un león que, indefectiblemente, producirá espanto en las damas?, ¿cómo obtener el brillo de la luna que propicia los encuentros amorosos o el muro a través del cual, según la leyenda, conversan los amantes? Llegado el momento, Quince ofrece en un largo prólogo las claves para la comprensión de lo representado: «Este hombre es Píramo», «esta hermosa señora es Tisbe», «este hombre con cal y cemento representa el muro», «este hombre, con linterna, perro y arbusto representa el brillo de la luna», «esta bestia que se llama "león"»... Estas indicaciones (didascalias encubiertas) y la frustración de los espectadores muestran los problemas de la verosimilitud, sobre todo, cuando la imitación es desafortunada. Por contraste, ni los espectadores Teseo e Hipólita ni los mismos amantes afectados (y tampoco nosotros) han dudado de todas las transformaciones amorosas operadas en Titania, Lisandro y Demetrio. La razón última estriba en que, dentro del mundo de la ficción, han sido auténticas.

Si las modificaciones son auténticas, también lo es su trascendencia: la metamorfosis de la cabeza de Bottom y los súbitos impulsos amorosos de tres personajes atenienses son una irrupción del mundo trascendente en su mundo, representado por la escena. La trascendencia sagrada rubrica la dimensión mítica del texto.

Un episodio de la exitosa serie *Grimm* está, según creo, inspirado en la obra de Shakespeare. Merece dedicarle unas líneas para constatar las condiciones de adaptación. Con ánimo de festejar el cumpleaños de Monroe, Rosalee lo invita con sus amigos (el equipo dedicado a la caza de seres sobrenaturales) a un fin de semana en un fastuoso

---

[155] «When thou wak'st thou tak'st / True delight in the sight / Of thy former lady's eye» y «Be as thou wast wont to be, / See as thou wast wont to see. / Dian's bud o'er cupid's flower / Hath such force and blessed power», *ibid.*, III, 3, 39-42 y IV, 1, 70-73, pp. 326 y 327 respectivamente.

hotel. Para su desgracia, el camarero Randy (un *Wesen*) descubre entre los invitados a Nick (el policía responsable de que su padre esté recluido en prisión), y decide tomar venganza. Aprovechando que todos han ido de excursión, Randy se introduce en sus habitaciones, recoge un pelo de cada huésped y lo introduce en bolsitas de plástico convenientemente numeradas. Seguidamente elige y vierte el vino *Amor de infierno (sic)* en copas, sobre las que deja caer un poco de su propia saliva y, en cada una, uno de los pelos previamente apartados. Tras la cena, ofrece a los huéspedes un vino excepcional: invita la casa. Todos aceptan agradecidos, excepto Rosalee, embarazada. El despertar, a la mañana siguiente, es indescriptible; en medio de dolores de cabeza generalizados, cada cual desdeña a su pareja y se siente irresistiblemente atraído por quien menos espera: Adalind se declara a Monroe, este a Eve, esta a Nick, este a Rosalee, el sargento Wu a una empleada del hotel (adviértase la excusa: «El amor [...] nada puede ante las poderosas flechas de Cupido»[156]). Para complicar la situación, Hank, que había bebido una copa suplementaria, amanece enamorado de sí mismo y contorneándose frente al espejo... Del amor rechazado y los celos solivantados a la batalla campal no hay más que un paso. La situación se torna grave, y habría sido irresoluble si Rosalee, que se abstuvo de probar el vino, no hubiera tomado cartas en el asunto. Cuando el *Wesen* Randy muere, todos recobran su estado primigenio, normal, convencidos de que el desbarajuste solo ha sido un mal sueño. Ni mucho menos: todo ha sido una horrorosa realidad. No por instintivas e imperiosas, las súbitas atracciones amorosas han dejado de ser, como en la obra del dramaturgo inglés, auténticas. Sin volición, el ser humano deja de serlo; por eso estas situaciones, en el teatro y la televisión, solo han sido una cuestión temporal: para procurar un rato de diversión, como confiaba Robin a su público en la pieza de Shakespeare, o para incitar a la precaución, como se lee en la cara del equipo cuando, pasado el peligro, celebran, aliviados por fin, el cumpleaños de Monroe y una camarera les ofrece, de nuevo, un vino (inocuo) de la casa.

Calderón dedicó un drama al conquistador de Cartago (*El segundo Escipión*, repr. 1677), pero sin hacer alusión al célebre relato onírico. En cambio, el acto de soñar y la reflexión sobre la realidad de lo soñado acaparan la atención en su pieza más conocida, *La vida es sueño* (repr. 1636), centrada en la condición inestable de la naturaleza. Hindúes, persas, judíos, griegos y latinos habían reflexionado abundantemente sobre la ilusión de lo mundano (baste recordar la alegoría platónica de la caverna o la senequista de la cárcel[157]). En la literatura española, abundan los relatos en que un personaje, debido a la ingesta de vino o de un opiáceo, vive una experiencia extraña a su condición y deduce el carácter onírico de la vida[158]. El éxito de Calderón consiste en la bella exposi-

---

[156] «Love [...] is lost to Cupid's mighty dart», *Grimm*, temp. 7, ep. 6, bajo el título, harto elocuente, *«Blind Love»*. Los *Wesen* (del verbo «ser», en alemán) son humanoides que solo muestran su forma y su poder auténticos en determinadas circunstancias. La serie está libremente adaptada de algunos relatos de los hermanos Grimm.

[157] «Pero ¿de qué importancia es esta diferencia, si es una misma la cárcel en que estamos todos?», Séneca, *De la tranquilidad del ánimo*, X, A. de Castro (ed.), p. 41.

[158] Con anterioridad a Calderón, vale mentar el *Sendebar*, cuya traducción promovió el infante don Fadrique; su adaptación en el *Libro de los estados*, del infante don Juan Manuel, o el ejemplo «De cómmo la onrra deste mundo no es sinon commo suenno que passa», del *Conde Lucanor*. Entre los antecedentes auriseculares calderonianos, recordemos el acto III de la comedia *El natural desdichado*,

ción cristiana de la conjunción filosófico-religiosa entre la presciencia divina y el humano albedrío. Este ensamblaje es posible gracias al sueño del que el protagonista piensa haber sido presa; es decir, de nuevo el sueño considerado como mentira. Aquí me centraré en el comienzo del drama.

La llegada de Rosaura y del gracioso Clarín, al comienzo de *La vida es sueño*, se presenta como una ilustración de un viaje maravilloso cuyo medio de transporte es mítico: un hipogrifo los transporta por los aires desde España hasta Polonia. No es fútil señalar la ausencia de representación dramática del animal, únicamente referido, sin que los espectadores puedan verlo. Encomiables estudios han puesto de relieve la función estilística de esta metáfora: Rosaura apostrofa al animal apenas ausente, híbrido que fija la escena en una literatura elevada por sus reminiscencias «ariostescas» (el *Orlando furioso* hizo célebre al hipogrifo de Astolfo, y Astolfo se llama, precisamente, el caballero que ha deshonrado a Rosaura, en cuya búsqueda la dama viaja a Polonia). El recurso metafórico del hipogrifo interpela un más allá; la imaginación se desboca y accede, de inmediato, al terreno mitológico. El espectador queda predispuesto a la vertiginosa comedia que sigue.

En buena medida, el monstruoso animal indica cómo interpretar la pieza: el drama será la lenta eclosión del hombre (Segismundo) fuera de su «traje de fiera» gracias al inesperado aprendizaje impuesto por su padre: «que toda la vida es sueño, / y los sueños, sueños son»[159]. Pero nosotros mismos nos dejaríamos llevar por la ilusión si identificáramos la experiencia de Segismundo con un mito: todo ha sido efecto, dice el rey Basilio, del «opio que bebió». Ni el príncipe de Polonia, ni menos aún cada uno de los actores que lo representan, según la aguda reflexión de Camus, es un mito: todo se resume en la encarnación del carácter efímero de la vida[160]. El único mito válido (un teratomito) es el hipogrifo, del que sabiamente hace descabalgar el dramaturgo a Rosaura y a su criado en el noveno verso para no confundir al espectador.

Mediante un falso sueño, la comedia calderoniana invita a reflexionar sobre el carácter onírico de la vida humana; ni el reinado ni el sueño de Segismundo son reales: ambos son ficticios dentro del universo de la diégesis. Todo ocurre en un lapso de tiempo agenciado por el rey Basilio. Al final, la historia regresa al punto de partida, con la salvedad de la lección moral aprendida. El mundo de Calderón es, en este sentido, clásico o, mejor dicho, respetuoso de un orden lógico y universal. De algún modo –las excepciones confirman la regla–, esta propuesta perdura en la literatura y las artes hasta poco después de la Ilustración. Solo a finales del siglo XVIII, el discurso racional empieza a dar signos de agotamiento, hasta ceder el protagonismo al vendaval romántico.

---

de Agustín de Rojas, o *Barlaán y Josafat*, de Lope de Vega (1611, inspirada en el célebre relato medieval); véase Intr. de A. Valbuena Briones a su ed. de Calderón de la Barca, *Obras completas*, I, pp. 491-493.

[159] Calderón, *La vida es sueño*, II, en *Obras completas*, ed. cit., p. 522; la cita «en el traje de fiera yace un hombre / de prisiones cargado» se encuentra en I, p. 502. Véanse A. Labertit, «L'hippogriffe de *La Vie est un songe*», pp. 105-111, y P. Brunel, «La mythocritique au carrefour européen», p. 79. Un hipogrifo, es decir, un híbrido de un híbrido: mitad caballo y mitad grifo; matemáticamente: 50% caballo, 25% águila y 25% león.

[160] «Nunca el absurdo ha sido tan bien ni tanto tiempo ilustrado. [...] Dejado atrás el escenario, Segismundo ya no es nada. Dos horas después, se lo ve cenando en la ciudad. Quizá sea entonces cuando la vida es un sueño», A. Camus, *Le Mythe de Sisyphe*, en *Œuvres*, R. Enthoven (pref.), p. 301.

2. El sueño de la razón produce monstruos (Goya) y La muerte de un ángel (Jean Paul)

La etapa de las *pinturas negras* del pintor aragonés, revolucionarias para su época, está precedida por la correspondiente de los *caprichos*, uno de cuyos dibujos –*El sueño de la razón produce monstruos* (1797-1798)– parece estar diseñado para nuestro análisis. Los diferentes dibujos preparatorios confirman las reflexiones de Bonnefoy sobre las *pinturas negras* que habrán de venir: la importancia del segundo plano. No hay animales híbridos en el aguafuerte, pero sí animales nocturnos: murciélagos al fondo, búhos en torno al durmiente y, detrás, a sus pies, un felino (aparentemente, un gato). Como en las *pinturas negras*, este aguafuerte privilegia el espacio de lo quimérico, de lo informe que amenaza y desborda: con tal *capricho*, «la intuición se atreve a asomarse a lo desconocido»[161].

Nuestro error sería grande, no obstante, si traspusiéramos estos grabados al terreno del mito[162]. En sí mismos considerados, los murciélagos y los búhos no son míticos; su pretendida monstruosidad es solo metafórica, más precisamente, fantástica, resultado del rompimiento de las coordenadas espacio-temporales del mundo lógico. No hay, ni en el aguafuerte ni en la vida del personaje, dos mundos heterogéneos en simultaneidad: los «monstruos» son meras deformaciones que deambulan por su fantasía, no por su despacho. Apenas el durmiente torne a la vigilia, se asentará la lógica del mundo ordinario.

La producción de estos monstruos es la vertiente oscura del sueño de la razón; el romanticismo cree en la omnipotencia creadora de la imaginación: gracias a ella entramos en comunicación con lo infinito y lo desconocido. Así lo piensa Jean Paul, cuya obra, en su conjunto, «es un sueño inmenso»[163]. Más concretamente, en su vida y su producción literaria sueño y realidad comparten la misma comarca: no hay vallados entre uno y otra, no hay lindes ni líneas de demarcación.

En *La muerte de un ángel* (Jean Paul, 1788), el Ángel de la *última* hora, tras acoger con gesto dulce y delicado infinitos corazones humanos, manifiesta su deseo vehemente de «morir una vez como un hombre, para analizar sus últimos sufrimientos y poder mitigarlos»[164]. Este personaje penetra en el cadáver de un joven malherido en el campo de batalla y experimenta la ilusión de la muerte hasta en cuatro ocasiones. La segunda nos interesa.

Al caer la tarde, las fuerzas físicas del ángel se debilitan: el sueño comienza a vencerlo. Las imágenes interiores aparecen entonces enmarcadas por el fuego y el humo, los restos del día se mezclan en un caos colosal y un mundo sensible se apodera del personaje: es el universo onírico, que lo cubre en el abismo de la noche.

Entonces, tú, divino sueño, tomaste el vuelo ante su alma con tus mil espejos, y le mostraste en todos los espejos un círculo de ángeles y un cielo radiante; el cuerpo terrestre parecía

---

[161] Y. Bonnefoy, *Goya. Las pinturas negras*, P. Martínez (trad.), p. 109.

[162] El mismo Bonnefoy sostiene esto en otro de sus ensayos: «En los *caprichos* al menos, esta intuición pesimista vuelve todo al revés, […] conduce a Goya a plantear de lleno la gran cuestión nueva: lo que hace falta para que esta nada ceda el lugar a un posible ser-en-el-mundo reconocido en niveles diferentes a los del mito», *Goya, Baudelaire et la poésie*, p. 19.

[163] A. Béguin, *L'Âme romantique et le rêve*, p. 167.

[164] «Ach, ich will einmal sterben wie ein Mensch, damit ich seinen letzten Schmerz erforsche und ihn stille», Jean Paul, *Der Tod eines Engels*, en *Mussteil für Mädchen*, en *Quintus Fixlein*, en *Werke*, Norbert Miller y Gustav Lohmann (eds.), IV, p. 45.

separarse de él, con todas sus espinas. «¡Ah —exclamó en un vano arrobamiento–, mi sueño también fue mi fallecimiento!»[165].

Más que la ingenua incredulidad del ángel, importa el contenido de lo soñado. Apenas cae dormido, este espíritu comienza a soñar con ángeles y estrellas y sus reflejos en miles de espejos (*tausend Spiegel*), que, de inmediato, toma por la imagen de la muerte (*Das war nicht der Tod, sondern bloß das Bild desselben*). Así entendemos que, cuando esta llega, nuestro ángel vea todos esos ángeles radiantes, pero directamente, sin reflejo alguno (*tausend Engel flammten*). Cada cual sueña como quien es: el ángel de la última hora es moralmente bueno, tanto, que por su trance onírico solo discurren la bondad y la belleza.

Mas no está tampoco el mito en su sueño. El contenido de la imaginación (sea o no onírica) nunca tendrá razón de mito: ahí no hay choque de dos mundos, el inmanente y el trascendente. El mito, una vez más, está fuera de la imaginación del ángel: él mismo, entrando en contacto con el mundo sensible (el cuerpo del soldado moribundo), es quien propicia la irrupción del mito.

3. *Las ruinas circulares* (Borges) y *La tejedora de sueños* (Buero Vallejo)

Soñamos con los ojos cerrados, o abiertos, si nos afecta una ceguera progresiva y estamos convencidos de que el mundo de la ficción contiene una verdad superior a la que nos muestra la realidad empírica. *Las ruinas circulares* de Borges (1940) es un relato que produce una angustia de vértigo. Retoma el tema mítico de la creación del hombre. Un hombre gris venido del Sur llega a un templo en ruinas para entregarse en cuerpo y alma a su objetivo:

> El propósito que lo guiaba no era imposible, aunque sí sobrenatural. Quería soñar un hombre: quería soñarlo con integridad minuciosa e imponerlo a la realidad. Ese proyecto mágico había agotado el espacio entero de su alma[166].

Tras un intento fallido y muchos días de arduos esfuerzos, el soñador se impone purificaciones, adora a los dioses planetarios y consigue traer al mundo un «fantasma soñado» que todos —excepto el dios del Fuego y el mismo soñador— consideran «un hombre de carne y hueso». Esta «creación» ha exigido varios años, quizá lustros. El hombre gris se emplea con denuedo en la formación de su hijo (enseñanzas sobre los arcanos del universo, el culto del fuego), al que el dios envía seguidamente al templo del Norte. Súbitamente, un fuego arrasa todo a su paso y el hombre gris teme lo peor: que su hijo, al verse capaz de hollar el fuego sin quemarse, descubra su condición fantasmagórica. Sumido en estas cavilaciones, el mago soñador se encuentra rodeado por el incendio y observa, con terror, «que él también [es] una apariencia, que otro [está] soñándolo».

---

[165] «Aber dann flogest du, himmlischer Traum, mit deinen tausend Spiegeln vor seine Seele und zeigtest ihm in allen Spiegeln einen Engelskreis und einen Strahlenhimmel; und der erdige Leib schien mit allen Stacheln von ihm loszufallen. "Ach," sagt' er in vergeblicher Entzückung, "mein Entschlafen war also mein Verscheiden!"», Jean Paul, *ibid.*, pp. 46-47.

[166] J. L. Borges, *Las ruinas circulares*, en *Ficciones*, 1997, p. 57.

El relato trata de un sueño recíproco, a modo de espejo. El texto nombra al producto del sueño «fantasma», «mero simulacro» e, incluso, «Adán de sueño». Sin duda esta comparación con la modelación del primer hombre ha propiciado la interpretación de este relato como una reescritura del mito del gólem; erróneamente, pues en el cuento el resultado es incorpóreo. ¿Estamos, entonces, ante el mito de la creación del hombre?

El fantasma es algo más que «la proyección del sueño de otro hombre» (*ibid.*, p. 64). A diferencia de los fantasmas ordinarios, este «hijo irreal» tiene una entidad real extramental. La prueba la encontramos en la noticia de los dos remeros; ignorantes de la historia intramental del soñador, «le hablaron de un hombre mágico en un templo del Norte, capaz de hollar el fuego y de no quemarse». No importa que ese supuesto hombre no lo sea por completo; importa que tiene apariencia sensible, sin duda procedente de otro mundo. En este sentido, habría un atisbo de trascendencia: la animación del fantasma soñado resulta de la interactuación entre el soñador y el dios del Fuego.

Sin embargo, las últimas palabras del relato («comprendió que él también era una apariencia, que otro estaba soñándolo») permiten cuestionar esta primera conclusión. Si otro lo está soñando, todo él es un sueño de otro y, en consecuencia, todo el relato también puede serlo. En este caso, todo queda en la fantasía de otro soñador; no hay confluencia de dos mundos reales, todo queda recluido al mundo irreal de una imaginación: no hay mito.

El sueño representa, para Borges, «reflejos / truncos de los tesoros de la sombra», un complemento de «otro sueño» –la vigilia–, la aguja que permite «destejer el universo»[167]. El escritor recurre al sueño para afianzar su convicción de la realidad de la fantasía, en detrimento del mundo extramental: «Fácilmente aceptamos la realidad, acaso porque intuimos que nada es real»[168]. Solo queda la fantasía de la ficción. Pero en esta ficción –donde no hay realidad extramental– tampoco hay mito. Está bien que sea así: el mundo de la fantasía puede ser igualmente reparador.

A esta suerte de compensación reparadora se entrega Penélope en *La tejedora de sueños*, de Buero Vallejo (1952). La pieza dedica una parte considerable a la doble acción de la heroína, deshilachar lo hilado: «toda mi vida ha sido destejer… Bordar, soñar… y despertar por las noches, despertar de los bordados y de los sueños… ¡destejiendo!»[169]. Aquí la acción de bordar metaforiza la de soñar; el sueño, a su vez, representa la ilusión por la vuelta del marido. Pero la larga espera incurre en desengaño, metaforizado en la acción de destejer. Nada nuevo, de acuerdo con una posible etimología: la trama (*pēnē*) que la heroína teje no se corresponde con su mirada (*ōps*).

La mayor parte de la pieza la ocupa otra acción igualmente doble: hilar otros sueños a contrahílo de la primera labor, al margen de Ulises. Al principio, la rivalidad de tantos pretendientes halagó la vanidad y el amor propio de Penélope: su actividad de tejedora nocturna era su pequeña guerra de Troya, su revancha de Helena. Los años pasan, veinticinco aspirantes abandonan la espera y quedan cinco; solo uno, Anfino, la ama de veras, el único que la ve «eternamente joven». Pero este amante huérfano es pobre y

[167] J. L. Borges, «El sueño», en *El otro, el mismo* (1964); «El sueño», en *La rosa profunda* (1975), y «El sueño», en *La cifra* (1981), en *Poesía completa*, pp. 254, 389 y 557, respectivamente.

[168] J. L. Borges, *El inmortal*, en *El Aleph*, p. 23.

[169] Buero Vallejo, *La tejedora de sueños*, I, L. Iglesias Feijoo (ed.), p. 143.

pacífico; si ella lo elige en público, los demás no dudarán en asesinarlo. Ahí nacen los sueños que titulan la pieza:

> Y para eso destejo por las noches… Viuda y sin pensar ya en Ulises… (*Anfino se arrodilla y le besa las manos*). […] A todos les extraña que no quiera enseñar los bordados del sudario. […] Son demasiado íntimos. […] Hechos al calor de mi angustia de tejedora, son como yo misma. Son… ¡mis sueños! Mis sueños, que luego debo deshacer, todas las noches, por conseguirlos definitivamente algún día (II, p. 159).

El hilado del sudario de Laertes, pretexto homérico del retraso en la elección entre los pretendientes y símbolo de la espera por el marido amado, explica aquí la negativa a elegir a uno de ellos y simboliza la alegría de la amada. Esta innovación de Buero Vallejo al argumento tradicional modifica el contenido y la modalidad del sueño, no su carácter: sin irrupción de una trascendencia sobrenatural en el mundo de la heroína, el sueño aquí es imagen de un rechazo de la realidad vivida, en espera de la muerte, el gran «sueño liberador», como lo denomina Anfino instantes antes de ser alcanzado por las flechas de Ulises.

* * *

De una Penélope a otra, hemos tenido ocasión de recorrer importantes sueños de la literatura europea, desde la Antigüedad hasta el siglo XX. La literatura griega ofrece diversos pasajes donde un sueño se abre al mundo trascendente: una revivificación, una brida encantada, una particular pesadilla nocturna son algo más que meras aprensiones; señalan confluencias de dos mundos irreducibles. Otro tanto ocurre en los albores de la literatura moderna, donde una pócima sobrenatural y un animal monstruoso son capaces, respectivamente, de provocar impulsos afrodisíacos y de transportar a una mujer por los aires. El caso de la literatura alegórica medieval y renacentista es diametralmente distinto: aquí todo se clausura en la inmanencia del imaginario; y lo mismo cabe decir de los ejemplos románticos y contemporáneos. Quizá el más señero sea el de Borges. En *Las ruinas circulares* asistimos a una aplicación singular del tema mítico de la creación humana; como si el hombre gris fuera un nuevo Dr. Frankenstein. Sin embargo, el final es mucho más significativo que la frustración del protagonista ante la vanidad del intento: indica la vecindad entre dos mundos, el del mito y el de la fantasía, y la necesidad de calibrar mucho el análisis textual para fundamentar de modo coherente una mitocrítica.

4
Función referencial del mito

La función responde a una pregunta causal («¿por qué») y, sobre todo, a otra intencional o final («¿para qué?»). En el caso del mito, responde a preguntas de carácter absoluto en el sentido que este término adopta en la mitocrítica cultural. En un mundo marcado por una actitud indiferente e incluso contraria al mito, tales preguntas parecen inoperantes. Frente a esta presunción, procuraré mostrar que estas preguntas mantienen toda su actualidad y ayudan a comprender nuestra sociedad y cultura contemporánea.

Surgida en el ámbito aritmético-analítico de las matemáticas (Leibniz, Bernoulli, Euler), la función acaba invadiendo todos los terrenos científicos: biología, antropología, lógica, etc. Básicamente, cualquier función comporta dos conjuntos o campos de elementos relacionados, x e y, donde los elementos de y (los valores de la función) resultan de la operación o de la acción de los elementos de x (los argumentos de la función)[1]. El término y su uso también se han instaurado con fuerza en la lingüística, hasta el punto de que los sucesores de Saussure definen el estudio de una lengua como la investigación de las funciones desempeñadas por los elementos y mecanismos que intervienen en ella[2].

---

[1] Para nuestro objeto, conviene aclarar que, a diferencia de las leyes de correlación (cuantitativas y variables), las leyes de la función son de carácter cualitativo, esto es, eminentemente invariables: designan signos insaturados cuya significación es completada por el argumento. Es una de las principales conclusiones de Frege, cuya filosofía analítica agranda considerablemente el círculo restringido de la función matemática hasta comprender la lógica mediante la incorporación de nuevos signos funcionales (=, >, <), otros del lenguaje ordinario («el padre de», «la capital de»), y la ampliación del «argumento» (en adelante extendido a objetos en general) y del «valor» («aquello en lo que se convierte la función al ser completada por su argumento»); véanse G. Frege, «¿Qué es una función?», en *Ensayos de semántica y filosofía de la lógica*, pp. 160-170, y J. Velarde Lombraña, «Función», pp. 279-280.

[2] De particular incidencia a este respecto son las investigaciones llevadas a cabo desde principios del siglo xx por N. Trubetskói, R. Jakobson, A. Martinet y el Círculo Lingüístico de Praga, cuya idea principal es que la función esencial de los sonidos elementales, carentes en sí mismos de significación, radica en la comunicación; véase O. Ducrot y J.-M. Schaeffer, *Nouveau Dictionnaire encyclopédique des sciences du langage*, p. 48 –si bien Martinet distingue las funciones de comunicación, soporte del pensamiento y estética; véase *Elementos de lingüística general*, J. Calonge (trad.), pp. 15-17–. V. Propp, pionero en los estudios sobre la forma de los productos literarios, entiende la función como «la acción de un personaje definida desde el punto de vista de su significación en el desarrollo de la intriga», *Morfología del cuento*, L. Ortiz (trad.), p. 33. En la estela de los formalistas rusos y de Greimas, el estructuralismo concibe la función como «unidad de contenido: "lo que quiere decir" un enunciado, eso

Las reflexiones de orden lógico-matemático sobre la función interesan por cuanto nos ponen sobre la pista de las funciones del mito. Estas permiten interpretar su significado preciso en un contexto, habida cuenta de los elementos con los que interactúa (signos, valores, argumentos); a resultas de esta función, el exégeta procede a la indagación de las causas y los fines: el por qué y el para qué de tal o cual recurrencia en tal o cual relato literario u obra artística.

A estos acercamientos se añaden muchos otros aplicados a la literatura en general[3]. Dentro de la crítica contemporánea, han sido de gran relevancia las posturas formalista (Propp descubre la secuencia encadenada y rigurosa de determinadas acciones que se repiten de manera idéntica entre los cuentos), estructuralista (Lévi-Strauss resume el orden de la sucesión cronológica de las funciones en una estructura matricial de carácter atemporal) o semiológica (Bremond considera la función como «la acción de un personaje, definida desde el punto de vista de su significación en el desarrollo de la intriga»)[4].

Tras desbastar estas perspectivas para nuestro objeto de estudio, observamos que, aplicado a la mitocrítica, el concepto de función adquiere un rol fundamental en la identificación del mito. Concretamente, las diversas dimensiones y sus perspectivas determinan la significación de los mitos referenciados gracias a los argumentos y las intrigas, dejando así el camino expedito para identificar e interpretar el referente último. En efecto, el sentido múltiple del mito (literal, figurativo, metafórico, simbólico, semiótico) siempre está abierto a una cadena infinita de significaciones, relaciones y referentes; de ahí la irreducible interdependencia entre función y sentido[5]. Como veremos, la función referencial se materializa y especifica en la función hermenéutica.

Sin función no hay mito. La mitocrítica cultural hace hincapié en este concepto crucial al tiempo que indaga su tipología: las funciones se prestan a una clasificación según sus combinaciones. No cabe duda de que todas las funciones del lenguaje (referencial, emotiva, conativa, fática, poética y metalingüística[6]) operan en un relato mítico.

---

mismo lo constituye en unidad funcional»; R. Barthes, «Introduction à l'analyse structurale des récits», en Œuvres complètes, E. Marty (ed.), t. II, p. 837.

[3] Sin ánimo de exhaustividad, recuerdo algunas de las principales funciones que tradicionalmente se le han asignado: la purgación de pasiones y el placer de aprender (Aristóteles), la instrucción o la delectación (Horacio), o, según épocas, el conocimiento de lo general, lo probable o lo verosímil (Antigüedad y Edad Media), de las sentencias conducentes a comprender el comportamiento social (clasicismo), de la singularidad del individuo o la nación (Romanticismo), de la reacción a la ideología dominante (naturalismos y espiritualismos decimonónicos), etc.; véase A. Compagnon, Le Démon de la théorie, pp. 35-37. Tomando por base la Crítica del juicio de Kant, G. Genette hace un desarrollo interesante sobre la especificidad de la relación estética (el dulci horaciano) en las obras de arte, función indispensable en la literatura; véase «La fonction artistique», en L'Œuvre de l'art, pp. 593-763. Obsérvese, no obstante, que en este capítulo no indago cuáles sean las funciones de la literatura: nuestro objeto lo constituyen, exclusivamente, las funciones del mito.

[4] C. Bremond, Logique du récit, p. 131; este concepto de función conviene en mitocrítica siempre y cuando al menos uno de los personajes sea de carácter sobrenatural: un personaje del otro mundo actúa en este y provoca, consiguientemente, un cambio de entidad en la significación de la intriga.

[5] Cfr. «both function and meaning may be interdependent within a rubric of irreducibility», J. Mills, «Deconstructing Myth», p. 236.

[6] Sirva aquí, a pesar de su datación (1958) y sus controversias, la clasificación de Jakobson, que presta particular atención a la jerarquía de cada función en cada mensaje: su estructura y sentido de-

Entre ellas, la función referencial presenta particular relieve porque señala todos los referentes posibles de los lenguajes literarios y artísticos; es decir, denota, remite a significados reales en el mundo de la ficción, uno de los cuales ha de ser, forzosamente, trascendente; sin este tipo de referente no habría ni mito ni mitocrítica posibles[7]. ¿Implica esto que la función poética –cuya finalidad eminente es la connotación– queda al margen de esta referencialidad? En absoluto: incluso el autotelismo de la función poética se incluye en la función de funciones, la referencialidad.

Por supuesto, ni la función referencial del mito ni sus funciones anexas agotan el inmenso abanico de las funciones tradicionales que la crítica ha atribuido a los mitos; su carácter estructurante, por ejemplo, puede explicar el papel de objetos determinados en un texto o el desencadenamiento de la acción en tal o cual momento del relato. Nunca se ha de olvidar, sin embargo, que, en el análisis mitocrítico, toda función debe estar supeditada al marco general de la referencialidad trascendente, sin la cual no hay mito. Salvada esta condición, todo análisis mitocrítico puede fluir libremente por cualesquiera cauces sobre las funciones del mito.

A continuación abordo la función referencial del mito según tres dimensiones (textual, cronológica y categórica) que, como muestra la hermenéutica de la mitocrítica cultural, lejos de excluirse entre sí, confluyen simultáneamente en el relato mítico.

EL MARCO REFERENCIAL DEL MITO

Referencias textuales

Existen tres referencias textuales básicas: 1) semiótica: respecto a otras unidades lingüísticas internas en un texto dado; 2) semántica: respecto a un sentido exterior (an-

---

penden de la función predominante; véase R. Jakobson, «Linguistics and Poetics», en *Language in Literature*, K. Pomorska y S. Rudy (eds.), p. 66.

[7] El sentido denotativo interviene, por principio, en todo el mecanismo referencial, es decir, en el conjunto de informaciones que vehicula cualquier unidad lingüística (palabra, sintagma, frase, texto). De este modo, esa unidad entra en relación con un objeto extralingüístico durante los procesos onomasiológico (la denominación) y semasiológico (la extracción del sentido y la identificación del referente). Todas las informaciones subsidiarias (afectivas, idiomáticas, situacionales, familiares) son connotativas, tanto en el plano del significante (el material fónico y/o gráfico indispensable para el simbolismo fonético, los hechos prosódicos de entonación o ritmo) como en el del significado (connotaciones estilísticas, enunciativas del afecto y del sociolecto, y todas las del inmenso arco de las asociaciones connotativas, sean *in proesentia* o *in absentia*); véase C. Kerbrat-Orecchioni, *La Connotation, passim*. No obstante, el referente excede, con mucho, el ámbito lingüístico; de hecho, mientras cualquier representación lingüística es indirecta, es decir, «tiene un referente indirecto» (sus signos carecen de sentido a menos que se los relacione con algo que tenga sentido), toda «representación mental tiene un referente directo», G. Boniolo, «Concepts as representations and as rules», p. 99. En su estudio sobre los seres de ficción, T. Pavel ha demostrado que «la referencia a los personajes y objetos de ficción […] se parece mucho a los procedimientos de referencia habituales», *Univers de la fiction*, p. 45; es decir, que nuestra referencia a seres ficticios apenas difiere, por lo general, de la que hacemos a seres reales. Aplicado a nuestro propósito: aunque el relato mítico solo remita lingüística o indirectamente a un referente, la imaginación del lector lo representa mental o directamente, de igual modo que ocurre con otro tipo de referente; por eso la experiencia mítica es particularmente vívida.

tropológico, psicológico, moral, religioso, social, político, económico, científico) a los referentes semióticos, pero dentro, aún, de las dimensiones inmanentes al mundo; 3) trascendente: respecto a un referente exterior a esos mismos referentes semióticos y semánticos, es decir, referencia explicativa o etiológica y comprensiva o simbólica a las dimensiones trascendentes a este mundo. Las dos primeras referencias textuales son inmanentes, solo la tercera es trascendente.

Es de crucial importancia resaltar que la mera referencia trascendente no supone, implica o exige un mito. De igual modo que sin función no hay mito, tampoco basta la referencia mítica para que su función sea efectiva. Veamos tres ejemplos: el primero extraído de *Los Buddenbrook* (Mann, 1901); el segundo, de *Ulises* (Joyce, 1922), y el tercero, de *El anverso y el reverso* (Camus, 1937).

1. Durante una apacible tertulia, el señor Gosch, corredor de fincas, comenta su admiración por Gerda Arnoldsen, la prometida de Thomas Buddenbrook:

> –¡Ah! –decía en el Club o en la Compañía Naviera, alzando su copa de ponche y con el rostro desencajado en una mueca terrible–. ¡Qué mujer, caballeros! Hera y Afrodita, Brunhilda y Melusina…, todas en una[8].

El corredor de fincas, «siempre a la espera de algo extraordinario», considera como un acontecimiento la llegada de la bella holandesa a la ciudad. El recurso a las cuatro mujeres indica los referentes femeninos por antonomasia; basta nombrarlas y los oyentes comprenden: Gerda Arnoldsen es una simbiosis intachable de la hermosura de las cuatro figuras míticas. Por supuesto, los personajes femeninos también son mentados como referente dirigido al lector. Para tertulianos y lectores, el mito presenta una función referencial.

Ahora bien, la pseudomitificación de Gerda por Gosch no modifica en nada la dimensión inmanente de la joven. La mención de un elemento extralingüístico o semántico (trascendente al referente semiótico) no basta para construir un mito[9]. Es necesaria una coincidencia espacio-temporal de heterogeneidades biofísicas, de seres de nuestro mundo inmanente y de seres del mundo trascendente; no es el caso en la novela de Mann.

2. En la tasca de Barney Kiernan, Bloom encontró, sentado en una gran roca al pie de una torre redonda, al «ciudadano» (*citizen*), cuya

---

[8] T. Mann, *Los Buddenbrook*, V, VIII, I. García Adánez (trad.), p. 355. «"Ha!" sagte er im Klub oder in der "Schiffergesellschaft", indem er sein Punschglas emporhielt und sein Intrigantengesicht in greulicher Mimik verzerrte… "Welch ein Weib, meine Herren! Here und Aphrodite, Brünhilde und Melusine in einer Person"», *Buddenbrooks*, p. 306.

[9] «la valoración mitológica de la literatura debe colocarnos ante un catálogo coherente de actuaciones, tiene que ser una pragmática antes que una operación de bautismo pseudoclásico», C. Pérez Gállego, «Crítica simbólica y mitológica», p. 405. Los ejemplos de este uso meramente referencial del mito son quizá los más numerosos; también son, por lo general, reductores, como en los versos de Villena, a quien la belleza de una prostituta («la euritmia del torso y de la espalda») le evoca a la hija de Zeus y Dione en el poema «Afrodita mercenaria», *Honor de los vencidos*, M. Rodríguez-Gaona (ed.), p. 36.

figura sentada en una gigantesca roca al pie de una torre circular era la de un héroe de hombros-anchos pecho-prominente fornidos-miembros mirada-franca pelo-rojo pródigo-en-pecas barba-cerrada boca-espléndida nariz-grande cabeza-apepinada voz-profunda rodillas-desnudas manos-membrudas piernas-peludas rostro-rubicundo brazos-nervudos. [...] Llevaba largos ropajes sin mangas de piel de toro ha poco desollado que le alcanzaban las rodillas en holgada kilt y esta iba sujeta hacia su mitad con un cinturón de paja y juncos trenzados. [...] De su cinturón le colgaba una ristra de piedras marinas que cascabeleaban a cada movimiento de su portentosa figura y en ella estaban talladas con rudo aunque admirable arte las efigies tribales de muchos héroes y heroínas irlandeses de la antigüedad[10].

Sigue un catálogo disparatado de un centenar de personajes históricos y míticos. Joyce transporta el Polifemo de la isla de los Cíclopes hasta el corazón de una ciudad a comienzos del siglo xx, lo convierte en un pacato irlandés nacionalista, rabiosamente antisemita y presuntamente formado en el molde del fundador de la Asociación Atlética Gaélica. Estos rasgos permiten leer el capítulo y la tensa relación entre los personajes sin la menor conciencia referencial a los personajes de la Antigüedad. Solo una lectura erudita y atenta añade una dimensión inesperada. Fisionomía, atuendo, nombre común (ciudadano, es decir, todos y ninguno, «nadie», como Ulises en la *Odisea*) y un encontronazo con un «maldito deshollinador» que casi arranca con su cepillo un ojo al ciudadano señalan al gigante, prosopomito aquí profusamente parodiado a lo largo del capítulo con recurrencias inequívocas: el «cigarro de agárrate» (*knockmedown cigar*), el apelativo «cara de carnero» (*sheepface*) y la caja de galletas (*tinbox*) lanzada por el ciudadano corresponden, respectivamente, a la estaca de olivo ardiendo, el carnero bajo cuyo vientre Ulises escapa y la cima de la montaña arrojada por el gigante contra la nave del héroe[11].

La parodia es evidente. Este modo organizativo del discurso, habitualmente asociado a la ironía, designa en su origen la imitación burlesca de un texto previo. La *Batalla de los ratones y las ranas* (*Batracomiomaquia*, ¿Pigres de Halicarnaso?, ss. v-iii a.C.) se

---

[10] Joyce, *Ulises*, I, 12 (*«El cíclope»*), F. García Tortosa y Mª. L. Venegas Laguéns (trads.), p. 340; «The figure seated on a large boulder at the foot of a round tower was that of a broadshouldered deepchested stronglimbed frankeyed redhaired freely freckled shaggybearded widemouthed largenosed longheaded deepvoiced barekneed brawnyhanded hairylegged ruddyfaced sinewyarmed hero. [...] He wore a long unsleeved garment of recently flayed oxhide reaching to the knees in a loose kilt and this was bound about his middle by a girdle of plaited straw and rushes. [...] From his girdle hung a row of seastones which dangled at every movement of his portentous frame and on these were graven with rude yet striking art the tribal images of many Irish heroes and heroines of antiquity» Joyce, *Ulysses*, D. Kiberd (intr.), p. 382. En la correspondencia con amigos y editores, Joyce utilizó en sus capítulos diversos títulos que enviaban a episodios de la epopeya homérica; pero ni las ediciones seriadas ni la definitiva (*ne varietur*), por deseo expreso del autor, los incluyó: el escritor prefirió retirar un «andamio» estorboso para una lectura continuada. Más tarde, esos títulos «homéricos» han sido recuperados en diversas ediciones (también en la española aquí utilizada).

[11] Véanse Homero, *Odisea*, IX, vv. 318-542, J. M. Pabón (trad.), pp. 168-175; M. Serrano-Sordo, «Usos de Homero y parodia en el *Ulysses* de James Joyce», pp. 251-252; M. Merajver-Kurlat, *El «Ulises» de James Joyce: una lectura posible*, p. 130, y la indispensable actualización de M. Aguirre y R. Buxton, *Cyclops: The Myth and its Cultural History*, pp. 352-354. Por supuesto, los paralelismos entre el ciudadano y su modelo clásico están marcados por la subversión, procesos de escritura desmitificadora de Joyce en su *Ulises*.

mofa de la *Ilíada* homérica y, a su través, de la epopeya en bloque: el ridículo resulta del tono solemne aplicado a un hecho trivial (la confrontación sanguinaria de ranas y ratones por el ahogamiento de un ratón que habría podido salvarse de haber sido ayudado por una rana cobarde). A diferencia del pastiche, la parodia contemporánea tiende a establecer un diálogo con un texto precedente cuyo recuerdo reaviva (*Ulises* de Joyce *vs.* la *Odisea* de Homero). Lejos de la parodia tradicional (*Le Virgile travesti* de Scarron, 1648-1653, *vs.* la *Eneida* de Virgilio), la parodia hodierna se ha convertido en uno de los procedimientos más adecuados para un trabajo de apropiación a partir de materiales artísticos heredados. En la literatura contemporánea, la parodia –abiertamente marcada por el artificio– vacila entre la denigración y el juego, la destrucción y la construcción, la intimidad y el contraste, siempre a la búsqueda de nuevos niveles de significado e ilusión[12].

En su antimítica novela, Joyce toma sus distancias respecto al texto griego –hipotexto transparente en una supuesta opacidad–, las necesarias para que lo distingamos sin llegar a ignorarlo: el género, el léxico, la construcción adjetival, los diversos motivos y temas están latentes, pero nos quedamos en la inmanencia dublinesa.

3. En el texto de Camus, tampoco el referente mítico es explicitado. El personaje narrador entra en un café de Palma de Mallorca; una joven hermosa danza y canta febrilmente una pieza andaluza al son de una batería, hasta que concluye de modo súbito en medio del tumulto popular:

> Plantada en el centro, pegajosa de sudor, despeinada, levantaba su talla maciza, hinchada en su chaleco amarillo. Como una diosa inmunda saliendo del agua, con la frente embrutecida y baja, con los ojos huecos, solo vivía gracias a un pequeño estremecimiento de las rodillas, como los caballos después de la carrera[13].

El lector iniciado establece de inmediato la relación entre esta joven y Afrodita. El primero que contó la historia de la diosa fue Hesíodo en su *Teogonía*. Con su hoz adamantina, Crono había cercenado y arrojado al mar los genitales de Urano; batidos por el viento y las olas, al cabo del tiempo surgió de ellos «una blanca espuma y en medio de

---

[12] Véanse P. Schoentjes, *Poétique de l'ironie*, pp. 235-239; L. Hutcheon, *A Theory of Parody*, pp. 30-32, y W. C. Booth, *A Rhetoric of Irony*, pp. 91-92 y 123. Un sinfín de relatos míticos antiguos, medievales y modernos actualmente son pasados por el tamiz de esta nueva parodia, recurso particularmente socorrido para los procesos de desmitificación. La imitación bufona destinada al ridículo de los modelos serios se inserta a menudo en forma de farsa, género basado en un cañamazo compuesto por golpes de teatro, de gran aceptación en la Edad Media, pero que perdura en nuestros días, como muestran, entre infinitos ejemplos, los capítulos del programa «*I'm sorry, I'll read that again*», redifundido por la BBC desde 1970; así, el ep. 12 de la temp. 8 presenta a Edipo, premio de un maratón en los juegos olímpicos en el que participan Helena de Troya y Yocasta. También el pastiche es un recurso intertextual, pero desprovisto del impulso satírico e irrisorio de la parodia, porque no admite la existencia de algo normal, un canon o estilo de época convertido en diana de burlas; es «una parodia en vacío, que ha perdido su sentido del humor», sentencia F. Jameson, *The Cultural Turn*, p. 5.
[13] «Elle, campée au centre, gluante de sueur, dépeignée, dressait sa taille massive, gonflée dans son gilet jaune. Comme une déesse immonde sortant de l'eau, le front bête et bas, les yeux creux, elle vivait seulement par un petit tressaillement du genou comme en ont les chevaux après la course», A. Camus, *L'Envers et l'Endroit*, en *Œuvres*, R. Enthoven (pref.), p. 127.

ella nació una doncella» (v. 191). Al arribar en la costa de la isla de Citera, «salió del mar la augusta y bella diosa»[14]. «Como una diosa saliendo del agua», leemos en *El anverso y el reverso*. Al gesto de salir del agua marina (ἔβη) se une la isotopía acuática de la bailarina: «su boca roja y mojada» (p. 101), «pegajosa de sudor», «el sudor espeso de su vientre» (p. 102). Podemos incluso estrechar la homología si consideramos la proximidad semántica entre la espuma del texto griego y el sudor del texto francés (este acercamiento no está exento de riesgo: el sudor también puede reenviar al aspecto carnal, a la pura biología, a la animalidad que presenta la bailaora, como infaliblemente sugiere la comparación con el mundo ecuestre). En ambos casos, el paralelismo entre las imágenes hesiódica y camusiana parece evidente: aunque el nombre de la diosa esté implícito, el mito de Afrodita Citerea es el hipotexto del relato en el café de Palma.

La función de este mito en *El anverso y el reverso* es semejante a la de *Los Buddenbrook*; Afrodita indica los semas que la escena sugiere en los espectadores: belleza y sensualidad. La referencia al mito es idéntica; pero en la escena del café tampoco hay mito: la bailaora, en bailaora se queda[15].

Podemos ahondar en el significado de estas referencias. Por un lado, los personajes míticos (Hera, Brunhilda, Melusina, Afrodita, Polifemo y, de nuevo, Afrodita) son reducidos al valor de mero referente mitológico, ya sea como término de comparación (Mann, Camus) o como orientación argumental (Joyce). Por otro lado, Gerda y la joven bailarina de Palma son sublimadas gracias al referente mítico escogido; aunque efímeramente, la metáfora las «mitifica» en la mente del narrador, del personaje o del lector. No así el «ciudadano» cuya facha descompuesta y actitud iracunda se perfilan como parodia del episodio odiseico; lo cual no resta un ápice del valor que para la mitocrítica representa el *Ulises* de Joyce, rosario de subversiones mitológicas del referente homérico. En ninguno de los tres textos salimos de la referencia mítica puramente textual: donde no hay irrupción del mundo trascendente tampoco hay mito. Es preciso que la referencia a la categoría trascendente sea *performativa*: que se produzca un choque incuestionable entre los mundos de la inmanencia y la trascendencia.

---

[14] Hesíodo, *Teogonía*, v. 194, en *Obras y fragmentos*, A. Pérez Jiménez (trad.), p. 79; «Ἐκ δ᾽ ἔβη αἰδοίη καλὴ θεός», *Theogony*, H. G. Evelyn-White (ed.).

[15] Tampoco lo hay en las numerosas referencias míticas que aparecen en boca de los personajes de *Luces de Bohemia*: el «Buey Apis», los «brazos de Morfeo», etc., ni, menos aún, en las didascalias, donde la referencia es únicamente metafórica o comparativa: «Su cabeza rizada y ciega, de un gran carácter clásico-arcaico, recuerda los Hermes» (esc. 1.ª); «Rubén sale de su meditación con la tristeza vasta y enorme esculpida en los ídolos aztecas» (esc. 9.ª); «Se pierden entre los árboles del jardín. Parodia grotesca del Jardín de Armida» (esc. 10.ª), Valle-Inclán, *Luces de Bohemia*, A. Zamora Vicente (ed.), pp. 42, 140 y 147 respectivamente. En los textos de Thomas Mann y Valle-Inclán el mito «emerge» como motivo recurrente; en el de Camus, se «flexiona» o «resiste» según las necesidades del texto; sobre las leyes de «emergencia», «reflexión» e «irradiación» de los mitos, véanse P. Brunel, «Le fait comparatiste», *Précis de littérature comparé*, pp. 29-55, y *Mythocritique. Théorie et parcours*, pp. 72-86. A propósito de *Luces de Bohemia*, el mismo Valle-Inclán sostuvo que «el mundo de los esperpentos [...] es como si los héroes antiguos se hubiesen deformado en los espejos cóncavos de la calle, con un transporte grotesco, pero rigurosamente geométrico», G. Martínez Sierra, «Hablando con Valle-Inclán. De él y de su obra», p. 3. Esta conversión grotesca de los dioses paganos en «personajes de sainete» (*ibid.*) hace de la novela valleinclaniana un paradigma de desmitificación; véase N. R. Orringer, «*Luces de Bohemia*: Inversion of Sophocles' Œdipus at Colonus», pp. 186-187.

Referencias cronológicas

Entre todos los tipos de mediciones cronológicas, la más exitosa ha sido la solar: cómputo del tiempo en lapsos más o menos breves en función del movimiento aparente del sol; días, meses y años, o sus agrupaciones en edades. No se trata aquí de ese tiempo; la función referencial cronológica del mito es tan profunda como sencilla: remite a un tiempo absoluto, al margen de nuestro cómputo astral.

En el universo mítico no hay final sin principio, ni escatología sin cosmogonía:

> Los mitos de la inocencia que cuentan la reminiscencia anterior a la historia están paradójicamente ligados a los mitos escatológicos que cuentan la experiencia del *fin* de los tiempos. [...] No hay Génesis sino a la luz de un Apocalipsis[16].

Existen, por tanto, dos tipos fundamentales de referencia cronológica propiamente mítica:

1. Original. El mito apunta a un origen absoluto, a un comienzo individual o colectivo. Las *Metamorfosis* de Ovidio y los relatos de indígenas recogidos por Tylor, Frazer, Malinowski, Eliade o Lévi-Strauss solo se entienden así; como bien ha puesto de relieve Alvar, el poeta de Sulmona «comienza su relato *ab origine* y no *in medias res*»[17].

   Esta perspectiva de los orígenes podemos denominarla cosmogónica, si se refiere al inicio del cosmos, o antropogónica, si se refiere al del ser humano. La ínfima utilización del término «antropogonía» explica que la cosmogonía se extienda a ambas[18].

2. Final. El mito apunta a un final absoluto, a un término individual o uno colectivo no relativos: a una escatología. A diferencia del origen, esta denominación no plantea confusión alguna, puesto que el término del que procede (ἔσχατος, 'final',

---

[16] P. Ricœur, *Philosophie de la volonté. I. Le Volontaire et l'Involontaire*, p. 51. Curiosamente, los experimentos cosmológicos desde el establecimiento de la teoría de la relatividad confirman que el final del universo, inevitable debido a la interacción de los agentes en juego (la constante cosmológica, la materia negra, la energía negra), está íntimamente ligado a su principio; véase G. Amit, «The Elephant in the Gloom», pp. 28-31.

[17] A. Alvar, «El significado de *Las metamorfosis* en la poesía del siglo de Augusto», *De Catulo a Ausonio*, p. 173. Y más adelante: «La gran epopeya del cambio progresa desde la narración de los orígenes del mundo y de la creación del hombre en el libro I hasta la apoteosis de César al final del libro XV, en fechas ya bien cercanas a la composición de la obra», *ibid.*, p. 174. Servidumbres del oficio ovidiano aparte, subraya este crítico que, en rigor, los dos últimos episodios (la divinización del emperador —«que la persona de Augusto [...] alcance el cielo y ausente proteja a quienes le recen»— y la transformación del autor mismo —«yo viajaré inmortal por encima de los astros...»–, XV, vv. 870 y 875-876) no han sido narrados por Ovidio, sino anunciados para su cumplimiento futuro; la escatología también es absoluta.

[18] Ninguna referencia cronológica absoluta incluye los pseudomitos donde se elige una fecha inaugural en el devenir histórico, como el «mítico» Movimiento 26 de Julio (de 1953), que remembra el asalto de Fidel Castro y sus fieles al cuartel Moncada en Santiago de Cuba; estamos demasiado acostumbrados a interpretar, sin motivo alguno, estos hitos como metáforas de momentos iniciáticos de un supuesto mito.

'término') solo presenta un significado cronológico; de modo que puede aplicarse sin más miramientos tanto al final del cosmos como al del individuo.

Estas referencias cosmogónica y escatológica del mito tienen por objetivo señalar un comienzo o un final absolutos; en este sentido, podemos hablar, *lato sensu*, de función referencial cosmogónica y función escatológica del mito.

Referencias categóricas

Todos los referentes categóricos a los que reenvía el relato mítico se resumen, en última instancia, en dos: el trascendente y el inmanente. No hay otra posibilidad: o bien esos referentes remiten a una realidad más allá de este mundo, o bien se clausuran en este (es decir, en las referencias semiótica y semántica). Trascendencia e inmanencia son las dos categorías por antonomasia.

El término «categoría» requiere una explicación. En su libro de las *Categorías*, Aristóteles no lo utiliza en su significado etimológico de 'acusar' (κατηγορέω), sino en sentido de 'decir o predicar algo de algo'. Solo más tarde, Isidoro de Sevilla traduce el término griego por el latino *prædicamentum*. Ahora bien, no se trata de un simple decir o predicar algo de algo; el Estagirita recurre al término «categoría» para tratar de la denotación de las cosas en sí, «fuera de toda combinación»[19]. En nuestro campo, la noción de categoría puede aplicarse tanto a la inmanencia como a la trascendencia, las dos dimensiones consustanciales al mito: el más acá y el más allá. Cuando el mito irrumpe textualmete, no solo refiere, sino que también entrelaza de modo *performativo* dos mundos hasta entonces separados. Las referencias categóricas, antes en potencia, aparecen ahora actualizadas. El ser de la trascendencia no es menos categorizable que el de la inmanencia. Indiscutiblemente, la dimensión categórica trascendente existe en los textos míticos, donde es patente la referencia a algo que, más allá de poder ser, es. Veamos dos ejemplos.

1. En el ep. 6 de la temp. 5 de la serie *Juego de tronos*, Jorah Mormont pregunta a Tyrion Lannister si cree en algo más allá de la realidad material. Ante la respues-

---

[19] «Τῶν κατὰ μηδεμίαν συμπλοκὴν», Aristóteles, *Catégories*, 1b25, R. Bodéüs (ed.), p. 6, y *Categorías*, en *Tratados de lógica (Órganon)*, M. Candel Sanmartín (ed.), t. I, p. 33. Recogiendo esta premisa, Brentano precisa: «las categorías no son solo un entramado clasificatorio para conceptos, sino que ellas mismas son conceptos reales»; F. Brentano, *Von der mannigfachen Bedeutung des Seienden nach Aristoteles*, V, 2, p. 82; véase R. Rovira, *Repertorio de definiciones aristotélicas*, pp. 24-26. Básicamente, Kant sigue a Aristóteles en el significado general de las «categorías» –si bien las concibe como «conceptos puros referidos *a priori*» y en su desarrollo se aparta notablemente del Estagirita–; véase *Crítica de la razón pura*, I, 2.ª parte, 1.ª div., lib. 1.º, cap. I, sec. 3, epígrafe 10, P. Ribas (trad.), p. 113; «reine Verstandesbegriffe, welche a priori auf Gegenstände der Anschauung überhaupt gehen», *Critik der reinen Vernunft*, p. 118. En su intento por «reducir la multiplicidad de impresiones sensibles a la unidad», Peirce establece dos categorías principales: sustancia («concepción del presente en general, del ELLO en general») y ser («conexión o cópula entre sujeto y predicado»); el resto (cualidad, relación, representación) son accidentes, cfr. C. S. Peirce, «On a New List of Categories», sec. 1-11.

ta negativa, el caballero relata su paso de la incredulidad a la creencia: la visión de un milagro ha cambiado su vida y su forma de ser[20]. La escena relatada condensa la dicotomía ontológica más profunda: la existencia de un mundo trascendente en súbita comunicación con el inmanente. Jorah no alude a una fantasía ni a una autosugestión, sino a la presencia real de un acontecimiento que contradice las leyes de la naturaleza. Más allá del cambio de actitud en el héroe (su conversión incondicional a la causa de Daenerys), aquí importa la patencia de dos mundos, dos entidades físicamente heterogéneas, irreductibles entre sí y coincidentes en un mismo lugar y tiempo. Ahí, en esa tensión inesperada, portentosa, acaece el mito[21].

2. En el ep. 4 de la temp. 1 de la serie *American Gods*, Laura Moon manifiesta a Shadow su convencimiento de que tras la muerte no hay nada: «¿Sabes lo que ocurre cuando mueres? Yo sí. [...] Te pudres». Poco después, mientras Shadow está en la cárcel, Laura muere en un accidente de coche. Cuanto ocurre a continuación desmiente el descreimiento de Laura: tras un breve paso por el otro mundo, donde el antiguo dios Anubis la reprende por no haber creído ni amado, ella regresa a este para librar a Shadow de una muerte segura y redimirse moralmente mediante el amor. Una serie de escenas posteriores prueban la existencia del otro mundo. Así, en el ep. 5 («*Lemon Scented You*»), Shadow lanza un cojín a Laura para comprobar que ella es «real»; más tarde, en la comisaría de policía, ante la aparición de Media, transformada en Marilyn Monroe, Shadow intenta convencerse de que cuanto ve es fruto de una «realidad reprogramada»; finalmente, en la apoteosis del ep. 8 («*Come to Jesus*»), tras presenciar fenómenos atmosféricos sobrenaturales, Shadow confiesa su fe incuestionable en la existencia de los dioses y, en última instancia, de dos realidades, una inmanente a este mundo, otra trascendente[22].

[20] «—¿Crees en algo? —Creo en muchas cosas. —Quiero decir... en algo más grande que nosotros. Los dioses, el destino. ¿Crees que este mundo tiene un plan? —No. —Yo tampoco lo creía. Era un cínico como tú. Entonces vi a una joven introducirse en una pira con tres huevos de piedra. Cuando el fuego se apagó, pensé que solo vería sus huesos ennegrecidos. Sin embargo, la vi a ella, a Daenerys, viva e indemne, con los dragones bebés en su seno. ¿Has oído alguna vez a unos dragones bebés cantar? —No. —Es difícil ser un cínico después de haberlos visto»; *Game of Thrones*, «*Unbowed, Unbent, Unbroken*», J. Podeswa, 2015. Muy probablemente la escena esté inspirada por otra de *Conan el Destructor* (*Conan the Destroyer*, R. Fleischer, 1984): Jehnna, una joven virgen, en trance similar a Daenerys, atraviesa incólume una barrera de fuego para hacerse con el cuerno de Dagoth; en ambas escenas, hay mito.

[21] A propósito de las *Metamorfosis* de Ovidio, observa Ítalo Calvino que el mito es «el campo de tensiones» en el que se encuentran y equilibran las intrincadas relaciones entre dioses, hombres y naturaleza; *Perché leggere i classici*, p. 39.

[22] Respectivamente: Laura y Shadow: «—¿Así que sabes lo que pasa cuando te mueres? —Sí. [...] —Te pudres» (*American Gods*, C. Zobel, 2017, «*Git Gone*», temp. 1, ep. 4); Anubis / Mr. Jacquel a Laura: «—Cuando hayas acabado, acabaré mi tarea y te devolveré a las tinieblas» (temp. 1, ep. 4); Shadow a Laura, en casa: «—Solo quería saber si eras real» («*Lemon Scented You*», temp. 1, ep. 5); Shadow a Wednesday, ante Media, en la comisaría de policía: «—Esto no es real, ¿vale? Es realidad reprogramada, ¿vale? Dime que no es real» (temp. 1, ep. 5); Wednesday y Shadow: «—¿Crees? —Sí, creo. —¿En qué crees, Shadow? —En todo» («*Come to Jesus*», temp. 1, ep. 8).

En *Juego de tronos*, un acontecimiento extraordinario sobrenatural acaece en este mundo; en *American Gods*, el acontecimiento extraordinario consiste en que un personaje regresa al mundo tras un breve tránsito por el otro. En ambos casos, la convergencia de dos mundos pertenecientes a dos categorías, inmanente y trascendente, desencadena el mito.

En estos ejemplos constatamos que la referencia textual trascendente –los diversos discursos (Jorah con Tyrion, Laura con Anubis, Shadow con Wednesday)– se ensambla con sus correspondientes escenas. La referencia textual a un referente trascendente es completada, verificada en el mundo extralingüístico. La referencia textual trascendente y la dimensión categórica trascendente coinciden; hay mito.

EL CÍRCULO HERMENÉUTICO DEL MITO

Nada hay tan importante como dar con el auténtico sentido del mito. Pues ocurre a veces que el espectador, el lector o el crítico no alcanzan a descubrir los referentes de los símbolos o las imágenes; como consecuencia, esos referentes son interpretados defectuosamente. Entonces es imprescindible, en primer lugar, respetar el texto, no manipularlo; en segundo lugar, disponer de las herramientas exegéticas idóneas para su interpretación; en tercer lugar, aplicar con precisión metódica los pasos conducentes a la comprensión global del texto en su contexto.

Viene a cuento el relato del banquete ofrecido a su corte por Baltasar, rey de Babilonia. Excitado por la bebida, mandó traer los vasos de oro y plata procedentes del templo de Jerusalén, para que bebieran en ellos sus dignatarios, sus mujeres y sus concubinas. El alcance sacrílego de la orden era evidente. Mientras todos bebían, aparecieron unos dedos de mano humana, que escribían sobre el estuco del muro de palacio. El rey mudó de color y mandó acudir a los adivinos y astrólogos para que le interpretaran la inscripción. Ante la impotencia de sus sabios, la reina sugirió llamar a Daniel, un judío sabio que Nabucodonosor había tenido en gran estima. Entró el profeta a la presencia del soberano, que le ofreció vestidos de púrpura, collares de oro y el tercer puesto en el reino si era capaz de explicarle la inscripción. Daniel no se detuvo en contemplaciones:

> Quédate con tus regalos y da tus obsequios a otro, que yo leeré igualmente al rey este escrito y le daré a conocer su interpretación. [...] La escritura trazada es *Mené, Mené, Teqel* y *Parsín*. Y esta es la interpretación de las palabras: *Mené*: Dios ha medido tu reino y le ha puesto fin; *Tequel*: has sido pesado en la balanza y encontrado falto de peso; *Parsín*: tu reino ha sido dividido y entregado a los medos y los persas[23].

---

[23] Dn 5, 17-28; véase los comentarios en la *Biblia de Jerusalén*, p. 1.284, nn. 5-6. Con anterioridad, Daniel había interpretado a Nabucodonosor el sueño de una enorme estatua cuya cabeza «era de oro puro, su pecho y sus brazos de plata, su vientre y sus lomos de bronce, sus piernas de hierro, sus pies parte de hierro y parte de arcilla», *ibid.*, 2, 32-33. Cada parte anatómica representa los sucesivos imperios; súbitamente, una piedra desprendida pulveriza los pies y da con la estatua en tierra, para que ceda el puesto a un reino nuevo, fundado por Dios. Más que el contenido importan aquí la cualidad humilde del intérprete y su apertura al misterio de lo 'secreto' (*raz*, en persa; 2, 18).

Llama la atención el carácter enigmático del acontecimiento; ni Baltasar ni sus adivinos son capaces de explicar el milagro: es preciso un hombre de Dios que dé razón de lo escrito por la mano de Dios. El profeta combina de dos modos las vocales con las consonantes arameas. En primer lugar, de modo que las palabras signifiquen sustantivos de unidades de peso o moneda: *mené* (es decir, una mina judía o sesenta séqueles), *teqel* (equivalente a un séquel) y *parsín* (media moneda, es decir, media mina). En segundo lugar, de modo que las palabras signifiquen verbos: *maná* (es decir, medir), *saqal* (pesar) y *parás* (dividir). A este juego de palabras se añade el efecto de la paronomasia con el nombre de los persas (*pārās* en hebreo) y la insinuación de la amenaza de medos y persas, pues la moneda (el reino) ha sido dividida en dos (un *teqel* en dos *parsín*); por si fuera poco, 60 séqueles + 1 séquel + 2 medias minas cifran 62 séqueles. Todo queda corroborado en los versículos siguientes: «Aquella noche fue asesinado Baltasar, el rey de los caldeos. Y recibió el reino Darío el Medo, que contaba sesenta y dos años» (5, 30 y 6, 1). Postreramente, Ciro, rey persa, sometió a los medos y después tomó Babilonia.

Antes de avanzar en la interpretación del acontecimiento y el texto bíblicos, recordaré brevemente un texto contemporáneo que remite al suceso de Daniel. Inspirado en este pasaje se encuentra otro de *La saga/fuga de J.B.*, de Torrente Ballester (1972). Doña Lilaila confía al canónigo Balseyro su difícil situación sexual tras la muerte de su marido, cuyos «despojos», muy previsora, había conservado en una frasca. El canónigo, que ha estudiado medicina, de nada se espanta y le pide que sostenga en alto el frasco con las «piltrafas informes» del difunto a la altura de los labios:

«Ahora voy a enseñaros ciertas palabras… Tenéis que aprenderlas de memoria, tenéis que grabarlas en vuestro corazón, tenéis que pronunciarlas claramente, convencida de su eficacia». «¡Decidlas!». Me levanté y levanté las manos como los sacerdotes de Osiris de quienes lo había aprendido: «*Seraf lezet enam*… Fijaos bien: seraf, lezet, enam. La ese de seraf sibilante, seraf. La e de enam, ligeramente aspirada, enam. Y la zeta de lezet, no exactamente zeta, sino tirando un poquito a la ese como si fuera un andaluz el que hablase: lezet…». «Seraf, lezet, enam –repitió ella, temblando–: ¿está bien?». «Mirad el frasco»[24].

La súbita modificación que experimentan los restos del difunto envuelve al lector en una atmósfera lindante con lo fantástico y lo siniestro, por mucho que el canónigo asegure no haber recurrido a la magia, sino a la ciencia. El hecho de pronunciar las palabras de Daniel en orden inverso significa su efecto opuesto: las «reliquias» se aúnan de nuevo y aumentan considerablemente en peso y medida. El texto cobra entonces, a la luz de su referente veterotestamentario, un neto sentido paródico que engarza plenamente con la nueva historia, inmediatamente relatada (y coincidente en sus extremos materiales), de los amores de Heloísa y Abelardo… No por ser paródica, la escena deja de refrendar la importancia de una hermenéutica.

A diferencia de sus rivales adivinos, Daniel despreciaba la ciencia espuria, contaba con las herramientas lingüísticas adecuadas y sabía manejarlas debidamente. Además, solo lo movía su interés por descifrar la verdad de la inscripción porque captaba su alcan-

---

[24] Torrente Ballester, *La saga/fuga de J.B.*, III, «Scherzo y fuga», C. Becerra y A. J. Gil González (eds.), p. 692.

ce divino. Con el profeta bíblico por modelo, compete a la hermenéutica traducir o interpretar (ἑρμηνεύω) los textos para identificar, con certeza, pero más aún con verdad, su significado. Las funciones de los relatos míticos son referenciales porque todas sus referencias –textuales (semiótica, semántica, trascendente) y cronológicas (cosmogónicas y escatológicas)– remiten, como a su fin, a una dimensión categórica: la trascendencia. Tal es el «círculo hermenéutico» del mito, caracterizado por un holismo absoluto de los textos: su comprensión requiere un conocimiento del panorama histórico y genérico, conocimiento que solo es posible gracias a los textos mismos[25]. De ahí la importancia de una hermenéutica conducente a clarificar las relaciones funcionales. Así concebida, la hermenéutica se presenta como una herramienta de interpretación indispensable. Dentro de la gran constelación referencial del mito, podemos detectar varias funciones.

Función etiológica

La etiología, en la acepción filosófica de su étimo (αἰτία, 'causa'), es el conocimiento de las causas más radicales con el mayor grado posible de certeza (filosófico, formal, positivo) según el objeto de que se trate[26]. Por traslación semántica, en disciplinas como la medicina se habla de etiología en sentido meramente material: las causas de una enfermedad.

También puede aplicarse el término al campo de la mitocrítica. La etiología o función etiológica del mito se entenderá entonces como función explicativa: el mito explica las causas del mundo, del ser humano e, incluso, de sus prácticas lingüísticas. En efecto, muchos nombres mitológicos contienen la clave para su lectura.

La víspera de la entrevista decisiva con su hermano Esaú, Jacob cruza el vado de Yabboq, esto es, entra en tierra hostil. Entonces entabla una lucha, cuerpo a cuerpo:

> Y habiéndose quedado Jacob solo, estuvo luchando alguien con él hasta rayar el alba. Pero viendo que no lo podía, le tocó en la articulación femoral, y se dislocó el fémur de Jacob mientras luchaba con aquel. Este le dijo: «Suéltame, que ha rayado el alba». Jacob respondió: «No te suelto hasta que no me hayas bendecido». Dijo el otro: «¿Cuál es tu nombre?». «Jacob». «En adelante no te llamarás Jacob sino Israel; porque has sido fuerte contra Dios y contra los hombres, y lo has vencido» (Gn 32, 23-29).

Al principio, parece triunfar Jacob; pero, al reconocer el carácter sobrenatural de su adversario (cuyo nombre el texto evita nombrar), lo fuerza a darle su bendición (esto es: Dios queda obligado a proteger a quienes más tarde llevarán el nombre de Israel). El nombre de Jacob (/Ya'akov/) significa 'Dios proteja'; si bien son interesantes las

---

[25] Cfr. «La compréhension des textes est impossible sans mobilisation d'une connaissance d'arrière-fond d'ordre historique et générique, alors que la connaissance que nous avons de cet arrière-fond et des contraintes génériques est elle-même tirée des textes», O. Ducrot y J.-M. Schaeffer, *Nouveau Dictionnaire encyclopédique des sciencies du langage*, p. 105. Estamos ante una maraña textual en la que solo es posible enfocar un sistema para comprender sus partes, e, inversamente, solo es posible comprender sus partes para comprender el sistema. Sobre el círculo hermenéutico, véase R. Bernstein, *Beyond Objectivism and Relativism*, pp. 131-139.

[26] Véase A. Millán-Puelles, *Léxico filosófico*, pp. 131-136.

etimologías populares, pues el niño habría recibido su nombre por nacer asiendo el talón (*'aqueb*) de su hermano gemelo Esaú o por suplantarlo (*'âqab*) posteriormente. Es crucial convencernos de que los relatos míticos establecen una ligazón indisoluble entre el nombre y la esencia de los individuos. Tanto es así que, a la par que cambian su vida, cambian su nombre; de segundón que era, el bienhadado Jacob adopta –por misteriosa predilección divina y por la estulticia de su hermano mayor al venderle la primogenitura (Gn 25, 29-34)–, junto con su nueva existencia, una nueva esencia: es otro, nuevo patriarca del pueblo elegido[27]. En el mundo mítico, el nombre no es un apósito superficial, sino que inhiere profundamente en el ser más íntimo y definitorio de los personajes[28].

Müller pone el ejemplo de la luna y el sol. En las lenguas teutónicas, aquella tiene género masculino, como regidora de tiempos y estaciones; por el contrario, el sol lo tiene femenino, sin duda porque su función cronológica ha sido introducida con posterioridad a la lunar. Huellas de este dualismo lingüístico no faltan en los relatos míticos. Así, la *Edda mayor* nos desvela que Máni, la Luna (hijo de Mundilfari), se convierte en Sól o Sunna, el Sol. Comentando este caso, Müller deduce que la mitología «debe someterse a las trabas del lenguaje»[29]; solo entonces nos desvela muchos códigos del porqué de las cosas, de sus nombres e, incluso, como es el caso, de sus géneros.

No obstante, sería un error aplicar la función etiológica del mito de modo desmedido. Apoyado en las experiencias de Malinowski, Kerényi advierte que «el mito no puede convertirse en un modo de interpretar hechos para satisfacer una curiosidad científica; representa, de forma narrativa, la recreación de una realidad de las épocas más lejanas»[30]. El mito no explica «en el sentido de "esfuerzo intelectual"»; más bien «clarifica», proporciona «el sentido de todo», «fundamenta»: su función consiste menos en mencionar la «causa» (αἰτία) que el «principio» (αρχή), el estado originario que nunca envejece. Los «acontecimientos de la mitología […] forman el fundamento del mundo» (*ibid.*, p. 22).

---

[27] Su hermano, en cambio, pasa a ser jefe de los edomitas, posteriormente sometidos por David. Del carácter innominable e irrepresentable de Yahveh se desprende su sustitución por un ángel en la tradición pictórica occidental (Rembrandt, Delacroix); también en la literaria, como en el poema de Jacques Prévert que enfrenta al destinatario contra un púgil angélico invulnerable (la pelea está trucada): «y no tendrás tiempo para abatirlo», «et tu n'auras pas le temps de lui voler dans les plumes», «Combat avec l'ange», en *Paroles*, p. 229; el original conserva uno de los atributos imaginarios del ángel.

[28] «De acuerdo con el uso, asociamos los términos de "mito" y "nombre propio"», V. Gély, *L'Invention d'un mythe: Psyché*, p. 26. En un registro puramente histórico y religioso, encontramos cambios de nombre similares al de Jacob, por ejemplo, en la sentencia de Jesús que instaura un nuevo orden entre sus discípulos: «"Tú eres Simón, el hijo de Juan; tú te llamarás Cefas" –que quiere decir, 'Piedra'», Jn 1, 42.

[29] M. Müller, *Contributions to the Science of Mythology*, t. I, p. 40. En la *Edda poética* leemos: «Odín dijo: […] "Mundilfari se llama el padre de Luna, / que es padre también del Sol; / cada día ellos el cielo recorren / los años siempre midiendo"», *Edda mayor*, «Los dichos de Vaftrúdnir» (*Vafþrúðnismál*), 23, L. Lerate (trad.), p. 67; por desgracia, la traducción no da cuenta de estas implicaciones lingüísticas. Müller concibe el mito como necesidad inherente al lenguaje, una proyección lingüística y, en definitiva, una ilusión; sobre esta concepción positivista, véase E. Cassirer, *Mito y lenguaje*, C. Balzer (trad.), pp. 9-13.

[30] C. G. Jung y K. Kerényi, *Introducción a la esencia de la mitología*, B. Kiemann y C. Gauger (trads.), p. 21.

Se entiende así la relación entre etiología (privada aquí de verificación experimental) y los orígenes del ser humano y del cosmos. El mito remite a los fundamentos modales del cosmos, de un pueblo, de un individuo:

> La función principal del mito consiste en revelar los modelos ejemplares de todos los ritos y de todas las actividades humanas significativas, tanto la alimentación o el matrimonio como el trabajo, la educación, el arte o la sabiduría[31].

Pero el mito rara vez se queda en la superficie: más allá de las causas lingüísticas y cósmicas, clarifica los motivos últimos, tantas veces misteriosos, de nuestras acciones; el mito también comprende una etiología moral. Recurriré a un ejemplo bien conocido para mostrarlo: la trilogía *El Señor de los Anillos* de Tolkien (*The Lord of the Rings*, 1954-1955), secuela de *El Hobbit* (1937)[32].

Aun con sus intrincados vericuetos, el tema es diáfano: la historia de la destrucción de un anillo. Quien se deje arrastrar por la intriga del viaje de Frodo con sus amigos a través de inverosímiles aventuras lógicamente sufrirá y gozará junto a ellos; pero el investigador debe buscar la significación última del texto[33]. La emboscada tendida por los Black Riders (Ringwraiths, espectros que personifican la ira) a Frodo y sus compañeros, desbaratada por Aragorn (Strider –Trancos–), va más allá de una simple escaramuza entre héroes y villanos; lo mismo cabe decir de otras tantas situaciones. Todas remiten a una bondad o una maldad que los trasciende y cuyo antagonismo anima la trama.

Pongamos el foco en el mal. Tolkien lo ha hipostasiado en un personaje: Sauron, el Aborrecido[34]. Ansioso por dominar la Tierra Media, se yergue como un conquistador, no

---

[31] M. Eliade, *Aspects du mythe*, p. 19.

[32] La deuda de estos textos respecto a diversas mitologías es innegable. Así, el encuentro de Bilbo con el dragón Smaug procede del célebre episodio del poema en inglés antiguo donde un siervo, angustiado por pagar una deuda a su señor, hurta al dragón guardián de un tesoro una copa valiosa y brillante, con la consiguiente destrucción y espanto entre los gautas; véase *Beowulf*, vv. 2.200-3.136, en *Beowulf y otros poemas anglosajones*, L. Lerate y J. Lerate (trads.), pp. 93-120. No obstante, el escritor precisa que este episodio nació naturalmente durante el proceso de redacción, sin plena conciencia de su inspiración: «*Beowulf* is among my most valued sources; though it was not consciously present to the mind in the process of writing, in which the episode of the theft arose naturally (and almost inevitably) from the circumstances», J. R. R. Tolkien, *The Letters of J.R.R. Tolkien: A Selection*, H. Carpenter y C. Tolkien (eds.), carta n.º 25, pp. 30-31.

[33] En palabras del autor, «en *El Señor de los Anillos* el conflicto no se centra básicamente en la "libertad", aunque, por supuesto, ella queda incluida. Se centra en Dios y su derecho exclusivo al divino honor»; J. R. R. Tolkien, *The Letters of J.R.R. Tolkien: A Selection*, H. Carpenter y C. Tolkien (eds.), carta n.º 183, p. 243.

[34] «The Abhorred» sirve a Morgoth (Melkor), brevemente mentado en *The Lord of the Rings*. En *The Silmarillion*, Morgoth se subleva contra Eru (Ilúvatar), «el Único» capaz de crear mundos a partir de composiciones musicales; «el mayor entre los Ainur» (*the Holy Ones*) envidió la capacidad «de crear Seres» (*to bring Being things of his own*), prefirió el espejismo de su libertad al amor de su hacedor. En un arrebato de ira y vergüenza decidió «subyugar bajo su voluntad a elfos y hombres [...] y ser llamado Señor» (*he desired rather to subdue to his will both Elves and Men; [...] and to be called Lord*), J. R. R. Tolkien, *The Silmarillion*, «Ainulindalë», C. Tolkien (ed.), p. 4-8; véase D. Day, *The World of Tolkien*, pp. 28-33. Sobre las manifestaciones del mal en la Tierra Media en el imaginario del autor, es indispensable la consulta de J. R. R. Tolkien, *Morgoth's Ring: The Later Silmarillion, Part One: The Legends*

tanto de espacios como de mentes; sus secuaces los Ringwraiths someten a sus enemigos, pero también ellos mismos están subyugados a su señor, siempre deseoso de esclavizar espíritus. Este sometimiento al mal y el ansia de libertad se perpetúan en toda la obra: Gollum es un adicto al «precioso» anillo, por el que siente idéntico odio y amor que hacia sí mismo («he hated it and loved it, as he hated and loved himself»[35]), con su consiguiente transferencia hacia Frodo como portador del codiciado tesoro; incluso el protagonista es ocasionalmente incapaz de resistir su atracción. Estas tensiones singulares, acompasadas aquí y allá por pequeñas mentiras y verdades, se resumen en la dinámica entre un Mal soberbio y una Bondad verdadera[36].

Semejante nudo de relaciones podría establecerse en torno a Eru (*the One*), y cabría extenderse en las analogías, más o menos acertadas, entre esta y otras mitologías (Eru/Dios, Morgoth/Satanás, Sauron/Satanás, Ainur/ángeles, Black Riders/demonios, Manwë/Odín, etc.); pero sin olvidar subir a un grado de abstracción ulterior. Así, las acciones conscientes e inconscientes de los personajes, esas que conforman la intriga de las aventuras, responden a una serie de atracciones y repulsiones que, en última instancia, remiten a un origen de carácter moral, una etiología de primera importancia para el estudio mitológico. Trabajo subsiguiente será enlazar este origen de los orígenes, este componente etiológico (y sus interconexiones arquetípicas), con el final de los finales, con su componente teleológico.

Función teleológica

La teleología, en la acepción filosófica de su étimo (τέλος, 'fin', 'meta'), es el estudio de los fines, indispensables para todo ser, según el célebre adagio «todo agente obra necesariamente por un fin»[37]. Por traslación semántica, también se habla de teleología en sentido material: buena parte de la ciencia actual contempla una posible finalidad (ὄρεξις, 'apetito', 'deseo') del universo[38]. Nosotros mismos no podemos vivir al margen del concepto de finalidad. Nada más lógico, en consecuencia, que constatar la existencia de una teleología del mito.

Tenemos, por tanto, una perspectiva del final absoluto (la escatológica) y una del fin o causa final (la teleológica, coincidente con la función teleológica). Propiamente hablando, solo la primera es cronológica, si bien la segunda, siempre referida a causas finales, suele emparentarse con ella. De este modo, el mito aúna los dos cabos del todo; a partir de este comportamiento oréctico, señala el final trascendente –incluido el *fatum* o destino ciego– y la perspectiva teleológica del cosmos o de la existencia humana.

---

of Aman, C. Tolkien (ed.), pp. 301-431; para un estudio pormenorizado de este asunto, véase J. Mentxakatorre, *La muerte como don: J.R.R. Tolkien*, pp. 337-418.

[35] J. R. R. Tolkien, *The Fellowship of the Ring*, en *The Lord of the Rings*, I, II, «The Shadow of the Past», t. I, p. 60.

[36] «El Mal es»: «En el Paraíso por ventura el ojo renovará de la verdad reflejada su semejanza con la Verdad»; J. R. R. Tolkien, *Mythopoeia*, en *Tree and Leaf*, p. 90.

[37] Tomás de Aquino, *Suma teológica*, I-II, q. 1, a. 2.

[38] A. Millán-Puelles, *Léxico filosófico*, p. 452.

Introducidos en el ámbito de la teleología, surgen una serie de extremos que la mito-crítica cultural no puede obviar.

El primero de ellos hace relación a la «intención». Recordemos la pregunta al uso: ¿cuál es la intención del bardo antiguo o del autor en tal relato mítico? Aun cuando la mayoría de las teorías interpretativas actuales se inscriban en un marco antiintencionalista, es preciso admitir algún tipo de intención; cuando menos, no es posible alcanzar cierta comprensión del texto sino a través del encauzamiento o la reconstrucción –y aquí hay finalidad– de los elementos discursivos que lo componen. Atención, es primordial clarificar la intención accesible: lejos de indagar la significación intencional que un autor ha querido dar a un texto, el hermeneuta persigue la significación intencional que el autor le ha dado efectivamente[39]; no se trata tanto de saber cuál sea la intención previa del autor como de saber cuál es la intención real sancionada por las reglas lingüísticas y pragmáticas.

El segundo extremo versa sobre la función teleológica centrada en la inmanencia, la más socorrida cuando se rechaza, de manera consciente o inconsciente, toda referencia trascendente. Aunque innúmeros, los referentes de la inmanencia pueden condensarse en las principales áreas sintéticas de estudio del ser humano, desde la antropología hasta la economía, sin excluir acercamientos marcadamente ideológicos (feministas, machistas, ecologistas, *queer*, etc.) que, en ocasiones, desechan, de un plumazo antiacadémico, toda dimensión trascendente del relato mítico. Estas interpretaciones se autodescalifican si, denominándose mitocríticas, desprecian cualquier sugerencia de referencias trascendentes empíricamente mentadas o evocadas por el texto y el contexto, y se limitan a otros expedientes para apoyar tesis y métodos propios de otras disciplinas. Tan es así que se ha llegado a reducir el mito a una mera explicación del individuo por el entorno o, al contrario, del entorno por el individuo[40]. El mito, no se olvide, debe aparecer, siempre y primeramente, como mito, aunque sea de modo negado o subvertido; las demás consideraciones, sin ser fútiles, son secundarias. El respeto de este orden es garantía de hermenéutica correcta.

El tercer extremo, en fin, apunta a la verdad. Evidentemente, en el terreno de la ficción, la discusión filosófica sobre la verdad última de las cosas y del mundo no ha lugar. Pero, dado que el mito no se resuelve en la pura ficción, ¿cabe preguntarse si un texto mítico es verdadero o falaz en lo que al mito se refiere?; es decir, ¿añade un conocimiento coherente con la realidad?, ¿desvela una falsedad? Sin duda: por razón de su carácter hermenéutico, explicador del mundo, los relatos míticos siempre persiguen enseñar o

---

[39] Cfr. «La signification intentionnelle d'un texte n'est évidemment pas celle que l'auteur a voulu lui donner, mais celle qu'il lui a donnée effectivement», O. Ducrot y J.-M. Schaeffer, *Nouveau Dictionnaire encyclopédique des sciencies du langage*, p. 105.

[40] Existen, a este propósito, dos vías de interpretación: «del exterior al interior» –los fenómenos naturales son considerados como marco general que condiciona el espíritu y, por ende, sus afabulaciones; no pocos historiadores y sociólogos adoptan este recorrido– y «del interior al exterior» –los procesos de transferencia, concentración y sobredeterminación desvelan la lógica de nuestra imaginación y sensibilidad afectivas; muchos psicólogos y biólogos siguen este recorrido–. Esta última vía interpretativa es la senda preferida por el existencialismo marxista y los estructuralismos antropológicos, para los que la mitología «expresa conflictos psicológicos de estructura individual o social y les da una solución ideal»; R. Caillois, *Le Mythe et l'homme*, p. 27.

discutir algo trascendente. No de otro modo surgen las funciones didáctica o subversiva que abordo a continuación.

I. Función didáctica

Esta función es particularmente útil para la hermenéutica por cuanto explica la etiología o la teleología del mundo; paralelamente, la función subversiva –que a continuación veremos– contradice la etiología o la teleología explicadas por la función didáctica. Hablando en propiedad, ambas funciones pueden ser consideradas didácticas: el objetivo de la subversión es contrarrestar una supuesta o aparente verdad comúnmente asumida; ocurre entonces que un relato mítico subversivo aporta (o pretende aportar) un conocimiento verdadero respecto a otro supuesto falso. La parodia, por ejemplo, es un tipo de subversión encaminado a enseñar una verdad distinta de la oficial o, en literatura, del texto referenciado. Tanto es así, que cabe interpretar un mismo tropo (la parodia) como arma didáctica o subversiva: la literatura vale para confirmar un consenso y producir un disenso.

Entre otros comentadores de Homero, Teágenes de Regio defiende el recurso a la alegoría; sus teomaquias, arguye, representan oposiciones entre los elementos de la naturaleza: nubes y vientos, suelo firme y mar abierto. Platón disiente de esta interpretación. En su diálogo con Adimanto, Sócrates critica los pasajes que relatan la historia de Hera encadenada por su hijo, de Hefesto precipitado del cielo por su deformidad y los combates de los dioses imaginados por Homero; nunca deben admitirse, añade, tales ficciones en la ciudad, «hayan sido compuest[a]s con sentido alegórico o sin él. El niño, en efecto, no es capaz de discernir lo que es alegórico de lo que no lo es»[41]. Se da así la paradoja de que la finalidad didáctica de la alegoría según Teágenes es interpretada como subversiva según Platón, que aconseja a renglón seguido el recurso pedagógico de fábulas directamente encaminadas a enseñar la práctica de la virtud.

La función teleológica o final de los mitos aparece clara en el uso que de ellos hace Platón. Lejos de considerarlos cuentos divertidos, el filósofo los utiliza para ayudar a vislumbrar, bajo la vistosidad de su aparato, un cuerpo de verdad. Ejemplo paradigmático es su *Fedro*. En el segundo discurso de Sócrates, una vez demostrada la inmortalidad del alma, se propone analizar cuál sea su naturaleza. Propósito imposible: solo un saber divino, no humano, puede caracterizarla –decir «cómo es» (οἷον μέν ἐστι)–. Sí es posible, en cambio, representar una realidad de la que no tenemos experiencia mediante la imagen sensible de una realidad familiar; esa es la función del «mito» que sigue. El alma es una fuerza activa natural que une un tiro y un auriga. A diferencia de los dioses, que tienen tiros y cocheros excelentes, en las almas de los hombres hay hibridación: solo uno de los dos caballos es hermoso y bueno, de tal manera que, por necesidad, el manejo del auriga es difícil e ingrato[42]. Los caballos desiguales tienen querencias contrarias. Todo

---

[41] Platón, *República*, II, 378d, en *Diálogos*, C. Eggers Lan (trad.), t. IV, p. 137. En lugar de alegoría, Platón recurre al término antiguo, ὑπόνοια, 'sobreentendido'; véanse M. Detienne, *L'Invention de la mythologie*, pp. 127-131, y A. Compagnon, *Le Démon de la théorie*, p. 37. Sobre los episodios de Hefesto y las batallas entre los dioses, véase Homero, *La Ilíada*, I, 586-594, XX, 1-74 y XXI, 385-513.

[42] Véase Platón, *Fedro*, 246b, en *Diálogos*, E. Lledó (trad.), t. III, p. 345; véase *Phèdre*, L. Robin (ed.), p. lxxix. La incapacidad para explicar en qué consiste la naturaleza del alma motiva el recurso a la imagen sensible del tiro alado con su auriga también alado; aunque buen conocedor del texto (cfr.

quedaría en un símbolo, un bello símil pedagógico –el alma humana comparada a un auriga con un tiro de caballos desequilibrado–, de no seguir dos relatos escatológicos: la caída de las almas –la impericia de los aurigas las arrastra en tumultuoso remolino hacia la tierra– y la doble escatología –la salvación de las almas coherentes con las realidades verdaderas, la transmigración de las olvidadizas y perversas–. Este final no admite discusión alguna: «es lo que ha decretado Adrastea»[43], es decir, «la Inevitable», epíteto de la diosa Némesis, alegoría de la justicia humana, guardiana del conveniente equilibrio humano y encargada de castigar la desmesura, fuente de angustia y dolor. Puede cuestionarse el carácter fantástico de la serie de nueve metempsicosis expuestas por Platón –la diferencia entre las almas implantadas en las simientes de hombres sabios, por un lado, y de sofistas o tiranos, por otro–, pero no el objetivo pedagógico del relato mítico.

* * *

Veamos a continuación un ejemplo de orientación didáctica aplicada a un relato mítico de la Antigüedad: la que Calderón imprime al mito de Dafne en su comedia El laurel de Apolo (1664). El relato mítico es célebre. La serpiente Pitón, reencarnación del mago homónimo, asola la comarca de Tesalia. Apolo, que acude para matarla, se topa con Amor (Cupido) y lo ridiculiza. Aparece la serpiente y, mientras Amor huye despavorido, Apolo le lanza una flecha mortífera. Todos celebran al dios de la luz y ridiculizan al miedoso Amor. La venganza no tarda en llegar. Primero, sobre los hombres: Eco propaga por doquier «amor, amor» y de inmediato los mortales sucumben a esta pasión. Seguidamente, sobre el dios: dos flechas invisibles provocan el amor de Apolo y el rechazo de Dafne. Sigue el intento del olímpico amante para convencer (suadeo), sin éxito, a la náyade. Una vez que esta ha sido metamorfoseada en laurel, Amor reaparece, llama a todos y les muestra a un ridículo Apolo adorando a un árbol. En reconocimiento de su derrota y su amor, Apolo decreta que el laurel tenga hoja perenne y sea por todos venerado.

Calderón utilizó como fuente de su interpretación la Philosophia secreta de Juan Pérez de Moya (1585). En la pluma del mitógrafo, los personajes y las historias antiguas eran interpretados como modos de vida que se deben seguir o evitar según su adaptación a los modelos evangélicos. Con objeto de obtener la «doctrina provechosa» contenida en los relatos de la Antigüedad[44], Pérez de Moya revestía a sus personajes de virtudes y vi-

p. cviii), desafortunadamente Robin toma por un mito lo que solo es un símil. El mito viene más tarde, cuando Platón introduce la escatología trascendente.

[43] «θεσμός τε Ἀδραστείας ὅδε», ibid., 248c; véase Platón, Phèdre, L. Robin (ed.), pp. lxxxvi y 40, n. 2. Esta «Adrastea» es diferente de la ninfa del mismo nombre que crió a Zeus. Némesis (νέμειν, 'repartir con justicia'), recuerda Camus, es «diosa de la mesura, no de la venganza», «L'Exil d'Hélène», L'Été, en Œuvres, R. Enthoven (pref.), p. 1.127. La venganza y el castigo, señala, resultan de haber traspasado los límites racionales. Esta diosa «se encargaba de las elecciones de los hombres, no de la justicia entendida como código legal, [...] privilegio de Dike (Dice)», A. Marcolongo, La medida de los dioses, T. de Lozoya y J. Rabasseda (trads.), p. 136. Solo más tarde, en el mundo latino, el sentido de medida que comportaba se perdió en favor de la Iustitia, diosa que sostiene la balanza, equivalente a la griega Δίκη, que dispensaba penas y castigos.

[44] «porque toda fábula se funda en un razonamiento de cosas fingidas y aparentes, inventadas por los Poetas y sabios, para debajo de una honesta recreación de apacibles cuentos, dichos con alguna

cios propios de un compendio de moral. Por razones estratégicas, el dramaturgo refuerza la ascensión fulgurante de Apolo para tornar más catastrófica su caída. Calderón solo ve el mundo en clave teológica; detrás de cada modificación al modelo antiguo hay un mensaje cristiano.

Esto no ocurre sin contradicciones. En su texto las antiguas divinidades no conservan de su carácter divino más que una débil apariencia. ¿Cómo es posible que el dios de los oráculos no sospeche la desgracia que lo acecha, a pesar de las numerosas premoniciones, por ejemplo, cuando Dafne presiente la amenaza que se avecina o cuando el mismo Apolo disfraza a Rústico de árbol? ¿Cómo es posible que el dios de la música oiga los cantos en honor a Amor sin caer en la cuenta de su significado? ¿Cómo es posible, en fin, que el inventor de la medicina, sobre quien la enfermedad nada puede, exclame amargamente: «¡Con mi antídoto me matan!»?[45] Este Apolo conserva su nombre y aspecto, pero ha perdido sus facultades divinas, es un hombre cualquiera, sometido al error, al vicio o, en un contexto cristiano, al pecado. Por eso sus tres principales errores corresponden a los tres principales vicios que esta religión combate. El castigo que Apolo sufre por cada uno de estos pecados los convierte, mediante la penitencia, en revulsivos virtuosos. Pena y recompensa indican al público el buen camino.

El primer vicio de Apolo es la avaricia: su apego a los bienes de la tierra, evidente cuando entra en cólera porque los hombres se muestran renuentes a darle culto. No es otra la razón de que Apolo acuda a Tesalia:

> al templo de Apolo hoy suben,
> los hombres por una banda,
> y las mujeres por otra
> al templo de Venus, para
> que ofrendas y sacrificios
> mejoren sus esperanzas (I, p. 1.743).

El segundo vicio es la soberbia. En el diálogo cantado, Apolo se mofa de Amor al tiempo que se vanagloria de su victoria sobre el monstruo que yace muerto a sus pies: «el triunfo ha sido mío». Su buena acción –librar a los hombres de la serpiente– lo inclina a envanecerse. El aborrecimiento de la ninfa es un ácido castigo. De nada le sirve al dios que los humanos lo vitoreen por vencer a la serpiente; inoportunas ovaciones no consuelan. Su humillación es máxima cuando Amor muestra a los habitantes de la comarca el lamentable estado del dios que se jactaba en vano:

> El triunfo disteis a Apolo,
> y para que llegue a verse
> quién triunfa con más ventajas,
> quién más aplausos merece,

---

semejanza de verdad, inducir a los letores a muchas veces leer y saber su escondida moralidad y provechosa dotrina», J. Pérez de Moya, *Filosofía secreta*, t. I, 1, p. 5.

[45] Calderón de la Barca, *El laurel de Apolo*, jornada II, en *Obras completas*, A. Valbuena Briones (ed.), t. I, p. 1.756.

quién vence fieras, o quién
vence al dios que fieras vence;
volved los ojos: veréis
que a un tronco adorando muere (II, p. 1.762).

El tercer vicio es la lujuria. Apolo persigue a Dafne para gozarla a pesar del rechazo de la ninfa. En la *suasio*, el dios le ofrece todas sus cualidades a condición de su amor, pero la ninfa implora el socorro de su padre, el río Peneo. Víctima de Amor, Apolo sufre celos, desdén y desesperanza:

no sé cuál más me ofende,
o el que ama lo que amo,
o el que lo que amo aborrece. [...]
¿Qué distinto fuego, cielos,
de otro cualquier fuego es este,
que aborreciendo o amando
contrarios vientos le encienden? (*ibid.*, p. 1.760).

Los tres vicios de Apolo –avaricia, soberbia y lujuria– corresponden exactamente a los tres pecados que resumen todos los demás: «porque todo lo que hay en el mundo, concupiscencia de la carne, concupiscencia de los ojos y orgullo de la vida, no viene del Padre» (1 Jn 2, 6). La «provechosa doctrina» propuesta por Calderón critica el vicio y predica la virtud; a cada vicio, su virtud correspondiente[46]. Apolo olvida los holocaustos prometidos, invita a ofrendar hojas de laurel al monarca, reconoce humildemente su derrota frente a Amor y descubre el verdadero amor cuando exclama:

---

[46] La mitología concita vicios y virtudes por igual. Este efecto didáctico resultante de la dialéctica alegórica entre bondad y maldad presenta ejemplos innúmeros. La vanidad de Venus es ofendida por «los honores [que recibe] una muchacha mortal», Psique, cuyas hermanas, además, se sienten corroídas por «la bilis de una envidia creciente», Apuleyo, *Las metamorfosis o El asno de oro*, IV, XXX, 1 y V, IX, 1, J. Martos (ed.), t. II, pp. 23 y 34 respectivamente; la humildad y la generosidad de la heroína desarman a la diosa, que la perdona al final de la pieza. Por su parte, Júpiter concede a Psique la inmortalidad tras dar a Venus una imponente lección de moral, como en esta adaptación de Molière: «Considera lo que somos, / y si las pasiones deben dominarnos: / tanto más la venganza place a los hombres, / cuanto más compete a los dioses el perdón»; «Considère ce que nous sommes, / Et si les passions doivent nous dominer; / Plus la vengeance a de quoi plaire aux hommes, / Plus il sied bien aux Dieux de pardonner», *Psyché*, V, 6, vv. 2.203-2.006, en *Œuvres complètes*, G. Couton (ed.), II, pp. 883-884. Esta dicotomía entre vicio y virtud, así como la necesaria jerarquía de valores, está en el centro de la formación pedagógica a través de los mitos; entre tantos ejemplos baste traer a colación las obras principales de Comenius (*Didactica magna*, *Consultatio catholica* y *Orbis pictus*, todas ellas publicadas entre 1633 y 1666, con frecuentes referencias a los capítulos preliminares del Génesis; véanse G. Esparza, «Pedagogía del mito en J. A. Comenio», pp. 169 y 175) y el sabroso manual divulgativo de Fernán Caballero (*La mitología contada a los niños*, 1865). Sin duda, el didactismo hoy no es tan explícito ni tradicional: prefiere realzar otros valores, como la libertad; valga un ejemplo precisamente de Dafne, recelosa ante los avances de Apolo: «Vi los elogios de la cautividad; frente a la lira, rogué a mi padre del mar que me salvara»; «I saw captivity / in praise; against the lyre, / I begged my father in the sea / to save me», L. Glück, «*Mythic Fragment*», en *The Triumph of Achilles*, en *Poems 1962-2012*, p. 156.

mi mayor triunfo es este
de saber amar [...]
pues solo amor sabe el que ama
aún más allá de la muerte (II, p. 1.762).

La mejor prueba del progreso espiritual del dios reside en la orden que transmite a la naturaleza: el árbol en el que Dafne ha sido convertida siempre estará seguro del rayo porque disfrutará «de iguales verdores» y con sus hojas «sus victorias han de coronar los reyes». Tomando como pretexto una etiología mítica (la perennidad foliácea de este árbol), *El laurel de Apolo* es una alegoría de carácter didáctico.

II. Función subversiva

Subvertir es un verbo transitivo: requiere un objeto que, en términos lingüísticos, se denomina referente. Un ejemplo habitual: el trastorno que las vanguardias operan sobre la sociedad del momento. Respecto a los sistemas tradicionales de conocimiento, el Surrealismo propone una liberación de todas las constricciones lógicas y morales; la realidad habitualmente aceptada es subvertida en favor de otra, maravillosa, denominada superrealidad. Hay una teleología de la subversión: el Surrealismo persigue la recuperación de los poderes originales del espíritu, que considera perdidos en una sociedad burguesa[47].

En principio, la subversión tiene vocación universal: todo puede ser trastocado, tanto en el terreno material como en el espiritual. La subversión es un acto eminentemente moral; si no fuera posible, la libertad humana quedaría en entredicho. Aun cuando la subversión se represente materialmente, debe su valor auténtico a la derivada espiritual. El capricho de Goya *Tú que no puedes* representa dos burros montados sobre dos hombres: subversión de un medio de transporte, y lección sobre la imbecilidad humana.

¿Existen excepciones al carácter universal de la subversión? Afirma Baudrillard que no hay ningún referente capaz de contradecir la moda: su referente es ella misma. En este sentido, cualquier hipotética subversión o «modificación» de la moda hace moda, es también moda[48]. Puro espejismo: aunque el referente sea inmanente a la moda general, la subversión de cada moda particular se impone como fuerza de resistencia autotélica. Puede aportarse un ejemplo de la dramaturgia española contemporánea. La sucesión de recreaciones clásicas sobre los mitos de Ulises y Penélope es contradicha por otras subversivas de la trama heroica; estas por otras de carácter feminista, a las que sustituyen otras de marcado aspecto lúdico con recursos electrónicos. Así, en *Ulises no vuelve*, de Carmen Resino (1973-1981), el protagonista deserta de la guerra y vive escondido en su casa, con la connivencia de Pen, cuya existencia ha sido mermada, como evidencia la apócope de su nombre. Por contraste, en *Las voces de Penélope*, de Itzíar Pascual (1996), la heroína ha «aprendido a esperar[se] a [sí] misma», a ser ella misma, «no la espera de otro»; en fin, en *Soy Ulises, estoy llegando*, de Ainhoa Amestoy (2007), una obsesiva Calipso debe recurrir a ansiolíticos y Circe confecciona drogas de diseño

---

[47] Véanse A. Breton, *Entretiens*, pp. 37 y 97, y «Qu'est-ce que le Surréalisme?», en *Œuvres complètes*, M. Bonnet *et al.* (eds.), t. II, p. 231.

[48] J. Baudrillard, *L'Échange symbolique et la mort*, pp. 150-151.

mientras el héroe, siempre con retraso, envía por su móvil a Penélope los mensajes que dan el título a la pieza[49]. Pasa con la moda como con la modernidad y la posmodernidad, que persiguen sin cesar la ruptura con la tradición e instauran, de rebote, la tradición de la ruptura.

* * *

Tres elementos pueden verse afectados en toda subversión mitológica: la narración, la estructura y el acontecimiento. Surge así una tipología de esta subversión; al primer tipo lo denominaré narrativo; al segundo, estructural; al tercero, trascendente. También puede dividirse en grados, por cuanto describe una gradación ascendente. A nadie se le escapa la artificiosidad de esta división: debido al carácter global de la subversión, algunos elementos operan de modo simultáneo en varios modos y cualquiera de estos afecta de una manera u otra a los demás. No obstante esta objeción, motivos propedéuticos aconsejan el uso de esta tipología.

1.er tipo o grado: subversión narrativa. En la base de la subversión narrativa se encuentra la saturación del academicismo formal. El ideal clásico de la forma pervive de manera sorprendente a lo largo de la historia occidental, hasta llegar al apogeo del siglo XVIII. Según Winckelmann, los griegos –respetuosos con los principios de la unidad, la variedad y la armonía– alcanzaron una belleza ideal que sobrepasaba la natural: produjeron formas de excepción. A su imagen, el artista moderno debería respetar las reglas clásicas para alcanzar la perfección[50]. No es de extrañar que el sometimiento a esta férrea disciplina, además de conducir a la esterilidad artística, provoque una sucesión de rebeliones –unas tímidas, otras atrevidas– por salir de la prescripción clasicista. No es otro el origen de la «Querella de los antiguos y los modernos».

Encontramos un ejemplo palmario en un episodio de *Gargantúa* de Rabelais (¿1535?). Tras haber rezado en Nantes a san Sebastián contra la devastación de la peste, seis hombres regresan a sus casas. Un monje los previene de los estragos que los monjes del lugar pueden haber provocado allí durante su ausencia:

—¿De dónde sois vosotros, pobres diablos?

—De Saint-Genou –dijeron.

—¿Y cómo –dijo el monje– sigue el abate Tranchelion, ese buen bebedor? ¿Y los monjes? ¿Qué tal comen? ¡Por los clavos de Cristo! ¡Se benefician de vuestras mujeres, mientras andáis de romería!

—¡Hum! ¡Hum! –dijo Hardodir–. No temo por la mía, pues quien la vea de día ya no se romperá la crisma para ir a visitarla de noche.

—¡Mala jugada! –dijo el monje–. Podría ser tan fea como Prosérpina que, ¡pardiez!, también tendrá su meneo pues hay monjes alrededor, ya que un buen operario obra indiferente-

<hr>

[49] Para estas referencias, véase M.ª del M. Mañas Martínez, «Penélope y Ulises en la dramaturgia femenina contemporánea española», *passim*.

[50] Véanse J. J. Winckelmann, «De lo esencial en el arte», en *Historia del arte de la Antigüedad*, J. Chamorro Mielke (trad.), pp. 74-105; O. Robador Ausejo, «*Forma*. El ideal clásico en el arte moderno», pp. 45-55, y A. Becq, *Genèse de l'esthétique française moderne*, pp. 520-521.

mente con todo tipo de piezas. ¡Que atrape la sífilis si a la vuelta no las encontráis preñadas, pues la sombra sola del campanario de una abadía es fecunda![51]

La mención de una repugnante Prosérpina, la blasfemia y la exclamación sobre la enfermedad venérea, las metáforas de la equitación (más explícitas en el texto original), del trabajo y de la fecundación, son elementos típicos de la inversión grotesca, recurso retórico de Rabelais para trastornar los relatos de milagros tan frecuentes en la época. La mofa y la bulimia léxica ayudan al objetivo principal del texto: subir lo que está abajo, bajar lo que está arriba, subvertir el orden habitual de las cosas.

2.º tipo o grado: subversión estructural. Esta modalidad procede al desmembramiento del conjunto orgánico del texto. La supresión de uno o varios de sus componentes atenta gravemente contra la unidad global: el texto pierde su identidad y su mensaje.

Subversión narrativa y subversión estructural van de la mano. Ambas pervierten de modo simultáneo el canon literario y el canon ideológico de referencia. Parodia de las novelas de gigantes, del tratado jurídico y de las gestas de caballería, *Gargantúa* subvierte el motivo de las peregrinaciones y la creencia en la virtud milagrosa de las reliquias. La liberación de las formas literarias materializa la postergación de los contenidos heredados.

3.ᵉʳ tipo o grado: subversión trascendente. La célebre imagen de la abadía fecundante es un aviso sobre la amenaza que representa el monasterio cercano a las casas de los peregrinos. El texto no cuestiona la verdadera fe, sino los abusos de la superstición; ataca sibilinamente la creencia que los ingenuos peregrinos depositan en las virtudes de las reliquias. El recurso a la inversión grotesca, donde la topografía de las partes bajas del cuerpo adquiere relevancia sobre las altas, subvierte el valor de los elementos narrativos, estructurales y mitológicos.

La subversión trascendente puede recibir el nombre de subversión mitológica o desmitificación por cuanto el carácter trascendente y el etiológico son elementos propios del mito en literatura. La pérdida de tal o cual estilo enunciativo puede ser inocua para un relato mítico; en cambio, la pérdida de su carácter trascendente resulta letal.

No ocurre así cuando la subversión se reduce a una modificación secundaria respecto al mito tradicional. En *Los reyes* de Cortázar, Ariana ruega a Teseo que le diga al Minotauro unas palabras fraternales –«Si hablas con él dile que este hilo te lo ha dado Ariana»[52]–; y en el *Odiseo* de Manfredi, no es Filoctetes sino Odiseo –oportunamente ayudado por Atenea– quien dispara la flecha que hiere mortalmente a Paris[53]. La discrepancia

---

[51] Rabelais, *Gargantúa*, A. Yllera (trad.), pp. 300-301; «Dont êtes-vous, vous autres, pauvres hères? De Saint Genou, dirent-ils. Et comment (dit le Moyne) se porte l'abbé Tranchelion, le bon beuveur? Et les moynes, quelle chère font-ils? Le cor dieu, ils biscotent vos femmes, ce pendant que êtes en romivage. Hin, hen! (dit Lasdaller) je n'ai pas peur de la mienne. Car qui la verra de jour, ne se rompra pas le col pour l'aller visiter la nuit! C'est (dit le Moyne) bien rentré de picques! Elle pourrait être aussi laide que Proserpine, elle aura, par dieu, la saccade, puisqu'il y a moynes autour. Car un bon ouvrier met indifféremment toutes pièces en œuvre. Que j'aie la vérole, en cas que ne les trouviez engrossées à votre retour. Car seulement l'ombre du clocher d'une abbaye est féconde», *Gargantua*, J. Céard, G. Defaux y M. Simonin (eds.), p. 223. Véase el análisis de M. Bakhtín, *L'Œuvre de François Rabelais et la culture populaire*, pp. 302-312.

[52] J. Cortázar, *Los reyes*, p. 54.

[53] V. M. Manfredi, *Odiseo*, J. R. Monreal (trad.), p. 370.

respecto a los relatos homéricos es, a efectos del acontecimiento mítico, irrelevante; propiamente no cabe hablar de subversión, sino de modificación, adaptación, añadido, excurso, etcétera.

La subversión mitológica no comienza en la Edad Media ni en el Renacimiento. La Grecia clásica ofrece ejemplos palmarios de este tipo de desmitificación. El apogeo del racionalismo jónico protagoniza un largo periodo de crítica corrosiva de la mitología: baste recordar que la atribución del carácter ficticio a los mitos surge en esta época. Las decisiones arbitrarias de los dioses centran los ataques de la razón discursiva: un dios no puede ser injusto, inmoral ni vengador. Se sucede así, del siglo VII a.C. al III d.C., toda una hermenéutica, ora alegórica, ora racionalista, sobre los dioses homéricos. Tales de Mileto y Jenófanes de Colofón rechazan la materialidad y el antropomorfismo de los dioses de Homero; Anaximandro, su existencia; los sofistas Critias y Pródico de Ceos consideran los dioses como recursos ideados contra la violación de las leyes o para la designación de cosas útiles; algunos estoicos retoman estas vertientes y apuntan en una dirección historicista (Paléfato, *Sobre fenómenos increíbles*); la interpretación alegórica corre a cargo, sobre todo, de Heráclito el Rétor (*Alegorías de Homero, Refutación o enmienda de relatos míticos antinaturales*), Cornuto (*Teología*) y Porfirio (*El antro de las ninfas*)[54].

La obra de Evémero es el parangón de esta tarea desmitificadora. En su *Historia sagrada*, este hermeneuta afirma haber descubierto el origen de los dioses: son antiguos reyes divinizados. En su tiempo (siglo III a.C.), la única posibilidad racional de conservar los dioses homéricos consiste en afirmar la realidad prehistórica de unos héroes cuya memoria pervive, mitificada, en la imaginación del pueblo. Valga por caso el destronamiento del dios de la agricultura:

> un oráculo le anunció a Saturno que tuviera cuidado de que no lo expulsara del poder uno de sus hijos. Él, con el propósito de escapar al oráculo y huir del peligro, urdió una trampa contra Júpiter para matarlo. Júpiter, cuando tuvo conocimiento de la trampa, reclamó de nuevo el trono e hizo huir a Saturno. Este, expulsado y perseguido por todo el mundo por hombres armados que había enviado Júpiter para apresarlo o matarlo, a duras penas consiguió encontrar en Italia un lugar para esconderse[55].

Nunca unos esbirros, ni siquiera bajo las órdenes de Júpiter, se atreverían a perseguir al dios de las cosechas, a menos de estar convencidos de la superchería. Poco más hacía falta a los apologetas cristianos para demostrar el carácter meramente humano de los dioses griegos.

---

[54] Véanse W. Nestle, *Historia del espíritu griego*, pp. 43-55; *Vom Mythos zum Logos*, en particular el cap. II, «Die religiöse Krisis des 7. und 6. Jahrunderts», pp. 53-80, y M. Sanz Morales en su edición de los *Mitógrafos griegos*, pp. 191-195. Sin entrar en detalles, Aristóteles desecha de manera expeditiva el asunto del antropomorfismo y del teriomorfismo: «se da a los dioses la forma humana; se los representa bajo la figura de ciertos animales, y se crean mil invenciones del mismo género que se relacionan con estas fábulas», *Metafísica*, XII, 8, 1074b, P. de Azcárate (trad.), pp. 252-253.

[55] Ennio, *Fragmentos*, J. Martos (ed.), p. 528. La obra de Evémero nos ha llegado solo a través de sus adaptadores, Ennio, entre otros; casi todo el texto evemérico de Ennio ha sido transmitido por Lactancio. Sobre las embestidas racionalistas, alegóricas y evemeristas contra Homero, véase M. Eliade, *Aspects du mythe*, pp. 184-195. (Para un desarrollo sobre el hermeneuta griego, § 8).

No es baladí que la mayor parte de la subversión mitológica florezca en la prosa novelesca. De nuevo concurren aquí razones narrativas y estructurales. Ajena a las constricciones clásicas sobre personaje, tono y extensión, la novela se presta complaciente a la desestructuración de los elementos esenciales del mito. En el texto rabelaisiano, el episodio retoma en el capítulo XLIII unos personajes previamente «engullidos» en el XXXVI, sin que otras aventuras ajenas, como la escaramuza de Picrochole, sean menoscabo para el propósito subversivo final. La versatilidad novelesca posibilita la inversión libre de formas y temas. Este trastorno narrativo y estructural arrastra otro de orden trascendente: más allá de la carga cómica transmitida por la verborragia del hermano Juan y de la imagen satírica propuesta por la inversión corporal, el texto «desmitifica» una creencia popular, priva de dimensión numinosa la costumbre de las peregrinaciones. Género acanónico, la novela contribuye, más que la poesía y el teatro, a la subversión del canon narrativo, estructural y trascendente. Devoradora por antonomasia y liberada, por razón de su nacimiento bastardo, de las reglas imperantes en otros géneros canónicos, la novela ejerce desde sus primeros vagidos un trabajo de zapa sobre el pensamiento, el objeto y el modelo tradicional de los mitos.

Esta concomitancia entre subversión narrativa y mitológica se replica en la Edad Moderna, con la excepción de los movimientos Barroco y Neoclásico[56]. Tras la Ilustración asistimos a un vaciamiento progresivo del mito, aunque no clamoroso por cuanto queda soterrado bajo fórmulas en apariencia respetuosas: a la novela romántica (que recupera mitos medievales) siguen la novela fantástica (que retoma y modifica diversos elementos míticos), la novela realista (que los reformula con fines de objetivismo literario), la novela naturalista (que los adapta en aras del cientificismo) y la novela expresionista (que los moldea con objeto de reflejar su impacto emocional).

* * *

Si bien es cierto que el mito ofrece un flanco propenso a la subversión, solo en la época contemporánea sufre un trastocamiento continuo. Desde la modernidad a la posmodernidad, producción literaria y mito entran en un proceso subversivo sistemático. Esto no implica la desaparición de los mitos, pero sí una modificación incontestable: su trastorno se ha vuelto espontáneo, natural.

---

[56] Aquí la producción literaria y artística no corre de modo paralelo a la reflexión filosófica: baste pensar en los incontables textos, cuadros y esculturas del siglo XVIII centrados en los mitos. En efecto, la razón crítica ilustrada cuestiona como nunca antes la «autoridad poética de la antigua mitología»: los relatos grecolatinos son reducidos a «proyecciones de los afectos humanos y propiedades de la naturaleza indómita», H. R. Jauss, *Las transformaciones de lo moderno*, R. Sánchez Ortiz de Urbina (trad.), p. 27. Todo esto sucedió, reseña Jauss, «al precio de que con la disolución de los viejos mitos pronto surgieron otros nuevos, acompañados por un vivo interés científico por el origen de la mitología [...] y por la institución de la sociedad, la religión y el derecho», *ibid*. De ahí lo que este crítico denomina «mitos» del comienzo: la plenitud inicial (Vico), la edad de oro (Rousseau), el buen salvaje (cuya formulación remonta a Montaigne), etc. No se deben confundir los «mitos modernos del comienzo» con los «mitos etiológicos del origen»; el referente es diverso: aquellos, aunque ajenos a toda evidencia, son susceptibles de demostración por vía de informaciones etnográficas; véase *ibid.*, p. 41.

No es fácil detectar los elementos de la mentalidad contemporánea que desencadenan la subversión de la trascendencia. La historia de la literatura ha dado cuenta del papel de las escuelas y los movimientos literarios en la renovación de las formas y del pensamiento. Unas y otros se suceden por mor de saturación: el hartazgo de la mente propicia un cambio que transmite aire fresco y rejuvenecedor. Ahí surge el anhelo de Baudelaire al concluir su crítica al frustrante *Salón de 1845*: «¡Ojalá los que buscan de verdad nos den el año que viene la alegría singular de celebrar el advenimiento de lo *nuevo*!»[57].

Los mitos no son ajenos a esta renovación generacional. Pero su estructura relativamente sencilla y su referencia trascendente oponen una resistencia considerable al embate de escuelas y movimientos. Por lo general, los mitos antiguos, medievales y modernos solo permiten modificaciones periféricas de forma: cambio de nivel de lengua o de estilo, de coordenadas espacio-temporales, de nombre de los personajes, de intrigas marginales… Aun situada en Flandes y protagonizada por un descendiente de los Mañara arrepentido de sus faltas, *Las ánimas del Purgatorio* de Mérimée (1834) no deja de ser una versión novelada del mito de Don Juan que conserva sus elementos invariables[58]. Este tipo de subversión formal, el más recurrido, también abunda desde la modernidad hasta nuestros días: el *Don Juan* de Delteil (1930) dramatiza la depravación y el arrepentimiento extremos. Estas remodelaciones del mito son subversiones mitológicas de primer grado o narrativas: afectan al mito en la medida en que afectan a su narración.

La subversión de segundo grado o estructural, también relativa, provoca una revolución mayor en el entramado del mito. Como hemos visto antes, *El empleo del tiempo* de Butor describe las angustias de Jacques Revel; las diversas partes, series y voces de la investigación de este empleado por la ciudad reenvían a otra investigación, la del laberinto de Creta y los afanes de Teseo frente al Minotauro. El caso policial y el referente mítico son secundarios frente a la interrogación acerca del arte de la escritura y el cuestionamiento sobre la verdad, que no se funda tanto en los hechos como en las relaciones

---

[57] «Puissent les vrais chercheurs nous donner l'année prochaine cette joie singulière de célébrer l'avènement du "neuf"!», *Salon de 1845*, VII, «Sculptures», en *Œuvres complètes*, C. Pichois (ed.), t. II, p. 407. Proverbial a este respecto es el lema atribuido a Pound: «Make it new!». No es suyo: se encontraba inscrito en el lavabo de Ch'eng T'ang, primer rey de la dinastía Shang (1766-1753 a.C.), tal como el poeta estadounidense lo leyó en *Da Xue* (Ta Hio), primero de los cuatro libros de filosofía moral confuciana, y en *T'ung-Chien Kang-Mu*, un digesto de una antigua historia de China. Se ha creado en las últimas décadas una divertida contienda entre «viejos» y «nuevos» mitos, viejos y nuevos dioses (serie *American Gods*), viejos y nuevos modos de concebir el más allá (serie *Upload*).

[58] En el teatro, el mito titubea frente a la subversión estructural. ¿Puede haber un Don Juan sin Comendador? Los ejemplos de Nicolaus Lenau (*Don Juan*, 1843-1844), Max Frisch (*Don Juan o el amor por la geometría –Don Juan oder die Liebe zur Geometrie–*, 1953) y Henry de Montherlant (*La Mort qui fait le trottoir: Don Juan*, 1956-1972) ofrecen un Comendador reducido a piedra inanimada, humo y títere de feria respectivamente. Según J.-Y. Masson, estas presencias *in absentia* son ya funcionales; véase «Un *Don Juan* sans Commandeur?», pp. 94-95. Es arriesgado trazar líneas rojas: el Comendador brilla por su ausencia en la pieza de Milosz (1913), pero es sustituido por una Sombra conminatoria («L'Ombre»), cuyas palabras son altamente autoevocadoras: «Feliz el hombre cuyo corazón es como la piedra tumbal»; «Heureux l'homme dont le cœur est comme la pierre du tombeau», *Miguel Mañara*, I, p. 25. Una vez más constatamos la importancia de la definición del mito según la mitocrítica cultural: no importan tanto los elementos variantes (motivos) como los invariantes (mitemas). En fin, a pesar de su carácter paródico y su ambientación exótica, el poema *Don Juan* de Byron (1819) no se permite variaciones estructurales de calado.

fluctuantes entre las cosas y los acontecimientos; la estructura del mito es removida en favor de la nueva verdad inestable producida por la escritura. El mito se ha convertido en un hipotexto cuyo engranaje es adaptado al nuevo texto; una vez utilizado, el mito es ignorado. Este tipo de subversión no prescinde del mito –sin él es imposible comprender el texto–; tras usarlo, lo considera irrelevante. Su carga trascendente es reutilizada con un propósito narrativo y estructural inmanente al texto: el mito se ha convertido en un episodio más de la estructura narrativa.

Además del embate de escuelas y movimientos, los mitos acusan un terremoto que tiene su origen en causas mucho más profundas: el declive de la epistemología clásica. Esta epistemología propone una mentalidad ordenada en torno a un canon estático, jerárquico y aparentemente definitivo. La subversión epistemológica, fenómeno de la contemporaneidad, produce un corrimiento de tierras que doblega los fundamentos de los mitos tradicionales[59]. La subversión de tercer grado o de la trascendencia, que comprende la epistemológica, es absoluta: supone, además de las inversiones 1.ª y 2.ª (narrativa y estructural), la desaparición de toda dimensión trascendente[60]. En otras subversiones, esta dimensión existía textualmente como entidad superior operante; en esta subversión, ha sido vaciada en aras de un fin sucedáneo. El mito no es ahora atacado, sino frivolizado: su carga trascendente es manoseada con un objetivo cotidiano, cuando no irrisorio.

Ejemplos de este tipo de subversión mitológica abundan por doquier, ya sea por trivialización (*La modificación*, de M. Butor, 1953, desmitifica, en el viaje del mediocre Delmont desde París hasta Roma, la grandeza del héroe en la *Eneida* de Virgilio) o por inversión (*Crepúsculo, Twilight*, S. Meyer, 2005-2008, ofrece unos curiosos vampiros desligados de sus ataduras diabólicas). Veamos someramente este caso en la celebérrima adaptación cinematográfica *Crepúsculo: la saga* (*The Twilight Saga*, C. Hardwicke *et al.*, 2008-2012).

Bella sospecha que Edward no es un chico como los demás. Tras enamorarse, él le desvela los motivos de su «dieta especial» (a base de sangre) e incluso su edad (ciento nueve años en lugar de los aparentes diecisiete). Una noche, Edward se introduce misteriosamente –la ventana está cerrada– en la habitación de Bella. Todo amenaza con suceder según el guion de un ataque vampírico tradicional. Súbitamente el joven exclama, extasiado: «¡soy más poderoso de lo que creía!», porque ni muerde a Bella ni consuma el acto sexual; primera gran alteración o subversión del programa: Drácula no inflige la muerte ni abusa de su víctima. Más adelante, Edward succiona la sangre de Bella para extirpar la ponzoña que le ha inoculado el vampiro James; segunda alteración: Drácula lucha contra un miembro de su propio clan en favor de un humano. Todo se «normaliza» cuando ella decide ser «un monstruo» como él para vivir juntos; tercera alteración: una mujer ruega al vampiro que la muerda. Todo habría acabado aquí si Jacob Black, hombre lobo con apariencia de indio quileute, no se hubiera enamorado también de Bella; pero la leyenda de la tribu quileute forma parte de otra serie de subversiones.

---

[59] Véanse G. Gusdorf, *Naissance de la conscience romantique au siècle des Lumières*, p. 411, y G. Durand, *Introduction à la mythologie*, p. 29.

[60] También cabría llamarla subversión trascendental, a condición de distinguir este calificativo del aplicado por la filosofía, p. e., en el idealismo trascendental o formal de Kant; véase *Crítica de la razón pura*, I, 2.ª parte, 1.ª div., lib. 2.º, cap. II, sec. 6, P. Ribas (trad.), p. 437.

Estas subversiones no son exclusivas de la novela. La serie *Laberintos* de Cristina Iglesias altera a su gusto *El mundo sumergido* (*The Drowned World*, J. G. Ballard, 1962). Hoy se erigen estatuas de Polifemo, pero contienen un complicado sistema que representa el movimiento infinito, como en *El cíclope* (*Le Cyclop*, J. Tinguely y N. de Saint Phalle, 1969-1994); se reproducen bellas durmientes mediante simulacros de estrellas del deporte (S. Taylor-Wood, *David*, 2004)[61]. Son solo unos ejemplos de la multiforme subversión de los relatos míticos tradicionales. El predominio del pensamiento positivista sobre el pensamiento mítico, la pérdida del sentido de la trascendencia, la reducción de las coordenadas espacio-temporales al transcurso astronómico y la búsqueda de nuevos procedimientos formales explican el abundante recurso a la subversión del discurso mitológico tradicional.

El investigador se enfrenta a un nuevo modo de ver el mito; se encuentra en la tesitura de reinventar la mitocrítica. El mito existe y seguirá existiendo, pero debe aprender a convivir con las nuevas formulaciones contemporáneas, reflejo de los factores configuradores de nuestra sociedad: el fenómeno de la globalización, la *dóxa* del relativismo y la lógica de la inmanencia. Los mitos se desarrollan ahora en la conjunción de los medios de comunicación tradicionales y modernos, son percibidos como fenómenos efímeros (nuestra época posee una capacidad inaudita para mitificar y desmitificar personajes históricos en un lapso de tiempo sorprendente) y son explotados en función de intereses ideológicos y mercantilistas. La mitocrítica cultural propone una reflexión metódica sobre la tendencia, siempre acuciante, a vaciar los relatos míticos de su valencia mítica.

El mito, cabe colegir, apunta simultáneamente a la existencia de otro mundo (función referencial primaria) y a su comprensión (función referencial secundaria); es herramienta eficaz para interpretar no solo la interacción entre este mundo y el otro, sino también las manifestaciones aparentemente incomprensibles de este. Esta hermenéutica también compete al investigador del mito, que debe descubrir tanto los recursos intuitivos e inductivos (en su mayor parte procedentes de la poética) como las pruebas deductivas (las *probationes* o los *argumenta* clásicos procedentes de la retórica) vehiculados por cada mito en cada texto.

---

[61] Véase M. Aguirre, «El *Cíclope* de Jean Tinguely y Niki de Saint Phalle», *passim*. Sobre esta y otras representaciones contemporáneas del cíclope, véase M. Aguirre y R. Buxton, *Cyclops: The Myth and its Cultural History*, pp. 305-375. La escultura de Tinguely y de Saint-Phalle se denomina *Le Cyclop* (no *Le Cyclope*, como cabría esperar). Sobre *David*, de Taylor-Wood, véase L. de la Colina *et al.*, «Lo heroico como epidermis: representación del héroe en el arte contemporáneo».

5
Mito, imagen y símbolo

Una imagen designa cualquier representación sustitutoria de su modelo; un modelo es la materia o la idea representada (tomada como referencia). Una imagen asume rasgos de un modelo sin confundirse con él –de lo contrario sería un doble–; de aquí que toda imagen resulte de una proporción variable de similitud o disimilitud. La imagen, reproducción o presentación secundaria, carece del grado de realidad de su modelo, razón por la que suele considerarse como resultado de una producción de la imaginación, de algún modo deficitaria o fraudulenta en comparación con el original. Sería un error, no obstante, aplicar estos calificativos a todas las imágenes; antes al contrario, muchas imágenes visuales y literarias disponen de una información mucho más densa y rica en significado que su modelo original.

Buena parte de la reflexión sobre la imagen desde comienzos del siglo xx ha ido en este sentido: frente al positivismo que veía en la imagen una degeneración de la realidad, la epistemología contemporánea ha incidido en su revalorización. En efecto, nuestro pensamiento reposa, en buena medida, sobre imágenes, muchas de ellas espontáneas y motivadas, resultado de una homogeneidad entre el significante y el significado, como son la mayoría de los símbolos.

No hay inconveniente en hablar de un pensamiento «modificativo» que interactúa íntimamente con un «pensamiento conceptual» o «constitutivo». Hasta tal punto es así que la imaginación organiza dinámicamente el pensamiento; pero no de manera intelectual, sino según sus propias condiciones, es decir, «deformando» las copias ofrecidas por la percepción, que pasan de este modo a fundamentar la vida psíquica en su conjunto. Cabe así establecer una tipología de las imágenes (inconscientes, naturales, literarias) que representan nuestro mundo de modo metafórico: toda representación es metafórica[1].

---

[1] Véase G. Durand, *Les Structures anthropologiques de l'imaginaire*, pp. 25-27. «[La imaginación] es más bien la facultad de *deformar* las imágenes provistas por la percepción», G. Bachelard, *L'Air et les songes*, p. 5. Sobre el carácter «modificativo» de la imagen, es decir, sobre su fenomenología, véase G. Bachelard, *La Poétique de l'espace*, pp. 2-6. Un brevísimo apunte sobre esta tipología de las imágenes. En primer lugar, las imágenes inconscientes corresponden a los arquetipos; según Jung, el inconsciente colectivo se distingue netamente del personal por sus contenidos y modos de comportamiento: los colectivos son generalmente idénticos en todos los individuos de todas las latitudes y todos los tiempos (volveré sobre los arquetipos en la nota siguiente y más adelante, a propósito de la «Problemática del símbolo»). En segundo lugar, las imágenes naturales (el árbol, la flor, el cristal) son fruto de los estados de espontaneidad onírica; producidas por la naturaleza y por nuestra naturaleza, se despliegan de la

Íntimamente ligado con la imagen y el símbolo, encontramos el arquetipo, cuyo papel hermenéutico fue sumamente revalorizado gracias a Jung[2]. El arquetipo designa un tipo original o matriz –tanto en el orden genético y cronológico como en el lógico y sistemático– de toda una serie de fenómenos susceptibles de análisis metafísico, psicológico y cultural; estos fenómenos estarían remitiendo a una serie de universales o elementos constantes y recurrentes que podemos denominar invariantes. Arropado por el prestigio de Jung y otros investigadores, el arquetipo ha conocido en los medios universitarios una inflación sin precedentes, hasta el punto de convertirse en una especie de cajón de sastre para evocar infinidad de nociones difusas e inconexas. Luego se ha topado con las suspicacias de la posmodernidad, recelosa de toda tipificación, y tanto más de esta por considerarla excesivamente profunda y unificadora. Consecuencia inmediata de esta sospecha ha sido un desprestigio del arquetipo ontológico (acarreado por el declive de la misma metafísica) e incluso del arquetipo psicológico (tachado de construcción especulativa sin base probada). No ha salido tan malparado de esta refriega el arquetipo cultural, tenido por herramienta útil para el estudio de temáticas recurrentes en la literatura,

---

ensoñación a la contemplación y a la representación propiamente dicha. En tercer lugar, las imágenes literarias son la traducción verbalizada de las precedentes, y particularmente ricas, porque el espíritu creador –en una evocación de asociaciones imprevistas– renueva las imágenes primordiales y naturales hasta dar con la metáfora pura, forma verbal concisa y tremendamente fuerte, «el fenómeno del alma poética», G. Bachelard, *L'Eau et les rêves*, p. 207; véanse G. Germain, *La Poésie corps et âme*, pp. 217-219, y J.-J. Wunenburger, «Image et image primordiale», pp. 197-199.

[2] Como es sabido, los arquetipos de Jung son los contenidos primordiales, arcaicos y universales del inconsciente colectivo. A diferencia de Freud, Jung considera que las profundidades colectivas del inconsciente son el receptáculo de arquetipos, no de complejos. El psicoanalista toma el término del tratado *De opificio mundi*, comentario al Génesis escrito por Filón de Alejandría (*ca.* 15 a.C. – *ca.* 45 d.C.), donde este filósofo judío lo utiliza en ochenta y tres ocasiones para fraguar lo que Platón habría concebido como el diseño intermedio entre «paradigma» e «imagen»; véanse C. G. Jung, «Über die Archetypen des kollektiven Unbewußten», en *Gesammelte Werke*, L. Jung-Merker y E. Rüf (eds.), t. IX, p. 14, y C. Delgado, «Mimesis y arquetipo. Filón "rescata" al poeta platónico». Jung hace mención explícita del epígrafe 69, donde Filón el Judío comenta la hechura del hombre «a imagen de Dios» (Gn 1, 27) y explica cómo el término «imagen» se refiere no al cuerpo sino al alma, al intelecto divino; concretamente, precisa, «en ese singular intelecto del universo, como en un arquetipo (ἀρχέτυπον), ha sido modelado el intelecto de cada individuo humano»; cfr. *Philo*, F. H. Colson y G. H. Whitaker (trads.), p. 54, y *On the Creation of the Cosmos According to Moses*, D. T. Runia (trad.), p. 64. Filón tipifica el ἀρχή, que, en sentido filosófico, «Anaximandro nombró por primera vez como el origen», según nos informa Simplicio de Cilicia (VI d.C.), cfr. *Anaximandre*, M. Conche (trad.), p. 55. Guardadas las distancias, el arquetipo junguiano remitiría al *eidos* (εἶδος) de Platón, a las ideas *a priori* de Kant, a las «representaciones colectivas» de la escuela sociológica francesa o a los «pensamientos primordiales» de Adolf Bastian; véase E. M. Meletinski, *El mito*, P. López Barja de Quiroga (trad.), p. 57. Frye define el arquetipo como «un símbolo que conecta un poema con otro y así ayuda a unificar e integrar nuestra experiencia literaria», conceptualización que explica su definición del mito como «imitación de acciones cercanas o limítrofes de deseo», *Anatomy of Criticism*, pp. 99 y 136 respectivamente; aquí aletean teorías junguianas y freudianas. M. Eliade considera los arquetipos como modelos de conducta culturalmente autorizados, sin maridaje alguno con el inconsciente colectivo; véase *Le Sacré et le Profane*, p. 69. Las variantes de los complejos simbólicos (p. e., la ligazón universal, la ascensión o el vuelo) serían una cadena infinita de «formas» que, en diferentes planos (sueño, mito, rito, teología…), proponen la realización de los arquetipos correspondientes; véase *Images et symboles*, p. 158. Es menester, en fin, que el investigador de mitocrítica precise, en cada caso, qué entiende por arquetipo.

la mitología y el arte. Y así lo es; pero la contienda en torno a este concepto nos ha enseñado a ser prudentes. No podemos recurrir al arquetipo de modo indiscriminado, alegando abstrusas explicaciones de la realidad exterior o interior, sino más bien como un escenario explicativo o una episteme disponible para el análisis literario y, dentro de la mitocrítica, para la interpretación de las manifestaciones de lo sagrado en el mundo de la ficción[3].

Al igual que los mitemas, los arquetipos son invariantes. Como veremos más adelante, los mitemas son unidades temáticas mínimas con dimensión trascendente; su combinación en el relato configura el mito. Los arquetipos son unidades primordiales mínimas de nuestro imaginario, no necesariamente ligadas a un relato ni a una trascendencia.

Pero aún no hemos llegado al mito, siempre irreductible a un arquetipo, una imagen o un símbolo. Cada imagen es, por su propia naturaleza, estática (lo que no impide su combinación fluida con otras imágenes), una y distinta de todas las imágenes comprendidas en una serie, como los fotogramas de una película. No así el mito, dinámico en su origen y evolución, como compete a su naturaleza imaginaria y narrativa[4]. Además, la imagen puede resultar de tal o cual acontecimiento extraordinario, pero, en sí misma, ella no contiene ninguno. Lo cual no impide, antes bien, exige con todo derecho abordar las relaciones entre mito e imagen.

En cuanto al símbolo, se trata de un tipo particular de imagen que adquiere significados determinados en función de circunstancias también singulares. Debido a su carácter polisémico, estamos ante un concepto maleable y maleado. Se puede estudiar de muy diversas maneras: como resultado de un proceso preconsciente (Bousoño), procedimiento técnico de la expresión poemática (el movimiento simbolista), signo motivado o, por el contrario, convencional (Peirce), fuente de referencias esotéricas, alquímicas, psicopómpicas, psicoanalíticas, sociales y existenciales del imaginario. Además, unas y otras referencias contienen multitud de funciones: didáctica, persuasiva, parenética, etc., según la explicitación y aplicación de la «filosofía secreta» que cada intérprete quiera prestarle[5]. Aquí abordaré diversas implicaciones teóricas sobre la relación del mito con el símbolo, antes de analizar diversas implicaciones simbólicas de los mitos.

MITO E IMAGEN

Las artes dan más de lo que representan: los objetos artísticos, lejos de ser una mera copia sensorial, sobrepasan los límites de la pura materialidad. Una obra de arte no solo consiste en un bloque de mármol o unas pinceladas sobre un lienzo, sino que significa algo,

---

[3] Cfr. «comme scénarios explicatifs, comme des épistémès élaborées à divers moments de l'histoire par des théologiens, philosophes et autres spécialistes du sacré, de la nature et de l'âme humaine», C. Braga, «Archétypocritique, mythocritique, psychocritique», p. 48.

[4] El carácter dinámico del mito obedece, obviamente, a las formas que actualiza –causantes de su metamorfosis permanente–, pero, más aún, a la «reescritura del imaginario» que lo vivifica, J.-J. Wunenburger, L'Imaginaire, p. 81.

[5] Así denomina J. Pérez de Moya su manual sobre las fábulas mitológicas, con ánimo de extraer de estas sus diversos sentidos, sobre todo el anagógico, que «desprecia las cosas mundanas por las celestiales», Filosofía secreta, t. I, 2, p. 9.

evoca «*otro* modo de existencia»[6], trasciende su propia consistencia y permite una pervivencia independiente de la presencia de la obra en cuestión. Este hecho se pone de manifiesto de manera paradigmática en las obras de arte desaparecidas, que aún hoy conservan, aunque destruidas, una dimensión estética en el imaginario de la humanidad.

Producción de imágenes e imágenes literarias

Entre los modos de representación se encuentran las imágenes plásticas y los sonidos. Las imágenes no surgen *ex nihilo,* tienen su origen en una serie de factores sensitivos y psicológicos. El factor sensitivo más importante es la impresión producida en nuestros sentidos por el mundo exterior. La reacción de nuestros sentidos es un modo de conocer, menos perfecto que el propio del entendimiento, pero indispensable incluso para este. El factor psicológico más importante es la serie de vivencias (sentimientos, pasiones, emociones) que el objeto produce en nosotros como sujetos de conocimiento. Cada vivencia es como un trampolín, una especie de base desde la que el sujeto puede conocer algo de un modo que le es particular[7].

La conjunción de estos factores sensitivos y psicológicos produce en nuestro intelecto imágenes de conocimiento. En primer lugar, la imagen mental propiamente dicha, el reflejo que producen las cosas exteriores; en segundo lugar, la representación resultante de esa imagen mental, pues toda adaptación de la realidad externa a nuestra imaginación requiere e impone una modificación en la que se conjugan los elementos de la imagen mental y las condiciones de nuestra imaginación; en tercer lugar, íntimamente aneja a esta, la imagen literaria, siempre reelaborada, en parte de modo consciente, por nosotros, y en la que se combinan, a los elementos ya conjugados de las imágenes anteriores, determinadas condiciones poéticas y expresivas.

En efecto, entre las imágenes de conocimiento, cobra particular relevancia la imagen literaria, que recurre a la imitación poética en sentido lato. Como consecuencia del complejo recorrido de su generación, la imagen literaria dista mucho del resto de imágenes mentales: estas son (en ausencia de anomalías psíquicas) una analogía de tipo neutro o literal; aquella, en cambio, confiere un sentido analógico de tipo simbólico (metafórico o metonímico) a un texto según los casos.

En la mayoría de las imágenes, incluidas las literarias, hay analogía o contigüidad: guardan una semejanza o una contextura con la cosa representada. La imagen que tenemos de un castillo no es igual a una baraja de naipes colocados en forma de fortaleza, pero por sustitución sémica nos permite imaginarlo (metáfora); la imagen que tenemos de una almena no es un castillo, pero por traslación sémica nos permite evocarlo (metonimia).

En sentido estricto, la imagen literaria es un procedimiento que consiste en reemplazar un término –denominado tema o *comparado* y que designa lo que se trata «en sentido propio»– mediante otro término, que no mantiene con el primero sino una relación de analogía o una relación de contigüidad dejadas a la sensibilidad del autor, del lector y del espectador. En la primera de estas relaciones, el término imaginado es denominado *foro*

---

[6] «un "autre" mode d'existence», G. Genette, *L'Œuvre de l'art*, p. 21.
[7] M. García Morente, *Lecciones preliminares de filosofía*, pp. 157, 169 y 192.

(que, en este contexto, significa 'portador'; cfr. μεταφορά, metáfora) o término de comparación, y se emplea para designar una realidad mediante otra tomada «en sentido figurado»; en la segunda de estas relaciones, el término imaginado es denominado con un nuevo nombre (de ahí metonimia, μετωνυμία, 'cambio de nombre') debido a la contextura interna existente entre dos cosas.

No es cuestión de trazar ahora el trayecto histórico de la imagen literaria. Baste señalar brevemente unos pasos cruciales.

En el siglo XII, *imago* designaba la reproducción fiel de un modelo original. Salta a la vista la limitación de este concepto de imagen: no existe una «fidelidad» absoluta al modelo. Con todo, los medievales comprendían bien el nexo entre imagen e imitación: es connatural al hombre proceder a la imitación de las imágenes mentales. Aristóteles ya había afirmado que «imitar es connatural al hombre desde la niñez»[8]. Esta mímesis está en la base de nuestro modo analógico de conocer; decimos que conocemos a una estrella de la televisión cuando hemos visto su fotografía, su reproducción. Cualquier realidad, por desconocida que sea, puede ser descrita mediante el recurso a otras realidades conocidas.

Esta imagen clásica perdura, *grosso modo*, hasta la Edad Moderna. A partir, sobre todo, del siglo XVIII, la imagen literaria tiende a convertirse en sinónimo de figura por analogía y por combinación, a evocar incluso toda forma de figura o anomalía semántica: ya no se da la habitual correspondencia entre sentido propio y sentido figurado, entre término comparado y término de comparación. A este propósito, es ilustrativo que Gilson caracterice la concepción moderna del arte como «producción de seres bellos que todavía no existían»[9]. También resulta interesante, en este mismo contexto, el pensamiento de D'Alembert. En su *Discurso preliminar de la Enciclopedia*, primeramente describe las operaciones cognitivas consistentes en recibir y ligar «nociones directas» o «ideas primitivas». Posteriormente dedica un lugar importante a las «ideas» o imágenes que nosotros construimos:

> Hay otra especie de conocimientos por reflexión. [...] Consisten en las ideas que nos formamos a nosotros mismos, imaginando y componiendo seres semejantes a los que son objeto de nuestras ideas directas: es lo que se llama la imitación de la naturaleza, tan conocida y recomendada por los antiguos[10].

De aquí toma pie para su exposición sobre las artes, desde las más imitativas (la pintura, la escultura), pasando por otras donde la imitación es más compleja (la arquitectura), hasta las menos «imitativas» y más «imaginativas» (la poesía, la música). Hablando en propiedad, convendría decir que estas últimas artes no son menos imitativas, sino que suponen otro tipo de imitación. De hecho, la imitación poética puede diferenciarse en función de los medios, los objetos y los modos de imitar el mundo: de ahí su clasificación en diversos géneros.

---

[8] Aristóteles, *Poética*, 1448b5-6, V. García Yebra (ed.), p. 135.
[9] «production d'êtres beaux qui n'existaient pas encore», E. Gilson, *Introduction aux arts du beau*, p. 181.
[10] J. L. R. d'Alembert, *Discours préliminaire des Éditeurs* (1751), en *Œuvres*, pp. 37-38.

En el Romanticismo el proceso se complica: debido a su proclividad a la metonimia, en un texto pueden abundar imágenes difíciles de descodificar tanto en sentido propio como en sentido figurado. El desciframiento de esas imágenes requiere el recurso a otras imágenes que permitan establecer un esquema común mediante repeticiones significativas. Otro tanto ocurre en el realismo, donde la premisa de verosimilitud se obtiene a costa de alambicados juegos metafóricos sobre las aventuras y los paisajes[11].

El Simbolismo y el Surrealismo van aún más lejos. Diversos factores (empleo del verso libre, búsqueda de ritmos propios, hermetismo de la trascendencia inmanente) convierten la imagen en «el elemento más estable de la nueva poesía»[12]. Baste considerar el proceso lingüístico al que estos dos movimientos someten a entidades objetiva o subjetivamente semejantes: el Simbolismo suprime prácticamente el tema o término comparado; el Surrealismo lo suprime de modo continuo y deliberado.

En la época contemporánea prosigue la modificación del concepto de imagen. Así, según Sartre,

la palabra «imagen» no designaría más que la relación entre la conciencia y el objeto; dicho de otra manera, es la manera como el objeto se presenta a la conciencia o, si se prefiere, cierta manera que tiene la conciencia de darse un objeto[13].

Con esta disquisición, el autor de *El ser y la nada* persigue dos objetivos, uno explícito y otro implícito. El primero: evitar lo que él denomina «ilusión de inmanencia» a la que estamos sometidos por nuestra costumbre de imaginar siempre en términos espaciales. El segundo: ignorar o negar cualquier entidad a la imagen y, consiguientemente, a todo universal; cumple así con uno de los principios existencialistas. A esta definición de imagen, Sartre añade una tipología. Según afirma, las imágenes pueden ser de dos modos: sensoriales y mentales. A diferencia de la imagen sensorial (un retrato, una caricatura, una mancha), la imagen mental solo puede referirse a una cosa, existente en el mundo de la percepción, a través de un contenido psíquico: dotada de contenido psíquico pero privada de toda exterioridad, la imagen mental tiene que constituirse ella misma en objeto para la conciencia. Esta necesidad es la única «trascendencia» posible para Sartre: el resto, nuestra costumbre de localizar contenidos en el espacio, es, de nuevo, «ilusión de inmanencia» (*L'Imaginaire*, p. 110). De raigambre kantiana, el proceso sartriano niega, en última instancia, la capacidad de la razón para conocer la realidad del mundo por medio de las imágenes.

La imagen del mito

La reflexión de la mitocrítica cultural va más allá de esa «trascendencia» empobrecida, a ras de suelo. Las obras de arte, cuando abordan los mitos, son susceptibles de evocar una trascendencia enriquecida (*trans-scandĕre*, 'subir más allá') que permite establecer

---

[11] Véanse P. Galand, «Image», *Dictionnaire des genres et notions littéraires*, F. Nourissier (pref.), pp. 369-370, y H. Mitterand, «Littérature», en «Réalisme», *Dictionnaire de la littérature française du XIXe siècle*, pp. 1.196 *et seq.*

[12] G. Germain, *La Poésie corps et âme*, p. 219.

[13] J.-P. Sartre, *L'Imaginaire*, p. 21.

una relación entre nuestro mundo natural y otros mundos sobrenaturales: mi reflexión concierne ahora a las relaciones entre la imagen y la trascendencia mítica.

Por suerte, el mundo no se resuelve ni en la mera materialidad ni en la pura racionalidad. Tampoco se reduce a una dispersión inconexa de realidades carentes de sentido. Gracias a la «armonía universal»[14], lo sensible puede constituirse en medio apto para la revelación auténtica de lo invisible, incluso de lo trascendente. Contrariamente a lo que pensaba Descartes, existe una sutil correspondencia entre el espíritu y los sentidos, como bien recalca el soneto «Correspondencias» de Baudelaire.

No todas las imágenes son meras degeneraciones o deformaciones de la realidad, ni siquiera son únicamente relaciones del sujeto con la realidad (Sartre); es más, determinadas realidades trascendentes son felizmente vehiculadas a través de imágenes: nuestro psiquismo será el encargado de hallar, de modo inconsciente, su íntima correlación. Aquí me detendré en el recurso a la yuxtaposición para representar una dimensión trascendente, y también en la emotividad resultante de esta yuxtaposición.

Veamos un ejemplo de la investigación de las vanguardias sobre esta facultad de la imaginación. Frente a la lógica narrativa del naturalismo y la literatura novelesca, el primer Surrealismo busca estimular la imaginación del lector mediante el acercamiento arbitrario de palabras dispares cuyo sentido global es absurdo a pesar de su lógica ligazón sintáctica. El resultado (p. e., «Sobre el puente se balanceaba el rocío con cabeza de gata»[15]) es una imagen poética enigmática y singular. Ya lo sabemos: la fuerza de esta chispa poética es directamente proporcional a la lejanía y grado de justeza de las realidades aproximadas[16]; por eso, esta imagen –en apariencia real debido a la corrección gramatical– provoca un choque que desgarra la razón, desembrida la imaginación, torna verosímil lo inverosímil y crea una *concordia discors* que desafía el principio de no contradicción[17].

¿Cabe aplicar semejante juego a la imagen gráfica sobre el mito? En el número 9-10 de *La Révolution surréaliste*, dos dibujos –una figurilla kachina y un «cadáver exquisito»– aparecen insertados en un texto de Péret; en el número 2 de la revista *Documents*, ocho fotos –tres de numerosos postes totémicos (ora junto a un pueblo indio, ora frente a casas modernas), cuatro de otras tantas portadas de fascículos de *Fantômas* y la última de una

---

[14] La expresión *«harmonie universelle»* es de Leibniz, *Monadologie*, epígrafe 59, A. Robinet (ed.), p. 105; el filósofo alemán –cuyo opúsculo está redactado en francés– aplica el principio de la «armonía perfecta» tanto a la consonancia «entre dos reinos naturales, el de las causas eficientes y el de las finales», como a la conformidad «entre el reino físico de la naturaleza y el reino moral de la gracia», cfr. *Monadología*, epígrafe 87, F. Arroyo (ed.), p. 399. El universo concebido en su conjunto es un círculo cuyos elementos integrantes están siempre interrelacionados entre sí; véase C. Alayza, «Acerca del optimismo. Leibniz y la tesis de la armonía universal», p. 20.

[15] A. Breton, *Manifiesto del Surrealismo*, A. Bosch (trad.), p. 45; «Sur le pont la rosée à tête de chatte se berçait», *Manifeste du surréalisme*, en *Œuvres complètes*, M. Bonnet *et al.* (eds.), t. I, p. 339.

[16] «Cuanto más lejanas y justas sean las concomitancias de las dos realidades objeto de aproximación, más fuerte será la imagen, más fuerza emotiva y más realidad poética tendrá», en *Manifiesto del Surrealismo, ibid.*, p. 29; «Plus les rapports des deux réalités rapprochées seront lointains et justes, plus l'image sera forte – plus elle aura de puissance émotive et de réalité poétique», *Manifeste du surréalisme, ibid.*, p. 324. La frase, de Pierre Reverdy, apareció en el artículo «L'image», en el n.º 13 de la revista *Nord-Sud*, marzo de 1918.

[17] Véase M. Steinhauser, «"La lumière de l'image". La notion d'image chez les surréalistes», p. 68.

máscara africana– aparecen en cuatro páginas sucesivas[18]. En ambos casos, nuestra imaginación queda subyugada ante las intimaciones de estas imágenes así dispuestas. Ciertamente, los cadáveres exquisitos –equivalente gráfico de la escritura automática– traicionan la mano de sus autores y presentan, en su construcción antropomórfica, una cualidad formal innegable. No es menos cierto, sin embargo, que nuestro inconsciente responde de inmediato a esta experiencia, en particular por la tensión que producen los elementos etnográficos: la evocación del culto ancestral, el espanto de las máscaras, el desgarramiento demoníaco e, incluso, el apaciguamiento de las fuerzas totémicas[19]. A la vista de este material, dispuesto sin solución de continuidad –las imágenes de los pueblos primitivos (el fetiche, el tótem, la máscara) junto a las imágenes de alusión onírica o torturadora (el cadáver exquisito, las portadas de *Fantômas*)–, nuestra imaginación reacciona con improvisada fuerza creadora e incoa la abolición de las fronteras entre los mundos de la inmanencia y de la trascendencia. Nuestro mundo clausurado se abre al otro: la combinación singular de esas imágenes procedentes de la mitología, el azar y el crimen libera nuestras ataduras convencionales y posibilita el acceso a otra realidad no menos auténtica. Independientemente del valor trascendente que se confiera al mito, si la imagen y los símbolos míticos no encerrasen algo referido a otros mundos, los surrealistas no los hubieran elegido para evocarlos.

En virtud de su carácter simultáneamente analógico-simbólico (por las imágenes que contiene) y trascendente-espiritual (por su referente sobrenatural), el mito actúa como factor de correspondencia inmediata entre un acontecimiento particular y la totalidad universal. El mito, incluso en la multiplicidad de formas imaginativas que adopta (literarias, pictóricas, escultóricas), muestra su aptitud para expresar lo inconmensurable. La imagen de Abraham ataviado y dispuesto a sacrificar a su hijo Isaac (Gn 22,1-18), aun carente de todo realismo, sobrecoge por cuanto conecta al personaje con la absoluta verticalidad de lo trascendente[20].

La oposición entre particularidad material y universalidad espiritual se disuelve en el mito. La serie de imágenes contenidas en cada mito, propulsadas por el referente sobrenatural y absoluto del relato correspondiente, provee precisamente de sentido global, pleno, a todo el mundo, el finito y el infinito:

> Por un lado, resulta que incluso la formación mítica más inferior y primitiva es *portadora* de sentido: porque ya está bajo el signo de esa «decisión» originaria que pone de relieve el

---

[18] *La Révolution surréaliste*, 1.° de octubre de 1927; los pies de foto rezan: «*Nouveau-Mexique*» y «*Le cadavre exquis*». El texto de Benjamin Péret se titula «*Corps à corps*», pp. 33-36, *Documents*, 1930, pp. 51-54; los pies de foto rezan, respectivamente: «Postes totémicos en Skidegate, ciudad de los indios Haida, Columbia Británica», «Postes totémicos ante la morada de un jefe indio, en Wrangal, Alaska, – a) a finales del siglo XIX; b) en la actualidad», «Cuatro portadas de *Fantômas*, Éditions Arthème Fayard», «Masque Bapindi. British Museum»; véase J. Mañero Rodicio, «Tirando los objetos. Mito y etnografía hacia 1930», pp. 393-395.

[19] Véase C. Einstein, «La statuaire des mers du Sud», I. Kalinowski (trad.), *passim*.

[20] Tras mostrar la pobreza del relato bíblico frente a la riqueza del homérico, E. Auerbach desarrolla magistralmente el «trasfondo» y el «enlace vertical» del episodio, por sus connotaciones psicológicas y su relación con la historia universal en la que se inserta; véase *Mimesis*, I. Villanueva y E. Ímaz (trads.), pp. 17-23.

mundo de lo «sagrado» sobre el mundo de lo «profano» y los separa. Y, por otro lado, esta «verdad» suprema de lo religioso queda unida a la existencia sensible, a la existencia de las imágenes y de las cosas[21].

En efecto, la armonía entre la materialidad finita de este mundo y la espiritualidad infinita del otro mundo se encarna en las imágenes del mito. La literatura y las bellas artes, epítomes de toda imagen, se perfilan, así, como los medios más propicios para representar, incluso a través de formas profanas, el misterio sagrado de nuestro mundo y de nosotros mismos.

Quizá una de las obras que mejor ejemplifica esto es la *Divina comedia* de Dante. Como sabemos, la heterogeneidad biofísica –choque entre dos dimensiones, una trascendente, otra inmanente– es una de las condiciones constituyentes del mito. La obra del poeta florentino no es un sueño ni una fantasía de un personaje. Uno de los motivos centrales del texto –la visita de un vivo al reino de los muertos– se torna realidad en cuanto se despliegan simultáneamente dos universos, el intramundano (pueblos y planetas) y el extramundano (Infierno, Purgatorio, Paraíso), el corruptible y el imperecedero, representados respectivamente por Eneas y por el mismo Dante guiado por Virgilio, Beatriz y Bernardo de Claraval[22]. No por adaptarse al pensamiento cristiano deja de haber aquí catábasis y anábasis: los límites entre el más acá y el más allá (*secolo mortale* y *secolo immortale*) han sido pulverizados para la creación de lo que Friedrich denomina «la extrema suprarrealidad», donde la densa realidad terrena se vuelve transparente a la luz de la realidad sobrenatural[23].

El mito se compromete así en la representación, mediante imágenes, de esta yuxtaposición armónica de dimensiones inmanente y trascendente; pero también de su desarmonía mediante imágenes de rompimiento. Entonces surge la emoción, compañera inseparable del mito.

Cuenta Virgilio que Eurídice murió víctima de la mordedura de un «monstruoso hidro» o serpiente de agua[24]. Afligido y desconsolado, Orfeo bajó por las cavernas del Ténaro y entró en los Infiernos en pos de su amada. Virgilio y, con él, Ovidio[25], relatan un hecho que la lógica racional contradice: no es razonable ir a buscar a alguien más allá

[21] E. Cassirer, *Das mythische Denken*, IV, en *Philosophie der symbolischen Formen*, t. II, p. 310.

[22] «De Silvio el padre afirmas que, aún viviente, en su ser corruptible, pasó a vida inmortal, y pasó sensiblemente», Dante, *Divina comedia, Infierno*, II, 13-15, A. Echeverría (trad.), p. 11. Silvio es hijo de Eneas y Lavinia. En la película *Inferno* (R. Howard, 2016), el profesor Robert Langdon proyecta sobre la pared una imagen del *Mapa del Infierno*, de Sandro Botticelli, basado en el *Infierno* del escritor florentino. Gracias a Sienna Brooks, el profesor descubre que los niveles o círculos del *Mapa* de Botticelli han sido modificados (*rearranged*) por el millonario Zobrist para transmitir un mensaje en clave («busca, encuentra»; *cerca, trova*) según sus designios de propagar un virus mundial (también denominado *Inferno*) que contrarreste la amenaza de la superpoblación. La imagen del *Mapa* no es mítica: representa, de modo pictórico, estático, el relato mítico –el de Dante– y desencadena otro, desmitificador o reductor –la aventura de Langdon y Brooks para evitar la plaga mundial.

[23] Véase H. Friedrich, *Humanismo occidental*, R. Gutiérrez Girardot (trad.), p. 54.

[24] «immanem […] hydrum», Virgilio, *Geórgicas*, IV, v. 458, T. Recio García (trad.), p. 380; *Georgics*, J. B. Greenough (ed.).

[25] «ad Styga Taenaria est ausus descendere porta», Ovidio, *Metamorfosis*, X, 13, A. Ruiz de Elvira (trad.), II, p. 171.

de la muerte. Pero la lógica emocional acepta sin discusiones la catábasis órfica. Nada más natural que desear el regreso de la amada y poner cualquier medio, incluso irracional, para conseguirlo. El lamento de Orfeo fue tal que, compadecido, «el coro de las Dríades [...] llenó con su clamor las cimas de los montes» (*Geórgicas*, IV, 460-461, ed. cit., p. 380); semejante compasión se apoderó incluso de Tántalo y las Euménides[26].

Cualquier testigo empatiza, siente lástima por Orfeo[27]. La emoción incluye una dimensión catártica: el lector o el espectador se involucran en la trama, experimentan las pasiones y los afectos del personaje, empatizan y se conmueven *con* otro (*com-mŏvĕo*). El funcionamiento de esta lógica emocional permite que los relatos míticos accedan a dimensiones ocultas del misterio humano. En este caso, por ejemplo, algo deja entrever que la muerte física (la propia o la de un ser querido) no explica satisfactoriamente todo el ser humano, que la persona es algo más que su vida y su muerte. Se entiende así que, en el relato, el personaje se sienta impulsado a transgredir, más allá de la lógica racional, los límites de la condición humana. Nada hay tan extremo como el mito, siempre ávido de traspasar los límites. Orfeo se lanza con temeridad hacia la desmesura de la profundidad: su descenso en busca de Eurídice pulveriza los pretiles de este mundo. La imagen, incongruente según la lógica racional, es sancionada por la lógica emocional. Pero la fascinación por saltarse las constricciones funciona en ambos sentidos: Orfeo desobedece la regla y, al volver la mirada hacia Eurídice, arruina su empresa; su amada vuelve al confín de las oscuridades[28].

En su película *Orphée*, Cocteau ofrece, tras la secuencia de la trama convencional (pérdida de Eurídice y linchamiento del poeta), una vuelta de tuerca inesperada: la Princesa (personificación de la muerte del poeta), enamorada de Orfeo, se entrega a los justicieros de los Infiernos y lo devuelve a la vida, junto a su esposa, aunque él nunca tenga remembranza ni de su catábasis ni, menos aún, de que fue ella, la Princesa, quien lo resucitó. El poeta se torna inmortal. Coincide así Cocteau con el libreto de Alessandro Striggio en la ópera de Monteverdi –cuyos acordes se oyen tres veces en la película–, donde Apolo promete a Orfeo que gozará de «gloria inmortal»[29]. Solo el carácter tiernamente humano de nuestros afectos es capaz de explicar lo inexplicable de nuestros suicidios amorosos.

---

[26] Véase Ovidio, *Metamorfosis*, X, 40-46, ed. cit., II, p. 173. Virgilio cuenta el desamparo del poeta tras la primera pérdida de Eurídice; G. Moreau, en su óleo *Orfeo sobre la tumba de Eurídice* (*Orphée sur la tombe d'Eurydice*, 1891), pinta el desconsuelo tras la segunda y definitiva.

[27] ¡Y por Eurídice! Más que nadie, H. D. ha ahondado en la desolación de la amada. En fiero contraste con la tradición mitológica, el dramático monólogo del poema «*Eurydice*» revela el estado mental de la auloníade: rabia frente a las esperanzas frustradas, desconcierto ante el fracaso y desapego para con el amado: «el infierno no es peor que tu tierra»; «hell is no worse thant your earth», V, *The God (1913-1917)*, in *Collected Poems, 1912-1944*, p. 54; véase C. Salcedo, «"At least I have the flowers of myself": Revisionist Myth-Making in H. D.'s "*Eurydice*"», pp. 75-78.

[28] M. Blanchot, «Le regard d'Orphée», en *L'Espace littéraire*, p. 228. Este crítico profundiza en la aporía del mito. Debido a su propio «destino», Orfeo no puede ni rechazar la ley ni someterse a ella; a punto de salir a la superficie, una fuerza irrefrenable lo impele a mirar a Eurídice no en su «verdad diurna», sino en la «oscuridad nocturna», mirarla cuando es invisible: más que resucitar a Eurídice, se trata de recuperarla viva en la plenitud de su muerte. La inspiración creadora de Orfeo es fruto de su fracaso.

[29] «Dunque se goder brami immortal vita, vientene meco al ciel, ch'a sé t'invita», Monteverdi, *L'Orfeo*, a. V, J. E. Gardiner (ed.), p. 118.

La emoción no es un producto *prêt-à-porter* del que podamos disponer sin más: interacciona íntimamente con una plétora de disposiciones íntimas de la vida afectiva: los sentimientos (representaciones subjetivas que designan las modificaciones de la sensibilidad, la emoción y la pasión), las sensaciones (fenómenos relativos a la percepción somática y hedonista), los estados de ánimo (estados difusos de mayor duración y menor intensidad que las emociones), las pasiones (disposiciones afectivas particularmente intensas caracterizadas por la persistencia), las pulsiones (representaciones psíquicas de una excitación originada en el interior del cuerpo, a diferencia de los instintos, limitados a la pura biología), los afectos (reacciones instintivas en nuestra relación con los demás) y un sinfín de estados biopsicológicos: humores, deseos, inclinaciones, tendencias…

Los afectos revisten aquí particular importancia por cuanto generan y reflejan valores que orientan las elecciones del individuo, al que adscriben a determinados grupos en función del concepto de pertenencia y manifiestan su relación con el exterior a través de una retórica corporal; son respuestas de los individuos frente a las intimaciones del mundo: condicionan seriamente sus motivaciones y dirigen su conducta íntima y social.

Cualquier estudio de mitocrítica resulta incompleto si no aborda en algún momento la lógica emocional resultante de las imágenes que la vehiculan. Este análisis importa tanto como el de los aspectos narrativos, históricos o estructurales; la literatura y las artes son una extensión, sustitutiva o traslativa, de nuestra percepción psicológica: una percepción metafórica o metonímica del mundo.

Tenemos así ocasión de comprobar algo previamente anunciado sobre la estética de la lectura y de la recepción: debido a su objeto de estudio, la mitocrítica cultural trabaja de continuo con sentimientos, sensaciones, estados de ánimo, afectos, pasiones y pulsiones del lector, oyente o espectador; hay una relación íntima entre mito y emociones que la imagen pone a nuestra disposición.

A este propósito, Cassirer declara:

> No puede describirse el mito como una simple emoción, porque constituye la *expresión* de una emoción. La expresión de un sentimiento no es el sentimiento mismo –es una emoción convertida en imagen[30].

El filósofo hace bien en distinguir el hecho (la emoción) de su manifestación; frente al estudio, mal orientado, de los mitos como emociones o de las emociones como mitos, la mitocrítica debe precisar dónde está el mito y dónde la emoción. No hace bien, me parece, en reducir el mito a «la *expresión* de una emoción». En puridad, la distinción es doble: el acontecimiento mítico produce el efecto emocional, el cual adopta una expresión determinada.

Por eso importa la distinción entre sentimiento de emoción y expresión de esa emoción, apreciación que apunta de lleno a la estética de la lectura (perspectiva sincrónica) o de la recepción (perspectiva diacrónica), ámbitos sobremanera importantes en los estudios literarios. A este respecto, afirma T. S. Eliot que «el único medio de expresar la emoción en una forma artística es encontrar una "correlación objetiva"». Esta correla-

---

[30] E. Cassirer, *El mito del Estado*, E. Nicol (trad.), p. 55; *The Myth of State*, p. 43 (el trabajo original de Cassirer está escrito en inglés).

ción debe comprender «una serie de objetos, una situación, una cadena de acontecimientos que serán la fórmula de esa *particular* emoción»[31]. Así el poeta y crítico encuentra altamente emotiva la relación del personaje Hamlet con su madre, cómplice del
asesinato de su padre; pero incide en la dificultad intrínseca que conlleva encauzar ex-
ternamente el desconcierto del protagonista. Es difícil, si no imposible, representar mediante una sucesión de imágenes la enorme complejidad de la situación criminal aplicada a una relación materno-filial.

Muy otro es el caso, pienso, de la escena mítica de la pieza, cuando el rey, tras la serie
de apariciones a los soldados y la exposición del drama interno de su hijo, se aparece a
este y habla con él: esto ocurre en un acontecimiento extraordinario de carácter mítico.
Entonces sí, entonces tanto el héroe como el espectador se sienten arrobados por la
emoción mítica.

* * *

Si bien una imagen nunca será un mito, en cambio, cualquier relato mítico siempre
estará compuesto por imágenes.

En cualquier exposición tradicional sobre mitología, el visitante puede, por supuesto,
conformarse con el goce de la experiencia estética: las obras satisfacen con creces un
deseo de belleza, ya sea gracias a la percepción de la sabia combinación de materiales, ya
sea gracias a la identificación genérica o específica. Le basta con su atención dirigida
hacia los objetos propuestos para establecer la relación estética, incluso al margen de la
intención aplicada por el creador a su obra[32]; así, es válido hablar de una simple percepción estética descontextualizada: el espectador puede con todo derecho apreciar o me-
nospreciar sus obras, porque los cánones de lo bello varían de modo infinito[33]. Con el
juicio estético sobre la disposición de los materiales concluye el primer estadio de la
experiencia estética. De igual modo, el espectador puede calibrar el nivel de adecuación
de los materiales al referente propuesto, de modo particular si una etiqueta con un título
orienta sobre el objeto representado; es decir, el visitante puede sopesar la relación entre
el referente y el «modo de presentación»[34]. Con el juicio estético y cognoscitivo sobre
la validez de la referencia culmina el segundo estadio de la experiencia estético-cognos-
citiva. Estos dos estadios experienciales son suficientes y autónomos en sí. En lo que
atañe al mito, sin embargo, la representación exclusivamente espacial no basta; es precisa la dimensión temporal.

En efecto, todo mito es un relato; relato ciertamente singular, pero relato, al fin y al
cabo. Si algo caracteriza una exposición de pintura o escultura es su oferta al sentido de
la vista: basta que los objetos artísticos se presenten, gracias a la luz, con su forma y color
en su libertad e independencia. Otro tanto cabría decir de una exposición de dibujo,
grabado, fotografía e, incluso, de arquitectura o *body art*: ninguna de estas artes espacia-

[31] Cfr. T. S. Eliot, «Hamlet», en *Selected Essays*, p. 145.
[32] Véase G. Genette, *La Relation esthétique*, pp. 407 *et seq.*
[33] Cfr. «The trouble about beauty is that tastes and standards of what is beautiful vary so much»,
E. H. Gombrich, *Story of Art*, p. 6 (la 1.ª edición vio la luz en inglés).
[34] G. Frege, «Sobre sentido y referencia», *Ensayos de semántica y filosofía de la lógica*, p. 85.

les requiere más que la posibilidad de observación visual. Exceptuadas las instalaciones dinámicas, las obras se presentan a los ojos del visitante de manera estática («muerta», cabría decir, si el adjetivo no tuviera carga peyorativa), idéntica a sí misma desde el principio hasta el final. En definitiva: en el objeto estético no ocurre propiamente nada (sí ocurre, por el contrario, en el espectador, entregado a un proceso de percepción, interpretación, reflexión e incluso identificación mientras dura la contemplación).

No así en las artes escénicas y del espectáculo. Las artes espacio-temporales (teatro, danza, cine, ópera, *performances*) requieren tanto un lugar –donde la acción ocurra– como un tiempo –en el que la acción discurra ; de ahí su apelativo de artes mixtas o compuestas (los términos de artes escénicas o corporales, aunque gráficos, son más restrictivos). Son artes del movimiento, es decir, de objetos que ocupan un espacio y evolucionan en el tiempo: contienen relatos.

Ciertamente se dice, por analogía, que un cuadro o una estatua relatan algo; pero, hablando en propiedad, ningún arte privado de sucesión puede narrar nada. La pintura o la escultura son, por definición, artes del instante estático: la emoción estética experimentada por el observador puede variar, pero no el objeto al que dirige su atención.

Hay dos artes particularmente importantes a este respecto, la música y la literatura. En ocasiones se las denomina acústicas o fonéticas respectivamente; pero esto solo es plenamente apropiado para la primera; en cuanto a la segunda, lo es solo en una medida limitada.

La música (instrumental o cantada) difiere de la apariencia visible en el sentido de que el oído no percibe la forma ni el color, sino el sonido, las vibraciones del aire provocadas por el movimiento de un objeto material. La música es un arte del instante dinámico: la emoción disfrutada por el oyente puede variar o no, pero el objeto al que dirige su atención varía continuamente, hasta el punto de desaparecer cuando cesan las vibraciones que lo generan. La música programática no desmiente lo dicho: toda evocación cesa con el silencio.

Incluso comparada con la música, la literatura resalta por su parvedad de materia. El arte poético en general es, según Hegel, más que la pintura y la música, el absoluto y verdadero arte del espíritu, por cuanto manifiesta mejor que ningún otro el espíritu como espíritu, ya que solo la palabra puede recibir, expresar y representar a la imaginación cuanto la conciencia concibe y elabora mediante el trabajo del pensamiento[35]. A diferencia de las demás artes, la literatura no tiene un solo sentido que sea exclusivo de ella o que la vehicule. Para recibir, expresar y representar los contenidos de conciencia, pensamiento e imaginación, le basta la palabra, incluso la no pronunciada. Dado que es el arte menos material (más aún que la música, totalmente dependiente del instrumento musical o de las cuerdas vocales y del aire), su representación de esos contenidos es susceptible de alargarse de manera ilimitada, infinita. La literatura es, también por eso, el arte menos sensitivo: se dirige, sobre todo, a las representaciones de la imaginación y a las reflexiones del espíritu. La palabra poética aparece penetrada por la imagen o por la idea, se ofrece desinteresadamente como significante de un significado absolutamente

---

[35] Cfr. Hegel, *Vorlesungen über die Ästhetik*, II, *Das System der Einzelnen Künste, Einteilung*, en *Werke*, E. Moldenhauer y K. M. Michel (eds.), t. XIV, p. 261. También la literatura dispone a la emoción; una emoción, sin duda, menos inmediata y más progresiva que la gozada en otras artes.

inmaterial. Por eso la literatura, arte universal, es capaz de describir, a su modo, todas las demás artes; de ahí, consiguientemente, que el mito la haya escogido, entre todas las artes (sin desechar ninguna), para vehicular de modo eximio su contenido inmaterial, trascendente y universal.

MITO Y SÍMBOLO

Tomemos un símbolo: el caduceo o vara heráldica (κηρύκειον), habitualmente coronado por dos alas (en ocasiones, por un yelmo), en torno al cual se enroscan en dirección ascendente dos serpientes con las cabezas enfrentadas. El conjunto resume de modo sintético una sonada intervención de Hermes (Mercurio): al separar dos serpientes que reñían, estas de inmediato se enroscaron en su vara, obsequio que el hijo de Maya había recibido del hijo de Leto. Esta anécdota se relaciona claramente con el Caos primordial (dos serpientes se baten), con su polarización (separación de ambas por Hermes) y con el equilibrio de las tendencias contrarias alrededor del eje del mundo (enrollamiento sobre una vara); como consecuencia, el caduceo sería símbolo de paz. En efecto, el psicopompo por antonomasia, mensajero de los dioses y transportador de los espíritus, era tenido por mediador entre el mundo sobrenatural y los Infiernos. Su símbolo evocaba el equilibrio moral y la buena conducta, tanto por el episodio relatado como por sus componentes: la vara o bastón designaba el poder divino; las dos serpientes, la sabiduría y los cambios de estado, y las alas, la diligencia o rapidez (el yelmo, los pensamientos elevados).

Al margen del mundo griego, la combinación de estos elementos adquiere simbolizaciones cósmicas expresadas por el doble enrollamiento sobre la vara brahmánica, por las dos *nadi* (canales) del tantrismo alrededor del *sushumna* (que recorre la parte central del eje cerebroespinal en el cuerpo astral), por la doble circunvalación de los amantes japoneses Izanagi e Izanami alrededor del pilar cósmico antes de la consumación de su unión, o por el entrelazamiento de los gemelos Fuxi y Nüwa. En efecto, existen también «caduceos» hindúes, sintoístas, chinos y mesopotámicos.

Junto a estas significaciones, baste mentar las interpretaciones de la fenomenología elemental, basadas en la integración de la tierra (la vara), el aire (las alas), el agua y el fuego (las serpientes); o, incluso, las del psicoanálisis, motivadas por el carácter consciente o superior (las alas) y el inconsciente o inferior (las serpientes), o por las derivadas fálicas relativas al ritual danzante de algunos reptiles previo al acoplamiento.

Por si fuera poco, en nuestros días, la focalización de uno solo de los elementos (las alas) explica la simbología comercial del caduceo, y, en la Iglesia grecocatólica ucraniana, donde una cruz sustituye el yelmo, el conjunto ha pasado a simbolizar los atributos del archieparca o alto mandatario de ese credo[36].

Todas estas implicaciones nos dan una idea de las dificultades que conlleva estudiar el símbolo; más aún, como veremos, en su relación con el mito.

---

[36] Véanse H. Biedermann, *Encyclopédie des symboles*, pp. 94-95; J. Chevalier (dir.) y A. Gheerbrant (colab.), *Diccionario de los símbolos*, pp. 227-230; J. E. Cirlot, *Diccionario de símbolos*, pp. 113-114, y A. Stevens, *Ariadne's Clue*, pp. 13 y 239.

Problemática del símbolo

La reflexión sobre el símbolo viene de antiguo, sobre todo desde el comienzo de la semiótica en la obra de Agustín de Hipona y sus derivas clasicistas en los terrenos particulares de la retórica y la estética. En el siglo XVIII asistimos a un cambio radical, llegado a su culmen en el Romanticismo alemán, del que beben, consciente o inconscientemente, las doctrinas contemporáneas[37]. Esta visión panorámica invita a una focalización más precisa, sobre todo desde la Edad Moderna. Durand, especialista de los símbolos (y las imágenes), dedicó un volumen a los distintos acercamientos al símbolo; veámoslos de su mano[38].

1. Una serie de escuelas desconfían del valor hermenéutico del símbolo

a) Para el racionalismo cartesiano, el mundo físico (*res extensa*) es solo figura y movimiento, es decir, reducible a geometría y álgebra. Incluso este reduccionismo matemático es aplicable a la sustancia pensante (*res cogitans*). Spinoza se ocupa de aplicarlo al Ser absoluto. La imaginación, ámbito por antonomasia del símbolo, es rechazada –junto con la sensación– por los cartesianos, para quienes el símbolo debe ceder el paso al signo y la simbología a la semiología.

b) En esta misma línea, los positivismos de los siglos XIX y XX anatematizan la imaginación simbólica. A grandes rasgos, puede apreciarse este rechazo de la imagen a través del estatuto asignado a la pintura o la escultura hasta el siglo XX. Su papel cultural sufre en un mundo que apenas le concede un valor ilustrativo y decorativo: el artista y su imaginación no deben iluminar, evocar ni, mucho menos, sugerir.

c) En respuesta al racionalismo de las ciencias de la naturaleza, Freud resucita la creencia en la eficacia del psiquismo humano. Sin embargo, se le puede achacar cierto reduccionismo. Valga un ejemplo. Comúnmente se acepta que Minerva saliendo del cráneo de Júpiter simboliza el origen divino de la sabiduría; para el psicoanalista, por el contrario, esta imagen representa el nacimiento por la vulva. En su hipótesis, el pansexualismo lo explica todo.

d) La sociología cuestiona este reduccionismo. Para explicar las costumbres sociales, sobrecargadas de símbolos, toma por modelo la lingüística. Dumézil busca las semejanzas lingüísticas que permitan inferir semejanzas sociológicas. Así, en la antigua Roma coexisten tres capas sociales cuyo simbolismo religioso se corresponde con tres dioses latinos: Júpiter, Marte y Quirino. Esta tripartición coincide con una explicación funcional: Júpiter, su ritual y sus mitos, es el dios de los sacerdotes; Marte, el de los caballeros guerreros, y Quirino, el de los agricultores, artesa-

---

[37] T. Todorov, *Théories du symbole*, pp. 10-11. Frente al símbolo y el signo según Aristóteles, el obispo de Hipona propone la bipartición en signos intencionales y naturales, esto es, entre signos propios y traspuestos, directos e indirectos, o, dicho de otro modo, dos grandes modos de designación: la significación y la simbolización, *ibid.*, pp. 55-58.
[38] G. Durand, *L'Imagination symbolique*, *passim*. Para una exposición clara sobre el carácter motivado del símbolo, véase F. Gutiérrez, *Mitocrítica: naturaleza, función, teoría y práctica*, pp. 69-85; tomando como referencia *Las estructuras antropológicas del imaginario* de Durand, esta investigadora clasifica las motivaciones simbólicas en culturales, psicológicas y antropológicas.

nos y comerciantes[39]. Pero, de un reduccionismo sexual expresado en términos de biografía individual (Freud), hemos caído, afirma Durand, en un reduccionismo sociológico propuesto en términos de semántica (Dumézil).

e) La hermenéutica de Lévi-Strauss se basa sobre la infraestructura inconsciente de los fenómenos calcada de la lingüística; su mitología estructural toma por objeto las unidades significativas de la frase mítica, esto es, el mitema. Es conocido su estudio del mito de Edipo. El análisis pormenorizado de las afinidades entre los mitemas que lo componen evidencia la estructura y el sentido de este mito: se trata de un útil lógico encaminado a fines sociológicos, en concreto, a la resolución de la contradicción existencial entre el origen llamado «autóctono» del hombre y su filiación resultante de la unión de un hombre y una mujer. Estas explicaciones también tienen sus detractores, que denuncian su reduccionismo semiológico.

2. Una serie de autores confían en el valor hermenéutico del símbolo

a) Apoyado en el idealismo filosófico moderno, Cassirer observa que el símbolo adquiere y ofrece una nueva inteligibilidad particularmente operativa. En la línea de Leibniz (símbolo como expresión pura del orden univesal) y Schleiermacher (símbolo como manifestación de la infinitud en cada ser finito), este filósofo pone énfasis en la correlación que une «sentido» (*Sinn)* e «imagen» (*Bild)* y el conflicto que los opone: ambos (correlación y conflicto) «están enraizados en la esencia de la expresión simbólica, es decir, de la expresión del sentido por la imagen»[40].

b) La aportación de Jung al definir el arquetipo como estructura organizadora de las imágenes ha sido determinante. Según él, la función simbólica conjuga dos elementos contrarios: la conciencia clara y el inconsciente colectivo. El símbolo adquiere en Jung un carácter benéfico: es constitutivo de la personalidad mediante el proceso de individuación (sobrevuela aquí cierta confusión entre la conciencia simbólica creadora del arte o de la religión y la conciencia simbólica creadora de simples fantasmas del delirio, el sueño y la aberración mental).

c) Bachelard orienta su investigación fenomenológica tanto hacia la producción poética como hacia la ensoñación. Su cosmología de los cuatro elementos (agua, tierra, fuego, aire) no se reduce al conceptualismo aristotélico, sino que procede por progresivas ampliaciones, desde la percepción sensual (caliente, frío, seco,

---

[39] G. Dumézil, en su monumental *Mythe et Épopée I, II, III*, dirige sus análisis a la ideología de las tres funciones en las epopeyas de los pueblos indoeuropeos (t. I), a los tipos épicos indoeuropeos –un héroe, un brujo y un rey– (t. II) y a las historias romanas (t. III).

[40] E. Cassirer, *Das mythische Denken*, en *Philosophie der symbolischen Formen*, t. II, p. 310. La derivada para nuestro objeto salta a la vista: toda formación mítica acarrea un sentido (distinción entre lo sagrado –*das Heilige*– y lo profano –*das Profane*–) medularmente unido a la existencia sensible. Según Cassirer, el mito mismo es una forma simbólica del espíritu; más precisamente, la forma fundamental del sistema global de las formas simbólicas, puesto que «todas ellas tienen su origen en la conciencia mítica»; *ibid.*, «Vorwort», p. ix. En otro volumen de la misma época, Cassirer precisa: «el mito, el arte, el lenguaje y la ciencia aparecen como mitos», esto es, «fuerzas que crean y establecen, cada una de ellas, su propio mundo significativo», *Mito y lenguaje*, C. Balzer (trad.), p. 13.

húmedo) hasta el microcosmos humano y su morada (la piedra, las vigas, el hogar, el pozo, la bodega). Además, confiere un papel predominante a la infancia, arquetipo de la felicidad sencilla que nada tiene que ver con la perversidad polimorfa propugnada por Freud (una nota curiosa: Bachelard afirma que el significante del arquetipo de la infancia es el olor; pueden recordarse a este propósito el gusto de la magdalena y el perfume de la infusión de té en la obra de Proust. Hay una especie de epifanía que actúa simbólicamente como fuente de reminiscencia, en las flores secas, en el olor de los viejos armarios).

d) Por su parte, Gilbert Durand instaura una teoría general del imaginario eminentemente integradora. Según él, no existe conciencia racional por un lado y fenómeno psíquico por otro: el imaginario constituye la totalidad del psiquismo. Durand distingue una serie de factores psicosociológicos (fuerzas de cohesión o regímenes –diurno, nocturno–) y psicofisiológicos (tres esquemas de acción –distinguir, ligar, confundir–, tres grupos de estructuras –esquizomorfas o heroicas, sintéticas o dramáticas, místicas o antifrásticas– y tres reflejos dominantes –postural, digestivo, copulativo–) que permiten establecer una especie de mapa general de las principales categorías simbólicas. Este crítico sostiene la existencia de un vasto sistema de patrones antagónicos que autorizan a clasificar las civilizaciones en dos grandes grupos irreductibles: culturas de la idea y culturas de la visión, apolíneas y dionisíacas (según la nomenclatura de Nietzsche), discernibles en régimen diurno y en régimen nocturno. Todos los símbolos, concluye, pueden ser así clasificados en grupos isotópicos polarizados según este sistema de patrones o de pertenencia. Hasta aquí el panorama de la reflexión occidental sobre el símbolo según Durand.

Esta síntesis no pretende ser exhaustiva. Quedan grandes teorías en el tintero. Pienso, por ejemplo, en Peirce, que denomina símbolos a todos los modos de significación (palabras, ideogramas y signos convenidos) que proceden de modalidades de designación, arbitrarias o no[41]. También los llama así Frye cuando se refiere a los signos verbales: el símbolo es «una unidad de cualquier estructura literaria que puede ser aislada para el estudio crítico», es decir, que «una palabra, una frase o una imagen usadas con algún tipo

---

[41] «Divido los signos en iconos, índices y símbolos. [...] Defino un símbolo como un signo que está determinado por su objeto dinámico solo en el sentido en el que será interpretado. Depende por lo tanto de una convención, una costumbre o una disposición natural de su intérprete»; C. S. Peirce, *Letters to Lady Welby*, en *Selected Writings*, P. P. Wiener (ed.), p. 391; véase R. Jakobson, *Language in Literature*, K. Pomorska y S. Rudy (eds.), pp. 415-416. El filósofo y lógico estadounidense no está lejos de la primera definición del símbolo según Hegel: «El símbolo es, ante todo, un *signo*. Pero, en la mera denotación, la relación entre el significado y su expresión es enteramente arbitraria»; Hegel, *Vorlesungen über die Ästhetik*, II, *Entwicklung des Ideals zu den besonderen Formen des Kunstschönen*, *Einteilung: Vom Symbol überhaupt*, en *Werke*, E. Moldenhauer y K. M. Michel (eds.), t. XIII, p. 394. Por su parte, Saussure se resiste a admitir la identidad entre el símbolo y el signo lingüístico o el significante: «El símbolo tiene por carácter no ser nunca completamente arbitrario; no está vacío: hay un rudimento de vínculo natural entre el significante y el significado. El símbolo de la justicia, la balanza, no podría reemplazarse por otro objeto cualquiera, un carro, por ejemplo», *Curso de lingüística general*, A. Alonso (trad.), p. 91; F. de Saussure, *Cours de linguistique générale*, R. Engler (ed.), t. I, p. 154.

de referencia especial son símbolos»[42]. No son menos interesantes las observaciones de Cirlot, que pone menor énfasis en el símbolo en sí que en el «orden simbólico [que] se establece por la correlación general de lo material y lo espiritual (visible e invisible) y por el despliegue de las significaciones»[43]. Lotman entiende el símbolo como idea de un contenido que sirve para expresar otro particularmente valorado en una determinada cultura, siempre y cuando este segundo contenido acarree una función arcaizante o pre-literaria susceptible de ser extraída de su contexto e integrarse en otro[44]. Trías hace hincapié en esta duplicidad, que denomina «escisión» entre una forma simbolizante (aspecto manifiesto del símbolo) y contenido simbolizado (horizonte de sentido): en su cosmovisión, el símbolo aparece «como revelación sensible y manifiesta de lo sagrado»[45]; el filósofo da aquí un paso crucial: deja atrás la alegoría (marcada por la pobreza de su esquematismo conceptual) y se interna en el «acontecimiento simbólico» (marcado por un carácter religado a un sustrato secreto, sellado, sagrado).

Podrían añadirse mil teorías más sin dar con la definitiva. Ricœur las encuadra todas en dos tipos de hermenéuticas: las que reducen el símbolo al epifenómeno, al efecto, a la superestructura o al síntoma, y las que lo amplifican dejándose llevar por su fuerza integradora. Este crítico denomina a las primeras «arqueológicas» (se zambullen en el pasado biográfico y sociológico) y a las segundas «escatológicas». En las primeras, desmi-tificadoras, el filósofo incluye las de Freud, Lévi-Strauss, Nietzsche, Marx... En las se-gundas, remitificadoras, las de Heidegger, Eliade, Bachelard... Por supuesto, la lectura que ambas hermenéuticas hacen de los mitos es diametralmente opuesta. Ricœur lo demuestra recurriendo al mito de Edipo. La postura desmitificadora lo interpreta como el drama del incesto: movido por las pulsiones de su infancia, Edipo mata a su padre y se

---

[42] N. Frye, *Anatomy of Criticism*, p. 71. Dado de modo aislado, el símbolo debe ser conectado por el lector con «los arquetipos convencionales de la literatura»; así, ejemplifica el crítico canadiense, el mar o Moby Dick en la novela de Melville son absorbidos como símbolos de los leviatanes y dra-gones diseminados en la tela de fondo del Antiguo Testamento; véase *ibid.*, p. 100. Estamos aquí frente al símbolo concebido como «signo traspuesto» o «indirecto», en la terminología de T. Todo-rov, *Théories du symbole*, p. 56. Estas teorías son desarrollos de «otra suerte de símbolos en los que el objeto exterior encierra ya en sí mismo el sentido para cuya representación se emplea», esto es, los no arbitrarios; Hegel, *Vorlesungen über die Ästhetik*, II, *Entwicklung des Ideals zu den besonderen Formen des Kunstschönen*, *Einleitung: Vom Symbol überhaupt*, en *Werke*, E. Moldenhauer y K. M. Michel (eds.), t. XIII, p. 395.

[43] J. E. Cirlot, *Diccionario de símbolos*, p. 35.

[44] Cfr. «A symbol, as commonly understood, involves the idea of a content which in its turn ser-ves as expression level for another content, one which is as a rule more highly valued in that culture»; «A symbol always has something archaic about it»; «It can readily be picked out from its semiotic context and just as readily enter a new textual context», I. Lotman, *Universe of the Mind*, p. 103.

[45] E. Trías, *La edad del espíritu*, p. 19. Una y otra vez, a lo largo de su exposición sobre el símbolo, el filósofo remacha el carácter «material, o matricial», de todo símbolo, a modo de soporte fundamen-tal o *basso ostinato* del edificio tonal. El acontecer o encuentro simbólico tiene lugar gracias a la orde-nación espacial (*templum*) y temporal (*tempora*) del material: tiempo y fiesta comparecen como efectos de la transformación de la materia en cosmos o mundo. El ordenamiento es palpable cuando un «tes-tigo (humano)» reconoce la «presencia (de lo sagrado)», «relación presencial [posible] a través de la palabra o la escritura», *ibid.*, pp. 24-25. Se hace fácil descubrir la importancia de estas apreciaciones –y la necesaria exégesis o «remisión» del texto a las «claves hermenéuticas», por utilizar la terminolo-gía de Trías– para las «implicaciones simbólicas de los mitos», como veremos a continuación.

casa con su madre. La postura remitificadora, en la que se incluye Ricœur, lo interpreta como el drama de la verdad: movido por el afán de descubrir la verdad, Edipo busca al asesino de su padre. A la Esfinge que representaba el enigma freudiano del nacimiento se opone Tiresias, el vate ciego que simboliza la verdad. La diferencia es notoria. Para Freud, la ceguera de Edipo era un síntoma de un autocastigo, de una autocastración, mientras que, para Ricœur, la ceguera del héroe lo convierte en un nuevo Tiresias, permitiéndole acceder al conocimiento[46].

Estas hermenéuticas no abarcan todas las formuladas en torno al símbolo; sería fatuo traerlas aquí y pretender agotarlas. El breve vuelo sobre algunas de las que mayor éxito han tenido en la reflexión de nuestra cultura occidental nos permite elaborar algunos conceptos útiles para nuestro estudio en torno al símbolo y al mito. El símbolo es un signo diverso del lingüístico; ciertamente en el símbolo pueden operar signos lingüísticos, pero no necesariamente y no siempre. El símbolo no se restringe a estos signos, sino que interactúa con imágenes y produce otras nuevas (imágenes mentales naturales, recreadas, etcétera).

Afirma Dubois que toda simbología sugiere sentidos según un modo de multiplicación o rebotes conducentes a una extensión de su propio dominio semiológico, y que una parte de esos sentidos escapa a la conciencia para inscribirse en el modo de la recepción, con la consiguiente relación de afectividad. Dicho de otro modo, el símbolo establece una relación asimétrica entre el objeto y el sujeto, precisamente porque no es posible trazar una línea recta entre un signo y nuestra percepción de ese signo. Durand recluye los símbolos dentro de las ilustraciones culturales de los arquetipos; pero no todos aceptan que el símbolo sea exclusivo de una cultura, de una época, de una estética[47].

Personalmente, estoy persuadido de la dimensión inconsciente, afectiva y cultural del símbolo. Una prolongada tradición europea y occidental hace del ruiseñor un símbolo de la melancolía, recogido por Milton: «¡Dulce pájaro que rehúyes el ruido disparatado, tan músico y tan melancólico!». La reacción crítica de su admirador Coleridge no hace sino confirmarlo: «¡Un pájaro melancólico! ¡Oh!, ¡ocioso pensamiento!»[48]. También estoy igualmente convencido de la dimensión cultural del símbolo. El hecho de que ambos poetas, sin experimentar la menor necesidad de explicación, menten de modo

---

[46] Véase P. Ricœur, *Le Conflit des interprétations*, pp. 101-121, 173-176, 296 y 326. En sentido exclusivamente sociocultural, J. M. Barrio Maestre ha hablado con acierto de la «desmitologización» como un «rasgo peculiar de la cultura europea» contemporánea: todos los «mitos» de la modernidad (progreso, democracia, autonomía) están siendo sometidos a un proceso de revisionismo. Lo curioso de esta aplicación (impropia –el mismo investigador me lo ha reconocido–) del término «mito» es su recurso a los autores aquí tratados: Marx, Nietzsche, Freud, Jung, Foucault…; véase *Introducción a una teoría de la cultura*, pp. 112-124.

[47] Véase C.G. Dubois, «Symbole et mythe», p. 339. Como ejemplo de la vertiente cultural del símbolo, G. Durand afirma que «para un griego, el símbolo de la Belleza es el Doríforo de Policleto», *Les Structures anthropologiques de l'imaginaire*, p. 64. En otros lugares, este crítico opta por espectros más amplios, menos circunscritos a una cultura o una época determinadas: «la serpiente es el símbolo triple de la transformación temporal, de la fecundidad y, finalmente, de la perennidad ancestral», p. 364.

[48] «Sweet bird that shunn'st the noise of folly, / Most musical, most melancholy!», Milton, «*Il Penseroso*», vv. 61-62, en *The Complete Poems*, J. Leonard (ed.), p. 27, y «A melancholy bird! Oh! idle thought!», «*The Nightingale*», v. 14, en *The Complete Poems*, W. Keach (ed.), p. 245, respectivamente.

explícito a Filomela (vv. 56 y 39, respectivamente) muestra a las claras que este proso-pomito ha pasado a simbolizar en esa cultura el ruiseñor y, con él, el canto melancólico[49].

Sea como fuere, todos estos rasgos del símbolo nos ponen sobre la pista de un cono-cimiento diverso del meramente conceptual y abstracto. Frente a los modos de la presen-tación, el pensamiento directo y objetual, obsesionado por el qué, limitado a la presencia, recluido a la fijación estática religiosa, reducido a la univocidad del signo y ceñido a la exclusión lógica, la «patética simbólica» opta decididamente por los modos de la repre-sentación, el pensamiento indirecto, la ligazón al sujeto, el interés por el cómo, la evo-cación de la ausencia, la apertura al equilibrio inestable, la interpretación parabólica, la *coniunctio* o *coincidentia oppositorum*. Estamos ante una lógica diferente, la simbólica, capaz de percibir la totalidad de un proceso, sin análisis ni reflexión consciente[50]. Si hubiera de adoptar un adjetivo que definiera el símbolo, sería, sin duda, «existencial».

Evidentemente, esta modalidad de pensamiento no es moneda de cambio para todos los gustos. Es la propia del mito, aquí ya claramente diversa de la univocidad del signo convencional y de la ortodoxia de la proposición religiosa.

Cuando digo que el mito es un relato simbólico indico sencillamente que, al incluir símbolos, vehicula un significado de tipo lógico-simbólico cargado de afectividad. En todo mito la simbolización está íntimamente articulada con el relato: abarca personajes, lugares, tiempos, acciones, incluso la dimensión sobrenatural propia de todo referente trascendente. Se origina entonces un relato a base de mitemas (propios del mito) con signos e imágenes (presentes en el símbolo) que trenzan un complejo entramado de elementos lógicos y menos lógicos, racionales y espontáneos, psíquicos y fisiológicos que la mitocrítica debe desentrañar en su análisis. El despiece de campos lexicales o temáti-cos, la recurrencia de nexos en pro de una sintaxis coherente, la relación cultural con un determinado contexto sociohistórico nos darán la clave para la legibilidad de los símbo-los en el relato, esos mismos que el consumidor percibe sin mayor preocupación; algo así como procedemos pacientemente para explicar las entrañas de una metáfora, una meto-nimia o una catacresis, tropos captados de modo inmediato y natural por el usuario del lenguaje sin parar mientes en su proceso interno.

En definitiva: todo mito lleva una carga simbólica susceptible de formar parte de una nomenclatura, una regulación íntima que pone a prueba la competencia del investiga-dor. Es preciso descifrar los procesos que cargan de polisemia todo símbolo, como por

---

[49] Ciertamente, en su origen, sí cabe entrever un atisbo de arbitrariedad. En efecto, en los mitó-grafos griegos la esposa de Tereo –ora nombrada Aedón (Ἀηδών) o Aedone (Ἀηδόνη), ora Progne (Πρόκνη)– es la metamorfoseada en ruiseñor (ἀηδών), mientras que Filomela (Φιλομήλη) toma la forma de golondrina (χελιδών). Esta denominación parece la más lógica y motivada lingüísticamente (no arbitraria), al menos en el primero de los casos, pues Aedón sugiere fácilmente en la lengua hele-na «cantor». En cambio, en los mitógrafos latinos la metamorfoseada en ruiseñor es Filomela, novedad que torna incomprensible cualquier referencia velada al canto, pues ni este nombre (con «e» larga, no breve –*Φιλομελη, *Philomḗlē–, requisito para significar 'amante del canto') ni *luscinia* (equivalente latino de 'ruiseñor' en griego) implican por sí mismos las dotes musicales del ruiseñor; véase nota de la edición de A. Ruiz de Elvira al texto de este mito en las *Metamorfosis* de Ovidio, t. II, pp. 214-215. Solo la denominación elegida por los mitógrafos latinos es arbitraria (no motivada lingüísticamente); desde entonces, asistimos a la ecuación ruiseñor = ave de canto melancólico = Filomela, perpetuada de modo exclusivamente cultural.

[50] Véase J. M.ª Mardones, *El retorno del mito*, pp. 26-32.

ejemplo el caduceo con el que abría esta reflexión; y no solo identificarlos, sino interpretarlos: si la relación entre mito y símbolo exige una exégesis, la mitocrítica está para interpretar los símbolos ínsitos en los mitos.

Implicaciones simbólicas de los mitos

Como no hay teoría sin práctica, expongo a continuación varios casos paradigmáticos sobre la relación del símbolo con el mito. El mito del ángel caído se ha formado a lo largo de los siglos a partir de imágenes simbólicas de origen bíblico de tal riqueza que el mismo mito ha devenido, a la postre, símbolo ascensional de la humanidad en un momento y lugar determinados, algo que no aparecía, ni por asomo, en los textos primigenios; prueba irrefutable de que el símbolo, a diferencia del arquetipo, tiende a circunscribirse en una cultura. Esto ha sido posible gracias a las diversas modulaciones que ha adquirido otro símbolo íntimamente unido a este mito: la serpiente, cuyas implicaciones arquetípicas propulsan el mito en su conjunto hacia horizontes universales. En un segundo apartado veremos el símbolo del filtro amoroso. *Boisson d'amour*, *lovendrink* o *Minnetrank*, esta pócima licúa incontables connotaciones sobre la pasión erótica, de todo punto irresistible cuando intervienen instancias de orden superior (*Tristán* de Godofredo de Estrasburgo o *Tristán e Isolda* de Wagner). Para concluir, abordaré aspectos simbólicos relativos a un lugar (la isla) y una imagen dibujada (Breton).

I. El ángel caído y el hombre caído

El ángel caído es mito eximio por reunir todas las condiciones exigidas: carácter narrativo pretextual, cristalización textual mínima o sencilla, acontecimiento extraordinario, dimensión trascendente, respuesta a una pregunta sobre un origen o un final absolutos.

Este mito raramente aparece separado de otro no menos importante: el hombre caído. Los motivos afectan a las dos dimensiones posibles: la mayor parte de los relatos sobre la caída humana evoca una influencia maléfica de espíritus, cuya espiritualidad requiere una apoyatura material, la del cuerpo humano, que facilite su representación literaria. El ser espiritual interacciona con el ser compuesto de espíritu y materia. Aquí me centraré en la simbología de estos dos mitos.

1. El ángel caído. Un ser espiritual y arquetipo (el ángel) y unos temas (la caída, el castigo) se conjugan en relatos cuyo protagonista simbólico (Lucifer) infringe las reglas del ser espiritual supremo (Dios), es castigado por su desobediencia, pierde parte de sus atributos, cambia de nombre (Satanás) y cobra una dimensión mítica en la literatura y el imaginario de Occidente (el ángel caído).

   Dos tipos de caídas metafóricas se pueden desgajar de las fuentes canónicas y apócrifas –caída por soberbia y/o envidia, caída por lascivia–, ninguna de las cuales aparece en la Biblia[51]. Se trata de mitos judeocristianos, metáforas explicativas

---

[51] Para las caídas atribuidas a los pecados de soberbia y/o envidia, véanse Is 14, 4, Ez 28, 12-19, Lc 10, 18 y Ap 12, 7-9; para las atribuidas a pecados de lascivia, véanse Gn 6, 1-4 y Jds 5-7. Para textos paralelos entre los libros apócrifos, véase 1 Enoc 6, 1-3; 7, 1; 12, 3-6, y 19, 1-2, *The Apocryphal Old Tes-*

de acontecimientos morales mediante acontecimientos físicos que, gracias a un tipo de aplicación mistagógica, se convierten en símbolos de una colectividad[52].

Sería tedioso traer a colación las discusiones filosóficas y teológicas relativas a su veracidad o falsedad. Baste resumir los puntos principales. Durante siglos la mayoría de los escritores eclesiásticos sostenía la tesis de la materialidad de los ángeles; de hecho, este real o hipotético ayuntamiento angélico-humano se convirtió en uno de los *topoi* de la reflexión filosófica y teológica en tiempos del Imperio romano y la Edad Media. No obstante, desde comienzos del cristianismo, también hubo quienes indicaron la soberbia como causa de la caída de los ángeles prevaricadores; poco a poco esta tesis prevaleció hasta llegar a imponerse como doctrina común en el siglo XIII[53].

2. El hombre caído. Según la tradición judeocristiana, la situación actual del hombre histórico está arraigada en su prehistoria teológica. Esta prehistoria ha sido parcialmente revelada en términos innacesibles a cualquier inducción o deducción analítica[54]; pero esta prehistoria también es parcialmente deducible por la experiencia personal y comunitaria: existe una singular concordancia entre la revelación y la experiencia individual en orden al fundamento constitutivo de la existencia humana: cualquier ser humano se percata (por su experiencia existencial y no por epiqueya) de sus limitaciones; no son pocos quienes relacionan estas limitaciones con un estado de criatura caída.

---

tament, H. F. D. Sparks (ed.), pp. 188 *et seq*. Este último texto fue célebre entre los escritores antiguos, p. e., Tertuliano, *De cultu fœminarum*, I, II, en J. P. Migne (ed.), *PL*, t. I, col. 1.305-1.306. El desvarío angélico se acrecienta en el también apócrifo *Libro de los Jubileos* (2,1, p. 25), en cuyo relato la seducción es posterior al conocimiento del pecado. Con posterioridad, otros tres textos apócrifos afirman la promiscuidad entre ángeles y seres humanos: Apocalipsis siríaco de Baruc 56, 10-16; Rubén 5, 6-7, y Neftalí 3, 5, en *The Apocryphal Old Testament*, H. F. D. Sparks (ed.), pp. 876, 519-520 y 569, respectivamente. Recientemente, E. M. García García ha abordado diversos aspectos de la relación entre el mal y la caída de los «vigilantes»: relación carnal de ángeles y mujeres, enseñanzas angélicas sobre metalurgia y consiguiente idolatría; véase *El origen del mal en la apocalíptica judía*, pp. 21-44, 73-92 y 278-279.

[52] Para explicar el fenómeno religioso, Víctor Hugo recurría a la imagen de la sombra del universo sobre la inteligencia humana, a la explicación de algo abstracto por algo concreto, «porque la ley moral nunca desmiente la ley física, que no es sino su símbolo»; *Proses philosophiques de 1860-1865*, «Philosophie», I, 16, en *Critique*, Y. Gohin (ed.), p. 494.

[53] El lector consultará con provecho los textos siguientes: san Agustín, *De civitate Dei*, III, V y XV, XXIII, S. Santamarta del Río y M. Fuertes Lanero (trads.), pp. 96 y 615-619, respectivamente; santo Tomás de Aquino, *Suma teológica*, *De angelis*, I, q. LI, a. III, *ad tertium*, 6, R. Suárez (trad.), p. 133, *ad sextum*, *ibid*., p. 137, q. LXIII, II y III, pp. 555 y 557, y *Enchiridion symbolorum definitionum et declarationum*, H. Denzinger y A. Schönmetzer (eds.), epígrafe 800, p. 259. A estas reflexiones pueden añadirse las interpretaciones alegóricas, como la de Filón de Alejandría; véanse *De gigantibus*, 60, *Obras completas*, J. M.ª Triviño (trad.), I, p. 43, y M. Cacciari, *El ángel necesario*, p. 46. Fiel a su hermenéutica de los estudios bíblicos, H. Casanova deduce que el relato mítico de la unión de ángeles y mujeres es una adaptación de mitos tomados en préstamo de culturas colindantes; véase *Imagining God*, p. 121. Se puede encontrar una refutación a las alegaciones de los Padres en E. C. Prophet, *Fallen Angels and the Origins of Evil*, pp. 53-68.

[54] Además, en el pensamiento cristiano hay una continuidad entre los estados originario (o de naturaleza íntegra), histórico (o de naturaleza caída) y definitivo (de naturaleza gloriosa que gozarán los justos, y de naturaleza condenada o alejada de Dios que sufrirán los injustos); el estado de naturaleza penitente o purgante es solo temporal.

Cuentan los relatos mesopotámicos, y con ellos el Génesis, que el ser humano tenía la felicidad y la inmortalidad al alcance de la mano. Sigue la creación de la mujer[55], la encomienda de poner nombre a todos los animales (poseerlos y cuidarlos) y la mutua atracción de Adán y Eva, desnudos, pero no avergonzados. Al poco, sobrevienen la tentación, la transgresión y las consiguientes maldiciones divinas (véase Gn 2, 8-17; 3, 1-7 y 14-19).

Veamos ahora algunas implicaciones simbólicas a partir de los textos.

La relación entre ángeles y hombres, siempre tensa, se nutre de la aplicación de la imaginación poética a las Escrituras. Solo en contadas ocasiones los escritores respetan el marco general de los textos canónicos; por lo general, rebasan sus límites, como en todo mito, para construir o evocar situaciones extremas: así pueden focalizar, con agudeza literaria, determinados problemas personales o sociales. No extraña que los escritores se topen tarde o temprano con las lindes doctrinales y, traspasándolas, invadan los textos canónicos antes citados, particularmente sugerentes y sabrosos para los desarrollos mitológicos. Ni que decir tiene que, también de modo general, estos escritores hacen caso omiso de la reflexión teológica.

El resultado de estas relaciones humano-angelicales es una literatura centrada en el drama de la tentación diabólica. El soberano infernal propone a un personaje humano la autonomía absoluta respecto al soberano celestial (*aversio a Deo*, decían los escolásticos) o el deseo irreprimible de un bien libidinoso (*conversio ad creaturas*): en ambos casos, un desorden de autoafirmación, ya sea espiritual o material. No es otra la definición de pecado según la teología cristiana, coincidente, *lato sensu*, con la tradición judía (si bien esta califica como pecado toda ofensa a la voluntad de Yahveh, explicitada en la ley mosaica) y, salvadas las distancias terminológicas, con la tradición de la helénica (donde diversas actitudes, como la arrogancia o *hýbris*, privan a las divinidades del culto debido)[56].

---

[55] Antes de la creación de Eva –clarifica Frye basándose en la antigua tradición textual de Oriente Próximo–, la simbología masculina y femenina correspondía, respectivamente, a Adán y a la Madre Naturaleza, esta última parangonada, a su vez, tanto con el seno originario como con la tumba terminal. La primacía de la diosa tierra prebíblica habría sido transferida, en el relato bíblico, a un simbólico padre Dios varón asociado con los Cielos; véase N. Frye, *Words with Power*, pp. 191 y 206.

[56] Las nociones de sagrado y profano previamente estudiadas (§ 2), se conjugan, en el espíritu griego, con las de pureza e impureza, y esta última con la de mancha, física o moral, que es preciso limpiar antes de entrar en contacto con los dioses, como muestra el gesto de Telémaco: «a solas se fue por la playa y, lavando en el mar espumante sus manos, clamaba a Atenea», Homero, *Odisea*, II, vv. 260-261, J. M. Pabón (trad.), p. 46; véase F. Chamoux, *La Civilisation grecque*, p. 177. Aristóteles siempre conecta el mal culpable con un defecto según tres tipos: el vicio (o malicia), la intemperancia (o incontinencia) y la brutalidad (o bestialidad), *Ética a Nicómaco*, VII, 1, 1145a, J. L. Calvo Martínez (ed.), p. 202. Debe distinguirse entre mal culpable (o vicios en general) y *hamartía* (ἁμαρτία), yerro por ignorancia con efectos siempre nocivos, como ocurre a Edipo y Tiestes, mentados a este propósito en la *Poética*, XIII, 1453a12, V. García Yebra (ed.), p. 171. El pecado, propiamente dicho, es una noción de las religiones monoteístas, si bien recoge en gran medida la tradición helénica; no en vano la división de los pecados según Virgilio –guía y maestro de Dante en su visita al Infierno– se acopla a los vicios según Aristóteles: «¿Acaso han escapado a tu recuerdo las frases con que en tu Ética se toca la tríada a la que Dios niega su acuerdo: la incontinencia, la malicia y la loca bestialidad?», *Divina comedia, Infierno*, XI, 79-83, A. Echeverría (trad.), p. 66; «Non ti rimembra di quelle parole / con le quai la tua Etica pertratta / le tre disposizion che 'l ciel non vole, / incontenenza, malizia e la matta / bestialitate?», N. Sapegno (ed.), p. 131.

Esta literatura distingue dos tipos de *genus diaboli*: Lucifer (portador de la luz) y Satán o Satanás (adversario, acusador, en hebreo). Propiamente hablando, el Antiguo Testamento no presenta en lugar alguno el concepto de Diablo cristiano; el relato de la batalla celestial que provocó la caída de Satanás es neotestamentario[57]. Ya desde el Evangelio apócrifo de Nicodemo (siglo III), el Diablo bíblico se desdobla en dos personalidades distintas –el rey de las tinieblas (Lucifer) y su ayudante (Satanás)–, con su correspondiente evolución medieval –en la que al timorato y senil Lucifer se opone el orgulloso y temerario Satanás–.

La Reforma subrayó el señorío diabólico sobre el mundo y la oposición entre Cielo e Infierno; en consecuencia, las literaturas marcadas por el protestantismo han sido más favorables al satanismo que las influidas por el catolicismo, caracterizado por una mayor comprensión con las debilidades humanas (no es otro el sentido de los sacramentos, las indulgencias y el Purgatorio). También las literaturas nórdicas acusan un trasvase de conceptos tradicionalmente aplicados al campo divino (razón, ciencia, arte, amor) hacia el campo diabólico. En fin, el tipo de Diablo protestante se ha ido bifurcando, por un lado, en el subtipo de rasgos cómicos y generalmente negativos (el Mefistófeles de Goethe), por otro, en el subtipo de rasgos serios y generalmente positivos (el Lucifer de Byron)[58].

Tomemos un texto fundamental en torno a la caída del ángel, *El Paraíso perdido* de Milton:

> Se creyó capaz de parangonarse con el Altísimo, y, con ambicioso propósito, contra el trono y la monarquía de Dios se alzó en armas en orgullosa batalla celestial: vano intento. El poder del Todopoderoso lo arrojó de cabeza, y cayó ardiendo por la bóveda etérea en desastrosa ruina hasta la perdición sin fondo, donde mora cargado de cadenas de diamante y atormentado por el fuego[59].

Hay, con todo, una diferencia cualitativa en la discriminación antigua y medieval de los pecados; Dante no coloca en lo más profundo y penoso de su Infierno –el Noveno Círculo, ¡gélido, no abrasador!– a los arrogantes, como hubieran hecho los dramaturgos helénicos, sino a los traidores, dispuestos en cuatro recintos: Caína (morada de traidores a los propios parientes, p. e., Mordred –hijo incestuoso o sobrino del rey Arturo–), Antenora (morada de traidores a la patria, p. e., Antenor –que, según versiones, abrió las puertas de Troya a los aqueos–), Tolomea (morada de traidores a los huéspedes, p. e., Tolomeo –que mató en un banquete a Simón Macabeo y a sus dos hijos, 1 M 16,11-17–) y Judesca (morada de traidores a la majestad, p. e. Judas Iscariote); véase *Divina comedia, Infierno*, XXXII-XXXIV, pp. 189-207.

[57] Dice Jesús: «Yo veía a Satanás caer del cielo como un rayo», Lc 10, 18. Dice Juan: «Entonces vi una estrella que había caído del cielo a la tierra» (Ap 9, 1). También conservamos relatos apócrifos de este conflicto angélico, p. e., en *La vida de Adán y Eva*, 13-16, *The Apocryphal Old Testament*, H. F. D. Sparks (ed.), pp. 150-151; véase E. M. García García, *El origen del mal en la apocalíptica judía*, pp. 99-111 y 167-175.

[58] Sobre esta evolución, véanse, con suma circunspección, los análisis de M. Rudwin, *Satan et le satanisme dans l'œuvre de Victor Hugo*, pp. 23-24.

[59] «He trusted to have equalled the Most High, / If he opposed; and with ambitious aim / Against the throne and monarchy of God / Raised impious war in Heav'n and battle proud / With vain attempt. Him the Almighty Power / Hurled headlong flaming from th' ethereal sky / With hideous ruin and combustion down / To bottomless perdition, there to dwell / In adamantine chains and penal fire», Milton, *Paradise Lost*, I, vv. 40-48, en *The Complete Poems*, J. Leonard (ed.), p. 122. 1.ª ed.: 1667; 2.ª, aumentada y revisada: 1674.

El peso de esta recreación de la rebelión angélica en la literatura europea es inmenso[60]. El protagonista de Milton –soberbio de espíritu, digno en el sufrimiento y transido de tristeza– atrae irremediablemente la simpatía del lector[61]. Uno de sus libros, el X, está enteramente dedicado a la caída y la exposición de los inconvenientes acarreados, entre ellos la transformación de la tierra, que se torna inhóspita para el hombre. Entramos de lleno en el terreno de la simbología de los mitos[62]. No en vano, cuando Dios confía al hombre el cuidado del mundo, también establece una íntima relación entre naturaleza humana y naturaleza física, como vemos en tantos relatos míticos –a menudo revisitaciones de *El cuento del Grial*, de Chrétien de Troyes– sobre la tierra baldía, yerma a consecuencia de la iniquidad humana[63].

---

[60] Basten dos ejemplos, uno inglés y otro francés. Byron no tiene remilgos en utilizar expresiones casi idénticas: «nos dirigimos hacia abajo, como Lucifer cuando fue precipitado desde el cielo por pecar»; «and down we tend, / Like Lucifer when hurl'd from heaven for sinning», Byron, *Don Juan*, canto IV, I, en *Complete Poetical Works*, F. Page (ed.), J. Jump (rev.), p. 699. Con este impactante verso comienza *El final de Satanás*, de Víctor Hugo: «Desde hacía cuatro mil años caía en el abismo»; «Depuis quatre mille ans il tombait dans l'abîme», *La Fin de Satan*, I, I, J. Truchet (ed.), p. 767. Mucho antes, a comienzos del siglo XIV, Dante ya había descrito esta caída: «Vi de un lado al que noble fue creado, / más que nadie lo fue, caer del cielo / por la ira divina fulminado», *Divina comedia, Purgatorio*, XII, 25-27, A. Echeverría (trad.), p. 278.

[61] «Milton escribió atado con grilletes cuando escribió de los ángeles y Dios, y en libertad cuando escribió de los diablos y el Infierno, porque era un auténtico poeta y pertenecía al partido del Diablo sin saberlo»; «The reason Milton wrote in fetters when he wrote of Angels & God, and at liberty when of Devils & Hell, is because he was a true Poet and of the Devils party without knowing it», W. Blake, *The Marriage of Heaven and Hell*, «The voice of the Devil», D. V. Erdman (ed.), p. 35; véase M. Rudwin, *The Devil in Legend and Literature*, pp. 9-11. Praz ha demostrado con inusual perspicacia la aportación insólita del Satán miltoniano al imaginario europeo. Frente al rebelde terrorífico y un tanto narcisista de Tasso en la *Gerusalemme liberata* (1581), el Maligno del poeta inglés atrae por «su aspecto de belleza decadente, de esplendor ofuscado de melancolía y de muerte», M. Praz, *La carne, la morte e il diavolo nella letteratura romantica*, p. 55. Este mismo investigador detecta un anuncio de estos matices en el rey infernal de *La matanza de los inocentes* de Giambattista Marino (póst. 1631), cuyo original y su traducción conocía Milton; basten estos dos versos: «Miserable, ¿cómo perdiste tu esplendor primero, tú, el ángel de luz más bello?»; «Misero, e come il tuo splendor primiero / perdesti, o già di luce Angel più bello?», *La strage degl'innocenti*, I, p. 7.

[62] El recurso es habitual en la crítica. En su estudio sobre las imágenes icónicas, T. Ziolkowski observa cómo las «representaciones de la aparición de personas» se constituyen en «imágenes *literarias*», y cómo estas últimas pueden «funcionar como tema, motivo o símbolo según las circunstancias», *Imágenes desencantadas*, A. Martínez Benito (trad.), pp. 21 y 24.

[63] En su comentario al décimo libro de *El Paraíso perdido*, Frye desacredita la estrecha relación bíblica que Milton establece entre la «caída de la naturaleza» y la «caída humana»: «es pura reconstrucción», afirma, porque «no hay una sola palabra sobre tal caída en el Génesis, puesto que la maldición del suelo de 3,17 ha sido anulada en 8,21», *The Great Code*, p. 109. En efecto, tras el diluvio, Dios asegura que nunca más volverá «a maldecir el suelo por causa del hombre». A pesar de su profundo conocimiento del poema miltoniano y del Libro Sagrado, el profesor canadiense no parece tener en consideración que «las trazas del corazón humano son malas desde su niñez», como leemos en la segunda parte del citado versículo, recordatorio inexcusable de que la maldad del pecado original persiste en toda la descendencia adámica. El vínculo numinoso entre regidor y territorio es patente en *El Señor de los Anillos*, según Frodo: «Tierra, aire o agua, todo parece maldito». La voz del narrador, omnisciente en Tolkien, confirma que la maldad de Sauron –personaje «angélico» o «divino», preciso es reconocerlo– impregna el país de Mordor: «una tierra contaminada, enferma más allá de toda curación»; *The Two Towers*, en *The Lord of the Rings*, IV, VIII, «The Stars of Cirith Ungol», y IV, II, «The

Más derivadas simbólicas: la desobediencia lleva consigo un doble conocimiento, el del bien y el mal, por un lado, y el de la experiencia sexual, por otro[64].

El conocimiento de la moral «está fundado sobre la conciencia de la muerte». En mitología, quien dice muerte dice simultáneamente vida, y, por ende, el animal que a ambas simboliza. «La "sutil" serpiente, con su habilidad para renovar su vitalidad despojándose de su piel, es el símbolo del mundo cíclico de la naturaleza objetiva en la que el hombre entró con su "caída"»[65]. La caída moral es dramática, una acción en progreso con unos personajes heroicos, que caen en gerundio –están cayendo–, hasta conocer el exilio –Adán y Eva– o generar el mismo Infierno –Satanás–[66].

Passage of the Marshes», t. II, pp. 362 y 266, respectivamente. No siempre la relación entre las naturalezas humana y física es negativa: los siete hombres de Bendigeit Vran (Bendigeidfran), rey de Gran Bretaña, supervivientes de la pelea contra los hombres de Matholwch, rey de Irlanda (Iwerddon), enterraron la cabeza de su señor en la Colina Blanca (Gwynn Vrynn), en Llundein (Londres), mirando hacia Francia para que «ninguna plaga [pudiera] atravesar el mar hasta aquella isla, mientras la cabeza estuviera escondida en aquel lugar», «*Branwen, hija de Llyr*», *Mabinogion*, V. Cirlot (ed.), pp. 120-121; así ocurrió, hasta que el rey Arturo la desenterró, «pues no quiso proteger aquella isla con más fuerza que la suya propia», como se lee en las *Tríadas del libro rojo, ibid.*, n. 28.

[64] «Seréis como dioses, conocedores del bien y del mal», susurra la serpiente a Eva (Gn 3, 5), es decir, adquirirán conocimiento general (el hebraísmo consiste aquí en la contraposición de opuestos). La raíz hebrea ידע ('saber', 'conocer'), que aparece en el árbol del conocimiento del bien y del mal, es la misma utilizada cuando Adán conoce, es decir, se une sexualmente a su mujer. Algo semejante ocurre cuando Enkidu yace con Shamat (Šamkat): «Se pusieron ambos a hacer el amor, / y Enkidu olvidó el monte en que había nacido», *Epopeya de Gilgameš*, tablilla II, J. Sanmartín (ed.), p. 119; él la «conoce» y así «conoce», se desprende parcialmente de su naturaleza y adquiere cultura. Los aspectos intelectual y sexual están íntimamente relacionados. Aun así, la promesa de la serpiente incita a una rebelión, un rechazo para que el ser humano se desembarace de todo vínculo respecto a una instancia superior; muy diferente es el pensamiento de la Antigüedad sobre la excelsitud de esa misma naturaleza: «ten ánimo: la raza de los hombres es divina. [...] Serás un dios inmortal, incorruptible, a quien no dominará la muerte», Pitágoras, *Los versos de oro*, E. Alfonso (trad.), en *La sabiduría pitagórica*, p. 104. El Antiguo Testamento reincide en esta idea positiva: «Yo había dicho: "¡Vosotros, dioses sois, / todos vosotros, hijos del Altísimo!"» (Sal 82, 6), tan importante que Jesucristo la retoma: «¿No está escrito en vuestra ley: "Yo he dicho: dioses sois"?» (Jn 10, 34).

[65] N. Frye, *The Great Code*, p. 110. Naturaleza objetiva significa que el hombre, distinto de Dios, es constantemente observado por él, de igual manera que el mundo tras la creación. La identificación entre la serpiente y Satanás –debido a la relación entre el animal y los cultos idolátricos, así como a la influencia de la corriente dualista– es posterior al Génesis; véase E. M. García García, *El origen del mal en la apocalíptica judía*, pp. 216-217. La religión amplía el juego de simbologías. El árbol del Paraíso (sobre el que la serpiente habría vencido al género humano) con el árbol de la cruz (sobre el que Cristo habría vencido al Diablo): «para que [...] el que venció en un árbol, fuera en un árbol vencido»; «qui in ligno vincebat, in ligno quoque vinceretur» (prefacio de la fiesta de la Exaltación de la Santa Cruz). La victoria simbólica de Jesús sobre el Maligno, tras las tentaciones en el desierto, constituye el argumento del otro gran poema épico de Milton, *El Paraíso recobrado* (1671): «También el Tentador, tras tantas frustraciones / renovando orgulloso su ataque, cayó desde / donde se alzara para ver caer al Vencedor»; «So after many a foil the Tempter proud, / Renewing fresh assaults, amidst his pride / Fell whence he stood to see his Victor fall», *Paradise Regained*, IV, 569-571, J. Curbet (ed.), pp. 336-337. Sobre la persistencia del tema de la caída en el texto, véase N. Frye, *Anatomy of Criticism*, p. 191. La simbología mítica de la serpiente es polisémica. Recuérdese el episodio de las «serpientes abrasadoras» (Nm 21, 8-9), contrarrestadas por la serpiente salutífera representada sobre la vara de Moisés, y esta por la cruz sobre la que será levantado el Hijo del Hombre (véase Jn 3, 14-15).

[66] Nada más trágico que este desesperado grito: «A donde vaya, allí hay Infierno; yo mismo soy el Infierno»; «Which way I fly is Hell; myself am Hell», Milton, *Paradise Lost*, en *The Complete Poems*,

La indocilidad acarrea la advertencia de la desnudez, esto es, la vergüenza del cuerpo. Tras la desobediencia, Yahveh pregunta a Adán: «¿Quién te ha hecho ver que estabas desnudo?» (Gn 3, 11). Claramente, el pecado ha provocado una discordancia entre el espíritu y el cuerpo. Nunca se exagerará la importancia de la sexualidad en el mito del hombre caído. Frye afirma con inusitada crudeza: «Lo que Adán y Eva realmente parecen haber obtenido, a resultas de comer del árbol prohibido, es una moral represiva fundada en una neurosis sexual»[67]. Evidentemente, el argumento tentador de la serpiente –no hay mal alguno en conocer– encierra una verdad, pero no absoluta. Anhelar todo conocimiento, hasta igualar el divino, pone al ser humano en una situación peligrosa, por cuanto tal conocimiento no es genuino, sino desordenado respecto a su naturaleza (todo el comienzo del Génesis es un relato sobre el orden cósmico y antropológico), con nefastas consecuencias manifestadas en la vergüenza y el encubrimiento del sexo. Desde entonces el sexo transpira el pecado original[68]. El desajuste externo, corporal, simboliza otro, interno, espiritual: esta caída hominal implica la enemistad con Dios y la pérdida de los dones denominados preternaturales (concedidos al hombre siempre que preservara su inocencia original, p. e., poder no morir o no sufrir). A ella seguirá otra caída política (el asesinato de Abel por Caín).

Así, *El Paraíso perdido* se presenta como una tragedia mítica en la que diversos héroes (Satanás, Eva, Adán) experimentan sucesivas caídas morales, una de las cuales se tornará en ascenso gracias al héroe por antonomasia (Cristo)[69]. Satanás, protagonista indiscutible del poema hasta el libro X, adopta cualidades tradicionales del heroísmo marcial (la ira de Aquiles, la astucia de Ulises e incluso la temeridad del caballero errante en su búsqueda), pero sus esfuerzos no impiden ni su primera gran derrota (su última aparición

---

IV, 75, p. 193. Este quejido podría estar inspirado por el célebre verso en que Mephistopheles responde a la pregunta de Fausto «¿Cómo es que estás fuera del infierno?»: «Esto es el infierno, no estoy fuera de él»; «this is hell, nor am I out of it», Marlowe, *Doctor Faustus*, I, 3, 76, D. S. Kastan (ed.), A-text, p. 17; véase H. Bloom, *The Western Canon*, p. 179. En el poema de Milton, la poesía no comienza con la constatación de un resultado, sino con la conciencia de un proceso: Satanás está cayendo; véase H. Bloom, *The Anxiety of Influence*, p. 20.

[67] N. Frye, *Words with Power*, p. 194. Adán y Eva practican el coito fuera del Paraíso; pero la unión de sus cuerpos deja siempre una frustración, como dice Frye. Esta decepción es recurrente en una novela dedicada al gran amador de las mujeres. En el *Don Juan* de Torrente Ballester, el protagonista experimenta un amargo desengaño cada vez que se une a una mujer, debido a la impresión de sentirse encerrado en un cuerpo, alejado del espíritu eterno. Así, tras yacer con Mariana: «No creo que haya en el mundo nada en que un hombre pueda poner más esperanza, ni que le cause decepción mayor», Torrente Ballester, *Don Juan*, p. 161; o tras conocer a doña Sol: «mi prudencia no pudo evitar la sensación de desencanto y de sentirme de nuevo zambullido en lo eterno, cara a cara con Dios», p. 203. Sintomáticamente, la novela de Torrente contiene un largo relato de la creación y la caída de «nuestros primeros padres», que concluye precisamente con la célebre pregunta de Yahveh tras el pecado: «–Adán, Adán, ¿adónde te escondiste?», p. 288.

[68] «La pecaminosidad humana es una enfermedad transmitida sexualmente»; S. Greenblatt, *The Rise and Fall of Adam and Eve*, p. 108. Con aguda perspicacia este crítico recorre las obras de Agustín de Hipona relativas a la caída en el Paraíso para llegar a esta conclusión: la propagación de la falta cometida por Adán y Eva provocó que ellos (y su descendencia) dejaran de tener el dominio preternatural sobre su cuerpo y, de modo manifiesto, sobre sus órganos genitales.

[69] Frye caracteriza *El Paraíso perdido* como «el mito arquetípico de tragedia»; *The Anatomy of Criticism*, p. 211.

en *El Paraíso perdido* es su metamorfosis en serpiente rampante[70]) ni su derrota definitiva, anunciada por la profecía del arcángel Miguel e infligida por Jesús en *El Paraíso recobrado*. Chateaubriand, traductor de la obra al francés (1837), hace hincapié en este
proceso descendente:

> El Príncipe de las tinieblas, soberbia inteligencia al comienzo del poema antes de la seduc-
> ción de Adán, se convierte en un asqueroso reptil al fin del poema tras la caída del hombre:
> en lugar del Espíritu que brillaba hasta eclipsar el sol, no nos queda más que la *antigua serpien-
> te*, el *viejo dragón* del abismo[71].

La rebelión luciferina imaginada por Milton ha sido inmortalizada en las artes plásticas, sobre todo en el siglo XIX, periodo en el que, como veremos, la figura del ángel
caído es remodelada de acuerdo con una singular tópica simbólica. El esbelto y atractivo *Lucifero* de Costantino Corti (1864) o el atlético y atormentado *Ángel caído* de Ricardo Bellver (1879) han quedado como espectaculares piezas del homenaje al invidente de Londres.

Hasta aquí hemos visto la seducción arcaica, prehistórica: la serpiente Satanás propone a los fundadores de la estirpe humana rebelarse contra Dios, ser «como dioses».
Tras la reescritura miltoniana, la tentación diabólica de autoafirmación personal presenta un punto de inflexión: la empresa prometeica del saber y del progreso infinitos (a la
que aludí a propósito del *Doctor Faustus* de Marlowe) adquiere durante la *Aufklärung*
nuevos contornos.

Encontramos un ejemplo singular en el *Fausto* de Goethe, donde una red de símbolos
y alegorías, «en animados cuadros, poca claridad, / gran confusión y una chispita de
verdad», lleva al lector y al espectador «desde el cielo, pasando por el mundo, hasta el
infierno»[72]. El erudito, que una vez se percibiera como «imagen y semejanza de Dios» (v.
614), se da de bruces contra la cruda verdad: «la naturaleza no se deja arrebatar sus secretos» (v. 673); conclusión inmediata: «el mayor bien es quimérica ilusión» (v. 637).
Sumido en la miseria de un vil gusano (v. 653), Fausto, símbolo del conocimiento insaciable e insaciado, pone entonces los ojos en el líquido veneno de una redoma; mas una
súbita algarabía procedente de la calle lo disuade del suicidio.

---

[70] «[Satanás] cae boca abajo, hecho una serpiente, en la misma forma con la que pecó»; «down he
fell / A monstrous serpent on his belly prone, […] in the shape he sinned», Milton, *Paradise Lost*, X,
vv. 513-516, en *The Complete Poems*, J. Leonard (ed.), p. 349. Curiosamente, la transformación de
Lucifer en Satanás no aparece en la epopeya; véase H. Bloom, *The Western Canon*, pp. 172, 176 y 178.

[71] «le Prince des ténèbres, superbe intelligence au commencement du poëme après la chute de
l'homme: au lieu de l'Esprit qui brillait encore à l'égal du soleil éclipsé, il ne vous reste plus que
l'"ancien serpent", que le "vieux dragon" de l'abîme», Chateaubriand, *Essai sur la littérature anglaise*,
en Milton, *Le Paradis perdu*, p. 76.

[72] Goethe, *Fausto*, «Prólogo en el teatro», vv. 170-171 y 242, en *Fausto, una tragedia*, P. Gálvez
(trad.), pp. 17 y 21. «Haz nuestra presentación; / pues somos alegorías», manda el Joven Auriga al
Heraldo refiriéndose a sí mismo y a los personajes alegóricos y mitológicos que lo acompañan; «Uns zu
schildern uns zu nennen; / Denn wir sind Allegorien», «Palacio – Salón», *Fausto II*, I, vv. 5.530-5.531,
p. 411. Frente a la tentación del endiosamiento (*«Eritis sicut Deus, scientes bonum et malum»*, lee el
Estudiante en el Gabinete, *Fausto I*, v. 2.048, p. 143), el sabio esgrime su hastío («Mi pecho, curadas
ya sus ansias de saber»; «Mein Busen, der vom Wissensdrang geheilt ist», v. 1.768, p. 127).

En el primer *Fausto*, todos los bienes del mundo se canalizan hacia el conocimiento definitivo –en sintonía con la revelación del tentador sobre los frutos «del árbol de la ciencia del bien y del mal»–. Tras el frustrado suicidio y al final de su caminata junto a Wagner, Fausto observa el crepúsculo y anhela tener unas alas que le permitan elevarse y ver, «a través de un eterno destello vespertino, un mundo silencioso postrado ante [sus] pies». No se trata de una imagen espacial, sino religiosa, pues el protagonista compara su vuelo con «el de los dioses»; por eso lamenta no tener «las alas del espíritu». El alumno afirma comprender, pues él también se siente cerca del Cielo durante la lectura de «un venerable pergamino». Su maestro lo desengaña:

> Tú solo eres consciente de un impulso; ¡oh!, ¡no llegues nunca a conocer el otro! Dos al-
> mas, ¡ay!, anidan en mi pecho, y cada una por separarse de la otra pugna; la una, en sus ansias
> groseras de amor, al mundo se aferra con órganos prensiles; la otra se eleva con vehemencia
> del polvo hacia las comarcas de antepasados excelsos. ¡Oh!, si hay espíritus en el aire, que
> imperantes se ciernen entre la tierra y el cielo, ¡bajad entonces de la áurea fragancia y llevad-
> me lejos, hacia una vida nueva y animada![73].

Esclarecida la confusión, Wagner no oculta sus temores; trata incluso de prevenir a Fausto «de los demonios», que se ciernen sobre los humanos para engañarlos e inclinar- los «al mal»: «como enviados del Cielo se presentan, y susurran como ángeles cuando mienten». Fausto está cediendo al ansia desordenada de elevación que se apoderó de aquellos antiguos espíritus o «antepasados excelsos» *(hoher Ahnen)*, la misma que más tarde Satanás insufló en Adán y Eva. Todo queda dispuesto para que, una vez regrese a la ciudad, Fausto reciba en su gabinete la visita de Mefistófeles.

No está de más observar otra diferencia fundamental respecto a *El Paraíso perdido*. Desde los orígenes del mito fáustico, no es el Diablo quien comienza a embelesar al hombre, sino este quien, defraudado de los conocimientos rutinarios, se predispone a la seducción diabólica. Podría objetarse que la tentación es, siempre y principalmente, interior, espiritual; pero no conviene primar un argumento doctrinal y ascético cuando se trata, como en todo mito, de constatar el choque producido por la coincidencia de dos mundos en un mismo espacio y tiempo: siempre la heterogeneidad biofísica como con- dición constituyente del mito. En Milton, la serpiente-Satanás toma la iniciativa para provocar la caída de la primera mujer y del primer hombre; en Goethe, la toma el hom- bre, que cree elevarse gracias al Diablo cuando en realidad está cayendo.

Volvamos al gabinete de Fausto, donde este sabio delibera sobre el sentido del inicio del Evangelio de Juan: «En el principio era la "palabra"». Incapaz de dar a la palabra un

---

[73] «Du bist dir nur des einen Triebs bewußt; / O lerne nie den andern kennen! / Zwei Seelen wohnen, ach! in meiner Brust, / Die eine will sich von der andern trennen; / Die eine hält in derber Liebeslust, / Sich an die Welt mit klammernden Organen; / Die andre hebt gewaltsam sich vom Dust / Zu den Gefil- den hoher Ahnen. / O gibt es Geister in der Luft, / Die zwischen Erd' und Himmel herrschend weben, / So steiget nieder aus dem goldnen Duft / Und führt mich weg, zu neuem buntem Leben!», Goethe, *Faus- to I*, «Vor dem Tor», vv. 1.110-1.121, en *Fausto, una tragedia*, P. Gálvez (trad.), pp. 84-85. La *libido scien- di* viene de antiguo: Prometeo, Ícaro, Adán… Lo radicalmente nuevo de este mito, ya presente en *Doctor Faustus* de Marlowe, es la intuición de que el fruto envenenado del árbol de la ciencia produce siempre «una tristeza imposible de erradicar», G. Steiner, *Lecciones de los maestros*, M. Condor (trad.), p. 68.

valor tan alto (cfr. v. 1.226), nuestro alquimista aventura sus propias versiones: ¿no cabría sustituir la «palabra» por la «idea» (*der Sinn*), la «fuerza» (*die Kraft*) o la «acción» (*die Tat*)? Es la gran estratagema ante el texto revelado: acusarlo de ruindad y reemplazarlo por conceptos sublimados; «están verdes, dijo la zorra». En este juego de sustituciones esotéricas (menciones de la *Clave de Salomón* y la *Conjuración de los cuatro elementos*), aparece el prometedor Mefistófeles; no hacía falta más para sellar el pacto.

Idéntica complicidad trasluce el primer encuentro físico entre un demonio y el compositor en *Doktor Faustus* de Thomas Mann (1947): «No debieras tampoco empeñarte en disimular que, desde largo tiempo, me estabas esperando», espeta el espíritu diablesco a Adrian Leverkühn cuando este recusa la realidad de la «inesperada» aparición[74]. El mentís diabólico confirma el anhelo del protagonista por «llegar a los verdaderos extremos» del conocimiento artístico. Puesto que de arte se trata: encallada entre la inanidad del neoclasicismo (por renuncia a la esponteneidad musical) y la dificultad de innovación (por limitación de combinaciones tonales o imposibilidad de transiciones cromáticas), la composición musical de Adrian solo alcanzará la sublimidad del genio creador tras concluir un «pacto temporal y eterno» con las fuerzas infernales: «de nosotros has aceptado tiempo, tiempo genial, tiempo fecundo, veinticuatro años completos *ab dato recessi*» (p. 350). Al final de su vida el compositor confiesa que todos sus logros y éxitos se deben al «ángel de la ponzoña»[75]. En una época musicalmente exhausta, Fausto desve-

---

[74] T. Mann, *Doktor Faustus*, XXV, E. Xammar (trad.), p. 319; «Aber geh, das weißt du doch! Solltest dich auch nicht so verquanten, daß du tust, als ob du mich nicht schon lange erwartet hättest», p. 300.

[75] *Ibid.*, XLVII, p. 690; «der Engel des Giftes», p. 659. El recurso al «sacrilegio musical» es un intento de T. Mann –enfrentado con el formalismo de las teorías psicoanalíticas de su época– por detener la desaparición total del mito; véase J. Taubes, *Del culto a la cultura*, pp. 279-282. Entre otros críticos, I. Watt ha incidido en la importancia de la música como elemento diferenciador entre el Fausto de Mann y el de sus predecesores; más que ningún otro, este arte ofrece al autor un ángulo de ataque sobre una de sus obsesiones: la problemática relación entre artista y enfermedad; véase *Myths of Modern Individualism*, p. 247. El biógrafo de Adrian la aborda ya en el primer capítulo: «si he dado en hablar del genio y de su naturaleza, como sometida, *en todo caso,* a influencias demoníacas…», *Doktor Faustus*, E. Xammar (trad.), p. 10. Por supuesto, la obra de Mann también conjuga simbolismos mítico y político: el pacto contraído entre Adrian y el Maligno cristaliza el orgullo desmesurado de un régimen que en breve dejará Alemania derrumbada, a la espera de que surja «el milagro, más fuerte que la fe, que le devuelva la luz de la esperanza», Epílogo, p. 710; «Wann wird aus letzter Hoffnungslosigkeit, ein Wunder, das über den Glauben geht, das Licht der Hoffnung tagen?», p. 676; véase M.J. Lhote-Crée, «Le temps judéo-chrétien, temps de l'épreuve», p. 29. Sobre Sammael, «Ángel de la Ponzoña» en sus propias palabras (XXV, p. 322) y jefe de los satanes en la literatura rabínica, véase G. Davidson, *A Dictionary of Angels, including the Fallen Angels*, p. 255. No es mera coincidencia que la capital aparición del Diablo, aquí llamado Sammael, tenga lugar cuando el protagonista se entrega a la lectura «de un pasaje de Kierkegaard sobre el *Don Juan* de Mozart» (p. 315); muy probablemente, se trata de la genial interpretación del filósofo danés sobre el erotismo musical, donde leemos que «Fausto y Don Juan son los titanes y gigantes de la Edad Media», S. Kierkegaard, *Los estadios eróticos inmediatos*, J. Armada (trad.), p. 103. Según Kierkegaard, las «ideas» de Don Juan y Fausto pertenecen al cristianismo y, a través de este, a una etapa tardía de la Edad Media, pues este periodo «es principalmente la idea de la representación» de los grandes tipos distribuidos por parejas (escolástico / caballero, clérigo / laico, rey / bufón) y los grandes ejemplos paradigmáticos (Fausto / Wagner, Don Quijote / Sancho, Don Juan / Leporello), p. 99-100. La relación entre el Maligno y los dos «titanes» mentados por Kierkegaard adquiere, sin lugar a dudas, tintes míticos: «Don Juan es […] la expresión de lo demonía-

la que la capacidad de creación artística, con «goces y placeres inimaginables» (p. 325), solo es atribuible al Diablo.

Tras este limitado desarrollo de las derivadas simbólicas de la caída angélica y humana en su vertiente épica (la rebelión), dejaré solo anunciada la otra gran vertiente del mito: el amor o, más bien, las promiscuidades eróticas entre criaturas angélicas y humanas. Como consecuencia del humanitarismo cristiano, el relevo romántico del ángel caído se efectúa bajo el signo de la pasión amorosa. Byron da el pistoletazo de salida en *Cielo y tierra* –que forma una trilogía con *La visión del Juicio* (*The Vision of Judgement*) y *Caín*, piezas todas de 1821–, donde los ángeles Samiasa y Azaziel (Azazel) parten en busca de otros mundos en compañía de las mujeres Anah y Aholibamah, momentos antes de que el diluvio caiga sobre la tierra. Sigue en 1823 un extenso poema de gran relevancia para el mito, *Los amores de los ángeles*, de Thomas Moore, que relata tres aventuras amorosas entre ángeles y mujeres, a raíz de las «ficciones rapsódicas» de Enoc 1 y de la fantasiosa imaginación de escritores «mediopaganos» (Clemente de Alejandría, Tertuliano, Lactancio)[76].

El impacto del poema inglés en Francia fue inmenso. El primer autor que triunfó en su aclimatación fue Alfred de Vigny. En su largo poema *Éloa* (1823), «la hermana de los ángeles» (*la sœur des anges*), nacida de una lágrima derramada por Cristo en el llanto por su amigo Lázaro, se apiada del eterno condenado, que la arrastra consigo al Infierno.

Subyugado por las obras de Byron, Moore y Vigny, Lamartine redacta el plan definitivo de *Las visiones* (*Les Visions*), donde pretende desarrollar el encuentro amoroso del ángel Éloïm y la mortal Adha para obtener una alianza entre el hombre y la divinidad, encontrar una solución airosa a la caída del ángel. La empresa nunca llegó a puerto. Pasados unos años, el poeta publicó otro extenso drama poético: *La caída de un ángel* (*La Chute d'un ange*, 1838), donde Cédar obtiene de Dios el favor de la encarnación y así puede salvar de las manos de unos gigantes a la joven Daïdha. El tema del extenso poema –«el alma humana, la metempsicosis del espíritu», en palabras del poeta– muestra de nuevo que el ángel caído en la época romántica es un símbolo del estado de prostración de la humanidad. Lamartine reincide en este punto al hablar de su héroe caído, «espíritu celeste encarnado por culpa suya en medio de una sociedad brutal y pervertida donde la idea de Dios se [ha] eclipsado». Independientemente del desarrollo de esta «epopeya metafísica», Lamartine se sirve de los sufrimientos del ángel caído para describir el ateísmo de su civilización[77]. Otros escritores se responsabilizarán de la rehabilitación de la humanidad, el simbolismo ascensional.

---

co definido como lo sensual; Fausto es la expresión de lo demoníaco definido como lo espiritual que es excluido por el espíritu cristiano», p. 103 (se entiende así el paralelismo expuesto en § 9).

[76] Véanse Byron, *Heaven and Earth*, III, en *Complete Poetical Works*, F. Page (ed.), J. Jump (rev.), p. 558; P. Cochran, «*Heaven and Earth* in the Context of Byron's Religious Thought», pp. 127-129; Thomas Moore, *The Loves of the Angels*, G. Shadduck (ed.), pp. 344-345 y 417. El 1 Enoc aparece mentado en la obra de Byron, *Heaven and Earth*, p. 552, en un soliloquio de Japhet.

[77] Véanse Vigny, *Éloa*, en *Poèmes antiques et modernes*, vv. 773-778, A. Jarry (ed.), p. 46; Lamartine, *Cours familier de littérature*, XVI, pp. 250-251; *Les Visions*, H. Guillemin (ed.), pp. 11-65, y *Œuvres complètes*, V, pp. 10-11; véanse también C. Grillet, *La Bible dans Lamartine*, p. 26. y L. Cellier, *L'Épopée humanitaire et les grands mythes romantiques*, pp. 174-178.

La tragedia del hombre, de Imre Madách (1861), conjuga como ningún otro texto los de Milton y Goethe (y el *Caín* de Byron). Tras ridiculizar la futilidad cosmogónica («¿Para qué, toda esta creación?»[78]), Lucifer exige su «parte justa» a Dios, que le concede los dos árboles «malditos» del Edén. Hábil negociante, el «adversario» sacará rédito de la exigua parcela como Adán y Eva acierten a pasar por el lugar. Lucifer se congratula de antemano: «esta escena será representada millones de veces» (II, p. 8). Ciertamente, este Maligno es poco original en sus promesas de sabiduría ilimitada (árbol del conocimiento) y juventud eterna (árbol de la inmortalidad); pero la argucia no falla y ambos comen del árbol del conocimiento. Para su desgracia, el acceso al árbol de la inmortalidad les queda vedado por un querubín: en este punto empieza la «tragedia humana».

En efecto, Adán y Eva, presos del orgullo y la vanidad (él: «Me he convertido en un dios para mí mismo»; ella: «Seré la madre del mundo», III, p. 12), escuchan las burlas de Lucifer, que se afana por desvelarles la futilidad de sus aspiraciones («Toda la vida es proceso eterno y degeneración», p. 14). No obstante, cegados por ardientes deseos de colmar sus ideales y ejecutar sus proyectos, ambos hacen oídos sordos. Sí aceptan, en cambio, sellar un pacto: acceden a ser hechizados por Lucifer, que les hará ver «a través de las fugaces visiones de un sueño» (p. 17) los vanos resultados de todos sus esfuerzos. En las once escenas siguientes, Adán y Eva protagonizan u observan, según los casos – pero siempre acompañados por Lucifer, cual inseparable Mefistófeles–, los sinsabores de una humanidad desgarrada por injusticias sin cuento: esclavitud egipcia, guerra ateniense, decadencia romana, desmanes de cruzados, infidelidades matrimoniales en Praga, ejecuciones revolucionarias en París, mercantilismo desmedido en Londres y tiranía de los falansterios, toda una angustiosa espiral de desmanes finalmente atajada por la irremediable desaparición de los últimos seres humanos en el Polo Norte. En cada uno de estos sombríos cuadros aquella ingenua confianza adámica queda anulada por el concepto luciferino (caro a Schopenhauer) de la inacabable recurrencia, solo contrapesada por el instinto creador de Eva. Ante tal espectáculo catastrófico –descarte de cualquier teleología en la historia–, el suicidio se presenta como único medio de prevención. Justo entonces Eva desvela que está encinta...

«La femineidad eterna nos encumbra»[79]. Estas palabras, pronunciadas por el Chorus Mysticus al final del *Fausto II* de Goethe y cantadas en la conclusión de la *Sinfonía Fausto* de Liszt (*Faust-Sinfonie,* 1857), compatriota de Madách, bien pueden haber inspirado la escena final del poema dramático. En las sucesivas escenas, el personaje femenino siempre se ha interpuesto, a modo de burladero, entre la turba y Adán, símbolo goblal de la especie humana; ahora Eva muestra su superioridad sobre su compañero en inteligencia y fortaleza. Por eso, si él también simboliza la decrepitud espiritual (en la esc. XIV aparece avejentado y apoyado en un bastón), ella epitomiza la única posibilidad ascensional. Más allá del fatuo deseo de Adán («¡Si pudiera olvidar ese final!», o sea, desembarazarse de su infausta visión) y por encima de las amonestaciones de Lucifer («Tu hijo,

---

[78] «Aztán mi végre az egész teremtés?», I. Madách, *Az ember Tragédiája,* esc. I, p. 7; las citas son traducciones mías de la versión inglesa, *The Tragedy of Man,* de T. R. Mark (aquí, p. 3). La redacción de este poema dramático remonta a 1859.
[79] «Des Ewig-Weibliche / Zieht uns hinan», Goethe, *Fausto II,* «Bergschluchten, Wald, Fels Einöde», vv. 12.100-12.111, en *Fausto, una tragedia,* P. Gálvez (trad.), p. 854.

concebido en pecado en el Edén, acarrea todos los pecados y las miserias en la tierra»), Eva brinda una luz de esperanza: «si le agrada a Dios, otro nacerá en la miseria que borrará ese pecado trayendo la hermandad al mundo». Lo anuncia el coro angélico final y lo confirma, sobre todo, la sentencia divina conclusiva del drama: «Esfuérzate y lucha, y confía sin cesar»[80]. No hay caída sin ascenso.

Antes de proceder al estudio de la ascensión angélica, merece la pena traer a colación dos textos y una película con recurrencias sobre el tema mítico de la caída. *El Silmarillion* de Tolkien cuenta la historia de Lúthien, hija única de los reyes elfos Thingol (Elwë) y Melian. «La más hermosa de todos los Hijos de Ilúvatar» nació en la Primera Edad (*First Age*), «cuando la Tierra gozaba de la paz y la gloria de Valinor estaba en su punto álgido». Beren, tras vengar a su padre Barahir, asesinado por Morgoth, hubo de exiliarse a la tierra de Doriath, «nunca hollada por un pie mortal». Allí encontró, libre y danzarina en la alegre primavera, a Lúthien, a la que llamó Tinúviel («ruiseñor», «hija del crepúsculo»); entonces ella oyó su nombre en el eco del bosque, se detuvo y vino hacia donde él estaba:

> Pero cuando Tinúviel lo miró, la mano del destino cayó sobre ella, y lo amó; no obstante, se deslizó de entre los brazos de Beren y desapareció en el momento en que rompía el día. Entonces Beren cayó desmayado en tierra como quien ha sido herido a la vez por el dolor y la felicidad, y se hundió en el sueño como en un abismo de sombra; y al despertar estaba frío como la piedra, y sentía el corazón árido y desamparado. Y con la mente errante andaba a tientas como quien ha sido atacado de súbita ceguera y trata de atrapar con las manos la luz desvanecida. Y así empezó a pagar el precio de la angustia, por el destino que le había sido impuesto; y en este destino estaba atrapada Lúthien, y siendo inmortal compartió la mortalidad de Beren, y siendo libre se ató con las cadenas de Beren; y ninguna Eldalië había conocido una angustia mayor[81].

Ya tenemos aquí, en construcción sintáctica típica de una himnodia ancestral, el tema de la caída, suscitado por el acto amoroso entre dos seres de desigual naturaleza: el destino (*doom*) «ca[e] sobre ella» y él «ca[e] en tierra»; ella pierde la mortalidad y él pierde la vista. Cuando él la recobre, ambos compartirán semejante destino.

---

[80] «küzdj' és bízva bizzál!», I. Madách, *Az ember Tragédiája*, XV, p. 218; *The Tragedy of Man*, T. R. Mark (trad.), p. 132. Véase M. Szegedy-Maszák, «*The Tragedy of Man: A Reading*», p. 141; sobre una comparación entre la pieza húngara y el *Fausto* de Goethe, véase A. Hevesi, «Madách and *The Tragedy of Man*», pp. 397-401.

[81] J. R. R. Tolkien, *El Silmarillion*, XIX, «De Beren y Lúthien», R. Masera y L. Domènech (trads.), p. 224; «But as she looked on him, doom fell upon her, and she loved him; yet she slipped from his arms and vanished from his sight even as the day was breaking. Then Beren lay upon the ground in a swoon, as one slain at once by bliss and grief; and he fell into a sleep as it were into an abyss of shadow, and waking he was cold as stone, and his heart barren and forsaken. And wandering in mind he groped as one that is stricken with sudden blindness, and seeks with hands to grasp the vanished light. Thus he began the payment of anguish for the fate that was laid on him; and in his fate Lúthien was caught, and being immortal she shared in his mortality, and being free received his chain; and her anguish was greater than any other of the Eldalië has known», *The Silmarillion*, XIX, «Of Beren and Lúthien», C. Tolkien (ed.), p. 193-194.

El episodio de Lúthien y Beren es retomado en *El Señor de los Anillos*: agrupados en torno a una hoguera nocturna, en lo alto de Weathertop, los *hobbits* escuchan, cantada suavemente por Strider (Aragorn), la historia de Tinúviel, la hermosa elfa, doncella sabia e inmortal (*the elven-fair / immortal maiden elven-wise*); mismo tiempo pretérito, misma atmósfera de música y verdor, mismo encuentro idílico. Concluido el canto, Strider desciende a los detalles de la caída y sus consecuencias después de que Beren, atacado por el lobo de Angband, cayera muerto en brazos de Tinúviel:

> Pero ella escogió la mortalidad y morir al mundo de modo que pudiera seguirle; y se canta que se encontraron de nuevo más allá de los Mares que Separan, y tras vivir de nuevo en los bosques verdes, ambos murieron, hace mucho tiempo, en el confín de este mundo[82].

Al abrazar el destino de su amado, Lúthien se excluyó de los suyos, que «perdieron a la que más querían»; las secuelas de la caída son colectivas.

El Silmarillion nos brinda una «segunda unión entre elfos y hombres»: la de Idril Celebrindal, hija del rey elfo Turgon, con Tuor, hijo de Huor, en la ciudad secreta de Gondolin. El episodio amoroso presenta sin duda menor relieve; el texto solo relata la vida de embeleso que Tuor conoció entre los elfos y cómo «el corazón de Idril se volvió hacia él, y el de Tuor hacia ella»[83]. Esta secuencia ofrece claramente la función argumental de suscitar los celos de Maeglin y preparar su traición: la entrega de la ciudad a manos de Morgoth.

La película *La Comunidad del Anillo* (P. Jackson, 2001) recoge un episodio similar, pero mucho más tardío –en la Tercera Edad (*Third Age*)– y protagonizado por distintos personajes. Arwen (Estrella de la tarde, *Evenstar*), hija del rey elfo Elrond y, por tanto, descendiente de Lúthien, declara a Aragorn su decisión de renunciar, por amor, a la vida inmortal de su pueblo: «Prefiero compartir una vida contigo que vivir sola todas las edades del mundo. Escojo la vida mortal»[84]. Este grave diálogo no aparece recogido en la novela, sino en uno de los *Apéndices*: Aragorn, en su visita al valle élfico de Rivendel, canta el *lai* de Lúthien y, súbitamente, descubre a Arwen en el bosque; apenas la llama por el nombre de su antecesora («¡Tinúviel!, ¡Tinúviel!»), la historia de amor se repite. Pero no podrá unirse a ella, aclara Elrond, a menos de mostrarse digno. La recuperación del reino de Gondor y Arnor lo habilita para casarse con Arwen. Al concluir la Tercera Edad, los amantes reinan durante ciento veinte felices años antes de morir, él cargado

---

[82] «But she chose mortality, and to die from the world, so that she might follow him; and it is sung that they met again beyond the Sundering Seas, and after a brief time walking alive once more in the green woods, together they passed, long ago, beyond the confines of this world», J. R. R. Tolkien, *The Fellowship of the Ring*, en *The Lord of the Rings*, I, 11, «A Knife in the Dark», t. I, p. 219.

[83] J. R. R. Tolkien, *El Silmarillion*, XXIII, «De Tuor y la caída de Gondolin», R. Masera y L. Domènech (trads.), p. 329; «Then the heart of Idril was turned to him, and his to her», *The Silmarillion*, XXIII, «Of Tuor and the Fall of Gondolin», C. Tolkien (ed.), pp. 288-289.

[84] *The Lord of the Rings: The Fellowship of the Ring* (P. Jackson, 2001). En la secuela, en medio de las severas admoniciones de su padre («Si Sauron es derrotado, Aragorn es entronizado y todo lo que esperas se hace realidad, aun entonces deberás saborear la amargura de la mortalidad [de Aragorn]», *The Two Towers*, P. Jackson, 2002), se hacen visibles las desgarradoras renuncias experimentadas por Arwen, que finalmente cede a sus deseos amorosos.

de años y gloria, pero Arwen con «el sabor amargo de la mortalidad que ella misma había elegido»[85].

La similitud del acontecimiento amoroso, la desigualdad de naturalezas comprometidas y la homología de circunstancias espacio-temporales (mundo ilocalizable, época remota) autorizan a establecer una serie de comparaciones entre los textos de los siglos XIX y XX. Los ángeles de Moore y Lamartine (los tres mensajeros de *Los amores de los ángeles* y Cédar de *La caída de un ángel*) quedan prendados de cuatro mujeres; solo Éloa se enamora de un ser de igual naturaleza: Satanás. Estos motivos estructurales se repiten en el *legendarium* tolkieniano: las elfas Lúthien, Idril y Arwen se enamoran de los hombres Beren, Tuor y Aragorn, respectivamente.

En todos los episodios el amor entre seres de naturaleza desigual es considerado como símbolo de una caída, corroborada por el descenso desde los Cielos hasta la tierra o incluso hasta el Infierno –en los textos románticos– o por las limitaciones biológicas de las elfas y las desgracias sufridas por sus amantes humanos –en los textos de Tolkien y su adaptación cinematográfica–. Aun así, una diferencia de talla se impone: al asumir un amor prohibido, los ángeles quedan despojados de sus virtudes, pero no mueren; el resto de su existencia se resume en una serie de penalidades inacabadas. Otro es el caso de las heroínas élficas: quedan despojadas de su inmortalidad y, llegado el momento, mueren. La relación amorosa entre elfas y hombres no implica la maldición absoluta de una muerte sin esperanza y sin amor. Esto requiere una explicación.

Sobre el telón de fondo del universo imaginario de Tolkien –narración de una serie de derrotas sin atisbo de victoria final–, el despliegue del tema mítico de la caída sirve de antesala al tema igualmente mítico y complementario de la redención. Tanto los elfos como los humanos, todos ellos hijos de Ilúvatar, están llamados a corregir y reorientar el sentido de las alteraciones provocadas por la gran caída primigenia de Melkor. Es más, los mismos elfos, cuya misión consiste en instruir a los hombres, muestran facetas de lo humano. Las uniones matrimoniales (Lúthien-Beren, Idril-Tuor, Arwen-Aragorn) presentan así dos funciones: transmiten la gracia al humano mortal (más aún en el caso de Lúthien, cuya madre Melian es *maia*, es decir, un espíritu sagrado o *ainu*) y vehiculan la muerte de los elfos (con excepción de Idril, pues fue Tuor quien pasó a contarse entre los elfos). Conviene recordar que, en este universo tolkieniano, la muerte no es castigo sino don; es más, ni la gula ni la lujuria (episodio de Gríma y Éowyn en *El Señor de los Anillos*) son preponderantes: el gran pecado es la soberbia. En este horizonte se entiende que la unión entre elfos y humanos no adquiera un carácter penal de condenación, sino que signifique una condición itineraria hacia la victoria definitiva de Ilúvatar.

Al igual que en el imaginario judeocristiano y en el tolkieniano, las naturalezas angélica y élfica no son irreducibles entre sí[86]. Los ángeles están marcados por su esencia

---

[85] J. R. R. Tolkien, *El Señor de los Anillos. Apéndices*, «*Un fragmento de la historia de Aragorn y Arwen extraído de los anales de los reyes y gobernadores*», R. Masera (trad.), p. 57.

[86] Aun sin ninguna referencia cristiana explícita, la obra de Tolkien transmite vislumbres de esperanza. Ciertamente se anuncia una Segunda Música al final del «*Ainulindalë*», pero en las edades de la larga derrota no hay el mínimo asomo de revelación, encarnación o redención. El *legendarium* se sitúa en el antiguo Norte que Tolkien conocía como un experto por su trabajo académico: los héroes hacen el bien, aunque no haya Cielo anunciado ni asegurado, porque son sensibles a la belleza que

espiritual, aun cuando su elección obedezca a motivos relativos al amor físico y carnal; por eso su elección acarrea un castigo eminentemente espiritual (la desesperanza). Esta regla es pésima para Éloa, que se enamora del Diablo, símbolo de la caída por antonomasia, y acaba perdiendo todo (la esperanza y el amor). Los elfos, en cambio, comparten con los humanos la combinación de naturaleza espiritual y corporal, de ahí que su elección atenúe las consecuencias; además y a diferencia de la angélica, su «caída» no elimina el amor, sino que, paradójicamente, brilla como un destello precursor de la redención final. El ángel caído epitoma mejor que ningún otro el símbolo de la caída mítica; las elfas «caídas» anuncian el símbolo de la ascensión mítica.

* * *

En nuestro imaginario no hay caída sin ascenso: la ascensión contiene el simbolismo diurno propio de los rituales de elevación y purificación, se incorpora al eje vertical en torno al cual gira una nostalgia de la ligereza[87]: al ganar altura, aumenta la profundidad, aunque se pierda el detalle: la hipermetropía angélica conlleva una miopía humana. De igual modo que el ángel cadente abandonaba su esfera celeste para entrar en la del hombre, también el ascenso acerca a ambos de un modo simbólico particularmente excepcional en un momento de la historia: ambos son el *axis mundi*, el eje sobre el que gira la degeneración y la regeneración universal. Así, los mitos del hombre caído y del ángel caído se enriquecen con un nuevo tema (la ascensión), cargado de nuevas connotaciones simbólicas, sobre todo durante el Romanticismo (la redención), periodo en el que, tras unas notas previas, centraremos nuestra mirada.

La *Divina comedia* es uno de los paradigmas indiscutibles del ascenso metafórico del hombre. La peregrinación del protagonista contiene una «protoidea» de la humanidad, nuclear en el pensamiento griego (alegoría platónica de la caverna, en la *República*, VII) y el cristiano (el *ascensus mentis* de Juan Damasceno, Agustín de Hipona y Tomás de Aquino): la peregrinación interior hacia la redención del espíritu. Se entiende así que el texto haya recibido la calificación de «*épos* cristiano de la redención», por cuanto una de sus líneas estructuradoras es «el proceso subjetivo del ascenso redentor»[88]. El camino al «reino santo» está en pendiente: comienza en la «selva oscura» donde Virgilio propone a Dante la guía ascendente («si quieres subir…», «se tu vorrai salire…»); tras atravesar el Infierno y el Purgatorio, el Poeta Supremo llega al Cielo, donde experimenta la «transhumanación», cambio semejante, en el terreno material, al experimentado por

---

alcanza y afianza sus corazones. En la mitología tolkieniana, ética y estética van de consuno. Sobre el catolicismo «subyacente» en el universo imaginario del escritor, véase J. Mentxakatorre, *La muerte como don: J.R.R. Tolkien*, pp. 233-239.

[87] Al eje vertical de la ascensión, sintetizado en la luz y la ligereza, se opone el eje vertical del descenso o la caída, sintetizado en la oscuridad y la pesadez; es la tesis principal del arquetipo de la verticalidad según G. Bachelard; véanse, p. e., *L'Air et les Songes*, Intr., p. 16, I, pp. 38 y 69, y III, pp. 117-141, y *La Terre et les rêveries du repos*; véase 3.ª parte, III, pp. 335-339. Véase también G. Durand, *Les Structures anthropologiques de l'imaginaire*, p. 59.

[88] H. Friedrich, *Humanismo occidental*, R. Gutiérrez Girardot (trad.), p. 56. La otra línea estructuradora es «el saber objetivo que ordena todos los ámbitos cósmicos».

Glauco, aquel pescador de Beocia convertido en dios marino[89]. Pero el papel de los ángeles caídos en la *Divina comedia* se limita a varias descripciones de Lucifer y a una de los «ángeles negros» («angeli neri»), ajenos a toda posible rehabilitación propia y, por tanto, ineptos para simbolizar la humana. De ahí el salto obligado a la literatura moderna.

Desde finales de la Ilustración y durante el Romanticismo, un número considerable de escritores, impregnados de las ideas del humanitarismo cristiano, expresan simbólicamente su convencimiento de la regeneración circunscrita al ámbito social y material. Teósofos e iluminados de los siglos XVII-XVIII cortan las amarras con la exégesis tradicional de las Escrituras. Swedenborg interpreta el texto del Génesis como una indigna mezcla de asuntos sagrados y deseos malvados; Martinès de Pasqually, como un deseo del ángel rebelde y sus secuaces por independizarse del creador; Louis-Claude de Saint-Martin detecta en el «deseo orgulloso» la fascinación del mundo de las apariencias.

El Romanticismo naciente toma el relevo de esta nueva hermenéutica. Los postulados iluminados y teosóficos –el anhelo nostálgico de una época dorada, el ansia de progreso inacabado– son adaptados a las vicisitudes del ángel caído, catalizador emblemático de todas las esperanzas de la humanidad caída y rehabilitada. Estamos ante una nueva sensibilidad y una nueva estética en las que poemas, dramas y epopeyas traducen el afán de redención humana a través de una redención angélica[90].

Tales desarrollos ya no concuerdan ni con las fuentes ni con la tradición. La caída y la redención del ángel se distancian de su canon escritural y de su reflexión tanto rabínica como eclesiástica: ningún texto canónico sagrado expone la rehabilitación de los ángeles caídos[91]. Aquí, como en otros aspectos, el Romanticismo es sincrético, tiende a conciliar tendencias irreconciliables: los textos sagrados con los apócrifos, la teología cristiana con los movimientos teosóficos y el pensamiento oriental.

Son los años en que triunfan las ideas de Félicité de Lamennais. Para este teólogo, el dogma «inadmisible» de la caída inexpiable o «mal moral» no implica las consecuencias sostenidas por la ortodoxia cristiana, porque «el mal no es sino la expresión de la finitud en el bien, una consecuencia de la única manera como la criatura puede participar en el bien». Dicho de otro modo, el pecado es inevitable y, en cierto sentido, bueno, positivo, pues coadyuva a nuestro desarrollo como criaturas dotadas de voluntad. Es más, el dogma cristiano de la caída «irremisible» reposaría «sobre la hipótesis de un estado primiti-

---

[89] Véase Dante, *Divina comedia*, *Infierno*, I, 121, y *Paraíso*, I, 70, A. Echeverría (trad.), pp. 8 y 422 respectivamente.

[90] Sin incluir los escritores que adoptan las posturas del satanismo, ni de los géneros frenético y fantástico, baste este breve listado de autores que, de una manera u otra, proponen la conmiseración del ángel caído, cuando no su definitiva rehabilitación: F. G. Klopstock (1724-1803), R. Burns (1759-1796), B. von Krüdener (1764-1824), E. de Sabran (1774-1846), T. Moore (1779-1852), P.-J. de Béranger (1780-1857), G. Croly (1780-1860), R. Heber (1783-1826), A. Soumet (1786-1845), G. G. Byron (1788-1824), A. de Lamartine (1790-1869), A. de Vigny (1797-1863), V. Hugo (1802-1885), E. Quinet (1803-1875), T. Gautier (1811-1872), M. Lermontov (1814-1841), P. J. Bailey (1816-1902), C. M. R. Leconte de Lisle (1818-1894), W. S. Blunt (1840-1922), M. Corelli (1855-1924), K. von Rohrscheidt (1857-1935)...; véanse M. Rudwin, *The Devil in Legend and Literature*, pp. 271-306, y M. Milner, *Le Diable dans la littérature française*, t. II, pp. 117-145, 246-274 y 358-422.

[91] Aunque el texto de 2 Enoc contiene algunas contradicciones, en el cap. 47,12-13, los *grigori* (un grupo de ángeles caídos), tras escuchar la amonestación del patriarca, deciden volver al servicio litúrgico de Dios.

vo de perfección imposible en sí, claramente opuesto a la primera ley del universo, la ley del progreso»[92]. Por progreso, entiéndase, evolución positiva inacabada: cada criatura, al igual que la misma creación, recorre sucesivamente, desde el grado más ínfimo, todas las fases del desarrollo contenidas en su naturaleza, hasta alcanzar, mediante la disolución inevitable de su organismo, la condición de sus límites espacio-temporales. El hombre caído no es tal: si no hubo voluntad, no hubo caída; y si hubo voluntad, su naturaleza implicaba la caída.

Aplicadas a la caída de Adán y Eva, todas las doctrinas teosóficas, iluminadas, martinistas y humanitarias del siglo XIX proponen una salvación espiritual venidera, completa y global, semejante a la propugnada en el plano material por las utopías socialistas de la misma época. En su estela, la literatura hace otro tanto, pero con sus propios medios: pone por obra las palabras del apóstol, «el mismo Satanás se transfigura en ángel de luz» (2 Co 11, 14). El recurso al ángel caído y redimido es el símbolo por antonomasia de esta redención de la humanidad.

El primero en marcar el paso es Klopstock con su epopeya *Mesíada* (*Der Messiah*, 1773), obra notable del pre-Romanticismo alemán. El ángel caído, Abbadona, tras asistir a la crucifixión de Cristo sobre el Gólgota, siente un vivo arrepentimiento (canto X); pero la imposibilidad de retornar a su condición de serafín celeste le provoca una profunda depresión. Impotente para la vida, se postra ante Dios y ruega su propia aniquilación. Entonces, «el padre de los hombres» (Adán) escucha las palabras que descienden del trono celestial: «¡Abdiel-Abbadona!, ¡ven, ven; tu Salvador te llama!»[93].

El Romanticismo abunda en semejantes preciosismos poético-religiosos: *Una lágrima del diablo* (*Une Larme du diable*, de Théophile Gautier, 1839) o *La hija del diablo* (*La Fille du diable*, de Béranger, 1841-1843) exploran la virtud redentora de las lágrimas.

El complemento adecuado a las epopeyas inglesa y alemana se hizo esperar: *El final de Satanás*, comenzada por Víctor Hugo en 1854, no vio la luz hasta 1886, a título póstumo e inconclusa. Es, entre todas, la más osada y tremendamente imaginativa. Imaginativa: de igual modo que la ángela Éloa de Vigny había nacido de una lágrima de Cristo, ahora, de una pluma de Satanás, animada por la mirada divina, nace la ángela Libertad («L'ange Liberté», «l'archange [Liberté]», en el texto original). Osada: solo este ángel, en consecuencia, puede restablecer la comunicación, antes clausurada, entre el Cielo y el Infierno; equivale a decir que la libertad misma procede tanto de Dios como de Satanás, que ambos son convergentes. Esta postura hugoliana solicita una explicación.

Para Hugo, el mal presenta tres formas, cada una de ellas explicitada por un símbolo correspondiente: la guerra (simbolizada por la espada), el fanatismo (la cruz) y la tiranía (la prisión). La historia de la humanidad, considerablemente modificada desde el anun-

---

[92] «sur l'hypothèse d'un état primitif de perfection impossible en soi, et manifestement opposé de plus à la première loi de l'univers, la loi de progression», F. de Lamennais, *Esquisse d'une philosophie*, II, VII, p. 58; véanse también I, V, p. 37, y P. Bénichou, *Le Temps des prophètes*, pp. 160-161.

[93] «Komm, Abbadona, zu deinem Erbarmer!», Klopstock, *Der Messiah*, XIX, 193, *Sämmtliche Werke*, p. 384. Entre las secuelas de Klopstock en Francia se encuentran *El arrepentimiento*, de Elzéar de Sabran (*Le Repentir*, 1817) o *La nueva mesíada*, de Édouard Allez (*La Nouvelle Messiade*, 1830). De mayor amplitud es *La divina epopeya*, de Alexandre Soumet (*La Divine Épopée*, 1841), que relata en doce cantos cómo, gracias a la muerte de Cristo en el Calvario, se produce la apoteósica metamorfosis: «el ángel caído adopta los rasgos del serafín»; «l'ange tombé reprend les traits du séraphin», XII, p. 321.

cio de Cristo («amaos los unos a los otros»), llega a su culmen con el anuncio de la Revolución francesa (Declaración de los Derechos del Hombre y del Ciudadano), con la exaltación de la mujer (hija, madre, hermana, esposa, maga) y la supresión definitiva de cualquier fatalidad (representada por la «vampiresa Lilit-Isis», otra hija de Satanás, combinación de la mítica mujer precedente a Eva y de la diosa de las iniciaciones egipcias). Convencido de su cometido (anunciar a los hombres el carácter temporal del Infierno), el poeta plantea un singular proceso de liberación. Satanás, tras su rebelión, ha iniciado un largo movimiento descendente hacia el lóbrego abismo, símbolo del mal. El eterno atormentado siente un remordimiento, revulsivo para que la ángela Libertad, su hija (episodio de la metamorfosis de su pluma), pueda, con el permiso de Dios, entrar en el inmenso precipicio. Apenas la ángela Libertad se acerca al Infierno, Lilit-Isis es aniquilada. El camino queda expedito: «Dios me hizo Libertad; ¡hazme Liberación!», suplica la ángela a su padre Satanás. Con su consentimiento, Libertad destruye la Bastilla, sinécdoque de la prisión. Desde el infinito del universo se oye exclamar a Dios: «–¡No, no te odio!», litote desencadenante del movimiento ascensional del ángel en una grandiosa metamorfosis[94]. Basten estos últimos versos del poema, que Víctor Hugo pone en boca de Dios:

> El arcángel resucita y el demonio se termina;
> Borro la noche siniestra, sin que quede nada.
> Satanás ha muerto; ¡renace, oh, Lucifer celestial![95].

Fiel a las doctrinas humanitaristas de su maestro Lamennais, Víctor Hugo no concibe un mal que no conduzca al bien. De igual modo que no cabe admitir nada sin su causa ni su objetivo final, «el sufrimiento solo puede ser un castigo o una prueba, y, en cualquier caso, una redención». Esta máxima, aplicable a toda la creación, es justa porque castiga para reformar a seres humanos y angélicos por igual: «Infierno eterno, sí; condena eterna, no»[96].

El final de Satanás –simbolizado en la toma de la Bastilla, la paz y la enajenación de su poder secular al clero– significa para el poeta el final de todos los miedos y sumisiones. La rebelión se revela atrayente y necesaria, como muestra el cuadro de Delacroix *Los ángeles rebeldes* (*Les Anges rebelles*, 1876). Con cuerpos desnudos, fornidos y hermosos, saltan hacia el Cielo blandiendo sus armas; resplandeciente mas con sombrías alas, Lucifer aparece como transfigurado en vate y adalid de una Revolución que sacude todos los yugos de la humanidad[97].

---

[94] Véase L. Cellier, *L'Épopée humanitaire et les grands mythes romantiques*, pp. 287-305.

[95] «L'archange ressuscite et le démon finit; / Et j'efface la nuit sinistre, et rien n'en reste. / Satan est mort; renais, ô Lucifer céleste!», V. Hugo, *La Fin de Satan*, IV, J. Truchet (ed.), p. 940.

[96] «la souffrance pour la souffrance n'est pas. Rien n'existe sans cause; la souffrance est donc invinciblement ou un châtiment ou une épreuve, et, dans tous les cas, un rachat», «Enfer éternel, oui; damnation éternelle, non», V. Hugo, *Proses philosophiques de 1860-1865*, «Philosophie», I, 9, en *Critique*, Y. Gohin (ed.), p. 487.

[97] Véase R. Muchembled, *Une histoire du diable*, p. 266. Frente a esta perspectiva romántica, Blake propone una enriquecedora y necesaria oposición de contrarios («Without Contraries is no progression»): con Cristo ha nacido un nuevo Cielo, pero también un «Infierno eterno»; «the Eternal Hell

En Milton, Satanás había suplantado a Lucifer; en el último Romanticismo, el ángel de luz sustituye al eterno condenado. La liberación del ángel, conseguida en el poema gracias a la intercesión de la ángela Libertad, simboliza también el advenimiento de una humanidad que deja atrás miserias y se prepara para un nuevo mundo de amor y fraternidad.

En el Romanticismo, la relación entre hombre caído y ángel caído difiere sensiblemente de otras precedentes (siglos XVII y XVIII). El espíritu angélico cobra un protagonismo poético inversamente proporcional a la debilitante creencia en su existencia real: ocupa el centro de la escena poética, pero cada vez representa menos al ángel, en su individualidad, y más al hombre, en su colectividad; hasta el punto de que, al final de este proceso, ya ha perdido toda consistencia propia: solo simboliza la humanidad caída y redimida. El mito, sin dejar de serlo, se adecua como símbolo a un imaginario y un pensamiento determinados.

Este carácter simultáneamente expansivo y reductivo del mito angélico, más allá de sus orígenes escriturales, se desprende de su componente simbólica. Como sugiere Camus, «un símbolo desborda siempre a quien lo utiliza y le hace decir en realidad más de lo que tiene conciencia de expresar»[98]. De hecho, el proceso de simbolización de este ángel no ha sido inmediato ni espontáneo: requirió una intelectualización de su imagen, desde los autores clásicos, y una encarnación precisa en los románticos. Supuso un movimiento conceptual y formal que invirtió la caída en ascensión. Este proceso fue, eminentemente, cultural.

En efecto, si en los relatos de la Antigüedad el ángel caído podía hacer referencia directa al renegado por antonomasia, a medida que transcurren los siglos (sobre todo con Orígenes y Plotino), el ángel blasfemo asume de modo predominante una referencia metafórica al hombre y la sociedad. Esta traslación, latente en textos nucleares y escritos teosóficos de los siglos XVII y XVIII, se torna patente en el siglo XIX, cuando las convulsiones sociales desestabilizan de modo irreversible el Antiguo Régimen y anuncian una nueva primavera de la humanidad. En la época romántica, las promesas de progreso abundan; pensadores y políticos propagan ideologías liberadoras de la humanidad angustiada. El anuncio del progreso humano, especialmente de las clases deprimidas, encuentra eco fiel en las nuevas promesas de la remisión angélica: la rehabilitación del ángel caído significa el deseo de rehabilitar al hombre caído.

Por supuesto, el ángel no es el único símbolo de la salvación humana rentabilizado por el Romanticismo. Prometeo también encuentra aquí su acomodo. El *Prometeo* de Byron (1816) simboliza, en sus cadenas, su eterna rebelión en favor de la libertad: «¡Titán! Te debatiste entre el sufrimiento y la voluntad, [...] y el Cielo inexorable y la sorda tiranía del destino [...] te negaron hasta el beneficio de la muerte»[99]. El *Prometeo* de Quinet (1837) llega incluso a combinar ambos símbolos de la libertad; mientras el titán sufre tormento en el Cáucaso, el ángel Miguel mata al águila, y Prometeo, ahora alado,

---

revives», *The Marriage of Heaven and Hell*, «The Argument», D. V. Erdman (ed.), p. 34. La disolución de todos los temores y sometimientos es uno de los principios del pensamiento sartriano, como vemos en su reescritura del mito de Orestes en *Les Mouches*.

[98] A. Camus, *Le Mythe de Sisyphe*, en *Œuvres*, R. Enthoven (pref.), p. 329.

[99] «Titan! to thee the strife was given / Between the suffering and the will, [...] / And the inexorable Heaven, / And the deaf tyranny of Fate, [...] / Refused thee even the boon to die», Byron, *Prometheus*, en *Complete Poetical Works*, F. Page (ed.), J. Jump (rev.), p. 88.

es conducido por los ángeles en una escena harto simbólica por cuanto repite, en sentido contrario, el final de *Éloa*: «–¿A dónde me lleváis? –Al seno de Jehová»[100].

No puede quedar duda alguna sobre la identificación entre ángel caído rehabilitado y hombre nuevo. Lo muestra también un extenso poema de *La leyenda de los siglos*. En su visión del «*Siglo veinte*», el poeta profetiza la desaparición de obstáculos («los dioses eran los muros»), rencores («todo se fue de una vez, los furores, los odios») y sistemas («el derecho de los reyes, los falsos dioses judíos»), requisito para la ascensión de un Prometeo cautivo que «arranca el barro de su cadena» y con «rabia santa» se espiritualiza cual ángel redimido:

> ¡Estupor! ¿Podría ser que el hombre se aventurara? ¡Oh, noche! ¿Podría ser que el hombre, antiguo cautivo, que el espíritu humano, viejo reptil, se transformara en ángel y, rompiendo sus ataduras, estuviera de repente al mismo nivel que los cielos? Entonces, ¡la muerte será inútil![101]

Una línea invisible une todos los desarrollos del prosopomito cristiano por excelencia: la que va de Lucifer a la serpiente Satanás y regresa para recobrar los atributos perdidos del ángel celestial.

II. El simbolismo del filtro amoroso

1. *Tristán* (Godofredo de Estrasburgo)

El carácter mítico de estos amantes de la Edad Media por antonomasia proviene de los poderes que sobre ellos ejerce la pócima, presente en todas las versiones. No se trata de un preparado especial cuyas hierbas, aderezadas al calor del fuego, produzcan desinhibición de los frenos naturales, eleven el nivel de las hormonas sexuales y modifiquen la percepción óptica de los amantes. El «filtro de amor» (*der Liebestrank*) posee auténticos poderes sobrenaturales, hasta el punto de provocar en quienes juntos lo beben un eclipse de libertad previo a una atracción amorosa irresistible. Pasajero o permanente según las versiones, modifica íntegramente a los dos héroes: además de provocarles una percepción diferente del mundo, desencadena un cambio de su identidad y les revela la existencia de un mundo distinto del habitual. El impacto físico y psicológico es de tal dimensión que los recientes amantes (antes enemistados) abandonan el mundo anterior (ya imposible de habitar) y se introducen en uno nuevo (el único habitable). Tristán e Isolda dan el salto, acceden al otro mundo, simbolizado por la poción mágica, metáfora del anhelo amoroso irresistible[102].

---

[100] «[Prométhée:] Où donc m'emportez-vous? [Les archanges:] Au sein de Jéhovah», E. Quinet, *Prométhée*, p. 262.

[101] «Stupeur! se pourrait-il que l'homme s'élançât? / Ô nuit! se pourrait-il que l'homme, ancien forçat, / Que l'esprit humain, vieux reptile, / Devînt ange, et, brisant le carcan qui le mord, / Fût soudain de plain-pied avec les cieux? La mort / Va donc devenir inutile!», V. Hugo, «Vingtième siècle», «Plein Ciel», *La Légende des Siècles*, J. Truchet (ed.), p. 726.

[102] Evidentemente, el brebaje de amor liga la pasión de Tristán e Isolda a una variada gama de tradiciones médicas, morales, religiosas y filosóficas de la Edad Media relacionadas con el amor heroico o demoníaco y el vino de hierbas con efectos melancólicos. A ellas se añade la circunstancia temporal: los amantes beben juntos el 24 de junio, día de san Juan, fecha clave para los ritos estacionales

¿De dónde puede proceder este mito, intrínsecamente extraño al marco cultural donde nace? Según Denis de Rougemont, existe una tendencia mística del espíritu a abordar el mundo de manera simultáneamente dualista y monista: dualista en su visión o consideración, monista en su cumplimiento o ejecución. Esta corriente niega la diversidad, propone la absorción de todo y de todos en la unidad, pretende la fusión omnicomprensiva con un dios (si lo hay) o con el ser universal o cosmos (si no lo hay). Este pensamiento, radicalmente oriental, se ha practicado al menos una vez en Occidente: en el siglo XII, cuando triunfa la glorificación del amor pasional, irracional y doloroso, en el mito de Tristán e Isolda[103].

En efecto. Paralela al cristianismo –favorecedor del amor del prójimo, fidelidad y felicidad en el matrimonio, y comunión entre el hombre y su Creador–, en la Edad Media corre otra corriente poético-religiosa, partidaria de que el amor entre esposos es fuente de discordia, de que la felicidad solo es posible en la unión mística. Contamos con sobrados exponentes literarios: buena parte de los trovadores del amor cortés, para quienes el amor a la dama (domna, domina) exige la continencia absoluta. Este particular *ars amandi* recibe nombres diversos (*fin'amors, verai'amors, bon'amors*), expresiones del amor depurado que el poeta-vasallo siente por una dama inaccesible, debido a sus obligaciones para con el señor (*dominus-senher*); con la salvedad de que el amor platónico no puede aplicarse a todas las composiciones trovadorescas[104]. También tenemos numerosos exponentes religiosos: la herejía cátara, expandida desde la Renania hasta Cataluña, partidaria de la heterogeneidad absoluta entre el bien y el mal (dualismo cosmogónico), de la creación del mundo, del espíritu y del alma por un demiurgo (Lucifer) y de la reintegración de todo, incluido Satanás, en la unidad del espíritu original (monismo escatológico). La relación íntima, profunda, entre catarismo, maniqueísmo, gnosticismo y budismo no necesita aclaración.

A este propósito, puede ser útil recordar lo que decía Quinet sobre la distinta concepción de la divinidad según las latitudes: «por un lado, en Oriente, el panteísmo, el dios confundido con la creación; por el otro, en Occidente, la personalidad de Dios distinta

---

debido a la proximidad del solsticio de verano (abundan testimonios de hogueras alumbradas para ahuyentar a los demonios que en la víspera de esta fiesta se acoplan en los aires); sobre estas y otras tradiciones (hierbas y sangre de san Juan), véase P. Walter, *Le Gant de verre. Le mythe de Tristan et Yseut*, pp. 123-152. La variedad de pociones simboliza la variedad de los anhelos. Aquí, poción letal frente a poción amorosa; en otros lugares, poción de olvido, estrenada en la mitología griega durante la visita de Telémaco al palacio de Menelao en busca de su padre: con el recuerdo de Odiseo todos prorrumpen en llanto, que Menelao propone ahogar con la comida; «cuando Helena, nacida de Zeus, pensó en otra cosa / y en el vino que estaban bebiendo les puso una droga (φάρμακον), / gran remedio de hiel y dolores y alivio de males (νηπενθές)», Homero, *Odisea*, IV, vv. 219-221, J. M. Pabón (trad.), p. 77. Este alivio de males (literalmente, *despenador* o «quitapenas») lo reutiliza E. A. Poe en su célebre poema *The Raven:* «"¡Miserable!, –exclamé–, tu Dios te ha concedido por sus ángeles un alivio –alivio y *nepenthe* para tus recuerdos de Leonora; ¡apura!, ¡oh!, apura ese dulce *nepenthe* y olvida a la Leonora perdida!"»; «"Wretch," I cried, "thy God hath lent thee –by these angels he hath sent thee / Respite, –respite and nepente from thy memories of Lenore; / Quaff, oh quaff this kind nepente and forget this lost Lenore!», *Selected Writings*, D. Galloway (ed.), p. 79. Frente a los remedios naturales, los artificiales; siempre el recurso acelerador de la magia.

[103] Véase D. de Rougemont, *L'Amour et l'Occident*, pp. 68-74.
[104] Véase M. de Riquer (ed.), *Los trovadores*, t. I, pp. 86-91.

del universo»[105]. Es decir, en buena parte de nuestra cultura Dios es irreducible al universo; no así en la oriental, donde la divinidad es, *grosso modo*, inmanente al mundo.

El *Tristán* de Godofredo de Estrasburgo (¿1210?) se inserta plenamente en esta corriente literaria y religiosa del mito dualista de Tristán. Frente al efecto del bebedizo en las versiones normandas (Béroul limita su acción a tres años, Thomas lo convierte en símbolo de la ebriedad amorosa), esta versión en alto alemán medio lo presenta como un símbolo del destino, de una fuerza ciega que se apodera de los amantes apenas lo beben sobre el barco rumbo a Cornualles:

> Cuando por fin la muchacha y el hombre, Isolda y Tristán, hubieron bebido los dos la poción, entonces hizo su aparición ese poder que roba al mundo todo su descanso, el amor, acechador de todos los corazones, quien se introdujo sigiloso en los de ellos. Antes de que se dieran cuenta, plantó allí su estandarte triunfante y sometió a ambos a su poder. Se convirtieron en un solo ser unido, ellos que antes habían sido dos y estado separados[106].

Religioso a la vez que sensual, el filtro amoroso no los hace participar mutuamente del amor, los funde en el amor. Cada uno abandona su identidad individual para adoptar una única identidad, ahora compartida. El tránsito de un ser a otro ser marca y simboliza el límite, igual que la aparición o el fin de un mundo marcan una cosmogonía o una escatología. Ahí radica el mito en esta historia:

> Pero apenas bebido, el filtro de la pasión coloca a sus víctimas en el más allá de toda moral que no puede ser sino divino. De modo que el filtro, por un lado, los encadena a la sexualidad, que es una ley de vida, y, por otro, los constriñe a superarla en una *hýbris* liberadora, más allá del umbral mortal de la dualidad, de la distinción de las personas. Esta paradoja, esencialmente maniquea, inspira el inmenso poema del renano[107].

Hay mito, o posibilidad de mito, en la linde de la existencia: cuando un ser se enfrenta a la muerte, a la divinidad, al sexo (como dador de vida) o a su identidad personal, una puerta se abre que conduce derechamente a la experiencia mítica.

Recordemos brevemente el episodio de la *Minnegrotte*. Cansado de soportar el adulterio, el rey Marco decreta el exilio de la reina y su sobrino para que se amen como prefieran. Tristán conduce a Isolda a un lugar apartado del bosque, a dos días de viaje, a

---

[105] E. Quinet, «Des poëtes épiques – De l'épopée indienne», p. 122; véase P. Brunel, *Mythopoétique des genres*, p. 166.

[106] Godofredo de Estrasburgo, *Tristán*, V. Millet (ed.), p. 355; «Sobald den Trank die Magd, der Mann, / Isot gekostet und Tristan, / Hatte Minne schon sich eingestellt. / Sie, die zu schaffen macht der Welt, / Die nach allen Herzen pflegt zu stellen, / In die Herzen schlich sie den Gesellen / Und ließ, von Beiden ungesehn, / Schon ihre Siegesfahne wehn: / Sie zog sie ohne Widerstreit / Unter ihre Macht und Herrlichkeit. / Da wurden eins und einerlei / Die zwiefalt waren erst und zwei"», Gottfried von Straßburg, *Tristan und Isolde*, K. Simrock (trad.), cap. XVI, «Der Minnetrank», p. 334.

[107] «Mais sitôt absorbé, le philtre de la passion place ses victimes dans un au-delà de toute morale, qui ne saurait être que divin. Ainsi le philtre à la fois rive à la sexualité, qui est une loi de la vie, et contraint à la dépasser dans un hybris libérateur, au-delà du seuil mortel de la dualité, de la distinction des personnes. Ce paradoxe essentiellement manichéen sous-tend l'immense poème du Rhénan», D. de Rougemont, *L'Amour et l'Occident*, p. 148.

la «gruta de los amantes» (*fossure a la gent amant*), una caverna excavada «en la era pagana» (*In der heidnischen Zeit*) y dedicada a «la diosa del amor» (*Der Göttin, Frau Minne*). Nótese que el caballero había tomado consigo veinte marcos de oro para el sustento. Apercibimiento inútil para su lugar de destino, donde hay «solamente desierto y tierras salvajes» y los amantes son autosuficientes:

> Muchos se han quedado sorprendidos ante esto y sienten curiosidad y ganas de saber cómo se alimentaban Tristán e Isolda, los dos amantes, en este yermo solitario. Se lo voy a decir y a satisfacer su curiosidad. Se miraban el uno al otro, y de esto vivían. La cosecha de sus ojos era el alimento de los dos. No comían otra cosa más que amor y deseo[108].

El amor como alimento: un bebedizo simboliza la nutrición absoluta. En la religión cristiana se relatan casos de santas y santos que, en circunstancias excepcionales, se han sustentado únicamente a base de la hostia eucarística: la comunión, alimento viático y eterno[109]. En el sacramento, el comulgante no pierde su identidad; sin dejar de ser él mismo, entra en comunicación, en participación o común unión (*commūnio*) con Jesucristo. En el milagro cristiano, las especies materiales son transubstanciadas en especies eucarísticas: el comulgante es elevado, divinizado, pero sigue siendo idéntico a sí mismo. El caso que nos concierne es diverso. Aquí la carne se funde con el espíritu «en unidad trascendental»[110]: los amantes son fundidos por la consumación de la sustancia del amor.

Esta entrada de Tristán e Isolda en el mito es «real», no aparente; no se reduce al orden del conocimiento (como en la filosofía racionalista o existencialista), ni siquiera se limita al orden de la imaginación fantástica (como en la mente de tantos personajes, p. e., Don Quijote). Hay dos mundos, y los amantes, gracias a los ritos de paso (el primero simbolizado por el *lovendrink* en el mar; el segundo, por la gruta en el bosque), transitan de uno a otro.

2. *Tristán e Isolda* (Wagner)

La ópera de Wagner (1865) combina la trascendencia gnóstico-cósmica de su predecesor con el pensamiento existencial de corte nihilista, que conoce de primera mano

---

[108] Gottfried von Straßburg, *Tristan*, V. Millet (ed.), p. 425; «Wohl Manchen nimmt jetzunder / Aus Neubegierde Wunder, / Zu fragen treibt ihn große Noth, / Wie doch Tristan und Isot, / Die beiden Gefährten, / Sich in der Wüste nährten. / Des will ich ihn berichten / Und seine Neugier schlichten: / Sie sahen sich einander an, / Das ernährte Frau und Mann. / Die Fülle, die das Auge trug, / Gab ihnen Nahrung genug. / Nur hoher Muth und Minne / Erquickten ihre Sinne», *Tristan und Isolde*, K. Simrock (trad.), cap. XXVII, «Die Minnegrotte», p. 480.

[109] Jesús: «Yo soy el pan vivo, bajado del cielo. Si alguno come de este pan, vivirá para siempre», Jn 6, 51.

[110] D. de Rougemont, *L'Amour et l'Occident*, p. 150. Cuando digo que «un bebedizo simboliza la nutrición absoluta» aplico la teoría de Lotman arriba resumida: el símbolo apunta siempre hacia otro contenido altamente valorizado; el bebedizo es despojado del sentido inicial para integrarse en otro con el que concuerda verticalmente, cfr. «a symbol never belongs only to one synchronic section of a culture, it always cuts across that section vertically, coming from the past and passing on into the future», I. Lotman, *Universe of the Mind*, p. 103. Lo mismo cabe decir, por ejemplo, del ángel caído o del Grial, nunca circunscribibles, en mitocrítica, a una reminiscencia o a la cita donde se encastran originalmente.

gracias a la obra principal de Schopenhauer, *El mundo como voluntad y representación* (*Die Welt als Wille und Vorstellung*, 1818). Tal es la importancia de esta influencia que hemos de examinarla, tan solo sea someramente.

El filósofo de Danzig (deudor de Platón, Spinoza y Kant, pero también del budismo, el taoísmo y el vedānta) propugna una «verdad *a priori*»: el mundo es, por un lado, enteramente representación y, por otro, enteramente voluntad. Frente al logicismo de Descartes y al psicologismo de Berkeley, Schopenhauer sostiene (como fruto de su familiaridad con la sabiduría hindú) que el conocimiento de la materia no es esencialmente independiente de la percepción mental: existencia y perceptibilidad son términos intercambiables.

Sin duda, Schopenhauer se suma, de entrada, al idealismo trascendental de Kant al sostener que la realidad intuida en el espacio y en el tiempo (la realidad empírica) es representación condicionada por el sujeto, posee una «idealidad trascendental»[111]; pero seguidamente opone una apreciación crucial: el fenómeno es el mundo como representación y la cosa «en sí» es la voluntad. A diferencia de su insigne predecesor, Schopenhauer defiende nuestra capacidad para acceder a la cosa en sí, que él denomina voluntad. La voluntad, considerada en sí como «ciega pulsión inconsciente e irresistible, [...] gracias a la adición del mundo de la representación desplegado a su servicio, obtiene el conocimiento de su querer y de lo que sea aquello que quiere», es decir, «este mundo, la vida» (*ibid.*, IV, epígrafe 54, p. 369). Solo así somos capaces de penetrar en los secretos fundamentales del mundo: la voluntad sustenta y constituye el núcleo de toda la realidad representada, desde la pesadez de las cosas hasta la conciencia de sí; solo ella, también, significa cuanto propiamente es.

Esta trascendencia gnoseológica adquiere tintes profundamente pesimistas: «toda satisfacción [...] solo es siempre estricta y esencialmente negativa y, por ende, nunca es positiva» (epígrafe 58, p. 415). La voluntad de vivir se manifiesta en el egoísmo, el odio y el conflicto; la misma vida es un crimen, la existencia es nuestro pecado original. Esta premisa legitima la «*negación de la voluntad de vivir*» (epígrafe 68, p. 484), el rechazo de la absurda realidad: la liberación de la esclavitud de la voluntad reside en la renuncia a la voluntad de vivir. Es preciso refutar el mundo y sus vanidades, entre las cuales campa, altanera, toda individuación: hay que suprimir todo deseo y dejarse fluir hacia el todo-uno[112].

En su célebre carta a Liszt (16 de diciembre de 1854), Wagner rinde tributo a Schopenhauer: gracias a la lectura del ensayo ha podido percatarse de su anterior engaño, de su falaz apego «a la esperanza de la vida»[113]. Su ópera es reflejo conspicuo del hallazgo. Particularmente elocuente es la escena del barco en que los jóvenes, por error de Brangäne, beben el filtro amoroso en lugar del filtro mortal. Dos filtros, dos símbolos, uno de amor pasional irrefrenable, otro de venganza mortífera. Apenas beben el afrodisíaco, ambos descubren de inmediato que el mundo externo es pura falsedad. Isolda reconoce que su vergüenza era una pura ensoñación, que su furor era un recurso absurdo. Tristán

---

[111] A. Schopenhauer, *El mundo como voluntad y representación*, I, epígrafe 5, R. R. Aramayo (trad.), t. I, p. 97.

[112] Véanse F. Copleston, *A History of Philosophy*, t. VII, pp. 272 y 281, y J. Hirschberger, *Abrégé d'histoire de la philosophie occidentale*, P. Secretan (trad.), pp. 196-199.

[113] W. R. Wagner, *Wagner on Music & Drama*, H. A. Ellis (trad.), p. 271.

comprende que todo era «¡Malicioso artificio de un encanto engañoso!»[114]. En la voluptuosidad del abrazo amoroso, ella y él declaran de consuno que el mundo se reduce a ellos: «¡Solo tengo conciencia de ti, / suprema alegría de amar!»[115]. El resto del mundo, humano y material, no solo ha dejado de interesarles: ya no existe.

A este propósito, es sintomática la reacción de los héroes apenas arriban a la costa. Todos, la tripulación sobre el barco y el pueblo sobre la orilla, cantan la gloria del rey Marke mientras el fiel Kurwenal describe la escena: ricamente escoltado, el rey se acerca al encuentro de su futura esposa. Pueblo y espectadores, incluido Marke, solo ven el mundo de las apariencias, de los honores soberanos y la vanagloria: el mundo de la representación. No así Tristán que, desconcertado, levanta los ojos y pregunta: «¿Quién se acerca?». A la respuesta de su escudero («¡El rey!»), Tristán exclama: «¿Qué rey?» (*Welcher König?*, p. 123). El paladín no reconoce ningún poder terreno, ninguna autoridad, ninguna manifestación externa: solo el amor por su amada y el de su amada por él. Simultáneamente, Isolda experimenta semejante situación; perpleja, pregunta a su gobernanta: «¿Dónde estoy?, ¿estoy viva?» (*Wo bin ich? Leb' ich?*). La princesa se cree muerta. Ambos amantes han entrado en el único mundo posible, el de la pasión amorosa en identidad comunitaria; se han abandonado a la consciencia trascendente de sí mismos, con la esperanza de estar muertos, es decir, eternamente unidos. Sobresaltados y contrariados, se rebelan a la idea de regresar a la perfidia del mundo exterior. El símbolo no solo significa, sino que posee un poder *performativo*.

Según Wagner (y los gnósticos, esenios, maniqueos, cátaros, albigenses, jansenistas, iluminados y, recientemente, los índigos según el New Age), solo unos elegidos, preservados del mundo, son puros, porque el mundo es radicalmente malo. El músico alemán propugna el abandono del mundo, pero no al modo de un ermitaño (que huye al yermo) o de un asceta (que mortifica su cuerpo), sino que promueve la desaparición física, la muerte como camino para la redención psíquica que procura la comunión de los amantes en una sola identidad. Podía haber pronunciado su tesis de manera filosófica; pero lo ha hecho de modo poético y musical:

> [Wagner] ha cantado la Noche de la disolución de las formas y los seres, la liberación del deseo, el anatema sobre el deseo, la gloria crepuscular, inmensamente quejosa y feliz del alma salvada por la herida mortal del cuerpo[116].

El héroe Tristán, antes esclavizado por el mundo de la caballería cortesana (mundo racional y figurado, mundo de la claridad apolínea), trasciende más allá de los velos de las apariencias vanas y se entrega al amor mortífero (mundo irracional no figurado, mundo de la oscuridad dionisíaca). Sobre su lecho, el moribundo entra en súbito éxtasis ante la pronta llegada de Isolda. Incapaz de soportar tanta felicidad, se entrega a la muerte: arranca los vendajes que preservan sus heridas, observa, exultante, cómo brota su sangre a borbotones y cómo se apaga «la antorcha de luz» (símbolo de la vista), *Leitmotiv* de los encuentros nocturnos con su amada. Estamos ante un suicidio voluntario

---

[114] «Trügenden Zaubers / tückische List!», Wagner, *Tristan und Isolde*, I, 5, Teldec C.I., p. 120.

[115] «Du mir einzig bewußt, / höchste Liebeslust!», *ibid.*, p. 121.

[116] D. de Rougemont, *L'Amour et l'Occident*, pp. 248-249.

que consuma su destino y deja el camino expedito para el auténtico amor sin las cortapisas terrenas y biológicas.

El barco de Isolda estaba destinado a arribar tarde; de lo contrario, las artes de la hechicera hubieran sanado a Tristán. Apenas llega, la reina se niega a asumir la pérdida del amado, desea compartir la noche con él, ruega que «la claridad de la vida se apague sobre ambos, reunidos»[117]. En cuanto comprueba que tiene en sus manos un cadáver, llora su exilio en este mundo. Una vez repuesta, entra en un nuevo éxtasis que la capacita a descubrir la auténtica realidad que observan sus ojos de vidente: Tristán, cada vez más luminoso, se eleva a los cielos y brilla entre las estrellas, en una escena de «silencioso crepúsculo»[118]. La reina ve más de lo que nosotros vemos. Ella discierne (simbólicamente acompasada por un trémolo y un crescendo de violines y violas), a través de las veladuras de este mundo, a su amado, dulce y sereno, respirar deliciosamente. Esta exhalación de Tristán es una «melodía sutil y maravillosa, exquisita y lánguida» que se infiltra dulcemente en el ser de Isolda y la eleva por los aires invisibles (como la invitan los chelos –morendo– y las notas en aumento de los instrumentos de viento –molto cresc., ibid., pp. 644-645–) hasta confundirla, embriagada y privada de conciencia, en el flujo de la respiración universal[119].

Nada concuerda en este final con lo que el espectador ha presenciado: el combate entre Melot y Tristán, el suicidio del paladín, la sangre que borbotea por la herida desgarradora; Isolda trasciende nuestro mundo y accede al otro, donde está su amado. Su propia muerte es la condición necesaria y deseada para compartir con Tristán la completa fusión de ambos en el hálito universal. Escatología singular, el mito de Tristán e Isolda es paradigma del tránsito entre dos mundos gracias al rito de paso simbolizado primero en el filtro amoroso y después en la muerte liberadora.

---

[117] «uns beiden vereint / erlösche das Lebenslicht!», Wagner, *Tristan und Isolde*, IV, 2, ed. cit., pp. 176-177.

[118] –«Leise Abenddämmerung», indica elocuentemente la partitura, mientras los violines y las violas aumentan su suavidad y dulzura –«immer sehr weich», «dolce»–, Wagner, *«Tristan und Isolde» in Full Score*, F. Mottl (ed.), pp. 636-637.

[119] «In dem wogenden Schwall, / in dem tönenden Schall, / in des Welt-Atems / wehendem All – / ertrinken, / versinken – unbewußt – höchste Lust!», Wagner, *Tristan und Isolde*, IV, 3, ed. cit., p. 184. El cuento «Tristán» (1903) de Thomas Mann aplica, paso por paso, las propuestas de Wagner en su ópera, sabiamente conjugadas con el mito de Orfeo y Eurídice: el escritor Spinell acude al sanatorio en busca de Gabriela; ahí –en ausencia de Klöterjahn, marido representante de la vulgaridad burguesa– ambos vivirán el éxtasis místico mientras ella interpreta al piano el preludio de amor de *Tristán e Isolda*. Muerta Gabriela, Spinell desciende al mundo profano (en Mann, el Infierno es ascensional; como muestra *La montaña mágica*: se trata, más bien, de anábasis); véase E. Junco, «Thomas Mann: el beso mortal de la belleza», pp. 39-43. Esta fusión con el universo aparece a menudo en la reflexión de nuestros días: Simmons y Fitz se encuentran en una cápsula sellada, en el fondo del mar, sin esperanza alguna de salvación; recordando una de las leyes de la energía universal, ella imagina lo que será tras la muerte: «cada parte de la energía que hay en nosotros, cada partícula será una parte de algo más, quizá un caballito de mar, un microbio, quizá se quemará en una supernova. De igual modo que cada parte de nosotros ahora formó una vez parte de otro ser»; «every bit of energy inside us, every particle will go on to be a part of something else, maybe live as a dragonfish, a microbe, maybe burn in a supernova. And every part of us now was once a part of some other thing» (*Agentes de S.H.I.E.L.D.*, «Beginning of the End», temp. 1, ep. 22). Pero esta reflexión sobre la simbiosis universal no traspasa el umbral de la materia, como corresponde a una ingeniera en bioquímica.

III. El simbolismo mítico de la isla

A los hombres les ocurren pocas cosas en el mar. El hombre no es un ser marino y la cubierta del barco es minúscula en comparación con el océano. Donde en realidad ocurren cosas al hombre (que no puede ni respirar bajo el agua ni volar sobre ella) es en la tierra. Pero hay dos tierras: la tierra continental y la tierra insular. La diferencia es considerable: la segunda está completamente rodeada por el mar. Quien a ella arriba está a-isla-do.

Ítaca es una isla. Odiseo regresa a ella tras un largo e inesperado periplo por otras islas. ¡Qué diferencia entre la suya –fecunda en buena gente y de contemplación grata– y las que visita tras pasar el cabo Maleno! Después del encuentro con los lotófagos y Polifemo, arriba a la isla de Eolo, ese rey que en la primera entrevista le ayuda a encauzar de nuevo el rumbo; pero en la segunda lo despide porque «no es [su] ley acoger ni ayudar en su ruta a hombre alguno / que aborrezcan los dioses de vida dichosa»[120].

Tras el suceso de los lestrigones, Odiseo llega a la isla Eea, donde sus compañeros son transformados en animales por la diosa Circe. Esta metamorfosis no está exenta de significados simbólicos, si prestamos credibilidad a los rituales que en la Antigüedad se celebraban sobre los esclavos en honor de la diosa Feronia, en el monte Soracto (hoy San Silvestre, Italia). Estos oficios –con ejercicios corporales que modificaban la apariencia física– simbolizaban la liberación de los cautivos, que se despojaban de su condición servil y se tornaban «más hermosos y más grandes», cual les ocurre a los compañeros del héroe (v. 396). Se ligue o no esta metamorfosis a la relatada por Homero, el peligro del encuentro de Odiseo con la hechicera simboliza la amenaza incuestionable que supone para los hombres del mar y, por extensión, para cualquier hombre, el contacto con una cultura extranjera. Aunque el héroe no se convirtió en un puerco como sus compañeros, habría sucumbido a los encantos de la maga de no ser por el *môly*, la hierba proporcionada por Hermes. Conjurado el peligro, Odiseo se entretiene un año (cinco, en la miniserie de Konchalovski, 1997): nueva demora en su regreso a Ítaca. Pero a la postre la diosa lo deja partir, no sin antes darle tres consejos: 1.º- poner cera blanda en las orejas de sus compañeros mientras él escucha, amarrado al mástil, el armonioso canto a su paso por la isla de las sirenas; 2.º- no matar ni comer las vacas de Helios en la isla Trinacia, y 3.º- evitar, con arte marino, los escollos de las Errantes y sus dos grandes amenazas (el monstruo Escila y el monstruo/remolino Caribdis). Tres consejos preñados de otros tantos símbolos: el sensible erótico (la atracción falsamente amorosa de las sirenas), el sensible nutritivo (las vacas de Helios) y la muerte (simbolizada a su vez por la «negra muerte» de las bocas de Escila y el «agua negra» que ingurgita Caribdis, libro XII, vv. 92 y 104, respectivamente). El mar con sus islas simboliza así el conflicto permanente del héroe con la naturaleza y consigo mismo: es lugar privilegiado para el acontecimiento mítico.

Para su desgracia, los compañeros del héroe no prestan atención a los consejos de Circe: en Trinacia, aprovechando la ausencia de su comandante y amigo, degüellan los bueyes. El castigo no se hace esperar: apenas zarpan, Zeus envía una tempestad y todos caen por la borda al mar. Solo queda en la nave Odiseo, el obediente, que diez días más tarde, a la deriva sobre unos tablones de madera, arriba a Ogigia, la isla de Calipso. El último peligro sobre el mar se esconde en la disimulada mirada de esta ninfa (Καλυψώ,

---

[120] Homero, *Odisea*, X, vv. 73-74, J. M. Pabón (trad.), p. 179.

'la que disimula'), que retiene al héroe durante siete años, al cabo de los cuales lo deja zarpar, «por obedecer la orden de Zeus o por haberse cansado». Así, las islas de la *Odisea* son, ora lugares de paso peligroso, ora lugares de larga demora; pruebas, en cualquier caso, que debe superar el héroe enemistado con Poseidón antes de regresar a Ítaca.

* * *

Sería injusto silenciar que existen islas de bonanza. Platón habla de una situada más allá de las Columnas de Hércules, Atlántida, símbolo de una sociedad justa y avanzada (*Timeo, Critias*). También existen islas del amor: Naxos –donde Ariadna se une a Teseo y, sobre todo, a Dioniso– y Citera –donde Afrodita arriba tras su nacimiento de la espuma–. Homero y Hesíodo aplican a estas dos islas una dimensión mitológica. Las hay también caracterizadas por el perpetuo verano y la eterna juventud (las Floridas), o archipiélagos, como en el *Cuarto libro* de Rabelais, donde unas son fantásticas y otras reales, pero todas evocadoras de las instituciones de la época o los fantasmas rabelaisianos.

Lugares de idilio y lugares de conflicto, lugares venturosos y lugares desventurados... Ninguna isla es un mero lugar de paso, parada y fonda, todas son símbolos determinantes en la vida de los protagonistas. Aun cuando el mito solo corresponde, propiamente hablando, al personaje, por traslación analógica cabría hablar de determinadas islas míticas cuando ofrecen el marco simbólico necesario para el desarrollo del relato mítico.

IV. Mito y símbolo en *Nadja* (Breton)

Dentro de las funciones del mito se encuentra la simbólica. Durand observa:

> La utilización sistemática del simbolismo mítico [...], en el autor del *Banquete* y del *Timeo*, basta para convencernos de que el gran problema platónico era el de la reconducción de los objetos sensibles al mundo de las ideas, el de la reminiscencia que, lejos de ser una vulgar memoria, es al contrario una imaginación epifánica[121].

¿La función simbólica sería medianera entre la trascendencia del significado y el mundo de los signos concretos que, merced a ella, se convierten en símbolos? Para dar una respuesta, pondré a continuación un caso en que interaccionan mito y símbolo.

En la novela *Nadja* de Breton, el narrador nos cuenta el pasatiempo que la joven epónima encuentra en la pintura. Un día pinta una flor que representa a los dos amantes, otro día diseña el retrato de su amante con los pelos de punta... El dibujo que ahora nos concierne lleva fecha –18 de noviembre de 1926– y es bien preciso:

> comporta un retrato simbólico de ella y de mí: la sirena, bajo cuya forma ella se veía siempre de espaldas y bajo ese ángulo, sostiene en la mano un rollo de papel; el monstruo de ojos fulgurantes surge de una especie de tiesto con cabeza de águila, lleno de plumas que representan las ideas[122].

---

[121] G. Durand, *L'Imagination symbolique*, p. 24.
[122] «[Le dessin] comporte un portrait symbolique d'elle et de moi: la sirène, sous la forme de laquelle elle se voyait toujours de dos et sous cet angle, tient à la main un rouleau de papier; le monstre aux

El relato es breve, someramente descriptivo. La sirena es un animal mitológico plenamente integrado en nuestra cultura. En el dibujo en cuestión aparece de espaldas, con una larga cabellera y dos colas enroscadas. Atributos tradicionales (con la duplicidad de la cola como variación). El monstruo es también mitológico. Sus «ojos fulgurantes» bastan para caracterizarlo, las precisiones de su aparición le confieren su esencia mítica. «Surge de una especie de tiesto con cabeza de águila, lleno de plumas que representan las ideas»: arbitraria y esperpéntica visión explicitada. Ambas figuras representan a los amantes, según Breton son su «retrato simbólico». La distinción misma entre el sentido primario y el secundario es compleja, no se establece por simple deducción y está fuertemente cargada de reminiscencias culturales y afectivas.

En *Nadja*, el símbolo recurre tanto a modos de representación como a modos de significación. De la confrontación de ambos modos con el símbolo podremos entender su naturaleza y relación con el mito.

La imagen gráfica, la transcripción plástica, puede servir para duplicar –lo vemos en este caso– la imagen mental transcrita por el discurso. Pero no añade nada. A decir verdad, funciona como una ilusión especular y traduce el deseo inquieto de que la imagen sea copia fiel de los modelos. Por el contrario, la imagen simbólica rompe todos los lazos con un modelo[123]. Es imagen de un más allá.

A pesar de lo que afirma Breton, su retrato de los dos amantes no es nada simbólico. De ahí mi primera conclusión: es preciso distinguir entre imagen viva e imagen muerta si se pretende discutir sobre el simbolismo mítico.

Ahora bien, ¿cómo distinguir entre imagen viva e imagen muerta? Será mi segunda conclusión. A partir de dos criterios de funcionalidad: la contextualización de la imagen simbólica dentro del relato y la consecuente dinamización que confiere a este su coherencia. De resultas de este proceso, una mitocrítica fecunda la narratología.

* * *

Articulación singular de signo e imagen, y en su mayor parte motivado, el símbolo se nos presenta futigivo, inasequible a toda sistematización. La razón simbólica nos ayuda a comprenderlo, pero no a compartimentarlo, porque una de sus facetas siempre escapará a nuestro arbitrio.

Los ejemplos aquí reseñados muestran a todas luces que los símbolos ofrecen siempre una vertiente material y una significación pobre o rica según los casos. Muchos mitos contienen símbolos culturales particularmente sobredeterminados y, por ende, polisémicos: el caduceo designa un equilibrio aplicable tanto a la armonía de la naturaleza terrena como a la del cosmos e, incluso, del alma humana; el diluvio apunta a la purificación de la tierra, pero también de los seres humanos.

---

yeux fulgurants surgit d'une sorte de vase à tête d'aigle, rempli de plumes qui figurent les idées», Breton, *Nadja*, D. Carlat y A. Jaubert (eds.), p. 95.

[123] Así lo persiguen los retratos ampliamente difundidos desde el Renacimiento, donde un modelo es adornado con símbolos representativos de personajes mitológicos clásicos; sobre la moda y función del retrato mitológico en el siglo XVIII, véase M. Martín de Vidales García, *El hechizo de la mitología, passim*.

¿Qué posibilita esta multiplicidad de interpretaciones? Creo que la clave está en la superposición de unos textos sobre otros. Una tradición escriturística sobre un diluvio es cubierta por otra, y esta por una nueva; a un primer Fénix oriental le nacen excrecencias apenas se instala en latitudes griegas o romanas. Tan es así que nosotros debemos leer el texto definitivo como un palimpsesto en el que se han ido superponiendo múltiples escrituras. Cada autor es libre de añadir la suya propia, y cada época también de aplicar su propia lectura. El dios marino Glauco de Ovidio o el ángel caído de exégetas judíos y cristianos pueden convertirse para el naturalismo del siglo XVIII en símbolos de la humanidad primigenia o, redimidos, de la nueva humanidad para el utopismo del siglo XIX. Libertad que no significa apropiación indiscriminada: el carácter motivado del símbolo impone unas bases mínimas que es preciso respetar en la interpretación de los mitos.

6
Mito y personaje

No son pocos los investigadores y, en su estela, alumnos, periodistas y políticos que utilizan de manera indistinta los conceptos mito, símbolo, tipo, prototipo, arquetipo, figura, tema, cuento, leyenda... Esta mezcla conceptual incluye habitualmente al personaje: figuras simbólicas y arquetípicas, estrellas del cine, *vedettes* y *celebrities*, ídolos deportivos y musicales pasan por mitos hasta tornar imposible una comunicación fundada en criterios válidos por su precisión, permanencia y universalidad. Estas páginas procuran arrojar algo de luz en la materia.

Para descartar toda duda sobre la terminología de base, tomemos como definición de personaje la de Javier del Prado: «encarnación narrativa, bajo la forma de seres humanos (masculinos o femeninos, históricos o de ficción), capaces de dar cuerpo a instancias o fuerzas generadoras de conflictos y/o de aventuras»[1]. El personaje incluye entre sus notas pertinentes un criterio de humanidad o, en su defecto, una figura antropomorfa convenientemente instalada en el sistema semiótico particular del «sujeto cognitivo», esto es, «dotado de una conciencia»[2]. Esta premisa, importante para la narratología y la crítica

---

[1] J. del Prado, «Mitos y crisis de mitos: un problema de conceptos y de terminología», p. 77. Gran problema, sin duda, es la distinción entre persona humana y personaje. Aunque este se desenvuelva en el mundo de la ficción como una persona, las claves para su comprensión resultan de las convenciones literarias, responsables en última instancia de sus semejanzas con la persona. Protagonista de la acción (en realidad, de la imitación de acciones), el personaje se convierte de inmediato en un carácter, esto es, en una instancia de resonancias biológicas, psicológicas y éticas; es la tesis principal de Aristóteles, *Poética*, 1448a1-48b27, V. García Yebra (ed.), pp. 131-137. Sobre la teoría del personaje tradicional, véase A. Garrido Domínguez, *El texto narrativo*, pp. 67-103. Las literaturas del siglo xx, en sintonía con la progresiva decadencia de la importancia prestada al personaje individual (estrechamente relacionado con el concepto de naturaleza humana) frente al auge de las ideologías de corte psicobiológico y de los movimientos de masas, muestran una tendencia a sustituir, por lo general, los pilares del personaje tradicional (la heroína, el héroe) por personajes anónimos, ambiguos, inidentificables; esta subrogación es síntoma, en definitiva, de que «el culto exclusivo de *lo humano* ha dejado el lugar a una toma de conciencia más vasta, menos antropocéntrica»; A. Robbe-Grillet, *Pour un nouveau roman*, p. 28. Tales tendencias en la producción literaria van de la mano de otras en la crítica (por ejemplo, la semiótica estructuralista), que conciben el personaje como un tipo de actante, en concreto, una entidad figurativa animada susceptible de individuación y dotada de una función semántica; véase A. J. Greimas, *Du Sens*, pp. 254-257. Aquí me permito una focalización en el personaje, habitual en la tradición occidental y reinventado en nuestro tiempo debido a los embates de la posmodernidad.

[2] V. Jouve, *L'Effet-personnage dans le roman*, p. 17.

literaria en general, es indispensable en la diégesis mitológica, donde cualquier tensión exige, al menos, dos instancias, una de las cuales ha de ser necesariamente humana.

Tras la definición de personaje, traigo a colación una serie de principios indispensables de la mitocrítica cultural relativos a este propósito:

1. «Sin personaje no hay mito», afirmación que fulmina la formulación errónea «no hay personaje sin mito», por la sencilla razón de que «no todo personaje es mítico».
2. Este principio arrastra otro por vía de condición: «un animal, un objeto o un grupo son susceptibles de mitificación *si* se refieren directamente a un personaje mítico».
3. A ellos se añade otro por restricción: «todo (en particular un personaje histórico) puede ser pseudomitificado *solo* en determinadas condiciones y por un tiempo determinado».

La práctica habitual de la mitocrítica mostraría que estos tres principios incurren en cierta obviedad; no obstante, las verdades de Perogrullo no gozan del asentimiento general. Soy de la opinión de que el galimatías sobre mito y personaje procede, en buena medida, de la ignorancia de estos principios.

Con ánimo de centrar bien la cuestión en torno al personaje de ficción mítico por excelencia (el «prosopomito»), dejo para más adelante el «personaje histórico mitificado» (§ 8), esto es, el personaje sustancialmente ajeno al mito, pero sometido a un proceso de pseudomitificación (el «pseudoprosopomito»).

PERSONAJES, RELATOS Y MITOS

La inmensa mayoría de los textos míticos versan específicamente sobre personajes mitológicos, individuos ficticios con «rostro», «faz» o «figura», es decir, la «persona» del actor, término latino que designaba la «máscara» que antiguamente se ponían 'delante de la cara' (πρόσ-ωπον) para ejecutar su papel con mayor visibilidad y resonancia. Todos sentimos necesidad de encarnar los mitos en personajes: la inmensidad del mundo nos aturde; el ser humano nos fascina.

El prosopomito

La personificación es una figura retórica mediante la cual una entidad no humana (idea, animal u objeto) adquiere, en la ficción, el estatuto de personaje. Quintiliano la trata por extenso en su sección «Las figuras de sentido», tras las figuras del «fingimiento» (*simulatio*) y la «exclamación» (*exclamatio*). Si ambas son adecuadas para intensificar los sentimientos del lector o del oyente, afirma el retórico de Calahorra, «aún de más audacia y [...] de más pulmones son las ficciones de personas, que se denominan prosopopeyas; porque no solo dan admirable variedad al discurso, sino también incitante viveza»[3]. Cuando, en la tragedia *Phèdre* de Racine, Hippolyte exclama a Aricie: «Argos nos tien-

---

[3] Quintiliano, *De institutione oratoria*, IX, II, 29, A. Ortega Carmona (ed.), t. III, p. 309.

de los brazos y Esparta nos llama»[4], el héroe se refiere, por sinécdoque, a los habitantes de Argos y Esparta, ciudades que de este modo son personificadas y parecen mostrarse dispuestas a venir en ayuda de los dos amantes.

Como afirma Quintiliano, «aun está permitido en este género de expresión hacer salir a los dioses del Cielo y a los del Averno»[5]. Si esta personificación se aplica a un mito, estamos ante un «mitologismo»[6]. Tal es el caso de la *Profecía del Tajo* de Fray Luis, donde el río, ante el solaz de Rodrigo con la Cava, exclama:

> el río sacó fuera
> el pecho y le habló desta manera:
> «En mal punto te goces,
> injusto forzador; que ya el sonido
> oyo, ya y las voces,
> las armas y el bramido
> de Marte, de furor y ardor ceñido»[7].

El Tajo anuncia, por traslación metafórica, la invasión musulmana de la península. Tal es también el caso de la fábula *«La vieille et les deux servantes»*, de La Fontaine, donde leemos: «Apenas Tetis alcanzaba a Febo (Apolo), el de cabello dorado...», donde el mar y el sol adquieren vida bajo sus respectivas denominaciones mitológicas, como confirma este verso posterior: «Apenas la Aurora, como digo, ascendía en su carro...»[8].

Este empleo de la «expresión ficticia, tomada de la Mitología, para suplantar la expresión sencilla y común», en palabras de Fontanier (*loc. cit.*), es facilitado por la analogía, culturalmente admitida, entre el mar y la titánide Tetis (Τηθύς), por un lado, y el astro y Febo –del griego Φοῖβος, 'brillante', epíteto de Apolo, aquí asimilado a otra divinidad solar, Helios–, por otro: cada mañana, conduciendo el carro de la Aurora, Helios surge por los países de Oriente y recorre su ruta a través del cielo hasta llegar al océano, donde se introduce, con carro y caballos, en una especie de cuenco de oro; transportados todos por la corriente hasta Oriente, reemprenden entonces el camino aéreo[9]. En ambos casos, Fray Luis y La Fontaine recurren a una especie de banco de datos para designar una idea (la guerra) o un elemento físico (el mar, el sol) que sus lectores reconocen con facilidad.

El término «mitologismo», hoy obsoleto, no indica exactamente el personaje mítico propiamente dicho, es decir, el actor o destinatario de aventuras míticas extraordinarias

---

[4] «Argos nous tend les bras, et Sparte nous appelle», Racine, *Phèdre*, V, 1, v. 1.366, J.-P. Collinet (ed.), t. II, p. 331.

[5] Quintiliano, *De institutione oratoria*, IX, II, 31, ed. cit., p. 309.

[6] P. Fontanier, *Les Figures du discours*, p. 120.

[7] Fray Luis de León, *«Profecía del Tajo»*, *Poesía*, VII, vv. 4-10, J. Alcina (ed.), p. 102.

[8] «Dès que Téthys chassait Phébus aux crins dorés...», J. de La Fontaine, *«La vieille et les deux servantes»*, *Fables*, v. 6, J.-C. Darmon y S. Gruffat (eds.), p. 166, y «Dès que l'Aurore, dis-je, en son char remontait...», v. 10, respectivamente.

[9] Probablemente los poetas español y francés siguen a Ovidio, cuyas *Metamorfosis* identifican Febo o Apolo con el sol (a diferencia de la épica y la lírica anteriores al siglo v a.C.) y mientan a Tetis e incluso el río Tajo, II, vv. 1-400, A. Ruiz de Elvira (trad.), I, pp. 44-61; véase P. Grimal, *Dictionnaire de la mythologie grecque et romaine*, «Hélios», pp. 183-184.

con dimensión trascendente que remiten a una cosmogonía o escatología absolutas. Las aplicaciones del argumento en cada caso (antropológicas, económicas, sociales, políticas) tienen su importancia; ahora bien, desde un punto de vista mitocrítico, son siempre secundarias y dependientes del choque producido entre dos personajes y sus respectivas conciencias, la natural y la sobrenatural (la natural del personaje inmanente al mundo y la sobrenatural del personaje trascendente). Dada la importancia de este concepto, es preciso utilizar un término que designe, incluso en su misma composición, el personaje que nace ya mito *in nuce*, en la mente del poeta, escritor o artista en general, diferente del personaje histórico mitificado por el artista o por la sociedad, y diferente, también, del relato mitológico. Propongo el neologismo «prosopomito» (προσωπο-μῦθος), que el especialista de mitocrítica podría utilizar de modo intercambiable con el sintagma «personaje mítico».

El prosopomito es, por tanto, un personaje con dimensión sagrada por esencia (de estirpe divina) o directamente relacionado con la sacralidad (héroe en contacto con la divinidad). El proceso es sumamente sencillo; el personaje surge en la mente del pueblo, escritor o artista como un mito: de su concepción a su expresión solo hay un paso.

En cambio, el proceso de los personajes históricos mitificados (más valdría decir «pseudomitificados») es más complejo: una persona, un animal o un objeto reales deben convertirse primeramente en personajes o individuos ficticios antes de adquirir dimensión mítica; además, las condiciones y las consecuencias de esta mitificación difieren de las que afectan a los prosopomitos.

Es obvio, por otra parte, que prosopomito y relato mítico son diferentes: el personaje mítico de Antígona difiere en tal o cual relato (los escritos por Sófocles, Cocteau, Anouilh), y no todo el relato está focalizado en el momento mítico; difiere, incluso, del personaje de Antígona considerado desde un punto de vista exclusivamente dramatúrgico o narratológico.

La diferencia entre prosopomito y relato explica otra aún más difícil de detectar: la aplicación del carácter mítico al protagonista de un relato mítico. Si prestamos atención, nos percatamos de que, utilizando los términos con propiedad, solo el relato, en estos casos, es mítico: ¿dónde está el mito de Fausto o de Don Juan? En el relato donde Mefistófeles o el Comendador se aparecen al doctor o al caballero, respectivamente, pero no *en* el doctor o *en* el caballero. Esta confusión responde al procedimiento sinecdóquico según el cual aplicamos, de modo inconsciente, un carácter de un elemento a otro relacionado íntimamente con él y del que forma parte hasta el punto de subsistir solo gracias a él[10]. Puesto que Fausto o Don Juan solo tienen vida en el drama o en el relato míticos, investimos al personaje (no mítico en sí) del carácter mítico del relato sin el cual no puede subsistir. Así se entiende que hablemos del «mito de Don Juan» o del «mito de Fausto».

---

[10] Véase H. Beristáin, *Diccionario de retórica y poética*, pp. 464-466. Estamos ante una especie determinada de sinécdoque, concretamente, «de la parte» y, más precisamente aún, en la que se toma la parte por «un todo abstracto o metafísico», sin duda íntimamente relacionada con la sinécdoque de individuo, también llamada antonomasia; véase P. Fontanier, *Les Figures du discours*, pp. 87-97. Hay, como veremos, una relación privilegiada entre el prosopomito y su antropónimo: «una vez convenido, ya no se discute», P. Smith, «La nature des mythes», p. 724.

Tipología del prosopomito

La razón y el sentimiento religiosos emanan de la atención prestada a una serie de signos que manifiestan la voluntad de la divinidad y generan el sentido de lo sagrado (piedra de toque de la distinción entre lo natural y lo sobrenatural). Lo numinoso provoca un sentimiento de respeto y estupor (los griegos lo denominan *thámbos*) que requiere reconocimiento individual y público (en el marco de la *pólis* y la *civitas*), veneración (*pietas*), sumisión (de ahí los sacrificios) y una vida consecuente encaminada a una muerte digna. No conviene confundir religión y mitología: esta última presupone la erradicación de la historicidad y el traslado del hecho religioso a la esfera del imaginario y la representación, al ámbito de un conocimiento agradable que no necesariamente implica obediencia ni fe. Sin duda, en algún momento de la historia, religión y mito compartieron terrenos comunes; los vínculos estrechos que entonces entablaron explican que en ocasiones la frontera entre ambos sea tenue y porosa hasta el punto de requerir una metodología segura y universal para interpretar convenientemente lo que sea el mito, siempre intermediario entre literatura y religión, con las que sigue fuertemente entrelazado.

Esta concomitancia entre religión, literatura y mito está en la base de una semejanza sustancial entre todas las mitologías. Cabe, en consecuencia, establecer un esquema muy básico de los personajes míticos en función de los rasgos comunes más sobresalientes. Lo elaboro a partir del modelo griego, cuya mitología es la más vasta y sofisticada en nuestro entorno cultural. Razón suplementaria para esta elección: en el año 217 a.C., bajo el dictador Quinto Fabio Máximo, Roma asume, con nombres distintos, este panteón olímpico, al que acopla sus propias divinidades. Por si fuera poco, durante siglos, el conocimiento de personajes de otras mitologías nos ha llegado a través de textos e inscripciones griegas o latinas.

La mitología griega se presenta como un heteróclito mosaico formado por múltiples palimpsestos: sedimentos indoeuropeos compartidos con los pueblos indoiranios, eslavos, germanos, celtas y romanos, sedimentos autóctonos de los pueblos prehelénicos conquistados y sedimentos del resto de pueblos de la cuenca mediterránea. Tanto es así que raros son los mitos exclusivamente «griegos». Con lógicos reajustes, esta tipología podrá servir, espero, para otras tradiciones.

Así, un acercamiento moderadamente laxo, ajeno a rígidos encasillamientos, nos permitiría detectar miles de correspondencias entre todas las mitologías y religiones; de ahí este esquema basilar de personajes míticos, más interesado en las notas que traban relaciones entre personajes y los predisponen al mito que en sus identidades y características[11].

Aunque solo en principio, quedaría al margen el panteísmo, que identifica toda la realidad con toda la divinidad y, en puridad, se desentiende del personaje mítico. Si

---

[11] No se trata de un catálogo exhaustivo, pero se puede acudir a incontables monografías, entre las que he utilizado estas: R. Graves y R. Patai, *Hebrew Myths*; E. Molist Pol, *Dioses, héroes y hombres*; G. Davidson, *A Dictionary of Angels, including the Fallen Angels*; F. Chamoux, *La Civilisation grecque*; E. Bernárdez, *Los mitos germánicos*; R. Martin, *Mitología griega y romana*; C. García Gual, *Introducción a la mitología griega*; F. Guirand y J. Schmidt, *Mythes et mythologie*; T. F. O'Rahilly, *Early Irish History and Mythology*; C. Sterckx, *Mythologie du monde celte*, y P. Brunel, *Les Grands Mythes pour les nuls*. Algunos datos han sido colacionados con Wikipedia.

aguzamos la vista, observamos que el problema es más complejo. Según la cosmogonía panteísta, cuanto vemos emana de lo divino; incluso nosotros mismos seríamos dioses para el panteísmo radical. La consecuencia inmediata es bipolar, pues sostiene que no hay personajes divinos o, *a contrario sensu*, que todos los personajes son divinos. Según la escatología panteísta, el dominio de los dioses no es interminable. En las *Eddas* nórdicas, el *Ragnarök* o 'destino de los dioses' (vulgarmente conocido como su crepúsculo) designa una destrucción universal como resultado de una lucha entre las fuerzas del orden y del Caos, actualmente en equilibrio conflictivo: la mitología no es sino el relato de esa lucha incesante.

I. Dioses, diosas y demás divinidades

Nombre, relato, culto e imagen distinguen a un dios de otro. No adoptemos estos rasgos de modo matemático. En la mitología no existe una concepción exclusiva y dogmática de tal o cual dios en una cultura determinada, menos aún a lo largo del tiempo. Es más, la noción y la representación de una divinidad pueden servir para otra, sobre todo en la época helenística, en la que eruditos, mitógrafos, escoliastas y compiladores de todo pelo obran con plena libertad para elaborar un corpus ya floreciente y pleno de inconsistencias: buscan introducir coherencia entre tradiciones contradictorias para aplacar las exigencias y suspicacias racionalistas de filósofos, también para dar brillo y juventud a relatos que han quedado obsoletos e inasumibles por un público resabiado[12].

Si, como muestra Magritte, toda representación es problemática («esto no es una pipa»), más aún la de lo divino. Por lo general, los textos aplican a las divinidades una apariencia humana. El antropomorfismo es fuente de ambigüedades sobre su naturaleza:

> Son humanizados y no son humanos; no viven ni en el tiempo ni en la eternidad. Que la poesía y el arte no les hayan dado forma de seres fantásticos no implica que Grecia haya hecho de ellos mortales. Son diversos de los hombres, para empezar, por la naturaleza de su poder; de lo contrario, no serían más que héroes[13].

Esta ambigüedad no rompe el hechizo. A pesar de su estupor, los griegos se sienten atraídos por esa efusión mística. Desde muy pronto establecen relaciones personales con estas potencias superiores (de ahí las hierogamias) y adaptan con pasmosa flexibilidad las manifestaciones divinas (de ahí la panoplia de epítetos de sus dioses).

Aunque los textos son innúmeros y nos han llegado por diversas vías, el catálogo teológico de la Hélade lo debemos a Hesíodo y Homero:

---

[12] Agustín de Hipona recurre a los escritos de Varrón sobre los «tres géneros de teología»: «Llaman mítico el que usan, sobre todo, los poetas; natural el que usan los filósofos, y civil, el que usa el pueblo», *De civitate Dei*, VI, V, S. Santamarta del Río y M. Fuertes Lanero (trads.), p. 239. Cinco «libros» requerirá el teólogo cristiano para exponer –con extremada socarronería– las incongruencias entre las atribuciones a unas y otras divinidades del politeísmo romano. La mayor parte de la obra del polígrafo, historiador y lingüista romano está hoy perdida; para nuestro caso, existen varias ediciones excepcionales, como la de B. Cardauns, *Antiquitates rerum divinarum*.

[13] A. Malraux, *La Métamorphose des dieux*, t. I, p. 53.

fueron los que crearon, en sus poemas, una teogonía para los griegos, dieron a los dioses sus epítetos, precisaron sus prerrogativas y competencias, y determinaron su fisonomía[14].

Gracias a la capacidad sistematizadora y dramática de ambos, y a otros textos indispensables (las tablillas micénicas en escritura lineal B, los *Himnos homéricos*), el canon divino ya queda definitivamente establecido, dispuesto para la crítica de filósofos y poetas (Estesícoro, Píndaro) y la compilaciones librescas posteriores (Pseudo-Apolodoro). Esta vinculación a la tradición poética da lustre a la mitología y le imprime una flexibilidad ajena al rigorismo de la práctica religiosa ceremonial: los mitos pasan a fundar la literatura.

1. Genealogías

Desde el principio entra en escena la tríada primordial o «protogónica», de génesis oscura: el Abismo abierto (Caos), la Tierra (Gea) y el Amor (Eros), principio fecundante generador de la multiplicidad. Dado que Caos y Gea no forman pareja y no se unen, Eros los excita por separado; así, Caos produce la Oscuridad (Érebo) y la Noche (Nix), en tanto que Gea genera el Cielo (Urano); de la unión entre estos dos últimos surge una vasta prole: Océano, Tetis, Hiperión, Tea, Ceo, Febe, Rea, Temis, Mnemósine, Crío, Jápeto y el astuto Crono parricida e infanticida. A ellos suceden diversas divinidades importantes: Helios, el segundo Amor (nuestro Cupido, hijo de Afrodita y Ares) y Pan. Apenas entronizado, el uránida Crono lanza al Tártaro a los gigantes de cien manos y a los cíclopes, y se alía con sus hermanos titanes. De su unión con Rea nacen Hestia, Deméter, Hera, Hades, Poseidón y Zeus, que destronará a su padre tras la titanomaquia. Como el reino absoluto de Zeus Olímpico es impugnado, el ser supremo accede a compartirlo con Hades y Poseidón, que reinarán sobre «el tenebroso poniente» y «el canoso mar», respectivamente. Aun así, la figura del «Padre de los dioses y de los hombres» se yergue como el gran dios soberano, con la primacía de los más excelsos dioses hindúes, celtas, eslavos, germánicos.

Salta a la vista una homología fundamental con otras mitologías en función del enfoque practicado para cada estudio. Si optamos por una perspectiva triádica, observamos equivalencias relativas entre entidades o deidades primordiales de la cosmogonía hesiódica (Caos, Gea, Eros), el gobierno tripartito posterior (Zeus, Hades, Poseidón) o las tríadas egipcia (Osiris, Isis, Horus) y nórdica (Odín, Thor, Freyr); incluso el dualismo zoroástrico de la luz y las tinieblas (Ahura Mazda u Ormuz –en persa medio– frente a Angra Mainyu o Ahrimán –en persa medio–) es equilibrado gracias a Mitra.

Si optamos por un enfoque dualista, detectamos nuevas equiparaciones. La antagonía eterna entre el Cielo y el Infierno es moneda de cambio en todas las mitologías (no es otro el germen del maniqueísmo). En la mitología irlandesa, la gran diosa, continuamente fecundada por el dios generador, es Danann, 'la madre de los dioses'. El dios benéfico Osiris resucita periódicamente de la muerte y el despedazamiento infligidos por su hermano, el ctónico Set, a la manera de como el Nilo cada año transporta su aluvión que mantiene a raya el desierto. Los ases y vanes (*vanir*) nórdicos son respectivamente asimilados al elemento espiritual (por extensión, racional) y al físico (por extensión,

---

[14] Heródoto, *Historia*, II, 53, C. Schrader (trad.), t. I, p. 343.

placentero). También cabe aplicar la bipolaridad a un solo dios: según la mitología tolteca, Quetzalcóatl desarrolla una actividad doble: por un lado, crea el mundo, por otro, lo destruye sin cesar.

Prosigamos. Con el concurso de las diosas, Zeus procrea, en ocasiones de modo sorprendente, el resto de la familia olímpica: Ares, Apolo, Ártemis, Hermes, Atenea, Hefesto; a estos se añaden Afrodita (hija, según vesiones, del mar, del esperma de Urano o de Zeus y Dione) y Dioniso (hijo de Sémele y Zeus). Las uniones olímpicas engendran una descendencia numerosa: Eos, Selene, Circe, Calipso, Perséfone, Fortuna y las Moiras o Parcas (ancestro de nuestras hadas). También son innúmeras las divinidades de los elementos aéreos (Bóreas, Noto, Euro, Céfiro) o marinos (Proteo, Anfitrite), de la naturaleza (ninfas de las arboledas o aleidas, de los bosques o dríades, hamadríades y melíades, de las aguas o náyades, de los valles o napeas, del mar o nereidas, de las aguas profundas u oceánidas, de las montañas y grutas u oréades, de los frutos, como la Pomona romana) y de la ciudad o el hogar (los romanos Jano bifronte, lares, manes y penates).

Segunda gran homología mitológica: la diversa dimensión de las divinidades. La gran Afrodita de los griegos es comparable a Astarté, helenismo de una divinidad de Oriente Próximo (Astoret fenicio-cananea, Ishtar mesopotámica, Inanna sumeria). Las divinidades son menores por causas múltiples: su función restringe su ámbito, su culto ha sido ensombrecido por el de grandes dioses o su veneración ha decaído en el curso del tiempo. También se encuadran en las divinidades menores el *rabisú* mesopotámico y los «devoradores» (*etones* o *jotuns*) germánicos, en parte asimilables a los troles, personificaciones de una amenaza o enfermedad, y las célebres valquirias de Odín. Si de tamaño se trata, gigantes y enanos (elfos) hay en todas las mitologías.

No olvidemos a las divinidades de la muerte: el ya mentado Hades, de sobrenombre Plutón, los gemelos Hipnos (el Sueño) y Tánatos (masculino), Hécate y las Erinias Alecto, Megera y Tisífone (llamadas Euménides o Bienhechoras por miedo a desatar su ira).

Con los siglos, el panteón helénico aumenta sin control. Al margen del culto oficial, existen otros reservados a los iniciados: los misterios eleusinos celebran a Deméter y Perséfone, pero también a Cibeles. La mayoría de estas liturgias rinden honores a divinidades exo-olímpicas: Isis y Osiris (oriundas de Egipto), Adonis (Siria), Mitra (Persia), Cibeles y Atis (Frigia). Las fronteras del mundo son decididamente porosas.

2. Vicisitudes

Además de reproducirse, las deidades necesitan nutrirse; para este menester banquetean en torno a una mesa exuberante de néctar y ambrosía ('sin muerte', en griego ἀμβροσία y en sánscrito *amṛta*) servida por Hebe y Ganimedes (Zeus, caso aparte, es amamantado apenas nace por la cabra o la ninfa Amaltea). Su sangre es el icor (ἰχώρ), venenoso para los mortales. Como los humanos, en su edad juvenil los dioses requieren formación: el anciano y obeso Sileno cuida de Dioniso, el centauro Quirón educa a Peleo, Aquiles, Jasón y Asclepio. Las divinidades pueden provocar o sufrir su propia metamorfosis: Zeus se torna en lluvia de oro, cisne, águila o toro para satisfacer su amor por Dánae, Leda, Egina o Europa, respectivamente, y las ninfas Siringa y Dafne son transformadas en cañaveral o laurel para zafarse de los impulsos eróticos de Pan y Apolo, respectivamente también. No hay mayor transformación que la operada por el sincretismo:

Helios y Apolo, por un lado, Ártemis y Selene, por otro, se funden en Febo y Luna; prueba suplementaria de que la mitología es una tradición en diacronía.

Todas estas genealogías, composiciones y modificaciones generan interpretaciones, más aún en un pueblo dotado para la abstracción y dado al cultivo esmerado del lenguaje. De ahí la personificación de nociones abstractas, habitualmente con dimensión moral: la seducción (Cárites o Gracias), la justicia (Dice), la discordia (Eris), la victoria (Nike), la retribución (Némesis), la fatalidad tras la *hýbris* (Ate); las alegorías también figuran realidades cotidianas: la fecundidad (Príapo) o la fertilidad climatológica (las horas Talo y Carpo).

En fin, los dioses reclaman la justa veneración en sus respectivos lugares de culto. «Panteón» significa 'templo de todos los dioses' (ναός πάνθειον, *templum omnium deorum*). Hoy destacan tres edificios en Roma, París y Lisboa. Paradojas de la vida: mientras el romano fue edificado en honor de los dioses antiguos y hoy alberga una iglesia cristiana, el francés y el portugués lo fueron para el culto cristiano y hoy están dedicados a fines profanos.

* * *

Mención aparte merecen las Musas. Hijas de Zeus y la titánide Mnemósine, estas nueve divinidades cantan bajo la batuta de Apolo Musageta ('guía de Musas'); a ellas debemos en buena medida el relato universal que nos ha dejado Hesíodo:

> «Sabemos decir muchas mentiras con apariencia de verdades; y sabemos, cuando queremos, proclamar la verdad». Así dijeron las hijas bienhabladas del poderoso Zeus. Y me dieron un cetro después de cortar una admirable rama de florido laurel. Infundiéronme voz divina para celebrar el futuro y el pasado[15].

---

[15] Hesíodo, *Teogonía*, vv. 27-29, en *Obras y fragmentos*, A. Pérez Jiménez (trad.), pp. 70-71. En su conversación con el rapsoda Ion, Sócrates habla del entusiasmo ('dios en el interior') que se apodera del poeta: «Así, también, la Musa misma crea inspirados. [...] De ahí que todos los poetas épicos, los buenos, no es en virtud de una técnica por lo que dicen todos esos bellos poemas, sino porque están endiosados y posesos», Platón, *Ion*, 533e, en *Diálogos*, E. Lledó (trad.), t. I, p. 256. La mención explícita de los frenéticos coribantes, «que no están en sus cabales al bailar» (534a), desvela la intención de la mayéutica socrática: «hallar alguna fuente de la habilidad de Ion que no sea el arte», A. Bloom, *Gigantes y enanos*, A. L. Bixio (trad.), p. 143. Hablar de las Musas en la Antigüedad exige citar a Safo: «Ellas me hicieron digna de estima / al concederme sus propios trabajos», *«Las Musas»*, *Poemas y testimonios*, A. Luque (ed.), p. 45. La poeta misma fue «musificada»; el primer testimonio de su apoteosis aparece en Dioscórides: «¡Safo, dulcísimo apoyo del joven amante! / A ti con las Musas, pues como ellas cantas / cual su décima hermana de la Éreso eólide, Pieria / y Hélicon rico en yedra te celebran», *Antología Palatina*, M. Fernández-Galiano (trad.), 502, p. 265; Éreso es una ciudad de la costa de Lesbos, Pieria es una región macedonia, las Musas habitan el monte Helicón de Beocia. Otro epigrama (*ca.* III a.C.) de la misma antología, erróneamente atribuido a Platón, añade su nombre a la lista de Hesíodo: «Dicen unos que nueve son las Musas. Qué negligencia. / Que sepan que la décima es Safo la de Lesbos», *«Décima Musa»*, IX, 506, *apud* A. Luque (ed.), p. 191. Sobre las frecuentes aplicaciones de Safo al grupo de las Musas, véase A. Gosetti-Murrayjohn, «Sappho as the Tenth Muse in Hellenistic Epigram», *passim*.

En efecto, las Musas revelan la cosmogonía y las leyes divinas e inspiran la sabiduría de los reyes porque lo saben todo, como parece revelar la etimología de su nombre[16]. También confortan a los afligidos,

> pues si alguien, víctima de una desgracia, con el alma recién desgarrada se consume afligido en su corazón, luego que un aedo servidor de las Musas cante las gestas de los antiguos y ensalce a los felices dioses que habitan el Olimpo, al punto se olvida aquel de sus penas y ya no se acuerda de ninguna desgracia (*Ibid.*, vv. 98-103).

A aquel conocimiento universal y a este consuelo anímico se debe que los poetas les rueguen su auxilio al comienzo de sus trabajos[17]; y también los papeles asignados desde el Renacimiento: primero las letras, luego la poesía y finalmente las bellas artes. El reconocimiento a las Musas era obligado.

II. Espíritus, genios, ángeles y demonios

Al margen de estas divinidades se encuentran otros seres de naturaleza volátil, tan variada según las tradiciones que sería aventurado ofrecer una definición omnicomprensiva. Unos poseen algo divino (δαίμων), otros son hombres de la raza de oro hesiódica

---

[16] Del protoindoeuropeo *mn-* / *men-*, que vale tanto 'pensar' (de ahí su relación con Mnemósine, *mné-me*, 'recuerdo') como 'montaña', pues sus lugares de culto estaban elevados (si bien esta segunda etimología no viene corroborada por otro término griego). Musa es singular, pero en griego puede adoptar un sentido colectivo, de ahí la vacilación entre el singular y el plural. Fueron engendradas, nos desvela Hesíodo, en nueve días (una por noche de amores entre sus padres) y sus nombres son Clío ('La que da fama'), Euterpe ('La muy encantadora'), Talía ('La floreciente'), Melpómene ('La que canta'), Terpsícore ('La que goza con el baile'), Erató ('La deliciosa'), Polimnia ('La de variados himnos'), Urania ('La celestial') y Calíope ('La de bella voz'); es decir, historia, poesía lírica (o flauta), comedia, tragedia, danza, poesía erótica, himno, astronomía y poesía épica; véanse M. Thomas, «Muse(s)», pp. 1.407-1.408, y J. de la Villa, «"Hijas espléndidas de la Memoria y de Zeus, Musas"», pp. 159-187.

[17] Dante las invoca, al principio de cada parte de su poema, en un intento de fundir las tradiciones clásica y cristiana: «¡Oh, Musas! ¡Oh, alto ingenio! Mi poesía / ayudad», *Infierno*, II, 7-8; «oh, santas Musas, pues soy todo vuestro, / y me preste Calíope su armonía», *Purgatorio*, I, 8-10; «muestran la Osa las Nueve del Parnaso», *Paraíso*, II, 9, en *Divina comedia*, A. Echeverría (trad.), pp. 10, 211-212 y 425, respectivamente. De modo inesperado, Camões les arrebata esta función para dársela a las «ninfas del Tajo: [...] dadme agora un sublime y levantado / son, y una vena fértil y corriente», *Los Lusiadas*, I, 4, B. Caldera (trad.), p. 74. Posteriormente, las aguas vuelven a su cauce: el Romanticismo implora a la Musa la exaltación del alma y el alivio de las penas, cfr. «For, lovely Muse! thy sweet employ / Exalts my soul», S. T. Coleridge, «To the Muse», en *The Complete Poems*, W. Keach (ed.), p. 11. Más adelante, la musa (aquí, con mayúscula solo facultativa) es compañera de la miseria y el morbo del poeta, cuya corrupción representa; véase Baudelaire, «*La Muse malade*», «*La Muse vénale*», *Les Fleurs du mal*, en *Œuvres complètes*, C. Pichois (ed.), t. I, pp. 14-15. Sella esta senda hacia la trivialización el cliché literario: «No he hecho nada desde que te dejé, querida y buena musa»; «Je n'ai rien fait depuis que je t'ai quittée, chère et bonne muse», Flaubert, carta del 17 de febrero de 1853 a Louise Colet, *Lettres de Flaubert (1830-1880)*, D. Girard y Y. Leclerc (eds.). Sobre la protección de Urania a una ciencia experimental y sobre la música de las esferas –donde las Musas, junto con las sirenas y las Pléyades, desempeñan un papel fundamental–, véanse, respectivamente, los artículos «"Musicienne du silence": introducción a un estudio sobre Urania, la Musa de la Astronomía» y «Winged Mythical Singers of Cosmic Music», ambos de F. Molina Moreno.

transformados, a su muerte, en espíritus o genios (δαίμονες), otros están revestidos de un cuerpo sutil, impalpables e invisibles, y habitan tanto los aires como las montañas o el mar.

Estas entidades superiores se aparecen y acuden en auxilio de los seres humanos en su lucha diaria contra un ambiente adverso. Su estatuto es intermediario entre dioses y hombres: vienen a colmar un vacío entre la esfera divina y la humana, espacio inmenso que necesita la presencia de seres innúmeros para asegurar el orden y el equilibrio cósmicos. En parte nos despegamos aquí del ámbito griego, cuyo abanico saturan divinidades y héroes míticos.

Algunos de estos seres levantan una barrera defensiva ante los poderes maléficos: los amuletos con la imagen de Pazuzu, durante el periodo asirio-babilonio, estaban destinados a liberar a las parturientas del malicioso influjo de la diosa Lamástu[18]. Los escandinavos denominaban *fylgja* ('la que sigue', 'el que sigue') a su concepto de alma, distinto del más expandido hoy entre nosotros, pues podía ejercer de modo independiente funciones corporales: hablar, moverse e incluso aparecer bajo la forma de otro ser humano o animal[19]. Con el tiempo, esta alma adoptó el estatuto de un demonio sin relación con un ser humano determinado, encarnación del alma ancestral o de un culto religioso. Estos *fylgjur* (plural de *fylgja*) fueron considerados como demonios maléficos tras la introducción del cristianismo.

Imposible no incluir aquí las rusalcas (*rusalki*, plural de *rusalka*, en Rusia, Ucrania y Bielorrusia) y las *mavky* (plural de *mavka*, en Ucrania), espíritus femeninos con apariencia corporal que han sido víctimas de muerte prematura (como las *áōrai* griegas) o bebés de ambos sexos muertos sin bautizar; todas ellas comparten hábitat con las ninfas de la mitología clásica. Y conviene recordar también los espíritus procedentes de víctimas desprovistas de ritos funerarios, a semejanza de los *edimmu* asirio-babilónicos o los lémures romanos[20].

Las religiones monoteístas han lanzado al frente de la escena mitológica a los ángeles. Son conocidas las referencias prebíblicas al querubín Lucifer, «Hijo de la mañana»; al ángel Samael, «Ángel de la muerte» o «de la ponzoña»; a la ángela Naamá, «Madre de demonios»; a Rahab, «Príncipe del mar» que (como Poseidón a Zeus) desafía a Yahveh, o a Belcebú, «Príncipe de los demonios», a cuyo oráculo acude el rey Ocozías (2 Re 1, 2) y cuyas artes centran las acusaciones de los fariseos contra Jesús.

---

[18] Los amuletos son generalmente considerados como vehículos de fuerzas místicas cuya virtud permite luchar victoriosamente contra las malas influencias; L. Lévy-Bruhl los ha estudiado en *Le Surnaturel et la nature dans la mentalité primitive*, pp. 1-12. En este volumen aparecen amuletos propiciatorios de las tradiciones judía, helénica, céltica, nórdica; también son recurso en la islámica, p. e., en la larga historia de «Ómar Ennumán», donde este rey se hace con tres dijes –de gema blanca y forma esférica–, preciosos por sus cualidades ocultas: «todo niño que lleva uno de ellos colgado, y mientras no se desprenda de él, no sufre daño alguno ni contrae calenturas», en *Mil y una noches*, noche 45.ª, S. Peña Martín (trad.), t. I, p. 290; su uso principal en el texto, empero, responde al motivo de la anagnórisis: al verlo en el cuello de su hija, Mal Hubo reconoce, en la esclava que acaba de dar a luz, a su hermana desaparecida, véase noche 68.ª, p. 348.

[19] Así, en la *Saga de los volsungos*, cuando el rey Völsungr decide entregar a su hija Signý en matrimonio a Siggeirr, rey de los gautas, ella le avisa de que, según sus *fylgja*, la decisión traerá una gran desgracia; véase *Saga de los volsungos*, IV, J. E. Díaz Vera (trad.), p. 54.

[20] Sobre las rusalcas, véanse los trabajos de F. Molina Moreno, «Las *rusalki*: ¿ninfas eslavas de las aguas?» y «Las *rusalki* eslavas orientales: ¿ninfas, sirenas o fantasmas?».

Los universos judío, cristiano y musulmán se han visto considerablemente enriquecidos por la figura del ángel caído, adoptada a partir de una serie de pasajes oscuros del Antiguo y del Nuevo Testamento, así como de escritos proféticos apócrifos. Propulsado en época moderna por textos indispensables de Milton, Klopstock, Blake, Byron, Moore, Vigny, Lamartine, Hugo o Madách, este personaje adopta progresivamente significados de alto valor simbólico alejados de su significado religioso primigenio.

Drácula se enmarca también aquí, si bien sus representaciones son básicamente corporales: este vampiro diabólico (cuyos orígenes encontramos en las empusas, lamias o mormolicias antiguas, con facultad de metamorfosearse, aparecer y desaparecer) también conoce un desarrollo ilimitado en los tiempos modernos, sobre todo tras las obras eruditas del siglo XVIII y el auge de la novela gótica británica del XIX. Con Bram Stoker, acomete una campaña insólita de depredaciones de humanos inocentes, cuyos cuerpos coloniza mediante una tropa innúmera de súbditos demoníacos. También siguen sus pasos los zombis, depredadores nocturnos que succionan la sangre antes de invadir el cuerpo de sus víctimas.

En este volumen han salido y saldrán a relucir numerosos genios de diversa índole: los hombres transformados en δαίμονες según Hesíodo, el genio familiar y maligno en el *Agamenón* de Esquilo o *El lago de los cisnes* de Chaikovski, el femenino de la Discordia romana, los *genii locorum* protectores de Roma, las alegorías barrocas del bien y del mal, el demoníaco de Nietzsche y las vanguardias, el poético o artístico (tildado de mítico por su inspiración divina), etc. Veamos otro cuyo nombre ha generado no poca confusión: el *yinn* musulmán, apodado «genio» (*génie*) tras la primera traducción occidental de las *Mil y una noches* por Galland entre 1704 y 1717. Debido a su origen ígneo, el *yinn* (también *djinn* o *jinn*) –sea masculino o femenino– está facultado para volar y metamorfosearse a voluntad, siempre que se lo permita Salomón. Goza de raciocinio y, en consecuencia, libre albedrío; de ahí la posibilidad de escoger el bien o el mal, de donde se seguirá su suerte definitiva tras el Juicio Final[21]. Su comunicación con los humanos (incumbencia propia de la mitocrítica) es ambigua. Apenas se visibilizan –habitualmente tras una humareda–, entablan conversación y adoptan una actitud alternativa: o bien perjudican, o bien ayudan; ora esclavizan, ora son esclavizados.

Un pobre pescador lanzó su red repetidas veces al agua; después de infructuosos intentos que solo acarrearon disgustos (un asno muerto, una tinaja llena de arena y restos de loza), clamó a Dios y, tras un nuevo lance, arrastró «una vasija de latón, llena y con un tapón de plomo en el que habían estampado el sello de nuestro señor Salomón hijo de David». Esperanzado por el buen augurio, la abrió y sacudió para sacar su contenido.

Pero, en lugar de caer nada, lo que le extrañó mucho, de la vasija empezó a salir un humo que ascendió hasta lo más alto del cielo y luego se movió por la faz de la tierra. Salió el humo

---

[21] «Hemos creado al hombre de barro arcilloso, maleable, / mientras que a los genios los habíamos creado antes de fuego de viento abrasador», Corán, 15, 27, J. Cortés (trad.), p. 268. La tipología no distingue claramente entre *yinns*, *ifrits*, *satanes*, diablos, insurgentes y lugartenientes. Transcribo grafías, dentro de los límites de este volumen: *yinn* o *inn* (plural *yinns*), *'ifrīt* (*'afārīt*), *šayṭān* (*šayāṭīn*), *iblīs* (*abālisa*), *mārid* (*marada*) y *'awn* (*a'wān*). *Šayṭān* e *Iblis* denotan el ser maligno por excelencia en el islam; véase la intr. de S. Peña Martín a su traducción de las *Mil y una noches*, t. I, pp. 25-26.

todo junto, y se convirtió en un *ifrit*, cuya frente, aun con los pies hincados en el polvo del suelo, topaba con las nubes. […] El pescador, al ver a aquel *ifrit* descomunal, se echó todo él a temblar, los dientes le crujieron, se le secó la saliva y se le nubló la vista. Cuando el temible *yinn*, por su parte, vio al pescador, dijo en voz alta: «No hay más que un Dios y Salomón es su profeta»[22].

Ambos quedan perplejos y recíprocamente atemorizados. Una vez repuesto, el *yinn* narra su historia: para castigar su rebelión, Salomón lo había encerrado en la vasija; como nadie lo liberaba, prometió matar al primero que lo hiciera. Claramente, nuestro pescador no tiene un día afortunado. Antes de resignarse a morir, manifiesta al *yinn* su incredulidad de que un individuo tan grande quepa en la cantarilla; instigado por el reto, el espíritu se transforma en humo y se introduce en la vasija, momento que el pescador aprovecha para apresurarse a sellarla de nuevo. La situación da pie a diversos cuentos, a modo de muñecas rusas, salpicados por las vicisitudes entre el pescador y el *yinn*.

Semejante estratagema idea Loge en la tercera escena de *El oro del Rin* para atrapar a Alberich, transformado en sapo; con la diferencia de que en el cuento árabe es el pescador quien burla al personaje sobrenatural. Situaciones como esta u otras en las que los *yinns* acuden en auxilio de los humanos (p. e., Yiryís y la hija de Efitamos en el cuento del «segundo mendigo», noche 11.ª) muestran un patrón común de interacción entre criaturas espirituales con hombres, motivo suficiente para tildar esos intercambios de míticos. Por supuesto, también las diferencias saltan a la vista: el tono de las historias narradas por Shahrazad (Scheherezade) es diverso del utilizado por Wagner. Pero, a estas alturas, ya sabemos de la importancia de sopesar la carga mitológica de los textos: no por contener situaciones y textos míticos las *Mil y una noches* se constituye en conjunto mítico; menos aún en los relatos teñidos de fantasía, como confirman, en el caso de nuestro pescador, los peces de colores o el castillo invisible, fantástico edificio evocador del célebre palacio donde yace la Bella durmiente en su cuento homónimo. Un grano no hace granero, pero ayuda a comprender mejor el panorama.

III. Personajes humanos

Sería ocioso idear una regla exhaustiva sobre el origen de los héroes míticos. Unos lo son por degradación: antiguos dioses despojados de su estatuto divino; otros descienden del comercio entre dioses y humanos; otros, en fin, son míticos por entrar en contacto con la divinidad o el destino. El imaginario mítico es anfibio, vive simultáneamente en el mundo de los dioses y en el nuestro; narra la interacción de seres divinos y humanos. De hecho, la mitología nos interesa porque nos incumbe: no atañe solo a los dioses, sino también y sobre todo a los hombres.

---

[22] «El pescador», en *Mil y una noches*, noche 3.ª, S. Peña Martín (trad.), t. I, p. 69. No confundir el «sello» de Salomón con su «clave», si bien ambos desempeñan su papel en los esoterismos judío, cristiano y musulmán. Se hace aquí patente la vacilación terminológica arriba mentada (ora *ifrit*, ora *yinn*). Sobre los *yinns* en las *Mil y una noches*, véase P. Angosto, «De fuego sin humo», *passim*. Arrastrado por el orientalismo romántico, Víctor Hugo dedica un bello poema a estos genios «volando en el espacio vacío» –«volant dans l'espace vide», «Les Djinns», en *Les Orientales*, en *Œuvres poétiques*, P. Albouy (ed.), t. I, p. 654–; aunque este ejército «de vampiros y dragones» más bien parece salido de un aquelarre medieval.

En cambio, sí tendrá mayor carácter propedéutico establecer una clasificación mínima de estos personajes en función de los dos grandes paradigmas mitológicos (politeísta, monoteísta); para ello nos servirán de modelo las culturas helénica (textos de la *Ilíada*, la *Odisea*, la *Teogonía*, los *Trabajos y días*, las *Argonáuticas* o la *Biblioteca mitológica*) y judeocristiana (básicamente, la Biblia).

1. Personajes humanos míticos del ámbito griego

El origen de los primeros humanos míticos es controvertido. Proceden de la tierra, como Erictonio («hijo» de Hefesto y Atenea); de los dientes sembrados por Cadmo tras vencer al dragón de Beocia; de una «dorada estirpe» hoy desaparecida (Hesíodo), o, según la versión más extendida, de las artes de Prometeo. Desconocemos el nombre del primer hombre modelado por el titán, pero no el de la primera mujer, Pandora ('el regalo de todos' o 'la que da todo'), compendio de belleza tras la colaboración de Zeus, Hefesto, Afrodita, Atenea, las Gracias y Hermes. Su curiosidad (como la de Eva) da por terminada una edad de oro.

Esta primera humanidad no complace al Cielo. Disgustado, Zeus desata un diluvio del que solo se salvan Deucalión y Pirra. Siguiendo órdenes de Temis, estos lanzan tras de sí piedras de las que nacen nuevos hombres y mujeres. La humanidad ha sido recompuesta[23].

Siguen los grandes héroes. En primera línea, los nacidos de dioses y humanos: Heracles (hijo de Zeus y Alcmena), Perseo (hijo de Zeus y Dánae), Aquiles (hijo de Tetis y Peleo), Eneas (hijo de Afrodita y Anquises). A ellos se añaden los personajes de dudosa ascendencia divina: Faetón (según las fuentes, hijo de Helios o «mortal parecido a los dioses») y Belerofonte (supuesto hijo de Poseidón).

De estos tiempos remotos datan las metamorfosis. Unas resultan del castigo divino por un comportamiento arrogante o *hýbris* (Aracne, Níobe, Marsias), un desdén (Hermafrodito, Narciso), un crimen (Tereo) o un infortunio (Acteón, Jacinto); otras, de la recompensa divina por la hospitalidad o la fidelidad (Baucis y Filemón, Procne y Filomela); otras, en fin, de una súplica a los dioses (los Mirmidones de Peleo). El concurso divino también se hace patente en los dones que revisten a algunos humanos: llenos de espíritu numinoso, los sabios y adivinos ven lo que nadie ve, habitualmente a su pesar (Tiresias, Casandra, Melampo, Anfiarao). Igualmente son desafortunados los humanos que se han visto enzarzados en los deseos libidinosos de los dioses (Céfalo y Procris). Otros, en fin, se han labrado su propia desgracia: Sísifo, confiado en su astucia, engaña al mismo Tánatos y doblega puntualmente la voluntad de Hades; por eso su castigo es eterno, como el de Tántalo. Al margen de casos tan nefastos, el fin de los grandes héroes es optimista: mientras los vivientes les rinden culto local (la «gloria perpetua» de Heráclito), ellos disfrutan de un retiro feliz en las islas de los Bienaventurados o en los Campos Elíseos.

Dignos de mención son los fundadores o miembros de dinastías: todo mito encierra una epopeya menor o mayor. Por un lado, tenemos la estirpe cretense: Minos y su mujer

---

[23] Este acontecimiento no es privativo del mundo griego. Matsia, un avatar de Vishnu, advierte a Manu del diluvio universal que se cierne sobre la tierra; la oportuna construcción de un barco evita la aniquilación de la humanidad. Utnapishtim y Noé se incluyen entre estos ilustres restauradores.

Pasífae, sus oponentes Teseo, Ariadna, Fedra, Dédalo e Ícaro. Con esta genealogía se emparenta la de Eetes, hermano de Pasífae y Circe, y padre de Medea. Jasón, ayudado por sus cincuenta y cuatro compañeros (entre ellos, Orfeo, Cástor y Pólux, y Heracles, obligado a abandonar el barco), zarpa rumbo a la Cólquida para reconquistar el vellocino de oro. Por otro lado, tenemos dos grandes familias reales. La dinastía labdácida es inaugurada por Cadmo, procedente de Asia Menor y fundador de Tebas, aunque el nombre dinástico se lo debemos a su nieto, Lábdaco, padre de Layo y abuelo de Edipo, progenitor, a su vez, de Eteocles, Polinices, Antígona e Ismene. La dinastía de los atridas también tiene por ancestro a Cadmo, aunque deba su nombre a Atreo. Tántalo, otro oriundo de Asia Menor, provoca la cólera de los dioses al servirles la carne de su propio hijo Pélope. Resucitado por obra de Zeus, Pélope escapa a Grecia, donde se desposa con Hipodamía; de este ayuntamiento y otros sucesivos nacen héroes y heroínas mortalmente enemistados: Tiestes y Atreo, Egisto, Clitemnestra, Orestes, Electra e Ifigenia.

Nunca se insistirá demasiado en la importancia de la ascendencia genealógica en el universo mitológico. Debemos la *Eneida* a las ínfulas de Augusto por vestir ilustre linaje. Según Eneas, la estirpe de su ciudad Ilión proviene de lo alto, pues tanto su padre Anquises como el de Héctor, Príamo, remontan hasta Dárdano, hijo de Zeus y la pléyade Electra. El motivo de la conflagración también viene de arriba. Paris, hijo de Príamo y Hécuba, a instancias de Hermes, hubo de decidir cuál de las tres grandes diosas (Hera, Atenea y Afrodita) era la más hermosa; inclinado por la última, recibió en recompensa a Helena, esposa de Menelao, rey de Esparta: la guerra estaba servida.

2. Personajes humanos míticos del ámbito judeocristiano

Dada la relevancia que la mitocrítica cultural concede a la mitología bíblica para la comprensión de la teoría y definición del mito, se imponen unas aclaraciones sobre los prosopomitos generados en las tradiciones monoteístas.

En el primer capítulo he anotado una serie de reflexiones sobre la relación entre mito y religión. Básicamente, los contenidos de la mitocrítica son las interacciones de personajes humanos y sobrenaturales dentro del imaginario generado por los textos. En este horizonte cabe contemplar los prosopomitos del Antiguo Testamento: Adán, Eva, Caín, Abel o Abraham son personajes míticos cuando interaccionan con las instancias sobrenaturales (Dios, ángeles y demonios).

Jonás había rechazado su ministerio en Nínive y decidió huir de Dios: se embarcó en Joppe (actual Jaffa) rumbo a Tarsis. Durante la travesía, Yahveh desató tal borrasca que el barco amenazaba con romperse. Los atemorizados marineros, tras echar suertes, descubrieron su poltronería y, a petición del fugitivo, lo tiraron por la borda; de inmediato reinó una gran bonanza. Entonces «dispuso Yahveh un gran pez que se tragase a Jonás, y Jonás estuvo en el vientre del pez tres días y tres noches». Tras la oración arrepentida del profeta, «Yahveh dio orden al pez, que vomitó a Jonás en tierra». Jonás entró entonces en la gran ciudad y, tras tres días de predicación, «los ninivitas creyeron en Dios» (Jon 2, 1 y 3, 5). 'Pez grande' o 'gran pez' (*dag gadol*, דג גדול, en hebreo; *piscis grandis*, dice el texto latino; *ketos megas*, rezan los *Septuaginta* griegos; es decir, cualquier monstruo del mar o pez enorme: ballena, tiburón blanco); caben mil hipótesis sobre este animal o el Leviatán de Job e Isaías. Sería absurdo indagar la exactitud ictiológica en un texto que soslaya la historia en favor del didactismo judío (conversión del enemigo más vilipendiado de Israel), cristiano (figuración del vientre del pez como sepulcro de Jesús, Mt 12, 40) o musulmán (amonestación del infiel, Corán 10, 98 y 37, 148).

¿Cabría hablar también de prosopomitos en el Nuevo Testamento? Solo de modo impreciso e impropio. Sin duda, Zacarías, María o Judas Iscariote entran en relación directa con personajes sobrenaturales; aquellos con el arcángel Gabriel (Lc 1, 19 y 26), este, con el Diablo (Lc 22, 3). Pero ahí concluye su similitud con los prosopomitos estudiados en mitocrítica. Lo demás es documento, historia.

En efecto, los Evangelios y las epístolas subsiguientes se autoexcluyen positivamente de la relación mítica para incluirse en la histórica. Estos escritos del Nuevo Testamento se centran en acontecimientos singulares constatables y, como tales, deben ser objeto del método crítico de la historia (muy otro es el caso del Apocalipsis, cuyo discurso simbólico-escatológico sí da pie a una interpretación mitológica).

Todo el Nuevo Testamento está centrado en Jesucristo, personaje histórico ajeno a la ficción que debe ser estudiado de acuerdo con las normas constitutivas y regulatorias del discurso histórico en el que se encuadra. El prólogo del Evangelio de Lucas marca la nota dominante:

> Puesto que muchos han intentado narrar ordenadamente las cosas que se han verificado entre nosotros, tal como nos las han transmitido los que desde el principio fueron testigos oculares y servidores de la Palabra, he decidido yo también, después de haber investigado diligentemente todo desde los orígenes, escribírtelo por su orden, ilustre Teófilo, para que conozcas la solidez de las enseñanzas que has recibido.

La escrupulosidad histórica no deja lugar a dudas, menos aún cuando, dos capítulos más adelante, el amanuense inserta todo lujo de detalles al comienzo de la predicación del último profeta del Antiguo Testamento:

> En el año quince del imperio de Tiberio César, siendo Poncio Pilato procurador de Judea, y Herodes tetrarca de Galilea; Filipo, su hermano, tetrarca de Iturea y de Traconítica, y Lisanias tetrarca de Abilene; en el pontificado de Anás y Caifás, fue dirigida la palabra de Dios a Juan, hijo de Zacarías, en el desierto[24].

---

[24] Lc 1, 1-4 y 3, 1-2, respectivamente; «último profeta» según el cómputo cristiano. Esto no pone bajo sospecha la autenticidad de muchos acontecimientos narrados en los libros del *Tanaj* (Biblia hebrea) o del Antiguo Testamento (Biblias católica y protestante). Todos contienen textos de muy diverso cariz (cosmogónico, histórico, pseudohistórico, profético, sapiencial, poético) de origen religioso, pero también contienen personajes y pasajes que la mitocrítica puede estudiar con pleno derecho. El término «evangelio, buena nueva», formaba parte del lenguaje de los emperadores romanos, cuyas proclamas o «evangelios» se presentaban como mensaje salvador, transformador del mundo actual hacia otro ideal. Cuando los evangelistas toman esta palabra, significan que la proclamación fraudulenta de los emperadores se torna realidad en Cristo, cuyo mensaje no es meramente informativo sino operativo, performativo, no es simple comunicación, sino acción, fuerza eficaz o gracia misericordiosa que penetra en el mundo transformándolo, salvándolo por el amor, instaurando ya aquí un reino de allá en nombre de un Dios crucificado que exige fe y conversión personal; véase Benedicto XVI, *Jesús de Nazaret. 1ª parte*, pp. 73-90. Las propuestas del género literario propio de los Evangelios son innúmeras desde que Justino Mártir (siglo II) los calificara de «memorias de los apóstoles»: «biografía helénica», *kerigma* o «proclamación», etc.; véase R. Hurley, «Le genre "évangile" en fonction des effets produits

Este marco histórico-cronológico fija el texto del evangelista como un documento organizado y regulado. Lo cual nos ilumina a la hora de abordar brevísimamente el carácter mítico que algunos aplican a Jesús.

Si perdemos de vista la complejidad de su figura total (técnicamente, su carácter «teándrico»), si nos quedamos en consideraciones parciales, podemos experimentar una seducción semejante a la que irradian otros grandes personajes religiosos de la historia; pero las diferencias son infinitas. Dentro del marco del monoteísmo, Jesús se autodefine como «el camino, la verdad y la vida» (Jn 14, 6), esto es, único camino de salvación para todos los hombres, incluso los no cristianos («Quien crea en mí, tendrá la vida eterna», Jn 6, 47); osada oposición a otras religiones de su época («escándalo para los judíos, necedad para los gentiles», 1 Co 1, 23), que da pie a la herejía del monofisismo y que solo resuelve el misterio de la encarnación. El hecho de que una figura histórica pretenda para sí una significación religiosa absoluta atrae o «escandaliza». Tanto es así que, desde el punto de vista cristiano, no hay relación directa posible del ser humano a Dios sino pasando por el único mediador, Jesucristo[25]. Jesús no es reducible ni a una doctrina de verdad ni a una interpretación de vida, sino que se identifica con su propia existencia, su obra y su misión concretas.

La cuestión radica en la historicidad de Jesucristo. Por eso Jesús no es un mito. Dicho de otro modo, y habida cuenta de cuanto precede, nos encontramos ante el único caso

---

par la mise en intrigue de Jésus», *passim*. En cualquier caso, y frente a la opinión común, los relatos evangélicos no comulgan con el género hagiográfico: relatan «lo que ha ocurrido», no «lo que es ejemplar», cual es el caso de las vidas de santos, centradas en la *acta* o *res gestæ*, género eminentemente literario, del que deriva la leyenda tal como es tratada en este volumen (§ 3); véase M. de Certeau, «Hagiographie», pp. 350-352.

[25] Creo que la palabra más conveniente aquí es «unicidad»: Jesús es el único que ha pretendido ser de condición divina; el único que profetiza su infamante muerte, acaecida punto por punto al poco tiempo cuando él así lo decide; el único cuyos testigos, al precio de sus vidas, han afirmado su resurrección de entre los muertos; véase A. Léonard, *Les Raisons de croire*, p. 115. Tras clarividentes análisis sobre Sócrates, Buda y Confucio, Jaspers sentencia: «la realidad de Jesús se proyecta más allá de todos aquellos tipos como un acontecimiento que reconoce otro fondo y sentido y es de un rango radicalmente distinto. [La idea esencial] de Jesús aparece como una vida penetrada por la divinidad. [...] Está en el mundo trascendiendo al mundo», K. Jaspers, *Los grandes filósofos*, P. Simón (trad.), pp. 215-218. Ratzinger se ha rebelado contra los esfuerzos de «actualización» y «desmitologización» de Jesucristo por cuanto levantan la sospecha de obligar a los hombres a vivir en el ayer; frente a esos esfuerzos pragmático-intelectuales, ha recordado el «imprescindible carácter positivo del cristiano», que lo eterno también forma parte del mundo y del tiempo humano, que la fe –superando el abismo entre lo eterno y lo temporal– propone a «Dios como hombre»; véase J. Ratzinger, *Introducción al cristianismo*, p. 51. Lo más escandaloso del cristianismo para nuestra sociedad contemporánea es la insistencia en la actualidad de un personaje histórico; no en una actualidad paradigmática, sino existencial: Jesucristo, el mismo que recorrió Palestina y murió en Jerusalén, está vivo. Por supuesto, que la persona histórica de Jesús no sea un mito no implica que –al igual que otras grandes figuras de la humanidad– no pueda ser mitificada en una obra literaria (este volumen ofrece varios ejemplos). Es más, la escuela protestante del modernismo cristiano sostiene la teoría del «Jesús de los apóstoles» o «de los Evangelios» frente al «Jesús de la historia» o «real»: los creyentes estimaron como difícilmente aceptable la imitación de la vida de Jesús y se sustrajeron a ese imperativo convirtiéndolo «en un ser sobrenatural al que se debía adoración, en un Dios, cuya vida constituye el contenido mitológico del culto», R. Guardini, *La esencia del cristianismo*, F. González Vicén (trad.), p. 24; véase J. Ratzinger, *Ser cristiano en la era neopagana*, J. L. Restán (ed.), p. 82.

conocido de un personaje humano en relación directa con un personaje divino con el cual se confunde: si los Evangelios no se hubieran constituido como un discurso histórico, Jesucristo sería, por antonomasia, el mito de los mitos.

De rebote, sí han surgido mitos, y de primer orden, en torno a la religión cristiana. Una serie de personajes cristianos o apóstatas del cristianismo ocupan un lugar privilegiado en la literatura medieval y moderna: sin ascendencia divina, todos experimentan un contacto calamitoso con la divinidad. La mayoría de estos héroes presenta un carácter excepcional (Perceval, Fausto, Macbeth, Hamlet, Don Juan, etc.). Habitualmente, no provocan ellos el empalme con el mundo trascendente; el Cielo o el Infierno toman la iniciativa a través de un objeto (el Grial) o, sobre todo, un médium (las brujas de *Macbeth*, el espectro del difunto rey, la estatua del Comendador; Fausto, por el contrario, se muestra más proactivo: *«ipse nunc surgat nobis dicatus Mephistopheles!»*, exclama en *Doctor Faustus* de Marlowe, texto A, I, 3). Estos prosopomitos están a la altura de las circunstancias. Perceval arrostra con decisión su responsabilidad y acomete la búsqueda del preciado vaso; Fausto acepta el pacto aun consciente de las funestas consecuencias; Macbeth perpetra el asesinato del rey, ciegamente confiado en el augurio brujeril; Hamlet pasa por loco para obtener una venganza reputada imposible; Don Juan se mofa del Cielo para proseguir sus calaveradas sensuales o su libertinaje espiritual. También el Dr. Frankenstein se arroga con orgullo un poder creador que no le pertenece. En cuanto a las aventuras vampíricas, los personajes humanos solo desempeñan el papel de víctimas del adversario.

Junto a ellos, una serie de mujeres: Blanchefleur (*El cuento del Grial*), Margarita (*Fausto*), Lady Macbeth, Ofelia (*Hamlet*), Isabela, Tisbea, Arminta, doña Ana, Elvira (*El burlador de Sevilla, Dom Juan, Don Giovanni*). No son meras comparsas; algunas tienen una profundidad fuera de lo ordinario. Pero ninguna impacta (excepto Margarita y Lucy Westenra) con el mundo del más allá. La nota de excepción la dan las repelentes nigromantes de Shakespeare, sintomáticamente solo distinguidas por adjetivos ordinales: «Primera bruja», «Segunda bruja», «Tercera bruja». Guste o no guste, el universo mítico medieval y moderno es marcadamente masculino.

Como he señalado al comienzo de esta subdivisión (III. Personajes humanos), muchos héroes quedan en el tintero: la distribución entre «personajes míticos del ámbito griego» o «personajes míticos del ámbito judeocristiano», en modo alguno exhaustiva, solo pretende evocar la gran clasificación de los paradigmas mitológicos del politeísmo y el monoteísmo. Es más, esta disposición permite comprender lo sucedido a una serie de héroes aquí omitidos que, como consecuencia de las vicisitudes de la historia europea, comparten características de ambos apartados. Piénsese en Beowulf, el gauta que, conocedor de los desmanes producidos por el monstruo en Heorot, la mansión de Hrothgar, rey de los daneses, acude para ofrecer sus servicios y enfrentarse al endriago. Más allá del suceso agónico (victorias sobre el ogro devorador –vv. 745-824– y su madre –vv. 1.492-1.568–), merece reseñar aquí la confluencia de los dos paradigmas mentados. Baste el siguiente pasaje:

Llamábase Gréndel aquel espantoso y perverso proscrito: moraba en fangales, en grutas y charcas. Desde tiempos remotos vivía esta fiera entre gente infernal, padeciendo la pena que

Dios infligió a Caín y a su raza. Castigó duramente el Señor de la Gloria la muerte de Abel, no obtuvo Caín de su hazaña provecho: Dios lo exilió y apartó de los hombres. [De él] descienden los seres malignos, los ogros y elfos y monstruos todos, y también los gigantes que tiempo muy largo al Señor se opusieron. ¡Les dio su castigo![26].

No estamos tanto ante una hibridación de dos tradiciones –politeísta y monoteísta– como ante la subsunción de una por otra (el poema presenta una única alusión al paganismo de los daneses –vv. 175-176–, presentados, anacrónicamente, como cristianos –estamos en el siglo VI–). Tanto es así que la destrucción ocasionada por el engendro solo en primera instancia es imputable a su origen ctónico; en realidad, él mismo padece las consecuencias del gran mal según el monoteísmo: el pecado, aquí hipostasiado en el fratricidio generador de toda la violencia posterior y causante, en último término, del diluvio punitivo[27]. De tal modo, asistimos ya en la Edad Media a un inicio de lo que será tónica general de la mitología occidental: la progresiva asunción de los mitos paganos por la tradición monoteísta en sus dos vertientes principales respecto a Dios: amistad y, mucho más habitual, rebelde enemistad.

IV. Monstruos o teratomitos

Dado que estos «personajes» míticos acaparan menor atención en este volumen, aquí los expongo con mayor detenimiento. Formo el neologismo a partir de la teratología (τέρατο-λογία), ciencia de las anomalías en la organización anatómica de los seres vivos, tradicionalmente asimilada al estudio de los monstruos. Τέρας es todo ser monstruoso: de ahí el monstruo mítico o 'teratomito' (τέρατο-μῦθος).

Esta agrupación comprende engenderos caracterizados por su desmesura (los gigantes) o por su composición (los híbridos), aunque todos sean grandes y compuestos. Unos proceden del panteón preolímpico, también llamado de las divinidades primordiales; son «hijos de la Noche»; otros, de la unión de seres divinos y humanos con animales (de ahí las bestialidades y, por analogía, los bestiarios).

No son simples animales que dialogan con los dioses, cual es el caso de las abejas en la célebre fábula de Esopo. Recuérdese: irritadas contra los hombres que les arrebataban

---

[26] *Beowulf*, vv. 102-114, en *Beowulf y otros poemas anglosajones*, L. Lerate y J. Lerate (trads.), pp. 28-29; «Wæs se grimma gæst Grendel hāten, / mǣre mearcstapa, sē Þe mōras hēold, / fen ond fæsten; fīfelcynnes eard / wonsǣlī wer weardode hwīle, / siÞðan him Scyppend forscrifen hæfde / in Cāines cynne –Þone cwealm gewræc / ēce Drihten, Þæs Þe hē Ābel slōg. / Ne gefeah hē Þǣre fæhðe, ac hē hine feor forwræc, / Metod for Þȳ māne mancynne fram. / Þanon untȳdras ealle onwōcon, / eotenas ond ylfe ond orcnēas, / swylce gīgantas, Þā wið Gode wunnon / lange Þrāge; hē him ðæs lēan forgeald», G. Jack (ed.), pp. 34-35.

[27] «[Los gigantes] tuvieron mal fin; era gente alejada del Rey Celestial y por eso en castigo envioles las aguas el Dios Poderoso», *ibid.*, vv. 1.691-1.694, ed. cit., p. 77; «Þæt [gīganta cyn] wæs fremde Þēod / ēcean Dryhtne; him Þæs endelēan / Þurh wæteres wylm Waldend sealde», *ibid.*, vv. 1.690-1.693, ed. cit., pp. 127-128. Sobre el carácter ctónico del héroe, véase A. Stevens, *Ariadne's Clue*, p. 315. Es significativo que el mismo *Beowulf* contenga una mención explícita a las proezas del gran héroe de la mitología nórdica, Sigfrido (vv. 874-897), exterminador de dragones, aquí denominado Segismundo (no confundir con su homónimo progenitor, más conocido como Sigmund), que más tarde toma el nombre de Sigurdr en las *Eddas* y Sigfrido en el *Cantar de los nibelungos*); véase *The Earliest English Poems*, M. Alexander (ed.), pp. 10-11.

la miel, piden a Zeus fuerza para atacar a los ladrones con el aguijón; el olímpico, enfadado por su perversidad, resuelve que sus picaduras les acarreen la muerte[28]. La anécdota es ingeniosa (y fantástica), pero las abejas aquí no son personajes míticos, sino animales dotados, por modo de prosopopeya, de voz humana, esto es, animales personificados. El único prosopomito de la fábula esópica es Zeus. La facultad de la palabra, aun en la ficción, no otorga el estatuto mítico a un animal.

Los gigantes (Alcioneo, Efialtes, Porfirión, Anteo, Caco, Gerión, etc.) toman su nombre genérico del plural de *gigas* (Γίγας), derivado de Γαῖα, forma poética de la Tierra (Γῆ): surgieron de la sangre que Urano derramó sobre «la monstruosa Gea» al ser castrado por Crono. Para derrotar a estos seres reputados invencibles (heridos, recobraban fuerzas apenas tocaban la tierra) fue precisa la colaboración de dioses y humanos, en especial Heracles, en la batalla final o gigantomaquia. Habremos de esperar a los libros de Amadís para asistir de nuevo a semejantes combates (Albadán, Albadançor, Andaguel, y así hasta veinticuatro de estos jayanes[29]).

Un gigante nórdico nos conduce a varios relatos emparentados por sus orígenes indoeuropeos. En el manual de poética de Snorri, escrito en antiguo islandés, se describe el comienzo de la vida por contacto entre el frío y el calor provenientes, respectivamente, de los mundos Niflheim y Muspelheim. De ahí nació Ýmir, también llamado Aurgélmir, un *etón*, *jotun* o 'devorador' del que descienden todos «los gigantes de la escarcha», el primer hombre y la primera mujer e incluso los primeros dioses. Sabemos esto gracias a la pregunta de Gangleri, «El cansado de caminar»:

¿Dónde estaba Ýmir y de qué vivía?

El Alto respondió: –Ocurrió luego, cuando la escarcha siguió goteando, que se formó una vaca que se llamaba Audumla, y de sus ubres manaban cuatro ríos de leche, y ella alimentó a Ýmir.

Entonces preguntó Gangleri: –¿Y de qué se alimentaba la vaca?

El Alto respondió: –Ella lamía las piedras de escarcha, que estaban saladas, y el primer día que estuvo lamiendo aquellas piedras, salió de las piedras por la noche la cabellera de un hombre, el segundo día la cabeza de un hombre, el tercer día apareció el hombre completo[30].

Cruce importante: de Audumla (Auðumla, 'Fructífera sin cuernos') e Ýmir ('Mellizo') nace Brúní, padre de Borr y abuelo de Odín. Estamos en la órbita de las «vacas cósmicas», identificadas con las aguas vivificadoras de la tradición indoeuropea: Eithne Boinn (la 'Vaca blanca' celta), emparentada con la diosa gala Damona ('Vaca divina'). Tirando del hilo llegaríamos a Heracles, que se hace con el ganado en su décimo trabajo, y, sobre todo, a las proezas de un dios védico y un dios eslavo: Indra mata al

---

[28] Véase Esopo, fábula 163, *«Las abejas y Zeus»*, en *Fábulas. Vida*, P. Bádenas de la Peña y J. López Facal (trads.), pp. 113-114. Tampoco se trata aquí de las apariencias teriomórficas de dioses superiores en eventuales metamorfosis (Zeus en toro) o en epítetos cultuales (Atenea «de ojos de lechuza»); véase F. Rodríguez Adrados, «El mito griego y la vida de Grecia», p. 46.

[29] Véase M. Coduras Bruna, «La presencia del gigante en el ciclo amadisiano», p. 109.

[30] Snorri, *Edda menor*, «La alucinación de Gylfi» (*Gylfaginning*), 5, L. Lerate (trad.), p. 37. La búfala Gaurī, que bramaba dando forma a las aguas, también entra en la nómina de los teratomitos bóvidos; véase *The Rigveda*, I, 164, 41, S. W. Jamison y J. P. Brereton (trads.), t. I, p. 358.

dragón Vritrá y al demonio Valá para liberar a las vacas que encarnan las aguas vivas del mundo[31].

En cuanto a los monstruos caracterizados por su composición, son figuras mixtas, dobles e incluso múltiples. Su deformidad está en íntima relación con su nacimiento, previo a la formación del mundo o resultado de uniones antinaturales. Debido a esta teratogénesis, todos los monstruos son aberraciones con características propias de animales (de ahí su fuerza, velocidad y crueldad) y de humanos (de ahí su inteligencia y astucia).

El hombre siempre ha experimentado sentimientos contrapuestos frente a esta hibridación, síntoma de desequilibrio en la naturaleza. Recordemos a Horacio:

> Si un pintor quiere unirle a una cabeza humana la cerviz de un caballo y ponerle plumas diversas a un amasijo de miembros de vario acarreo, de modo que remate en horrible pez negro lo que es por arriba una hermosa mujer, invitados a ver semejante espectáculo, ¿aguantaréis, amigos míos, la risa?[32].

Bromas aparte, estos endriagos provocan terror al común de los mortales y suscitan las proezas de los héroes que con ellos lidian por restablecer el equilibrio natural.

Los monstruos híbridos pueden ser de uno u otro sexo. Entre los femeninos se cuentan Quimera (compuesta de león, cabra, serpiente o dragón), Caribdis (animal, hija de Poseidón y Gea, según unas versiones; simple remolino, según otras), las harpías («pájaros con trazos de niña joven», de plumaje impenetrable), Escila (compuesta de mujer/ninfa, dragón, lobo y delfín), la enigmática Esfinge (híbrido de mujer, ave y león). Lugar de predilección ocupan las sirenas[33] y las gorgonas[34]. Entre los masculinos encontramos

---

[31] La lucha de Indra con Vritrá (Vṛtrá) es descrita, p. e., en *The Rigveda*, III, 33, 6, S. W. Jamison y J. P. Brereton (trads.), t. I, p. 514; su combate con Valá aparece en X, 67, 6, *ibid.*, p. 1489; véase A. A. Macdonell, *Vedic Mythology*, pp. 158-160.

[32] Horacio, *Arte poética*, vv. 1-5, J. L. Moralejo (trad.), p. 383.

[33] Homero, que no las describe, hace hincapié en la tentación irreprimible de conocimiento con que incitan al héroe: «Llega acá, de los dánaos honor, gloriosísimo Odiseo, / de tu marcha refrena el ardor para oír nuestro canto, / porque nadie en su negro bajel pasa aquí sin que atienda / a esta voz que en dulzores de miel de los labios nos fluye. / Quien la escucha contento se va conociendo mil cosas: / los trabajos sabemos que allá por la Tróade y sus campos / de los dioses impuso el poder a troyanos y argivos / y aun aquello que ocurre doquier en la tierra fecunda», Homero, *Odisea*, XII, vv. 184-191, J. M. Pabón (trad.), pp. 223. Eufemismos aparte, la sirena es un monstruo, mezcla de humano (hembra o varón) y ave en la iconografía previa al siglo VI a.C., que paulatinamente se transmuta en compuesto de mujer y pez. Todavía Apolonio se refiere a su forma arcaica: «A estas habíalas engendrado la bella Terpsícore, una de las Musas, tras haberse acostado con Aqueloo en su lecho; fueron en un tiempo servidoras de la hija poderosa de Deméter, cuando aún era virgen, y con ella disfrutaban de sus juegos, mas entonces en parte tenían la apariencia de aves, y en parte semejaban a jóvenes muchachas», *Las Argonáuticas*, IV, vv. 895-899, M. Pérez López (ed.), p. 323; véase el erudito estudio de J. M. Pedrosa, «Las sirenas, o la inmortalidad de un mito», *passim*. La serie *Siren* (E. Wald y D. White, 2018-2020) escenifica la complicada convivencia de sirenas y humanos en un puerto pesquero estadounidense; tras vencer su incredulidad primera a una «mitología ficticia y extravagante» (temp. 1, ep. 3), varios personajes quedan obsesionados por cantos de sirena que resultan, conforme a la tradición, fatales (temp. 1, ep. 10).

[34] Esteno, Euríale y Medusa, hijas del dios marino Forcis y la diosa marina Ceto, son horrendas, como su nombre indica (Γοργώ, 'terrible'): tienen la cabeza cubierta por escamas de dragón, grandes dientes como de jabalíes, manos de bronce y alas de oro; su mirada brillante convierte en piedra a

los centauros (hijos de la unión de Ixión y una nube formada por Zeus para engañarlo)[35], los perros de múltiples cabezas Ortro y Cerbero, el guardián Argos Panoptes (que lo ve todo, y cuyos ojos, a su muerte, adornan el plumaje del pavo real), los sátiros (compuestos de hombre y cabrón), el ofidio Tifón de cien cabezas, el gigantesco león de Nemea, el gigante Caco (mitad hombre y mitad sátiro de tres cabezas), los hipogrifos[36], el Minotauro[37] y el cíclope Polifemo (ogro al que debemos la sabrosa historia de Acis y Galatea)[38].

---

quien las mira. Según Ovidio, Poseidón violó a la hermosa Medusa en el templo de Minerva (Atenea); «para que la cosa no quedase impune» (!), la diosa «transformó la cabellera de la gorgona en repugnantes reptiles», Ovidio, *Metamorfosis*, IV, vv. 800-801, A. Ruiz de Elvira (trad.), t. I, pp. 156. Mientras las gorgonas duermen, Perseo (elevándose sobre los aires gracias a las sandalias aladas de Hermes, dejando que Atenea guíe su mano y sirviéndose de su escudo de bronce a modo de espejo para no mirar directamente al monstruo) logra decapitar a Medusa (Μέδουσα, 'guardiana'), la única gorgona mortal. De inmediato salen del cuello seccionado dos seres engendrados por Poseidón: Pegaso (el caballo alado, gracias al cual Belerofonte mata a otro monstruo, la Quimera, y vence a las amazonas, antes de subir al Olimpo, donde entrega el relámpago a Zeus) y Crisaor (que blande una 'espada de oro', como reza su nombre, Χρυσάωρ, y que engendra, de la oceánida Calírroe, a Gerión, otro ser monstruoso, antropomorfo pero compuesto de tres cuerpos). Decapitada y exenta, lastimera y horrenda, la cabeza se convierte en el Gorgoneion, símbolo del peligro y amuleto apotropaico ligado a rituales y usos mágicos; véanse Pseudo-Apolodoro, *Biblioteca mitológica*, II, 4, 2, J. García Moreno (ed.), pp. 89-91, y Hesíodo, *Teogonía*, vv. 278-288, en *Obras y fragmentos*, A. Pérez Jiménez (trad.), pp. 83-84; véase también P. Grimal, *Dictionnaire de la mythologie grecque et romaine*, «Gorgone», p. 168. Sobre la descripción física de Medusa, véase A. Martos García, «Imaginarios femeninos del agua: de Medusa a la reina Mora», pp. 285-288.

[35] Una evemerística etimología hace proceder su nombre de 'picar', 'aguijonear' (κεντέω) al 'toro' (ταῦρος); Homero los denomina «bestias montaraces» (φηρσὶν), *Ilíada*, canto I, v. 268, E. Crespo Güemes (trad.), p. 111. El cuadrúpedo héroe de Maurice de Guérin (1840), Macarée, «borracho» de «vida fogosa», se entrega sin freno a «las carreras impetuosas», hasta que el sabio Quirón le revela dónde se oculta el secreto de su raza, entre la divina y la humana; véase *Le Centaure*, en *Journal, lettres et poèmes*, p. 378-380 y 385; el mito completa al hombre: su soberbia testa equina replica la nobleza de los hombres y sus cuatro patas sojuzgan la tierra con una sensibilidad exquisita. Este poema dejó su huella en Rubén Darío, cuyo *«Coloquio de los centauros»* (1896), en boca del poeta, «exalta las fuerzas naturales, el misterio de la vida universal, la ascensión perpetua de Psique y luego plantea el arcano fatal y pavoroso de nuestra ineludible finalidad», Darío, *Historia de mis libros*, «Prosas profanas». Para un estudio detallado, véase M. T. Maiorana, *Rubén Darío y el mito del centauro*, pp. 23, 34 y 69. A partir del análisis temático de J.-P. Richard sobre la poesía gueriniana (sensación placentera y seguridad complaciente, *Études sur le Romantisme*, pp. 215-227), J. del Prado ha desarrollado en numerosos estudios (y en su poema *«Corcel sonoro»*, en *La palabra y su habitante*, pp. 173-174) el «síndrome del centauro», es decir, «una dinámica entre la reclusión en la secreta soledad oscura del yo y la exterioridad abierta y luminosa de lo otro», *Voluntad de horizonte y añoranza de morada*, p. 12; véase también pp. 116-139.

[36] No son exclusivos de la literatura clásica; la medieval y moderna los han adaptado. El héroe de Ariosto cabalga un hipogrifo. Recordemos: «De Astolfo os cuento, que como un portante / a su modo hacía a silla y freno / por los aires correr a su volante / más que halcón o águila en sereno / aire» (el «hipogrifo» del original ha sido escamoteado por los traductores para respetar la rima «portante-volante»: ¿acierto o torpeza?); «Voglio Astolfo seguir, ch'a sella e a morso, / a uso facea andar di palafreno / l'ippogrifo per l'aria a sì gran corso, / che l'aquila e il falcon vola assai meno», Ariosto, *Orlando furioso*, canto XXXIII, estr. 96, C. Segre y M.ª de las N. Muñiz (eds.), t. II, pp. 2.154-2.155.

[37] Sobre el Minotauro, este verso de Ovidio, inigualable en su belleza paronomástica, deja cristalino el aspecto de la hibridación: «hombre medio toro o toro medio hombre»; «semibouemque uirum semiuirumque bouem», Ovidio, *Obra amatoria II: El arte de amar*, II, v. 24, F. Socas (trad.), p. 44.

[38] Polifemo se estrena en el universo mitológico con su inhóspito recibimiento a «Nadie» y sus compañeros en el canto IX de la *Odisea* de Homero, vv. 187-542, J. M. Pabón (trad.), pp. 164-175,

El dragón es el monstruo mítico por antonomasia. El más célebre es Leviatán, la serpiente marina de la Biblia asimilable a un sinfín de congéneres: Lotan ugarítico, Vritrá védico, Tiamat babilónica (en su vertiente monstruosa), Veles eslavo (cuando lucha contra Perún) o Jörmundgander nórdico (serpiente de Midgard). Su predicamento en Occidente procede de la Biblia:

> Aquel día castigará Yahveh con su espada dura, grande, fuerte, a Leviatán, serpiente huidiza, a Leviatán, serpiente tortuosa, y matará al dragón que hay en el mar (Is 27, 1).

El texto arrastra una leyenda cananea sobre una serpiente de siete cabezas, como muestra un poema redactado en la antigua ciudad portuaria Ugarit, hoy Ras Shamra (Siria). Ciertamente, en las mitologías nórdicas los dragones son ctónicos, pero la palabra griega (δράκων) se aplica principalmente a una serpiente o pez marino gigante; se entiende así la pregunta de Yahveh a Job: «Y a Leviatán, ¿lo pescarás tú a anzuelo?, ¿sujetarás con un cordel su lengua?»[39].

La lista de monstruos marinos es interminable; me limitaré a un breve apunte sobre el mayor entre ellos, la ballena, capaz de ingurgitar naves enteras (como la de Luciano y

---

pero su puesta de largo amorosa la debemos a las *Metamorfosis* de Ovidio, donde la nereida Galatea cuenta a Escila su idilio con Acis y la desastrosa intromisión de Polifemo, XIII, vv. 740-897, A. Ruiz de Elvira (trad.), t. III, pp. 112-119. Este cíclope está emparentado por su especie con los cíclopes forjadores de las armas de los dioses bajo las órdenes de Vulcano, en la *Eneida* de Virgilio, VIII, vv. 418-453, J. de Echave-Susaeta (trad.), pp. 267-269, y con los constructores de los muros «ciclópeos» de Tirinto y Micenas; sobre la tribu de estos monstruos, el lector consultará con provecho el ya indispensable estudio de M. Aguirre y R. Buxton, *Cyclops: The Myth and its Cultural History*. Se entiende que el monstruoso ganadero no asome en el *locus amœnus* de *La Galatea* de Cervantes pero sí deje escuchar «su horrenda voz» (LIX) en la *Fábula de Polifemo y Galatea* de Góngora.

[39] Jb 40, 25. Esta es la fuente explícita de Hobbes para su celebérrimo tratado de filosofía política, *Leviathan or The Matter, Forme [sic] and Power of a Commonwealth Ecclesiasticall [sic] and Civil* (1651), donde el Estado es comparado con Leviatán; cfr. «Hitherto I have set forth the nature of Man, (whose Pride and other Passions have compelled him to submit himselfe [sic] to Government;) together with the great power of his Governour, whom I compared to *Leviathan*, taking that comparison out of the two last verses of the one and fortieth of *Job*; where God having set forth the great power of *Leviathan*, called him King of the Proud», *Leviathan*, R. Tuck (ed.), pp. 220-221. Así rezan los dos versículos referidos por el filósofo inglés: «[Leviatán] mira a la cara a los más altos, / es rey de todos los hijos del orgullo», Jb 41, 26. El Estado (diversamente nombrado en el discurso como *Leviathan*, *Common-Wealth*, *State* o *Civitas*) es un «animal artificial» o «Dios mortal» resultante del «arte del hombre» sobre la naturaleza, un «autómata» dotado de «vida artificial»; gigante –si se me permite hilar la comparación– con «alma» (soberanía), «junturas» (magistrados), «nervios» (recompensa y castigo), «fuerza» (abundancia y riqueza), «negocios» (seguridad popular), «memoria» (consejeros), «razón y voluntad» (equidad y leyes), pero también amenazado de «sedición, enfermedad, guerra civil y muerte». El contrato de todos los miembros de un país genera «el gran Leviatán», dotado de «fuerza [y] terror» para «la paz hacia adentro y la ayuda mutua contra los enemigos hacia afuera», pp. 9 y 120. El tratado de Hobbes recurre al monstruo marino por sus resonancias mitológicas, a modo de hiperbólica concatenación de metáforas o alegoría de conjunto (todo lo cual remacha la atracción de los mitos para su aplicación a la escena política). Contrariamente a la creencia popular, los dragones en la literatura nórdica medieval son escasos: Fafnir –el dragón de los volsungos–, la bestia abatida por Beowulf en el poema homónimo y el citado Jörmundgander; véase J. R. R. Tolkien, «*Beowulf*: The Monsters and the Critics», p. 19.

sus compañeros) y de tamaña magnitud que los marineros la toman por «una montaña en el mar o una isla en medio del océano» (*Physiologus*), lo cual ocurre a los compañeros de Brandán, que para asar un cordero hacen fuego sobre su lomo («isla de San Borondón»)[40]. La flexibilidad espacial y la ausencia de referente sagrado hacen saltar las alarmas: estamos pisando territorio fantástico.

¿Qué decir del cetáceo más célebre de la literatura moderna, Moby Dick? Una parte de la crítica, cediendo al sensacionalismo del término, tilda de «mítica» la descomunal ballena de Melville –en realidad, cachalote (*sperm whale*)–. Ciertamente, en la novela abundan las referencias mitológicas: el vívido sermón del padre Mapple sobre el prófugo Jonás (cap. IX), el fatal presagio del antiguo ballenero Elías (nueva referencia profética) sobre quienes se embarquen en el Pequod (XIX), etc. Los relatos helénicos y orientales antiguos funcionan como pretexto de buen número de héroes legendarios y míticos –incluso deidades– relacionados con el mar («¡Perseo, san Jorge, Hércules, Jonás y Visnu!»[41]). El tenor cientificista de la novela, sembrada de digresiones analíticas –etimología, tipología y anatomía de cetáceos (cap. XXXII)–, da una clave de interpretación: no hay más «mitos» que los construidos en la mente del narrador sobre el capitán y en la de este sobre el animal. Influido por los comentarios de otros capitanes, Ishmael experimenta en su mente un proceso de pseudomitificación de Ahab, hombre parecido a un dios («god-like man»), habituado a maravillas inusuales («been used to deeper wonders than the waves», XVI, pp. 92-94) y, en suma, aureolado de un misterio («*mistery*»). Con tesón asombroso e indeleblemente marcado por la pérdida de una pierna que el cachalote le cercenara en su primer encontronazo, Ahab anida «una venganza [...] sobrenatural» («supernatural revenge», XLI, p. 188) hacia su enemigo mortal, convertido –para él y cuantos le acompañan– en un «gran Dios blanco» («big white God», XL, p. 179), «inmortal» («immortal», XLI, p. 184) y de «gigantesca espectralidad» («gigantic ghostliness», XLII, p. 194). A diferencia de un simple cachalote, todas estas «sugestiones fetales de poderes sobrenaturales» («fœtal suggestions of supernatural agencies», XLI, p. 182) crean en la imaginación del capitán «otro Prometeo» («a Prometheus», XLIV, p. 202) o «Leviatán» (referencia recurrente). Ahab ha mitificado a la ballena que le llevará al fondo del mar. Estamos en el terreno de las pseudomitificaciones (§ 8). En la magistral escena final de la película homónima (J. Huston, 1956), cuando el moribundo Ahab, enmarañado entre las estachas de los arpones sobre el dorso del cachalote, hace gestos a su marinería para que siga en su empeño cazador, Stubb muestra sus recelos («¿tras ese Diablo?»); sin embargo, el primer oficial, Starbuck, zanja toda duda: «Moby Dick no es el Diablo. Es una ballena. Una monstruosa

---

[40] Véanse, respectivamente, Luciano, *Relatos verídicos*, I, 30-42, en *Obras*, I, A. Espinosa y Alarcón (trad.), pp. 195-203, «Prospiciens illum, montem putat esse marinum, / aut quod in oceano insula sit medio», *Physiologus*, VIII, P. T. Eden (ed.), p. 57 (utilizo la adaptación latina de Teobaldo, siglo XI, del anónimo griego, *ca.* siglo III d.C.), y Benedeit, *El viaje de san Brandán* (*Navigatio sancti Brendani abbatis*), XVII, M. J. Lemarchand (trad.), p. 18. También hay monstruos fluviales, como el Behemot hebreo mentado en el libro de Job (40, 15-16), y que Heródoto, Diodoro y Plinio identifican con el hipopótamo del Nilo. Más cerca de nosotros, B. Malinowski ha analizado el enorme pulpo (*Kwita*) o las brujas que sobrevuelan el mar (*mulukwausi*) en los relatos de la Nueva Guinea melanesia y tantos más; véase *Los argonautas del Pacífico Oriental*, A. J. Desmonts (trad.), I, pp. 235-248.

[41] H. Melville, *Moby Dick*, XXXII, p. 350.

ballena, sí, pero nada más que una ballena» («Moby Dick's no devil. He's a whale. A monstrous big whale, aye, but a whale, no more»).

Conviene poner de relieve la derivada imaginaria de estos engendros. Todos ellos aparecen siempre en íntima relación con el medio acuático. ¿No estaríamos ante una traslación lingüística por la que una palabra –nominación de los monstruos– significa un concepto global? Si así fuera, designarían, por extensión metonímica, el medio que los circunda; con la complicación añadida de que, a diferencia de la metonimia habitual, donde no hay alteración de significado, aquí el término contenido acarrea una carga simbólica de gran envergadura: el peligro y la potencia del mar, es decir, su carácter siniestro. En los monstruos que contiene, el mar inanimado adquiere ojos, ceño fruncido y fauces amenazadoras; entonces puede ser cruel.

Animal mítico, el monstruo posee una simbología que la terminología durandiana califica de diairética, esto es, susceptible de división, de separación y, por esto mismo, inclinada a la oposición, a la lucha continua contra el hombre[42]. Mitad hombre y mitad animal, mitad luz y mitad tinieblas, el Minotauro que abate Teseo con un hacha doble (λάβρυς) es indisociable del laberinto: un hombre con cabeza de toro es tan monstruoso como anormal una construcción destinada a la perdición de quienes en ella penetran; monstruo y edificación están cohesionados.

En *Tutankamón en Creta*, de Merezhkovski (1925), el embajador Tuta es conducido a través de un «laberinto inextricable» al rey de la isla, «un monstruo, hombre con cabeza de toro»[43]. Durante la entrevista, Tuta queda mudo de perplejidad, «procurando no mirar la cabeza del monstruo sino su cuerpo humano». Solo cuando dos adolescentes afeminados se acercan al rey y le quitan «la cabeza», se hace patente «que la testa de toro era únicamente una máscara». Manifiesta desmitificación compensada por el simbolismo profundo –la auténtica divinidad está por venir– y por las múltiples referencias a la androginia de ese/a rey/reina.

Representación analógica, el monstruo es susceptible de aplicación retórica: la Hidra de Lerna –cuyas cabezas, apenas cortadas, brotan sin cesar– puede evocar, por metáfora, la fatalidad, la incapacidad humana de afrontar con esperanza una lucha contra las fuerzas de la sociedad o la naturaleza. Esto se aplica también a los monstruos medievales, modernos y contemporáneos. En la línea de King Kong (gorila gigante epónimo de la película de M. C. Cooper y E. B. Schoedsack, 1933) y del «rhedosaurio» que se introduce por las calles de Nueva York (*The Beast from 20.000 Fathoms*, E. Lourié, 1953), I. Honda crea a Godzilla para su filme homónimo (1954). Despertado por ensayos nucleares, el monstruo destruye Tokio y retorna al mar. Otras veinte películas recrean las vicisitudes de este monstruo.

Imposible no ver en la saga la ansiedad ecológica y el miedo de Japón traumatizado por la psicosis nuclear y sus consiguientes mutaciones[44]. Preguntado por la primera producción de la serie, Gareth Edwards, director de otro *remake* (*Godzilla*, 2014), contesta:

---

[42] Véase G. Durand, *Les Structures anthropologiques de l'imaginaire*, p. 178.

[43] D. Merezhkovski, *El nacimiento de los dioses. Tutankhamon en Creta*, p. 57.

[44] Los zombis de *Resident Evil* (P. W. S. Anderson, 2002) y sus secuelas son un claro ejemplo de la angustia ante las hipotéticas mutaciones a las que se enfrenta el ser humano: nuevas monstruosidades hoy más verosímiles que los godzillas y otros dinosaurios.

Al principio, era una metáfora obvia de Hiroshima y Nagasaki. Para mí, ahí estriba todo el quid de la ciencia ficción y la fantasía. Aparentemente solo se trata de un monstruo gigante, pero debajo hay o puede haber algo más –una capa inferior con un sentido metafórico que puedes adoptar o desechar[45].

Hay más, mucho más: la última entrega, *Godzilla 2: rey de los monstruos* (*Godzilla: King of the Monsters*, M. Dougherty, 2019) nos ofrece un monstruo redentor, capaz de salvar a la humanidad de su oponente Ghidorah y ganarse así el respeto de los demás monstruos, no casualmente denominados «titanes». Este monstruo, que combina la morfología de criaturas realmente existentes pero antediluvianas (un tiranosaurio, un iguanodonte y un estegosaurio), tiene un torso humano. ¿Estamos ante un teratomito?

En honor a la verdad, el carácter mítico de esta criatura no está exento de discusión. Como argumentos a favor observamos que remite a una cosmogonía y a una escatología absolutas: por un lado, la presencia de este monstruo ancestral retrotrae la humanidad a un tiempo previo a su propia existencia: antes de los comienzos; por otro, su aparición socava los pilares de la sociedad posindustrial, confrontando al hombre con los peligros de la autodestrucción última. Como argumentos en contra observamos su homogeneidad biofísica: más allá de consideraciones metafóricas de orden moral (algunos lo consideran una encarnación del mal), su origen es solo material y está circunscrito a este mundo, sin derivadas numinosas: se trata de un prehistórico monstruo marino que vive aislado en una isla, hasta que los efectos de la radiación nuclear lo alteran sensiblemente; pero entramos entonces en el mundo de la ciencia ficción… Godzilla es una especie de anfibio entre dos tiempos y dos espacios que, a diferencia de los teratomitos antes mencionados, no remite a ninguna trascendencia, al menos, no a una sobrenatural sagrada. Personalmente, no lo considero un mito; otros me contradirán. La mitocrítica no es una ciencia exacta.

En fin, una serie de monstruos antiguos se han labrado con pleno derecho un lugar privilegiado en el bestiario moderno y contemporáneo. Más adelante me ocupo de ellos: el licántropo (hombre lobo de los antiguos, revestido de mayor humanidad en los textos medievales, como en las encarnaciones de la *fylgja* germánico-escandinava), el gólem (generado por leyendas exegético-lingüísticas) y, el gran monstruo de la modernidad, Frankenstein, híbrido de materia biológica, materia inerte y conocimiento científico. No confundamos a este último con los robots, androides y cíborgs, personajes privados de talla divina o humana y ajenos a cualquier tipo de trascendencia sagrada. A diferencia de ellos, este tiene un alma proporcionada por la ciencia de su hacedor en un arrebato de *hýbris* frente a Dios. El Diablo está en la base de su fabricación.

V. ¿Y los extraterrestres?

Todos ellos se mueven en un terreno sobremanera accidentado, de donde el investigador puede salir escaldado porque aquí lindan predios de la mitología, la ciencia ficción y la fantasía. Considerados fríamente, los alienígenas no comparten nuestra naturaleza, ni quedan sometidos a las condiciones de este mundo (aunque, una vez aquí, no todos parecen insensibles a leyes como la gravitación universal). Estamos ante personajes de naturaleza heterogénea. ¿Cabría considerarlos como personajes míticos?

---

[45] [http://www.nerdist.com], 12 de marzo de 2014.

Pasemos rápida revista a unos casos emblemáticos. Procedente del extinto planeta Krypton, Superman (Kal-El) mantiene con su padre (Jor-El) una relación personal, antropomorfa, pero no estrictamente humana. El mismo Superman no es humano, sino *sobre*humano: dotado de facultades físicas cuasiomnipotentes, no habría muerto de no ser por la esquirla de kryptonita que le clavara Luthor en *Superman: el regreso* (*Superman Returns*, B. Singer, 2006)[46]. Menor apariencia humana aún tienen los álienes que descienden del platillo volador en *Encuentros en la tercera fase* (*Close Encounters in the Third Kind*, S. Spielberg, 1977), y ninguna los heptápodos en *La llegada* (*Arrival*, D. Villeneuve, 2016): a falta de comunicación lingüística, los investigadores y astrónomos deben recurrir a curiosos medios de comunicación (frases tonales o logogramas). No es tanto la apariencia física como la capacidad de adoptar giros expresivos y conductas humanas lo que caracteriza a los «organismos robóticos» de *Transformers* (M. Bay, 2007). Ahora bien, heterogeneidad no es sinónimo de sobrenaturalidad; menos aún, de sacralidad. En ninguno de estos argumentos se da el «salto» (*scando*) característico de la trascendencia propia del mito que autorizaría a revestir al alienígena de dimensión sobrenatural sagrada.

DIMENSIÓN TRASCENDENTE DEL PROSOPOMITO

Además de ser actor o destinatario de aventuras y de carecer, casi siempre, de historia real, el prosopomito debe presentar una dimensión trascendente y remitir a una cosmogonía o a una escatología absolutas. El personaje sagrado entra en contacto, durante un lapso de tiempo, con un personaje de este mundo (esto es, un mundo ficticio asimilable a nuestras coordenadas espacio-temporales); trascendencia e inmanencia impactan. No se trata de una trascendencia subjetiva existencial, gnoseológica, social, ontológica, fantástica o esotérica, sino sencillamente mítica. Ese contacto va a producir, además, un cambio esencial en la calificación del personaje humano, que adquiere, de inmediato, una dimensión mítica: por eso podemos hablar del mito de Zeus o del mito de Ariadna.

Fijemos la atención en el prosopomito como personaje que vive una historia donde entran en contacto dos mundos ontológicamente tan diferentes como reales. Dicho de otro modo: abordemos la dimensión trascendente del personaje mítico, frontalmente diversa de la inmanente del personaje histórico mitificado. Tres textos sobre el mito de Antígona serán nuestro campo de operaciones. Estaremos entonces en mejores condiciones de comprender por qué no hay mito en la novela de Cervantes.

Antígona (Sófocles, Cocteau, Anouilh)

I. *Antígona*, de Sófocles

Los Siete contra Tebas (467 a.C.), tercera tragedia de Esquilo en su trilogía sobre la materia tebana (la transgresión de Layo y la historia de Edipo), se centra en la discu-

---

[46] También Spock es un extraterrestre, pero recupera su *katra* o espíritu viviente, transferido al Dr. McCoy, gracias a las oraciones y la intervención de la médium, la Gran Sacerdotisa, en una ceremonia religiosa; véase *Star Trek III: The Search for Spock* (L. Nimoy, 1984).

sión entre los habitantes de la ciudad sobre la amenaza del ejército enemigo y se resuelve en la muerte recíproca de los príncipes hermanos Eteocles y Polinices. En la versión de que hoy disponemos, un mensajero anuncia que el cuerpo de Eteocles tiene derecho a los funerales negados al de Polinices, destinado a quedar insepulto. Antígona, la hermana de ambos, manifiesta, sin embargo, su intención de desafiar el edicto. Todo esto resulta más contundente en la *Antígona* de Sófocles (*ca.* 442 a.C.). En su decreto, Creonte, entierra a Eteocles para que sea «acogido con todos los honores por los difuntos de ultratumba»; en cambio, proclama por un heraldo que nadie dé sepultura a su hermano «ni lo llore, sino, al contrario, que lo dejen abandonado sin dedicarle una lágrima y sin enterrar», como carnaza de las aves de rapiña. Ahí no terminan las disposiciones del rey: «a quien contravenga algo de esto le espera la muerte lapidado por el pueblo de [la] ciudad»[47]. Movida por la piedad, Antígona echa tierra sobre el cadáver de su hermano (gesto ritual suficiente para cumplir las exigencias religiosas). El rey, temeroso de que esta insubordinación desate la anarquía, la condena a morir en una caverna; cuando se arrepiente de sus órdenes, ya es tarde: Antígona se ha ahorcado. En *Las Fenicias* de Eurípides (*ca.* 410 a.C.), a pesar de la prohibición de Creonte, Antígona honra el cuerpo de Polinices y acompaña en su exilio a su padre Edipo.

El texto base de nuestro estudio es la tragedia de Sófocles, que se ha impuesto como paradigma del personaje de Antígona, desde la representación de la tragedia hasta nuestros días. No en vano es comúnmente admitido que la conclusión de *Los Siete contra Tebas* no figuraba en el original y fue añadida tras una representación de la pieza de Sófocles. En cuanto a *Las Fenicias*, aunque fiel a la tradición que ya se había configurado, el papel de Antígona es considerablemente menor.

¿Cómo interpretar el relato mítico de Antígona?

El texto se presta a una interpretación antropológica: muestra el despotismo de Creonte (que niega la sepultura a los muertos y condena a la viva) y la piedad heroica de Antígona (que no vive sino por los muertos e ignora a los vivos).

De aquí cabe derivar a una interpretación sociológica: la institucionalización, por Creonte, de una práctica nueva y desprovista del correspondiente proceso de habituación (nunca se ha dejado sin sepultura a los muertos), frente a la asunción, por Antígona, de una práctica antigua e institucionalizada debido al correspondiente proceso de habituación (siempre se ha sepultado a los muertos)[48].

El texto también ofrece el flanco a una confrontación política entre dos legalidades: Creonte y Antígona ilustrarían el conflicto entre la razón de Estado y la conciencia in-

---

[47] Cfr. Sófocles, *Antígona*, vv. 21-36, en *Tragedias completas*, J. Vara Donado (trad.), p. 148. Con este castigo ante la ciudad, Creonte subraya que el infractor no solo habrá atentado contra su autoridad, sino contra todo el Estado: en consecuencia, el suplicio no tendrá lugar fuera de la ciudad, como era costumbre; véase *Les Tragiques grecs. Eschyle, Sophocle, Euripide*, V.-H. Debidour (ed. y trad.), p. 452. La prohibición de sepultar a los difuntos puede obedecer, según las culturas, a razones distintas de las esgrimidas por Creonte; en la mitología rusa, p. e., no se permitía enterrar a difuntos impuros como muestra de respeto a la sacralidad de la tierra; véase M. Sánchez Puig, «Los cuatro elementos naturales en la mitología precristiana rusa», p. 99.

[48] Sobre los orígenes de la institucionalización social y los «procesos de habituación», véase P. L. Berger y T. Luckmann, *La construcción social de la realidad*, pp. 72-74.

dividual, entre las leyes escritas y las leyes no escritas, o, hilando fino, entre una religión pública, donde los dioses tutelares de la ciudad tienden a confundirse con los valores supremos del Estado, y una religión familiar, puramente privada, centrada sobre el hogar doméstico y el culto a los muertos[49].

Por si fuera poco, esta perspectiva política podría apuntar a un referente geográfico-histórico: la fundación de la ciudad de Tebas. El texto es así introducido en la «historia», es decir, susceptible de interpretaciones históricas, tanto las relativas a su época antigua (quince siglos antes de Heródoto) como al momento de su representación trágica (historiador y dramaturgo son casi coetáneos).

Por lo tanto, el relato mítico suscita toda una serie de interpretaciones de orden antropológico, social, político e histórico. Pero estos acercamientos, sin duda interesantes, quedan incompletos, al menos desde un punto de vista mitocrítico, si se ignora la componente mitológica. En efecto, según la mitocrítica cultural, el relato mítico siempre comprende una relación con la trascendencia (independientemente del signo de esta relación: aceptación, sumisión, negación, rechazo, indiferencia). Precisamente porque la mitocrítica cultural es, en primer lugar, *mitocrítica*, prioriza la identificación del mito y el estudio de su papel en el texto; porque es, en segundo lugar, *cultural*, privilegia la dimensión cultural del mito, tanto en su tiempo como en el nuestro. Este orden del proceso debe ser respetado. Más allá de las hermenéuticas relativas a la cultura contemporánea al texto o a nuestro tiempo, en mitocrítica siempre ha de prevalecer la hermenéutica relativa a la dimensión mítica del texto; solo entonces será posible proceder satisfactoriamente a otras hermenéuticas.

Y así, uno de los mejores conocedores del mito de Antígona está convencido de que el acercamiento ha de ser, eminentemente, poético, cultural y mitológico: «la posibilidad sobrenatural está incisa en los mitos», afirma Steiner; concretamente, «Sófocles trabaja cercano a "la línea de sombra" […] que hay entre lo empírico y lo trascendente», a esa área donde lo extramundano interactúa con lo intramundano[50].

En efecto, al igual que todo relato mítico, el de Antígona contiene la interacción entre dioses y hombres, es decir, una serie de acontecimientos extraordinarios: 1) las indicaciones del oráculo de Delfos y los consejos de Atenea a Cadmo, que construye la ciudad de Tebas con ayuda de los gigantes; 2) la muerte violenta de Lábdaco a manos de las bacantes por oponerse a sus rituales; 3) la maldición de Layo por seducir al joven Crisipo, hijo de su anfitrión Pélope, y las consiguientes revelaciones del oráculo de Delfos sobre los peligros de engendrar un hijo, vástago que, no obstante, nace de la unión de Layo con Yocasta, ora voluntaria, ora involuntaria, según las fuentes; 4) la admonición del oráculo de Delfos a Edipo para que no regrese a su patria (Tebas, no Corinto, como él cree), pues asesinará a su padre y se unirá a su madre, o la revelación por la pitia de sus verdaderos padres, según las variantes; 5) el envío a Tebas de la Esfinge devoradora por Hera, la subsiguiente calamidad que asola la ciudad y su liberación por Edipo tras acertar en su respuesta al enigma; 6) la condición impuesta por el oráculo de la ciudad para erradicar la peste (es decir, la expulsión del monarca incestuoso, o su encarcela-

---

[49] Véase J.-P. Vernant, *Mythe et tragédie en Grèce ancienne*, en *Œuvres. Religions, rationalités, politique*, I, p. 1.098.

[50] G. Steiner, *Antigones*, pp. 221-222.

miento, según Diodoro y Eurípides), y la actitud despiadada de Eteocles y Polinices, que acarrea la triple maldición de Edipo sobre sus dos hijos: se disputarían la herencia con sus propias vidas y no encontrarían la paz siquiera tras la muerte[51]; 7) esta desgracia, en fin, alcanzará también a las hijas[52].

De intento he obviado los aspectos anecdóticos (la literalidad de las adivinaciones y profecías, el combate de Edipo con su padre, el modo como queda ciego, etc.), para realzar el asunto nuclear: en estos siete acontecimientos extraordinarios los dioses actúan en el mundo de los humanos. Esta interacción no es, de ninguna manera, anecdótica: siempre implica una tensión descomunal que deja huellas indelebles. Pensemos, por ejemplo, en la maldición que Tántalo o Pélope atrajeron sobre su estirpe, el primero por divulgar entre los mortales los secretos de los dioses, distribuir entre sus amigos la ambrosía y servir a los Olímpicos en una bandeja a su propio hijo Pélope durante un festín; el segundo por negarse a pagar a Mírtilo la recompensa prometida por su ayuda para desposarse con Hipodamía, y por precipitarlo al mar[53]. Las desgracias de los tantálidas o pelópidas (Atreo, Agamenón, Orestes, Ifigenia y Electra, por un lado, Tiestes y Egisto, por otro) no tienen otro origen.

Es importante recalcar la importancia de este pasado, pues enlaza indisolublemente con una maldición que pesa sobre los personajes de una misma estirpe. Existe una ligazón invisible entre los personajes míticos pertenecientes a un mismo linaje: cada uno de ellos es un eslabón de una cadena no hecha de hierro sino de ventura o desventura. El cumplimiento de los oráculos y las maldiciones no es, en definitiva, sino un refrendo de la íntima unión entre los vástagos de una misma genealogía.

Una comparación biológica nos servirá de imagen sobre el peso de la «genética mítica». Un individuo puede transmitir a sus descendientes un ADN compuesto de genes dañados (habitualmente, porque han sido sometidos a procesos de mutación o de reorganización); esta degeneración se manifiesta en un defecto que empeora su calidad de

---

[51] Véanse respectivamente, entre otras, las siguientes fuentes: 1.º Pseudo-Apolodoro, *Biblioteca mitológica*, III, 4, 1, J. García Moreno (ed.), p. 136; 2.º *ibid.*, III, 5, 5, p. 143, n. 37; 3.º *ibid.*, III, 5, 7, p. 145, Diodoro de Sicilia, *Biblioteca histórica*, IV, 64, 1, J. J. Torres Esbarranch (ed.), p. 160, y Eurípides, *Las Fenicias*, vv. 10-20, en *Tragedias*, J. M. Labiano (ed.), p. 99; 4.º Pseudo-Apolodoro, *ibid.*, III, 5, 7, pp. 146-147, y Diodoro de Sicilia, *ibid.*, IV, 64, 2, p. 161; 5.º Pseudo-Apolodoro, *ibid.*, III, 5, 8, p. 146, Diodoro de Sicilia, *ibid.*, IV, 64, 3-4, p. 161, y Eurípides, *ibid.*, vv. 50-55, pp. 100-101; 6.º Pseudo-Apolodoro, *ibid.*, III, 5, 9, p. 147, Diodoro de Sicilia, *ibid.*, IV, 65, 1, p. 162, Eurípides, *Las Fenicias*, vv. 60-70, ed. cit., p. 101, y P. Grimal, *Dictionnaire de la mythologie grecque et romaine*, «Polynice», pp. 385-386.

[52] Así lo ha visto, de manera magistral, el cinematógrafo Yorgos Tzavellas; en su versión de *Antígona* (1961), pone en boca de la protagonista estas atormentadas palabras en su confidencia con Ismene: «¿Podría la maldición de nuestro padre Edipo traernos todavía más miserias?».

[53] Véase Pseudo-Apolodoro, *Epítome*, II, 1-8, en *Biblioteca mitológica*, J. García Moreno (ed.), pp. 199-200. La obsesión de las consiguientes desgracias genealógicas reverbera sin cesar; incluso Hermiona, esposa de Orestes según los trágicos griegos (no según la *Odisea*), le recuerda su ascendencia en las *Heroidas* de Ovidio: «Quid, quod avus nobis idem Pelopeius Atreus», «Tu quoque per proavum Pelopem Pelopisque parentem», VIII, vv. 27 y 47, R. Ehwald (ed.); véase *Cartas de las heroínas*, VIII, A. Pérez Vega (trad.), pp. 81-82. El *Bursario* de Juan Rodríguez del Padrón (*ca.* 1440) ofrece una sabrosa traducción: «Pues ¿qué más te diré, que Atreu, hijo de Pelope, es a nosotros ahuelo?», «Pelope, hijo de Tantaro, e tu visahuelo», *Bursario*, VIII, P. Saquero Suárez-Somonte y T. González Rolán (eds.), pp. 119-120.

vida y puede incluso provocar su muerte. De igual manera, toda interacción (voluntaria o involuntaria) de un personaje con la divinidad puede implicar tanto el cambio del *modus vivendi* del personaje como su muerte y fijar de modo inamovible la de sus descendientes. Por extender la comparación, el cambio puede ser accidental (Edipo ciego) o sustancial (Antígona muerta).

Retomemos el mito de Antígona, último eslabón de la estirpe tebana: en ella se concentran los genes –favorables y nocivos– de todos sus antepasados. De Ares y Cadmo hereda la fuerza de acometer acciones singulares: es una heroína. Aquí acaban sus ascendentes positivos: todos los demás son tóxicos. Los regalos que su antepasada Harmonía recibiera en la boda con Cadmo (un peplo de Atenea y un collar labrado por Hefesto) entrañaban la maldición mortal sobre quienes los poseyeran[54]. Ahí comenzaron los infortunios de sus descendientes. Layo y Edipo podrían argüir en su descargo el carácter involuntario de sus respectivas infracciones, esto es, su ignorancia en la desobediencia material a los oráculos: el primero había procurado evitar su descendencia no uniéndose a Yocasta –pero no pudo impedirlo debido a su estado de ebriedad–, y el segundo había procurado evitar el regreso a su patria huyendo de Corinto y tomando el camino de Tebas –pero ignoraba que esta ciudad era, precisamente, su patria–. Los dioses no saben de intenciones: ambos héroes contraen deudas de sangre que solo se pagan con sangre y que, según las leyes mitológicas, acarrean la desventura de toda la estirpe: no es otra la razón del recíproco fratricidio entre Eteocles y Polinices; no es otra tampoco la del heroísmo suicida de Antígona.

Esta interpretación trascendente no rechaza en absoluto las interpretaciones antropológica, social y política, sino que las resitúa en el horizonte, ahora más completo, de las relaciones entre dioses y hombres (es una interpretación «teándrica»). Baste incidir en la costumbre de enterrar a los muertos, desencadenante de la intriga y de la muerte de la heroína. Por supuesto que hay un factor social («siempre se ha sepultado a los muertos»); pero, desde el punto de vista de la mitocrítica, el uso o la costumbre es un aviso de trascendencia. Recordemos los tres casos más notorios de la Antigüedad helénica. En la *Ilíada*, el fantasma («alma», «aliento», «mariposa» o «imagen» –*eídōlon*–) de Patroclo se aparece a su amigo Aquiles y le suplica: «Entiérrame cuanto antes, que quiero cruzar las puertas del Hades. Lejos de sí me retienen las almas [*psychaí*], las sombras [*eídōla*] de los difuntos, que no me permiten unirme a ellas al otro lado del río, y en vano vago por la mansión, de vastas puertas, de Hades». En la *Odisea*, el alma de Elpénor –compañero de Odiseo que se emborrachó, se durmió en un tejado del palacio de Circe, se cayó y rompió el cuello– viene al encuentro de su amigo y le pide que lo entierre, pues, de lo contrario, su fantasma será causa de la ira divina contra él. En la *Hécuba* de Eurípides, el fantasma del hijo menor de Hécuba, Polidoro, injustamente asesinado y

---

[54] Las versiones son numerosas. Valga la de *Scriptores rerum mythicarum latini tres Romae nuper reperti*, G. H. Bode (ed.), n.º 78, p. 101. La maldición, como vemos, afecta al linaje en su conjunto. No es indiferente que, a modo de insulto, Polinices ofrezca a Edipo ciego la mesa de oro de Cadmo –lo que le acarrea la primera maldición de su padre–, ni que, expulsado de su patria por Eteocles, Polinices se presente ante Adrasto, rey de Argos, precisamente con el peplo y el collar de Harmonía. Que Harmonía descienda de Ares y Afrodita (tradición tebana) o de Zeus y Electra (tradición de Samotracia) aquí es irrelevante a efectos de su regalo.

arrojado al mar sin enterrar, recita el prólogo: «Incorpóreo ahora, me cierno sobre la cabeza de mi madre»[55].

Así, Antígona ilustra el conflicto entre la lógica del Estado, la lógica del individuo y la lógica divina; entre las leyes escritas, las leyes no escritas (o de la conciencia) y las leyes divinas[56]. Su vida, reivindicación y muerte dramatizan la incompatibilidad nuclear entre Estado, individuo y dioses.

Tampoco esta interpretación trascendente rechaza la histórico-política, sino que la resitúa en la perspectiva, más englobante, de un tiempo y un lugar en parte iguales y en parte distintos de los nuestros: es una perspectiva cronotópica particular, característica del mito. Así, más allá de la interpretación histórica sobre el origen de las ciudades (2000 a.C.) o sobre los peligros del absolutismo (siglo v a.C.), el marco espacio-temporal es mítico: para los griegos en tiempos de Esquilo, Sófocles y Eurípides, los sucesos de estos personajes míticos (Cadmo, Layo, Yocasta, Edipo, Creonte, Hemón, Eteocles, Polinices, Ismene y Antígona) se desarrollan en un espacio y un tiempo absolutamente distintos de los contemporáneos: *in illo loco* e *in illo tempore*; en un espacio y un tiempo míticos, esto es: absolutos y sagrados.

Ahora bien, esta hermenéutica de la mitocrítica cultural debe ser refrendada o recusada por la serie *ad infinitum* de los relatos sobre el mito de Antígona. Para restringir el espectro de posibilidades, veamos, a modo de ejemplo, dos casos paradigmáticos de la cultura contemporánea.

II. *Antigone*, de Cocteau

Esta pieza propone una representación «a vista de pájaro»[57], es decir, desprovista de los hermosos detalles de la tragedia griega, pero surtida de otros rasgos no menos atractivos. La «contracción» del modelo sofócleo realza (de modo esquemático y, por tanto, menos sutil) un carácter de la protagonista más pronunciado en su palabra y resuelto en su acción[58].

El texto nos remite a una lectura antropológica y social evidente: frente a un gobernador garante de las leyes de la patria y el orden, la protagonista opone las de la sangre; lo hace, no obstante, desde una óptica particular. En efecto, la consanguinidad de segundo grado presenta aquí idénticos contornos a los del precedente griego, donde la frater-

---

[55] Respectivamente: Homero, *Ilíada*, canto XXIII, vv. 71-74, E. Crespo Güemes (trad.), p. 557, y *Odisea*, II, v. 73, Eurípides, *Hécuba*, vv. 30-31. Véanse R. Buxton, «Fantasmas y religión entre los griegos: contextos y control», pp. 46-47; M. Aguirre, «Caracterización y representación de los fantasmas en la antigua Grecia», pp. 56-57, y R. Martín Hernández, «¡Yo os conjuro, démones de este lugar! Muertos inquietos y magia amorosa», pp. 68-69. Hades significa aquí, por metonimia, el mundo subterráneo, dominio del dios Hades.

[56] Ante la legislación sin pasado de Creonte, se yerguen las leyes de Zeus y de la justicia, «anteriores a todo escrito e inmutables. Pues esas leyes divinas no están vigentes, ni por lo más remoto, solo desde hoy ni desde ayer, sino permanentemente», Sófocles, *Antígona*, vv. 450-457, en *Tragedias completas*, J. Vara Donado (trad.), pp. 162-163. Precisamente porque la reivindicación de Antígona propone un gesto orientado al fundamento absoluto de humanidad, es mítica; véase M. Watthee-Delmotte, «Antigone écrivain: le tombeau littéraire au féminin», p. 91.

[57] Cfr. «À vol d'oiseau de grandes beautés disparaissent, d'autres surgissent», Cocteau, *Antigone*, «Préface», p. 9.

[58] Véanse R. Poignault, «Antigone», p. 137, y J. V. Bañuls Oller y P. Crespo Alcalá, *Antígona(s): mito y personaje*, p. 286.

nidad –la sororidad, más precisamente– adquiere preeminencia respecto a la filiación y la maternidad. En la pieza de Sófocles, ella se explica:

Porque marido, muerto uno, otro habría, y un hijo de otro hombre si hubiera perdido al primero. Pero, ocultos en el Hades madre y padre, no hay hermano alguno que pueda retomar jamás[59].

Y en la pieza francesa:

Porque yo nunca habría hecho tal esfuerzo por unos hijos o un marido. Cualquiera puede sustituir a un marido. Se puede concebir otro hijo. Pero, si nuestros padres han muerto, ya no puedo esperar nuevos hermanos[60].

La conducta de esta heroína tiende al extremismo. Como ocurre en la obra de Sófocles, donde la preferencia del amor fraterno sobre las leyes de la patria es considerada por Creonte como desorden e impiedad, las leyes que esta mujer se atreve a invocar (las «leyes de Júpiter», las «leyes de la sangre», *ibid.*, pp. 29 y 35) son, para el monarca, encarnación del desorden; Antígona es una «anarquista» (p. 35). Hasta aquí, de modo resumido, la interpretación antropológica (primer paso de la mitocrítica cultural).

La pieza es susceptible de una interpretación histórica relativa al momento de su representación, sin duda: Francia acaba de salir de la *Grande Guerre* y se impone un control férreo para la reconstrucción de las instituciones tras los desgarros militares. Sin embargo, las implicaciones histórico-políticas de la reciente contienda no parecen pesar sobremanera sobre una obra cuyo significado es eminentemente literario: la intención de Cocteau se inscribe en la estela de los textos poéticos sobre Antígona. El epígrafe de la pieza toma, no sin ironía, el contrapié de las palabras de Barrès: «Lloro a Antígona y dejo que se muera. / Es que no soy un poeta. Que los poetas se ocupen de Antígona. Tal es el papel benéfico de esos seres amorales»[61].

Este texto de *El viaje de Esparta* (1906) muestra a las claras la antipatía y el disgusto que el presidente de la Liga de los Patriotas experimenta por Antígona. Frente a la «autoridad legítima» de Creonte, la joven «representa la virtud y el heroísmo»; sin embargo, concluye Barrès, «las circunstancias en las que el héroe es útil al Estado son raras. Habitualmente, este género de personaje es un peligro público»[62].

Frente a este rechazo del escritor republicano y tradicionalista, Cocteau exalta los extremos heroicos a los que conduce la vocación de poeta; su película *La sangre de un*

---

[59] Sófocles, *Antígona*, vv. 909-912, en *Tragedias completas*, J. Vara Donado (trad.), p. 179.

[60] «Car jamais je n'aurais fait cet effort mortel pour des enfants ou un époux. Un époux, un autre peut le remplacer. Un fils, on peut en concevoir un autre. Mais comme nos parents sont morts, je ne pouvais espérer des frères nouveaux», Cocteau, *Antigone*, ed. cit., p. 45.

[61] Epígrafe, *ibid.*, p. 7. La cita es exacta: «Je pleure Antigone et la laisse périr. / C'est que je ne suis pas un poète. Que les poètes recueillent Antigone. Voilà le rôle bienfaisant de ces êtres amoraux», M. Barrès, *Le Voyage de Sparte*, p. 8.

[62] Cfr. «j'ai appris combien étaient rares les circonstances où le héros est utile à l'État. Pour l'ordinaire, ce genre de personnage est un péril public», *ibid.*, p. 111.

poeta (1930) evoca la desorientación del director cinematográfico en busca del sentido último de su obra autorreflexiva[63]. Hasta aquí, también de modo resumido, otro tipo de interpretación –básicamente, histórico-política–.

Pero, como va dicho, la mitocrítica cultural exige también, y, sobre todo, una lectura relativa a la trascendencia (aun cuando sea para negarla): el mito propiamente dicho permite que el relato transite entre el mundo natural y el sobrenatural; los personajes míticos, que frecuentan ambos, son los anfibios del universo. Esta navegación mítica es posible gracias a los invariantes míticos o, como los denominó Lévi-Strauss, las «grandes unidades constitutivas»[64]. A la escueta denominación del antropólogo sobre los mitemas, la mitocrítica cultural añade tres características esenciales:

1. El número de mitemas en un relato mítico ha de ser múltiple: no existe ningún relato de este tipo provisto de un solo mitema.
2. Así como en fonología es necesario al menos un rasgo distintivo para diferenciar unos fonemas de otros, en mitocrítica, al menos uno de todos los mitemas presentes en un relato confiere al mito en cuestión la carga pertinente que lo determina y distingue de otros mitos. Entre todos los mitemas de un relato, uno es el que lo informa con su pertinencia.
3. La función de los mitemas consiste en dotar de alma mítica al relato, es decir, cubrirlo de trascendencia. Sin esta trascendencia, el relato no pasa de ser un relato, ciertamente susceptible de clasificación dentro de un género literario, pero nunca dentro de una categoría que establece conexiones entre el mundo natural y el mundo sobrenatural.

Ahora estamos en condiciones de proceder a la lectura mitocrítica, encaminada a desentrañar la dimensión trascendente tejida por los hilos de los acontecimientos extraordinarios (interacciones teándricas) que tensan las fibras más íntimas de los héroes y las estigmatizan con señales indelebles.

Retornando al texto de Cocteau, Antígona se reconoce, desde su primera frase, marcada por el destino, exactamente como sus antepasados: lleva consigo la «plaga de la herencia de Edipo»[65]. El Coro se encarga, más adelante, de recordarlo al monarca: «La fatalidad se ha cebado con esta familia. En la casa de los labdácidas veo desventuras nuevas que se amontonan sobre las antiguas»[66]. Y, cerca del final, un mensajero rememora el origen del pueblo tebano: «conciudadanos de Cadmo...»[67]. Así, la dimensión trascendente del mito entronca con la maldición de la estirpe labdácida (aquellos presentes de boda que recibiera Harmonía) y cristaliza en la voluntad inmarcesible de posibilitar, incluso a costa de la vida, el tránsito de un espíritu (Polinices) al otro mundo: esos son, no otros, los mitemas del mito de Antígona.

---

[63] Véase J. Balló y X. Pérez, *La semilla inmortal*, J. Jordá (trad.), p. 299.
[64] C. Lévi-Strauss, *Anthropologie structurale*, p. 241. «La menor unidad de discurso mitológicamente significativa»; G. Durand, *Figures mythiques et visages de l'œuvre*, p. 310.
[65] «fléau de l'héritage d'Œdipe», Cocteau, *Antigone*, pp. 13 y 43.
[66] «La fatalité s'est mise sur cette famille. Dans la maison des Labdacides je vois des malheurs neufs qui s'entassent sur les vieux», *ibid.*, p. 34.
[67] «concitoyens de Cadmus...», *ibid.*, p. 51.

Importa retomar el método: la interpretación trascendente debe coadyuvar al análisis textual. En efecto, último eslabón de la cadena maldita, la protagonista se yergue con su gesto hierático como heroína afirmativa. En los relatos míticos, la actualización de los mitemas coloca a los personajes en condiciones tan arduas que acaba decantando, entre ellos, al héroe: la maldición solo se cierne sobre quien es capaz de contradecirla para, seguidamente, aplastarla, dejando así un ejemplo de coraje y valentía (de ahí la concepción trágica del mito). Para el advenimiento del héroe, no basta la contrariedad: también se precisa su temple, del que Antígona –descendiente del olímpico Ares y el edificador Cadmo– constituye un paradigma universal. Entre las seis categorías de héroe establecidas por Thomas Carlyle (dios, profeta, poeta, sacerdote, escritor y rey), Antígona solo halla acomodo en la sexta, «resumen de todas las formas de heroísmo», por su fortaleza y dignidad[68]. No es heroína por someterse pasivamente a la maldición heredada, sino por enfrentarse a ella aun a sabiendas del desenlace letal: «he actuado en virtud de este principio»[69]. Ahí se cifra la paradójica libertad del héroe trágico.

Antígona es libre porque se opone al poderoso por antonomasia (Creonte), sacando fuerzas de flaqueza para defender al débil por antonomasia (Polinices), en nombre del legislador por antonomasia (Júpiter). Su gesto es, como en Sófocles, inequívoco, pero sus palabras también. Aquí reside una de las diferencias textuales entre las piezas helena y francesa: en la fuerza –producto del esquematismo verbal adoptado por Cocteau– con la que expone sus razones. «A vista de pájaro», el espectador se torna miope e hipermétrope a un tiempo: pierde en los detalles lo que gana en amplitud. Frente a la decidida ambigüedad de la pieza sofóclea, donde ambos protagonistas juegan con la terminología relativa a la ley ($\nu\acute{o}\mu o\varsigma$[70]) y confunden de intento al espectador sobre la contrariedad que afronta Antígona, la concentración de Cocteau –manifiesta en la menor extensión del texto y en las numerosas réplicas– deja al desnudo el pensamiento de la heroína, como en este diálogo malhumorado:

[Creonte:] ¿Conocías mi prohibición?
[Antígona:] Sí. Era pública.
[Creonte:] Y te has atrevido a transgredirla.
[Antígona:] Júpiter no había promulgado esa prohibición. Tampoco la justicia impone leyes de ese tipo; y nunca pensé que tu decreto pudiera privilegiar el capricho de un hombre sobre la regla de los inmortales, sobre las leyes que no están escritas y que nada borra. No existen ni desde hoy ni desde ayer. Son de siempre. Nadie sabe de cuándo son. ¿Iba yo a desobedecer a mis dioses, por miedo a los pensamientos de un hombre? Sabía que la muerte me esperaba al final. Moriré joven; tanto mejor. La desgracia habría sido dejar a mi hermano sin sepultura. Lo demás me da igual[71].

---

[68] T. Carlyle, *Los héroes*, F. L. Cardona (ed.), p. 275; *On Heroes and Hero-Worship*, p. 257.

[69] «c'est en vertu de ce principe que j'ai agi», Cocteau, *Antigone*, ed. cit., p. 45.

[70] Véase J.-P. Vernant, *Mythe et tragédie en Grèce ancienne*, en *Œuvres. Religions, rationalités, politique*, I, p. 1098.

[71] «CRÉON: Tu connaissais ma défense? / ANTIGONE: Oui. Elle était publique. / CRÉON: Et tu as eu l'audace de passer outre. / ANTIGONE: Jupiter n'avait pas promulgué cette défense. La justice non plus n'impose pas des lois de ce genre; et je ne croyais pas que ton décret pût faire prévaloir le caprice d'un homme sur la règle des immortels, sur ces lois qui ne sont pas écrites, et que rien n'efface. Elles

Frente al argumento discutible del leguleyo Creonte (para quien Polinices es un simple traidor), Antígona no esgrime el derecho de su hermano a reclamar el trono de Tebas: ella se sitúa en «un absoluto moral» (R. Poignault, *op. cit.*, p. 130). Acuciada por el tiempo, expone sin tapujos su razón trascendente: «la regla de los inmortales» («la règle des immortels»), razón dogmática que choca frontalmente con la razón política de su tío. Frente a las disquisiciones legales, Antígona presenta una moral punzante y abrupta, desprovista de los matices de una conversación pausada; tiene prisa por morir: «Moriré joven; tanto mejor» («Je mourrai jeune; tant mieux»).

El heroísmo de Antígona no es físico, sino moral, de una moralidad rayana en el estoicismo y el espiritualismo. Su oposición al decreto del monarca tebano nace tanto de su desprecio a amoldarse a una conducta adocenada como de su aprecio a identificarse con la opción ejemplar; sus libaciones sobre el cadáver de un hombre considerado «maldito» la distancian de su pueblo al tiempo que la acercan al destino de su estirpe. El heroísmo no es gratuito.

III. *Antigone*, de Anouilh

Aparente «libelo» de la sofóclea (véase G. Steiner, *Antigones*, p. 293), esta pieza propone una Antígona caprichosa, una Ismene contemporizadora, un Hemón enamorado y un Creonte lábil. Su carácter provocador debe mucho a la volubilidad del rey, consciente de su mediocridad y dispuesto a cualquier injusticia (desde la prevaricación a la crueldad) para mantener el orden en la ciudad y, consiguientemente, sus privilegios y su autoridad.

El texto ofrece todos los condimentos necesarios para una sabrosa interpretación. Frente a los razonamientos de Ismene («¡Intenta comprender, al menos!») y Creonte («¿Lo comprendes?»), Antígona rehúsa toda comprensión y componenda («No quiero tener razón», «No quiero comprender»). Aparentemente privada de la facultad singular de los humanos (está «loca»[72]), Antígona pierde el prestigio del que gozaba ante los demás. Pero la coherencia real de su discurso, unida al coraje y la tenacidad de su temple, cambia las tornas: convertida en el centro de la historia, los demás giran a su alrededor como satélites atraídos por su acción y su palabra. Todos, y los espectadores con ellos, son abducidos por el remolino vertiginoso de preparativos que Antígona dispone para el momento de su muerte: chantajea afectivamente a su hermana Ismene para que se retire a dormir, a la Nodriza para que cuide de la perra en su ausencia y a Hemón para que enmudezca cuando le desvele su propósito; acorrala dialécticamente a su tío hasta obligarle a admitir su cobardía y deja en evidencia al pueblo representado en el agente de la guardia real. Antígona se yergue así como personaje de progreso frente al conservadurismo político, representado aquí por las argucias de Creonte, reo de su cargo, y, feliz innovación de Anouilh, las inocentes confesiones del Guardia, personificación del «funcionario» (p. 110), únicamente interesado en su placer, sus derechos sindicales, su

---

n'existent ni d'aujourd'hui, ni d'hier. Elles sont de toujours. Personne ne sait d'où elles datent. Devais-je donc, par crainte de la pensée d'un homme, désobéir à mes dieux? Je savais la mort au bout de mon acte. Je mourrai jeune; tant mieux. Le malheur était de laisser mon frère sans tombe. Le reste m'est égal», Cocteau, *Antigone*, ed. cit., pp. 25-26.

[72] Respectivamente: «Essaie de comprendre, au moins!», «Est-ce que tu le comprends, cela?», «Je ne veux pas avoir raison», «Je ne veux pas comprendre», «folle», Anouilh, *Antigone*, pp. 25, 82, 25, 82 y 23-36.

salario, su enriquecimiento –aun a costa de corruptelas: el anillo de Antígona a cambio de la misiva para Hemón (p. 113)–, su vil seguridad, en fin.

A esta interpretación antropológica y social de la pieza puede sumarse una histórico-política del momento de su representación. Puesta en escena en el París de la ocupación nazi (febrero de 1944), la obra presenta una ambigüedad incuestionable. De un lado, la pieza justificaría la voluntad del monarca por mantener el orden establecido: Lacan la llamó «pequeña Antígona fascista»[73] (¿connivencia con el nazismo?). No es menos cierto que la pieza realzaría el gesto de la joven por preservar su propia identidad: una parte del público vio en la energía, el valor y la entereza de esta joven un símbolo del «espíritu de resistencia»[74] (¿apología de la Resistencia?). De otro lado, incluso, la pieza resaltaría la situación de la mujer abocada a un mundo absurdo: frente a las revelaciones de Creonte (ambos hermanos eran unos crápulas), Antígona se queda sin razones para actuar: «Creonte tenía razón, es terrible, ahora, al lado de este hombre [el Guardia], ya no sé por qué muero. Tengo miedo…»[75] (¿adhesión implícita al existencialismo naciente?). De otro lado, en fin, la pieza apoyaría una tesis de autoafirmación abstracta: cuando su tío le pregunta por los motivos de su desobediencia, la joven responde: «Por nadie. Por mí» («Pour personne. Pour moi», p. 73) (¿indiferentismo egoísta?). Como de costumbre, toda interpretación histórico-política es rehén de las ideologías; seamos prudentes, más si observamos que estas interpretaciones han quemado las etapas preliminares; sobre todo, no olvidemos la dimensión mítica del texto.

La mitocrítica cultural, que debe proceder a estas y otras interpretaciones, no puede clausurarse en ellas. Tras las dimensiones antropológica, social, política e histórica, debe descubrir la mitológica que, valga la redundancia, todo relato mítico esconde: ahí se encuentra el nexo con la trascendencia, y también con la cosmogonía o la escatología absolutas, a su vez entrelazadas con el elemento fundamental y fundante del texto: el personaje mítico. Aquí abordaré la relación entre esa dimensión y este personaje a partir de un interesante artículo firmado por Hunwick.

El crítico ha recurrido a una impresionante documentación sobre la recepción de la obra por el público y la crítica. Esta información lo conduce a dos discusiones fundamentales sobre la pieza.

1. ¿Es *Antigone* una tragedia, y su heroína, un personaje trágico? Por un lado se encuentran los argumentos a favor del estatuto trágico de la pieza y la protagonista

---

[73] J. Lacan, *Le Séminaire, Livre VII*, p. 293. Sobre la controversia generada en torno a esta circunstancia política, véase G. Steiner, *Antigones*, p. 187. También refulge en el fondo otra conflagración aún más sangrienta: la descripción de los cadáveres –«estaban hechos papilla, Antígona, irreconocibles»; «Ils étaient en bouillie, Antigone, méconnaissables», Anouilh, *Antigone*, p. 89– es, según este mismo crítico, una reminiscencia del cuarto de millón de soldados insepultos entre las trincheras durante la batalla de Verdún; véase *Antigones*, p. 141.

[74] J. V. Bañuls Oller y P. Crespo Alcalá, *Antígona(s): mito y personaje*, p. 304.

[75] «Et Créon avait raison, c'est terrible, maintenant, à côté de cet homme, je ne sais plus pourquoi je meurs. J'ai peur…», Anouilh, *Antigone*, ed. cit., p. 115. Añádanse a estas, las agudas observaciones argumentales de G. Steiner: no solamente «Creonte vence» («Créon "wins"»), sino que rompe su «aislamiento» y recobra fuerza, «vida» («Not only is Créon's punitive isolation broken, but the contact with childhood is, inevitably, suggestive of a larger re-entry into life»), *Antigones*, pp. 193-194.

–en consonancia con afirmaciones de Anouilh (p. 294) y con criterios del canon trágico (p. 295)–, por otro, los argumentos en contra de dicho estatuto –presencia de elementos «antitrágicos», como las reflexiones del coro «sobre la naturaleza de la tragedia y la ilusión del espectáculo» (p. 292) y la persistencia de la heroína en su «rebelión absurda y vana» (p. 296)–. Hunwick sugiere que ni la pieza ni la protagonista son trágicas… a menos que se le apliquen los parámetros de la tragedia «moderna» –sustitución del fatalismo griego por «la voluntad libre del protagonista» (Brunetière), fusión de «lo imposible a lo necesario» (Jankélévitch), «afirmación de la libertad en la muerte» (Sartre), «síntesis de la libertad y la necesidad» (Camus)–. De ser una tragedia «moderna», su representación debería provocar una catarsis en los espectadores; sin embargo, subraya el crítico, todos los espectadores y los críticos encuestados confiesan haber experimentado una «irritación». Ante esta contradicción, Hunwick procede a la segunda discusión sobre la pieza.

2. ¿Por qué, ante esta obra «trágica», el espectador siente enfado en lugar de la esperada aflicción que debería seguirse de su representación? Para solventar esta incoherencia con el género de la tragedia, Hunwick recurre al concepto de ambigüedad trágica: «Parece que nuestro descontento puede deberse no tanto al desenlace desgraciado del conflicto trágico como a la ambigüedad de la puesta en escena de este mismo conflicto»[76]. Según este crítico, la pieza está sembrada de ambigüedades voluntarias, las numerosas avanzadas por la crítica anterior –comportamiento simultáneamente adulto e infantil de Antígona, infructuosidad de los intentos de Creonte por desprestigiar a los hermanos fallecidos, etc.– y la que él mismo propone como fundamental –la confusión dramatúrgica suscitada en el espectador sobre la heroína (personaje) y la artista (persona real que, a juzgar por el Prólogo, sufre realmente la fatalidad)–. Este y semejantes equívocos convierten *Antigone* en una «tragedia de la ambigüedad», desprovista de verosimilitud:

De ahí que el espectador, que ignora qué ocurre, se encuentra incómodo. Por una parte, le invitan a participar en un conflicto humano; por otra, su concentración se dispersa bruscamente justo cuando le recuerdan que todo es obra de la imaginación (*ibid.*, p. 310).

La teoría de Hunwick no carece de fundamento; explicaría, en parte, las irritaciones de los espectadores frente al estrepitoso fracaso de Creonte por domeñar a su sobrina, es decir, de un monarca envejecido incapaz de desarmar los argumentos de «la rebelión torpe y fútil de una adolescente cabezota» (*ibid.*).

No hay duda de que el expediente de una tragedia ambigua tiene un peso considerable, pero no agota la cuestión: una vez más, la crítica olvida que una tragedia estructurada en torno a un mito exige una mitocrítica.

¿Por qué se produce esta ambigüedad? ¿Solo porque una actriz, en lugar de actuar como personaje dentro de la ficción, en ocasiones se vea obligada a actuar como «persona»?, ¿o solo porque el razonamiento cabal de un rey no doblegue la voluntad de una joven obstinada en morir? ¿No será también, y sobre todo, porque el mito implica una

---

[76] A. Hunwick, «Tragédie et dramaturgie: les ambiguïtés dans l'*Antigone* d'Anouilh», pp. 300-301.

actuación tan incoherente con los razonamientos humanos como coherente con los divinos o los fatídicos? ¿No será, en definitiva, porque las tentativas de Creonte por romper la cadena de maldiciones se revelan impotentes ante la decisión de Antígona por afirmarse como el último eslabón de esa cadena forjada de realidades malditas?

Curiosamente, Hunwick no rentabiliza los argumentos que él mismo cita a favor de la inclusión del elemento sobrenatural –la fuerza exterior al personaje trágico y la confrontación de este personaje con los dioses– y, lo que es peor, no los reproduce con fidelidad –de Gouhier únicamente menta la relación entre tragedia y libertad (p. 297), pero omite la relación, no menos importante, que este crítico establece entre tragedia y trascendencia[77]–.

El problema de la lógica de la inmanencia reside en la incapacidad de tener en cuenta la posibilidad de existencia de otro mundo dentro de la ficción. La incoherencia es flagrante. Un pintor, un escultor, un músico pueden representar el destino, pero ningún crítico de arte o literatura se atreverá a nombrarlo. En consecuencia, la interpretación de los textos se resiente. Para explicar por completo una ambigüedad antropológica y psicológica de una tragedia, la crítica se confina a la mecánica superficial del texto y soslaya su mecánica medular, la que explica fehacientemente que Antígona no ceda a los requerimientos de su tío por la simple razón de que ni puede ni quiere: una fuerza trascendente a ella la impele no solo a burlarse del mundo, sino a ser coherente con su destino.

Esto lo ha visto y comprendido Anouilh. De acuerdo con las circunstancias históricas de la representación, la divinidad, ausente en los argumentos de los personajes, está implícitamente presente a lo largo de toda la tragedia: mueve los hilos y explica, en última instancia, junto a otras razones alegadas, la ambigüedad de una heroína «edípica» que opta, libremente, por correr decididamente hacia su propia aniquilación[78]. Pero aceptar la efectividad de esta razón exigiría admitir la paradoja del misterio y, con ella, la trascendencia.

Sobre el «mito» de Don Quijote

La imaginación fantástica de Don Quijote es universalmente conocida; muy posiblemente nos sirva como ejemplo singular para aquilatar más el concepto de mito y profundizar en el concepto de la fantasía. Tomaré como botón de muestra dos episodios de la 2.ª parte: la aventura de la cueva de Montesinos y el último capítulo del libro. Busco criterios pertinentes que autoricen a dictaminar sobre el contenido mítico del *Quijote* en tanto que obra centrada en un personaje de pura ficción: Alonso Quijano, que se bautiza a sí mismo «Don Quijote de la Mancha».

I. La mitomanía sobre el *Quijote*
La bibliografía sobre el «mito» de Don Quijote es abrumadora. Traigo a colación tres ejemplos, a mi parecer sintomáticos, de los estudios elaborados recientemente.

---

[77] Véase H. Gouhier, *Le Théâtre et l'existence*, pp. 33-47.
[78] «¡Edipita!», la insulta su tío; «Petite Œdipe!», Anouilh, *Antigone*, p. 74.

1. En 2000, Daniel-Henri Pageaux publicó un artículo titulado «Une lecture du *Don Quijote*: des livres au Livre». Por un lado, afirma que la «monomanía» de la lectura ha inoculado en el protagonista una serie de «creencias, una visión del mundo, un sistema explicativo y justificativo»: a la fe cristiana, Don Quijote añade una «nueva fe». Esta nueva religión vendría a ser como el contenido mítico de la novela[79]. Por otro lado, el profesor de la Sorbona sugiere que diversos episodios pueden ser leídos «como el esquema mítico a partir del cual se escribirá el resto»; así, la primera salida y el regreso sintetizan el nacimiento, el desarrollo y las consecuencias de la nueva fe, de «la nueva verdad» que remite, en última instancia, al modelo por antonomasia de los textos traducidos, precisos y al mismo tiempo sospechosos por sus pasajes apócrifos, del «Libro de los libros»: la Biblia. El texto bíblico vendría a ser como «el modelo mítico en el plano poético» (p. 66). Pageaux establece una estrecha relación entre el esquema narrativo de los episodios y la insistencia en el carácter verdadero de la historia (reivindicado por el narrador) y del mundo caballeresco (reivindicado por el protagonista); de donde deduce que «el texto se da como mito» (p. 67). El comparatista justifica esta inferencia en la creencia del protagonista en su propio relato: «la verdad de Don Quijote pertenece al orden de lo absoluto de la creencia: se acepta sin más» (*ibid.*). Obsérvese cómo «contenido mítico» ha sido sustituido por «esquema mítico» y este por «creencia mítica». Volveré sobre ello.

2. En 2003, M.ª Ángeles Varela Olea publicó *Don Quijote, mitologema nacional. (Literatura y política entre la Septembrina y la II República)*. La autora no centra su estudio sobre el texto de Cervantes, sino sobre los textos de los intelectuales «que desarrollaron el mitologema quijotesco» a finales del siglo xix y principios del siglo xx, es decir, los que contemplaban la obra cervantina «como proyección de sus reflexiones sobre la decadencia nacional y los medios de engrandecimiento»[80].

Asimismo, M.ª Ángeles Varela estima que el «panorama reinterpretativo» de los intelectuales de esa época «revela que la referencia al *Quijote* y sus personajes como mitos no alcanza a dar cuenta de su vasta y compleja operatividad». Consecuentemente, la autora adopta el término kerényiano de «mitologema» y lo aplica a la novela cervantina porque el concepto de «mito» ya no le parece operativo para analizar la innovadora reflexión de los intelectuales del periodo mentado:

tan integral y revolucionario cambio necesitaba sustentarse sobre algunos pilares ya conocidos y de solidez demostrada: requería de su proyección en símbolos y mitos que, como Cervantes y sus personajes, fueran queridos, conocidos y tan ricos, que pudieran prestar imagen y desarrollo a ideas utópicas y planes de engrandecimiento nacional aún no puestos en práctica y carentes de aval (p. 15).

Nuevamente, en un artículo posterior, la autora reincide en su idea:

[79] Véase D.-H. Pageaux, «Une lecture du *Don Quichotte*: des livres au Livre», p. 63.
[80] M.ª A. Varela Olea, *Don Quijote, mitologema nacional*, p. 12; la autora se refiere, p. e., a Joaquín Costa, Francisco Giner, Juan Valera, José María de Pereda, Galdós, Ganivet, Unamuno, Ortega y Ramón y Cajal.

La reinterpretación nacional a través de don Quijote es tan abrumadora que la palabra «mito» para referirse a ella resulta pobre, equívoca y vaga. Dada la riqueza, abundancia y operatividad del fenómeno hemos optado por el término que Jung y Kerényi rescataron, por los mismos motivos, al reflexionar sobre la esencia de la mitología. Así, estudiado el recurso como «mitologema», señalamos su capacidad de reformulación a partir de un relato cervantino, que, además, en estos desarrollos posteriores tiene autorías diferentes, y es capaz de transformación y adaptación. En tanto que la palabra mito apela a un pre-estado inaugural previo al logos, la desinencia del término que adoptamos subraya su narratividad contenida, una fase avanzada de razonamiento, transformación y dialéctica, capaz de la metamorfosis e incluso de la contradicción[81].

¿Mito? ¿Mitologema? ¿Sería el mitologema la unidad significativa mínima de una mitología, de igual modo que el mitema lo es del mito? Para nuestro propósito, tanto monta: el mitologema supone un mito previo.

3. En 2013, Esther Bautista Naranjo defendió la tesis doctoral titulada *La reescritura del mito de Don Quijote en la novela de lengua inglesa y de lengua francesa de los siglos XIX y XX*, parcialmente publicada en 2015. Desde la Introducción, la autora sostiene que «la interpretación mítica [de la figura de Don Quijote] se ha quedado estancada en los estudios de los románticos alemanes y no son muchos los autores que se han dedicado a determinar su esquema mítico»[82]. En la estela de los románticos, apunta la autora, se encuentran los estudios de Edwin B. Knowles («Cervantes in English Literature», 1947), Harry Levin («The Quixotic Principle: Cervantes and Other Novelists», 1970), Ian Watt (*Myths of Modern Individualism*, 1997) y, según ella, Jean Canavaggio (*Don Quichotte, du livre au mythe. Quatre siècles d'errance*, 2005). Por su cuenta, Esther Bautista explica

que el concepto de mito aplicado a la obra cervantina tiene su fundamento en el sentido profundo del personaje, ya que subyace bajo el nivel aparente de la parodia y la comicidad observadas en los primeros siglos de su recepción.

En este sentido, considera

que la novela *Don Quijote* entra en consonancia con la noción de mito, ya que pone en escena una historia ejemplar que ha adquirido una trascendencia universal que es asumida y actualizada de manera implícita o explícita por autores posteriores (*ibid.*, p. 15).

El mito de la obra cervantina, puntualiza la autora, reside en la «trascendencia universal» del «sentido profundo del personaje». Por esto, todo análisis en las

---

[81] M.ª A. Varela Olea, «Mutación cultural y tránsito del mitologema de Don Quijote a su utopía contemporánea», pp. 334-335.

[82] E. Bautista Naranjo, *La recepción y reescritura del mito de Don Quijote en Inglaterra (siglos XVII-XIX)*, p. 14 (p. 23 en la tesis doctoral); citaré por el volumen publicado. Con posterioridad ha sido publicada una parte relativa a la recepción en el país galo: *El mito de Don Quijote en la novela francesa de los siglos XIX y XX*, Madrid, Universidad de Alcalá, 2020.

reescrituras de Don Quijote debe incidir en «la personalidad ejemplar y simbólica» del protagonista, «soñador y visionario», buscador del «ideal de la justicia, la paz y la armonía universal», héroe caballeresco que recupera «finalmente la "cordura" y la identidad más auténtica superando así el desdoblamiento visionario» (p. 128)[83].

¿Era necesario recurrir al mito para llegar a esta conclusión?

Concedo que la selección de estos párrafos no escapa a cierta simplificación: no es fácil sintetizar en dos páginas casi mil dedicadas a estudios copiosos y documentados. Creo, sin embargo, no haberlas desvirtuado en sus ejes analíticos. Pero no puedo por menos de constatar, a buena fe, que la cuestión del «mito» en Don Quijote, tal como aparece planteada en estos trabajos, ignora la problemática del mito en sí y adolece de la tendencia a asimilarlo o confundirlo con otros conceptos básicos de la literatura: el tema, el esquema, el arquetipo, el prototipo, el personaje, el símbolo, su recepción[84], etcétera.

No obstante, me veo abocado a resumir:

1. Según Daniel-Henri Pageaux, el contenido mítico de Don Quijote reside tanto en el esquema mítico de las aventuras narradas como en la fe del personaje en un mundo que, a ojos del lector, es pura fantasía.
2. Según M.ª Ángeles Varela, Don Quijote adquiere dimensión de mitologema porque, tras ser mito, en un momento histórico, representa, a ojos de intelectuales españoles, una proyección de la decadencia o el ensalzamiento nacional.
3. Según Esther Bautista, el mito de Don Quijote se fundamenta en el significado simbólico, trascendental y universal del protagonista, aplicado, en su libro, a las reescrituras francesas e inglesas de los siglos xix y xx.

Tres teorías diferentes que, sin embargo, comparten una característica común: toman como criterio definitorio del mito el contenido imaginario del libro, ya sea en la mente del personaje, ya sea en la de los receptores a lo largo de los siglos. El mundo imaginado por Don Quijote y el esquema narrativo de sus aventuras (Pageaux), la idea de España proyectada por los intelectuales a partir del libro de Cervantes (Varela) y el significado fundamentalmente trascendente y universal del personaje (Bautista) son considerados míticos. Premisas –¿o criterios?– que hacen depender el carácter mítico de un personaje de su propio mundo imaginario (Pageaux) o de cómo se refleja en lecturas sucesivas (Varela y Bautista); premisas, también, que vinculan el carácter mítico de un texto a su semejanza

---

[83] En su tesis de doctorado –As andanças do mito literário de Dom Quixote pelas páginas dos livros didáticos de español (2022)–, V. P. Viana pasa revista a los trabajos de Pageaux, Varela y Bautista (pp. 70-80), y asiente explícitamente conmigo en la necesidad de entrecruzamiento de dos mundos, uno de ellos trascendente, para el acontecimiento mítico (pp. 146-147 y 180-181); inexplicablemente, concluye que «el mito literario quijotesco» es «uno de los mitos del individualismo moderno» en razón de «valores míticos», entre ellos, «la pasión monomaníaca en busca del ideal» y su deseo de «transformar el mundo en un lugar diferente para vivir»; véanse pp. 295-299.

[84] Pienso, aquí, en el libro de J. Canavaggio, «Don Quichotte». Du livre au mythe. Quatre siècles d'errance.

con el esquema narrativo de otros textos heroicos (Pageaux). Nótese que con tales criterios (el contenido imaginario o simbólico de un personaje, o, incluso, el esquema heroico de sus aventuras) se ha llegado a considerar míticos a Sherlock Holmes o James Bond.

Si admitiéramos estos criterios como definitorios del personaje o del texto míticos, estaríamos asumiendo que el carácter mítico del personaje carece de criterios propios. Todo sería mito con tan solo reenviar, en la mente de las distintas instancias narrativas (narrador, personaje, lector), a un referente trascendente y universal o a un determinado modelo narrativo. No salimos del Romanticismo, pero sí del texto.

Me parece que esta mitocrítica cae en la «tentación mitológica». Tomo prestado el término a Pierre Brunel, quien lo aplica precisamente a Don Quijote, cuando, en la taberna, donde sirve Maritornes, es objeto de las burlas de la hija de la tabernera y los mozos. Don Quijote rememora entonces la Ardiente Espada de Amadís, implora la ayuda de Lirgandeo, Alquife, Urganda y culpa a los encantadores del lugar. Brunel apostilla:

> Se descuida demasiado, a menudo, esta tentación mitológica que sufre Don Quijote, al mismo tiempo que su tentación caballeresca. Es preciso comprender que ambas se explican mutuamente: son dos tentaciones de escritura que Cervantes conoce y contra las que se apercibe[85].

¿Se habrán dejado quijotizar nuestros tres mitocríticos? Pues una es la mitología del personaje (que se me antoja falsa mitología), otra la del esquema textual (también sospechosa, a mis ojos); sin olvidar que hay un campo mitológico propio del personaje en su circunstancia, como veremos más adelante.

Importa incidir en el denominador psicológico, indispensable para estas posturas mitomaníacas. En honor a la verdad, D.-H. Pageaux sí hace un distingo: además de atribuir contenido y esquema míticos al *Quijote*, detecta este campo mítico familiar al personaje:

> Cree en historias que son, para él, en el sentido pleno y fuerte del término, mitos: relatos cuyas secuencias son identificables, historias que son claves explicativas del mundo, que tienen una dimensión ejemplar, un alcance ético[86].

Nunca Don Quijote habló de «mitos», a propósito de los libros de caballerías. Con todo, la definición que Pageaux da del mito es, *grosso modo*, satisfactoria (excepto en la trascendencia sobrenatural numinosa, aquí ausente). No conviene perder de vista que, como dice Eliade, «los mitos constituyen los paradigmas de cualquier acto humano significativo»[87]: si hubiera respetado su propia definición, Pageaux se habría ahorrado ir pidiendo «cotufas en el golfo», como dice socarronamente Sancho.

II. Mito e instancias comunicativas

El tópico de que el mito es un discurso puede sugerir que su carácter dependa de una de las tres instancias fundamentales de la comunicación: el narrador, el referente inscrito en el mensaje, el receptor.

---

[85] P. Brunel, *«Don Quichotte» et le roman malgré lui*, p. 197.
[86] D.-H. Pageaux, «Une lecture du *Don Quichotte*: des livres au Livre», p. 58.
[87] M. Eliade, *Aspects du mythe*, p. 32.

1. La cuestión del narrador

Del narrador huelga hablar, para él no hay mito que valga: la instancia narrativa es siempre exterior al mito[88]. El narrador no puede formar parte del mito; si lo hace, pasa inmediatamente a integrarse como personaje intradiegético del mismo mito, no como narrador. Cervantes, camuflado tras un personaje narrador, recurre al discurso apócrifo, pone en tela de juicio la autenticidad de lo narrado. Un ejemplo: el relato del descenso a la cueva de Montesinos (2.ª parte, XXII-XXIII), seguido por una apostilla en el margen de la historia original que el «traductor» ha tenido la consideración de transcribir. En esta nota, Cide Hamete Benengeli descalifica la aventura de la cueva por imposible e inverosímil, hasta el punto de considerarla «apócrifa»[89]. La sibilina estrategia del autor se encamina a «defender la arbitrariedad del relato. Articulado sobre la noción de lo apócrifo, muestra que en la fábula lo verosímil es incompatible con lo verdadero y que lo uno se ejerce en detrimento de lo otro»[90]. Mediante esta variación de la instancia extradiegética del narrador, Cervantes permanece fuera de la diégesis de la fábula, pero simultáneamente la reivindica como suya, firmándola.

2. La cuestión del referente

El referente, junto con el sentido, es el gran olvidado de la semiótica estructuralista. Para ella, «el mito no se define por el objeto de su mensaje, sino por la función que lo profiere. Hay límites formales al mito, no sustanciales»[91].

Entonces, ¿todo puede ser mito? Para esa semiótica, indudablemente, «a condición de que el discurso lo justifique» («tout peut être mythe, qui est justiciable d'un discours», Barthes).

a) El referente semántico

En lugar de «referente semiótico», en mitocrítica conviene hablar, pienso, de referente semántico, es decir, de un referente exterior a la clausura de la estructuración lingüística, un referente que excede, por definición, el significado semiótico; un referente, por naturaleza, onomasiológico[92]. Cuando la semiótica habla del «significado», se refiere a la «ilusión referencial» resultante del «efecto de realidad» (Barthes). Para la semiótica, por lo tanto, el referente semántico se reduce a un derroche falaz.

Sin embargo, si ese referente semántico se redujera a mero «lujo» (Barthes), ¿cuál sería el sentido del relato mítico? Es más: ¿para qué habría relato? El relato no puede no abrirse a una dimensión que lo supere. Postulo, por lo tanto, que es legítimo hablar de una analogía entre el mundo representado y el mundo existencial, el mundo de la experiencia vital; que la literatura no se circunscribe a un papel alienante o desalienante según los casos; que su función no es meramente mimética (Girard). Dicho positiva-

---

[88] Lo cual no facilita las cosas: según los relatos, el narrador puede adoptar una postura tan discreta que llega a confundirse, sin identificarse, con el autor; y también puede manifestarse de manera tan autónoma que se confunda, identificándose, con el personaje. En cualquier caso, su función consiste en mediar entre el lector y el personaje; véase V. Jouve, *L'Effet-personnage*, p. 17.

[89] M. de Cervantes, *Don Quijote de la Mancha*, II, XXIV (1967), p. 530.

[90] A. Labertit, «Estilística del testimonio apócrifo en el *Quijote*», p. 160.

[91] Cfr. R. Barthes, *Mythologies*, en *Œuvres complètes*, É. Marty (ed.), t. I, p. 823.

[92] Véase B. Pottier, *Gramática del español*, p. 6.

mente: la literatura, lejos de reducirse a la falacia de la ilusión referencial, es capaz de remitir a una ontología del mundo de la que ella misma da fe (aludo a la visión de san Benito contada por Gregorio Magno: –«Cuando [Benito] vio ante sí el mundo entero como una unidad, entonces no se estrecharon el cielo y la tierra, sino que se dilató el alma de quien contemplaba»[93]– o a la videncia de Rimbaud –«Él [el Poeta] llega a lo desconocido, y aun cuando, trastornado, acabara perdiendo la inteligencia de sus visiones, ¡las ha visto!»[94]–. Más aún, la literatura puede, incluso, ayudar efectivamente a situarse en el mundo. Si culmina este propósito, es porque –lejos de ser un constructo mental– nace del mundo, lo archiva, lo reordena y lo transmite a las generaciones siguientes para que lo entiendan. El vaivén del mundo del texto al mundo del lector no es pura ilusión; lo diré de nuevo de manera positiva: es fuente y razón de vida, prueba de que el referente semántico no se circunscribe al texto.

b) El referente sobrenatural

Ahora bien, existe otra categoría de relatos cuyo referente no solo está más allá del referente semiótico de los estructuralistas, sino también del referente semántico. Esta segunda categoría de relatos establece una relación entre dos mundos aparentemente inconexos, el mundo natural y el mundo sobrenatural (Odiseo en Ítaca y en la isla de Calipso; Fausto delante de su pupitre o en la noche de Walpurgis). En esa categoría de relatos, según mi definición, se enmarca el mito.

Al referente, que trasciende los referentes semiótico y semántico, lo denomino referente sobrenatural. Es descartado tanto por el investigador que permanece en una inmanencia epistemológica (R. Barthes) como por el que indaga las semejanzas entre esquemas míticos (D.-H. Pageaux), o por quienes se ciñen al análisis de los mitologemas (M.ª A. Varela) o a la reescritura de unos rasgos específicos del *Quijote* (E. Bautista). A lo más, se diluye en una recepción errabunda.

Debe quedar bien sentado que la existencia de un referente sobrenatural no implica la de lo sobrenatural referenciado ni, mucho menos, que el investigador crea en ese referente: aquí solo se formula que el texto mítico necesariamente se abre sobre una trascendencia.

3. La cuestión del receptor

Por lo común, los personajes de los relatos míticos no son históricos. La ausencia de referencias documentables confiere mayor libertad al genio creador, que puede elaborar a su antojo el texto sin las trabas de la realidad histórica.

Pondré por caso el mito de Antígona, apenas estudiado. Sófocles lo inscribe en unas coordenadas espacio-temporales precisas. Pero Antígona excede estas coordenadas para ilustrar el conflicto entre la razón de Estado y la conciencia individual, entre la ley humana y las leyes no escritas, inalterables, emanadas de los dioses. La obra dramatiza el mito indeterminado, ideal, de la incompatibilidad entre Estado y persona. Sófocles realza conjuntamente la *hýbris* o desmesura de Creonte –que deja insepulto a un muerto y sepulta a una viva– y la de Antígona –que por vivir para los muertos se enfrenta con los vivos–. Que

---

[93] Véase J. Ratzinger, *Fe, verdad y tolerancia*, p. 141.
[94] A. Rimbaud, carta a Paul Demeny, en *Œuvres complètes*, A. Guyaux (ed.), p. 344.

el texto pueda ser interpretado tanto como una crítica acerba del rey tirano como del ciudadano rebelde, se debe a la privación de documentación evenemencial histórica; de ahí que todo mito sea, por esencia, maleable. Pondré ahora el caso de Creonte. En Sófocles, el rey de Tebas encarna la materialización de la tiranía, en Esquilo, el sometimiento ciego a la voluntad de los dioses, en Eurípides, el rechazo abierto a toda fatalidad. No es posible dictaminar sobre lo bien fundado de uno u otro autor, porque ese rey de Corinto no existió.

Esta diversidad hermenéutica admite también interpretaciones no míticas y de varia índole. Hemos visto que la actitud del Creonte de Sófocles puede aludir al absolutismo de Pericles y que la de Antígona de Anouilh contiene los ingredientes para engendrar una viva polémica en torno a la ocupación nazi; no en vano la obra fue recibida, ora como una aceptación, ora como una repulsa del nuevo orden político: la pieza se había encarnado en un contexto histórico-social totalmente nuevo.

Pondré otro ejemplo: el mito de Helena de Troya. Gorgias de Leontinos, Lactancio Plácido y Quinto de Esmirna disertan y discrepan sobre las causas que motivaron su rapto: violencia, seducción, voluntad divina… La violencia que sufre la heroína en el lienzo *El rapto de Helena* de Luca Giordano (*Il ratto di Elena*, 1683) contrasta con su complacencia en la escultura homónima procedente del taller de Johann Wilhelm Beyer (*Raub der Helena*, 1780). También entran aquí diversas parodias, como la ópera bufa *La hermosa Helena*, de Offenbach (*La Belle Hélène*, 1864) o la irrespetuosa *Juicio a una zorra*, de Miguel del Arco (2011), ambientada en un entorno heterotópico para obtener mayores réditos de su ironía autorreflexiva[95]. En esta seriación se verifica, como en todo acto comunicativo, el dinamismo generador del mito. El investigador debe evitar la «tentación mitológica» de considerar que cualquier análisis que recurra a las técnicas movilizadas por esa hermenéutica del mito proceda de un mito o, peor aún, lo genere.

Este desliz epistemológico es el que, a mi parecer, han cometido los investigadores aludidos en su acercamiento al «mito» quijotesco. Es obvio que las reescrituras de la novela y de sus episodios, motivos o temas se prestan a interpretaciones de diverso cariz. Así, en el terreno político español, en los siglos xix y xx, Isabelinos y Carlistas primero, Republicanos y Nacionales después, leen la obra de modo que puedan utilizarla para apuntalar su posicionamiento bélico. ¿Diremos, por tanto, que Don Quijote se convierte en mito?

III. Mito y heterogeneidad biofísica

Odiseo vive tanto en el mundo natural como en el mundo sobrenatural, se desenvuelve tanto entre humanos como entre dioses. Es esposo de Penélope en Ítaca (mundo connatural) y amante de Calipso en la isla (mundo sobrenatural). Ambos mundos son ficticios para el lector, pero avalados como reales por su carga de verosimilitud. El héroe mítico no experimenta contradicción alguna entre ellos, porque gozan del mismo estatuto de realidad –dentro, claro está, de la diégesis–.

Al margen de teogonías y sucesos del Olimpo, por lo general el mito se despliega sobre dos mundos donde viven dos tipos de personajes (humanos y divinos) y dos naturalezas (la connatural al personaje humano y la del mundo sobrenatural con el que este se topa). De ahí la heterogeneidad entre ambos mundos: biológica entre los personajes

---

[95] Sobre esta última obra, véase L. Unceta Gómez, «Una Helena posmoderna», p. 328.

humanos y divinos, física entre los mundos terreno y extraterreno; a esa heterogeneidad la denomino biofísica.

Conviene incidir en que esta combinación de personajes y mundos no es fruto de la imaginación del héroe: forma parte de su aquí y de su circunstancia. En ocasiones el personaje pretende negar la coexistencia de esos dos mundos. Es el caso del imprevisto encuentro entre Don Juan y la estatua del Comendador. En *El burlador de Sevilla*, Don Juan se reprocha, como indigna de su hidalguía, la credibilidad que ha prestado a la aparición de Don Gonzalo:

> Pero todas son ideas
> que da a la imaginación
> el temor; y temer muertos
> es más villano temor[96].

En la pieza de Molière, Dom Juan intenta zanjar la situación mediante un razonamiento pseudocientífico:

> Sea lo que fuere, dejémoslo: es una bagatela; podemos habernos dejado engañar por un espejismo, o sorprender por algún vapor que nos haya turbado la vista[97].

Pero el testimonio de Catalinón, Sganarelle y otros criados autentifica que la estatua del Comendador se ha movido. Aun cuando otros personajes no lo corroborasen, los espectadores lo podrían certificar. A menos que no se respeten, las acotaciones dan fe de la presencia del otro mundo.

Ciertamente, la interferencia de ambos mundos no aparece de igual manera en los mitos antiguos que en los medievales y modernos. En aquellos, los mundos natural y sobrenatural se suceden, pero no sin solución de continuidad: nunca se presentan de manera simultánea. Piénsese en el descenso de los héroes a los Infiernos; el recurso a la catábasis divide claramente los dos mundos. El hecho de subir a la barca de Caronte

---

[96] Tirso de Molina, *El burlador de Sevilla*, III, vv. 2.531-2.534, A. Rodríguez López-Vázquez (ed.), p. 279. En otro lugar, lo sabemos, da largas a D. Pedro, a la pescadora, a su padre y a Catalinón, hasta que, gallardo, acepta la presencia del muerto D. Gonzalo y lo reta, véase A. de Claramonte, *Tan largo me lo fiáis*, A. Rodríguez López-Vázquez (ed.), vv. 152, 746, 786, 802, 1.518, 2.090 y 2.382.

[97] «Quoi qu'il en soit, laissons cela: c'est une bagatelle, et nous pouvons avoir été trompés par un faux jour, ou surpris de quelque vapeur qui nous ait troublé la vue», Molière, *Dom Juan*, IV, 1, en *Œuvres complètes*, G. Couton (ed.), II, p. 202. En la versión de Montherlant, el criado se disfraza de gigantesco títere de carnaval y amenaza con fulminar a Don Juan, pero este, lejos de amilanarse, desenvaina para atravesar al Comendador devenido fetiche. El falso espectro deja entonces caer su cabeza de cartón y del hueco emerge la cabeza del director del carnaval, visiblemente amedrentado. «¡Ajá, ya sabía yo que ni los espectros ni la fantasía existen: solo la realidad es fantástica»; «Ah! ah! je savais bien qu'il n'y a pas de spectres. Il n'y a pas de fantastique: c'est la réalité qui est fantastique», Montherlant, *La Mort qui fait le trottoir: Don Juan*, III, 7, J. de Laprade (pref.), pp. 1.076-1.077. El carnaval traduce la percepción popular, proclive a la alternancia y a la relatividad del mundo; aplicado al mito de Don Juan, pretende desenmascararlo de su artificiosa mixtificación. El Don Juan moderno ni fanfarronea ni procrastina, como su modelo tirsiano, ni finge ni se escabulle, como su modelo molieresco: reduce la realidad a la sensibilidad y, ulteriormente, la sublima.

significa dejar un mundo para entrar en otro; es un signo. En cambio, en los mitos medievales y modernos, el mundo sobrenatural irrumpe en el mundo natural. La sangre corre por la lanza durante el cortejo del Grial en presencia de Perceval y del Rey Pescador; la voz del difunto rey de Dinamarca se hace oír por Hamlet y los soldados de guardia; la estatua del Comendador se mueve y habla a Don Juan en presencia de Sganarelle; Mefistófeles se presenta y la «voz de lo alto» baja al calabozo de Margarita a la hora de su muerte; Drácula se metamorfosea en nube de aire para penetrar en la alcoba de Mina Harker. Es decir: el mundo sobrenatural irrumpe en el natural sin solución de continuidad. Ambos son simultáneos.

El hecho de que ambos mundos sean sucesivos en el tiempo y requieran de un rito de paso para el acceso de uno a otro (mitos antiguos), o sean simultáneos e interfieran uno en el otro (mitos medievales y modernos), no elimina la exigencia fundamental de una heterogeneidad biofísica: salvo raros casos de escenas entre divinidades, el mito requiere al menos dos tipos de personajes (humano y sobrehumano) y dos tipos de universos (terrestre y «extraterrestre» –celestial o infernal–).

Otra modalidad narrativa de esta escisión entre los mundos es la metamorfosis que observamos en los relatos míticos canónicos (mucho menor, y de otra índole, en los relatos medievales y modernos). Dafne se convierte en laurel, Acteón en ciervo, Astrea en constelación, Zeus en el doble de Anfitrión…

Dos conclusiones previas y una reflexión:

1. Esta interferencia (que no fusión ni confusión, tan solo contacto o copresencia), esta concomitancia entre dos mundos heterogéneos, el natural y el sobrenatural, dotados de igual carga de verosimilitud, debería ser un criterio fundamental para una mitocrítica que ose extender el relato mítico más allá del constructo semiótico, e incluso semántico. Es heurística para dilucidar la cuestión del «mito» quijotesco.
2. El mito no equivale a la fantasmagoría. En los relatos del género fantástico, el personaje es víctima de una enajenación que resulta de ilusiones ópticas o imaginativas. El mundo en que está enajenado nada tiene que ver con un mundo sobrenatural. También aquí contamos con una clave heurística para el «mito» quijotesco.

La reflexión: el hecho de que en la cultura occidental medieval y moderna ya no haya solución de continuidad entre los dos mundos heterogéneos tal vez se deba al misterio de la encarnación de Jesucristo, cuya catábasis a los Infiernos cobra nuevo sentido con su anábasis o ascensión a los Cielos. El rescate de los justos que estaban en el seno de Abraham adquiere su pleno significado con el regreso del Hijo del Hombre al seno del Padre: la anterior escisión entre la Tierra y el Cielo queda borrada. Si tiene fundamento, esta reflexión confirmaría mi opinión del estrecho engarce entre el mito medieval y moderno con el cristianismo.

Vengamos ahora a los dos episodios anunciados de la obra cervantina. A primera vista, el *Quijote* nos presenta un personaje literario que mora en un lugar de La Mancha donde emprende locas aventuras para restituir la andante caballería. Toma a Aldonza Lorenzo por «princesa y gran señora», a imitación de sus modelos caballerescos, y la erige en «Dulcinea del Toboso» (1.ª parte, cap. I). En su primera salida la emprende contra molinos y ganados que confunde con gigantes y malandrines. El resto de episodios de la primera parte sigue este esquema, hasta la derrota que lo devuelve a su casa.

Este esquema se rompe en la segunda parte, donde prima la burla de la que Don Quijote y Sancho son objeto, se insinúa el progresivo desencanto que se apodera del caballero, se encona el encuentro con la realidad sin que tercie la locura y la trama se tiñe de amargura por el desencanto. ¿Hay aquí materia mítica?

Detengámonos en la aventura del descenso a la cueva de Montesinos.

El esquema narrativo ensarta, una tras otra, escenas semejantes a las grandes catábasis míticas (Orfeo, Teseo, Ulises), caballerescas y romanceriles.

El personaje Montesinos, que hace las veces de guía, al estilo de Tiresias y la Sibila, introduce a Don Quijote en un «cristalino palacio»; allí encontró, dice, un sepulcro de mármol sobre el que descansaba Durandarte, «de pura carne y de puros huesos», con la mano derecha «algo peluda y nervosa [...] puesta sobre el lado del corazón». Un anticipo del muerto viviente (hoy, zombi). Seguidamente, Don Quijote presenció la procesión de los sirvientes de Durandarte y Belerma:

> Al cabo y fin de las hileras venía una señora, que en la gravedad lo parecía, asimismo vestida de negro, con tocas blancas, tan tendidas y largas, que besaban la tierra. Su turbante era mayor dos veces que el mayor de alguna de las otras; era cejijunta, y la nariz algo chata; la boca grande, pero colorados los labios; los dientes, que tal vez los descubría, mostraban ser ralos y no bien puestos, aunque eran blancos como unas peladas almendras; traía en las manos un lienzo delgado, y entre él, a lo que pude divisar, un corazón de carne momia, según venía seco y amojamado[98].

Acabamos de presenciar un festivo añadido al acervo de romances burlescos de Belerma[99]. Caballero y dama, a la par que el fiel guardián de esa gruta convertida en «bello, ameno y deleitoso prado», son presa del afrancesado encantador Merlín.

Observemos la conversación tras el retorno a la luz del día. El caballero afirma que ha estado en la cueva tres días con sus noches; Sancho le replica que apenas estuvo abajo «poco más de una hora»; el primo, embobado como «famoso estudiante y muy aficionado a leer libros de caballerías», asiente a todo lo que relata Don Quijote; el redactor, por su parte, vacila entre la credulidad y la incredulidad, si bien concluye que «esta aventura parece apócrifa» (*Don Quijote*, II, XXIV, p. 530); el lector, finalmente, tiene para opinar («Tú, le[c]tor, pues eres prudente, juzga lo que te pareciere»). La credulidad será asunto de grados, de cultura, de temperamento; pero lo ocurrido, fuere lo que fuere, nunca ha puesto a Don Quijote en contacto con un mundo extraño a su enajenamiento, nunca lo ha introducido en otro mundo (ni un supramundo ni un inframundo). Don Quijote, tanto arriba en la superficie como abajo en la cueva, vive en un único mundo, el de «los fantasmas de su imaginación»[100]. A diferencia de los personajes míticos, que se comunican con mundos heterogéneos.

---

[98] M. de Cervantes, *Don Quijote de la Mancha*, II, XXIV (1967), p. 526.

[99] Véase A. Labertit, «Estilística del testimonio apócrifo en el *Quijote*», pp. 144-145.

[100] La expresión anticipatoria es de Agustín de Hipona –«imaginata phantasmata», *La Trinidad*, XI, V, 8, L. Arias (ed.), pp. 532-533–, que la aplica al recuerdo de las cosas semiolvidadas o de aquellas nunca experimentadas.

Para mayor abundamiento, los casos de metamorfosis, frecuentes en los relatos míticos, ni acaecen en la cueva ni el visitante los presencia: son explicativos, como en todo mito, pero no descritos, sino narrados *in absentia* por el guardián Montesinos. De nuevo, la credulidad que se les preste es asunto de grados. No ocurre otro tanto con sus consecuencias: Dulcinea no volverá a «recobrar su estado primo» a menos que Sancho se aplique «tres mil azotes y trecientos / en ambas sus valientes posaderas» (II, XXXV, p. 596). Pero ¿cuál es el «estado primo» de la dama?

La estructuración de todo el relato, paródica en sí misma, concluye en la adhesión a la realidad finita y la profesión de la fe cristiana. Al final de su vida, Don Quijote pide a su sobrina que llame al cura, al bachiller Sansón Carrasco y a maese Nicolás el barbero para confesarse y hacer testamento. Cuando estos entran en su aposento, el caballero explica:

> Dadme albricias, buenos señores, de que ya yo no soy Don Quijote de la Mancha, sino Alonso Quijano, a quien mis costumbres me dieron renombre de *Bueno*. Ya soy enemigo de Amadís de Gaula y de toda la infinita caterva de su linaje; ya me son odiosas todas las historias profanas de la andante caballería; ya conozco mi necedad y el peligro en que me pusieron haberlas leído; ya, por misericordia de Dios, escarmentado en cabeza propia, las abomino (II, LXXIV, p. 800).

Al disiparse «las sombras caliginosas» de «sus disparates y sus embelecos», el caballero rubrica su «desengaño». Alonso Quijano se desprende de Don Quijote, despidiendo para siempre el mundo fantástico y legendario del caballero andante que quiso ser. ¿Dónde se ha visto a un personaje mítico desmitificar su mundo imaginario y al mismo tiempo desmistificarse?

Concluiré: dudo que haya relato mítico si hay connivencia, complicidad, entre narrador y lector. Afirmo que no hay relato mítico si no hay heterogeneidad biofísica entre el personaje y los mundos por donde evoluciona. Más aún, pienso que toda la estructuración del *Quijote* revela una intención netamente desmitificadora. Así, la 1.ª parte es de naturaleza eminentemente paródica; consiste, por lo general, en trocar el ambiente poético-caballeresco en ambiente de baja cotidianeidad. La 2.ª parte, más innovadora, utiliza con gran sutileza el recurso de lo apócrifo, suscita en el lector, y en el mismo personaje, la duda sobre la autenticidad de lo narrado. Ambos recursos, entiendo, son incompatibles con la estructura propia de los relatos míticos.

Hablar del mito de Don Quijote es ir contra la literalidad del texto, abusar del lenguaje: cometer un contrasentido.

7
Acontecimiento extraordinario

Dice Deleuze que «el acontecimiento no es lo que sucede (accidente), sino la expresión pura que nos hace señas (signos) y nos espera en lo que sucede»[1]. Según él, importa menos el hecho que su interpretación. Aunque la propuesta se reduce a «un acto de pensamiento» (está clausurada en la inmanencia de una filosofía alérgica a toda verticalidad)[2], el filósofo lleva razón al desvelar la resemantización que ha sufrido el término y al despertar la inquietud por un significado más profundo.

Aquí deseo reivindicar el valor del acontecimiento. Para precisar mi propósito, califico tal acontecimiento de «extraordinario». También este término ha sufrido una resemantización o, más concretamente, una devaluación (raro es el acontecimiento no denominado «extraordinario»). Espero que, al hilo de las siguientes reflexiones, estos términos («acontecimiento» y «extraordinario») puedan convertirse en una herramienta eficaz de la mitocrítica cultural.

Literalmente, acontecimiento es lo que sucede, está en relación o contacto (*con-tingere*), esto es, cuanto acaece a los personajes. Extraordinario es cuanto está o sale fuera de lo ordinario. Hablando en propiedad, muy pocos acontecimientos están o salen fuera de lo ordinario. ¿Qué acontecimiento podríamos tildar de realmente extraordinario? Un terremoto cumple con las leyes ordinarias de la naturaleza, por mucho que al espectador le parezca extraordinario. Sí hay personas que poseen talentos extraordinarios, al menos en comparación con el común de los mortales, pero siempre dentro de lo que les depara su humana naturaleza. No son estos los acontecimientos o talentos extraordinarios que aquí nos ocupan. En este contexto, para que un acontecimiento sea extraordinario, es preciso que varios personajes, uno de los cuales al menos pertenece a un mundo heterogéneo al nuestro, entren en contacto. En este sentido, el presente capítulo es sucesión natural del precedente.

De igual modo que sin personaje no hay mito, tampoco hay personaje sin un mundo en el que este se desenvuelva; el acontecimiento mítico implica simultáneamente los personajes y sus mundos respectivos. O bien un personaje del mundo trascendente entra en contacto con un personaje del nuestro, o bien un personaje de este mundo entra en contacto con un personaje del mundo trascendente. En cualquiera de los casos, para que

---

[1] G. Deleuze, *Logique du sens*, p. 175.
[2] Cfr. «Deleuze conjure toute verticalité de la philosophie à elle même et il renouvellera l'image stoïcienne de la surface par le concept de plan d'immanence», A. Scala, «Gilles Deleuze».

el acontecimiento extraordinario se desencadene, deben interactuar personajes y mundos opuestos (hablo de oposición de situación, no de confrontación).

En la Biblia encontramos un ejemplo paradigmático de actuación de un personaje trascendente en el mundo natural. El Génesis relata la sucesión de seis días para su creación y uno para el reposo del Creador. Con objeto de reforzar el origen divino de la institución del sabbat, el autor del libro sagrado procede a una clasificación lógica de los seres creados según un modelo temporal hebdomadario que culmina en el reposo sabático (día 1.º: luz; día 2.º: firmamento; día 3.º: aguas / vegetación; día 4.º: sol / luna / estrellas; día 5.º: animales; día 6.º: ser humano; día 7.º: bendición y santificación). Ni la semana existía en el tiempo arcano previo a la creación, ni Dios necesitaba descansar: se trata de representaciones antropomórficas de un relato mítico, en este caso cargado de consonancias etiológicas sobre la tipología de los días de labor y sabáticos. Este descanso simboliza, en interpretación anagógica, el culto debido a Dios.

Si prestamos atención, observaremos que cada pasaje de la creación del mundo por Elohim adquiere el carácter de una narración completamente mitológica. Leemos en el Génesis:

> Dijo Dios: «Haya un firmamento por en medio de las aguas, que las aparte unas de otras». E hizo Dios el firmamento; y apartó las aguas de por debajo del firmamento de las aguas de por encima del firmamento. Y así fue. Y llamó Dios al firmamento «cielos». Y atardeció y amaneció: día segundo (Gn 1, 6-8).

Para el imaginario hebreo de la época el firmamento era una cúpula que retenía las aguas superiores. Así lo da a entender otro pasaje con el desencadenamiento del diluvio: «ese día saltaron todas las fuentes del gran abismo, y las compuertas del cielo se abrieron» (Gn 7, 11). Por tanto, en el relato sobre el comienzo del mundo, el hagiógrafo no concibe el espacio cósmico como hoy lo conocemos: representa una bóveda celeste colocada por Dios para separar las aguas y preservar la tierra. La imagen de esa intervención extraordinaria de un dios apuntalando un firmamento impermeable es una representación mitológica de la creación.

Dado que la cosmogonía y la escatología míticas ocupan sendos capítulos en este volumen, aquí me limitaré a considerar tres tipos de acontecimientos extraordinarios: la metamorfosis, el cumplimiento del anuncio (profecía y maldición) y la magia. No son los únicos, pero sí particularmente visualizables y entitativos para mostrar la relevancia del acontecimiento extraordinario en el universo mitológico.

Antes de proceder al estudio de varios de estos acontecimientos, conviene disipar un escrúpulo suplementario. ¿Cabe hablar de hecho extraordinario cuando solo intervienen seres del mundo trascendente? Personalmente, soy de la opinión afirmativa. En estos casos, raros en la literatura moderna y contemporánea, la isotopía con nuestro contexto espacial genera las condiciones necesarias del mito: un hecho del otro mundo acontece en uno homólogo al nuestro. El universo politeísta, cuya trascendencia los hace inmanentes a nuestro cosmos pero libres de nuestras condiciones, está basado en la diferencia entre los dioses, motivo de sus respectivas facultades. Así lo canta Hesíodo: Zeus rescata a sus hermanos, libera a los cíclopes y los hecatónquiros y desata la batalla final contra los titanes. Víctor Hugo nos ha dejado un precioso poema (*«El sátiro»,* comp. 1859): en el Olimpo todos los dioses se mofan de un lúbrico y maltrecho fauno con pies de cabra, hasta que, ayudado por la flauta que le presta Hércules, el enigmático Egipán entona «un canto misterioso» capaz de cambiar la faz de la tierra, atraer a todos los animales y predecir el futuro infinito: «El azul del cielo apaciguará a los lobos. ¡Dejad pasad al Todo! Soy Pan; ¡Júpiter!, arrodíllate»[3]. En realidad, no hay hecho extraordinario que no afecte a todas las coordenadas espacio-temporales, incluso más allá de nuestra vista. El universo monoteísta también ofrece situaciones semejantes: el Satán de Milton somete a los demonios indóciles y arenga al resto de sus secuaces para la batalla contra Dios, lo cual no impide otras escaramuzas contra Adán y Eva, personajes isomorfos al lector[4]. Ocurran donde ocurran, titanomaquias, teomaquias y demonomaquias son extraordinarias.

METAMORFOSIS

Infracción de las leyes de la naturaleza, toda metamorfosis manifiesta, implícitamente, las violaciones de los límites naturales: como si, al contacto con el otro mundo, las formas de este perdieran su fijeza. El tema mítico de la metamorfosis irrumpe cuando, debido a la interacción de los mundos natural y sobrenatural, un personaje modifica por completo su forma externa, o cuando dicha forma sufre modificaciones de entidad. Proteo es el prosopomito de la metamorfosis por antonomasia. No en vano Homero lo denomina «viejo del mar» (*Odisea*, IV, v. 365): nada hay tan cambiante como las ondas del agua. Por eso Rodó lo elige como símbolo de su libro indefinible e indeterminado: «Siempre inasible, siempre nuevo, recorría la infinitud de las apariencias sin fijar su esencia sutilísima en ninguna»[5]. Aquí veremos algunos ejemplos en diversas mitologías, y también observaremos que no todas las metamorfosis son míticas.

Metamorfosis en la mitología clásica

1. Acteón

Junto a un manantial en un valle de Beocia, Diana entrega sus armas y vestidos a las ninfas y se dispone al baño. Acierta a pasar por aquel lugar el cazador Acteón y observa la desnudez de la titánida. Ruborizada e irritada, Diana derrama agua sobre los cabellos del nieto de Cadmo, al tiempo que pronuncia estas palabras:

---

[3] «"L'azur du ciel sera l'apaisement des loups. / Place à Tout! Je suis Pan; Jupiter! à genoux"», V. Hugo, *«Le Satyre»*, *La Légende des Siècles*, J. Truchet (ed.), p. 430. Egipán es Pan transformado en cabra; véase A. Ruiz de Elvira, *Mitología clásica*, p. 558.

[4] «¡Despertad, levantaos, o quedaos caídos por siempre!»; «Awake, arise, or be for ever fall'n», J. Milton, *Paradise Lost*, I, v. 330, en *The Complete Poems*, J. Leonard (ed.), p. 129.

[5] J. E. Rodó, *Motivos de Proteo*, R. Lazo (pról.), p. 3. Por supuesto, la metamorfosis mítica toma su nombre, por traslación imaginativa, de las leyes naturales (evolución del huevo a larva, crisálida y mariposa); en el mito, el acontecimiento extraordinario obedece a una actividad sobrenatural quebrantadora de esas leyes.

«Ahora te está permitido contar que me has visto desnuda, si es que puedes contarlo». Y sin más amenazas, le pone en la cabeza que chorreaba unos cuernos de longevo ciervo, le prolonga el cuello, hace terminar en punta por arriba sus orejas, cambia en pies sus manos, en largas patas sus brazos, y cubre su cuerpo de una piel moteada. Añade también un carácter miedoso[6].

El pasaje es antológico por cuanto describe de manera pormenorizada la metamorfosis. La representación podría pasar por rudimentaria e infantil; pero es tremendamente realista y completa: lo que Acteón ya tiene (las extremidades), Diana lo modela hasta darle la forma acabada del animal; lo que le falta (los cuernos o la piel), lo toma de un auténtico ciervo o se lo aplica. El pánico que le infunde desencadena el desastre: Acteón (que de su identidad previa solo conserva su inteligencia: «mens tantum pristina mansit») se da a la fuga perseguido por sus propios perros, a los que en vano intenta dar órdenes («pero las palabras no acuden a su deseo»). Solo cuando la jauría ha despedazado el cuerpo del cazador, Diana satisface su cólera.

2. Pigmalión

El legendario rey de Chipre, escandalizado por las depravaciones de las indecentes Propétides, había optado por la soltería. Era, además, un célebre escultor: de un marfil esculpió una joven tan hermosa que se enamoró de ella, hasta el punto, afirma Ovidio, de rogar a los dioses que su esposa fuera «semejante a la joven de marfil» («sit coniunx [...] similis [...] eburnæ»)[7]. Por obra de Venus, la estatua adquiere vida, y el escultor, desbordado ante el acontecimiento y subyugado por la belleza, se queda atónito («stupet»).

No es un hecho extraordinario que un hombre suplique o pregunte algo a la divinidad; del silencio de esta surgen incontables novelas y obras de teatro, sobre todo, en los tiempos modernos. Sí lo es que la divinidad actúe o responda; y ahí hay mito.

En cambio, no hay hecho sobrenatural, extraordinario, en *Pygmalion* de Shaw (1912). La pieza de teatro y su adaptación cinematográfica *My Fair Lady* (G. Cukor, 1964) describen la progresiva transformación de una muchacha de los bajos fondos londinenses en una dama respetable. El profesor Higgins enseña tan bien la correcta gramática y elevada pronunciación a la joven florista Eliza Doolittle que su alumna acaba superándolo. Asistimos a una conversión intelectual y social análoga a la conversión material; la vendedora de flores (material en bruto) se transforma en una elegante dama de la nobleza e incluso baila con el príncipe de Transilvania. Por muy insólito que parezca el aprendizaje académico de una florista callejera, en modo alguno constituye un hecho extraordinario: la trama discurre al margen de toda trascendencia. Del mito solo queda el esquema narrativo de un tránsito asombroso, pero no de una especie a otra, ni de una

---

[6] Ovidio, *Metamorfosis*, III, vv. 192-198, A. Ruiz de Elvira (trad.), t. I, pp. 94-95.

[7] *Ibid.*, X, vv. 275-276, t. II, p. 184. «¡Qué adorable mujer sería / si tuviera espíritu, lengua!». Por asombroso que parezca, este deseo, similar en tono y tema a la expresión ovidiana, lo encontramos... ¡en el *Kalevala*!, concretamente en el canto XXXVII, vv. 131-132, E. Lönnrot (comp.), J. Fernández y U. Ojanen (trads.), p. 515. Para consolarse de la muerte de su mujer, el herrero Ilmarinen forja con oro y plata una estatua femenina; al ver que no habla, la regala al mago Väinämöinen, que ríe de buena gana: es necedad, le amonesta en otro lugar –cuando el herrero se presenta con una luna de oro y un sol de plata; véase XLIX, v. 54–, confiar todo a la técnica.

identidad a otra, ni siquiera de una forma corporal a otra, sino de unas formas de conducta y expresión lingüística a otras. La modificación social y psicológica operada es una ingeniosa y sugerente adaptación literaria del mito de Pigmalión, pero no una metamorfosis mítica.

3. En las letras latinas, además de la mitografía ovidiana, citada para el caso de Acteón y Pigmalión, las *Metamorfosis* de Apuleyo son mención obligada, sobre todo para la historia del *Asno de oro*: Lucio llega a Hípata, ciudad de Tesalia, ávido de curiosidad por la magia. Pronto se enamora de la criada Fótide, a la que ruega mostrarle la «ciencia divina» de su ama Pánfila: «verla cuando invoca a los dioses o, en cualquier caso, cuando se transforma». La tarea es complicada: además de desconfiada, la señora solo ejecuta sus misterios recluida; pero no imposible. Cierto día, Fótide sube con Lucio al aposento más elevado, donde este observa la ceremonia: tras desnudarse y aplicarse un ungüento por todo el cuerpo, Pánfila habla largo rato con una lámpara y, de pronto,

> se estremece su cuerpo con una sacudida temblorosa; al agitarse suavemente, le empieza a brotar un suave plumón, le crecen también plumas fuertes, se le endurece, ganchuda, la nariz, las uñas se ven forzadas a curvarse: ¡Pánfila se convierte en búho![8].

Deseoso de adquirir las «artes poderosas», Lucio persuade a Fótide para que le dé «un poco de ese mismo ungüento» y así «convertir[se] en un pájaro de ese tipo». Para su desgracia, la criada confunde las cajas de los ungüentos:

> Y ya estaba yo moviéndome como un pájaro de ese tipo, balanceando alternativamente los brazos arriba y abajo: pero no aparecieron ni plumón ni plumas por ninguna parte, sino que, por el contrario, empiezan a espesárseme claramente los pelos como si fueran cerdas y mi piel delicada se endurece como el cuero y en la punta de las extremidades los dedos pierden su número, reuniéndose en una única uña en cada una, y del final de mi columna vertebral brota una gran cola. [...] Y mientras en mi desesperación, al considerar la totalidad de mi cuerpo, veo que no soy un pájaro sino un burro (...*non auem me sed asinum uideo*, III, XXV, 1, p. 64).

La escena es cómica. De nada sirven los remedios, pasan los días y Lucio queda como asno, destinado a una serie de aventuras, cada cual más sabrosa para él y para nosotros: de otro modo, no hubiéramos conocido la historia de Psique y Cupido.

La transformación requiere los favores divinos. Cuando más desespera, Lucio asiste a la apoteosis de Isis que, conmovida por sus rezos, le indica cómo volver a su forma primigenia, a condición de que viva una vida recta y consagrada a su bienhechora. En singular ceremonia, el burro come una corona de rosas que le acerca el sacerdote y «al punto se [le] desvanece aquella figura deforme y bestial»[9]. Transformación de ida y vuel-

---

[8] «fit bubo Pamphile», III, XXI, 6, Apuleyo, *Las metamorfosis o El asno de oro*, J. Martos (ed.), t. I, p. 62.

[9] «protinus mihi delabitur deformis et ferina facies», *ibid.*, XI, XIV, 3, t. III, p. 203. Otro caso sintomático de metamorfosis en ambas direcciones: el rey Midas, que recibe de Baco «el dañoso presente» de convertir en oro cuanto toque; su gozo pronto se transforma en pánico: «rico y desdichado

ta: castigo humorístico contra las frivolidades de la magia e iniciación en los misterios divinos.

En las metamorfosis precedentes, un personaje sobrenatural (Diana, Venus, Iris) interactúa con personajes humanos en el mundo natural (Acteón, Pigmalión/Galatea, Lucio). El contacto entre ambos mundos, natural y sobrenatural, produce el mito.

Metamorfosis bíblicas

En sentido estricto, Adán, Lilit, Eva o el gólem son efecto de una metamorfosis; unas las hemos visto ya, otras las veremos más adelante. En el firmamento mitológico de las metamorfosis judías brilla con luz propia la sufrida por la mujer de Lot:

> Al rayar el alba, los ángeles apremiaron a Lot diciendo: «Levántate, toma a tu mujer y a tus dos hijas que se encuentran aquí, no vayas a ser barrido por la culpa de la ciudad. […] ¡Escápate, por vida tuya! No mires atrás ni te pares en toda la redonda […]». El sol asomaba sobre el horizonte cuando Lot entraba en Soar. Entonces Yahveh hizo llover sobre Sodoma y Gomorra azufre y fuego de parte de Yahveh [v.gr. «desde el cielo»]. Y arrasó aquellas ciudades, y toda la redonda con todos los habitantes de las ciudades y la vegetación del suelo. Su mujer miró hacia atrás y se volvió poste de sal (Gn 19, 15-26).

Geólogos y exégetas atribuyen la destrucción de estas ciudades y otras dos más a una sacudida sísmica acompañada de erupción de gases, y el origen del poste de sal a una leyenda popular sobre la forma caprichosa de alguna peña o de un bloque de formación salina: acontecimientos meteorológicos acordes con el decurso ordinario del tiempo y la materia[10]. Aquí vamos a leerlos en clave mítica, como acontecimiento extraordinario.

---

a la vez, quisiera escapar de sus riquezas y odia lo que poco antes anhelara». Tras suplicar al Cielo, el dios le concede, previa penitencia, retomar su ser natural; véase Ovidio, *Metamorfosis*, XI, vv. 85-145, A. Ruiz de Elvira (trad.), III, pp. 18-20. En este caso, no es el humano el metamorfoseado, sino quien recibe el poder «nocivo» de operar indiscriminadamente metamorfosis a su alrededor: la condena fustiga su codicia. Las malandanzas de este rey no acaban ahí: de igual modo que Lucio es censurado por su deseo desordenado de sexo y sabiduría, a Midas le crecen orejas de asno para corregir su preferencia estética por el arte de las flautas de Pan: «entonces Apolo, indignado, le dijo a Midas: "Cual tuviste el corazón a la hora de juzgar, tales tendrás también las orejas". A raíz de estas palabras, hizo que le crecieran orejas de asno», Higino, *Fábulas*, CXCI, 2, J. del Hoyo y J. M. García Ruiz (trads.), p. 277; véase A. Stevens, *Ariadne's Clue*, p. 353.

[10] Véase R. Graves y R. Patai, *Hebrew Myths*, p. 169. Llama poderosamente la atención la importancia otorgada a los restos que corroboran tal o cual suceso mitológico. En la tradición grecolatina encontramos esta misma querencia documental; traigo aquí un caso semejante y sobremanera apto, por cuanto el autor lo aplica a otro súbito e irreversible endurecimiento de un personaje femenino: la historia de la noble Anaxárete y el humilde Ifis, relatada por Vertumno a Pomona para vencer las reticencias amorosas de esta diosa. A pesar de mostrarle su amor de mil maneras, Anaxárete permanece dura como el mármol a los requerimientos de Ifis; perdida toda esperanza, el amador se ahorca a la puerta de la casa de la joven. Más tarde, al pasar el cortejo fúnebre ante esa misma casa, la muchacha se asoma a contemplarlo; entonces, por obra de «un dios vengador», queda convertida en estatua de piedra; así lo confirman la estatua conservada en Salamina y el nombre del templo de esta ciudad: «Venus Mirando» («Veneris […] prospicientis»), Ovidio, *Metamorfosis*, XIV, vv. 760-761, A. Ruiz de

Obviamente, surge espontáneo, en nuestra mente, el paralelismo con el mito de Eurídice: ambas mujeres se perdieron por una mirada desobediente hacia atrás en el instante crítico (en el caso griego, la culpa hay que achacarla a Orfeo). Después veremos que toda maldición está íntimamente ligada al restablecimiento del orden. Más nos interesa ahora responder a una serie de preguntas.

¿Por qué la mujer de Lot miró hacia atrás? El *midrás* relativo a la antigua historia de Israel afirma que Edit (o Idit), la mujer de Lot, preocupada por sus hijas, se volvió para cerciorarse de que la seguían[11]. Motivo piadoso, familiar, que busca exculpar un gesto indeliberado ante cualquier acontecimiento sobrecogedor. Pero, ya lo hemos visto, las leyes del Cielo son inflexibles.

¿Por qué fue metamorfoseada? Los exégetas aventuran que al volverse vio a Dios, descendido a la tierra para desatar una tormenta de piedra y fuego sobre las ciudades[12]. Tesis igualmente religiosa, pues sella el cumplimiento divino de la amenaza sobre las ciudades, al tiempo que corrobora lo dicho por Yahveh a Moisés, cuando este le pidió ver su gloria: «mi rostro no podrás verlo; porque no puede verme el hombre y seguir viviendo» (Ex 33, 20). Incluso los serafines se cubren el rostro para no ver a Dios (véase Is 6, 2). La especie humana no puede soportar mucha realidad –hemos visto con Eliot–, la gran realidad, según el universo imaginario de la Biblia. El argumento se ajusta, además, a la concepción antropomórfica de la divinidad en la época, cuando todavía abundaban historias sobre gigantes y monstruos.

¿Por qué en sal? El pueblo fantasea con una explicación no exenta de misoginia: cuando Lot ofreció hospitalidad a los extranjeros, mandó a su mujer que les diera sal. Buscándola entre los vecinos, esta los alteró hasta el punto de provocar un motín: la multitud se agolpó a la puerta de su casa para que le entregara a los huéspedes[13]. La sal que había provocado el tumulto contra los enviados de Dios perpetuó más tarde la desgracia, de modo ejemplar, sobre la mujer lenguaraz.

Las razones de los exégetas no buscan convencernos. En realidad, el mito tiene su propia lógica (no siempre coincidente con las de los exégetas), que este volumen está intentando elucidar, si es posible decirlo así, desde el interior del mito.

Elvira (trad.), t. III, p. 158. Sobre la fuente helena de este mito (*Leoncio*, de Hermesianacte), la versión ovidiana y sus influencias, véase V. Cristóbal, *Mujer y piedra. El mito de Anaxárete en la literatura española*, que prefiere traducir «Venus-que-mira» o «Venus la Espectadora» (*Venus Prospiciens*), p. 20.

[11] «Se conmovieron las entrañas de Edit, la mujer de Lot, por sus dos hijas casadas en Sodoma y volvió la vista atrás para ver si venían o no tras ella, y tras ella vio la *Sekinah* y se convirtió en una estatua de sal», *Capítulos de Rabbí Eliezer*, «El tercer descenso del Santo, bendito sea: Sodoma», V, M. Pérez Fernández (ed.), p. 187; véase R. Graves y R. Patai, *Hebrew Myths*, p. 168. La *Sekinah* (también *Shekinah, Shekiná* o *Shejiná*) significa la irradiación o la presencia de Dios.

[12] Véase H. Schwartz, *Three of Souls: The Mythology of Judaism*, p. 467. Los extranjeros, explica el *midrás Tanhuma*, son ángeles; también esta exégesis hebrea explica que Dios eligió la lapidación por ser, frente a otros tipos de ejecución (hoguera, decapitación y estrangulación), el más severo, esto es, proporcional a la «perversión sexual», Genesis, 4: *Wayyera*; véase *Midrash Tanhuma*, J. T. Townsend (ed.), p. 101. En una jornada de investigación sobre este mito (U. Francisco de Vitoria, 16 de marzo de 2021), pregunté al prof. Ángel Barahona sobre el castigo de Edit; me respondió: «frente a la "instalación" de la ciudad pagana, en la tradición judía el pueblo está siempre errante, de paso (eso significa 'pascua', *pésaj*); la mujer de Lot prefiere la permanencia, la nostalgia».

[13] Véase H. Schwartz, *Three of Souls: The Mythology of Judaism*, p. 467.

Frente al paralelismo entre la mujer de Lot y Eurídice, la poesía contemporánea ha propuesto otras aplicaciones a la mujer bíblica. Paca Aguirre establece un parangón con Penélope: en la nostalgia imaginada por esta escritora, la esposa de Ulises vuelve la mirada atrás, a los recuerdos más íntimos, de los que ya no le queda nada, sino «un andamiaje de segundos / borrándose bajo un acuoso salitre»[14]. En el texto del Génesis, la mujer de Lot se solidifica en estatua salina; aquí son los recuerdos de otra heroína los que experimentan el cambio. No obstante, la metáfora funciona a la perfección: nada mejor que «esa solidez de sal y lágrima» para describir el estado de una Penélope que dirige su mente al pasado y, por extensión, de la poeta que a ambas mujeres se asemeja.

Algunos aseguran que hoy día aún es posible observar, en las proximidades de donde se ubicara la antigua Sodoma, cerca del mar Muerto, un enorme pilar de sal con extraña apariencia de una mujer con delantal, volviéndose hacia la ciudad fantasma[15]. Quizá así se cumple, como una maldición, la metamorfosis sempiterna que recuerda la importancia de prestar oído a las conminaciones angélicas: el *midrás* añade que el pilar de sal, desgastado a diario por el ganado, renace milagrosamente cada noche[16].

Metamorfosis en las edades Media y Moderna

Indudablemente, la metamorfosis pertenece por derecho propio a los tiempos antiguos, en los que el imaginario desembridado campa por sus fueros y facilita el rompimiento de los moldes físicos: a pesar de sus irreductibles desemejanzas, mito y fantasía comparten, en lo que se refiere a la flexibilidad material, diversos aspectos de la metamorfosis[17]. Esta no se prodiga en la Edad Media; sí la encontramos, en cambio, en textos modernos y contemporáneos que ambientan sus argumentos en los tiempos medievales, sobre todo en las áreas septentrionales del continente europeo, debido a la influencia de su mitología.

Las hadas son seres etéreos de otro mundo que interactúan con los humanos. En *Las hadas*, cuento de Perrault (1697), un hada adopta la apariencia de una mujer pobre y se presenta sucesivamente a dos hermanas junto a una fuente: a la primera, para premiar su humildad; a la segunda, para castigar su orgullo. Las flores y los diamantes que salen de la boca de la más joven son símbolos de virtudes que contrastan con los vicios, evocados por las serpientes y los sapos que salen de la boca de la mayor. La benjamina contrae matrimonio con el príncipe, en tanto que la primogénita muere abandonada en el bos-

---

[14] «Me he quedado parada / a mitad del pasillo / y hacia atrás he vuelto los ojos, / hacia mis tiernas construcciones, / a mis primeras tentativas, / esas que amarraba a mi vida como los lazos a mis trenzas. [...] y he luchado desesperadamente / contra esa solidez de sal y lágrima / que poco a poco me va inmovilizando», F. Aguirre, *Ítaca*, «Espejismo: Penélope y la mujer de Lot», pp. 34-35.

[15] Véanse R. Graves y R. Patai, *Hebrew Myths*, p. 169, y H. Schwartz, *Three of Souls: The Mythology of Judaism*, p. 467.

[16] «y allí está todavía; durante todo el día los bueyes la lamen y disminuye hasta sus pies, y por la noche vuelve a crecer», *Capítulos de Rabbí Eliezer*, «El tercer descenso del Santo, bendito sea: Sodoma», V, M. Pérez Fernández (ed.), p. 187.

[17] Como botón de muestra, la saga de películas *Transformers*, que también combina la ciencia ficción.

que. El autor hace en su *moralité* un panegírico de la mansedumbre y fortaleza en la adversidad[18]. La interacción entre ambos mundos es completa: el bien ejercido en este mundo es recompensado por un ser del otro.

Durante varias décadas del siglo XX Tolkien redacta *El Silmarillion*, relato de dioses, elfos y hombres, contextualizado en un tiempo prehistórico, de coordenadas espacio-temporales fantásticas sobre la geografía y el clima del Noroeste de Europa. No faltan escenas extraordinarias de metamorfosis; veamos dos.

El rey Felagund acompaña con diez de sus hombres a Beren, hijo de Barahir, que se ha propuesto conseguir un Silmarillion de la corona de Morgoth: será la prenda de su amor por Lúthien, hija de Thingol, rey de los elfos. Llegados a un paso peligroso (las Montañas Sombrías), de noche se abalanzan por sorpresa sobre una partida de orcos. Tras matarlos y hacerse con su armamento, gracias a «las artes de Felagund, cambia[n] de forma y de rostro hasta que parec[e]n orcos»[19]. Por encantamiento (el tiempo apremia), Felagund opera una metamorfosis que les permite continuar su camino sin levantar sospechas[20]. Felagund y sus hombres no dejan de ser quienes son, pero bajo la apariencia de sus enemigos. En este mismo capítulo («De Beren y Lúthien»), Sauron «cambia de forma, de lobo a serpiente, y de monstruo a su forma habitual», para luchar contra Huan, el perro de Valinor; y Huan, después de vencer a Sauron, «tom[a] la forma de un vampiro, tan grande como una nube negra a través de la luna»[21].

No se trata de un mero disfraz, en cuyo caso continuaríamos en el mundo natural, sino de un cambio absoluto de traza externa. La nueva figura es extraordinaria y reviste los episodios de carácter mítico, como corresponde a la aventura en la que se enmarcan: el robo de la joya primordial sobre la que pesa una maldición, que contiene la luz de los Árboles de Valinor, luz previa a la del sol y la luna, ahora en manos del adversario desde antes de la creación.

En *Juego de tronos*, también ambientado en una Edad Media identificable por las armas, los atuendos y las referencias a la mitología nórdica, abundan las metamorfosis de Jaqen H'ghar. Salvado del fuego por Arya Stark, el soldado cumple, en prenda de reconocimiento, los tres deseos de venganza que la joven le exige. Antes de separarse, el militar la invita a seguirlo y, para mostrarle una vez más sus poderes sobrenaturales, cambia su propio rostro por el de otro hombre[22]. Más tarde (episodio 10 de la temporada 5), Arya acude a la ciudad de Braavos para solicitar de nuevo la ayuda de Jaqen H'ghar, que la recibe convertido en maestro de un oscuro templo. El antiguo soldado,

---

[18] Véase C. Perrault, *Les Fées*, en *Les Contes de Perrault dans tous leurs états*, A. Collognat y M.-C. Delmas (eds.), p. 641.

[19] J. R. R. Tolkien, *El Silmarillion*, XIX, «De Beren y Lúthien», R. Masera y L. Domènech (trads.), p. 231; «By the arts of Felagund their own forms and faces were changed into the likeness of Orcs», *The Silmarillion*, XIX, «Of Beren and Lúthien», C. Tolkien (ed.), p. 200.

[20] En el mundo de Tolkien, los adversarios (Sauron y los espectros) recurren a la hechicería, en tanto que los elfos y Gandalf emplean el encantamiento, magia buena que explora la capacidad potencial del ser o, en este caso, altera aparentemente la imagen.

[21] «Then Sauron shifted shape, from wolf to serpent, and from monster to his own accustomed form [...]; and Huan [...] took the form of a vampire, great as a dark cloud across the moon», *ibid.*, pp. 205-206.

[22] *Game of Thrones*, temp. 2, ep. 10, «*Valar Morghulis*».

hombre sin rostro que cambia de fisonomía y raza según sus funciones («a faceless man»), inicia a la joven en el arte de no ser nadie («no one») para ser todos; solo así podrá pasar por desconocida, matar cuantas vidas quiera entre sus enemigos y entregarlas para adorno del templo del «dios de muchos rostros» («Many-Faced God»). Este tipo de metamorfosis afecta solo a la forma externa, no a la identidad de los personajes, que adoptan diversas apariencias a placer con objeto de cometer impunemente crímenes o tomar fácilmente venganzas.

Si prestamos atención, observaremos, no obstante, que estas metamorfosis son deceptivas: remedos de la adoptada por Zeus para introducirse en el lecho de Alcmena[23]. Estos artificios del hada, Felagund, Jaqen H'ghar o el dios supremo son metamorfosis superficiales que en nada comprometen la identidad de los personajes.

* * *

Podría pensarse que la metamorfosis es la gran ausente de los mitos modernos. El asunto es complejo por cuanto afecta directamente a otro mitema: la vivificación.

Don Juan no sufre metamorfosis alguna. Sin embargo, en la inmensa mayoría de apariciones del Comendador, asistimos a un acontecimiento extraordinario que implica un cambio de forma externa. A la conducta horizontal de Don Juan, las mujeres (Isabela, Tisbea, Arminta, Elvira y tantas más) oponen la vertical, introducida en la trama por la dimensión trascendente. Sobre todas ellas descuella Ana de Ulloa, cuyo padre ha sido asesinado por el burlador. Cuando este cruza el camposanto, se encuentra de modo inopinado con la estatua de su víctima y la increpa, blasfemo y sarcástico[24]. Para su asombro, la piedra se anima. El acontecimiento es inaudito, una «expresión elíptica y condensada de una contradicción: la piedra animada»[25]. Lo que era fijo, súbitamente se mueve (fixum fit mobile): la estética barroca lo facilita. No se trata de una metamorfosis al uso: un personaje no se transmuta en otro. En cambio, también aquí hay desafío de las leyes de la naturaleza. De símbolo de muerte que era, la piedra se convierte en espectro parlante, en «Galateo» moderno ante un Pigmalión más absorto que el ovidiano.

---

[23] Véase Pseudo-Apolodoro, *Biblioteca mitológica*, II, 4, 8, J. García Moreno (ed.), p. 96.

[24] Véanse Tirso de Molina (atr.), *El burlador de Sevilla*, III, vv. 2.386 *et seq.*, A. Rodríguez López-Vázquez (ed.), p. 269, y Molière, *Dom Juan*, III, 5, en *Œuvres complètes*, G. Couton (ed.), II, p. 67. En la pieza de Pushkin (*Kamennyi Gost'*, 1830), el burlador hace gala de sarcasmo. Tras quebrantar el exilio impuesto por matar al Comendador, regresa a Madrid, donde decide seducir definitivamente a su esposa Ana. Enhiesto ante la estatua, conmina al difunto a acudir al día siguiente a la casa de su viuda y plantarse cual centinela junto al dintel mientras él se entretiene con ella; véase *El convidado de piedra*, esc. III, M. Chílikov (trad.), pp. 240 y 242. No por caer en la sorna este Don Juan romántico es menos blasfemo (la divinidad sigue representada en la orden militar y los compromisos de la viuda); de ahí que muera fulminado por el Comendador. En una original actualización del mito, el Comendador, tras incorporarse penosamente desde su postura marmórea y acudir al convite en casa del seductor, experimenta de nuevo, gracias a las atenciones de Don Juan y las sensaciones placenteras –el olor de la madera exótica, los cojines de velludo, la estética del aguamanil, los aromas frutales–, una alegría vital regeneradora («Volvería, pero no para matar, sino para sentirse vivo», P. Díaz-Mas, *La visita del Comendador*, p. 24); la *teoxenía*, que en la tradición mitológica conlleva bienes para el anfitrión –pero resulta funesta en el mito donjuanesco–, provoca aquí una modificación espiritual del visitante ultramundano.

[25] C.-G. Dubois, «Constance et instabilité dans *Dom Juan* de Molière», p. 61.

Gracias a su ciencia, el Dr. Frankenstein infunde «una chispa de ser» en «los instrumentos sin vida» que yacen a sus pies (fibras, músculos, venas y huesos recogidos en osarios) y obtiene un ser viviente. Poco importa que su engendro sea «desgraciado» (*wretch*)[26]; asistimos a la animación del mundo inerte.

Mediante el mordisco, Drácula mata a sus víctimas y de inmediato toma posesión de sus cuerpos, que se convierten en receptáculo de seres demoníacos. Cuando Seward y Van Helsing se aproximan al ataúd en que yace la joven Lucy, observan la transformación operada en su piel, sus labios, sus dientes[27]. Drácula anima cuerpos inertes para aumentar sus huestes.

Hablando en propiedad, no estamos ante casos de metamorfosis. Todos ellos son parcialmente parangonables con el presenciado por Pigmalión. La estatua del Comendador, el amasijo de cables y huesos y el cuerpo de Lucy carecen de vida, son seres inertes; súbitamente, son vivificados; otro tanto ocurre a la estatua del escultor chipriota que, gracias al concurso de Venus, es animada. Pero en este mito clásico, además de la animación, asistimos a una metamorfosis en toda regla (en un acontecimiento inversamente simétrico al sufrido por la mujer de Lot, cuya metamorfosis acarrea la pérdida de la vida: se convierte en un ser inerte).

¿Cuál es el motivo de que los mitos modernos presenten más bien una animación y no una metamorfosis? En espera de otra respuesta más convincente, se podría hablar de la pujanza del modelo cristiano durante la época de gestación de estos mitos: según esta religión, la segunda persona de la Trinidad se ha encarnado, ha tomado, en Cristo, un cuerpo humano. Desde entonces, en tanto no llega el final de los tiempos, nada se circunscribe de modo exclusivo al Cielo, al Purgatorio o al Infierno: ya en esta vida los límites entre los mundos inmanente y trascendente son franqueados.

* * *

En estas páginas he abordado algunos relatos míticos de metamorfosis. Por ser un acontecimiento extraordinario, la metamorfosis plantea una serie de interrogantes sobre la trascendencia.

¿Por qué los dioses castigan o premian con la metamorfosis? Cada caso reclama una elucidación[28]. Pienso que también se trata de un atajo mágico: algo imposible, según el decurso de la naturaleza, parece más creíble si es operado por una divinidad o un ser dotado de poderes sobrenaturales[29]. Este atajo establece un orden moral. No es coinci-

---

[26] M. Shelley, *Frankenstein, or The Modern Prometheus*, S. Jansson (ed.), V, p. 45.

[27] Véase B. Stoker, *Dracula*, M. Hindle (ed.), XV, p. 213.

[28] ¿Cómo interpretar la metamorfosis de Tereo en abubilla? Ovidio se limita a describirla sucintamente y evocar discretamente la de Procne (Progne en la transcripción latina) y Filomela; véase *Metamorfosis*, VI, v. 668-674, A. Ruiz de Elvira (trad.), t. II, pp. 45-46. Sin duda los dioses implorados por Pandíon precipitan estas transformaciones para prevenir la muerte de Progne y Filomela, metamorfoseadas en ruiseñor y golondrina, respectivamente (según los mitógrafos griegos), o viceversa (según la mayoría de los latinos); véase *ibid.*, pp. 214-215.

[29] En *Los motivos de Circe*, de Lourdes Ortiz, la maga ha ejercido sus poderes sobre los compañeros de Odiseo, pero se siente impotente ante su capitán: «Ni cerdo, ni lobo, ni león, sino espíritu diestro en la palabra y en el juego. Y Circe, mientras él bebía, supo que aquella vez no habría varita, ni con-

dencia que Isis deshaga el entuerto de Lucio en el relato de Apuleyo, pues el burro representa a Set (identificado con el Tifón griego), su enemigo por antonomasia; tampoco lo es que el poder divino envíe al Comendador de piedra para fulminar por medio de la institución o la virtud ofendidas (la orden religiosa, la castidad). Existe una sintaxis profunda en el sistema de la metamorfosis.

Más preguntas: ¿es hombre un cuerpo cérvido dotado de mente humana?, ¿es mujer lo que un instante antes era un trozo de mármol?, ¿somos lo que sugieren las apariencias?, ¿qué es el cuerpo?, ¿qué relación existe entre el espíritu y el cuerpo cuando uno de los dos se transmuta?, ¿quién soy yo? Como todo mito, este acontecimiento extraordinario incide directamente sobre la categoría de la identidad humana.

Han quedado fuera de este análisis textos de Pilpay, Esopo, La Fontaine, Iriarte o tantos otros. Aristóteles hace bien en disponer el apólogo dentro de los recursos retóricos de tipo didáctico: el fabulista se dirige a un lector que sabe cribar la imaginación del animal y la razón del ser humano, con objeto de aplicar la moraleja a una situación particular[30]. En esta fantasía solo hay un mundo; no hay mito.

Tampoco he incluido aquí otras metamorfosis contemporáneas. En *La metamorfosis* de Kafka (1915) asistimos a la experiencia de 'transformación' (tal es el título original, *Die Verwandlung*) sufrida por el protagonista. Tras una noche cuajada de pesadillas, Samsa se despierta metamorfoseado en un insecto enorme[31]; no pierde su identidad personal, pero experimenta de inmediato la repulsión social y familiar que lo lleva lentamente a la muerte. Cabría decir que su identidad experimenta un cambio sustancial: Samsa ya no puede comprenderse y expresarse sino a través del cuerpo de un insecto monstruoso. En su metamorfosis y su modo de actuar, asistimos a una fusión increíblemente coherente entre lo cotidiano y lo extraño; ¿dónde acaba lo uno y empieza lo otro? Ciertamente, se trata de un acontecimiento extraordinario y de inusual valor simbólico, donde la fantasía sale de la imaginación del personaje para incorporarse a la realidad, pero sin referencias explícitas o implícitas a un mundo sobrenatural (menos aún, sagrado). Estamos ante una metamorfosis, pero no una metamorfosis mítica.

Otra metamorfosis célebre: la presenciada en *Rinoceronte* de Ionesco (1958). Los personajes se escandalizan de que un rinoceronte penetre en su ciudad y sus vidas; no obstante, poco a poco experimentan en sus propios cuerpos la metamorfosis en rinocerontes. Todos, menos Bérenger: este oficinista adopta un invencible espíritu de resistencia contra la epidemia de «rinoceritis» que invade la ciudad[32]. Asistimos a otra fusión sin referentes sobrenaturales donde lo convencional (el café, la tienda de ultramarinos) se mezcla con lo extraño, solo creíble gracias al realismo deliberadamente ingenuo del

---

juro, ni transformación alguna», en *Los motivos de Circe. Yudita*, F. González Santamera (ed.), p. 64. Existe un nexo misterioso entre mito, magia, metamorfosis y destino.

[30] Véanse Aristóteles, *Retórica*, II, XX, 5-9, en *Rhétorique*, C.-E. Ruelle (trad.), p. 252-254; Esopo, *Fables*, D. Loayza (ed.), p. 8; La Fontaine, *Fables*, J.-C. Darmon y S. Gruffat (eds.), p. 21, y P. Brunel, *Le Mythe de la métamorphose*, p. 7-12.

[31] «Als Gregor Samsa eines Morgens aus unruhigen Träumen erwachte, fand er sich in seinem Bett zu einem ungeheueren Ungeziefer verwandelt», F. Kafka, *Die Verwandlung*, p. 7.

[32] «unos casos de rinoceritis. […] Tengo miedo del contagio»; «quelques cas de rhinocérite. […] J'ai peur de la contagion», Ionesco, *Rhinocéros*, III, *Théâtre complet*, E. Jacquart (ed.), p. 608.

texto, que sumerge al espectador en el mensaje simbólico de los peligros comunitarios (el nazismo, toda masificación). Sin referente sobrenatural numinoso, tampoco esta metamorfosis es mítica.

EL CUMPLIMIENTO DEL ANUNCIO

Proferir discursos sobre el futuro está al alcance de cualquier fortuna; no porque se cumplan pasan a ser míticos. Aquí abordamos dos tipos de anuncios cuyo cumplimiento los convierte en míticos: la adivinación y la maldición. Coinciden en la preeminencia de los signos, que es preciso interpretar y transmitir. Se distinguen entre sí en la especificidad del médium o el carácter moral.

Mito y adivinación

La adivinación tiene un fundamento numinoso: la divinidad utiliza signos para transmitir indicaciones y orientaciones, a menudo crípticas. No deben ser minusvaloradas: quien duda de las prácticas adivinatorias incurre en sospecha de impiedad. Por eso es preciso proveerse de un médium, un mortal que posea el carisma específico para la adivinación: la inspiración hace al 'adivino' (μάντις), prototipo de hombre sabio, de mujer sabia, cuyo don se transmite, habitualmente, de generación en generación (Calcante es hijo de Téstor, Mopso es hijo de Manto y nieto de Tiresias). Cada rey, ejército o expedición posee su adivino oficial (los siete contra Tebas consultan a Tiresias, los aqueos a Calcante, los troyanos a Casandra, a la que no creen por maldición divina). Habitualmente, a menos que el adivino hable en un estado anormal y requiera un *prophétes* que dé forma a sus enunciados, la adivinación y la profecía coinciden en un mismo personaje (p. e., cuando una ondina adivina primero y profetiza después el futuro al guerrero Hagen)[33].

A propósito del festín del rey Baltasar, hemos visto la importancia de conocer el significado auténtico de los signos. Daniel interpretó la inscripción sobre el muro, que era el aviso de un futuro inevitable, la muerte inminente del monarca; se explica así que otras tradiciones (la cristiana y la musulmana) lo consideren como profeta.

Los *Setenta* o *Septuaginta* (traductores de la Torá hebrea al griego) no denominaron «profeta» (προφήτης) a quien 'por adelantado' (πρό-, pro-) 'dice' (φημί, *phēmí*) lo que ha de ocurrir, sino al que anuncia algo que, con posterioridad, efectivamente ocurre. Gracias a su sintonía con la trascendencia, el profeta primero ve, solo después profiere. Esta aptitud ha quedado magistralmente representada en la escultura de Pablo Gargallo

---

[33] Véanse W. Burkert, *Religión griega arcaica y clásica*, H. Bernabé (trad.), pp. 152-153, y F. Guirand y J. Schmidt, *Mythes et mythologie*, p. 669. Burkert añade que el término *mántis* ('adivino') está emparentado con *manía* ('locura') y la raíz indoeuropea relativa a «poder mental». También en la Biblia hay estirpes de profetas; e individuos que, por antítesis, fundamentan en la carencia de ascendencia profética su llamada al profetismo: «No soy profeta, ni hijo de profeta, yo soy vaquero y picador de sicómoros. Pero Yahveh me tomó de detrás del rebaño y me dijo: "Ve y profetiza a mi pueblo Israel"», Am 7, 14-15, responde Amós a Amasías cuando este le conmina a interrumpir su oficio.

(1933): apoyado sobre fuertes jarretes, con un brazo sujetando un bastón y otro levantado en alto, abre ampliamente su boca. El genio del artista ha sabido expresar, gracias a la oquedad creada en el lugar del ojo izquierdo, un conocimiento interno y profundo mayor que el proporcionado por el ojo derecho, externo y superficial. Ese hondo conocer (privilegio no propio, sino por delegación) explica su lugar en una sociedad de la que, en buena medida, se sabe separado: todo profeta está revestido, a su pesar, de cierto carácter sagrado[34]. A continuación aportaré algunos ejemplos de varias culturas.

I. Adivinos en la Antigüedad clásica

Los ejemplos de la literatura clásica son numerosos. Cuenta Ovidio que, tras disgustar a Juno, el sabio Tiresias fue privado de la vista; como compensación, Júpiter «le concedió conocer el porvenir, y alivió [aquel] castigo con este honor»[35]. Estamos ante una paradoja del choque entre los mundos de la inmanencia y de la trascendencia: la incapacidad de ver el presente es compensada con la capacidad de ver el futuro. La predicción procede, por lo tanto, de una fuerza sobrenatural. Sea bien o mal utilizada, es verdadera, por mucho que tarde en confirmarse. Ocurre así en la historia del niño que nace de Cefiso y Líriope. Consultado Tiresias si Narciso llegará a longeva edad, responde el vate: «Si no llega a conocerse a sí mismo». Paradójica inversión de la célebre máxima inscrita en el templo de Delfos. Y no yerra, pues dieciséis años más tarde su sentencia condicional se convierte en *performativa*. El fenómeno presenta dos fases. La primera se ordena en torno al castigo divino del cegamiento que impide al joven reconocerse en el reflejo de la fuente de agua, dando así cumplimiento a la súplica del anónimo amante frustrado («Ojalá ame él del mismo modo y del mismo modo no consiga al objeto de sus deseos», v. 405); la segunda sobreviene con su muerte prematura en un súbito despertar de su conciencia, en una iluminación brutal cuando se reconoce en la imagen del espejo: «¡Ese soy yo!»[36].

---

[34] Así lo muestra, con su vida y muerte, Juan, el último profeta del Antiguo Testamento; así lo recuerda el apóstol Santiago: «Tomad, hermanos, como modelo de sufrimiento y de paciencia a los profetas, que hablaron en nombre del Señor», St 5, 10.

[35] «scire futura dedit poenamque leuauit honore», Ovidio, *Metamorfosis*, III, v. 338, A. Ruiz de Elvira (trad.), t. I, p. 100.

[36] «si se non nouerit», *ibid.*, v. 348, p. 101 e «Iste ego sum!», v. 463, p. 106, respectivamente; véase M. Bettini y E. Pellizer, *Le Mythe de Narcisse*, pp. 75-77. Frente a otras interpretaciones (el ritual de donde proceden Jacinto o Adonis), Ovidio sigue la tradición griega e hindú, según la cual los espíritus de las aguas podían arrastrar consigo la imagen de la persona o alma reflejada en el agua, dejándola así «desalmada»; véanse J. Frazer, *The Golden Bough*, p. 231, y L. Martínez-Falero, *Narciso en España*, p. 34. Quizá pudiera incluirse entre los pronosticadores ciegos a Edipo, que se automutila tras descubrir su parricidio y su incesto, aunque hayan sido cometidos de manera inconsciente. Inhábil para ver el presente (deseoso de no oírlo: «quedaría [...] sin oír nada»), Edipo puede entonces predecir el futuro de sus hijas, Antígona e Ismene, a quienes vaticina un futuro funesto: «¡Cuán amargamente vais a tener que vivir vosotras dos por culpa de los hombres!», Sófocles, *Edipo rey*, vv. 1.488, en *Tragedias completas*, J. Vara Donado (trad.), p. 262. Ahora bien, la desgracia de sus hijos no responde a una visión profética, sino a la maldición que él mismo profiriera contra ellos por desobedecerle y faltar a su autoridad, como leemos en la *Tebaida* (uno de los cuatro textos del «ciclo tebano»), fragmentos 2 (transmitido por Ateneo en su *Deipnosofistas* o *Banquete de los eruditos*, 465e) y 3 (transmitido por el *Escolio L. a Sófocles, Edipo en Colono*, 1365), editados por A. Bernabé en *Poetae epici Graeci* y traducidos por el mismo investigador en *Fragmentos de épica griega arcaica*, pp. 66-68.

Casandra es el paradigma de la profetisa profesional frustrada. De hecho, Higino cuenta su historia en función de su don agridulce:

> Se dice que Casandra, hija de Príamo y de Hécuba, rendida de tanto danzar en el santuario de Apolo, se quedó profundamente dormida. Apolo quiso violarla, pero ella no consintió que dispusiera de su cuerpo. Por ello Apolo decidió que, aun cuando vaticinara cosas verídicas, no obtuviera credibilidad[37].

Esquilo entra en los pormenores de este suceso:

> [Casandra:] Prometida a este dios, rompí mis votos.
> [Corifeo:] ¿Ya poseías tus divinas artes?
> [Casandra:] Ya cantaba a mis pueblos sus pesares.
> [Corifeo:] ¿Y lograste escapar a su despecho?
> [Casandra:] Tras mi pecado no convenzo a nadie[38].

Para su desgracia, esta troyana experimenta en sus mismas carnes su inservible facultad adivinatoria. Apenas llega a Micenas como parte del botín de guerra, grita angustiada: ha entrado en la morada de los crímenes de Atreo y Tiestes; luego relata, como si lo presenciara, el doble crimen inminente que se cierne sobre Agamenón («Lo ha envuelto entre los pliegues de su manto, / lo abate con su negra cornamenta, / y cae en la bañera») y sobre ella misma («a mí [...] / un cuchillo me aguarda de dos filos / que segará mi cuerpo» (*ibid.*, vv. 1.126-1.128, p. 289, y v. 1.149, p. 290, respectivamente). De nada valen su «fama de adivina», su «canto profético» ni «el cetro y las ínfulas de profeta»; el Corifeo, representante del Coro, no la cree, y la joven queda como «profetisa verídica en exceso». Cuando el Coro, alarmado, se dispone a disipar sus dudas, ya es tarde: «al fondo del palacio se ven los cadáveres de Agamenón y de Casandra».

Solo hay algo peor que la incapacidad de disfrutar un don: su intoxicación. Sus dotes predictivas se convierten en un veneno: toda verdad es concebida como mentira: Casandra pasa por la gran charlatana de la Antigüedad. Si aguzamos la vista, observamos que la sanción de Apolo no se limita a ella, sino a todos cuantos la rodean, desde ese momento incapaces de creerla. Es como si las inteligencias de sus contemporáneos hubieran quedado maniatadas por el dios. A la videncia de Casandra se opone la ceguera universal.

II. Profetas bíblicos

Al igual que en otras tradiciones, en la bíblica el profeta no habla en su nombre, sino en el de una instancia superior: «Él me dijo: [...] "profetiza contra ellos, profetiza, hijo

---

[37] Higino, *Fábulas*, XCIII, J. del Hoyo y J. M. García Ruiz (trads.), p. 178.

[38] Esquilo, *Agamenón*, vv. 1.208-1.212, en *Tragedias completas*, J. Alsina Clota (trad.), p. 293. El texto no considera los extremos de tal «pecado», ininteligible para nosotros hoy. Otra célebre predicción de Casandra: su admonición a los troyanos, como Laocoonte, de las tretas de los argivos. La profetisa se precipita «con un tizón de pino aún encendido [y] un hacha de doble filo [contra] el nefasto caballo»; todo en vano: sus compatriotas «se mofaron de la muchacha [y] entre burlas la fueron apartando del amplio caballo», Quinto de Esmirna, *Posthoméricas*, l. XII, vv. 563-572, M. Toledano Vargas (trad.), p. 453.

de hombre". El espíritu de Yahveh irrumpió en mí y me dijo: "Di: 'Así dice Yahveh'"» (Ez 11, 2-5).

El libro 1 de Samuel contiene, como uno de sus argumentos principales, el comienzo de la monarquía israelita: «y le dijeron [a Samuel:] ponnos un rey para que nos juzgue, como todas las naciones» (1 Sam 8, 5). De acuerdo con la indicación de Yahveh, Samuel separa y consagra a Saúl mediante la unción de aceite; seguidamente le anuncia tres señales (la aparición de las asnas de su padre, los tres hombres portando un cabrito, unas tortas y vino, los profetas precedidos de músicos), que se cumplen ese mismo día, prueba fehaciente de que «Dios está con [él]» (ibid., 10, 7). Tras la constitución del fuero real y la victoria sobre los amonitas, Saúl es proclamado rey. A pesar de la inferioridad numérica y otras dificultades, el soberano vence sucesivamente a moabitas, edomitas y filisteos. Todo cambia en la fatídica batalla contra los amalecitas. Samuel no puede ser más claro:

> Esto dice Yahveh Sebaot: «He decidido castigar lo que Amalec hizo a Israel, cortándole el camino cuando subía de Egipto. Ahora, vete y castiga a Amalec, consagrándolo al anatema con todo lo que posee, no tengas compasión de él, mata hombres y mujeres, niños y lactantes, bueyes y ovejas, camellos y asnos» (ibid., 15, 2-3).

Estas duras palabras solo pueden comprenderse en aquel entorno y bajo aquella fe. La victoria se da por descontada: Saúl bate a los amalecitas y pasa a todo el pueblo a filo de espada. Para su desgracia, el rey no cumple en su integridad el mandato divino:

> Pero Saúl y la tropa perdonaron a Agag y a lo más escogido del ganado mayor y menor, las reses cebadas y los corderos y todo lo bueno. No quisieron consagrarlo al anatema, pero consagraron al anatema toda la hacienda vil y sin valor. Le fue dirigida la palabra de Dios a Samuel diciendo: «Me arrepiento de haber dado la realeza a Saúl, porque se ha apartado de mí y no ha ejecutado mis órdenes» (ibid., 9-11).

Cabía esperar (como vemos todavía en el mismo capítulo) que Samuel amonestara a Saúl por no haber exterminado al enemigo. De poco le valen al rey sus excusas; la sentencia de Samuel es determinante:

> ¿Acaso se complace Yahveh en los holocaustos y sacrificios como en la obediencia a la palabra de Yahveh? Mejor es obedecer que sacrificar, mejor la docilidad que la grasa de los carneros. Como pecado de hechicería es la rebeldía, crimen de terafim [ídolos custodios de las propiedades] la contumacia. Porque has rechazado la palabra de Yahveh, él te rechaza para que no seas rey (ibid., 22-23).

La intransigencia divina permanece imperturbable al arrepentimiento del rey («He pecado traspasando la orden de Yahveh y tus mandatos, porque tuve miedo al pueblo y lo escuché»). Se cumple así la antigua predicción; en efecto, cuando, temeroso de los filisteos, Saúl había desobedecido a Yahveh, Samuel había profetizado: «ahora tu reino no se mantendrá. Yahveh se ha buscado un hombre según su corazón» (ibid., 13, 14). El receso de las conminaciones divinas, debido a la muerte de Samuel, apacigua por un tiempo el alma desasosegada de Saúl.

El dramatismo bíblico es sobrecogedor; procuremos comprenderlo en su contexto. Frente al anatema divino (que se extendía a todos los seres vivos), Saúl ha cedido a sus magnates y ha sustraído la mejor parte para ofrecérsela en sacrificio a Yahveh; deseoso de encontrar un compromiso entre Yahveh y el pueblo, ha terminado complaciendo a su pueblo antes que a su Dios. Ese es su pecado: con la trascendencia no caben componendas.

No es menos dramática la serie de anuncios, tanto prosaicos como épicos, rigurosamente cumplidos: Saúl sabe que su destino se consumará de modo semejante a como se ha consumado con los pueblos circundantes a los que él mismo ha derrotado. Tal es su ansiedad por conocer su futuro que no duda en recurrir a expedientes mágicos. Es el caso del efod, una vestidura sacerdotal de cometido tanto ceremonial como oracular que Saúl utiliza para adivinar el resultado antes de entrar en combate (véase *ibid.*, 14, 18). El efod contenía dos suertes (palillos, piedrecitas o dados) denominadas *urim* y *tummim*, a las que se daba una significación convencional, esto es, una respuesta divina (sí o no) a una pregunta previa.

Llegamos así al momento crítico, la batalla definitiva contra los filisteos. Tan numerosos son, que el rey, presa del temor, consulta a Yahveh; pero Yahveh no le responde «ni por sueños, ni por los *urim*, ni por los profetas» (*ibid.*, 28, 6). Tampoco puede Saúl recurrir a nigromantes ni adivinos, pues él mismo los ha expulsado del país tiempo atrás. Inerme y desprovisto de todo conocimiento sobre el futuro, recurre al rito de la *nékyia*: «Buscadme una nigromante para que vaya a consultarla»[39]. De inmediato, disfrazado y de noche, Saúl se dirige a Endor donde conmina a la mujer: «Adivíname por un muerto y evócame el que yo te diga. [...] Evócame a Samuel». Dicho y hecho: la mujer ve un espectro que sube de la tierra, semejante a un hombre anciano envuelto en su manto; es el profeta.

Esta aparición ha encontrado una considerable repercusión entre los exégetas bíblicos, intrigados por las relaciones entre los vivos y los difuntos: ¿es posible un contacto con los muertos?; en caso positivo, ¿este contacto refrenda puntos cruciales como la inmortalidad del alma, las artimañas del diablo, el estatuto de los prodigios o la existencia de Dios? La polémica ha derivado, por lo general, en torno a tres hipótesis: 1.ª Samuel se apareció realmente; 2.ª quien se apareció fue el Diablo; 3.ª todo fue un ardid de la bruja. Frente a la opinión generalizada entre los exégetas de la Reforma (el episodio no sería sino una superstición necrofílica), la Iglesia romana titubea a lo largo de los siglos hasta tomar el partido de una aparición verídica, mientras germinan numerosas interpretacio-

---

[39] La νέκυια más célebre es la realizada por Odiseo para consultar, por consejo de Circe, al alma del adivino Tiresias (*Odisea*, XI). Pound la pone de relieve al inaugurar con ella el primero de todos sus *Cantos*. Tras navegar hasta las «cimerias tierras», Odiseo/el poeta cava una fosa, hace libaciones sobre los muertos, clama a los dioses y oye a Tiresias, que le revela su futuro: «Odiseo regresará a través del rencoroso Neptuno, por oscuros mares, perdiendo todos sus hombres»; «Odysseus / Shalt return through spiteful Neptune, over dark seas, / Lose all companions», *Esquema de XXX cantares*, I, en *Cantares completos*, J. Vázquez Amaral (trad.), t. I, p. 125. Estamos ante una síntesis moderna del extenso augurio que Tiresias diera en la epopeya. Informado tras esta *nékyia*, el poeta puede «emprender esa travesía para luego volver más sabio y purificado», C. García Gual, «El mito de Ulises en la literatura», p. 333. Sobre las invocaciones a los muertos, véanse P. Brunel, *Pour Électre*, pp. 57-66, y R. Martín Hernández, «¡Yo os conjuro, démones de este lugar!».

nes mágicas o ilusionistas[40]. Sin duda hay un abismo infranqueable entre Samuel y los zombis o los muertos vivientes, pero en ambos casos perdura el tema mítico del contacto temporal, pasajero, entre los dos mundos.

Aparecido, el profeta intercambia entonces con Saúl un diálogo desgarrador:

> Samuel dijo a Saúl: «¿Por qué me perturbas evocándome?». Respondió Saúl: «Estoy en grande angustia; los filisteos mueven guerra contra mí, Dios se ha apartado de mí y ya no me responde ni por los profetas ni en sueños. Te he llamado para que me indiques lo que debo hacer». Dijo Samuel: «¿Para qué me consultas si Yahveh se ha separado de ti y se ha pasado a otro? Yahveh te ha cumplido lo que dijo por mi boca: ha arrancado Yahveh el reino de tu mano y se lo ha dado a otro, a David, porque no oíste la voz de Yahveh y no llevaste a cabo la indignación de su ira contra Amalec. También a Israel entregará Yahveh en manos de los filisteos. Mañana tú y tus hijos estaréis conmigo (1 Sam 28, 15-19).

En efecto, en el monte Gelboé los filisteos trabaron batalla contra los israelitas, mataron a los hijos de Saúl e hirieron gravemente al rey, que (para evitar la mofa de los incircuncisos) «tomó la espada y se arrojó sobre ella» (*ibid.*, 31, 4).

* * *

André Gide evoca una y otra vez, de manera obsesiva, la Biblia. Antiguo y Nuevo Testamento conforman el marco referencial de diversas obras dramáticas, novelescas o ensayísticas que abordan la intimidad de un escritor aparentemente ajeno a todo secretismo. Gide considera que los libros santos son «una fuente inagotable, infinita, destinados a enriquecerse sin cesar con cada interpretación que nos propone una nueva orientación de los espíritus»[41], afirmación exculpatoria de las célebres contorsiones de sus textos frente al hipotexto bíblico. Veamos el caso de *Saúl*.

Reviste particular importancia el comienzo de la acción. Es de noche; en una vasta y poco decorada sala de palacio, Saúl aparece solo (su copero duerme), en actitud orante, rodeado de demonios que entran y salen. La presencia de estos espíritus obedece a una orden del rey:

> Esta noche, bajo mis órdenes, mis sirvientes han ido a matar a los brujos –¡ah!, a todos los brujos de Israel–. Nadie más que yo debe saber este secreto. Y cuando yo sea el único que conozca el porvenir, creo que podré cambiarlo[42].

---

[40] Véase F. Lecercle, *Le Retour du mort, passim*.

[41] «[Les livres saints sont] d'une ressource inépuisable, infinie, et appelés à s'enrichir sans cesse de chaque interprétation qu'une nouvelle orientation des esprits nous propose», carta de Gide a Mauriac, 15 de abril de 1912, en *Romans et récits I*, P. Masson *et al.* (eds.), p. 1.409.

[42] «Cette nuit, mes serviteurs, sur mes ordres, sont allés tuer les sorciers –ah! tous les sorciers d'Israël. Ce secret, il ne faut qu'aucun autre que moi le sache. Et quand je serai seul à savoir l'avenir, je crois que je pourrai le changer», Gide, *Saül*, III, en *Romans et récits*, I, P. Masson *et al.* (eds.), p. 702; véase comentario en p. 1.405, n. 5. La pieza fue redactada entre 1897 y 1898, publicada en 1903 y representada por primera vez en 1922. Gide buscaba en su composición un «antídoto» o contrapunto frente al impulso vital de su obra precedente, *Los alimentos terrestres* (*Les Nourritures terrestres*, 1897);

Muertos los adivinos, todos los demonios quedan desprovistos de cuerpos humanos donde habitar y deciden mudarse al de Saúl; simbolizan la conciencia del monarca. A diferencia del modelo bíblico, donde el exilio de los nigromantes aparece al final del libro 1 de Samuel, Gide sitúa el asesinato de los adivinos como primera acción del rey, la que anuncia su destino interior y provoca su pérdida.

La distancia respecto al texto bíblico es grande. En la historia judía, Saúl caía en desgracia por su desobediencia (no había consagrado al anatema a todos los amalecitas y sus posesiones); en la gidiana, el rey es rechazado por su ansiedad cognoscitiva: quiere ser él, no sus adivinos, quien conozca el futuro; él, y solo él, hace un pacto con los demonios. No ha de extrañar que estos adopten los nombres de todos los pecados y desastres venideros (cólera, lujuria, miedo, duda, dominio, vanidad, indecencia y Legión –este último, en clara alusión al episodio del endemoniado de Gerasa, relatado en Lc 8, 30–).

También así se agolpan los pecados en torno a Fausto en la pieza de Marlowe. Sintomáticamente, en la pieza inglesa los vicios se ciernen sobre su presa apenas Fausto promete a Lucifer «no nombrar o rezar nunca a Dios, quemar sus Escrituras, matar a sus ministros y hacer que [sus] espíritus arrasen sus iglesias»[43]. Cuando el Diablo le anuncia que los siete pecados capitales serán su pasatiempo, Fausto responde que su presencia le «será tan agradable como el Paraíso lo fue a Adán, en el primer día de la creación». Al igual que Fausto, también Saúl desea conocer todo, incluso lo reservado a Dios; la relación entre Adán, Saúl y Fausto es palmaria.

Toda la pieza de Gide está centrada en la degeneración del rey. Su deseo inmoderado por conocer el futuro ha provocado el rechazo divino y, con él, toda una cadena de depravaciones: su inclinación sexual hacia David, el asesinato de la reina por celos, su desinterés por los asuntos de Estado... Su caída en desgracia es fruto de su voluntad irreprimible por la autonomía intelectual; de nuevo detectamos la alergia de la modernidad a la heteronomía: Saúl rechaza la sabiduría divina. Frente a la debilidad pasional del Saúl bíblico (que había accedido, por respetos humanos, a las exigencias de sus hombres tras la victoria sobre los amalecitas), este Saúl lleva tan lejos su deseo de conocer el futuro que acaba sumido en la depravación; no es tarea fácil (menos aún cuando se persigue en beneficio propio) ejercer las funciones de rey y profeta.

Esta ruina progresiva del alma alcanza su clímax cuando, hastiado de las amonestaciones del gran sacerdote, Saúl acude, como último asidero, a la bruja de Endor: «He venido para implorarte. [...] Mi angustia es intolerable. [...] ¿Puedes evocar a un muerto?». Poco después, la sombra de Samuel, tras recriminar sus desvaríos a Saúl, le profetiza su derrota frente a los filisteos y el camino de la nueva estrella ascendente, David. Tras cometer un nuevo crimen (la ejecución de la adivina), Saúl prosigue su degradación y pronuncia estas amargas palabras: «Estoy completamente suprimido» («Je suis complètement supprimé», *Saül*, V, p. 769); acaba de constatar la posesión demoníaca. El

---

la búsqueda incontrolada de la enajenación hedonista en esta última obra dio paso a una «angustia» y «desposesión» que el autor interpretó como la gestación del nuevo libro, *Saül* (en el original francés).

[43] «Never to name God, or to pray to him, / To burn his Scriptures, slay his ministers, / And make my spirits pull his churches down», C. Marlowe, *Doctor Faustus*, A-Text, vv. 93-95, D. S. Kastan (ed.), p. 31.

Saúl bíblico se daba la muerte; el gidiano, apenas tiene fuerzas: por eso su soldado Johel lo atraviesa con la espada.

Frente al triunfo de *Los alimentos terrestres*, la derrota de *Saúl*. Aquella obra exponía un descubrimiento: la exaltación de la sensación y el conocimiento sin trabas de sí mismo y del mundo; esta representa la obcecación sensual y la futilidad de todo intento por conocer (por uno mismo y a costa de adivinos y adivinas) el propio futuro. Si, como decía el capitán de *Jacques el Fatalista*, «todo lo bueno y malo que nos ocurre está escrito allá arriba»[44], se precisa una buena dosis de lucidez para conocerlo de antemano.

III. Vaticinios nórdicos

Por etimología y costumbres, el término «profeta» no se utiliza con propiedad en las tradiciones y culturas del Norte europeo; aquí es preferible recurrir al vidente o «vate» (del latín *vātēs*, y este del protocelta *wātes*, término utilizado para el adivino que se expresaba en verso). Veamos un caso de particular relieve en la *Saga de los volsungos* (siglo XIII). La princesa Gudrun sueña que «un hermoso halcón», con plumas «recubiertas de oro», se posa sobre su mano; una de sus mujeres aventura que «un hijo de rey pedirá [su] mano», pero no alcanza a saber quién es: necesitan una intérprete. Ataviadas con joyas se dirigen a casa de Brynhildr, en lo alto de una montaña, para exponerle sus cuitas. El segundo relato difiere del primero (algo habitual en estos textos medievales):

> …veíamos un gran ciervo. Era un animal enorme. Su pelo era de oro. Todas queríamos coger el ciervo, pero solo yo lo conseguí. El ciervo era lo más preciado para mí. Entonces tú lo mataste ante mis ojos. Me produjo un dolor tan fuerte que apenas podía soportarlo. Entonces me regalaste un lobezno que me salpicó con la sangre de mis hermanos[45].

Aunque directamente implicada, Brynhildr desvela de inmediato el enigma:

> Te revelaré tu porvenir: a ti vendrá Sigurdr, el hombre por mí elegido. Grímhildr le ofrecerá aguamiel envenenado y surgirán graves disputas entre todos nosotros. Lo tendrás para perderlo poco después. Te casarás con el rey Atli. Perderás a tus hermanos y matarás a Atli (*ibid.*).

Podríamos imaginar el dolor de Gudrun ante la respuesta de Brynhildr; nos sale más a cuenta centrarnos en la interpretación de su visión. Brynhildr –no en vano es una valquiria– vaticina. Y da en el clavo, a su pesar: más adelante, Guttormr, hermanastro de Gudrun, ejecuta traicioneramente a Sigurdr (que, antes de expirar, consigue matarlo

---

[44] «[il] disait que tout ce qui nous arrive de bien et de mal ici-bas était écrit là-haut», D. Diderot, *Jacques le Fataliste et son maître*, Y. Belaval (ed.), p. 35.

[45] *Saga de los volsungos*, XXVII, J. E. Díaz Vera (trad.), p. 140. Brynhildr y Sigurdr son la Brunilda (Prünhilt) y el Sigfrido (Sîvrit) del *Cantar de los nibelungos*. Según la *Saga de los volsungos*, Brynhildr es hija de Budli y hermana de Atli; según el *Nibelungenlied*, es reina de Islandia. El nombre del héroe recibe otras grafías (Sigurd, Sígurd) en la *Edda mayor*. Atención: en el *Cantar de los nibelungos* la mujer de Sigfrido se llama Kriemhilt (Krimilda), sin connotaciones mágicas; pero en la *Saga de los volsungos* este nombre (Grímhildr) se aplica a la suegra (la maga), en tanto que la mujer lleva por nombre Gudrun, el mismo que en la *Edda mayor*.

con su espada Gramr), y ella misma, Brynhildr, muere abrasada junto a su amante; nada más propio de las valquirias que escoger a los héroes en el combate[46].

IV. Madrid profética

A continuación, estudiaré un caso (solo aparentemente local) donde el mito suele pasar desapercibido, sin duda debido a la parafernalia del acontecimiento histórico central. Nos abrirá camino hacia la profecía precolombina.

El 15 de mayo de 1977, en la madrileña plaza de Colón, tuvo lugar la inauguración oficial, por parte de los reyes de España, acompañados de innumerables autoridades (entre las que se encontraban todos los alcaldes de las capitales hispanoamericanas), del *Monumento al Descubrimiento de América*, realizado por Joaquín Vaquero Turcios. El conjunto se compone de tres macroesculturas o «macros» de hormigón, acero y áridos rojos de Alicante, denominadas «Las profecías», «La génesis» (2 bloques) y «El Descubrimiento». Aquí las llamaré respectivamente I, IIa, IIb y III.

Estas estructuras están orientadas de diferentes maneras. Su disposición evoca el evento: las tres situadas en el norte (I, IIa y IIb) descansan, en diferentes niveles, sobre una piedra de travertino rojo y se comunican mediante rampas y escalinatas; esta situación geográfica en la plaza de Colón las convierte en símbolo de Europa. La situada en el sur de la plaza (III) se asienta sobre una pradera de césped con olivos y simboliza América. Las cuatro macroestructuras están rodeadas, en su lado oeste, por una amplia lámina de agua (el Atlántico) ideada por el arquitecto Manuel Herrero y el escultor Joaquín Vaquero.

Todo rezuma la grandeza del descubrimiento, más aún si el paseante se acerca a leer las cinco series de inscripciones de los dos monolitos denominados «La génesis», que consignan el encargo de los Reyes Católicos a Colón (macro IIa), y diferentes momentos de los preparativos y consecuencias del viaje (macro IIb), que enumero a continuación: 1) la admiración de Colón por la hermosura del lugar encontrado, los nombres de quienes «creyeron en Colón» (la reina Isabel y el rey Fernando, Antonio de Marchena, Juan Pérez, Diego de Deza –amigo y protector de Colón–, Luis de Santángel –valenciano que sufragó los gastos de la expedición–, los aragoneses Gabriel Sánchez y Juan Cabrero, y Martín Alonso Pinzón); 2) la capitulación de Santa Fe (17 de abril de 1492, junto a los nombres de Juan Pérez, Pinzón, Colón, Juan de Coloma y Juan de la Cosa); 3) el contraste entre la incredulidad y la realidad (frente al mes de enero de 1492, Santa Fe, se yergue el 24 de febrero de 1486, día en que el fraile cosmógrafo Antonio de Marchena sostuvo ante los reyes, en Madrid, «que hera verdad lo que aquél Almirante desía»), y 4) la «gesta del Descubrimiento» en la placa de bronce –cuya reja imita las líneas de un astrolabio–, situada en el suelo, junto al monolito central derecho, bajo la que fueron depositados varios puñados de tierra traída de los diferentes países iberoamericanos[47].

---

[46] *Valkyria* en nórdico, *wælcyrge* ([wélkürie]) en antiguo inglés*, significa 'La que Elige los Muertos del Combate'. Originariamente, las valquirias fueron espíritus fúnebres; solo con posterioridad, en paralelo con la creación del concepto del Valhala y de la idílica vida guerrera de los *einheriar*, adoptaron un rostro más afable como acompañantes de los guerreros muertos; véase E. Bernárdez, *Los mitos germánicos*, p. 155.

[47] Para una descripción pormenorizada, véase R. Gálvez Martín, «Historia de una ruta desconocida a través de los Jardines del Descubrimiento de Madrid».

Las inscripciones de la escultura del «Descubrimiento» (macro III) recuerdan, en este orden: 1) los nombres de todos los tripulantes que, «partiendo de Palos en la Santa María, La Pinta y La Niña, cruzaron por primera vez el Océano y vieron el alba del Nuevo Mundo»; 2) las fechas y los lugares más destacables de la hazaña (Palos de la Frontera, 3 de agosto de 1492, Gomera y Gran Canaria, y la isla de Guanahaní, 12 de octubre de 1492), y 3) el salto a tierra del almirante Colón en compañía de los capitanes Martín Alonso Pinzón y Vicente Yáñez Pinzón, cada uno enarbolando una bandera, respectivamente, de los Reyes Católicos, Isabel y Fernando.

¿Dónde está el mito?

Sería ocioso buscarlo. Estos bloques, los más vistosos por su nombre, número y situación, tienen la función política y social de exaltar a unos hombres hasta el grado de héroes. Pero ya sabemos que no hay relación inmediata entre héroe y mito, y menos aún entre héroe y divinidad, mal que le pese a Carlyle en su defensa de «la relación divina […] que une al gran hombre con los demás» y su defensa del «héroe como divinidad»[48]. No todos los héroes son míticos. Ciertamente, Vaquero Turcios se había propuesto (leemos en una entrevista que le hiciera entonces Ángeles García) sacar del olvido muchos nombres heroicos, sobre todo los de quienes apoyaron económicamente tamaña empresa y los del grueso de la tripulación (calafates, carpinteros, grumetes…). Muy bien. La proeza de Colón y sus acompañantes, así como la confianza de sus prestamistas y defensores, fueron recordadas en 1977 durante la inauguración oficial… Mejor aún. De todos y de todo quedó constancia para la posteridad en la mentada arqueta de bronce… Sensacional. Pero ahí no hay mito.

En vano lo buscaríamos en las macroestructuras IIa, IIb y III, dedicadas a reseñar los acontecimientos históricos. El mito también revela un acontecimiento pasado o anuncia uno futuro, situados en tiempos remotos y, en todo caso, ahistóricos. Por eso el paseante en busca de mitos debe dirigirse a la estructura norte (I), que lleva por título «Las profecías». Esta escultura, europea por su localización (norte), americana por su implicación, contiene tres textos de gran valor, que denominaré, en función de su cronología, «1.ª profecía» (texto de Séneca), «2.ª profecía» (texto de san Isidoro de Sevilla) y «3.ª profecía» (texto de *Chilam Balam de Chumayel*). Veámoslos.

1.ª profecía (Séneca)

> VENDRAN EN LOS TARDOS AÑOS DEL MUNDO / CIERTOS TIEMPOS EN LOS CUALES / EL MAR OCEANO / AFLOJARA LOS ATAMIENTOS DE LAS COSAS / Y SE ABRIRA UNA GRANDE TIERRA / Y UN NUEVO MARINERO COMO AQUEL QUE FUE / GUIA DE JASON / Y QUE HUBO DE NOMBRE TIPHYS / DESCUBRIRA NUEVO MUNDO / Y YA NO SERA LA ISLA THULE / LA POSTRERA DE LAS TIERRAS / SENECA

---

[48] T. Carlyle, *Los héroes*, F. L. Cardona (ed.), pp. 36 y 47; *On Heroes and Hero-Worship*, pp. 2-4. Con razón la crítica más reciente hace hincapié en las constantes narrativas y antropológicas del héroe (nacimiento, misión y necesidad moral, política y cultural), o en su significado para los lectores (indagación en la crisis de sentido latente en el hombre contemporáneo), pero sin invadir de modo ineludible el terreno del mito; véanse R. Gutiérrez Delgado, «El origen del héroe», p. 51, y G. Arbona Abascal, *La perplejidad del héroe*, p. 31.

El texto español, libremente traducido por Colón para respaldar sus argumentos en la Corte, procede del pronunciado por el coro en el tercer acto de *Medea*:

Tiempos vendrán al paso de los años
en que suelte el océano las barreras del mundo
y se abra la tierra en toda su extensión
y Tetis nos descubra nuevos orbes
y el confín de la tierra ya no sea Tule[49].

Decidido a casar a su hija Creúsa con Jasón, Creonte, rey de Corinto, exilia a Medea. Para evitar el destierro, la esposa del argonauta narra sus proezas desde que la célebre expedición llegara a su patria y con su ayuda pudiera regresar al puerto de Págasas[50]. En el texto de Séneca, el coro retoma el tópico de la invención de la navegación marítima, que permite reunir las distintas partes del universo, hasta entonces separadas debido al Caos original. Ahora los hombres transitan de uno al otro extremo del mundo[51], sin límites, hasta el momento en que, como anuncia el coro, el mar («Tetis») descubra a la humanidad «nuevos orbes» y, como consecuencia, «la postrera de las tierras» ya no será «Tule», aquella isla imaginaria habitualmente localizada en latitudes escandinavas.

La expresión «ultima Thule», procedente de las *Geórgicas* de Virgilio[52], se convirtió, a raíz de su utilización en *Medea* de Séneca, en *topos* del confín del mundo tanto para escritores antiguos como medievales, renacentistas y románticos (Horacio, Boecio, Petrarca, Goethe, Schubert, Nerval…), que le aplicaron todo tipo de significados demográficos, épicos e, incluso, mitológicos, pues llegó a leerse como un augurio proferido por un coro divinamente inspirado. En pleno Renacimiento, Colón la refirió a su propio descubrimiento, al transcribirla en latín, con su traducción libre al español, en su *Libro de las profecías*, y hacerlo preceder de estas palabras:

---

[49] Séneca, *Medea*, II, vv. 375-379, J. Luque Moreno (trad.), t. I, pp. 292-293; «venient annis sæcula seris, / quibus Oceanus vincula rerum / laxet et ingens pateat tellus / Tethysque novos detegat orbes / nec sit terris ultima Thule», *Tragœdiæ*, R. Peiper y G. Richter (eds.).

[50] Véase Apolonio de Rodas, *Las Argonáuticas*, IV, v. 1.782, M. Pérez López (ed.), p. 374.

[51] «El indio bebe en el helado Aras / los persas, en el Elba y en el Rin», Séneca, *Medea*, ed. cit., vv. 373-374, J. Luque Moreno (trad.), p. 292; «Indus gelidum potat Araxen, / Albin Persae Rhenumque bibunt», *Tragœdiæ*, R. Peiper y G. Richter (eds.). El Aras es un río de Armenia.

[52] «o si te presentas como dios del mar inmenso y adorando solamente los marineros tu deidad, a ti te sirva la más remota de las tierras, Tule, y Tetis te compre para yerno por el mar entero», Virgilio, *Geórgicas*, I, vv. 29-31, T. Recio García (trad.), p. 260; «an deus inmensi venias maris ac tua nautae / numina sola colant, tibi serviat ultima Thule / teque sibi generum Tethys emat omnibus undis», *Georgics*, J. B. Greenough (ed.). El poeta invoca a César como divinidad. La forma verbal «compre» (*emat*) hace alusión al simulacro de compra (*cœmptio*) en el matrimonio romano. El primero en nombrar «Thule» es el marino griego Piteas (siglo IV a.C.), a su regreso del célebre viaje por las costas de Galia y las islas británicas. El lector leerá con provecho la primera sección del primer volumen de *Ultima Thule; or, A Summer in Iceland*, donde R. F. Burton sostiene, a raíz de numerosas fuentes antiguas, que Tule designa Islandia. Diversos trabajos argumentan a favor de Smøla (isla de Noruega) y Groenlandia. Para otros estudios más recientes: F. Molina Moreno, «Hacia el paraíso hiperbóreo», pp. 507-510, «De septentrionis geographia fabulosa in fontibus antiquae et mediae latinitatis», pp. 130-133 e «In Septentrionem, in Paradisum? La recuperación de un mito en la Edad Media latina», pp. 680-681, y M. Mund-Dopchie, «Fortunes de l'Ultima Thulé dans l'imaginaire occidental», *passim*.

Séneca in VII tragetide Medee in choro «*Audax nimium*» (*vv. 375-79*). Vernán los tardos años del mundo ciertos tiempos en los cuales el mar Océano afloxerá los atamentos de las cosas y se abrirá una grande tierra; y um nuebo marinero, como aquel que fue guía de Jasón, que obe nombre Tiphi, descobrirá nuebo mundo y estonçes non será la isla Tille la postrera de las tierras[53].

Otro tanto quiso corroborar su hijo, Hernando Colón, cuando escribió al margen del pasaje en su ejemplar del teatro de Séneca (Venecia, 1510): «esta profecía fue cumplida por mi padre, el almirante Cristóbal Colón, en el año 1492»[54].

No está de más observar que el escultor ha seguido fielmente al descubridor. Una corrupción textual (que sustituía Tetis –Τηθύς–, titánide hija de Urano y Gea, habitualmente identificada con el mar, por Tifis –Τῖφυς–, timonel de la nave Argo) indujo a error a Colón, de ahí que en su *Libro de las profecías* se lea «que obe nombre Tiphi» (f. 59v); de ahí también que en la inscripción de la macro I leamos «que hubo de nombre Tiphys». De la titánide no queda huella.

2.ª profecía (Isidoro de Sevilla)

ADEMAS DE LAS TRES PARTES DEL MUNDO / EXISTE OTRO CONTINENTE MAS ALLA DEL OCEANO / SAN ISIDORO DE SEVILLA

El erudito hispalense había escrito en sus *Etimologías*:

Además de las tres partes del mundo, hay una cuarta, más allá del océano, al sur, desconocida por nosotros por el calor del sol, en cuyos límites se dice fabulosamente que habitan los antípodas[55].

Esta segunda «profecía» se inserta en el debate del pensamiento medieval sobre la habitabilidad de todo el mundo, discusión antiguamente originada en el arriba visto *Sueño de Escipión* (*Somnium Scipionis*)[56]. El Viejo Mundo estaba compuesto por África, Asia y Europa. Frente a quienes no se oponían abiertamente a la existencia de zonas habitadas más allá de los límites del mundo conocido (Tertuliano, Orígenes, Clemente de Roma, Hilario de Poitiers…), otros (Lactancio, Cosmas Indicopleustes, Agustín de Hipona…) sostenían lo contrario. Los primeros argumentaban, de acuerdo con la cosmología clásica, que nada impedía la existencia de antípodas: dado que la Tierra estaba suspendida en la bóveda celeste, poco importa encontrarse en el lugar ínfimo o en el medio. El obispo de Hipona los contradecía con una serie de argumentos físicos, lógicos y escriturísticos. Aun cuando «el mundo tenga una forma esférica y redonda», opinaba, de ahí no se sigue que la otra parte

---

[53] C. Colón, *Libro de las profecías*, en *Textos y documentos completos*, C. Varela (ed.), p. 287.

[54] «Haec prophetia expleta est per patrem meum Christoforum Colon almirantem anno 1492; véase Séneca, *Medea*, ed. cit., t. I, p. 293, n. 95.

[55] «Extra tres autem partes orbis, quarta pars trans oceanum interior est in meridie, quae solis ardore nobis incognita est, in cuius finibus Antipodes fabulose inhabitare produntur», Isidoro de Sevilla, *Etymologiæ*, XIV, V, 17, F. Arévalo (ed.), t. IV, p. 168.

[56] Véase G. Moretti, «The Other World and the "Antipodes"», pp. 262-264.

«esté libre de la avalancha de las aguas» (argumento físico); además, ningún razonamiento puede fundamentar «la necesidad de que esté habitada» (argumento lógico); en fin, «sería demasiado inverosímil la afirmación de que algunos hombres, a través de la inmensidad del océano, hayan podido navegar y llegar a la otra parte, de suerte que también allí se estableciera el género humano procedente del primero y único hombre» (argumento bíblico)[57].

Con este mismo sentir se alinea Isidoro de Sevilla, para quien la existencia de antípodas es increíble «porque ni la solidez ni el centro de la tierra se lo permitirían»[58]. Adviértase cómo, en este pasaje, el polímata sevillano considera inconsistente («conjetura de poetas», escribe, *poetae quasi ratiocinando coniectant*) la creencia en los antípodas, y cómo, en el pasaje previamente citado por extenso, la considera «fabulosa» (*fabulose*). El escultor Vaquero Turcios es buen lector y se percata de que el hispalense solo aplica carácter fabuloso a la creencia sobre la existencia de los antípodas (*in cuius finibus Antipodes fabulose inhabitare produntur*), no a la de una cuarta parte del mundo (*quarta pars trans oceanum interior est in meridie*). Su buena lectura y su prudencia explican que mutile el texto de las *Etimologías*: su fragmento persigue establecer la relación entre los escritos de san Isidoro y el descubrimiento.

3.ª profecía (*Chilam Balam*)

> A LA DISTANCIA DE UN GRITO / A LA DISTANCIA DE UNA JORNADA ESTAN YA ¡OH, PADRE! / RECIBID A VUESTROS HUESPEDES LOS DE ORIENTE LOS HOMBRES BARBADOS / QUE TRAEN LA SEÑAL DE KU LA DEIDAD / CHILAM BALAM DE CHUMAYEL

El texto procede de una impresión del manuscrito de *Chilam* ('boca' o 'aquel que es boca', es decir, profeta –«*chilan*» deriva en «*chilam*» ante *b*–) *Balam* ('jaguar', 'brujo')[59].

No es fácil saber qué versión española utilizó el escultor; sí es seguro que su texto procede de las «Jaculatorias de los Ah Kines», donde encontramos el texto siguiente:

> A la distancia de un grito, a la distancia de una jornada están ya, ¡oh, padre!, los hombres Ah Kines, Sacerdotes-del-culto-solar. ¡Veréis entonces al ave sobresalir por encima del Uaom Che, Madero-erguido, en el despertar del mundo en el norte y en el poniente! Despertad ya a Itzamná Kauil, Sagrado-brujo-del-agua, que ya viene vuestro padre, ¡oh, Itzaes, Brujos-del-agua! Vienen ya vuestros Hermanos Mayores, los de las piedras jades; recibid a vuestros huéspedes los de las barbas, los del oriente, los que traen la señal de Ku, Deidad, ¡oh, padre![60].

---

[57] San Agustín, *De civitate Dei*, XVI, IX, S. Santamarta del Río y M. Fuertes Lanero (trads.), pp. 640-641.

[58] «nulla ratione credendum est: nec soliditas patitur, nec centrum terrae», Isidoro de Sevilla, *Etymologiæ*, l. IX, c. 2, 133, F. Arévalo (ed.), t. III, p. 419.

[59] El manuscrito reproduce una versión redactada en lenguaje yucateco con alfabeto latino, en la localidad mexicana de Chumayel. El códice citado aparece firmado el 20 de enero de 1782 por el indígena Juan José Hoil de Chumayel; véase P. Suess, *La conquista espiritual de la América española*, p. 31. Es imposible fijar la época a la que remontarían las primeras profecías; quizá finales del siglo XII, según su editor R. L. Roys, «The Maya Katun Prophecies of the Books of Chilam Balam», p. 8.

[60] *El libro de los libros de Chilam Balam*, A. Barrera Vásquez y S. Rendón (trads.), p. 199. Itzamná es una divinidad solar maya, y Ku se refiere al Dios único (*Hunab Ku*) anunciado por los cristianos.

Hasta aquí, los textos. Paso a analizar brevemente su alcance dentro de nuestro estudio sobre las tres inscripciones de la macro «Las profecías».

La primera profecía se inserta en los vaticinios habituales de la antigua Grecia: el coro augura la expansión del universo conocido. No es irrelevante que sea el coro quien profiera la frase anunciadora. El coro tiene el papel de expresar, «mediante sus temores, esperanzas y juicios, los sentimientos de los espectadores que componen la comunidad»[61]; pero este anonimato formal no excluye, al contrario, una dimensión sobrenatural. En palabras de Hegel, el coro «advierte, compadece o invoca el derecho divino y las potencias internas que la imaginación representa de modo externo como el círculo de los dioses regentes»[62].

Estas verdades «sustanciales» y «universales» que constituyen los cantos del coro (la predicción de que el fin de la tierra ya no será Tule) pueden emparentarse, además, con interpretaciones según las cuales Séneca combina los avances de la exploración náutica con una visión estoica de la destrucción cíclica del cosmos: la travesía del océano vendría a ser «el último paso de un cataclismo hacia el declinar moral de la humanidad»[63]. Aquí tenemos, por lo tanto, el anuncio, divinamente inspirado, como en toda tragedia mitológica, de que en un futuro la navegación marítima permitirá alcanzar los confines del orbe; vaticinio dibujado sobre un trasfondo de malos augurios.

De ser cierta esta posición estoica en el texto de *Medea*, concordaría plenamente con algunas profecías que encontramos en el texto de *Chilam Balam*, en las que el indígena confiesa sus temores ante el fin de su libertad y, en última instancia, de la civilización maya. Baste, como botón de muestra, esta advertencia: «¡Con qué regocijo reinabais antes y cómo lloraréis vosotros los que señoreáis la tierra!» («Palabras de Ah Kauil Chel [Ah Kukil Chel], Sacerdote Idólatra»), o esta otra: «Mirad ya en el camino a vuestros huéspedes, los Itzaes, Brujos-del-agua; ellos serán los amos y señores de la tierra cuando lleguen» («Palabras de Nahau Pech, Gran Sacerdote»[64]), etc. Es el anuncio, divinamente inspirado –como compete a la declaración formal de cualquier mago o sacerdote–, de que en un futuro llegarán de Oriente hombres superiores («vuestros Hermanos Mayores») que someterán a la población maya.

Queda a un lado el texto de san Isidoro, que no es auténtica profecía. Si bien afirma, contra la creencia habitual de su tiempo, que hay una cuarta parte del mundo, no lo hace apoyado en ninguna moción sobrenatural (requisito indispensable de toda profecía); por si fuera poco, su frase es completamente antimítica, pues relega a pura falacia la creencia en la existencia de los antípodas (*fabulose* [...] *produntur*).

¿Qué cabe concluir del análisis de estos textos sobre el conjunto escultórico de los Jardines del Descubrimiento?

---

[61] J.-P. Vernant, *Mythe et tragédie en Grèce ancienne*, en *Œuvres. Religions, rationalités, politique*, I, p. 1.082. A. Reyes, que utiliza el coro en *Ifigenia cruel* (1923), lo considera el «embrión de la tragedia. [...] En el coro se conserva el principio lírico, pues la narración épica ha quedado confiada a los mensajeros, y la acción presente, a los personajes», «Comentario a la *Ifigenia cruel*», III, en *Antología*, p. 131.

[62] G. W. F. Hegel, *Estética*, parte III, sección III, cap. III, C, III, 3, c, A. Llanos (trad.), t. VIII, pp. 292-293; *Werke*, E. Moldenhauer y K. M. Michel (eds.), t. XV, p. 542.

[63] J. S. Romm, *The Edges of the Earth in Ancient Thought*, p. 171.

[64] *El libro de los libros de Chilam Balam*, ed. cit., p. 126.

Ensambladas como los momentos inicial y final del viaje colombino, las inscripciones 1.ª y 3.ª son, no cabe duda, proféticas y adquieren, por tanto, una dimensión mítica: componen dos relatos, divinamente inspirados, de acontecimientos que remiten a una escatología colectiva y absoluta. Nótese que aquí, como en toda profecía, el carácter extraordinario no reside en el acontecimiento (el descubrimiento de América, aun siendo crucial y heroico, es de orden político y social), sino en la inspiración sobrenatural de las profecías.

Entre ambas profecías queda la sentencia del padre de la Iglesia. Colón no desconocía la intención desmitificadora de sus palabras; quizá por eso no las incluyó en su *Libro de las profecías* (donde sí aparece, en cambio, el cap. VIII del libro VII de las *Etimologías* del mismo Isidoro). Quizá también por eso el escultor Vaquero Turcios las truncó de modo que adquiriesen un sentido nuevo: el profético que el lector infiere al leerlas incrustadas entre las profecías del coro latino y el brujo yucateco.

Vemos, en consecuencia, que la profecía no solo permite conocer el futuro; también se presenta como un medio para comprender el significado de los acontecimientos sobrenaturales. La profecía no pronostica lo ordinario. Al igual que pasara con las predicciones del mago Merlín (*Prophetia Merlini*), relativas a los conflictos entre bretones, sajones, normandos y la restauración del dominio celta[65], las de Samuel o del *Chilam Balam* ponen de relieve respectivamente la repulsa de Saúl o la llegada de los conquistadores, hitos que marcan para siempre el destino de un pueblo.

* * *

Antes de concluir, quede claro que la profecía no es el único medio de conocimiento mítico. Unas palabras sobre la catábasis. En un erudito estudio, tras mostrar la confusión reinante entre las teorías principales sobre la catábasis y exponer la necesidad de ceñirse a entornos culturales homogéneos, Alberto Bernabé la define como un «tema literario» centrado en «la narración de un viaje al mundo subterráneo de los muertos, llevado a cabo por un personaje extraordinario y vivo que tiene el propósito determinado de regresar»[66]. El viaje al mundo de los muertos, afirma este investigador, puede tener un objetivo concreto (traer a la superficie a un ser o un objeto), o abstracto (obtener un conocimiento, pues hay muertos capaces de reunir grandes saberes sobre el pasado).

La catábasis no es privativa del mundo clásico. Al margen de los héroes profusamente mentados en este volumen (Perséfone, Orfeo, Teseo, Eneas), referiré aquí brevemente uno extraído de *Rayuela* (1963), de Julio Cortázar.

Horacio Oliveira, de guardia nocturna en un manicomio parisino, se siente de nuevo invadido por la idea de que alguien trata de matarlo. Mira al fondo negro del agujero del montacargas, que toma por los Campos Flegreos, y se siente «al borde del pozo, agujero de Eleusis». Bañado en sudor, avanza a pequeños saltos por el pasillo y piensa, aparentemente sin motivo, en un viaje: «¿Pasaje a qué? ¿por qué la clínica tenía que servirle de pasaje?». Se presenta otra empleada, su compañera Talita, a la que confía sus miedos, aprensiones y tentaciones suicidas. De pronto, sube desde el sótano por el ascensor don

---

[65] Véase The «Prophetia Merlini» of Geoffrey on Monmouth, C. D. Eckhard (ed.), p. 2.
[66] A. Bernabé, «What is a Katábasis?», p. 17.

López, uno de los locos; ¡del sótano, donde se conservan, refrigerados, los cadáveres! Alarmados, devuelven al demente a su cuarto y emprenden el descenso. «En el sótano no había nadie vivo», evidentemente, pero detectan que el loco había visitado a uno de los cadáveres. Mientras cierra la puerta de la cámara de refrigeración, irrumpe en la mente de Oliveira una deslumbrante analogía entre la conversación del loco con el cadáver y la suya con Talita. «Un vómito de recuerdo empezó a ganarlo» y recapacitó en el cambio operado en su vida: frente a su anterior incapacidad para expresar nada a nadie, ahora había manifestado sus pensamientos. Por supuesto, en ese «cómodo Hades refrigerado [...] no había ninguna Eurídice que buscar», pero la revelación había sido de entidad:

> eso era como un fin, la apelación a la piedad ajena, el reingreso en la familia humana, la esponja cayendo con un chasquido repugnante en el centro del ring. Sentía como si se estuviera yendo de sí mismo, abandonándose para echarse –hijo (de puta) pródigo– en los brazos de la fácil reconciliación, y de ahí la vuelta todavía más fácil al mundo, a la vida posible, al tiempo de sus años, a la razón que guía las acciones de los argentinos buenos y del bicho humano en general[67].

El mito no se limita a una intriga narrativa, ni tampoco a una historia particularmente bella o significante; el mito es la piedra de toque para el propio conocimiento. Otro tanto le había ocurrido a Nicho Aquino en *Hombres de maíz* (1949), cuando, penetrando en la caverna para encontrar a su mujer, se topó «la luz que rodea al hombre»[68]. Mito y conocimiento van inseparablemente unidos.

Maldición, necesidad y destino

En el siglo XVII, la astrofísica moderna mostró con evidencias que el curso de los astros sigue un rumbo fijo en función de la masa, el volumen y las energías gravitatorias. Más tarde, en el XIX, las leyes de la evolución ampliaron esta determinación al ámbito biológico: plantas y animales han desaparecido o han sobrevivido según códigos genéticos de adaptación al medio. Parece como si el futuro de los seres inertes y vivos estuviera preinscrito en su mecanismo o en su biología. ¿Ocurre otro tanto con el ser humano? ¿Qué dice la literatura al respecto?

---

[67] J. Cortázar, *Rayuela*, cap. LIV, A. Amorós (ed.), p. 479; véase A. Šega, «"Dejarse caer para después poder quizá levantarse…"», pp. 172. El mito de Orfeo y Eurídice es recurrente en el autor argentino; véase F. J. Capitán Gómez, «Orfeo y Eurídice en un relato de Julio Cortázar», pp. 193-194. En los Campos Flegreos o Flegra los dioses y Hércules vencieron a los gigantes; véase Pseudo-Apolodoro, *Biblioteca mitológica*, II, 7, 1, J. García Moreno (ed.), pp. 118-119.

[68] M. A. Asturias, *Hombres de maíz*, J. Mejía (ed.), XIII, p. 528. La crítica coincide en el alcance de este descenso: «es inseparable del mito antropogónico que le da todo su sentido», permite encontrar el «verdadero ser [...] definitorio» o (en clave absolutamente maya) acceder «al plano sobrenatural de la realidad»; véanse, respectivamente, P. Brunel, *Le Mythe de la métamorphose*, p. 75; M.ª del P. Vila, *El mito en «Hombres de maíz» de Miguel Ángel Asturias*, p. 17, y E. Andzel-O'Shanahan, «The Mythical Dimension of Human-Environmental Relations in Modern Latin-American Prose Fiction», p. 41. La cueva es representación del Xibalbá, Inframundo o «lugar del miedo» en la mitología quiché, *El Popol Wuj*, J. Guillén Villalobos (ed.), pp. 51-54.

Así lo sostiene Jacques el Fatalista: «Mi capitán [decía] que cada bala que salía de un fusil tenía su pasaporte», que «todo está escrito de antemano» en el «gran rollo, ahí arriba», en el firmamento[69]. Si todo lo que nos ocurre está necesariamente prefijado, opina el protagonista de este diálogo, nuestra voluntad es ilusoria, y, con ella, nuestra libertad. Hablando con precisión, más que fatalista, Jacques es determinista; en la edición de referencia, Belaval precisa: «Filosóficamente, la palabra está mal escogida, pues [el fatalismo] define una creencia religiosa, y Jacques no es creyente». El locuaz personaje considera que la vida de hombres y mujeres se regula según un ontologismo necesario o una epistemología determinista, que nuestro juicio resulta directamente de la sensación y que nuestro razonamiento surge (se fait) espontáneamente en nuestra cabeza (dans nos têtes); en definitiva, que el determinismo rige al ser humano como la atracción gravitatoria los cuerpos celestes, o como las leyes biológicas los animales. Encarado fijamente, el determinismo se presenta como una noción que rubrica la toma de posesión del mecanicismo sobre la naturaleza humana[70].

De distinto orden es el pensamiento propiamente fatalista de muchos antiguos, para quienes la vida humana sigue las pautas prefijadas por un destino, personificado por las Moiras (Cloto, Láquesis y Átropos), «hijas de la Necesidad» (Ἀνάγκη) que cantan el pasado, el presente y el futuro representados por el huso que devanan[71]. «Todo ocurre a

---

[69] «Mon capitaine ajoutait que chaque balle qui partait d'un fusil avait son billet», «Tout a été écrit à la fois. C'est comme un grand rouleau [qui se déploie] petit à petit…», D. Diderot, *Jacques le Fataliste et son maître*, Y. Belaval (ed.), pp. 35-41; «billet», entiéndase: tique de entrada, pasaporte para la otra vida. La expresión del fusil procede de *Tristram Shandy*, donde Trim y Toby intercambian una simpática discusión sobre la historia del rey de Bohemia: «El rey William era de la opinión, […] dijo Trim, de que en este mundo todo nos está ya predestinado; hasta el punto de que a menudo decía a sus soldados que "cada bala llevaba su propia esquela"», L. Sterne, *La vida y las opiniones del caballero Tristram Shandy*, VIII, XIX, J. Marías (ed.), p. 504; «King William was of an opinion, […] quoth Trim, that every thing was predestined for us in this world; insomuch, that he would often say to his soldiers, that "every ball had its billet"», *The Life and Opinions of Tristram Shandy*, M. New y J. New (eds.), p. 515. Trim sale así al paso de la «cuestión de contingencia» planteada por Toby; en las novelas inglesa y francesa rezuma la reflexión sobre el azar y la razón de cuanto nos acaece en la vida. Más adelante, otra novela inglesa, *Judas el Oscuro*, pinta con tétricos trazos el hado de «Jude el predestinado» («the predestinate Jude», I, VII). Todo parece conjurarse contra su amor por Sue para privarle de trabajo, alojamiento e hijos; incluso le está vedada la entrada a los edificios universitarios: «vio que su destino no estaba ahí» («He saw that his destiny lay not with these», II, VI); no importan sus esfuerzos, todo está prefijado de antemano: «"No puede hacerse nada", replicó. "Las cosas son como son, y acabarán siendo lo que sea su destino"» («"Nothing can be done", he replied. "Things are as they are, and will be brought to their destined issue"», VI, II), T. Hardy, *Jude the Obscure*, D. Taylor (ed.), p. 44, 116 y 339, respectivamente. Parece como si las convenciones sociales ocuparan el lugar del fusil, del determinismo ciego. En realidad, Jude cita en su lamento otro del coro en el *Agamenón* de Esquilo: «Todo está como está / y acabará tal como fue fijado», vv. 67-68, en *Tragedias completas*, J. Alsina Clota (trad.), p. 239. Jude y el coro helénico expresan sin lugar a dudas que el sino de los acontecimientos obedece al castigo celeste.

[70] Invierto aquí la fórmula que Bachelard utiliza en su estudio sobre el determinismo técnico: «le determinisme est une notion qui signe la *prise humaine* sur la nature», *L'Activité rationaliste de la physique contemporaine*, p. 218. G. Steiner ha dedicado un volumen a explicar la evolución moderna de la tragedia clásica, fundada sobre la ciega necesidad –en clara distinción con las demandas de justicia características de la tradición judía (Job)–: «el Destino recibe un nombre»; *The Death of Tragedy*, p. 5.

[71] Véase Platón, *República*, X, 617c, en *Diálogos*, C. Eggers Lan (trad.), t. IV, p. 491. A ellas corresponden las Parcas romanas (Nona, Decima y Morta) y las Nornas nórdicas (Urðr, Skuld, Verðandi),

consecuencia de un destino», afirma Cicerón: cuanto ha ocurrido debía ocurrir, ocurre lo que está en ciernes y ocurrirá lo que debe ocurrir. Ningún mortal, en cambio, conoce cuál sea la «causa eterna», la ligazón que existe entre las cosas; nosotros solo podemos intuir el futuro, su conocimiento está reservado a la divinidad[72].

Esta necesidad pagana obsesiona al archidiácono de Notre-Dame, Claude Frollo, ocupado en encontrar la piedra filosofal, la palabra mágica, el don alquímico; agotado tras su ardua labor, se derrumba en su sillón, del que súbitamente se levanta para escribir en mayúsculas sobre la pared, con la ayuda de un compás, la palabra ἈΝΆΓΚΗ. Jehan, que observa este repentino delirio, piensa para sus adentros: «Mi hermano está loco; habría sido más sencillo escribir *Fatum*»[73]. Jehan, que solo cree en las «leyes de la naturaleza», en absoluto comprende el sufrimiento del archidiácono, carcomido por una conciencia impura, incapaz de deshacerse de la obsesión que lo atormenta, el cuerpo de la gitana Esmeralda, cual insecto ingenuo que revolotea mientras se dirige, inconsciente e irremisiblemente a su destino: «¡Deje obrar a la fatalidad!» («Laissez faire la fatalité!», VII, V, p. 278), exclama Claude Frollo a su colega Charmolue cuando intenta salvar la mosca atrapada en una telaraña.

En flagrante oposición a la fe cristiana que representa, el archidiácono solo admite y entiende el mundo alquímico, órfico y hermético, pagano, en definitiva, de la fatalidad; Frollo se sabe fatalmente objeto de una maldición pagana: «¡Maldición!, ¡siempre, otra vez, eternamente la misma idea!» («Malediction! toujours, encore, éternellement la même idée!», VII, IV, p. 268). El mismo Víctor Hugo desarrolla este principio cósmico en sus libros de edad tardía (publicados a título póstumo, en 1877 y 1881),

---

que «hacen las vidas de los hombres [...]; pero hay más nornas, y vienen a cada niño que nace para hacerle su vida», Snorri, *Edda menor*, «La alucinación de Gylfi» (*Gylfaginning*), 14, L. Lerate (trad.), p. 47. Suele decirse que los nombres de estas últimas significan «pasado», «presente» y «futuro», pero Urðr corresponde a la palabra 'destino', mientras que Skuld es una valquiria y Verðandi no es sino un participio de presente del verbo que significa 'devenir'; en realidad, enseña E. Bernárdez, «no sabemos los nombres de las tres, [...] porque las nornas son *disas* y estas no suelen tener nombre propio», *Los mitos germánicos*, p. 153. Más que en otras épocas, durante el Romanticismo los poetas se angustian por la brevedad del tiempo restante; así, Hölderlin, en el poema «A las Parcas» («*An die Parzen*»): «Concededme un solo verano, oh, poderosas, / y un otoño para que maduren mis cantos»; «Nur Einen Sommer gönnt, ihr Gewaltigen!, / Und einen Herbst zu reifem Gesange mir», *Poemas/Gedichte*, «An die Parzen», E. Gil Bera (trad.), p. 124.

[72] Véase Cicerón, *Sobre la adivinación*, I, 125-127, A. Escobar (trad.), pp. 149-150. El filósofo precisa: «llamo destino a lo que los griegos llaman *heimarménē*, esto es, a una serie ordenada de causas, de tal modo que una causa, al añadirse a otra que la precede, produce de por sí una consecuencia», 125, p. 149. Tras su ataque contra los horóscopos, Agustín de Hipona alude a este término griego, utilizado por los estoicos para atribuir la «ordenación de las causas [...] a la voluntad y al poder del Dios supremo», San Agustín, *La ciudad de Dios*, S. Santamarta del Río y M. Fuertes Lanero (trads.), V, 8, p. 192. Frente a estoicos y a ciceronianos, el obispo sostiene que el destino depende de una tríada causal: «causas fortuitas», atribuibles «a la voluntad de Dios o de cualquier otro espíritu», «causas naturales», sometidas al «creador de la naturaleza», y «causas voluntarias», provenientes «de Dios, o de los ángeles, o de los hombres, o de alguno de los animales». En cualquier caso, todo debe quedar bajo la providencia y presciencia de Dios; de lo contrario, afirma, si Dios no conociera de antemano cuanto haya de suceder, no sería Dios; véase *ibid.*, V, 9-12, pp. 193-200.

[73] «Mon frère est fou [...]; il eût été bien plus simple d'écrire *Fatum*», Víctor Hugo, *Notre-Dame de Paris*, VII, IV, J. Seebacher e Y. Gohin (eds.), p. 268.

donde apunta acá y allá los ataques funestos del mal: *El arte de ser abuelo* («La Providencia un poco sierva de Ananké») y *Los cuatro vientos del espíritu* («La justicia coja y la ciega ananké»)[74].

Decir que la necesidad (desde el punto de vista ontológico) o el determinismo (desde el punto de vista epistemológico) son ciegos no va más allá de la imagen; ni una ni otro ven nada porque carecen de entidad personal. Las órbitas astrales y las vidas vegetales y animales siguen un curso fijo, ajeno a toda conciencia. No cabe decir otro tanto de la necesidad personalizada: Ἀνάγκη es ciertamente ciega, y así (ciegamente) dispone todo.

La diferencia entre determinismo y fatalismo es capital en mitocrítica. De hecho, la ejecución del *fatum* en los personajes míticos ya es, de por sí, un acontecimiento extraordinario.

* * *

En el imaginario mitológico pagano, todo está claramente ordenado: los seres inertes, según sus órbitas; los animales y las plantas, según su biología; los dioses y los hombres, en fin, según su destino. Pero solo estos últimos pueden romper el curso normal, ordinario, de los acontecimientos; cuando lo hacen, cae sobre ellos una maldición, cuya ejecución constituye otro gran acontecimiento extraordinario.

El mito comparte aquí un elemento común con la lógica de las religiones. Cualquier falta humana es considerada como un desorden que excede el ámbito individual; cual crimen ecológico, se extiende por doquier, afecta a toda la naturaleza, la maldice: la ciudad Psófide se torna estéril tras el matricidio cometido por Alcmeón. Así, una falta sacrílega, una desobediencia o un asesinato cometidos por un hombre acarrean una mancha, como un virus contagioso que se transmite de generación en generación y exige una expiación mediante un rito purificatorio. Solo entonces, mediante un acto de reparación, es posible restablecer el orden primigenio. La *tisis* griega (τίσις) o retaliación babilónica y judía confirman esta ley universal[75].

---

[74] «La Providence un peu servante d'Ananké, / L'infini mal rempli par l'univers manqué», *L'Art d'être grand-père*, IV, «Le Poème du Jardin des Plantes», I, *Œuvres poétiques*, III, P. Albouy (ed.), p. 599, y «Vous aurez marié ces infirmes sinistres, / La justice boiteuse et l'aveugle ananké?», *Les Quatre Vents de l'Esprit*, «Livre satirique», XVII, «L'Échafaud», *Œuvres complètes: Poésies* (Arvensa Éditions), p. 5.313. Estamos plenamente sumergidos en el imaginario pagano. En un artículo de alta erudición, M.ª T. Maiorana muestra que la lectura de estos libros influyó poderosamente en la poesía «Anagkh» (*sic*), del poemario *Azul…* de Rubén Darío (1888). El poeta nicaragüense renegaría más tarde de esta composición por no compadecerse con su fondo cristiano; véanse R. Darío, *Historia de mis libros*, p. 50, y M.ª T. Maiorana, *Estudios, reflexiones, miradas de una comparatista*, p. 131.

[75] Véase J.-P. Vernant, *L'Univers, les dieux, les hommes* y *Mythe et pensée chez les Grecs*, en *Œuvres. Religions, rationalités, politique*, I, pp. 43 y 349. Para el relato de Alcmeón, véase Pseudo-Apolodoro, *Biblioteca mitológica*, III, 7, 5, J. García Moreno (ed.), p. 155. Por supuesto, el matricidio arrastra el enloquecimiento por «la erinia». Tras sanar, Alcmeón se casa con Arsínoe, a la que regala el célebre collar de Harmonía, cuyas consecuencias ya conocemos (§§ 6 y 7). Al igual que Psófide, la tierra de Gales se torna baldía por trasposición de la enfermedad que aqueja al Rey Pescador (aquí, el mitema de la *Wasteland* remonta a orígenes mitológicos irlandeses). La naturaleza física no es inmune al comportamiento humano.

En el contexto mítico, la expresión de la maldición es indispensable para el acontecimiento. Unas veces es la víctima quien verbaliza la maldición (Noé sobre Canaán); otras, un oráculo a través de un médium (la pitia en Delfos o las brujas a Macbeth[76]).

Mas la maldición no será acontecimiento extraordinario en toda su extensión, tal como la estudia la mitocrítica cultural, si se limita al interdicto o la amenaza; es precisa la palabra eficaz que funciona como un artilugio mágico *performativo*. La imprecación efectiva corrobora «la potencia de la palabra enunciada en el interior de un contexto mítico»[77]; baste recordar el anatema que pesa sobre el tesoro de los giukungos o niflungos: no es suficiente que Andvari anuncie a Loki la muerte de dos hermanos y la lucha de ocho príncipes como castigo por sustraerle el oro del Rin[78]: la muerte de Fafner y Regin, y la batalla de los príncipes Sígurd, Góttorm, Gúnnar, Hogni, Atli, Erp, Sorli y Hámdir confirman el carácter verídico, mítico, de la maldición.

En las páginas que siguen veremos una serie de textos marcados por la maldición que pesa sobre estirpes enteras en la mitología griega, sobre personajes de la Biblia, de la Edad Media y de la primera modernidad.

I. Maldiciones en la mitología griega

El caso que ahora nos ocupa es sumamente interesante: no concierne a dioses, sino a personajes semejantes a nosotros. Agamenón sacrifica a su hija Ifigenia, Clitemnestra y Egisto asesinan a Agamenón y Orestes a su madre, Edipo mata a su padre y mantiene relaciones maritales con su madre, Fedra se suicida. Enfocados fríamente, estos actos son simplemente inaceptables, pero no extraordinarios. Sin embargo, hablamos del mito de Clitemnestra, Edipo o Fedra porque cada uno envuelve un acontecimiento extraordinario.

Ciertamente, Ártemis, Afrodita y Hera están de algún modo involucradas en la suerte de estos personajes humanos, pero solo de modo subsidiario. Lo que ahora nos interesa es dar con la fuerza oscura que los comanda: el destino.

Analicemos de cerca estos casos con ánimo de comprender mejor la relación entre mito y destino, es decir, el papel de primer orden que este desempeña en buena parte de los acontecimientos extraordinarios.

1. La maldición de los pelópidas: a) Agamenón

En apariencia, Clitemnestra y Egisto obran siguiendo sus propios deseos y su libre albedrío: la ambición, la lujuria, la venganza, los celos... Tan es así que, según Kirk, el

---

[76] El anuncio de que Macbeth será rey (cfr. «that shalt be King hereafter!») incluye la infelicidad tras la felicidad (al revés que su compañero, como apostilla la segunda bruja en su augurio y profecía a Banquo, cfr. «Not so happy, yet much happier») y se revelará, a la postre, ominoso, W. Shakespeare, *Macbeth*, I, 3, vv. 48 y 64, en *The Complete Works*, S. Wells y G. Taylor (eds.), p. 978. La pieza está construida sobre la estructura de ascensión y caída; el asesinato del rey Duncan es un crimen contra el padre (y, en definitiva, contra Dios), que necesariamente habrá de ser castigado; véase J. Balló y X. Pérez, *La semilla inmortal*, J. Jordá (trad.), pp. 210-211.

[77] Cfr. «Le maledizioni, nello specifico, sono circostanze d'uso particolari nelle quali si manifesta la potenza della parola enunciata all'interno di un contesto d'uso magico», F. di Fonte, «La maledizione di Skírnir: studio e analisi», p. 184.

[78] «Esto hará el oro que Gust tenía: / hermanos dos perderán la vida / y príncipes ocho habrán de luchar. / ¡Por nadie gozado será mi tesoro!», *Edda mayor*, «Los dichos de Regin» («*Reginsmál*»), 5, L. Lerate (trad.), p. 243.

asesinato de Agamenón no reviste la condición de mito por constituir «un suceso básicamente humano y, desde un punto de vista realista, posible»[79]. Afirmación discutible. Dejando a un lado el intrincado asunto del realismo y la posibilidad en la literatura, opino que el homicidio del rey de Micenas responde básicamente a motivos míticos, de carácter sobrenatural, que es preciso abordar.

Sobre Agamenón, hijo de Atreo y nieto de Pélope, pesa la maldición del auriga Mírtilo. Para casarse con Hipodamía, Pélope ha de vencer al rey Enómao de Pisa (en el Peloponeso) en una carrera de carros, hazaña inalcanzable debido a los imbatibles corceles del rey. Pélope recurre a Mírtilo, hijo de Hermes, para que sustituya los pernos de bronce en las ruedas del carro regio por otros de cera; a cambio del servicio, le ofrece el privilegio de yacer con Hipodamía, de la que sabe que está enamorado, y la mitad del reino, si consiguen usurparlo. Enómao sucumbe en la carrera. Mírtilo reclama su recompensa, mas Pélope no solo incumple su promesa, sino que lanza al auriga al mar. Antes de morir, el cochero profiere «maldiciones contra la estirpe de Pélope»[80]. En virtud de esta maldición, la muerte se cierne sobre los pelópidas: Atreo y Tiestes matan a su hermanastro Crisipo antes de disputarse ferozmente el poder; Atreo masacra a sus sobrinos y los ofrece como manjar a su hermano Tiestes, que recurre a Egisto para que mate a Atreo... Agamenón es el eslabón siguiente en la cadena.

Esta maldición es patente en el *Agamenón* de Esquilo. Cuando Casandra se queja de su cautiverio, el Coro le recuerda que está en casa «de los hijos de Atreo» (v. 1.088). Gracias a su don de profetizar el futuro, la hija de Príamo describe su visión: sigue «el rastro, sin perder[se], de crímenes antiguos» (v. 1.185); oye a las Erinias que rechazan, con amargura, el lecho manchado por el hermano (vv. 1190-1193) –alusión a Tiestes, hermano de Atreo y seductor de Aérope, su mujer–, y, finalmente, ve a los hijos asesinados por su tío y servidos en festín a la mesa del padre (vv. 1.219-1.220) –recuerdo del banquete ofrecido por Atreo a su hermano Tiestes–. Apenas sale Casandra de escena, el Coro menta a Agamenón, que ha de pagar «la sangre que vertiera en el pasado» (v. 1.338). A esta mención sigue el grito del rey. Clitemnestra (sin ayuda de Egisto, en la versión de Esquilo) astutamente ha inmovilizado a su marido (lo ha envuelto en una camisa), lo ha golpeado mortalmente una, dos, tres veces, y ahora se engríe al verlo yacer a sus pies. El Coro se escandaliza de su presunción tras un crimen tan vil, a lo que la reina responde con arrojo: «Este es Agamenón, cadáver ya, mi esposo, muerto a los golpes de mi mano» (vv. 1.404-1.405). Amonestada de nuevo por el Coro, la asesina exclama el rencor contra su marido, resentimiento secretamente abrigado desde que este sacrificara a su hija

---

[79] G. S. Kirk, *El mito*, T. de Loyola (trad.), p. 55.

[80] Pseudo-Apolodoro, *Epítome*, II, 8, en *Biblioteca mitológica*, J. García Moreno (ed.), p. 200. La historia de este fraude en la competición por la princesa y el ulterior asesinato del auriga es –escribe R. Carasso en frase memorable– «la fundación de un desastre irremediable», *Las bodas de Cadmo y Harmonía*, J. Jordá (trad.), p. 163. Sintomáticamente, apenas ha recordado cómo Pélope fue servido en festín a los dioses, Ovidio relata por extenso la historia de Procne (o Progne) y Filomela, en la que estas hermanas hacen otro tanto con Itis, hijo de aquella y Tereo; no sin antes anunciar los peores presagios, pues, en lugar de Juno, el Himeneo o la Gracia, al tálamo de Tereo y Procne solo asisten las Erinias o Furias: «las Euménides prepararon el lecho, en la casa se alojó un búho siniestro y vino a posarse en el techo de la alcoba nupcial», Ovidio, *Metamorfosis*, VI, vv. 428-432, A. Ruiz de Elvira (trad.), t. II, pp. 35-36. El desenlace de tal matrimonio maldito no podía ser más nefasto.

Ifigenia y tomara por concubinas a mujeres troyanas. A la mención de Ilión, el Coro lanza sus invectivas contra Helena, causante de tantas muertes bajo sus muros. Clitemnestra corrige al Coro: no ha sido Helena la causante. El Coro dirige entonces sus imprecaciones contra el demonio familiar, «que [se] abate sobre esta familia, contra los dos descendientes de Tántalo» (cfr. v. 1.469). Clitemnestra no puede estar más de acuerdo:

> Ahora has corregido la ley de tu lenguaje: al invocar el genio que sobre este linaje tres veces se ha cebado. Él es quien nos inspira el sangriento deseo que anida en las entrañas: antes ya de que termine el mal antiguo, un nuevo absceso surge. [...] Tú afirmas que yo de esto soy la autora: pues no, no pienses ni siquiera que ahora soy de Agamenón la esposa. Porque ha sido el antiguo, el duro genio vengador de Atreo aquel anfitrión de dura entraña, que ha tomado la forma de la esposa del muerto, y lo ha inmolado para vengar la muerte de unos niños[81].

El eximente es de peso: más allá de su odio por Agamenón y su pasión por Egisto, la venganza de Clitemnestra responde «a la antigua concepción religiosa de la falta y del castigo»[82]. Con razón la reina escuda su responsabilidad: un poder demoníaco superior ha obrado a través de ella. Superior y reincidente: el espíritu de la maldición es el 'tres veces cebado' (τριπάχυντον); antes, Pélope, Atreo, Tiestes; ahora, ella.

El Coro se muestra condescendiente: «Quizá el genio vengador de su padre te ha ayudado» (v. 1.507). No perdamos de vista el papel de esta voz colectiva: constituida por un colegio de ciudadanos, traduce la sabiduría popular. Debido a esta inesperada palinodia, el espectador y el lector empatizan con Clitemnestra: quizá la reina no sea completamente culpable, quizá una instancia superior haya intervenido en los acontecimientos, quizá ese genio vengativo (ἀλάστωρ) mentado por el Coro haya obrado de consuno con ella.

Por aquella maldición, exhalada por un auriga de ascendencia divina a punto de entrar en el Hades, el personaje maldito y toda su descendencia entran ineluctablemente en un mundo regido por leyes distintas de las habituales: el mundo del *fatum*. El destino es una fuerza necesaria y trascendente que excede los límites de lo meramente humano[83]. Cuanto toca se convierte en extraordinario. Los asesinos de Agamenón obran movidos por una necesidad (Ἀνάγκη) de la que no pueden zafarse. Ni la ambición de convertirse en rey o reina ni el deseo de saciar la lujuria explican satisfactoriamente el regicidio: a la postre, por encima de múltiples e ingeniosos argumentos aportados, solo el destino motiva el asesinato del general aqueo a su regreso victorioso de Troya. La trascendencia del destino, introduciendo el elemento sobrenatural en este episodio, convierte un hecho aparentemente ordinario en extraordinario, posibilita el mito.

b) Ifigenia

Nuevo caso en la serie, esta vez extraído de *Ifigenia entre los tauros*, de Eurípides. Durante la guerra de Troya, Ifigenia (víctima ofrecida por su padre Agamenón) había sido conducida a Táuride, en Escitia (sobre la costa meridional de la península de Cri-

---

[81] Esquilo, *Agamenón*, vv. 1.475-1.504, en *Tragedias completas*, J. Alsina Clota (trad.), pp. 307-309.

[82] J.-P. Vernant, *Mythe et tragédie en Grèce ancienne*, en *Œuvres. Religions, rationalités, politique*, I, p. 1.124.

[83] H. Gouhier, *Le Théâtre et l'existence*, p. 48.

mea). Años más tarde, Orestes arriba en compañía de su amigo Pílades al lugar para sustraer la estatua de Ártemis y llevarla a su patria. Para su desgracia, es descubierto, hecho prisionero y entregado, según la costumbre, como víctima sacrificial en el templo de la diosa. Tal es el nudo de la tragedia: la hermana, sacerdotisa del templo, debe sacrificar al hermano.

El espectador siente, en este instante, compasión y temor, las dos afecciones mentadas por Aristóteles. Mientras Ifigenia hace los preparativos del holocausto, encarga a Pílades que regrese a Micenas para anunciar, en su nombre, el sacrificio del prisionero (cuya identidad ella desconoce). Su hermano Orestes, que escucha el encargo, reconoce a su hermana y se identifica. Tras vencer su incredulidad, Ifigenia manifiesta la satisfacción que la embarga:

> ¡Ay, queridísimo hermano, pues eres lo que más quiero, y nada más! ¡Por fin te he recuperado, Orestes, por fin has venido desde muy lejos, de nuestra tierna patria, de Argos! ¡Ay, querido mío! [...] Entonces, siendo todavía un bebé, te dejé, un pequeñín en brazos de la nodriza, un pequeñín en palacio. ¡Oh, alma que has alcanzado una dicha inenarrable! ¿Qué podría decir? Más allá de cualquier maravilla y lejos de toda explicación ha resultado este encuentro. [...] Un insólito placer de mí ha hecho presa, amigas mías[84].

La anagnórisis despierta emociones y revela afectos; más aún si, como explica Aristóteles, va unida a la peripecia de la fábula[85]. Aquí provoca múltiples sensaciones: alegría, inefabilidad, recuerdo, agradecimiento. Esta explosión de júbilo viene acompañada, en escena, por vistosas gesticulaciones. Inmediatamente, la emoción placentera contrasta con la dolorosa: Ifigenia debe sacrificar a su propio hermano, apenas recobrado. La piedad y el temor de la heroína se transmiten a los espectadores. La crisis resultante de sentimientos encontrados (combinación de alegría y tristeza) desaparece gracias al desenlace (los hermanos logran huir juntos rumbo a su patria).

Importa escudriñar la relevancia mítica de la anagnórisis. Frente a otras agniciones, el encuentro de los hermanos es fruto de dos intervenciones divinas: Ifigenia había sido transportada a las costas de Táuride a través de los aires «por voluntad de Ártemis», y a ese preciso lugar se ha dirigido su hermano Orestes «cumpliendo órdenes del oráculo de Apolo». Estas intromisiones remiten, en última instancia, a un destino trascendente. Todo en el linaje de los atridas está condicionado por el destino: el fratricidio de Atreo y Tiestes, el (supuesto) sacrificio de Ifigenia por Agamenón y su traslado por Ártemis a Táuride, el asesinato de Agamenón por Clitemnestra y Egisto, el matricidio y la locura de Orestes... Este desgraciado *fatum* familiar reúne, al mismo tiempo y en el mismo templo, a enorme distancia de su hogar patrio, a los dos hermanos para fines contrarios: a ella para sacrificar, a él para ser sacrificado[86]. La escena interesa porque funciona ma-

---

[84] Eurípides, *Ifigenia entre los tauros*, en *Tragedias*, J. M. Labiano (trad.), t. II, p. 286, vv. 828-845.

[85] «La agnición más perfecta es la acompañada de peripecia», Aristóteles, *Poética*, 1452a32, V. García Yebra (ed.), p. 164; el Estagirita pone como casos paradigmáticos las agniciones o anagnórisis de Edipo (52a33) e Ifigenia (52b6).

[86] Otro tanto cabe decir de *Ifigenia en Áulide* del mismo Eurípides, donde entran en juego las dos dimensiones de la familia: el linaje (*genos*) y el grupo de quienes viven juntos (*oikos*), respectivamente representados por Agamenón y Clitemnestra; véase J.-M. Gliksohn, *Iphigénie, de la Grèce antique à*

ravillosamente desde un punto de vista estructural, pero, sobre todo, porque está impregnada de patetismo emocional debido a un acontecimiento sobrenatural. La función estructural (el recurso a la anagnórisis fraterna) contiene otra referencial donde la emoción remite al destino mítico de los protagonistas.

El *fatum* designa lo indefectiblemente impuesto a dioses y mortales: «¿Quién es lo suficientemente fuerte como para escapar a su destino?»[87]. La mitocrítica cultural privilegia el final absoluto sobre el relativo: no importan tanto las circunstancias ordinarias que concurren en la vida de los personajes como el extremo al que conducen sus circunstancias extraordinarias. En el imaginario contemporáneo, decididamente antiteleológico, el destino carece de sentido; supone una causa que escapa al control humano. En el imaginario mitológico, el destino instala al hombre en una heteronomía, pone en cuestión su libertad y le asigna una ley contraria a su conciencia: es un escándalo en el universo de la autonomía moderna y contemporánea.

¿Cabe algún recurso frente a la maldición? Solo «mediante procedimientos dudosamente helénicos», afirma Alfonso Reyes, que los ha aplicado en su pieza *Ifigenia cruel* (1923)[88]. La obra respeta la tradición clásica y moderna: el naufragio de Orestes, acompañado de Pílades, a las costas de Táuride para recuperar la estatua de Artemisa, el choque de civilización entre griegos y bárbaros, la preparación del sacrificio; solo entonces llega la subversión. El «sentido profundo» de la agnición de Ifigenia y Orestes aparece concatenado al conocimiento de la propia identidad: Ifigenia, simultáneamente, reconoce a su hermano y se conoce a sí. Entonces es capaz, como ninguna otra mujer, de operar la «redención» de su raza. En efecto, hasta que su hermano no arriba a las costas de Táuride, ella apenas tiene conciencia de «algún recuerdo hueco» (I, p. 91). Cuando el hermano la reconoce y ella se reconoce en el hermano, Ifigenia sale de su «misterio»: «¡esto es el recuerdo!» (V, p. 116). La anagnórisis trae consigo el conocimiento de la estirpe desdichada (Tántalo, Pélope, Atreo, la rabia de su madre Clitemnestra). Cuando su hermano le confía su intención de devolverla a la patria, ella se niega, porque entonces propagaría allí «la culpa de Micenas»: criar dragones, amamantar incestos y difundir pestes. «Huiré de mí propia, / como yegua acosada que salta de su sombra» (p. 123; la imagen se repite dos veces): Ifigenia está resuelta a «romper con la Necesidad [y] quebrar las sílabas del nombre que pade[ce]» (p. 124). Por eso su rechazo frontal («¡*No quiero!*») la colma de perdón a la par que aniquila su rencor. Moderna y autónoma como ninguna otra, esta Ifigenia «escoge» su propio nombre: su acto de amor (rechazo del odio) es afirmación de la libertad que se zafa (y a su raza con ella) de la maldición de «las estrellas» (p. 126).

---

l'Europe des Lumières, p. 29. El mismo rey se inclina alternativamente por una u otra dimensión; en última instancia, se impone la primera: «el sacrificio se inserta en la historia del linaje», *ibid.*, p. 33. No toda agnición es mítica; en *El rey Lear*, de Shakespeare (*King Lear*, 1606), el monarca, debido a su ceguera física, símbolo de la espiritual, descubre, con amargor, el carácter malvado de las hijas mayores, Goneril y Regan (a las que había donado su herencia), pero también, con alegría, el carácter bondadoso de la hija pequeña, Cordelia (a la que había desheredado).

[87] J. Winterson, *Weight*, p. 22; tal es la pregunta que Atlas hace cuando Zeus dicta su decreto: hinca una rodilla en tierra e inclina su cabeza, dispuesto a recibir sobre sus hombros y sus brazos el peso del cosmos.

[88] A. Reyes, «Breve noticia» a *Ifigenia cruel*, en *Antología*, p. 84.

Antes de proseguir, quisiera traer aquí un poema de Julio Torri sobre otro personaje marcado por el destino:

> ¡Circe, diosa venerable! He seguido puntualmente tus avisos. Mas no me hice amarrar al mástil cuando divisamos la isla de las sirenas, porque iba resuelto a perderme. En medio del mar silencioso estaba la pradera fatal. Parecía un cargamento de violetas errante por las aguas.
>
> ¡Circe, noble diosa de los hermosos cabellos! Mi destino es cruel. Como iba resuelto a perderme, las sirenas no cantaron para mí[89].

Este Odiseo curiosea, osa salirse de las pautas marcadas para indagar lo que le reserva un futuro establecido por los hados. Imposible: el destino no tolera que nadie tome la iniciativa.

Helena no es pelópida, sino hija putativa de Tindáreo, filiación que la une a su hermana (también putativa) Clitemnestra, relación que será fatal para el cumplimiento de las maldiciones sobre los descendientes de Pélope: por ella estalla la guerra de Troya, punto de inflexión en la vida aparentemente pacífica de la estirpe.

Una pieza de teatro contemporánea actualiza como ninguna otra la necesaria colaboración de la heroína, aun a su pesar, para el cumplimiento de los hados. En *No habrá guerra de Troya* (J. Giraudoux), Andromaque confía a Hélène sus temores de que su amor por Paris sea frío –no forman sino «una pareja oficial»–, y la intima a que lo ame violentamente (solo entonces la guerra de Troya tendría sentido). Hélène la confirma en sus aprensiones: prefiere no amarlo ni celosa ni tiernamente. Andromaque, temerosa de que la heroína se resista a retornar a Grecia, le sugiere: «Vuelca también toda la compasión, Hélène; es la única ayuda que necesita el mundo». Solo el auténtico amor por Paris puede conseguir que la guerra tenga un sentido o que, incluso, no tenga lugar: «Nadie, ni siquiera el destino, se enfrenta con ligereza a la pasión»[90]. La escena es altamente emotiva. En una obra de indiscutible calado político y social en el momento de su composición –cuando las grandes potencias se preparan para una nueva conflagración mundial–, Giraudoux combina una serie de emociones y afectos engarzados en el mito. La tragedia relata, una y otra vez, lo insoportable: irremisiblemente, la guerra de Troya tendrá lugar. Frente a la institución social, que la adscribe a Esparta, la protagonista está destinada al héroe troyano.

Traigamos a la memoria la celebérrima disputa entre Atenea, Hera y Afrodita, cuando Paris designó a esta como la más bella; con ánimo de corresponder, la Citerea le ayudó a raptar a la más hermosa de las mujeres, que de inmediato cambió parcialmente su nombre: de Helena de Esparta a Helena de Troya. De nuevo nos encontramos ante un

---

[89] «A Circe», J. Torri, *Ensayos y poemas*, en *Obra completa*, S. I. Zaïtzeff (ed.), p. 83.

[90] «Personne, même le destin, ne s'attaque d'un cœur léger à la passion», J. Giraudoux, *La Guerre de Troie n'aura pas lieu*, II, 8, C. Weil (ed.), p. 132. Con todo, y a pesar del título, sabemos lo que depara el hado. En su descripción de la cópula entre Zeus –metamorfoseado en cisne– y Leda –de la que nacerá Helena–, Yeats hace hincapié en el carácter inevitable del conflicto final: «Un estremecimiento de los ijares allí engendra / el muro destruido, en llamas techo y torre / y muerto Agamenón», «*Leda y el cisne*», *La torre* (1928), en *Antología poética*, E. Caracciolo Trejo (trad.), p. 157; «A shudder in the loins engenders there / The broken wall, the burning roof and tower / And Agamemnon dead», «*Leda and the Swan*», en *The Tower*, en *The Collected Poems*, p. 241.

acontecimiento de orden sobrenatural. El destino ha unido inexorablemente a los dos amantes. Por eso los afectos opuestos de Hélène y Andromaque en la pieza de Giraudoux son de orden mítico: el amor de Hélène por Paris no puede atenerse a razones del libre albedrío (amar celosamente, como sugiere Andromaque); el suyo es, por definición, un amor cósmico y fatal: Hélène confiesa gravitar en torno a Paris como «una estrella en su constelación» («une étoile dans sa constellation»); está «imantada por él» («aimantée par lui»). Con razón Andromaque sospechaba que el amor de la pareja era «oficial»: la atracción entre Hélène y Paris no es fruto del amor intenso, sino del destino insoslayable. Por encima de consideraciones sobre la estructura dramática, la mitocrítica desvela que este amor acarrea connotaciones escatológicas tanto más emocionantes cuanto que entrelazan la existencia de los amantes con el mundo de la trascendencia.

2. La maldición de los tebanos: Edipo

Con motivo de su boda, Cadmo entrega a Harmonía un collar que había recibido de Hefesto y Afrodita. La joya está marcada por una maldición y acarrea la desgracia a todos sus poseedores: desde Polinices, que muere en el sitio de Tebas, hasta el tirano Failo, cuyo hijo enloquece y prende fuego a la casa, donde perece con todos sus tesoros[91].

Descendiente miserable entre todos los descendientes de Cadmo es Edipo, sobre el que cae una segunda maldición. Su padre Layo había sido acogido como huésped por Pélope, rey de Pisa. Este le asigna la tutela de Crisipo; mas Layo queda prendado del joven y lo viola. Las versiones varían sobre la suerte de Crisipo: asesinado por orden de su madre Hipodamía o suicidado por vergüenza. Enterado de la desgracia, Pélope arroja sobre Layo la maldición del exterminio de su estirpe[92].

Más adelante, subido al trono de Tebas, pero inquieto ante la posibilidad de quedarse sin heredero, Layo consulta al oráculo de Delfos, cuya predicción le causa espanto: tendrá un hijo que lo matará y se casará con su mujer Yocasta. Por si fuera poco, a esta predicción oracular se añade una exigencia: la purificación de la ciudad mediante la expulsión del criminal. ¿Quién es? Edipo, ingenuo, profiere maldiciones contra el homicida incestuoso. La tragedia de Sófocles *Edipo rey*, que comienza, de modo elocuente, junto al «altar de Apolo», está dirigida a proponer la respuesta adecuada. Como mandan los cánones de la tragedia helénica, un mensajero, aquí ayudado por un criado de Layo, ayuda a elucidar la cuestión. Con objeto de evitar el cumplimiento del oráculo, el monarca había abandonado a su hijo en el monte Citerón, tras atravesarle los tobillos para

---

[91] Véase Pseudo-Apolodoro, *Biblioteca mitológica*, III, 4, 2, J. García Moreno (ed.), pp. 137-138. R. Calasso aventura una descripción del collar: una serpiente incrustada de estrellas, con dos cabezas en las puntas, que se muestran las fauces, y dos águilas de oro con las alas desplegadas que sirven de cierre. También ofrece una interpretación, al observar lo que ocurre tras tantas bodas con huéspedes divinos: «invitar a los dioses se volvió el acto más peligroso, origen de ofensas y maldiciones, indicio de un malestar ahora irreductible entre lo alto y lo bajo. [...] Invitar a los dioses –remacha– arruina las relaciones con ellos, pero pone en marcha la historia», *Las bodas de Cadmo y Harmonía*, J. Jordá (trad.), p. 348.

[92] Las versiones divergen sobre la reacción de Pélope al conocer la violación de su hijo por Layo; véanse Pseudo-Apolodoro, *Biblioteca mitológica*, III, 5, 5 y 7, J. García Moreno (ed.), p. 144; Plutarco, *Parallela minora*, XXXIII, en *Moralia*, F. C. Babbitt (ed.), y P. Grimal, *Dictionnaire de la mythologie grecque et romaine*, «Laïos», p. 248.

atarlos con una correa (la hinchazón provocada por esta herida está en el origen del nombre: 'pie hinchado', Οἰδίπους). De poco le sirvió a Layo haber expuesto a su hijo: tras una serie de azares, Edipo se enfrentó con él en un cruce de caminos y, sin conocer su identidad, lo mató. Tras liberar de la Esfinge a la ciudad de Tebas y ser elevado al trono, se unió en matrimonio, también sin conocer su relación genética, con su propia madre. Apenas el mensajero y el criado responden a sus últimas preguntas, Edipo profiere su trágica exclamación:

> ¡Ay, ay! Si esto es así, la totalidad de las incógnitas podrían a la postre haber resultado claras. ¡Oh, luz del sol: ojalá te mire ahora por última vez, yo, de quien se ha demostrado haber nacido de quienes no debí y teniendo relaciones con quienes no debí y matado a quienes no procedía![93].

Tres episodios de una vida (nacimiento, asesinato y matrimonio) que convierten al salvador de Tebas, rodeado de honores, en «el más infortunado de los hombres». Apenas su madre ahorcada cae a sus pies, Edipo arranca los broches de oro de su manto y con ellos se hiere los ojos «profiriendo veladamente palabras sacrílegas [...], dando por hecho que se arrojará a sí mismo fuera del país y que ya no permanecerá en palacio, con tan dura maldición como se condenó»[94]. La maldición que atrae sobre el protagonista el destino irrecusable adquiere así carácter extraordinario, trascendente.

Los héroes trágicos saben lo que quieren hacer, incluso creen que son libres. De hecho, la fatalidad puede definirse como una necesidad ejercida sobre un ser dotado de libertad. La combinación de estos términos es aparentemente paradójica. Esta libertad del acontecer mítico es inasimilable a la que hoy concebimos nosotros. ¿Cómo es posible hablar de una conciencia de libertad que no se puede ejecutar? En esta tesitura, el crítico experimenta vértigo. Cada héroe es misteriosamente guiado por una fuerza ajena a su voluntad. La vehemencia de la maldición triunfa siempre sobre la pasión heroica. La necesidad, la trascendencia y la libertad se unen para modelar al héroe trágico: la trascendencia aporta una necesidad aparentemente exterior, pero realmente interior, superior a las capacidades del ser supuestamente libre. Así, la libertad actúa a modo de espejismo, quimera a la que todos aspiran. Todos los personajes creen actuar en plena posesión de su libertad; pero es una libertad guiada: sus pequeños actos, en apariencia libres, los conducen irremisiblemente hacia el cumplimiento de una necesidad trascendente al mundo.

3. La maldición de los cretenses: Fedra

De otro orden es la maldición que se cierne sobre Creta. Humillada porque Helios ha desvelado a Hefesto su adulterio con Ares, Afrodita promete vengarse sobre la descendencia del delator. En la isla de Creta, Minos suplica a Poseidón que surja de las profundidades marinas un toro: se lo ofrecerá en sacrificio. Condescendiente, el dios hace aparecer un magnífico toro; pero Minos, vencido por la avaricia, lo envía a sus rebaños al

---

[93] Sófocles, *Edipo rey*, vv. 1.183-1.185, en *Tragedias completas*, J. Vara Donado (trad.), pp. 249-250; véase P. Grimal, *Dictionnaire de la mythologie grecque et romaine*, «Œdipe», pp. 323-325.

[94] Sófocles, *Edipo rey*, vv. 1.286-1.291, ed. cit., pp. 254-255.

tiempo que ofrece en holocausto otro de inferior calidad. Poseidón, airado, provoca el amor bestial de Pasífae, hija del acusador Helios y esposa del rey Minos, por el animal[95]. La maldición no solo se apodera de la soberana, sino que se ve reduplicada por otra que atenaza a «la hija de Minos y Pasífae»[96]: Fedra concibe un apasionado amor por su hijastro Hipólito, que solo venera a Ártemis, diosa de la caza[97]. La reina se ahorca, tras difamar en una tablilla a su hijastro, que muere en cumplimiento de una antigua promesa del dios del mar a Teseo[98]. Cualquier personaje ajeno a los entresijos divinos y fatales atribuiría todos estos amores palaciegos a dislates morales o infortunios eróticos; los protagonistas, por el contrario, no ignoran la última razón de sus destinos malditos.

Eso mismo asegura Atlas para desengañar a Heracles, cuando este insiste en afirmar su voluntad y preguntar el por qué de cuanto ocurre: «Solo existe la voluntad de los dioses y el destino de un hombre»[99].

II. Maldiciones bíblicas

El mundo bíblico también tiene sus maldiciones; tres del Génesis son insoslayables. La primera concierne al gran adversario divino, el Diablo; la segunda, inmediata a la anterior, a la primera pareja humana; la tercera, a un descendiente de esta pareja, como si redoblara los efectos de la segunda maldición. Ocurre algo parecido a lo visto en el mundo helénico: la maldición sobre el tronco del árbol genealógico afecta a todas sus ramas.

1. El Diablo

Metamorfoseado en serpiente (acontecimiento extraordinario), el Diablo incita a Eva («se os abrirán los ojos y seréis como dioses, conocedores del bien y del mal»), que come del fruto prohibido[100]. Adán hace otro tanto. Sin duda se les abrieron: «se dieron

---

[95] Véase Pseudo-Apolodoro, *Biblioteca mitológica*, III, 1, 3-4, J. García Moreno (ed.), p. 133.

[96] «Desde que los dioses enviaron a esta orilla a la hija de Minos y Pasífae»; «Depuis que sur ces bords les dieux ont envoyé / La fille de Minos et de Pasiphaé», J. Racine, *Phèdre*, I, 1, vv. 35-36, J.-P. Collinet (ed.), t. II, p. 282. El dramaturgo francés subraya así la maldición genealógica que pesa sobre la parentela de Minos.

[97] «como lo viera la noble esposa de su padre, Fedra, resultó presa en su corazón de terrible amor, según mis designios», Eurípides, *Hipólito*, vv. 27-28, en *Tragedias*, J. A. López Férez (ed.), t. I, p. 264.

[98] Teseo: «¡Oh, padre Poseidón! ¡De las tres promesas que un día me hicieras, aniquila con una de ellas a mi hijo y que no escape del día de hoy, si las promesas que me otorgaste eran verdaderas!», Eurípides, *Hipólito*, en *Tragedias*, J. A. López Férez (ed.), I, p. 290-291. En Séneca, la difamación es oral, en apóstrofe a Júpiter y al dios Sol, en presencia de Teseo: «[Fedra:] mi cuerpo ha sufrido violencia», v. 892, *Fedra*, J. Luque Moreno (trad.), t. II, p. 59; «vim tamen corpus tulit», E. Peiper (ed.).

[99] «There is only the will of the gods and a man's fate», J. Winterson, *Weight*, p. 51.

[100] Aparecen en este volumen diversos pactos entre personajes de un mundo semejante al nuestro (Orfeo, Fausto, Macbeth, Don Juan) y del mundo sobrenatural. En la tradición judeocristiana, ninguno es tan relevante como el sellado entre los dos personajes del Edén. A este propósito, se antoja indispensable *Il patto col serpente*, donde M. Praz desarrolla sugerentes estudios a partir de un cuadro de Hans Baldung Grien. En este óleo (*ca.* 1517), un espantoso esqueleto —cubierto de restos de carne putrefacta y denotando su vertiente satánica con su pie izquierdo rematado en forma de pezuña bifurcada— sujeta del brazo izquierdo a una joven mujer cuyo brazo derecho esconde a su espalda una manzana. Una serpiente —sujetada por la cola por la mano izquierda de la mujer y mordiendo el brazo del esqueleto— sella un pacto con ambos personajes. Lo más asombroso, observa Praz, es «la expresión

cuenta de que estaban desnudos». De repente, Dios que pasa; ambos confiesan su desobediencia; él acusa a la mujer, y esta a la serpiente. La maldición resuena en el Paraíso:

> Entonces Yahveh Dios dijo a la serpiente: «Por haber hecho esto, maldita seas entre todas las bestias y entre todos los animales del campo. Sobre tu vientre caminarás, y polvo comerás todos los días de tu vida. Enemistad pondré entre ti y la mujer, y entre tu linaje y su linaje: él te pisará la cabeza mientras acechas tú su calcañar» (Gn 3, 14-15).

En realidad, se trata de dos maldiciones. La primera, etiológica, pero aquí relativamente irrelevante, explica el modo de avanzar de las serpientes. La segunda, auténtica y crucial maldición, señala el final del ángel caído: será vencido por una mujer (de ahí el nombre de «protoevangelio» que recibe este pasaje)[101].

No contento con maldecir a su gran adversario, Dios se encara con los humanos:

> A la mujer le dijo: «Tantas haré tus fatigas cuantos sean tus embarazos: con dolor parirás los hijos. Hacia tu marido irá tu apetencia, y él te dominará». Al hombre le dijo: «Por haber escuchado la voz de tu mujer y comido del árbol del que yo te había prohibido comer, maldito sea el suelo por tu causa: con fatiga sacarás de él el alimento todos los días de tu vida. Espinas y abrojos te producirá, y comerás la hierba del campo. Con el sudor de tu rostro comerás el pan, hasta que vuelvas al suelo, pues de él fuiste tomado. Porque eres polvo y al polvo tornarás» (Gn 3, 16-19).

Dura lex, sed lex: palabras políticamente incorrectas, pero pronunciadas quedan. La interpretación es complicada, porque no alcanzamos a imaginar cómo habría sido la vida humana sin la transgresión del mandato divino: ¿inconsciencia sexual, alumbramiento indoloro, ocupación despreocupada? Según la Biblia de Jerusalén, el texto no significa que, sin pecado (el término adquiere entonces connotación cristiana), la mujer hubiera dado a luz sin dolor y que el hombre hubiera trabajado sin sudar; sería como concluir que, antes de la caída, las serpientes tenían patas (algo que, precisamente, implica el texto hebreo y que encontramos explicitado siglos más tarde, en el midrás Génesis Rabbah, 19, 1 y 20, 5). Esta edición apunta, sin embargo, al trastorno que el pecado provoca en la creación: hombre y mujer entablan en adelante una relación compleja de atracción y repulsión, al tiempo que los bienes de la tierra se vuelven hostiles para quien

---

del rostro de la mujer, no de terror [...], sino más bien de seguridad y satisfacción, como si hubiera entrado en posesión de un bien codiciado», p. 11. A partir de una xilografía de Lutero (obra del mismo Grien, 1521) y la pertenencia del reformador a la Orden de San Agustín, Praz resume así la articulación del cuadro: «el orgullo (Eva) conduce al pecado (la serpiente), que conduce a la muerte (el esqueleto) que lleva al infierno (el pie hendido)», p. 12. El volumen citado recorre este espectáculo en numerosos textos de autores de los siglos XIX y XX marcados por la imaginación inquietante y excéntrica (Lewis, Poe, Rossetti, Wilde, D'Annunzio).

[101] Aunque ya lo hemos visto (§ 5), conviene recordar que el relato de la caída de Satán es neotestamentario: el Antiguo Testamento no identifica explícitamente la serpiente con una potencia satánica. Además, matizaré que en el Tanaj (Biblia hebrea) la maldición solo es una, etiológica, la que sirve de explicación para la naturaleza de la serpiente y su carácter de animal impuro, no comestible según las leyes de pureza. La segunda maldición es una tradición judeocristiana posterior, no rastreable antes de nuestra era.

los trabaja. Peor aún: hombre y mujer pierden, para sí y para sus descendientes, la familiaridad con Dios. Habrá que esperar a san Pablo para entender el paralelismo de la doble solidaridad de todos los hombres en Cristo salvador y Adán pecador[102].

La tentación diabólica es ya un contacto entre el mundo sobrenatural y el natural. La maldición divina lo mantiene: concierne a un ser sobrenatural (el Diablo), por haber seducido a Eva en el Paraíso, y a dos naturales (mujer y hombre). El episodio confirma la tesis sobre el acontecimiento extraordinario: toda narración mitológica pone en conexión los dos mundos.

2. Caín

Otra proverbial maldición bíblica concierne el fratricidio mítico por antonomasia:

> Caín dijo a su hermano Abel: «Vamos afuera». Y cuando estaban en el campo, se lanzó Caín contra su hermano Abel y lo mató. Yahveh dijo a Caín: «¿Dónde está tu hermano Abel? Contestó: «No sé. ¿Soy yo acaso el guarda de mi hermano?». Replicó Yahveh: «¿Qué has hecho? Se oye la sangre de tu hermano clamar a mí desde el suelo. Pues bien: maldito seas, lejos de este suelo que abrió su boca para recibir de tu mano la sangre de tu hermano. Aunque labres el suelo, no te dará más su fruto. Vagabundo y errante serás en la tierra». Entonces dijo Caín a Yahveh: «Mi culpa es demasiado grande para soportarla. Es decir que hoy me echas de este suelo y he de esconderme de tu presencia, convertido en vagabundo errante por la tierra, y cualquiera que me encuentre me matará». Respondióle Yahveh: «Al contrario, quienquiera que matare a Caín, lo pagará siete veces». Y Yahveh puso una señal a Caín para que nadie que lo encontrase lo atacara (Gn 4, 8-15).

Presenciamos un hecho moralmente malo, directamente imputable al criminal, y oímos una voz que profiere una maldición infalible. Un gran poema de Víctor Hugo, *«La conciencia»*, desarrolla el exilio del asesino, su huida de Jehová, su obsesión por el ojo divino que lo persigue a donde va, su peregrinación de una ciudad a otra en compañía de sus hijos, que arrancan los ojos a quienes se le acercan, y su voluntario ocultamiento, bajo tierra, de la mirada divina:

> [...] descendió solo bajo la sombría bóveda;
> cuando allí se hubo sentado sobre su silla en la sombra
> y cuando sobre su frente cerraron el subterráneo,
> el ojo estaba en la tumba mirando siempre a Caín[103].

---

[102] «Por tanto, como por un solo hombre entró el pecado en el mundo y por el pecado la muerte [...], reinó la muerte desde Adán hasta Moisés» (Rm 5, 12-14). Que, según otro texto paulino, los descendientes de Adán sean hijos de la ira (*filii irae*, Ef 2, 3) confirmaría cuanto va dicho sobre el carácter hereditario de las maldiciones.

[103] «Puis il descendit seul sous cette voûte sombre; / Quand il se fut assis sur sa chaise dans l'ombre / Et qu'on eut sur son front fermé le souterrain, / L'œil était dans l'ombre et regardait Caïn», V. Hugo, *«La conscience»*, *La Légende des Siècles*, J. Truchet (ed.), p. 26. Medio siglo antes (*ca.* 1798, publ. 1828), Colerige había descrito en prosa esta huida de Caín, acompañado de su hijo Enoc; sumido en la amargura, el homicida huye no del ojo sino del aliento divino, pero igualmente deseoso de «habitar en las tinieblas, la oscuridad y un espacio vacío»: cfr. «O that a man might live without the breath of

Nada escapa a la mirada de Dios: bien lo sabían los padres de Caín. La dimensión etiológica de este mito es sorprendente. Situado en el Génesis, tras los dos relatos de la creación del universo y de los seres humanos, y como primera consecuencia tras la caída y el exilio de Adán y Eva, el episodio de Caín explica un número nada desdeñable de realidades: la aparición brutal de la muerte, todavía desconocida *in illo tempore*, el comienzo de las ciudades («Estaba [Caín] construyendo una ciudad»), del oficio pecuario, el arte y la técnica. Más importante aún para nosotros, este acontecimiento confirma el carácter hierofánico de la intervención divina: el castigo del criminal no solo expía el derecho a la vida arrancado a la víctima, también permite que el culpable, investido de inmunidad, establezca el orden político y social[104].

El mito cainita desborda los límites de una riña entre hermanos: redobla y agrava la desobediencia perpetrada por los padres; en adelante asistiremos a una escalada del mal, como refrenda el canto bárbaro que Lamec dirige a sus mujeres: «Yo maté a un hombre por una herida que me hizo / y a un muchacho por un cardenal que recibí. / Caín será vengado siete veces, / mas Lamec lo será setenta y siete» (Gn 4, 23-24).

Podemos deshilvanar sin fin las consecuencias del relato fratricida; analizar, con la crítica, el rechazo del maniqueísmo tradicional en la producción literaria contemporánea, o, incluso, identificar en Caín una figura de los desgarrones de la conciencia moderna[105]. Sin embargo, desde el punto de vista de la mitocrítica cultural, esta cadena de proliferaciones malignas se torna incomprensible si pasa por su procedencia como sobre ascuas: ¡todo está en la maldición divina! Un ser trascendente entra en comunicación con nuestro mundo («Yahveh dijo a Caín…»); de nuevo la conexión de dos realidades heterogéneas. Este acontecimiento extraordinario es todo menos indiferente, hasta el punto de que desde entonces condiciona toda una descendencia, como también ocurre a labdácidas y tebanos. La voz de Dios es performativa: condiciona de modo absoluto la vida de los personajes. Ahí está la clave que la crítica debe retomar una y otra vez, si desea ampliar los horizontes de la literatura e internarse en una comprensión global de los relatos míticos bíblicos[106].

---

his nostrils. So I might abide in darkness, and blackness, and an empty space!», S. T. Coleridge, *«The Wanderings of Cain»*, en *The Complete Poems*, W. Keach (ed.), p. 220. Su fratricidio lo convierte en el «judío errante» por antonomasia.

[104] Los tres oficios provienen de las tres castas de ganaderos, músicos y forjadores, nacidas de los tres grandes descendientes de la sexta generación tras Caín: Yabal, Yubal y Túbal. Sobre el carácter fundador del mito de Caín, véase V. Léonard-Roques, *Caïn et Abel*, p. 11.

[105] Por un lado, *Abel Sánchez*, de Unamuno (1917); *Al Este del Edén*, de J. Steinbeck (*East of Eden*, 1952); *El empleo del tiempo*, de M. Butor (*L'Emploi du temps*, 1956), o *El rey de los alisos*, de M. Tournier (*Le Roi des aulnes*, 1970) ofrecen trazos intercambiables entre Abel y Caín. Por otro, *Lord Jim* y *El copartícipe secreto*, de J. Conrad (1899 y 1909 para *The Secret Sharer*), o *Demian*, de H. Hesse (1919), lamentan el callejón sin salida de su propia conciencia o abogan por la destrucción de las estructuras paternales, como acertadamente muestra V. Léonard-Roques, *Caïn, figure de la modernité*, pp. 129-150 y pp. 235-242.

[106] Este tipo de maldiciones perdura en la literatura contemporánea. En la serie *Agentes de S.H.I.E.L.D.*, Tobias Ford sabotea un aparato y mata a cuatro personas, él incluido; todos culpan e intentan ajusticiar a la inspectora. El espectro de Tobias, que se sabe «atrapado entre dos mundos, este mundo y el infierno» («trapped between two worlds –this world… –and hell»), provoca entonces toda suerte de fenómenos extraordinarios para proteger a Hannah; solo así espera expiar sus pecados (temp. 1, ep. 9, *«Reparations»*).

III. Maldiciones medievales y modernas

1. Las ondinas y Alberich

Invitados por Krimilda, hermana del rey Gunter y esposa de Atila, los burgundios van de camino hacia la corte de los hunos. No ha sido fácil la decisión de aceptar el convite: antaño, el valeroso Hagen, con la complicidad de Gunter, había dado muerte traicionera a Sigfrido (Sîvrit), primer esposo de Krimilda, que bien podría estar tramando una venganza. A su paso por el Danubio, Hagen se adelanta en busca de barqueros que los ayuden en su travesía. Ve entonces a unas «ondinas de mágicas virtudes que allí se refrescaban bañando su cuerpo». Como les compete, son huidizas; pero el guerrero se apodera de sus ropas y una de ellas promete revelarle, a cambio del vestido, «lo que resultará de este viaje que hacéis a tierra de hunos». Como una de las ondinas le augure y profetice bienandanza, él les devuelve sus ropas. Habla entonces la ondina llamada Siglinda:

«Si vas a tierra de hunos, serás gravemente traicionado. Lo que debes hacer es desandar el camino. Todavía estás a tiempo. Porque, vosotros, héroes intrépidos, habéis sido invitados al país de Atila con la intención de que perezcáis. Cuantos allí cabalguen hallarán muerte segura». Volvió a hablar Hagen: «En vano tratáis de engañarme. ¿Cómo puede acontecer que todos nosotros vayamos a perecer allí, víctimas del odio de cualquiera?». Entonces ellas aclararon sus palabras. Una de ellas prosiguió: «Ello será de tal suerte que ninguno de vosotros saldrá de allí con vida, si no es el capellán del rey. De ello estamos seguras. Él volverá sano y salvo al país de Gunter»[107].

Al principio, estos «seres sensatos y buenos» se habían ganado la credibilidad de Hagen: «Dijeran lo que quisieran, las creería a ojos cerrados» (estr. 1.536). Más aún cuando la primera de ellas, acuciada por recobrar su vestido, vaticinase un porvenir halagüeño. Pero tras el aciago augurio Hagen se desengaña: «Triste nueva anunciarles a mis señores que todos nosotros vamos a perder la vida en tierra de hunos» (estr. 1.543). Tanto crédito da al maleficio, que procura ahogar al clérigo para conjurar aquel augurio; como el tonsurado se salve milagrosamente («aunque él no sabía nadar, la mano de Dios le ayudó a retornar sano y salvo a tierra», estr. 1.579), Hagen considera infalible el anuncio de las ondinas: «Estos guerreros van a perder inevitablemente la vida» (estr. 1.580). Los «seres de las aguas» no maldicen al pasajero, simplemente le transmiten su verdad futura, resultado de una antigua traición: Hagen había asesinado con felonía al héroe Sigfrido, clavándole una jabalina en el único lugar vulnerable de su cuerpo (canto XVI, estr. 981). El destino, por mediación de Krimilda, parece tomar partido por el héroe frente a la envidia y avaricia de sus enemigos[108].

---

[107] *Cantar de los nibelungos*, canto XXV, estr. 1.539-1.542, E. Lorenzo Criado (trad.), pp. 268-269. «Seres de las aguas»: en el original medieval en alto alemán medio, la primera vez que aparecen (estr. 1.533) se los llama *wîsiu wîp* («mujeres sabias», «adivinas» o «profetisas») y luego *merwîp* («mujeres del mar» o «mujeres acuáticas», que la ed. de E. Lorenzo traduce por «ondinas de mágicas virtudes»). Wagner las convierte en las tres «hijas del Rin».

[108] El mundo de las ondinas está tejido de profecías y maldiciones irrevocables. En la pieza *Ondine* de Giraudoux (1939), el rey de las ondinas previene a la protagonista irresistiblemente atraída por el caballero Hans: «Aceptas el pacto, pero si te engaña, ¡serás la vergüenza del lago!»; «Tu acceptes le

El *Cantar de los nibelungos* (*Das Nibelungenlied*) sirve, entre otros textos, de base para *El oro del Rin* (*Das Rheingold*, 1869), primera ópera de la tetralogía *El anillo del nibelungo* de Richard Wagner. En un nebuloso ambiente nórdico medieval, las ondinas que custodian el oro del Rin revelan al lúbrico y repugnante enano Alberich el secreto: solo aquel que renuncie al poder del amor y forje con el oro un anillo se convertirá en el dueño del mundo[109]. No faltaba más para tentar al rey de los nibelungos (fin de la 1.ª escena[110]). Paralelamente, los gigantes Fasolt y Fafner reclaman al dios Wotan (Odín) que les entregue a Freia (Freyja), moneda de cambio previamente pactada por construirle su inmensa morada. Su mujer Fricka y el semidiós Loge tratan de disuadirlo, sin éxito, hasta que Wotan tiene noticias del suceso del oro y decide descender al reino de los nibelungos para rescatar a Freia (fin de la escena 2.ª). Alberich obtiene, gracias al herrero Mime, el yelmo mágico de la invisibilidad y la transformación. Tras convertirse, fanfarrón, en una gigante serpiente ante los disfrazados viajeros, estos lo desafían a transformarse en un sapo; la vanidad lo puede todo, incluso embelecar al astuto nibelungo, que queda a expensas de Wotan (fin de la escena 3.ª). En las montañas, Wotan y Loge despojan a Alberich del oro, del yelmo y, finalmente, del anillo. El nibelungo, que aceptó la maldición del desamor al hacerse con el oro del Rin, lanza ahora la suya:

> Por una maldición llegó a ser mío, pues que ahora el anillo sea siempre maldito. Su oro me otorgó un poder ilimitado, que ahora su magia traiga la muerte a aquel que lo lleve. Ningún hombre será feliz con él, ningún hombre afortunado verá la sonrisa de su resplandor.

---

pacte, s'il te trompe, honte du lac!», *Ondine*, C. Weil (ed.), p. 62; la pena es grave: si una ondina se enamora de un hombre y este la abandona, él muere y ella olvida su vida terrestre. De nada sirven las advertencias del rey; cuando, al final, Hans yace muerto a sus pies, la criatura acuática solo puede exclamar lo mucho que habría amado al desconocido…

[109] En el *Nibelungenlied*, Sigfrido queda dueño del tesoro tras vencer primeramente a los príncipes hermanos Nibelungo y Schilbungo, y seguidamente a su vasallo enano Alberico (Alberich); véase *Cantar de los nibelungos*, canto III, estr. 96-97, E. Lorenzo Criado (trad.), p. 54. Más adelante, muerto el héroe, Alberico lo entrega a su viuda, Krimilda (canto XIX, estr. 1.117-1.121), y esta a su hermano Gunter. Al poco, Hagen, vasallo del rey burgundio, lo arroja «al Rin, en Loch», con ánimo de sacar provecho algún día (*ibid.*, estr. 1.137, p. 211). Cuando Krimilda pide explicaciones de su paradero, el guerrero responde: «Mis señores lo mandaron sepultar en el Rin y allí estará ciertamente hasta el juicio final» (canto XXVIII, estr. 1.742, p. 296), como así ocurre, pues Hagen será decapitado sin desvelar el escondedero (canto XXXIX, estr. 2.371-2.373).

[110] Wagner recalca la imposibilidad, casi absoluta, de renunciar al amor en cualquiera de sus facetas (platónico, sagrado, carnal): «Solo a aquel que solemnemente abjure del poder del amor, a aquel que renuncie a los placeres del amor, solo aquel recibirá la magia para forjar un anillo con el oro»; «Nur wer der Minne / Macht entsagt, / nur wer der Liebe / Lust verjagt, / nur wer der erzielt sich den Zauber, / zum Reif zu zwingen das Gold», [http://www.kareol.es/]. Wagner utiliza similar forma sintáctica en otros lugares de la tetralogía del *Anillo* (Sigfrido: «Solo quien no sepa lo que es el miedo, podrá forjar de nuevo a Nothung»; «Nur wer das Fürchten / nie erfuhr, / schmiedet Notung neu» (*Siegfried*, 1876, escena 2.ª). Nothung o Notung (la 'Necesaria') es el nombre que Wagner da a Gram, la mítica espada de la *Saga de los volsungos* con la que Sigurd mata al gigante Fafner. De hecho, al renunciar al amor, Alberich vulnera el equilibrio humano y, por ende, la tierra entera: el quebrantamiento de las leyes sagradas de la naturaleza provoca la destrucción de la tierra en la batalla del fin del mundo o Ragnarök, visible en *El ocaso de los dioses* (*Götterdämmerung*, 1876). Las versiones contemporáneas de esta ópera –piénsese en varias de La Fura dels Baus– insisten mucho en esta interpretación ecológica tan actual.

Cualquiera que lo posea se sentirá agobiado por problemas, y cualquiera que ahora lo tenga será acosado por la envidia. Todo el mundo ansiará poseerlo, pero nadie le sacará provecho. Sin beneficio alguno, su dueño lo habrá de vigilar, pues el anillo le llevará hasta sus asesinos. Convencido de que ha de morir, el cobarde se verá poseído por el miedo. Mientras viva, suspirará por la muerte, y el señor del anillo se convertirá en su esclavo, hasta que mis manos vuelvan a sostener lo que me fue robado. Esta es la suprema bendición que el nibelungo otorga a su anillo. Ahora, te lo puedes quedar… [riendo] ¡Guárdalo bien! ¡No escaparás a mi maldición![111].

Sabemos cómo concluye esta escena cuarta: los dioses recuperan a Freia a cambio del oro, el yelmo y, muy a regañadientes, el anillo (la Madre primigenia y omnisciente aparece para convencer a Wotan). En la codicia de Alberich vislumbrábamos el poder del anillo, aquí lo constatamos. Arguyendo que Fasolt no habría compartido la belleza de Freia, Fafner exige todo el botín para sí; al ver que la disputa acaba con la muerte de Fasolt, Wotan exclama: «¡Ahora me doy cuenta del terrible poder de la maldición!». Mientras el cortejo real se encamina al Walhalla, se oyen los cantos de las ondinas (aquí llamadas «hijas del Rin»), que reclaman la devolución del oro.

Sin duda el nibelungo reclamaba algo que no le pertenecía por derecho propio; por eso mismo el drama concluye con el llanto de las ondinas que claman por la restitución del oro. No lo quieren para sí, sino para devolverlo a su padre y recuperar así el orden primigenio, garantía del «placer y la dicha»; el desorden provocado en la naturaleza (manifiesto en la muerte de los gigantes, Sigfrido y los mismos dioses) solo concluye cuando la valquiria Brunilda devuelve el anillo al Rin.

Estamos ante un concepto de maldición diverso del clásico. A propósito del mito de Edipo, Wagner definía el *fatum* como la «*necesidad natural interior* de la que el griego buscaba liberarse –porque no la entendía– en el Estado político arbitrario»[112]. De acuerdo con el vitalismo existencialista de Schopenhauer, Wagner le da la vuelta a la tortilla: «*Nuestro fatum* es el Estado político arbitrario, que se nos representa como *necesidad exterior* para el subsistir de la sociedad, y del que buscamos liberarnos en la necesidad natural» (*ibid.*); en consecuencia, la «necesidad natural interior» no debe ser denominada *fatum* o destino, sino «impulso vital físico». En su intento por suprimir la instancia sobrenatural, Wagner no considera la maldición como un «castigo divino por una falta original», sino como el «poder […] perceptible de lo instintivo en el hacer inconsciente

---

[111] «Wie durch Fluch er mir geriet, / verflucht sei dieser Ring! / Gab sein Gold / mir Macht ohne Maß, / nun zeug' sein Zauber / Tod dem, der ihn trägt! / Kein Froher soll / seiner sich freun, / keinem Glücklichen lache / sein lichter Glanz! / Wer ihn besitzt, / den sehre die Sorge, / und wer ihn nicht hat, / den nage der Neid! / Jeder giere / nach seinem Gut, / doch keiner genieße / mit Nutzen sein! / Ohne Wucher hüt' ihn sein Herr; / doch den Würger zieh er ihm zu! / Dem Tode verfallen, / feßle den Feigen die Furcht: / solang er lebt, / sterb' er lechzend dahin, / des Ringes Herr / als des Ringes Knecht: / bis in meiner Hand / den geraubten wieder ich halte!… / So segnet in höchster Not / der Nibelung seinen Ring! / Behalt' ihn nun, [lachend] hüte ihn wohl: / meinem Fluch fliehest du nicht!», R. Wagner, *El oro del Rin*, escena 4.ª [http://www.kareol.es]. Siguen unos arpegios que finalmente se desenvuelven en amplios armónicos; véase E. Newman, *Wagner Nights*, pp. 510-511; son síntomas de la vana autocomplacencia del dios, que ignora el poder de la maldición.

[112] R. Wagner, *Ópera y drama*, A. F. Mayo Antoñanzas (trad.), p. 157.

y naturalmente necesario del individuo» (*ibid.*). En el marco de esta racionalización, el drama agrupa una serie de desmanes desencadenados por el ambicioso Wotan, que anhela una orgullosa fortaleza y miente a los gigantes constructores; por Alberich, que ha renegado del amor en favor de la avaricia; por los gigantes, que mutan su lascivia por su codicia...[113]. Ciertamente, esto no implica demonizar a Wotan –dios en ocasiones cercano y padre amante de su hija–, ni identificar a toda la humanidad con Alberich –detonante del desequilibrio global–, pero la historia trasluce una dicotomía esencial. Alto y claro: Wagner se alista a favor del individuo y declara la guerra a la sociedad, siempre arbitraria, justiciera e incriminadora; no extraña que el mismo Wotan, más adelante, acabe muriendo, reo de sus embustes. Tiempo atrás, en 1848, el compositor había escrito que la paz lograda por los dioses (la sociedad) no reposa en la reconciliación, sino en la violencia y la astucia: «el objeto de su orden superior del mundo es la conciencia moral»; por eso, más allá de la iniquidad de Alberich, «el alma, la libertad de los nibelungos» clama por sus fueros: «Alberich consigue justicia en sus quejas contra los dioses»[114].

2. Jacques de Molay

El mundo legendario de la Edad Media está profundamente marcado por la tradición judeocristiana. Veamos, como muestra, un caso muy notorio. En 1307, Jacques de Molay, último gran maestre de la Orden del Temple, fue detenido, bajo acusación de desenfreno y herejía, junto con ciento treinta y ocho templarios, por el papa Clemente V y el rey de Francia Felipe IV (Philippe IV). Tras largos años de pesquisas y juicios, en 1314 fue quemado vivo en la hoguera frente a la catedral de Notre-Dame, mientras pronunciaba, parece ser, palabras condenatorias contra sus enemigos. El papa y el rey fallecieron ese mismo año (el 20 de abril y el 29 de noviembre, respectivamente). Los infortunios de estos dos regidores y el comienzo de la Guerra de los Cien Años desencadenaron una ristra inacabada de leyendas sobre el cumplimiento de la maldición.

En una novela de particular éxito, Maurice Druon ha añadido a estas dos muertes la de Guillaume de Nogaret, ministro de justicia de Felipe el Hermoso:

> ¡Papa Clemente!, ¡caballero Guillermo!, ¡rey Felipe! ¡Antes de un año, os convoco ante el tribunal de Dios para recibir vuestro justo castigo! ¡Malditos!, ¡malditos!, ¡todos estáis malditos hasta la decimotercera generación de vuestras razas![115].

A punto de abrasarse en llamas, el gran maestre del Temple, orden militar con fines políticos y religiosos, clama venganza y sabe que será escuchado; se repite la situación de la maldición de los pelópidas: arrojado al mar, Mírtilo está convencido de que su padre, dios del comercio, no dejará el crimen impune.

---

[113] Véase M. Schneider, *Wagner*, pp. 104-108.

[114] R. Wagner, *Wagner on Music & Drama*, H. A. Ellis (trad.), p. 282.

[115] «Pape Clément!... Chevalier Guillaume!... Roi Philippe!... Avant un an, je vous cite à paraître au tribunal de Dieu pour y recevoir votre juste châtiment! Maudits! Maudits! tous maudits jusqu'à la treizième génération de vos races!», M. Druon, *Les Rois maudits*, I, *Le Roi de fer*, p. 117. El ministro de justicia falleció, en realidad, meses antes de la ejecución de la condena.

3. Don Juan

a) Gonzalo de Ulloa

Arriba hemos asistido a la metamorfosis de una estatua en espectro celeste. En *El burlador de Sevilla*, el padre de doña Ana no es nada menos que el Comendador de Calatrava, otra orden militar. En su amplio parlamento con el rey, Gonzalo de Ulloa conecta los ámbitos político y religioso al describir los conventos lisboetas; pero la interacción mítica de los mundos inmanente y trascendente acontece más tarde. Disfrazado bajo la capa del marqués de la Mota, el seductor engaña a su hija, doña Ana; apenas descubierta la añagaza por la hija y el padre, este y el caballero cruzan sus espadas. La del Tenorio sale vencedora. Acuciado por los últimos espasmos de la muerte, don Gonzalo profiere su amenaza al homicida: «si el honor me quitaste, / ¿de qué la vida me servía? […] Seguiréle mi furor»[116]. ¿Cómo puede perseguir la ira de un muerto a un vivo, si no es mediante una fuerza que trasciende las contingencias físicas de este mundo? Al poco, durante la entrevista en el cementerio, el héroe invita al Comendador, ya convertido en estatua semoviente, a cenar en su posada. Este acude y, a su vez, convida a su anfitrión a cenar al día siguiente en la capilla. En prenda de compromiso, el libertino le tiende su mano. El acontecimiento no puede ser más extraordinario. Cuando se encuentran de nuevo, las acotaciones escénicas son propias de un ser proveniente del más allá: «sale al encuentro Don Gonzalo, en la forma que estaba en el sepulcro […]. Paso, como cosa del otro mundo» (ed. cit., III, pp. 269-276). La estatua viviente ofrece a su convidado alacranes y víboras mientras un coro entona una canción moralizante sobre el fin de los burladores de Dios. Apenas ambos personajes se dan la mano, el seductor se siente abrasar; ante la amenaza de la muerte, pretende cargar sobre doña Ana la culpa de sus desvaríos, pero la estratagema fracasa: a diferencia de los tribunales humanos, a diferencia, también, de los dioses paganos, Dios solo juzga sobre el fuero interno. Y ante la súplica donjuanesca por llamar a quien le «confiese y absuelva», el Comendador replica: «No hay lugar. Ya acuerdas tarde». El acontecimiento extraordinario (siempre encuentro entre dos mundos) alcanza su cenit cuando vemos a Don Juan hundirse en el sepulcro mientras suena la voz de don Gonzalo: «Esta es la justicia de Dios: quien tal hace, que tal pague» (vv. 2.861-2.862). Se cumple el anuncio del Comendador moribundo, ahora Comendador/estatua, es decir, mensajero investido de poder numinoso.

b) John Tanner

He dejado para el término de este análisis un caso cómico de la literatura contemporánea, la subversión del mito donjuanesco en *Hombre y superhombre* (G. B. Shaw, 1903).

El difunto Mr. Whitefield ha designado en su testamento al tutor de su hija Ann. Ramsdem, venerable anciano, supone que él es el elegido. Mientras conversa con Octavius Robinson, llega John Tanner:

TANNER: Esto es una copia del testamento de Whitefield. Se la dieron a Ann esta mañana.
RAMSDEM: Cuando dice Ann, se refiere, supongo, a Miss Whitefield.

---

[116] Tirso de Molina (atr.), *El burlador de Sevilla*, II, vv. 1.585-1.590, A. Rodríguez López-Vázquez (ed.), p. 220.

TANNER: Me refiero a Ann, su Ann, la Ann de Tavy, y ahora, ¡por Dios, a mi Ann!

OCTAVIUS (*irguiéndose, muy pálido*): ¿Qué quiere decir usted?

TANNER: ¡Decir! (*Enseña el testamento*). ¿Saben ustedes quién ha sido designado como guardián de Ann en este testamento?

RAMSDEM (*fríamente*): Supongo que yo.

TANNER: ¡Usted! Usted y yo, amigo, ¡Yo! ¡¡Yo!! ¡¡¡Yo!!! ¡Ambos! (*Lanza el testamento al escritorio*)[117].

El asombro de Ramsdem y Octavius es superlativo: John Tanner representa todas las ideas revolucionarias; la idea del difunto –confiar la tutela de su hija al seductor– se les antoja contradictoria. La repulsa emocional del anciano Ramsdem, pautada en la retórica del texto, responde a toda lógica. Simultáneamente, lector y espectador esbozan una ligera sonrisa: el Cielo cristiano, al modo del destino pagano, también dispone sus designios según su capricho, al margen de la sociedad biempensante.

Parece como si Hermes, el dios del comercio, se obstinara en hacer valer los derechos contraídos por su hijo Mírtilo frente a Pélope; como si el Dios de las órdenes militares del Temple y Calatrava velara por los de sus maestres y comendadores (sin parar mientes en su talla moral). La maldición no solo responde a una maldad cometida: también contiene la «dicción», la voz proferida por las víctimas en trance de muerte, una súplica que, tarde o temprano, será escuchada por las instancias del otro mundo cuando la justicia de este se muestre ineficaz.

* * *

A pesar de sus diferencias, todos estos casos permiten extraer importantes analogías. La maldición que se cierne sobre un personaje en realidad afecta a todo su linaje, es decir, a una línea de individuos relacionados por la sangre. Los poetas helénicos suelen centrarse en un descendiente determinado; pero la maldición es común. Sin duda puede haber daños colaterales (la muerte de soldados tebanos), pero el mal opera en el seno de una estirpe; la sociedad queda fuera, contemplándolos asesinarse, como un contraejemplo y una advertencia. Brunel ha mostrado cómo los trágicos griegos, ordenados por orden cronológico descendente, enfocan la maldición en personajes que remontan en orden cronológico ascendente: Esquilo, Sófocles y Eurípides eligen a Atreo, Pélope y Tántalo; como si cada poeta pretendiese descargar a sus contemporáneos de la falta original[118].

El caso bíblico de Adán y Eva, en su profunda disparidad, confirma la regla común. El hecho de que la maldición consiguiente al primer pecado afecte a los «primeros padres» impide remontar más aún en el tiempo: más allá no hay ningún otro ser humano. Esta sensible variación produce un efecto multiplicador en sentido descendente: todos

---

[117] «TANNER: It's a copy of Whitefield's will. Ann got it this morning. / RAMSDEM: When you say Ann, you mean, I presume, Miss Whitefield. / TANNER: I mean our Ann, your Ann, Tavy's Ann, and now, Heaven help me, my Ann! / OCTAVIUS [*rising, very pale*]: What do you mean? / TANNER: Mean! [*He holds up the will*]. Do you know who is appointed Ann's guardian by this will? / RAMSDEM [*coolly*]: I believe I am. / TANNER: You! You and I, man. I! I!! I!!! Both of us! [*He flings the will down on the writing table*]», G. B. Shaw, *Man and Superman*, I, D. H. Laurence (ed.), p. 48.

[118] Véase P. Brunel, *Pour Électre*, pp. 13-15.

los humanos quedan irremisiblemente lastrados por la desobediencia en el Edén; el exilio afecta a toda la especie.

En cuanto a los casos medievales y modernos, es preciso despojarlos de su ganga histórica: no escudriñemos si Felipe IV o Clemente V murieron realmente como consecuencia de una maldición; tampoco hurguemos en su línea sucesoria. Fijémonos tan solo en el bando mítico al que pertenecen: al de los desobedientes a la ley divina, igual que Caín, Adán y Eva o Lucifer[119].

Las maldiciones de estos personajes cumplen su objetivo, como la bala del fusil según el rey William y el capitán de Jacques. Tal es el valor de la palabra cargada de razón, esto es, motivada por un desorden moral, que provoca el acontecimiento extraordinario en nuestro mundo.

EL ATAJO DE LA MAGIA

En su reflexión sobre el animismo de Tylor, Frazer establece una teoría de la magia (ciencia antes de la ciencia) como práctica destinada a producir efectos especiales por la aplicación de dos leyes llamadas «de simpatía»:

> primera, lo semejante produce lo semejante, o un efecto se parece a su causa; y, segunda, [...] las cosas que una vez estuvieron en contacto entre sí continúan actuando una sobre la otra en la distancia, después de que el contacto haya sido roto. El primer principio puede llamarse la ley de Semejanza, el segundo, la ley del Contacto o Contaminación. Por el primero de estos principios, denominado ley de Semejanza, el mago infiere que puede producir cualquier efecto deseado simplemente imitándolo; por el segundo infiere que cuanto se opere sobre un objeto material afectará igualmente a la persona con la que ese objeto estuvo antes en contacto, independientemente de que formara parte de su cuerpo o no[120].

Se entienden así los numerosos experimentos a los que asistimos en las novelas de Rothfuss; por ejemplo, cuando Abenthy muestra dos monedas (*drabines*), una de las cuales ha sido previamente pringada con unas gotas de resina de pino:

---

[119] Jacques de Molay y Gonzalo de Ulloa no exhiben sus propios méritos, sino la mentira de sus verdugos y el desenfreno del violador de su hija, respectivamente; este expediente les basta para atraer la maldición sobre sus enemigos. No incluyo en este párrafo *El oro del Rin:* dado que Wagner se deslinda en este aspecto de las tradiciones clásica y cristiana, he preferido comentar este caso más arriba, tras la exposición del argumento.

[120] «first, that like produces like, or that an effect resembles its cause; and, second, that things which have once been in contact with each other continue to act on each other at a distance after the physical contact has been severed. The former principle may be called the Law of Similarity, the latter the Law of Contact or Contagion. From the first of these principles, namely the Law of Similarity, the magician infers that he can produce any effect he desires merely by imitating it: from the second he infers that whatever he does to a material object will affect equally the person with whom the object was once in contact, whether it formed part of his body or not», J. Frazer, *The Golden Bough*, p. 13. Quizá inconscientemente, este antropólogo refiere las dos relaciones fundamentales que nuestro pensamiento establece entre los objetos: similaridad y contigüidad; en lenguaje poético: metáfora y metonimia.

Puso una moneda encima de la mesa y se quedó con la otra en la mano. Luego murmuró unas palabras más y se relajó. / Levantó la mano, y la moneda que estaba en la mesa imitó el gesto. Agitó su mano y la pieza de hierro marrón se movió en el aire. / Dejó de mirarme y miró la moneda: «La ley de simpatía es una de las más fundamentales de la magia. Establece que cuanto más similares son dos objetos, mayor es su vínculo simpático. Cuanto mayor es el vínculo, más fácilmente se influyen entre sí»[121].

Los principios enunciados por Frazer (homeopático o por imitación y contagioso o por contigüidad) son resumibles en un corolario («la parte es al todo como la imagen a la cosa representada»). Además, la eficacia necesaria del rito mágico es razón suficiente para distinguir, según Frazer, su carácter constrictivo respecto al conciliador de la religión.

Mauss lamenta la «parcialidad» de Frazer: su elección de casos típicos y la limitación a los hechos de simpatía restarían carácter científico a sus conclusiones; sería precisa una nueva teoría que explicase por qué tanta gente se ha dejado «ilusionar» por la magia[122]. El antropólogo francés se lanza seguidamente a una exposición de los elementos de la magia (mago, actos, representaciones) y su análisis explicativo. Todo para concluir que la magia es un «fenómeno social» emparentado, por un lado, con la religión, y, por otro, con la tecnología y la ciencia (farmacia, medicina, entomología, cirugía, metalurgia), esto es, con técnicas y ciencias que han sobrevivido gracias a los descubrimientos de la magia. Es social por cuanto muchos estados afectivos, generadores de ilusiones, no son individuales, sino resultado de la mezcla de sentimientos propios de cada sujeto en su relación con otros individuos de la sociedad. A diferencia de la religión –que tiende a la metafísica y a la abstracción–, la magia se mezcla con la vida profana de la naturaleza concreta. A diferencia de la tecnología y la ciencia –que producen algo a través del trabajo–, la magia es un arte de hacer las cosas, de producirlas *ex nihilo*, solo con la ayuda de gestos y palabras; por eso cabe comparar la magia con un esbozo de técnica: es, a un tiempo, la más infantil y más antigua de las técnicas. La perspectiva de Mauss es tremendamente positivista; ni debemos ignorarla ni seguirla al pie de la letra cuando entramos en el terreno del mito. Además, no parece consistente hablar, en la magia, de una producción a partir de la nada. Personalmente, prefiero otra fórmula: la magia es al mito y a la fantasía lo que la paraciencia es a la ciencia ficción[123].

---

[121] «He set one on the table, keeping the other in his hand. Then he muttered something else and relaxed. / He raised his hand, and the drab on the table mimicked the motion. He danced his hand around and the brown piece of iron bobbed in the air. / He looked from me to the coin. "The law of sympathy is one of the most basic parts of magic. It states that the more similar two objects are, the greater the sympathetic link. The greater the link, the more easily they influence each other"», P. Rothfuss, *The Name of the Wind*, cap. XI, p. 75. El *drabín (drab)* es una moneda *ceáldica* del país ficticio en el universo inventado por Rothfuss.

[122] Véase M. Mauss, «Esquise d'une théorie générale de la magie», en *Sociologie et anthropologie*, pp. 3-6 y pp. 134-137.

[123] Segundos antes de recibir un ataque nuclear de los Cylons (androides sublevados), el capitán Apollo utiliza el sistema de propulsión FTL (destinado a viajes por encima de la velocidad de la luz) para manipular las bobinas de energía e inhabilitar las cabezas nucleares del enemigo. Ante el asombro del piloto de la nave, Apollo explica: «solo es una teoría con la que jugábamos en la escuela militar, pero nunca funcionaba en los juegos de guerra»; «It's just a theory we toyed with in war college, but it

Sostiene Tolkien que los mitos y los cuentos de hadas están estrechamente relacionados con «la Caída, la Mortalidad y la Máquina». Estos tres conceptos se ven, a su vez, afectados por un deseo que puede tornarse posesivo, porque el hombre anhela ser el dios y señor de su propia creación. La criatura, que Tolkien denomina «el subcreador»,

se rebela entonces contra las leyes del Creador –especialmente contra la mortalidad– hasta el punto de que su caída y su mortalidad lo conducen al deseo de Poder, de hacer más rápidamente efectiva su voluntad, y de ahí a la Máquina (o la Magia)[124].

Por máquina o magia, Tolkien se refiere al recurso de planes o dispositivos externos en lugar de poderes o talentos ordinarios. Dentro de su universo imaginario, la magia es el uso de los poderes del mundo (p. e., los *daímones*) en beneficio propio. De otro orden es el encantamiento, ejercido por quienes naturalmente son poderes (menores) del mundo, los elfos. Coincide en esto con su amigo Lewis, para quien la magia traduce el deseo siniestro de someter la realidad a los deseos humanos, al margen de consideraciones éticas[125].

---

never used to work during war games», *Battlestar Galactica (miniserie)*, II. Estos recursos ingeniosos, en los que un científico hace uso de una «varita mágica» pseudocientífica –la paraciencia–, son habituales en este tipo de cómics y series televisivas.

[124] «He will rebel against the laws of the Creator –especially against mortality. Both of these (alone or together) will lead to the desire for Power, for making the will more quickly effective, –and so to the Machine (or Magic)», J. R. R. Tolkien, «From a Letter […] to Milton Waldman, 1951», en *The Silmarillion*, C. Tolkien (ed.), p. xiii. La cuestión remonta a los siglos xii y xiii, donde ya es posible distinguir tres ámbitos del mundo sobrenatural: *mirabilis* –el «maravilloso» de origen precristiano–, *magicus* –la magia negra y la magia blanca o legal, antes de que el término *magicus* se predique únicamente de lo satánico o maléfico– y *miraculosus* –el mundo sobrenatural propiamente cristiano, en el que se incluyen los milagros, al que la Iglesia ha conferido preponderancia para erradicar los otros dos ámbitos–; véanse J. Le Goff, *L'Imaginaire médiéval*, p. 22, N. Courtès, *L'Écriture de l'enchantement*, p. 18, y R. Gordon, «Imagining Greek and Roman Magic», pp. 168-178. La contienda entre milagro y magia siempre ha sido un caldo de cultivo en la literatura. *L'Œuvre au noir* de Marguerite Yourcenar (1968) contiene una interesante conversación entre el obispo de Brujas y el alquimista Zenón, acusado de mago. Para los necios, piensa el prelado, la magia es «la ciencia de lo sobrenatural»; pero se vuelve peligrosa cuando, en connivencia con el ocultismo (*«occulta philosophia»*), niega «el milagro». En su defensa durante el proceso judicial, Zenón reduce la magia a un conjunto de «atracciones y repulsiones regidas por leyes aún misteriosas, pero no necesariamente impenetrables al entendimiento humano»; dicho de otro modo, la magia se emparenta con las «ciencias mecánicas», «todo [es] magia»: de las hierbas y los metales, de la salud y la enfermedad, de los sonidos y las palabras… Capciosas palabras que no convencen al monseñor: «un universo organizado de ese modo no dej[a] lugar alguno a la voluntad personal de Dios» (pp. 376-378). El alquimista se mueve en semejante amplitud de onda que el narrador de *Los hermanos Karamazov* (F. Dostoievski, 1880), para quien «el verdadero realista, si no es un creyente, siempre encontrará en sí fuerza y capacidad para no creer ni en el milagro, y si este se le presenta como hecho incontestable, el incrédulo preferirá no creer a sus sentidos que admitir el hecho», I, 1, V, «Los startsí», A. Vidal (trad.), p. 33.

[125] «Hay algo que une la magia con las ciencias aplicadas y que separa a ambas de la "sabiduría" de los tiempos pasados. Para el hombre sabio de entonces, el problema cardinal había sido cómo conformar el alma a la realidad, y la solución había sido el conocimiento, la autodisciplina y la virtud. Para la magia y las ciencias aplicadas, el problema es cómo someter la realidad a los deseos de los hombres: la solución es una técnica; y ambas, en la práctica de esta técnica, están dispuestas a hacer cosas hasta ahora consideradas como asquerosas e impías, tales como exhumar y mutilar a los muertos»; C. S.

La magia exterioriza la irreprimible ambición humana de transformar el mundo ordinario con medios extraordinarios[126]; o, si se prefiere, de burlar paradójicamente el determinismo exasperante del mundo mediante un procedimiento riguroso y preciso, es decir, determinista[127]. Brunilda rechaza desposarse con Gunter; decidido a conseguirla para su rey, Sigfrido hace uso de su capa mágica que lo vuelve invisible y así sojuzga a la princesa, que se ve abocada a acceder al matrimonio[128]. Visto y no visto. La magia fuerza el mundo, coacciona impedimentos de la materia o de las voluntades: es un atajo del ser humano irritado frente a su impaciencia o desesperado frente a su impotencia. La superación de estos obstáculos materiales genera otros sistemas paralelos regidos por condiciones espaciales –a veces temporales– diversas a las de nuestro mundo, en clara concomitancia con los universos paralelos tan apreciados por la ciencia ficción y de inmensa rentabilidad en las obras de fantasía[129].

Un último apunte sobre algo fundamental, antes de abordar la tipología mágica o los magos célebres: el objeto o medio utilizado. Varitas, anillos, drogas, jirones de tela o capas, lo que sea, pero un elemento material es siempre indispensable[130]. La magia no crea, recrea.

Lewis, *The Abolition of Man*, pp. 46. Para una relación detallada entre magia y máquina en Tolkien, véase J. Mentxakatorre, *La muerte como don: J.R.R. Tolkien*, en particular, el cap. «Poética del mito», pp. 244-297, que ahonda en el carácter abusivo de la magia para alterar el mundo primario.

[126] En su exposición de las principales teorías de sociólogos y antropólogos al respecto, N. Courtès resalta que la magia no opera habitualmente en solitario, sino en conjunción con otras «nociones» o «categorías» a modo de «pares»: magia y religión, magia y ciencias o técnicas, magia y brujería… Esta investigadora define la magia como «un conjunto de gestos ritualizados que persiguen efectos inmediatos que hacen soñar pero no guardan proporción alguna con esos mismos gestos según los principios habituales de la causalidad», *L'Écriture de l'enchantement*, p. 17. A. Alvar Nuño resalta en la magia su carácter activo, ritual y funcional: «se ejecuta para resolver una necesidad en el presente o en un futuro inmediato», «Mito y magia», p. 251.

[127] Véase C. Lévi-Strauss, *La Pensée sauvage*, pp. 24, 26 y 265. Muy probablemente el antropólogo recuerda la teoría de Freud, expuesta en *Tótem y tabú*, para quien la magia es una sustitución de causalidades reales por relaciones ideales. No hay duda de las relaciones estrechas –por rechazo o imitación, poco importa ahora– que el imaginario humano establece entre las ciencias empíricas y la magia.

[128] Revestido de esta capa, el invisible Sigfrido vence en las tres pruebas a Brunilda y la domeña sobre el lecho nupcial de Gunter; véase *Cantar de los nibelungos*, canto VII, estr. 449-466 y canto X, estr. 652-677, E. Lorenzo Criado (trad.), pp. 103-105 y 131-134 respectivamente. Sigfrido se había apoderado de este manto tras su pelea con Alberico (Alberich), canto III, estr. 97, p. 54. Estas prácticas mágicas han existido siempre; R. Gordon aporta varios ejemplos de la denominada «magia antes de la magia», ejercida por determinados grupos (magas, herbolarias, orfebres) inaccesibles a los procesos de racionalización y moralización del mundo divino acomodado a la formación de las ciudades-Estado; véase «Imagining Greek and Roman Magic», pp. 178-191.

[129] Al otro lado de un espejo, un armario, un muro, un ascensor o unos arbustos, Alicia, Lucy, Harry, Stella y Quentin encuentran un mundo que solo en parte es homólogo al que nosotros conocemos; véanse *Through the Looking-Glass* (L. Carroll, 1871); *The Lion, the Witch and the Wardrobe* (C. S. Lewis, 1950); *Harry Potter and the Philosopher's Stone* (J. K. Rowling, 1997), y la serie *The Magicians* (2015, temp. 1, ep. 1, «*Unauthorized Magic*»). Más adelante abordaremos ejemplos de magos en los relatos míticos.

[130] Sabíamos de la estrecha relación que existe entre el mago y su instrumento; la fantasía contemporánea nos lo ha recordado: antes de destinarle la varita mágica adecuada, Ollivander ('el que posee la varita de olivo') toma minuciosamente las medidas al joven aprendiz; véase J. K. Rowling, *Harry*

Entre todas estas recreaciones, conviene exponer la relativa a la escritura: por principio, esta no debe ser corriente, sino antigua, extranjera o poética; solo así podrá entrar en el campo de la magia «normativa».

Las runas de la escritura nórdica encierran un carácter afortunado o apotropaico según los casos. Cuando Sigurdr pide a Brynhildr «un consejo para un magnífico destino», la valquiria llena una copa y la entrega al guerrero con estas palabras: «Runas de victoria has de componer, si quieres ser sabio, y grabarlas en el puño de tu espada, en las ranuras y sobre la hoja e invocar a Týr dos veces»[131].

El caso de los libros es más complejo. Papiro, pergamino, *liber,* códice o volumen romano encerraban un poder de encantamiento que el invento de Gutenberg no hizo sino exaltar al transformar, sin esperarlo, los instrumentos de saber en objetos literarios (imposible predecir lo que la digitalización reserva a esos antiguos objetos de deseo). No tardaron en aparecer marcas de bestiarios que aseguraban derechos de producción y certificaban la procedencia de la imprenta (delfines de Aldo Manucio, unicornios de Jacques Kerver). Posteriormente, se añadieron las imágenes, simbólicas las más de ellas, que estimulaban la especulación de lectores y coleccionistas. Estas alegorías del ser humano, de la naturaleza o de la divinidad configuraron así una tradición iconográfica a la que progresivamente se fueron añadiendo símbolos herméticos, alquímicos, teosóficos o místicos.

Más allá de la «magia» del libro, la mitocrítica cultural se interesa por las derivadas míticas (proféticas, reveladoras e incluso esotéricas) de grimorios y, en general, de los libros, tanto en tiempos pasados como modernos. En el cuento egipcio *Setne I,* del periodo helenístico, Setne penetra con Inaros, su hermano adoptivo, en la cámara menfita de enterramiento del difunto príncipe Naneferkaptah, de donde extrae el *Rollo de Tot,* libro de hechizos mágicos, cuyos efectos sufre hasta que lo devuelve a la tumba principesca[132]. En *Heinrich von Ofterdingen,* novela inacabada de Novalis (póst. 1802), el joven protagonista lee –en un manuscrito provenzal encontrado en la caverna donde lo hospeda un ermitaño– la historia del mundo y su propia historia. Iniciación, mística y metempsicosis proporcionan las claves para entender el libro único con el que soñaba

---

Potter and the Philosopher's Stone, p. 64. Una vez adjudicada, el hacedor de varitas le susurra en confidencia: «La varita elige al mago» («The wand chooses the wizard»), frase que cumplidamente recoge la película homónima (C. Columbus, 2001). Y cuando un mago cae en desgracia, es desposeído de su varita o bastón, como Saruman, tras su desvarío y derrota en Orthanc; véase J. R. R. Tolkien, *The Lord of the Rings, The Two Towers,* III, 10, p. 208.

[131] *Saga de los volsungos,* IV, J. E. Díaz Vera (trad.), p. 119 y n. 96. Týr es el dios de la guerra y del derecho; la runa *týr* equivale al fonema /t/ y aparece frecuentemente grabada en las armas de los guerreros escandinavos. Cada cultura y tradición tiene sus signos con sus características propias; piénsese, por ejemplo, en la autodenominación de Jesucristo como «el Alfa y la Omega» (A/Ω), principio y fin de todas las cosas, Ap 1, 8; o, dentro del antiguo Egipto, en los nudos, «punto de convergencia de las fuerzas que unen el mundo divino y el mundo humano», y los correspondientes números, considerados como nudos abstractos; cfr. C. Jacq, *El mundo mágico del Antiguo Egipto,* p. 73.

[132] Véase el texto de este papiro «Cairo 30646» en *The Romance of Setna Khaemuas and the Mummies (Setna I),* en *The Literature of Ancient Egypt,* W. K. Simpson (ed.), pp. 453-469. Jaemuaset o, más comúnmente, Setne, es deformación de «Gran Sacerdote» o *Setem* del dios Ptah de Menfis, título deletreado *stme* o *stne* en escritura demótica.

el autor: una Biblia o Evangelio del futuro o, como su amigo Friedrich Schlegel, un Evangelio eterno, compilación de todos los destinos humanos desde el origen hasta la consumación de los tiempos[133].

Magias mística, diabólica y feérica

Las tipologías de la magia son múltiples y complejas; aquí recurriré a una que, sin ser exhaustiva ni perfecta, nos ayude a comprender la relación de la magia con el mito. Mediante la magia blanca o mística y a través de medios naturales (numerología, astrología, alquimia, cábala y simbolismos de todo tipo), el hombre pretende conocer los secretos del mundo para actuar sobre él, más allá de su orden habitual. Mediante la magia negra, un personaje pacta (habitualmente a costa de su alma) con el diablo o los espíritus para cambiar el orden del mundo en beneficio propio o perjuicio ajeno. Mediante la magia cristiana o feérica, en fin, un ser del otro mundo (habitualmente un hada madrina) reordena el mundo (en ocasiones desordenado por otra hada madrastra) de acuerdo con la moral tradicional. En la medida en que haya intercambio (invocación, evocación) con un espíritu o divinidad superior, cabe hablar de teúrgia. Cada una de estas tres magias cuenta con exponentes de prestigio tanto en la historia (Paracelso, Teófilo de Adana y Jesucristo) como en la literatura (Fausto, las hadas de Mme d'Aulnoy, Perrault, los hermanos Grimm o Andersen, el archidiácono Claude Frollo)[134].

La divinidad por antonomasia de la magia es Hécate. La diosa madre, probablemente originaria de la Caria anatolia, era venerada en la Grecia arcaica y en Tracia como benefactora de las tierras y los alumbramientos (véanse los anónimos *Himnos homéricos* y

---

[133] Véanse P. Deghaye, «Le livre merveilleux de l'ermite dans *Henri d'Ofterdingen* de Novalis», pp. 33-37, y J.-P. Brach y J.-P. Corsetti, *Magie du livre, livres de magie*, pp. 3-12. Los libros de magia también tienen su recorrido cinematográfico: en la película *The Ninth Gate* (R. Polanski, 1999), inspirada en *El club Dumas* de A. Pérez-Reverte, el coleccionista Boris Balkan posee uno de los tres ejemplares del libro *The Nine Gates of the Kingdom of Shadows*, adaptación que Aristide Torchia hiciera en el siglo XVII del *Delomelanicon*, volumen escrito por el mismo Diablo («by Satan himself») para invocarlo («to raise the Devil») y otorgar invulnerabilidad e inmortalidad entre sus adeptos. Contratado por Balkan, el escéptico tratante de libros Dean sale en busca de las otras dos copias, cuya diferencia en las ilustraciones (una adivinanza satánica, «a form of satanic riddle») acarrea graves implicaciones diabólicas para el tratante y coleccionista: «Algunos libros son peligrosos. No se abren impunemente»; «Some books are dangerous. Not to be opened with impunity».

[134] Por supuesto, no olvidemos a la Celestina. La alcahueta de Fernando de Rojas protagoniza una imperecedera escena de conjuro en la que invoca al «triste Plutón, señor de la profundidad infernal» (léase, Lucifer) para que el «hilado», untado con todo género de condimentos (ponzoña de víboras), provoque la pasión desenfrenada de Melibea por Calisto, *La Celestina*, E. Borrego (ed.), pp. 153-154; sobre esta *philocaptio* o «mecánica» para atraer el amor de terceros mediante hechicería u otros medios desordenados, véanse R. Folger, «Passion and Persuasion: Philocaption in *La Celestina*», *passim*, y H. Stadthagen Gómez, «Elementos de brujería en *La Celestina*», pp. 186-187. Shakespeare incluye en *La tempestad* dos tipos de magia: la blanca, representada (al menos verbalmente) por Próspero, ataviado con manto y vara de mago, y la negra, representada por «la repugnante bruja Sycorax»; «the foul witch Sycorax», *The Tempest*, I, 2, v. 259, en *The Complete Works*, S. Wells y G. Taylor (eds.), p. 1.172. A. Ballesteros califica esta pieza de «crisol de magia, encarnaciones espirituales de elementos naturales y modelo de monstruosidad absoluta», en «Monsters on the Island: Caliban's and Prospero's Hideous Progeny», p. 15.

la *Teogonía* de Hesíodo). A este carácter benévolo se añaden con posterioridad otros, en asociación con diosas locales como la Cibeles frigia, la Ártemis efesia o la Afrodita de Afrodisias. Con una apariencia habitualmente trimorfa (tres cabezas femeninas), Hécate pasa a ser la diosa de los espacios liminares (de ahí su imbricación con los ritos de paso y su relación con Perséfone, compañera de culto en Selinunte). De forma paulatina, esta diosa adopta un aspecto siniestro en época helenística, hasta el punto de recibir connotaciones hechiceras y el título de «reina de los fantasmas».

A este propósito, merece la pena recordar un pasaje de las *Argonáuticas* de Apolonio de Rodas. Un día, a partir del jugo de una flor (la planta de Prometeo), Medea confecciona una droga que torna invulnerables a los hombres. Al anochecer, en el templo de Hécate, la entrega a Jasón para que, tras cumplir una serie de prescripciones (bañarse en un río, abrasar una oveja y libar miel en honor de la diosa), se la aplique cual ungüento por todo el cuerpo, de modo que adquiera «una fuerza infinita y un enorme vigor» (III, vv. 1.043-1.044); entonces podrá resistir el fuego del dragón que custodia el Vellocino de Oro, apoderarse de la zalea y llevarla a su tierra[135]. Este y otro prodigio complementario (apenas broten gigantes de los dientes del dragón sembrados por Jasón, el héroe deberá lanzar a lo lejos una piedra para que se maten mutuamente, vv. 1.051-1.060) son ritos propios de una diosa ctónica. La observancia de las leyes internas de la magia posibilita el acontecimiento extraordinario.

Antes de pasar a la magia feérica (la blanca rara vez se presta a acontecimientos míticos), visito un relato de magia negra en la literatura contemporánea, *El festival*, de Lovecraft (1925). Invitado por sus familiares, un innominado narrador protagonista visita por vez primera Kingsport (Massachusetts), con ocasión de un festival prohibido celebrado una sola vez cada siglo. Nada más llegar a su destino, un misterioso huésped lo conduce a una sala de espera, junto a una pila de antiguos libros de magia y demonolatría entre los que destaca un grimorio, el *Necronomicon*. La superchería de este volumen «maldito» y «blasfemo» es célebre entre los apasionados de Lovecraft: tanto el libro y su etimología ('imagen de la ley de los muertos') como el autor («el loco árabe Abdul Alhazred») y su «prohibida traducción al latín por Olaus Wormius» (el humanista Ole Worm sí ha existido) son productos de una ficción. El fraude no disminuye, al contrario, la relevancia del volumen. En efecto, cuando suenan las once de la noche, nuestro personaje es invitado a acompañar a una muchedumbre de encapuchados durante una inesperada ceremonia a un cementerio. Su anfitrión mantiene elevado sobre su cabeza el libro «execrable» y, tras unos toques de flauta, da comienzo a un auténtico aquelarre de fenómenos inconcebibles: una columna de fuego sin sombras ni calor y «una horda de cosas domesticadas, entrenadas, híbridas y aladas que ningún ojo y ningún cerebro en

---

[135] Véase Apolonio de Rodas, *Las Argonáuticas*, III, vv. 843-1.050, M. Pérez López (ed.), pp. 244-254. La droga –φάρμακον, *phármakon*, según Apolonio, *The Argonautica*, G. W. Mooney (ed.), III, v. 845– es confeccionada a partir de la planta «prometea» (*prometheion*) –quizá la mandrágora o la *aglaophotis*–, mágicamente fertilizada por la sangre del titán encadenado; véase G. Luri Medrano, «El Prometeo ctónico», pp. 9-10. El apelativo de «patrona de brujas» no agota el retrato de Hécate: muchos filósofos y magos antiguos le atribuyen la animación del cosmos y de los seres humanos; sobre esta dicotomía maléfica y benéfica de la diosa, así como de la principal fuente de información –los *Oráculos caldeos*, atribuidos a Juliano el Teúrgo, ¿siglo II d.C.?–; véanse S. I. Johnston, *Hekate Soteira*, pp. 2-3, y M. Agudo Villanueva, *Hécate. La diosa sombría*, pp. 57-64.

buenas condiciones podrían nunca captar ni rememorar por completo»[136]. Los encapuchados adquieren entonces la facultad de superar las constricciones físicas que rigen este mundo y, apenas «adoran el nauseabundo pilar de llamas», como exige el *Yule-rite* (ritual de «solsticio, [...] fuego, perennidad, luz y música»), montan sobre las «cosas» y desfilan entre pozos y galerías espantosas...

Nuestro observador, ¿es testigo de una realidad o sufre una alucinación? Sabemos que «los personajes de Lovecraft se comport[an] como observadores mudos, inmóviles, totalmente impotentes, paralizados»[137]; por lo tanto, habremos de encontrar la respuesta por nosotros mismos. Más tarde, en el hospital donde despierta, los médicos indican al protagonista que padece los efectos de una caída desde un precipicio poco antes de llegar al puerto de Kingsport. Se trataría solo de una aprensión, como anuncia el epígrafe de Lactancio que leemos al principio del relato: «Los propios inventores de estas artes [*sc.* los demonios] consiguen con su presencia que se crea que son verdaderas»[138]. Ahora bien, la misma aprensión revela –como bien declara el autor latino en prevención contra las tales malas artes infernales (adivinación, agorería y nigromancia)– el origen demoníaco de la «psicosis». Tal como desvela un ejemplar del *Necronomicon* (sacado por el personaje de la biblioteca de la Universidad de Miskatonic), el espíritu de los siervos del Diablo devora el gusano y otros carroñeros de los muertos hasta hacerles excavar grandes agujeros en la tierra (cfr. p. 35). No era otro el origen de la horda de cosas domesticadas, híbridas y aladas que volaban por aquellas galerías durante el ritual demoníaco.

Se impone una reflexión sobre el tono del relato en una época aparentemente resabiada de reminiscencias mágicas y, en este caso, nigrománticas; reflexión que invita a un brevísimo barrido diacrónico sobre el prosopomito de Satán, el 'adversario' por antonomasia. La literatura antigua (Horacio, Ovidio, Petronio) presentaba a brujos y brujas accesibles, casi cercanos; el recurso a la sátira y la ironía en la modernidad pictórica (el Bosco) y literaria (Rojas, Quevedo, Cervantes, Vélez de Guevara) refrenda esta cercanía –la burla conjura el pánico, lo torna asimilable–. No así los atormentados grabados y pinturas del ilustrado Goya (*A caza de dientes*, *El aquelarre*), cuya angustia descarnada rezuma en las coloristas escenas románticas (Walter Scott, Víctor Hugo) y su correspondiente reproducción pictórica (Doré)[139]. Por supuesto, el texto de Lovecraft, altamente sobrecogedor por su recurso a la primera persona, difiere del costumbrismo romántico;

---

[136] «there flopped rhythmically a horde of tame, trained, hybrid winged things that no sound eye could ever wholly grasp, or sound brain ever wholly remember», H. P. Lovecraft, *The Festival*, en *The Complete Cthulhu Mythos Tales*, p. 33.

[137] M. Houellebecq, *H.P. Lovecraft contre le monde, contre la vie*, p. 76.

[138] «"Efficiunt Daemones, ut quae non sunt, sic tamen, quasi sint, conspicienda hominibus exhibeant." –*Lactantius*», *Instituciones divinas*, II, 16, 1, E. Sánchez Salor (trad.), I, p. 235.

[139] Véase J. Caro Baroja, *Las brujas y su mundo*, pp. 274-286. Lévy-Bruhl evita con razón ofrecer una definición universal de la brujería, que en este volumen trato a propósito de numerosos textos: el libro 1 de Samuel, el *Chilam Balam de Chumayel* e, incluso, el *Aprendiz de brujo*. Por lo general, en toda brujería se observa una tendencia a atribuir determinados acontecimientos a la intervención de influencias provenientes de fuerzas sobrenaturales; este antropólogo detecta tres aspectos que suelen intervenir en las representaciones de los brujos en los pueblos «primitivos»: el asesinato, el infortunio y –como contrapunto– la prosperidad insólita; véase L. Lévy-Bruhl, *Le Surnaturel et la nature dans la mentalité primitive*, pp. 176-184.

pero aparece igualmente atravesado por una gravedad ausente (salvo excepciones: *Macbeth*) de la literatura clásica y barroca. Antes existían brujas y brujos, así como también testigos de sucesos reales y papanatas dispuestos a comulgar con ruedas de molino –este no es un estudio de historia–, mas la literatura gustaba de transmitir cierta proximidad y convivialidad: los hechizos brujeriles estaban ahí, pero siempre cabía el expediente divino para desendemoniarlos; por el contrario, desde la Ilustración hasta nuestros días, su representación traduce un aspecto terrible y acongojante hasta entonces inédito, como si ahora no hubiera un valedor de Dios frente a la representación del mal y el campo hubiera quedado expedito a su adversario.

Los cuentos de hadas

Vengamos ahora a un estudio antes anunciado (§ 2). Según Tolkien, las historias de hadas no se interesan tanto por lo posible como por lo deseable[140]. Esta afirmación hace hincapié en nuestro deseo de allanar obstáculos y franquear límites, de hacer posible lo irreal: la incumbencia específica de la fantasía es más su causa que su efecto.

La literatura se interesa por todo: causa, estructura y efecto. La causa es el deseo o el temor que desencadena el acontecimiento extraordinario[141]. La estructura es la estrategia que combina de modo verosímil hechos ordinarios y extraordinarios para conseguir el efecto. El efecto es la sensación de fantasía experimentada por esa «increíble» verosimilitud.

En el capítulo aludido he procurado mostrar que la trascendencia de la fantasía es diversa de la mítica. Mickey Mouse, Pulgarcito, Pinocho, Peter Pan o Mary Poppins no acceden a un mundo sagrado sino fantástico, donde materia y tiempo adquieren flexibilidad infinita, donde la trascendencia es plástica, no sagrada. Ahora bien, el género literario que ahora nos ocupa, además de su carácter plenamente fantástico, presenta una vertiente folclórico-mitológica merecedora de un análisis meticuloso; como veremos, más allá de la trascendencia plástica de la fantasía, en algunos cuentos de hadas hallamos otra que entronca con la numinosa del mito. Es cometido del crítico dirimir la parte de fantasía, la parte de mito y el tenor general (fantástico o mítico) del relato.

También exigiría otro ensayo la definición del cuento. Thompson –tras dedicar prácticamente su vida al estudio de los cuentos y sus motivos– considera que el cuento tradicional en prosa (oral u escrito) es la forma narrativa más universal, siempre caracterizada por su antigüedad y ubicuidad[142]. Baste avisar que el análisis siguiente solo se refiere y puede aplicarse a los cuentos donde aparecen hadas.

---

[140] Cfr. «Fairy-stories were plainly not primarily concerned with possibility, but with desirability», J. R. R. Tolkien, *On Fairy-Stories*, en *Tree and Leaf*, pp. 40-41.

[141] Nadie duda de la necesidad de este tipo de acontecimientos en la fantasía: «la condición indispensable para que se produzca el efecto fantástico es la presencia de un fenómeno sobrenatural», D. Roas, «La amenaza de lo fantástico», p. 8. Sobrenatural, sí, por supuesto; pero no sagrado, en cuyo caso el relato bascula hacia el lado del mito.

[142] Véase S. Thompson, *The Folktale*, pp. vii, 4-6. El término «mito» designa «un cuento ambientado en un mundo supuestamente precedente al orden actual»; *ibid.*, p. 9 (este investigador calibra con agudeza la diferencia entre *Märchen, fairy tale, conte populaire, novella, Sage*…). Básicamente, su concepto se acerca al de Boas, que identifica mito y cuento popular como «dos clases de cuentos»,

Un ejemplo notable en Occidente: la Bella durmiente. Encontramos por vez primera el argumento principal en la *Historia del caballero Troilo y la hermosa Zelandina*, incluida en *Historia del rey Perceforest* (ca. 1340). Airada por el recibimiento dispensado en el banquete del nacimiento de Zellandine, Thémis (Temis), diosa de la equidad, maldice a la niña:

> como soy la que no ha recibido cuchillo, le deparo tal destino que, del primer hilo de lino que hile con su rueca, le penetre una astilla en el dedo de tal manera que al instante se quede dormida y no despierte hasta que la astilla sea extraída[143].

La diosa Venus reprocha a Thémis su ira y promete remediar oportunamente la suerte de la niña. Al cabo de los años, el maleficio se cumple cuando la joven, hilando lino en la rueca, se pincha y queda súbitamente dormida. Pasan los días, nadie comprende cómo no despierta ni pierde su belleza. Los médicos confiesan su impotencia para curarla y el rey ordena trasladarla a una torre donde nadie, excepto él y una hermana suya, que la alimenta con leche de cabra, puedan acceder. Troïlus, que había conocido a Zellandine, logra penetrar en el aposento y, vencido por la pasión, la viola. Nueve meses más tarde, aún sin despertarse, la joven da a luz a su hijo Bénuic (ancestro de Lanzarote del Lago), que, al chupar un dedo de su madre, le extrae la astilla de lino. De inmediato Zellandine se despierta y, más adelante, tras diversos episodios, se casa con Troïlus.

Giambattista Basile, en su versión *Sol, Luna y Talía* (ca. 1625), evita el recurso a las divinidades para explicar la dormición de la heroína:

> Érase una vez un gran señor que, tras nacerle una hija llamada Talía, llamó a los sabios y adivinos del reino para que predijeran su futuro. Los cuales, después de varias consultas, concluyeron que corría un gran peligro por una astilla de lino[144].

---

pero establece que el primero «relata incidentes que ocurrieron en un tiempo en el que el mundo aún no había adoptado su forma presente, cuando la humanidad aún no estaba en posesión de todas las artes y costumbres que pertenecen a nuestro periodo»; el cuento, por el contrario, «contiene relatos de nuestro tiempo»; cfr. «One group relates incidents which happened at a time when the world had not yet assumed its present form, and when mankind was not yet in possession of all the arts and customs that belong to our period. The other group contains tales of our modern period», F. Boas, *Race, Language and Culture*, p. 455.

[143] «comme celle qui n'ay point eu de coustel, je lui donne telle destinee que du premier filé de lin qu'elle traira de sa quenoulle il lui entrera une arreste au doy en telle maniere qu'elle s'endormira à coup et ne s'esveillera jusques atant qu'elle sera suchee hors», LIX, G. Roussineau (ed.), III, p. 212 (p. 247 en la edición moderna, incluida en *Les Contes de Perrault dans tous leurs états*, de A. Collognat y M.-C. Delmas). La *Histoire du chevalier Troïlus et de la belle Zellandine*, integrada en *La Très élégante, délicieuse, melliflue et très plaisante hystoire du très noble victorieux et excellentissime roy Perceforest*, fue publicada en París entre 1528 y 1531. En la *Saga de los volsungos* (siglo XII), Sigurdr, bajo el aspecto de Gunnarr, salta con su caballo Grani sobre «la llama ardiente» que «llega hasta el cielo» y rodea un castillo en el que Brynhildr no duerme, sino que lo espera «sentada»; luego «él pasó allí tres noches, durante las cuales compartieron la misma cama», XXIX, J. E. Díaz Vera (trad.), p. 149. Varios críticos ven en este episodio un precedente de la Bella durmiente; la cortina de fuego representaría la frontera entre el mundo de los vivos y de los muertos. Tengo mis dudas: cuando menos, resulta embarazoso que sea el héroe, no la heroína, quien sufra los efectos de la pócima del olvido. Hay espacio para la discusión.

[144] «C'era una volta un gran signore, il quale, essendogli nata una figlia, a cui dié nome Talia, fece venire tutti i pazienti e gl'indovini del suo regno perché le dicessero la ventura. Costoro, dopo varî

Cumplida la predicción y escondida la durmiente en un palacio de campaña, acierta a pasar por el lugar un rey que iba a la caza y viola a la joven. Dos niños nacen de aquel paso furtivo –Sol y Luna–, precisamente los que, intentando mamar del dedo de su madre, le extraen por casualidad la astilla de lino y de inmediato la despiertan. Se añade un episodio: la reina, de raza ogresa y encolerizada por los celos, se propone acabar con la vida de Talía y sus hijos, pero no lo consigue; al contrario, ella misma es arrojada al fuego.

En *La bella durmiente* de Perrault (1696), una reina da a luz a una niña. Tras el bautizo, los cortesanos acuden al festín preparado en honor de las hadas. Cada una de ellas encuentra dispuesto ante sí un cubierto magnífico, con su estuche de oro macizo, una cuchara, un tenedor y un cuchillo de oro fino, guarnecido de diamantes y rubíes. De pronto irrumpe en la sala una anciana hada que, por descuido, no había sido invitada. El rey ordena que le aperciban de inmediato un servicio; por desgracia, ya no quedan de igual brillo y valor que los demás. Una vez que las divinas invitadas han ofrecido sus dones a la princesa, la vieja hada, sintiéndose denostada, anuncia «que la princesa se pinchar[á] la mano con un huso y entonces [morirá]». Por suerte, quedaba por hablar un hada más joven que, compadecida, enmienda parcialmente el hechizo:

> Rey y reina, tranquilizaos, vuestra hija no morirá; no tengo suficiente poder para deshacer por completo lo que ha hecho mi hada mayor. La princesa se pinchará la mano con un huso; pero en lugar de morir, solo caerá en un profundo sueño que durará cien años, al final de los cuales el hijo de un rey la despertará[145].

Así ocurre: a pesar de las cautelas para evitar el cumplimiento de la maldición –p. e., la confiscación de todos los husos del reino–, la princesa se pincha y queda sumida en un letargo. Con objeto de que pueda reconocer el mundo al despertar, el hada compasiva toca con su varita mágica a los habitantes del palacio (excepto a los reyes), que súbitamente caen dormidos como la princesa; todo queda cubierto por matas, espinos y árboles tupidos. Pasado un siglo, un príncipe se abre paso a través de la intrincada vegetación y llega donde duerme la joven en el preciso instante en que ella despierta. Se casan y viven su amor secreto durante dos años, en los que nacen una hija, la Aurora, y un hijo, Jour (el Día o Hemera, su personificación femenina). Cuando el rey fallece, el príncipe asciende al trono y desvela el matrimonio. Sigue, en esta versión, el episodio de la ogresa, aquí protagonizado por la suegra de la joven reina, que procura, en vano, devorar a su

---

consulti, conclusero che essa era esposta a gran pericolo a causa di una lisca di lino», G. Basile, *Sole, Luna e Talia*, en *Il Pentamerone*, V, *trattenimento* V, B. Croce (intr. y trad.), III, pp. 567-568. La obra fue publicada, a título póstumo, entre 1634 y 1636. La obra de Basile, escrita en napolitano, también se conoce como *Lo cunto de li cunti overo lo trattenemiento de peccerille*.

[145] «Rassurez-vous, roi et reine, votre fille n'en mourra pas: il est vrai que je n'ai pas assez de puissance pour défaire entièrement ce que mon ancienne a fait. La princesse se percera la main d'un fuseau; mais au lieu d'en mourir, elle tombera seulement dans un profond sommeil qui durera cent ans, au bout desquels le fils d'un roi viendra la réveiller», C. Perrault, *La Belle au bois dormant*, en *Les Contes de Perrault dans tous leurs états*, A. Collognat y M.-C. Delmas (eds.), p. 202. Una situación paralela aporta un indicio suplementario de que estamos introduciéndonos en el universo mítico: cuando Juno condenó «a una noche eterna los ojos» de Tiresias, Júpiter, «–puesto que a ningún dios le está permitido anular la obra de un dios–, en compensación de la luz de que se le privaba, le concedió conocer el porvenir», Ovidio, *Metamorfosis*, III, v. 335-338, A. Ruiz de Elvira (trad.), t. I, p. 100.

nuera y sus nietos; en su segundo intento, al verse sorprendida, ella misma se lanza a la marmita que había preparado para su víctima.

En su primera edición de *Cuentos para los niños y la casa* (*Kinder- und Hausmärchen*, 1812), los hermanos Grimm ofrecen en *Rosita de espina* un argumento semejante con variaciones de diversa importancia. Así, durante el baño, la reina recibe, de labios de una rana, el anuncio de que, a pesar de su esterilidad, en un año dará a luz a una niña. Tras el parto, el rey ofrece una gran fiesta a la que, además de sus familiares, también convida a las hadas, para predisponerlas bien con la recién nacida. Por desgracia, solo hay doce cubiertos de oro para trece hadas, por lo que una de ellas debe quedarse en casa. Al final del banquete, todas ofrecen por turno sus dones a la princesa: la virtud, la belleza…

Cuando las once mujeres hubieron manifestado su deseo, de pronto irrumpió la decimotercera, furiosa por no haber sido invitada a la fiesta. Sin saludar ni mirar a nadie, dijo en voz alta: «–Al cumplir quince años, la hija del rey se pinchará con un huso y caerá muerta». Y, sin decir palabra, dio la vuelta y abandonó la sala. Todos se asustaron, pero la duodécima, que aún no había dicho su deseo, se acercó, y, como no pudiera anular el hechizo apenas lanzado sino solo atenuarlo, dijo: «–La hija del rey no morirá, solamente caerá en un profundo sueño de cien años»[146].

Los acontecimientos siguientes no difieren considerablemente de otras versiones, excepto en el episodio, aquí ausente, de la suegra devoradora. Al cumplirse los cien años, un príncipe consigue atravesar los tupidos setos, penetrar en el castillo encantado e introducirse en la sala donde yace la durmiente; apenas sus labios la tocan, Rosita de espina abre los ojos y lo mira amablemente. Despiertan al instante todos los demás habitantes del palacio y de inmediato se celebran las bodas.

El acontecimiento extraordinario de carácter mítico aparece en estos cuentos de hadas íntimamente unido al fantástico. Veámoslo.

Cuando el inevitable pinchazo hace su efecto, la princesa cae desvanecida y el rey ordena que la dejen dormir. Pero, de cumplirse el mandato real, cuando la princesa despierte, todos sus familiares habrán muerto. Advertida por un enano, la buena hada, que está a mil leguas del reino, acude rápidamente, gracias a las botas de siete leguas, y diseña un plan para evitar que la princesa despierte desconcertada: todos sin excepción (mayordomos, camaristas, guardias y animales) caen súbitamente en un profundo sueño del que despertarán para servirla cuando ella los necesite (versión de Perrault).

---

[146] «Als elf Frauen ihre guten Wünsche gesprochen hatten, kam plötzlich die dreizehnte herein. Sie war sehr böse, weil sie nicht zu dem Fest eingeladen worden war: / Ohne jemand zu grüßen oder nur anzusehen, rief sie mit lauter Stimme: "Die Königstochter soll sich in ihrem fünfzehnten Jahr an einem 'Spinnrad' verletzen und tot hinfallen". / Und ohne ein Wort weiter zu sprechen, drehte sie sich um und verließ das Zimmer. Alle waren erschrocken, doch da trat die zwölfte hervor, die ihren Wunsch noch übrig hatte. / Und da diese bösen Worte nun mal gesprochen waren und sie daran nichts ändern konnte, versuchte sie, sie ein wenig schwächer zu machen. Und so sagte sie: "Es soll aber kein Tod sein, sondern ein hundertjähriger Schlaf, in welchen die Königstochter fällt"», Hermanos Grimm, «*Dornröschen*», en *Es war einmal… Märchen der Brüder Grimm*, p. 96. Si bien el texto original utiliza el término «mujeres» (*Frauen*), es evidente que se refiere a «hadas» (*Feen*), cuya resonancia francesa no deseaban aventar los autores de la *Deutsche Mythologie*.

Las figuras del relato aparecen inmóviles, como cristalizadas, ante la imaginación del lector. Frente a lo habitual (moverse), surge lo inhabitual (inmovilizarse súbitamente): esta modificación que afecta materialmente a objetos, animales y personajes es marca habitual de la fantasía plástica. Pero nótese que todo ocurre cuando el hada los toca con su varita mágica, objeto de primera importancia[147]. Un ser sobrenatural ha intervenido en el mundo natural.

También hay fantasía en la modificación temporal que afecta a objetos y personajes, por cuanto en dos espacios diversos concurren dos tiempos también diversos: uno fluido, natural (espacio exterior al castillo), y otro estático, sobrenatural (espacio interior al castillo). Este último tiempo particular –el sueño de cien años en perfecta inmovilidad– es fantástico, está hondamente marcado por la relatividad. En toda imaginación fantástica, más aún en la infantil, el tiempo es relativo, comprimible y extensible a voluntad; en términos sinestésicos: es plástico.

¿Y dónde está el mito?

No es mítico que un personaje eche una maldición sobre otro –los casos pululan en la literatura–; sí lo es que la maldición se cumpla. El hada irascible pertenece a otro mundo: estamos ante una trascendencia mítica, más precisamente, sagrada.

En efecto, la predicción desborda las leyes de nuestro tiempo domesticado, prescribe lo que ocurrirá de modo fatídico. 'Fatal' procede de *fatum*, y, de este, *fata*, 'hada': *fata Morgana, fada Morgana, fée Morgane, Morgan le Fay, Morgan the Fairy*, el hada Morgana, hermana del rey Arturo. Hado proviene de *fātum*, y este de *fārī* ('hablar'); su sentido primitivo es el de 'dicho', 'palabra'. En boca de una divinidad, se convierte en una dicción irrevocable. Bajo la influencia de la religión griega, el hado designa las divinidades del destino, las Moiras griegas, las Parcas romanas, y, en otras latitudes, entronca con las Nornas nórdicas. En Roma, junto a la tribuna del Foro que servía de púlpito para magistrados y oradores (la *rostra*), se encontraban tres estatuas denominadas las tres *Fata*, tres representaciones de sibilas. Traducido como femenino singular desde el antiguo neutro plural, ese nombre dio lugar al hada del folclore románico[148].

Las hadas de nuestros cuentos son prosopomitos adaptados durante la Edad Media[149]. Por un lado, la mitología comparada ha mostrado la perfecta analogía entre la estructura

---

[147] «Ahí está el secreto de los relatos maravillosos. Lo que produce el hechizo de las hadas, no es el oro ni la plata que siembran a raudales, es la varita mágica que devuelve el orden al mundo y que al mismo tiempo aniquila los dos enemigos de toda vida humana, el espacio y el tiempo»; «C'est là qu'est le secret de ces récits merveilleux! Ce qui fait le charme des fées, ce n'est point l'or et l'argent qu'elles sèment partout, c'est la baguette magique qui remet l'ordre sur la terre et qui du même coup anéantit ces deux ennemis de toute vie humaine, l'espace et le temps», E. Laboulaye (ed.), *Contes bleus*, p. 9.

[148] Véase P. Grimal, *Dictionnaire de la mythologie grecque et romaine*, s/v 'Fatum', p. 157, y 'Parques', p. 348.

[149] Como hemos visto (§ 2), puede haber confluencia de elementos míticos en relatos de fantasía o ciencia ficción: en el relato de Collodi, la niña de los cabellos turquesa (*la bambina dai capelli turchini*) a cuya casa Pinocho corre para refugiarse de sus perseguidores «no era a fin de cuentas sino una buenísima hada, que desde hacía más de mil años habitaba cerca de aquel bosque»; «non era altro in fin dei conti che una bonissima Fata, che da più di mill'anni abitava nelle vicinanze di quel bosco», *Le avventure di Pinocchio*, XVI, p. 33. En este como en tantos casos compete a los investigadores analizar para distinguir sin mezclar. Particularmente sugestiva me parece a este propósito la reflexión sobre las

de las parejas Uṣas-Bhaga del *Rigveda* (*Ṛgveda*) (2.º milenio a.C.) y Matuta-Fortuna romanas: aquellas representan tanto la Aurora y el dios distribuidor de bienes y suertes, como estas la Aurora o Providencia y la Fortuna o *dubia dea*[150]. Por otro lado, la filología románica ha establecido idéntica correspondencia entre la estructura de las parejas Matuta-Fortuna romanas y las hadas y la Fortuna medievales[151]. Ciertamente, nada permite concluir indefectiblemente una relación factual e histórica entre la estructura de la pareja Uṣas-Bhaga del *Rigveda* y las hadas y la Fortuna medievales; pero tampoco impide establecer una relación lógica y literaria entre estas coincidencias.

Así, el *Juego de la enramada*, de Adam de la Halle (*ca.* 1262), contiene un episodio en el que tres hadas, Morgue (Morgana para nosotros), Arsile y Maglore, acuden a una invitación, pero la tercera se enfurece porque en su cubierto no hay cuchillo alguno. Seguidamente, aparecen en escena diversos personajes sobre una rueda movida por una mujer; Croquesot, el mensajero real, pregunta por su significado, a lo que responde el hada Morgue:

> se trata de una bella alegoría; / aquella que sostiene la rueda / es nuestra común sirviente; / y es, desde que nació, / muda, sorda y ciega[152].

Siguen las menciones de los habitantes de la ciudad de Arras que –según la representación tradicional del género– reinan, tropiezan o yacen desnudos. Satisfecho por las explicaciones, Croquesot se despide mientras las tres hadas se alejan para reunirse con las ancianas de la ciudad.

Las tres hadas y la Fortuna son las dos caras posibles del destino que la mentalidad medieval concibe estrechamente solidarias tanto de Mater Matuta y Fortuna como de Uṣas y Bhaga; todas están íntimamente emparentadas: los cuatro personajes se solapan a la concepción antigua de las divinidades benéficas (aquí representadas por las tres hadas) y la cambiante Fortuna.

La mejor prueba de una dimensión mítica en los elementos involucrados en la modificación temporal la tenemos en los tres mitemas combinados en el cuento.

1. La presencia de las hadas en el nacimiento. El relato pasa de la temporalidad consuetudinaria del cuento («érase una vez...») a la del destino; por eso las hadas – intercambiables con las divinidades del nacimiento– asisten como madrinas a la natividad de la Bella durmiente. También así se entiende la 'profecía' del hada rencorosa: «profecía» también está relacionado etimológicamente con el latín *prŏfārī*, y este con el griego *pro-phḗmi* ('decir anticipadamente'). Una divinidad

---

reparaciones que Gepetto habría aplicado en nuestros días sobre los pies quemados del caprichoso muñeco: ¡hoy sería un cíborg!; véase A. F. Araújo *et al.*, *As lições di Pinóquio*, pp. 75-83.

[150] Véanse G. Dumézil, *Mythe et épopée I*, 1.ª parte, cap. V, y *Mythe et épopée III*, 2.ª parte, cap. II, en *Mythe et épopée. I, II, III*, pp. 177-179 y 1.188-1.196, respectivamente.

[151] Véase J.-H. Grisward, «Les fées, l'Aurore et la Fortune», pp. 121-124.

[152] «Nenil, ains est essamples gens. / Et chele ki le roe tient / Cascune de nous apartient; / Et s'est trés dont k'elle fu nee / Muiele, sourde et avulee», Adam de la Halle, *Le Jeu de la feuillée*, vv. 768-772, A. Martínez Pérez y C. Palacios Bernal (eds.), pp. 100-101.

anuncia el destino de una criatura. Lógicamente, el futuro del bebé no puede ser revocado, solo enmendado por el hada compasiva, que, esta sí, utiliza su varita: al mitema del cumplimiento del vaticinio le sucede la magia o enmienda material temporal; mito y fantasía conviven en este cuento.

Aprovecho para incidir en una referencia mitológica de la mayor importancia sobre el hada que provoca la malaventura de la Bella durmiente. A través de ella se deja traslucir Eris (Ἔρις), la personificación de la Discordia romana, habitualmente representada como genio femenino alado. En la *Crestomatía* de Proclo (resumen en prosa del poema «*Cipria*», una de las partes del ciclo épico no homérico), se narra que Zeus, deseoso de desencadenar la guerra de Troya, envió a Eris a las bodas de Tetis y Peleo; enfurecida por no haber sido invitada por los contrayentes, la diosa de la discordia lanzó una manzana de oro con la inscripción «a la más bella». Conocemos las desastrosas consecuencias de la elección de Paris. No es difícil ligar esta historia a nuestro cuento: la anciana hada, colérica porque nadie se ha dignado a invitarla u obsequiarla como merece, se venga en la descendencia de los reyes. Para mayor abundamiento: en la citada *Historia del caballero Troilo y la hermosa Zelandina*, la discusión que desemboca en la maldición de la protagonista es entablada, precisamente, por tres diosas ya conocidas: Lucina –que preside los alumbramientos–, Temis –diosa del orden y la justicia y madre de las tres Parcas– y Venus –Afrodita–. Las hadas son intercambiables con las diosas: refrendan el referente mítico del cuento.

2. El despertar casual/milagroso de la Bella. En la anónima *Historia del caballero Troilo* y en *Sol, Luna y Talía* de Basile, la heroína se despierta gracias a sus hijos, que confunden un dedo de la madre con un pezón y casualmente le extraen la astilla de lino. Aquí no hay fantasía ni mito, sino simple juego de azar más o menos verosímil. Muy distinto es el caso de *La bella durmiente*. Perrault consigna que el príncipe acierta a pasar junto al castillo «al cabo de cien años» y que la princesa se despierta al fin del hechizo: no es él quien la despierta; el maleficio expira cuando él entra en su estancia y se arrodilla junto a ella. El príncipe, a diferencia de las hadas, no tiene poderes sobrenaturales.

En cambio, el texto de los hermanos Grimm permite una doble lectura. Por un lado, leemos que, apenas el príncipe decide penetrar en el castillo, «en ese mismo momento, los cien años acababan de cumplirse»; por otro, leemos que, cuando el príncipe besa a Rosita de espina, ella se despierta, abre los brazos y lo mira muy amablemente[153]. ¿La heroína despierta, como en el cuento de Perrault, por cumplimiento del plazo establecido, o, más plausiblemente, por conjunción del beso del príncipe y el término del tiempo? En sus notas, los hermanos Grimm comparan a su princesa (Dornröschen) con «Brunhild [Brünnhilde], dormida y rodeada por un muro de llamas que solo Sigurd [Siegfried], que la despierta, puede atravesar»; también comparan «el huso con el que su heroína se pincha y la espina

---

[153] Cfr. «Es waren aber gerade hundert Jahre her, seit das ganze Schloß angefangen hatte zu schlafen. Und jetzt war der Tag gekommen, an dem Dornröschen wieder wach werden sollte. Als der Königssohn in die Nähe der Dornenhecke kam, sah er nur große, schöne Blumen, die sich von selbst auseinander taten und ihn durchgehen ließen», Hermanos Grimm, ed. cit., p. 99.

somnífera con la que Odin [Wotan] pica a Brunhild [Brünnhilde]»[154]. Nueva alusión sobrenatural que nos orienta sobre un motivo literario –el despertar de una durmiente– y, aquí, un mitema –el despertar de un muerto o, en el caso de Rosita de espina y de Brünnhilde, de una mujer condenada por una divinidad a dormir por un tiempo inconcebible (un siglo o eternamente) hasta que un hombre la despierte–.

3. El plazo del hechizo y sus derivadas astrales. También los hermanos Grimm observan que, a pesar de sus diferencias, tanto Basile como Perrault coinciden en los nombres de los gemelos (Sole y Luna en *El Pentamerón*, Jour/Día y Aurore en *Los cuentos*). La coincidencia de este rasgo es importante, pues «estos nombres recuerdan los de Día, Sol y Luna, también asociados en la genealogía de las *Eddas*» (*ibid.*). Los Grimm no indican el episodio exacto en esta epopeya; en mi opinión, se refieren a «*La alucinación de Gylfi*», primera parte de la *Edda* de Snorri, donde el escaldo recuerda a sus lectores, de manera sistemática, la antigua mitología nórdica. El texto reza así:

> Entonces preguntó Gangleri: –¿Cómo gobierna el recorrido del sol y el de la luna?
> El Alto respondió: –Un hombre que se llamaba Mundilfari tenía dos hijos; eran estos tan hermosos y agradables que él los llamaba al hijo Luna y a la hija Sol, y a ella la casó con un hombre llamado Glen. Pero los dioses se enojaron de aquella insolencia y cogieron a los dos hermanos y los pusieron arriba en el cielo para que Sol guiase los caballos que tiraban del carro de aquel sol que para alumbrar los mundos habían creado los dioses con uno de los fuegos que saltaban del Múspel. [...] Luna guía en su recorrido a la luna y gobierna los crecientes y menguantes[155].

A la pregunta de Gangleri, el soberano Alto responde con un relato sobre las desventuras de unos niños tan excelentes y hermosos que su padre, orgulloso, los denomina con nombres astrales (Máni para el hijo –Luna–, Sól para la hija –Sol–). Al igual que en la tradición helénica relativa a la desmesura (ὕβρις), esta arrogancia es castigada por los dioses, que destinan a los niños al cielo, para que guíen eternamente los respectivos astros que alumbran la tierra; ambos, además, serán perseguidos sin cesar por los lobos (Máni por Hati y Sól por Skol).

La correspondencia nos orienta sobre las razones (un nacimiento y una belleza de excepción, el cómputo del tiempo astral, la persecución divina) que pudieron sugerir a los hermanos Grimm su comentario sobre las *Eddas* y sobre los lazos que pueden establecerse entre su cuento y la mitología. Al igual que el autor del *Per-*

---

[154] Cfr. «Die Jungfrau, die in dem von einem Dornenwall umgebenen Schloß schläft, bis sie der rechte Königssohn erlöst, vor dem die Dornen weichen, ist die schlafende Brunhild nach der altnordischen Sage, die ein Flammenwall umgibt, den auch nur Sigurd allein durchdringen kann, der sie aufweckt. Die Spindel, woran sie sich sticht und wovon sie entschläft, ist der Schlafdorn, womit Othin die Brunhild sticht», Hermanos Grimm, *Kinder- und Haus-Märchen*, Band 3 (1856), Anmerkungen.

[155] Snorri, *Edda menor*, «La alucinación de Gylfi» (*Gylfaginning*), 10, L. Lerate (trad.), p. 41. En las lenguas germánicas con géneros gramaticales, las palabras que designan la luna y el sol son masculina y femenina respectivamente. Múspel es el mundo de fuego, localizado al sur.

ceforest y los subsiguientes adaptadores italianos y franceses, ellos explotaron la fantasía en sus relatos, pero también respetaron el acontecimiento extraordinario desencadenado por hadas del mundo mitológico[156].

Una maga y un mago célebres

Estas hadas de los cuentos tienen en ocasiones nombres propios, pero intercambiables entre sí. Hay otros personajes duchos en la magia que se han labrado un renombre particular; aquí me detendré en dos de ellos.

I. Medea

Los acontecimientos extraordinarios refrendados por las divinidades (la planta de Prometeo y la aquiescencia de Hécate) componen uno de los mitemas configuradores del mito de Medea, profusamente ilustrado en numerosos portentos posteriores: la locura de Talos, el gigante de bronce que protegía la Creta minoica frente a posibles invasores, la sanación de Esón, padre de Jasón, el rejuvenecimiento de un viejo carnero y, sobre todo, el velo que abrasó a Creúsa (Glauca o Glauce) y a su padre Creonte.

El pasaje correspondiente a este último hechizo lo encontramos en la *Medea*, de Eurípides. Cuando se ve repudiada por Jasón a favor de su rival Creúsa, Medea envía «regalos» a la nueva esposa –«un velo fino y una diadema de áureas placas»[157]– con la excusa de congraciarse con ella y evitar el exilio. Esta es la versión que retoma el Pseudo-Apolodoro, según el cual, Medea,

> después de invocar a los dioses, ante los que Jasón había prestado juramento, y de reprocharle repetidamente su ingratitud, envió a la desposada un peplo impregnado en veneno, por el que, en cuanto se lo puso, fue abrasada con violento fuego junto con su padre, que trataba de auxiliarla[158].

---

[156] El investigador sabrá ponderar en cada cuento los vectores de fuerzas que afloran o desmienten elementos míticos. Así, las numerosas versiones de la *Cenicienta* privilegian los aspectos mágicos y prácticamente recluyen el relato al correlato de la fantasía. La primera versión moderna (*La gatta cenerentolla*, 1634, de Basile) centra la atención en los sucesivos favores del hada (la *fata dell'isola di Sardegna*) para con el protagonista (¡asesina de su primera madrastra!); véase *Il Pentamerone*, V, *trattenimento VI*, B. Croce (intr. y trad.), I, pp. 67-74. La versión más conocida (*Cendrillon, ou la petite pantoufle de verre*, 1697, de Perrault) se detiene en las visitas del hada, la metamorfosis de la calabaza, los ratones, la rata y las lagartijas, al tiempo que recalca la importancia de aliar belleza y bondad (*bonne grâce*); la reciente película *Cinderella* (K. Cannon, 2021), combina los favores del hada con la inigualable tenacidad de Ella. La versión más antigua conocida de este suculento relato viene de Estrabón: un águila arrebató una de sus sandalias a la hetaira Rodopis (o Dórica) y la dejó caer sobre el rey de Menfis que, «movido por la belleza de la sandalia y lo extraordinario de la situación, mandó buscar por todas partes a la mujer que llevaba la sandalia, [que] se convirtió en la mujer del rey», *Geografía*, XVII, 33, J. L. García Alonso *et al.*; véase *Les Contes de Perrault dans tous leurs états*, A. Collognat y M.-C. Delmas (eds.), pp. 721-728.

[157] Eurípides, *Medea*, v. 949, en *Tragedias*, J. A. López Férez (ed.), I, p. 198; «λεπτόν τε πέπλον καὶ πλόκον χρυσήλατον», D. Kovacs (ed.), t. I.

[158] Pseudo-Apolodoro, *Biblioteca mitológica*, I, 9, 28, J. García Moreno (ed.), p. 78.

«Después de invocar a los dioses»: el ensalmo es fundamental en el quehacer mágico. Como siempre, tendrá razón mítica si va aparejado a un acontecimiento extraordinario, de carácter trascendente sagrado y si remite a una cosmogonía o a una escatología.

Entre las numerosas adaptaciones de la tragedia euripídea, comentaré brevemente dos de ellas, ambas tituladas *Medea*: la tragedia lírica de Thomas Corneille, con música de Marc-Antoine Charpentier (1693), y la tragedia de H.-B. de Requeleyne, barón de Longepierre (1694), que recibieron acogidas netamente dispares tras su representación[159]. Nos ayudarán a precisar mejor los criterios definitorios de la magia.

Los poderes de Medea aparecen anunciados en diversos momentos de la tragedia lírica. Ahora bien, dado que la información aparece regulada por una focalización cero, a menudo solo el espectador descifra esas advertencias. Así, Jasón menciona el deseo de Creúsa de poseer el manto de Medea, sin percatarse del fatal desenlace[160]; de igual modo, el rey Creonte previene a Medea del posible motín del pueblo, inquieto por sus artes, sin reparar en que él mismo y su hija serán los primeros perjudicados (II, 1). Pero esto no son sino intrigas narrativas, ajenas a la dimensión mágica propiamente dicha.

En la tragedia de Longepierre asistimos a una exposición global de las facultades de Medea sobre la naturaleza, los Cielos y los Infiernos. Concretamente, la mención de estos últimos recuerda el carácter ctónico de la maga, ya evidente en el episodio de los dientes de dragón, o en las posteriores menciones de Sísifo, el Tártaro y la laguna Estigia (I, 2; II, 5 y IV, 2).

El despecho por el previsible abandono de Jasón precipita los acontecimientos. Soliviantada, Medea ordena a su confidente que le traiga el manto, regalo de su abuelo el Sol a su madre y único recuerdo que ella trajera de Cólquida (véanse T. Corneille, III, 3-4, y Longepierre, III, 4). A continuación, la princesa conjura a los espíritus y se dispone a confeccionar el veneno que, impregnado en el manto, lo tornará mortífero sobre el cuerpo de Creúsa:

Voy a envenenarla y, gracias a mis funestas artes, mezclar un veneno seguro con su brillo celestial: mil jugos hediondos, mil encantos diversos, la rabia, la muerte y el horror de los Infiernos[161].

---

[159] Malas, para la tragedia musical, buenas, para la tragedia; véanse P. Russo, «Visions of Medea: Musico-dramatic transformations of a myth», y A. C. DeSimone, «"Médée et son pouvoir", Music and Dramatic Structure in Marc-Antoine Charpentier's *Médée*». Thomas Corneille, al igual que Eurípides, presenta una heroína marcadamente humana. Este intento de atraer la simpatía del público hacia una madre filicida frustra las expectativas puestas en los «efectos especiales» de la magia (*Médée* de Pierre Corneille, 1635, adaptada de la pieza homónima de Séneca) y las máquinas teatrales (*Thésée* de Jean-Baptiste Lully, con libreto de Quinault, 1675, donde Medea desempeña un papel importante).

[160] «Este vestido excepcional, sobre el que brillan los rayos de vuestro antepasado el Sol, ha sorprendido su vista y excitado su deseo. Si tuvierais en cuenta sus deseos, enseguida nos veríamos favorecidos»; «Cette robe superbe où par tout nous voyons, / Du Soleil vostre Ayeul éclater les rayons, / Par son brillant a touché son envie, / Ses yeux m'en ont paru surpris. / Nous verrions sa faveur d'un prompt effet suivie, / Si de ses soins vous en faisiez le prix», T. Corneille, *Médée*, I, 2, p. 16.

[161] «Je vais l'empoisonner; et, par mon art funeste, / Mêler un prompt venin à son éclat céleste, / Mille sucs empestés, mille charmes divers, / Et la rage, et la mort, et l'horreur des enfers», Longepierre, *Médée*, III, 4, p. 377. Semejante discurso en la *Médée* de T. Corneille: «Oscuras hijas del Estigia, divi-

Estamos ante la magia negra: un elemento del otro mundo (las «hierbas» que los espíritus, solícitos, vierten en el caldero) confiere a otro de este mundo una capacidad ajena a las reglas naturales. A continuación, la maga implora a Hécate que provoque un terremoto (acontecimiento de carácter ctónico) como señal indudable de que le es propicia[162]. El hechizo produce su efecto: el manto abrasa conjuntamente a Creúsa y a su padre Creonte; el evento es similar al abrasamiento de Hércules, al vestirse la túnica de Neso que le entrega su esposa Deyanira. El efecto mítico correspondiente a este contacto físico entre dos mundos heterogéneos es lo que denominamos magia.

En la magia es crucial el instrumento mediador (en el caso de Medea, las hierbas venenosas; en el de Hércules, la sangre de Neso). Más adelante, en la pieza de Corneille, Medea recurre a una varita mágica (hoy diríamos un dispositivo) para deshacerse de los guardias que pretenden inmovilizarla y activar el veneno del manto (véanse IV, 6-7, pp. 54-57 y V, 4, p. 65, respectivamente); otro tanto hace, en la pieza de Longepierre, para detener a Jasón que se acerca con intención de ajusticiarla (véase V, 4, p. 396). Tras consumar el filicidio, la maga desaparece por los aires, transportada por dragones, como corresponde a sus orígenes ctónicos.

No es magia el anuncio de los poderes de Medea, ni siquiera la mezcla de unas hierbas con fines aviesos, ambos elementos constitutivos del relato y su dramatización. Sí lo es el resultado venenoso de esa confección gracias a la ayuda de poderes infernales. El mito exige la coexistencia factual (no imaginada, como en *Don Quijote*) de ambos mundos, en el universo de la ficción, siempre portadora de significación absoluta sobre una vida, sobre todas las vidas. En este caso, se trata de una trascendencia sagrada, puesto que hay intervención de divinidades, Hécate y las Euménides[163].

Antes de extraer unas conclusiones sobre estos motivos mágicos, retomo algunos mitemas de Medea. Además del ya visto (poder para ordenar o desordenar este mundo), asistimos a su atracción irresistible por Jasón bajo el imperio de Hera. En cambio, no es un mitema su filicidio (accidente, según Eumelo de Corinto; homicidio de los corintios, según Creófilo de Samos; obra suya, según Eurípides; inexistente, en la novela de Christa Wolf); el homicidio no tiene, en sí, razón de mito. Sí la tiene la epidemia subsiguiente (es decir, el castigo que una divinidad, Hera, inflige a una comunidad tras una falta)[164].

---

nidades terribles, dejad vuestras terribles prisiones y venid para mezclar con mis venenos el anhelo devorador de vuestros fuegos invisibles»; «Noires filles du Stix. Divinitez terribles, / Quittez vos affreuses prisons. / Venez mesler à mes poisons / La devorante ardeur de vos feux invisibles», III, 5, ed. cit., p. 44.

[162] Véase T. Corneille: «Que se estremezca el Averno»; «Que l'Averne fremisse» III, 5, p. 45. En la pieza de Longepierre simplemente asistimos a la constatación de la maravilla: «Este palacio va a desmoronarse: la tierra muge, se abre»; «Ce palais va tomber: la terre mugit, s'ouvre», IV, 2, p. 379.

[163] P. P. Pasolini, en su película *Medea* (1969), ha relegado el efecto del hechizo a una visión: recién ataviada con el manto, Creúsa ve reflejado en un espejo su cuerpo consumido por las llamas. Pero esta opción, propia del atavismo de la Cólquida originaria de Medea, desentona en el mundo «moderno» de Corinto; por eso la princesa desprecia la superchería visionaria y viste sin más dilación el regalo de su rival. De inmediato se siente poseída de remordimiento y corre, seguida de su padre, a despeñarse por los muros del palacio: el suicidio sin concurso de elementos sobrenaturales cuadra más con la modernidad.

[164] Ejemplos de la aplicación de estos mitemas no faltan en la literatura y las artes contemporáneas: M.ª L. Guerrero ha desarrollado con sagaz intuición la huella de Medea en la película *Blancanie-*

II. Merlín

Pongamos el foco en las culturas nórdicas. Leemos en la *Saga de los volsungos* (siglo XIII) que Grímhildr, la esposa del rey Giuki –fundador de la dinastía de los giúkungos (los nibelungos del cantar alemán)–, era «experta en artes de magia»[165]. Para evitar que Sigurdr se case con Brynhildr (Sigfrido y Brunilda en el *Cantar de los nibelungos*), Grímhildr ofrece al héroe beber de un cuerno en signo de amistad; «Sigurdr aceptó, y apenas bebió un sorbo se olvidó de Brynhildr» (p. 143). Gracias a su «maldita pócima» (p. 154), la reina obtiene un beneficio propio (el casamiento de su hija Gudrun con Sigurdr), y, como efecto colateral, un perjuicio ajeno (el suicidio de Brynhildr en la pira, junto al cuerpo sin vida de su amado Sigurdr).

Otro texto atravesado por la magia de cabo a rabo: el *Kalevala*, compilación de Elias Lönnrot a partir de cantos populares finlandeses y carelios cuyo origen remonta a la Edad Media. Uno de sus protagonistas, el vate Väinämöinen (hipocorístico: Väinö), recurre a conjuros que hacen remover las aguas, temblar el suelo y vibrar los montes. Fijémonos en un relato donde confluyen diversos acontecimientos extraordinarios. Determinado a construir una embarcación, el bardo recurre a Pellervoinen, deidad campestre, que le proporciona buena madera de roble. «Entonces este, el mago eterno, / hizo su barca con pericia, / con pedazos de un solo árbol, / recurriendo a sus cantos mágicos»[166]. Antes de poder botarla, se percata de que le faltan las últimas palabras. Tras operar una estéril aruspicina en cisnes, gansos y golondrinas, Väinö opta por buscar los hechizos en el inframundo: «¡Cien palabras encontraré / en las moradas de la Muerte!» (ed. cit., vv. 145-146); pero las divinidades infernales, lejos de facilitarle su tarea, lo sumen en un profundo sueño del que a duras penas despierta para contar la mala vida que allí viven los condenados (vv. 317-397). Aconsejado por un pastor, resucita al gigante Vipunen para arrancarle con amenazas «los exorcismos requeridos» (XVII, v. 9); para su desgracia, Väinö tropieza y acaba engullido por el ogro. A buen seguro hubiera fenecido, de no ser por sus artes, que a la postre obligan al jayán a regurgitarlo y recitar «las palabras mágicas» (v. 506), esto es, el origen del universo. Satisfecho, Väinämöinen regresa y cuenta al herrero Ilmarinen (hipocorístico: Ilmari) su hazaña: «Sé centenares de palabras, / conozco mil

---

ves y la leyenda del cazador (*Snow White and the Huntsman*, R. Sanders, 2012), «Una Medea hipermoderna», pp. 39-53. Cabe establecer un paralelismo entre la heroína griega y la Llorona mexicana, de origen incierto, que asesina a sus dos hijos tras la infidelidad de su marido o su amante (según versiones) y después se aparece 'llorando' y consumida por el remordimiento, bien con la esperanza infundada de recuperarlos, bien con el propósito de arrastrar consigo a hombres infieles (también según versiones). La popularidad de la leyenda ha alcanzado cotas inusuales tras su aparición en «*Pilot*» de la serie *Supernatural* (temp. 1, ep. 1, 2005), donde esta *woman in white* ruega a conductores nocturnos que la lleven a su casa; en caso de comprobar su infidelidad, los arrastra al más allá (no es casualidad que Sam y Dean, los dos hermanos protagonistas de la serie, escuchen en la radio de su coche la canción *Highway to Hell* de AC/DC). La leyenda también ha sido recuperada en «*La Llorona*» de la serie *Grimm* (temp. 2, ep. 9, 2012).

[165] *Saga de los volsungos*, XXVI, J. E. Díaz Vera (trad.), p. 136.

[166] *Kalevala*, XVI, vv. 97-100, E. Lönnrot (comp.), J. Fernández y U. Ojanen (trads.), p. 230. La 1.ª versión (*Antiguo Kalevala*) apareció en 1835; la 2.ª (*Nuevo Kalevala*, devenida canónica, aquí utilizada), resultante de la colaboración de Lönnrot con diversos colegas, en 1849. A Lönnrot no solo debemos la iniciativa de compilar los poemas, sino la de concatenarlos entre sí; véase *The Old Kalevala and Certain Antecedents*, E. Lönnrot (comp.), F. P. Magoun (trad.), pp. xiv-xv.

encantamientos, / saqué los nombres del secreto / y las palabras del olvido» (vv. 581-584). Acto seguido, remata su nave donde embarca para navegar hacia el norte y proseguir su misión. Rara vez la búsqueda de la palabra performativa ha conjuntado tantos acontecimientos míticos: diálogo divino, catábasis (y subsiguiente profecía), revivificación de un gigante, revelación cosmogónica; la magia funciona aquí como elemento catalizador.

Tolkien introduce en *El Hobbit* y *El Señor de los Anillos* al mago Gandalf, tutor y protector del portador del anillo. Como gran sabio, conoce los secretos de la materia (así lo muestra su dominio de los fuegos artificiales que deleitan a los *hobbits*) y realiza hazañas que animan y reaniman sin cesar la Compañía del Anillo, aun cuando en ocasiones sus cavilaciones dejan su cerebralismo en evidencia. Ante la puerta de los muros de Moria, se devana los sesos para dar con la palabra mágica (*spell*) que la abra y los libere de los lobos acechantes; solo un comentario al azar de un *hobbit* le revela, inopinadamente, el error de puntuación en su lectura de la inscripción y la solución del acertijo (*Mellon*, 'amigo'), «demasiado sencillo para un erudito del acervo popular». Pero no vayamos a pensar que la magia confirma en gracia: Saruman, «el más grande» de la Orden Istari, acaba subyugado por las maquinaciones del anillo[167].

Sin duda alguna el mago más renombrado de estas tradiciones es Merlín. Personaje humano, suele aparecer en conexión con el otro mundo. Las primeras intervenciones de Merlín (del galés *Myrddin*) en la literatura son episódicas. Aparece mencionado por vez primera en los *Annales Cambriæ*, a propósito de la batalla de Arthuret o Arfderydd (573, cerca de Carlisle, hoy noroeste de Inglaterra). Godofredo de Monmouth (Geoffrey of Monmouth, lat. Galfridus) es el primero en darle un papel importante en su *Historia de los reyes de Bretaña* (*ca.* 1136). Gracias a su madre, sabemos que su padre es un íncubo: su generación queda marcada sobrenaturalmente[168].

---

[167] J. R. R. Tolkien, *The Fellowship of the Ring*, en *The Lord of the Rings*, «Saruman has become evil», en II, II, «The Council of Elrond», t. I, p. 294, y «Too simple for a learned lore-master», en II, IV, «A Journey in the Dark», t. I, p. 346, respectivamente. El término *wizard*, emparentado con *wise*, explica Tolkien en su epistolario, es una adaptación al inglés del término élfico *istari*. El escritor compara al *wizard* Gandalf con «un "ángel" *encarnado* –estrictamente un ἄγγελος–» («an *incarnate* "angel"– strictly an ἄγγελος»), esto es, un emisario de los Señores del Oeste a la Tierra Media para «entrenar, aconsejar, instruir y levantar los ánimos y las mentes» de los pueblos libres (hombres, *hobbits*, elfos, ents) ante la amenaza de Sauron. El tema mítico de la encarnación implica la eventualidad de encajar sufrimientos físicos y morales y, más importante aún, «la posibilidad de la "caída", del pecado» (*the possibility of «fall», of sin*), como ocurre cuando estos emisarios, seducidos por la «impaciencia» (p. e., Saruman), utilizan a otros personajes para sus propios fines; cfr. J. R. R. Tolkien, *The Letters of J.R.R. Tolkien: A Selection*, H. Carpenter y C. Tolkien (eds.), cartas n.º 131, 156 y 181, pp. 143-161, 200-207 y 232-237, respectivamente. En fin, afirma Tolkien en la citada carta 156, los *istari* pueden morir, si bien su concepto de muerte difiere del nuestro; ante el asombro de Gimli, que tenía a Gandalf por definitivamente fallecido, el mismo mago describe su trance recurriendo a una anfibología: «He atravesado el fuego y el agua profunda»; «I have passed through fire and deep water», *The Two Towers*, en *The Lord of the Rings*, III, V, «The White Rider», t. II, pp. 102-103. La película correspondiente (P. Jackson, 2002) se desentiende del óbito o la respectiva «resurrección» y pone todo el énfasis en la lucha del mago contra el Balrog, fuego devorador y símbolo de la fuerza maligna: en una escena grandiosa, ambos caen en el abismo.

[168] «y cuando venía a verme de este modo [invisible] a menudo se unía a mí con forma de hombre, y así quedé grávida»; «cumque me diu in hunc modum frequentasset, coivit mecum in specie hominis sæpius, atque gravidam dereliquit», Godofredo de Monmouth, *Historia regum Britanniae*, VI, XVIII,

Enrique II Plantagenêt, con objeto de prestigiar su dinastía, enlaza su linaje con el mítico rey bretón. Unos monjes aseguran haber encontrado la tumba de Arturo en Glastonbury, e incluso su espada, la célebre Caledfwlch (que Geoffroy de Monmouth latiniza en Caliburnus y sus seguidores transforman en Escálibor, Excálibur[169]). Existen dos tradiciones sobre la relación entre Merlín, Arturo y la espada:

1. El mago convoca a los nobles en Logres en la víspera de Navidad con el fin de aplacar su discordia por el trono de Bretaña. Sobre una piedra, un yunque y, clavada en él, una espada. Una inscripción se lee en la hoja: quien sea capaz de sacar la espada será rey de Bretaña. Nadie lo consigue excepto el joven Arturo.
2. Dado que Arturo había roto su espada en combate contra Sir Pellinore, Merlín pide a la Dama del Lago una espada mágica. La espada se encuentra en una vaina y, según asegura el mago, protegerá al rey en las batallas.

Recientemente, la magia de Merlín ha sido puesta a contribución por la ciencia ficción. No es de extrañar: ambas comparten semejante tendencia a la aceleración y la extrapolación. En *Transformers: The Last Knight* (M. Bay, 2017), los alienígenas entregan al mago Merlín la célebre vara, artilugio capaz de cambiar la suerte de la batalla que enfrenta a los caballeros bretones con los sajones. Tras múltiples escaramuzas, los *decepticons*, bajo las órdenes de Quintessa, activan la vara y comienzan a transferir energía desde la Tierra hacia Cybertron, proceso fatal para nuestro planeta; en el último instante decisivo, Viviane la retira y salva así la Tierra. La magia es un atajo «verosímil» para ganar tiempo o alcanzar objetivos imposibles según el decurso habitual de nuestro mundo[170].

A. Schulz (ed.), p. 90. El clérigo de Gales nos ofrece una lista considerable de las profecías del mago y nos cuenta sus hechos maravillosos, como el traslado de las piedras de Stonehenge (*the Giant's Ring*) desde el monte Killaraus situado en Irlanda (véanse V, pp. 170-185 y VI, pp. 196-198). El mismo Godofredo le dedica la *Vida de Merlín* (*Vita Merlini, ca.* 1150), donde el adivino se presenta como un demente salvaje en el bosque de Calidón. Robert de Boron narra su nacimiento, infancia y juventud en el poema fragmentario *Merlín* (finales del siglo XII, principios del siglo XIII, en antiguo francés), donde lo reviste como consejero real y benefactor, profeta del pasado (por parte de padre) y del futuro (por parte de Dios). Siguen las anónimas *Historia de Merlín* (*L'Estoire de Merlin*, también llamada *Vulgata* o *Prosa de Merlín*) y *Post-Vulgata* (*Continuación de Merlín*), ambas de los primeros decenios del siglo XIII, donde aparece como hechicero; véase S. Gutiérrez García, *Merlín y su historia*, pp. 12-16. Las hechicerías abundan en los relatos galeses; así, el cuento galés «*Culhwch y Olwen*» deriva de una prohibición mágica o tabú (*geas* o *geis* en antiguo irlandés), cuya infracción conduce a una desgracia o, incluso, la muerte: como el hechizo de su madrastra no desaparecerá hasta que se case con Olwen, el joven Culhwch se lanza a una serie de trabajos briosos que culmina con éxito gracias, precisamente, a la cooperación del rey Arturo; véase *Mabinogion*, V. Cirlot (ed.), pp. 183-229.

[169] Habitualmente se traduce por 'liberada de la piedra'. En su edición de *Culhwch and Olwen*, R. Bromwich y D. S. Evans explican, sin embargo, que el nombre de la espada de Arturo significa 'abertura o hueco de batalla' (*breach of battle*), en referencia al hueco en la línea de batalla del enemigo, sin duda el espacio más peligroso para atacantes y defensores; véanse pp. 64-65.

[170] Lo cual no impide que la ciencia ficción continúe despreciando la magia. A partir de una simple fotografía, los científicos de S.H.I.E.L.D. consiguen mediante complicados procedimientos toda una secuencia fílmica en modo de holograma. Ante los asombrados observadores, Fitz susurra: «Parece magia», y, de inmediato, se corrige: «Pero es ciencia»; «Now, using motion estimation, Bayesian inference, a beam splitter, and a little diffraction theory, our mystery man appears. It's like magic. But it's, it's science», *Agents of S.H.I.E.L.D.*, temp. 1, ep. 1, «*Pilot*».

* * *

¿Qué cabe extraer de estos casos? En primer lugar, que la magia se ejecuta siempre mediante algún objeto: un ungüento (preparado por Medea para Jasón), un peplo y una diadema (regalados por Medea a Creúsa), un filtro (destinado a Heracles por Neso[171]), una espada «encantada» que parece tener vida... Esto se observa de modo palmario en los cuentos de hadas, ámbito mágico por antonomasia: el hada madrina toca con su varita mágica un objeto, un animal o un personaje que, de inmediato, experimentan una modificación. La magia es, por lo tanto, eminentemente material. Por supuesto, la magia acarrea modificaciones en los personajes: ahí precisamente es donde confluyen magia y mito; aquella se encastra en el relato como un elemento más (un mitema) en la configuración del mito. Lo acabamos de ver: el peplo y la diadema o el filtro son los objetos mediante los cuales una fuerza sobrenatural (aquí, la de una ninfa, Néfele, madre del centauro Neso) interviene en este mundo.

Hay una diferencia sutil, pero fundamental, entre el objeto mágico y el relato mítico. El objeto es objeto, sin narración, sin relato; precisamente en el relato adquiere su fuerza. Entonces, no antes, acaece el mito. Más importante aún: en estos casos, la magia deviene, por desplazamiento estructural y semántico, elemento mítico del relato. No ocurre así con la fantasía, donde objetos, animales y personajes presentan una trascendencia fantástica, es decir, plástica, no mítica, sagrada. Los acontecimientos sucedidos a Pulgarcito en el cuento homónimo de Perrault, a *One Piece* en los homónimos manga, anime y videojuego (E. Oda, 1997-) o a los coches en la película *Cars* y sus secuelas (J. Lasseter, 2006) tienen lugar en el mundo fantástico, maleable a placer y, en ocasiones, abierto a un segundo mundo (los acontecimientos extraordinarios de las botas en el cuento de Perrault), pero siempre ajeno al universo sobrenatural y sagrado del mito, sin remisión a una instancia personal divina ni a una cosmogonía o escatología absolutas. Aplicada con rigor, la mitocrítica cultural ayuda poderosamente a establecer los fundamentos de una teoría de los géneros.

---

[171] En el episodio de Heracles, Deyanira y Neso, el objeto mediador es doble: Deyanira debe recoger el semen del lúbrico Neso («τόν τε γόνον») y mezclarlo con la sangre («καὶ [...] αἷμα συμμῖξαι») para obtener el filtro («φίλτρον»), Pseudo-Apolodoro, *Biblioteca mitológica*, en *The Library*, J. G. Frazer (ed.). El filtro amoroso más célebre de la Edad Media es el preparado por la madre de Isolda, maga también, para asegurar el amor de su hija con el rey Marco.

8
Historia, mitificación y desmitificación

El acontecimiento extraordinario narrado por el mito ocurre en un tiempo, pero no el tiempo circunscrito en las coordenadas de la historiografía moderna, sino en el de una ficción que apunta a unos referentes absolutos malamente enmarcables en esa historiografía. Esta relación asíncrona entre mito e historia abre una rendija por la que fácilmente se cuelan diversos personajes históricos a los que una crítica sin discernimiento atribuye un inexistente carácter mítico. Este problema, habitual en la mitocrítica, ofrece un acicate para estudiar tanto el proceso de mitificación (origen de los pseudomitos) como las claves del proceso desmitificador que, de una manera u otra, afectan a todos los mitos; será el objeto de los dos subapartados del capítulo.

Con anterioridad, me parece importante abordar dos aspectos de relevancia epistemológica: el primero, sobre las relaciones entre ciencia histórica y mitocrítica; el segundo, como aplicación íntimamente ligada al anterior, el pertinente al choque de las religiones judía y cristiana con la historia y la mitología grecolatinas, y donde prestaré particular atención a un periodo temporal único: la Edad Oscura.

La historia crítica tiene por objeto la documentación de acontecimientos individualizados, específicos, parciales e irrepetibles: describe o narra el acontecimiento objetivo singular constatable, abstrae sus características y las relaciona con las de otros acontecimientos similares para interpretar una razón y extraer un conocimiento. El mito, en cambio, aun siendo un acontecimiento objetivo singular con intervención de uno o varios personajes, no es constatable. Conclusión inmediata de la historiografía crítica: el mito no es objeto de la historia[1]. De acuerdo, si bien la historia puede con todo derecho estudiar el decurso y la influencia de los mitos a lo largo del tiempo. Por desgracia, también existe una historiografía acrítica que opera fuera de las lindes de su ciencia; la misma que, por arte de birlibirloque y sin mediar un análisis sensato, recluye el mito (que no es de su incumbencia) al ámbito de la fantasía y lo irreal. La sospecha surge espontánea: quizá esta deducción haya sido tomada de manera apresurada; quizá una parte

---

[1] Heródoto tacha de «mito» el intento de los egipcios por sacrificar a Hércules sobre el altar de Zeus (*Historias*, II, 45); Tucídides hace un alegato contra las «antiguas historias» («ἀρχαιολογεῖν», *Historia de la guerra del Peloponeso*, VII, 69, 2) y Plutarco reniega de todos los poetas y mitógrafos («τραγικὰ ποιηταὶ καὶ μυθογράφοι νέμονται», *Vida de Teseo*, I, 1, 5); véase M. Detienne, *L'Invention de la mythologie*, p. 121, que traza esta progresiva desaparición del mito en la arqueología helénica. Sobre la ciencia histórica, véase P. Veyne, *Cómo se escribe la historia*, J. Aguilar (trad.), pp. 13-54.

de la historiografía contemporánea también padezca, como la ciencia experimental, la enfermedad del positivismo (pensar que solo existe el mundo cuantificable según los métodos experimentales, § 2).

Etnólogos, sociólogos e historiadores de las religiones han realizado, a lo largo del siglo XX, esfuerzos ímprobos por acercarse al mito. Han descubierto que en las sociedades arcaicas contemporáneas (al igual que en las antiguas) el mito es concebido como historia verdadera, valiosa, sagrada, ejemplar y significativa, que en esas sociedades los mitos tienen «vida», proporcionan modelos de conducta humana, confieren significación y valor a la existencia. Estas afirmaciones son posibles gracias al carácter polisémico del término historia: a nadie se le oculta que las sociedades arcaicas asumen un tipo específico de historia y rechazan otro, se rebelan contra la historia del tiempo concreto, autónomo, y se acogen a la historia del tiempo mítico, arquetípico[2]. Paralelamente a la historiografía crítica contemporánea, existe una «historia» mítica existencial; la «vivida» por los prosopomitos antiguos, medievales y modernos. Aplicar a esta los métodos de aquella sería erróneo, y otro tanto tacharla de farsante. La sana y deseable interdisciplinariedad no implica la imposición del propio método a otras ciencias. Se trata, simple y llanamente, de harina de otro costal.

Hay que resolver el malentendido. Los objetos de estudio de la historiografía y de la mitocrítica son diferentes y, en consecuencia, requieren métodos de estudio diferentes, encaminados a fines también diferentes[3]. Enfocar bien el modo de abordar el tiempo es clave para deshacer el nudo gordiano de esta artificial incomprensión. Frente a la concepción actual e inmediata del tiempo, el mito propone la concepción esencial y eterna del tiempo: junto a una cronología astronómicamente computable y uniforme, hay una cronología cosmogónica y escatológica; aquella es clave para medir el presente en función de una relación antecedente y subsiguiente, esta lo es para conocerlo en función de su relevancia según el pasado y el futuro absolutos. Dos mitos (Orfeo y Sigfrido) pueden ayudarnos a aclarar esta problemática.

Sea el siguiente poema de Browning sobre Eurídice:

¡Pero dame tan solo la boca, los ojos, la frente! ¡Deja que me absorban de nuevo! Serán una mirada más que me meza para siempre, sin salir de este fulgor, a pesar de la oscuridad que me rodea. ¡Agárrame, pero con seguridad, dentro de los límites de la mirada inmortal! Todo el horror que fue, olvidado, y todo el terror que venga, desafiante –no tengo ni pasado ni futuro: ¡mírame![4].

---

[2] Véanse M. Eliade, *Aspects du mythe*, p. 1, y *Le Mythe de l'éternel retour*, «Avant-propos», p. 9.

[3] Así, el mito pertenece a un pasado inexorablemente confinado a la oscuridad, en tanto que la historia, escrita en presente, comporta reglas estrictas incapaces de ser aplicadas a ese pasado remoto; véase J.-P. Vernant, «Frontières du mythe», en *Œuvres. Religions, rationalités, politique*, I, pp. 817-818. Cierto, pero, a pesar de sus orígenes ancestrales, no hay nada más presente y actual que el mito.

[4] «But give them me, the mouth, the eyes, the brow! / Let them once more absorb me! One look now / Will lap me round for ever, not to pass / Out of its light, though darkness lie beyond: / Hold me but safe again within the bond / Of one immortal look! All woe that was, / Forgotten, and all terror that may be, / Defied, –no past is mine, no future: look at me!», R. Browning, *«Eurydice to Orpheus. A picture by Leighton»*, *Dramatis Personæ* (1864), en *The Poetical Works of Robert Browning*, p. 497.

Una serie de mitemas conforman el mito de Orfeo y Eurídice: la catábasis, el pacto con las divinidades infernales, la magia musical, la transgresión del pacto con la divinidad y la mortalidad sempiterna. En la linde entre mundo e Inframundo, en brazos de su amado, Eurídice desvela qué es el tiempo absoluto, sin pasado ni futuro, un infinito presente. Se trata de un tiempo alejado de la historia y cercano a una verdad que trasciende la historia. Gracias a Eurídice, Orfeo entra en contacto con el tiempo más íntimo, el único que le interesa.

Sigfrido, mito primordial nórdico, mostrará a las claras esta particular faceta del tiempo mítico. Su leyenda, tal como la conocemos, se forja a partir de varios poemas de los siglos XI y XII: «Los dichos de Regin» (Reginsmál) y «Los dichos de Fáfnir» (Fáfnismál), conservados en el manuscrito denominado Codex Regius que, junto con seis poemas procedentes de fuentes dispares, compone la Edda mayor o poética, de autor desconocido. De estos textos dimanan, en lo relativo al héroe, subsiguientes sagas (Saga de los volsungos, Saga de Þiðrek o de Teodorico) y la Edda menor o en prosa de Snorri Sturluson, todas del siglo XIII. Paralelamente a estos textos corre el Cantar de los nibelungos (Das Nibelungenlied), también del siglo XIII, que combina poesía épica, virtudes cortesanas y hechos históricos.

Entre los autores del siglo XIX que revisitan el personaje (F. de La Motte Fouqué, S. Uhland, F. Hebbel), sobresale Wagner, que le dedica la ópera homónima (Siegfried, 1876), tercera de su tetralogía El anillo del nibelungo (Der Ring des Nibelungen), cuyos inicios remontan a 1843. Deseo resaltar la importancia del año 1848. Año prolífico en la nómina de ensayos, borradores y textos del artista (Die Wibelungen, Der Nibelungen-Mythos, además de la conclusión de Lohengrin); pero también año señalado por la revolución política de 1848. No en vano el compositor se siente entonces impelido a escribir el drama Jesus von Nazareth, plagado de consignas sociales que relacionan personaje histórico y evento histórico. Ahora bien, tras el alzamiento de Dresde (mayo de 1849) y el exilio a Zúrich, el músico se concentra en El anillo del Nibelungo, y de modo especial en el personaje de Sigfrido caracterizado por un aura mesiánica, luminosa y, sobre todo, ahistórica (el texto de Siegfried carece de mínimas indicaciones cronológicas). ¿Cuál es el motivo? Wagner sabe que solo desvistiendo al héroe de señas históricas puede revestirlo de carácter mítico. En efecto: como observa Paloma Ortiz de Urbina, paralelamente al Cantar de los nibelungos (marcado por acontecimientos de los siglos V y VII), el compositor también recurre a otras fuentes nórdicas (las Eddas y la Saga de los volsungos), desprovistas de todo marchamo histórico; es más: precisamente por esa época Wagner abandona sus proyectos centrados en personajes históricos (Jesucristo, Federico I) para concentrarse en Sigfrido, cuya «pureza atemporal» está empeñado en exaltar[5]. Esto no

---

[5] Véase P. Ortiz de Urbina, «The Siegfried myth in opera and on film: from Richard Wagner to Fritz Lang», p. 19. Esta misma investigadora muestra cómo la parafernalia artística de la ópera (vestuario etéreo de C. E. Doepler, dibujos atemporales de J. Hoffmann) también abunda en esta dirección. La oposición entre mito e historia es habitual en la correspondencia de Wagner. Frente a la «realidad actual» y la «historia convencional», el compositor se siente irresistiblemente atraído por la «belleza casta» del «mythos germánico» insumiso a las relaciones sociales. Su plan de elaborar un drama sobre Federico I Barbarroja choca de bruces con el inconveniente del material histórico (le sería imposible no mentar la Dieta de Roncaglia o las cruzadas). Deseoso de deshacerse de «las exigencias imperativas de la historia», sustituye entonces este «héroe histórico» por el «mythos no adulterado» que encuentra

implica desinterés ninguno por el contexto circundante; al contrario: más que nunca, su héroe propugna la revolución, pero sellada por un acto originario de recreación mítica: como Prometeo, Sigfrido es un noble salvaje que se rebela contra los dioses establecidos para fundar, junto a Brunilda, un nuevo mundo mediante la muerte y la redención. Al igual que Orfeo, el hijo de Sigmund se zafa a toda constricción histórica: de otro modo no sería mítico.

* * *

Pasemos al segundo asunto arriba anunciado. En la estela de la evolución experimentada en la cultura griega clásica (la paulatina disociación de los mundos natural o de la inmanencia y sobrenatural o de la trascendencia), la doctrina cristiana desarticula por completo la relación entre historia y mito. Este peso de la historia marca una línea roja: como Alejandro Magno o Napoleón, Jesús puede ser mitificado (personaje principal de un relato mítico), pero él no es un mito. Esta disgregación entre mito e historia no conduce a un callejón sin salida: el cristianismo sustituye la antigua conexión, fundamentalmente material o externa, por otra eminentemente espiritual o interna: donde se unen los mundos natural y sobrenatural es en el corazón de las personas, tanto en esta vida como en la venidera[6].

Un observador sin conocimientos de la cultura occidental opinaría que esta trabazón entre dos mundos, inmanente y trascendente, es comparable al mitológico; no lo es. La importancia dada a la historia es una de las principales diferencias entre la tradiciones grecolatina y judeocristiana. De hecho, tras este desgarrón por el eje, en adelante los mitos antiguos son sometidos a una lenta adaptación de la que salen considerablemente afectados en la Edad Media y cuyos rebrotes, ya en la Edad Moderna, habrán de compaginarse con el talante de los mitos germinados en el tronco cristiano (Fausto, Hamlet, Don Juan). De ahí la importancia de distinguir entre acontecimientos extraordinarios históricos y de ficción.

Este comercio (ora pacífico, ora violento) entre las tradiciones grecolatina y judeocristiana conoce su momento álgido durante la Edad Oscura, lapso temporal de límites inciertos, desde la caída del Imperio romano de Occidente (cuya fecha depende de criterios variables) hasta la Edad Media (cuyo comienzo levanta aún más disensiones entre los historiadores)[7]. Este período experimenta una enorme evolución en términos mito-

---

«en toda su perfección –en el *Sigfrido*–», R. Wagner, *A Communication to my Friends* (*Eine Mittheilung an meine Freunde*), en *Wagner on Music and Drama*, H. Ashton Ellis (trad.), pp. 265-266.

[6] Jesucristo: «El que beba del agua que yo le dé, no tendrá sed jamás» (Jn 4, 14), «Porque el pan de Dios es el que baja del Cielo y da la vida al mundo» (Jn 6, 33), «Si alguno tiene sed, venga a mí, y beba el que crea en mí, […] de su seno correrán ríos de agua viva» (Jn 7, 37-38); Pablo asegura haber practicado esta doctrina de la fusión de ambas dimensiones: «No vivo yo, sino que es Cristo quien vive en mí; la vida que vivo al presente en la carne, la vivo en la fe del Hijo de Dios» (Ga 2, 20).

[7] La denominación de Edad Oscura no requiere una explicación detallada. Highet se aventura a calcular cronológicamente el retroceso cultural en quince siglos: «Durante la Edad Oscura –hacia 600 d.C.–, la civilización en Occidente retrocedió casi hasta el punto en el que había surgido, hacia el año 1000 a.C., hasta algo incluso más rudo y simplón que la edad homérica», G. Highet, *The Classical Tradition*, p. 4. Todo intento de cuantificación es puro desvarío, pero el epíteto («oscura») la califica sobradamente.

lógicos, debido a la confrontación de la religión grecolatina con un enemigo interno y con un enemigo externo.

El adversario interno perturbador es el cristianismo, amenazante desde finales del siglo II y conviviente, al menos en el ámbito oficial, desde comienzos del siglo IV, cuando el Edicto de Milán (313), firmado por Constantino y Licinio, concede la libertad de culto a los cristianos. Al igual que la mayoría de las creencias, el cristianismo presenta un elemento salvador: la posibilidad de trascender los límites del ser humano. Baste considerar el bautismo, en parte semejante al de otras religiones: el agua es un sepulcro líquido a modo de cueva oscura, una representación del Hades, del Inframundo, el Infierno. Sin embargo, la persona y la vida de Jesús contienen unos principios únicos que las distinguen del fenómeno mitológico, por ejemplo, su carácter eminentemente histórico[8].

Con estos mimbres puede entenderse el peligro que, como religión exclusivista, el cristianismo supone para la diversidad religiosa que sustentaba el Imperio. Entre bromas y veras, Heine aborda la «transformación en demonios que las divinidades grecorromanas han sufrido cuando el cristianismo logró la supremacía del mundo»[9]: unas huyeron a Egipto, otras, disfrazadas, a lugares apartados; como Baco, que enfundó la cogulla de superior en un convento franciscano.

Otro tanto puede decirse del judaísmo, religión tanto más exclusiva cuanto que requiere transmisión sanguínea. Cretenses, griegos y romanos apoyan la pluralidad de divinidades; solo cristianos y judíos la rechazan: frente al politeísmo generalizado, los sectarios de Jesús y de Yahveh oponen la intransigencia monoteísta, ni fusionan ni mezclan: separan, no son sincretistas[10]. La defensa de un nuevo y único Dios (santos y patriarcas son venerados, no divinizados) presupone que los dioses no son tales y no conceden, por tanto, los favores que se les atribuyen. Cristianos y judíos acusan de falsedad a la religión romana y de charlatanismo a sacerdotes y vestales: el Imperio se apoya sobre bases religiosas deletéreas[11].

---

[8] La aparición de Jesús «es un acontecimiento histórico que se puede datar con toda la seriedad humana ocurrida realmente» (algo que lo diferencia de la «intemporalidad» del mito). Cristo resucita, según había anunciado y testimonian sus discípulos. Esta resurrección propia es garantía de la redención de sus fieles, realizada por Él, como abogado ante el Padre, actualmente y hasta el final de los tiempos. De aquí se deduce la explicación de que los cristianos sostengan que Jesús sigue existiendo no solo en el Cielo sino, en frase de san Agustín, en nosotros: «más interior en cada uno de nosotros que lo más íntimo nuestro (Confesiones III, 6, 11)»; véase J. Ratzinger, *Jesús de Nazaret. 1.ª parte*, pp. 31-47. «En el cristianismo el tiempo tiene una importancia fundamental», Juan Pablo II, *Tertio millennio adveniente*, 10; con «la encarnación del Hijo de Dios, [...] el Eterno entra en el tiempo», *Fides et ratio*, pp. 23-24. (Para mayor abundamiento, § 6.)

[9] H. Heine, *Los dioses en el exilio*, M. A. Vega Cernuda y E. Serrano Bertos (eds.), p. 465.

[10] «No habrá para ti otros dioses delante de mí», Ex 20, 3. Lo cual no evita que, a lo largo del Tanaj, veamos continuas reprimendas de los profetas a un pueblo propenso a la idolatría, al culto a dioses del entorno; una cosa es el ideal pretendido, otra la realidad vivida por el pueblo judío en sus inicios.

[11] Esta aserción, aplicable a los pueblos sojuzgados por el Imperio, contiene profundas connotaciones sobre la necesaria separación entre religión y Estado, algo incomprensible para los romanos y judíos de entonces (y para muchos cristianos hasta el siglo XX), así como el carácter eminentemente personal del cristianismo. Los jefes de los judíos se propusieron conseguir la muerte de Jesús tras estas palabras del sumo sacerdote Caifás: «Vosotros no sabéis nada, ni caéis en la cuenta de que os conviene que muera uno solo por el pueblo y no perezca toda la nación» (Jn 11, 50); el destino histórico de Israel quedaba así ligado al personal de Cristo. En interpretación anagógica, Caifás profetizaba sin saber-

En puridad, el cristianismo va más allá del judaísmo. Los cristianos no comulgan con los judíos saduceos, en su mayoría pertenecientes a la aristocracia y a la clase sacerdotal, proclives a un judaísmo ilustrado acorde con el estándar intelectual de la época, es decir, inclinados a las componendas con el invasor romano y a una helenización externa (uso de la lengua griega, participación en el gimnasio). Muy otro es el caso de los judíos fariseos, que intentan vivir literalmente las prescripciones de la Torá y el Talmud[12]. Al igual que estos, los cristianos pretenden vivir con idéntica sumisión las enseñanzas de su maestro y evitar el impulso uniformador de la cultura helenístico-romana; a diferencia de los judíos, los cristianos ya no anuncian una venida del Mesías, sino que la dan por hecha.

El adversario externo amenazador es el conjunto de pueblos no sometidos al Imperio y que observan ansiosamente los síntomas de su debilidad para lanzarse a la invasión. A comienzos del siglo v (*ca.* 405), los germanos atraviesan el *limes*, la fortificación continua que enlazaba la confluencia del Main y del Rin con el Danubio; Alarico, rey de los visigodos, toma Roma en el año 410. Entre 406 y 420, vándalos, alanos, burgundios, suevos y visigodos se hacen con toda la Galia; muchos de ellos, excepto los burgundios, prosiguen hasta la península ibérica a partir del año 409. A pesar de estar menos protegida, paradójicamente Inglaterra es invadida con posterioridad: en el 430, los anglos, sajones y jutos desembarcan por el este y se aprestan a tomar la isla; los celtas envían emisarios a Roma para suplicar ayuda, pero su última voz de alarma, en el año 446, queda sin respuesta y deben huir a las tierras de Gales, Cornualles y norte de Gran Bretaña (Strathclyde y Cumbria). En el 476 se consuman las invasiones bárbaras de Italia: Odoacro, rey de los torcilingos y líder de esciros y hérulos, expulsa a Rómulo Augústulo al Castellum Lucullanum (hoy Castel dell'Ovo, Campania) y envía a Constantinopla los ornamentos e insignias imperiales; los senadores se ven abocados a admitir la transferen-

---

lo: la muerte de Jesús era necesaria, pero no para una salvación nacional, sino espiritual, al margen de partidismos ideológicos. Wagner explicaba en 1851 la paradójica victoria del cristianismo frente al judaísmo y el mundo griego y, por ende, romano: «El mito cristiano consiguió figura corporal en un hombre personal que, por mor del atentado a la Ley y al Estado, padeció el martirio; que, por la resignación al castigo, justificó la Ley y el Estado como necesidades exteriores, pero que al mismo tiempo, por su muerte voluntaria, también abolió la Ley y el Estado en pro de una necesidad interior de la liberación del individuo por la redención en Dios. El imperio irresistible del mito cristiano sobre el espíritu consiste en la *transfiguración por la muerte*, representada por él», II, 2, *Ópera y drama*, A. F. Mayo Antoñanzas (trad.), p. 147; «Körperliche Gestalt gewann der christliche Mythos aber an einem persönlichen Menschen, der um des Verbrechens an Gesetz und Staat willen den Martertod erlitt, in der Unterwerfung unter die Strafe Gesetz und Staat als äußerliche Notwendigkeiten rechtfertigte, durch seinen freiwilligen Tod zugleich aber auch Gesetz und Staat zugunsten einer inneren Notwendigkeit, der Befreiung des Individuums durch Erlösung in Gott aufhob. Die hinreißende Gewalt des christlichen Mythos auf das Gemüt besteht in der von ihm dargestellten *Verklärung durch den Tod*», Wagner, *Oper und Drama*, II, 2.

[12] Toda generalización de brocha gorda requiere matices: los saduceos defienden la Torá como escritura autoritativa para promulgar leyes (en esta época aún no hay un canon bíblico), mientras los fariseos también toman como base las otras dos partes de la Biblia hebrea, «Profetas» y «Escritos» (mera lectura piadosa para los saduceos), a las que añaden la Torá oral, tradiciones que siglos después cristalizarán en la Misná y el Talmud. A diferencia de los saduceos, los fariseos sostienen la inmortalidad del alma y la resurrección y desarrollan una profunda angelología; véase E. M. García García, «¿Judaísmo o Judaísmos?», pp. 8-12.

cia de la sede imperial. De esta forma, una amplia migración instala en menos de un siglo a los germanos en todas las provincias romanas occidentales, mientras que el Imperio de Oriente aún se mantiene indemne[13].

«La Grecia conquistada a su fiero vencedor conquistó, y en el Lacio agreste introdujo las artes»[14]. Similar sentencia cabe aplicar a los bárbaros: vencieron por las armas al Imperio, que los venció por su civilización (si se me permite, aun a riesgo de romper el ritmo dactílico: «Roma capta ferum uictorem cepit et artes intulit agresti Barbaro»).

Esta victoria recíproca de bárbaros y súbditos del Imperio romano dista de ser homogénea. El pueblo romanizado se somete sin derecho de réplica al impulso avasallador de los germanos, pero estos se doblegan discriminadamente a la civilización imperial, en modo asimétrico según los territorios invadidos:

1. Los bárbaros (francos, alamanes y bávaros) se asientan plenamente en determinadas zonas: Flandes, Renania, la zona comprendida entre el Danubio y los Alpes. Las escuelas y comunidades cristianas desaparecen casi por completo y estos territorios quedan anexionados al universo germánico de familias, clanes y creencias.
2. A medida que los invasores penetran en el Imperio y se alejan de la Germania, su potencial demográfico disminuye en comparación con los súbditos del antiguo Imperio, lo que limita considerablemente su potencial impositivo de leyes y costumbres[15]. A esta dificultad para imponer su modo de vida se añade el deslumbramiento ante la civilización conquistada: paulatinamente se adaptan a los conocimientos técnicos y artísticos del pueblo invadido. Otro tanto ocurre con las creencias: en los primeros siglos, los bárbaros adoptan algunas divinidades romanas (véase Jordanes, ed. cit., V, 41, p. 79); posteriormente y de modo progresivo, las cristianas, en palmaria expansión desde comienzos del siglo IV: al Edicto de Milán (313) –libertad de religión en el Imperio– se suman el Edicto de Tesalónica, decretado por Teodosio I (380) –el cristianismo se convierte en religión oficial del Imperio–, la conversión de Clodoveo (ca. 496) –rey de los francos–, la de Recaredo (586) –rey de los visigodos– e, incluso, la soberanía del papado sobre Italia central (726)[16].

---

[13] Véase Jordanes, *Origen y gestas de los godos* (*De origine actibusque Getarum, ca.* 551), XLVI, 242, J. M. Sánchez Martín (ed.), p. 190.

[14] Horacio, *Epístolas*, II, 1, 156-157, J. L. Moralejo (trad.), p. 315; «Graecia capta ferum victorem cepit et artis / intulit agresti Latio», *Satires, Epistles and Ars Poetica*, H. R. Fairclough (ed.).

[15] «Poco numerosos –los compañeros de Genserico eran unos 80.000 al pasar el estrecho de Gibraltar y solo 20.000 ostrogodos seguían a Teodorico–, los bárbaros que penetraron en las regiones mediterráneas habían asimilado, además, algo de la cultura romana; en su mayor parte se habían convertido ya al cristianismo. [...] En las orillas del Mediterráneo, los bárbaros, dueños absolutos del poder, no eran más que una ínfima minoría y, además, se mantuvieron durante mucho tiempo acantonados formando pequeños grupos al margen de las poblaciones romanas», E. Perroy, *La Edad Media*, E. Ripoll Perelló (trad.), I, pp. 21-26. El contingente de los pueblos invasores era diminuto en comparación con el de los pueblos invadidos.

[16] Hecho significativo en el bautismo de Clodoveo: el obispo Remigio de Reims le dice: «Mitis depone colla, Sicamber: adora quod incendisti, incende quod adorasti» (Gregorio de Tours, *Historia francorum*, II, 31, en J.-P. Migne [ed.], *PL*, t. LXXI, col. 227. La sentencia, de una retórica excepcional, ha hecho verter ríos de tinta; tradicionalmente se ha traducido «Sé humilde, sicambrio, despójate de

3. En las zonas limítrofes del antiguo Imperio, donde la civilización romana no había ejercido sino una influencia superficial (Britania, Vasconia, Galicia, Armórica...), tampoco los bárbaros –cuyo mayor contingente se asienta en los centros neurálgicos del Imperio (fortalezas, cruces de caminos, puertos)– son capaces de imponer sus leyes y costumbres. Estas áreas rurales y de difícil acceso conservan, más que otras, sus divinidades autóctonas y ofrecen un flanco fácil a un fenómeno de particular relevancia en mitocrítica: el eclecticismo (con sus correspondientes derivas sincréticas, cuando incluyen un acercamiento unitario e inclusivo de corte filosófico, religioso o mitológico).

No existe el mito en estado puro. A medida que se dilata en el espacio y el tiempo, su relato adquiere complejidad y diversidad en su estructura y en sus formas. Uno de los ejemplos más notorios del eclecticismo mitológico en esta época es el Cofre de Auzon, una caja hecha a base de huesos de ballena, procedente del norte de Inglaterra, cuya confección data de finales del siglo VII o principios del siglo VIII y que describo someramente:

1. El panel frontal contiene varias escenas del mítico orfebre Völund (Weyland) y el rey sueco Nídud (ambos procedentes de la *Edda mayor*); a su derecha aparece, ni más ni menos, la adoración de los Reyes Magos a Jesús junto a su madre (estos «MÆGI» son interpretados en clave pagana). Las runas alaban la virtud de la magnificencia.
2. El panel lateral izquierdo representa a los Dioscuros romanos, Rómulo y Remo, amamantados por una loba, y un segundo lobo (sin duda, Geri y Freki, lobos de Odín, germanización de los hijos de Marte), junto a dos parejas de cazadores prestos para la batalla; las runas ilustran la protección divina de un caballero.
3. La parte trasera representa la toma de Jerusalén por Tito (la runa *t* o *tyr* equivale a victoria y justicia), combate explicado en runas anglosajonas y letras latinas.
4. El panel lateral derecho contiene un tríptico: una criatura híbrida (¿valquiria?) anunciadora de la muerte (parte izquierda); un guerrero revivificado en su tumba por dicha criatura y llevado al Valhala por el caballo de Odín (parte central); dos psicopompos mostrando el camino (parte derecha). Las runas, algunas de ellas criptográficas, son de difícil interpretación.
5. La parte conservada de la tapa representa un arquero (¿Egil –quizá derivado del Aquiles griego– y su mujer Alruna?) defendiendo en solitario una fortaleza (el reino del Sol, simbolizado por la runa *s* o *sowilo*), y, en trasfondo, el Cielo de los ases (*æsir*), aquí representado como zodíaco o eclipse con las constelaciones Géminis (a la izquierda), Sagitario (a la derecha), Escudo (*Scutum*, arriba y abajo),

tus collares, adora lo que has quemado, quema lo que has adorado» (los «collares» aludirían a los amuletos mágicos). Pero la obra de Gregorio y otros textos coetáneos no autorizan tal traducción de *colla*. Opto por la traducción que me parece más contrastada y documentada: «Inclina humildemente la cabeza, sicambrio, adora [a Cristo] que has quemado en el horno, quema los ídolos que has adorado»; véase P. Bourgain y M. Heinzelmann, «"Courbe-toi, fier Sicambre, adore ce que tu as brûlé"...», *passim*. Desde la muerte del poeta Claudio, los francos eran denominados poéticamente sicambrios, tribu germánica originaria de la actual Renania del Norte-Westfalia.

además de doce puntos (tres de Orión o el Cazador, siete de las Pléyades y dos de Géminis, de nuevo)[17].

Estudios diversos han mostrado la existencia de una estructura matemática que incluye un cómputo astral escatológico (posiblemente en relación con *Ragnarök*) y relaciona imágenes, inscripciones, número y valor de los caracteres: la caja forma toda ella una runa mágica que soporta textualmente una representación igualmente mágica, el efecto benéfico de un hechizo sobre un héroe, probablemente de ascendencia real. Salta a la vista que el orfebre no consideró ni la incompatibilidad caracteriológica ni los catorce siglos que separan unas aventuras de otras. El Cofre de Auzon es un ejemplo palmario de la estrecha convivencia ecléctica de varias mitologías en la Edad Oscura.

En línea con este sincretismo, considero *Los Lusiadas* de Camões como excelente ejemplo de convivencia entre mitologías y religiones de la Edad Moderna. Heine, lo acabamos de ver, escondía las divinidades helénicas en los conventos cristianos; el poeta portugués osa poner a Júpiter, Venus, Marte y Mercurio al frente de la escena: son los artífices sobrenaturales de las proezas lusitanas, encaminadas a propagar la luz del Evangelio. En efecto, desde el primer canto se conjugan los dos planos principales del texto: el viaje de los marineros portugueses y la ayuda de los dioses olímpicos, simultáneamente articulados hacia la confluencia de la conquista militar y la evangelización cristiana. El mito es evidente y así ha quedado evidenciado arriba en la diatriba entre dioses defensores y rivales de los portugueses (§ 3); pero no se queda en la discusión celestial, sino en la interacción de dioses del Olimpo con héroes de la tierra. Llegada a Mozambique, la flota portuguesa hace amistades con los habitantes del lugar; sin embargo, pronto estos sienten dentro de sí «un odio injusto». Esta animosidad es acendrada por el dios Baco: «Yo baxaré a la tierra; el indignado pecho / revolveré a la mora gente, / porque siempre por vía irá derecha / quien del tiempo oportuno se aprovecha»[18]. Metamorfoseado «de un moro en Moçambique sabio y viejo», el dios convence al consejo contra los cristianos: todos vienen «para nos matar y […] robarnos / y mujeres y hijos cautivarnos». A la mañana siguiente, la fiera batalla da la victoria a la gente portuguesa; los vencidos prometen aviesamente guiar a los vencedores hasta Mombasa. Llegados a la costa, Baco («el que de dos madres fue nacido») conduce a dos marineros exploradores a un fingido templo que luce una pintura del Espíritu Santo y María («la cándida Paloma dibuxada / sobre la única Phénix, Virgen pura», II, 11, ed. cit., p. 118). Animados por la buena nueva de los embajadores, las naves enfilan la costa pensando encontrarse en tierra cristiana. Todos habrían muerto, de no ser porque «la hermosa Ericina» (Venus), descubriendo la celada, «baxa del cielo al mar como saeta» y, ayudada de «las ninfas nereas [y]

---

[17] Todos los paneles se encuentran en el Museo Británico, excepto el lateral derecho, conservado en el Museo Bargello (Florencia). Para un análisis minucioso del Cofre de Auzon (o *Franks Casket*, así también conocido por el nombre del anticuario A. W. Franks), véanse A. Becker, *Franks Casket: Zu den Bildern…* y *Franks Casket: Das Runenkästchen von Auzon*; agradezco al autor el envío de su obra y la valiosa información. Las ilustraciones y la documentación sobre el cofre están disponibles en [http://www.franks-casket.de/] (sitio anterior a la publicación del segundo volumen).

[18] L. de Camões, *Los Lusiadas*, I, 76, B. Caldera (trad.), p. 101. Caso admirable de sincretismo encontramos también en la *Divina comedia*, cuando el poeta apostrofa a Jesucristo, «sumo Jove», *Purgatorio*, VI, v. 118, A. Echeverría (trad.), p. 245.

la demás cerúlea compañía», impide que las naves portuguesas se acerquen a la barra donde esperan los enemigos. Ante tamaño portento, la mora gente se espanta y da a la fuga. Vasco de Gama, viendo con admiración que su nave no puede avanzar hacia donde esperaban los moros traicioneros, exclama:

¡Oh, caso extraño, grande y no pensado!
¡Oh, milagro clarísimo, evidente!
¡Oh, ciego engaño claro y desatado!
¡Oh, pérfida, enemiga y falsa gente!
¿Cómo podrá del mar aparejado
librarse sin peligro, sabiamente,
alguno, si la Guarda Soberana
no acudiere a la flaca fuerza humana? (II, 30, p. 125).

Paradójica circunstancia: el héroe atribuye a la divina providencia la salvación del peligro acechante, salvación que el texto solo permite atribuir a Venus[19]. Estamos en el caso inverso a la involución de la cultura clásica: ella misma –integrada de modo sincrético en la narración épica– desarticula la relación entre historia y religión propugnada por el cristianismo.

PROCESO DE MITIFICACIÓN

Sería vano escrutar los orígenes biológicos de Orfeo, Eurídice y la mayoría de los mitos: nacen como mitos, y así son estudiados por la mitocrítica. ¿Qué decir de las excepciones, de los mitos que sí tienen referente histórico?, ¿cuál es su tiempo?, ¿cómo han pasado del momento pautado por la historiografía al de la mitología?

Más allá de los módicos testimonios paleontológicos o arqueológicos (p. e., sobre el diluvio universal y sus cristalizaciones en las historias de Noé o Gilgamesh), otros mitos modernos invitan a una reflexión. Pensemos en el mito de Fausto. Aun a riesgo de esquematizar en demasía, resumiré brevemente sus orígenes históricos y legendarios.

Desde principios del siglo XVI, al menos una treintena de documentos de tipo folclórico y edificante atestiguan la formación paulatina de la silueta medio histórica, medio legendaria de un tal Johann Georg Faust (Knittlingen, *ca.* 1480–Staufen, *ca.* 1540): una multa por elaborar un horóscopo, unas cartas de un prior bávaro y del explorador Felipe de Utre para alabar sus capacidades astrológicas, una expulsión de Ingolstadt y una cali-

---

[19] Ya desde la primera edición portuguesa arreciaron críticas de eruditos; así, Bartolomé Ferreira, en su licencia de publicación (1572), escribe: «[es] necessário aduertir os Lectores que o Autor pera encarecer a difficuldade da nauegação & entrada dos Portugueses na India, vsa de hũa ficção dos Deoses dos Gentios». Semejante reserva y condescendencia encontramos en la censura de frey Manoel Coelho (1597): «algũs lhe notarão, como he fallas em Deoses, em Fado, usar deste vocabulo Diuino e c.». Las excusas para permitir la impresión (san Agustín había rogado la inspiración de las Musas, la poesía es «fingimiento» que solo pretende alcanzar «estilo poético», la obra deja salva la verdad de la fe frente a los demonios gentiles) evidencian más aún el sincretismo que, a la postre, acarreará la prohibición de la obra en el siglo XVII. Sobre el particular, véase N. Extremera, «La censura a *Os Lusíadas* en el siglo XVI», *passim*.

ficación de *persona non grata* por la ciudad de Nuremberg, numerosas acusaciones de quiromancia, nigromancia y charlatanería por médicos, monjes e, incluso, reformadores como Melanchthon. Desde su fallecimiento, los documentos históricos son sustituidos por anécdotas, ora graves, ora paródicas, en las que el Diablo adquiere progresivo protagonismo y los prodigios se multiplican. La historia deja paso a incontables leyendas populares (*Erzählungen*), que no tardan en combinarse con otras edificantes surgidas en los círculos luteranos de Wittenberg e, incluso, transmutarse en crónicas de un Fausto humanista y profesor universitario... El salto al mito era predecible: primero en un relato, *Ur-Faustbuch* (*ca.* 1580), comúnmente admitido por la crítica, pero hoy perdido; después en los «relatos populares» (*Volksbücher*) que se suceden entre los siglos XVI y XVIII, en particular los dos primeros: el manuscrito de la biblioteca de Wolffenbüttel y la anónima *Historia del doctor Johann Faust, célebre mago y encantador* o *Faustbuch*, publicada por el impresor Spies en 1587. Este primer impreso asegura ya el gran mito fáustico en la tradición occidental, tanto por la cristalización canónica del protagonista y la advertencia sobre las fechorías del Diablo como por haber atraído la atención de Marlowe, que lo adapta al teatro en su pieza magistral donde alterna la ambición de un conocimiento total con escenas trágicas y payasadas grotescas: *La historia trágica de la vida y la muerte del doctor Fausto*, comúnmente conocida como *Doctor Faustus*[20]. Aquí la historia brilla por su ausencia; es decir, su función referencial es únicamente contextual, diseñada para la verosimilitud del argumento, desprovista de todo ánimo historiográfico. Otro tanto cabe decir de las conminaciones espirituales, que pasan a ser indirectas, dispensables. Por su parte, las anécdotas aparecen trenzadas en función del objetivo único y general: la centralidad de un pacto entre un hombre y el Diablo. Poco importa el individuo histórico que viajaba a principios del siglo XVI por Alemania, alabado por unos y vilipendiado por otros; solo importa en la medida en que colabore a entender el mito: el Fausto histórico ha salido de la historia y ha entrado en el mito. De ahí mi salvedad, en la definición propuesta del mito al comienzo de este volumen: «El mito es un relato [...] de acontecimientos [...] carentes, en principio, de testimonio histórico...». El mito no reniega de la historia, simplemente la sobrepasa.

* * *

¿Qué decir, entonces, de los «mitos» atestiguados por la historia pero que permanecen en ella, que no reniegan de sus anclajes *hinc et nunc*, que se perpetúan exclusivamente en el mundo de nuestra inmanencia, pero sin renunciar a un halo de trascendencia? No son mitos. De ahí su inclusión en este capítulo, dedicado a la relación entre los personajes históricos mitificados en falso.

---

[20] *The Tragical History of the Life and Death of Doctor Faustus*. El *Faustbuch* original, publicado en Frankfurt, lleva por título *Historia von D. Johann Fausten, dem weitbeschreyten Zauberer und Schwartkünstler*. Parece que hacia 1589 ya había versiones al inglés; pero la primera traducción de que disponemos es *The History of the Damnable Life and Deserved Death of Doctor John Faustus*, firmada por «P.F. Gent.» y publicada por Thomas Orwin en Londres en 1592. Cabe, por lo tanto, situar la redacción de la pieza de Marlowe hacia 1593 (el poeta falleció el 30 de mayo de este mismo año); véanse A. Dabezies, *Le Mythe de Faust*, pp. 9-21, y «Faust», p. 588, el estudio de D. S. Kastan, en su edición al *Doctor Faustus* de Marlowe, p. 182, y M. Siguan, «Fausto y Don Juan: mitos polivalentes», p. 21.

Personajes históricos mitificados

Estas líneas previas eran indispensables para adentrarnos debidamente en las pseudo-mitificaciones de personajes históricos. Tomemos, no un prosopomito así nacido (Orfeo) o devenido (Fausto), sino uno pseudomitificado: Napoleón.

En el segundo capítulo de *La confesión de un hijo del siglo* (1836), Musset nos ofrece su visión de la atmósfera psicológica del continente europeo durante las guerras napoleónicas:

> Un solo hombre estaba vivo en Europa; el resto procuraba llenarse los pulmones con el aire que aquel respiraba. Cada año, en calidad de presente, Francia ofrecía trescientos mil jóvenes a dicho hombre, mientras él, tomando con una sonrisa aquella fibra nueva, la trenzaba entre sus dedos, consiguiendo una nueva cuerda para su arco. [...] Los niños [...] bien sabían que estaban destinados a las hecatombes, pero [...] se había visto al emperador cruzar un puente donde silbaban tantas balas, que se ignoraba si era capaz de morir. [...] Sin embargo, el inmortal emperador se encontraba un día sobre una colina, viendo cómo siete pueblos se degollaban. Aún ignoraba si llegaría a ser amo del mundo o tan solo de la mitad cuando Azrael se cruzó en su camino y, rozándolo con el extremo del ala, lo precipitó en el océano[21].

El proceso ritual del ofertorio continuado de víctimas sacrificiales («trescientos mil jóvenes [...] destinados a las hecatombes») puestas a su disposición («para su arco», arma con dimensión épica en ese contexto), la creencia de una facultad inmortal y, finalmente, la aparición del ángel de la muerte... Estas primeras páginas de la novela se yerguen como una «representación vivida e ilusionante del futuro [...] cuyos elementos remiten a un mito colectivo elaborado de manera espontánea bajo el Imperio por la joven y última generación imperial»[22]. La aceptación incuestionable de un destino nacional coloca en el centro de la cuestión al emperador, que pasa, de inmediato, a ser concebido por el lector (y tildado por la crítica) como «mito».

Otro texto, esta vez extraído de *Los miserables*, de Víctor Hugo (1862), describe la disposición del ejército francés en Waterloo, poco antes de la postrera conflagración napoleónica, de la que entonces pendía el futuro de Europa:

> Entonces se vio un espectáculo formidable. / Toda esta caballería, con los sables en alto, los estandartes y trompetas al viento, formada en columna por divisiones, descendió con un

---

[21] A. de Musset, *La confesión de un hijo del siglo*, I, II, A. Martínez Sarrión (trad.), pp. 12-13; «Un seul homme était en vie alors en Europe; le reste des êtres tâchait de se remplir les poumons de l'air qu'il avait respiré. Chaque année, la France faisait présent à cet homme de trois cent mille jeunes gens; et lui, prenant avec un sourire cette fibre nouvelle arrachée au cœur de l'humanité, il la tordait entre ses mains, et en faisait une corde neuve à son arc. [...] Les enfants [...] savaient bien qu'ils étaient destinés aux hécatombes; mais [...] on avait vu passer l'empereur sur un pont où sifflaient tant de balles, qu'on ne savait s'il pouvait mourir. [...] Cependant l'immortel empereur était un jour sur une colline à regarder sept peuples s'égorger; comme il ne savait pas encore s'il serait le maître du monde ou seulement de la moitié, Azraël passa sur la route; il l'effleura du bout de l'aile, et le poussa dans l'Océan», *La Confession d'un enfant du siècle*, I, II, D. Leuwers (ed.), pp. 26-27.
[22] P.-M. de Biasi, «Les figures de l'avenir dans le chapitre II de la *Confession d'un enfant du siècle*», p. 44.

mismo movimiento y como un solo hombre, con la precisión de un ariete de bronce que abre una brecha, la colina de la Bella Alianza. [...] Desde lejos parecía que se estiraban hacia la cresta de la meseta dos inmensas culebras de acero. Todo aquello atravesó la batalla como un prodigio. [...] Parecía que aquella masa humana se hubiera vuelto un monstruo y no tuviera más que un alma. Cada escuadrón ondulaba y se dilataba como los anillos de un pólipo. Se les veía a través de una vasta humareda rasgada acá y allá. Confusión de cascos, de gritos, de sables, saltos borrascosos de las grupas de los caballos al oír el estampido del cañón y la fanfarria, tumulto disciplinado y terrible; y, por encima de todo, las corazas, como las escamas de la hidra. Estos relatos parecen propios de otra época. Una cosa semejante a esta visión se observaba sin duda en las remotas epopeyas órficas de los hombres caballo, los antiguos centauros, aquellos titanes con rostro humano y de pecho ecuestre que escalaron al galope el Olimpo, horribles, invulnerables, sublimes; dioses y bestias[23].

El enfoque del ejército disponiéndose para la ofensiva no es de tipo sacrificial, como en Musset, sino eminentemente épico. Los militares y sus caballos, metamorfoseados en máquina bélica para la embestida, o en animal acuático dotado de horribles tentáculos, predisponen la imaginación del lector a los dos hipotextos fundamentales –las dos culebras enroscándose alrededor del sacerdote Laocoonte y sus hijos, por un lado; la Hidra de Lerna frente a Heracles, por otro[24]– y lo trasladan a un mundo periclitado donde convivían dioses, monstruos y humanos. Estas hipérboles van encaminadas a crear una atmósfera mitológica que impregne al personaje del emperador. Napoleón Bonaparte fue una persona histórica que aquí adquiere dimensión de conquistador o emperador, pero no un mito, precisamente porque «los individuos ficcionales no pueden ser identificados con individuos reales de mismo nombre»[25]. Lo cual no implica que no pueda haber relatos auténticamente mitológicos al respecto, es decir, en los que asistamos a un choque entre los mundos de la inmanencia y de la trascendencia, pero tal no es el caso en la novela de Víctor Hugo. Otro tanto cabe decir de numerosos héroes de la historia.

---

[23] «Alors on vit un spectacle formidable. / Toute cette cavalerie, sabres levés, étendards et trompettes au vent, formée en colonne par division, descendit, d'un même mouvement et comme un seul homme, avec la précision d'un bélier de bronze qui ouvre une brèche. [...] On croyait voir de loin s'allonger vers la crête du plateau deux immenses couleuvres d'acier. Cela traversa la bataille comme un prodige. [...] Il semblait que cette masse était devenue monstre et n'eût qu'une âme. Chaque escadron ondulait et se gonflait comme un anneau du polype. On les apercevait à travers une vaste fumée déchirée çà et là. Pêle-mêle de casques, de cris, de sabres, bondissement orageux des croupes des chevaux dans le canon et la fanfare, tumulte discipliné et terrible; là-dessus les cuirasses, comme les écailles sur l'hydre. / Ces récits semblent d'un autre âge. Quelque chose de pareil à cette vision apparaissait sans doute dans les vieilles épopées orphiques racontant les hommes-chevaux, les antiques hippanthropes, ces titans à face humaine et à poitrail équestre dont le galop escalada l'Olympe, horribles, invulnérables, sublimes; dieux et bêtes», V. Hugo, *Les Misérables*, II, I, 9, «L'inattendu», M. Allem (ed.), pp. 341-342.
[24] Véanse, respectivamente, Virgilio, *Eneida*, II, vv. 198-224, J. de Echave-Susaeta (trad.), pp. 45-46, para el relato de Laocoonte, e Higino, *Fábulas*, XXX, 3, J. del Hoyo y J. M. García Ruiz (trads.), p. 118, y Pseudo-Apolodoro, *Biblioteca mitológica* II, V, 2, J. García Moreno (ed.), p. 101, para el de la Hidra.
[25] L. Doležel, «Mímesis y mundos posibles», p. 79; este crítico aplica semejante criterio al Napoleón de *Guerra y paz* de Tolstói.

Alejandro Magno aparece fantaseado en numerosos textos antiguos y medievales. Ávido por conocer las profundidades del mar, desciende en un curioso batiscafo y contempla los peces. Así lo relata el copista Segura de Astorga en el *Libro de Alexandre* (siglo XIII):

Andava el buen rey en su casa cerrada,
estaba su gran corazón en angosta posada,
veía todo el mar poblado de peces,
no hay bestia en el mundo que allí no se encontrara[26].

Independientemente de su carácter histórico, el personaje Alejandro Magno ejecuta acciones solo accesibles a los personajes fantásticos y míticos, como bajar, en el siglo IV a.C., a las profundidades marinas. Aquí, concretamente, entramos en el mundo de la trascendencia fantástica.

El mismo emperador da pie a desarrollos legendarios, como el de las amazonas. Según historiadores, la reina Talestris, «cuyo poder se extendía sobre toda la región comprendida entre el monte Cáucaso [entiéndase: *Caucasus indicus*, actual Hindukush] y el río Fasis», salió a su encuentro y le solicitó tener hijos suyos, «digna como era de que el mismo rey obtuviera de ella herederos del reino»[27].

Ruy Díaz de Bivar está sobradamente testificado en la historia medieval, pero la imaginación popular, a partir de un relato ocasional, lo presenta venciendo batallas aun después de su muerte[28]. Sin malgastar energías en la credibilidad de la expedición submarina de Alejandro o las victorias póstumas del Cid, pensemos, más bien, en lo que sus historias sugieren sobre los héroes y las heroínas dotados de grandes talentos y capacidades.

¿Qué distingue los pseudomitos como Alejandro, Napoleón o el Cid de los mitos auténticos?

Ni la historia ni lo real son en sí mismos míticos. Sin embargo, pueden llegar a serlo si, entre otras cosas, un misterio insondable los penetra, si dejan de ser legibles, de evolucionar

---

[26] «Andaual bon rey en su casa cerrada, / seya grant coraçon en angosta posada, / veya toda la mar de pescados poblada, / no es bestia nel sieglo que non fus y trobada», en T. A. Sánchez, *Colección de poesías castellanas anteriores al siglo XV*, estr. 2.147, p. 213. La autoría del *Libro de Alexandre* es discutida.

[27] Quinto Curcio Rufo, *Historia de Alejandro Magno*, VI, 5, 24-32, F. Pejenaute Rubio (trad.), pp. 303-304. De Quinto Curcio nos viene la descripción de esta curiosa comunidad de mujeres guerreras y la célebre (nunca corroborada) mutilación: «El pecho izquierdo lo conservan intacto con el fin de poder amamantar a los hijos de sexo femenino, mientras que el derecho lo queman a fin de tensar con más facilidad el arco y blandir mejor las armas arrojadizas», *ibid*. Para una actualización de la discrepancia entre la imagen histórica y la imagen legendaria de las amazonas –generada tras el encuentro, en el siglo VIII a.C., de los griegos con los pueblos escitas, cuyas mujeres entraban en combate–, véase C. Dokou, «Amazonoclonomachia in Brian K. Vaughan's *Y: The Last Man*», pp. 104-106. Sobre la fabulosa visita de Talestris al emperador, véase C. García Gual, *Audacias femeninas*, pp. 93-111.

[28] El romance «Mientra se apresta Jimena…» narra cómo sus fieles amigos visten al caballero recién fallecido, alzan su espada Tizona en su brazo derecho, atan sus muslos a los arzones de la silla y los pies a los estribos de Babieca, antes de salir con él «al campo juntos, / donde vencieron a Búcar / solo porque a Dios le plugo, / y acabando la batalla, / el sol acabó su curso», *Romancero español*, J. Bergua (ed.), pp. 115-116. El terreno quedaba abonado para la imaginación popular. También el profeta Eliseo realiza portentos –una resurección– después de muerto; véase 2 Re 13, 21.

de acuerdo con una lógica. Cuando un acontecimiento histórico o la actitud de un gran personaje rompe con la trama del tiempo o la normalidad de los comportamientos humanos, cuando una zona de sombra o incomprensión los invade de repente y hace que escapen al imperio de la ciencia y la pura inteligencia, la imaginación de un grupo de hombres o de un pueblo, desafiando las leyes de lo cotidiano, encuentra naturalmente el medio de imponer sus colores y metamorfosis, sus deformaciones y amplificaciones[29].

Observamos aquí un ejemplo palpable del positivismo historicista, que confunde mito con zonas ocultas e irracionales de la especie humana, del pensamiento humano. Pero el mito pide una lectura diversa de la lógica empírica; la lógica no es privativa de la ciencia experimental; el mito puede contener una verdad más útil que la utilitaria. La «lógica» del mito no es deductivo-demostrativa, pero también es lógica; lógica trascendente, emocional, existencial y simbólica. Frente al positivismo dogmático, operado incluso dentro de las ciencias humanas, urge sacar el mito de la zona de sombra a la que una y otra vez se lo relega.

Sin entrar ahora en la manida cuestión sobre *mŷthos* y *lógos*, conviene señalar que el proceso de pseudomitificación del personaje histórico es un recorrido relativamente trazable, cuyas condiciones paso a analizar.

I. La difuminación de los testimonios históricos

Para que un personaje histórico sea mitificado, es preciso que pierda su referencia histórica, es preciso 'deshistorizarlo'. Cuando una persona histórica es particularmente remembrada en la mente de sus contemporáneos y sus sucesores, deviene personaje histórico, identificable gracias a unas referencias espacio-temporales determinadas. La mitificación siempre es posterior, no arranca de la persona, sino del personaje, que se ve progresivamente despojado de aquellas referencias. Desacotado, sin lindes que lo restrinjan a un espacio y tiempo identificables, el personaje es susceptible de sufrir un proceso de mitificación. Alejandro Magno, Julio César, Atila, Carlomagno, el Cid o Juana de Arco han sido objeto de relatos orales sobre sus aventuras o desventuras y su papel social. Presentan, incluso, un carácter modélico, sea para el bien, sea para el mal (el estudio crítico de este proceso no entra en moralidades). El carácter ejemplar de sus proezas o fechorías, en comparación con las mediocres realizaciones del pueblo, los separa y los envuelve en un aura particular; puede, incluso, aplicarles aspectos sacrales. Se entiende así que, en ocasiones, sean canonizados, como en la novela *Santa Evita* (1995), de Tomás Eloy Martínez.

Este último caso trae ante nuestros ojos algo sorprendente: la mitificación de personajes históricos incluso en nuestro tiempo, tan proclive a una aplicación acrítica de la historia. Merece la pena profundizar en este fenómeno sumamente paradójico.

En efecto, frente a lo que cupiera pensar, la mitificación de la historia no es exclusiva de otras épocas: por más que lo haga a su modo, también la modernidad sacraliza. Portentosos personajes de nuestra historia moderna y contemporánea registran diversas fases de elevación y degradación a los ojos del pueblo. Napoleón, Stalin o el Che luchan y sucumben como Fedra, Orfeo y Arturo. Su sublime o abismal recorrido profundiza el proceso de mitificación.

---

[29] N. Ferrier-Caverivière, «Figures historiques et figures mythiques», p. 604.

A este propósito, las circunstancias de su muerte (coordenada absoluta donde las haya) son esenciales. El tránsito de este mundo al otro eleva o rebaja a esos personajes ante la mirada escrutadora del público; en clave imaginaria: los espiritualiza o materializa, los purifica o mancha, los ilumina o ensombrece. No es pequeña contradicción para el pueblo que su héroe, paradigma de una vida extraordinaria, quede sometido a las leyes de cualquier vida ordinaria. Es un escándalo que un guía o tirano excepcional no siga caminos de excepción: parece como si la vida anormal de los héroes exigiera una muerte igualmente anormal.

El 5 de mayo de 1821 muere Napoleón en Santa Elena. Enterrado con honores militares en la isla, la Cámara de los Diputados vota la repatriación de sus restos a Francia. Exhumado el 15 de octubre de 1840, el cuerpo del emperador es trasladado a bordo de *La Belle-Poule*, capitaneado por el hijo del rey Luis Felipe I, y sepultado dos meses más tarde en los Inválidos.

Según los médicos, Stalin muere el 5 de marzo de 1953 como resultado de una hemorragia cerebral. Inhumado en el mausoleo de Lenin, su cadáver es clandestinamente transferido a una tumba a los pies del Kremlin durante la noche del 31 de octubre al 1 de noviembre de 1961.

Arrestado en Bolivia tras un tiroteo, Ernesto Guevara es ejecutado el 9 de octubre de 1967; su cabeza es enviada a la CIA y sus manos conservadas en formol para demostrar su muerte.

Sin embargo, de inmediato se propalaron falsas noticias sobre el envenenamiento de Napoleón, el asesinato de Stalin o el fusilamiento del Che. El caso del guerrillero es elocuente. En el cincuentenario de su muerte, millares de activistas se reunieron en su honor y alabaron su gesto de entregar su vida por una causa. Hoy día abundan los altares repletos de velas y estampas en honor de este icono del movimiento revolucionario: «está rodeado por un aura de sacrificio cristiano», leemos en sus crónicas[30].

Para bien o para mal, los tres han adquirido, a los ojos del pueblo, una estatura «mítica». Si la presencia de testimonio histórico debilita la valencia mitificadora, su difuminación la fortalece. Para que el personaje entre en el templo mitológico, es preciso que las circunstancias de su tránsito pierdan la nitidez de los contornos, que desaparezca todo rastro de muerte ordinaria: un héroe no puede morir de una pulmonía en la cama de un hospital; al menos, no uno llamado a recorrer un camino mítico. Menos aún, puede morir viejo; ya lo decía Menandro: «al que aman los dioses, muere joven»[31]. Sin razón aparente alguna, proliferan relatos que mezclan inverosímiles hipótesis. El mito es alér-

---

[30] «Time to bury Che Guevara for good», *The Economist*, 14 de octubre de 2017, p. 44. Los restos mortales del Che fueron inhumados en un lugar secreto; véanse la entrevista con Félix Rodríguez, en el suplemento «Revista» de *La Vanguardia*, 9 de octubre de 1992, p. 4, y *Quid* de 1997, p. 1.123. La tesis del envenenamiento de Napoleón con arsénico ha provocado múltiples debates; se puede encontrar un dosier bastante completo en el sitio de la Société Napoléonienne Internationale (www.societenapoleonienne.com). Aún hoy está extendida la convicción del asesinato de Stalin a manos de sus colaboradores, temerosos de una nueva purga; véanse «Los restos mortales de Stalin fueron incinerados por orden de Kruschef», *La Vanguardia Española*, 2 de mayo de 1964, p. 15, y «Sobre si Stalin fue asesinado…», en *La Vanguardia Española*, 8 de junio de 1956, p. 10.

[31] «ὃν οἱ θεοὶ φιλοῦσιν, ἀποθνῄσκει νέος», Menandro, *El doble engaño*, fragmento IV [https://www.loebclassics.com].

gico a la referencia histórica. La muerte desencadena, de modo simultáneo y paralelo al relato histórico, otro oral parcialmente verdadero y parcialmente falso que desgaste las referencias testimoniales. La difuminación histórica que rápidamente envuelve la muerte de estos héroes o antihéroes provoca una evanescencia espacio-temporal. Los personajes históricos son así segregados, sacralizados por un relato oral.

El resto de la operación mitificadora atañe a los medios de comunicación, auténticos altavoces del proceso mitificador moderno, que se ocupan de aumentar o disminuir, en función de sus intereses, la distancia entre la colectividad y los personajes destinados a la mitificación. No han de extrañar los precios a los que cotizan los objetos que tuvieron. El guerrero, el soberano o el santo de la Antigüedad y la Edad Media han sido sustituidos en la época contemporánea por el político, el deportista, la cantante o la artista. Analicemos este último gremio a partir de una sugerente teoría psicológica.

II. El gesto y la mediación del deseo

Hoy más que nunca, actrices y actores son universalmente conocidos gracias a los medios de comunicación de masas, hasta el punto de que muchos espectadores ven películas en función de sus actrices y actores: el interés se traslada del significado al significante. Paradigma contemporáneo a este respecto es Marilyn Monroe. En el pasado, las *vedettes* también gozaron de fama, pero la estandarización global de los productos y el aumento gigantesco de los canales de distribución han provocado una revolución a escala planetaria.

Este fenómeno cohabita con la adopción, por artistas famosos, de una postura determinada, tan constante como consciente, con el fin de crear y perpetuar en la imaginación del espectador una iconografía distintiva respecto a otros artistas y a la masa en general. Recordemos los conocidos fotogramas de mediados del siglo xx donde el observador relacionaba, mediante un sencillo mecanismo de traslación metonímica, el tabaco con artistas (Humphrey Bogart) o directores de cine (Alfred Hitchcock) y a estos iconos con el tabaco. El consumidor (lector o espectador) asimilaba de manera inconsciente las facultades de su ídolo cinematográfico con el tabaco. Tal percepción se extendía al modo de fumarlo; ejemplos señeros del arte de sostener la boquilla fueron algunas actrices de renombre (Marlene Dietrich, Rita Hayworth y, sobre todo, Audrey Hepburn).

El consumidor imita gestos, indumentaria y discursos de sus personajes admirados; de este modo cree adquirir, aunque sea durante un breve lapso de tiempo, una homologación con sus ídolos y, consiguientemente, una cierta satisfacción. Así penetra un objeto en la moda, así impone unos modales que los fans se ocuparán de adoptar. Baudelaire lo ha dicho con frase palmaria: «El hombre acaba pareciéndose a lo que desearía ser»[32]. Sin duda algo permite conectar la adopción de gestos y maneras de personajes icónicos con la satisfacción prometedora de las ansias de belleza y felicidad humanas; también, sin duda, algo permite concatenar estas mismas ansias con la sublimidad trascendente encerrada en el mito. Quizá en estas conexiones parciales se encuentre la explicación de otra ulterior, más discutible, entre los personajes icónicos y el mito; la explicación, en definitiva, de la mitificación de esos mismos personajes icónicos.

---

[32] «L'homme finit par ressembler à ce qu'il voudrait être», C. Baudelaire, *Le Peintre de la vie moderne*, en *Œuvres complètes*, C. Pichois (ed.), t. II, p. 684.

A propósito de la emulación, traigo aquí la teoría de Girard sobre el deseo triangular. Según este filósofo, existe una relación íntima entre el sujeto deseante, el objeto de deseo y el mediador del deseo: la influencia del mediador sobre el sujeto es tal que este se propone la imitación de aquel. Don Quijote imita en todo a Amadís, mediador indiscutible en su deseo de alcanzar la plenitud de la caballería[33]. Madame Bovary imita «según» los deseos de sus modelos con el fin de percibirse distinta de como es[34]. De manera semejante, los espectadores perciben el tabaco como un mediador que los acerca a su objeto de deseo: la imitación de las estrellas del cine exige la imitación de su hábito o su manera de fumar[35]. Esta circunstancia enriquece la reflexión sobre el proceso de mitificación de los personajes históricos. La mímesis del personaje mitificado ejerce una curiosa operación en el imaginario del admirador, que se cree revalorizado en sus actitudes o sus aptitudes: el mito está soportado, en buena medida, sobre los valores con que investimos nuestra vida.

III. La distancia esencial del individuo mitificado

Condición esencial del proceso mitificador es la distancia entre los individuos mitificados y el vulgo. Esta distancia resulta menos de la cualidad excepcional de esos individuos que de la excepcional dimensión que el pueblo les aplica. Los individuos señeros de la política, la guerra, el deporte, la canción o el cine adquieren en el imaginario popular una magnitud claramente desproporcionada con la realidad.

Ciertamente, en contadas ocasiones, esos individuos son auténticos héroes o criminales, mujeres u hombres cuyas virtudes o vicios, inteligencia o voluntad, acciones o facultades exceden con creces las del común de los mortales: un deportista que bate en sucesivas carreras un récord mundial de velocidad pasa de inmediato a formar parte del grupo de los *áristoi*. La noche del 9 de agosto de 2012, tras ganar en Londres su séptimo título consecutivo en los 100 y 200 m, Usain Bolt exclamó: «Ahora soy leyenda» (*Now I am a legend*). Aunque no conviene generalizar, a menudo este tipo de excelencia se debe a un cúmulo de circunstancias, entre las que una formación y ayuda esmeradas suelen pasar inadvertidas.

Entonces, en ocasiones muy a su pesar, este personaje (deportista, cantante o actor) se ve impedido por su entrenador o su agente comercial a frecuentar lugares comunes. Los medios de comunicación, auxiliados por estrategias de óptica, acústica y presentación (disposición de espacios, fondo de escena, efectos de perspectiva), crean un alejamiento espacial y vital que aumenta el proceso de sublimación del individuo en cuestión.

Sea auténtica o artificial, la distancia presenta un carácter vertical entre héroe y admirador (en términos mitológicos: ídolo y adorador). Mientras dura el hechizo, la contemplación, la audición o la lectura de hazañas estimadas sobrehumanas actúan como

---

[33] «El discípulo se precipita hacia los objetos que le designa, o parece designarle, el modelo de toda caballería. Llamaremos a ese modelo el mediador del deseo»; R. Girard, *Mensonge romantique et vérité romanesque*, p. 16.

[34] «Para lograr su fin, consistente en "concebirse de manera distinta a la que son", los héroes de Flaubert se proponen un "modelo [e] imitan, del personaje que han decidido ser, todo lo que es posible imitar, todo lo exterior, toda la apariencia, el gesto, la entonación, la vestimenta"»; *ibid.*, p. 18.

[35] Cuando no, su tipo de tabaco o, en general, su marca de vehículo, ordenador o vestimenta: la teoría económica denomina *product placement* esta técnica publicitaria de emplazar marcas dentro de películas, teleseries y otros medios; habitual en el ámbito estadounidense, es aceptada, con reparos, en el europeo.

aproximación entre ambos. Gracias a una operación psicológica, el admirador emula en su imaginación las proezas de su héroe, y esta emulación parece elevarlo hacia él, recortar de algún modo una distancia hasta entonces reputada insalvable.

¿Hablaremos, entonces, de mito? De pseudomitificación, más bien, o de proceso de mitificación o mitificador, consistente en el revestimiento puntual de cualidades míticas a un personaje histórico incompatible con esas mismas cualidades. Como la divinización, la mitificación de personajes históricos es un proceso lógico de sublimación en nuestro pensamiento y nuestros sentimientos, una proyección inevitable de la naturaleza humana. En este sentido, tiene su razón de ser.

Mitificación de animales, objetos y pueblos

I. El animal o el objeto mitificados

Hablando en propiedad, un animal o un objeto ni son ni pueden ser mitos. Todo mito reclama un personaje. No es menos cierto que los animales o los objetos pueden participar, en determinadas circunstancias, de un proceso de mitificación por su estrecha relación con personajes míticos: la lechuza de Minerva[36], la loba de Rómulo y Remo, el tridente de Neptuno, la rama dorada de quien se aventura en el Hades, Mióllnir (el martillo de Tor), el Sampo que fabrica Ilmarinen. El árbol sagrado es ejemplo palmario:

Entonces preguntó Gangleri: —¿Dónde está la sede y lugar sagrado de los dioses?
El Alto respondió: —Se halla junto al fresno Yggdrásil; allá se reúnen los dioses en consejo cada día.
Entonces preguntó Gangleri: —¿Qué puede decirse de aquel lugar?
Entonces habló El Igual de Alto: —Aquel fresno es el más grande y mejor de todos los árboles; sus ramas se extienden sobre todo el mundo y alcanzan el cielo[37].

El vate aprovecha para cantar otras excelencias del árbol: sus raíces alcanzan los confines del mundo, a su pie nace la fuente de Mímir, en la que se guardan la sabiduría

---

[36] «porque esta ave ve de noche, y al sabio, entendido por Minerva, ninguna cosa se le debe esconder por encubierta que parezca», J. Pérez de Moya, *Filosofía secreta*, t. II, p. 75.

[37] Snorri, *Edda menor*, «La alucinación de Gylfi» (*Gylfaginning*), 13, L. Lerate (trad.), p. 45; véase E. Bernárdez, *Los mitos germánicos*, p. 296. El Sampo (del votio *sammas*, gen. *sampaan*: 'pilar', 'poste') del *Kalevala* es un elemento mágico de naturaleza enigmática en torno al cual circula la trama de la epopeya. Aconsejado por Väinämöinen, Ilmarinen forja el Sampo para Louhi («ama de Pohjola», bruja y gran señora del norte) a cambio de la mano de su hija (cantos X y XVIII). Se trata de un molino de tres lados: por uno muele grano, por otro sal y por otro oro, siempre a discreción. El Sampo aparece complementado por una tapa o cubierta multicolor y ricamente ornamentada. Más tarde, a la vista del bienestar que produce en las tierras norteñas, Väinämöinen e Ilmarinen lanzan una expedición para apoderarse de él, lo que provoca guerras y, finalmente, su destrucción, de la que solo se salvan unos fragmentos recogidos por Väinämöinen y la tapadera –finalmente en manos de Louhi– (XXXIX y XLII-XLIII). Las derivadas simbólicas del Sampo son innúmeras: prosperidad, salud, discordia entre los pueblos del norte y del sur de Finlandia e, incluso, árbol de la vida y eje o *axis mundi*, por su condición de pilar, como el «gran pilar» o Irminsul erigido por los sajones en Eresburg; véanse *The Kalevala*, F. P. Magoun (trad.), pp. 400-401, y F. J. Oinas, *Studies in Finnic Folklore*, pp. 38-41.

y la inteligencia, etc. Pero, si no fuera lugar escogido para el cónclave de los dioses, o si Odín no se hubiera colgado de sus ramas a modo de sacrificio (de ahí su apodo: Potro del Terrible), el árbol carecería de valor. Hay una transferencia de propiedades, una metonimia en ambos sentidos: de animales y objetos a personajes y de estos a aquellos. El cáliz utilizado por Cristo en la última cena es una copa histórica como tantas otras que, sometida a un proceso de mitificación, se convierte en el objeto mítico del Grial.

Paralelamente, en los museos se conservan pitilleras y pipas de boquilla consideradas «míticas» porque pertenecieron a personajes famosos. Un Ferrari Testarossa puede ser un objeto «mítico» de deseo para quienes deben contentarse con un llavero rojo en el que vaya estampado el escudo de la firma automovilística.

El carácter personal reclamado por el mito se origina en la referencia trascendente sobrenatural que lo caracteriza, y en la cosmogonía o la escatología absolutas a las que remite, algo de lo que carecen seres de naturaleza mineral, vegetal y animal. Por extensión, podemos hablar de animales, plantas o seres inertes míticos, pero sin llamarnos a engaño: conscientes de que el mito incide en la relación con el personaje sobrenatural al que van emparejados.

II. Mitificación de entidades políticas

1. Roma

Tito Livio nos ha relatado el origen de Roma. Ascanio, hijo de Eneas, fundó una ciudad (Alba Longa) bajo el monte Albano. Le sucedieron Silvio, Eneas Silvio y Latino Silvio; a este siguieron Alba, Atis, Capis, Capeto y Tiberino Silvio, que al ahogarse en el río Albula dio su nombre a este curso de agua. Tras su hijo Agripa vino Rómulo Silvio y después Aventino, que dio el suyo a la célebre colina. Más tarde reinó Procas, que tuvo dos hijos, Númitor y Amulio, que destronó a su hermano y relegó a su sobrina Rea Silvia a la virginidad de las vestales, asegurándose así el derecho de descendencia.

Pero la joven, quizá por obra del dios Marte, da a luz a dos hijos, Rómulo y Remo, que Amulio condena al Tíber. Los hados están con ellos: una loba los salva y amamanta ante la mirada asombrada del pastor Fáustulo, que los recoge y educa junto con su esposa Aca Larentia. Dada su condición gemelar, ninguno tiene preeminencia. Así las cosas, deben ser los dioses tutelares quienes elijan al fundador de la ciudad futura y su primer rey:

> Se dice que el augurio se presentó antes a Remo: seis buitres. Y, como después de anunciado este augurio, se apareció a Rómulo doble número de aves, a cada uno de los dos lo aclamó como rey su propia gente: los primeros reivindicaban el reino por la prioridad en el tiempo, los segundos por el número de aves. Enfrentados enseguida en una disputa, la exasperación de la cólera por ambas partes los conduce a una lucha a muerte. Allí, en medio del revuelo, cayó abatido Remo. […] Rómulo quedó por consiguiente único dueño del poder; la ciudad que habían fundado recibió nombre del de su fundador. En primer lugar, fortificó el Palatino, donde él se había criado. Hace sacrificios con el rito Albano a los otros dioses, y con el griego, tal como había establecido Evandro, a Hércules[38].

---

[38] Tito Livio, *Historia de Roma,* I, 7, A. Fontán (ed.), I, pp. 13-14.

El relato sigue los cánones de toda mitificación: difumina las coordenadas históricas con objeto de entroncar a sus fundadores con una estirpe divina, mítica. Roma desciende de Troya por parte de Eneas y del Cielo por parte de Marte.

2. Portugal

El conde Afonso Henriques había ampliado considerablemente los territorios legados por su padre Enrique de Borgoña. En 1139, tras la victoria en la batalla de Ourique contra los almorávides (que lo denominan, en señal de respeto, El-Bortukali, 'el Portugués'), Afonso es aclamado como rey de Portugal por sus tropas. Durante el resto de su vida, el rey consolida la independencia del reino de León, que obtiene del papa Alejandro III en 1179 a través de la bula *Manifestus Probatum*.

Más importante para nosotros: a esta victoria le sigue el milagro narrado por Duarte Galvão en su *Crónica* de este rey (*ca.* 1505). El gentilhombre Egas Moniz recibe el encargo de la crianza del infante Afonso, nacido con una enfermedad congénita en las piernas. Santa María se le aparece en sueños, le pide que le construya una iglesia en su nombre y ponga al niño sobre el altar:

> En cuanto desapareció esta visión quedó muy consolado y alegre D. Egas Moniz, como vasallo que con santo y verdadero amor amaba a su Señor y sus cosas. Y, en cuanto se hizo de mañana, se levantó de inmediato y se fue con gente a aquel lugar que le fuera indicado, y mandando cavar en ese lugar halló una iglesia y una imagen poniendo en obra todas las cosas que le mandara Nuestra Señora. Como prueba de su santa piedad, apenas el niño fue colocado sobre su altar, fue de inmediato curado, y sin ninguna afección en sus piernas, igual que si nunca la hubiera tenido[39].

La iglesia del monasterio de Cárquere aún se conserva. Quedan así inseparablemente unidos el (segundo) nacimiento de un niño y el nacimiento de un país. Portugal, trasunto del niño santificado, queda enlazada con el Cielo, y viceversa: la curación del infante simboliza la bendición de una tierra, herida por la invasión musulmana. Pessoa evoca esta ilazón:

> Padre, fuiste caballero.
> Hoy es nuestra la vigilia.
> ¡Danos tu ejemplo completo,
> danos, completa, tu fuerza!
>
> ¡Danos, contra la hora errada
> de un nuevo triunfo de infieles,

---

[39] «Defaparecida efta vizaõ ficou muy confolado D. Eguas Moniz, e alegre, como vaffallo que com fam, e verdadeiro amor amava feu Senhor, e fuas coufas, e tanto que foy manhãa levantoufe loguo, e foife com gente àquelle luguar, que lhe fora dito, e mandando hi cavar achou aquella Egreja, e Imagem poẽdo em obra todas has coufas que lhe N. Senhora mandàra. Hà qual aprouve pela fua fanta piedade, tanto que ho Menino foy pofto fobre ho feu Altar, fer loguo guarecido, e fam das pernas de toda àleijaõ, como fe nunqua tivera nada della», Duarte Galvão, *Chronica do Muito Alto e Muito Esclarecido Príncipe D. Afonso Henriques*, III, p. 5.

la bendición por espada,
la espada por bendición![40]

Pocas veces se ha dado tal simbiosis entre un personaje, una tierra, una historia y un personaje histórico mitificado. Con posterioridad, Portugal tendrá otro gran movimiento místico-secular: el de Sebastián I (1554-1578), con acierto apodado el Deseado.

Al igual que objetos, plantas y animales, ni ciudades ni países pueden, en sí mismos considerados, tener carácter mítico. Es preciso preguntarse: ¿qué significado tiene la mitificación de una entidad política? Considero que, además de las razones aducidas para personajes históricos mitificados y para animales, vegetales y seres inertes, aquí puede arrojar una luz el concepto de universal. ¿Es Roma algo en sí o, sobre todo, la unión de los romanos? El hecho de estar compuesta por seres humanos la convierte *ipso facto*, a imagen de ellos, en una ciudad mitificable por cuanto ellos aspiran a la pervivencia. Más importante aún: ¿cómo conseguir y garantizar su perennidad a través de los siglos? Entroncándola con la divinidad. No es otro el motivo de los mitos de origen de algunos pueblos: Roma es eterna porque su fundación remonta a Eneas, hijo de madre divina, como la de Inglaterra a Bruto o la de Madrid a Ocno Bianor, ambos oriundos de Ilión. Otro tanto ocurre con Portugal, cuyo fundador, Luso, es compañero o hijo de Baco. Así lo declara Vasco de Gama al rey de Melinde, en la actual Kenia:

Es esta Lusitania, derivada
de Luso o de Lisa, que de Baco antiguo
hijos fueron, parece, o compañeros,
y en ella habitadores los primeros[41].

La cobertura ideológica o sentimental con que se reviste tal o cual extensión de tierra, y, por sinécdoque, sus gentes, la transforma en un icono personal, objeto de deseo, anhelo y satisfacción, o, como escribe Camões en el primer verso de la citada estrofa, en una «dichosa patria amada» («ditosa patria minha amada»).

III. Remitificación de los mitos

Acabaremos este apartado con un caso paradigmático del mito que sufre una remitificación. ¿Qué buen lector no ha tenido bajo sus ojos alguna vez este verso de Antonio

---

[40] «Pai, foste cavaleiro. / Hoje a vigília é nossa. / Dá-nos o exemplo inteiro / E a tua inteira força! // Dá, contra a hora em que, errada, / Novos infiéis vençam, / A bênção como espada, / A espada como benção!», F. Pessoa, «D. Afonso Henriques», *Mensagem*, J. A. Seabra (coord.), pp. 46-47.

[41] L. de Camões, *Los Lusíadas*, III, 21, B. Caldera (trad.), p. 167; «Esta foi Lusitânia, derivada / De Luso ou Lisa, que de Baco antigo / Filhos foram, parece, ou companheiros, / E nela então os íncolas primeiros», *Os Lusíadas*, ed. 1572, p. 160 (la edición española de N. Extremera y J. A. Sabio conserva la forma «antigo» de Benito Caldera, 1580). El poeta portugués sigue a Plinio el Viejo, que, a propósito de la costa atlántica de la península ibérica, al norte del Guadiana, escribe: «Marco Varrón cuenta que allí llegaron iberos y persas, así como celtas y púnicos, pues fue el "juego" (*lusus*) del padre Líber (Baco) o el "delirio" (*lyssam*) de los que danzaban con él, el que dio su nombre a Lusitania, y a Pan el gobierno de toda ella», Plinio el Viejo, *Historia natural*, III, 1, A. Fontán *et al.* (eds.), p. 6. Una traducción incorrecta de «lusum enim liberi patris aut lyssam cum eo bacchantium nomen dedisse lusitaniae et pana praefectum eius universae» habría transformado el nombre común (*lusum*, 'juego') en nombre propio (Lusum); en consecuencia, el nombre "Lusitania" derivaría de Lusus, héroe íntimamente ligado a Baco, alias Liber Pater.

Machado: «Ni un seductor Mañara, ni un Bradomín he sido»[42]? Dejemos a un lado al heterónimo de Valle-Inclán y detengámonos en el hombre caritativo y piadoso, cuya leyenda retoma el poeta de Castilla para retratarse por oposición.

Sucede que un personaje histórico del siglo XVII fue asimilado, andando el tiempo, a un mito ya existente. Numerosas piezas dramáticas y musicales sobre el burlador existían antes de que Mérimée, al inicio su novela *Las ánimas del Purgatorio* (1834), declarase taxativamente:

> Sevilla por sí sola ha tenido más de un Don Juan; otras muchas ciudades citan el suyo. Cada uno de ellos tenía antiguamente su propia leyenda. Con el tiempo, todas se han fundido en una.
>
> Sin embargo, mirándolo bien, es fácil establecer la parte que le corresponde a cada uno, o al menos distinguir a dos de estos héroes, a saber: don Juan Tenorio, a quien, como todo el mundo sabe, se lo llevó una estatua de piedra; y don Juan de Maraña, cuyo fin fue muy diferente.
>
> Se cuentan de la misma manera las vidas de uno y otro: solo el desenlace los distingue[43].

En efecto, hubo un famoso Miguel Mañara (1627-1679), hijo de una familia distinguida de Sevilla y constructor del Hospicio (más tarde Hospital de la Santa Caridad), cuyo testamento daba pie para que brotara espontáneamente la leyenda en torno a un gran señor calavera finalmente arrepentido[44]. Diversos estudios han mostrado de modo fehaciente que la existencia de un célebre Juan de Maraña y, por ende, la asimilación de ambos tocayos no es digna del menor crédito. Todos los documentos conservados dan muestras de la vida ejemplar de Miguel Mañara, cuyo *confiteor* presenta una magnificación de los pecados, tan excesiva como acorde con el género de estas «protestaciones de fe» en el umbral de la muerte. No se ha conservado ningún documento sobre una supuesta vida desarreglada de Mañara; de existir, convertiría el prólogo de Mérimée en una impostura, de no ser, como en realidad ocurre, un texto literario sin pretensiones históricas[45].

---

[42] A. Machado, *Campos de Castilla*, «Retrato», en *Poesía y prosa*, O. Macrì (ed.), t. II, p. 492.

[43] «Séville seule a possédé plusieurs don Juans; mainte autre ville cite le sien. Chacun avait autrefois sa légende séparée. Avec le temps, toutes se sont fondues en une seule. / Pourtant, en y regardant de près, il est facile de faire la part de chacun, ou du moins de distinguer deux de ces héros, savoir: don Juan Tenorio, qui, comme chacun sait, a été emporté par une statue de pierre; et don Juan de Maraña, dont la fin a été toute différente», Mérimée, *Les Âmes du purgatoire*, M. Revon, (ed.), p. 221.

[44] «Yo D. Miguel Mañara, ceniza y polvo, pecador desdichado, pues los mas de mis malogrados dias ofendi à la Magestad altissima de Dios mi Padre, cuya criatura, y esclavo vil me confiesso. Servi á Babilonia, y al demonio su principe, con mil abominaciones, soberbias, adulterios, juramentos, escandalos, y latrocinios, cuyos pecados, y maldades no tienen numero, y sola la gran sabiduria de Dios puede numerarlos, y su infinita paciencia sufrirlos, y su infinita misericordia perdonarlos. Ay de mi! Quien se caiera muerto, antes de acabar estos renglones; y pues van bañados con mis lagrimas, fueran acompañados con el postrer suspiro de mi vida!», en O. Piveteau, *El burlador y el santo*, t. I, p. 239. Este crítico ofrece otros tres textos más del testamento de Miguel Mañara, todos del mismo cariz. El proceso de beatificación de Miguel Mañara fue incoado en 1680, apenas un año después de su muerte.

[45] Esta superchería sobre la identidad entre los dos personajes tuvo efectos discretos, hasta el punto de que muchos biógrafos y críticos españoles han ignorado el papel precursor del novelista y han atribuido la confusión a la pieza de teatro de Dumas padre *Don Juan de Marana o la caída de un ángel* (*Don Juan de Marana ou la Chute d'un ange*); véase *ibid.*, p. 307. Apenas representada en París, en

El malentendido es voluntario: el autor de *Las ánimas del Purgatorio* ha sustituido el nombre (Juan en lugar de Miguel) y suprimido los rasgos reales de Miguel Mañara; quedan Sevilla y las supuestas sugerencias del testamento contrito de un prohombre. Así, el mito de Don Juan, antecesor en unos años al nacimiento histórico de Miguel Mañara, es propulsado de nuevo, casi dos siglos después, gracias a una asimilación entre el personaje mítico y una persona real. A comienzos del siglo siguiente, nuevo renacer, esta vez bajo la pluma de Milosz: el blasfemo y traidor Miguel Mañara se jacta durante una fiesta de haber perdido simultáneamente a Dios y a Satanás[46]; inesperadamente, un amigo le presenta a una mujer (Girolama) que más tarde obtendrá del Cielo su conversión. Poco antes de morir, el hermano Miguel cura milagrosamente al tullido Johannès: queda así cerrado el ciclo ideado por Mérimée.

Otro ejemplo de remitificación, aquí con cambio entitativo: el que Heine endosa a los dioses grecorromanos tras la caída del Imperio romano. Según el escritor alemán, la Iglesia no consideraba como «engendros del engaño y del error» a los antiguos dioses, sino como «espíritus perversos [de] existencia mísera [que] con sus artes diabólicas y seductoras [arrastran] a los débiles cristianos al abismo». Por esta razón, desde el triunfo del cristianismo, las divinidades antiguas, exiliadas, viven entre nosotros disfrazadas por temor de ser descubiertas. Apolo, travestido en pastor en la Baja Austria, fue desenmascarado y entregado a los tribunales; bajo tortura confesó su auténtica identidad y fue ejecutado, no sin antes –derecho de reo– tocar la cítara y cantar una canción. Ahí no acabó su historia:

> Transcurrido cierto tiempo se le quiso sacar de su tumba para empalarlo, ya que se creía que debía [de] haber sido un vampiro y que las mujeres enfermas sanarían gracias a este remedio casero de probada eficacia. Sin embargo, se encontró la sepultura vacía[47].

Es decir: el hijo de Leto aún vive entre nosotros, pero encubierto. Tampoco fue afortunado Marte, que sirvió como lansquenete en el saco de Roma y observó, consternado, la devastación de «su ciudad preferida». Baco, en cambio, consiguió enfundar el hábito de superior en un convento franciscano que abandona subrepticiamente por las noches para fomentar sus bacanales en forma de aquelarres. De modo que la cristiani-

---

1836, ya encontramos en España un *D. Juan de Marana y sor Marta: drama en cinco actos y en prosa del célebre Alejandro Dumas, arreglada al teatro español*, por J. M. Llivi, Tarragona, Impr. de Chuliá, 1838, y un *Don Juan de Marana, o la caída de un ángel*, con traducción de Antonio García Gutiérrez, Madrid, Imprenta de Yenes, 1839. En un artículo posterior, Piveteau denomina a este Don Juan un «intruso»: «pretendiente contestable y contestado a la dignidad de encarnación del mito», «Un intrus de l'histoire littéraire: Don Juan de Maraña», p. 65. En este mismo artículo leemos que el proceso del «venerable Miguel Mañara» sigue su curso en Roma. Son decenas las versiones donjuanescas (en teatro, poesía, ópera) bajo el patronímico de Mañara o Manara (Maraña ha tenido poco éxito; y la virgulilla de la ñ, ausente en el título original del *mystère* de Dumas por motivos tipográficos, es añadida o no según los editores franceses).

[46] Cfr. «J'ai perdu Satan»; «Dieu s'en est allé», O. V. de L. Milosz, *Miguel Mañara*, I, pp. 18-20.

[47] H. Heine, *Los dioses en el exilio*, M. A. Vega Cernuda y E. Serrano Bertos (trads.), p. 467; «Nach einiger Zeit wollte man ihn aus seiner Gruft wieder hervorziehen, um ihm einen Pfahl durch den Leib zu stoßen, in der Meinung, er müsse ein Vampir gewesen sein und die erkrankten Frauen würden durch solches probate Hausmittel genesen; aber man fand das Grab leer», *Die Götter im Exil*, en *Werke und Briefe*, G. Erler (ed.), t. VII, p. 59.

zación no habría dado al traste con la mitología antigua, sino que esta habría evolucionado para adaptarse a los nuevos tiempos. El carácter camaleónico del mito es prueba de su tenacidad.

La remitificación pone sobre el tapete las diversas estrategias aplicadas al paganismo tras la adopción del cristianismo como religión imperial en el siglo IV: destrucción de templos, cristianización de fiestas, ventajas fiscales y, como en este caso, la demonización de las divinidades antiguas[48].

Las cabriolas de los mitos por sobrevivir (Mérimée/Dumas, Heine) no son nuevas. A partir del siglo VIII, los misioneros de lengua alemana no desdeñan el recurso a los mitos del lugar; de ahí que las recurrencias míticas de la época presenten una forma inhibida. *Beowulf* (ca. 1000), que relata acontecimientos del siglo VI escritos en antiguo inglés hacia 720, incluye elementos de mitología nórdica combinados con otros marcadamente cristianos; otro tanto cabe decir de los dos *Encantamientos de Merseburg* (*Die Merseburger Zaubersprüche*, siglo X), que fueron preservados debido a su valor terapéutico.

En el horizonte de estas hibridaciones en la literatura medieval una figura brilla con luz propia: Dante. Toda una serie de prosopomitos grecolatinos aparecen en el Infierno de su *Divina comedia*, ora como demonios, ora como administradores inframundanos; el florentino los consigna en cada uno de los círculos de este lugar de damnación como símbolo del pecado en él castigado o como auxiliar del castigo para ese pecado[49]. Algunos aparecen grotesca o hiperbólicamente deformados en sus vicios y rasgos, otros conservan una impronta de vigor y relieve, como corresponde a su antigua dignidad y autoridad. Si ya era osada la empresa de describir los horrores de los precitos, el modo dantesco de ejecutarla sirve de puente ilustrativo sobre el progresivo cambio de percepción de los mitos entre la Antigüedad clásica y la modernidad.

* * *

---

48 Véase J. Alvar Ezquerra, «La herencia pagana de la religión cristiana», p. 125. La relación de escritores cristianos con la mitología clásica ha sido bipolar, ora anatematizadora (línea de Agustín de Hipona), ora apropiadora (línea de Constantino o Eusebio de Cesarea). Recuérdese la atribución de profetismo a Virgilio a propósito de su cuarta égloga: «Vuelve ya también la Virgen [Temis, diosa de la justicia], vuelve el reinado de Saturno; una nueva descendencia baja ya de lo alto de los cielos», Virgilio, *Bucólicas*, vv. 4-6, T. Recio García (trad.), p. 380; «Ultima Cumaei venit iam carminis aetas; / magnus ab integro saeclorum nascitur ordo: / iam redit et Virgo, redeunt Saturnia regna», *Bucolics*, J. B. Greenough (ed.); véase H. F. Bauzá, *Qué es un mito*, pp. 160-166. Para un estudio extenso al respecto, véase H. Rahner, *Mitos griegos en interpretación cristiana*.

49 Caronte, barquero, en el primer círculo («Vengo a pasaros a la orilla», III, 86); Minos, distribuidor de lugar a los reos, en el segundo («su rabo al juzgar ciñe y desciñe», V, 6); Cerbero, ejemplo de gula como apetito incontrolado, en el tercero («fiera cruel, torpe y diversa», VI, 13); Pluto, ávido de riquezas, en el cuarto («aquella hinchada jeta», VII, 7); Flegias, representante de la cólera, en el quinto («de ira se embarga», VIII, 23); las tres Furias, como personificación de remordimientos, en el sexto («ensangrecidas, / femeninas de aspecto más que nada», IX, 38-39); el Minotauro, compendio de bestialidad y violencia, en el séptimo («infamia de Creta», XII, 12); Gerión, resumen de mentira y fraude –aunque Dante lo aparenta más a una gárgola románica–, en el octavo («la fiera de la cola enhiesta», XVII, 1); Nemrod, Efialtes y Anteo, epítomes de constructores de torres desafiantes al cielo, en el noveno (XXXI, 58-100); véanse notas de A. Echeverría y N. Sapegno en sus ediciones a la *Divina comedia*, pp. 55 y 99, y pp. 36, 54, 69, 78, 91, 104, 136, 192 y 349-350, respectivamente.

La mitificación de personajes históricos respeta una serie de reglas: difuminación de los contornos históricos, adopción de rasgos singulares, distanciamiento sustitutivo de la miopía... En la modernidad esta norma no escrita recibe viento de popa gracias al vertiginoso intercambio comercial y al caprichoso fenómeno de la moda, ambos capaces de acelerar exponencialmente procesos que hasta hace poco exigían siglos. Tal facilidad deja expedito, como un revulsivo, el camino para el recorrido inverso.

PROCESO DE DESMITIFICACIÓN

En efecto, en el tiempo del mito, diverso al historiográfico, el camino puede ser recorrido en muchos sentidos; puede ser, incluso, desandado: el mito y el pseudomito están siempre bajo amenaza.

Todo relato mitológico es reformulado de mil modos, pero solo desmitificado al perder su valencia mítica, sea de manera deliberada o indeliberada[50]. La historia de la literatura ha dado debida cuenta de esta quiebra a propósito de mitos concretos o del espectro mitológico en general; es conocida la descontextualización operada por el cristianismo sobre los mitos heredados de la tradición clásica, de la que se recuperaron, reducidos a relatos legendarios y anecdóticos, en parte gracias a las fábulas mitológicas del Trecento italiano[51]. Entre tantos ejemplos, traeré el caso más señero.

Astrólogo aficionado y cercano al maniqueísmo hasta su conversión, Agustín de Hipona emprende en los diez primeros libros de *La ciudad de Dios* (*De civitate Dei*) una apología del cristianismo basada en su teología de la historia. Frente a quienes atribuyen a la religión cristiana las guerras que asolan el mundo, y de manera especial la reciente devastación de Roma por los bárbaros, los cinco primeros libros argumentan que esta se debe a la progresiva depravación de la moral y las costumbres, en tanto que los cinco siguientes satirizan la sofisticación de las funciones divinas en la religión romana (los doce libros restantes desarrollan el argumento positivo: el origen y la historia de la «ciudad humana» desde la creación, la venida de Cristo y su impacto en los novísimos, esto es, muerte, juicio, Infierno, Purgatorio y gloria).

---

[50] Durand resume a dos el número de «transformaciones posibles» que pueden afectar al mito, y, en consecuencia, acarrear una «diferencia de estilo». La primera (correspondiente a la denotación lingüística) obedece a la redundancia de los contenidos patentes y explica el recurso al estereotipo: «el mito se aplana en una pura referencia estereotipada insertada como epíteto en la descripción del relato». La segunda (correspondiente a la connotación) obedece a la redundancia del esquema mitémico latente y explica el recurso al apólogo, a la parábola: «la intención latente, el *ethos*, se ríe de los nombres, de los adjetivos». En ambos casos hay «usura» del mito, G. Durand, «À propos du vocabulaire de l'imaginaire...», pp. 17-18. Como estamos viendo en este volumen, la complejidad de los procesos desmitificadores (causas, modalidades, consecuencias) es mayor de lo que a simple vista parece.

[51] La desmitificación deliberada o intencional responde a la pretensión de eliminar los mitos en aras de la implantación de la ciencia, y la no intencional, a la transferencia de los mitos a contextos sociales distintos de los originales; véase H. U. Gumbrecht, «Desmitificación», pp. 281-282. Este crítico desarrolla una teoría de la desmitificación en función de dos perspectivas (semántica y pragmática), que no abordo porque caen fuera de la mitocrítica; para un estudio reciente, véase L. Martínez-Falero, «Literatura y mito: desmitificación, intertextualidad, reescritura», pp. 488-490.

Heredero y defensor de la filosofía platónica, Agustín alaba el «sutilísimo ingenio» de la filosofía, la moral y la lógica helénicas, verdaderas cuando los pensadores dan prueba de humildad y obediencia a Dios, erradas cuando se abandonan a su orgullo y a los caprichos de las fuerzas demoníacas:

> ¡Cuánto mejor y más honesto sería leer en un templo de Platón sus propios libros que contemplar en los templos de los demonios la castración de los galos, la consagración de los invertidos, la mutilación de los furiosos y todo cuanto hay de cruel y de vergonzoso, o de vergonzosamente cruel o de cruelmente vergonzoso, que se suele celebrar en los ritos sagrados de esos dioses![52].

Para ejemplificar esto recurre al texto de Terencio donde una muchacha contempla en un cuadro «aquel episodio en que –según dicen– Júpiter envió al seno de Dánae como una lluvia de oro»[53]. La violación que la joven sufre a manos de Quéreas (disfrazado de eunuco) desvela el origen demoníaco de las historias mitológicas y remacha que los adoradores de tales dioses son hombres impregnados por viles pasiones.

Aquí procuraré profundizar en el intrincado mundo de la desmitificación, teniendo en mente, mas aplicándolas en sentido inverso, las condiciones arriba analizadas respecto a la pseudomitificación del personaje histórico. Dado que la estructura del mito centra el capítulo siguiente, abordaré únicamente el proceso de desmitificación que de continuo se cierne sobre personajes históricos mitificados y prosopomitos.

Personajes históricos

A tal respecto, es obvio que los personajes históricos mitificados reclaman una distancia mínima respecto al tiempo de su recepción: a mayor cercanía, menor posibilidad de mitificación (y viceversa). Esta ecuación provoca otra, de tipo cronológico: cuanto más rápida es la mitificación, tanto más lo es su desmitificación (los tiempos de mitificación y desmitificación se contrarrestan con suma facilidad). De esta proclividad a la desmitificación de los personajes históricos cabe colegir su escaso fuste mítico.

El relato, habitualmente extenso y variado, es sometido por nuestro imaginario a un gesto, un símbolo o un objeto: la mano sobre el pecho (Napoleón), la estrella roja sobre la gorra (Che) o la boquilla de cigarrillos (Audrey Hepburn). Pero esta reducción ges-

---

[52] San Agustín, *La ciudad de Dios*, S. Santamarta del Río y M. Fuertes Lanero (trads.), II, 7, pp. 56-57. Son célebres los sarcásticos alegatos del obispo contra los dioses grecolatinos. Primeramente cita el triste lamento del discurso de Eneas a Dido: «han huido dejando sus urnas y su altar todos los dioses / en cuyo valimiento se hallaba cimentado este imperio», Virgilio, *Eneida*, II, 351-352, J. de Echave-Susaeta (trad.), p. 51; seguidamente afea a esos dioses su huida ante la invasión bárbara y, lo que es peor, su instigación de las pasiones de los romanos: no son inexistentes, son demonios; véase *La ciudad de Dios*, II, 22, 24 y 25, y III, 7 y 15, pp. 79, 82, 86, 98-99 y 111-112, respectivamente.

[53] *Ibid.*, p. 57. El texto referido es *El eunuco (Eunuchus)*: «la muchacha permanece sentada en su alcoba contemplando un cuadro, que representaba la leyenda que cuenta cómo Júpiter descargó un día en el seno de Dánae una lluvia de oro», III, 5, en Terencio, *Comedias*, J. R. Bravo (trad.), p. 525.

tual, simbólica u objetual evoca ya el carácter efímero del proceso de mitificación y su facilidad para la desmitificación.

Arriba hemos visto que es precisa una distancia mínima para la creación y conservación artificiales de héroes míticos, distancia siempre inversamente proporcional al valor real de tal o cual *vedette* y directamente proporcional a la imagen que sus agentes comerciales pretenden proyectar sobre el público. No siempre lo consiguen: «Falsos profetas extienden sus malditas reglas por la tierra envenenada, / ¿Por qué siempre tenemos que poner nuestro destino en manos peligrosas?»[54]. Son frecuentes estas reacciones de fans que, de modo insospechado, se topan con su héroe en una situación igualitaria (en la calle, el autobús o la barra de un café); surge entonces, de inmediato, la frustración escandalizada. El ídolo caído acaba lapidado y expulsado de la comunidad. Piénsese en *celebrities* del fútbol o del golf venidas a menos debido a escándalos económicos o morales; o en célebres películas, como *La red social* (*The Social Network*, D. Fincher, 2010), que muestran una faz menos mediática y más sangrienta de la habitualmente difundida sobre empresarios de fulgurante ascenso: del Olimpo a la picota.

Este carácter efímero del personaje histórico mitificado también depende de la progresiva aceleración de la historia humana. Decía Campbell que la vida actual cambia con tal rapidez «que no hay tiempo suficiente para que nada cristalice antes de que sea desechado»[55]. Hoy día estos pseudomitos tienen un recorrido en progresión exponencialmente breve, lo que redunda en su vertiginosa desvalorización. Hasta tiempos no muy lejanos, la desmitificación recurría al género burlesco, la retórica de la parodia o la categoría de lo grotesco. En los últimos tiempos, asistimos a una desmitificación de otro cariz, sin duda porque la diana ha cambiado (el proceso se dirige menos a los mitos auténticos y más a las mistificaciones de la historia), pero también por la modificación de algunos factores configuradores de nuestra sociedad. En la actualidad, los mitos artificiales se suceden con una velocidad pasmosa, arrastrados por el cauce de los medios de comunicación según las condiciones de oferta y demanda a nivel nacional e internacional: nos encontramos ante una trivialización, caracterizada por la mitificación y desmitificación obsesivas y consecutivas de personajes, animales y objetos históricos. Aquí entran, por supuesto, todos los idealismos: el nacionalismo idealiza una raza (un gen), un espacio (un paraíso perdido), un tiempo (una edad de oro)[56]. Con idéntica velocidad pasmosa se

---

[54] «False prophets spread their cursed rule across the poisoned land, / Why must we always choose to put our fate in reckless hands?»; es letra de una canción precisamente titulada «*Fallen Idols*», del grupo de música Cirith Ungol.

[55] J. Campbell, *The Power of Myth*, p. 132.

[56] En *Las Benévolas*, de J. Littell, el oficial nazi, Aue, y el comunista ucraniano, Ilia, conversan sobre sus respectivas ideologías. Aquel atribuye la ideología de cada persona al nacimiento; este, a la cultura. Así –según piensa Ilia–, un buen burgués educado en un país socialista puede acabar siendo un buen comunista; y concluye: «Cuando la sociedad sin clases sea una realidad, todas las clases serán disueltas en el Comunismo»; «Lorsque la société sans classes sera une réalité, toutes les classes seront dissoutes dans le Communisme», *Les Bienveillantes*, «Courante», p. 567. Estas mitificaciones temporales –la promesa comunista o fascista de una edad dorada– se duplican con otras espaciales, en las sublimaciones de ciudades como Moscú: «el ruso [observa el oficial alemán] puede trabajar quince horas al día en una fábrica helada, comer solo pan negro y repollo, y servir a un patrón rechoncho que se autodenomina marxista-leninista [...], a condición de que la Tercera Roma sea una realidad»; «...du moment que la Troisième Rome se fera», *ibid.*, p. 571.

desmororan los mitos históricos, arrinconados por los medios de comunicación que de ayer acá los sustentaban. La sociedad actual procede de manera desconcertante a la mitificación y desmitificación de sus ídolos. Es evidente que han sido trastocadas las condiciones de nacimiento, desarrollo y muerte de los mitos; de ahí la adopción de una nueva hermenéutica que nos recuerde lo que es un mito y nos ayude a detectar sus nuevas formas y su significado.

Desmitificaciones en las edades Antigua, Media y Moderna

Mas no pensemos que la desmitificación solo se ceba con los personajes históricos mitificados: también el mito auténtico es susceptible de desmitificación, aunque de manera dispar a la sufrida por los personajes históricos. Baste considerar que estos últimos son mitificados y desmitificados en función de su alejamiento o devolución a la historia, operación imposible con los personajes míticos, por definición carentes de ella (en su constitución como mitos).

La imaginación creadora sitúa sus aventuras en unas coordenadas espacio-temporales suficientemente laxas, de modo que la heroína o el héroe se desenvuelven en contextos inapelables o incontrastables, esto es, al margen de las trabas coercitivas de la historia. Zeus y Sémele, Orfeo y Eurídice, Heracles y Deyanira, Arturo y su corte, Perceval y el Grial, Fausto y Margarita, Hamlet y el espectro de su padre, Don Juan y el Comendador, el Dr. Frankenstein y su hechura homónima, Drácula y sus víctimas son invenciones, aun cuando algunos tengan un adarme de semilla histórica. Como tales, experimentan en diversos entornos a veces reconocibles (Élide, Wittenburg, Dinamarca, Sevilla, los Cárpatos o Ingolstadt) aventuras extraordinarias de todo punto inverificables.

Si acaso, cabe observar cierta evolución entre los mitos antiguos, medievales y modernos. Así, los medievales refieren aventuras extraordinarias de personajes, cual es el caso de un Arturo en el siglo VI, que la historiografía de la época ha consignado, si bien entonces el concepto de historia difiere en buena medida del nuestro[57]. Los mitos modernos, lógicamente, se prestan a una cronología más precisa: las calaveradas del Burlador pueden «situarse» en torno a 1615, los experimentos del Dr. Frankenstein, hacia 1791, y los ataques de Drácula, en 1897[58]. No se trata, en cambio, de historia, sino de ficción de mundos posibles, sin existencia material real, pero con referentes locales reales.

I. Heródoto: la historia mistificada

No hace falta recurrir al efecto placebo para buscar mistificaciones. En las Leyes de Cicerón, Ático pregunta a Marco sobre el grado de verdad que encierran los relatos de los poetas. Este expone varios ejemplos de hechos extraordinarios supuestamente verdaderos (las apariciones de Rómulo resucitado y divinizado bajo el nombre de Quirino, el rapto de Oritía por el dios Aquilón). Interviene entonces Quinto, incapaz de ocultar su

---

[57] Véase R. S. Loomis, *The Grail: From Celtic Myth to Christian Symbol*, p. 72.

[58] Véanse, para el Burlador y Frankenstein, Tirso de Molina, *El burlador de Sevilla*, A. Rodríguez López-Vázquez (ed.), p. 31, y Mary Shelley, *Frankenstein, or The Modern Prometheus*, S. Jansson (ed.), p. ix, respectivamente.

perplejidad: como el mismo Marco ha sostenido en otra ocasión, «hay que guardar unas leyes en la historia y otras en la poesía». A esto responde Marco: «Es que en aquella todo se dice con miras a la verdad, en esta la mayor parte, para el deleite; aunque también en Heródoto, padre de la historia, y en Teopompo hay innumerables fábulas»[59].

Esta respuesta es conocida como la «paradoja» de Heródoto: mientras la historia persigue contar los hechos realmente ocurridos en el pasado, la obra del «padre de la historia» está plagada de fábulas. De hecho, su sucesor Tucídides avisa, al comienzo de su *Historia,* que no ha creído conveniente escribir los acontecimientos «informándo[se] del primero con quien [se] topase ni según [le] parec[e]», sino que se ha limitado a «aquellos en los que estuv[o] presente, o yendo a buscarlos a otras fuentes con cuanta exactitud era posible en cada caso». Frente a su colega de Halicarnaso, el ateniense es consciente de que la adopción de este criterio de objetividad resta divertimento a sus relatos («quizá para una lectura pública su carácter no fabuloso [los] hará parecer menos agradables»[60]); pero su verdad los hace útiles para las generaciones futuras. La observación va dirigida, según la mayoría de los críticos, a los lectores de Heródoto[61]. El primero de los historiadores sería, así, considerado un mistificador; el segundo, un evemerista, título de escarnio o gloria, según se mire, que debemos a un hermeneuta griego de los siglos IV-III a.C.

II. Evémero: el gran mistificador

La *Historia sagrada* o *Inscripción sagrada* de Evémero, mitógrafo en la corte de Macedonia (*ca.* 340-260 a.C.), se ha perdido. Lactancio (*ca.* 250-325 d.C.), que recoge fragmentos del *Euhemerus sive sacra historia* (*ca.* 200-194 a.C.), traducción también perdida de Ennio, escribe:

> Ennio en el *Evémero* no dice que Saturno fuera el primero que reinó, sino su padre Urano. Afirma, en efecto: «Al principio, el primero que tuvo el poder supremo en la tierra fue el Cielo. Él, junto con sus hermanos, fundó este reino y lo estableció para sí». [...] Pero también en la *Historia sagrada* [...] se atestigua que Júpiter no pudo sacrificar en honor de nadie más que «en el de su abuelo, el Cielo, del que dice Evémero que murió en Oceanía y está sepultado en la ciudad de Aulacia»[62].

El texto de Diodoro Sículo (siglo I a.C.) es considerablemente más extenso. Relata este historiador griego que Evémero, comisionado por el rey Casandro, viajó por el océano rumbo más allá de la Arabia Feliz hasta arribar a una isla llamada Pancaya (Παγχαῖα), donde los habitantes veneraban con sacrificios y ofrendas a los dioses. Aquella isla, según Evémero, estaba consagrada a los dioses y contenía muchas cosas admirables tanto por su antigüedad como por su arte. La importancia de lo que sigue excusará la extensión de la cita:

---

[59] Cicerón, *Las leyes,* I, 5, C. T. Pabón de Acuña (trad.), pp. 28-29. Sobre el rapto de Oritía por Aquilón (*viz.* Bóreas), véase Ovidio, *Metamorfosis,* VI, vv. 682-683, A. Ruiz de Elvira (trad.), t. II, p. 46.
[60] Tucídides, *Historia de la guerra del Peloponeso,* I, XXII, F. Romero Cruz (ed.), pp. 65-66.
[61] Véase E. Baragwanath y M. de Bakker, *Myth, Truth, and Narrative in Herodotus,* p. 3.
[62] Lactancio, *Institutiones divinas,* I, 13, 14 y 11, 65, en Ennio, *Fragmentos,* J. Martos (ed.), p. 526. (Sobre Evémero, véase también, en este volumen, § 4).

También se encuentra en esta isla, situado al pie de una montaña muy alta, un santuario de Zeus Trifilio, que fue fundado por el mismo dios en el tiempo en que era rey de toda la tierra habitada, cuando todavía vivía entre los hombres. En este templo hay una estela de oro, en la que, en caracteres panqueos, están escritos de modo sumario los hechos de Urano, de Crono y de Zeus.

Evémero dice a continuación que primero fue rey Urano, que era un hombre moderado y magnánimo, versado en el movimiento de los astros, y que fue el primero en honrar a los dioses de los cielos con sacrificios, por lo que recibió el nombre de Urano. Con su mujer Hestia tuvo dos hijos, Titán y Crono, y dos hijas, Rea y Deméter. Crono reinó después de Urano, y casándose con Rea engendró a Zeus, a Hera y a Posidón. Zeus fue el sucesor del trono y se casó con Hera, con Deméter y con Temis, de las que tuvo hijos: los Curetes de la primera, Perséfone de la segunda, y Atenea de la tercera. Fue a Babilonia, donde fue acogido por Belo, y a continuación se dirigió a la isla de Panquea [Pancaya], situada en el océano, y allí levantó un altar a Urano, su abuelo. Partiendo de allí pasó por Siria, y visitó a Casio, entonces señor de Siria, del que tomó su nombre el monte Casio. Al llegar a Cilicia, venció en una batalla a Cílix, el señor de la región, y visitó otros muchos pueblos, todos los cuales le tributaron honores y lo proclamaron dios[63].

Según Evémero/Ennio/Lactancio, Urano (Cielo) y Crono (Saturno) son tratados como meros reyes que, tras fundar su linaje, desaparecen. Por si fuera poco, Júpiter, que no desciende de antecesores inmortales (su abuelo Cielo ha sido sepultado), no hace las veces del dios objeto del culto, sino de un sacerdote que celebra un culto.

Según Evémero/Diodoro de Sicilia, Zeus es un rey, elevado a título póstumo por sus proezas a la categoría de dios en el imaginario del pueblo griego. Con objeto de apuntalar su crítica de la tradición, el autor recurre a la invención de la utópica tribu pancaya o panquea.

La hermenéutica de Evémero es sistemática. Todos los dioses han sido anteriormente hombres (el sustantivo está explícito); pero no hombres del pueblo. En efecto, para Evémero, la divinización resulta de las obras magnánimas de una persona real; así, Zeus se convierte en un dios gracias a su poder militar (según Diodoro y Eusebio), y/o a su labor civilizadora (según Ennio y Lactancio)[64].

---

[63] Diodoro de Sicilia, *Biblioteca histórica*, VI, 6-10, J. J. Torres Esbarranch (trad.), II, pp. 369-370. Esta genealogía se aparta considerablemente de la hesiódica, que presenta a Hestia como hija de Crono y Rea; véase Hesíodo, *Teogonía*, vv. 453-454, en *Obras y fragmentos*, A. Pérez Jiménez (trad.), p. 91. También contradice diversas genealogías de los Curetes. Belo parece ser una helenización de Baal, divinidad semítica (la relación de este Belo con Belo, rey de Egipto, está desacreditada). Véase también Eusebio de Cesarea (*ca*. 275-339 d.C.), *Præparatio evangelica*, II, II, donde se recoge un resumen (ἐπιτομή) de la *Biblioteca histórica*, de Diodoro de Sicilia, pp. 59-60.

[64] Entre las racionalizaciones del politeísmo posteriores a la época clásica, sobresale la de Tomás de Aquino en su comentario a la expresión «Creo en un solo Dios», del símbolo de los apóstoles. Según el Angélico Doctor, «cuatro son los motivos que han inducido a los hombres a pensar en muchos dioses: [...] la debilidad del entendimiento, [...] la adulación, [...], el afecto carnal a los hijos y parientes, [...] la malicia del Diablo», *Escritos de catequesis (De articulis fidei)*, pp. 22-26. Aquí nos interesa esta «debilidad del entendimiento»; según Tomás de Aquino, «ciertos hombres», incapaces «de sobrepasar el orden de lo corpóreo», no pensaron que pudiera existir algo por encima de la naturaleza de los cuerpos sensibles; por ello, [...] creyeron rectores y gobernadores del mundo a los que les parecían más

Obsérvese que esta desmitificación (según la cual personajes no históricos son dados por históricos) recurre al modo superlativo: el hombre Cielo sobresale de modo tan excelso por su conocimiento de la astrología que adquiere la dignidad de ascender al cielo. Asimismo, Zeus es un hombre sobremanera devoto (erige altares a sus antepasados) y heroico (vence a los reyes de otras naciones). La excelencia de Urano y Zeus propicia el paso posterior, la divinización, que depende de dos factores:

1. La ausencia de testimonio histórico, en algún momento del proceso.
2. La distancia vital, espacial y temporal, entre el personaje mitificado y el pueblo.

Evémero procede a un relato historiado con ánimo de desmitificar; parte de la inclinación humana a honrar a los grandes hombres para desembocar, no sin cierto sarcasmo, en su divinización. Facilita así que sus lectores recorran el camino inverso: todos los dioses fueron antiguos héroes[65].

Guillermo Serés relaciona el procedimiento del hermeneuta y la interpretación alegórica de los mitos: ambos buscan desentrañar verdades humanas; esta última indaga las moralidades, Evémero, la prehistoria de la humanidad[66]. Aguda intuición que bien puede aportar una luz a nuestra reflexión. Punto de partida para la racionalización de la mitología por historiadores y mitógrafos grecolatinos, la hermenéutica evemerista nos desvela el carácter racionalista y desmitificador de las mistificaciones sociales del mito[67].

El escepticismo evemerista adquiere con posterioridad múltiples caras. El mismo Ovidio pone mayor énfasis en el carácter sorprendente de los episodios que en su trascendencia; interesado en ganar la atención de su lector, no repara en adoptar posturas descreídas e, incluso, asomarse él mismo mediante incrédulos apartes. ¿Calificaremos su obra, por lo tanto, de «modernización literaturizante y banalizadora del mito»?[68]. Cada cual vea. No

---

hermosos y dignos, y les tributaron honores divinos y culto: tales son los cuerpos celestes, el sol, la luna y las estrellas», *ibid.*, p. 24. Básicamente, encontramos aquí la definición del naturalismo según M. Müller, al que se opone el animismo de E. B. Tylor y H. Spencer; E. Durkheim propone, más tarde, la sustitución de estas teorías por el totemismo. Ya tenemos aquí los principales pilares de las teorías racionalistas sobre el origen de las religiones: evemerismo, naturalismo, animismo y totemismo.

[65] Muchas obras de los mitógrafos griegos siguen esta veta desmitificadora abierta por Evémero: *Sufrimientos de amor* de Partenio de Nicea, *Colección de metamorfosis* de Antonino Liberal, *Sobre fenómenos increíbles* de Paléfato, *Refutación o enmienda de relatos míticos antinaturales* de un tal Heráclito (¿el rétor?), otro texto *Sobre fenómenos increíbles* de un anónimo (estos dos últimos procedentes del códice *Vaticanus græcus* 305), etc. Por esta tendencia desmitificadora discurren las parodias. A falta de documentos históricos que corroboren una u otra versión, cada autor aporta su propia interpretación.

[66] Véase G. Serés, «El evemerismo medieval español: de Alfonso el Sabio al Tostado», pp. 159-160.

[67] Señalaré, antes de proseguir, que el pensamiento evemerista no es plenamente original: con anterioridad Pródico de Ceos (*ca.* 465-*ca.* 395 a.C.) había rechazado la divinización de héroes; de ahí el apodo de «ateo» que le propina Sexto Empírico. Plutarco no lo trata mejor cuando lo acusa de inventar «una increíble e inexistente mitología» y diseminar «el ateísmo por toda la tierra habitada», Plutarco, *Sobre Isis y Osiris*, XXIII, *Obras morales y costumbres*, M. García Valdés (ed.), p. 67.

[68] J. M. García de la Mora, «Mitología y literatura en Ovidio», p. 84. Al pasar revista de las hipótesis antiguas sobre la creación del mundo, Hume cita las *Metamorfosis* de Ovidio –«Una vez que aquel dios, fuera el que fuera»; «Sic ubi dispositam, quisquis fuit ille Deorum», I, 32, A. Ruiz de Elvira (trad.), p. 7– y da cuenta del escepticismo ovidiano sobre la creación divina del universo; véase *The Natural History of Religion*, sec. IV, «Deities not considered as creators or reformers of the world», en

por ello deja de ser uno de los grandes mitógrafos. Cualquier mitificación o desmitificación no brota de modo espontáneo, sino como resultado de un proceso largo y complejo.

El éxito de Evémero fue inmediato; su «novela», como la denomina Seznec, se cuenta entre los primeros textos griegos traducidos al latín. Proponía una tesis (el reclutamiento de los dioses de entre los grandes hombres) que tranquilizó durante un tiempo a los espíritus cultivados, siempre incómodos con la mitología, pero también reacios a tachar de mentiras las venerables historias homéricas[69]. Frente a sus detractores paganos, el hermeneuta gozó de una calurosa acogida entre los apologistas cristianos que, como Clemente, Lactancio o Isidoro, encontraron en sus escritos un expediente idóneo para dar lustre a la religión cristiana frente a las deficiencias de la pagana. Veían en Evémero un aliado, una voz autorizada para desenmascarar la divinización de seres humanos de particular renombre[70].

A imitación de la fórmula del Génesis cuando evoca la fecundidad de los descendientes de Adán y Eva, de Evémero cabe también decir: *genuit filios et filias*. Hijos: Boccaccio, cuya *Genealogía de los dioses paganos* (*Genealogia deorum gentilium*, 1360-1375) abunda una y otra vez sobre la naturaleza humana de los supuestos dioses, incluso rememorando a los comentaristas del hermeneuta de la corte macedonia[71]. Hijas: Christine

---

Essays and Treatises on Several Subjects, t. II, p. 451. Sin duda, en esta tonalidad del mito también intervienen factores de tipo formal, genérico: en Grecia el mito se hace heroico y trágico en la epopeya, cómico en la comedia y el drama satírico; véase F. Rodríguez Adrados, «Mito y fábula», p. 4.

[69] Cicerón, *De natura deorum*: «quienes cuentan que los varones que se caracterizaron por su fortaleza, por su fama o por su poder alcanzaron la divinidad tras su muerte, y que a estos, precisamente, es a los que nosotros solemos rendir culto, imprecar y venerar, ¿no están al margen de cualquier creencia religiosa? Fue Evémero el que trató con mayor amplitud esta idea», *Sobre la naturaleza de los dioses*, I, 42, A. Escobar (trad.), p. 156; pero, en cambio, en las *Tusculanæ disputationes*: «¿no es cierto que Ino, hija de Cadmo, llamada por los griegos Leukothéa, es reverenciada por nuestros conciudadanos bajo el nombre de Matuta? Aún más, ¿no está casi todo el cielo, para no seguir con más ejemplos, lleno del género humano?», *Disputaciones tusculanas*, I, 12, A. Medina González (trad.), p. 130. Sobre la recepción de Evémero en el mundo latino y medieval, véase J. Seznec, *Los dioses de la Antigüedad*, pp. 19-23.

[70] Así, todo el cap. IV de la *Cohortatio ad gentes*, de Clemente de Alejandría, contradice la «turpitud» de quienes se prosternan a los que antaño solo eran hombres; véase *Opera quæ extant omnia*, J.-P. Migne, *PG*, t. VIII, col. 133-164. En sus *Instituciones divinas*, Lactancio cita profusamente a Evémero para mostrar finalmente que «aquellos dioses eran hombres», I, 15, 1, E. Sánchez Salor (trad.), I, p. 120. El texto de Isidoro de Sevilla presenta un atractivo colorista: «Los paganos aseguran que los dioses antiguamente fueron hombres que, después de morir, según la vida de cada uno y sus méritos, comenzaron a ser venerados, como Isis en Egipto, Júpiter en Creta, Juba entre los bereberes, Fauno entre los latinos, Quirino entre los romanos», Isidoro de Sevilla, *Etymologiæ*, VIII, XI, 1, F. Arévalo (ed.), t. III, pp. 375-376; «apud Mauros Iuba» se refiere a Juba II, rey de Mauritania.

[71] Así, a propósito de Cielo, citado al comienzo de este apartado: «Y el hecho de que fue un hombre está suficientemente puesto en claro por Lactancio en el libro de las *Instituciones divinas*, pues dice que lo ha encontrado así en la *Historia sagrada*: «Que Urano, un hombre poderoso, tenía por esposa a Vesta y de ella había tenido a Saturno, Opis [Ops] y otros. Este Saturno, al convertirse en dueño del reino, llamó Cielo a su padre y Urano y Tierra a su madre», G. Boccaccio, *Los quince libros de la genealogía de los dioses paganos*, II, 1, M. C. Álvarez y R. M. Iglesias (eds.), p. 118. Lactancio desarrolla ampliamente las relaciones entre Júpiter, Saturno, Opis y Vesta en *Instituciones divinas*, I, 11, E. Sánchez Salor (trad.), I, pp. 100-113.

de Pizan, cuyo *Libro de la ciudad de las damas* (1405) entrevera personajes reputados divinos con otros inconfundiblemente históricos. Esta obra, escrita a modo de diálogo ficticio, reclama aquí mayor atención.

Frente a las acusaciones misóginas de vulgo y escritores, la prolífica filósofa y poeta se propone reivindicar el valor intrínseco de las mujeres, su capacidad para ejercer iguales cometidos que los hombres. No está sola en la ardua tarea; mediante el relato de sus historias de mujeres célebres, tres figuras alegóricas «de origen divino» la ayudan a construir una ciudad imaginaria que habrá de defender a las mujeres «de sus numerosos agresores»: Razón provee los muros exteriores de la fortaleza, Rectitud los edificios interiores y Justicia los tejados y últimos detalles. El diálogo es *performativo*: la narración de las anécdotas constituye la ciudad y, simultáneamente, el libro. Ningún historiador podría impugnar el cortejo femenino que discurre al hilo de la lectura: las bíblicas Sara, Judit o Ester, la griega Safo, las romanas Antonia la Menor, Lucrecia o Pompeia Paulina, las cristianas María Magdalena, Catalina y Lucía o la franca Clotilde; pero su ceño se fruncirá al topar, a partir de la sección XXXI de la primera parte, con relatos como este:

> Antaño, en la religión pagana, la adivinación estaba en el centro de la atención: se leía el futuro en el vuelo de los pájaros, las llamas del fuego o las entrañas de los animales muertos. Era un arte muy reconocido, una ciencia establecida en gran estima. La maestra soberana en este arte fue una virgen, la hija de Tiresias, el gran sacerdote de Tebas [...]. Esta mujer, llamada Manto, vivía en tiempos de Edipo, rey de Tebas[72].

¡Cómo!, dirá nuestro historiador, ¿tratar por el mismo rasero a un personaje de ficción y a la reina de los francos? Y a Medea en el capítulo siguiente, habremos de replicar, «mujer hermosa, derecha y esbelta de talla, de rostro agradable [que] superaba en saber a todas las demás» (p. 98); y a Circe, Minerva, Ceres y otras cien «mujeres» más. En efecto, por encima de los tipos de adivinación mentados (ornitomancia, piromancia y aruspicina), importa resaltar que Manto se inserta con pleno derecho, al igual que Clo-

---

[72] «Jadis, dans la religion païenne, la divination était à l'honneur: on lisait l'avenir dans le vol des oiseaux, les flammes du feu ou les entrailles des bêtes mortes. C'était un art reconnu, une science établie que l'on tenait en grande estime. La souveraine maîtresse en cet art fut une vierge, la fille de Tirésias, le grand prêtre de Thèbes [...]. Cette femme, appelée Manthoa, vivait au temps d'Œdipe, roi de Thèbes», Christine de Pizan, *Le Livre de la Cité des Dames*, I, XXXI, E. Hicks y T. Moreau (eds.), p. 97. Manto debe el nombre a su función (μᾰντεύομαι, 'adivino', 'profetizo'), emparentada con el sánscrito «mantra» a través del protoindoeuropeo *men- ('pensar'), antes visto a propósito de las Musas. Con anterioridad, Christine de Pizan –sin duda inspirada por el *Roman d'Hector et d'Hercule*, principios del siglo xiv– había recurrido a semejante evemerismo, p. e., en la *Epistre Othéa* (1401), donde la prudente diosa Othea da cien consejos a Héctor para que sea un «buen caballero»; véase F. Pomel, «La force entre Hercule, Hector, les Amazones et les philosophes», pp. 65-66. La autora veneciana afincada en Francia sigue la vena evemerista de *Mujeres preclaras* de Boccaccio (*De mulieribus claris*, 1361-1362), a quien menciona expresamente en varias ocasiones. Por su parte, el humanista –que no recurre al modo dialógico– incluye en su elenco tanto a las mujeres «que hicieron notables la audacia, el vigor de su ingenio, la actividad, los dones de la naturaleza o las gracias o las desgracias de la fortuna» como a aquellas «que, aunque no hicieron nada digno de memoria, dieron sin embargo ocasión a empresas extraordinarias», *Mujeres preclaras*, Proemio, V. Díaz-Corralejo (trad.), p. 60. El hecho de que ambos autores remachen las diferencias morales pero no mitológicas de sus personajes es prueba suplementaria de evemerismo.

tilde, como un personaje más en esta obra de evidente propósito didáctico. Estamos en uno de los mundos posibles: cuanto han hecho y podrían haber hecho las mujeres es puesto al servicio de la causa; el evemerismo de esta veneciana establecida en Francia desmitifica con ánimo de realzar una condición denostada.

La Edad Moderna ha discurrido en su reflexión dismitificadora por dos cauces que identifico con dos pensadores, Fontenelle y Hume.

En la incipiente época de las Luces, el secretario perpetuo de la Academia francesa de las Ciencias impartió una conferencia en la que salía al paso de las extravagancias transmitidas por los griegos, comparadas con las divagaciones de los antiguos pobladores de la tierra y otros pueblos, contemporáneos de los franceses del siglo XVII, pero intelectualmente «atrasados» (cafres, lapones, indios iroqueses…). Según Fontenelle, los mitos, de indiscutible naturaleza analógica y etiológica, se originan en una superposición de fabulaciones que cada relator ha ido añadiendo a las de su predecesor[73]. A partir de un acontecimiento incomprensible, los griegos acumularon una «burda filosofía» («philosophie grossière») cuyo resultado son los relatos míticos que hoy conocemos. Abrumados por los acontecimientos extraordinarios del cielo y las estrellas, los rayos y los vientos, «imaginaron seres más poderosos que ellos, capaces de producir esos grandes efectos», a los que aplicaron formas humanas: «era preciso que esos seres estuvieran hechos como los hombres»[74]. Fontenelle apoya su razonamiento en la supuesta preeminencia de la fuerza física sobre la sabiduría; el ejemplo del dios de la guerra es paradigmático. Queda patente el procedimiento de Fontenelle: la historia de los mitos es una historia de proyecciones; los hombres antiguos, a falta de ciencia y conocimiento del universo, proyectaron en los dioses, aumentándolas, sus propias facultades. La única ciencia de la historia, cabría decir con Fontenelle, no consiste en conocer las extravagancias de nuestros antepasados, sino en detectar lo que los ha conducido a esas extravagancias.

En pleno apogeo del empirismo británico, Hume enlaza con este pensamiento: según su *Historia natural de la religión* (1757), la mayor parte de las divinidades antiguas procedían de semejantes apoteosis humanas:

> La historia real de sus aventuras, corrupta por la tradición y elevada por sus aspectos maravillosos, se convirtió en una fuente abundante de fábulas, particularmente en manos de los poetas, alegoristas y sacerdotes, que las aumentaron sucesivamente ante el asombro y el pasmo de la multitud ignorante[75].

---

[73] Cfr. «chacun en ôtera quelque petit trait de vrai, et y en mettra quelqu'un de faux, et principalement du faux merveilleux qui est le plus agréable; et peut-être qu'après un siècle ou deux, non-seulement il n'y restera rien du peu de vrai qui y étoit d'abord, mais même il n'y restera guère de chose du premier faux», B. B. de Fontenelle, *De l'origine des fables*, G. Abbattista (ed.).

[74] «Ils imaginèrent des êtres plus puissans qu'eux, et capables de produire ces grands effets. Il falloit bien que ces êtres-là fussent faits comme des hommes», *ibid.* Semejantes apreciaciones encontramos en pleno Romanticismo: «Sin el derrocamiento de los falsos Dioses y el establecimiento del verdadero culto, el hombre habría envejecido en una infancia interminable»; «Sans le renversement des faux Dieux et l'établissement du vrai culte, l'homme aurait vieilli dans une enfance interminable», F.-R. de Chateaubriand, *Le Génie du christianisme*, III, IV, II, M. Regard (ed.), p. 856.

[75] D. Hume, *The Natural History of Religion*, sec. V, «Various Forms of Polytheism: Allegory, Hero-Worship», en *Essays and Treatises on Several Subjects*, II, p. 457.

Aun sin citarlo, Hume coincide con Evémero en distinguir la religión, razonable a partir de las maravillas naturales, del politeísmo y la idolatría, sendas insanas resultantes de un proceso de «deificación de cualquier parte del universo».

Fontenelle desarrolla una filosofía de la naturaleza próxima al naturalismo, del que más adelante Max Müller será el gran teorizador. La oscuridad de los humanos con pocas luces explica un antropomorfismo conducente a su divinización: las fuerzas naturales, inconmensurablemente más poderosas que los hombres, adquieren progresivamente entidad divina. El filósofo escocés no sigue por esa vía: escoge la del animismo, más adelante teorizado por E. B. Tylor; parte de humanos singulares, héroes posteriormente divinizados. El empirismo, a todas luces, sigue los derroteros del evemerismo, dispares del racionalismo sistemático.

En un registro distinto de Fontenelle y Hume, una serie de autores alemanes proponen en estos años y los decenios siguientes la búsqueda de una «nueva mitología» (*neue Mythologie*), diversa de la heredada de los antiguos y en modo alguno abstracta. Herder atribuye a los mitos diversas funciones relativas a la filosofía de la historia, del arte y de la religión, aplicadas al contexto de la época: el filósofo debe crear su propia mitología política («De la nueva utilización de la mitología»); Moritz prepara el camino romántico al enfocar la mitología como un lenguaje de la fantasía (*Estudio sobre los dioses o poesía mítica de los antiguos*); «El programa sistemático más antiguo del idealismo alemán» o «Systemprogramm», célebre manifiesto anónimo de carácter ético-moral, reclama para el filósofo un «monoteísmo de la razón y del corazón, un politeísmo de la imaginación y del arte»[76]; Schlegel anhela el advenimiento de una mitología que dé conciencia de cambio a la nueva poesía, necesariamente romántica («Rede über die Mythologie»); Schelling concibe el mito como puente necesario entre el estado arcaico de la naturaleza, ya vencido, y el estado venidero de los tiempos modernos (*Filosofía del arte*)[77]. Integradas en el idealismo descrito en la Introducción (§ 2), estas propuestas quedan, en su conjunto, al margen del mito propiamente dicho.

Desmitificaciones en la Edad Contemporánea

A pesar de cuanto precede, algún lector circunspecto podría aportar documentación histórica de personajes míticos y argüir, aparentemente con razón, su carácter histórico. Sin duda, gracias a inscripciones funerarias y al análisis de corrimientos geológicos, la arqueología demuestra la historicidad de Gilgamesh, héroe del célebre poema que lleva su

---

[76] «Monotheismus der Vern[unft] u[nd] des Herzens, Polytheismus d[e]r Einbildungskraft u[n]d der Kunst, di[e]s ist[']s, was wir bedürfen!», en Anónimo, «Das älteste Systemprogramm des deutschen Idealismus», en Hegel, *Mythologie der Vernunft*, p. 13. El manifiesto (descubierto en 1913) es de la mano de Hegel, si bien hoy no hay consenso sobre su autoría: ¿Hegel, Schelling, Hölderlin?

[77] Aunque este volumen no tiene vocación de hacer una historia de la mitología, sí hace al caso recordar estos reclamos de la «nueva mitología» al calor de la *Aufklärung* y el idealismo alemán: J. G. von Herder: «Vom neuern Gebrauch der Mythologie» (1767), en *Über die neuere deutsche Literatur: Fragmente*; K. P. Moritz, *Götterlehre oder mythologische Dichtungen der Alten* (1791); «Das älteste Systemprogramm des deutschen Idealismus» (*ca.* 1796); F. Schlegel, «Rede über die Mythologie» (1800), en *Gespräch über die Poesie*; F. W. J. Schelling, *Philosophie der Kunst* (1802-1803). Véanse G. Portales y B. Onetto, *Poética de la infinitud*, pp. 13-17; A. Gimber, «Mito y mitología en el romanticismo alemán», *passim*, y L. Duch, *Mito, interpretación y cultura*, p. 32.

nombre; previamente, yo mismo he dado varias referencias sobre Johann Georg Faust, astrólogo y charlatán alemán del siglo XVI. En consecuencia, podría aducirse, la distinción que estas páginas sostienen entre los personajes históricos mitificados y los personajes míticos carecería de sentido.

Estos hipotéticos reparos no empecen la firmeza de mi propuesta. El argumento de historicidad no socava los fundamentos del mito, al contrario, los apuntala: cuando exista, la raíz histórica de los prosopomitos siempre será raquítica en comparación con su floración literaria. Un registro documental podrá aportar un conocimiento histórico, pero nunca constituir la base demostrativa de un mito, cuya fuente, ora identificable, ora anónima, siempre se inserta en una temporalidad mítica ajena al cómputo cronológico de la modernidad.

Solventado este extremo, a continuación abordaré otro más relevante para nuestra disciplina: la desmitificación de los mitos desde dentro de ellos mismos. Este análisis requiere apelar a la historia, pero no de los acontecimientos, sino de la evolución literaria.

Históricamente, los mitos se originan en un marco épico, caracterizado por la amplitud de desarrollos espaciales, temporales y caracterológicos. Esta elección corresponde a la homología que nuestro imaginario establece entre dos tipos básicos de magnitud (exterior e interior), relación que tradicionalmente cristaliza en la epopeya, la tragedia o la oda. Queda así constituido un canon perpetuado de modo multisecular desde la Antigüedad hasta la Edad Media: las hazañas manifiestan la grandeza interior de los hombres que las llevan a cabo.

La primera modernidad cuestiona esta ecuación. En el ámbito literario, lo deja a las claras *Don Quijote*, cuya intriga exterior se reduce a una serie de anécdotas burlescas, en modo alguno comparables con la inmensidad de la imaginación fantasiosa de su protagonista. Otras novelas (*El aventurero Simplicíssimus*), aun cuando aumentan la extensión espacial y el lapso temporal, reducen considerablemente el estatuto social de sus protagonistas y el tenor de sus empresas.

La literatura moderna replica aquí un cambio de perspectiva simultáneo al experimentado por la ciencia. La óptica en el siglo XVII, por ejemplo, amplía la capacidad humana de observación del universo, hasta el punto de que ya pueden contemplarse cuerpos astrales con una precisión antes impensable. Como contrapartida, el agrandamiento del campo de visión conlleva un empequeñecimiento reflexivo: el hombre toma conciencia de su insignificancia en medio del universo. Tal es la deducción de Pascal:

A eso nos conducen los conocimientos naturales. [...] ¿Qué es el hombre en la naturaleza? Una nada frente al infinito. [...] Visiblemente, la extensión visible del mundo nos desborda. [...] El mero hecho de compararnos con lo finito nos apesadumbra[78].

---

[78] «–Disproportion de l'homme. –Voilà où nous mènent les connaissances naturelles. [...] Qu'est-ce que l'homme dans la nature? Un néant à l'égard de l'infini. [...] L'étendue visible du monde nous surpasse visiblement. [...] La seule comparaison que nous faisons de nous au fini nous fait peine», 72-199, *Pensées*, D. Descotes (ed.), pp. 64-69. Este famoso texto, remacha Jauss, testimonia el fin de la imagen antropocéntrica del mundo, la antigua estética de la naturaleza ha perdido su razón de ser; véase H. Jauss, *Las transformaciones de lo moderno*, p. 23. A la luz de las reflexiones pascalianas, las ambiciones del pretencioso Dom Juan dejan el regusto de una parodia: «siento en mí un corazón capaz de amar a toda la tierra; y como Alejandro, desearía que hubiera otros mundos, para extender hasta

El pensamiento religioso-espiritual del filósofo y matemático (reflexión apta para la discreción en sociedad y la humildad ante Dios) invita al hombre moderno a reducir sus ambiciones, a afrontar sus empeños con razonada circunspección. No es otro el mensaje de *Los viajes de Gulliver*: nivelar las dimensiones del alma con las del cuerpo, recordarnos que donde hay gigantes también hay enanos[79].

Así, la producción artística no solo acompasa el proceso general de modernización científica y social, sino que se pone al frente del movimiento acelerado de la época (Jauss, *Las transformaciones de lo moderno*, p. 12). Por supuesto, continúan tendencias y secuelas del canon trasnochado, novelas y piezas nostálgicas, ajenas al cambio que está experimentando la sociedad, las mismas que arrancan a un Rousseau rompedor su grito de *aggiornamento*: «¡sublimes autores, rebajad un poco vuestros modelos!»[80]. Tras la caída del Antiguo Régimen y el rechazo de sus referentes, la modernidad experimenta un sentimiento de orfandad. En 1800, F. Schlegel declara: «considero que a nuestra poesía le falta un eje central, como era la mitología para la poesía de los antiguos: […] no tenemos una mitología»[81]. El fundador de *Athenaeum* percibe con intuición soberana la razón de la armonía existente entre el mundo antiguo, su literatura y su mitología, pero no es tan ingenuo como para impetrar la importación de nuevos dioses; él mismo sugiere una solución: la constitución de «una nueva mitología […] desde la más profunda interioridad del espíritu», esto es, «el idealismo».

A primera vista, la incursión de la mitología por la «esencia del espíritu» («determinarse a sí mismo, salir de sí y volver a sí en eterna alternancia», *Conversación sobre la poesía*, p. 64) parece desviar la poesía, y la literatura en general, por derroteros filosóficos. Solo en parte: el crítico de Jena predice algunos senderos por los que habrá de recuperarse la mitología homérica. La nueva mitología será una colaboración entre lo viejo y lo nuevo, una simbiosis abstracta y consciente de su estatuto ficticio: «debe ser la más artificial de todas las obras de arte, pues debe abarcar todas las demás, debe ser una nueva cuna y receptáculo de la antigua y eterna fuente originaria de la poesía e incluso del poema eterno» (*ibid.*, pp. 62-63). Más allá del subjetivismo filosófico, el romántico ale-

---

[79] Véase A. Bloom, *Gigantes y enanos*, A. L. Bixio (trad.), p. 11.

ellos mis empresas amorosas»; «je me sens un cœur à aimer toute la terre; et comme Alexandre, je souhaiterais qu'il y eût d'autres mondes, pour y pouvoir étendre mes conquêtes amoureuses», Molière, *Dom Juan*, I, 2, en *Œuvres complètes*, G. Couton (ed.), II, p. 36.

[80] «Sublimes auteurs, rabaissez un peu vos modèles!», «Préface de *Julie ou Entretien sur les romans*», J.-J. Rousseau, en *La Nouvelle Héloïse*, «Appendice», M. Launay (ed.), p. 583. Esta consigna no queda en el olvido: a lo largo del siglo XVIII, la producción literaria presenta una faz plenamente diferente, mucho más cercana al mundo cotidiano; y cuando, en el siglo XIX, cede a las pretensiones expansivas de tiempo y espacio (*Los miserables, Guerra y paz*), ya se atiene a los requisitos de movimientos nacionales o populares, dentro del realismo decimonónico y sin concesiones a los desarrollos mitológicos de la epopeya antigua. De modo que, tras la segunda modernidad, asistimos a una progresiva e imparable conquista de lo ordinario frente al antiguo heroísmo militar, una protesta contra los códigos de grandeza en sus diferentes manifestaciones. Lo grande ha sido progresivamente sustituido por lo pequeño: «la pequeñez del hombre es vista, finalmente, como la inevitable condición de su grandeza»; «Man's littleness is seen, finally, to be the inevitable condition of his greatness», introducción de D. Kiberd a *Ulysses* de Joyce, p. x.

[81] F. Schlegel, *Conversación sobre la poesía*, L. S. Carugati y S. Giron (trads.), p. 62; *Gespräch über die Poesie*, p. 312.

mán antevió una estrategia dominante: la liberación de la sensibilidad moderna gracias al mito antiguo y la revitalización del mito antiguo gracias a la moderna sensibilidad. Esta operación, sin ignorar las estrechas relaciones multiseculares entre grandiosidad y mito, no puede sino quebrantarlas, romper las manidas correspondencias espacial, temporal y psicológica: solo así la mitología podrá hallar acomodo en la nueva literatura.

A continuación, veremos la desmitificación de cuatro mitos clásicos (Ulises, Ifigenia, Helena y Medea), de un personaje histórico bíblico mitificado (Jesucristo) y de un mito moderno (Don Juan). El primero de ellos, dada la importancia de la novela que lo adapta, nos marcará la pauta para los demás.

I. Mitos clásicos

1. *Ulises* (J. Joyce)

El vector reductor de la epopeya antigua a dimensiones aceptables señala con precisión la piedra angular de la estrategia subversiva en la novela irlandesa, una ficción construida sobre la estructura de múltiples tradiciones religiosas y mitologías[82].

Uno de los cometidos principales de la mitocrítica cultural consiste en analizar la recepción de los mitos en obras «antimíticas». Aquí me detendré, con especial hincapié en las referencias helénicas, en los procedimientos utilizados por el escritor en su proceso de desmitificación de los protagonistas.

Este análisis exige previamente la constatación del paralelismo entre los textos de Homero y Joyce. Bloom, Stephen y Molly hacen las veces de Ulises, Telémaco y Penélope, respectivamente, habitantes de una moderna Dublín que representa el Mediterráneo del mundo antiguo. La obra está concebida como una metáfora estructural que ejerce un control férreo sobre el desarrollo de la narración: el lector puede prever que los tres protagonistas se reunirán al final, tras una serie de episodios sugeridos por la epopeya; así, por ejemplo, la asistencia de Bloom a un funeral vale por la catábasis de Ulises, y las fantasías de su imaginación provocadas por las alucinaciones en el barrio de Nighttown replican las metamorfosis de los compañeros del héroe griego en la isla Eea.

El reflejo dista mucho de ser perfecto, hasta el punto de que las referencias implícitas de la novela a la epopeya desorientan, más que aclaran la correspondencia. Piénsese en Molly/Penélope, personaje emparentado paronomásica y argumentalmente con Moll Flanders, pues, aunque nacida un 8 de septiembre –fiesta litúrgica del nacimiento de la Virgen María–, está en las antípodas de la virginidad. La concordancia entre los protagonistas varones de los textos griego e irlandés también desconcierta: no es Stephen/Telémaco quien busca al padre, sino Bloom/Ulises quien busca a un hijo que, además, no es suyo. Este paralaje (*parallax*) aparece reduplicado en el empleo particular de las coordenadas espacio-temporales: el deambular de Bloom y Stephen coincide con el de cualquier paseante por las calles y tiendas realmente existentes de un Dublín que se nos

---

[82] La mitología irlandesa (sobre todo la relativa al «Ciclo mitológico» y al «Ciclo feniano» –Fionn mac Cumhaill, su hijo Oisín, su nieto Oscar–), aunque aparece de manera dispersa en el cuerpo de la narración, funciona como un auténtico «mito interno»; véase H. E. Rogers, «Irish Myth and the Plot of *Ulysses*», p. 307. Otro tanto se puede decir de las múltiples recurrencias a los mitos bíblicos, a otros modernos (Hamlet) y a la tradición cristiana.

ofrece verosímil a comienzos del siglo xx, concretamente, el 16 de junio de 1904. Este día aporta un rasgo de contingencia (al margen de la relación amorosa entre Joyce y Nora Barnacle, la elección del día no obedece a ninguna necesidad interna del texto); la cotidianeidad adopta la máscara de la arbitrariedad al tiempo que, solo aparentemente, tiñe el texto de una atemporalidad mítica: vale un día como cualquier otro. La disconformidad se extiende también al modo narrativo: por un lado, tenemos un principio de composición tradicionalmente denominado realista, referido a un mundo similar al nuestro, que permite conocer aspectos internos y externos de los personajes; por otro lado, este marco trivial se superpone a una dimensión mítica, pues las acciones de los protagonistas parodian las de los personajes homéricos. El relato griego funciona a modo de paradigma tensionado y finalmente subvertido por la resistencia de los hechos a la ficción, la libertad humana y la impredecibilidad de la intriga en una novela compuesta esencialmente a modo de *collage*[83].

T. S. Eliot denominó «método mítico» este proceso de «manipular un paralelismo continuo entre contemporaneidad y antigüedad»: *Ulysses* es «un modo de controlar, ordenar, dar una forma y una significación al inmenso panorama de futilidad y anarquía que es la historia contemporánea»[84]. El poeta de *La tierra baldía* salía así al paso de las críticas que entonces arreciaban contra la impresión de «caos» suscitada por el texto del irlandés: por encima de la denuncia destructiva y pretendidamente clasicista, Eliot había comprendido que la utilización metódica de estilos y símbolos con la *Odisea* en filigrana encerraba un profundo significado revelador de los nuevos tiempos. Pound compartía el mismo pensamiento: *Ulises* daba por periclitado el método narrativo tradicional, esto es, una historia dirigida hacia la solución de un problema o un enigma, en la que toda la armazón se sostenía visiblemente, en la que concordaban causalidad, moral, verosimilitud e interés narrativo: «Joyce retomó el arte de la escritura donde Flaubert lo dejó»[85].

Junto a este rápido y somero apunte de concordancias y discordancias, abordemos ahora tres técnicas o procedimientos de escritura desmitificadora.

a) El relato presta una importancia inusitada al cuerpo, sobre todo a sus funciones vitales básicas. Leopold Bloom se presenta cual paralizado, inactivo y sufriente judío irlandés, en contraste con la pugnacidad de los héroes clásicos e irlandeses reclamada por los escritores y políticos belicosos del momento (Yeats acababa de revitalizar a Cúchulainn). El primer episodio de la segunda parte comienza con una frase gastronómica: «A Mr. Leopold Bloom le gustaba saborear los órganos internos de reses y aves»[86]. La descripción de sus menús favoritos (vísceras de terneros, corderos y bacalaos) no desentonaría en ninguna epopeya antigua; sin embargo, minutos después de un pantagruélico

---

[83] Véanse R. von Abele, «*Ulysses*: The Myth of Myth», p. 364; F. Kermode, *The Sense of an Ending*, p. 113; D. Lodge, *The Modes of Modern Writing*, pp. 136-137; H. Blumenberg, *Trabajo sobre el mito*; P. Madrigal (trad.), p. 95, y P. Brunel, «Pénélope, d'Ithaque à Gibraltar», p. 39.

[84] T. S. Eliot, «*Ulysses*, Order, and Myth», en *Selected Prose*, F. Kermode (ed.), p. 177.

[85] E. Pound, *Literary Essays*, «*Ulysses*», p. 403; unas líneas más abajo, el poeta sentencia que *Ulises* tiene más «forma» que cualquier novela de Flaubert. Su panegírico realza la capacidad satírica, la multiplicidad de voces y la eficaz verbalización del texto irlandés.

[86] J. Joyce, *Ulises*, I, 4 («*Calipso*»), F. García Tortosa y M.ª L. Venegas Laguéns (trads.), p. 61; «Mr Leopold Bloom ate with relish the inner organs of beasts and fowls», ed. cit., p. 65.

festín este ogro devorador aparece sirviendo el desayuno a su mujer Molly y leyendo una revista en la letrina (*the jakes*). El texto ofrece un complicado entrelazamiento del flujo de su conciencia: la historia leída en el magacín, el *affaire* de su mujer con Boylan y sus propias necesidades escatológicas (muy diferentes de las postrimerías estudiadas por la mitocrítica). Nada semejante encontramos en la *Odisea*: la esmerada etiqueta del palacio de Ítaca no lo permitiría. Esta atención microscópica a tareas menudas –sin hacer ascos a las fecales y procaces– denota un cambio de perspectiva en la novela moderna: la importancia prestada al cuerpo, que adquiere igual, si no mayor relevancia que la conferida al espíritu en la tradición clásica. Rabelais operaba semejante subversión, si bien su comicidad se apoyaba en la grandilocuencia y la desmesura. Aun dentro de la categoría de lo grotesco, Joyce prefiere suscitar la ironía mediante la distancia estética (*écart*) producida en la mente del lector entre el modelo heroico y la realidad mediocre de su protagonista: frente a las elevadas y abstractas pretensiones antiguas, la condescendencia con la banalidad presente.

Esta inversión corporal sugiere también la inversión mental correspondiente: el héroe antiguo se distinguía por su competencia proactiva, atacaba al enemigo, le infligía pérdidas irreparables en sus tropas o en sus bienes; el héroe moderno se distingue por la capacidad de soportar humillaciones y laceraciones mentales. Ulises mató a los pretendientes de su mujer; Leopold no se vengó de quien lo hizo cornudo.

b) El relato también recurre abundantemente a la parodia (§ 4), desfiguración de obras maestras del pasado. Antes he comentado brevemente esta estrategia subversiva a propósito del encuentro entre Bloom y el Ciudadano; aquí me detendré en el episodio de Nausícaa. En el libro VI de la *Odisea*, Homero describe el encuentro del naufragado Ulises en las tierras de Esqueria con «una joven que en talle y belleza igualaba a las diosas»[87]. Aconsejada en sueños por Atenea, la hija de Alcínoo acude sobre un carro en compañía de sus siervas para lavar peplos y paños a orillas del río, junto a la playa. Terminada la tarea, y «dispuesta […] a partir de regreso al palacio», la diosa dispone «que Ulises desp[ierte] de su sueño» (vv. 110-113). El encuentro sirve de pórtico para el relato de grandes aventuras durante los capítulos VII-XI (Polifemo, Circe, la catábasis); también ofrece un idilio entre el protagonista y la joven. Nausícaa le ruega que, cuando regrese a los campos patrios, no se olvide de ella; él, agradecido, promete invocarla «como a diosa y por siempre jamás» (VIII, vv. 461-468). A la postre, gracias al bajel proporcionado por Alcínoo, Ulises retoma su ruta hacia Ítaca. ¿Amor imposible?, ¿amor no correspondido? El texto no ofrece pistas ciertas.

En la playa de Sandymount, Gerty (Gertrude) MacDowell aparece sentada en compañía de dos amigas; las tres cuidan de tres niños. Leopold, en la distancia, fija en ella su mirada. Apenas se percata, Gerty adopta una postura seductora, lo que provoca la masturbación del protagonista. Pero se hace tarde y las jóvenes deben irse. Gerty se levanta y comienza a andar con dificultad. El voyerista achaca su lentitud e inseguridad al desnivel del terreno, a la oscuridad y a los objetos dispersos sobre la playa (piedras, palos, algas); quizá su cuidado se deba también al calzado. De pronto, el desengaño: «¿Le aprietan las botas? No. ¡Es coja! ¡Oh!» (II, 13, «*Nausica*», p. 422; «Tight boots? No. She's lame! O!», p. 479). La intriga queda así quebrada, impredecible, ridiculizada.

---

[87] Homero, *Odisea*, VI, vv. 15, J. M. Pabón (trad.), p. 115.

Al comienzo del episodio, Gertrude meditaba en el amor, el matrimonio y las relaciones sexuales. Lo hacía al modo antiguo, pero también clásico y romántico: algunas ideas y expresiones que fluían por su imaginación no serían desmentidas por héroes y heroínas de relatos amorosos de los siglos XVII-XIX, ni por historietas sentimentaloides de principios del siglo XX. La meditación de Leopold, si acaso pudiera denominarse así, es de cariz realista. La discordancia de perspectivas refleja el episodio de la *Odisea* (idealismo de Nausícaa y opción realista de Ulises por seguir su camino); pero la cojera de Gerty y la desilusión de Leopold se insertan en la parodia literaria.

Aunque el evento y su marco no difieren en sus líneas generales (encuentro inopinado de un hombre y una mujer en una playa), la opción de Joyce cambia radicalmente el significado. Cuatro frases en media línea, la última de las cuales («¡Oh!») suena a modo de mofa por la precedente excitación de Leopold, en contraste con las cuatro frases en media línea que dos páginas más adelante –siempre en la mente de Bloom– resumen el coito de Boylan y Molly: «Oh, él lo hizo. En ella. Ella lo hizo. Se acabó» (II, 13, «*Nausica*», p. 424; «O, he did. Into her. She did. Done», *Ulysses*, ed. cit., p. 482), seguidas de un resoplido de satisfacción («¡Ah!»), susceptible de ser considerado como anhelante suspiro de un hombre abatido. El pasaje se carga así de significado: desengaño ante la vista de una joven bella pero coja, insatisfacción de un marido con su mujer: «la épica del cuerpo es, necesariamente, del mismo modo, una épica de la frustración corporal» (D. Kiberd, *Ulises*, ed. cit., p. xxxvi).

Estamos lejos de las grandes obras que ensanchaban el horizonte de las hazañas heroicas: aquí todo se reduce a un intercambio mudo y pasajero entre dos personajes en un espacio reducido, acompasado por breves pero lacerantes gritos de malogro que no conducen a nada. En la *Odisea*, el encuentro entre la joven y el héroe relanzaba la historia (los relatos de aventuras maravillosas y la posibilidad del regreso al hogar patrio); en *Ulises*, el episodio se resiste a la transformación mítica, porque confirma el carácter autocrítico de la ficción, porque implica la impredecibilidad de los argumentos y porque deja, como tantas otras veces en la novela, episodios y frases suspendidos, sin continuidad ni final.

c) El relato, en fin, presenta un tratamiento particular del espacio. Este Ulises reencarnado (las reflexiones sobre la metempsicosis son numerosas a lo largo de la novela) se levanta, desayuna, callejea, entabla conversación con propios y extraños, visita lugares sórdidos y finalmente retorna a su cama maternal y marital, traicionado, pero no abandonado por la mujer que duerme junto a él. Su deambulación dublinesa y su visita funeraria rememoran para el lector atento la catábasis y la navegación del héroe homérico. Dos apreciaciones se imponen al respecto.

En el cementerio, a diferencia de los comentarios de sus compañeros, los pensamientos de Bloom son de orden meramente material (la muerte acontece cuando se rompe la bomba del corazón), de humor negro (un teléfono en el ataúd evitaría situaciones irreversibles de entierros prematuros), pragmático (la disposición de los cuerpos de pie ayudaría a ahorrar espacio) y descreído: Bloom solo alcanza a imaginar la descomposición de su amigo Paddy Dignam, cuyas células se metamorfosean sin cesar a lo largo del tiempo; así vivimos «para siempre prácticamente» (II, 6, «*Hades*», p. 124; «Live for ever practically», p. 137).

En el penúltimo episodio, disgustado por su senescencia y por la indiferencia de los demás a su respecto, Bloom se siente poseído por el deseo súbito de viajar por Irlanda, los extremos de Europa, otros exóticos lugares e, incluso, «hasta los extremos de su órbita planetaria, al otro lado de las estrellas fijas y de los soles variables y planetas telescópicos, abandonados y desamparados astronómicos, hasta los últimos confines del espacio» (III, 17, «Ítaca», p. 840; *Ulysses*, p. 858). Solo entonces «obedecería la llamada al regreso» y «después de incalculables eones de peregrinación volvería como extraño vengador, rayo de justicia para malhechores, fosco cruzado». Pero la irracionalidad de la empresa revela que su *nostos* es meramente ilusorio; la impotencia de este Ulises torna «la marcha en indeseable» (*ibid.*). Retraído ante la oscuridad, la inseguridad, el cansancio, y atraído por el calor humano y el frescor de las sábanas, Bloom queda reducido a «la estatua de Narciso, sonido sin eco, deseo deseado»[88]. Estamos lejos de las Columnas de Hércules que Dante hace atravesar a su Ulises y sus compañeros «no para vivir cual brutos, sino para adquirir virtud y ciencia»[89]. Cuando, en la escena última, Molly pronuncia su sí definitivo (*yes*), el libro, más que concluir, parece recomenzar, queda abierto para otros días similares que ella sabrá propiciar[90].

Observamos así diversos procedimientos de desmitificación. Según el primero, la dimensión espiritual cede en importancia a la corporal; la deglución y evacuación de alimentos son descritos pormenorizadamente, perspectiva grotesca que implica una reducción del marco de sus intereses respecto a los héroes míticos tradicionales. El segundo procedimiento consiste en la mofa de los aspectos idealistas del amor; la parodia del episodio homérico ridiculiza el mudo encuentro en la playa de Sandymount, donde seductora y seducido solo hablan con sus cuerpos o «en» sus cuerpos. El tercer procedimiento señala el límite material del hombre; por una parte, la muerte no implica ningún franqueamiento de fronteras entre dos mundos, uno inmanente y otro trascendente, por otra, el viaje contempla unos mojones muy estrechos en comparación con los hitos amplios del viaje odiseico. Así, *Ulises* socava tres centros neurálgicos de la narrativa clásica: la preponderancia del espíritu, la espiritualidad del amor y el traspasamiento de los límites tópicos y cronológicos. Cabe sintetizar estos procesos en el papel prominente de las funciones corporales, la reducción del amor a las funciones biológicas y el encajona-

---

[88] J. Joyce, *Ulises*, *ibid.*; «the statue of Narcissus, sound without echo, desired desire», *Ulysses*, p. 859. En su lectura en clave irónica de este episodio, Boitani llama la atención sobre la autoenclaustración del protagonista, encerrado dentro de la jaula que se ha construido en su propio cerebro haciendo de todo el mundo (y solo de este mundo) su casa; véase P. Boitani, *L'ombra di Ulisse*, pp. 167 y 171-172. Sobre su hipotético viaje a través de constelaciones estelares –convertido en un cometa shakespeareano vengador y judío errante– y el regreso para encontrar «envidia, celos, abnegación y ecuanimidad», cuerpo en posición de descanso perturbado sin fin, véase S. Slote, «1904: A Space Odyssey», *passim*.

[89] Dante, *Divina comedia, Infierno*, XXVI, vv. 119-120, A. Echeverría (trad.), p. 158.

[90] En carta a Frank Budgen (16 de agosto de 1921), Joyce hace notar que este episodio «estelar» del libro «comienza y termina con la palabra femenina *sí*»; «It begins and ends with the female word *yes*», donde *yes* adquiere tanto la connotación del órgano genital femenino como la contraposición paródica, pues la conclusión del párrafo en esta misiva –«*Weib. Ich bin der [sic] Fleisch der stets bejaht»*; «mujer. Soy la carne que siempre afirma– juega con la célebre declaración de Mefistófeles en el *Faust* de Goethe: «Soy el espíritu que siempre niega»; «*Ich bin der Geist, der stets verneint*», *Selected Letters*, R. Ellmann (ed.), p. 285; véanse U. Eco, *Obra abierta*, p. 81, y P. Brunel, «Pénélope, d'Ithaque à Gibraltar», p. 40. Molly, atracción estelar del episodio (*clou*, según Joyce, *Selected Letters*, p. 285), pronuncia un «sí» que asienta autoridad y determina el curso del día de Leopold; véase H. C. Callow, «Joyce's Female Voices in *Ulysses*», p. 160.

miento del ser humano a su vida terrena; dicho en clave literaria: lo grotesco, la parodia y la restricción espacial. Más aún, los tres se confunden en uno solo: el empequeñecimiento de las coordenadas espacio-temporales del protagonista a su dimensión material.

El estatuto del héroe moderno ha cambiado. Los amplios desarrollos espaciales y temporales heredados (diez años, el Mediterráneo) se han reducido a dimensiones más modestas (un día, una ciudad); la extensión y el brillo de sus aventuras, a una deambulación cansina y apagada. Los grandes protagonistas singulares e íntegros de antaño, auténticos actores culturales que hacían las veces de una voz demiúrgica, se disuelven ahora en tipos sociales anclados en un marco histórico particular, en caricaturas sarcásticas cuya aburguesada heroicidad apenas excede el exiguo marco de su imaginación fantasiosa[91].

Leopold Bloom, ¿nuevo Quijote?, ¿antihéroe? Joyce consideraba el heroísmo como un artefacto social destinado al sacrificio del individuo en favor de la sociedad; en una carta a su hermano Stanislaus, James aseguraba que «toda la estructura del heroísmo es, y siempre lo ha sido, una maldita mentira»[92]. Frente a un heroísmo de etiqueta, ceremonioso, el autor de *Ulises* adopta el partido de la «pasión individual» que, en carta a Ibsen de 1901, identifica con el «heroísmo interior» (*inward heroism*, ed. cit., p. 7). Sin violentar la siempre necesaria distancia hermenéutica entre el autor y su obra, es posible enfocar desde esta perspectiva el talante heroico del protagonista. Si Bloom no pelea las batallas de Ulises contra gigantes ni monstruos, es porque el auténtico campo de batalla de su triunfo heroico es el alma humana, ruedo donde ha superado la intensa vergüenza y reconocido con franqueza los errores de su vida; a diferencia de las luchas estentóreas de su predecesor helénico, las suyas son interiores[93]. Este «héroe» se caracteriza, si cabe hablar así, por la irónica objetividad de su apasionamiento.

Reducción del espacio, reducción del tiempo, encasillamiento en las vicisitudes de la vida cotidiana: a la inflación grandilocuente y prometedora, Joyce responde con una deflación irónica y escéptica. No es posible crear ni recrear el mundo de nuevo; solo cabe parodiarlo. *Ulysses* es un ejercicio literario de la modernidad: el rechazo de toda pretensión a otros mundos extraordinarios predica el carácter autosuficiente del arte; pero también anuncia la posmodernidad: la burla de toda pretensión de comprender este mundo afirma el carácter liberador de la insignificancia[94].

2. *Ifigenia* (G. Torrente Ballester)

En un volumen que anda por ahí perdido […], reuní media docena de narraciones cortas […], sencillas en su estructura y organizadas en torno a un personaje o a un suceso. A esa clase pertenece […] «Ifigenia» […], importante y significativa, creo yo, para entender la historia interna de mi obra[95].

---

[91] Véanse C. García Gual, «El mito de Ulises en la literatura», p. 331, y G. Gillespie, «The Relevance of Irrelevance», p. 65.

[92] 7 de febrero de 1905, J. Joyce, *Selected Letters*, R. Ellmann (ed.), p. 54. Y dos párrafos más arriba: «¿No te parece que la búsqueda por lo heroico es una maldita vulgaridad?»; p. 53.

[93] Véanse C. D. Wheatley-Lovoy, «"The Silver Laughter of Wisdom"…», p. 25, y P. Hastings, *«Ulysses» Guide*, episode 15.

[94] Véase D. Kiberd, Intr. de *Ulysses*, p. xxxiv.

[95] G. Torrente Ballester, Prólogo de *Ifigenia y otros cuentos*, p. 8.

La historia que nos ha trasmitido Eurípides en *Ifigenia en Áulide* es célebre. En el puerto de esta ciudad costera, donde se han reunido las naves de los griegos antes de partir rumbo a Troya, una extraña calma impide la navegación. El adivino Calcante (Calcas) revela el motivo: la diosa Ártemis está irritada por una ofensa de Agamenón, general de la flota, que ha matado una de sus ciervas sagradas. Para congraciarse con la diosa, es preciso que Agamenón sacrifique a su hija Ifigenia[96]. Presionado por Odiseo y Menelao, el general hace venir de Micenas a su mujer Clitemnestra acompañada de su hija, con el pretexto de casar a esta con Aquiles. La joven acepta con valentía y dignidad su destino; pero, en el instante de la inmolación, la diosa, compadecida, la sustituye por una cierva y la lleva consigo a Táuride, en Crimea, donde la convierte en sacerdotisa de su culto. El relato tiene, al menos, dos interpretaciones: Ifigenia es tanto paradigma universal de víctima sacrificial ante los imperativos del orden divino como dechado conmovedor del amor filial frente a los imperativos de la razón política.

Hasta aquí, Eurípides (las tragedias correspondientes de Esquilo y Sófocles se han perdido). Otros textos antiguos y modernos (Lucrecio, Rotrou, Goethe, Hauptmann) desarrollan diversos aspectos: la denuncia de los sacrificios cometidos en nombre de la religión, la conciliación entre los sacrificios paganos y el sacrificio bíblico (homología entre Ifigenia e Isaac), o la visión humanizada de los dioses[97].

En su relato *Ifigenia* (1950), Torrente Ballester respeta *grosso modo* el marco del dramaturgo griego: la hermana de Orestes debe ser inmolada a Diana (la Ártemis griega) para que las naves puedan zarpar rumbo a Troya. Respecto al argumento helénico, cabe observar tres modificaciones, cuyo análisis es fundamental para contrastar su tratamiento del mito.

a) Desigual planteamiento de la genealogía de la heroína[98]. La adopción de las versiones del poeta Estesícoro y del geógrafo Pausanias modifica considerablemente los datos. Si Ifigenia no es hija de Agamenón y Clitemnestra, no es sobrina de Menelao, que solo ve en la joven, tras la revelación del adivino Calcas, una causa de su escarnio público.

b) Diferente causa del odio de la Hélade hacia Troya. La animosidad entre ambas no resulta del rapto de Helena, sino de meros intereses económicos: los productos troyanos inundan «el mercado y sofocan la incipiente industria griega de vasos y ánforas pintadas» (*Ifigenia*, 1.ª parte, 1, p. 16). En consecuencia, los «agitadores profesionales» convencen fácilmente al pueblo del castigo que merece la ciudad asiática.

---

[96] Véanse Eurípides, *Ifigenia en Áulide*, vv. 89-93, en *Tragedias*, J. M. Labiano (trad.), t. III, p. 332, e *Ifigenia entre los tauros*, vv. 17-21, J. M. Labiano (trad.), p. 257; véase también Higino, *Fabulas*, XCVIII, 4, J. del Hoyo y J. M. García Ruiz (trads.), p. 187. Sobre la ofensa de Agamenón a Ártemis y sus variantes (sacrilegio, *hýbris* o, incluso, desdén de su padre Atreo), véase A. Ruiz de Elvira, *Mitología clásica*, p. 486.

[97] Para un recorrido del mito en la literatura occidental moderna, véase J.-M. Gliksohn, *Iphigénie, de la Grèce antique à l'Europe des Lumières*.

[98] El narrador lo indica al principio del relato: «Todo el quid de la cuestión –y de la historia– reside en que Ifigenia no fue, como se cree, la hija de Clitemnestra y de Agamenón. [...] La culpa la tiene Estesícoro. La tiene también Pausanias, que recoge su testimonio. Según el uno, según el otro, Ifigenia fue la hija clandestina de Helena y de Teseo. ¡De Helena, la raptada, y de Teseo, el voluble ateniense, de quien, con toda seguridad, estuvo algo celoso Menelao!», G. Torrente Ballester, *Ifigenia*, en *Ifigenia y otros cuentos*, 1.ª parte, 1, p. 15.

c) Diverso motivo del odio de Diana y Calcas. El amor de Ifigenia y Aquiles desencadena los celos de Diana, enamorada del guerrero, que exige el sacrificio de su rival. Otro tanto ordena el «escrutador del futuro», en callada venganza contra una joven impasible ante sus deseos.

Es grande el calado de estas tres variaciones, encaminadas a sustituir lazos de sangre y razones políticas por cuestiones pecuniarias, sentimentales y libidinosas. El planteamiento es diametralmente opuesto al original: el drama épico y sacrificial vira hacia la intriga familiar novelesca.

Así lo muestra el papel activo de la heroína. En la versión griega, Ifigenia era un chivo expiatorio (pasivo e indefenso) del sacrilegio cinegético de su padre; atraía así la simpatía de todos los personajes. En la versión española, también es víctima, pero activa. La organización patriótica que encabeza (la «Asociación de Jóvenes Aqueas para el socorro de los combatientes») y su aventura nocturna en los jardines reales con Aquiles la responsabilizan de sus males: su labor política y su idilio amoroso son actos plenamente voluntarios, muy distantes de la pasividad inocente que la caracterizaba en el original griego.

Una prueba más del marco novelesco y sentimental: el despecho de Aquiles al sospechar la perfidia de Ifigenia. Diana, metamorfoseada en Toante (rey de Etolia), insinúa al guerrero la infidelidad de la joven, allá lejos, con Toas (rey de Táuride). El héroe, que poco antes se aprestaba a defender a Ifigenia de cualquier aqueo, ahora, claramente irritado, promete a Menelao que hará «todo lo posible para que sea inmolada» (*ibid.*, 2.ª parte, 8, pp. 74-78).

Esta inserción del mito en un mundo novelesco ajeno a la tragedia original resulta de la simbiosis de elementos propios de la realidad cotidiana y de la ensoñación fantástica. La rivalidad pecuniaria y los ridículos celos de una diosa o un adivino rompen la estructura originaria del mito. La sorprendente conclusión de la novela se encargará de reintroducir el texto en el mundo mítico.

Ahora bien, todo texto es una estructura dinámica: cualquier modificación parcial repercute en el conjunto. Consideremos solamente una variante crucial en el desarrollo de la acción: la conversación entre Diana e Ifigenia. Deseosa de colmar sus ansias de venganza, la diosa se introduce en el cuerpo de Eufrosina, la esclava de Ifigenia; gracias a esta metamorfosis podrá «verla llorar y escuchar sus quejidos». Pero la grandeza de ánimo de la joven frustra las expectativas de la diosa. Diana recurre entonces a otra argucia: evocar la pena de morir sin descendencia; nueva frustración de la diosa:

–¡Tú qué sabes! –le respondió Ifigenia. [...]
–¿Quieres decir que estoy equivocada? [...]
–Sencillamente –dijo Ifigenia–, fui novia de Aquiles.
–¿La novia nada más? [...]
–[...] Aquiles me hizo su amante, y voy a tener un hijo de él. Es decir, lo tendría si me dejasen vivir algunos meses. [...] Hoy lo he sabido. Me trajo el día un nuevo pálpito en mi ser, una escondida voz en mis entrañas, deliciosamente nueva y tierna, como si alguien, allá dentro, me llamase madre y me acariciase suavemente. Es por él, que no nacerá jamás, y no por mí, por lo que lloro (*ibid.*, 3.ª parte, 5, pp. 101-103).

Estamos muy lejos de la virgen de Eurípides: ¿cómo ofrecer una víctima impura? Sería contravenir la regla divina y exponerse a que la flota no parta rumbo a Troya:

> –Luego ¿no eres virgen? –gritó–. ¿Y te atreves a manchar las aras de Diana?
> Ifigenia se encogió de hombros.
> –Yo no pedí mi muerte. Fue la propia Diana, según me explicaron hace poco, la que me ha reclamado. Allá ella.
> La diosa no quiso saber más. Sin las debidas precauciones abandonó el cuerpo de Eufrosina, dejándolo caído y como desmayado a los pies de la princesa. Y mientras Ifigenia, solícita, intentaba reanimarlo, ella, Diana, irritada contra el destino, partía de la tienda.

El tono tragicómico (indispensable para la desmitificación en toda la producción de Torrente) no debe distraernos de lo fundamental: la subversión del sistema de relaciones personales. En el texto de Eurípides, la contienda entre Grecia y Troya surgía, prioritariamente, por la vejación del honor patrio; una transgresión del general griego (la caza de una cierva prohibida) impedía el avance de la flota aquea: la diosa ofendida exigía el sacrificio expiatorio de una virgen hija del jefe sacrílego. En el texto de Torrente Ballester, la contienda surge, solo aparentemente, por idénticos motivos, y el impedimento para su realización se debe, también solo en apariencia, a idéntica infracción. En realidad, los móviles son económicos y, fundamentalmente, sentimentales. No es de extrañar que esta irrelevancia del mundo religioso sacrificial en el mundo novelesco sentimental arrastre consigo otras modificaciones en el desarrollo de la obra.

Las modificaciones estructurales de este desarrollo explican el desenlace. En la pieza de Eurípides, Diana, compadecida de la joven, la sustituye por una cierva y la lleva consigo a Táuride, donde Ifigenia se convierte en sacerdotisa de su culto. Tal transferencia es imposible en la novela de Torrente. Diana no puede compadecerse de la joven que ha enamorado a su amante y ha desatado sus celos; un despecho sentimental no puede provocar una compasión trágica. De ahí la conclusión de la obra:

> En cuanto a Diana, esperaba emboscada en su altar a que el cuchillo descendiese; y aprovechando el momento en que Calcas lo mostraba, sangriento, a los presentes, dio el cambiazo y puso en el lugar de Ifigenia muerta a una corza virgen que previamente había degollado. [...] El campamento de los aqueos, tranquilizado y alegre, recobró poco a poco su habitual aspecto. Y confiados en la eficacia del sacrificio, comenzaron a carenar las naves y a preparar los fardos para el viaje.
>
> Mientras tanto, Diana huía entre las sombras, llevando a rastras el cuerpo de Ifigenia hacia la huesa que en un bosque de cipreses le había preparado (*ibid.*, 3.ª parte, 9, p. 116).

Final trágico, en claro contraste con el tono burlesco y cómico que baña la obra; pero final coherente con la novedosa estructura mítico-novelesca que el autor le ha imprimido. En el mundo de Eurípides, los dioses pueden comportarse como los humanos, con los mismos amores y odios, incluso con la misma compasión de Ártemis, que destina para sacerdotisa de su propio culto a la víctima propiciatoria. En el mundo de Torrente Ballester, una diosa despechada no puede compadecerse de su rival. Final coherente, también, con la variación genealógica expuesta al principio de la novela. En el drama helénico, Ifigenia es hija de Agamenón; como hija del transgresor, su sacrificio puede expiar la culpa paterna y devolver al pueblo griego la benevolencia divina. Solo la compasión de Ártemis salva a la joven en el último instante. En la novela española, la inexistencia de relación sanguínea torna innecesario el sacrificio de Ifigenia. Sin embargo, la joven es realmente sacrificada por deseo de la diosa (remitificación), pero no como víctima inmolada por la culpa de su padre, sino por la suya propia: haber provocado, aunque de modo inconsciente e involuntario, los celos de Diana.

La consecuencia del tránsito del mundo sacrificial al sentimental no disminuye la verosimilitud interna de la obra: los personajes creen que Ifigenia ha sido aceptada como víctima expiatoria por la divinidad. Sí merma, en cambio, la verosimilitud externa: la excelsitud de los dioses es considerablemente rebajada a los ojos del lector. La distancia vital que los separa ha disminuido. Estamos en el camino de la desmitificación.

3. Helena de Troya

a) *Helena en Egipto* (H. D.)

La desmitificación de Helena viene de antiguo: ya Homero, Estesícoro y Eurípides (e historiadores como Heródoto con ellos) se enzarzan en la querella sobre las errancias de la protagonista; todos coinciden en el certamen de belleza de la que sale victoriosa Afrodita a cambio de su conocida promesa al joven y apuesto juez. A partir de aquí difieren las versiones. Según la más célebre, la bella Helena cayó rendida ante Paris y aceptó gustosa el rapto que a la postre hubo de provocar la guerra de Troya, de donde años más tarde regresaría con su esposo Menelao. Según la versión que ahora nos ocupa, la supuesta infiel esposa ni sufrió rapto ni viajó a Ilión, sino que fue secretamente enviada a Egipto bajo la protección del rey Proteo, donde mantuvo casto el lecho matrimonial, a pesar de los requerimientos del impetuoso Teoclímeno, entronizado tras el deceso de su padre.

Admitida esta versión, ¿cómo explicar el desencadenante de la guerra entre aqueos y troyanos? Los autores ofrecen una explicación desmitificadora: la Helena que fue a la ciudad enemiga no era la reina espartana, sino su imagen. En la *Helena* de Eurípides, la protagonista, sola junto a las aguas del Nilo, desvela su propia historia:

> En la guerra contra los frigios no me expusieron a mí como premio del combate para los griegos, sino a mi nombre. Hermes me tomó entre los repliegues del éter, ocultándome en una nube […], y me instaló en este palacio de Proteo[99].

---

[99] Eurípides, *Helena*, vv. 42-46, en *Tragedias*, J. M. Labiano (ed.), t. III, p. 25; «ὄνομα τοὐμόν», es decir, 'mi nombre'. Y en la *Electra* del mismo autor, leemos: «Zeus, para sembrar muerte y discordia entre los mortales, envió a Ilión un fantasma de Helena», vv. 1.282-1.283, J. M. Labiano (ed.), t. II, p. 125; «εἴδωλον», esto es, 'imagen', 'representación', 'figura', 'fantasma'. No así en *Las troyanas*, del mismo Eurípides, donde Helena asume la versión tradicional. Que Helena pisó suelo egipcio lo asume incluso Homero, cuando nos relata cómo la hija de Zeus suministra a Telémaco una droga que le diera «Polidamna, la esposa de Ton el de Egipto», *Odisea*, IV, v. 228, J. M. Pabón (trad.), p. 77. De la *Palinodia* de Estesícoro, respecto a nuestro caso solo hemos conservado tres versos: «No es verdad este relato: ni te embarcaste en las naves de hermosos bancos ni llegaste a la ciudadela de Troya», frag. 54, en *Lírica griega arcaica*, F. Rodríguez Adrados (trad.), p. 214; véase también *The Poems*, M. Davies y P.

En ese preciso instante, procedente de Troya y tras un horrible naufragio, Menelao arriba a esa misma isla de Faros, en compañía de un puñado de soldados supervivientes y... ¡Helena!

Dos Helenas, un marido y tres amantes (Paris, Teseo, Aquiles) conforman la nómina de personajes involucrados en el largo poemario de H. D. (Hilda Doolittle, 1961).

El recurso al «nombre» y al «fantasma» de Helena *en* Troya indica la falacia asumida por griegos y troyanos; y, por oposición, la realidad que reviste la Helena *en* Egipto. No en vano el texto está centrado en lo real o, como categóricamente insiste Teseo, «la única realidad», que él identifica con «todo mito»[100]. Esta fórmula («todo mito, la única realidad, habita aquí») es proferida de modo insistente por Teseo (parte «Eidolon», I, 5, y VI, 5) y la voz de la narradora (partes «Leuké», IV, 5, y «Eidolon», IV, 1). Mientras allí, en Troya, Paris se deja engañar por la ilusión; mientras los griegos, bajo el influjo de la magia cretense –herencia egipcia–, siguen enredados en su laberinto («Leuké», V, 4), aquí y ahora, en Egipto, Helena vive la realidad de su tarea: reconciliar griegos con troyanos, pero no tanto entre sí como en su propia memoria y ensoñación. La desmitificación –simbolizada por la imagen fantástica, el *eídōlon*– funciona como catalizador para revitalizar, por contraste, las emociones de la heroína.

b) *Helena* (Y. Ritsos)

La colaboración, por contraste, entre lo viejo y lo nuevo a la que aludía Schlegel acapara la atención en un largo parlamento de la heroína de Esparta y Troya. En una ciudad griega, en 1970, esta Helena, anciana y postrada en su cama, cuenta sus remembranzas al pariente o amigo que le visita. El anacronismo facilita la mirada crítica: cubierta de arrugas y verrugas, moribunda entre siervas ladronas y embusteras, última superviviente de la guerra de Troya, entregada al recuerdo de aquella historia que se resume en batallas, sangre y muertos. Por encima de todo, vanidad: «Qué tontos mitos, / los cisnes y Troyas y amores y hazañas»; era vana la glotonería de excesivos banquetes y ridícula la avidez por adivinar el futuro en los huesos de los animales («espatulomancia –¿qué les iba a decir la paletilla?»). Tras rememorar sus esfuerzos por conservar su antigua belleza («con tintes y yerbas y pomadas, / con zumo de limón y agua de pepino») y soportar las tensas coerciones («como dentro / de un caballo de Troya mío, engañoso, estrecho»), hace un balance estremecedor: mejor que nadie conoce «lo inútil del engaño y también de la ilusión, lo inútil de la fama, / lo inútil y lo transitorio de las victorias, todas»[101].

J. Finglass (eds.), pp. 124 y 336-337. Estos versos, retomados por Platón en su *Fedro* –243a, en *Diálogos*, E. Lledó (trad.), t. III, p. 339–, responderían a la tradición según la cual el poeta de la *Palinodia* habría sido cegado a resultas de una blasfemia a Helena, que ulteriormente lo habría curado en pago a un encomio posterior. Heródoto arranca con la versión tradicional, pero súbitamente vira hacia la que ahora nos ocupa: «Alejandro [sc. Paris], después de raptar a Helena, zarpó de Esparta rumbo a su patria; pero, cuando se encontraba en el Egeo, unos vientos contrarios lo empujaron al mar de Egipto y, como los vientos no remitían, acabó por llegar a Egipto, recalando en dicho país precisamente en la boca del Nilo», Heródoto, *Historias*, II, 113, C. Schrader (trad.), t. I, p. 400.

[100] «all myth, the one reality / dwells here», H. D., *Helen in Egypt*, H. Gregory (intr.), «Leuké», IV, 3, p. 151.

[101] Y. Ritsos, *Helena* (1972), S. Ancira (trad.), pp. 37-39.

Ahora que ha abandonado su «caballo de Troya abajo en el establo [...] para que las arañas y los escorpiones pase[e]n por sus entrañas», sin nada que la ate al tiempo mítico, afirma no ver ya nada, pero entender todo: «aquello que llamamos relevante» se desvanece, solo quedan los «nombres» de aquellos «estúpidos combates» y sus «presunciones» (pp. 45-55).

Safo, lo hemos visto (§ 3), ponía en sendos platos de la balanza el rutilante arsenal épico y su amor por el ser amado; Helena hace otro tanto, pero aquí ni siquiera el amor queda. Sin duda, ella entonces representó «el eros todo»; pero, ahora lo sabe, solo fue un monigote («el desenlace lo había decidido con antelación la voluntad de los dioses», p. 63). A veces la sabiduría es hija del agotamiento.

En medio del sinsentido, antes de morir, alumbra un adarme de justificación para ella (la imagen de una flor, pp. 67 y 81) y un atisbo de esperanza para todos: «tal vez ahí comience / la así llamada historia de la humanidad y también la belleza del ser humano» (p. 57).

4. *Medea* (C. Wolf)

Una desmitificación más de otro mito antiguo: Medea, en la novela homónima de Christa Wolf (1996). Como en la tragedia de Eurípides, esta heroína traiciona a su padre, facilita a Jasón el robo del Vellocino de Oro y abandona con él Cólquida; a estas aventuras sigue la frustración de ambos en Yolco y el amarre en Corinto, donde Jasón se gana los favores del rey Creonte y se apresta a desposar a su hija Creúsa. Tragedia y novela divergen en el estilo, las formas y el material de relleno utilizado por la autora alemana para forrar los intersticios dejados por el dramaturgo griego; los preliminares, empero, son idénticos. Ahí donde comienza la pieza helena (la furia ciega de Medea frente al inminente matrimonio de Jasón con la princesa corintia), ambos argumentos se separan. La gran diferencia, desde un punto de vista mitocrítico, estriba en la magia. En *Medea* de C. Wolf, a pesar de la mala reputación que la precede, la protagonista no hace uso de «malas artes de magia» (*böse Kunst*): ni libera de la infertilidad al rey Ageo, ni envenena el peplo y la corona de su rival, ni, menos aún, asesina a sus propios hijos; todo es una patraña urdida por Acamante, primer astrónomo del rey y enemigo principal, que no duda en calumniarla y hace circular la versión oficial de los consabidos horrores. Lo único reseñable de esta heroína es su excelencia, su solidaridad y su compasión por los oprimidos y menesterosos, que en nada desmerece de una narración sencilla y sin ambages: «con un líquido vivificador» y «extractos de plantas» calma las molestias de los damnificados por la peste que asola la ciudad, pero ella, afirma, no es maga: su «poder de curar [la] ha abandonado»[102].

En ningún momento imagina el lector que Medea no sea una heroína mítica. Razón lleva Lévi-Strauss cuando asegura que todas las versiones de un mito componen el mito o, como dice Luri Medrano, el mitologema: no hemos heredado una revelación definitiva e inmutable de todos los percances de Ifigenia, Medea o Prometeo, sino relatos relativamente coincidentes entre sí, y, en ocasiones, claramente divergentes. Los mitemas nos ayudan a identificar el mito en cada una de sus versiones[103].

---

[102] «meine Kraft zu heilen hat mich verlassen», cfr. C. Wolf, *Medea*, M. Sáenz (trad.), pp. 164-165, 193 y 183, y *Medea* (ed. alemana), pp. 178, 229, 178, 209 y 198, respectivamente.

[103] Véase G. Luri Medrano, «El lenguaje del mito», pp. 30-40. Todo lo cual nos autoriza a aplicar al mito el principio de interdependencia, en contra de la supuesta «autonomía de la obra de arte»,

Esto se hace más patente hoy día que en otras épocas, cuando el respeto del canon heredado valía como argumento de autoridad y garantía de transitar por la vía correcta. En nuestro tiempo abundan ejemplos de héroes míticos netamente diferenciados de los modelos antiguos.

II. Desmitificación de personaje histórico mitificado

1. *Jesucristo Superstar* (N. Jewison)

Veamos una adaptación cinematográfica del Nuevo Testamento: la película *Jesus Christ Superstar* (1973), basada en el musical homónimo de A. L. Webber y T. Rice (1971) y centrada en los últimos días de Jesucristo desde poco antes de su entrada en Jerusalén hasta su crucifixión. La historia comienza con la llegada de los discípulos en un autobús. El nazareno extiende los brazos y es vestido con una sencilla túnica blanca; suenan los acordes de la melodía principal. Siguen las escenas; la de Judas condensa el gran drama: ¿quién es Jesús? El apóstol ve en Jesús al profeta de los pobres y necesitados, no al Hijo de Dios salvador del mundo. De ahí sus críticas amargas a la conducta de sus compañeros de viaje: si persisten en idealizar y ensalzar al maestro, lo convertirán en una amenaza para el Imperio romano, es decir, acarrearán su muerte. Todos hacen oídos sordos a sus amonestaciones porque ansían dirigirse con Jesús a Jerusalén para entronizarlo… El resto de los acontecimientos, básicamente fiel a los Evangelios, es de sobra conocido. Cuando el profeta se dispone a ser crucificado, soporta una visión burlona de Judas: el apóstol le pregunta si ha elegido ese final, si el suplicio forma parte del plan divino. Jesús no responde y, después de encomendar su espíritu al Padre, muere pacíficamente en la cruz. La película concluye con un número instrumental: los apóstoles, María y Judas lloran la muerte de Jesús mientras reflexionan sobre el impacto que ha tenido en sus vidas.

La cinta fue controvertida en su época: presentaba a los actores como hippies, la pasión de Cristo desde la perspectiva del apóstol traidor y un Jesús más humano que divino. Precisamente esta determinación del director (la contraposición entre la humanidad y la divinidad del protagonista) es fuente de encontradas emociones y dispares afectos que experimentan y transmiten los personajes: a la esperanza y la alegría manifestadas en danzas cantadas, siguen la desesperanza y la tristeza manifestadas en abatidos silencios, sobre todo al final de la película, cuando al son de la música afligida todos suben en el autobús sin disimular su frustración. Por su parte, el espectador se debate en semejante contraste anímico, no puede contener su emoción y siente conmiseración por los amigos de Jesús. Esta compasión aumenta gracias a la simetría entre esta escena y la liminar, cuando todos bajaban del autobús, gozosos y entusiasmados…

---

véase F. Jameson, *Las ideologías de la teoría*, M. López Seoane (trad.), pp. 497-499: debido a la permeabilidad mitológica, toda cristalización de un mito mantiene relaciones de dependencia con otras formulaciones de ese mito; la mitocrítica cultural deberá precisar si son explícitas o implícitas, libres o serviles, coherentes o incoherentes. Traigo aquí uno entre infinitos ejemplos. En su poema *«La reina Elisa Dido»* (2020), Basilio Rodríguez Cañada desmiente a los poetas que inventaron «amores inexistentes de Dido con Eneas», *Cuaderno Mediterráneo*, p. 65; la autoinmolación de la reina en memoria de su difunto marido Acerbas, en la línea del historiador Justino, quiebra el canon tradicional que tanto lustre ha dado a la fundación de Roma.

El caso de la película de Jewison y el caso del Jesús evangélico no son, sin embargo, conciliables con los tres precedentes. En la cinta asistimos a la confrontación entre el Jesús heroico, «pseudomitificado» por once apóstoles, y el prosaico, desmitificado por Judas; consecuentemente, este último no interpreta la cruz como un destino mítico, sino como resultado de la infundada insistencia del Nazareno en su carácter profético y del empecinamiento de sus ingenuos discípulos por conducirlo a Jerusalén para proclamarlo rey.

En la historia narrada por los Evangelios, Jesús no se ve abocado al destino, sino que se entrega libremente a la muerte para redimir a la humanidad:

> «Ahora mi alma está turbada. Y ¿qué voy a decir? ¡Padre, líbrame de esta hora! Pero ¡si he llegado a esta hora para esto! Padre, glorifica tu nombre». Vino entonces una voz del Cielo: «Lo he glorificado y de nuevo lo glorificaré». [...] Jesús respondió: «Ahora es el juicio de este mundo; ahora el príncipe de este mundo será echado fuera. Y yo, cuando sea levantado de la tierra, atraeré a todos hacia mí». Decía esto para significar de qué muerte iba a morir (Jn 12, 27-32).

La determinación de estas palabras de Jesús (aceptación de la muerte anunciada) contrasta vivamente con los textos mitológicos en los que el destino atenaza cruelmente a los personajes trágicos: brota aquí, en la confluencia de las voluntades humana y divina, una libertad inusitada, raíz del misterio cristiano. Para la mitocrítica aplicada al Nuevo Testamento, el Jesús evangélico no es un personaje destinado a la muerte, sino la auténtica expiación del pueblo judío y del nuevo pueblo de Dios figurada en el veterotestamentario chivo expiatorio[104]. Ninguna instancia sobrenatural lo impele necesariamente hacia el desenlace sangriento; la muerte que se cierne sobre él no es fruto de un destino ciego, sino de la asunción de la voluntad paternal profetizada desde antiguo[105].

---

[104] «Imponiendo ambas manos sobre la cabeza del macho cabrío vivo [Aarón] hará confesión sobre él de todas las iniquidades de los israelitas y de todas las rebeldías en todos los pecados de ellos y cargándolas sobre la cabeza del macho cabrío, lo enviará al desierto por medio de un hombre dispuesto para ello», Lv 16, 21. Por supuesto, el texto hebraico también pretende exorcizar la antigua costumbre popular de ofrecer un chivo a Azazel o Asael (demonio posteriormente asimilado a uno de los ángeles caídos y mentado en el *Zohar*, 1 Enoc, El Apocalipsis de Abraham, *Paradise Lost*...); véase G. Davidson, *A Dictionary of Angels, including the Fallen Angels*, pp. 63-64. En la ficción contemporánea, la serie de películas *The Purge* (J. DeMonaco, 2013-2021) ofrece una forma desmitificada de esta tradición: durante un breve espacio de tiempo (doce horas nocturnas de un día al año), el Gobierno autoriza toda clase de crímenes (asesinato, incendio, violación) con objeto de que este frenesí «purgue» el odio y la rabia acumulados entre la población tras una crisis socioeconómica sin precedentes. Al final de cada evento anual, el Gobierno de los New Founding Fathers celebra una vigilia pública para agradecer a las víctimas (chivos expiatorios), en su mayoría vagabundos e inadaptados, «su sacrificio por hacer del país un lugar más seguro»; la fórmula hiere por su hipocresía, pero ayuda a comprender, en versión desmitificada, el deseo arraigado en el pueblo judío por liberarse de sus pecados (reducidos, en la serie, a fobias sin referente trascendente).

[105] «como un cordero al degüello era llevado», Is 53, 7. Frente a los intentos de la etnología y la mitocrítica tradicionales por detectar rasgos comunes entre mitos clásicos y cristianismo, R. Girard ha propuesto una neta diferenciación a partir de su célebre secuencia tripartita del ciclo mimético: crisis demoníaca inicial, violencia colectiva y epifanía religiosa. Por un lado, el monoteísmo judío (el patriarca José, Job) se había diferenciado de la estructura mítica por la supresión de la epifanía religiosa

Otro tanto ocurre con las emociones que concita, resultado de la compasión ante una libertad para morir.

2. El *Evangelio según Pilato* (E.-E. Schmitt)

Introducidos en este personaje, evoco rápidamente el caso del *Evangelio según Pilato* (2000). Dos novelas en una: el relato de la vida de Jesús en primera persona, seguido del relato de su condena en boca de Pilato. Solo traigo a colación una escena: la despedida de Judas en la última cena, cuando se apresta a entregar a Jesús[106]. Encontramos, sin duda, una emoción humana provocada por la estructura narrativa, como en toda despedida; pero esta emoción procede del carácter mítico de una despedida particular: Judas está convencido de que Jesús es el hombre-dios y resucitará. A esta emoción se suma otra, punzante, porque Judas sabe que, al tercer día, cuando Jesús haya resucitado, él ya no estará... El apóstol se enfrenta al fin de su amigo, de su Dios, y al suyo propio; no es una despedida sin más: es un adiós de magnitud escatológica. Este Judas experimenta una emoción fruto de su amor y su conciencia de estar destinado a la traición y al suicidio.

III. Mito moderno

Don Juan (Torrente Ballester)

El relato común del mito donjuanesco es demasiado conocido como para ser contado. Baste recordar sus elementos constantes: un seductor, un grupo de mujeres, un ser ultramundano[107]. Podrían añadirse otros elementos habituales, pero no constitutivos del mito: la onomástica básica, dependiendo de la contingencia de las lenguas (Juan, John, Jean, Giovanni; Ana, Ann, Anna, Anne), y la extracción social de algunos personajes, estrechamente ligada a la aristocracia y las órdenes militares de caballería, extremo que tiende a difuminarse con el tiempo.

Es preciso aplicar una razón mítica (esto es, referencia extraordinaria trascendente, cosmogónica o escatológica) a estos elementos invariantes o temáticos para dar con los mitemas. En el mito de Don Juan concurren tres: la seducción amorosa irresistible, el pacto con el ser ultramundano (habitualmente a través de un convite) y la condenación del protagonista, trocada en ocasiones por la conversión, sobre todo a partir del Romanticismo. Estos mitemas admiten variaciones, ya sea porque la seducción es múltiple y conduce siempre al abandono (es ofensiva), ya sea porque el pacto es doble (el héroe convida y es convidado) y conducente al duelo (es desafiante). Por si fuera poco, los

---

(ausencia de dios victimizado o demonizado y de víctima divinizada); por otro, el cristianismo, que sí adopta esa epifanía religiosa (episodio de la resurrección), se diferencia de aquella estructura por excluir toda demonización del líder, algo inaudito en cualquier proceso mítico; conclusión: «la estructura de la revelación cristiana es única»; «la structure de la révélation chrétienne est unique», *Je vois Satan tomber comme l'éclair*, p. 165. Añádase a esto la observación arriba hecha sobre la disociación cristiana entre mito e historia; la mitocrítica cultural compara y coaliga prudentemente las culturas, ni las funde ni las confunde.

[106] E.-E. Schmitt, *L'Évangile selon Pilate*, p. 64.

[107] Los definió hace medio siglo un especialista de este mito: «las unidades constitutivas –los invariantes– son tres: 1. El Muerto: el Convidado de piedra [...]; 2. El grupo femenino: una serie *n* de víctimas, de heroínas [...]; 3. El héroe, Don Juan», J. Rousset, *Le Mythe de Don Juan*, p. 8.

personajes forman una red entre sí: el héroe desafía y pacta con un muerto que es víctima suya y pariente de una de las mujeres ultrajadas.

Obsérvese que el mitema de la seducción es mitema por ligar su irresistibilidad a la ofensa celeste y al pacto funesto. También Giacomo Casanova y James Bond –personajes histórico y de ficción– son seductores irresistibles, pero no míticos. En el mito donjuanesco, «el argumento presenta menos a un aventurero sexual existoso que a un pobre pecador perseguido por el infortunio y alcanzado finalmente por el castigo cristiano del infierno, destino que corresponde a su medio»[108]. La materia del «frívolo rompecorazones» no hubiera bastado: «el mito y la literatura, afirma Otto Rank, han buscado y encontrado otra cosa en él» (loc. cit., p. 43); yo me atrevería a sugerir que el irresistible poder seductor de Don Juan tiene origen sobrenatural diabólico: por mucho que el héroe arrastre a las mujeres –y, sacrilegio máximo, a la hija de un representante divino en la tierra–, él mismo –en claro reto a la doctrina del libre arbitrio– es arrastrado irremisiblemente al Infierno.

El Don Juan de Torrente Ballester (1963), con sus turbadoras vueltas y revueltas, camina en la única dirección posible para el escritor, la íntima asociación entre realidad, fantasía y mito:

No puedo recordar cuál ha sido el origen de este «Don Juan»: algo, seguramente, muy oscuro y remoto, una de esas ideas que permanecen segundos en la conciencia y que se ocultan luego para germinar en el silencio o para morir en él. Lo que sí puedo asegurar es que «Don Juan» nació de un empacho de realismo[109].

Esta novela baraja muchos temas (el carácter hispánico del protagonista, la virginidad, la decepción del sexo desgajado del amor, la rebelión contra Dios, la realidad y la irrealidad, la fantasía) y dos preguntas fundamentales: ¿quién es Don Juan?, ¿son Don Juan y Leporello personajes míticos?[110]. En la respuesta a estas preguntas se podrá dilucidar el proceso de desmitificación y remitificación.

---

[108] O. Rank, «La figura de Don Juan», en Hamlet, Don Juan y el psicoanálisis, N. Gelormini (trad.), p. 42.

[109] G. Torrente Ballester, Don Juan, Prólogo, p. 9. El narrador, periodista español, conoce en París a un italiano, Leporello, que se dice criado de Don Juan. Leporello conduce al perplejo narrador a un apeadero donde su amo acaba de recibir un tiro de Sonja Nazaroff, joven sueca recién doctorada precisamente con una tesis sobre el mito de Don Juan. Sonja ha disparado por despecho, porque Don Juan no ha consumado la seducción. Leporello tranquiliza al personaje narrador: su amo no está muerto. Siguen varias historias entrelazadas en múltiples tiempos y lugares, los intentos infructuosos del periodista por regresar a España, la representación teatral de una pieza sobre Don Juan… hasta que el narrador logra zafarse y subirse a un tren rumbo a Madrid mientras observa, atónito, cómo Leporello y Don Juan se despiden de él. Entre tantos estudios disponibles, el de Carmen Becerra, «La versión mítica de Don Juan (1963) de Gonzalo Torrente Ballester», a pesar de carecer de conclusión, es uno de los más enriquecedores y precisos: aborda la problemática de la multiplicidad de los géneros, la originalidad en la representación de una pieza dentro del relato y las consecuencias mitificadoras escogidas por el autor.

[110] A.-R. Fernández ofrece otra interpretación de este Don Juan: puede ser una «alegoría en la que se nos cuenta cómo surge una novela a partir de una sugestión real». Esta interpretación solo puede aplicarse al gran relato de la historia de Don Juan escrito por el narrador, no a toda la novela. El mismo crítico observa en el texto la disolución de las fronteras entre el plano de la realidad y el plano de la ficción. Coincido plenamente con este crítico en el dualismo del autor: «Como en otras novelas de Torrente, aparece el doble plano de realidad-ficción, borrándose las fronteras entre ambas»; véase «Diversos acercamientos narrativos a la figura de Don Juan», pp. 301-302.

1. ¿Quién es Don Juan?

Las respuestas a esta primera pregunta afluyen abundantes en los diálogos entre el narrador y Leporello (omnipresente en comparación con las esporádicas apariciones de su amo); todas son provisionales mientras no se responda a la segunda.

Durante la conversación parisina que mantienen el narrador y un sacerdote sobre la doctrina de un teólogo alemán a favor de la predestinación, Leporello se inmiscuye y expone sus reticencias al discurso calvinista. Pasados unos días, el narrador se encuentra de nuevo, como por ensalmo, con Leporello, que en esta ocasión lo conduce hasta un café donde su amo conversa con Sonja. Leporello confía al perplejo narrador el carácter de su amo: Don Juan es un hombre dotado de una capacidad inigualable para «transformar a las mujeres». Sin embargo, su amo «no puede acostarse con sus enamoradas». El motivo no obedece a una impotencia sexual ni al modo de amar:

> La naturaleza humana, amigo mío, pone límites a la intensidad del placer, y el que mi amo daría a las mujeres sería irresistible, sería la muerte. Sin embargo, como ellas no lo saben, apetecen la plenitud; pero, en el momento del mayor anhelo, mi amo, como un torero, da la salida al toro con un hábil capotazo, aunque a veces salga enganchado por la faja y haya que despacharlo a la enfermería (*Don Juan*, p. 43).

Hombre de edad avanzada, Don Juan no puede hacer excesos; debe, además, adaptarse al entorno contemporáneo de la liberalización sexual (véase *ibid.*, p. 65). Leporello elabora su discurso a modo de alegato contra intentos desmitificadores: desmitifica a Don Juan de falsas mistificaciones para, seguidamente, volver a mitificarlo.

Su procedimiento consiste en desmitificar la concepción popular de Don Juan como mero conquistador sexual: la recepción ruin de obras geniales (*El burlador* atribuido a Tirso, el *Dom Juan* de Molière, *Don Giovanni* de Mozart) ha rebajado el mito a un burlador erótico.

El mismo Gregorio Marañón ha podido ser objeto de engaño cuando, en su análisis médico, concluye apreciaciones discutibles a partir de un número reducido de obras literarias[111]. La opinión de Torrente, conocedor del pensamiento de Marañón, es diametralmente opuesta: su Don Juan se emparenta con los buscadores de ideal[112]. La demostración más palmaria es la respuesta de Leporello al narrador, cuando este toma a su amo por «cualquier donjuán»:

---

[111] «Para Don Juan, la mujer es un sexo que el burlador busca y encuentra en cada una de sus representantes. [...] La mujer es para Don Juan un simple medio para llegar al sexo, a lo femenino. [...] Don Juan, bien dotado tal vez para el amor de los sentidos, no conoce el mar profundo y sin orillas de la pasión del alma», G. Marañón, *Amiel. Un estudio sobre la timidez*, pp. 75-76. Son conocidos los reparos del insigne doctor a determinadas versiones del mito, como las de Dumas (*Don Juan de Marana*, 1836) o Tolstói (*Don Juan*, 1862); valga esta sobre la pieza de Lenau: «Algunos involucran las cosas. Así Lenau [en su *Don Juan*] dice: "Mi Don Juan no es un hombre sensual, eternamente preocupado en cazar mujeres. En él alienta el afán de encontrar la mujer única que encarna la feminidad y en la cual podrá gozar de todas las mujeres de la tierra". Sin duda yerra el autor», *ibid.*, p. 185. Marañón primero construye su propio Don Juan, para después contrastarlo con las versiones literarias; no opera así la mitocrítica cultural.

[112] Cuyo ejemplo, por antonomasia, se encuentra en la obra posromántica de Joseph Delteil. Para el caso inverso, Don Juan convertido en el ideal de las mujeres, véase J. Grau, *El burlador que no se burla*. En la obra de Torrente, el salón del apartamento de Don Juan es «romántico», p. 115.

–Don Juan no es una especie, sino una persona concreta de intransferible individualidad. Los que por ahí se llaman donjuanes, son vulgares sucedáneos, simples fornicadores cuantitativos. Amigo mío, usted ha experimentado que, para ser quien es y serlo eminentemente, mi amo no necesita llegar a ciertos extremos (pp. 65-66).

Esta aseveración (rebajación del mito de Don Juan al paradigma del gran seductor sexual) propone simultáneamente la existencia del prosopomito y su desmitificación temporal. Si el amo de Leporello es una «persona concreta», un individuo más, deja de ser un individuo extraordinario, un prosopomito. Este procedimiento es de gran rentabilidad para el propósito del autor, que, enfrentado a la pedestre mitificación del sexo, está desmitificando a su héroe para finalmente remitificarlo. De ahí el interés de responder a la segunda pregunta.

2. ¿Son Don Juan y Leporello personajes míticos?

La «edad avanzada» con la que Leporello caracteriza a su amo es un eufemismo. Cuando el criado se presenta por vez primera al narrador y a su amigo eclesiástico, explica el motivo de su buen castellano: ha cursado en Salamanca la «Sacra Teología». Ilustración verosímil. Tras exponer su conformidad y discrepancia con el escolasticismo, recibido de seis o siete profesores, se despide. El cura, profesor de escolástica, comenta perplejo al narrador:

–¿Sabes que esos maestros que ha citado, lo fueron de Salamanca… hace trescientos años? –Y, ante mi estupor, agregó–: Si no recuerdo mal, todos ellos explicaron diversas materias teológicas en los primeros años del siglo diecisiete (p. 20).

Conclusión del personaje narrador: el supuesto Leporello «es un farsante».

Si el criado es un farsante, también lo será el amo o, al menos, cuanto del amo cuente el criado, como esta afirmación categórica: «[Don Juan] nació en Sevilla en 1599, hace algo más de trescientos setenta años». Nadie en su sano juicio puede explicar esta longevidad. Así las cosas, nada le resta al personaje narrador sino desentenderse y alejarse de la pareja de farsantes, regresar a Madrid. Pese a su voluntad, todos los intentos se ven frustrados: una y otra vez Leporello lo retiene, por lo común en la estación de Austerlitz, poco antes de tomar el tren rumbo a España. De ahí que se resigne a permanecer en la capital francesa.

Resignación es la palabra clave. Toda la argumentación de Leporello al respecto abunda en este punto. Cuando el personaje narrador se inquieta por la salud de Don Juan, herido de un disparo, el criado procura sacarlo de cuidado explicándole su perplejidad:

–¿Por qué está preocupado? Mi amo no se muere. […] En usted, querido amigo, interfieren ahora mismo dos órdenes de la realidad, pero no intente entender más que aquella a la que todavía pertenece. […] La otra, acéptela si quiere (p. 36).

Poco más tarde, Leporello lo conduce al *picadero* de Don Juan y lo invita a inspeccionarlo. Como quiera que el personaje narrador examina la alcoba «con frenesí», el criado vuelve sobre su argumento:

–Ya le dije antes que en usted se interfieren dos órdenes de la realidad, pero solo uno de ellos es accesible a su inteligencia. Tiene usted delante el instrumento de trabajo de un conquistador profesional. Es evidente que jamás ha sido usado. Usted se resiste a creerlo.

Me dejé caer en un sofá (p. 42).

Aquí se produce el primer gran acceso del periodista y, con él, del lector, a la «otra» realidad. Pero la otra realidad, por razón de su idiosincrasia sobrenatural, no es completamente inteligible («no intente entender», «solo uno de [los dos órdenes de la realidad] es accesible a su inteligencia»). El otro orden de la realidad está comprendido por esas «personalidades humanas» (los mitos) que pueblan la literatura, entre las cuales se encuentra, principalmente, Don Juan.

Lo capital aquí es el carácter actual de la interferencia entre ambas realidades, es decir, entre dos mundos biofísicamente heterogéneos. El mundo real ordinario y el mundo real extraordinario se combinan recíprocamente; no olvidemos que en ese impacto entre dos mundos consiste el mito. La transferencia cualitativa entre las dos realidades es palpable gracias a la relación del personaje narrador con los demás, como nos muestra el caso de Sonja.

Introducido en la trama, el personaje narrador queda inmerso en el mito cuando, sin apenas percatarse, acaba siendo el nuevo Don Juan de la amante donjuanesca, pero no como «cualquier donjuán», sino bajo el efecto de una influencia venida de otro mundo. Ante el absurdo requerimiento de Leporello –«Líbrenos usted de Sonja»–, el periodista accede «remoloneando» y visita de nuevo a la joven. Lo hace con la pretensión «de averiguar el juego de Leporello, adivinar qué se escond[e] tras apariencias tan disparatadas». En medio de una curiosa lucha entre su prepotencia y su apocamiento, se siente ineluctablemente invadido por la otra realidad:

Un minuto después, cuando ascendía al piso, mi presunción bajó de tono, y llegué a avergonzarme, ya que no era al burlador, sino a un disparatado sucedáneo, a un loco acaso, a quien desbancaría. Pero la vergüenza obedecía, sobre todo, a la insistencia con que mi ánimo tomaba por auténtico al sucedáneo Don Juan; a la reiteración con que mi mente le nombraba por ese nombre. Como si, en el fondo, y contra toda razón, estuviese convencido de que era el verdadero Burlador, y de que el llamado Leporello era de verdad un diablo (p. 98).

Esta asunción del mundo sobrenatural apunta hacia el aspecto interno del relato mítico. Además del aspecto externo (el mito para el lector o espectador), existe el interno (el mito vivido por el personaje, de modo absolutamente intradiegético, en este caso, además, con narrador homodiegético). En la estructura textual de *Don Juan*, abundan las ocasiones en las que el narrador personaje se ve no solo acoplado, sino injertado en la vida extraordinaria de Don Juan y Leporello[113].

---

[113] Esta dualidad mítica invade por completo la obra de Torrente, donde ambas facetas del mito están íntimamente conjuntadas. En cada caso se repite la transfiguración del narrador en otro personaje. Tanto en la novela pseudoautobiográfica como en la donjuanesca, el protagonista es el narrador intradiegético de los relatos fantásticos en los que él mismo asume otra personalidad. En *Dafne y ensueños* (1982), el pequeño Gonzalo se posesiona de una segunda personalidad (la del rey de Dinamarca, la de Julián); en *Don Juan*, el narrador es poseído por el seductor mítico.

Paralelamente a esta inmersión del personaje narrador en la trama mítica, discurren tres relatos en la novela (la historia del Garbanzo Negro o «Narración de Leporello» –cap. II–, la historia «de los Tenorios de Sevilla» –caps. III-V– y el «Poema del pecado de Adán y Eva» –parte del cap. V–) cuyo entrelazamiento temático y estructural apoya el proceso de remitificación:

a) En cuanto a la unidad temática, los tres relatos de la novela giran en torno a la tentación de rebelión contra el ser trascendente por antonomasia: Dios. El Garbanzo Negro es el tentador y calumniador ($\Delta\iota\acute{\alpha}\beta o\lambda o\varsigma$); Don Juan concibe su vida como una rebeldía universal (contra la estirpe de los Tenorios, contra el destino, contra el Diablo y contra Dios); la sedición de la serpiente provoca la insumisión de Adán y Eva y, consiguientemente, de toda la creación.

b) En cuanto a la unidad estructural, los tres relatos deben ser enmarcados en el gran relato constituido por la historia del narrador periodista que, una y otra vez, se esfuerza por huir de París y volver a Madrid. En última instancia, lo que desea es zafarse de la farsa en la que se cree involucrado. Pero la escena final (cuando ve sobre el andén de la estación de Austerlitz a Don Juan y Leporello despidiéndose de él) contraviene sus deseos.

Don Juan se presenta como una reinvención del mito de Don Juan frente a la vulgarización del mismo mito, frente al reduccionismo a la seducción erótica múltiple. Esto requiere un personaje que recupere el amor perturbado a nivel cósmico por Adán y Eva. De ahí la desmitificación operada sobre el Don Juan como obseso sexual instalado en el imaginario social. Buscador de plenitud absoluta, este Don Juan no solo debe ser creíble, sino también participar simultáneamente de las realidades cotidiana y extraordinaria; de ahí la remitificación operada sobre el Don Juan despojado de su ganga deformante. Este alegato contra intentos desmitificadores de Don Juan es, eminentemente, su remitificación.

Las modificaciones sobre el mito de Ifigenia y la transfiguración del narrador en el prosopomito de Don Juan desmitifican a la virgen Ifigenia, la diosa Diana y al gran seductor. Torrente Ballester procede a estas desmitificaciones con objeto de allanar el camino para sus remitificaciones: de Ifigenia como víctima sacrificial de los celos de Diana, y de Don Juan como paladín de la búsqueda del amor global. En ambos textos queda patente la visión dual de la realidad según el escritor, simultáneamente ordinaria y extraordinaria; solo viviendo ambas, sus personajes adquieren una dimensión mítica.

* * *

La tendencia a la mitificación indiscriminada es general. De igual modo que una persona, apenas descolla, se convierte en personaje (personalidad, *vedette* o *celebrity*) y se incorpora a un imaginario paralelo a su propia realidad, ese mismo personaje, en determinadas circunstancias, queda expuesto a un proceso de mitificación. La razón estriba en nuestra proclividad a la emulación y la admiración ante individuos sobresalientes. Bastaría –se supone– un despojamiento de parámetros cronológicos precisos para sacarlos provisionalmente de la historia e introducirlos en el mito; craso error: este proceso confundiría lo sublime con lo sobrenatural.

Todo lo sobrenatural es sublime, pero no todo lo sublime es sobrenatural. El concepto de lo sublime, tanto en sus implicaciones estéticas como sociales, traza una evolución desde su aparición en la Antigüedad hasta nuestros días[114]. En nuestra sociedad, donde el consumidor arde en deseos aparentemente contrapuestos de adquirir de modo inmediato los productos básicos disponibles para todos (*commodities*) y de distinguirse por acceder a los exclusivos, la sublimidad se opone a toda uniformidad, epitomizada en el vulgo, y se impone por su excelencia. Y así, desde un significado marcadamente estilístico en sus orígenes (la «eminencia» de Gracián o las «grandes palabras» de Boileau rescatadas del antiguo Pseudo-Longino), lo sublime deriva en un catalizador emocional (el «asombro» de Burke[115]) y en un tipo caracterológico (el «alma fuerte» romántica). El culto que el mundo ofrenda al poder, fin último de grandes conquistadores (Alejandro, Julio César, Napoleón), o, en nuestros días, al éxito y la belleza (Meghan, Will Smith, Beyoncé) predispone al éxtasis que caracteriza la epifanía de la trascendencia sobrenatural en nuestro mundo natural. Pero se trata solo de un espejismo: tarde o temprano los personajes históricos mitificados retoman su auténtica estatura; cuando no acaban, tras la consuetudinaria desmitificación, en la miseria y el aburrimiento de los ídolos caídos. Mucho más, aún, en tiempos de trivialización que llevan el marchamo, por recurrir al término de Bloom, de lo «contrasublime».

---

[114] «Lo sublime consiste en un no sé qué de excelencia y perfección soberana del lenguaje. [...] El efecto producido por un pasaje sublime no consiste en alcanzar la persuasión del auditorio, sino, más bien, en provocar su entusiasmo (ἐνθουσιασμός). La admiración, combinada con la sorpresa, queda invariablemente muy por encima de lo que simplemente busca convencer y deleitar. [...] Los pasajes marcados por el sello de lo sublime ejercen una atracción tan irresistible, que se imponen soberanamente al espíritu del oyente», Pseudo-Longino, *De lo sublime*, J. Alsina Clota (trad.), pp. 71-73. Véanse B. Gracián, *Agudeza y arte de ingenio*, en *Obras completas*, E. Blanco (ed.), t. II, pp. 637-638; *Traité du sublime [...] traduit du grec de Longin*, Boileau (trad.), A.-C. Gidel (ed.), t. III-IV; M. Fumaroli, *Le Poète et le Roi*, pp. 418-419; L. F. Norman, «Historiciser le sublime, ou le classicisme entre Modernité et Antiquité», pp. 350-351; T. Weiskel, *The Romantic Sublime: Studies in the Structure and Psychology of Transcendence*, p. 3; M. Lackey, «The Victorian Sublime», pp. 68-69, y H. Bloom, *The Anxiety of Influence*, pp. 100-101. La palabra «sublime», de origen latino, es un préstamo francés a la lengua de la alquimia («sublimado»). El sentido figurado –valor superlativo de una cualidad cuya expresión positiva corresponde al adjetivo «elevado», sea física o moral– toma cuerpo hacia 1461; véase G. Gusdorf, *Naissance de la conscience romantique au siècle des Lumières*, p. 436. Así se entiende la aplicación de un término que, en un principio, solo designaba cualidades físicas al campo léxico de la trascendencia.

[115] «La pasión causada por lo grande y lo sublime [...] es el Asombro, [...] ese estado del alma en el que todas las mociones quedan suspensas, con cierto grado de horror», «Un tipo de terror o dolor es siempre la causa de lo sublime»; E. Burke, *A Philosophical Inquiry into the Origin of our Ideas of the Sublime and Beautiful*, J. T. Boulton (ed.), II, 1, p. 57, y IV, 8, p. 136, respectivamente. Este filósofo angloirlandés llama la atención sobre el «horror religioso» que se apodera del poeta de Mantua cuando la Sibila de Cumas, seguida de Eneas, se apresta a introducirse en el Inframundo, *ibid.*, p. 71; véase Virgilio, *Eneida*, VI, 265-267, J. de Echave-Susaeta (trad.), p. 185.

9
Estructura del mito

Saussure afirmaba que la lengua no es sustancia sino forma, un «principio de clasificación» y «sistema de signos en el que solo es esencial la unión del sentido y de la imagen acústica»[1], hasta el punto de que unas lenguas se distinguen de otras en función del principio de diferencia entre sus signos respectivos.

Hjelmslev aprobaba las líneas generales de la teoría saussureana, pero puntualizaba que las unidades lingüísticas no pueden ser reducidas al aspecto de diferenciación, al contorno fónico y semántico que implican: para que puedan proyectarse en la realidad, es necesario que existan independientemente de esa realidad. En consecuencia, las unidades lingüísticas se definen por las relaciones que las ligan con otras unidades lingüísticas[2]. Para Hjelmslev, el signo debe ceder la precedencia al fonema y al sema, y la definición a la relación; asimismo, es preciso definir los elementos lingüísticos en función de sus relaciones combinatorias.

No es mi intención adentrarme en la semiología ni en la glosemática. Tomo estas apreciaciones de los lingüistas a modo de ejemplo para facilitar la comprensión de las unidades fundamentales que estructuran el mito. Hjelmslev perseguía determinar la especificidad de las lenguas a partir del estudio conmutatorio entre las unidades inferiores al signo; paralelamente, pienso que es posible identificar la especificidad estructural de los mitos a partir de las relaciones combinatorias que establecen entre sí sus elementos fundamentales. En definitiva, importa, y mucho, poner el acento en los elementos que permiten detectar un mito y distinguirlo de otro.

Estos elementos constantes, que la crítica denomina invariantes, «grandes unidades constitutivas o mitemas»[3], pueden aparecer en uno o varios mitos, pero, al igual que en la lingüística, deben mantener entre sí determinadas relaciones o leyes de funcionamiento; es decir, entablar una relación combinatoria fija. Esto explica la pluralidad de manifestaciones de un único mito, que permanece identificable como tal mientras no sea modificado el sistema de combinaciones que lo integran. Si estas se alteran sustan-

---

[1] F. de Saussure, *Curso de lingüística general*, A. Alonso (trad.), pp. 25 y 31, respectivamente.

[2] «llamamos *relación* la función (dependencia, relación) que existe entre los signos o entre los elementos en el interior de una misma cadena», L. Hjelmslev, *El lenguaje*, M. V. Catalina (trad.), p. 44; véanse también pp. 153-165.

[3] C. Lévi-Strauss, *Anthropologie structurale*, p. 241. El antropólogo no desarrolla esta definición; en realidad, fiel al estructuralismo, concibe el mitema únicamente como unidad estructural de tipo lingüístico.

cialmente, el mito queda sensiblemente perturbado; en unas ocasiones subvertido, en otras, puede incluso desaparecer; en todas, el mito entra en crisis. En otras palabras, el mitema es invariable; solo su combinatoria es variable.

MITO, TEMA Y MITEMA

Abordemos la relación estructural, orgánica, del mito. Buena parte de la crítica temática entiende el tema como un principio afectivo que organiza la ensoñación existencial[4]. En cierto modo esta acepción del tema equivaldría al esquema durandiano, definido como «generalización dinámica y afectiva de la imagen»[5]. Aquí lo considero como una imagen conceptual simple; más precisamente, como el concepto general, abstracto y sustantivo que agrupa y organiza nuestras representaciones de los objetos e ideas del mundo: tiempo, espacio, vida, muerte, paz, guerra, amor, odio pueden ser estudiados como temas.

Un error recurrente en los estudios de mitocrítica consiste en confundir tema y mitema. No basta que un tema aparezca frecuentemente en un relato mítico para identificarlo como mitema. Un mitema es la unidad temática y mitológica mínima cuya indispensable dimensión trascendente o sobrenatural lo capacita para interactuar con otros mitemas en la formación de un mito. Si los temas tienen razón mítica, es decir, atravesada de trascendencia, son mitemas; de lo contrario, son únicamente temas narrativos[6].

Otra disquisición importante: es preciso distinguir entre argumento (con sus episodios) y mitema. Así, *Edipo rey*, de Sófocles (*ca.* 430 a.C.), contiene episodios argumentales prescindibles para el desarrollo de la trama; por ejemplo, la confrontación entre Creonte y el monarca. En cambio, son episodios mitológicos el abandono del bebé en el monte Citeron, las circunstancias del parricidio, la victoria sobre la Esfinge, el matrimonio de Edipo con Yocasta y el exilio de Tebas[7]. Estos episodios, despojados de adherencias accidentales, son susceptibles de condensación en temas (orfandad, parricidio, enigma, incesto y castigo) y de análisis como elementos invariantes míticos por presentar

---

[4] «un principio concreto de organización, un esquema u objeto fijos, en torno al cual tiende a constituirse y desplegarse un mundo»; J.-P. Richard, *L'Univers imaginaire de Mallarmé*, p. 24. «Para la crítica temática propiamente dicha (herederos de Bachelard, J.-P. Richard en especial), el *tema* es una imagen o una red de imágenes (de origen material) en las cuales se encarna verbalmente la ensoñación existencial y preconsciente del yo de la escritura. (Por ejemplo, la ensoñación de lo evanescente a través del abanico, del encaje, del follaje y de la nube en Mallarmé; el tema del abismo en Baudelaire)», J. del Prado, *Cómo se analiza una novela*, p. 300.

[5] G. Durand, *Les Structures anthropologiques de l'imaginaire*, p. 61.

[6] No piensa lo mismo Durand, para quien el mitema solo se caracteriza por su aptitud narrativa dentro del mínimo tamaño posible: «El mitema (es decir, la menor unidad del discurso míticamente significativa) se encuentra en el corazón del mito y de la mitocrítica; este "átomo" mítico es de naturaleza estructural [...] y su contenido puede ser indistintamente un "motivo", "un tema", un "decorado mítico", [...], un "emblema", una "situación dramática"», G. Durand, «À propos du vocabulaire de l'imaginaire...», p. 16; por eso el mitema le permite la conversión de innumerables textos, independientemente de su carácter numinoso, en relatos míticos. Según la mitocrítica cultural, entre todos los temas de un relato mítico, solo son mitemas los que aparecen cargados de valencia trascendente.

[7] Véase C. Astier, *Le Mythe d'Œdipe*, p. 20.

una dimensión trascendente; en el mito edípico, por ejemplo, el parricidio y el incesto son mitemas por razón de su carácter necesario: así lo impone el destino del héroe.

Obviamente, estos elementos invariantes se adaptan a cada época. Así, la orfandad se privilegia en el Œdipe de Gide (1931), escritor particularmente proclive a entender la libertad como desasimiento de cualquier obligación. Tal se presenta el protagonista en su monólogo desde el comienzo:

> Soy Edipo. Cuarenta años, veinte de reinado. Gracias a la fuerza de mis brazos alcanzo la cúspide de la felicidad. Niño perdido, encontrado, sin estado civil, sin papeles, soy sobre todo feliz por no deber nada a nadie más que a mí mismo[8].

Infatuado de su desarraigo, el héroe se arroga sus cualidades, pero no puede afirmarse como hijo de nadie: su devenir le mostrará que solo es el eslabón de una cadena.

Prueba palpable de que determinados elementos configuran el mito es su presencia en textos que intencionadamente borran las huellas del argumento original; solo la pericia del lector es capaz de desempolvarlos e identificarlos. Las gomas de Robbe-Grillet (1953) es una novela policíaca; el intento de asesinato de Daniel Dupont por un grupo terrorista ha fracasado. Wallas, agente de investigación recientemente promocionado, se propone descubrir a los culpables. Nada parece relacionar la trama con el mito edípico. En la línea del Nouveau Roman, el texto cuestiona la existencia de sustancia psicológica: solo queda el registro descriptivo de una materia atomizada en una multiplicidad de variantes que neutralizan cualquier hipótesis de significación. Sin embargo, en Las gomas todos los elementos invariantes se encuentran diestramente disimulados: 1) el origen incierto del protagonista (los motivos dibujados sobre una cortina representan a un niño abandonado, criado por unos pastores, y la denominación de Wallas como «niño encontrado»); 2) la identidad entre el protagonista y el asesino (el detective mata, involuntariamente, a Daniel Dupont, su padre); 3) el enigma propuesto por la Esfinge (aparición recurrente del borracho que plantea sin cesar su adivinanza: «¿Qué animal, por la mañana…?»); 4) la relación íntima entre el protagonista y su madre (Wallas recuerda que, siendo niño, había venido a la ciudad con su madre); 5) el exilio de la ciudad (el detective se ve abocado a dimitir de su empleo en el Servicio de Investigaciones). Otros indicios (la calle de Corinto, el nombre semiborrado de la goma –«…di…»–, los pies hinchados de tanto andar…) también remiten inexorablemente a la tragedia de Sófocles[9]. El movimiento en el que se enmarca la novela propone la disolución del concepto de personaje y significado; no obstante, el mito conserva su resiliencia gracias a sus mitemas. Al igual que en el texto de Gide, tanto la estructura como la significación del

---

[8] «Je suis Œdipe. Quarante ans d'âge, vingt ans de règne. Par la force de mes poignets, j'atteins au sommet du bonheur. Enfant perdu, trouvé, sans état civil, sans papiers, je suis surtout heureux de ne devoir rien qu'à moi-même», A. Gide, Œdipe, Romans et récits, I, P. Masson et al. (eds.), t. II, p. 683; véase M. Morales Peco, Edipo en la literatura francesa, pp. 296-298.

[9] «La marca del fabricante estaba impresa en una de las caras, pero demasiado borrada como para ser todavía legible: solamente se descifraban las dos letras centrales "di"; debía de haber al menos dos letras delante y otras dos después»; «La marque du fabriquant était imprimée sur une des faces, mais trop effacée pour être encore lisible: on déchiffrait seulement les deux lettres centrales "di"; il devait y avoir au moins deux lettres avant et deux autres après», A. Robbe-Grillet, Les Gommes, p. 132.

texto, desprovistas de estos elementos invariantes, quedarían considerablemente cercenadas; con ellas, el mito es posible. Los mitemas son, por lo tanto, temas con razón mítica, atomizaciones mínimas significativas del mito.

Con el fin de distinguir el tema del mitema, de comprender el paso de la tematología a la mitocrítica, procedo seguidamente a estudiar el tema y el mitema de la caída.

Como tema, la caída tiene un significado espacial propio: acción y efecto de caer, esto es, moverse de arriba abajo; en su caída, cualquier cuerpo condensa una dinámica dentro de un eje definido, el de la verticalidad: desde los espacios superiores o etéreos, hasta los inferiores, a menudo tiznados de elementos corruptibles o insanos[10]. La caída incluye también un significado temporal: un antes, un durante y un después[11]. Aun a riesgo de sufrir vértigo, nuestra imaginación se niega a toda acotación temporal de la caída; busca remontar en el tiempo de las sucesivas caídas hasta llegar a la primigenia. Por si fuera poco, la caída presenta también un significado modal: puede ser suave o brusca; hay seres que planean lentamente, como si aterrizasen, o caen brutalmente, como si se estrellasen. De estos componentes surgen las dinámicas psicológicas: todos tenemos un miedo primitivo a caer, miedo irremisiblemente unido al de la oscuridad: «las tinieblas y la caída, la caída en las tinieblas, preparan dramas fáciles para la *imaginación inconsciente*»[12].

Además de las dimensiones espacial, temporal y modal del tema de la caída, existe una dimensión ontológica: la muerte. Toda caída implica el decaimiento de una realidad psíquica, una desgracia. Esta constatación de un descenso, marcada por la nostalgia de un ascenso, implica la suma de elementos psicosomáticos que arrastran consecuencias en el imaginario del individuo[13]; cualquier caída encierra el simbolismo nocturno propio de los dramas astrobiológicos e impone un vértigo absoluto, la patencia de una soledad súbita, la conciencia de una pérdida del ser en el espacio del abismo inmenso[14]. El hombre contempla su posibilidad de desaparecer, de dejar de existir: se abre a la nada. Por eso cabe hablar de una interpretación propiamente existencial de la caída: el ser puede dejar de ser.

Hasta aquí llegan las derivadas tematológicas de la caída, no las míticas. Estas implican el acontecimiento extraordinario de dos mundos que colisionan. Es entonces cuando la mitocrítica entra en escena.

Por supuesto, necesitamos un personaje. Piénsese en el mito del ángel caído, anteriormente visto con cierto detenimiento (§ 5). En la interpretación judeocristiana, la caída se presenta como «falta» o infracción a una prohibición[15]. A pesar del interdicto,

---

[10] «La caída "pura" es rara»; G. Bachelard, *L'Air et les songes*, III, p. 119.

[11] Junto a una «imaginación de la caída», hay una «experiencia temporal»; véase G. Durand, *Les Structures anthropologiques de l'imaginaire*, p. 123. Según esta idea, de raigambre bachelardiana, la caída constituye el componente dinámico de toda representación del movimiento.

[12] G. Bachelard, *L'Air et les songes*, p. 117.

[13] Dicho de otro modo: existe una estrecha concomitancia entre los gestos corporales, los centros nerviosos y las representaciones simbólicas; es la tesis principal de G. Durand, ampliamente desarrollada en *Les Structures anthropologiques de l'imaginaire*, *passim*.

[14] Véase G. Bachelard, *La Terre et les rêveries de la volonté*, 2.ª parte, XII, pp. 321-330. El fenomenólogo no duda en considerar la caída física como un capítulo de «física poética y moral», *L'Air et les songes*, Intr., p. 18.

[15] En la atmósfera de la inmanencia contemporánea asistimos a una separación entre caída y falta. Señala Jenny que el recorrido de la literatura describe una humanización o, incluso, una atracción de

la criatura reniega del Creador, se sustituye a él. La caída es ininteligible; más allá del sistema de lo voluntario y lo involuntario, extraña a cualquier idea racional del hombre: «Pues no hago lo que quiero, sino que hago lo que aborrezco» (Rm 7, 15). En este sentido, Ricœur afirma que «la falta es el absurdo»[16]. Frente al impulso positivo de ascender a los espacios puros, la caída es una especie de enfermedad: toda caída es insana. El ser precipitado experimenta la nostalgia inexpiable de las alturas[17]; en su recuerdo se asocian un espacio (el abismo negro) y un estado (la muerte irremediable). Si, como dice Pablo de Tarso, todo pecado es «misterio de iniquidad»[18], más misteriosa aún es la caída del ángel, pues concierne directamente a la libertad y la falta prístinas, es decir, sin las sombras que se dan en el caso de los hombres:

> Lo que torna el caso del pecado del ángel tan importante para el filósofo es que con el ángel estamos frente a la libertad en estado puro y a la falta en estado puro, sin las sombras y las mezclas que nos las oscurecen más o menos[19].

Si el pecado en el mundo material en ocasiones puede producir fascinación, en el mundo inmaterial provoca perplejidad. De ahí su interés para filósofos y teólogos, pero, sobre todo, para literatos e investigadores en mitocrítica[20].

Por analogía, hablamos también del hombre caído y los mitos consiguientes. De tal modo, en la perspectiva antropológica de la tradición cristiana, la caída es una de las nociones fundamentales que conforman multitud de obras literarias[21]. Por eso hay liga-

---

la caída: la sanción de la falta se ha convertido en revelación de un destino apropiado a la felicidad humana; véase L. Jenny, *L'Expérience de la chute*, p. 211. También la caída inmensa puede introducirse por la senda de la trivialización. Hoy se puede hablar de caída sin hablar de falta; cabría incluso decir que asistimos a una sublimación del pecado. Y a un silenciamiento del mito de Adán y Eva.

[16] P. Ricœur, *Philosophie de la volonté. I. Le Volontaire et l'Involontaire*, p. 45.

[17] G. Bachelard, *L'Air et les songes*, III, p. 122.

[18] «Iniquitatis» es una traducción moderna de la Vulgata. En griego, nos recuerda Agamben, se lee *mystérion tês anomías* («τὸ […] μυστήριον […] τῆς ἀνομίας»), es decir, «el misterio de la anomía», que reenvía al «hombre de la anomía» («ὁ ἄνθρωπος τῆς ἀνομίας»), es decir, «el hombre de la ausencia de ley», G. Agamben, *Il mistero del male*.

[19] J. Maritain, *Le Péché de l'Ange*, p. 58.

[20] A gusto de P. B. Shelley, solo un prosopomito ofrece mayor carga poética que la rebelión del arcángel: «Prometeo es, a mi juicio, un personaje más poético que Satanás, porque, además del valor, la majestuosidad y la firme y paciente oposición a la fuerza omnipotente, aparece exento de las máculas de ambición, envidia, venganza y de un deseo de engrandecimiento personal que, en el héroe de *El Paraíso perdido*, interfieren con el interés»; *Prometheus Unbound*, Preface, en *The Complete Poems*, p. 226. La «caída» del titán (el hurto del fuego) sería una rebelión desinteresada en favor de la humanidad.

[21] Véase D. Souiller, *La Nouvelle en Europe*, p. 258. Así, el monstruo de Frankenstein cristaliza el pecado del Dr. Frankenstein, obcecado por competir con su creador, y castigado por su arrogancia. Esta perspectiva moral y religiosa del tema mítico de la caída no es privativa del pensamiento judeocristiano. En el sistema helénico, Belerofonte, hijo de Glauco y una mujer de sangre real de Corinto, cae en tierra cuando su caballo alado se asusta por la picadura de un tábano enviado por Zeus; frustra así el dios su pretensión de alcanzar el Olimpo. Ícaro, hijo de Dédalo y una esclava de Minos, se precipita al mar Egeo cuando sus alas se funden por el calor del sol; ignora la recomendación de su padre de no volar ni demasiado bajo ni demasiado alto. Faetón, hijo de Helios y Clímene (o Eos), desciende fulminado al río Erídano por su imprudente conducción del fabuloso carro de fuego; Zeus reprime de tal

zón (no confusión) entre el tema de la caída y el mito de la caída: la mitocrítica cultural ha venido para desvelar el valor deíctico de la caída, que siempre señala el recorrido entre dos mundos, una trascendencia.

No sería honrado por mi parte ocultar análisis que recorren el camino en sentido inverso, diametralmente opuestos a esta dimensión mítica de la caída. A propósito del pecado de Adán y Eva en el Paraíso, Durand sostiene que el árbol de la discordia no representa el conocimiento (del bien y del mal), sino la muerte. La rivalidad entre la serpiente y el hombre sería, según diversas leyendas, la de la inmortalidad (el áspid, capaz de mudar continuamente su piel) contra la mortalidad (el hombre desprovisto de su inmortalidad primigenia). Según la interpretación durandiana, a la serpiente corresponde la luna (cuyas fases replican las mudas de la piel del ofidio) y, en relación con ella, según numerosas tradiciones, la menstruación femenina (considerada de este modo consecuencia secundaria de la caída). El resultado sería una feminización del pecado original. La mujer, calificada impura por el menstruo, se convertiría en responsable de la falta ancestral; así se explicaría la punición tras su complicidad con la serpiente: «tantas haré tus fatigas cuantos sean tus embarazos: con dolor parirás los hijos» (Gn 3, 16). Esta inflexión universal procedería de la India a través de Oriente Próximo: a partir de los escritos órficos, milesios y platónicos, habría fructificado entre gnósticos y maniqueos antes de impregnar la patrística. Estaríamos así ante una modificación del mitema de la caída original en el tema de la caída moral o sexual[22]. Dicho de otro modo, estas inflexiones orientales y occidentales estarían escamoteando de modo eufemístico, a través de la figura interpuesta de la mujer, la principal angustia del hombre, la muerte. El óbito humano (arquetipo colectivo según Jung) aparecería así sustituido por la menstruación

---

manera su jactancia por sus orígenes divinos. Tántalo, hijo de Zeus, es sumergido hasta el cuello en un lago del Tártaro, junto a un árbol cargado de deliciosos frutos inalcanzables; paga en sus carnes la afrenta de poner a prueba la omnisciencia de los dioses. Valga un ejemplo de la literatura estonia para imaginar su proyección en otras tradiciones bálticas y nórdicas: el de Kalevipoeg (hijo de Kalev), encadenado y condenado a vigilar el Inframundo tras sus dos grandes crímenes: el incesto y la arrogancia; véase F. J. Oinas, *Studies in Finnic Folklore*, pp. 69-77 (el texto del poema *Kalevipoeg* aparece reproducido en las pp. 69-71). En todos estos casos, el castigo reprime el orgullo, la *hýbris* del transgresor. En nuestro tiempo, esta recurrencia mitológica adopta contornos informáticos. Una aguda adaptación de esta *hýbris* la encontramos en el último episodio de la segunda temporada de *American Gods*. Xie, director de una gran empresa en Silicon Valley, inventa programas capaces de aumentar la vitalidad a través de la música electrónica: crea así al Nuevo Chico Técnico (New Technical Boy), dios proveedor de los servicios tecnológicos. Estamos ante una analogía explícita de la lucha de Jacob con el ángel (véase Gn 32, 23-33). Cuando el nuevo dios le pregunta: «¿Por qué querías pelear contra Dios?», Xie reponde: «Porque fuimos hechos a su imagen, y quería ver si podía igualarme a él»; «Why would you want to wrestle God? Because we were made in his image and I wanna see if we can match up». Orgullo insano: su propio sistema será jaqueado por los nuevos dioses.

[22] Véase G. Durand, *Les Structures anthropologiques de l'imaginaire*, pp. 125-129. Durand sigue aquí las explicaciones de A. Krappe sobre las instituciones fundamentales de la sociedad humana en su relación con la naturaleza (el árbol del Paraíso), los animales (la serpiente) y los astros (la luna), a partir de relatos australianos, iraníes, védicos y, por supuesto, la tradición griega de Pandora; véase *La Genèse des mythes*, pp. 287-300. Krappe considera que esta percepción del sexo en la literatura bíblica –según la cual «el conocimiento del "mal" es el descubrimiento del sexo» (*ibid.*, p. 297)– no es fruto de un mito antiguo, sino de un (supuesto) teólogo moralista influenciado por una corriente hindú llegada a Grecia a través de las doctrinas órficas. Según S. Reinach, para la Antigüedad griega, la doctrina del pecado original es «esencialmente popular y órfica», *Cultes, mythes et religions*, III, p. 348.

(trauma individual según Freud); en consecuencia, la feminización de la caída sería un eufemismo de la muerte, una metáfora existencial de la misma.

Las reflexiones de Jung y Freud son fundamentalmente antimíticas; era de esperar. Estos psicoanalistas se han limitado, so capa de acercamiento mitológico, a un análisis exclusivamente psicológico y tematológico de la caída. Más paradójica parece la dificultad experimentada por Durand, insigne especialista en imágenes y símbolos, para identificar el mito, aquí reducido a un mero sistema de símbolos, arquetipos y esquemas –independientemente de su referente y su valencia trascendente– compuestos en forma de relato.

Nada que objetar a las consecuencias nefastas de todo presupuesto patriarcal. Pero no parece lícito partir de un prejuicio misógino para fundamentar otro, la ausencia *a priori* de un mundo trascendente, ni siquiera bajo el velo del eufemismo. Disiento, sobre todo, por el postulado nihilista (marca indeleble del existencialismo ideológico) de dar por sentado que el mundo se limita a su materialidad, que más allá del ser biológico (y sus desarrollos aparentemente espirituales) solo hay muerte, que la realidad se resume en el ser visible o la nada. Precisamente ese nihilismo provoca la falta de respeto hacia el texto estudiado y, en definitiva, la desaparición del mito.

* * *

En la definición del mito he indicado que este es un «relato […] temático», es decir, se compone de una serie de elementos (variantes, reducibles a motivos, e invariantes, reducibles a temas). Se imponen unas precisiones sobre los motivos, tal como son aquí estudiados.

Suele admitirse que el motivo concreta o detalla la abstracción del tema; sería una unidad menor dentro del gran conjunto temático. Así, el tema de la caída o del derrocamiento, en general, adquiere diversos contornos o motivos según se aplique a un ángel o a un rey para conformarse en mito (el ángel caído)[23]; inversamente, la espada que el rey Marco interpone entre los cuerpos de Tristán e Iseo (Isolda) tras descubrirlos durmiendo en el bosque de Morois es un motivo literario que señala los temas de la castidad y la soberanía[24]. La mitocrítica cultural sostiene el carácter concreto del motivo frente al abstracto del tema; más importante aún, dada la necesidad del mitema como elemento fundante de la trascendencia sagrada, requiere considerar los motivos como precisiones temáticas ajenas a dicha trascendencia. Frente a los mitemas, unidades temáticas cargadas de trascendencia, los motivos aparecen como concretizaciones temáticas sin dimensión trascendente. Unos y otros constituyen el texto; sin embargo, para la presencia del

---

[23] Los «ángeles rebeldes» figuran cual motivos en la taxonomía de S. Thompson, *Motif-Index of Folk-Literature*, A54. Este folclorista define el motivo como «aquellos detalles a partir de los cuales se componen las narraciones que han alcanzado completo desarrollo»; t. I, p. 10. Véanse O. Ducrot y J.-M. Schaeffer, *Nouveau Dictionnaire encyclopédique des sciences du langage*, pp. 638-639, y T. Ziolkowski, *Imágenes desencantadas*, A. Martínez Benito (trad.), p. 23.

[24] «Retira la espada que yace entre los amantes y la sustituye por la suya»; «L'espee qui entre eus deus est / Souëf oste, la soue i met», Béroul, *Tristan*, vv. 2.023-2.024, en *Tristan et Yseut*, J.-C. Payen (ed.), p. 66. El motivo reaparece en *La saga de los volsungos*, cuando Brynhildr (Brunilda) acoge a Sigurd (Sigfrido) en su cama: «Él tomó la espada Gramr y la apoyó en medio del lecho», XXIX, J. E. Díaz Vera (trad.), p. 149; véanse también pp. 159 y 161.

mito, aquellos son necesarios, estos son prescindibles. De la necesidad de los temas para el mito se desprende su invariabilidad. La detección de una valencia trascendente en un motivo debe avisarnos del mitema que está configurando y que tras él se esconde.

La articulación en mitemas

Para que haya mito son precisos al menos dos mitemas combinados. Ocurre algo parecido a los rasgos pertinentes en la *lingüística*, donde los femas (rasgos distintivos fónicos) y los semas (rasgos distintivos semánticos) se articulan entre sí para configurar respectivamente un fonema o un semema. También los mitos están constituidos por unos temas pertinentes en una distribución igualmente pertinente. Cuando un tema de carácter y dimensión trascendente o sobrenatural interviene en la configuración básica de un mito singular, ese tema se convierte en mitema.

El acoplamiento de los mitemas se da en dos planos principales, similares a los planos de asociación de los signos en la lengua: *in praesentia* o sintagmático e *in absentia* o paradigmático. Esto exige explicar el grado de abstracción al que se someten los elementos invariantes. Los componentes míticos se relacionan entre sí en la clase del paradigma y se sustituyen unos a otros en un contexto, es decir, en la cadena sintagmática. Pero en el paradigma aparecen a menudo de modo abstracto, conceptual, temático, en tanto que en el sintagma aparecen siempre de modo concreto, discursivo, fraseológico. Interesa sobremanera estudiar las características y las consecuencias de las relaciones que los elementos de un determinado eje mítico paradigmático entablan con los elementos de un determinado eje mítico sintagmático (el eje sintagmático es construido por el narrador, el paradigmático, cada uno a su manera, por el lector y el investigador). El resultado clarificará cuáles son los elementos coyunturales y cuáles son los elementos invariables de una versión mítica.

El mito del vampiro ayudará a ilustrar esta teoría. Uno de sus temas es la hematofagia. Pero la hematofagia, sin más, es solo un tema: también beben sangre los mosquitos, las garrapatas o los denominados «murciélagos vampiros». Tampoco la hematofagia sobre un ser humano pasa de ser un tema: muchos mosquitos se alimentan de sangre humana. Ni siquiera el parasitismo resultante es más que un tema. El tránsito de un tema simple a uno complejo (depredación > hematofagia > antropohematofagia) no lo transforma en tema mítico. En cambio, cuando la antropohematofagia es la única fuente de subsistencia ya comenzamos a vislumbrar los resplandores del mito. En efecto, no parece normal que un organismo necesite exclusivamente la sangre humana para subsistir.

Además, en el vampiro este tipo de depredación concurre con otros temas: el mal, la aversión y la seducción. Estos temas, a su vez, no pasarían de meros componentes temáticos de no ser por su íntima relación con la dimensión sobrenatural (diabólica, en el caso del vampiro). Por limitarnos al tema de la seducción, el pavo real macho hace la rueda para seducir a la hembra, pero este baile seductor es natural. En cambio, la fascinación ineluctable que ejerce el vampiro sobre sus víctimas presenta una dimensión trascendente que la convierte en auténtico tema mítico o mitema.

Esto no es todo; no hay depredador sin presa, sin vida ajena, sin sangre de un organismo vivo: la víctima también es un tema. Pero, de nuevo, este tema de la víctima tampoco desborda por sí solo la cualidad de simple tema, aun en el caso de que la víctima sea humana: cualquier picadura de un mosquito convierte al hombre en víctima natural. Sí adquiere la cualidad de mitema en el caso de la antropohematofagia diabólica. Observamos que el círculo se va cerrando: el mito está casi plenamente configurado.

Por último, la mera transformación que sufre una víctima de un hematófago no es propiamente un tema mítico: la infección generada por los parásitos inoculados por el depredador la afecta considerablemente, puede, incluso, acarrearle la muerte (la malaria transmitida por el mosquito Anopheles), pero el resultado es, una vez más, natural. En cambio, la metamorfosis que experimenta una víctima humana mordida por un vampiro pertenece al orden sobrenatural pues conlleva cambio sustancial: de humana que era, la víctima pasa a ser vampírica.

En conclusión: la conjunción de estos temas (antropohematofagia y metamorfosis seductora del depredador, por un lado, y metamorfosis de la víctima en un doble del depredador, por otro) los troca en temas míticos que, de modo simultáneo, quedan habilitados para configurar el mito del vampiro. La combinación de temas míticos solo puede producir un único mito cuya definición debe contenerlos de una manera determinada.

Esta serie de abstracciones se precisa, por ejemplo, en *Drácula* de Bram Stoker (1897). El conde Drácula es el depredador por antonomasia que, junto con las vampiresas, bebe la sangre de sus víctimas para rejuvenecer y sobrevivir. Es el asesino (del maníaco zoófago Renfield), personifica el mal diabólico (impotente ante una hostia consagrada) y la seducción (las vampiresas del castillo en Transilvania, las jóvenes londinenses Lucy y Mina). En el lado de las víctimas se encuentran el abogado Jonathan Harker, Lucy y Mina, iconos del bien y el amor.

La adaptación de la película *Nosferatu, una sinfonía del horror* de F. W. Murnau (*Nosferatu, eine Symphonie des Grauens*, 1922), presenta diferencias palmarias: los nombres de los personajes (Drácula/Orlok, Harker/Hutter, Mina/Ellen), la localidad (Londres/ Viborg)… La razón es conocida: Murnau, que no había conseguido los derechos de reproducción, decidió filmar su propia versión de la novela (lo que no impidió una demanda por infracción de derechos comerciales). Las modificaciones de la trama son aún mayores: la estancia de Hutter en el castillo, la epidemia en la ciudad a la llegada de Orlok, la suerte de las heroínas… Desde el punto de vista de la mitocrítica cultural, estos cambios no son relevantes ya que no afectan a los elementos míticos invariantes del mito, a los mitemas. Sin embargo, los elementos fundamentales no pueden desaparecer. El mitema diabólico lo ejemplifica sobremanera. En la novela, Van Helsing y sus amigos esterilizan todas las guaridas del conde en Londres colocando hostias consagradas en cada féretro que contiene tierra de Transilvania[25]; en la película, mientras Hutter cena, se corta el dedo y Orlok trata de chuparle la sangre, pero se retiene al ver el crucifijo que su huésped lleva en el cuello. Varía la materialización de las armas que desvelan el carácter diabólico del conde, pero el mitema permanece. A esto me refiero al sostener que un mitema es un componente invariante de un mito. En el caso del vampiro, es indispensable que la depredación diabólica aparezca en cualesquiera de sus versiones; no lo

---

[25] Véase B. Stoker, *Dracula*, M. Hindle (ed.), XXII, p. 317, y XVI, p. 224. El término Nosferatu quizá provenga del rumano *nesuferit* ('desagradable', 'molesto').

es, en cambio, el modo como el vampiro sea combatido (mediante la hostia en la novela) o descubierto (gracias al crucifijo en la película).

De modo que la conjunción de los mitemas dentro de un relato origina un mito; aun a riesgo de simplificar la cuestión, cabría definir mito como combinación de mitemas. Esto significa que un mito determinado es una combinación limitada de mitemas determinados[26]. En la combinación de estos componentes mínimos se encuentra, metafóricamente hablando, el código genético de un mito. En efecto, si consideramos los mitemas como genes en el ADN de un mito, su combinación se presenta como una secuencia del ADN en un cromosoma. Toda la información genética del mito se resume en una simple conjunción mitémica; lo demás son variantes prescindibles o motivos.

Es frecuente que un mito comparta algunos mitemas («genes») con otro; la diferencia entre dos mitos resulta de la distinta composición y distribución de sus mitemas. Cuando dos fenómenos míticos comprenden la misma composición y la misma distribución «genética», poseen exactamente el mismo ADN, son el mismo mito con distintas variantes (el mismo perro con distintos collares). Uno de los trabajos más apasionantes del investigador en mitocrítica consiste en el siguiente proceso dividido en fases: 1.ª identificar, dentro del magma donde conviven temas, motivos, tipos, arquetipos, figuras, imágenes y símbolos, los relatos míticos; 2.ª extraer los mitos que fecundan esos relatos; 3.ª agrupar por invariantes míticas o mitemas esos mitos; 4.ª analizar la estructura de esos mitemas; 5.ª comprender el modo como esos mitemas constituyen un único mito susceptible de desarrollarse en infinidad de variantes míticas.

También podríamos comparar los temas y mitemas con las tarjetas que utilizamos en nuestra vida habitual. Cualquier ciudadano europeo puede poseer varios tipos de tarjetas físicas o virtuales: de bonificación de puntos en un supermercado, de entrada al garaje del lugar de trabajo, de crédito o débito… Todas son útiles, pero facultativas. Solo hay una tarjeta obligatoria: el documento nacional de identidad (el pasaporte en algunos países), compuesto por una serie de datos imprescindibles: nombre, apellidos, número, huella dactilar, fecha de caducidad… Del cúmulo de tarjetas de una cartera, solo esta es válida administrativamente. Muchos ciudadanos poseen, además, otras tarjetas asimilables, como el pasaporte o el permiso de conducir. Solo este tipo de tarjetas son oficiales, es decir, permiten la identificación administrativa del ciudadano; las demás son, administrativamente hablando, inoperantes. De modo semejante, los mitos pueden presentar diversas características: comunidad de espacio, tiempo, entorno social, político o económico… Pero no reside aquí la identidad del mito: su idiosincrasia mítica, la que lo define y distingue de los demás, reside en la conjunción de sus mitemas, como la identidad administrativa del ciudadano se contrasta en el DNI (pasaporte o permiso de conducir). Los demás temas y motivos (las demás tarjetas) son paratextos del mito, objeto de estudio como variantes. La configuración de los mitemas es el carné de identidad del mito.

---

[26] Asiento con C. Lévi-Strauss en que «no existe término verdadero en el análisis mítico», puesto que «los mitos son *in-terminables*», *Mythologiques. I: Le Cru et le Cuit*, p. 13; pero disiento de que «la divergencia de las secuencias y de los temas», debido a su carácter tendencial, proyectivo, impida alcanzar «la unidad del mito» en tal o cual momento o texto: los mitemas, siempre limitados en su número, nos la proporcionan.

La coposesión de mitemas

De igual manera que un mito posee varios mitemas en determinada combinación, varios mitos pueden compartir uno o varios mitemas. Los mitemas, infinitos en teoría, son finitos en la práctica. De ahí que sea posible establecer paralelismos entre diversos mitos donde concurren semejantes mitemas. Este ejercicio ayuda a poner en claro cómo se combinan los mitemas, distinguir unos mitos de otros y discriminar entre mitos y pseudomitos. No se trata de establecer un catálogo de mitos, sino de analizar su dinámica interna para esclarecer la identidad de cada uno. Tres grupos de mitos servirán de ejemplo.

I. Fausto, Don Juan, el vampiro, el ángel caído

Este primer grupo incluye dos prosopomitos surgidos en los albores de los tiempos modernos (Don Juan y Fausto), y dos prosopomitos antiguos cuya estructura mítica actual cristaliza a mediados de los tiempos modernos, concretamente a finales del siglo XVIII y durante el Romanticismo (el vampiro y el ángel caído).

Don Juan mantiene íntimas relaciones con el vampiro: al igual que Drácula, es, según las versiones, depredador de mujeres, diabólico y seductor. También se emparenta con el mito de Fausto. En la primera parte del *Fausto* de Goethe (1808), el protagonista, gracias a Mefistófeles, seduce a Margarete, que muere apenas entra el diablo en su celda; otro tanto ocurre en la novela homónima de Turguénev (1856), donde Vera, tras su lectura de la obra de Goethe, asegura haber visto a su madre durante el beso del narrador protagonista. Igualmente aparecen analogías entre Don Juan, Fausto y un mito bíblico exitoso en el Romanticismo: el ángel caído. Dos piezas teatrales son particularmente sintomáticas sobre estas correspondencias.

1.ª La tragedia *Don Juan y Fausto*, de Grabbe (1829), donde cohabitan ambos rivales, símbolos poéticos de dos espíritus europeos, el mediterráneo y el nórdico. En el deseo imperioso de poseer a doña Ana, cada cual desempeña su papel: el seductor de marras mata al amante y al padre de la joven, mientras el infatuado erudito firma su pacto diabólico y la secuestra. Memorable es esta conversación en una de las raras ocasiones en que coinciden:

> [Fausto:] ¡Feliz el esclavo en cadenas, si no conoce la *libertad*!
> [Don Juan:] ¿Quién lleva cadenas? ¿Quién ataca con poder sobrehumano el corazón de Ana y no es capaz de expugnar ese rinconcito?... *¿Para qué lo suprahumano si sigues siendo humano?*
> [Fausto:] *¿Para qué humano si no aspiras a lo suprahumano?*[27]

Dos caras de la misma moneda, realista e idealista, que, lógicamente, convergen en su final: el Caballero (el Diablo) estrangula a Fausto y arrastra consigo a Don Juan.

---

[27] C. D. Grabbe, *Don Juan y Fausto*, III, III, M. G. Burello (trad.), pp. 208-209; «[Faust:] Beglückt der Sklav in Ketten, / Kennt er die *Freiheit* nicht! [Don Juan:] Wer liegt in Ketten? / Wer stürmt mit übermenschlicher Gewalt / Das Herz der Anna, und vermag das Fleckchen / Nicht zu erobern? – *Wozu übermenschlich, / Wenn du ein Mensch bleibst?* [Faust:] *Wozu Mensch, / Wenn du nach Übermenschlichem nicht strebst?*», *Don Juan und Faust*, A. Bergman (epíl.), p. 74. (Sobre la íntima relación entre Don Juan y Fausto, § 5).

2.ª El drama *Don Juan de Marana o la caída de un ángel*, de Dumas padre (1836), donde Don Josès, despojado de la herencia por su hermano Don Juan, vende su alma al Diablo para tomar venganza. Un ángel bueno obtiene de Dios la gracia de ser «su ángel tutelar»; pero esto requiere cambiar su ser espiritual por uno mortal. Aprovechando un reciente fallecimiento en la tierra, la Virgen confía al ángel la misión:

> [La Virgen:] Id y animad, en su lecho solitario, el cuerpo que esa alma ha abandonado. [...] Id, ya no sois más que una pobre mujer, sin recuerdo alguno de la morada celestial, teniendo como único apoyo y tesoro en el alma, la esperanza, la fe, la oración y el amor[28].

Una línea invisible une los elementos invariantes de los mitos de Don Juan, Fausto, el vampiro y el ángel caído; otra corre paralela y hace lo propio con sus víctimas. Todos ellos ocupan un amplio espacio en el panteón de los mitos judeocristianos.

Las relaciones «intermitémicas» de dos o varios mitos permiten extraer lecciones enriquecedoras. Así, observamos que un mitema puede ser indispensable en un mito y, consiguientemente, en sus múltiples versiones, pero facultativo en otro mito, que solo algunas versiones contienen. En el primer caso hablaremos de pertinencia; en el segundo, de complementariedad. El Diablo (y el pacto correspondiente) es obligado en las versiones fáusticas, pero solo por excepción aparece en las donjuanescas. En las primeras es pertinente: no hay Fausto sin Diablo; en las segundas es complementario, como en el *Don Juan* de E. T. A. Hoffmann (1812), donde la fisionomía del héroe adquiere trazos mefistofélicos[29], o en el citado *Don Juan de Marana* de Dumas, donde el Ángel Malo desaparece tras proponer el pacto: «Llámame, Don Juan, vendré hasta ti» (I, 1.er tableau, 7, ed. cit., p. 55). El Diablo y/o el pacto con el Diablo afloran ocasionalmente en versiones del mito de Don Juan, prueba de que no es elemento invariante de este mito. Como colofón, cabe resumir que la coposesión de mitemas no implica confusión de mitos.

II. *Der Muselmann*, el jorobado, el hombre lobo, el vampiro

Acabamos de ver un ejemplo de agrupación de varios mitos por coposesión de mitemas. Cabe también agrupar los mitos desde la perspectiva inversa, esto es, no desde los mitos entre sí, sino desde uno solo de sus mitemas. El resultado comprende, en este elenco, cuatro «mitos» (veremos que no todos lo son) cuyo origen ahora no importa tanto como el mitema que los agrupa: la hibridación mítica.

La hibridación siempre ha sido caldo de cultivo para los mitos. En *Si esto es un hombre* (1947), Primo Levi describe unos curiosos personajes de Auschwitz:

---

[28] «[La Vierge:] Allez et ranimez, sur son lit solitaire, / Le corps qu'elle a quitté. [...] Allez, vous n'êtes plus rien qu'une pauvre femme, / Sans aucun souvenir du céleste séjour, / Ayant pour tout soutien et tout trésor dans l'âme; / L'espérance, la foi, la prière et l'amour», Dumas padre, *Don Juan de Maraña*, Intermède I, en *Trois Don Juan*, L. Marcou (ed.), pp. 98-99.

[29] Cfr. «etwas vom Mephistopheles in die Physiognomie», Hoffmann, *Don Juan, Fantasiestücke in Callot's Manier*, H. Steinecke (ed.), p. 85. La relación entre Fausto y Don Juan, coherente por su rebelión a la divinidad bajo aspecto cristiano, prosigue en la contemporaneidad, como muestra «*Variación y fuga de una sombra*» (pieza incluida en *Enemigo que huye* de José Bergamín, 1927), donde el seductor acude a la consulta de rayos X del Dr. Fausto para conocer el origen de su nombre; véase A. Faiano, *Metamorfosis de un mito*, pp. 105, 219 y 359.

Su vida es breve pero su número desmesurado; son ellos, los *Muselmänner*, los hundidos, los cimientos del campo; ellos, la masa anónima, continuamente renovada y siempre idéntica, de no hombres que marchan y trabajan en silencio, apagada en ellos la llama divina, demasiado vacíos ya para sufrir verdaderamente. Se duda en llamarlos vivos: se duda en llamar muerte a su muerte, ante la que no temen, porque están demasiado cansados para comprenderla[30].

Monstruos, según la definición de Foucault[31], los *Muselmänner* presentan características emparentadas con los hombres lobo, no en la fusión de naturaleza humana y lupina, sino en la exclusión social y, más concretamente, en su relativa vida según los parámetros de la sociedad. Peter Arnds lo ha visto bien: «El *Muselmann* entre la vida y la muerte es la versión siglo XX del hombre lobo medieval entre el hombre y el animal»[32]. Este mismo crítico establece la relación entre el hombre lobo y el jorobado, metáfora moderna de la representación monstruosa, como muestran varios textos de su elección: *Si esto es un hombre* (*Se questo è un uomo*), *El tambor de hojalata* (*Die Blechtrommel*, G. Grass, 1959), *El rey de los alisos* (*Le Roi des aulnes*, M. Tournier, 1970). Elias Lindzin, Oskar Matzerath y Abel Tiffauges representan, respectivamente, tipos de personajes míticos: el monstruo híbrido de animal y humano, el subhombre y el superhombre.

La interpretación de Peter Arnds tiene el mérito de poner sobre el tapete la remodelación actual de mitos antiguos o medievales. Basta arañar un poco en los textos para contrastar estas modulaciones a lo largo de la historia. Tomemos el caso del jorobado. En *Nuestra Señora de París*, de Víctor Hugo (1831), el narrador define al célebre Quasimodo como «una especie de mediohombre instintivo y salvaje»[33]. En el umbral entre la bestia y el hombre, el jorobado de Notre-Dame se encuentra en una situación indefinida, ambivalente, en la antesala de lo siniestro, concomitante, en buena medida, con lo mítico. La ambientación de la novela en la Baja Edad Media, en 1482 concretamente, responde a la dimensión sublimada de esta época en la imaginación creadora del escritor.

Ciertamente, esta interpretación mítica de dos tipos sociales y literarios (el *Muselmann* y el jorobado) presenta una coherencia simbólica. Ahora bien, la coposesión de mitemas es más imaginaria que real: ni el uno ni el otro son híbridos; los demás personajes (reclusos de los campos de concentración, ciudadanos de París) son quienes les aplican una hibridación por analogía con otras hibridaciones reales (a diferencia del licán-

---

[30] P. Levi, *Si esto es un hombre*, P. Gómez Bedate (trad.), pp. 120-121; «La loro vita è breve ma il loro numero è sterminato; sono loro, i Muselmänner, i sommersi, il nerbo del campo; loro, la massa anonima, continuamente rinnovata e sempre identica, dei non-uomini che marciano e faticano in silenzio, spenta in loro la scintilla divina, già troppo vuoti per soffrire veramente. Si esita a chiamarli vivi: si esita a chiamar morte la loro morte, davanti a cui essi non temono perché sono troppo stanchi per comprenderla», *Se questo è un uomo*, pp. 81-82.

[31] «Un monstruo humano» no solo es monstruo por su excepcionalidad respecto a la forma de la especie, sino también por la perturbación que, supuestamente, acarrea a las reglas jurídicas: «¿Dónde está el límite entre el principio contractual que rechaza al criminal fuera de la sociedad y la imagen del monstruo "vomitado" por la naturaleza?»; M. Foucault, *Surveiller et punir*, p. 108. «El monstruo humano combina lo imposible con lo prohibido»; M. Foucault, *Les Anormaux*, p. 335.

[32] P. Arnds, «*Homo Lupus* as Hunchback: Representation, Subversion and Trauma in Fiction about the Third Reich», p. 361.

[33] «une sorte de demi-homme instinctif et sauvage», Víctor Hugo, *Notre-Dame de Paris*, ed. cit., IV, V, p. 160.

tropo o el vampiro, seres auténticamente híbridos). Con una buena dosis de indulgencia, se puede admitir que su hibridación (no real, sino analógica y metafórica) les confiere cierta semejanza con algunos mitos. Pero, hablando en propiedad, tanto el *Muselmann* como el jorobado carecen de dimensión mítica.

Lo más recuperable de este análisis es que nos ayuda a comprender, por contraposición, la auténtica hibridación de otros dos mitos: el hombre lobo y el vampiro. Tomemos el caso del hombre lobo, mito antiguo que triunfa de manera particular en la Edad Media. En el *lai* titulado *Bisclavret*, de Marie de France (1160-1175), leemos:

> En otros tiempos se oía decir,
> y a menudo solía ocurrir,
> que algunos hombres se volvían garval
> y moraban en los bosques[34].

El *garval*, etimológicamente «hombre lobo», adopta forma y ferocidad lupinas durante la noche, pero retorna a la forma y racionalidad humanas durante el día. Semejante ambigüedad afecta al vampiro, que debe dormir de día y actuar como tal (cazar) de noche. Lobo y vampiro toman una apariencia humana durante el día; una apariencia engañosa: durante el día no se comportan como lo que realmente son. Las ficciones que aúnan en un mismo argumento el hombre lobo y el vampiro son cada vez más numerosas: lo hemos visto a propósito de *Crepúsculo*, de S. Meyer y la correspondiente saga cinematográfica (cuya directora explora, elocuentemente, el mito del hombre lobo en *Caperucita roja*, 2011). En otro registro, la serie *CSI: Miami* ofrece en el episodio «*Luna de sangre*» una curiosa convención de lobos y vampiros (temp. 11, ep. 3)[35].

No obstante, la apariencia humana de estos seres impide que el imaginario popular los identifique como meros animales (un lobo, un murciélago vampiro). Aquí radica su carácter mítico: en lo extraordinario de combinar su naturaleza animal con la apariencia humana, diurna en este caso. Símbolos de la depredación nocturna y solitaria o grupal respectivamente, el lobo (mayor carnívoro mamífero de Europa) o el vampiro (único volador mamífero) fascinan desde antiguo la imaginación humana de los pobladores europeos, que no resisten a proyectarse en ellos sin dejar de ser ellos mismos. La ambigüedad resultante de esta hibridación es sin lugar a dudas mítica.

---

[34] «Jadis le poeit hume oïr, / E sovent suleit avenir, / Humes plusurs garval devindrent / E es boscages meisun tindrent», Marie de France, *Lais*, J. Lods (ed.), p. 56. El término del antiguo francés *garval* (o también *garwaf, garvalf*) procede del franco **wariwulf* o **werwolf* (cercano al inglés actual *werewolf*) y vale como «hombre lobo», pues *wer* deriva del indoeuropeo **wiro* ('hombre', *vir* en latín) y *wulf* significa 'lobo' (*wolf* en inglés actual).

[35] Otro caso de coposesión de mitemas lo encontramos en la película *Daybrakers* (The Spierig Brothers, 2009), donde las escasas reservas de sangre humana son insuficientes para la supervivencia de los monstruos. El vampiro Lionel Elvis Cormac arde en llamas durante un accidente, pero salva su vida al caer en un río y retorna al estado de ser humano: «La nueva vida resurge de las cenizas» («From the ashes springs new life»), leemos en la aleta izquierda de su vehículo, decidido como está a salvar a la humanidad. Los vampiros curados comparten con el Fénix el mitema del renacimiento. *Caperucita roja: Red Riding Hood* (C. Hardwicke), *CSI: Miami*: «*Blood Moon*» (S. Lautanen).

III. Prometeo, Pigmalión, Frankenstein, robot, androide, cíborg, IA…

El mitema de la creación de seres humanos viene de antiguo, pero aparece en la literatura moderna gracias a *Frankenstein*, de Mary Shelley (1818), sintomáticamente subtitulado *El Prometeo moderno (The Modern Prometheus)*[36].

El doctor Frankenstein comparte con Pigmalión un mitema: la animación de la criatura artificial. El anhelo de la facultad de dar vida es tan antiguo como el origen del hombre: «Seréis como dioses», susurra la serpiente al oído de Eva en el Edén (Gn 3, 5). Pero se trata de dos mitos distintos. En el caso de Pigmalión, el escultor esculpe una estatua de una mujer, se enamora de ella, ruega a los dioses tener una esposa tan bella como aquel busto y, al despertarse de un sueño, observa que la estatua ha sido animada[37]. En el caso de Frankenstein, el doctor dispone los materiales biológicos y los instrumentos mecánicos de acuerdo con sus conocimientos científicos y asiste, perplejo, a su animación:

> Tras jornadas enteras de inimaginable trabajo, había logrado, al precio de una fatiga insoportable, penetrar en los secretos de la generación y la vida. ¡Qué digo! ¡Mucho más todavía! Era ya posible para mí dar vida a una materia inerte. […] Con una ansiedad casi agónica, coloqué al alcance de mi mano el instrumental que iba a permitirme encender el brillo de la vida en la forma inerte que yacía a mis plantas. Era la una de la madrugada, la lluvia repiqueteaba lúgubremente en las calles y la vela que iluminaba la estancia se había consumido casi por completo. De pronto, al tembloroso fulgor de la llama mortecina, observé cómo la criatura entreabría sus ojos ambarinos y desvaídos. Respiró profundamente y sus miembros se movieron convulsivos[38].

Una primera observación nos permite descubrir que aquí no hay uno, sino dos mitemas:

1. La vivificación, o, más precisamente, la animación: esta implica, en efecto, un peldaño más complejo, posterior a la vivificación: no todos los animales vivos tienen alma. Como en su precedente chipriota, asistimos a una animación (humana, en el caso de Pigmalión, cuasihumana o monstruosa, en el de la criatura de Frankenstein) de una materia inerte (una estatua de marfil, un amasijo de cadáveres y utensilios mecánicos). Pigmalión y Frankenstein coinciden en este mitema.
2. La animación por intervención humana. Hasta ahora, las animaciones habían sido obra de titanes (Prometeo), diosas (Venus), Dios (Adán) o el Diablo (Drácula); en la obra de Mary Shelley, la animación procede de una operación humana.

---

[36] Notemos la curiosa trasnominación o metonimia causal por la que el nombre del doctor (Frankenstein) pasa al monstruo: esta transferencia nominal expresa gráficamente la simbiosis entre ambos personajes. El héroe es presa de su artefacto, que no puede sobrevivir a su creador (como ocurre, por ejemplo, en la película *Mary Shelley's Frankenstein* de K. Branagh, 1994).

[37] Ovidio, *Metamorfosis*, X, v. 276, A. Ruiz de Elvira (trad.), t. II, p. 184.

[38] M. Shelley, *Frankenstein*, M. Serrat Crespo (trad.), IV-V, p. 78-84; «After days and nights of incredible labour and fatigue, I succeeded in discovering the cause of generation and life; nay, more, I became myself capable of bestowing animation upon lifeless matter. […] With an anxiety that almost amounted to agony, I collected the instruments of life around me, that I might infuse a spark of being into the lifeless thing that lay at my feet. It was already one in the morning; the rain pattered dismally against the panes, and my candle was nearly burnt out, when, by the glimmer of the halfextinguished light, I saw the dull yellow eye of the creature open; it breathed hard, and a convulsive motion agitated its limbs», *Frankenstein, or The Modern Prometheus*, cap. IV-V, S. Jansson (ed.), pp. 41-45.

El científico ha adquirido un poder omnímodo sobre la naturaleza y, como bien reza el subtítulo de la novela, manipula la materia cual «moderno Prometeo», que de agua y tierra había modelado a los hombres[39]. Su hechura resulta de la animación de un artefacto; Frankenstein es un hombre artificial. A diferencia de Frankenstein, Pigmalión no participa de este mitema.

Ciertamente la intervención del doctor Frankenstein es más importante que la de Pigmalión, quien se limita a expresar su deseo de animación. Frente al escultor (mero espectador de la maravilla operada por la diosa), Víctor Frankenstein es un animador, un creador… Pero solo por analogía. En realidad, el doctor Frankenstein no da la vida como la dieran Venus o Dios. Él solamente dispone la materia para que sea vivificada y le aplica una «chispa de ser» (a spark of being); la combinación científica hace el resto. Para ser un auténtico creador, se requiere un tercer mitema, la creación en sentido propio, es decir, traer a la existencia algo que no existe; solo se puede crear a partir de la nada. El texto no permite conjeturar que el doctor Frankenstein, además de dar vida a un material mediante instrumentos, «cree» el alma del monstruo: él solo manipula. Estamos en los albores de la moderna ciencia ficción.

Este género continúa planteando las mismas preguntas morales de entonces. La obra de Mary Shelley es una reflexión sobre las consecuencias de la manipulación científica. Su protagonista no deja de expresar remordimientos por el «monstruo infernal» (hellish monster) que ha salido de sus manos (XXIV, p. 154); incluso persigue a su hechura hasta el fin del mundo para destruirlo. La carga moral no recae tanto en la criatura como en el creador: el orgullo primigenio del joven científico ha sido sustituido por un inacabado remordimiento a la vista de su degradación moral[40]. La historia se repite en la serie *The Boys* (2019). En pugna con sus dudas sobre un pasado incierto, el superhéroe Homelander visita a Vogelbaum, el científico que supervisara su vida desde sus inicios. Este le explica la maldad a la que están abocadas las criaturas de origen científico, sin referente familiar alguno. Homelander replica, altanero y pagado de sí, que él se ha convertido en el más grande de todos. Punzante respuesta que reaviva el remordimiento de Vogelbaum y explica el fin del dramático diálogo:

–Yo solo soy un viejo que piensa en sus errores.
–Yo soy el superhéroe más grande del mundo.
–Tú eres el más grande de mis errores[41].

---

[39] Véase Pseudo-Apolodoro, *Biblioteca mitológica*, I, 7, 1, J. García Moreno (ed.), p. 52.

[40] Cfr. «Pero este convencimiento que me sostenía al principio de mi carrera, […] me da ahora la medida de mi propia decadencia. Todas mis esperanzas y especulaciones han sido aniquiladas. Como el ángel que aspiraba al poder supremo, he sido arrojado a las llamas de un infierno eterno», Mary Shelley, *Frankenstein*, M. Serrat Crespo (trad.), «*Prosigue el diario de Robert Walton*», pp. 281-282; «But this thought, which supported me in the commencement of my career, now serves only to plunge me lower in the dust. All my speculations and hopes are as nothing; and, like the archangel who aspired to omnipotence, I am chained in an eternal hell», *Frankenstein, or The Modern Prometheus*, S. Jansson (ed.), «*Walton, in Continuation*», p. 161.

[41] [Vogelbaum:] «I'm just and old man, thinking about his mistakes». [Homelander]: «I'm the world's greatest superhero». [Vogelbaum:] «You're my greatest failure», *The Boys*, «*The Self Preservation Society*», temp. 1, ep. 7.

Vogelbaum y Frankenstein, dos sabios arrepentidos. La ciencia en sí no nos hace mejores ni peores; la ciencia extrema, peores.

* * *

La creación mítica contemporánea se enfrenta con retos de alto calado, como el robot, el androide o el cíborg, todos ellos, de algún modo, relacionados con la inteligencia artificial. El atractivo innegable de estos inventos y los obstáculos científicos a su viabilidad les hacen tocar, tarde o temprano, los límites de la condición humana, más allá de los cuales se encuentra el mundo mítico.

El nombre del robot proviene de *R.U.R.* (*Rossumovi univerzální roboti*: «Robots Universales de Rossum»), pieza de ciencia ficción escrita por Karel Čapek, representada por vez primera en 1921 en Praga. Siguiendo los planes de Rossum y su sobrino, una factoría produce lo que hoy denominaríamos clones automáticos, que, como era de esperar, acaban rebelándose contra sus creadores (la ciencia ficción es, salvo excepciones, distópica); solo Primus y Eva, pareja de robots, dejan vislumbrar un halo de esperanza final. A instancias de su hermano Josef, Karel cambió el término inicialmente elegido para sus autómatas (*laboři*, del latín *labor*, trabajo en checo) por *roboti* (labor o «trabajo» duro). El mismo Karel Čapek confesó, en una entrevista de 1935, la relación entre gólem y robot:

> R.U.R. es, de hecho, mi propia traducción de la leyenda del gólem en forma moderna. Por supuesto, la pieza se me ocurrió solo porque había parte del material al alcance de la mano. «Pero ¡cielos! –me dije a mí mismo–, en lo que a mi propio gólem concierne, el robot es el gólem encarnado en los medios de producción»[42].

«Leyenda», sin duda, por lo relativo a la tradición medieval y renacentista de Chequia y Praga. Este robot reviste los temas de la animación de la materia inerte y de la relativa o completa personalidad autónoma respecto a su creador; representa la arrogancia (demostrar la redundancia de la divinidad: viejo Rossum) y la avaricia (aumentar los beneficios empresariales: joven Rossum). No hay, sin embargo, mitema alguno, por falta de trascendencia numinosa.

El androide (siempre antropomorfo, no como los robots) da un paso más que el humano reconstruido mecánicamente: es capaz de imitar, de manera autónoma, aspectos de la conducta humana. Puede, incluso, imitarla toda y rehacerla; es el argumento de *Las cosas que no nos dijimos*, de Marc Levy (2008). Un paquete de correos dirigido a Julia: contiene un androide de Anthony Walsh, su padre, que, antes de fallecer, había ordenado fabricarlo para darse una «semana suplementaria» de vida, seis días y seis noches para borrar las desavenencias con su hija. Como un humano cualquiera, el androide acompa-

---

[42] «R.U.R. is, in fact, my own rendering of the legend of the Golem in modern form. It [the play] come to mind, of course, only because a piece of it was already at hand. "But, by heaven, for all that it's still my own Golem", I said to myself, "the Robot is the Golem made flesh by mass production"», *apud* N. Comrada, «Golem and Robot: A Search for Connections», p. 251. Sobre producciones literarias y cinematográficas a propósito de ambos mitos, véase D. Sáiz Lorca, *La literatura checa de ciencia ficción durante el periodo de entreguerras*, passim.

ña a su hija en una frenética carrera hasta conseguir la anulación de la boda prevista entre Julia y Adam y el reencuentro amoroso entre Julia y Tomas. Misión cumplida: reconciliados padre e hija, el androide regresa a su caja y los transportistas pasan a recogerlo. A medida que el texto avanza, gracias a tecnicismos e ironías, la máquina se vuelve creíble: Julia, y el lector con ella, comprenden que solo un androide puede propiciar semejante final tan feliz como imprevisible. Signo de los tiempos, que sugiere la renovación del testamento tradicional por otro «interactivo»[43].

En el último episodio de la primera temporada de *Westworld* (2016), Dolores Abernathy toma su venganza matando a su hacedor, el Dr. Ford. Además de los temas del robot, encontramos aquí la autonomía física, biológica y psicológica, si bien con el tiempo también el robot y el cíborg la han adquirido.

Los autómatas no son una especie nueva. Con anterioridad al Dr. Frankenstein, Ctesibio (siglo III a.C.) había inventado el reloj de música, el cañón de agua y la clepsidra; y Herón de Alejandría (siglo I d.C.) había ideado la máquina de vapor o eolípila, diversos artefactos que abrían automáticamente las puertas de los templos y estatuas que vertían vino, todas ellas descritas en su obra *Autómatas*[44]. Ciertamente, el cíborg y el androide son pasos ulteriores a estos artilugios, pero su fundamento, la creación de hombres, es un anhelo de historia milenaria.

Más que un anhelo. En las *Argonáuticas* de Apolonio de Rodas leemos que los expedicionarios, llegados a la isla Cárpatos, hoy Scarpanto, planearon emprender la travesía hasta Creta. Se encontraron entonces en un buen aprieto:

> Pero Talos, el broncíneo, arrancando unas rocas de un fuerte acantilado, impidioles atar las amarras en tierra, cuando estaban descendiendo al abrigo de atraque del Dicte. Era este de la raza de bronce de los hombres nacidos de los fresnos, el que solo quedaba entre los héroes semidioses. A Europa se lo había dado el Crónida para ser el guardián de la isla, y daba tres veces a Creta la vuelta con sus broncíneos pies. Lo demás de su cuerpo y sus miembros hecho estaba, en verdad, de bronce, y era irrompible, mas tenía, por debajo del tendón, una vena henchida de sangre en el tobillo, y a esta le daba sostén justamente su fina membrana, la frontera entre la vida y la muerte[45].

Conocemos la «raza de bronce» por Hesíodo, que resalta su fortaleza: «otra tercera estirpe de hombres de voz articulada creó Zeus padre, de bronce. [...] Eran terribles; una gran fuerza y manos invencibles nacían de sus hombros sobre robustos miembros»[46].

---

[43] Véase M. Levy, *Toutes ces choses qu'on ne s'est pas dites*, p. 67.

[44] Autómatas los ha habido en todos los tiempos; el lector leerá con gusto la *Antología de autómatas en los libros de caballerías castellanos*, de J. Duce García, donde cohabitan caballos articulados, águilas igníferas, árboles neumáticos y guardianes palaciegos, introducidos en la trama de los libros medievales «para poner de manifiesto las supremas cualidades de los personajes [...] predestinados para la obtención de las mayores glorias», p. XV; no es igual medirse con un caballero ordinario que con un artefacto maravilloso.

[45] Apolonio de Rodas, *Las Argonáuticas*, IV, vv. 1.638-1.648, M. Pérez López (ed.), pp. 365-366. Dicte es un monte de Creta.

[46] Hesíodo, *Trabajos y días*, vv. 143-149, en *Obras y fragmentos*, A. Pérez Jiménez (trad.), pp. 131-132.

Junto al bronce, principal componente del monstruo, un diminuto órgano, esa vena que irriga su cuerpo; sin ella, solo sería una máquina, con ella es un cíborg. Y por ella es vulnerable: en este episodio de las *Argonáuticas*, la maga Medea, que acompaña a los argonautas, lanza contra él «invisibles fantasmas» (mal de ojo) y lo confunde de modo que Talos tropieza con su tobillo contra una roca. De la herida fluye de inmediato el icor (ἰχώρ, que hace las veces de sangre divina) y el gigante se derrumba con estrépito (véanse vv. 1.651-1.688).

A diferencia de Galatea y Frankenstein –creados por una diosa o un científico poseído–, gólems, robots, cíborgs, androides y autómatas son hechura humana y pertenecientes al reino de la fantasía o de la ciencia ficción, no del mito.

El acrónimo del cíborg (CYBernetic ORGanism) fue acuñado en 1960; designaba entonces una criatura compuesta de materia mecánica y materia orgánica, un ser humano destinado a sobrevivir en un entorno extraterrestre. Más tarde el cíborg entró en la ciencia ficción con Darth Vader en *La guerra de las galaxias* o los personajes epónimos de *Terminator* y *RoboCop*[47].

Entre sus temas (mitemas, si hubiera trascendencia sagrada) se encuentran el hombre máquina o la mecanización humana y la sublevación del objeto contra su fabricante[48]. Dotado de fuerza y facultades sobrehumanas, inmunidad y autorregeneración, el cíborg es un preludio de épocas futuras anunciadas por el poshumanismo.

En la estela de la biopolítica de Foucault se sitúa el cíborg según Dona Haraway. La investigadora estadounidense instituye este híbrido de materia mecánica y orgánica como un «irónico mito político» representativo del feminismo, socialismo y materialismo contemporáneos, una imagen condensada de nuestra realidad social y corporal[49]. Tanto el cíborg de Haraway como el mito coinciden en la «transgresión de los límites» («my cyborg myth is about transgressed boundaries», p. 14). Ahí acaba toda semejanza. Es más, este alegato por un «mundo sin género, […] sin génesis y sin final» es una propuesta antimítica (no en vano son rechazados explícitamente los relatos míticos del origen y el término de Adán según el Génesis). Al margen del interés que pueda presentar esta concepción del ser humano, el manifiesto de Haraway es, en lo tocante al campo del mito, un ejemplo de metáfora barata o torpeza terminológica.

Con posterioridad a Foucault y Haraway, en nuestros días han ganado adeptos las proclamas del poshumanismo: no se trata ya de saber qué es el ser humano, sino de saber qué puede llegar a ser, una vez suprimidos los límites que ahora lo condicionan, e, incluso,

---

[47] *La guerra de las galaxias* (*Star Wars: IV*, G. Lucas, 1977). Preguntado si es «una máquina, como un robot», Terminator responde: «No un robot. Un cíborg – organismo cibernético»; *The Terminator* (J. Cameron, 1984); y en otra cinta: «Soy un organismo cibernético. Tejido viviente sobre endoesqueleto metático»; *Terminator 2* (J. Cameron, 1991). En *RoboCop* (P. Verhoeven, 1987), apenas Murphy es declarado muerto en un hospital, los empleados de la corporación Omni Consumer Products recogen sus miembros mutilados y los reconstruyen para que el cíborg restaure la confianza ciudadana y proteja al inocente. La palabra cíborg es mentada una vez en la cinta: «¡Es un cíborg, idiota!».

[48] El elenco temático del cíborg es numéricamente proporcional a las posibilidades de la ciencia: guerreros cíborg, reproducción cibernética, activación o desactivación corporal, clonación monstruosa, cibercolonización espacial, subrogación familiar, consoladores, microsiervos a medida, etc.; véase C. H. Gray, *Cyborg Citizen*, *passim*.

[49] «ironic political myth», D. Haraway, *Cyborg Manifesto*, en *Manifestly Haraway*, p. 5; véase A. Gallinal, «Cíborg: el mito post-humano», pp. 62-65.

dejar de serlo para ser algo aún desconocido. Esta filosofía pone su énfasis en los valores posmodernos: da por finiquitado el ser humano según el humanismo tradicional y la modernidad. El hombre no es considerado como un sujeto biológico separado del cosmos, sino «trenzado en la malla del mundo más que humano»[50], en el que todas las materias (todos los cuerpos) se encuentran interconectadas. De ahí el concepto basilar de transcorporalidad, que abraza seres humanos, sistemas ecológicos, agentes químicos y tecnología cibernética en una red de relaciones marcada por la horizontalidad y no, como en el universo mitológico, por la verticalidad. Más allá de los proyectos empíricos diseñados para «experimentar qué son capaces de hacer los actuales cuerpos modificados biotecnológicamente», la «teoría poshumana» propugna una «aproximación vitalista a la materia» (aquí denominada *bios* o *zoe*) enfrentada a «la lógica del capitalismo avanzado»[51]. No salimos de los estrechos materialismos de la inmanencia (capitalista, marxista o nietzscheana) que han marcado la modernidad occidental; ahí, el mito no encuentra acomodo.

Llegamos así a uno de los términos más controvertidos. La inteligencia artificial puede contarse entre los «mitos» del progreso social: erróneamente atribuida a varios inventos de la Antigüedad apenas enunciados (entonces no se manejaba esta noción) y a un proceso formal de nuestra mente (silogismos, algoritmos, escolástica, incluidas las teorías de Ramón Llull y Leibniz), el término fue acuñado por John McCarthy en 1956. Desde la fundación, al año siguiente, del Laboratorio de Inteligencia Artificial del MIT, el concepto ha experimentado un auge ingente pautado por periodos de escepticismo estatal y empresarial. Básicamente, consiste en la producción de máquinas capaces de aplicar los procesos propios del pensamiento humano. Aviso a navegantes: no se trata solo de ingeniar artefactos capaces de hacer más rápidamente lo que nosotros hacemos (esto ya lo ejecutan los robots y las computadoras), sino de hacerlo «humanamente», esto es, reconocer patrones de conducta, diagnosticar enfermedades, etcétera.

---

[50] S. Alaimo, *Bodily Natures*, p. 2. Liberado de las trabas espacio-temporales de nuestra condición, el ser poshumano sería un «dios poshumano», como algunos críticos en la red han aventurado sobre Dr. Manhattan (hipóstasis fantasiosa del científico Jon Osterman) en la cinta *Watchmen* (Z. Snyder, 2009); pero la crítica académica ha mostrado que una manera de pensar y experimentar diferente a la humana solo sugiere qué es «la identidad poshumana», L. R. Rutski, «Technologies», p. 191. En efecto, el mismo Dr. Manhattan niega su estatuto divino: «Le digo a Janey que no creo que haya un dios, y que, si lo hay, yo no soy como él».

[51] R. Braidotti, *Lo posthumano*, p. 77. Hablando en propiedad, no es posible confundir poshumanismo y transhumanismo, cuya disimilitud aparece claramente marcada por el prefijo. A diferencia del *pos*humanismo, el *trans*humanismo constata y promueve una transición en curso desde los estadios más elementales del ser humano; el lenguaje mismo y su escritura son mojones evidentes del mejoramiento transhumano. El ingenio ideado por Dédalo para huir de Creta en compañía de su hijo Ícaro (Ovidio, *Obra amatoria II: El arte de amar*, II, vv. 21-98) da alas a la imaginación científica: desde hace unas décadas ha adquirido protagonismo el transhumanismo tecnológico, destinado al uso de biotecnologías para mejorar nuestra naturaleza; por ejemplo, recurrir a procesos tecnológicos conducentes a adquirir control sobre emociones desbocadas. De otro tenor es el supuesto transhumanismo que propone el uso de biotecnologías para sustituir nuestra naturaleza por un concepto erróneo de cultura; por ejemplo, recurrir a procesos tecnológicos conducentes a disfrutar todos los beneficios del amor sin experimentar ningún efecto potencialmente desagradable (frustración, desesperanza): sin dolor no hay amor. En el terreno de la ciencia ficción, la serie *Upload* anteriormente mencionada sería un buen ejemplo sobre una propuesta relativa a la muerte. Aquí ya solo cabe hablar de poshumanismo; véase M. Hauskeller, *Mythologies of Transhumanism*, pp. 127-130.

Valgan los verbos reconocer y diagnosticar, ambos procedentes de la misma raíz de la palabra «gnosis» (γνῶσις, 'conocimiento'), para dar una idea de la problemática: solo los seres dotados de inteligencia y voluntad (Dios, dioses, ángeles, diablos, demonios, hombres) pueden conocer mediante la abstracción y tener libre albedrío. Al margen de esos seres inteligentes y libres se encuentran otros: animales, vegetales, materia inerte, que debemos cuidar y respetar, pero marginales desde el punto de vista intelectivo-volitivo. Precisamente en este otro margen se encuentran los artefactos. Si uno de ellos adquiere vida inteligente, entra, según los casos, en el terreno del mito o de la ciencia ficción (monstruo de Frankenstein, cíborg, androide). Si no la adquiere, se queda en artefacto, que, por supuesto, erróneamente recibirá el nombre de «mito» por su aptitud para embelesar la imaginación.

No solo la imaginación: también el resto de nuestras facultades. Cada vez son más numerosas las producciones artísticas que abordan el paso ulterior: producir máquinas capaces de aplicar nuestros procesos emocionales e, incluso, volitivos. Es el ambicioso reto del profesor Hobby a sus colaboradores en la película *Artificial Intelligence* (S. Spielberg, 2001): «Propongo que construyamos un robot que pueda amar» («I propose that we build a robot, who can love»). Más allá de simular artificialmente las reacciones sensitivas del amor, el científico persigue fabricar un robot mecánico *(mecha)* que ame «genuinamente» y «para siempre», como los humanos *(orga)*. Esta apuesta toma cuerpo cuando David, un producto exteriormente idéntico a un niño, es adquirido por Monica, una desolada madre cuyo hijo Martin se encuentra en estado de animación suspendida debido a una enfermedad rara. Nada parece augurar una sustitución feliz, pero el humanoide vence todas las reticencias y acaba robando el corazón de su «madre»; hasta que dos contratiempos, sobrevenidos tras el regreso de Martin, obligan a una angustiosa separación. David comienza entonces una búsqueda atribulada del Hada Azul, la misma que en el cuento recitado cada noche por Monica confería la vida a Pinocho[52]. El robot niño llega así hasta el profesor, que constata asombrado los progresos alcanzados por su producto: animado por su deseo, se ha puesto en camino hacia un hada madrina inexistente; ha hecho como todos los humanos, que sueñan con hacer realidad cosas inexistentes. Más aún: David ha ejecutado este proceso de manera autónoma (cfr. «most remarkable of all, no one taught you how»). Este robot no es una máquina como las demás –artefactos facilitadores o multiplicadores de nuestra tarea–, sino como nosotros, que soñamos entidades imposibles. La película bascula así entre la ciencia ficción y la fantasía. De hecho, las secuencias finales (en el cuarto milenio d.C.) muestran que el temor de la especie humana (la suplantación de los *orga* por los *mecha*) era fundado. Los mecanismos han evolucionado hasta el punto de poder extraer de la memoria del niño su amor por Monica[53]. Evolución científica y moral; paraciencia y fantasía van a menudo unidas.

---

[52] «El Hada Azul convirtió a Pinocho en un niño real. Puede convertirme a mí en un niño real. Tengo que encontrarla para llegar a ser real», confía David al muñeco Teddy que lo acompaña en su odisea; «The Blue Fairy made Pinocchio into a real boy. She can make me into a real boy. I must find her, so I can become real». Toda la película juega con la distorsión ilusoria en la mente del espectador; desde que Monica activara el protocolo de inicio, el objeto mecánico se comporta casi exactamente como un humano.

[53] Este tipo de suplantación de memoria real por virtual y viceversa se ha extendido en la ficción contemporánea hasta zonas fronterizas con el mito. Al final de la película *Oblivion* (J. Kosinski, 2013),

De modo paralelo a la quimera de crear nuevos seres humanos corren otras simulaciones generadoras de vertiginosos espejismos sobre las competencias del ser humano. Así, la escritura digital es vista por algunos críticos como un paso intermedio entre el modelo de Prometeo y del cíborg, entre la creación digital a partir de la tradición analógica y la integración de capacidades humanas y dispositivos cibernéticos[54]. Craso error. Similares extrapolaciones se han avanzado sobre los asistentes personales inteligentes: Siri, Alexa o Cortana estarían convirtiéndose en «mitos populares»[55]; el grado de perfección alcanzado en la «comprensión» de los deseos y ansiedades del usuario los asemeja a los *ushebtis* egipcios o a los *terafines* hebreos, idolillos con virtualidades oraculares, mágicas o apotropaicas según los casos. Ni vivificación ni animación; pura metáfora: a esta figura retórica alude Teresa López-Pellisa cuando describe la «metástasis de los simulacros», dispositivos de realidad virtual que proliferan hasta desvirtuar «el concepto de realidad»[56]. Estamos ante un fascinante señuelo para atraer al consumidor, no ante un fenómeno mítico. En el fondo, el problema es lingüístico: inteligencia artificial (otro tanto cabe decir de la emoción artificial) es un hermoso y fascinante oxímoron.

LA CRISIS DEL MITO

La estructura de los mitos, basada en elementos invariantes temáticos con razón mítica, no es incombustible: corre diversos riesgos en el panorama literario: distorsión, subversión, desaparición. ¿Qué significa esto?

El devenir del mito está siempre expuesto a una crisis: no es inmune a las vicisitudes que afectan a cada cultura, a cada uno de los individuos que lo viven. El modo como el mito, gracias a su decurso en cada relato, reaccione a esa crisis desembocará en su resurgimiento, su degeneración o su defunción; por eso, las condiciones de adaptación de los mitos a las crisis que los amenazan son un elemento indispensable de la mitocrítica cultural.

Estas condiciones de adaptación están íntimamente relacionadas con los invariantes míticos o mitemas que configuran el esqueleto del mito, la estructura que imprime consistencia mítica al relato. Dicho gráficamente: el mito nunca se manifiesta en hueso, sino siempre en forma carnal, envuelto en la piel de los fenómenos culturales, religiosos, antropológicos y sociológicos, y sabiamente construido mediante recursos artísticos o literarios. Es decir, los mitemas son indisociables de las combinaciones que ellos mismos establecen entre sí, al modo como toda nuestra estructura corporal está recubierta por la fascia, ese tejido conectivo que envuelve, protege y da forma al organismo.

Hemos visto someramente algunas de estas relaciones combinatorias entre los mitemas (concretamente, la coposesión en sus variantes de pertinencia y complementarie-

---

Sally amonesta a Jack: «Te he creado, Jack. ¡Soy tu Dios!»; «I created you, Jack. I am your God!». Pero el técnico, que ya ha descubierto la farsa –Sally solo es una inteligencia artificial alienígena y no su antigua directora–, explosiona la bomba e impide la invasión definitiva de la Tierra.

[54] Véase D. Romero López, «*Beyond the Fence,* de Pablo Gervás», p. 618.

[55] S. Cohen, «The Oracle in Your Pocket: The Mythology of Siri», p. 167.

[56] T. López-Pellisa, *Patologías de la realidad virtual*, pp. 99-100.

dad); pasemos ahora al análisis de las diversas crisis que amenazan a los mitos como consecuencia de la alteración de esas relaciones.

Existen diversos tipos de crisis mitológica en función de los mitemas. Aquí señalaré tres:

1. La modificación relativa de los elementos constitutivos o invariantes de un mito provoca su distorsión. En estos casos, el mito es fácilmente reconocible.
2. La inversión de los elementos constitutivos de un mito provoca su subversión. El mito modifica sensiblemente su apariencia.
3. La modificación absoluta e incluso la supresión de algunos elementos constitutivos de un mito provocan consecuencias variadas según los casos: mutación, desaparición, desmitificación, etcétera.

Al margen de la crisis que afecta a determinados mitos, en función de su estructura interna, se encuentra otra problemática: la crisis del mito en sí, particularmente notoria en la posmodernidad. En la actualidad, la creación literaria y artística suele rechazar la dimensión trascendente como sustento del texto; a decir verdad, el problema no es tanto del mito como de la misma contemporaneidad, de su cuestionamiento de la creación artística, el autor, el personaje e incluso el lector. El mito, a pesar de esta crisis, perdura de una manera u otra.

En lo tocante al esqueleto mítico, las remodelaciones de los elementos invariantes son habituales, pero raramente universales. El universo mitológico es inmenso y los mitemas singulares se prestan con facilidad a retoques parciales. El *modus operandi* de la creación literaria y artística se caracteriza, sobre todo en la modernidad, por la heterodoxa renovación (raramente destrucción global) de los cánones heredados. En realidad, la historia de la mitología es una continua variación en torno a los elementos míticos constitutivos. Veremos que el mito, casi siempre, es menos frágil de lo que parece.

Pasemos a estudiar esta tipología de crisis de los mitos según modificaciones relativas y absolutas de los mitemas[57].

Modificación de mitemas: distorsión del mito

Centraré este caso en la espiritualidad angélica conferida por la divinidad. En nuestro entorno occidental, el ángel sigue siendo mensajero y colaborador de los hombres, pero abandona algunas características propias del ángel judío o cristiano y adopta otras

---

[57] Esta tipología no es la única. L. Martínez-Falero desarrolla una interesante teoría sobre las modalidades de reescritura en función de la «descontextualización de los arquetipos o relatos mitológicos»: 1) reescritura por adición de mitemas (*Doktor Faustus* de Thomas Mann), 2) reescritura por combinación de mitemas (adopción de rasgos de Lilit o Eva adaptados para el tipo decimonónico de mujer fatal), 3) reescritura por subversión de mitemas (*Le Virgile travesti* de Paul Scarron), 4) reescritura por analogía respecto de la estructura del relato (*El Aleph* de Borges) y 5) reescritura por analogía respecto de la trama del relato (*Diálogo secreto* de Buero Vallejo respecto a *Las hilanderas* de Velázquez); véase «Literatura y mito: desmitificación, intertextualidad, reescritura», pp. 492-493.

de nuestra época: así, los ángeles actuales son seres espirituales dotados de cuerpo, en plena sintonía con el movimiento New Age.

Podría argüirse que esta materialización del ángel implica una modificación absoluta de un elemento invariante, una desaparición del mito angélico. Ciertamente, según el pensamiento judeocristiano los ángeles son seres creados dotados exclusivamente de sustancia espiritual, superiores al hombre e inferiores a Dios, que ejercen determinados ministerios. Los ángeles, según el Aquinate, aun cuando no tengan cuerpo como nosotros, no son espíritus puros, pues, a diferencia de Dios, en ellos hay composición[58]. Pero no podemos confundir una opinión teológica, posteriormente asumida como definición dogmática por la Iglesia católica, con el desarrollo mítico del ángel. No podemos confundir ni la angelología ni el tema del ángel con el mito del ángel.

Desde tiempos antiquísimos, los ángeles eran concebidos como seres espirituales dotados de materia. Esta creencia era común incluso entre no pocos Padres de la Iglesia, tanto de Oriente como de Occidente. El hecho de que nuestro tiempo siga identificando a los ángeles al margen de su composición material o espiritual nos ilumina sobre el carácter variable de este elemento en el terreno mítico: la espiritualidad absoluta, en sentido teológico, no es un mitema del ángel.

Lo cual no impide que en este mito la espiritualidad sea preponderante sobre la materialidad (al modo como en el hombre lobo prevalece la naturaleza lupina sobre la apariencia humana). Es más: el carácter mítico del ángel se basa en su predominancia espiritual, como lo pone de manifiesto su iconografía: habitualmente es representado con alas (caracterización adquirida en Babilonia, en tiempos del exilio judío), que le dan ligereza y capacidad de desplazarse sin los condicionamientos materiales de los seres humanos (pesadez, lentitud, imposibilidad de penetrar la materia). Este predominio espiritual sí que es un elemento estructural invariante del mito, como también su cometido para ejercer determinados ministerios: salva de peligros extremos, transmite mensajes, predice el futuro, etc. Cualquier modificación sustancial de estos elementos invariantes (espiritualidad, ayuda, mensaje o misión) sí constituiría una desaparición del mito angélico.

Así, los ángeles contemporáneos no se desprenden de sus atributos ni de sus misiones, pero estos mitemas sufren una modificación relativa. A este propósito, resulta muy ilustrativa la película *Michael* (N. Ephron, 1996). Evidentemente, el gusto por el vino y las mujeres de este arcángel lo alejan de su estereotipo religioso, pero su nombre (el del principal arcángel), sus alas (aunque mugrientas) y su misión (arreglar corazones rotos) bastan para posicionarlo dentro del mundo mítico. La película distorsiona en parte el mito

---

[58] «Si bien en el ángel no hay composición de forma y materia, hay, sin embargo, la de acto y potencia, cual se pone de manifiesto partiendo del estudio de los seres naturales, que tienen una doble composición. La primera que vemos es la de materia y forma, de las cuales resulta una naturaleza determinada. Mas la naturaleza, de este modo compuesta, no es su ser, sino que el ser es su acto, por lo cual se compara con su ser como la potencia con el acto», Tomás de Aquino, *Suma teológica*, *De angelis*, I, q. 50, a. 2, *Ad tertium*, R. Suárez (trad.), p. 93. La Congregación de Estudios promulgó, el 27 de julio de 1914, las 24 tesis tomistas, entre las que se encuentra la relativa a esta composición corporal: «La criatura corporal está compuesta de potencia y acto en cuanto a su misma esencia; esta potencia y este acto de orden esencial reciben los nombres de materia y forma», *Enchiridion symbolorum definitionum et declarationum*, H. Denzinger y A. Schönmetzer (eds.), epígrafe 3.608, p. 698; véase Pío X, *Motu proprio «Doctoris Angelici»*, de 29 de junio de 1914.

tradicional, pero no lo hace irreconocible. Lo mismo podría decirse de Dudley, el ángel enviado al reverendo Henry Biggs para sacarlo de sus apuros familiares y financieros en la película *La mujer del predicador* (*The Preacher's Wife*, P. Marshall, 1996). Poco importa aquí que, atraído por Julia, la hermosa mujer de Henry, Dudley casi yerre en su propósito: su faceta espiritual conferida por Dios (el mitema de su misión angélica) acaba por imponerse.

Preguntada sobre los espíritus angélicos en su película *Michael*, Nora Ephron responde: «Creo que los ángeles se han convertido en una encarnación del destino, del amor, y en una necesidad de creer que hay un Dios y de que Dios se ocupa de los detalles»[59]. La combinación de espíritu y materia, particularmente relevante en esta «encarnación» de los ángeles, es una modificación liviana propia de nuestra época, un cambio relativo que no les impide cumplimentar su misión: poner a los hombres en contacto con la divinidad.

Inversión de mitemas: subversión del mito

Con el fin de mostrar el carácter refractario del mito, que resiste fuertes embates contra sus elementos invariantes, veremos ahora una variación de talla: el mito subvertido. Traigo a colación dos ejemplos de subversión: uno antiguo (Pigmalión) y uno medieval (el Grial).

I. Pigmalión asesinado

Al despertarse de su sueño, el rey de Chipre vio que sus ruegos habían alcanzado el beneplácito de Venus: a su lado yacía, viva, una mujer «semejante a la joven de marfil» que sus manos habían esculpido[60]. Los elementos invariantes son claros: la respuesta de la divinidad e, íntimamente ligada a ella, la vivificación de la estatua (cuyo nombre no recibe hasta el siglo XVIII). En la versión ovidiana, al tomar vida y sentir los besos del enamorado escultor, la joven se ruboriza; seguidamente ambos se casan y de esta unión nace Pafos.

Es sintomático que el texto latino no hable del amor de Galatea por Pigmalión: su correspondencia amorosa no es elemento indispensable de este mito. De hecho, las diferentes versiones modernas, que no desarrollan el mito, profundizan en la imposibilidad del amor entre el artista y su obra. En *Pigmalión* de Shaw (1912), Eliza rechaza el amor del profesor Higgins y opta por el pobre Freddy[61]. Las adaptaciones cinematográficas divergen en la relación final entre los protagonistas, deliberadamente ambigua o con *happy ending* según los casos: *Pygmalion* (A. Asquith y L. Howard, 1938) y la película musical *My Fair Lady* (G. Cukor, 1964).

---

[59] «I think angels have become the embodiment of fate, and love, and a need to believe that there is a God and that God cares about the details», *The Morning Call*, Allentown, PA, 21 de diciembre de 1996.

[60] Cfr. «"sit coniunx […] similis […] eburnæ"», Ovidio, *Metamorfosis*, X, vv. 275-276, A. Ruiz de Elvira (trad.), t. II, p. 184.

[61] Cfr. «Unless Freddy is biologically repulsive to her, and Higgins biologically attractive to a degree that overwhelms all her other instincts, she will, if she marries either of them, marry Freddy. And that is just what Eliza did», G. B. Shaw, *Pygmalion*, V, D. H. Laurence (ed.), p. 138.

Aquí me detendré brevemente en otra versión del mito: la pieza de teatro *El señor de Pigmalión* de Jacinto Grau (1921). Pigmalión, artista y dueño de una compañía de muñecos, está enamorado de su muñeca Pomponina. Al presentarla a los directores del teatro, la víspera de la sesión pública, un duque se encapricha de ella y la convence para que huya con él. Todos los muñecos aprovechan la ocasión para escaparse de su despótico dueño. Pigmalión consigue recuperarlos, pero cae gravemente herido por una bala que le dispara el muñeco Urdemalas.

Al margen del prólogo dramatizado (una protesta contra el teatro comercial), la obra es fiel a la tradición del mitema principal: la vivificación de los muñecos. La propensión del artista y el duque hacia la muñeca entronca con el relato original al tiempo que añade verosimilitud a su vivificación. Pero la protagonista desecha tanto a su hacedor como al aristócrata y concede sus gracias al pretendiente menos pensado, el viejo Mingo. La indiferencia amorosa que Eliza sentía por Higgins se refleja en el odio de Pomponina hacia Pigmalión, prueba evidente de que la correspondencia amorosa de la criatura no es un mitema: Ovidio no fundamentaba este mito en el amor de Galatea.

La gran novedad reside en la muerte de Pigmalión a manos de sus figurines. Airados por la tiranía de su dueño, todos lo temen y odian, pero solo Urdemalas es capaz, haciendo honor a su nombre, de rebelarse: aprovechando un despiste de su amo, le dispara un tiro a bocajarro. Mientras se reincorpora del suelo dolorosamente, Pigmalión exclama estas palabras elocuentes:

> ¡No puedo!… ¡Me desangro, me muero solo, sin que nadie me auxilie!… Los dioses vencen eternamente, aniquilando al que quiere robarles su secreto… Iba a superar al ser humano, y mis primeros autómatas de ensayo me matan alevosamente… ¡Triste sino del hombre héroe, humillado continuamente hasta ahora, en su soberbia, por los propios fantoches de su fantasía!…[62]

Descubre entonces que no está solo: Juan el Tonto aún no se ha ido; para desgracia del artista: el muñeco lo remata de un golpe con la escopeta y desaparece de escena tras hacer visajes grotescos y restregándose las manos de contento.

La subversión del mito es total: la criatura mata al creador. Después de recibir el escopetazo del muñeco, «Pigmalión da con el busto pesadamente en tierra». La escena es simétricamente opuesta a la versión antigua del mito, donde Pigmalión se percataba de que el «busto» de mármol iba cobrando progresivamente vida.

Contrariamente a lo que cupiera esperar, el complejo mítico, aun parodiado, continúa sobrevolando la pieza; el texto remodela –con ribetes fantásticos– el mito de Pigmalión. La inversión absoluta del mitema de la animación no suprime el mito, lo deja en entredicho.

II. Un Grial empequeñecido

En *El cuento del Grial* de Chrétien de Troyes (*ca.* 1185), el caballero Perceval, hospedado en el castillo del Rey Pescador, asiste junto a su anfitrión a un curioso cortejo: mientras ambos cenan en una sala amplia, ante ellos desfila un paje con una lanza sangrante, seguido de otros dos con candelabros de oro y acompañados por una joven muy

---

[62] J. Grau, *El señor de Pigmalión*, a. III, escena última, p. 113.

elegantemente ataviada que lleva entre sus manos un grial (cuenco o vaso) de oro, con piedras preciosas engastadas, del que sale una claridad deslumbrante. Pasa la joven de la copa y, al igual que los tres pajes, se introduce en una habitación contigua. Tras ella pasa otra joven con una bandeja de plata para cortar carne. Perceval queda perplejo, pero no osa preguntar a quién sirven el grial, porque conserva en su corazón las palabras del gentilhombre Gornemant de Goort que le había aconsejado discreción. Más tarde, su prima, en el bosque, le revela su error y desgracia irreparables: de haber preguntado durante el cortejo a quién servían el grial, el rey enfermo habría recuperado la salud, el uso de sus miembros y el dominio de sus tierras. Tras cinco años de búsqueda del grial en vano, tres caballeros y seis damas penitentes conducen a Perceval hasta un ermitaño que le descubre el enigma: el grial contiene una hostia, único alimento que sostiene y fortifica al padre del Rey Pescador, su propio tío[63]. El sacramento eucarístico confiere la inmortalidad del alma; por metonimia, el vaso que lo contiene es sacralizado y se convierte así en mito eucarístico: el Santo Grial (ya con mayúscula).

En el Grial se funden tradiciones celtas (la maldición que oprime las tierras del rey malherido) y cristianas[64]. Muy pronto la copa de la última cena de Jesús adopta nuevas significaciones en las secuelas del Grial, todas redactadas entre los siglos XIII y XIV[65].

---

[63] Chrétien de Troyes, *Perceval ou le Conte du Graal*, M. Stanesco (ed.); véanse, respectivamente, pp. 141 (episodio de Gornemant de Goort), 147 (episodio de la prima en el bosque) y 195 (episodio del ermitaño).

[64] A ellas se añaden otras. Los gnósticos (probablemente bajo la influencia de Zósimo de Panópolis, siglos III-IV d.C.) creían que uno de los dioses originales había regalado a la humanidad una crátera en la que se sumergían quienes anhelaban un cambio espiritual; véase A. Stevens, *Ariadne's Clue*, p. 245. La relación entre el Grial y el esoterismo procede de las supuestas facultades del objeto sagrado, como el conocimiento oculto del cosmos ligado a la identificación de la *lapis exillis* del *Parzival* de Wolfram von Eschenbach con una esmeralda. Ya en nuestra época, el periodista Otto Rahn aseguró que los cátaros ocultaron la reliquia, objeto de luz, en el castillo de Montségur (Languedoc francés); allí se dirigió el Reichsführer Himmler, conocido por su afición ocultista. No faltan quienes lo asocian, como símbolo de transformación personal, con la piedra filosofal o, incluso, con el ciclo menstrual, como sostienen P. Redgrove y P. Shuttle en su libro *The Wise Wound: Menstruation and Everywoman* (1978); véase M. J. Vázquez Alonso, *Enciclopedia del esoterismo*, s/v 'Grial', p. 158.

[65] Enumero esquemáticamente las más importantes: 1) *Première Continuation* o *Continuation-Gauvain* (antes de 1200), donde el Grial se suspende en el aire mientras sirve a los convidados; 2) *Deuxième Continuation* o *Continuation-Perceval* (ca. 1205-1210, atribuida a Wauchier de Denain), donde el Grial desfila de nuevo ante Perceval, que esta vez sí plantea las preguntas y obtiene las respuestas, pero un pequeño defecto en el acabado de la espada le impide acceder al secreto del Grial; 3) *Troisième Continuation* o *Continuation-Manessier* (ca. 1227-1237), donde se renueva el cortejo del Grial, y donde el Rey Pescador explica a Perceval que la lanza es la utilizada por Longinos para atravesar el costado de Cristo y que el Grial había servido para recoger la sangre del crucificado; 4) *Quatrième Continuation* o *Continuation de Perceval* (ca. 1226-1230, de Gerbert de Montreuil), donde el héroe es instruido en los misterios del Grial y la lanza rota; véase *Encyclopédie de Brocéliande*, «Les Continuations versifiées du Conte du Graal». Otros cuatro textos relevantes: 1) *Roman de l'Estoire dou Graal* o *Joseph d'Arimathie* de Robert de Boron (ca. 1200), donde aprendemos que Joseph (hijo de José de Arimatea) y Bron transportaron el Grial a Bretaña; 2) *Petit Saint-Graal* o *Didot-Perceval* (ca. 1210), donde Merlín profetiza el fin del encantamiento que asola Gran Bretaña; 3) *Le Haut livre du Graal* o *Perlesvaus* (ca. 1191/1212 o 1230/1240), que aporta una explicación eucarística del Grial y lo asocia con la búsqueda y la esperanza del reino futuro; 4) la *Élucidation* (de principios del siglo XIII, ¿de Maître Blihis?), que sugiere una interpretación secreta del Grial, en la que se asocia la violación de una joven con el robo del vaso dorado, acontecimientos que acarrean múltiples desgracias. A todos ellos hay que añadir el ciclo en prosa *Lancelot-Graal*

Andando el tiempo, en *Le Morte d'Arthur* de Thomas Malory (*ca.* 1470), el rey Pelles se arrodilla ante el *Sangrail*, cuya pérdida, anuncia, acarreará la de la Tabla Redonda. Más adelante, en Camelot, el *Holy Grail* es introducido, cubierto por un tejido de brocado, en la sala donde se encuentran sir Launcelot y sir Galahad; tras dejarla repleta de exquisitos olores y los mejores manjares y bebidas que nadie pueda desear, el Grial súbitamente desaparece. Sir Gawain, maravillado, hace «el voto de salir sin demora en busca del Santo Grial»[66]. En tiempos más cercanos, el *Parsifal* de Wagner (1882) recupera el significado redentor del vaso sagrado y la santa lanza[67], custodiados «en el dominio y castillo del Grial, llamado *Montsalvat*, con el paisaje de las montañas del norte de la España gótica», según reza la escenografía de la ópera[68].

Los textos son innúmeros, pero estos bastan para captar los elementos invariantes del singular cuenco. Situado en un lugar utópico y un tiempo ahistórico (el del rey Arturo), el Grial entronca en sus orígenes con la pasión de Cristo (ora la última cena, ora la crucifixión). Gracias a su conexión con el redentor, el vaso sagrado materializa la unión de Cielo y tierra, como admirablemente bien ha demostrado Michel Stanesco a partir del episodio del cortejo en la obra de Chrétien: «será precisamente en ese espacio puro, en la unión de los universos de abajo y arriba, de aquí y allá, donde aparecerá el castillo del Grial, de donde pende el destino de un hombre y un mundo»[69]. De ahí el valor mirífico de esta copa, capaz de sanar las enfermedades físicas y espirituales. A modo de amuleto o, mejor, de talismán (del árabe *ṭelsam*, y del griego τέλεσμα, de τελέω, 'iniciar en los misterios'), el Grial simboliza un poder sobrenatural, tanto por el material de que está compuesto como por su contenido.

Esta fuerza del Grial, facultad real o efecto apotropaico, lo convierte en vaso anhelado, en desencadenante de una búsqueda caballeresca de carácter iniciático. Conviene

---

o Ciclo de la Vulgata (*Estoire del Saint Graal, Estoire de Merlin, Lancelot propre, Queste del Saint Graal, La Mort du roi Arthur* (*Mort Artu*, 1215/1235), el *Tristan en prose* (*ca.* 1259), que concluye la búsqueda del Grial, el ciclo *Post-Vulgate*, las *Demandas* ibéricas, etc. Véanse J. Markale, *The Grail*, pp. 65-66 y 100-101, y E. Bozoky, *Les Secrets du Graal*, pp. 14-63. Sobre la fortuna del Grial en sus dos grandes tradiciones germánicas (una cristiana, otra profana), véase D. Buschinger, *Le Graal dans les pays de langue allemande*.

[66] «Wherefore I will make here avow, that tomorn, without longer abiding, I shall labour in the quest of the Sangrail», T. Malory, *Le Morte d'Arthur*, XIII, VII, J. Cowen (ed.), II, p. 248. El título original del texto es *The Whole Book of King Arthur and His Noble Knights of the Round Table*.

[67] [Gurnemanz:] «Titurel, el piadoso héroe, [...] en la noche vio descender los ángeles que del cielo traían, como un mensaje, sagradas reliquias, emblemas de la Pasión. El Cáliz Sagrado de la Última Cena, que en la Cruz recogió la Sangre Divina así como la lanza que la vertió. Tales recuerdos sagrados, en custodia, a nuestro rey le fueron dados», a. I; «Titurel, der fromme Held, / [...] ihm neigten sich in heilig ernster Nacht / dereinst des Heilands selige Boten; / daraus er trank beim letzten Liebesmahle, / das Weihgefäß, die heilig edle Schale, / darein am Kreuz / sein göttlich' Blut auch floß, / dazu den Lanzenspeer, der dies vergoß - der Zeugengüter höchstes Wundergut - das gaben sie in unsres Königs Hut», Wagner, *Parsifal* [http://www.kareol.es/index.htm].

[68] «Ort der Handlung: Auf dem Gebiete und in der Burg der Gralshüter Monsalvat. Gegend im Charakter der nördlichen Gebirge des gotischen Spaniens», *ibid*. Wagner toma el nombre de Montsalvat del *Parzival* de Wolfram von Eschenbach («Munsalwäsche»). Sobre la localización del castillo, véase R. Hennig, *Grandes enigmas del universo*, A. Sabrido (trad.), pp. 439-446.

[69] «ce sera précisément dans cet espace épuré, à la jonction des univers d'en bas et d'en haut, d'ici et d'ailleurs, qu'apparaîtra le château du Graal, où se jouera le destin d'un homme comme celui d'un monde», Chrétien de Troyes, *Perceval ou le Conte du Graal*, M. Stanesco (ed.), p. 9.

remachar que el apetito por el Grial no desata una serie de aventuras sin más; no es solo un «tema» estructurante de una intriga: comprende una búsqueda mítica, en la que un *viator* descubre, mediante una serie de aventuras extraordinarias, su propia identidad y se convierte en *miles*, en soldado, del tipo semejante a san Jorge o san Miguel, iconos del caballero solar vencedor del dragón, creatura ctónica del mal. El Grial es una reliquia crístico-celta, objeto de deseo por sus virtudes sobrenaturales y/o mágicas.

Las innumerables interpretaciones heterodoxas sobre el Grial de Chrétien se han topado con no pocos detractores. Así, Dubost lamenta la obsesión de esas lecturas por buscar un sentido simbólico, arquetípico, histórico, alquímico, paralitúrgico, etc., ajeno al texto y al contexto originales, «como si se impidiera al texto el derecho a ser autosuficiente», exclama, y no una «alegoría cultural de las posiciones más innovadoras de la filosofía medieval»[70]. Pienso que, a condición de respetar los textos y utilizar una metodología sana, siempre habrá interpretaciones enriquecedoras. Acojamos más bien la queja como acicate para fundamentar, sobre bases sólidas, una mitocrítica cultural.

Podemos sintetizar así los mitemas del Grial: cuenco contenedor y/o designador de un cuerpo extraordinario (Jesucristo, perfecto hombre, hipostáticamente unido a la divinidad), otorgación de la inmortalidad material y/o espiritual mediante la consumición o la posesión, búsqueda iniciática conducente a la comprensión de la propia identidad en sintonía con caballeros ultramundanos (el mismo Arturo, moribundo tras la batalla de Camlann, es llevado por su hermana, el hada Morgana, a la isla de Avalón, de donde retornará para reunir Gran Bretaña[71]). La combinación de estos mitemas en forma de relato desemboca en un mito: asistimos a varios acontecimientos extraordinarios de carácter trascendente y sagrado que remiten a una cosmogonía y a una escatología absolutas.

Otros elementos espurios pueden agregarse a la tradición mítica. En el *Parzival* de Wolfram von Eschenbach (*ca.* 1210), el Grial es una piedra bajada del Cielo que, además de dispensar alimento y bebida a voluntad, regenera la belleza de la juventud en sus guardianes puros. El *Cuarto libro* de Rabelais (1552) lo parodia cuando la Reina de

---

[70] F. Dubost, *Le Conte du Graal, ou l'art de faire signe*, pp. 160 y 184.

[71] Aquí tiene su origen la «esperanza británica» («British Hope»). A la isla de Avalón (Avallun, Avallach), «insula Avallonis», es llevado el rey Arturo tras morir o ser mortalmente herido en la batalla de Camlann; también en esta isla es forjada su espada Excálibur; véase Godofredo de Monmouth, *History of the Kings of Britain (Historia regum Britanniæ)*, libros IX y XI, S. Evans (trad.), pp. 188 y 236, respectivamente. La isla debe su nombre a «Avalloc», un lugar rico en manzanas («apples»), según la *Gesta Regum Anglorum* (*ca.* 1125) y *De Antiquitate Glastoniensis Ecclesiae* (1129-1135) de Guillermo (William) de Malmesbury, lo que explica que Godofredo de Monmouth denomine la isla como «Isla afortunada de las manzanas» («Insula Pomorum quæ Fortunata vocatur»), en su *Vita Merlini*, v. 908, en *Vie de Merlin*, F. Michel y T. Wright (eds.), p. 36. El nombre también se relaciona con el rey Avallo, que curó a Arturo de sus heridas, según un antiguo texto latino anónimo; véanse R. S. Loomis, *The Grail*, pp. 252 y 257; *Celtic Myth and Arthurian Romance*, p. 191; J. Markale, *The Grail*, p. 108; F. Lot, *The Matter of Britain, Isle of Avalon, King Arthur and the works of Geoffrey of Monmouth*; C. Alvar, *Breve diccionario artúrico*, pp. 19-20, y E. Crespi, *Personajes y temas del Graal*, pp. 44-45. El uso referencial de la isla desprovista de su significado primigenio es común en nuestros días para connotar la ausencia de coordenadas espaciales: la amada, que en la carátula del álbum de Roxy Music (*Avalon*, 1982) lleva un casco medieval y sostiene un alcón en su mano cubierta de un guante de cetrería, sale de ningún sitio («out of nowhere») y va sin saber a dónde («and your destination you don't know»); Avalon se llama la nave que ocasionalmente resulta «varada» («stranded») en la infinidad del espacio en la película *Passengers* (M. Tyldum, 2016); no en vano el camarero androide se llama Arthur.

las Morcillas explica que la mostaza para sus siervos es «su Santo Grial y Bálsamo celeste»[72]. Salta a la vista la distorsión de los mitemas primigenios: por subvertido que sea, no desaparece.

En el siglo XX, *El rey pescador* de Julien Gracq (1948) presenta a Amfortas, «rey del Grial», presa de la enfermedad que le ha infligido el mago Clingsor, y a Perceval, caballero decidido a recuperarlo:

> En el mundo hay un tesoro cautivo en un castillo encantado, –Corbenic– un objeto maravilloso, el Grial. Los ojos de quien lo ve se abren, y sus oídos oyen, y él comprende el coro de los mundos y el lenguaje de los pájaros. [...] Solo a uno se le ha dado conquistar el Grial, si es lo bastante puro y sabio y si, llegado a su presencia tras largas aventuras, sabe plantear la única pregunta que libera. ¡Yo quiero ser ese![73].

El mirífico objeto («pan de los fuertes, luz de los ángeles, sustancia y alegría del alma») es una imagen de la plenitud y la felicidad humanas. En consonancia con el universo de la alquimia, el Grial se convierte en prenda de inmortalidad corporal y adquiere derivadas herméticas. El esoterismo del Grial, motivado por sus derivadas paganas, concita una ambigüedad de sentido.

En esta línea, *Indiana Jones y la última cruzada* (*Indiana Jones and the Last Crusade*, S. Spielberg, 1989) reúne todos los componentes para un caldo de cultivo mistérico. Indiana (Indy) parte en busca de Henry Jones, su padre, un académico desaparecido durante su investigación sobre el Grial. El protagonista y Elsa están a punto de morir cuando la Hermandad de la Espada Cruciforme, la sociedad secreta que protege el Grial frente a los impuros, prende fuego a unas catacumbas. Gracias a uno de estos caballeros, Indy encuentra a su padre, que había sido raptado por los nazis para que los condujera hasta el Grial. Se suceden arriesgadas aventuras hasta que Henry es mortalmente herido: finalmente lo salva el agua que bebe del Grial, antes de que el templo se derrumbe y la copa desaparezca en el abismo. La película de Spielberg recupera los elementos invariantes primigenios (la reliquia cristiana, sus facultades sobrenaturales, la búsqueda y el deseo de posesión por motivos espirituales) y añade importancia a la significación esotérica.

Saltan a la vista las inversiones operadas en el mito del Grial. En las versiones medievales, las originales metonimia (designación del cuerpo o la sangre de Jesucristo –el contenido– por el vaso –el continente–) y metáfora (aplicación del carácter sagrado al

---

[72] «La royne respondit que moustarde estoit leur Sangreal et Bausme celeste», F. Rabelais, *Le Quart Livre*, XLII, J. Céard *et al.* (eds.), p. 1.095. No se trata del continente (el vaso en el que José de Arimatea recogió la sangre de Cristo en el Gólgota), sino del contenido, ora la sangre real, de rey («sanguis regalis»), ora la sangre real, de realidad («sanguis realis»), o ambas incluso. Con esta superchería etimológica, Rabelais evoca el vino de la última cena (la sangre real de Cristo, en sus dos acepciones), esto es, la eucaristía, en tanto que el bálsamo celeste designa el «pan de vida» (del que el maná era figura en Ex 16, 4); puesto que las morcillas («andouilles») simbolizan el carnaval, los poderes «curativos» y «vivificantes» de la mostaza son una crítica irreverente de los sacramentos.

[73] «Il est dans le monde un trésor captif dans un château enchanté, –Corbenic– un objet de grande merveille, le Graal. Pour qui le voit, ses yeux s'ouvrent et ses oreilles entendent, il comprend le chœur des mondes et le langage des oiseaux. [...] Mais à un seul il est donné de conquérir le Graal, s'il est assez pur et assez sage, et si parvenu après de longues aventures en sa présence, il sait poser la seule question qui délivre. Je veux être celui-là!», J. Gracq, *Le Roi pêcheur*, II, p. 59.

vaso por coposesión de semas tras la aplicación de la metonimia) desembocan en la gran derivada alegórica, también fundacional: la inmortalidad del alma de quien posee y custodia el Grial.

Las versiones contemporáneas invierten el sentido de esta alegoría: la inmortalidad no afecta al alma sino al cuerpo, cuando no a los bienes mundanos[74]. Paralelamente, la búsqueda de la trascendencia (el Grial como objeto de deseo o búsqueda iniciática) deriva hacia una mayor comprensión del hombre en el mundo actual, ya sea gracias al reencuentro con la paternidad (*Indiana Jones*) o a la obtención de la felicidad humana (*El rey pescador*). En cualquiera de los casos, la potencia del cuenco primigenio ha sido rebajada, trivializada, al menos en la concepción tradicional del término: sustitución de la inmortalidad espiritual por la material y de la felicidad eterna por la temporal; pero este empequeñecimiento por inversión no conlleva la aniquilación del mito. Los invariantes fundamentales no han sido destruidos, sino subvertidos; no eliminan la tradición del Grial: el mito es reconocible.

Supresión de mitemas: desaparición del mito

Hasta aquí todo parece obedecer al instinto de conservación del mito: pervivencia salpicada de modificaciones relativas o inversiones que solamente lo distorsionan o lo subvierten. Sin embargo, en ocasiones la modificación absoluta por supresión de mitemas puede implicar una crisis de gran envergadura en el mito, que se torna inidentificable, se transmuta o incluso desaparece.

Me serviré aquí de dos mitos antiguos (Ariadna y la guerra de Troya) y retomaré el caso medieval ya visto (el Grial) para analizar su inesperada desaparición en textos contemporáneos.

I. Ariadna sin Dioniso

Elementos constitutivos del mito de Ariadna son el auxilio que presta al héroe enfrentado a una prueba insuperable (el Minotauro y el inextricable laberinto mítico) y su destino maldito o providencial (su abandono, que la aboca al suicidio o a la gloria según las versiones[75]). En el relato *Ariane* de Le Clézio (1982), Christine deambula por las

---

[74] En la 4.ª entrega de *Transformers*, para encomiar su invento (la programación de la materia a partir de la aleación *transformium*), el investigador Wembley lo identifica con el «Santo Grial» («It's the Holy Grail»); y en «*The Monster and the Rocket*» de la serie *The Expanse* (temp. 2, ep. 12), Korshunov hace otro tanto con la protomolécula: «Para Marte, podría ser el Grial que reduzca un siglo de esfuerzos por conseguir un planeta terráqueo»; «To Mars, this could be the Grail that shaves a century off our terraforming efforts». Este uso trivial del mito, vaciado de trascendencia, se encuadra en las «referencias textuales» arriba estudiadas.

[75] Enamorada de Teseo, «le promete su colaboración, con la condición de que la lleve a Atenas y la tome por esposa. [...] le da un hilo a Teseo en el momento de entrar. Teseo, tras atarlo a la puerta, entra y lo va soltando. [...] Durante la noche arriba a Naxos con Ariadna y sus muchachos. Allí Dioniso, enamorado de Ariadna, la secuestró y la condujo a Lemnos, donde se unió a ella», Pseudo-Apolodoro, *Epítome* I, 9, en *Biblioteca mitológica*, J. García Moreno (ed.), pp. 194-195. Ovidio relata el desamparo en Naxos: «y en aquella playa abandonó, despiadado, a su compañera»; «comitemque suam crudelis in illo / litore destituit», *Metamorfosis*, VIII, vv. 175-176, A. Ruiz de Elvira (trad.), I, p. 101.

calles de su ciudad. Rodeada súbitamente por unos moteros, procura huir, pero acaba violada y abandonada.

La relación entre el relato francés y el mito griego es muy tenue. El suburbio queda convertido en escenario laberíntico donde la joven es apresada por el Minotauro (los moteros) y después abandonada sin esperanza de venganza o rehabilitación alguna («Si hablas, te matamos»[76]). Su gesto de limpiarse la cara ante el retrovisor de un coche tras la violación significa que nadie, excepto sus violadores, sabrá lo ocurrido. Del mito primigenio solo queda el nombre, aquí topónimo del barrio deprimido de Niza (l'Ariane), lugar de la trágica historia de Christine[77]. De haber relación entre este texto y el mito sería por analogía *ex contrariis*: Christine representaría una Ariadna sin ovillo, Dioniso ni escapatoria, sin héroe que la salve de su minotauro ni dios que repare sus vejaciones. El mito se ha disipado.

II. La guerra de Troya

En la 13.ª escena del acto II de *No habrá guerra de Troya* (Giraudoux, 1935), el héroe de Ítaca se dispone a regresar a su barco: a pesar del destino, él y Héctor han sellado la paz. En la 14.ª y última escena, el griego Oiax reaparece borracho y provoca a Héctor, pero el hijo de Príamo se retiene y no lo mata por salvar el pacto. Demokos, soliviantado por las concesiones del compromiso, arenga a los troyanos para la guerra; el príncipe, decidido a concluir el acuerdo, mata al troyano que, antes de morir, acusa falazmente a Oiax de su asesinato. Los troyanos gritan venganza y Héctor exclama, impotente, que la guerra «tendrá lugar», como confirman la apertura de las puertas de la guerra y una nueva infidelidad de Helena. El vaticinio de la vidente Casandra («El poeta troyano ha muerto... El poeta griego tiene la palabra»[78]) preludia el relato resultante, la *Ilíada*.

Imaginemos, por un momento, que la conflagración bélica, como anuncia el título provocador de la pieza, no se hubiera producido: ¿podríamos hablar del mito de la guerra de Troya?

Una de las voces más autorizadas de la narratología sostiene que no: el dramaturgo disponía de «poco margen de maniobra»[79]. Sin duda, Homero había dictaminado que Héctor debía fracasar en su intento de evitar la guerra; la pieza de Giraudoux se presenta como una especie de variación, en forma de preludio, sobre un episodio marcado por un término prescrito, al modo como el ratón cree jugar con el gato pero acaba cazado por su depredador. Colette Weil profundiza en esta misma línea: «como la historia se sitúa antes de la leyenda, el mito no puede ser invertido, será como... suspendido; [...] pero al final encontraremos la historia prevista: la guerra "tendrá lugar"»[80].

---

[76] «Si tu parles, on te tue», Le Clézio, *Ariane*, p. 93.

[77] «*Ariane* designa también el barrio obrero de Niza. [...] "L'Ariane" es ahora el escenario alienante y angustioso de un nuevo Laberinto en cuyas calles oscuras y fantasmales una muchacha se va a encontrar atrapada y será fatalmente atacada por un nuevo Minotauro», J. Herrero Cecilia, *Reescrituras de los mitos en la literatura contemporánea*, p. 133; véase también J. Herrero Cecilia, «*Ariane* de J. M. G. Le Clézio y la reescritura del mito del Minotauro», p. 121.

[78] «Le poète troyen est mort... La parole est au poète grec», J. Giraudoux, *La Guerre de Troie n'aura pas lieu*, II, 14, C. Weil (ed.), p. 163.

[79] G. Genette, *Palimpsestes*, p. 531.

[80] C. Weil, en J. Giraudoux, *La Guerre de Troie n'aura pas lieu*, ed. cit., p. 21.

A pesar de estos argumentos, no cabe duda de que el autor es libre de hacer, deshacer y rehacer la historia, todas las historias. Dice Aristóteles que «no corresponde al poeta decir lo que ha sucedido, sino lo que podría suceder»[81]. Aplicado a nuestro drama: si los troyanos no hubieran matado a Oiax, Ulises habría triunfado en su embajada, Helena habría regresado con su esposo Menelao y nosotros habríamos vivido dos dramáticas horas previas a una guerra en ciernes. Por increíble que parezca, el mito de la guerra de Troya comprende, entre sus variantes, la posibilidad de la inexistencia de esta guerra. Entre los diversos mitemas de la guerra de Troya (la enemistad entre griegos y troyanos –consiguiente a la discordia entre dioses–, el *casus belli* –el rapto de Helena, resultado de una antigua promesa de Afrodita– y la conflagración apoyada por diversas facciones de las divinidades en liza), Giraudoux habría invertido uno de ellos, el tercero. La supresión de un mitema habría destruido el mito. La narratología y la mitocrítica pueden resolver de modos diferentes el mismo problema.

III. Un Grial irreconocible

Vayamos de nuevo al Grial para analizar la desaparición del mito. Observaremos, en primer lugar, la imbricación de un mitema cristiano con otro pagano y asistiremos, en segundo lugar, a la desaparición del mito fundante por supresión de uno de los mitemas.

El relato fundacional del *Cuento del Grial* reza así: «Al cabo de cinco años, ocurrió que andaba por una tierra desierta…»[82]. Como veremos más adelante, las interpretaciones a las que se ha prestado esta tierra «desierta», reflejo de la *terre gaste* que rodea el castillo de Bel Repaire (*ibid.*, v. 1.667, p. 136), son de capital importancia.

En el castillo del Grial, el Rey Pescador había confesado a Perceval su incapacidad de movimientos: «Amigo mío, no tome a mal que no me levante a saludarle, pues no me encuentro en estado de hacerlo»[83]. La explicación de esta minusvalía llega más tarde, por boca de la prima del caballero: «en una batalla fue herido y gravemente mutilado, hasta el punto de que ya no puede sostenerse en pie por sí mismo. Una lanza lo hirió en la entrepierna. Todavía sufre tales dolores que no puede montar a caballo»[84]. Estas palabras esclarecen el enigma sobre una enfermedad natural.

La deriva sobrenatural llega más tarde, de boca del primo ermitaño, cuando revela a Perceval que el cortejo al que asistió había penetrado en la estancia del padre del Rey Pescador, «hombre santo, que con una sola hostia que le llevan en ese Grial se sostiene y fortifica»[85]. Este efecto sobrenatural se compadece plenamente con la tradición cristiana: el pan o el vino contenidos en el Grial (o cáliz), frutos de una tierra fértil, se convierten respectivamente en el cuerpo y la sangre de Cristo, prenda de salvación eterna.

---

[81] Aristóteles, *Poética*, IX, 1451a37-38, V. García Yebra (ed.), p. 157.

[82] «Au chief de ces .V. anz advint / Que il par un desert aloit…», Chrétien de Troyes, *Le Conte du Graal*, vv. 6.164-6.165, C. Méla (ed.), p. 438.

[83] «Amis, ne vos soit grief / Se encontre vos ne me lief, / Que je n'en sui mie aeisiez», *ibid.*, vv. 3.045-3.047, p. 230.

[84] «il fu en une bataille / Navrez et mehaigniez sanz faille / Si que puis aidier ne se pot. / Si fu navrez d'un javelot / Parmi les anches amedeus, / S'en est encore si engoiseus / Qu'il ne puet sor cheval monter», *ibid.*, vv. 3.447-3.453, p. 256.

[85] «D'une sole hoiste li sainz hom, / Que l'an en cel graal li porte, / Sa vie sostient et conforte», *ibid.*, vv. 6.348-6.350, p. 450.

Así lo prometió Jesús a la samaritana junto al pozo de Sicar y lo instituyó en la última cena con sus discípulos (véanse Jn 4, 14 y Lc 22, 19-20). En el caso que nos concierne, esto se verifica porque «el Grial es una cosa tan santa y [el rey] un espíritu tan puro que no le hace falta ninguna otra cosa sino la hostia que viene en el Grial»[86]. No pasemos por alto un detalle de primera importancia: la metonimia espacial del contenido al continente; en el primero de estos versos, se explicita la santidad del Grial, poseedor de una virtud semejante a la de la hostia que contiene. Más tarde –narra la historia del mito–, la sagrada forma desaparece; solo queda el Grial.

De modo que la hostia contenida en el Grial no solo posee la virtud de dar la vida espiritual; el texto pone de relieve su capacidad de sostener y fortalecer la vida física del padre del Rey Pescador. Sin embargo, lo que ocurre con su hijo es exactamente lo contrario: la impotencia del Rey Pescador aparece redoblada por una inaptitud para mantener la tierra (v. 3.527), que se torna estéril (vv. 1.667 y 6.165). De manera opuesta a lo que ocurre con el Grial, capaz de alimentar al padre del Rey Pescador, la enfermedad de este transmite esterilidad a su tierra, como si hubiera una relación de causa –efecto entre la salud física de un monarca y la fertilidad de sus dominios–. Este tránsito, también metonímico, de sujeto gobernante a objeto gobernado, no es cristiano sino celta pagano[87].

Precisamente uno de los grandes atractivos del *Cuento del Grial* es la manera como «las maravillas celtas, en las que se inspiran todas las novelas artúricas, se combinan con las lecturas bíblicas»[88]. Esta fusión entre ambas mitologías es única en la literatura, hasta el punto de que la llegada de Perceval, caballero cristiano, alumbra por unos instantes la esperanza del Rey Pescador. Sin embargo, la expectativa se deshace como el polvo; el pecado de impiedad, cometido al abandonar a su madre, incapacita a Perceval para plantear la pregunta conveniente en el momento adecuado: la misión santa exige un hombre santo[89]. Su silencio durante el cortejo simboliza la impotencia del caballero cristiano en pecado, exactamente correlativa a la impotencia del rey enfermo (*mehaigniez,* como lo califica su prima, v. 3.525); el Rey Pescador es incapaz de valerse por sí mismo, montar a caballo y mantener sus tierras. El fracaso de Perceval durante el cortejo en el castillo no da por concluida la historia: todos los caballeros salen en busca del Grial. Mientras no lo encuentren, la tierra seguirá baldía.

Detengámonos ahora en la evanescencia inesperada del mito, su crisis fatal. En *La tierra baldía* (1922), T. S. Eliot deplora, poco después de la Primera Guerra Mundial, el

---

[86] «Tant sainte chose est li Graals / Et il, qui est esperitax, / C'autre chose ne li covient / Que l'oiste qui el graal vient», *ibid.,* vv. 6.351-6.354, p. 450.

[87] Hay remodelaciones contemporáneas de esta ligazón entre el estado de una tierra y un individuo en relatos de ciencia ficción, por ejemplo, en *Star Trek III: The Search for Spock* (L. Nimoy, 1984). Spock, fallecido en la entrega anterior, ha revivido en Genesis, un experimento planetario de la Federación para reproducir un ambiente similar al de la Tierra. El científico Marcus y la teniente Saavik lo encuentran en estado infantil y observan, atónitos, su maduración acelerada a medida que el planeta avanza inexorablemente hacia su propia destrucción: «[Marcus:] Este planeta está envejeciendo por oleadas. [Saavik:] –Y Spock con él. Parece que están unidos»; «[Marcus:] –This planet is ageing in surges. [Saavik:] –And Spock with it. It seems they're joined together».

[88] C. Méla, en ed. cit., p. 11.

[89] Cfr. «pour la "sainte chose" on a besoin d'un "saint homme"», Chrétien de Troyes, *Perceval ou le Conte du Graal*, M. Stanesco (ed.), «Préface», p. 47.

panorama moral y la disolución de valores espirituales en el mundo moderno. En sus notas, el poeta asevera haberse documentado particularmente en dos libros: *From Ritual to Romance* (1921), de Jessie L. Weston (que establece las conexiones entre elementos paganos y cristianos), y en *The Golden Bough* (1890), de James Frazer. En lo que a nuestro objeto se refiere, interesan las alusiones de su poema al Rey Pescador (que Eliot relaciona, arbitrariamente, con un personaje del tarot), a la Capilla Peligrosa (otro momento crucial de las secuelas del Grial) y, sobre todo, estos versos que aparecen casi al final del poema:

A la orilla me senté
a pescar de espaldas a la árida llanura
¿pondré al menos mis tierras en orden?[90].

Sentado junto al río, no en una barca en medio del agua, como en la novela de Chrétien de Troyes, el pescador se lamenta de la esterilidad que tiene a sus espaldas. La evocación de la aridez de la tierra yerma es obsesiva en esta quinta y última parte del poema: «después de la agonía en pétreos lugares» (v. 324), «aquí no hay agua sino solo roca» (v. 331), «seco trueno estéril sin lluvia» (v. 342). La patencia de este panorama desértico y agrietado provoca la ansiedad del poeta sobre la regeneración de la tierra, sobre la posibilidad de paliar los efectos del desmoronamiento físico y moral.

El énfasis puesto en el «*Fisher King*» y en la «*Waste Land*» realza, por contraste, la desaparición de los mitemas fundamentales del Grial: la reliquia crística y la aventura caballeresca como búsqueda iniciática, develadora de una trascendencia. Ciertamente el Grial puede estar camuflado tras «la roca roja»[91]. Para Brunel no hay duda de que «este motivo [...] no es sino el Grial que Wolfram ha imaginado como una piedra provista de virtudes maravillosas»[92]. En efecto, el motivo de la roca nos envía al *Parzival* de Wolfram von Eschenbach. Llegado a Fuente Salvaje, el héroe encuentra al ermitaño, con el que entabla una larga conversación. Cuando le confía su atracción irresistible por el Grial, el eremita le desvela las virtudes de la roca:

Sé bien que viven muchos valientes caballeros en Munsalwäsche, junto al Grial. Cabalgan una y otra vez en busca de aventuras. Consigan la derrota o la victoria, estos templarios expían así sus pecados. Habita allí una tropa bien experimentada en la lucha. Os diré de qué viven: se alimentan de una piedra, cuya esencia es totalmente pura. Si no la conocéis, os diré

---

[90] T. S. Eliot, *La tierra baldía*, J. L. Palomares (trad.), p. 281; «I sat upon the shore / Fishing, with the arid plain behind me / Shall I at least set my lands in order?», *The Waste Land*, V, vv. 424-426, V. Patea (ed.), p. 280. El poeta deja explícita la referencia en sus notas: «Ver Weston [...]; capítulo sobre el Rey Pescador»; T. S. Eliot, *Collected Poems*, p. 100. Sobre estos versos, y sobre el poema en general, envío al trabajo certero de R. Gualberto, *Wasteland Modernism*, pp. 29-48. Como bien demuestra esta investigadora, aquí un mito de la regeneración es reformulado y reescrito en un mito de la degeneración; véase p. 31.

[91] T. S. Eliot, *La tierra baldía*, J. L. Palomares (trad.), p. 200; «(Come in under the shadow of this red rock)», I, v. 26, V. Patea (ed.), p. 200. El poeta resalta con estos paréntesis el escondite del Grial.

[92] P. Brunel, «Le fait comparatiste», p. 43.

su nombre: *lapis exillis*. [...] La piedra proporciona a los seres humanos tal fuerza vital que su carne y sus huesos rejuvenecen al instante. Esta piedra se llama también el Grial[93].

Mucho se ha discutido sobre esta piedra[94]. Es muy posible que Eliot hubiera leído el *Parzival* en la versión de la ya citada Jessie L. Weston. Aun dando por buena esta lectura y minusvalorando la ausencia del color rojo en el texto de *Parzival*, la «piedra roja» no contiene en el poema de Eliot ninguna de las facultades del Grial primigenio ni, mucho menos, ninguno de sus mitemas fundantes (la reliquia crística, la búsqueda iniciática).

Los últimos versos del poema evidencian la desaparición del Grial capaz de regenerar la tierra: quedan el desmoronamiento de las ciudades, la espera sufriente, la omnipresencia de la violencia, la desolación tras la injusticia y la locura inacabada[95]. La mutilación de Filomela y la automutilación de Hieronymo son elocuentes: ya no se puede decir nada más. El poema debe concluir. Si acaso, se columbra una vaga pero inexplicable esperanza de salvación («Shantih»: la «paz que supera toda comprensión»[96]). Es decir, del Grial primigenio no queda nada.

---

[93] Wolfram von Eschenbach, *Parzival*, IX, A. Regales (ed.), pp. 230-231; «mir ist wol bekant, / ez wont manc werlîchiu hant / ze Munsalvaesche bî dem grâl. / durch âventiur die alle mâl / rîtent manege reise: / die selben templeise, / swâ si kumber oder prîs bejagent, / vür ir sünde si daz tragent. / Dâ wont ein werlîchiu schar. / ich wil iu künden umbe ir nar. / si lebent von einem steine: / des geslähte ist vil reine. / hât ir des niht erkennet, / der wirt iu hie genennet. / er heizet lapsit exillîs. / [...] selhe craft dem menschen gît der stein, / daz im vleisch unde bein / jugent enpfaehet al sunder twâl. / der stein ist ouch genant der grâl», [468, 23 – 469, 28], *Parzival* (ed. 1996), t. II, pp. 64-66.

[94] «lapsit exillîs» transcribe el texto original en alto alemán medio. A. Regales comenta en nota a su traducción: «*Lapsit* es con toda probabilidad *lapis* ("piedra"). Ambas palabras se han interpretado, principalmente, como "piedra pequeña", "piedra del cielo", "piedra de los sabios", "piedra del exilio" o "piedra de sílice". Wolfram podía tener en la mente también una piedra preciosa», *ibid.*, p. 396. Otros investigadores, basándose precisamente en estos caballeros que la custodian y en la virtud que esta «piedra pequeña» tiene para renovarse de las cenizas, sostienen que la roca-Grial es la piedra filosofal; véase J.-C. Seigneuret, *Dictionary of Literary Themes and Motifs*, I, «Alchemy», p. 21. El personaje narrador de *Los hijos del Grial* de Berling (*Die Kinder des Gral*, 1991) asiste a una ceremonia donde los templarios hablan del «"santo Grial" –*lapis excillis, lapis ex coelis*», H. Pawlowski (trad.), p. 65, cita de Wolfran von Eschenbach que sugiere suputaciones gnósticas; los juegos paronomásicos se brindan a múltiples interpretaciones.

[95] La caída del Puente de Londres patentiza el colapso de la moderna metrópolis; el hundimiento del poeta provenzal Arnaut Daniel en el fuego del Purgatorio simboliza la tardanza de la liberación (*Divina comedia, Purgatorio*, XXVI, v. 148); la evocación del mito de Procne y Filomela resume las violaciones de la guerra; el verso de Nerval lamenta las tiranías de los poderosos; el espectáculo invita a la locura, como sugiere la referencia a Hieronymo, personaje de la *Spanish Tragedy* (Thomas Kyd, ¿1582?) que se corta la lengua para impedirse la palabra. Un comentario sobre «Le Prince d'Aquitaine à la tour abolie» (en francés en el texto de Eliot); se trata del segundo verso del soneto «*El Desdichado*», de G. de Nerval (*Les Chimères*): «El príncipe de Aquitania de la Torre abolida», porque Nerval pretendía descender de los Labrunie, caballeros de Otón, emperador de Alemania, establecidos en Périgord, en el nordeste de la antigua Aquitania (el poeta pensaba que su apellido, Labrunie, significaba 'la torre'); véase G. de Nerval, *Pages choisies*, G. Rouger (ed.), p. 71. La torre abolida es, además, una carta del tarot –juego que fascinaba a Nerval–, el arcano XVI, representado por una torre fulminada por un rayo. Su torre ha sido arrasada como el Puente de Londres, cercenada como las lenguas de Filomela y Hieronymo.

[96] Afirma Eliot en sus notas: «Shantih. Repetida como aquí, es la conclusión formal de una Upaniṣad. Nuestro equivalente de esta palabra sería: "La Paz que supera nuestro entendimiento"», T. S.

A fin de cuentas, solo aparece uno de los personajes (el Rey Pescador) junto con su tierra arruinada. Ahora bien, en *El cuento del Grial*, tanto el Rey Pescador como la tierra baldía eran elementos constitutivos del mito en la medida en que estaban cohesionados con el Grial, cuyos otros elementos conformadores conferían sentido a la esperanza, albergada por el monarca, de que el caballero elegido le ayudara a recuperar su salud y sus tierras. El mitema céltico (la infertilidad de la tierra ligada a la impotencia corporal del Rey Pescador –*navrez et mehaigniez*–) aparecía íntimamente fundido con el mitema cristiano (la fortaleza del cuerpo ligada a la virtud espiritual del rey santo –*li sainz hom*–) mediante los mitemas de la eucaristía salutífera (representada por el Grial) y la búsqueda iniciática caballeresca (representada por Perceval). Al eliminar el Grial originario y la aventura iniciática (ausentes del poema), la historia de la «tierra baldía» abandona su fuente original y sigue por otros derroteros: transmite la experiencia de la desintegración, la necesidad de la autoabnegación, la ansiedad ante el futuro. La ausencia de dos de los mitemas fundantes transmuta la significación del conjunto: el mito de regeneración se convierte en mito de degeneración. Toda desaparición de los mitemas indispensables provoca la desaparición del mito, que se vuelve irreconocible: no ha podido superar la crisis.

Tampoco me parece que haya mito en *La carretera*, de Cormac McCarthy (*The Road*, 2006). No ignoro la tesis autorizada de Lydia Cooper: la novela –uno de cuyos borradores llevaba por título *The Grail*– se resumiría en los medios que pone un padre para preservar la vida de su hijo, momentáneamente imaginado como un «cáliz» de un mundo posapocalíptico[97]; el niño sería «el vaso simbólico de la curación divina en un reino deteriorado por una enfermedad catastrófica»[98]. Adviértase la diferencia: no afirmo que *La carretera* no sea una reescritura de los relatos en torno al ciclo del Grial, sino que no es una reescritura del mito del Grial. El detalle no es nimio. Sin duda, algunos elementos narrativos de estos relatos reaparecen en la novela estadounidense: el padre, enfermo, hace las veces del Rey Pescador, y la novela describe una situación apocalíptica, más funesta aún que la de una tierra baldía. Pero estos elementos aquí solo conservan su función narrativa, no mítica, esto es, relativa a una trascendencia[99]. Por eso es lícito

---

Eliot, *La tierra baldía*, J. L. Palomares (trad.), p. 297. «Śānti», en efecto, significa literalmente 'paz', en sánscrito, y su repetición («Oṃ Śāntiḥ Śāntiḥ Śāntiḥ») es común al final de numerosos textos sagrados hindúes, no de uno en particular [https://literature.stackexchange.com], consultado el 15 de octubre de 2018.

[97] Cfr. «He sat beside him and stroked his pale and tangled hair. Golden chalice, good to house a god», C. McCarthy, *The Road*, p. 64.

[98] Lydia R. Cooper, «Cormac McCarthy's *The Road* as Apocalyptic Grail Narrative», p. 219.

[99] Con claridad meridiana lo expone una especialista del mito, que tampoco encuentra en *The Road* el componente redentor de los relatos medievales: «es razonable preguntarse cómo el niño puede ser considerado simultáneamente como una encarnación moderna del Caballero del Grial –planteando las preguntas correctas que permiten la formación de su propia ética de la compasión– y también como la encarnación del Grial mismo, de modo que su compasión pueda convertirse en trascendente y, por lo tanto, redentora», R. Gualberto, «Where you've nothing else construct ceremonies out of the air», p. 193. En su estudio temático de la novela, Millán Alba orienta la atención del lector hacia el «limo gangrenado» y el «continuo proceso de mineralización, que convierte en estéril la materia orgánica», síntomas ineludibles de una tierra baldía, pero no del Grial: «*La carretera* puede leerse como un relato alegórico de la ausencia y la presencia del amor humano, vinculado al amor de Dios y a su

establecer una relación entre la novela de McCarthy y diversos elementos narrativos de aquellas novelas, pero no establecerla con el mito del Grial, del que aquí no queda ni rastro: la supresión de los mitemas ha acarreado la desaparición del mito.

* * *

Los análisis previos permiten alcanzar algunas conclusiones sobre el mito y sus mitemas.

1. Cada mito está compuesto por una serie limitada de elementos constitutivos, invariantes o mitemas que, dotados de valencia o razón mítica, se combinan en forma de relato y conforman la naturaleza del mito.
2. Ningún mitema es exclusivo de un único mito: varios mitos pueden compartirlo.
3. La modificación relativa o la inversión de los mitemas no implican la desaparición del mito, sino su distorsión o subversión.
4. La modificación absoluta, por supresión de uno o varios mitemas básicos, provoca indefectiblemente una crisis mítica de envergadura: tornan el mito irreconocible.
5. Como consecuencia de esta modificación, el mito puede evolucionar y adoptar formulaciones de mitos anejos con los que coposee uno o varios mitemas.

---

capacidad creadora», J. A. Millán Alba, «El discurso sobre Dios en *La carretera*, de Cormac McCarthy», p. 203. Semejante desaparición del mito observamos en «*The Fisher King, Part 2*» de la serie *Criminal Minds* (temp. 2, ep. 1), por más que el inestable Garner se tome por el custodio del Grial y repita con insistencia al agente Reid (supuesto Perceval) la milagrosa frase («Haz la pregunta»; «Ask the question») que le sane de sus heridas. No hay ninguna pregunta mágica, responde el agente, capaz de curar al Rey Pescador de sus quemaduras y de su pérdida de memoria. Ante la insistencia de Garner, revestido con un chaleco de explosivos, Reid hace entonces la única pregunta relevante: «¿Puede perdonarse usted a sí mismo?» («Can you forgive yourself?»). La explosión vale por respuesta.

10
Mito y cosmogonía

Animal bifronte, único ser consciente de la fugacidad de su presente, el hombre mira al pasado y al futuro. En la línea anunciada sobre el relato mítico y el tiempo, aquí abordaré el pasado, pero no el inmediato, sino el absoluto, «antes de la creación del mundo» o «durante los primeros tiempos», en palabras de Lévi-Strauss[1], «más allá de todos los pasados, en el origen del origen», en palabras de Paz[2]. Bella y lúcida expresión. Si acaso, yo añadiría que también hay mito cuando se refieren incidentes futuros de un tiempo final; no un tiempo próximo, sino absolutamente escatológico, como veremos en el siguiente capítulo.

El mito indaga el significado originario del mundo; quiere saber. Una piedra en medio del desierto, la reproducción de una especie rara o la misma vida humana requieren una explicación que satisfaga nuestra sed de conocer. El mito presta atención y busca interpretar simbólicamente los acontecimientos extraordinarios en el extremo de los tiempos, donde el tiempo roza con el no tiempo. De modo análogo a la ciencia empírica, el mito reviste de sentido el mundo a través de su particular interpretación de las causas y los efectos de dichos acontecimientos.

El cuestionamiento humano sobre un suceso extraordinario está siempre, de algún modo, abierto a la trascendencia, a un más allá, fuera de los límites naturales de su mundo. Su interrogación, consecuencia de un fracaso de la razón para ofrecer una solución satisfactoria, recibe una respuesta (las más de las veces alegórica) recibida como verdadera.

Esta indagación puede versar sobre el pasado o sobre el futuro. Cuando el mito explica a su modo el origen del universo, expone una cosmogonía, es decir, un relato sobre el origen del mundo, de los dioses y del hombre[3].

---

[1] Cfr. «Un mythe se rapporte toujours à des événements passés: "avant la création du monde", ou "pendant les premiers âges", en tout cas "il y a longtemps"», C. Lévi-Strauss, *Anthropologie structurale*, p. 239.

[2] «Para las sociedades primitivas el arquetipo temporal, el modelo del presente y del futuro, es el pasado. No el pasado reciente, sino un pasado inmemorial que está más allá de todos los pasados, en el origen del origen. Como si fuese un manantial, este pasado de pasados fluye continuamente, desemboca en el presente y, confundido con él, es la única actualidad que de verdad cuenta. La vida social no es histórica, sino ritual; no está hecha de cambios sucesivos, sino que consiste en la repetición rítmica del pasado intemporal», O. Paz, *Los hijos del limo*, p. 25.

[3] Cfr. «In a complete cosmogony we should expect to find three main topics treated: (a) the origin of heaven and earth, (b) the origin of the gods, (c) the origin of man», W. R. Smith, *Lectures on the*

Cuando el mito explica según su entender el fin del universo, expone una escatología, es decir, un relato sobre el final del mundo, de los dioses y del hombre[4].

En este capítulo me centraré en el inicio del cosmos (cosmogonía *stricto sensu*), de los dioses (teogonía) y de los hombres (antropogonía). En el capítulo siguiente haré lo propio con la escatología.

COSMOGONÍA

A la interpretación de los acontecimientos en el tiempo se añade la concepción del tiempo mismo según las culturas. La mayoría de los griegos lo conciben como un proceso cíclico (Heráclito, Empédocles, Platón, Aristóteles); otros lo dividen en etapas encaminadas a un estado supuestamente definitivo (Hesíodo). En este punto coinciden las culturas griegas y las orientales: los antiguos sistemas cosmogónicos de Egipto, Babilonia o India también sostienen el carácter cíclico del tiempo y la inmanencia de los dioses al mundo. Muy distinto es el caso de las culturas judeocristiana e islámica, que estipulan un tiempo sucesivo, lineal, adecuado a un proceso divino de creación, maduración y establecimiento del reino de un único Dios trascendente al mundo. Por esta razón parece lógico disociar en el siguiente análisis las religiones politeístas de las monoteístas.

El origen del cosmos en religiones politeístas

Todas las cosmogonías politeístas coinciden básicamente en el comienzo: el paso del Caos al cosmos, del desorden al orden (utilizaré la mayúscula para el Caos mitológico). Este tránsito es una gestación que ocurre en un tiempo distinto del nuestro: uno sagrado. Las culturas indígenas recuerdan, mediante representaciones periódicas, el acto cosmogónico por excelencia, la creación. Pero siempre principian desde el Caos o un concepto similar; la sacralidad de ese momento apoteósico y la impotencia imaginativa no permiten remontar aún más en el tiempo.

Creación, para estas culturas, no significa producción *ex nihilo* (idea propia del monoteísmo puro), sino modificación a partir de una sustancia preexistente: «siempre que el

---

Religion of the Semites, p. 97. Comienzo del mundo *versus* comienzo de la vida: dos entidades distintas, pero a menudo enlazadas en la visión mítica. En el imaginario humano subyace la convicción de una íntima correspondencia entre el mundo y el cuerpo humano; esta idea del binomio macrocosmos/microcosmos ha sido aplicada con éxito a los textos indoeuropeos por historiadores de la religión. Concluyen que el mito primordial protoindoeuropeo (la creación del mundo a partir de un ser primordial o «protogónico») está íntimamente ligado a las civilizaciones ganaderas, como la griega (no agrícolas, como la romana): el sacrificio, principal ritual mitológico, establecía la unión entre el origen absoluto del universo y los comienzos de los seres humanos; en consecuencia, restablecía el orden social de acuerdo con el orden cosmológico. «No se trata de dos orígenes, sino de uno»; B. Lincoln, «The Indo-European Myth of Creation», p. 139. Mito cosmogónico y mito de los comienzos son, en cierto modo, indisolubles.

[4] En este libro, a menos que se especifique lo contrario, y de acuerdo con el uso más extendido en este campo, los términos cosmogonía y escatología no se limitan al universo material, sino que comprenden también el origen y el fin (o la infinitud) de los seres divinos y humanos.

mito habla del origen de las cosas o del nacimiento del cosmos, está hablando de mera transformación»[5]. Veamos dos ejemplos paradigmáticos de esta tipología cosmogónica fundamentada en el tránsito del Caos al cosmos.

Según el relato hindú Vāyu Purāṇa, el agua, una onda informe e ilimitada, experimenta el deseo de reproducirse y, gracias al calor ascético, produce un huevo de oro del que surge el Puruṣa o macho supremo en forma de Brahmā. Su despertar, ya como creador adulto, supone la desaparición del Caos o materia primordial[6]. Este relato mítico se asemeja mucho al del nacimiento del Râ (Ra) egipcio a partir de un huevo surgido del agua primordial[7]. Según otro relato hindú, el *Rigveda*, un personaje conocido como el «Artesano Mayor» clava ritualmente en el suelo la cabeza de la serpiente Vritrá que simboliza el Caos, lo amorfo no manifestado. Decapitar a Vritrá equivale al acto de la creación que da por finalizado el tiempo del Caos[8].

Los fenicios, según recuerda Hegel citando a Sanchoniaton o Sanjuniatón, parten de la indiferenciación primigenia:

> Los principios de las cosas son un Caos, en el que los elementos aparecían revueltos y sin desarrollar, y un espíritu del aire. Este embarazó al Caos y engendró de él una materia viscosa (ἰλύν), que llevaba en su seno las fuerzas vivas y las simientes de los animales. Mediante la mezcla de esta materia viscosa con la materia del Caos y en la fermentación provocada por ella, se separaron los elementos[9].

Toda cosmogonía politeísta presupone un substrato más o menos determinado, generalmente sensible, en el que interviene el devenir mítico.

La *Teogonía* de Hesíodo menciona explícitamente el Caos como principio:

> En primer lugar existió el Caos. Después Gea la del amplio pecho, sede siempre segura de todos los Inmortales que habitan la nevada cumbre del Olimpo. [En el fondo de la tierra de

---

[5] «Wo immer er von der Entstehung der Dinge, von der Geburt des Kosmos spricht, da faßt er diese Geburt als bloße Umwandlung», E. Cassirer, *Das mythische Denken*, III, II, 2, en *Philosophie der symbolischen Formen*, t. II, p. 249.

[6] Véase M. Biardeau, «Études de mythologie hindoue (II)», p. 63 y J. Dauphiné, «Des mythes cosmogoniques», p. 375.

[7] «Der erste Schöpfungsakt beginnt hier mit der Bildung eines Eies, das aus dem Urwasser emportaucht: aus diesem Ei geht der Lichtgott Ra hervor», E. Cassirer, *Das mythische Denken*, II, II, 2, en *Philosophie der symbolischen Formen*, t. II, p. 119.

[8] Véase M. Eliade, *Le Mythe de l'éternel retour*, pp. 31-32. El Caos es informe e incomprensible. Andrade lo aplica al origen del pueblo brasileño, simbolizado en un inmenso caparazón polifacético: «En el comienzo solo existía el Gran Galápago»; «No princípio era só o Jabuti Grande que existia na vida», M. de Andrade, *Macunaíma* (1928), p. 210.

[9] G. W. F. Hegel, *Lecciones sobre historia de la filosofía*, A, 2, b, β, W. Roces (trad.), pp. 83-84; *Vorlesungen über die Geschichte der Philosophie*, E. Moldenhauer y K. M. Michel (eds.), t. XVIII, p. 107. Los *Fragmentos* de Sanchoniaton, traducidos del fenicio al griego por Filón de Biblos, los toma Hegel de la *Præparatio evangelica*, I, 10, de Eusebio de Cesarea. Salvadas sus diferencias, otros textos de Oriente Próximo (*Atrahasis, Enûma Elish*) ofrecen similares orígenes cosmogónicos; véase, p. e., J. M. Blázquez Martínez, «La mitología entre los hebreos y otros pueblos del Antiguo Oriente», pp. 100 y 104.

anchos caminos existió el tenebroso Tártaro]. Por último, Eros, el más hermoso entre los dioses inmortales[10].

Antes del Caos, nada; después del Caos, todo. Los relatos hindúes, egipcios y griegos no formulan el origen del Caos, ni precisan el surgimiento de la tierra a partir de él. Esta problemática queda relegada al silencio.

Se imponen unas reflexiones sobre el Caos. La etimología de la palabra «caos» (χάος) está ligada a la raíz griega χα- ('estar abierto'), que designa sencillamente espacio vacío, abertura indefinida, abismo infinito, sin idea de desorden; es la materia previa a la forma y figura del cosmos. Más adelante, y como consecuencia de una derivación errónea del verbo χέω ('verter'), el Caos designa la masa confusa y desorganizada de los elementos en el espacio[11]. Aun entonces, el Caos sigue siendo un puro principio cósmico, sin carácter divino. El paso del Caos al cosmos indica el tránsito de lo incomprensible a lo comprensible, de lo inimaginable a lo imaginable.

No sabemos qué es el Caos. Un estado primitivo del universo, el universo preexistente... En la *Carta sobre los ciegos* de Diderot (1749), el invidente lo denomina «materia en fermentación»[12]. Cualquier definición es insatisfactoria. Sí sabemos, en cambio, lo que no es el Caos: ni una materia indiferenciada, ni siquiera una realidad... El Caos es una denominación simbólica: lo que la inteligencia y la imaginación humanas encuentran cuando procuran explicar el origen del universo[13]. ¿Qué había antes? ¿Un magma o una masa informes, esa agua ilimitada de la cosmogonía védica? Pero esto ya es una realidad, una materia. El espíritu diferenciador aspira a discriminar y solo se topa con un símbolo espacio-temporal en clave negativa: lo no manifiesto. Así, en *La visión de la Adivina* (siglo X) de la *Edda mayor*, no se indica lo que había al comienzo de los tiempos, cuando incluso el árbol cósmico, el fresno Yggdrásil, apenas era una semilla; del Caos originario solo se mentan las ausencias:

---

[10] Hesíodo, *Teogonía*, vv. 116-120, en *Obras y fragmentos*, A. Pérez Jiménez (trad.), p. 76.

[11] Véase P. Chantraine, *Dictionnaire étymologique de la langue grecque*, s/v 'χάος', p. 1.246, Hesíodo, *Theogony*, M. L. West (trad.), p. 64 e I. Asimov, *Las palabras y los mitos*, p. 15. La confusion con χέω ('verter') es estoica, y trata de conciliar la cosmogonía de Hesíodo con la de las aguas primordiales. A. Bernabé argumenta con razón que el «culpable» del nuevo valor de Caos es Ovidio, que contamina el Caos hesiódico con la Noche originaria de los órficos: «Antes del mar, y de la tierra, y del cielo que todo lo cubre, en toda la extensión del orbe era uno solo el aspecto que ofrecía la naturaleza. Se le llamó Caos; era una masa confusa y desordenada, no más que un peso inerte y un amontonamiento de gérmenes mal unidos y discordantes»; «Ante mare et terras et, quod tegit omnia, caelum / unus erat toto naturae uultus in orbe, / quem dixere Chaos, rudis indigestaque moles / nec quicquam nisi pondus iners congestaque eodem / non bene iunctarum discordia semina rerum», Ovidio, *Metamorfosis*, I, vv. 5-9, A. Ruiz de Elvira (trad.), I, p. 6. Frente al elemento nacido, según sus predecesores, Ovidio convierte el Caos en una entidad originaria y convulsa, donde los elementos y sus contrarios se encuentran en discordia y deformidad en un solo cuerpo («corpore in uno», I, 18, que recoge «unus [...] uultus» de I, 6); véanse A. Bernabé, *Dioses, héroes y orígenes del mundo*, pp. 28-29, y «La cosmogonía de las *Metamorfosis* de Ovidio y las *Rapsodias* órficas», pp. 215-220.

[12] «al principio, cuando la materia en fermentación hacía eclosionar el universo...»; «dans le commencement où la matière en fermentation faisait éclore l'univers...», D. Diderot, *Lettre sur les aveugles*, A. Adam (ed.), p. 105. El pasaje forma parte de la argumentación que el geómetra ciego Saunderson opone al ministro Holmes, partidario de la eternidad del universo.

[13] Véase P. Diel, *Le Symbolisme dans la mythologie grecque*, p. 110.

No había en la edad en que Ýmir vivió
ni arenas ni mar ni frescas olas;
no estaba la tierra ni arriba el cielo;
se abría un vacío, hierba no había[14].

De modo que el Caos simboliza lo que había y lo que no había, en ausencia de materia real diferenciable, antes de existir el mundo ordenado. Al igual que la creación, el Caos es un misterio.

Como razón imaginativa, el mito ofrece una representación sensible de lo posible. Por eso las cosmogonías hacen particular hincapié en exponer el paso del universo informe e inconcebible al universo formado e inteligible. De hecho, esto es lo que significa el término cosmogonía en la mayoría de las culturas: el paso del desorden al orden, es decir, del Caos (en su sentido segundo, tras la contaminación con el verbo χέω) al cosmos.

En el caso de la mitología griega, el Caos convive con otros seres. Según el texto hesiódico, del Caos y la Tierra surgen los principales elementos estructurantes del cosmos (por supuesto, con la concurrencia de Eros, que no origina a nadie, pero es responsable de la reproducción sexual). 1) Del Caos nacen Érebo y la Noche (Nix), progenitores del Éter y el Día (Hemera). 2) La Tierra alumbra a Urano, las montañas grandes y el Ponto con sus olas; este alumbramiento significa que la Tierra engendra, desdoblándose, a su compañero masculino, el Cielo estrellado. 3) Semejante a Gea-Tierra, Urano-Cielo la cubre completa y exactamente cuando se extiende sobre ella y la envuelve. Vemos que la tensión primitiva Caos-Tierra es sustituida por un equilibrio Tierra-Cielo, cuya simetría transforma el mundo en un conjunto cerrado sobre sí mismo y organizado, un cosmos[15].

El pensamiento mítico, ciertamente analógico (de lo conocido a lo desconocido, de lo comprensible a lo incomprensible), recurre aquí a la lógica simbólica, indispensable tanto para la comprensión general del mundo como para la estabilidad de su propia axiología: «la transformación del Caos en cosmos constituye el sentido esencial de la mitología»[16]. Los problemas metafísicos (el nacimiento y la muerte, el bien y el mal, el destino), considerados periféricos por la ciencia empírica, son esenciales para el mito.

---

[14] *Edda mayor*, «La visión de la adivina» (*Völuspá*), 3, L. Lerate (trad.), p. 24. Ýmir es el gigante originario, anterior al mundo.

[15] Véase J.-P. Vernant, *Entre mythe et politique*, en *Œuvres. Religions, rationalités, politique*, II, pp. 1.969-1.974. Esta concepción del origen del mundo y los dioses como resultado de una fusión es habitual en las tradiciones antiguas, al menos en el ámbito indoeuropeo: Mitra proviene del elemento *Rajas*, equilibrio entre lo centrípeto y lo centrífugo, la cohesión y la dispersión, la luz y la oscuridad, cfr. D. Romagnoli, *Mitra: storia di un dio*, p. 187. La organización simétrica que hemos visto en Hesíodo se compadece con los dos «axiomas o postulados sagrados definitivos» de esta divinidad indoirania: el primero queda patente en el nombre oficial que adquiere en su inculturación latina (*Deus Sol Invictus Mithras*); el segundo queda enunciado en la fórmula «armonía de tensión en la oposición»; el origen y el orden del cosmos (enunciados en el nacimiento de Mitra a partir de una piedra y su principal símbolo icónico, la tauroctonía –mapa astral y correspondiente simbolismo–) resultan de la armonía de la tensión de opuestos, lo que explica su carácter benefactor; véanse R. Beck, *The Religion of the Mithras Cult in the Roman Empire*, pp. 11, 30-31, 190 *et seq.*; J. A. Álvarez-Pedrosa, «El dios que nace de la roca», pp. 328-329, y J. Alvar Ezquerra, *Religions in the Graeco-Roman World*, pp. 74-106.

[16] E. M. Meletinski, *El mito*, P. López Barja de Quiroga (trad.), p. 162.

Una vez resueltos, el proceso cognoscitivo puede avanzar. La creación ha superado su época más crítica. En el receso de los dioses griegos y en la separación de los principios persas se observa el final de la actividad constitutiva del cosmos, el comienzo de su estabilidad definitiva. El cosmos está organizado; el hombre ya puede habitarlo y perfeccionarlo mediante su propia hechura, la *pólis*.

Cosmogonía y pensamiento judeocristiano

Hoy sabemos que las mitologías del Próximo y Medio Oriente han aportado buena parte de los materiales utilizados en los relatos bíblicos; no obstante, los separan un lento y extenso proceso de asimilación, transformación y adaptación a una realidad ambiental sensiblemente diversa, en el que han intervenido tanto la tradición popular como sabios y eruditos de sucesivas generaciones. Israel adaptó unas epopeyas a sus propios relatos, todos bañados por un alto contenido moral y una constante creencia en un único Dios creador[17].

Sus relatos cosmogónicos están constituidos por dos elementos nucleares: la creación de la nada y la creación por la palabra. La diferencia con los orígenes de corte politeísta es grande: «desde el punto de vista hebraico, la creación es retórica, literalmente un acto de habla; [...] la de la antigua cosmogonía era una "erótica"»[18].

Comencemos por los primeros versículos del Génesis:

> [1]En el principio creó Dios los cielos y la tierra. [2]La tierra era caos y confusión y oscuridad por encima del abismo, y un viento de Dios aleteaba por encima de las aguas. [3]Dijo Dios: «Haya luz», y hubo luz. [4]Vio Dios que la luz estaba bien, y apartó Dios la luz de la oscuridad; [5]y llamó Dios a la luz «día», y a la oscuridad la llamó «noche». Y atardeció y amaneció: día primero[19].

El versículo 2, al igual que otras cosmogonías, también menciona el Caos; sintomáticamente, no dice que el Caos sea el inicio absoluto: antes del Caos oscuro y confuso, «en el principio [estaba/era] Dios». La reflexión multisecular ha deducido que este Dios no crea a partir del Caos, sino de la nada: *ex nihilo*. Independientemente del nihilismo filosófico, para el que la nada tiene esencia propia, aquí la nada es «no ser»; no algo po-

---

[17] Sobre la relación entre las mitologías del Próximo y Medio Oriente y la Biblia, véase S. Reinach, *Cultes, mythes et religions*, t. II, pp. 387-395. Según este arqueólogo e historiador de las religiones, diversos textos bíblicos revelan la subsistencia de una tradición israelita según la cual el Dios de los judíos, en una cosmogonía olvidada, no era considerado como creador del mundo, sino vencedor de los elementos y opuesto al Caos; véase p. 392.

[18] G. Steiner, *Gramáticas de la creación*, A. Alonso y C. Galán Rodríguez (trads.), pp. 42-44.

[19] Gn 1, 1-5. Con toda claridad, encontramos esta doctrina judía del origen *ex nihilo* en la exhortación de una madre macabea a su hijo, a punto de ser martirizado por el rey Antíoco IV Epífanes: «Te ruego, hijo, que mires al cielo y a la tierra y, al ver todo lo que hay en ellos, sepas que a partir de la nada lo hizo Dios y que también el género humano ha llegado así a la existencia», 2 M 7, 28; «a partir de la nada», literalmente: «no de cosas que existían». Esta convicción repercute en el Nuevo Testamento: «sabemos que el universo fue formado por la palabra de Dios», Hb 11, 3; «porque tú has creado el universo; por tu voluntad, no existía y fue creado», Ap 4, 11.

sitivo o real, sino pura negatividad. Crear en sentido propio significa hacer que algo tenga existencia, pase de no ser a ser[20].

Un texto apócrifo, el Apocalipsis siríaco de Baruc, desciende a los detalles de esta creación:

> Tú que hiciste la tierra, escúchame. Tú que estableciste el firmamento con tu palabra y afirmaste lo alto de los cielos con el espíritu, que llamaste al comienzo del mundo a lo que no era y te obedeció[21].

La palabra y el espíritu divinos poseen el poder para crear de la nada[22].

La creación *ex nihilo* excluye tanto un surgimiento espontáneo como la agregación de fuerzas creadoras o semicreadoras –p. e., un demiurgo– que produzcan el mundo a partir de un substrato primordial (el agua o un huevo). Este tipo de creación implica un acto creativo puro por un sujeto personal: «A medida que el sentimiento y el pensamiento míticos avanzan por este camino, una forma finalmente se separa del círculo de los meros dioses específicos y de la multitud de los dioses particulares: la del *creador* supremo»[23]. Es el paso de la conciencia de infinitas fuerzas creadoras individuales a la conciencia del acto creador puro y único.

La creación bíblica presupone una divinidad radicalmente distinta de otras divinidades: el Dios judeocristiano es trascendente al mundo (no constituye una «pieza» suya, como el motor inmóvil aristotélico) y el único creador (no comparte la creación, como en el pensamiento dualista o maniqueo).

Quizá el emanatismo (emanantismo o emanacionismo) haya sido la doctrina más sólida y relevante entre las opositoras a la creación *ex nihilo*. Este pensamiento sostiene la procedencia necesaria y espontánea de una primera sustancia infinita e inmutable. Según su máximo exponente, Plotino (*ca.* 204-270), del primer principio o sumo Bien

---

[20] Hiere la imaginación cualquier pregunta sobre la nada, quizá por su conexión con nuestra intuición más íntima, el tiempo. Según la astrofísica contemporánea, interrogarse por la existencia del universo antes del Big Bang carece de sentido: antes de sus nanosegundos iniciales no había nada, y la nada excluye la temporalidad. Estamos en las antípodas del pensamiento heideggeriano, según el cual el sentido del ser incluye el tiempo y la nada. En consonancia con la física actual y el texto bíblico, G. Steiner afirma que «el tiempo y la llegada al ser del ser son fundamentalmente lo mismo. [...] El presente del verbo "ser", el primer "es", crea y es creado por el hecho de existir», *Gramáticas de la creación*, A. Alonso y C. Galán Rodríguez (trads.), p. 21.

[21] Apocalipsis siríaco de Baruc 21, 4, en Apócrifos del Antiguo Testamento, A. Díez Macho y A. Piñero (eds.), t. VI, F. del Río Sánchez y J. J. Alarcón Sáinz (trads.), p. 191.

[22] A trancas y barrancas, este pensamiento perdura aún hoy en la sociedad occidental. En la serie televisiva *Agentes de S.H.I.E.L.D.*, el doctor Elias Morrow abriga el proyecto de conseguir, mediante su «máquina milagro», materia a partir de la nada; de hecho, en uno de sus experimentos produce más energía de la inicial, lo que desafía las leyes de la termodinámica; ¿cómo es posible, preguntan unos y otros, «crear la materia a partir de la nada»?; «How do you create matter from nothing?». La inferencia a la instancia divina es inmediata: «Quiere ser un dios»; temp. 4, ep. 6 (*The Good Samaritan*) y ep. 8 (*The Laws of Inferno Dynamics*).

[23] «Je weiter das mythische Gefühl und das mythische Denken auf diesem Wege fortschreitet, um so deutlicher hebt sich schließlich aus dem Kreis der bloßen Sondergötter und aus der Menge der polytheistischen Einzelgötter die Gestalt eines höchsten "Schöpfergottes" heraus», E. Cassirer, *Das mythische Denken*, III, II, 2, en *Philosophie der symbolischen Formen*, t. II, p. 247.

(el Uno) emana, en virtud de su perfección y en una serie de hipóstasis descendientes, el *Noûs* (inteligencia divina, *lógos*, razón), del que a su vez procede el Alma del mundo, que se subdivide en superior e inferior. De esta última procede la naturaleza o universo material, origen del mal físico, último atributo en la escala de hipóstasis, pero diverso en todo punto del mal espiritual propio de gnósticos y maniqueos: para Plotino, el mal físico tiene un aspecto positivo, pues procede del sumo Bien[24]. La divergencia con la creación *ex nihilo* es patente; aun cuando el Uno de Plotino también sea trascendente al mundo, desaparece el concepto de creación como acto voluntario a partir de la nada.

Merece la pena detenerse en la creación por la palabra. Un salmo, entre tantos, abunda en esta creación mediante el *lógos:* «Por la palabra de Yahveh fueron hechos los cielos» (Sal 33, 6). La referencia apunta claramente al tercer versículo del Génesis antes citado: «Dijo Dios». A diferencia del demiurgo, artesano que modela una materia preexistente, Dios pronuncia su palabra y las cosas cobran existencia[25].

La simultaneidad entre palabra y creación requiere una precisión. En el relato bíblico observamos una secuenciación (día primero, día segundo…), correlativa a un antropomorfismo semítico que no debe llamarnos a engaño; simplemente imita nuestro modo de hablar, totalmente dependiente del despliegue temporal de nuestra percepción visual y de nuestra articulación lingüística: «La palabra divina crea el mundo, pero no lo hace en una secuencia temporal de pensamientos creadores y de días de la creación»[26]. En efecto, cuando el *lógos* divino habla, crea de modo absolutamente inmediato. Ciertamente, en nuestra experiencia temporal del mundo hay dos hechos sucesivos, uno anterior y otro posterior; en la realidad divina, por el contrario, ambos son simultáneos. La razón principal estriba en el carácter puro, absolutamente incondicionado –incluso respecto al tiempo–, de la creación divina; poder y hacer convergen de manera propia en el mismo ser.

Los textos más esclarecedores sobre la relación íntima entre palabra y creación se encuentran en el libro de los Proverbios y en el primer capítulo del Evangelio de Juan. Leemos en el capítulo VIII del libro sapiencial:

---

[24] Véase M. H. Abrams, *Natural Supernaturalism*, p. 147. Volveremos sobre Plotino en el capítulo siguiente.

[25] Viene a cuento el «*Ainulindalë*», relato que da comienzo a *El Silmarillion* de Tolkien, donde la palabra de Eru otorga existencia real a lo que previamente solo existía en su pensamiento: «En el principio estaba Eru, el Único, que en Arda es llamado Ilúvatar; y primero hizo a los Ainur, los Sagrados, que eran vástagos de su pensamiento», J. R. R. Tolkien, *El Silmarillion*, R. Masera y L. Domènech (trads.), p. 13; «There was Eru, the One, who in Arda is called Ilúvatar; and he made first the Ainur, the Holy Ones, that were the offspring of his thought», *The Silmarillion*, «Ainulindalë», C. Tolkien, ed., p. 3. Toman así cuerpo los Ainur, cuya interpretación armoniosa de los temas musicales proporcionados por él produce una visión del mundo («"¡Ahí está vuestra música!" Y les mostró una visión»; «"Behold your Music!" And he showed to them a vision», p. 6) y la existencia real del mundo («¡Sea! ¡Que esas cosas existan!»; «*Eä!* Let these things Be!", p. 9). Es decir, la palabra de Ilúvatar crea *ex nihilo* a los agentes y estos posibilitan con su sinfonía la tierra, que Ilúvatar crea al enviar «sobre el Vacío la Llama Imperecedera»; cfr. «I will send forth into the Void the Flame Imperishable», *ibid*. Se trata, por lo tanto, de la total distinción, regencia y poder del Único, que a su vez quiere contar con la participación de sus criaturas; de ahí que Tolkien llamara «sub-creación» al ejercicio artístico de otros para y en la obra de Dios.

[26] H.-G. Gadamer, *Verdad y método*, A. Agud Aparicio y R. de Agapito (trads.), t. I, pp. 520-521.

²²«Yahveh me creó, primicia de su camino,
antes que sus obras más antiguas.
²³Desde la eternidad fui fundada,
desde el principio, antes que la tierra.
²⁴Cuando no existían los abismos fui engendrada,
cuando no había fuentes cargadas de agua. [...]
²⁷Cuando asentó los cielos, allí estaba yo,
cuando trazó un círculo sobre la faz del abismo, [...]
cuando asentó los cimientos de la tierra,
³⁰yo estaba allí, como arquitecto» (Pr 8, 22-30).

Quien habla es la sabiduría divina, que poco antes aparece personificada («Yo, la Sabiduría», 8, 12). La sabiduría es previa a toda creación, al «polvo primordial del orbe». Los versículos 27 a 30 atribuyen una fuerza creadora a esta sabiduría divina que habla.

El texto joánico comienza así:

¹En el principio existía la Palabra
y la Palabra estaba con Dios,
y la Palabra era Dios.
²Ella estaba en el principio con Dios.
³Todo se hizo por ella
y sin ella no se hizo nada de cuanto existe (Jn 1, 1-3).

De nuevo queda excluida cualquier existencia previa a Dios. De igual modo que la sabiduría en Proverbios, en Juan la palabra (en mayúscula en el texto) adquiere un carácter personal y queda identificada con Dios («era Dios») por vía de la encarnación del verbo. Al igual que en el Génesis, la creación es fruto de la palabra («Todo se hizo por ella»). En consonancia con este texto, la exégesis cristiana ha identificado la sabiduría del texto de Proverbios con la persona de Cristo. La cosmogonía es obra del *lógos*.

Estas personificaciones no son insignificantes. Corroboran la necesidad del referente personal; todo relato mítico introduce, antes o después, un personaje divino, angélico, diabólico o humano. La conciencia mítica está menos intrigada por la generación *in abstracto* del cosmos que por su generación *de facto*.

Tras la hechura de los cielos y la tierra, Dios crea, antes de cualquier otra cosa, la luz. El apócrifo de los Jubileos también indica su creación en el primer día:

En el primer día creó el cielo superior, la tierra, las aguas, todos los espíritus que ante él sirven, los ángeles de la faz, los ángeles santos, los del viento de fuego, los ángeles de la atmósfera respirable, los ángeles del viento de niebla, granizo, nieve y escarcha, los ángeles del trueno y los relámpagos, los ángeles de los vientos de hielo y calor, de invierno, primavera, verano y otoño, y todos los vientos de la obra de cielos y tierra, los abismos, la tiniebla [el atardecer y la noche], la luz, la aurora y el crepúsculo, que él preparó con la sabiduría de su corazón[27].

---

[27] Libro de los Jubileos, 2, 2, en Apócrifos del Antiguo Testamento, A. Díez Macho (ed.), t. II, F. Corriente y A. Piñero (trads.), pp. 84-85.

Parece lógico que la luz sea creada con anterioridad a cualquier otra cosa: la sucesión de los días y las noches conforma el marco en el que se incluye el resto de la obra creadora. La luz es la condición de distinción entre las cosas y confirma la creación del espacio («los cielos y la tierra»): solo mediante la luz los seres pueden ser distinguidos. Tan importante es la luz en este contexto bíblico que más tarde, de nuevo en el Evangelio de Juan, queda identificada con la palabra divina («La Palabra era la luz verdadera», «Yo soy la luz del mundo», Jn 1, 9 y 8, 12, respectivamente).

* * *

La literatura posterior ha tomado y adaptado estos textos antiguos según sus necesidades, prestando particular interés al origen del universo ordenado.

Así, el huevo cósmico, ilustración del origen universal para egipcios, hindúes y órficos (además de algunos relatos míticos griegos), aparece en el diálogo *Placides y Timeo o de los secretos de la filosofía* (*Placides et Timéo ou Li secrés as philosophes*) con distinto sesgo. Esta enciclopedia de la segunda mitad del siglo XIII comenta las analogías posibles entre la estructura del cosmos y la de un huevo: cáscara, membrana, clara y yema son asimilables al firmamento, la tierra, el agua y las criaturas vivientes[28]. En el siglo XVI, probablemente por influencia del anónimo *Ovide moralisé* (siglo XIV), un soneto de Ronsard compara las partes del huevo con las del cosmos: «Os doy (dándoos un huevo) todo el Universo»[29]. Pero el diálogo medieval y el poema renacentista reducen el mito a un *tópos*, un motivo literario. La ilustración de los antiguos queda relegada a una genialidad que pretende demostrar la analogía metafórica entre el cosmos y un objeto, entre lo universal y lo particular. Del mito no queda rastro alguno.

Mayor relieve presenta el modo como Torrente Ballester, de acuerdo con la tendencia contemporánea, subvierte estos mitos y creencias. Saco aquí a colación dos textos de la novela fantástica *La saga/fuga de J.B.* (1972) que reinterpretan el primer capítulo del Génesis. En el primero se expone la primera proposición de la *Teocosmogonía*, obra del personaje Ignacio Castiñeira, en estos términos:

> En el principio fue la Nada. La Nada será en el fin. Nada sería también el intermedio si la Nada no se hubiera doblado sobre sí misma, engendrando, así, el fulgurante protoátomo del que surgieron los Dioses[30].

La invención de Castiñeira subvierte dos textos fundamentales de la Biblia apenas citados: el primer versículo del Génesis («En el principio creó Dios los cielos y la tierra»)

---

[28] Cfr. «Et autre fois vous ai ge dit que aucuns philosophes, meisment Ovides, si dist que li mondes estoit de le fachon a l'œuf, car tout aussi comme du droit moieus de l'œuf sont fourmés les oisiaus, ossi couvient que terre portans, c'est ceste terre ou nous sommes, soit ou moilon du monde. Et aussi comme l'aubun et le pelette ademinstrent en l'œuf norrissement au moyeuf, ainsi couvient il que les elemens aменistrent norrissement au monde», *Placides et Timéo*, epígrafe 118, C. A. Thomasset (ed.), p. 50.

[29] «Je vous donne (en donnant un œuf) tout l'Univers», P. de Ronsard, *Sonnets à diverses personnes*, XLVII, en *Les Amours et autres poèmes*, F. Roudaut (ed.), p. 391.

[30] G. Torrente Ballester, *La saga/fuga de J.B.*, C. Becerra y A. J. Gil González (eds.), pp. 167-168.

y el primer versículo del Evangelio de Juan («En el principio existía la Palabra»). Puntualicemos: esta nada de Castiñeira es diversa del no ser. Por un lado, sin principio y sin fin, se identifica con Dios; por otro, su vertiente hermafrodita («doblad[a] sobre sí misma») la convierte en generadora del clásico *ápeiron* (ἄπειρον), el principio «indefinido» espacial del que, según Anaximandro, surgen los cielos y los dioses[31]. Esta nada es un dios inmanente que lo es todo. *La saga/fuga* se arrima así a un panteísmo cosmogónico fundado sobre la Nada.

Otro texto de la misma novela revuelve con originalidad los versículos 1, 3-5 del Génesis. A la pregunta del protagonista («¿Busca la Piedra Filosofal?»), don Perfecto responde: «Busco la palabra que destruya lo que el *fiat* creó, y la palabra que permita reconstruirlo luego, organizado de otra manera»[32]. Don Perfecto ha mostrado a su amigo, el protagonista, un sótano secreto donde esconde un montón de cachivaches de gran simbología para su propósito. Al explicar los motivos del almacén, alude al tercer versículo del primer capítulo del Génesis: *fiat lux* («hágase la luz»). El alquimista don Perfecto, ayudado por la lectura de «los signos del Universo y los jeroglíficos de las catedrales», aspira al «*verbo*», el *lógos* capaz de abrasar y reunir de nuevo lo que la luz condensó al principio de los tiempos:

> Tiene que ser una palabra caliente, ardiente, para que el Cosmos, trasmudado en luz, sobrepase a fuerza de calor ese momento en que todo se hace luz, esa velocidad de vibración que, superada, invierte el proceso y lo *reintegra todo* (*ibid.*, p. 304).

La posterior alusión a «las afirmaciones de Einstein» muestra a las claras el propósito del alquimista: descubrir el modo de fusionar el universo que la palabra divina *fiat* fisionó. Evidentemente, no se trata de una nueva teoría física, ni siquiera de una reintegración material, sino espiritual:

> Por eso necesito la segunda palabra, la que encamina la reintegración, no hacia un Universo aburridamente erótico, como es el actual, sino a otro en que el sol se mueva en virtud de un acto deliberado y racional, es decir, consciente, y, con el sol, los demás seres (*ibid.*, pp. 304-305).

Los dos textos de Torrente Ballester están íntimamente relacionados. En el primero, referido al primer versículo del Génesis, se concede a la nada la potencia divina de fundar un nuevo mundo; en el segundo, referido al tercer versículo del mismo libro escriturario, ese papel se confía a una palabra. En ambos casos se cuestiona el texto canónico: en el primero, la negatividad pura de la nada está dotada de capacidad creadora; en el segundo, la palabra buscada es habilitada para deshacer lo que la primera palabra hizo. En el primero la nada crea, en el segundo una palabra des-crea lo creado. Ambos son subversivos y complementarios.

---

[31] Véase P. Cervio, «Anaximandro»; para el filósofo griego, este *ápeiron* es ingenerable y eterno.
[32] G. Torrente Ballester, *La saga/fuga de J.B.*, ed. cit., p. 304.

TEOGONÍA

Ya sea a partir del Caos o de la nada, la cosmogonía es una ordenación del mundo que se convierte en cosmos. Sigue el orden de las divinidades, basilar en toda mitología; no en vano, según Schelling, el concepto de mitología tomado en su integridad no es simplemente una «doctrina de los dioses sino una *historia de los dioses* o, como dicen los griegos subrayando el aspecto natural, una *teogonía*»[33].

Teogonía griega

Parto de un texto de Heródoto:

> Pero cómo nació cada uno de los dioses o si todos siempre existieron y qué figuras tienen, no lo supieron hasta fecha reciente, hasta ayer, por así decir. Pues creo que Hesíodo y Homero han vivido cuatrocientos años antes que yo, y no más; y estos son los que crearon para los griegos una teogonía, dieron a los dioses sus sobrenombres, distribuyeron entre ellos honores y atribuciones, y describieron sus figuras[34].

Conviene poner el acento en la palabra «teogonía», que indica el «origen» de los dioses, y, por ende, su «forma», «condición» y «existencia». Homero se limita a utilizar los nombres de los dioses como si existieran desde antaño; Hesíodo los representa en tonos épicos precisamente porque su historia ya estaba desarrollada con anterioridad. El origen de los dioses no procede por lo tanto de los poemas de Hesíodo y Homero, sino que gracias a estos dos poetas fijadores de mitos conocemos a esos dioses y sus características. Antes de estos escritores, los griegos tenían de sus dioses una conciencia oscura y caótica; gracias a ellos, la tienen clara, precisa y poética. Esto nos recuerda que todo mito remite, en su origen, a un relato oral, espontáneo, fruto de una admiración ante el mundo, y que cualquier teogonía no apareció tal como hoy la conocemos, en forma puramente poética, sino más bien caótica[35].

A continuación analizaré un texto fundacional y unas pinturas parcialmente representativas de ese texto.

I. *Teogonía* (Hesíodo)

Una reflexión sobre el origen de los dioses griegos debe partir del texto teogónico por antonomasia. Tras narrar la aparición de las fuerzas o elementos fundantes de la naturaleza (Caos, Gea, Eros –si bien este, condición de la reproducción sexuada, no origina

---

[33] F. W. Schelling, *Einleitung in die Philosophie der Mythologie*, p. 7. No olvidemos, sin embargo, el trascendentalismo idealista del filósofo, para quien los mismos dioses son las ideas reales, vivientes y existentes: en la mitología se da la representación más real de las ideas; véase K. Hübner, *La verdad del mito*, L. Marquet (trad.), p. 56.

[34] Heródoto, *Historias*, II, 53, J. Berenguer Amenós (trad.), t. II, p. 51.

[35] Con autoridad lo afirma Schelling: «La forja oscura, el primer lugar de producción de la mitología se encuentra más allá de toda poesía: el fundamento de la historia de los dioses no ha sido dispuesto por la poesía»; F. W. Schelling, *Einleitung in die Philosophie der Mythologie*, p. 18.

vástagos–) y sus descendientes (Érebo y la Noche –Nix–, el Éter y el Día –Hemera– seguidamente, Urano, las montañas y el Ponto más tarde), el poeta griego procede a una extensa teogonía, protagonizada por la estirpe de la pareja Gea-Urano en tres series sucesivas: los titanes Océano, Ceo, Crío, Hiperión, Jápeto, Teia (Tea), Rea, Temis, Mnemósine, Febe, Tetis y Crono; los cíclopes Brontes, Estéropes y Arges; los monstruos de cien manos Coto, Briareo y Giges.

Aún estamos en la fase primigenia de la teogonía. Antes de que aparezcan los dioses olímpicos, tiene lugar un primer acontecimiento sobrecogedor. El simplón Urano apenas conoce otra actividad diversa de la copulativa. Además, poco o nada le importa el resultado de la procreación: cada vez que alguno de sus hijos está a punto de nacer, Urano lo retiene oculto en el seno de Gea (la Tierra) para que no le arrebate el poder. Cada uránida generado es inmediatamente repudiado. Indignada, Gea confecciona con adamanto una enorme hoz y exhorta a sus hijos a la insurrección. El pánico se apodera de los titanes, excepto de Crono, el más joven y astuto, que se dispone a ejecutar la empresa imaginada por su madre. Dicho y hecho:

> Vino el poderoso Urano conduciendo la noche, se echó sobre la Tierra ansioso de amor y se extendió por todas partes. El hijo, saliendo de su escondite, logró alcanzarle con la mano izquierda, empuñó con la derecha la prodigiosa hoz, enorme y de afilados dientes, y apresuradamente segó los genitales de su padre y luego los arrojó a la ventura por detrás[36].

Esta proeza de Crono, nuevo soberano, tiene consecuencias cósmicas aleccionadoras sobre la etiología del mito cosmogónico. El Cielo (Urano) y la Tierra (Gea) se separan, el espacio se abre, nuevos seres pueden nacer y seguir su curso natural. Desbloqueado el impedimento, el mundo se puebla y comienza a organizarse: entramos en la segunda fase de la teogonía.

Pero este inicio no está exento de tensión. Por un lado, la violencia y el fraude, es decir, la discordia simbolizada por las Erinias y las Melias o Melíades que surgen de las «gotas de sangre» de la herida. Por otro, la dulzura y el amor, es decir, la concordia simbolizada por Afrodita, nacida de la «blanca espuma» de los restos amputados. La mutilación de un dios inaugura así una etapa que no es, ni mucho menos, paradisíaca. Cuando Urano se unía a Gea, su cópula producía una confusión entre ambos a la par que condenaba la generación. Ahora, tras el nacimiento de Afrodita, el abrazo amoroso significa una unión de amantes que se debaten entre la concordia y la discordia.

Esta fase del cosmos aún es provisional. Para nuestro propósito etiológico importa un segundo acontecimiento sobrecogedor. Frente a la simplicidad de Urano, los titanes viven siempre en estado de alerta: temerosos de que la soberanía les sea arrebatada, conminan a Crono para que impida toda hipotética sublevación. Aquí observamos uno de los mayores cambios entre la cosmogonía y la teogonía. En los mitos cosmogónicos asistíamos a las relaciones entre el orden y el desorden; con la instauración de la soberanía y las luchas hegemónicas, el problema se desplaza hacia las relaciones entre el orden y el poder. El burdo Urano impedía la generación por lógica autoritaria, Crono y sus hermanos la obstaculizan por lógica política: «para que ningún otro de los

---

[36] Hesíodo, *Teogonía*, vv. 176-182, en *Obras y fragmentos*, A. Pérez Jiménez (trad.), pp. 78-79.

ilustres descendientes de Urano tuviera dignidad real entre los Inmortales», sentencia Hesíodo (vv. 461-462). Nos acercamos a la última fase de la teogonía: la epifanía de los olímpicos.

Los hijos de Rea y Crono son seis: Hestia, Deméter, Hera, Hades, Poseidón y Zeus. A medida que nacen, el padre los engulle (κατέπινε); no los «devora», como suele decirse: los deglute sin digestión, para que queden vivos en un vientre masculino, inapto para dar a luz, de modo que permanezcan eternamente nonatos. La madre urde entonces un plan para salvar al benjamín. Pare a Zeus clandestinamente, lo esconde en Creta y envuelve en pañales una piedra que el glotón Crono traga confundiéndola con su hijo. Mientras tanto, Zeus crece y se fortalece amamantado por la cabra (o la ninfa) Amaltea. No solo será llamado «grande» y «poderoso», también «prudente» y «de mirada amplia»: su astucia le dará la victoria sobre la fuerza de su padre.

Quedan solo dos batallas. La primera es la titanomaquia. Sabedor de su inferioridad en fuerzas y contingente, y tras liberar a sus hermanos, Zeus gana astutamente para su partido a los cíclopes y los «cien manos» (hecatónquiros o centimanos): libera de sus cadenas a los primeros, promete el néctar y la ambrosía a los segundos. Sin la fuerza de estos nuevos secuaces, los olímpicos habrían sucumbido ante el asalto de los titanes.

La segunda es la tifonomaquia. Tifón, el dragón de las cien cabezas, encarna el antiguo desorden; de triunfar, su victoria supondrá la vuelta al Caos primordial. Armado con el trueno, el relámpago y el rayo, Zeus lo fulmina y hunde en el Tártaro. En Hesíodo, la derrota de Tifón marca el fin de las guerras por la soberanía y el comienzo de un cosmos nuevo:

> Luego que los dioses bienaventurados terminaron sus fatigas y por la fuerza decidieron con los Titanes sus privilegios, ya entonces por indicación de Gea animaron a Zeus Olímpico de amplia mirada para que reinara y fuera soberano de los Inmortales. Y él les distribuyó bien las dignidades[37].

No se trata de una tiranía. La supremacía de Zeus trae consigo la justicia. Su gesto de repartir «bien» los honores lo enaltece: el reino de este dios reposa sobre el derecho.

Su dominio marca también el tiempo. Por un lado, a partir de la soberanía de Zeus desaparecen los titanes y comienza la historia de los dioses griegos, tal como la canta Hesíodo hasta el final de su texto. Por otro, como dice Schelling, con Zeus «comienza la vida propiamente helénica» y, consecuentemente, aquella historia según Heródoto con la que se abría el análisis de la teogonía[38].

---

[37] *Ibid.*, vv. 881-885, p. 109. Zeus, patriarca teológico principal según el texto helénico, bien puede ser sustituido por la Diosa, soberana matriarcal estudiada por R. Eisler en otras culturas bajo sus mil caras: doncella, embarazada o parturienta, telúrica o etérea, representante del cáliz – símbolo de «fuerzas del universo generadoras y mantenedoras de vida»– frente a la espada –símbolo de «poder esencial para establecer e imponer la dominación», *El cáliz y la espada*, p. xxvi. Lo uno o lo otro, lo uno y lo otro; pero sin enfocar la mitología desde una perspectiva exclusivamente sexual y de género, lo que provocaría perspectivas borrosas.

[38] F. W. Schelling, *Einleitung in die Philosophie der Mythologie*, pp. 19-20. Véanse J. A. Martín García, «Evolución de la cosmogonía mítica griega: el calendario», p. 257, y J.-P. Vernant, *Entre mythe et politique*, en *Œuvres. Religions, rationalités, politique*, II, pp. 1.982-1.987.

Parece lógico que los olímpicos canten victoria; los titanes simbolizaban la ausencia de progreso. Zeus, aconsejado por la sabia Gea, posibilita la agricultura y la navegación. *Trabajos y días*, texto inseparable de la *Teogonía*, supone a este respecto un himno al trabajo de roturar la tierra, talar los bosques y surcar los mares.

Concluye así la segunda gran fase del universo, marcada por la positividad. En la cosmogonía, el desorden fue sustituido por el orden; en la teogonía, el orden es enriquecido por el poder y el derecho.

II. El *Saturno* de Rubens y Goya

Hay numerosas adaptaciones artísticas de la teogonía grecolatina. El titán Crono, que los griegos habían heredado de Oriente, pasa a los romanos bajo el nombre de Saturno. Rubens pintó un *Saturno devorando a su hijo* para la Torre de la Parada, pabellón de caza de Felipe IV en el palacio de El Pardo. El óleo recoge el momento en que el titán, viejo y canoso, desgarra el pecho de uno de sus retoños, cuya mirada vidriosa traduce la agonía ante la muerte próxima. Siglo y medio después, Goya pintó su propio *Saturno devorando a sus hijos*. Dios agrícola y de la edad dorada, de la bilis negra o melancolía, el Saturno de ambos maestros es el dios infanticida descrito por Hesíodo. Solo en parte: aunque el título de ambas obras sea posterior y de pluma anónima, salta a la vista que en ambas la víctima está siendo «devorada», no «engullida», como reza el original griego[39]. La modernidad oblitera de raíz el mitema de la inmortalidad del olímpico recién nacido y su reclusión que impide, sin causar la muerte, una hipotética rivalidad.

La semejanza entre los lienzos de Rubens y Goya es limitada. Cuatro son los puntos de divergencia, dos relativos a los personajes, otros dos relativos a la estructura y el diseño. Los analizaré brevemente a partir de la obra de Goya:

1. El titán. Está representado mediante una serie de colores ocres y grises en pinceladas enérgicas y discontinuas, similares a manchas saturadas que salen de la nada oscura. Saturno es un monstruo fuerte, de mirada alocada con los ojos en blanco, desencajados y atormentados, de nariz prominente y boca enorme, con una pierna delgada y putrefacta, violentado en su postura retorcida y desequilibrada, crispado de manos.
2. El hijo. Está siendo comido y ocupa el centro de la composición. Los dedos carnosos del titán lo asen con fuerza y se incrustan en su cuerpo. No tiene forma de niño, sino de adulto. Muerto, ofrece un cuerpo inerte, en contraste con la tensión de su padre. Sobresale la sangre, una mancha roja que rodea su carne viva hasta impregnar las manos del titán.
3. La mutilación. Los dientes del caníbal ya han amputado buena parte del cuerpo de su víctima. Debido al encuadre escogido y la iluminación de claroscuro, las

---

[39] «A los primeros se los tragó [κατέπινε] el poderoso Crono según iban viniendo a sus rodillas desde el sagrado vientre de su madre», Hesíodo, *Teogonía*, vv. 459-460, en *Obras y fragmentos*, A. Pérez Jiménez (trad.), p. 92; «καὶ τοὺς μὲν κατέπινε μέγας Κρόνος, ὥς τις ἕκαστος / νηδύος ἐξ ἱερῆς μητρὸς πρὸς γούναθ᾽ ἵκοιτο», *Theogony*, H. G. Evelyn-White (ed.). *Saturno devorando a su hijo* (Rubens): 182,5 × 87 cm, 1636-1638, Museo de El Prado; *Saturno devorando a sus hijos* (Goya): 146 × 83 cm, 1820-1823, Museo de El Prado.

piernas del titán, sumidas en la negrura a partir de la rodilla, también parecen como impedidas. Conviene recordar que el cuadro se encontraba situado, en la estancia de la Quinta del Sordo, junto a otro óleo sobre revoco, *Judit matando a Holofernes*, que abunda en el motivo de la amputación.

4. El diseño. La figura del titán asiendo a su hijo emerge de una profunda oscuridad. Este fondo oscuro es reduplicado por la negrura de la boca, abismo al que se destina la carne del hijo. Ambos cuerpos están iluminados por una luz ciega.

En el óleo de Rubens resaltaban la precisión de rasgos del viejo Saturno, la angustia del niño, la perfección anatómica de los cuerpos y la luminosidad veneciana. El pintor flamenco cuenta una anécdota mitológica. Goya, con expresionismo punzante, transmite una siniestra sensación angustiosa, sugerida tanto por las manchas enérgicas como por la sangre de un cuerpo mutilado y el negro abisal del fondo, la boca y los ojos desorbitados del monstruo. Frente a la pintura precedente, el pintor español presta menos atención a la mímesis de los aspectos anatómicos; de ahí la toma de conciencia de una voracidad agresora, de una destrucción de la vida[40].

Ambos casos representan con fuerza inusitada el drama de una tensión dialéctica entre las divinidades y su progenie. Parece como si Saturno replicase con más ahínco aún el anhelo de su padre; Urano los devolvía al seno de la madre, él los introduce, rotos, en el suyo. Todo queda en los límites de una generación continuamente autofrustrada. Este mito plantea serias cuestiones sobre la vida compartida.

«Teogonía» judeocristiana

Los textos de Génesis, Proverbios y Juan previamente transcritos excluyen cualquier teogonía judeocristiana: si Dios fuera creado no sería Dios.

Otro texto confirma la eternidad característica de Dios. Mientras Moisés apacienta sus ovejas en el monte Horeb, en la península del Sinaí una voz lo llama desde una zarza y le dice: «Yo soy el Dios de tu padre, el Dios de Abraham, el Dios de Isaac y el Dios de Jacob» (Ex 3, 6); genealogía metafórica y sintomática de que Dios es increado. Seguidamente Dios envía a Moisés para que libere al pueblo hebreo de la opresión egipcia. Cuando Moisés le pregunta sobre el nombre que ha de dar a quien le pregunte quién lo envía, responde: «"Yo soy el que soy". Y añad[e]: "Así dirás a los israelitas: 'Yo soy' me ha enviado a vosotros"»[41]. Este empleo no predicativo del verbo ser está preñado de significado[42]. Dios se define aquí como el ser necesario, que no debe a nadie ni a nada la

---

[40] Véase Y. Bonnefoy, *Goya. Las pinturas negras*, P. Martínez (trad.), p. 117.

[41] Ex 3, 14. El original hebreo reza «אהיה אשר אהיה» (*ehyeh asher ehyeh*), «yo soy quien soy»; la Septuaginta o Biblia de los Setenta traduce la sentencia por «ἐγώ εἰμι ὁ ὤν» («yo soy el ser»), y la Vulgata por *Ego sum qui sum* («yo soy el que soy»).

[42] L. Cournaire afirma que el Éxodo carece de cualquier especulación filosófica sobre el ser; véase *L'Existence, passim*. Sin embargo, desde Novaciano, la patrística latina (Agustín de Hipona, Tratado sobre la Trinidad, V, 2) y la teología cristiana (Tomás de Aquino, Suma teológica, I, c. 13, a. 11) –profundamente alimentadas de filosofía griega– desarrollan una tradición persistente del primado teológico del ser, esto es, describen la naturaleza de Dios atribuyéndole las propiedades del ser filosófico. Féne-

perfección de su ser; un ser que en él se da de modo absoluto y en los demás de modo relativo, por participación.

Tanto la relación con los patriarcas como la propia definición absoluta reaparecen en el Evangelio de Juan. En cierta ocasión Jesús afirma que Abraham había gozado viendo su gloria, lo que provoca la incredulidad de los judíos:

«¿Aún no tienes cincuenta años y has visto a Abraham?». Jesús les respondió: «En verdad, en verdad os digo: antes de que Abraham existiera, yo soy»[43].

Con idéntica expresión a la utilizada por la voz salida de la zarza en el Sinaí, Jesús afirma compartir la naturaleza divina con Dios Padre, el mismo que se presentó a Moisés en el Sinaí.

La cultura judeocristiana marca un hito fundamental en la reflexión sobre el origen de Dios. Frente a las parejas divinas que daban razón de las sucesivas generaciones (Gea-Urano, Rea-Crono), el judaísmo propone una concepción innovadora: «el mito teogónico ha sido fulminado por el monoteísmo ético»[44].

ANTROPOGONÍA

Hemos visto cómo los mitos relatan el origen del cosmos, los titanes y los dioses; pero faltamos nosotros. Todo mito reenvía, de un modo u otro, al hombre mismo:

El mito es algo más que una explicación del mundo, de la historia y del destino; expresa, en términos de este mundo, incluso del otro o de un segundo mundo, la comprensión que el hombre alcanza sobre sí mismo respecto al fundamento y el límite de su existencia[45].

La indagación sobre los orígenes del universo está orientada a los del ser humano.

Creación del hombre en religiones politeístas

Cada religión y cada mitología han producido, heredado o adaptado un relato antropogónico. Un ejemplo: Beroso, sacerdote babilónico del siglo III a.C., recopiló, entre los archivos del templo Esagila dedicado al dios Marduk, una curiosa antropogonía que nos ha llegado, fragmentaria, gracias a la compilación de Escalígero, posteriormente publicada en la *Bibliotheca græca* de Fabricio. Ahí leemos cómo el dios Bel «se cortó su propia cabeza, entonces los demás dioses de la tierra unieron el cuerpo disperso, y de ahí surgie-

---

lon sentencia en su oración final al capítulo sobre la naturaleza y los atributos de Dios: «¡Oh, ser, único digno de este nombre!»; «Ô être seul digne de ce nom!», Traité de l'existence de Dieu, II, 5, p. 166.

[43] Jn 8, 57-58. El paso del futuro (en el texto original del Éxodo) al presente («πρὶν Ἀβραὰμ γενέσθαι ἐγώ εἰμι», en la lengua original del Cuarto Evangelio) es más que sintomático: Jesús, en cuanto a su naturaleza divina, no tiene pasado ni futuro, es.

[44] P. Ricœur, *Philosophie de la volonté. II. Finitude et culpabilité*, p. 544.

[45] *Ibid.*, p. 383.

ron los hombres, dotados por esta causa de inteligencia y mente divina»[46]. El ser humano procedería directamente del divino. Curiosa antropogonía, con elevado cariz etiológico, transmitida por la historiografía helénica.

Veamos a continuación dos propuestas, la ineludible clásica y la maya adaptada a la literatura occidental.

I. Tradición clásica

Prometeo es célebre por sustraer el fuego al providente Zeus y burlarse de él en una ofrenda sacrificial[47]. Según el *Protágoras* de Platón, el atolondrado Epimeteo había dejado a la especie humana inerme frente a las inclemencias del tiempo y las amenazas de las fieras. Previsor y reparador, Prometeo «roba a Hefesto y Atenea su sabiduría profesional junto con el fuego –ya que era imposible que sin el fuego aquella pudiera adquirirse o ser de utilidad a alguien–», y los regala al hombre. Este articula entonces el habla, da nombres a las cosas y produce sus medios de subsistencia (agricultura, artesanía). Posteriormente, Hermes, bajo la guía de Zeus, infunde en los hombres «el sentido moral y la justicia, para que [haya] orden en las ciudades y ligaduras acordes de amistad»[48]. El relato platónico aborda un tema principal en la época sofística: la distinción entre la técnica especializada (artesanía, medicina) y la técnica política (convivencia ciudadana, educación democrática). Subraya, además, que aquella técnica no es nada sin esta[49].

---

[46] «Deus iste caput suum abstulit, tum corpus in terram dilapsum alii dii terræ commiscuerunt, ac inde formati homines, qua de causa intellectu & Divina mente præditi», *Berosi Chaldei fragmenta*, lib. VI, c, 12, en J. Alberti Fabricii, *Bibliotheca græca*, XIV, p. 189. Aunque Bel sea habitualmente utilizado como título genérico de divinidad, aquí aparece particularizado en un individuo.

[47] «Pero Zeus [...] ocultó el fuego. Mas he aquí que el buen hijo de Jápeto lo robó al providente Zeus para bien de los hombres», Hesíodo, *Trabajos y días*, vv. 47-51; «Se irritó [Zeus] en sus entrañas y la cólera le alcanzó el corazón cuando vio los blancos huesos del buey a causa de la falaz astucia», *Teogonía*, vv. 554-556, en *Obras y fragmentos*, A. Pérez Jiménez (trad.), pp. 125 y 95 respectivamente.

[48] Véase Platón, *Protágoras*, 321c-322c, en *Diálogos*, C. García Gual (trad.), t. I, pp. 525-526. El fuego simboliza, por antonomasia, la capacidad de creación e invención, esto es, la cultura como «autocapacidad de activación del sujeto», H. Blumenberg, *Trabajo sobre el mito*, P. Madrigal (trad.), p. 334. Este mismo crítico da la vuelta a la tortilla: «Prometeo no sería, primero, el ceramista de la humanidad y, luego, el donador del fuego, sino el creador del hombre mediante el fuego; esto es lo que constituye la *differentia specifica* del hombre», *ibid*. Se entiende así mejor su ascensión a «demiurgo de los hombres» y, de modo concomitante, «su disposición [...] a asumir por ellos cargas increíbles», p. 351. Enfrentado a los olímpicos, el titán aparece habitualmente confabulado con los humanos, sobre todo a partir del Romanticismo. Con el paso del tiempo, esta asociación tiende a resquebrajarse, como vemos en un poema del gran poeta tunecino Chebbi: el titán representa el poeta estusiasmado por las alturas solo accesibles al águila, rebosante «de inspiraciones divinas», lejos de la mezquindad y las injurias de sus enemigos, A. Q. Chebbi, «El himno del titán (o así cantó Prometeo)», *Poesía esencial*, R. Mami (trad.), p. 171; sobre los reparos que presenta la adaptación de este mito en el área árabe-islámica, véase S. Habchi, «Y a-t-il un Prométhée oriental?», pp. 227-228.

[49] C. García Gual, *Prometeo: mito y tragedia*, pp. 52-62. El hurto del fuego, sabemos por el *Prometeo encadenado*, atribuido a Esquilo, provocó la tortura del titán sobre un pico del Cáucaso: «Mas de los pobres hombres / [Zeus] en nada se ocupaba, pues quería / aniquilar toda la raza humana / y crear una nueva. A estos deseos / nadie supo oponerse; yo tan solo / tuve el valor de hacerlo, así salvando / a los hombres de verse destruidos / y de bajar al Hades. Y por ello / me veo sometido a estas injurias / que si causan dolor al soportarlas / provocan compasión al contemplarlas», Pseudo-Esquilo, *Prometeo encade-*

El hijo de Jápeto pasa también por ser el creador de la especie humana. Esta tradición –que no aparece ni en Hesíodo ni en Esquilo ni en Platón– queda atestiguada en varias fábulas de la colección atribuida a Esopo[50]. El Pseudo-Apolodoro y Ovidio retoman esta tradición[51]. En la *Biblioteca mitológica* del primero se inspira Horacio cuando narra esta fabricación de hombres con marcados tintes poéticos: «Cuentan que Prometeo, obligado a añadir al barro primigenio una partícula tomada de cada criatura, también nos puso en nuestras entrañas la furia del león embravecido»[52]. La energía humana es una herencia de origen titánico.

No suele citarse un texto de Menandro que atribuye el origen de las mujeres también a Prometeo. Lo cita Luciano (o más bien Pseudo-Luciano) en sus *Amores*. El comediógrafo griego sostiene, en contra de la opinión común, que el tormento de Prometeo responde a toda justicia: con razón todos los dioses lo odian, porque «él formó la mujer, casta maldita»[53]. Argucias de la misoginia mediante titán interpuesto.

La evolución entre los primeros escritos (Hesíodo, Platón, Pseudo-Esquilo) y estos últimos (Menandro y Pseudo-Luciano, el Pseudo-Apolodoro y Horacio), más recientes, es considerable. En aquellos, Prometeo burlaba a los dioses y posibilitaba la civilización;

---

nado, vv. 233-242, en Esquilo, *Tragedias completas*, J. Alsina Clota (trad.), p. 458. El *Prometeo liberado* o *desencadenado* de P. B. Shelley (*Prometheus Unbound*, 1820), ajeno a cuestiones de antropogonía, retoma el motivo del talón de Aquiles de Júpiter (Zeus): el secreto de su futuro derrocamiento, cfr. I, vv. 371-374, en *The Complete Poems*, pp. 237-238; véase Pseudo-Esquilo, *Prometeo encadenado*, en *Tragedias completas*, vv. 211-215, ed. cit., pp. 457-458. Lejos de suscribir la condescendiente declaración de Hesíodo previamente citada sobre la justicia del dios supremo («[Zeus] les distribuyó bien las dignidades»), este héroe busca y propone –en palabras de Mary Shelley– expulsar «el mal [del] sistema de la creación», *Note on «Prometheus Unbound»*, en *The Complete Poems*, p. 295. La premisa es cristalina: «el mal no debería existir»; para extraerlo de la «naturaleza humana», es preciso que «Uno guerree contra el Principio del Mal» («One warring with the Evil Principle», *ibid.*). Júpiter no designa tal o cual mal concreto, sino el mal metafísico en todas sus virtualidades, tanto políticas como religiosas; véanse R. Trousson, *Le Thème de Prométhée dans la littérature européenne*, pp. 414-416, y E. de Lorenzo, «Prometeo y la poética del idealismo en P. B. Shelley», pp. 148-149. En desigual batalla, el torturado recurre, contra toda esperanza, a las armas del amor y la sabiduría (véase I, v. 824, p. 249, y II, IV, v. 44, p. 260); solo así Demogorgón puede derrocar al usurpador Júpiter y Heracles liberar a la humanidad, tipificada en Prometeo, antes de asistir al jovial himno cósmico que clausura el poema. Sobre Demogorgón («misterioso titán», N. Frye, *Words with Power*, p. 247) y sus múltiples apariciones en la literatura, véase R. Trousson, *Le Thème de Prométhée dans la littérature européenne*, p. 408.

[50] «Zeus, Prometeo y Atena [Atenea], que habían modelado, el primero un toro, Prometeo un hombre y la diosa una casa», fábula 100, «Zeus, Prometeo, Atena y Momo», Esopo, *Fábulas. Vida*, P. Bádenas de la Peña y J. López Facal (trads.), p. 87; véanse también las fábulas 240 y 266, y C. García Gual, *Prometeo: mito y tragedia*, pp. 59-60. También encontramos este origen en las *Fábulas* de Higino: «Prometeo, hijo de Jápeto, fue el primero en modelar hombres a partir del barro», CXLII, J. del Hoyo y J. M. García Ruiz (trads.), p. 232.

[51] «Luego de modelar a los hombres con agua y tierra, les entregó también el fuego a ocultas de Zeus», Pseudo-Apolodoro, *Biblioteca mitológica*, I, 7, 1, J. García Moreno (ed.), p. 52; «esa tierra que el vástago de Jápeto modeló», Ovidio, *Metamorfosis*, I, v. 82, A. Ruiz de Elvira (trad.), I, p. 10.

[52] Horacio, *Odas*, I, 16, vv. 13-16, J. L. Moralejo (trad.), p. 283; «fertur Prometheus addere principi / limo coactus particulam undique / desectam et insani leonis / vim stomacho adposuisse nostro», P. Shorey & G. J. Laing (eds.).

[53] Pseudo-Luciano, *Amores*, XXXVIII, 43, en *Obras completas*, F. Baraibar y Zumárraga *et al.* (trads.), t. III, p. 75; «γυναῖκας ἔπλασεν, [...] ἔθνος μιαρόν», *Lukian Drengekærligheden over for kvindekærligheden*, G. Hinge (ed.).

en estos, el titán modela al hombre con barro entre sus manos. Esta sucesión cronológica es, cuando menos, sorprendente; más razonable habría sido el orden inverso: primero la vida, después los dones espirituales. Para comentadores como Trousson, se trataría de un desplazamiento semántico hacia una materialización de tipo etiológico[54]. Es posible. Quien puede lo más, puede lo menos; lógicamente, animar un trozo de barro, infundirle vida, parece de mayor entidad que entregar el fuego o reservar para el hombre la carne de los sacrificios. Estas disonancias son habituales y, por lo demás, fácilmente solventables dentro de nuestra tradición occidental; al fin y al cabo, todo queda en casa.

El mito de Prometeo genera indefectiblemente una curiosa puesta en abismo. Digo curiosa porque se dirige en dos sentidos, hacia arriba y hacia abajo.

Hacia abajo: si el ser humano es producto de un titán, ¿qué impide al espíritu titánico del hombre producir otros seres humanos? Todo el mito de Frankenstein remite a la hazaña prometeica. En la película *El titán* (*The Titan*, L. Ruff, 2018), unos científicos se proponen modificar biológicamente a unos militares y así capacitarlos a colonizar otros espacios; cuando el experimento parece culminar con éxito, el director de las operaciones exclama, entusiasmado: «¡Hemos robado el fuego de los dioses!» («We stole fire from the gods!»).

Hacia arriba: si el ser humano es producto de un titán, ¿de quién es producto el titán? Conocemos la respuesta mitológica por antonomasia: «Jápeto se llevó a la joven Clímene, oceánide de bellos tobillos, [y esta dio a luz] al mañoso y astuto Prometeo»[55]. Descontentadiza, la ficción contemporánea ha virado hacia otros derroteros. En la película *Prometheus* (R. Scott, 2012), unos paleontólogos e ingenieros descubren que los auténticos «ingenieros» (*Engineers*) de la vida humana proceden de otro planeta; es más, la arqueóloga Elizabeth Shaw constata que su ADN coincide con el humano. Entonces, «¿Quién los hizo a ellos?» («And who made them?»). La pregunta la impulsa a pilotar una nave y salir en busca del hacedor por el espacio infinito.

En cualquiera de los sentidos, hacia abajo o hacia arriba, la puesta en abismo produce vértigo.

Al relato de Prometeo y Pandora sucede el del origen de las «edades», «razas» o «estirpes» humanas que nos precedieron, pretexto para profundizar en aspectos de la creación de la especie actual y del origen de su maldad.

Según narra el poeta a su hermano Perses, al principio los inmortales crearon una «dorada estirpe de hombres mortales» que «vivían como dioses, con el corazón libre de preocupaciones, sin fatiga ni miseria; y no se cernía sobre ellos la vejez despreciable, sino que, siempre con igual vitalidad en piernas y brazos, se recreaban con fiestas ajenos a todo tipo de males». A esta estirpe sucedió una «mucho peor, de plata [...]. Durante cien años el niño se criaba junto a su solícita madre pasando la flor de la vida, muy infantil, en su casa; y cuando ya se hacía hombre y alcanzaba la edad de la juventud, vivía poco tiempo lleno de sufrimientos a causa de su ignorancia». A esta sucedió «otra tercera estirpe de hombres de voz articulada [...], de bronce, [que] no comían pan y en cambio tenían un

---

[54] Cfr. «En somme, il a pu se produire là une sorte de glissement de sens vers la concrétisation dont l'origine est sans doute étiologique», R. Trousson, *Le Thème de Prométhée dans la littérature européenne*, p. 78.

[55] Hesíodo, *Teogonía*, vv. 507-511, en *Obras y fragmentos*, A. Pérez Jiménez (trad.), p. 93.

aguerrido corazón de metal». Vino después una cuarta estirpe, «más justa y virtuosa, la estirpe divina de los héroes que se llaman semidioses». Tras ellos, la estirpe humana:

> Y [...] ahora existe una estirpe de hierro. Nunca durante el día se verán libres de fatigas y miserias ni dejarán de consumirse durante la noche, y los dioses les procurarán ásperas inquietudes; pero, no obstante, también se mezclarán alegrías con sus males[56].

Tras desaparecer de la tierra, las razas metálicas siguieron suertes diversas: los hombres de la raza de oro se convirtieron en «divinidades menores», los de plata en «mortales bienaventurados» y los de bronce «marcharon a la vasta mansión del cruento Hades, en el anonimato». En lo tocante a los héroes, unos murieron a los pies de Tebas o de Troya, otros fueron conducidos a «las Islas de los Afortunados»[57].

Un análisis detallado del texto nos mostraría la relación existente entre esta arquitectura (más parecida a una construcción a modo de plantas de un edificio que a una sucesión cronológica de razas) y el modelo de una jerarquía intemporal propia del pensamiento indoeuropeo: la primera planta de la construcción hesiódica define el plano de la soberanía –el rey ejerce su actividad jurídico-religiosa–; la segunda, el plano de la función militar –la violencia bruta del guerrero impone su dominio–; la tercera, el plano de la fecundidad –el agricultor está encargado de proveer los alimentos necesarios para la vida–[58]. Dicho de un modo más solemne, estamos ante la multiforme tríada divina (p. e., Júpiter, Marte, Quirino), ampliamente estudiada por Dumézil en su sistema de las tres funciones, real, guerrera y trabajadora[59]. Reyes, héroes y trabajadores: los hombres «estratificados» según su generación. El origen como extracción social –que hasta tiempos recientes ha sido la principal norma divisoria de la sociedad occidental– implica una significación mítica incuestionable: nos liga con nuestro principio más íntimo, con nuestra propia vida. Hay una ontología mítica de los orígenes.

A este propósito, como observamos en el texto anteriormente citado, *Trabajos y días* ofrece una curiosa progresión biológico-afectiva de las distintas razas: cuanto más antiguas, más exentas de cuidados. A diferencia de los dioses inmortales, de las estirpes metálicas y de los héroes, los hombres, provistos de corazones de carne, sienten y padecen, experimentan emociones. Se vislumbra en estas especificaciones una primera ligazón entre la tipología de las solicitudes anímicas y la tipología de los orígenes absolutos. Más concretamente, esta trabazón nos permite establecer una primera ontología mítica de la estirpe humana fundada sobre la biología, esto es, la sangre, la familia, la tribu o, como dice Hesíodo, la raza.

¡Qué diferencia con las teorías de la modernidad! Vico (y las Luces con él) establece una primera naturaleza «de los poetas teólogos» –carente de raciocinio, poética e inclina-

---

[56] Hesíodo, *Trabajos y días*, vv. 176-179, en *Obras y fragmentos*, A. Pérez Jiménez (trad.), p. 133.

[57] Respectivamente, «δαίμονες», v. 122; «μάκαρες θνητοί», v. 141; «βῆσαν ἐς εὐρώεντα δόμον κρυεροῦ Αΐδαο / νώνυμνοι», ibid., vv. 153-154, y «ἐν μακάρων νήσοισι», v. 171, *Works and Days*, H. G. Evelyn-White (ed.).

[58] Véase J.-P. Vernant, *Mythe et pensée chez les Grecs*, en *Œuvres. Religions, rationalités, politique*, I, pp. 274-276.

[59] Véase G. Dumézil, *Mythe et épopée III*, 3.ª parte, cap. I, en *Mythe et Épopée I, II, III*, pp. 1.273-1.373.

da a divinizar cuanto veía y admiraba–, una segunda «heroica» o de «origen divino» –por cuanto los héroes «se tenían por hijos de Júpiter»– y una tercera «humana» –inteligente y racional–, que se rige por la conciencia, la razón y el deber[60]. El camino de la «nueva ciencia» es inverso al del mito griego: describe el tránsito de unos inicios infantiles hacia un porvenir caracterizado por el perfeccionamiento progresivo y referenciado en el tiempo presente: la filosofía de la historia instaurada por Vico es, por moderna, antimítica.

II. Popol Vuh y *Hombres de maíz* (M. A. Asturias)

El investigador habituado a navegar en aguas de la mitología europea apenas siente extrañeza cuando aborda textos hispanoamericanos donde están patentes los mitos de la tradición occidental; valgan los ejemplos del poema «El Golem» (Borges, en *El otro, el mismo*, 1964) o del poemario *Fénix de madrugada* (Arteche, 1994); el primero se centra en un mito de la tradición judía bien aclimatado a través de Europa del Este, y el segundo adapta (para una situación amorosa particular) otro de raigambre oriental, mas admirablemente absorbido por la historiografía helénica.

El viaje del investigador se complica cuando acomete textos hispanoamericanos donde los mitos de la tradición occidental están latentes. En *La hojarasca* (Gabriel García Márquez, 1955), el coronel de Macondo se empeña, frente a la oposición del alcalde y su pueblo, en dar sepultura a un doctor extranjero caracterizado en vida por su desapego con los habitantes. Sin duda el epígrafe del libro (una cita de la *Antígona* de Sófocles) señala el rumbo; pero ahí concluyen las ayudas explícitas, es más, los numerosos embrollos (disparidad de nombres, caracteres y trama) obligan al crítico a brujulear entre hipótesis contradictorias sobre las correspondencias de la tragedia griega y la novela iberoamericana[61].

Todavía hay un escollo más arriesgado para el estudioso de mitología: internarse por textos hispanoamericanos donde la tradición es exclusivamente precolombina, como el códice Chilam Balam, acertadamente inscrito de modo fragmentario en una de las macroesculturas del *Monumento al Descubrimiento de América* en la plaza de Colón (Madrid, 1977), o el breve relato *Chac Mool* de Carlos Fuentes (1954), a medio camino entre el género fantástico occidental y el realismo mágico, como hemos visto anteriormente. Tal es el caso también de *Hombres de maíz*, de Miguel Ángel Asturias (1949), cuyo entramado mitológico remite a los patrones de la civilización maya. La ingente cultura del escritor, trenzada por las tradiciones occidental y amerindia, nos ayudará a percibir la íntima unidad de los respectivos mitos.

El título de *Hombres de maíz* es elocuente: se refiere al origen de la especie humana, por fin logrado tras tres intentos fallidos de la pareja Huracán e Ixmucané[62]. Los anima-

---

[60] Véase G. Vico, *Scienza nuova*, IV, F. Amerio (ed.), pp. 110-111.

[61] Sobre los diferentes paralelismos entre los personajes antiguos y contemporáneos, véase E. Fernández Folgueiras y S. Santos Hurtado, «La reescritura americana de *Antígona* en el siglo xx», pp. 318-323.

[62] Las mitologías amerindias y sus hermanas africanas hoy asentadas en Iberoamérica comparten este carácter progresivo y dificultoso de la generación humana. Así, cuando Olorum (Dios Supremo) encargó al *orixá* o dios Oxalá «modelar al ser humano», esta divinidad acometió varios caminos. Primero procuró hacerlo de aire, pero el hombre se desvaneció («se desvaneceu»); después intentó hacerlo de madera y de piedra, pero la criatura resultó ser demasiado dura («ficou dura»); lo hizo de

les del monte no hablaban como los hombres, tampoco los cuerpos hechos de barro –que hablaban, pero no tenían entendimiento– y tampoco, finalmente, los muñecos hechos de madera –que también hablaban, pero no tenían alma y no se acordaban de su Creador–. Desechados todos, y regenerada la tierra gracias a un diluvio, la gran pareja de progenitores se propuso nuevamente hacer al hombre:

«Ha llegado el tiempo del amanecer, de que se termine la obra y que aparezcan los que nos han de sustentar y nutrir, la hija del alba, el hijo del alba; que aparezca el hombre, la humanidad, sobre la superficie de la tierra». […] Se reunieron […] y descubrieron lo que debía entrar en la carne del hombre. […] Cuatro animales [el gato de monte, el coyote, el perico y el cuervo] les dijeron que fueran a Paxil y les enseñaron el camino de Paxil, y así obtuvieron la comida que entró en la composición de la carne del hombre creado, del hombre formado; esta fue su sangre, de maíz se hizo la sangre del hombre[63].

El sintagma nominal «los que nos han de sustentar y nutrir» (o, en otro lugar, «¿cómo haremos para ser invocados, para ser recordados sobre la tierra?») resume el proyecto de Huracán y Ixmucané: conseguir seres que los invoquen por su nombre, es decir, que les den una existencia más allá de la energía implícita en la situación de latencia primordial del estado de Caos. Como señala Rivera Dorado, la mitología maya propone una «interdependencia entre los dioses, que dan vida y alimento a los seres creados, y los hombres,

---

fuego, pero el hombre se consumió («se consumiu»); los ensayos con aceite, agua y vino de palma fueron igualmente infructuosos («e nada»). Entonces Nanã Burucu, diosa del fondo de los lagos, vino en su socorro, bajó al fondo del lago con su cetro y sus armas, de donde sacó una porción de lodo y la entregó a Oxalá, que con ese barro modeló al hombre; véase *Mitologia dos Orixás*, R. Prandi (ed.), pp. 196-197.

[63] Popol Vuh, M. Rivera Dorado (ed.), p. 125. Huracán e Ixmucané son también denominados Tepeu y Gucumatz (Corazón del Cielo y Corazón de la Tierra) e Ixpiyacoc e Ixmucané (Tzacol y Bitol, es decir, Creador y Formador). Se trata de las parejas de dioses o fuerzas preteológicas que personalizan la idea de las dos energías necesarias para poner en marcha el universo: la que reside oculta en el Caos primordial (pero rodeada de la luz augural) y la que reside al margen del tiempo. Como es sabido, los mayas utilizaban muchos apelativos, sinónimos y pseudónimos para designar a un mismo personaje, fuera rey, noble o dios; véase *ibid.*, p. 217. También Asturias utiliza diversos nombres y sus derivados para cada personaje de su novela. El Popol Vuh (Libro del consejo o Libro de la comunidad, *ca.* 1545-1558), fue redactado en caracteres latinos por indios mayas alfabetizados a partir de códices pictográficos y tradiciones orales. Posteriormente, esta biblia de los mayas de la región guatemalteca del Quiché fue transcrita en columnas paralelas (quiché y castellano) por el padre Francisco Ximénez en su *Historia de la provincia de Santo Vicente de Chiapa y Guatemala* (*ca.* 1700-1715). Diversos investigadores la publicaron seguidamente en Europa: Karl von Scherzer en *Historias del origen de los indios de esta provincia de Guatemala traducidas de la lengua quiché al castellano, por el R. P. F. Francisco Ximenez* (Viena, 1857) y el abate Brasseur de Bourbourg en Popol Vuh. *Le livre sacré et les mythes de l'antiquité américaine* (París, 1861). Para nosotros, las ediciones más relevantes son *Les Dieux, les héros et les hommes de l'ancien Guatémala, d'après le Livre du Conseil*, de G. Raynaud (París, Éditions Ernest Leroux, 1925) y, sobre todo, *El Libro del consejo*, G. Raynaud, J. M. González de Mendoza y M. A. Asturias (trads.), F. Monterde (pról.), México, Ediciones de la Universidad Nacional Autónoma, 1950. El manuscrito original del Popol Vuh se encuentra en la actualidad en la biblioteca Newberry de Chicago; véanse K. Mahlke, «Popol-Vuh y mitología maya en *Hombres de maíz* de Miguel Ángel Asturias», p. 47; N. I. Quiroa, «El Popol Wuj en la versión de Francisco Ximénez (1701-1702)» y [https://www.newberry.org/popol-vuh].

que con el culto y la adoración otorgan a su vez la existencia a los dioses»[64]. Este tema, central en la mitología maya, justifica multitud de ritos y prácticas sangrientas, que sustentan la intriga de los diversos episodios de *Hombres de maíz*.

Los maiceros, comerciantes sin escrúpulos, queman el bosque, cortan árboles y plantan maíz con objeto de lucrarse:

> Tierra desnuda, tierra despierta, tierra maicera con sueño, el Gaspar que caía de donde cae la tierra, tierra maicera bañada por ríos de agua hedionda de tanto estar despierta, de agua verde en el desvelo de las selvas sacrificadas por el maíz hecho hombre sembrador de maíz[65].

La construcción paratáctica es elocuente: no hay solución de continuidad entre el maíz y el hombre, puesto que su carne es maíz. Cuando el uno es atacado, el otro se resiente. Los desmanes cometidos contra el maíz desencadenan las iras del Gaspar Ilom, que –siguiendo los pasos de los gemelos Hunahpú e Ixbalanqué en el Popol Vuh– emprende una guerrilla impenitente contra los maiceros[66]. Solo la astucia del coronel Gonzalo Godoy puede con él, mediante un veneno que el farmacéutico Zacatón proporciona al indio Tomás Machojón, para que lo beba el cacique durante una celebración. El resto de la historia se resume en la venganza que la tierra toma contra los enemigos del Gaspar.

Uno a uno, todos van a morir bajo la maldición de los brujos de conejos amarillos: Machojón y su mujer (la Vaca Manuela) en el incendio de sus maizales; su hijo Tomás, en una nube incandescente de luciérnagas; el boticario Zacatón y sus cinco hijos, decapitados por los Tecún (cuya abuela, la Vieja Yaca, solo podía curar, según una revelación onírica, si morían los hijos del cómplice de asesinato); el coronel Godoy y sus soldados, calcinados por llamas en forma de manos ensangrentadas[67]. Toda la trama se articula en

---

[64] Popol Vuh, ed. cit., p. 180. Esta interdependencia es habitual en el universo mitológico: «si es verdad que el hombre depende de sus dioses, la dependencia es recíproca. También los dioses necesitan al hombre; sin las ofrendas y los sacrificios, morirían», E. Durkheim, *Les Formes élémentaires de la vie religieuse*, pp. 52-53. También el mundo posmoderno (*Wrath of the Titans, American Gods*) confecciona dioses a su medida.

[65] M. A. Asturias, *Hombres de maíz*, J. Mejía (ed.), I, p. 127.

[66] Los gemelos divinos Hunahpú e Ixbalanqué dan muerte a Vucub Caquix (sol de la cuarta creación) y a sus hijos Zipacná ('cocodrilo', creador de la tierra, asesino de los cuatrocientos muchachos) y Cabracán ('terremoto', el que desmorona la tierra); los tres son dioses de la tercera creación, se vanaglorian por sus riquezas y preceden a los de la cuarta creación, la del hombre; véase Popol Vuh, ed. cit., pp. 64-73.

[67] Se trata, evidentemente, de una muerte mítica, en este caso mediante el recurso a la magia: «Ni murió quemado ni murió guerreando. Los brujos de las luciérnagas, después de aplicarle el fuego frío de la desesperación, lo redujeron al tamaño de un muñeco y lo multiplicaron en forma de juguete de casa pobre, de maleno de palo tallado a filo de machete», M. A. Asturias, *Hombres de maíz*, XVI, p. 463; véase p. 532. Sobre el significado de estas muertes en el conjunto de la novela, véase M. Santizo, «La unidad estructural y temática de *Hombres de maíz*», *passim*. Como la crítica ha observado con sagacidad, «técnicamente, la guerra es ganada por los ladinos. [...] Sin embargo, en el plano mítico-simbólico, se le atribuye una victoria al Gaspar Ilom por [...] la transición del espíritu del Gaspar hacia los Tecún», que continúan la guerra contra los maiceros y vengan a los asesinos del cabecilla indio; véase A. Arias, «Algunos aspectos de ideología y lenguaje en *Hombres de maíz*», en *Ensayos Asturianos*, p. 75. El mal es omnímodo, afecta a todos, en virtud de la estrecha interdependencia entre los dos

torno a las tropelías de los maiceros contra el maíz de los hombres, esto es, contra los hombres de maíz.

Ninguna de las muertes ni de las heridas es natural: en todas interviene un elemento sobrenatural. Es más, todos estos episodios se resumen en dos mitemas que marcan de modo preciso, inconfundible, el camino por el que transcurre la novela: la magia negra y el nahualismo, es decir, los embrujos y las metamorfosis[68]. De hecho, en el inicio la trama nos muestra los efectos de varios conjuros y transformaciones; solo más adelante nos entretiene con dos diálogos de dos parejas de personajes sobre la realidad o la ficción de estos temas míticos.

Una incursión por estas dos discusiones a la luz de toda la novela ayudará a entender mejor el mito antropogónico de la religión maya.

1.ª discusión (entre don Deféric y doña Elda): la magia negra

Don Deféric, músico alemán, cree a pies juntillas la leyenda según la cual María Tecún «tomó tiste con andar de araña» y, a resultas de este veneno, escapó alocada de su casa sin que se la volviera a ver más. De ahí su temor a que la «tecuna» atraiga al empleado del correo y lo precipite por el barranco (en la saca de la correspondencia va su última composición musical, rumbo a Alemania). En el diario del padre Valentín leemos con todo lujo de detalles cómo se fabrica la ponzoña y cómo –mediante recursos mágicos– se provoca la locura de la víctima (*Hombres de maíz*, XIII, ed. cit., p. 369). La tal María Tecún, prosigue el clérigo, fue embrujada

> y echó a correr por todos los caminos, como loca, seguida por su esposo, a quien pintan ciego como al amor. Por todas partes le sigue y en parte alguna la encuentra. Por fin, tras registrar el cielo y la tierra, dándose a mil trabajos, óyela hablar en el sitio más desapacible de la creación y es tal la conmoción que sufren sus facultades mentales, que recobra la vista, solo para ver, infeliz criatura, convertirse en piedra el objeto de sus andares, en el sitio que desde entonces se conoce con el nombre de Cumbre de María Tecún (*ibid.*, pp. 368-369).

Varios capítulos antes el lector ha presenciado la desgarradora escena: el ciego Goyo Yic, que grita «¡María TecúúúÚÚÚn!...», sin apenas poder respirar, «cansado de indagar con las manos, el olfato y el oído, en las cosas y en el aire, por dónde habían agarrado su mujer y sus hijos» (*ibid.*, X, p. 276). Su mujer, que lo oye en lontananza, exclama sin dejar de avanzar: «...¡Que se lo lleve el diablo!». Asturias primero ofrece dramática-

---

mundos, natural y sobrenatural. Afectado el maíz, afectado el hombre; cabría decir, incluso, «infectado el maíz, infectado el hombre». El mismo Asturias utiliza la metáfora del contagio en su reflexión sobre el mito: «cuando hablamos de mitos hablamos de una cosa viviente. Para mí los mitos son un poco como la malaria. La malaria aparece como un dolor de cabeza, un dolor de estómago; se instala y se extiende. Que es más o menos lo que hacen los mitos. No mueren fácil», en L. Harss, *Los nuestros*. El argumento de la novela tiene una inspiración histórica comprobable: «la lucha del jefe ixil Gaspar Ilom –o "Hijom"– en la defensa de sus tierras contra unos colonos mexicanos –"maiceros ladinos" en la ficción– y su muerte en 1890», G. Wallas, «Resemantización de materiales indígenas en *Hombres de maíz*: la realidad desde el mito», p. 135.

[68] Conviene distinguir conjuro y embrujo. El primero, en sí mismo, no es mito ni tema mítico; sí lo es que produzca, por intervención de una fuerza sobrenatural, efecto en el mundo natural.

mente la historia y después la leyenda para mostrar la transición del acontecimiento al relato popular de este.

La discusión entre Deféric y su esposa gira en torno a la realidad de dicho acontecimiento. Para doña Elda no hay duda: las leyendas son fruto de «la imaginación de los poetas, creídas por los niños y vueltas a creer por las abuelas»; si acaso, solo «las leyendas de Alemania [son] verdaderas» (*ibid.*, XVI, pp. 414-415). Su marido replica que «esa manera de pensar [es] absolutamente materialista y el materialismo es absurdo, porque lo material no es nada más que la materia en una forma pasajera» (*ibid.*). A la opinión de doña Elda, que discrimina sin razón entre tradiciones legendarias, opone don Deféric una retahíla de interrogantes sin respuesta. No queda él mejor parado que su mujer, menos aún cuando concluye su deslavazado popurrí de argumentos filosóficos (destinados a fundamentar la verdad de la fantasía en la supuesta solidez del idealismo absoluto) con una sorprendente referencia a unos relatos fantásticos marcados por lo extraño y lo siniestro.

Esta divergencia de opiniones entre Elda y Deféric, reforzada por la debilidad de la argumentación (ausente en boca de la mujer, explícita en la del marido), acrecienta la perplejidad del lector por cuanto desmiente la imagen más extendida del estereotipo alemán. Desde su entrada en escena, don Deféric es descrito como el típico «bávaro de ojos azules», compositor de piezas musicales «para violín y piano», bebedor de coñac, adornado con «puños blancos» y situado en un entorno sintomáticamente opuesto al mestizaje guatemalteco: «en la luz blanca de su casa, al lado de su esposa blanca, entre azaleas blancas y jaulas doradas con canarios blancos». Estamos muy lejos del «mundo […] amarilloso que [envuelve] al administrador de correos, "cerdo estúpido [*sic*] en mayonesa"», como Deféric lo insulta pocos minutos antes. Así, quien supuestamente más debería diferir de las leyendas mayas es precisamente quien más las defiende, incluso acusando a los «estúpitos» que, como su mujer, tienen «mentalidad europea», es decir, «piensan que solo Europa ha existido, y que lo que no es Europa, puede ser interesante como planta exótica, pero no existe».

¿Por qué un personaje, procedente del entorno en principio menos proclive a la creencia en la mitología maya, es precisamente quien más la defiende? Más aún, ¿por qué la misma leyenda nos es transmitida por otro personaje (el párroco de San Miguel Acatán), también procedente del entorno supuestamente menos propenso a la difusión de la mitología maya, cuya firma («Valentín Urdáñez, presbítero») rubrica con su autoridad jerárquica la creencia del vulgo? ¿Cómo explicar esta discordancia entre el horizonte de expectativas y la trama textual?

Aquí es donde debe intervenir la hermenéutica. De acuerdo con el principio general de cooperación entre emisor y destinatario, contamos en el enunciado con toda la información necesaria y verdadera, pero transmitida de modo oscuro, ambiguo. Para solventar esta lesión a la regla de la modalidad, se impone recurrir a la regla básica de la relación, según la cual el enunciado debe ser coherente con el conjunto del relato.

En efecto, la desgarradora escena (cap. X) del invidente Goyo Yic (que busca a tientas por las montañas a su mujer huida sin motivo aparente) reduplica con variaciones la precedente (cap. II) del Gaspar Ilom (abandonado por su mujer, la Piojosa Grande) y precede la siguiente (cap. XIII) de Nicho Aquino (que no encuentra a la suya, Isabra, tras entregar la saca de la correspondencia en San Miguel Acatán). La estrategia de escritura funciona; en la trama, el hechizo es eficaz.

2.ª discusión (entre Hilario y Ramona): el nahualismo

Temeroso del cumplimiento de la leyenda (metamorfosis de Nicho Aquino en un coyote) y, por ende, de la pérdida de su correspondencia epistolar, Deféric encomienda a Hilario Sacayón «alcanzar [a Nicho] antes de llegar a la Cumbre de María Tecún, acompañarlo al pasar por dicho sitio y volverse» (*ibid.*, XVI, pp. 416-417). Solo así se asegura de que su composición musical será expedida rumbo a Alemania. Hilario llega a la posada de Ramona Corzantes, que le informa del paso de Nicho con las sacas de la correspondencia. El diálogo ofrece de nuevo la historia de las «tecunas» y recuerda los fenómenos paranormales que afectan a quienes las buscan al cruzar el paso: los pelos se erizan, los ojos se nublan, el corazón se acelera, los huesos parecen descomponerse... Escéptico, Hilario los explica en clave positivista: «todo eso es natural dada la altura y lo lluvioso del lugar»; además, debido a la humedad, «el camino se pone puro jaboncillo [y] es fácil embarrancarse» (p. 422).

A su paso por la cumbre, tras ver las temidas luciérnagas y quedar completamente envuelto por la neblina, Hilario es presa de un pánico indescriptible, como si presenciara el fin del mundo, que le hace pensar en el suicidio... Entonces oye el grito: «¡María TecúúúÚÚÚn!...». Llega al punto más elevado del monte, y (junto a la piedra que lleva el nombre de la primera «tecuna», al tiempo que oye «la ciega voz del ciego») un coyote le sale «al paso, [...] muy cerca, [...] casi enfrente», antes de «perderlo de vista en seguida entre vaho de lluvia y chiriviscos»[69].

El autor conoce bien el principio de pertinencia de toda lectura novelesca, en virtud del cual un personaje deja de ser simple peón de un juego previsible en la trama y pasa a convertirse en índice del proyecto semántico inferido por el lector, esto es, en peón hermenéutico: el carácter imprevisible de su aventura aumenta la riqueza de su significación[70]. El espacio y el tiempo en que el lector tan solo espera el paso de un jinete por un lugar arriesgado, quedan, en virtud de la ilusión novelesca, súbitamente perturbados por el choque entre su propio mundo y el mundo sobrenatural: el mito de un hombre metamorfoseado en su nahual.

Claramente estamos ante una estrategia compositiva: gracias al episodio de Hilario Sacayón (el personaje inventor de leyendas, el menos proclive a la credulidad), el autor consigue la verosimilitud necesaria para ganarse la fe del lector; su caricatura es un grito silencioso de la magnificencia pavorosa. La metamorfosis sigue similares derroteros que en los mitos clásicos.

Apenas ha traspasado la cumbre («est[á] fuera de peligro»), el jinete recobra confianza; irrumpe entonces la duda (sobre la realidad de la visión, la identidad del animal o el parecido con gente conocida) y, más insidiosa, la vergüenza en caso de atreverse a contar la aventura... Los respetos humanos vuelven por sus fueros. También la mención de otros detalles materiales (el chorrear de una cascada, la campiña de dalias y el viento en

---

[69] M. A. Asturias, *Hombres de maíz*, XVI, p. 431. Las luciérnagas son índice inconfundible del mundo sobrenatural en la cultura maya. En la *Historia general de las cosas de Nueva España*, de B. de Sahagún, leemos que «son como langustas, un poco más larguillas, [...] y vuelan de noche muchas de ellas y tienen luz, así como una candela, en la cola. [...] Algunas veces van volando muchas en rencle, y algunos bobos piensan que son aquellos hechiceros, que llaman tlauipuchme, que andan de noche y echan lumbre por la cabeza y por la boca», libro II, cap. XI, 14, p. 315; «en rencle»: una tras otra.

[70] Véase V. Jouve, *L'Effet-personnage dans le roman*, p. 100.

la cara) invade al lector y le deja la impresión del realismo mágico, para que él mismo no sepa bien sobre qué pie apoyar. Unos instantes de vacilación, y la lógica habitual se asienta de nuevo. Acompasado por el cambio de actitud del personaje y por el entorno realista, el lector recobra confianza y asidero.

Es normal que así sea: somos incapaces de mantener durante un tiempo prolongado la tensión de la sacudida mítica. Pero sería fatuo afirmar su inexistencia, pretender que el otro mundo no ha entrado en contacto con este. La misma actitud de Hilario es ejemplar a este respecto; mientras el pueblo da «por fugo» a Dionisio Aquino (le acusa de huir con el dinero de las sacas postales), él sale «al mar de la realidad», reconoce la verdad del nahualismo:

> ahora ya estaba convencido de lo que no quería convencerse, de lo que rechazaba su condición de ser humano, de carne humana, con alma humana, su condición de hombre, el que un ser así, nacido de mujer, parido, amamantado con leche de mujer, bañado en lágrimas de mujer, pudiera a voluntad volverse bestia, convertirse en animal, meter su inteligencia en el cuerpo de un ser inferior, más fuerte, pero inferior (XVI, p. 449).

Nada más apto que la naturalidad biológica («amamantado con leche de mujer») para confirmar, por contraste, la sobrenaturalidad de la mutación. Hilario Sacayón ha presenciado, en la Cumbre de María Tecún, la heterogeneidad biofísica del mito.

En *Hombres de maíz*, realidad y mito gozan de igual consistencia; todo lo que es real (Gaspar Ilom, Machojón, Goyo Yic, Nicho Aquino) pasa a ser mítico: Gaspar Ilom, Goyo Yic y Correo-Coyote se transforman en su propio nahual, Machojón hijo, en «pura luminaria del cielo»; y viceversa: Correo-Coyote vuelve a ser Nicho Aquino, y María Tecún, leyenda de montaña pavorosa, retorna a su forma real al final del último capítulo. «El confín entre realidad e irrealidad es tan tenue que los planos de una se confunden con los de la otra, en un fluctuar continuo»[71]. La vida, en el fondo, es así, y Asturias la refleja fielmente.

Concluida la reflexión sobre el mito antropogónico a partir de estas dos discusiones, solo nos queda abordar un mitema de particular importancia. A diferencia de la magia, el nahualismo es extraño a nuestra tradición occidental. No sorprende que sea el cura, de nuevo, quien nos ponga al corriente: «tiene su nahual, dicen de cualquier persona, significando que tiene un animal que le protege». A renglón seguido nos ofrece una explicación: «Esto se entiende, porque así como los cristianos tenemos el santo ángel de la guarda, el indio cree tener su nahual». Para comprender la leyenda maya, el buen párroco recurre a un punto de semejanza con la doctrina cristiana. Pero ahí mismo donde concluye la analogía, comienza la incompatibilidad:

---

[71] G. Bellini, *Mundo mágico y mundo real: la narrativa de Miguel Ángel Asturias*, p. 54. Semejante unión encontramos en la Cólquida, adonde Jasón deberá dirigirse para cobrar el Vellocino de Oro; allí –le revela el centauro Quirón–, a diferencia del hombre moderno, el hombre antiguo experimenta la unidad perfecta entre mundo, mito, rito y realidad; más aún: «Su vida es muy realista, como verás. Solo quien es mítico es realista y solo quien es realista es mítico»; «La sua vita è molto realistica, come vedrai. Solo chi è mitico è realistico e solo chi è realistico è mítico», P. P. Pasolini, *Medea*.

Lo que no se explica, sin la ayuda del demonio, es que el indio pueda convertirse en el animal que le protege, que le sirve de nahual. Sin ir muy lejos, este Nichón dicen que se vuelve coyote, al salir del pueblo, por ahí por los montes, llevando la correspondencia, y por eso, cuando él va con el correo, parece que las cartas volaran, tal llegan de presto a su destino[72].

De existir, piensa el tonsurado, esta metamorfosis solo puede ser diabólica; pero eso equivaldría a vestirla de credibilidad. No por otra razón el clérigo prefiere darle visos de infundio popular («dicen»), negarla gestualmente («movió la cabeza ceniza de un lado a otro») y recurrir a amenazas que traducen su escepticismo («Coyote, coyote... Si yo lo agarrara, le quemaba el fundillo, como a tío coyote»). Vale tanto como afirmar la inadecuación de la leyenda mítica con la doctrina religiosa: en este punto las mitologías maya y griega son, a nuestros ojos occidentales, irreductibles con la tradición cristiana:

> Mito y antimito; sacralización y caricatura, son mecanismos exigidos por una fábula que, a la postre, no se quiere conformar con ser simple alegato sino admonición homilética a pesar de todas sus redundancias ironizantes y de sus hipérboles[73].

No así para los indios de la novela, que conjugan sin el menor problema la metamorfosis con sus creencias: de manera análoga a la oración cristiana, el nahual les permite comunicarse con las fuerzas sobrenaturales.

De modo que todo el excurso sobre Hilario Sacayón (refiguración del incrédulo apóstol Tomás) está orientado a fundamentar la verdad de las leyendas mayas; más concretamente, persigue convencer al lector de los dos principales acontecimientos extraordinarios de *Hombres de maíz* (magia y nahual) y situarlos en el horizonte de una cultura diferente de la occidental. El episodio de Hilario Sacayón funciona, por un lado, como rúbrica de verosimilitud para los mitemas de la magia y el nahual (principio de pertinencia), y, por otro, como situación de desconcierto acorde con la idiosincrasia de esta narrativa (realismo mágico). Asturias entiende que la reconstrucción de la identidad mestiza no será auténtica a menos de procurar a la cultura maya una validez equiparable a la de la cultura occidental.

En efecto, Hilario ve, con sus propios ojos, los efectos de la magia y del nahual; la locura de la mujer embrujada ha acarreado la conversión de Nicho en coyote, en su nahual. Por causas de tipo sobrenatural, mujer y marido han dejado de ser lo que eran (poco importa ahora que la metamorfosis sea o no reversible) y se han dado de bruces con la muerte o, lo que es lo mismo en la cultura maya, han entrado en contacto con la otra vida. No en vano el Popol Vuh es un texto funerario, con catábasis incluida, sobre el último rito de paso. Aquí es donde engarza este texto sagrado con el argumento nove-

---

[72] M. A. Asturias, *Hombres de maíz*, XIII, p. 370. Otro eclesiástico describe a principios del siglo XVII los extremos de esta metamorfosis: «Colijo que cuando el niño nace, el demonio, por el pacto expreso o tácito que sus padres tienen con él, le dedica o sujeta al animal, que el dicho niño ha de tener por nahual, que es como decir por dueño de su natividad y señor de sus acciones, o lo que los gentiles llamaban hado, y en virtud de este pacto queda el niño sujeto a todos los peligros y trabajos que el animal padeciere hasta la muerte», H. Ruiz de Alarcón, *Tratado de las supersticiones y costumbres gentílicas que hoy viven entre los indios naturales de esta nueva España*, pp. 22-23.
[73] J. Calviño, *Historia, ideología y mito en la narrativa hispanoamericana contemporánea*, p. 262.

lesco: el final y el origen de los hombres, o viceversa, el origen y el final. Morir no es un castigo, sino una ofrenda para que la nueva vida emerja, de igual modo como los distintos «soles» o edades presentes en el Popol Vuh designan etapas eternamente repetidas. No salimos de la metáfora agrícola donde plantar y cosechar remiten a la creación y a la destrucción continuas[74]. En *Hombres de maíz*, la alternancia entre nacer y morir instiga la continuación del ciclo, el eterno retorno que, en la vida maya, representa una etapa particularmente arriesgada del cosmos y de cada hombre.

* * *

Con las vacilaciones y la decisión crucial de enfrentarse a los maiceros comenzaba la primera parte de la novela; las demás son reflejos caleidoscópicos de un mismo tema: la venganza que se ceba sobre los sacrílegos comerciantes y sus infaustos defensores. El resumen expositivo del Curandero-Venado de las Siete-rozas (el hombre «de las manos negras») en la sexta y última parte no puede ser más explícito:

> Los Zacatón fueron descabezados por ser hijos y nietos del farmacéutico que vendió y preparó a sabiendas el veneno que paralizó la guerra del invencible Gaspar Ilom, contra los maiceros que siembran maíz para negociar con las cosechas.

En una cultura de trueque, nada peor que el deseo de lucro:

> ¡Igual que hombres que preñaran mujeres para vender la carne de sus hijos, para comerciar con la vida de su carne, con la sangre de su sangre, son los maiceros que siembran, no para sustentarse y mantener a su familia, sino codiciosamente, para levantar cabeza de ricos! (XIX, p. 560).

Todas las peripecias de los indios conducen, sin ellos saberlo, a una plena compenetración de la tierra y los héroes, todos sin excepción: el invencible Gaspar Ilom («superior a la muerte»), que venía de la tierra («la culebra de seiscientas mil vueltas») y a ella retorna lanzándose al río; Goyo Yic (zarigüeya –por su apodo Tacuatzín– y hormiga –por revelación del epílogo–), que recupera la vista y encuentra a su esposa María Tecún, y Nicho Aquino (*ah kin* y *ahquih*, esto es, 'él' y 'del sol'), que baja al Xibalbá (mundo subterráneo representado por la cueva), donde recibe la revelación de todo el relato y así enlaza al Gaspar con Goyo Yic: ahora él, Nicho Aquino, sabe, pues para los mayas conocer es recordar la historia de la creación[75]. El carácter simbólico de los personajes no puede ser más evidente.

---

[74] Véanse D. M. Jones, «El retorno maya: el hacer un ciclo del Popol Vuh en *Hombres de maíz*» y Popol Vuh, M. Rivera Dorado (ed.), Intr., p. 38. El carácter mítico del maíz no solo aparece en el Popol Vuh: baste mentar las tres estelas esculpidas de la ciudad-fortaleza de Xochicalco que representan al dios Tláloc, a la diosa de la fertilidad y la muerte del sol (que también es el dios del maíz). Estas tres estelas –que narran la transformación del Sol Jaguar Nocturno en el dios del maíz– se refieren a tres ritos importantes del ciclo agrícola: la siembra, el crecimiento y la cosecha de la planta del maíz; véase E. Florescano, *El mito de Quetzalcóatl*, p. 232.
[75] Véase K. Malhke, «Popol-Vuh y mitología maya en *Hombres de maíz* de Miguel Ángel Asturias», pp. 52-55.

Se entiende así que la novela concluya con un canto a María la Lluvia, la Piojosa Grande, que huyó la noche del asesinato de su esposo Gaspar Ilom (creando así la leyenda del héroe mártir) con el hijo de ambos a cuestas, «su hijo el maíz, el maíz de Ilom», revitalizando así la leyenda del maíz eterno. Cuadra perfectamente todo en el epílogo, condensación de vertiginosas soluciones donde, de modo explícito o implícito, se reencuentran todos los protagonistas. Los mitemas de la magia negra y nahual no tienen fin en sí mismos, están dirigidos a trabar el armazón de toda la historia novelesca y, por ende, del gran mito antropogónico.

Creación del hombre y la mujer en el monoteísmo

Los prometeos de las tradiciones monoteístas se reducen, *mutatis mutandis*, a uno solo; también sus criaturas primerizas son menos numerosas. Enfocaré aquí el origen del primer hombre, las primeras mujeres y de un embrión deforme.

1. Adán y Eva

El relato bíblico de la creación resulta de la yuxtaposición de dos textos, probablemente tras el regreso de la cautividad en Babilonia (587-538 a.C.). El primero (Gn 1, 1-2,4a), de redacción cronológicamente posterior al segundo, ha sido escrito por escribas pertenecientes a la clase sacerdotal, de ahí su nombre de relato sacerdotal (a veces se denomina elohísta por utilizar la palabra «Elohim» para referirse a Dios). Tras la creación del cosmos, la vegetación y los animales, Dios acomete la del hombre:

Y dijo Dios: «Hagamos al ser humano a nuestra imagen, como semejanza nuestra, y manden en los peces del mar y en las aves de los cielos, y en las bestias y en todas las alimañas terrestres, y en todas las sierpes que serpean por la tierra. Creó, pues, Dios al ser humano a imagen suya, a imagen de Dios lo creó, macho y hembra los creó»[76].

Tres notas de este pasaje caracterizan a Dios: 1) un Dios único; 2) un Dios creador; 3) un Dios señor de la naturaleza.

Otras tres caracterizan al hombre: 1) directamente creado por Dios; 2) creado a imagen de Dios; 3) comprehensivo de dos sexos, masculino y femenino.

Tras una experiencia política y existencial desgraciada (pérdida de la patria, prisión del rey, muerte de su descendencia, destrucción del templo e incendio de la ciudad), los hijos de Israel se interrogan sobre el significado de las contrariedades, a saber: la victoria de las divinidades y la prosperidad de los idólatras. Sobre un desasosegante telón de fondo –la humillación del pueblo y la tentación del culto pagano–, el texto puede leerse

---

[76] Gn 1, 26-27. Aunque de manera subrepticia, aquí ya aparece la mujer, bajo una forma homologable a la del andrógino; véase L. Wajeman, «Ève», p. 859. Para una explicación cristiana y contemporánea de este pasaje, véase Juan Pablo II, *Hombre y mujer lo creó*. Sobre la yuxtaposición de textos de diversa cronología, véase S. Reinach, *Cultes, mythes et religions*, t. II, p. 388. Sobre la contaminación de textos judíos y babilónicos, véase M. Bressolette, «Genèse I, 1–II, 4: texte polémique, texte poétique», p. 21.

como una respuesta plausible por cuanto integra la historia presente de Israel en una visión más amplia de la historia: el poder creador de Dios. Sin duda, el texto hebreo contiene trazas de los relatos mesopotámicos de creación, tal el Enûma Elish, escrito para justificar la supremacía de Marduk, dios de Babilonia, sobre los demás dioses del panteón babilónico; lo cual no impide preservar la creencia identitaria judía de la contaminación de las religiones vecinas en un momento crítico de su desarrollo. Frente al politeísmo circundante, el judaísmo propone la existencia de un único Dios, trascendente al mundo, que crea a su criatura y establece con ella un lazo estrecho.

El segundo relato (Gn 2, 4b-25) es conocido como yahvista debido al nombre aplicado a Dios: יהוה (generalmente vocalizado como Yahveh). Da mayor relieve a la formación del hombre, que precede aquí a la del resto de criaturas. Dios modela el cuerpo del hombre del polvo del suelo o de la tierra (המדא, 'adamah, 'tierra', de ahí Adán, מדא, 'adam), de modo semejante a como lo haría un artesano con una figurilla de arcilla:

El día en que hizo Yahveh Dios la tierra y los cielos, no había aún en la tierra arbusto alguno del campo, y ninguna hierba del campo había germinado todavía, pues Yahveh Dios [Elohim] no había hecho llover sobre la tierra, ni había hombre que labrara el suelo. [...] Entonces Yahveh Dios [Elohim] formó al hombre con polvo del suelo, e insufló en sus narices aliento de vida, y resultó el hombre un ser viviente.

Dios crea de manera directa y trascendente (sin partición ni emanación) a ese hombre que pasa a 'ser viviente' (שפנל, l°nefesh), es decir, un ser animado por el soplo vital divino. Insufla en la materia un espíritu hecho de la nada; esto se aplica tanto al hombre como a la mujer, aunque este relato yahvista presenta el cuerpo de la mujer como procedente de una costilla (del flanco) del hombre[77].

Esta insuflación, de importancia capital, encuentra correspondencias en otras lenguas y relatos[78]. En todos ellos se diviniza, por metonimia, el hálito: surgido de Dios,

---

[77] «Entonces Yahveh Dios hizo caer un profundo sueño sobre el hombre, el cual se durmió. Y le quitó una de las costillas, rellenando el vacío con carne. De la costilla que Yahveh Dios había tomado del hombre formó una mujer», Gn 2, 21-22. Los comentarios haggádicos al libro del Génesis apostillan que «una de las costillas» significa tanto como «uno de los lados [de Adán], igual que [se dice]: "Para el segundo lado del Tabernáculo, por el norte, Ex 26, 20"», 1 Génesis Rabbah 17, 6, L. Vegas Montaner (ed.), p. 209; también aclaran que Dios no dejó a Adán sin una costilla, sino que «tomó una costilla de entre dos costillas», ibid. El Corán borra todo rastro de la costilla, pero se aferra a la procedencia masculina de la mujer (Eva no es mentada): «¡Hombres! Temed a vuestro Señor, Que os creó de una sola persona, de la que creó a su cónyuge», 4, 1, J. Cortés (trad.), p. 78. No obstante lo cual, cuando el califa Muáwiya pregunta a Abu Bahr cómo procede con su esposa, este responde: «Extremo la bondad, muestro cercanía y no soy remiso en gastos, ya que la mujer fue creada de una costilla torcida», «Anécdotas de califas», en Mil y una noches, noche 62.ª, S. Peña Martín (trad.), t. I, p. 340; a pesar de su gentileza oriental, el consejero recupera y resalta los tintes misóginos de la tradición judeocristiana.
[78] En el mundo grecolatino, un ser vivo y un ser inerte se distinguen en que aquel tiene anima, es decir, un soplo, hálito (equivalente semántico de la voz griega ψυχή); un ser está vivo porque respira; véanse A. Ernout y A. Meillet, Dictionnaire étymologique de la langue latine, s/v 'Anima', p. 34, y P. Chantraine, Dictionnaire étymologique de la langue grecque, París, s/v 'ψυχή', p. 1.294. Un ejemplo poético-religioso: el Rgveda (Rigveda) o Sabiduría de los himnos considera el hálito del «Uno» como entidad primordial; véanse Rgveda Saṃhitā, 10, 129, 2b, en Die Hymnen des Rigveda, T. Aufrecht (ed.), II, p. 430, y The Rigveda, S. W. Jamison y J. P. Brereton (trads.), t. III, p. 1.608. Sintomáticamente, Skriabin

posee una virtud capaz de animar formalmente la hechura divina, esto es, de transmitir al ser humano una semejanza con su Creador. La proposición mitológica es evidente.

En ambos relatos bíblicos el origen de Eva (חוה, *Hava* –Gn 3, 20–, nombre motivado por una homofonía con el verbo חיה, *hayah*, 'vivir') responde a una necesidad: la formación de la pareja humana, tanto para la procreación (Gn 1, 28) como para el apoyo mutuo (Gn 2, 18-24).

En Génesis Rabbah se dramatiza la complicada llegada de la mujer al mundo. Al ver una primera mujer «llena de flujos y sangre, [Dios] la creó por segunda vez. Por eso [Adán] exclamó: "¡Esta vez sí que es hueso de mis huesos!"». Es decir, ante la repugnancia invencible de Adán, Dios tuvo que mejorarse a sí mismo; de ahí que, aprovechando un sueño del hombre, le extrajera la costilla[79]. El embarazo del Dios judío recuerda los aprietos en que se vieron los titanes griegos y los dioses mayas para crear a los humanos. Toda creación es penosa, incluso para el increado.

* * *

A continuación, un texto mostrará que esta antropogonía bíblica, lejos de ser una antigualla recluida en un museo, fecunda la reflexión literaria. Se trata de una particular adaptación del relato sacerdotal en la novela *El rey de los alisos*, de Michel Tournier (1970), cuyo título procede de un célebre y homónimo poema de Goethe sobre una figura maléfica que lleva al niño a la muerte. Abel Tiffauges, un mecánico parisino, siente una ambigua atracción hacia los niños, en parte por su condición de ogro. Es, además, un buen lector de la Biblia:

> Cuando uno lee el principio del Génesis se queda extrañado por una contradicción flagrante que desfigura este venerable texto. Dios creó al hombre a su imagen, lo creó a imagen de Dios, los creó macho y hembra. Y Dios los bendijo y les dijo: «Sed fecundos, creced, multiplicaos, llenad la tierra y sometedla…». Este súbito tránsito del singular al plural es completamente ininteligible, tanto más cuanto que la creación de la mujer a partir de una costilla de Adán no ocurre sino mucho más tarde, en el capítulo II del Génesis[80].

---

hace otro tanto en su *Acto preliminar* cuando atribuye a esta respiración divina la creación universal: «En este impulso, en este trueno, en este fulminante arrebato, en su hálito de fuego, todo el poema de la creación», A. Skriabin, *Zapisi*, «Rússkie propilei», 6, 1919, p. 202, F. Molina Moreno (trad.) en «Para el éxtasis y el misterio: dos poemas (no musicales) de Scriabin», p. 78; véase también F. Molina Moreno, «Più indù degli indù? Skrjabin, le cosmogonie orfiche e la mitologia vedica», pp. 77-79. Es poco probable que el compositor ruso conociera el texto védico. La novela contemporánea trivializa el soplo, como rubrican dos coleccionistas de creaciones del mundo: «a) Tupã engendra al sol, que engendra a la tierra. b) Tupã da un soplo a la tierra, que se va al infinito. c) El sol, que no quiere separarse de su hija, suplica a Tupã que no la envíe demasiado lejos»; «a) Tupan engendre le soleil, qui engendre la terre. b) Tupan souffle sur la terre, qui s'en va dans l'infini. c) Le soleil, qui ne veut pas se séparer de sa fille, supplie Tupan de ne pas l'envoyer trop loin», E. Orsenna, *L'Exposition coloniale*, p. 272.

[79] 1 Génesis Rabbah 18, 4, L. Vegas Montaner (ed.), p. 215. También se narra cómo Dios «la adornó con veinticuatro adornos», 18,1, p. 213. Disponiendo y mezclando diversos textos, R. Graves y R. Patai ofrecen una atrayente composición (algo fantasiosa) de este proceso creativo; véase *Hebrew Myths*, p. 65-66. Sobre la etimología de Eva, véase L. Wajeman, «Ève», p. 859.

[80] «Quand on lit le début de la Genèse, on est alerté par une contradiction flagrante qui défigure ce texte vénérable. "Dieu créa l'homme à son image, il le créa à l'image de Dieu, il les créa mâle et

Al margen de mínimas diferencias causadas por la versión de referencia, la cita es correcta y la observación pertinente (no así la apreciación sobre la costilla de Adán: Tiffauges ignora o no considera la yuxtaposición de textos bíblicos). El paso del singular al plural sobreviene cuando Dios se dirige al hombre y a la mujer para comunicarles su voluntad: «Y bendíjolos Dios, y díjoles Dios: "Sed fecundos y multiplicaos y henchid la tierra y sometedla"» (Gn 1, 28).

Con ánimo de solventar la contradicción, el protagonista avanza su propuesta:

> Por el contrario, todo se aclara si se mantiene el singular en la frase que cito: «Dios creó al hombre a su imagen, es decir, macho y hembra a la vez. Le dijo: "Crece, multiplícate"», etc. Más tarde, constata que la soledad acarreada por el hermafroditismo no es buena. Sume a Adán en un sueño y le retira, no una costilla, sino su «costado», su flanco, es decir, sus partes sexuales femeninas con las que hace un ser independiente[81].

La modificación sugerida por Abel Tiffauges no es meramente morfológica o gramatical; explicaría su inaudita manera de ver el mundo: es lógico que la mujer carezca de partes sexuales porque ella misma es la parte sexual del hombre, siempre dispuesta para su utilización instrumental. Aún hay más: tal suposición invertiría «la pretensión del matrimonio» según la doctrina de Jesús («¡No reunáis lo que Dios ha separado!», propone Tiffauges) y daría alas a su propósito de reinstauración del mito del andrógino adámico («subir la cuesta, restaurar el Adán original»)[82]. Así, el trastocamiento del texto antiguo sería un modo de justificar la concepción que Tiffauges tiene de la mujer, argumento en consonancia con los desvaríos del protagonista en la Alemania nazi.

Más allá de esta hipercorrección del texto bíblico, la especulación de Abel Tiffauges sobre el Adán solitario no es completamente disparatada. La masculinidad de un cuerpo solo puede existir en consideración de otro femenino; por lo tanto, antes de la creación de Eva (posterior a la de Adán, según el relato yahvista), el Adán original solo ha podido ser andrógino. De otra manera, el texto carece en absoluto de sentido[83].

El mito del andrógino viene de antiguo. Previamente tratado, entre otros, por Platón en *El banquete* y Ovidio en las *Metamorfosis*, adquiere relevancia considerable entre los gnósticos del siglo II, y en los comentarios midrásicos del siglo VI de nuestra era[84]. En

---

femelle. Et Dieu les bénit, et il leur dit: 'Soyez féconds, croissez, multipliez, remplissez la terre et soumettez-la...'" Ce soudain passage du singulier au pluriel est proprement inintelligible, d'autant plus que la création de la femme à partir d'une côte d'Adam n'intervient que beaucoup plus tard, au chapitre II de la Genèse», M. Tournier, *Le Roi des aulnes*, p. 30.

[81] «Tout s'éclaire au contraire si l'on maintient le singulier dans la phrase que je cite. "Dieu créa l'homme à son image, c'est-à-dire mâle et femelle à la fois. Il lui dit: 'Croîs, multiplie'", etc. Plus tard, il constate que la solitude impliquée par l'hermaphrodisme n'est pas bonne. Il plonge Adam dans le sommeil, et il lui retire, non une côte, mais son «côté», son flanc, c'est-à-dire ses parties sexuelles féminines dont il fait un être indépendant», *ibid.*, pp. 30-31.

[82] Cfr. «la femme "n'a" pas à proprement parler de parties sexuelles, c'est qu'elle "est" elle-même partie sexuelle: partie sexuelle de l'homme. [...] "Ne réunissez pas ce que Dieu a séparé!" [...] Remonter la pente, restaurer l'Adam originel», *ibid.*, pp. 31-32.

[83] Véanse N. Frye, *Words with Power*, p. 189, y C.-G. Dubois, *Mythologies de l'Occident*, p. 82.

[84] «Tres eran los sexos de las personas, no dos, como ahora, masculino y femenino, sino que había, además, un tercero que participaba de estos dos, cuyo nombre sobrevive todavía, aunque él mismo ha

nuestros días, Jung lo interpreta como la reunión de las cualidades psicológicas e intelectuales (*animus* y *anima*) que constituyen la individualidad completa. Este mito, presente en incontables tradiciones culturales, entraña un aspecto siniestro porque carecemos de experiencia objetiva y material del hermafroditismo absoluto y natural: conduce a la mente por los caminos de una misteriosa dualidad[85].

Por eso, cuando Tiffauges, justo después de ser abandonado por Raquel, reflexiona sobre el carácter hermafrodita del primer hombre, en realidad se está interrogando por su propia identidad: la ambigüedad del atractivo que los niños ejercen sobre él. La guerra no tarda en revelarle los vericuetos más oscuros de su personalidad. Abel deviene ogro en busca de niños para una «napola» o escuela política nacional (*nationalpolitische Erziehungsanstalt*). Todas las mañanas monta su caballo negro y, provisto de cartas oficiales de presentación, recorre la Mazuria reclutando jóvenes destinados a convertirse en oficiales del ejército. Es significativo que considere la adquisición de dos gemelos como su mejor faena. Un examen minucioso en el laboratorio muestra su fascinación por el fenómeno gemelar perfecto; tras múltiples observaciones, saborea con delectación su descubrimiento: los hermanos Haro y Haio son dos «gemelos-espejo», esto es, presentan exactamente idénticas marcas personales, pero en disposición inversa (pp. 386-387). El hallazgo es crucial porque concuerda con su cuestionamiento del pasaje bíblico. Las operaciones de inversión, permutación, superposición, etc., que antes ejecutaba con interés (por ejemplo, con las técnicas fotográficas), siempre permanecían en el terreno de lo puramente imaginario. Ahora, en cambio, contempla su obsesión hecha carne: hasta los rizos del pelo, los lunares o las pecas se hallan exactamente invertidos entre ambos hermanos. Estas coincidencias casarían con un fenómeno biológico único: la separación de los embriones en un estadio muy tardío.

El fenómeno de la complementariedad de los gemelos no incumbe solo a la investigación científica sobre la gemelología, sino también a la indiferenciación primigenia de la especie humana: sería una prolongación actual del mito del andrógino, motivo de las especulaciones bíblicas del protagonista. La novela es una indagación sobre los indicios que un fenómeno extraño nos transmite de un mito directamente relacionado con nuestro origen.

2. Lilit

Es noche cerrada con viento huracanado; antes de que amanezca el uno de mayo, Mefistófeles y Fausto se dirigen, en la región de Schirke y Elend, hacia el monte de

---

desaparecido. El andrógino, en efecto, era entonces una sola cosa en cuanto a forma y nombre», Platón, *El banquete*, 189d-e, en *Diálogos*, M. Martínez Hernández (trad.), t. III, p. 222. «Los dos cuerpos se mezclan y se juntan, y ambos se revisten de una forma única»; «ubi conplexu coierunt membra tenaci, / nec duo sunt sed forma duplex», Ovidio, *Metamorfosis*, IV, vv. 377-378, A. Ruiz de Elvira (trad.), I, p. 138-139. La unión de Hermafrodito y la ninfa Salmacis resulta en una «metamorfosis por conjunción de dos entidades complementarias», B. Cerquiglini (ed.), *Métamorphoses*, p. 63. Platón refiere el mito a los comienzos de la especie humana; Ovidio, a un fenómeno acaecido a dos individuos, añadido en el transcurso del tiempo posterior a los inicios. De uno dos, según el griego; de dos, uno, según el romano. En un comentario midrásico leemos: «Cuando el Santo, bendito sea, creó al primer hombre, lo creó andrógino, pues esta dicho: "Macho y hembra los creó… y les puso de nombre Adán. […] Cuando el Santo, bendito sea, creó al primer hombre, lo hizo de dos caras"», Génesis Rabbah 8, 1, L. Vegas Montaner (ed.), p. 109.
[85] Véase J. Campbell, *The Hero with a Thousand Faces*, p. 152.

Block. En un súbito silencio, se oye el canto de un ejército de brujas presidido por Belcebú; los dos viajeros se apartan del tumulto y topan con otro corro, junto a un fuego, donde ven «a jóvenes brujitas, descubiertas y desnudas, y a viejas, que sabiamente se encubren». Tras un diálogo entre exiliados (un general, un ministro y un advenedizo), una bruja ropavejera apostrofa a Mefistófeles y Fausto:

> ¡Eh, señores, no paséis de largo! ¡Mirad que se os escapa la oportunidad! Observad con atención mis mercancías, que muchas cosas habréis de encontrar aquí, pues nada hay en mi tienda que en la tierra no tenga su igual, nada que no haya sido puesto al servicio del hombre por causar buen daño en este mundo. [...]
> [Mefistófeles:] Mal entendéis los tiempos, buena mujer. Lo pasado, pasado está, hay que buscar las novedades, pues solo lo que es nuevo nos incita.
> [Fausto:] ¡Con tal de que no pierda el sentido! ¿No es acaso una feria?
> [Mefistófeles:] Todo el remolino se afana por alcanzar la cima; te crees que a los demás arrastras, y eres tú el arrastrado.
> [Fausto:] ¿Quién es esa?
> [Mefistófeles:] ¡Mírala bien! Es Lilit.
> [Fausto:] ¿Quién?
> [Mefistófeles:] La primera mujer de Adán. Cuídate de sus hermosos cabellos, de esa preciada joya con la que tanto brilla, pues cuando logra atrapar a un joven en ellos, no habrá de ser presa que fácilmente se escape[86].

Nada tiene de extraño la pregunta de Fausto; no se prodiga mucho esta mujer, personaje renuente a todo protagonismo. En su respuesta, el demonio primero la define por su nota de parentesco; seguidamente, advierte a su acompañante de otra característica proverbial: su poder seductor[87].

---

[86] «Ihr Herren geht nicht so vorbei! / Laßt die Gelegenheit nicht fahren! / Aufmerksam blickt nach meinen Waren; / Es steht dahier gar mancherlei. / Und doch ist nichts in meinem Laden, / Dem keiner auf der Erde gleicht, / Das nicht einmal zum tücht'gen Schaden / Der Menschen und der Welt gereicht. [...] [Mephistopheles:] Frau Muhme! Sie versteht mir schlecht die Zeiten. / Getan, geschehn! Geschehn, getan! / Verleg' sie sich auf Neuigkeiten! / Nur Neuigkeiten ziehn uns an. [Faust:] Daß ich mich nur nicht selbst vergesse! / Heiß' ich mir das doch eine Messe! [Mephistopheles:] Der ganze Strudel strebt nach oben; / Du glaubst zu schieben und du wirst geschoben. [Faust:] Wer ist denn das? [Mephistopheles:] Betrachte sie genau! / Lilith ist das. [Faust:] Wer? [Mephistopheles:] Adams erste Frau. / Nimm dich in Acht vor ihren schönen Haaren, / Vor diesem Schmuck, mit dem sie einzig prangt. / Wenn sie damit den jungen Mann erlangt, / So läßt sie ihn sobald nicht wieder fahren», Goethe, *Fausto I*, «Walpurgisnacht», vv. 4.096-4.123, en *Fausto, una tragedia*, P. Gálvez (trad.), pp. 304-307.

[87] La admonición de Mefistófeles figura en la inscripción que Dante Gabriel Rossetti dejó en la parte posterior del marco de su célebre cuadro *Lady Lilith* (1867): «Beware of her hair, for she excells [sic] / All women in the magic of her locks / And when she twines them round a young man's neck / She will not ever set him free again». La pintura representa una hermosa joven que muestra, seductora, su hombro izquierdo y peina sus largos cabellos; en torno a ella, flores diversas aluden a diferentes amores; véase The Metropolitan Museum of Art [https://www.metmuseum.org]. De otro talante, abiertamente lujuriosa, es la Lilit en el cuadro homónimo de John Collier (1892). Este prosopomito gozó de éxito inusitado entre poetas, pintores y músicos desde mediados del siglo xix hasta principios del siglo xx, a menudo entreverado con diversos tópicos literarios o estereotipos, como la *femme fatale*; véase, p. e., G. Eetessam Párraga, «Lilith en el arte decimonónico», *passim*. Simbolistas, decadentistas y prerrafaelitas

Aquí Lilit nos interesa por ser contemporánea de Adán. Su mención aparece como hápax legómenon en el libro de Isaías. Ahí leemos que, cuando Yahveh tome venganza de las naciones paganas, todo será arrasado:

> Los sátiros habitarán en [Edom], ya no habrá en ella nobles que proclamen la realeza, y todos sus príncipes serán aniquilados. En sus alcázares crecerán espinos, ortigas y cardos en sus fortalezas; será morada de chacales y dominio de avestruces. Los gatos salvajes se juntarán con hienas y un sátiro llamará al otro; también allí reposará Lilit y en él encontrará descanso (Is 34, 12-14).

El contexto calamitoso en el que se enmarca su aparición explica la sustitución del nombre por otros con resonancias demoníacas en diversas traducciones: lamia, sirena, espectro de la noche, ladrona nocturna, demonio del viento[88].

En el *Alfabeto de Ben Sirá (Alphabetum Siracidis)*, compilación anónima de proverbios redactada entre los siglos VIII y X, encontramos narrada, por primera vez, la leyenda de Lilit. El rey Nabucodonosor convoca al rabino y lo amenaza con matarlo si no logra salvar a su hijo, aquejado de una enfermedad. Por toda respuesta, Sirácides escribe sobre un amuleto con la advocación de la Pureza y una serie de nombres. A la pregunta del rey («¿quiénes son esos?»), el escriba responde («los ángeles encargados de las curaciones») y cuenta una antigua historia. Para evitar la soledad del hombre, Dios creó a una mujer del barro de la tierra y la llamó Lilit. Pero ella rehusó la sumisión: «Yo no me acuesto debajo», a lo que el hombre replicó: «Yo tampoco me acuesto debajo sino encima, porque a ti te corresponde estar debajo y a mí encima». Lilit repuso: «Los dos somos iguales, que los dos procedemos de la tierra»; seguidamente pronunció el «Nombre inefable y echó a volar por el aire del mundo», a orillas del mar Rojo. Se lamentó Adán ante su Creador, que envió a tres ángeles [Sen"oy, San"senoy y Seman"guelof] en busca de la mujer; pero los embajadores fueron recibidos con quejas amargas: «Dejadme, que no he sido creada sino para debilitar a los recién nacidos». Como ellos porfiaran, ella les juró en nombre del Dios vivo: «Siempre que yo os vea [a vosotros] o vuestros nombres o vuestras figuras en un amuleto, no me apoderaré de ese niño»; también aceptó presenciar a diario la muerte de cien hijos suyos demonios. «Por esto, concluye Ben Sirá ante Nabucodonosor, escribimos los nombres [de aquellos ángeles] en los amuletos de los niños pequeños, y [cuando Lilit] los ve, recuerda su juramento y se cura el niño»[89].

---

representaron seres femeninos de clara raigambre mítica (Circe, Prosérpina, Medusa, Astarté, Ishtar, Eva, sirenas y Furias) junto a otros cuyo carácter mítico debería ser, cuando menos, fundamentado caso por caso (Carmen, Salomé, Salambó).

[88] Véase P. Auraix-Jonchière,«Lilith», p. 1.458. La identificación de las vertientes concubina y vampírica de Lilit es evidente en san Jerónimo, en cuya Vulgata la lamia sustituye a Lilit (לילית), «ibi cubavit Lamia». ¿Lechuza, vampiro, lamia, monstruo? Sabemos que en la mitología mesopotámica Lilit es una especie de demonio con cabeza y cuerpo de mujer, dotada de alas y extremidades inferiores de pájaro, pero, al tratarse de un hápax, carecemos de punto de comparación para deducir el significado exacto del término en hebreo bíblico.

[89] *Andanzas y prodigios de Ben-Sirá*, E. Romero (trad.), pp. 101-105; complemento esta traducción con el texto de A. Humm, «Lilith: The Bible of Ben-Sira», quinta pregunta, v. 23a-b, N. Bronznick (trad.); véase *Rabbinic Fantasies*, D. Stern y M. J. Mirski (eds.), pp. 183-184. El texto original está escrito en hebreo misnaico. En diversos escritos cabalísticos también se menciona a Lilit, ora como mujer de

No hace falta mucho más argumento para comprender el partido tomado por Lilit: desde entonces, clama venganza contra el hombre y los hijos de su segunda mujer, Eva, bebiendo su sangre y seduciendo a piadosos viajeros nocturnos, para aumentar su raza demoníaca, antes de devorarlos. Queda para siempre estigmatizada como reina de los súcubos, devoradora de hombres, primera entre las hechiceras, enemiga de mujeres encintas, estranguladora de recién nacidos e, incluso, según los cabalistas (*Zohar* 3, 69a), concubina del Altísimo una vez que la Shekiná (*Sekinah*) montara en cólera y acompañara al pueblo elegido en el exilio:

Así pues, Dios se quedó solo y, como sucede en la mayoría de nosotros, no supo resistir a la soledad ni a la tentación y buscó una amante. ¿Adivinas quién? Lilit, la diablesa[90].

El «escándalo inenarrable» consiguiente a esta unión incestuosa solo desaparecerá, concluye el Tischler en su relato a Primo Levi, cuando llegue un ser poderoso (Maz'l Tov, 'Buena Estrella'), «haga morir a Lilit y ponga fin a la lujuria de Dios y [al] exilio». Otro mesías, pero semejante fin de la encausada: rebelde en su tiempo o amante a deshora, Lilit aglutina todos baldones.

Su historia empezó con la primera antropogonía, que aquí bien podríamos denominar «ginecogonía». Según «La semblanza de Ben Sirá», tanto la mujer como el varón han recibido su cuerpo del mismo barro primordial; a diferencia del relato yahvista, donde la materia femenina procede de una de las costillas de Adán (Gn 2, 21), en el Alfabeto de Ben Sirá ambos personajes tienen idéntica procedencia; parece como si el modelo fuera el relato sacerdotal: «Creó, pues, Dios al ser humano a imagen suya, a imagen de Dios lo creó, macho y hembra los creó» (Gn 1, 27). Apoyada en la simultaneidad de la materia primigenia, Lilit reivindica, con razón, su dignidad: la primera mujer exige un trato de igual a igual.

3. El gólem

No hay que pasar por alto un mito antiguo ajeno a la Antigüedad clásica, pero de singular importancia en el imaginario mítico moderno: el gólem, curioso prosopomito encuadrado en la trascendencia sagrada y en los mitos cosmogónicos.

La conexión etimológica entre Adán y la tierra (*'adamah*, en hebreo) no aparece expresa en el relato judío de la creación (hemos visto que el juego de palabras es evidente), pero sí en los comentarios rabínicos al Génesis. Filón de Alejandría afirma que el lodo utilizado para moldear el primer hombre era de la mejor calidad: en lugar de tomar cualquier puñado de polvo, Dios escogió «la materia más pura, fina, clara y adecuada»;

Samuel, ora como mujer de Adán. Para mayor abundamiento sobre Lilit, véanse W. E. H. Lecky, *History of the Rise and Influence of the Spirit of Rationalism in Europe*, I, pp. 24-25; R. Graves y R. Patai, *Hebrew Myths*, pp. 65-69; E. Bornay, *Las hijas de Lilith*, pp. 25-30; F. Gutiérrez, «Mitos, amores, palabras y música», pp. 61-62; C. Delgado Linacero, «Seres maléficos, fantasmas y espíritus en Mesopotamia», pp. 32-37; M.ª V. Gago Saldaña, «¡Que viene el Coco! Monstruos infantiles del mundo clásico», p. 84; S. Al-Akhras, «The Anima at the Gate of Hell», pp. 46-48; M.ª L. Pérez Berges, *Influencia de mitos y leyendas en la pintura europea del siglo XIX*, pp. 377-387, y A. Cacciola en su comentario al *Oratorio de San Bernardino* (1950) de Alfonsa de la Torre, «La superación de la dicotomía anagramática Ave/Eva...», pp. 20-23.

[90] P. Levi, «*Lilit*», en *Cuentos completos*, M. Belpoliti (trad.), p. 609.

otras fuentes precisan que la masa original provenía del monte Sion, o que procedía de cada uno de los cuatro puntos cardinales[91].

La hagadá talmúdica añade algo más: en un momento de su creación, Adán es designado «gólem» (גולם, *goh-ləm*). Esta palabra hebrea es un hápax bíblico que encontramos en el salmo 139,16: «Mi embrión tus ojos lo veían», puesto en labios de Adán según la tradición judía[92].

Esta masa informe aparece de nuevo en un texto talmúdico de los siglos v-vi de nuestra era:

> Aha bar Hanina ha dicho: «doce horas tenía el día. En la primera hora la tierra fue aglutinada; en la segunda se transformó él en un gólem, una masa todavía informe; en la tercera fueron estirados sus miembros; en la cuarta se inspiró el alma; en la quinta se puso en pie; en la sexta dio nombre (a todos los vivientes); en la séptima se le otorgó como compañera a Eva»[93].

Nuestro gólem surge en una fase muy primitiva: la segunda hora de las doce, antes de la animación del primer hombre. Tenemos noticia de leyendas de los siglos xi y xiii sobre la creación de gólems por místicos judíos. En el *Pseudo-Saadia*, comentario anónimo al *Séfer Yetsirá* o *Libro de la creación*, leemos:

> Se dice en el *midrás* que Jeremías y Ben Sirá crearon un hombre mediante el *Séfer Yetsirá*, y en su frente se leía *émet*, verdad, el nombre que Él había utilizado para la criatura al final de su obra. Pero este hombre borró el *alef*, significando así que solo Dios es la verdad, y que él tenía que morir[94].

El texto es crucial en la evolución del mito: repite, en clave distinta, la creación adámica, pero el creador ya no es Dios. El gólem (aquí denominado «hombre») aparece marcado desde el principio por el sello divino («verdad»), según un proverbio talmúdico: «El sello del Santo, bendito sea, es verdad (*émet*)»[95].

---

[91] Véanse Filón de Alejandría, *De opificio mundi*, epígrafe 137, en *On the Creation of the Cosmos According to Moses*, D. T. Runia (trad.), p. 83; el *midrás* 1 Génesis Rabbah 14, L. Vegas Montaner (ed.), pp. 175-183, y el *midrás* HaGadol (Gran Midrás), todos ellos comentados por G. G. Scholem, *On the Kabbalah and Its Symbolism*, pp. 158-160.

[92] «Lo creó como masa inanimada (*golem*) que se extendía de un confín al otro del mundo, como está escrito: *Mi masa inanimada veían tus ojos* (Sal 139, 16)», 1 Génesis Rabbah 8, 1, L. Vegas Montaner (ed.), p. 109. Al igual que «Lilit» en Isaías, el término «gólem», otro hápax, es problemático. En *The Brown-Driver-Briggs Hebrew and English Lexicon* (DBD) se recoge gólem como 'embrión' (*embryo*) y se propone como traducción al pasaje del salmo «mi sustancia imperfecta tus ojos veían» («mine imperfect substance did thine eyes see»); el *Diccionario Hebreo/Español* de J. Targarona Borrás (1995) ofrece 'embrión', 'feto', 'crisálida', 'larva'; 'escorzo' (hebreo rabínico); 'materia informe', 'masa'/'antropoide artificial'/'cuerpo', 'maniquí', 'figurín' (en hebreo medieval); 'autómata' en hebreo moderno.

[93] *Sanhedrin*, 38b, en *Talmud: The William Davidson Talmud*.

[94] Apud G. G. Scholem, *On the Kabbalah and Its Symbolism*, pp. 178-179. *Alef* es la primera letra del alfabeto hebreo (א), presente en la palabra *émet* (אמת, 'verdad'). Al quitar el *alef* (א) nos quedamos con la palabra *met* (מת), que significa 'muerto' (participio de la raíz מות, 'morir'); un juego de palabras, como otros tantos de la lengua y la cultura hebreas.

[95] *Shabbat*, 55a, en W. Davidson, *Talmud: The William Davidson Talmud*. Este mismo texto incluye una cita de Ez 9, 4, donde leemos: «Y Yahveh le dijo [al escriba]: "Pasa por la ciudad, por Jerusalén, y

Más adelante, en una versión escrita por los discípulos del rabino Judá ben Samuel de Regensburg (1150-1217), encontramos una variación sustancial en el desarrollo del gólem:

Ben Sirá quiso estudiar el Libro de la creación. Entonces oyó una voz celestial: «No puedes hacerla [esa criatura] solo». Fue a donde su padre Jeremías. Ambos se afanaron en ello, y al cabo de tres años, crearon un hombre, en cuya frente podía leerse *emeth*, como en la mente de Adán. Entonces el hombre que ellos habían hecho les dijo: «Solo Dios creó a Adán, y cuando quiso dejarle morir, borró el *alef* de la palabra *emeth* y solo quedó *meth*, muerte. Esto es lo que vosotros deberíais hacer conmigo, y no crear otro hombre, no vaya a ser que el mundo sucumba a la idolatría como en los días de Enoc». El hombre creado les dijo «Invertid la combinación de letras y borrad el *alef* de la palabra *emeth* de mi frente», e inmediatamente se deshizo en polvo y cayó en tierra[96].

A diferencia de los anteriores, este gólem está dotado del don de la palabra y se sirve de ella para avisar a sus hacedores de los riesgos de jugar a ser dioses. Su función moral es indiscutible.

Las variaciones sobre este mito abundan en diversos lugares de la Edad Media y del Renacimiento. Célebres entre todas son las leyendas atribuidas al culto y dialogante Judah Loew, gran rabino o Maharal de Praga durante aproximadamente una década, hasta 1609, año de su fallecimiento. En 1592 había mantenido una reunión «secreta» con Rodolfo II de Habsburgo, emperador dado a la alquimia y la cábala; según informes, en ella discutieron sobre «misticismo y ciencias ocultas». Con estos mimbres, varios escritores entregaron a la prensa, más de dos siglos después, diferentes relatos que vinculaban al célebre rabino con el gólem[97].

Así, el gólem es una creación, pero no de un nuevo hombre (privilegio divino), sino de un ser amorfo, sin alma ni palabra (cual puede hacerlo un hombre, a imagen de Prometeo):

Tal vez hubo un error en la grafía
o en la articulación del Sacro Nombre;

---

marca una cruz en la frente de los hombres que gimen y lloran por todas las abominaciones que se cometen en medio de ella». Literalmente, esta «cruz» es la última letra del alfabeto hebreo (ת), llamada «tau» o «taw», que en escritura paleohebrea tenía forma de cruz aspada.

[96] Manuscrito del *Séfer Gematrioth, apud* G. G. Scholem, *On the Kabbalah and Its Symbolism,* p. 179.

[97] Baste aquí mentar a Leopold Weisel, físico judío que publicó *Sippurim, una colección de cuentos populares judíos* (título original completo: *Sippurim, eine Sammlung jüdischer Volkssagen, Erzählungen, Mythen, Chroniken, Denkwürdigkeiten und Biographien berühmter Juden aller Jahrhunderte, insbesondere des Mittelalters,* Praga, Wolf Pascheles, 1847-1856, 4 vols., más un quinto editado por el impresor Jakob Wolf Pascheles en 1864). Cinco años antes había aparecido, en la revista praguense *Das Panorama des Universums* (1834-1848), otro texto, firmado por el periodista no judío Franz Klutschak, que relacionaba a Loew con el gólem; véase E. R. Baer, *Golem Redux: From Prague to Post-Holocaust Fiction,* pp. 26-27. Andando el tiempo, Yehudah Yudel Rosenberg publicó en 1909 *Nifla'ot Maharal,* relato en hebreo (נפלאות מהר״ל), donde el gólem es utilizado como mercenario frente a los pogromos; el texto ha sido traducido al inglés por Curt Leviant, *The Golem and the Wondrous Deeds of the Maharal of Prague,* Yale University Press, 2007.

a pesar de tan alta hechicería,
no aprendió a hablar el aprendiz de hombre[98].

El verbo con el que Dios formó al hombre es sagrado, por eso cuanto el hombre hace carece de palabra; de ahí que el mismo Dios se espante frente a la irreverente audacia del aprendiz de Dios: «¿Quién nos dirá las cosas que sentía / Dios, al mirar a su rabino en Praga?» (*ibid.*, p. 49).

* * *

¿Qué puede concluir la mitocrítica de estos relatos?

En primer lugar, la manifestación de un ansia irreprimible. El ser humano quiere saber cuál es la relación entre su propia vida y el orden cósmico: si origen humano y origen del mundo van a la par; si antes de que él viniera al mundo el mundo mismo ya existía; si la existencia anterior a uno mismo tiene algún significado. En este retorno imaginario a sus inicios, el hombre accede, siempre entre velos, al limen de su plenitud originaria. El conocimiento de sus orígenes desvela una diferencia esencial y, con ella, una dignidad irrenunciable; lo hemos visto con Lilit. Si acaso esto fuera poco, el ser humano sale del tiempo perecedero y entra en un tiempo estanco, absoluto. No es empresa fácil: la indagación sobre este tiempo primordial (cosmogónico, teogónico, antropogónico) exige romper previamente con las frustraciones del tiempo relativo y las coerciones del espacio físico, entrar en un tiempo y un lugar nuevos, clausurados para quien permanece alienado en las coordenadas espacio-temporales de la cotidianeidad. El conocimiento de los orígenes también revela una semejanza esencial de Adán con Eva, por cuanto ambos han recibido su espíritu de idéntica fuente.

En segundo lugar, estos relatos dejan traslucir la exposición no histórica de los comienzos, una especie de registro en negativo de unos acontecimientos primordiales; una suerte de grabación que, a simple vista, parece ilegible y difícilmente asimilable (al modo del *making of* de las películas, revelador de los entresijos y vericuetos conducentes a la obra de arte). En el lodo original de Adán y el gólem queda registrado –a modo de huella o singular palimpsesto–, como una huella que es preciso analizar, su origen enigmático. Los relatos míticos traducen, según modos particulares de comprensión, los arcanos del universo y de nosotros mismos. Que este tipo de relatos no siga pautas ni criterios empíricos, no lo priva de verdad o, al menos, de una porción de la verdad, en nada inferior a la experimental. Penetramos en otro orden de cosas, en un desvelamiento enigmático del cosmos y de nosotros mismos: tal es el auténtico oxímoron de los mitos.

Estas cosmovisiones están marcadas por la utopía y la ucronía. Remiten a una edad de oro. Saturno perpetúa en Roma los beneficios de una edad de oro, Adán y Eva ejercen un dominio saludable sobre una creación armoniosa. Pero no hay utopía sin distopía. Crono es exiliado del Olimpo griego y Adán expulsado del Paraíso. Nada más propio que el exilio para recalcar el estadio único, misterioso y mítico, de esa edad dorada.

---

[98] J. L. Borges, «*El Golem*», en *El otro, el mismo* (1964), en *Poesía completa*, p. 193. El poema aparece fechado en 1958; Borges no acentúa su gólem.

11
Mito y escatología

El término procede del griego ἔσχατον (*éschaton*, 'extremo', 'fin'), que, aplicado al tiempo, adquiere el significado de último fin, postrer momento o término. La escatología es una dimensión eminentemente temporal: nos orienta hacia un tiempo desconocido, pero seguro, en el sentido de que, indefectiblemente, se cumplirá.

Escatología y cosmogonía son semejantes en las condiciones de posibilidad: dada nuestra ignorancia del futuro y del pasado, todas las elucubraciones son posibles. Ambas excitan sobremanera nuestra imaginación. Pero escatología y cosmogonía son desemejantes en los argumentos de posibilidad: dado que sí tenemos un pasado (cosmos, tierra, plantas, animales y hombres han existido), proyectamos con relativa incertidumbre las posibilidades de lo que pudimos ser; por el contrario, dado que no poseemos un futuro, proyectamos con absoluta incertidumbre las posibilidades de lo que quizá seremos. Puesto que nuestro conocimiento del pasado es superior al de nuestro futuro, la cosmogonía está mejor fundada que la escatología. Dicho de otra manera, los límites de la cosmogonía son reducidos frente a los de la escatología: la cosmogonía mítica es limitada; no así la escatología mítica, abierta a infinitas posibilidades. A falta de datos definitivos, la escatología puede permitirse las más variadas suposiciones: sin las restricciones de la realidad temporal, material y empírica, la imaginación campa por sus fueros.

La escatología se pregunta, sobre todo, por el futuro, pero no por los futuribles inmediatos, sino por el futuro final, definitivo y absoluto de una persona, un pueblo o el universo. La dimensión temporal de la escatología presenta dos aspectos según las principales concepciones del tiempo, la cíclica o la lineal. Empezaremos por la temporalidad absolutamente circular, sin duda más antigua; seguiremos con un mito harto importante para contrastar cómo se conjugan ambas concepciones (el Fénix), y terminaremos con el tema mítico más relevante de la concepción lineal (la inmortalidad).

EL ETERNO RETORNO

Básicamente, el tiempo es una magnitud física apta para medir la duración de acontecimientos o la separación de objetos. En la cultura contemporánea occidental, en este punto profundamente impregnada por la concepción judeocristiana, el tiempo se caracteriza (salvo excepciones, que posteriormente analizaré) por su proyección lineal (pasado → presente → futuro), también en los niveles microcósmico y macrocósmico del espacio. En términos generales, aun a cuenta de excepciones, nosotros concebimos nuestro tiempo y nuestro espacio como únicos, no en el sentido de particulares, sino como irreversibles: nada de lo ocurrido volverá a ocurrir; la importancia que conferimos a nuestro tiempo y a nuestro espacio se desprende de nuestra percepción (o concepción) de su irreversibilidad.

A diferencia de la cosmología de la civilización occidental medieval, moderna y contemporánea, en la mayoría de las cosmologías –africanas, asiáticas, amerindias y oceánicas–, el tiempo cósmico está marcado por su proyección circular, y otro tanto el espacio en los niveles microcósmico y macrocósmico. De ahí la concepción generalizada según la cual cualquier tiempo y cualquier espacio no son únicos, sino que volverán a ocurrir. Al significar que algo sucedido volverá a suceder, el mito del eterno retorno anula el principio de irreversibilidad.

«El fin del mundo ya ha tenido lugar»

Esta afirmación categórica de un insigne historiador de las religiones refleja con acierto el mundo imaginario de los pueblos indígenas, para quienes el nacimiento y la muerte universales son incesantes[1]. Esas sociedades no conciben el transcurso de la vida y las épocas de manera autónoma, ligado a un «tiempo profano, continuo» como el nuestro, sino regulado según un «modelo transhistórico» por una serie de arquetipos que dan todo su valor metafísico a la existencia humana. Desde esta perspectiva, todo término *ad quem* es solo aparente, como lo es cualquier valor que se quiera dar a los objetos del mundo exterior: todos dependen fundamentalmente de su participación en una realidad trascendente. Una piedra vulgar (aerolito) o una sustancia calcárea (perla) pueden, en virtud de su origen (celeste o marino) y tras un proceso de galvanización simbólica, adquirir un carácter sagrado. Otro tanto cabe decir de los actos humanos. La nutrición o el matrimonio no son meras operaciones fisiológicas, sino que reproducen un acto primordial, repiten un ejemplo mítico: la comunión con la naturaleza o con otro ser humano. Hablando en propiedad, «el hombre arcaico no conoce ningún acto que no haya sido previamente hecho y vivido por otro, *otro que no era un hombre*»[2], es decir, por una «realidad trascendente» con la que establece una comunión transhistórica y, en cierto modo, sagrada.

Tomemos el caso del diluvio. Todos los cataclismos cósmicos cuentan la destrucción del mundo y la aniquilación de la especie humana, salvo unos pocos supervivientes: fin de una humanidad y aparición de otra. Tras esta escatología, surge una tierra virgen, símbolo de una cosmogonía, que conduce a otra escatología y así sucesivamente. Este conocimiento del transcurrir universal se perdería sin una representación: los rituales del año nuevo en la civilización semita establecen libaciones que simbolizan la venida

---

[1] «La Fin du Monde a déjà eu lieu», declara M. Eliade tras su estudio sobre las comunidades en Nueva Guinea, las islas Carolinas o el Mato Grosso, *Aspects du mythe*, p. 74. Otros investigadores constatan esta regla de oro en otras latitudes; así, «para los antiguos yorubas, nada es novedoso, todo lo que acontece ya había acontecido antes»; *Mitologia dos Orixás*, R. Prandi (ed.), p. 18.

[2] Véase M. Eliade, *Le Mythe de l'éternel retour*, p. 15.

de la lluvia vivificadora y, sobre todo, la recreación del mundo. Pero cuidemos de no limitarnos a una interpretación material. Estas ceremonias sobrepasan con creces un sentido meramente físico; simbolizan otro metafísico y cósmico: el diluvio significa el fin de un mundo marcado por el mal y el surgimiento de un nuevo mundo en armonía con el Ser Supremo[3]. La lección es patente: el diluvio realza la omnipotencia divina y la debilidad humana.

Qué duda cabe, el relato bíblico del diluvio contiene aspectos desemejantes respecto a otros relatos orientales y precolombinos. No solamente en las derivadas morales (en el relato del Génesis 9, 5-6, el hombre acepta la prohibición divina del asesinato), sino también en las representaciones imaginarias del tiempo[4]. La versión judía solo es cíclica en apariencia; en realidad, propone un desarrollo diacrónico. Al salir del arca, Noé construye un altar y ofrece un sacrificio a Yahveh. Apenas Dios aspira el «aroma» de los holocaustos, dice en su corazón: «Nunca más volveré a maldecir el suelo por causa del hombre» (Gn 8, 21). A la bendición de Noé y sus hijos, a la prohibición de alimentarse con sangre de animales y derramar sangre humana, sucede la alianza entre Dios y Noé, sellada mediante el arcoíris, símbolo y señal de que «no habrá más aguas diluviales para exterminar toda carne» (Gn 9, 15). El nuevo mundo, ahora reorganizado, parece destinado a perdurar.

La razón de estas diferencias con otras versiones diluvianas estriba en el carácter monoteísta de la religión judía y, consiguientemente, en una de sus invenciones estelares: la creación, expuesta sin género de dudas desde el primer versículo: «En el principio creó Dios los cielos y la tierra» (Gn 1, 1). Aquí la cosmogonía surge de la nada, concepto inasumible para las religiones del entorno judío. De manera consecuente, esta cosmogonía determinada por un principio absoluto exige una escatología también determinada por un término absoluto, tras la cual no haya más que lo que hubo «en el principio», Dios y cuanto él conserve en el ser. De lo contrario, este dios no sería Dios.

En un relato de Borges leemos este pensamiento, acorde con lo recién visto:

Ser inmortal es baladí; menos el hombre, todas las criaturas lo son, pues ignoran la muerte; lo divino, lo terrible, lo incomprensible, es saberse inmortal. He notado que, pese a las religiones, esa convicción es rarísima. Israelitas, cristianos y musulmanes profesan la inmortalidad, pero la veneración que tributan al primer siglo prueba que solo creen en él, ya que destinan todos los demás, en número infinito, a premiarlo o a castigarlo. Más razonable me parece la rueda de ciertas religiones del Indostán; en esa rueda, que no tiene principio ni fin, cada vida es efecto de la anterior y engendra la siguiente, pero ninguna determina el conjunto...[5].

Borges revisita, en modo cognoscitivo, el pensamiento aristotélico según el cual todos los seres, a excepción del humano, son inmortales porque su reproducción es infinita en cuanto a la especie; el hombre, en cambio, está íntimamente marcado por una individualidad histórica que se verá truncada por la muerte biológica.

---

[3] Véase M. Eliade, *Aspects du mythe*, pp. 74-81.
[4] Véase T. Antolini-Dumas, «Déluge», p. 669.
[5] J. L. Borges, *El inmortal*, en *El Aleph*, p. 25.

A diferencia de la diacronía lineal que subyace en los textos bíblicos, la mayoría de civilizaciones conciben y representan el paso del tiempo en círculos astrológicos que se suceden de manera inacabada durante periodos de tiempo o eones[6].

En estas culturas, la cronología cosmogónica y escatológica es circular y, en consecuencia, infinita, eterna: torna y retorna perpetuamente. Hemos dejado el contexto del diluvio semita. Aquí «los dioses son personificaciones simbólicas de las leyes que gobiernan el fluir de las fuerzas vitales» (Campbell), es decir, aparecen con ellas y con ellas desaparecen. Dicho de otro modo, los dioses no son eternos; expresado de modo aún más palmario: estamos ante el auténtico eterno retorno.

El retorno de las estaciones

La mitología griega comparte, en buena medida, esta representación circular. El análisis del mito de Perséfone será de gran utilidad para estudiar sus implicaciones cosmogónicas y escatológicas.

El rapto de la doncella (Core, la «muchacha») aparece por vez primera en la *Teogonía* de Hesíodo:

> Luego [Zeus] subió al lecho de Deméter nutricia de muchos. Esta parió a Perséfone de blancos brazos, a la que Edoneo arrebató del lado de su madre; el prudente Zeus se la concedió[7].

---

[6] Según la versión azteca del imaginario cíclico, cada uno de los cuatro elementos (agua, tierra, aire y fuego) da fin a uno de esos periodos: el eón del agua acaba en un diluvio, el de la tierra en un terremoto, el del aire en un vendaval, el del fuego en un incendio; véase J. Campbell, *The Hero with a Thousand Faces*, p. 261. Campbell toma esta correspondencia entre elementos y periodos del historiador novohispano Fernando de Alva Ixtlilxóchitl, *Historia de la Nación Chichimeca* (1608), cap. I. La imbricación entre el desplazamiento de los astros en el espacio y el cómputo cíclico del tiempo en esta civilización ha sido objeto de estudio por antropólogos como J. Soustelle, *La Pensée cosmologique des anciens Mexicains*; véase G. Durand, *Les Structures anthropologiques de l'imaginaire*, pp. 325-326. También las mitologías celtas y germánicas sostienen la sucesión incesante de los dos principios originales (agua y fuego), fuente inagotable del eterno retorno; véanse C. Sterckx, *Mythologie du monde celte*, pp. 177-179, y E. Bernárdez, *Los mitos germánicos*, pp. 290-300, respectivamente. Salvadas las distancias, otro tanto cabría decir del hinduismo y del jainismo. En estas cosmologías, nuestro tiempo es representado mediante una rueda (*kālacakra*) en continuo movimiento, dividida en dos eones (series o semicircunferencias), uno descendente (*avasarpiṇī*) y otro ascendente (*utsarpiṇī*); cada semicircunferencia contiene seis edades o estadios (*ara*). En términos ético-cronológicos, cuando el estadio siguiente al nuestro descienda, por la maldad humana y la desolación natural, al límite de lo insoportable, comenzará la serie ascendente, y así sucesivamente *in æternum*.

[7] Hesíodo, *Teogonía*, vv. 912-914, en *Obras y fragmentos*, A. Pérez Jiménez (trad.), p. 110. El canto a Deméter (Ceres) como diosa de la fertilidad agrícola –importante para lo que sigue– es un tópico en la literatura, a menudo en conjunción con el dios de la viticultura y la diosa de la fecundidad de huertos, como en este epilio de Góngora: «Sicilia, en cuanto oculta, en cuanto ofrece, / copa es de Baco, huerto de Pomona: / tanto de frutas esta la enriquece, / cuanto aquel de racimos la corona. / En carro que estival trillo parece / a sus campañas Ceres no perdona, / de cuyas siempre fértiles espigas / las provincias de Europa son hormigas», *Fábula de Polifemo y Galatea*, XVIII, J. Ponce Cárdenas (ed.), p. 239. Sobre la concepción cíclica del tiempo en el pensamiento griego, véase la clara exposición de H.-C. Puech, *En quête de la Gnose, I.– La Gnose et le temps*, pp. 2-5.

Dos epítetos para describir a las mujeres, uno para el tonante, ninguno para el raptor (Edoneo, ᾿Αϊδωνεύς, 'Al que no se ve') y un crimen relatado con frialdad e indiferencia sobre el padecimiento de madre e hija. La primera es mentada dos veces más, la hija, una sola, en ningún caso con relación al secuestro. En otras obras del mismo autor (*Trabajos y días, Fragmentos*), así como en el *Escudo de Heracles*, a él atribuida, estas diosas son descritas someramente con sus atributos: el «sagrado grano» (Deméter), la belleza y el pavor que infunde (Perséfone).

La narración más ilustrada y emotiva de este mito la ofrece el anónimo *Himno a Deméter* (siglo VII a.C.). Perséfone se solaza en compañía de amigas y ninfas en una pradera alfombrada de flores, en Nisa (Capadocia). Distraída mientras corta un narciso, se abre la tierra y sale de ella «el soberano huésped de muchos con sus caballos inmortales, el hijo de Crono, el de muchos nombres»[8]. Deméter, que no ha presenciado el rapto y desconoce el paradero de su hija, sale desconsolada en su búsqueda a través del universo oscuro[9]. Tras errar nueve días con sus nueve noches, sin probar ambrosía ni néctar y sin rociar su cuerpo con agua, encuentra a Hécate, que la conduce al Sol (Helios). El hijo de Hiperión contemporiza con el crimen: ¿hay mayor honor que desposarse con quien posee un tercio del universo? Lejos de transigir, Deméter monta en cólera, abandona el Olimpo, adopta por nombre Doso (*Dós*: 'Generosa') y visita de incógnito a los hombres en forma de anciana antañona y demacrada. No extraña que pase inadvertida, pues «los dioses, para los mortales, son difíciles de ver» (v. 111). Acogida en Eleusis (Ática), se convierte en la nodriza de Demofonte, al que destina a la inmortalidad mediante un rito iniciático de fuego; pero la desconfianza de la reina y madre Metanira, mujer de Céleo, interrumpe el ritual, y Deméter, airada, exige la erección de un templo para la enseñanza de sus ritos. La pena continua de la diosa repercute en la tierra, que se torna baldía, hasta que Zeus, preocupado por el cariz que toman los acontecimientos, envía a Hermes al Érebo. El mensajero expone la arriesgada tesitura: si Perséfone no retorna con su madre, ni habrá frutos, ni los dioses recibirán sacrificios cultuales. Hades accede a devolvérsela, pero, antes de que la joven ascienda, le entrega granos de granada sin desvelarle que su ingestión la unirá inevitablemente con él; como era de esperar, Perséfone, creyéndose a solas, come un grano de este fruto, símbolo de la fecundidad, y es denunciada por el

---

[8] *Himno a Deméter*, en *Himnos homéricos*, II («a Deméter»), vv. 17-18, J. B. Torres (ed.), p. 86. Los griegos recurrían a numerosas perífrasis para no mentar a Hades.

[9] En la pintura *Ceres en casa de Hécuba* (museo de El Prado, *ca.* 1605), Adam Elsheimer «representa a Ceres [la Deméter griega] errante, perdida en tierra extraña, sin puntos de referencia», P. Martínez García, «El mito de Ceres en la obra de Yves Bonnefoy», p. 340. En *La nube roja* (*Le Nuage rouge*, 1999), el poeta Bonnefoy se detiene en este relato, raramente tratado en la pintura, donde, agotada y sedienta, la errabunda diosa pide agua a la puerta de la cabaña de Misme. Mientras Ceres bebe con avidez del cantarillo, Ascálabo –un niño «de cara huraña y agresiva» («duri puer oris et audax»), Ovidio, *Metamorfosis*, V, v. 451, A. Ruiz de Elvira (trad.), I, p. 179– se burla de ella. Como castigo, la diosa lo transforma en un estelión (salamanquesa). Ignoro el motivo por el que el museo de El Prado aplica a la vieja de este lienzo el nombre de Hécuba (reina de Troya): Ovidio escribe «anciana» (*anus*, v. 449) y «niño» (*puer*, v. 451); los nombres de una (Misme) y otro (Ascálabo) provienen de Antonino Liberal, *Metamorfosis*, XXIV, J. R. del Canto Nieto (trad.), p. 181, y *Mitógrafos griegos*, M. Sanz Morales (trad.), p. 169. (¿No será un error paronomástico por analogía con Hécate, con quien sí se encuentra Deméter en su afanosa búsqueda de Perséfone? Quizá el título debiera ser *Ceres en casa de Misme*.)

guardián Ascálafo. Tras la liberación (temporal) del Inframundo, madre e hija festejan su reencuentro. Rea, enviada por Zeus, reclama junto a los dioses a Deméter, que accede al pacto político sellado con Hades:

> que su hija, en el curso del año, pasara la tercera parte bajo la brumosa oscuridad, y las otras dos junto a su madre y los demás inmortales. Así dijo; y no desobedeció la diosa los mensajes de Zeus[10].

De inmediato, la tierra recomienza a cubrirse de hojas y flores. Seguidamente, tras iniciar en los sagrados misterios a sus adoradores en Eleusis, la augusta soberana, que asegura el retorno de las estaciones, retorna definitivamente al Olimpo.

El *Himno a Deméter* remonta al origen de los misterios eleusinos y algunos de sus ritos (procesión de antorchas, vigilia nocturna, bromas procaces, bebida de una pócima de agua de cebada en un sagrado cáliz...). Frazer no ha dudado en emparentarlo con la reproducción sexual y establecer agudos paralelismos con los mitos de Atis y Cibeles (diosa frigia de la tierra fértil), Osiris e Isis (gran diosa madre, fecundadora de la naturaleza) y muchas otras parejas divinas[11].

Más importante para nuestro estudio en este apartado, Frazer también ha interpretado, en la estela de diversos etnógrafos, las figuras de Deméter y Perséfone como personificaciones del grano de cereal. La diosa, que vive seis meses del año en las profundidades de la tierra y otros seis en la superficie (durante cuya ausencia las semillas permanecen ocultas y los campos baldíos, y a cuyo regreso en primavera los granos brotan en hojas y retoños), sería una encarnación mítica de la vegetación y, muy particularmente, del grano, que durante varios meses de invierno queda enterrado bajo el suelo antes de volver a la vida (como saliendo de un sepulcro) en tallos, hojas y flores primaverales: «ninguna otra explicación razonable y probable parece posible», concluye Frazer, para quien Deméter representa la «personificación de los granos del año anterior, que han dado vida a los nuevos». Estas consideraciones, así como la identificación, en última instancia, entre madre e hija, corroboran, según Frazer, «que en la mente de los griegos ordinarios las dos diosas eran esencialmente personificaciones del

---

[10] *Himnos homéricos*, II, vv. 442-448, ed. cit., p. 108. El periodo que Perséfone debe pasar en el Inframundo depende de las versiones: cuatro meses según los *Himnos homéricos* y la *Biblioteca mitológica* del Pseudo-Apolodoro (I, 5, 3), seis según las *Metamorfosis* de Ovidio (V, vv. 566-567) o las *Fábulas* de Higino (CXLVI). Para los detalles sobre este relato, véanse W. Burkert, *Religión griega arcaica y clásica*, H. Bernabé (trad.), pp. 215-218, y A. Ruiz de Elvira, *Mitología clásica*, pp. 96-100. Merece la pena leer el relato –sabroso amasijo de fuentes clásicas– y la correspondiente interpretación alegórica –Ceres (ora tierra, ora luna, ora grano, ora mujer, ora agricultores), Prosérpina (ora tierra, ora luna, ora grano) y Plutón (siempre tierra)– que Boccaccio hace de este mito en su *Genealogía de los dioses paganos*, VIII, 4, M. C. Álvarez y R. M. Iglesias (eds.), pp. 371-374. No confundir este Ascálafo con el Ascálabo de la nota precedente.

[11] El antropólogo sostiene que la sentencia de Zeus (según la cual Adonis debe unirse a Perséfone en el Inframundo durante una parte del año y a Afrodita en este mundo durante el resto) es una versión griega de Tammuz (dios babilónico de la floración en primavera), mientras que la lucha entre Afrodita y Perséfone refleja la rivalidad entre Ishtar (la diosa babilónica del amor) y Allatu (la diosa del Inframundo); véanse J. Frazer, *The Golden Bough*, p. 394, y G. Highet, *The Classical Tradition*, p. 523.

grano, y que el florecimiento de su culto encuentra de manera implícita en esta germinación toda su explicación»[12].

Esta interpretación (la religión como sublimación de las constricciones biológicas del ser humano) es rechazada de plano por Calame. Según este antropólogo de las poéticas griegas, asimilar los relatos sirio (Afrodita-Astarté y Adonis), frigio (Cibeles y Atis), egipcio (Isis y Osiris) y griego (Deméter y Perséfone) –es decir, la agrupación de mitos semíticos, egipcios e indoeuropeos– a la «personificación» de «la muerte y la resurrección de la vegetación», identificando sin escrúpulos a la madre (la tierra = *Corn Mother*) con la hija (el grano = *Corn Maiden*) e ignorando el desacuerdo cronológico entre el relato del *Himno a Deméter* y la realidad agraria (Perséfone es raptada durante la floración, en cambio, en la agricultura griega real, la semilla es plantada en otoño y la germinación comienza en invierno), implica, en última instancia, reducir, mediante abstracciones sucesivas, la relación entre dos divinidades antropomórficas al ciclo vegetal de la naturaleza, y este ciclo al destino del hombre; con el agravante de rebajar los misterios de Eleusis a una mera repetición ritual del ciclo agrario... El mitólogo denuncia así las «contorsiones a las que constriñen una intriga narrativa y un ciclo ritual que no son ni mucho menos homólogos del ciclo de los trabajos agrícolas»[13]. El mayor error que Calame achaca a Frazer (y a otros investigadores –Max Müller, Martin Persson Nilsson, Nicholas J. Richardson, Jane Ellen Harrison–) consiste en un antropomorfismo basado en desviaciones científicas (la antropología comparada y la etimología historicista desprovistas de dimensión cultural y excesivamente enfocadas en el aspecto natural), es decir, en la mezcolanza de relatos míticos y realidades agrarias heterogéneas[14].

No es mi intención desgranar aquí las cien interpretaciones del mito de Deméter y Perséfone; todo mito tiene mil caras. Tampoco pretendo someter a juicio las conclusiones de ningún antropólogo; solo deseo mostrar cómo la cronología de cualquier ciclo mítico, además de prestarse a una lectura múltiple, puede ofrecer una clave del mito del eterno retorno, y cómo toda interpretación pseudorracionalista de tipo alegórico (en este caso, vegetativa) exige andar con pies de plomo.

Este ángulo de ataque abre nuevas perspectivas sobre los relatos míticos y el significado de sus diferencias respectivas. Veamos, por ejemplo, la divergencia entre la catábasis de Perséfone y la de otros héroes. El viaje de Orfeo a los Infiernos en busca de Eurídice es único: la singularidad del enunciado narrativo responde a la singularidad del acontecimiento narrado. El relato es «singulativo»: relata una vez lo que ocurre una vez[15]. Otro tanto cabe decir de las catábasis de Teseo y Eneas. Por contraste, el relato de Perséfone es netamente distinto. Su viaje a los Infiernos (de nuestro mundo a aquel mundo, y vuel-

---

12 J. Frazer, *The Golden Bough*, p. 479.

13 C. Calame, *Qu'est-ce que la mythologie grecque?*, p. 60.

14 Ahorro al lector las irónicas diatribas que Calame lanza contra otras derivas hermenéuticas (estructuralismo, *Gender Studies*), entre las que destaca su oposición a una «psicología de las profundidades» protagonizada por Jung y Kerényi, que «acuestan» a Deméter y Perséfone «en el diván del psicoanalista o en el sillón del terapeuta», *ibid.*, pp. 72-73.

15 Tomo esta la terminología de G. Genette, quien en *Figures III*, pp. 145-148, aplica un estudio narratológico a *En busca del tiempo perdido* de Proust (*À la recherche du temps perdu*), novela amítica donde las haya –la única trascendencia admitida por su protagonista es la «Vida» de la literatura; una trascendencia ideal e imaginaria, sin duda, pero no mítica.

ta) está abocado a la repetición desde el preciso instante en que Core come en el mundo de los muertos, desencadenante del pacto del retorno anual de la joven; entonces, el relato del descenso y el ascenso no solo es circular, sino también «iterativo», puesto que relata una sola vez lo que ocurre *n* veces. Por esto el recorrido de Perséfone converge con el movimiento circular e infinito del *kālacakra*, la rueda cósmica del jainismo.

Sin profundizar más en la circularidad del mito de Deméter y Perséfone, considero que su interpretación cíclica (aplicada, con mayor o menor acierto, a los periodos agrarios y su derivada ritual en Eleusis) está de algún modo relacionada con una de las tendencias antropológicas que configuran nuestro imaginario: «la ambición fundamental de dominar el devenir por la repetición de los instantes temporales, vencer directamente a Crono, no mediante figuras y un simbolismo estático, sino operando sobre la sustancia misma del tiempo, domesticando el devenir»[16].

Esta observación de Durand ayuda a comprender el éxito que el eterno retorno ha cosechado en tantas latitudes. Frente al terror que le inspira el paso inexorable del tiempo –vector principal del vacío existencial *(horror vacui)*–, el ser humano se acoge desesperadamente a la idea de la reversibilidad, caracterizada por la doble negación: si algo (una diosa, un grano de cereal) primero deja de ser y después vuelve a ser, si algo muere y vive, es posible comprender el mundo, asimilarlo, mediante la convicción de que nada cae en el vacío ni en el olvido absolutos, de que todo vuelve a ser. El eterno retorno está fundado sobre la potencial reversibilidad de cuanto ocurre: la repetición infinita.

El sintagma es sobrecogedor por cuanto expresa una posibilidad de misterio, la misma que Louise Glück ha indagado con raro tiento en dos poemas con idéntico título: «*Persephone the Wanderer*» (*Averno*, 2006). La primera versión aborda la historia desde el punto de vista de la sexualidad. Frente a la opinión común, el rapto no se presenta aquí como el peor de los males: el lecho de Hades es una cárcel, sin duda, pero liberadora de la prisión materna: «vas a la deriva entre tierra y muerte, que a la postre parecen extrañamente iguales»[17]. En este sentido, «el cuento de Perséfone» debería ser leído como «un argumento entre la madre y el amante» (*ibid.*, p. 504). La segunda versión, sin olvidar en ningún momento el insoportable acaparamiento de Deméter, se centra sobre la muerte de la joven. Llama la atención el prurito de racionalidad ante el regreso de Perséfone, solo imputable a dos motivos: «o no estaba muerta, o ha sido utilizada como soporte de la ficción» (p. 555). Y el lector se pregunta por esta casuística inesperada sobre la ficción de una ficción. Semejante cuestión se plantea la joven: ¿cómo soportar la tierra, con su capa de nieve, que la aborrece sin cesar? Zeus contesta: «en breve estarás de nuevo aquí. Y mientras tanto olvidarás todo: esos campos helados serán los Campos Elíseos»[18]. Respuesta evasiva, sin duda, pero la única posible para la joven, que no ve en la misma primavera sino «un sueño basado en una falacia». Por encima de las explica-

---

[16] G. Durand, *Les Structures anthropologiques de l'imaginaire*, p. 321. El texto francés debería decir 'Chronos' (Χρόνος, dios y personificación del Tiempo), para evitar la confusión con el titán Crono (Κρόνος, hijo de Urano y Gea).

[17] «You drift between earth and death / which seem, finally, / strangely alike», L. Glück, «*Persephone the Wanderer*», *Averno*, en *Poems 1962-2012*, p. 503.

[18] «in a short time you will be here again. / And in the time between / you will forget everything: / those fields of ice will be / the meadows of Elysium», p. 555.

ciones astrales, el retorno estacional es una cifra («cipher», p. 552) apta para comprender más el intrincado mundo de nuestras íntimas relaciones: nacimiento, virginidad, sexo, maternidad, filiación y muerte.

Dualismos y deísmos

Los apartados previos han permitido comprobar que el tema mítico del eterno retorno tiende hacia una lógica omnicomprensiva pero inconclusa: el ciclo y la rueda siempre en movimiento. Aquí presentaré someramente otros pensamientos y doctrinas que, de alguna manera, se emparentan con el eterno retorno, sin confundirse con él.

Entre los incontables dualismos, el gnóstico ocupa un lugar privilegiado. Sus vertientes (helenización del judaísmo, orientalización del cristianismo) divergen según los líderes, tiempos y lugares, pero convergen hacia la trascendencia absoluta del Padre, la cascada de emanaciones que generan un mundo de «eones» articulado según dramas intemporales (p. e., la caída de la *Sophia*), el papel principal de la Madre (Sofía) y los siete «arcontes», el antijudaísmo y el antinomismo[19]. Ya se vislumbra aquí, como en filigrana, el movimiento cíclico del universo: los eones, de procedencia divina, caen para seguidamente retornar a su origen.

Lo cual evoca la noción compleja del *exitus-reditus* (y su correspondiente discriminación, pues solo algunas de sus derivadas incumben a la mitología). Según Platón, toda alma, por precepto de Adrastea y debido a su lastre, «pierde las alas y cae a tierra» desde el mundo de las ideas, a donde regresa tras «recobrar sus alas»[20]. Muchos antiguos sostienen este convencimiento sobre el viaje del alma, pero Platón se singulariza al complementarlo con la metempsicosis y el destino escatológico de la psique; de hecho, su dualismo radical consiste en fundamentar la distinción entre alma y cuerpo en su separación y contraposición. De ahí que el alma conozca una serie de «generaciones» o reencarnaciones en diferentes naturalezas, desde la más elevada o del sabio hasta la más depravada o del tirano (*Fedro*, 248e, véase también *República*, 615b). El mundo no es, por lo tanto, la morada propia del alma.

Salvadas las distancias, piensan otro tanto los gnósticos, encarcelados en el cuerpo que les ha encajado el demiurgo o Principio del Mal; la condición temporal –aleación de espíritu y materia, luz y oscuridad, divinidad y diabolismo– es dolorosa y humillante:

---

[19] Véase H.-C. Puech, *En quête de la Gnose, I.– La Gnose et le temps*, pp. 152-153.

[20] Platón, *Fedro*, 248c-249a, en *Diálogos*, E. Lledó (trad.), t. III, pp. 350-351; en este mismo sentido se dirige Orestes a su tío Menelao sobre el alma de su padre Agamenón: «Piensa que el difunto que yace bajo tierra está escuchando estas palabras mientras su alma revolotea sobre ti, y que dice lo que yo digo», Eurípides, *Orestes*, vv. 675-676, en *Tragedias*, J. M. Labiano (ed.), t. III, p. 207. Eneas no oculta sus dudas al respecto: «Pero ¿es posible, padre, creer que hay almas que remonten el vuelo desde ahí hasta la altura de la tierra y vuelvan otra vez a la torpe envoltura de los cuerpos?»; nadie mejor autorizado para responder que quien lo ha experimentado en carne propia: «A todas esas almas, cuando gira la rueda del tiempo un millar de años, llama un dios en nutrido tropel a orillas del Leteo, por que, perdido todo recuerdo del pasado, tornen a ver la bóveda celeste y comience a aflorar en ellas el deseo de volver a los cuerpos», Virgilio, *Eneida*, VI, 718-751, J. de Echave-Susaeta (trad.), pp. 202-203. Bulle aquí la teoría, tan querida a Platón, del conocimiento por reminiscencia o anamnesis; de ahí la mención del río del olvido. Sobre la noción de *exitus-reditus*, véase G. Serés, *Historia del alma*, pp. 23-24 y 30-31.

están condenados a renacer, a pasar de prisión en prisión durante un largo ciclo de reencarnaciones (*metensomatosis*) o vicisitudes parcialmente asimilables al samsara (*saṃsāra*) budista o hindú[21].

Tal es el dualismo de Mani o Manes, «apóstol de Jesucristo por la providencia de Dios Padre», cuya doctrina religiosa lleva el sello del cristianismo y del mazdeísmo. Regla dualista, en efecto, por cuanto considera el mundo dividido o desgarrado por dos principios absolutos enemistados entre sí: el bien (luz, orden) y el mal (tinieblas, caos); en consecuencia, el mal es una sustancia precósmica eternamente coexistente con Dios. Esta forma de criptocristianismo, reservada a los «perfectos» (hombres y mujeres), busca alcanzar la liberación a través de rituales cósmicos (no iniciáticos) encaminados a la purgación del demonio de la materia y a la obtención de la luz inmarcesible[22].

También es dualista el neoplatonismo. Porfirio se muestra tajante sobre la relación entre su maestro y los gnósticos: «Plotino […] los refutaba con numerosos argumentos y escribió además un tratado, justamente el que hemos titulado *Contra los gnósticos*»[23]. Sin embargo, antes de estampar (en el 9.º tratado de su *Enéada* II) su oposición neta al gnosticismo (que conoció sobre todo a partir de su llegada a Roma el año 244), el filósofo alejandrino había formulado teorías que, por su dualismo acentuado, se asemejaban parcialmente a las de los gnósticos: la percepción del cuerpo y la materia como algo malo, la defensa de la muerte como liberación… Según Plotino, el acto creador es «una emanación distinta de él mismo». De modo semejante a como el fuego, en virtud de su propia esencia, produce el calor sin dejar de ser fuego, «el acto divino permanece en su ser sin modificación alguna, al tiempo que de su perfección y por el acto incluido en su naturaleza un segundo acto emana»[24]. Para el autor de las *Enéadas*, el mundo emana (pro-

---

[21] Véase H.-C. Puech, *En quête de la Gnose, I.– La Gnose et le temps*, pp. 246-247.

[22] Fundador de una religión, Mani o Manes (216- *ca.* 276), ofrece escritos místicos y ascéticos, pero también, como complemento mitológico, una serie de relatos cosmogónicos (*Pragmateia*) y un interesante ciclo de relatos sobre los gigantes (*Tgraphe nnigas*); véanse M. Tardieu, *Le Manichéisme*, pp. 43-61, y C. C. Calabrese, «Agustín de Hipona y su recepción del mito maniqueo», pp. 63-64. Sabemos que Manes se autodenominaba «*apostolus Iesu Christi providentia Dei Patris*» gracias al tratado apologético *Contra epistulam manichæi quam vocant Fundamenti*, en el que Agustín de Hipona refuta los argumentos de la *Fundamenti epistola* o *Epístola del fundamento*, principal compendio de las creencias maniqueas en su tiempo.

[23] Porfirio, *Vida de Plotino. Enéadas I-II*, J. Igal (ed.), c. XVI, p. 153.

[24] Plotino, *The Enneads*, V, 4, 2, S. MacKenna (trad.), pp. 389-390. A pesar de que Plotino nunca pretendiera hacer un nuevo platonismo, y de que otros precursores ya hubieran contribuido a asegurar la tradición platónica, no es menos cierto que la historia lo etiqueta como el máximo exponente del neoplatonismo; véase J. Laurent, «Plotin», pp. 631-632. No se pueden obviar las discusiones académicas en torno al emanatismo de Plotino. Hasta el siglo xx la crítica hablaba de emanación, procesión, irradiación, aspiración y retorno al origen. Más tarde, debido a los reparos de los especialistas sobre el uso del término «emanación» por sus connotaciones estoicas, la etiqueta de «emanatista» aplicada a Plotino fue perdiendo predicamento. Hablando en propiedad, «para Plotino, el proceso creativo es más bien consecuencia de la *iluminación* o de la irradiación de un principio superior que, sin perder su esencia, produce, en cada caso, primero una proyección de sí mismo indefinida e informe, y, a continuación, una reversión sobre sí mismo como fuente, lo que provoca que la hipóstasis en cuestión, el Intelecto, el Alma, o la (casi-hipóstasis) Naturaleza, se defina a sí misma y sea en sí misma productiva –un proceso que en su totalidad ocurre, por supuesto, no en una secuencia temporal, sino eternamente–»; J. Dillon, en Plotinus, *The Enneads, ibid.*, pp. xci-xcii. De hecho, no faltan voces autorizadas que niegan cualquier emanatismo en Plotino, hasta el punto de acercar, no sin reservas, su metafísica

cede o deriva) necesariamente del primer principio –el Uno[25]– debido a una emanación (procesión o derivación) lógica y ontológica atemporal. Otro tanto ocurre con el alma, que «desciende al cuerpo» (IV, 8). De particular importancia, en fin, son la figura del círculo, tan a menudo utilizada por Plotino (p. e., VI, 5, 5, y VI, 8, 18), y las líneas radiales que siempre divergen y convergen respecto al punto central. Lógicamente, otro tanto sucede con nuestra alma, siempre unida a la del universo, en un movimiento ininterrumpidamente continuo…

Las culturas partidarias del eterno retorno no contemplan ningún tipo de comienzo ni de término en el mundo, en tanto que el dualismo gnóstico y el neoplatonismo plotiniano sostienen una sucesión diversa para la materia: comienzo en el Uno o la divinidad, progresivo alejamiento seguido de progresivo acercamiento, y fusión definitiva; lo importante para ellas no es el tiempo (caricatura de la eternidad), sino la salvación.

* * *

Conviene reparar en la lógica del ciclo que nutre la mayoría de estos pensamientos filosóficos y sistemas mitológicos. No pretendo agotar el panorama cultural, sino más bien mostrar, mediante una serie de calas, que esta lógica cíclica reaparece con frecuencia en la producción literaria y los pensamientos occidental y oriental.

Tras la Ilustración, y como rechazo a las corrientes racionalistas y la religión cristiana, numerosos escritores se acercan a posturas afines a los diversos dualismos. Iluminados, ocultistas y, sobre todo, deístas encuentran aquí una respuesta a sus deseos de comprender el mundo. De igual modo que los estoicos designaban con el término «palingenesia» (παλιγγενεσία) la regeneración del cosmos tras su destrucción por el fuego, o, en menor medida, de cada ser por asimilación de otros en un ciclo inacabado, así Ballanche concibe una regeneración colectiva mediante la acumulación de redenciones individuales. De nuevo estamos ante una cascada de generaciones (reencarnaciones del alma), asidero que garantiza la permanencia del género humano a pesar de su mortalidad. Su *Ensayo de palingenesia social* (*Essai de palingénésie sociale*, 1829) aborda esta tensión dialéctica que conduce al hombre, con ayuda de la Providencia, desde el mal hasta el bien, su auténtico destino. Traigo como ejemplo una escena del relato *Orphée*, parte esencial del ensayo. Thámyris visita Egipto con objeto de ser iniciado en los misterios. Tras su experiencia en el templo de Isis, tiene una larga conversación con un sacerdote, que le explica el significado de sus experiencias: los cánticos son un reflejo de las esferas del cielo,

---

creacionista a la de filósofos cristianos como Tomás de Aquino; véase L. Gerson, «Plotinus's Metaphysics: Emanation or Creation?», pp. 559-574. En realidad, la terminología varía según las traducciones del texto original plotiniano («emanación», «procesión», «derivación»). Sea como fuere, tradicionalmente Plotino ha sido considerado portaestandarte del emanatismo.

[25] Esta centralidad del «Uno» incluye al neoplatonismo entre los henoteísmos, modalidad de adoración de 'un' (ἑνός) 'dios' (θεοῦ). El término fue acuñado por F. Schelling; posteriormente, M. Müller lo divulgó, junto al término «catenoteísmo» (que designa la adoración sucesiva de los dioses: καθ' ἕνα θεόν), para aplicarlo a las diversas fases del pensamiento religioso en la religión védica. En sus propias palabras: «el henoteísmo […] no es el olvido de todos los demás dioses por devoción entusiasta a uno solo, sino la devoción a un solo dios, sin pensamiento alguno sobre la existencia de posibles rivales»; *Contributions to the Science of Mythology*, t. I, p. 141.

los animales son jeroglifos de la naturaleza, la unión de los sexos es garantía del principio del orden, etc. A continuación, apoyándose en una reflexión sobre el respeto debido a los muertos, el sacerdote pregunta a su discípulo:

> Pero, Thámyris, ¿acaso no se identifican el pensamiento de la restitución del ser y el pensamiento de la permanencia del ser?, ¿acaso su misma identidad no es un testimonio de una antigua ruptura del ser, grande y profundo misterio, escondido bajo mil velos teogónicos y cosmogónicos?[26].

Aquí lo tenemos: el universo, primitivamente unido, aparece ahora roto y disperso (consecuencia del mal), en espera de que sus miembros recuperen la unidad (se reintegren en el bien). La palingenesia es un nuevo nacimiento.

Víctor Hugo, cuya deuda con la filosofía de Ballanche ha sido ampliamente demostrada, también aborda esta hipótesis de una unidad primitiva, original, anterior al estado de división y dispersión de nuestro mundo actual, pero también admite la hipótesis del regreso definitivo a la unidad. Como botón de muestra, este verso: «El Ser estaba resplandeciente, Uno en Todo, Todo en Uno»[27]. Aunque la escena, por necesidades de distribución poética, se sitúa al comienzo del mundo, momentos antes de la creación de Eva, el pensamiento es nítido: hubo un tiempo presidido por la armonía universal en que Uno y Todo se identificaban en el Ser. Del mismo modo, habrá otro tiempo, al final del mundo, en que todo recobrará su armonía. Así lo recuerda el dios Pan (Todo), al concluir su discurso ante los dioses: «¡Amor! ¡Todo estará de acuerdo, porque todo estará en armonía!»[28]. Unidad armoniosa, ruptura, retorno a la unidad armoniosa: el movimiento cíclico se asemeja, en sus grandes rasgos, al de las cosmologías orientales.

Hay, sin embargo, una diferencia fundamental: aquí no cabe hablar, en rigor, de mito del eterno retorno, porque la recuperación de la unidad primordial no implica un punto álgido seguido de un nuevo comienzo; el término de esta etapa en la historia del mundo es una armonía humanitaria completa pero carente de retorno. El deísmo de Ballanche y Víctor Hugo, herederos de la Ilustración, impide la desaparición absoluta de un universo que, consumido en la unidad con Dios, acarrearía consigo el fin de Dios mismo. El «mito» del humanitarismo social difiere del tema mítico del eterno retorno en su carácter lineal, histórico.

---

[26] «Mais, Thamyris, la pensée de la restitution de l'être, et celle de la perpétuité de l'être, ne sont-elles point identiques l'une à l'autre? Ne témoignent-elles pas l'une et l'autre, par leur identité même, d'un antique brisement de l'être, grand et profond mystère, caché sous mille voiles théogoniques et cosmogoniques?», P.-S. Ballanche, *Orphée*, VI, p. 241.

[27] «L'Être resplendissait, Un dans Tout, Tout dans Un», V. Hugo, «Le Sacre de la Femme», en *La Légende des Siècles*, J. Truchet (ed.), p. 20. Sobre la cosmogonía y la escatología de este autor, véase J. Roos, *Les Idées philosophiques de Victor Hugo*, p. 29.

[28] «Amour! tout s'entenda, tout étant l'harmonie!», V. Hugo, «Le Satyre», *ibid.*, p. 430. Este deseo inveterado de unión armónica entre contrarios es habitual en la literatura de corte neoplatónico; Ethel Junco lo ha estudiado —a partir de sus fuentes en el relato de Eros (Cupido, no la divinidad primordial) y Psique, en *Las metamorfosis* o *El asno de oro* de Apuleyo— en el cuento *La bella y la bestia* (*La Belle et la Bête*, de Jeanne-Marie Leprince de Beaumont, 1756), donde la sintaxis pérdida / búsqueda / reconocimiento refleja cómo el alma persigue al amor para alcanzar el autoconocimiento; véase E. Junco, «Entre platonismo y discurso de género», p. 78.

«El peso más pesado»

Tras su iluminación de 1881, Nietzsche se adhiere a la idea del eterno retorno. La parábola 341 de *La gaya ciencia*, titulada «El peso más pesado», arranca con esta pregunta inquisitorial:

¿Qué pasaría si un día o una noche se introdujera a hurtadillas un demonio en tu más solitaria soledad para decirte: «Esta vida, tal como la vives ahora y la has vivido, tendrás que vivirla no solo una, sino innumerables veces más; y sin que nada nuevo acontezca, una vida en la que cada dolor y cada placer, cada pensamiento, cada suspiro, todo lo indeciblemente pequeño y grande de tu vida habrá de volver a ti, y todo en el mismo orden y la misma sucesión –como igualmente esta araña y este claro de luna entre los árboles, e igualmente este momento, incluido yo mismo. Al eterno reloj de arena de la existencia se le dará la vuelta una y otra vez– ¡y tú con él, minúsculo polvo en el polvo!»?[29].

En la vida propuesta por el geniecillo no hay «nunca nada nuevo», todo es igual, o más precisamente, todo da igual: el eterno retorno es la filosofía de la indiferencia[30]. Aparece de nuevo el mundo absolutamente relativo de las cosmologías orientales y amerindias; si todo es equivalente, todo es indiferente: cielos, tierra, dioses, reinos hominal, animal, vegetal o inerte, todo es fútil, no solo desde un ángulo filosófico, sino también moral, «más allá del bien y del mal».

Esta idea viene desarrollada ampliamente en *Así habló Zaratustra*. Dos escenas del capítulo «De la visión y enigma» de la 3.ª parte, una vez que Zaratustra ha subido en la barca de los marineros, bastan para comprender su amplitud.

1.ª escena. Cuenta el profeta que, durante su reciente ascenso a lo alto de la isla, en un momento indeterminado, se detiene ante un portón llamado «instante» (*Augenblick*), en el que convergen dos caminos, ambos igualmente eternos, y el enano que lo acompaña (su espíritu pesado) le susurra: «Toda verdad es curva, el tiempo mismo es un círculo»[31]. De ahí la conclusión de que todo es mera repetición, incluso el instante o «esa araña que se arrastra con lentitud a la luz de la luna, y esa misma luz de la luna, y yo y tú [el enano] [...] –¿no tenemos todos nosotros que haber existido ya?» (p. 264; p. 141 de la edición en alemán). Reaparecen aquí la araña y la luna de *La gaya ciencia*.

---

[29] F. Nietzsche, *La ciencia jovial (La gaya scienza)*, G. Cano (ed.), l. IV, p. 327. «*Das grösste Schwergewicht*». – «Wie, wenn dir eines Tages oder Nachts, ein Dämon in deine einsamste Einsamkeit nachschliche und dir sagte: "Dieses Leben, wie du es jetzt lebst und gelebt hast, wirst du noch einmal und noch unzählige Male leben müssen; und es wird nichts Neues daran sein, sondern jeder Schmerz und jede Lust und jeder Gedanke und Seufzer und alles unsäglich Kleine und Grosse deines Lebens muss dir wiederkommen, und Alles in der selben Reihe und Folge - und ebenso diese Spinne und dieses Mondlicht zwischen den Bäumen, und ebenso dieser Augenblick und ich selber. Die ewige Sanduhr des Daseins wird immer wieder umgedreht - und du mit ihr, Stäubchen vom Staube!"», *Die fröhliche Wissenschaft*, libro IV, Aphorismus 341, en *Sämtliche Werke*, G. Colli y M. Montinari (eds.), t. III, p. 570.

[30] Véase H. Blumenberg, *Trabajo sobre el mito*, P. Madrigal (trad.), p. 268; cfr. *Arbeit am Mythos*, p. 271.

[31] F. Nietzsche, *Así habló Zaratustra*, A. Sánchez Pascual (trad.), III, «De la visión y enigma», § 2, p. 263; «Alle Wahrheit is krumm, die Zeit selber ist ein Kreis», *Also sprach Zaratustra*, «*Vom Gesicht und Rätsel*», p. 140.

2.ª escena. De repente, un perro «aúlla», todo desaparece. Entre peñascos salvajes y bajo la luz lunar, Zaratustra queda sobrecogido:

> Vi a un joven pastor retorciéndose, ahogándose, convulso, con el rostro descompuesto, de cuya boca colgaba una pesada serpiente negra.
> [...] Sin duda se había dormido. Y entonces la serpiente se deslizó en su garganta y se aferraba a ella mordiendo.
> Mi mano tiró de la serpiente, tiró y tiró: –¡en vano! No conseguí arrancarla de allí. Entonces se me escapó un grito: «¡Muerde! ¡Muerde! ¡Arráncale la cabeza! ¡Muerde!»[32]

Enigmática escena, incluso para Zaratustra, que inquiere a los barqueros una interpretación satisfactoria: «*¿qué* vi yo entonces en símbolo?» (p. 266; p. 142 en alemán). El relato continúa:

> –Pero el pastor mordió, tal como se lo aconsejó mi grito; ¡dio un buen mordisco! Lejos de sí escupió la cabeza de la serpiente–: y se puso en pie de un salto.–
> Ya no pastor, ya no hombre, –un transfigurado, iluminado, que *reía*! ¡Nunca antes en la tierra había reído hombre alguno como *él* rio![33].

El recurso a la hermenéutica es obligado. Si recapitulamos, observamos que la visión del pastor sigue a la del portón en la escena anterior; ambas son solidarias. En la primera, Zaratustra ha expuesto su idea principal: todas las eternidades y todos los instantes convergen. Ante esta revelación, caben dos actitudes: a) arrojarse al suelo maldiciendo a la serpiente, porque se rechaza el sinsentido eterno de la vida y el mundo; b) cortar el cuello de la serpiente, y manifestar la voluntad de triunfar sobre el tiempo, sobre el pasivo y angustiante «fue» en un «así lo quise», como leemos en el capítulo de la 2.ª parte titulado «De la redención» (*Von der Erlösung*).

Esta lectura viene corroborada por un capítulo posterior, de la 3.ª parte («El convaleciente»), en el que Zaratustra, al cabo de siete días inconsciente, se yergue de su lecho, escucha de la boca de sus animales el proceso del eterno retorno («Todo va, todo vuelve; eternamente rueda la rueda del ser. [...] Curvo es el sendero de la eternidad», p. 353; p. 195 en alemán) y recuerda, en primera persona, la visión del pastor:

> –¡Oh truhanes y organillos de manubrio!, respondió Zaratustra y de nuevo sonrió, qué bien sabéis lo que tuvo que cumplirse durante siete días:–

---

[32] *Ibid.*, pp. 265-266; «Einen jungen Hirten sah ich, sich windend, würgend, zuckend, verzerrten Antlitzes, dem eine schwarze schwere Schlange aus dem Munde hing. / [...] Er hatte wohl geschlafen? Da kroch ihm die Schlange in den Schlund - da biß sie sich fest. / Meine Hand riß die Schlange und riß -umsonst! sie riß die Schlange nicht aus dem Schlunde. Da schrie es aus mir: "Beiß zu! Beiß zu! Den Kopf ab! Beiß zu!"», *ibid.*, p. 142.

[33] *Ibid.*, pp. 266-267; «–Der Hirt aber biß, wie mein Schrei ihm riet; er biß mit gutem Bisse! Weit weg spie er den Kopf der Schlange–: und sprang empor.– / Nicht mehr Hirt, nicht mehr Mensch –ein Verwandelter, ein Umleuchteter, welcher *lachte*! Niemals noch auf Erden lachte je ein Mensch, wie *er* lachte!», *ibid.*, p. 142.

–¡Y cómo aquel monstruo se deslizó en mi garganta y me estranguló! Pero yo le mordí la cabeza y la escupí lejos de mí[34].

La visión se clarifica. La serpiente es una metamorfosis de aquel «demon» susurrador visto en *La gaya ciencia,* es la circularidad, el uróboros; y el pastor, Zaratustra, ha asumido su revelación: lejos de padecer con desesperación la idea del eterno retorno, se acoge a ella como suma verdad, la abraza ahora y para siempre. El eterno retorno es «la forma más extrema del nihilismo, la falta de sentido eterno»[35].

Con su propuesta, Nietzsche rechaza frontalmente cualquier cultura lineal e histórica, no solamente la cristiana (donde el tiempo está determinado por una sucesión netamente diferenciada: creación, caída, redención[36]), sino cualquier otra que proponga un futuro transformado por completo (marxista, tecnológico, capitalista)[37]. El filósofo formula así una «filosofía de la cultura […] bajo el influjo del mito del Buen Salvaje: para Zaratustra, como para el hombre primitivo, el mundo, el tiempo, el espacio y la Naturaleza entera son "eternidad"»[38]. Esto vale tanto como regresar a la nada: la teoría de la cultura según Nietzsche se resume en las incesantes transformaciones (según leyes de desplazamiento, condensación y sublimación) donde los valores supremos (Dios, principalmente) son desvalorizados en aras de lo único que debemos esperar y augurar: la realización del nihilismo[39].

La crítica de Nietzsche es la crítica de la libertad subjetiva. Instaurada tras la Ilustración, esta omnipresente autoconciencia del yo aparecía sobrecargada de saber histórico, hasta el punto de imposibilitar la objetividad necesaria para un juicio cierto. Frente al espejismo compensador de la memoria historicista, ampliamente soportado por el poder unificador de la religión y la filosofía idealistas, el filósofo sajón se rebela contra toda crítica inmanente de la razón centrada en el sujeto y, apunta Habermas, «aplica el modelo de la dialéctica de la razón a la Ilustración historicista, con el fin de hacer explotar […] el envoltorio racional de la modernidad como tal»[40]. Frente a Sócrates, Jesucristo y las luces de la razón, el filósofo alemán formula la fusión de todos los tiempos.

---

[34] *Ibid.*, «El convaleciente», epígrafe 2, pp. 353-354; «–O ihr Schalks-Narren und Drehorgeln! antwortete Zarathustra und lächelte wieder, wie gut wißt ihr, was sich in sieben Tagen erfüllen mußte: / –und wie jenes Untier mir in den Schlund kroch und mich würgte! Aber ich biß ihm den Kopf ab und spie ihn weg von mir», *«Der Genesende», ibid.,* p. 195.

[35] A. Díaz Genis, «El eterno retorno de lo mismo».

[36] Este proceso cristiano se insertaría en el tema mítico del eterno retorno si tras la redención recomenzara la creación, y así sucesivamente. En cuanto a la célebre fórmula «Recuerda que eres polvo, y al polvo volverás» (reminiscencia de Gn 3, 19), la liturgia cuaresmal se refiere al cuerpo humano, no al alma.

[37] Véase R. Ebbatson, *Landscapes or Eternal Return*, p. 1.

[38] J. C. Ochoa, «Cuatro mitos para una filosofía de la cultura», p. 569.

[39] Véase G. Vattimo, *El fin de la modernidad*, p. 24. El nihilismo nietzscheano, como el de Heidegger, no consiste en que «el ser esté en poder del sujeto», sino en la disolución completa del ser «en el discurrir del valor»; Jaspers define el nihilismo como «la pérdida del carácter absoluto de las cosas y de la teoría del conocimiento objetivo», *La filosofía desde el punto de vista de la existencia*, J. Gaos (trad.), p. 32. Imposible encontrar, ahí, atisbo alguno de trascendencia.

[40] J. Habermas, *Der philosophische Diskurs der Moderne*, p. 107.

Estamos ante un pensamiento con ribetes mitológicos, pero en modo alguno mítico. La reflexión nietzscheana es, en sí misma, antitrascendente. El tiempo deja de ser la magnitud física que utilizamos para medir las cosas y pasa a convertirse en puro movimiento cíclico, sin principio ni fin, en una negación absoluta de cualquier estructura metafísica del mundo. Si el tiempo solo está marcado por la revolución eterna, también lo están todas las cosas en el tiempo, en una sucesión repetitiva que las iguala entre sí: todo es igual a todo y, por tanto, todo es nada. Nihilismo e indiferencia se identifican.

Con respecto a las cosmologías orientales y amerindias, Nietzsche comparte la circularidad del tiempo: en sentido lato, se puede decir que se suma a su doctrina del eterno retorno. Pero dos diferencias impiden hablar de mito en el pensamiento del filósofo. En primer lugar, aquí no existe ningún acontecimiento absoluto; su relativismo es nihilista y viceversa. En segundo lugar, aquí solo existe una voluntad, la del hombre que asume o rechaza todos los acontecimientos posibles.

Encontramos una confirmación, entre tantas, del carácter no mitológico del eterno retorno según Nietzsche, en la fidedigna interpretación de Kundera. A propósito de «la carga más pesada», el escritor checo plantea una desgarradora hipótesis: si adoptamos el «mito demencial» del eterno retorno, el mundo y nuestras acciones adquieren «la más intensa plenitud de la vida. Cuanto más pesada sea la carga, más a ras de tierra estará nuestra vida, más real y verdadera será»; por el contrario, si nos revolvemos contra esa carga, nos tornamos ligeros y todo será «real solo a medias y [nuestros] movimientos [serán] tan libres como insignificantes»[41]. En ambos casos, aceptado el eterno retorno, la alternativa está desprovista de acontecimientos extraordinarios marcados por la trascendencia; todo se reduce a la percepción del tamiz que adopte nuestra vida.

No así en las cosmologías orientales y amerindias, impregnadas por el carácter absoluto de todos los acontecimientos (forman parte de ciclos que se explican por sí mismos en el todo) e infiltradas por una doctrina de salvación, de «la liberación del alma respecto a todas las ataduras de la materia»[42]. A diferencia de la nietzscheana, las cosmologías orientales y amerindias están abiertas a la trascendencia y, en consecuencia, sus literaturas son susceptibles de un análisis mitocrítico.

* * *

No hay nada más paradójico que concluir un análisis sobre el eterno retorno. Compete más proponer una encuesta sobre los fundamentos de esta percepción cíclica del tiempo y del universo. ¿A qué responde esta creencia común a tantas escatologías en todas las épocas y latitudes?, ¿al afán de dominar el futuro?, ¿al terror que inspira el paso inexorable del tiempo (vector principal del vacío existencial –*horror vacui*–)?, ¿a la hue-

---

[41] M. Kundera, *La insoportable levedad del ser*, F. Valenzuela (trad.), p. 13. La elección del escritor, semejante a la de Parménides, no admite componendas: «la levedad es positiva, el peso es negativo»; es preciso optar por una realidad signada por la fugacidad y la levedad.

[42] Cual es el caso del jainismo, arriba visto, que promete una liberación de todos los renacimientos para todos los seres mediante la emancipación del alma de las ligaduras de la materia, H. von Glasenapp, *Les Littératures de l'Inde*, p. 114. Más lejos estamos aún de la tradición judeocristiana, incomprensible al margen de una interpretación salvífica del pecado; cfr. G. Vattimo, *After Christianity*, L. d'Isanto (trad.), pp. 58-59.

lla que deja en nuestro imaginario la continua repetición de acontecimientos? El hombre es un ser de rutinas.

También es un ser ávido de conocimiento. En esta línea, conviene saber por qué el eterno retorno es indisociable de otros mitos relativos al conocimiento: las catábasis (Perséfone, Orfeo, Teseo, Eneas) y numerosas profecías (*ultima Thule*, Apocalipsis, Chilam Balam de Chumayel) revelan, cada una a su manera, lo que ha ocurrido o lo que ocurrirá.

LA REGENERACIÓN MÍTICA: EL AVE FÉNIX

El eterno retorno está cargado de valencia mítica: tiene referentes trascendentes y remite a una cosmogonía o a una escatología de carácter personal (incluye las vicisitudes que afectan a humanos y dioses). Puede ocurrir, como en el caso de Nietzsche, que pierda esos referentes y, falto de componente sagrado, se vea desmitificado; pero, en esta perspectiva, el eterno retorno deja de ser un tema mítico.

El caso que ahora nos ocupa es igualmente complejo. Lo propio de todo ser vivo es la regeneración; seres humanos, animales y plantas la experimentan de modo parcial cada día en sus procesos biológicos. Basta precisar el análisis para constatar que ninguno de esos seres vivos es regenerado: en realidad, las células mueren y son sustituidas por otras de manera ininterrumpida, de modo que cabe preguntarse por la identidad del individuo. Ocurre cuanto narra Plutarco con «el barco en el que Teseo navegó con los jóvenes y regresó»[43]. El eterno retorno, al igual que el barco del vencedor del Minotauro, es una interrogación filosófica sobre la identidad del hombre y la entidad del mundo.

La discusión, en extremo bizantina, produce vértigo, porque el auténtico problema de la regeneración es la identidad: toda regeneración completa es arriesgada. No ocurre así con un mito en extremo singular: el Fénix.

Orígenes y cristalización

Los autores griegos introducen al fabuloso animal, las más de las veces, no tanto por un interés específico como por su maleabilidad para apoyar cualesquiera ideas al filo de una argumentación, por ejemplo, sobre la duración de la vida, la reproducción sexual,

---

[43] «La nave en que navegó [Teseo] con los jóvenes y regresó a salvo, la *triakóntoros* [de treinta remos], la conservaron los atenienses hasta la época de Demetrio Falereo [317-307 a.C.], arrancándole los maderos viejos y poniéndole otros fuertes y tan bien ajustados que hasta a los filósofos les servía de ejemplo la nave para el discutido tema del crecimiento, ya que unos decían que seguía siendo la misma y otros que no la misma», Plutarco, *Teseo - Rómulo*, XXIII, I, *Vidas paralelas*, A. Pérez Jiménez (trad.), I, p. 183. V. Larbaud aplica esta anécdota sobre el barco de Teseo a sí mismo, a cada persona, en íntimas y punzantes reflexiones: «encuentro en mí mismo la imagen confusa, extraña, admirable, angustiosa, que me he hecho del Bajel de Teseo. Y digo bien "en mí mismo", pues el Bajel de Teseo, que ha acabado por desaparecer, me parece una bella y noble imagen de nosotros mismos, del Hombre cuya sustancia se renueva cada siete años»; «je revois en moi-même l'image confuse, étrange, admirable, angoissante, que je me suis faite du Vaisseau de Thésée. / Et je dis bien: en moi-même; car le Vaisseau de Thésée, qui a fini par disparaître, me semble une belle et noble image de nous-mêmes, de l'Homme dont toute la substance se renouvelle en sept ans», *«Le Vaisseau de Thésée»*, VI, en *Aux couleurs de Rome*, en *Œuvres*, G. Jean-Aubry y R. Mallet (n.), pp. 1.096-1.097.

etc. Este uso referencial del mito permite deducir que todos los lectores ya están familiarizados con el animal. Veamos a continuación los principales textos, comenzando por los griegos.

1. Según Hesíodo, la vida del Fénix es nueve veces más larga que la del cuervo, pero diez veces menos larga que la de las ninfas[44]. La longevidad del ave es fundamental, hasta el punto de ser considerada, en ocasiones, como un patrón para el cómputo de los ciclos solares y la renovación periódica del mundo. Igualmente capital para el mito es la convicción de la existencia de un solo Fénix: al igual que el sol naciente y el sol poniente son el único e idéntico sol, existe cierta identidad entre el Fénix que muere y el que renace. Volveré más adelante sobre este delicado punto.

2. La relación de Heródoto, densa en contenido, se ha granjeado el estatuto de texto básico para el desarrollo del mito. Leemos:

> Y hay también otra ave sagrada, llamada fénix. Yo no la he visto sino en pintura (pues raramente visita a los egipcios, cada quinientos años, según dicen los heliopolitas; y dicen que aparece solamente cuando muere su padre)[45].

Es preciso notar, en este estadio primitivo de la transmisión, la tenue referencia a los elementos que más nos interesan: la muerte y el renacimiento del Fénix. Sigue una descripción del ave según las representaciones existentes en Heliópolis: es parecida en forma y tamaño a un águila, está cubierta de plumas rojas y doradas. Lo que Heródoto pone en duda es el vuelo del ave Fénix desde Arabia hasta Egipto, adonde transporta a su padre envuelto en mirra para sepultarlo:

> Y cuentan de ella –relato para mí increíble– que realiza la siguiente ingeniosa proeza: partiendo de Arabia, transporta al santuario de Helio el cadáver de su padre envuelto en mirra y lo entierra en este santuario. Y lo transporta así: primero hace con la mirra un huevo tan grande como es capaz de llevar, y entonces prueba de volar con esta carga; y cuando ha hecho la prueba, vacía el huevo y mete en él a su padre, y con otra mirra unta la parte del huevo que vació y por donde ha metido a su padre –y una vez dentro su padre, el peso vuelve a ser el mismo–; y, envuelto de esta manera, lo transporta al santuario de Helio en Egipto (ibid.).

De este sustancial relato, centrado en el ocaso del padre y el cumplimiento del piadoso deber por el hijo, conviene retener para el análisis posterior la brevísima referencia al *locus amœnus* original (Arabia), al curioso linaje del ave y a su carácter indudable-

---

[44] «A tres ciervos hace viejos el cuervo; mientras que el fénix a nueve cuervos. A diez fénix hacemos viejos nosotras, las ninfas de hermosos bucles», Hesíodo, *Fragmento 304*, en *Obras y fragmentos*, A. Martínez Díez (trad.), p. 346.

[45] Heródoto, *Historias*, II, 73, J. Berenguer Amenós (trad.), t. II, p. 62. Según Porfirio, Heródoto recabó su información del *Viaje alrededor de la Tierra (Periodos ges)* de Hecateo de Mileto (550 a.C.-476 a.C.). La cita –«con ligeras falsedades, como el relato del ave Fénix»– nos ha llegado gracias a Eusebio de Cesarea, *Evangelicæ Præparationis*, X, III, E. H. Gifford (ed.), p. 497. Véase R. Van den Broek, *The Myth of the Phoenix According to Classical and Early Christian Traditions*, p. 394.

mente solar, pues sus plumas son del color dorado y rojo del sol naciente. Su fuente de información (Hecateo de Mileto) establece una relación directa entre el Fénix y otra ave mitológica, el Bennu de Heliópolis, la etimología de cuyo nombre (*bnw* o *bjn-w*, pronunciada *boin[e]*) lo hacía susceptible de un acercamiento fonético al φοῖνιξ griego, y cuyo embalsamamiento en Heliópolis pudo inducirle a concluir que también el Fénix viajaba al mismo templo[46].

Antes de proceder al siguiente texto, hago hincapié en la exclusividad de la generación paterna en este mito. El original de las *Historias* no deja lugar a dudas: el Fénix solo aparece cuando muere «el padre» («φοιτᾶν δὲ τότε φασὶ ἐπεάν οἱ ἀποθάνῃ ὁ πατήρ»); de igual modo leen otros textos. Esta autosuficiencia masculina manifiesta un sueño quimérico de poder e independencia íntimamente conectado con la creación artificial (el robot y, en parte, el gólem); parece como si procrear sin intervención femenina fuera garantía de pureza o perfección. Más adelante, en nota al mito y sus mitemas, aclaro que, en sentido estricto, no se puede hablar de padre ni madre; pero a estos escritores no les es indiferente: si diera igual padre o madre, alguno de ellos diría «madre». El mito –hijo de su espacio y tiempo– arrastra, como una rémora, las impurezas de los mares que surca.

3. La presencia del Fénix en esta ciudad viene corroborada por el poeta cómico Antífanes (408-334 a.C.), en un fragmento conservado en los *Deipnosofistas o Banquete de los eruditos* del escritor griego de época imperial Ateneo de Náucratis (finales del siglo II, principios del siglo III d.C.):

Dicen que el Fénix aparece en la ciudad del Sol y el búho en Atenas, que en Chipre se crían palomas de belleza admirable; pero que Juno, reina de Samos, cría una raza dorada de pájaros maravillosos: el brillante, hermoso y conspicuo pavo real[47].

La disposición del Fénix en esta sucesión atestigua su predicamento en el orden de la sacralidad.

4. La reproducción del ave aparece mentada, en el seno de una enumeración, por Diógenes Laercio (siglo III d.C.):

Varios animales se multiplican sin relación sexual, como por ejemplo los que viven en el fuego, el Fénix árabe y los gusanos; otros mediante la unión, como el hombre y el resto[48].

---

[46] La etimología de la palabra «fénix» es incierta. El *phenix* en latín medieval deriva del latín clásico *phoenīx*, el cual, a su vez, reproduce el vocablo griego φοῖνιξ, que significa tanto 'de color rojo púrpura' como 'fenicio' (pues los fenicios o púnicos tenían el monopolio del tinte púrpura, extraído de un molusco marino); pero el vocablo φοῖνιξ también significa 'palmera datilera' y el fruto o dátil (no en vano se cree que el nombre de la región proviene de la abundancia de sus palmeras). Nuestra ave heredaría su nombre de su color púrpura, de la palmera o de la región de las palmeras; y no faltan quienes consideran que se trata de un etnónimo: el ave habría dado su nombre al color, al árbol, al fruto y a la región. Sobre el verso 70 de Lactancio «La palmera, fénix en griego, que toma su nombre del ave»; «palmam, / Quæ Graium phœnix ex aue nomen habet», véase la erudita explicación de C. Wernsdorf, *Poetæ latini minores*, t. III, pp. 307-308.

[47] Ateneo de Naucratis, *The Deipnosophists*, XIV, 70, C. B. Gulick (ed.).

[48] Diógenes Laercio, *Vidas de los filósofos*, IX, 79, R. D. Hicks (trad.). El historiador reproduce un texto de los *Discursos pirrónicos* (*Pyrrhôneoi logoi*) del escéptico Enesidemo; véase R. Van den Broek,

Aun cuando el doxógrafo no detalle el tipo de reproducción, la mención del Fénix, junto con los animales que «viven en el fuego» (τὰ πυρίβια, ¿la salamandra?) y los gusanos (εὐλαί), es relevante: cabría deducir que el biógrafo griego conocía una o, incluso, dos versiones sobre el origen del Fénix: la cremación y la descomposición.

Entre los textos latinos sobre el Fénix, destacan las *Metamorfosis* de Ovidio y la *Historia natural* de Plinio el Viejo.

1. A renglón seguido de su comentario sobre aves sagradas (el pavo real de Juno, el águila de Júpiter y las palomas de Venus), el autor de las *Metamorfosis* aporta el siguiente relato:

Sin embargo, esos seres toman de otros el brote inicial de su vida. Hay un pájaro que se rehace y se reengendra a sí mismo: los asirios lo llaman fénix; no vive de granos ni de hierbas, sino de lágrimas de incienso y de jugo de amomo. Cuando este animal ha cumplido cinco siglos de edad, en lo alto de las ramas de una encina o de la copa de una palmera temblorosa se construye un nido con las uñas y con el limpio pico, y cuando lo ha pavimentado con casia y con espigas de suave nardo, así como con trozos de cínamo y amarilla mirra, se coloca encima y acaba su vida entre perfumes. A continuación, dicen que del cuerpo de su padre renace un pequeño fénix que está destinado a vivir otros tantos años; cuando la edad le ha dado fuerzas y es capaz de llevar una carga, libera del peso del nido las ramas del elevado árbol y lleva piadoso lo que es a la vez su cuna y el sepulcro de su padre, y después de alcanzar, a través de los aires ingrávidos, la ciudad de Hiperión, lo deposita delante de la sagrada puerta en el templo de Hiperión[49].

La dependencia del texto de Heródoto es evidente. Como de costumbre, la geografía es escasa: Ovidio solo refiere cómo los asirios denominan al ave. Pero sabemos por sus *Amores* que en los Campos Elíseos vive «el fénix vivaz, un ave siempre la misma»[50].

---

ed. cit., pp. 395-396. La última alusión al Fénix previa a nuestra era es la de Laevius (? - 80 a.C.), quien en su poema «*Pterygion phœnicis*» presenta al Fénix como un devoto servidor consagrado a Venus, no al Sol; véanse *ibid.*, pp. 268-270 y 396, y H. de la Ville de Mirmont, «Le poète Laevius, IV», pp. 15-18.

[49] Ovidio, *Metamorfosis*, XV, vv. 391-407, A. Ruiz de Elvira (trad.), III, pp. 181-183. «Haec tamen ex aliis generis primordia ducunt, / una est, quae reparet seque ipsa reseminet, ales: / Assyrii phoenica uocant; non fruge neque herbis, / sed turis lacrimis et suco uiuit amomi. / Haec ubi quinque suae compleuit saecula uitae, / ilicis in ramis tremulaeque cacumine palmae / unguibus et puro nidum sibi construit ore. / Quo simul ac casias et nardi lenis aristas / quassaque cum fulua substrauit cinnama murra, / se super inponit finitque in odoribus aeuum. / Inde ferunt, totidem qui uiuere debeat annos, / corpore de patrio paruum phoenica renasci, / cum dedit huic aetas uires onerique ferendo est, / ponderibus nidi ramos leuat arboris altae / fertque pius cunasque suas patriumque sepulcrum, / perque leues auras Hyperionis urbe potitus / ante fores sacras Hyperionis aede reponit», H. Magnus (ed.). Siguiendo una tradición minoritaria pero bien atestiguada, Ovidio identifica aquí Hiperión (Ὑπερίων, 'el que camina en las alturas') con el Sol, Helios Hiperión (Ἥλιος Ὑπερίων, 'Sol en lo más alto'); lo habitual es distinguir el padre (el titán Hiperión) del hijo (el dios Helios, personificación del Sol).

[50] Ovidio, *Obra amatoria I: Amores*, II, VI, v. 54, F. Socas (trad.), t. I, p. 56; «Et uiuax phœnix, unica semper auis», R. Ehwald (ed.).

También estamos ayunos de cualquier descripción física del pájaro: tamaño, colorido y belleza. Otra omisión: el modo como el ave muere y revive. Además, las indicaciones sobre el heliocentrismo del ave no aparecen en dos momentos críticos (los cantos en el bosque al rayar el alba, la súplica de cremación o putrefacción), pero sí durante el ritual en Egipto. Decididamente, el poeta focaliza su interés en la autorregeneración y la piedad (*pius*) de los honores funerarios. Así, la materialidad del animal solo es mencionada para resaltar, por contraste, la ligereza de las sustancias con las que se alimenta y, de este modo, favorecer la credibilidad de la metamorfosis del animal: estamos en la vía de la espiritualización del mito.

2. La versión del senador Manilio, que nos ha llegado gracias a Plinio el Viejo, es una de las más extensas entre las conservadas. Tras confesar sus dudas sobre la existencia del animal (*haud scio an fabulose*), el naturalista aprecia que «solo hay un ejemplar en todo el mundo» (*unum in toto orbe*). Tras una descripción de la coloración del plumaje (que desde entonces ha pasado a conformar el canon del ave Fénix[51]), Plinio reproduce con sus palabras el relato de Manilio:

> Señala que no ha existido nadie que lo haya visto comer, que en Arabia está consagrado al Sol, que vive quinientos cuarenta años y que, al envejecer, hace un nido con ramitas de canelo y de incienso, lo llena de aromas y muere sobre él. Añade que, después, de sus huesos y médulas hace primero como una larva y de ella a continuación resulta el polluelo, y lo primero que hace es rendir las honras fúnebres debidas a su predecesor, y lleva el nido entero cerca de Pancaya, a la Ciudad del Sol, y allí lo deja en un altar[52].

El senador admirado por Plinio comparte con el resto de mitógrafos el carácter solar del ave y su longevidad. Pancaya no es nueva: ya la hemos visto en un texto de Diodoro de Sicilia a propósito del viaje que Evémero hizo bajo las órdenes del rey Casandro, «más allá de la Arabia Feliz». La novedad de este relato estriba en un aspecto de la regeneración: aquí el joven Fénix se autogenera a partir del cuerpo descompuesto de su predecesor. Este nacimiento está orgánicamente ligado al vuelo subsiguiente del ave con los restos de su padre contenidos en un fragante nido a Pancaya (en un huevo de mirra a Heliópolis, según Hecateo); los autores discrepan (ora consunción, ora entierro) sobre el destino final de los restos.

---

[51] «con el brillo del sol en torno al cuello y el resto de color púrpura, con plumas rosas que adornan su cola azulada y con el ennoblecimiento de crestas en la garganta y de un copete de plumas en la cabeza», Plinio el Viejo, *Historia natural*, libro X, 2, E. del Barrio Sanz *et al.* (trads.), p. 353; «auri fulgore circa colla, cetero purpureus, caeruleam roseis caudam pinnis distinguentibus, cristis fauces caputque plumeo apice honestante», *Naturalis historia*, X, 2, K. F. T. Mayhoff (ed.).

[52] *Ibid.*, pp. 353-354; «neminem extitisse qui viderit vescentem, sacrum in Arabia soli esse, vivere annis dxl, senescentem casiae turisque surculis construere nidum, replere odoribus et superemori. ex ossibus deinde et medullis eius nasci primo ceu vermiculum, inde fieri pullum, principioque iusta funera priori reddere et totum deferre nidum prope panchaiam in solis urbem et in ara ibi deponere», *ibid.* En otro lugar, revelando los secretos terapéuticos escondidos en la lana y los huevos de las aves, el enciclopédico naturalista ironiza sobre una medicina extraída «de las cenizas y el nido del Fénix» «ex cinere phœnicis nidoque», XXIX, 9); ¡remedio frustrante –añade con ironía– por cuanto son precisos mil años para conseguirlo! Este Manilio (*ille senator Manilius*), del que no conservamos texto alguno, es diferente de Marco Manilio, autor de *Astronomica*.

Que de los huesos y la médula de la vieja ave surja un gusano y de este la nueva ave no puede causar sorpresa: los antiguos clásicos (y con ellos los cristianos Cirilo de Jerusalén, Rufino, Eneas de Gaza, entre otros) consideraban que los gusanos se generaban por una especie de autocreación o generación espontánea a partir de la carne descompuesta; en consecuencia, el recurso al gusano opera como argumento de razón conducente a la verosimilitud del fenómeno. Otro motivo explica el expediente del gusano: el simbolismo del Fénix como alma y renovación de la vida tras la muerte: los órficos y pitagóricos se oponían a la cremación porque no aceptaban que el cuerpo pudiera participar de algo divino como el fuego.

Las plantas aromáticas responden a tres factores: el lugar de residencia del animal (Arabia, Etiopía, India), célebre por el aroma de sus especias, la asociación del ave con la residencia de los bienaventurados (tanto en los escritores paganos como en los judeocristianos), siempre caracterizada por sus aromas, y la costumbre multisecular de utilizar gran cantidad de fragancias para los funerales. Su presencia en el mito del Fénix simboliza la vida, el triunfo sobre la muerte.

En su intento de añadir verosimilitud al relato, el naturalista data la fecha en la que el ave Fénix fue llevada a Roma y expuesta en el Foro (800 a.C.), como refrendan los anales de la ciudad, aunque él manifiesta su incredulidad al respecto. Quizá se refiera a una ocasión en que, según los historiadores, un faisán dorado hizo las delicias de los curiosos en Roma.

3. Las versiones ulteriores a las aquí citadas poco añaden al mito. Solo citaré aquí, por su belleza eximia, la de Tácito, que se extiende sobre la longevidad del Fénix. A decir de unos, afirma el historiador y gobernador, el pájaro vive «quinientos años»; a decir de otros, «en intervalos de mil cuatrocientos sesenta y un años», y no faltan quienes aseguran haberlo visto de modo sucesivo en Heliópolis durante los reinos de Sesostris, Amasis y Ptolomeo... Cuando sus años alcanzan un término, tiene lugar la regeneración, acontecimiento sobre el que Tácito no oculta su escepticismo:

> Y es que al completar el ciclo de sus años, cuando la muerte ya se le acerca, se dice que construye su nido en su tierra y que le infunde la energía generadora de la que surge su sucesor; que cuando este se desarrolla se ocupa ante todo de sepultar a su padre, y no de cualquier manera, antes bien, que toma una carga de mirra, y tras haberse experimentado en largas peregrinaciones, cuando es capaz de llevarla y se siente capaz para el viaje, toma sobre sí el cuerpo, lo transporta al altar del Sol y allí lo quema. Todo esto es incierto y está exagerado en términos fabulosos; por lo demás, no se duda de que alguna vez se ve tal ave en Egipto[53].

Varios textos de Marcial, Estacio y Plinio el Viejo sugieren de manera convincente que la versión de la cremación del Fénix ya era conocida en la era precristiana. Dado el

---

[53] Tácito, *Anales*, VI, J. L. Moralejo (trad.), p. 367; «confecto quippe annorum numero, ubi mors propinquet, suis in terris struere nidum eique vim genitalem adfundere ex qua fetum oriri; et primam adulto curam sepeliendi patris, neque id temere sed sublato murrae pondere temptatoque per longum iter, ubi par oneri, par meatui sit, subire patrium corpus inque Solis aram perferre atque adolere. haec incerta et fabulosis aucta: ceterum aspici aliquando in Aegypto eam volucrem non ambigitur», *Annales*, VI, 28, C. D. Fisher (ed.).

carácter solar del ave, es probable que este tipo de regeneración por el fuego (autorrenovación cíclica) sea el más antiguo entre los atribuidos al Fénix, y que el tipo de regeneración por el gusano (descomposición) sea posterior. Que de las cenizas de la vieja ave surja la nueva no puede extrañar: entre los antiguos no escasean los ejemplos de animales utilizados para resucitar a muertos (p. e., los ojos de dragones, la serpiente voladora de Arabia o las cenizas del mismo Fénix, según Lucano).

El Fénix se presenta como una variante mítica griega de ave solar que, gracias a su empuje, acabó desplazando al grifo, fabulosa criatura solar de Medio Oriente ampliamente difundida por la cuenca mediterránea. Aunque puede ser considerado como un «producto» genuinamente griego, el Fénix no tardó en incorporar varios elementos de sus parientes mitológicos orientales (el Bennu egipcio, el Ziz de la Hagadá hebrea (no la general, sino la Hagadá de Pésaj), el Parō.darš del Avesta zoroástrico...), cuales son el cómputo cronológico, el carácter solar y el lugar del templo funerario al que acude para rendir honores a su padre.

El mito y sus mitemas

Hasta aquí los textos principales, suficientes para el paso siguiente: precisar cuáles son los mitemas y dilucidar dónde está el mito.

1. Al margen de los fragmentarios y tangenciales, todos los relatos consistentes sitúan el paradero del ave en un lugar remoto, inaccesible, ajeno a la degeneración y la enfermedad. Por lo general, aunque no siempre, se trata de Arabia, la Arabia Feliz situada en el sur de la península arábiga, lugar de ensueño y utopía[54]. La mitocrítica cultural enseña que no todas las utopías son míticas; sí lo son, en cambio, las que presentan una dimensión sobrenatural, como el bosque sagrado en la Arabia fértil habitada por nuestra ave. Su carácter apartado, de aislamiento respecto de la sociedad humana, al margen de los males físicos y espirituales, sugiere indefectiblemente su cercanía con las divinidades. El mitema (primario en el orden habitual de aparición, secundario en la constitución del mito) es la geografía sagrada.

2. Más significativa parece la omnipresencia del sol, como se deja ver en las principales etapas que escanden los relatos:

a) El canto en el bosque sagrado al rayar el alba (la Aurora).
b) El aleteo sobre la palmera invocando los rayos de la cremación o de la putrefacción.
c) Los oficios funerarios en Heliópolis.

Salta a la vista: el sol de los relatos míticos no es un astro cualquiera, es Febo, Apolo o la fuente de vida. Autoriza, preside y propicia el periplo escatológico del ave (la muer-

[54] Así, grávida de Adonis, Mirra huye de su padre Cíniras y abandona «la Arabia fecunda en palmeras y los labrantíos de Panquea», Ovidio, Las metamorfosis, X, 478, A. Ruiz de Elvira (trad.), t. II, pp. 192-193. Es significativo que el mitógrafo la avecinde junto al lugar mítico de Panquea o Pancaya.

te, la regeneración y los funerales): gracias a él las etapas se transforman en ritos sagrados. El mitema, fundamental en la constitución del mito, es el carácter solar del ave.

3. Sin duda alguna, el mitema fundamental que determina el carácter inconfundible del ave Fénix es la autorregeneración. No en vano Hegel ha visto en este mito el mejor ejemplo entre los mitos relativos a la muerte: más que Adonis, Cibeles o Cástor y Pólux, el animal –«que se prende fuego, pero que surge rejuvenecido de la muerte en llamas y de las cenizas»– es símbolo excelso de «lo negativo, la muerte de lo natural, como fundado absolutamente en lo divino»[55]. Es lógico: en mitología, no hay muerte sin vida, final sin comienzo.

La tipología de este mitema varía según las versiones:

a) La cremación; de las cenizas surge de inmediato una especie de semen que origina de nuevo al ave.

b) La putrefacción; de los restos podridos surge de inmediato un gusano que origina de nuevo al ave.

Tanto la cremación como la putrefacción están directamente ligadas a la regeneración y, consiguientemente, a la metamorfosis. Aquí radica el valor estético del texto ovidiano, en su tacto para narrar el mitema principal de nuestra ave frente al resto de las aves sagradas; lo anuncia en el verso 392 («hay un pájaro que se rehace y se reengendra a sí mismo») y lo relata en el 402 («del cuerpo de su padre renace un pequeño fénix»).

Obsérvese que no se trata de una generación cualquiera, sino de una *auto*rregeneración. El ave genera otra ave (hay distinción paternofilial –Heródoto– o entre predecesor y sucesor –Manilio en Plinio el Viejo–), pero el ave generada recibe idéntico nombre que el ave generadora. Como en los ángeles, el ave Fénix agota su especie[56]. Lo intrínsecamente *feníceo* es el hecho de regenerarse a sí mismo.

---

[55] G. W. F. Hegel, *La poesía*, en *Estética*, parte II, sección I, cap. I, C, A. Llanos (trad.), t. III, p. 103. Dentro de las derivadas simbólicas, la «fenixología» (*phénixologie)* de Cocteau designa la regeneración continua de la obra de arte e, indisolublemente ligada a ella, la del artista, que debe morir para renacer sin fin en sus nuevas creaciones; véase *Cérémonial espagnol du Phénix*, pp. 12-14. También Jung hace hincapié en el «carácter numinoso» del «milagro del Fénix», donde asistimos a «transformación y renacimiento», p. 81, «El enigma de Bolonia», en *Mysterium coniunctionis*, t. II, J. Navarro (trad.), p. 81.

[56] Ocurre con el Fénix lo mismo que con los ángeles, quienes, no pudiendo, por razón de su espiritualidad absoluta, diferenciarse por la materia, se distinguen específicamente entre sí por la forma: «las cosas que tienen la misma especie y difieren numéricamente, convienen en la forma y se distinguen por la materia. Si, pues, los ángeles no están, como hemos dicho, compuestos de materia y forma, síguese que es imposible que existan dos ángeles de la misma especie», Tomás de Aquino, *De angelis*, I, q. 50, a. 4, R. Suárez (trad.), p. 103. Evidentemente, se trata solo de una comparación: en el Fénix sí hay composición de materia; precisamente por eso, mitológicamente hablando, no hay simultaneidad de individuos: tiene que morir uno para que nazca otro. Una acotación sobre la distinción paternofilial (Heródoto) o entre predecesor y sucesor (Manilio en Plinio el Viejo): en propiedad, no se puede hablar de padre ni madre, de predecesor ni predecesora, de sucesor ni sucesora: el Fénix, que también en esto coincide con los ángeles, carece de sexo, por más que la tradición popular atribuya a estos un género masculino, o el genio de Goya haya representado ángelas en la madrileña ermita de San Antonio de la Florida, cumplidamente acompañadas, en febrero de 2017, por las *Ángelas* de la fotógrafa mexicana Denise de la Rue.

4. De los mitemas 2 y 3 se desprenden tres submitemas relativos al carácter del pájaro:

a) Belleza extraordinaria. No es una belleza admirable o particular, sino extraordinaria, en el sentido que este epíteto recibe de la mitocrítica cultural.
b) Alimentación extraordinaria. Al igual que los dioses en el Olimpo, el ave Fénix se alimenta de un manjar fuera de lo común (aire, rocío, incienso –símbolo funerario del camino emprendido por el alma para alcanzar su morada eterna– o amomo –especia célebre por sus olores–).
c) Longevidad extraordinaria, que varía según las fuentes: 500, 1.000, 1.461 años...

No son mitemas completos porque carecen de independencia: dependen de los mitemas principales; es decir, la geografía sagrada, el carácter solar y la autorregeneración del pájaro exigen y explican su belleza, alimentación y longevidad, no al contrario.

5. También podrían considerarse mitemas:

a) Las plantas aromáticas (casia, nardo, cínamo y mirra), omnipresentes en el tercer mitema (de la cremación o putrefacción a la autorregeneración) y símbolos de la regeneración (no es otra la razón primera de las flores en nuestros cementerios).
b) El ritual funerario: recolección de las reliquias (cenizas o restos putrefactos) y subsiguiente disposición en un huevo de mirra confeccionado por el ave, su traslado a la Ciudad del Sol (habitualmente en cortejo, rodeado por aves depredadoras extrañamente pacíficas durante el vuelo de escolta) y su ofrenda funeraria al sol, que ha presidido y propiciado la autorregeneración.

Hablando en propiedad, sería preferible tratar las plantas como un símbolo de pureza y vida (1.er mitema), y de ofrenda a la divinidad solar (2.º mitema), por un lado, y considerar el ritual como un componente del carácter solar del ave (2.º mitema), por otro. No es sano aumentar inmoderadamente los mitemas, so pena de acabar confundiéndolos con temas, motivos o recursos literarios.

Evolución del mito

I. Epígonos latinos

En los primeros siglos de nuestra era, el mito ya está definitivamente configurado: sus mitemas recibirán mayor o menor atención según los escritores y las artes; ninguno nuevo será añadido. Entre los diversos textos latinos, traigo aquí dos a colación, relevantes por su influencia posterior: el anónimo *De ave Phœnice* (atribuido a Lactancio) y el *Phœnix* de Claudiano.

1. «De Ave Phœnice» (¿Lactancio?)

Sin duda, una de las fuentes más importantes en nuestro análisis del pájaro sagrado es el *Carmen* o poema *De ave Phœnice*: 170 versos compuestos a principios del siglo IV y atribuidos a Lactancio (el «Cicerón cristiano»), que refunden las fuentes antiguas y dejan, a su vez, una huella notable en la literatura posterior, particularmente en el idilio

Phœnix de Claudiano[57]. Se trata de un texto maduro y completo. Veamos someramente el proceso de vida, muerte, regeneración y honores fúnebres del Fénix.

Vive en un *locus amœnus* lejano e inaccesible, sagrado y de eterno follaje, preservado del diluvio, ajeno a las enfermedades, la vejez, la muerte, el hambre y el insomnio, ignorado por el crimen y las ambiciones nefandas, y preservado de tormentas, fríos invernales y lluvias torrenciales. Donde no hay mal y todo es bien, la vida surge de manera espontánea; tal es el simbolismo de la «fuente que está en el centro y que llaman viva»[58], de agua dulce, abundante y cristalina, que fecunda árboles majestuosos y frutales imperecederos:

> Habita esta selva, estos bosques sagrados el ave Fénix, sola, única. Única, pero vive saliendo rehecha de su propia muerte. Es la compañera gloriosa de Febo, a quien obedece complaciente. Le encomendó esta misión la madre naturaleza[59].

El carácter sagrado del pájaro es evidente: vive separado del resto de las aves. Coincide en esto con diversas aves consagradas a otros dioses (la lechuza, el pavo real, las palomas). Más importante para nosotros es su unicidad (*unica*), el acontecimiento extraordinario: su capacidad de autorregenerarse (*morte refecta sua*).

El resto del poema puede considerarse como un amplio desarrollo de estos cuatro versos. Apenas sale la Aurora, el Fénix procede a sus libaciones «en el vivo manantial» (v. 38), se encarama a un árbol y, mirando a Oriente, «entona las melodías de su sagrado canto» (v. 45); seguidamente, «aletea tres veces», en signo de respeto a Febo (v. 53), y da las horas «con sonidos inenarrables» (v. 56). Así discurre la vida de esta «venerable sacerdotisa» (v. 57), hasta que, cumplidos «mil años de vida» (v. 59), deja el bosque sagrado, vuela hasta Siria donde, tras encontrar una palmera», se dispone a su muerte y renacimiento: recoge en la fértil selva los jugos y las plantas aromáticas (cinamomo, amomo, bálsamo, casia, acanto, incienso, nardo y mirra), de su pico segrega jugos con los que rocía su cuerpo y se entrega a la muerte vivificante. Compete reproducir los versos cruciales:

---

[57] El estudio más completo al respecto se encuentra en *De ave Phœnice. El mito del ave Fénix*, A. Anglada Anfruns, que ofrece una edición de los principales textos de la Antigüedad relacionados con el ave Fénix, un análisis de los argumentos a favor y en contra de la atribución a Lactancio y un breve estudio sobre su influencia en la literatura posterior.

[58] «Sed fons in medio, quem uiuum nomine dicunt», v. 25, *De ave Phœnice. El mito del ave Fénix*, A. Anglada Anfruns (ed.), p. 88. El diluvio en cuestión («cum diluvium mersisset fluctibus orbem, / Deucalioneas exsuperavit aquas») es el que borró de la tierra todo ser humano excepto a Deucalión, conocido como el «Noé griego», y su mujer Pirra. Lo narra Ovidio en sus *Metamorfosis*, I, vv. 260-347, A. Ruiz de Elvira (trad.), t. I, pp. 17-21, sin duda inspirado en Píndaro: «donde Pirra y Deucalión, del Parnaso bajados [...]. Se cuenta que la tierra negra la inundó la violencia del agua», Píndaro, *Olímpica* I, vv. 43-51, en *Odas y fragmentos*, A. Ortega (trad.), p. 115. Sobre el mito del diluvio en la tradición griega, véase D. A. Young, *The Biblical Flood*, pp. 6-8.

[59] «Hoc nemus, hos lucos avis incolit unica Phœnix, / Unica, sed uiuit morte refecta sua. / Paret et obsequitur Phœbo memoranda satelles: / Hoc natura parens munus habere dedit», vv. 31-34, ed. cit., p. 89.

Entretanto el cuerpo destruido por una muerte generadora se calienta y el mismo calor hace que prenda la llama y que el fuego se encienda con la lejana luz del éter. Arde el cuerpo y una vez quemado se deshace en cenizas, con las que el líquido forma una especie de masa que cuando termina de formarse viene a ser como semen. Según cuenta la tradición, de esta masa nace un animal, sin miembros primero, pero se dice también que el color del gusano es el blanco de leche. El gusano va creciendo, pero al cabo de cierto tiempo entra en letargo para replegarse después en un huevo redondeado, y a la manera como en el campo las orugas suelen pegarse a las rocas con un filamento y se mudan en mariposa, así vuelve a tomar la misma figura de antes, naciendo de sus rotos despojos la fénix[60].

A esta muerte y regeneración prodigiosas corresponde una alimentación también extraordinaria: el ave no se sustenta de manjares de este mundo, sino de «escarchas de ambrosía» (manjar de los inmortales) que «caen cristalinas del estrellado cielo [y] toma del néctar celeste»[61]. Crece así hasta adquirir su antiguo e imponente porte, que la capacita para proceder al rito funerario:

...guarda todos los restos de su cuerpo, huesos, cenizas y los despojos con ungüento de bálsamo, mirra e incienso disuelto. De todo ello hace un globo con el pico en cumplimiento de su deber religioso y se dirige a la ciudad del sol llevando este fardo en sus garras. Llegada allí se posa en el altar y lo coloca en el templo sagrado[62].

Sigue una pormenorizada descripción del talle, los ojos, cual jacintos, y el plumaje de esta «rara ave» (v. 152); los honores que recibe en Egipto (donde su figura es esculpida y la fecha de su paso consignada), y su regreso, escortada por bandadas de pájaros, a su antigua morada.

Concluye el texto con un himno de carácter oximorónico:

¡Oh, ave de suerte y fin venturoso, a la que un dios concedió personalmente nacer de sí misma! Ya sea hembra o macho o ni lo uno ni lo otro, es feliz sin honrar los pactos de Venus. La muerte es su Venus. Su placer está solo en la muerte. Para poder nacer, desea antes morir. Es ella su propia descendencia, su padre y su heredero. Es siempre su nodriza y su pupila. En

---

[60] «Interea corpus genitali morte peremptum / Æstuat et flammam parturit ipse calor, / Æththerioque procul de lumine concipit ignem: / Flagrat et ambustum souitur in cineres. / Quos uelut in massam cineres umore coactos / Conflat, et effectum seminis instar habet. / Hinc animal primum sine membris fertur oriri, / Sed fertur uermi lacteus esse color. / Crescit, at emenso sopitur tempore certo / Seque oui teretis colligit in speciem. / Et Phœnix ruptis pullulat exuuiis / Ac uelut agrestes, cum filo ad saxa tenentur, / Mutari tineæ papilione solent», *ibid.*, vv. 95-108.

[61] «Ambrosios libat caelesti nectare rores, / stellifero tenues qui cecidere polo», vv. 111-112. Conviene notar que, en nuestro poema, esta ave solo se nutre en su juventud; adulta, ella misma es «su nodriza» («nutrix ipsa sui», v. 168), lo que incluye un simbolismo evidente: el ave Fénix joven, que no ha alcanzado el estado de perfección y aún vive en nuestro mundo, es alimentada con rocío celeste, los sacramentos (el maná de la tradición judeocristiana) que fortalecen al peregrino en su camino hacia el Cielo; véase R. van den Broek, ed. cit., pp. 340-356.

[62] «proprio quidquid de corpore restat / Ossaque uel cineres exuuiasque suas / Vnguine balsameo myrraque et ture soluto / Condit et in formam conglobat ore pio / Quam pedibus gestans contendit Solis ad urbem / Inque ara residens promit in æde sacra», vv. 117-122.

verdad, es ella, pero no la misma que es la misma y no ella misma alcanzó la vida eterna por el bien de la muerte[63].

El texto rezuma mito por doquier: el lugar mitológico (descrito según la concepción clásica de la edad dorada y las islas de los Bienaventurados), la vivificación de la naturaleza, las reminiscencias de la tensa relación entre dioses, semidioses y hombres (Zeus, Febo, Hermes, Aurora, Faetón, Deucalión), el carácter de ave solar conferido al Fénix posado en el árbol de la vida (herencia del mundo oriental), la paz animal evocada por la palmera de anchurosas ramas y alta copa (herencia del *Fedro* de Platón), las propiedades de las plantas aromáticas (el amomo era ofrecido a Baco por unas aves), el manjar divino (al igual que las almas puras y las estrellas, según Cicerón y Sexto Empírico), la comparación de los ojos del ave con el jacinto (planta consagrada a Apolo), su carácter asexuado o, incluso, hermafrodita (ligado, en este aspecto, con las doctrinas herméticas).

Las referencias judeocristianas no son menos significativas: Van den Broek ha demostrado que el lugar de inocencia y felicidad donde habita el Fénix presenta indiscutibles similitudes con el imaginario de la escatología de origen bíblico[64]. Otro tanto cabría decir de la misión asignada por Dios al ave Fénix, así como de la relación entre su canto y las oraciones matutinas, diurnas y vespertinas, o de la pacificación de las aves de rapiña que la escoltan en su piadoso viaje a Egipto…

Esta confluencia de fuentes y alusiones muestra que el mito del Fénix, definitivamente configurado en sus mitemas durante la era precristiana, es un terreno apto para la asimilación de nuevos elementos. Su composición compleja (el mitema fundamental, los dos secundarios y los submitemas dependientes), resultante de la fusión de culturas orientales y occidentales, habilita este mito para enriquecerse con el aluvión de nuevos textos y nuevas simbologías. El poema atribuido al apologista Lactancio es un ejemplo patente de la dinamicidad del fenómeno mítico y de la versatilidad del ave mítica. La modernidad se ocupará de darle una nueva vuelta de tuerca.

2. «*Phœnix*» (Claudiano)

El *Carmen* latino de Claudiano arranca, como es habitual en este mito, con el lugar ameno y apartado, preservado de los sufrimientos terrenos. Allí habita el ave de Titán (*Titanius ales*, v. 7), «igual a los dioses celestes» (v. 11). Leemos:

> No nace ella de la concepción de un feto, ni de una semilla, sino que es padre e hijo de sí mismo; sin nadie que lo engendre, regenera con una muerte fecunda el cuerpo que ha llegado a su término y logra nuevas vidas mediante otras tantas muertes. Pues cuando han pasado mil

---

[63] «At fortunatæ sortis finisque uolucrem, / Cui de se nasci præstitit ipse deus! / Fœmina sit uel masculus seu sit forte neutrum, / Felix, quæ Veneris fœdera nulla colit. / Mors illi Venus est, sola est in morte uoluptas: / Vt possit nasci, appetit ante mori. / Ipsa sibi proles, suus est pater et suus heres, / Nutrix ipsa sui, semper alumna sibi. / Ipsa quidem: sed non eadem quæ est ipsa: nec ipsa est / Æternam uitam mortis adepta bono», vv. 161-170.

[64] Sobre todo, la emparentada con la mitología iraní y la atestiguada en un sinfín de escritos apócrifos; véase R. van den Broek, ed. cit., pp. 311-319. Además de esta literatura, es muy probable que el Apocalipsis canónico esté en la base de esta fuente viva, cfr. «luego me mostró el río de agua de vida» (22,1); véase *ibid.*, pp. 323-324.

prolongados veranos, han declinado otros tantos inviernos, y otras tantas primaveras, empujadas a su recorrido, les han devuelto a los labradores las sombras que les arrebató el otoño, entonces por fin sucumbe el ave, bastante debilitada por la multitud de años, vencida por el número de lustros[65].

Llama la atención la insistencia en las ramificaciones de la identidad del Fénix consigo: no solo no hay generación de un ave distinta a sí misma –cual sería «un feto» que el padre concibiera–, sino que la paternidad y la filiación se identifican. Confirma la relevancia de este aspecto su reaparición posterior: «El mismo que había sido padre, sale ahora hijo y, nuevo ser, se sucede a sí mismo»[66]. Aquí reside el mito del Fénix: en la autorregeneración, imposible en nuestro mundo habitual, de un ave, auténtico personaje que une el Cielo y la tierra, lo temporal y lo eterno. Entonces surge el mito, en el momento preciso en que entran en contacto (con heterogeneidad biofísica) los límites absolutos de lo natural y lo sobrenatural. Se diría que lo único que cambia es el modo, la manifestación del ave: ora «padre», ora «hijo», e, incluso, ora viva, ora muerta («y logra nuevas vidas mediante otras tantas muertes»).

Claudiano refiere con todo lujo de detalles el proceso de la cremación, apenas el ave siente disminuir sus fuerzas:

> Entonces, consciente de que su tiempo se ha cumplido y preparando el comienzo de la renovación de su esplendor, recoge de las cálidas colinas hierbas secas y, entrelazándolas, prepara con esta preciada fronda de Saba un montón, pira y próximo nacimiento suyo. Aquí se coloca y, bastante debilitada ya, saluda al Sol con dulces acentos; añade ruegos y con canto suplicante reclama los fuegos que le van a suministrar nuevas fuerzas[67].

Las hierbas tienen su papel: indican el carácter ceremonioso del acontecimiento extraordinario inminente. Pero más significativo aún resulta el suplicante saludo al sol: el Fénix es, eminentemente, un ave solar: no solo da culto al sol, sino que de él recibe muerte y vida inmediata; al rayo abrasador sucede de inmediato (*continuo*, v. 65) el vigor renovado en los miembros dispersos, esto es, de las cenizas (*cineres*, v. 67) que han quedado como emblema popular del fabuloso animal.

Tras el nacimiento, el agradecimiento: el ave desea rendir honores fúnebres a los despojos de su padre a orillas del Nilo. Los recoge dentro de un envoltorio de hierbas en

[65] Claudiano, *El ave Fénix*, vv. 23-31, en *Poemas*, M. Castillo Bejarano (trad.), t. II, p. 278. «Hic neque concepto fetu nec semine surgit, / sed pater est prolesque sui nulloque creante / emeritos artus fecunda morte reformat / et petit alternam totidem per funera vitam. / namque ubi mille vias longinqua retorserit aestas, / tot ruerint hiemes, totiens ver cursibus actum, / quas tulit autumnus, dederit cultoribus umbras: / tum multis gravior tandem subiungitur annis / lustrorum numero victus», *Phœnix*, M. Platnauer (ed.). Véase también *De ave Phœnice. El mito del ave Fénix*, A. Anglada Anfruns (ed.), que incluye y traduce el poema, pp. 115-131.

[66] *Ibid.*, vv. 68-69, p. 280. «incipiunt plumaque rudem vestire favillam. / qui fuerat genitor, natus nunc prosilit idem», *ibid.*

[67] *Ibid.*, vv. 40-47, p. 279; «tum conscius aevi / defuncti reducisque parans exordia formae / arentes tepidis de collibus eligit herbas / et tumulum texens pretiosa fronde Sabaeum / componit, bustumque sibi partumque futurum. / Hic sedet et Solem blando clangore salutat / debilior miscetque preces ac supplice cantu / praestatura novas vires incendia poscit», *ibid.*

forma de globo y vuela rápido escoltado por un sinfín de aves. Llegado al templo, el Fénix deposita «las semillas y restos de sí mismo» (v. 95) mientras reluce el umbral perfumado de mirra: el olor de la India y Egipto se unen, y esta fusión evoca la unión de los dos pájaros que son uno solo.

Un himno en forma de apóstrofe culmina el *Carmen* latino:

> ¡Oh, ave feliz y heredera de ti misma! A ti te da fuerzas lo que a todos nos aniquila. Obtienes el nacimiento mediante tus cenizas. Muere tu vejez mientras tú no pereces[68].

El cántico vuelve a uno de los principales aspectos del poema: la identidad perenne del Fénix; a su alrededor todo cambia (de ahí las alusiones al diluvio y Faetón en los versos 104-106), pero él permanece. No se trata de una permanencia inmutable. Que el Fénix no sea inmune al transcurso del tiempo (*senectus*), no implica que le quede sometido; antes al contrario, su victoria sobre el tiempo ratifica su esencia y su existencia: el Fénix es el ave que renace siempre de sus cenizas (*per cinerem*). Su principal mitema conforma su esencia. La mitología es también una estética: el arte de preservar la esencia de las cosas, las personas y los dioses más allá de sus metamorfosis.

II. La simbología judeocristiana

El Apocalipsis griego de Baruc (*ca.* 140-200 d.C.) describe el viaje del escriba y discípulo de Jeremías por los cielos. El texto, de origen judío, se presenta (en el estado en que nos ha llegado el manuscrito del siglo xv) bajo una autoría indudablemente cristiana, como muestra un pasaje sobre la viña, las alusiones a la Iglesia y los catálogos de los vicios, eco de los contenidos en el Nuevo Testamento.

En los capítulos que versan sobre los astros, el profeta dialoga con el ángel:

> [6] [9] Y pregunté:
> –Señor, ¿qué significa este pájaro y cuál es su nombre?
> [10] Me respondió el ángel:
> –Su nombre es Fénix.
> [11] –Y ¿qué come?
> Y me contestó:
> –El maná del cielo y el rocío de la tierra.
> [12] E intervine:
> –¿Defeca el pájaro?
> Y me respondió:
> –Defeca un gusano, y el gusano defecado se convierte en cinamomo del que se sirven los reyes y los príncipes. […]
> [8] [1] Me tomó y condujo hacia el occidente. Y cuando llegó el momento de ponerse [el sol], de nuevo vi delante al pájaro que venía y al sol que se acercaba con los ángeles. Y mientras se acercaba, vi a los ángeles que quitaban la corona de su cabeza. [2] El pájaro se detuvo exhausto y replegó sus alas. [3] Al contemplar este espectáculo dije:

---

[68] *Ibid.*, vv. 101-103, p. 281; «O felix heresque tui! quo solvimur omnes, / hoc tibi suppeditat vires; praebetur origo / per cinerem, moritur te non pereunte senectus», *ibid.*

–Señor, ¿por qué quitaron la corona de la cabeza del sol y por qué está el pájaro tan agotado?

⁴ Y el ángel me contestó:

–La corona del sol, cuando este termina de recorrer el día, la toman cuatro ángeles, la trasladan al cielo y la renuevan por haberse manchado ella y sus rayos sobre la tierra. Así que de esta forma se renueva cada día.

⁵ Yo, Baruc, repuse:

–Señor, y ¿por qué se manchan sus rayos sobre la tierra?

Y el ángel me contestó:

–Por contemplar las transgresiones y las injusticias de los hombres como son las prostituciones, adulterios, robos, saqueos, idolatrías, borracheras, asesinatos, disputas, envidias, difamaciones, murmuraciones, cuchicheos, adivinaciones y cosas como estas que no son agradables a Dios[69].

El sol es presentado como un hombre sentado en un carro y adornado con una corona de fuego. El Fénix, por su parte, aparece como benefactor: evita que los rayos solares abrasen todo a su paso. Los ángeles retiran cada noche la corona al sol para limpiarla de las impurezas procedentes de los pecados de los hombres, de ahí que el sol aparezca renovado cada día[70].

Traigo a colación esta confluencia de textos de tradición judía y cristiana con objeto de registrar la progresiva coloración espiritual de este mito aludida a propósito de Lactancio. A lo largo del tiempo, las simbologías mitológicas originarias conviven con otras nuevas de raigambre moral, cuando no marcadamente religiosa. En este caso, salta a la vista la contaminación de elementos previos (el gusano, la planta aromática) con otros bíblicos (el maná y el rocío). La metamorfosis del ave es sustituida por un cambio de tamaño para significar, en sintonía con la tradición mitológica, que el animal no cambia de identidad, que es siempre el mismo, el único de su especie.

No obstante, cabe observar dos modificaciones sustanciales. 1) El Fénix se fatiga tras su denodada lucha por evitar, mediante la pantalla que forman sus alas, el abrasamiento de la tierra. 2) El sol adopta un carácter punitivo hacia la humanidad, con nefastos efectos colaterales en su pájaro protegido. El viraje es netamente moral y religioso: el texto no es un anecdotario de acontecimientos extraordinarios, sino una reflexión moralizante sobre esos acontecimientos dentro de un designio divino sobre la humanidad.

Con mayor o menor respeto de los mitemas primigenios, los escritores de la Antigüedad cristiana y la Edad Media (Clemente Romano, Tertuliano, Lactancio, Ambrosio de Milán, Gregorio de Tours, Rabano Mauro) basculan decididamente hacia la interpretación anagógica del mito, que adquiere desde entonces un claro matiz pedagógico: el Fénix es símbolo del renacimiento futuro[71]. Así, en su exégesis bíblica del Génesis, san

---

[69] Apocalipsis griego de Baruc 6, 9-8, 5, en Apócrifos del Antiguo Testamento, A. Díez Macho y A. Piñero (eds.), t. VI, N. Fernández Marcos (trad.), pp. 248-250; véase The Greek Apocalypse of Baruch, in The Apocryphal Old Testament, H. F. D. Sparks (ed.), p. 899.

[70] Véase C. H. Toy y L. Ginzberg, «Baruch Apocalypse (Greek)», The Jewish Encyclopedia, t. 2, p. 550. También menciona 2 Enoc (Enoc Eslavo, siglo I), «siete fénix» (!) entonando junto a ángeles y querubines un cántico de alabanza a Dios.

[71] No faltan escritores cristianos que, en esta época, ponen en tela de juicio la existencia del Fénix; p. e., Máximo el Confesor († 662), para quien el ave no puede ser de especie distinta a las intro-

Ambrosio recuerda cómo «el brote del gusano a partir de los humores de la carne» debe ayudar al cristiano a «creer en la resurrección». El obispo de Milán pone sumo cuidado en la correspondencia entre la parafernalia del pájaro y del hombre:

> ¿Quién le anuncia el día de su muerte, para que se fabrique una envoltura, la llene de dulces perfumes y penetre en su interior a morir, ahí mismo donde la podredumbre fétida de la muerte pueda ser abolida mediante los perfumes de la gracia? También tú, hombre, fabrica tu envoltura: despójate de las fechorías del hombre viejo y revístete del nuevo. Tu envoltura, tu funda es Cristo.[72]

En las artes pictóricas brillan con luz propia las representaciones del ave Fénix en los bestiarios medievales y renacentistas. Célebres entre todas son las iluminaciones del *Bestiario* de Aberdeen (siglo XII) –recopilación de libros similares, como el *Physiologus*, otro bestiario (fines del siglo II) y de diversos capítulos del Génesis–, del *De proprietatibus rerum* (1240) –compilación universal del erudito escolástico Bartolomeo Ánglico (*ca.* 1203-1272) sobre Dios, el hombre, la medicina y la naturaleza– y del *Liber chronicarum* o *Crónicas de Núremberg* de Hartmann Schedel (publicado en latín y en alemán, en junio y febrero de 1493 respectivamente) –narración de la historia universal, a partir de la Biblia, desde la creación del mundo hasta el Juicio Final–.

III. Siglo de Oro

La celebridad del ave no disminuye en el Siglo de Oro. Bajo la voz «Fénix», el *Tesoro* de Covarrubias cita por extenso en latín a Plinio el Viejo (X, 2) y envía al lector a las relaciones de otros autores antiguos (Tácito, Dion Casio), según los cuales el pájaro ha sido visto

> en Egipto, siendo cónsules Paulo Fabro y L. Vitellio, que vino a ser un año antes de la muerte de Tiberio, concurriendo con la de nuestro Redentor Jesu Christo y su gloriosíssima Resurrección, de que parecía pronóstico.

Aquí aparece a las claras el sentido metafórico del Fénix: se trata de una predicción del Salvador, al modo como los libros del Antiguo Testamento anuncian al protagonista del Nuevo. Covarrubias prosigue:

> Algunos autores afirman esto, fundados en la autoridad de los arriba alegados. La consideración es pía y muchos han formado geroglíficos de la fénix, aplicándolos a la Resurrección de

---

ducidas por Noé en el arca, ni puede estar libre de la muerte (*Epístola*, XIII); véase *De ave Phœnice. El mito del ave Fénix*, A. Anglada Anfruns (ed.), pp. 150-177. En el Renacimiento reviste particular interés la *Hieroglyphica sive de sacris Aegyptiorum litteris commentarii* de Piero Valeriano Bolzani (Basilea, 1556), publicada con motivo del redescubrimiento de la *Hieroglyphica* de Horapolo (siglo V). En este diccionario de símbolos egipcios, Valeriano pasa revista a la tradición clásica y cristiana sobre el mito del Fénix.

[72] Ambrosio de Milán, *Hexaemeron*, V, 23, epígrafes 79-80, en J.-P. Migne (ed.), *PL*, t. XIV, col. 238; véase L. Gosserez, «Sous le signe du phénix (Ambroise de Milan, *Exameron*, V, 23, 79-80)», pp. 55-56.

Nuestro Redentor; y son sin número los que se han hecho, y assí morales como en materia amorosa muchas emblemas y empresas. Refiere algunas Antonio Ricerardo Brixiano[73].

Debido a la oscuridad de las fuentes, la multiplicidad de los mitemas y la idiosincrasia del argumento (no resulta baladí ser hijo solamente de padre), el mito del Fénix presenta un campo abonado a infinidad de interpretaciones para los escritores auriseculares.

Junto con la epopeya, el Siglo de Oro conoce dos tipos de poema épico –el mitológico burlesco y el mitológico elevado–, ambos enmarcados en el confuso género de la «fábula» (que también se aplica a una pieza teatral en verso de tema mitológico). La crítica parece inclinarse, estos últimos años, por recuperar el término de «epilio» (*epýllion*) para aplicarlo al poema épico mitológico elevado, de mayor extensión que la «escena» mitológica (*eidýllion*) y menor que la epopeya, con forma métrica de silvas u octavas reales y un tratamiento estético particular (en la tónica del poema épico *Hecale* de Calímaco o las *Metamorfosis* de Ovidio). En las primeras décadas del siglo XVII proliferan numerosos epilios firmados por egregias plumas: Juan de la Cueva, Carrillo y Sotomayor, Góngora, Lope de Vega, Juan de Jáuregui, Gabriel Bocángel, Pedro Soto de Rojas.

Por supuesto, la actualización de las formas se topa con la ideología de la Contrarreforma; baste traer a colación los ejemplos de Torquato Tasso (para quien la épica debe ser necesariamente cristiana, o excepcionalmente mitológica a condición de mostrarse ficticia), Pinciano (para quien el paganismo mitológico debe revelar claramente su sentido alegórico) y Francisco Cascales (para quien la materia épica está fundada en la historia de la religión cristiana y no en la frivolidad de las fantasías paganas). Curiosamente, el epilio barroco va a reaccionar de manera igualmente radical hasta convertirse en vehículo de reflexión que explora la tradición del mito en todas sus facetas (políticas, filosóficas, morales y religiosas), a modo de una contemplación estética de la eterna quimera humana: qué es el mito, qué debería ser y qué no debería ser en un mundo donde se reducen los espacios de ficción[74].

* * *

Entre las numerosas composiciones auriseculares sobre el Fénix, sobresale un epilio barroco de incalculable valor para nuestro propósito: la célebre *Fábula de la Fénix* del no menos célebre Juan de Tassis y Peralta, conde de Villamediana[75].

---

[73] S. de Covarrubias, *Tesoro de la lengua castellana o española*, s/v 'Fénix', p. 589. Antonio Ricciardo Brixiano es el autor de los *Commentaria symbolica*, aparecidos en Venecia en 1591.

[74] Véase S. Kluge, *Diglossia. The Early Modern Reinvention of Mythological Discourse*, p. 153. Sobre la controversia a propósito de la denominación del género (*epyllion, eidyllion*, etc.), véanse pp. 139-144.

[75] Evidencian este interés por el mito *La Fénix*, de Quevedo (1624); *El Fénix*, de José Pellicer (1627) –reimpreso en *El Fénix y su historia natural, escrita en veinte y dos ejercitaciones, diatribes o capítulos* (Madrid, 1630) y sin duda inspirado en *La Fénix*, del padre Villar, poema publicado por J. M. Blecua en el *Cancionero de 1628*–; la *Fábula de la Fénix*, de Anastasio Pantaleón de Ribera (1630); el «festejo recreativo» *La Fénix*, de Juan Cano (s.f.), etc. En su célebre romance cómico-paródico, Quevedo procede a una profunda desmitificación de nuestra ave; véanse las ediciones anotadas de V. Nider («*La Fénix*») e I. Arellano («Un minibestiario poético de Quevedo»), así como el erudito estudio de A. Gargano («"Animales soñados": Quevedo y el ave fénix»), que pasa revista a las incontables recurrencias del Fénix en la obra del poeta.

Las apariciones de este poeta en el «canon literario» bibliográfico son escasas; pero ya sabemos que la difusión en forma de libro no monopoliza toda la comunicación literaria. De hecho, durante largos años la obra de Villamediana corrió manuscrita y circuló entre los amigos y en los ambientes literarios de las academias: las del conde de Saldaña, de Antonio de Vega, de los Ociosos en Nápoles...

Su *Fábula de la Fénix* puede datarse de 1613, aunque no fue impresa hasta 1629, cuando la producción de Juan de Tassis se convierte en negocio editorial debido tanto a su valía literaria como al sensacionalismo de su vida, sus amores y su muerte[76]. De acuerdo con la forma estrófica de la silva, este largo poema parte del cauce estereotipado del *Beatus ille* (no en vano fue escrito durante el primero de los destierros del poeta).

Cossío considera que esta «silva informe [...] se arrastra fatigosa, cuajada de alusiones oscuras, ausente la brillantez que en rara ocasión abandona al poeta», con algunos buenos fragmentos, como el cortejo de las aves al pájaro fabuloso en su viaje a Egipto[77]. No me parece acertado este juicio sumarísimo, remedo del aplicado a la *Fábula de Faetón* del mismo poeta (*ibid.*, p. 470). Cabría refutarlo con dos argumentos:

1. Si bien la metáfora, el hipérbaton y los neologismos pueden dificultar la lectura y la interpretación de la pieza a lectores de nuestro tiempo, en modo alguno las impiden, antes bien, realzan la factura del poema dentro del prurito clásico de signo gongorino y marinista.
2. Si bien una interpretación meramente metafórica es tentadora (las lágrimas de Aurora representan el rocío), no debe desecharse sin más la que concuerda con la erudición simbólica y la representación cósmico-metafísica, ambas características de otras silvas fundamentales de la poesía barroca[78].

Es más, de acuerdo con la homología literaria, que propugna una *imitatio* consistente en la reproducción de la naturaleza mediante la factura poética, considero que la forma utilizada para representar la metamorfosis del Fénix (vida, muerte, regeneración y ofrenda) se compagina perfectamente con el tema elegido. Según esta interpretación, el poema del Fénix estaría cumplidamente configurado como una modalidad autorreflexiva de la representación del mismo Fénix: conformaría una particular puesta en abismo con objeto de evidenciar la compleja estructura del mito. Precisamente ahí es donde entra en juego la mitocrítica cultural.

Procuraré mostrarlo recurriendo a los hitos fundamentales del poema, en paralelo con una lectura del poema latino que, según creo, es su fuente principal: el *Phœnix* de Claudiano.

---

[76] *Editio princeps: Obras de Don Juan de Tarsis Conde de Villamediana*, Zaragoza, Juan de Lanaja y Quartaner, 1629, pp. 267-287. Posteriormente fue reeditada en cinco ocasiones hasta 1648; véanse L. Gutiérrez Arranz, *Conde de Villamediana. Las fábulas mitológicas*, p. 2, y A. Bustos Táuler, «Poesía en bibliotecas particulares (1651-1700)», p. 119.

[77] J. M. de Cossío, *Fábulas mitológicas en España*, t. I, p. 473.

[78] La sagaz lectura que I. Arellano ofrece de un soneto de nuestro epilio sale al paso de los desvaríos resultantes de lecturas apresuradas al margen de la gramaticalidad del texto y de la corriente cultista a la que se afilió el poeta; véase «Sobre la poética del conceptismo culto», pp. 487-505. Sobre la problemática de la fábula y la silva en el Barroco, véase M. Blanco, «La estela del *Polifemo* o el florecimiento de la fábula barroca (1613-1624)», pp. 31-68.

Tras la descripción del *locus amœnus* (vv. 1-52), irrumpe el teratomito:

En esta selva, pues, en esta impera
ave inmortal, emulación volante
de la deidad tonante,
en todo peregrina,
alada eternidad, Fénix divina,
vencedora del tiempo y de la muerte,
que se cría y renace de su muerte,
sus alas compitiendo vividoras
con las del cielo lumbres brilladoras[79].

Estos versos dan el tono sobre el tema mítico de la inmortalidad. El ave emula al dios de dioses (*Iuppiter Tonans*) y recibe el acertado apelativo metafórico de «pupila del sol», «precursora del hijo de Latona», esto es, de Apolo (v. 66). Su calidad de ave solar configura su mitema fundamental, la autorregeneración, aquí remachada por la reflexividad: «se cría y renace de su muerte».

Tarda el poeta en llegar hasta la cremación del pájaro: antes se solaza en los ritos canoros del ave apenas despunta la Aurora. En cierto modo, este ritmo sosegado, acá y allá moteado de alusiones a Filomela y Prosérpina, imita poéticamente el tiempo que dista entre las dos vidas del animal, replicadas sucesivas veces a modo de repetición especular de la infinitud de ciclos vitales experimentados por el ave.

Cursados mil años («ya logrados / lustros dos veces ciento», v. 139) –cómputo culterano correspondiente al estacional de Claudiano–, el animal se apresta al acopio de las hierbas aromáticas, aparato indispensable para el proceso crítico: la cremación y el resurgimiento. En lugar de encaramarse a un árbol (palmera en numerosas versiones), este Fénix prefiere el suelo cubierto de follaje (*tumulum* en Claudiano, v. 43, «sepulcro» en Villamediana, v. 217). Todo está preparado para el acontecimiento extraordinario.

Paso en falso: el vaivén de los acontecimientos desconcierta al lector (Villamediana los adelanta y retrasa a su antojo); pero un relato tan circunstanciado contribuye a una visión caleidoscópica, exactamente la requerida en este mito: ¿quién observa la cremación?, ¿el pájaro que se autoinmola?, ¿el sol?; ¿cómo se ve a sí mismo antes?, ¿cómo después?

[...] luego, formando sepultura o nido,
con el hado consiente,
para que muera y nazca juntamente
pájaro de sí mismo procedido,
que, siendo hijo y padre de sí mismo,
es de su propia muerte procreado (vv. 197-202).

---

[79] Villamediana, *Fábula de la Fénix*, vv. 53-61, en *Las Fábulas mitológicas*, L. Gutiérrez Arranz (ed.), p. 459. Otros versos inciden más adelante en esta «exención de soberana suerte» (v. 146) de que se haya revestido este «pájaro inmortal» (vv. 277 y 503).

Aquí está, de nuevo, el fenómeno de la autorregeneración, expresado con acentos idénticos a los de Claudiano; el «padre e hijo de sí mismo» (*pater est prolesque sui*, v. 40) resulta en castellano «siendo hijo y padre de sí mismo».

El cenit de la transformación sucede por el fuego: «muerte en lumbre vital se va formando / y en flamante sepulcro cuna ardiente» (vv. 216-217). La sensación de luz y calor es vívida. La estrofa siguiente podría parecer reiterativa en el recurso al fuego y la consunción de la víctima. Nada más lejos de la verdad; se trata de un nuevo amago poético, preciso para corroborar la acción insustituible del sol:

> invoca la deidad que forma el día,
> y con humilde canto, o dulce ruego,
> el mejor rayo pide al mejor fuego,
> instando no, que en llamas se resuelva,
> mas que dellas su vida
> renovando sustancia a cobrar venga
> forma, donde su fuerza ya perdida
> el inmortal vigor que tuvo tenga,
> a su eterna virtud restitüida (vv. 222-237).

Ave solar, el Fénix no se da su «inmortal vigor» (eco del *vigor* latino, v. 65), sino que lo recibe de «la deidad que forma el día» (eco del *Phœbus* latino, v. 48).

Los autores latinos hablaban de paternidad y filiación, pero no de parto. Villamediana incorpora a su poema este evento, gran acierto, por cuanto escenifica más aún la venida al mundo de un nuevo ser y da mejor idea de la metamorfosis que estamos presenciando.

> En atento esplendor Lucina asiste
> al plazo moribundo, al nacimiento,
> celante, no invocada,
> porque naturaleza coadyuvada
> tenga fuerza mejor para el gran parto,
> donde, dudosa harto,
> de neutra llama pende (vv. 254-260).

Un nuevo logro: esa «neutra llama» señala a la perfección el ámbito intermedio que caracteriza el alumbramiento asistido por la diosa auxiliadora de los partos.

Mejor que ningún otro poeta, Villamediana ha sabido representar la metamorfosis del Fénix mediante la puesta en abismo del fuego. El «fuego regulado» no pertenece propiamente ni a la vida ni a la muerte, es neutro, «media luz constituida / al confín de la muerte, al de la vida», del que surge «la ceniza / en la forma que clara se eterniza» (vv. 261-265). Pocos poemas han reproducido con esta agudeza el instante más delicado de la metamorfosis del Fénix.

Después de sus primeros vagidos («huevo», «implume nuevo» que se alimenta «en su sustancia», «crece» y «unir ya sus plumas a sus hombros siente», vv. 269-278), la criatura recién nacida procede a recoger «sus propias reliquias» en forma «de feliz globo» (v. 293, sin duda eco del *globum* de Claudiano) y, movida por «instinto natural», emprende el vuelo a la «ciudad antigua» de Egipto (v. 472).

El lector habrá contado casi doscientos versos desde el propósito adoptado y su ejecución: son los dedicados al largo viaje y a la descripción del ave. Conforme al estro cultista, el desplazamiento aéreo del nuevo rey, escoltado por una «alada turba» (v. 310), es descrito de manera parsimoniosa. Cumple notar el respeto que monstruos de los aires como «la sublime Harpía» (v. 315) muestran al «nuevo Júpiter alado» (v. 329) que pasa «convaleciendo escrúpulos de fraude» (v. 330, el mejor verso del poema, a mi entender); pero también el honor que su cohorte de pájaros le rinde: el «pájaro africano» (v. 332, el borní, en homenaje a la *Soledad II* de Góngora y explícito a continuación), los halcones «neblí» y «borní» (vv. 339 y 354), el «volador osado» (v. 349, Pegaso), la «rapaz de Ganimedes» (v. 360, el águila). Desde lo alto, Febo observa cómo la renacida ave extiende en su honor sus «plumas de oro» (vv. 407 y 415), dando así muestras de rendida sumisión. Estamos ante una bella construcción en abismo: la poesía sugiere, en amplios y circunstanciados periodos, el largo y ceremonioso vuelo del ave Fénix a Egipto.

Tras la descripción de Heliópolis («aras opimas», «dóricas columnas», vv. 474 y 476) y la mención de los perfumes despedidos por el sacrificio de las venerables reliquias («nardo pululante», «mixto amomo y acanto», «mirra», «generoso incienso», vv. 486-494), encontramos otra semejanza con Claudiano: la mención del «Ganges y el Hidaspe» (v. 503, afluente del Indo) junto al Nilo reproduce, al igual que en su precursor latino, la fusión del Oriente exótico (velada alusión a un mundo paradisíaco) y el Occidente real.

La fábula culmina con el consuetudinario himno al Fénix:

> […] progenitor ilustre de ti mismo,
> no menos heredero que heredado,
> sacro alimento, sacro alimentado,
> feliz supuesto de feliz constancia (vv. 519-522).

Las declinaciones de los sustantivos («heredero», «alimento») en adjetivos («heredado», «alimentado») son sintomáticas del principal mitema del ave: muda pero permanece. Esta variación morfológica (variante de la visión caleidoscópica previamente anotada) evoca, una vez más, la irradiación especular elegida para emular la asombrosa metamorfosis de un animal que acaba siendo idéntico a sí mismo. Lo hemos visto ya en Claudiano: por mucho que cambien sus formas, el Fénix siempre es el mismo; los sucesivos accidentes no mudan la sustancia del sujeto (*suppositum*), que permanece constante: «¡Oh, ave no alterada / […], alma del tiempo, fe de las edades, / […] que con caracteres iguales / verificas anales!» (vv. 529-535). Un verso próximo al colofón lo señala claramente: «supuesto claro de inmutable esencia» (v. 551). El principal mitema del mito (la autorregeneración tras cremación o putrefacción) indica su esencia, radicada en su sustancia al margen de los accidentes siempre cambiantes.

La estructura abismal resulta de diversos juegos retóricos que replican, según el modo imitativo, el complejo proceso metafórico del Fénix. Así, los largos versos empleados en describir las virtualidades musicales del ave mítica o la turba de alados que lo respetan y honran persiguen reflejar, de modo *performativo*, el inmenso lapso temporal (mil años) que dista entre la descripción y la cremación o entre la toma del vuelo y la ofrenda funeraria en Egipto. Paralelamente, los inesperados amagos y reiteraciones concitados durante el instante de la cremación remedan, *de facto*, el movimiento crepitante de las llamas que consumen al animal sin reducirlo a la nada, puesto que su valedor, Apolo, lo devuelve a la vida a partir de sus reliquias.

Esta puesta en abismo no es un puro juego poético: es el modo como Villamediana concibe el mito del Fénix dentro de la corriente culterana barroca en la que se inscribe. Mercedes Blanco ha demostrado cómo Góngora, en su *Fábula de Polifemo y Galatea* (1612), retoma la fábula de tipo ovidiano que venía cultivándose desde la primera generación de los poetas italianizantes (Boscán, Garcilaso y Hurtado de Mendoza) y la transforma en un caudal abundante al que todos acuden a beber; el poeta cordobés modifica la percepción del mito y el modo de acercarse a los textos clásicos que lo transmiten[80]. Basta aplicar esta observación a nuestro texto para constatar que el enredado argumento y su artificiosa elocución desvelan un léxico, una sintaxis y una retórica actualizadores de la antigua fábula mitológica como lengua dentro de la lengua, como «idiolecto mitológico»: mediante la lengua docta y pura, el vate lisboeta se distingue del vulgo.

Poco antes de comentar el poema de Villamediana, anunciaba que la marginalización teórico-literaria y teológico-doctrinal, a la que se había visto reducido el epilio barroco en las primeras décadas del siglo XVII, lo había convertido, por reacción, en una innovadora exploración sobre las facetas del mito, en un mundo donde se reducían considerablemente los espacios de ficción. Aquí hemos asistido a una segunda transformación. El discurso mítico, que solicita una lengua erudita y sagrada, desemboca en una alusión a la inmortalidad («los fueros que en tus senos viven / decretos inmortales nos rescriben», vv. 549-550). La designación de la «Parca airada», tres versos más abajo, no puede llamar a engaño: el Fénix perpetúa su misión de recordar «que del sepulcro asiento eterna vida / alcanzarán las almas» (vv. 559-560). Gracias a esta función diacrítica, el mito deja de ser considerado pura ficción (principal reparo de Pinciano y Cascales) y se convierte en la materia misma del mensaje poético.

IV. Épocas moderna y contemporánea

Voltaire ha escrito un cuento encantador, *La princesa de Babilonia* (1768), donde el Fénix, entre mil inverosimilitudes fantásticas, ocupa un lugar predilecto. Entre los pretendientes a la mano de la hija del rey babilonio –el faraón egipcio, el gran kan escita, el rey de las Indias– figura un desconocido montado sobre un unicornio, con un gran pájaro apoyado en su brazo:

> Era del tamaño de un águila, pero sus ojos eran tan dulces y tiernos como feroces y amenazadores son los del águila. Su pico era de color rosa, y tenía un aire a la hermosa boca de Formosante. Su cuello se parecía a todos los colores del iris, pero más vivos y brillantes. Un oro de mil matices estallaba sobre su plumaje. Sus patas parecían una mezcla de plata y púrpura; y la cola de los hermosos pájaros que más tarde uncieron al carro de Juno no se asemejaba a la suya[81].

---

[80] Véase M. Blanco, «La estela del Polifemo o el florecimiento de la fábula barroca (1613-1624)», pp. 31-68.

[81] «Il était de la taille d'un aigle, mais ses yeux étaient aussi doux et aussi tendres que ceux de l'aigle sont fiers et menaçants. Son bec était couleur de rose, et semblait tenir quelque chose de la

Entre bromas y veras, la retórica no oculta el carácter extraordinario del ave, «único» en el mundo (p. 139), como más adelante declara Amazan –tal es el nombre del ignoto pretendiente, que se hace pasar por un vulgar pastor–. Pero el héroe Amazan debe regresar de improviso a su tierra para cuidar a su padre moribundo y la princesa Formosante queda al cuidado del pájaro. Con motivo de un incidente, la joven descubre que las facultades del animal superan su fenomenal apariencia: no solo habla, sino que la consuela por la ausencia del amado. Preguntado por su edad, el «ser volátil» la cifra en veintisiete mil años y seis meses, esto es, tan viejo como *la precesión de los equinoccios* que se cumple cada veintiocho mil años (p. 146). Ya tenemos aquí la función de cómputo astral que los antiguos atribuían al ave. La expectación está servida y Voltaire nunca defrauda. El faraón asesta una flecha al pájaro, que, moribundo, ruega a la princesa: «Quemadme, y no dejéis de llevar mis cenizas a la Arabia Feliz, al oriente de la antigua ciudad de Aden o Eden, y exponerlas al sol sobre una pira de clavo y canela» (p. 152). Tras incinerar el cuerpo y recoger sus cenizas en una vasija de oro, la joven decide ejecutar la última voluntad del animal. Apenas llega a Eden, vacía la urna sobre la hoguera y queda estupefacta al ver cómo sus restos se inflaman y consumen. Al instante, «en el lugar de las cenizas apareció un gran huevo del que ella vio salir a su pájaro más brillante aún que nunca» (p. 158). A la alegría sigue un curioso diálogo:

–Veo bien, dijo al pájaro, que sois el Fénix (*phénix*) del que tanto me habían hablado. Estoy dispuesta a morir de asombro y alegría. No creía en la resurrección; pero mi felicidad me ha convencido.

– La resurrección, señora, le dijo del Fénix, es la cosa más sencilla del mundo. No es más sorprendente nacer dos veces que una. En el mundo todo es resurrección: las orugas resucitan en mariposas [...]. Es verdad que soy el único a quien el poderoso Ahura Mazda ha concedido la gracia de resucitar en su propia naturaleza (pp. 158-159).

Dejemos la historia –que culminará, mediante la colaboración del ave, con la reunión de los amantes en comarcas de primitiva dignidad humana– y fijémonos en este intercambio de palabras. La joven y el ave abordan la médula del asunto: nada son los maravillosos colores del plumaje ni los sensacionales efectos de la combustión en comparación con la cuestión de la identidad entre generador y engendrado. En su aparente desdén de la complejidad y vulgaridad del proceso, el Fénix se detiene en su propia unicidad de naturaleza que, aplicada sobre el mismo ser («soy el único»), implica identidad personal: al margen de las apariencias, el Fénix es uno y el mismo ahora y siempre. Pero, punto irrenunciable, no lo es por sí, sino por otorgación divina («el poderoso [...] ha concedido»); incluso en el momento álgido, apenas reengendrado, el Fénix reconoce el origen y la razón de su existencia.

A finales del siglo siguiente, en su novela *La Eva futura* (1886), Villiers de l'Isle-Adam pone en epígrafe de un capítulo las palabras del Fénix que acabo de copiar («La

---

belle bouche de Formosante. Son cou rassemblait toutes les couleurs de l'iris, mais plus vives et plus brillantes. L'or en mille nuances éclatait sur son plumage. Ses pieds paraissaient un mélange d'argent et de pourpre; et la queue des beaux oiseaux qu'on attela depuis au char de Junon n'approchait pas de la sienne», Voltaire, *La Princesse de Babylone*, J. Van den Heuvel (ed.), p. 138.

resurrección, señora [...]»). El momento es crucial en la trama: lord Ewald, descorazonado por la pérdida de su amada, duda sobre la verdad de la ginoide Hadaly; esta, ahora desactivada, lo anima a «admitir [su] misterio tal como aparece» y regresar a su tierra con ella debidamente envuelta. El mecanismo es muy sencillo: una vez llegado, «aprietas con el dedo sobre la llama azul de este zafiro que arde a la derecha de mi cuello. [Entonces] me despertarás, si quieres, con un beso que estremecerá sin duda todo el universo turbado»[82]. Más que la seducción del aristócrata, importa aquí el recurso al Fénix como tópico: un simple conmutador ofrece todas las virtualidades del ave mítica, aquí aplicadas a humanos y humanoides.

El tópico se repite como epónimo en la novela *René Leys* de Segalen (publicada en 1921), pues su protagonista, René, renace en sus diferentes funciones a lo largo del argumento; sobre todo, este personaje ofrece una variante genial: inclinado hacia la homosexualidad, encarna «la persona del pájaro más raro de todas las novelas populares y rosas de los dos mundos: ¡el Fénix! Este héroe es una Heroína. Este Fénix es hembra»[83]. Se disipan los recelos al Fénix únicamente masculino.

En la época contemporánea el mito se reformula. La muerte y resurrección de la Maga durante las noches de amor con Oliveira quedan en meras resemantizaciones sin dimensión mítica (*Rayuela*, 1963, de Cortázar[84]). *Fénix de Madrugada*, de Miguel Arteche (1994), describe la muerte, la mutación y el renacimiento del ave mítica mediante una sucesión de tres poemas («*Ha regresado el Fénix*», «*Noche del Fénix*», «*Alba del Fénix*», respectivamente) caracterizados por reflejos especulares entre los sintagmas de los versos y las emociones vitales que suscitan. Recientemente, la saga de *Harry Potter* lo ha llevado al cine. Por mera casualidad, el joven mago presencia, en el laboratorio del gran mago, el profesor Dumbledore, la combustión y regeneración del Fénix. Dumbledore resalta la miserable facha del ave en su día final, en comparación con su belleza inmediata apenas renace de sus cenizas[85].

En fin, en los últimos años el mito ha ganado en popularidad para simbolizar tanto el erotismo debido a su concomitancia con el fuego como los trances arriesgados de los personajes. Respecto a la vertiente afrodisíaca, piénsese en el grupo Las Fénix, formado por

---

[82] «si tu appuies le doigt sur la flamme bleue de ce saphir qui brûle à la droite de mon collier, [...] tu m'éveilleras, si tu veux, dans un baiser dont tressaillera sans doute l'Univers troublé!», Villiers de l'Isle-Adam, *L'Ève future*, VI, VIII, pp. 382-383.

[83] «la personne de l'oiseau le plus rare de tous les romans bleus et roses des deux mondes: le Phénix! Ce héros est une Héroïne. Ce Phénix est femelle», V. Segalen, *René Leys*, p. 183.

[84] «entonces la única posibilidad de encuentro estaba en que Horacio la matara en el amor donde ella podía conseguir encontrarse con él, en el cielo de los cuartos de hotel se enfrentaban iguales y desnudos y allí podía consumarse la resurrección del fénix después que él la hubiera estrangulado deliciosamente», J. Cortázar, *Rayuela*, cap. V, A. Amorós (ed.), p. 155. Semejante lugar común en la pluma de Baudelaire, que compara el renacer de un periódico con nuestra ave: «nouveau Phénix, *L'Époque* va renaître des cendres de ses actionnaires», *Le Tintamarre* (1846), en *Œuvres complètes*, C. Pichois (ed.), t. II, p. 1.014.

[85] «He's been looking dreadful for days. Pity you had to see him on a burning day. Fawkes is a phoenix, Harry. They burst into flame when it is time for them to die... and then they are... reborn from the ashes», *Harry Potter y la cámara secreta* (*Harry Potter and the Chamber of Secrets*, C. Columbus, 2002). Más adelante, el ave acude en auxilio *in extremis* del héroe cuando ciega al basilisco –animal ctónico de mirada asesina– y sana con sus lágrimas el efecto letal de su veneno.

las hermanas Rodríguez, que incorporan, como fondo de algunas actuaciones, una enorme hoguera alusiva al ave en la que se inspiran. Respecto a los trances arriesgados, aludiré aquí, a pesar de su talante macabro, a la célebre serie *CSI: Miami*, en cuyo episodio «*Show Stopper*» (temp. 8, ep. 12) la cantante Phoebe Nichols, mundialmente conocida como Phoenicks, arde literalmente sobre el escenario y es transportada en ambulancia al hospital abrasada por quemaduras letales, mientras una voz incrédula exclama: «¿Cómo es posible que la estrella pop más importante arda en llamas y sobreviva?» («How does the world's biggest pop star burst into flames and then survive?»). En fin, ni *Los juegos del hambre* (*The Hunger Games*, G. Ross, 2012) ni sus secuelas mentan al Fénix, pero cualquier conocedor de esta serie de películas descubre en el Mockinjay, símbolo de la protagonista Katniss Everdeen, una evocación de la mítica ave; de hecho, la banda Fall Out Boy ha tomado el perfil del ave adoptado por la franquicia para un videoclip de su canción *The Phoenix*. El lector circunspecto habrá observado que estos tres ejemplos están protagonizados por mujeres. De acuerdo con los signos de los tiempos, el Fénix no ostenta un sexo único.

Dos mundos convergen en el mismo lugar y tiempo para remitir a unas sorprendentes cosmogonía y escatología individuales. Por evidentes razones de guion y público, las facultades del pájaro aparecen desprovistas de sacralidad, pero el acontecimiento extraordinario remite incuestionablemente a otro mundo, lo que autoriza a hablar de un teratomito, no de una simple referencia poética, metafórica. No en vano hay sorprendentes coincidencias entre la fábula barroca y la película contemporánea: los contrastes de luz y sombra, la sucesión de animales extraños, la duplicidad de la muerte en ciernes abruptamente reconvertida en vida. El mito del ave Fénix transcurre, como su propia metamorfosis, a lo largo de los siglos.

EL MITEMA DE LA INMORTALIDAD

Hablar de inmortalidad implica recurrir al término (ἔσχατον, *éschaton*) de la vida terrena, ir a su confín. Asúmase que la muerte es la separación de cuerpo y espíritu, que todos los seres humanos del pasado la han experimentado. Consecuentemente, la victoria sobre la muerte (no morir) puede considerarse un tema mítico de la escatología particular.

No es posible analizar la inmortalidad al margen del tiempo y el espacio. Del tiempo, pues el inmortal es inmune al instante único que detiene, súbitamente, la temporalidad del ser vivo: una vez muerto este, cesa el cómputo temporal de sus días o años. Del espacio, pues el inmortal abandona nuestra extensión material y se introduce en otra para nosotros desconocida.

Ahora bien, a diferencia de las escatologías circulares (eterno retorno, regeneración mítica), el tiempo de la inmortalidad es lineal e infinito, es decir, único e idéntico a sí mismo. No ocurre lo mismo con el espacio, donde es posible distinguir una diversidad: espacio de la tierra o de ultratumba. Esta diferencia es iluminadora: corresponde a los dos principios básicos de los que se compone el ser humano: cuerpo y alma[86]. En la tierra

---

[86] Espíritu significa ser inmaterial. Dios, los dioses y los ángeles son espíritus; los seres humanos tienen un espíritu. Alma significa el principio vital de los seres vivos: alma vegetativa, sensitiva, humana, angélica, divina. El principio vital del hombre es un ser espiritual; en su caso, alma y espíritu

habitan cuerpos vivificados por almas (seres animados); en el más allá habitan almas desprovistas de cuerpos. Así, la dualidad de principios de composición y sus correspondientes espacios de habitación invita a distinguir entre inmortalidad del cuerpo e inmortalidad del alma.

En cuanto a esta última, es preciso traer a colación dos paradojas:

1. En las tradiciones grecolatina y judeocristiana, en gran medida conformadoras del marco de este estudio, el destino de las almas depende, básicamente, de su respeto de la moral en vida. Además, la estructura de la imaginación es eminentemente espacial y material, concibe el más allá como un espacio en el que solo cabe representar las almas de modo material[87]. De ahí que se diga, paradójicamente, que las almas van a un lugar o espacio material.

---

coinciden, con la diferencia, frente a los seres exclusivamente espirituales, de que su alma está necesitada del cuerpo que ella anima: la unión hilemorfista configura un solo ser. Por supuesto, estas nociones que aquí asumo y expongo ni son ni han sido siempre aceptadas, pero sí me parecen las más convincentes para nuestro estudio. Encontramos un buen resumen de la doxografía del alma en el *Comentario al «Sueño de Escipión» de Cicerón* de Macrobio. Unos filósofos creen que es inmaterial (Platón, Aristóteles, Pitágoras); otros la creen material y compuesta de un elemento (Heráclito, Zenón, Demócrito), de dos (Parménides, Jenófanes) o de tres (Epicuro); tras precisar todos los nombres que recibe (esencia semoviente, *entelécheia* o perfección, *harmonía*, idea, espíritu sutil, centella de la esencia estelar), el comentarista remata: «la opinión que la tiene por incorpórea ha prevalecido tanto como la que la tiene por inmortal», *Comentario al «Sueño de Escipión» de Cicerón*, I, 14, 19-20, F. Navarro Antolín (ed.), p. 245; véase G. Serés, *Historia del alma*, pp. 262-263.

[87] «El hombre está acostumbrado a pensar visualmente»; «Man is […] used to thinking visually», afirma H. P. Lovecraft, *«The Nameless City»* (1921), en *The Complete Cthulhu Mythos Tales*, p. 13. Tan es así que en mitocrítica cultural no cabe hablar de los prosopomitos enumerados en el capítulo 6 sin implicar la extensión de los espacios habitados, sobre los que aquí propongo un resumen muy somero. En la tradición clásica, el término «Infiernos» designa el mundo de los muertos, comarca semejante a la nuestra, pero lejana y subterránea, donde las almas desencarnadas habitan bajo forma de sombras, réplicas empobrecidas de los cuerpos o metamorfoseadas en animales o plantas. Esta acepción no negativa de los Infiernos, sin distinción entre justos y culpables, es posteriormente modificada por los órficos, que los dividen en dos, el de los buenos y el de los malos (Campos Elíseos y Tártaro). El cristianismo adopta esta visión dualista: al separarse de los cuerpos, las almas van a un lugar diferente, según hayan obrado el bien o el mal, con las diferencias añadidas de que este Cielo y este Infierno están radicalmente separados –no en una caverna excavada en el seno de la tierra–, y de que en ellos habitan, respectivamente, Dios con sus ángeles o el Diablo con los suyos. Se exceptúan aquí las personas (Jesucristo, María) que, según el cristianismo, al dejar su vida terrena estaban dotadas de alma y cuerpo, o sea, de cuerpos gloriosos, no sometidos a las condiciones de la materia (*disputant auctores* sobre semejante ascenso aplicado a Enoc y Elías, véanse Gn 5, 24 y Hb 11, 5, y 2 Re 2, 11). Solo mucho más tarde la Iglesia católica sostendrá que Cielo e Infierno no son lugares, sino estados, pues el espacio es impropio de seres desprovistos de extensión. Unas palabras sobre otros «espacios» de importantes desarrollos para el mitema de la inmortalidad: el Purgatorio y los limbos. En cuanto al primero, el imaginario y la ficción se adelantaron a la doctrina: frente a la propuesta de san Agustín (distinción entre Infiernos superior e inferior), grande fue la influencia del Apocalipsis de Pablo. En este apócrifo neotestamentario del siglo III, donde el arcángel Miguel, cual Hermes cristiano, guía a Pablo de Tarso a través del Infierno, los condenados ven ascender el alma de un justo hacia el Paraíso y reciben promesa de su intercesión ante el Altísimo; además, ante las súplicas del psicopompo y el apóstol, el Hijo de Dios concede una mitigación o levantamiento temporal de las penas. El adjetivo *purgatorius* (*ignis purgatorius, pœna purgatoria*) precede con mucho al sustantivo, que aparece por primera vez en el *Tractatus de Purgatorio Sancti Patricii* (*ca.* 1180), adaptado por María de Francia en L'Espurgatoire de

2. Las almas celestiales o infernales tienen comercio físico con los vivientes terrenales. Por una parte, la sola comunicación absolutamente espiritual de aquellas con estos, mediante conminaciones o inspiraciones, es irrelevante para la heterogeneidad biofísica propia del mito. Por otra parte, todas las demás comunicaciones (incluso las más residuales, en forma de fantasma, sombra o voz) requieren un medio material. Por eso se dice, también paradójicamente, que las almas de los muertos interactúan con los vivos a través de formas materiales.

No son dos silogismos absurdos, sino incongruencias *de facto* que es preciso resolver. Si solo cabe representar las almas en un espacio y comunicarse con ellas de modo físico, entonces representación y comunicación exigen el único principio extraño a la esencia del alma, la materia; de ser así, las almas serían corporales y, por lo tanto, no serían almas, lo cual es contradictorio. Conclusión: en mitocrítica no cabe hablar del mitema de la inmortalidad del alma; si acaso, solo de su reencarnación. En esta disciplina, compete estudiar la inmortalidad del cuerpo.

Cabría hablar de un segundo «espacio» de la inmortalidad: la mente, la memoria o el corazón de los mortales donde viven los poetas y los héroes. La *Ilíada* y la *Eneida* son poemas épicos destinados a cantar, respectivamente, la gloria de Aquiles («La cólera canta, oh, diosa, del Pelida Aquiles») y Eneas («Canto a las armas y al varón, que llegó el primero, prófugo por el hado, de las costas de Troya a Italia y a los litorales lavinios»[88]). Sin embargo, por comprensibles que sean los deseos de fama de un personaje, o por justos que sean los cantos de un rapsoda, los muertos, muertos son. Se antoja imposible saber si en ultratumba gozan o sufren de una gloria que el mundo les otorga o rehúsa; a

---

Saint-Patrice (*ca.* 1190). En el siglo siguiente, el Segundo Concilio de Lyon (1274) define, por primera vez, que algunas almas, tras la muerte de los cuerpos y antes de entrar en el Cielo, pueden ser purificadas mediante las oraciones y las buenas obras de los vivos. Este «espacio» testimonia una revolución mental y social sustitutoria del antiguo sistema dualista por otro que incluye la noción de intermediación y aritmética espiritual. Este «más allá intermedial» ofrece, gracias a la purgación de los pecados tras la muerte, condiciones suplementarias para alcanzar la vida eterna; véase M. Simon, «La descente aux Enfers et le Purgatoire...», pp. 95-104. En cuanto a los limbos, suelen mentarse dos. El «limbo de los patriarcas» o «seno de Abraham» es admitido por las tradiciones judía y cristiana para designar el estado temporal de las almas de los justos; según esta última, tras morir en la cruz y resucitar, Cristo descendió a este limbo para rescatar a cuantos esperaban su redención; véase Catecismo de la Iglesia Católica, n.º 633. El limbo (*limbus*, 'borde') o condición de los niños muertos sin bautismo, nunca ha pasado de ser una hipótesis teológica. El imaginario islámico ofrece una especie de purgatorio, *A'raf* ('las Alturas'), que separa Infierno y Paraíso, y una suerte de limbo, *Barzaj* ('barrera'), que separa a los vivos de los muertos del más allá, entre la muerte y la resurrección, a modo de «morada intermedia», como leemos en los versos grabados sobre el cipo de Aziza, la prima de Aziz, en el relato «Aziz y Aziza», *Mil y una noches*, noche 121.ª, S. Peña Martín (trad.), t. I, p. 448; véase también Corán 23,100. J. Cortés (trad.), p. 371.

[88] Homero, *Ilíada*, I, 1, E. Crespo Güemes (trad.), p. 103; «μῆνιν ἄειδε θεὰ Πηληϊάδεω Ἀχιλῆος», A. T. Murray (ed.), y Virgilio, *Eneida*, I, 1-3, J. de Echave-Susaeta (trad.), p. 5; «Arma virumque cano, Troiae qui primus ab oris Italiam, fato profugus, Laviniaque venit litora», *Aeneid*, J. B. Greenough (ed.). *Os Lusíadas* emula los modelos grecolatinos: «Las armas, los varones señalados / [...] y también las memorias gloriosas / de los reyes que fueron dilatando / la Fe con el Imperio, [...] / cantando esparciré por toda parte», L. de Camões, *Los Lusiadas*, I, 1-2, B. Caldera (trad.), pp. 73-74; «As armas e os Barões assinalados / [...] E também as memórias gloriosas / Daqueles Reis que foram dilatando / a Fé, o Império, [...] / Cantando espalharei por toda a parte», *Os Lusíadas*, ed. 1572, p. 30. En el capítulo 2 he comentado este sucedáneo sociológico de la trascendencia.

menos que los muertos vuelvan a nuestro mundo, es decir, retomen forma corporal, en cuyo caso estaríamos hablando del tema mítico de la inmortalidad del cuerpo. Este tipo de inmortalidad es el que nos ocupará por extenso a continuación. Tras una ilustración a partir de un texto antiguo (*Teogonía*), veremos el anhelo de inmortalidad de dos héroes paradigmáticos (Heracles y Gilgamesh), el mitema de la eterna juventud (en el uróboros, la fuente de la eterna juventud y Drácula) y la resignación o renuncia a la inmortalidad por algunos personajes (la Sibila, Titono, los struldbruggs).

* * *

En mitocrítica, los dioses y los hombres están íntimamente relacionados; de esta correspondencia nace el mito. Comenzaremos por aquellos.

La *Teogonía* de Hesíodo da cuenta de la titanomaquia: Zeus y los crónidas, apostados en el Olimpo, presentaron batalla a Crono y los titanes, situados en el Otris. Consciente de la superioridad de la fuerza bruta de los titanes, Zeus liberó a los cíclopes y a los hecatónquiros, que pasaron a engrosar sus huestes. En complemento a su libertad, el crónida les ofreció néctar y ambrosía, alimento de inmortalidad. A diferencia de los hombres, que se nutren de pan, vegetales y carne, los dioses absorben un alimento de inmortalidad que les confiere «una forma de existencia continua»[89]. Al cabo de diez largos años de lucha incierta, la balanza se inclinó del lado de los olímpicos: el polvo, el trueno, el relámpago y el rayo de Zeus, la potencia de los ojos de los cíclopes y la fuerza de los brazos de los tres hecatónquiros (que lanzaban trescientas piedras cada vez, de acuerdo con su nombre –«cien manos»–) sometieron a los titanes: «los enviaron bajo la anchurosa tierra y los ataron entre inexorables cadenas»[90].

No los mataron. Los titanes eran hijos de Urano y Gea, dioses, por lo tanto, aunque posteriormente la tradición haya restringido esta palabra a los olímpicos comandados por Zeus. Aquellos dioses, cuyo poder se manifestaba por la movilidad y la presencia continua, han quedado inmovilizados en el Caos subterráneo, en el «tenebroso Tártaro»:

> Allí los dioses titanes bajo una oscura tiniebla están ocultos por voluntad de Zeus amontonador de nubes en una húmeda región al extremo de la monstruosa tierra: no tienen salida posible (Hesíodo, *Teogonía*, vv. 730-732).

A partir de ese momento, los titanes pierden relevancia en el panorama de la cosmogonía y teogonía; esto no significa que hayan muerto: son inmortales (ἀθάνατοι). Precisamente en su nueva morada, el Tártaro, se encuentra la muerte:

> Allí tienen su casa los hijos de la oscura Noche, Hipnos y Tánatos, terribles dioses; nunca el radiante Helios los alumbra con sus rayos al subir al cielo ni al bajar del cielo. Uno de ellos recorre tranquilamente la tierra y los anchos lomos del mar y es dulce para los hombres; el otro, en cambio, tiene de hierro el corazón y un alma implacable de bronce alberga en su pecho (*ibid.*, vv. 758-765).

---

[89] J.-P. Vernant, *L'Univers, les Dieux, les Hommes*, en *Œuvres. Religions, rationalités, politique*, I, p. 31.
[90] Hesíodo, *Teogonía*, vv. 717-718, en *Obras y fragmentos*, A. Pérez Jiménez (trad.), p. 103.

Tánato o, más comúnmente, Tánatos (Θάνατος) es también una divinidad: desciende de una única progenitora, la Noche, a su vez hija de otro único progenitor, el Caos. En la línea que lleva desde este hasta Tánatos, no existen apareamientos de divinidades, como ocurre con sus hermanastros: por ejemplo, el Éter y el Día (Hemera) son hijos de la Noche, «a los que parió preñada en contacto amoroso con Érebo» (vv. 124-125). En el nacimiento de la muerte (evento oximorónico por antonomasia) no hay rastro de erotismo original, solo hay soledad.

Sus ascendientes transmiten a Tánatos sus caracteres. Por parte de abuelo, Tánatos hereda y pasa a representar el desorden final en cada ser humano: cuando llega la muerte, el cuerpo se desagrega y se vuelve incapaz de retener el alma; el orden del nacimiento se desvanece. Por parte de madre, Tánatos hereda y pasa a personificar el odio inmisericorde. De ambos, que engendraron sin amor ni compañía, Tánatos recibe y transmite el aislamiento: ¡qué solos se quedan los muertos!

Esperanzas frustradas

I. Gilgamesh

Este anhelo inacabado de la inmortalidad lo encontramos en la primera gran obra épica de todos los tiempos que nos haya llegado. El *Poema* o la *Epopeya de Gilgamesh*, cuyos textos conservados más antiguos, en babilonio, datan del siglo XVIII a.C., relata las hazañas de Gilgamesh (Gilgamés, Gilgameš o Bilgamesh), gobernante del distrito de Kulab y quinto rey de Uruk (hoy Warka, al sur de Iraq), hacia el año 2650 a.C., según la histórico-mítica *Lista real sumeria* (variante *WB-444, ca.* 1820 a.C.).

Gilgamesh está compuesto de dos naturalezas: dos tercios de él son divinos, un tercio es humano. La sangre humana que corre por sus venas lo destina a la muerte, en tanto que su origen parcialmente divino suscita un ansia de inmortalidad; ya tenemos todos los condimentos para desencadenar el relato mítico.

Apiadados por el clamor de los súbditos del soberano déspota, el dios Anu y la diosa Aruru envían un doble suyo, Enkidu, para que ponga coto a la tiranía. La lucha entre este y Gilgamesh queda zanjada en una amistad inquebrantable. Comienzan entonces sus proezas conjuntas: primero vencen al monstruo Humbaba en el Bosque de los Cedros y después al Toro del Cielo que asola la ciudad. Desafortunadamente, Enkidu comete un sacrilegio: lanza un muslo del bóvido a la cara de la diosa Ishtar, enamorada de Gilgamesh. Esa noche Enkidu sueña su propia muerte y, tras doce días de penosa enfermedad, penetra en la Casa de la Oscuridad. Gilgamesh, embargado por la tristeza, recapacita sobre su propio fallecimiento:

> ¿Voy a morir también yo? ¿No me va a pasar lo mismo que a Enkidu? La angustia se ha metido en mis entrañas. A la muerte temí, y ahora ando vagando por el monte. Hacia Utanapišti –el hijo de Ubar-Tutu– he emprendido el camino y voy raudo de viaje[91].

---

[91] *Epopeya de Gilgameš*, tablilla (en adelante tab.) IX, vv. 1-7, J. Sanmartín (ed.), p. 235. Aquí denominaré Gilgamesh al protagonista. Utnapishtim (Uta-napišti) significa 'encontró vida'; este anciano es «apodado» Atrahasis ('excelentemente sabio') en la *Lista real sumeria*, que incluye diversas series dinásticas previas y posteriores al diluvio.

El héroe llega al monte Māšu, donde encuentra a una pareja de hombres-escorpión, seres híbridos de intensa luminosidad. Ambos procuran disuadirlo de su propósito de seguir el viaje, pero él insiste:

> Busco el camino de Uta-napišti, mi padre [antepasado remoto], [...] que estuvo presente en la Asamblea de los Dioses [y obtuvo la vida]. La muerte y la vida [quiero que me aclare] (*ibid.*, tab. IX, vv. 75-79. pp. 238-239).

Tras atravesar el paso del monte, el protagonista se topa con Shiduri (Šiduri), la tabernera divina, a quien confiesa su miedo a perecer y su deseo de hallar a Utnapishtim, el anciano sabio que, más allá de las Aguas de la Muerte, goza de una vida sin fin. Tras revelarle la inutilidad de su empresa, Shiduri le indica el camino que le llevará a Urshanabi (Ur-šanabi), el barquero del venerable Utnapishtim. Gracias al navegante, el héroe atraviesa las Aguas de la Muerte y arriba cerca del anciano, a quien expone sus angustias. El sabio lo reprende por su vida, le expone el decreto de Mami (Mammitum), la hacedora del destino, para todos los hombres y, a modo de parábola, le relata «la cosa más secreta, un misterio de los dioses» (tab. XI, v. 10), el diluvio universal. Los Grandes Dioses, hastiados del alboroto producido por la humanidad, deciden inundar la tierra: nadie debe sobrevivir. Pero el dios Ea previene a Utnapishtim y lo conmina a construir una nave donde ha de cargar la «semilla de todo lo que vive» (tab. XI, v. 27). Utnapishtim obedece, celebra un sacrificio y esparce incienso en honor de los dioses, que entablan una discusión sobre la justicia y conveniencia de llevar a término la punición universal. El dios Enlil, hasta ese momento promotor de la universalidad del castigo, recurre a una salida airosa y concede la inmortalidad al salvador de la vida:

> Antes, Uta-napišti era solo un hombre más; desde ahora, sean Uta-napišti y su mujer como nosotros, los dioses. ¡Que viva Uta-napišti bien lejos, en la boca de los ríos! (*ibid.*, tab. XI, vv. 203-205, p. 281).

De modo que Gilgamesh, en su busca de la inmortalidad, ha ido al encuentro de las dos únicas personas que, por dádiva divina, gozan de ella.

Conforme al dictamen de los dioses, la pareja se había establecido en un lugar recóndito; inmortales, el anciano y su mujer viven recluidos, separados del resto de los hombres. La inmortalidad no es un añadido sin más, un estado de vida privilegiado: impide vivir en el mundo. Ante la insistencia de Gilgamesh por obtener su propósito, Utnapishtim lo pone a prueba: si es capaz de no conciliar el sueño durante seis días y siete noches, será inmortal. El rey de Uruk acepta el reto, pero de inmediato sucumbe al sopor: el «ladrón», el demonio de la muerte, se ha apoderado de él. El fracaso no admite discusión.

Apesadumbrado porque va a morir, Gilgamesh se resigna a regresar a su ciudad. La mujer de Utnapishtim intercede por el héroe, y el sabio, compadecido, le confía un secreto de los dioses: hay en el Apsû una planta de espino o cambrón cuyas espinas pinchan como la rosa silvestre; si se hace con ella, «podr[á] recobrar su brío» (tab. XI, v. 285). El héroe baja al subsuelo cósmico por un hoyo de agua y consigue arrancar la planta. En compañía del barquero, emprende con ánimo renovado el camino a su ciudad. Por desgracia, en un alto del camino, una serpiente se apodera del preciado talismán y desaparece. Gilgamesh rompe a llorar:

¿Por quién de los míos, Urshanabi, se fatigaron mis brazos? ¿Por quién de los míos se ha agotado la sangre de mi corazón? No he conseguido ventaja alguna para mí mismo: ¡Al «León del Suelo» le he hecho yo el favor! (*ibid.*, tab. XI, vv. 311-314, p. 287).

El reptil le ha robado el don del rejuvenecimiento, de la eterna juventud. La situación del protagonista es desesperada. La marea ha subido «veinte leguas dobles», él se ha quedado sin pertrechos y desorientado. Imposible volver atrás, a la tierra donde viven los inmortales. Solo le resta tornar a la ciudad con las manos vacías. Llega y, antes de entrar, muestra orgulloso al barquero Urshanabi sus imponentes murallas. El relato concluye con este elogio de la urbanización; el hombre civilizado solo puede perdurar construyendo ciudades.

Aquí concluye la tablilla XI de la epopeya babilónica clásica (la tablilla XII es un apéndice inconsistente). Algunas versiones exponen acontecimientos posteriores, por ejemplo, el poema sumerio titulado *La muerte de Bilgamés*, también denominado *El sueño de Gilgamesh* o *Gilgamesh en el submundo infernal*. Tras un sueño, en el que comparece ante la asamblea de los dioses, Bilgamés se aconseja de sus peritos intérpretes, moviliza a su pueblo en levas gigantescas que desvían el curso del río Éufrates y construyen un hipogeo en el que se introducen el rey, sus mujeres y las concubinas, sus funcionarios y los ancianos. Durante los funerales, Bilgamés ofrece sacrificios a las divinidades infernales; acto seguido, tras el sellado de la tumba, las aguas invaden el cauce y la población se deshace en lamentos. Las excavaciones del cementerio real de Ur, del Periodo Protodinástico III (*ca.* 2550 a.C.), confirman la historicidad de un enterramiento colectivo y su rito funerario.

El carácter fragmentario de la *Epopeya de Gilgamesh* no impide desgajar algunas lecciones de la historia.

1. Las lamentaciones del pueblo a los dioses, el envío del adversario, las paces, la amistad entre los héroes y la muerte de Enkidu están orientadas a la concienciación de Gilgamesh. Hasta entonces, todopoderoso en su ciudad y ajeno a los males de su gente, el héroe no se había percatado de sus propias limitaciones. Frente al túmulo de Enkidu y tras las libaciones, repara en su condición mortal.
2. La reprimenda de Utnapishtim es directa: su opresión al pueblo es injusta, sus divertimentos y cacerías son fútiles, su impiedad es temeraria.
3. El relato del diluvio es instructivo: la inmortalidad que Enlil concedió al anciano sabio fue un don único. La apuesta que el rey pierde lo demuestra de modo fehaciente: Gilgamesh, que persigue vencer a la muerte, ni siquiera es capaz de vencer al sueño.
4. La intercesión de la mujer de Utnapishtim propicia un sucedáneo: la juventud en lugar de la inmortalidad. Reconfortado, Gilgamesh denomina a la planta «el viejo se vuelve joven». El inesperado episodio de la serpiente (desde entonces, estos ofidios mudan de piel, es decir, se renuevan) también es aleccionador: ni siquiera el rejuvenecimiento es posible.

La búsqueda de la inmortalidad (sucesión de esperanzas truncadas) se ha saldado con un rotundo fracaso, pero el héroe ha experimentado y asimilado sus limitaciones[92]. El poema es un relato de aprendizaje.

En su obra *Sobre la naturaleza de los animales* (*De natura animalium, ca.* 200 d.C.), Eliano cuenta que el rey de Babilonia, prevenido por un oráculo de que su futuro nieto había de matarlo, apenas nacido lo precipitó de una torre; pero un águila recogió al bebé mientras caía y lo depositó en un jardín, donde un hortelano lo cuidó hasta que el joven accedió al trono. El niño se llamaba Gilgamus (Γίλγαμος)[93]. Su vocación regia lo había preservado de la muerte; al menos tal era su fama en Roma. Pero ya hemos presenciado su desesperación ante la muerte. Desbaratar desde la infancia la voluntad de hados y dioses predestina a una vida heroica, pero no libra de la muerte.

El relato del diluvio por Utnapishtim en el *Poema de Gilgamesh* concuerda globalmente con el de Noé en el Génesis: la admonición celeste de la calamidad venidera, su obediencia inmediata a las prescripciones divinas, la construcción del arca donde embarcaron familia, artesanos y animales, los días de lluvias torrenciales, los vientos amainados, el arca varada sobre un monte, el envío de aves para comprobar el descenso de las aguas y el holocausto final ofrecido al Cielo. También hay diferencias: en el relato bíblico, de corte monoteísta, Yahveh autoriza la entrada de otros seres humanos en el arca y no planea una destrucción universal del género humano (Utnapishtim preserva su vida solamente gracias a la desavenencia entre los dioses). El final difiere sobremanera: en el relato babilónico, Enlil decreta que Utnapishtim y su mujer compartirán con los dioses la inmortalidad; en el hebreo, Yahveh sella una nueva alianza con Noé, pero no lo torna inmortal; de hecho, tras vivir novecientos cincuenta años, este anciano «murió» (Gn 9, 29). El desenlace de Noé es propio de la cultura y la religión judías: en la Biblia, Yahveh premia la fidelidad con una vida larga y fecunda, no con la inmortalidad.

Otro personaje ha sido identificado con Utnapishtim como héroe del diluvio: Ziusudra, que aparece en la *Lista real sumeria* (variante *WB-62, ca.* 2000 a.C.). Este nombre (helenizado como Xisuthros en la *Historia de Babilonia* de Beroso, siglo III a.C.) significa 'encontró vida larga' o 'vida de largos días'; una tablilla excavada en la ciudad de Nippur afirma que fue el último rey sumerio antes del diluvio[94]. En todos los casos un hombre bueno obedece a la voz divina, es apartado del resto de los mortales y preserva la vida sobre la tierra. Probablemente todos los personajes sean el mismo. Los dioses babilonios recompensan la fidelidad con la inmortalidad, a condición de no gozarla entre los hombres.

---

[92] La persistencia del héroe en romper las barreras (luchar contra seres más poderosos, llegar más allá del confín del mundo, vencer a la muerte) y formular preguntas sin respuesta ante lo misterioso, además de modelarlo para recibir la sabiduría, «puede ser entendida como una manera de imaginar y expresar la contingencia del orden», L. Feldt, «Fictioning Myths and Mythic Fictions», p. 292. Sin duda, pero lo mítico no es, como señala esta investigadora, esa persistencia ni la heroicidad resultante, sino la tensa interacción, como en todo mito, entre el personaje humano y los personajes sobrenaturales.

[93] Eliano, *De natura animalium*, XII, 21, R. Hercher (ed.), p. 210. La estructura de esta anécdota es idéntica a la de los mitos de Edipo y Paris, ambos perseguidos y rescatados de una muerte cierta a la que los destinaban Layo y Príamo, respectivamente, tras el vaticinio divino.

[94] Véanse R. Graves y R. Patai, *Hebrew Myths*, p. 116, y F. Guirand y J. Schmidt, *Mythes et mythologie*, p. 627.

II. Heracles

Este héroe es celebérrimo por su nacimiento de Zeus y Alcmena, su locura y las gestas que acometió para expiar su infanticidio. La pitonisa había emparejado inseparablemente una promesa a la ejecución de aquellas proezas:

Llegó a Delfos y preguntó al dios dónde habría de establecerse. En aquella ocasión por primera vez le dio la Pitia el nombre de Heracles, hasta ese momento se le había denominado Alcides, y le dijo que viviera en Tirinto al servicio de Euristeo por espacio de doce años y que ejecutara los diez trabajos que le ordenara, y añadió que, de esta forma, una vez realizados los trabajos, él sería inmortal[95].

Los hijos de padre y madre divinos no morían; en la *Teogonía*, Hesíodo denomina «inmortales» al crónida Zeus y los demás olímpicos[96]. En cambio, los hijos de un dios o una diosa y un hombre o una mujer no podían, en principio, burlar la muerte; de modo que, para ellos, la inmortalidad no era un derecho, era un don. Hijo de un dios y una mujer, Heracles había nacido mortal; pero Apolo tenía sus planes, y la pitia, médium entre el Cielo y la tierra, le desveló cómo podía conjurar los límites de su condición humana. No es otra cosa el mito.

Heracles superó con creces todas las pruebas, pero no evitó su muerte. ¿Fraude apolíneo? Deyanira, persuadida de que la sangre del centauro Neso era un filtro amoroso contra los amores entre su esposo Heracles e Íole, le regaló una túnica empapada con ella[97]. Cuando el héroe la vistió, el veneno del falaz centauro comenzó a corroer su piel. Intentó quitársela, pero se había pegado tan fijamente a su cuerpo que Heracles hizo tiras sus propias carnes. Mortalmente herido, su gente lo llevó al monte Eta, donde él mismo levantó una pira en la que se arrojó. Concluye el mitógrafo: «mientras ardía la pira, una nube se situó a sus pies y entre truenos lo alzó hasta el cielo. Desde ese momento obtuvo la inmortalidad»[98]. El Pseudo-Apolodoro, que hasta aquí había relatado como verídica la vida de Heracles, llegado al trance de la muerte recurre al impersonal «se dice» (λέγεται), fórmula menos convincente que la narración asertiva. El ascenso del héroe a los Cielos no goza de la misma credibilidad que el resto de los acontecimientos; parece como si la supuesta inmortalidad referida solo obedeciera a la necesidad de cumplir con las reglas de la narración: era preciso cerrar con visos de verosimilitud el relato de los trabajos iniciado con la promesa de la pitonisa.

---

[95] Pseudo-Apolodoro, *Biblioteca mitológica*, II, 4, 12, J. García Moreno (ed.), p. 99.

[96] Cfr. «σφεας Κρονίδης τε καὶ ἀθάνατοι θεοὶ ἄλλοι», v. 624; *Theogony*, H. G. Evelyn-White (ed.).

[97] Moribundo, Neso le había dicho a Deyanira que, «si deseaba obtener un filtro amoroso para Heracles, mezclara su semen derramado sobre la tierra con la sangre que manaba de la herida causada por la flecha [que le había lanzado Heracles]», Pseudo-Apolodoro, *Biblioteca mitológica*, II, 7, 6, J. García Moreno (ed.), p. 123.

[98] *Ibid.*, II, 7, 7, p. 125; «καιομένης δὲ τῆς πυρᾶς λέγεται νέφος ὑποστὰν μετὰ βροντῆς αὐτὸν εἰς οὐρανὸν ἀναπέμψαι. ἐκεῖθεν δὲ τυχὸν ἀθανασίας», J. G. Frazer (ed.); véase Higino, *Fábulas*, XXXVI, 5, J. del Hoyo y J. M. García Ruiz (trads.), p. 126. Para C. García Gual, no hay duda: «Por un favor especial, Zeus premió con un supremo don el heroísmo de su hijo: lo hizo inmortal y lo trasladó, ya divinizado, al mundo de los dioses. Y en el Olimpo le dieron una nueva esposa, la bella Hebe, diosa de la juventud», *La muerte de los héroes*, p. 30.

Diodoro de Sicilia, un siglo antes que el Pseudo-Apolodoro, escribe:

> Inmediatamente los rayos [...] cayeron del cielo por todas partes, y la pira se consumió completamente. A continuación, los compañeros de Yolao fueron a recoger los huesos, pero, al no encontrar ni uno solo, pensaron que Heracles, de acuerdo con los oráculos, había dejado el mundo de los hombres para estar en compañía de los dioses[99].

«Pensaron», es decir, «supusieron» (ὑπέλαβον). A pesar de ser testigos de la autoinmolación del héroe, no encontraron sus restos, de donde infirieron su asunción a los Cielos. Observaron algo fuera de lo común, no alcanzaron a encontrar una explicación racional y propusieron una mítica, la divinización del héroe. Del ser humano al ser divino; de nuevo el evemerismo.

Pocos años después de Diodoro Sículo, Ovidio desarrolla en sus *Metamorfosis* este pasaje de manera pormenorizada. Una vez que Júpiter ha convencido a los dioses de que Hércules debe ser recibido «en las regiones celestiales», se produce la ascensión del héroe:

> Entretanto Múlciber se había llevado ya cuanto la llama podía devastar, y no se reconocía la figura que quedaba de Hércules; no tiene ya nada que proceda de los rasgos de su madre, y solo conserva los trazos de Júpiter. Y como una serpiente renovada, cuando se ha despojado de la vejez a la vez que de la piel, suele mostrarse exuberante y resplandecer por su flamante escama, así el Tirintio [Hércules], cuando se desnudó de los miembros mortales, florece en su parte mejor, y empezó a parecer mayor y a hacerse temible por su augusta gravedad. Y el padre omnipotente lo arrebató, envuelto en huecas nubes, en carro de cuatro caballos, y lo colocó entre los astros centelleantes[100].

Nada queda en Hércules que recuerde su materialidad corporal. El héroe asciende junto a su divino padre[101]. Encontramos idéntica purgación en el diálogo filosófico *Hermotimus* de Luciano: «una vez que el héroe se despojó de toda atadura humana heredada de su madre, y no le quedó más que la divinidad purificada por el fuego y despojada de toda mezcla, voló a los cielos»[102]. La separación por el fuego de los elementos mortal e inmortal era un motivo recurrente en la Antigüedad.

En estos textos vemos que la ascensión de Heracles al Cielo era un discurso transmitido («se dice», *Biblioteca mitológica*), una suposición («pensaron», *Biblioteca histórica*) o

---

[99] Diodoro de Sicilia, *Biblioteca histórica*, IV, 38, 4-5, J. J. Torres Esbarranch (trad.), p. 106, y *Bibliotheca historica*, I. Bekker, L. Dindorf y F. Vogel (eds.).

[100] Ovidio, *Metamorfosis*, IX, vv. 263-272, A. Ruiz de Elvira (trad.), t. II, p. 146; «Mulciber abstulerat, nec cognoscenda remansit / Herculis effigies, nec quicquam ab imagine ductum / matris habet, tantumque Iouis uestigia seruat; / utque nouus serpens posita cum pelle sencecta / luxuriare solet squamaque nitere recenti, / sic, ubi mortales Tirynthius exuit artus, / parte sui meliore uiget maiorque uideri / coepit et augusta fieri grauitate uerendus. / Quem pater omnipotens inter caua nubila raptum / quadriuugo curru radiantibus intulit astris», A. Ruiz de Elvira (ed.). «Tirintio»: algunas fuentes sitúan en Tirinto el nacimiento de Heracles. Múlciber es un epíteto de Vulcano.

[101] «El Olimpo es conquista tuya»; «Der Olymp is deine Beute», exclama Hölderlin en el himno «A Hércules» (*An Herkules*), *Poemas/Gedichte*, E. Gil Bera (trad.), p. 55. En compañía del semidiós, el poeta romántico aspira a la inmortalidad.

[102] Luciano, *Hermotimus*, VII, en *Œuvres complètes*, E. Talbot (ed.), I, p. 293.

una espiritualización deificante («se despojó de sus mortales miembros», *Metamorfosis*). En cualquier caso, los mitógrafos asumen (el Pseudo-Apolodoro, Diodoro) o afirman (Ovidio) que el cuerpo de Heracles sufrió la cremación y la corrupción. El más grande y poderoso de los humanos, al que Apolo había prometido la inmortalidad, experimenta la separación de alma y cuerpo; es lo que comúnmente denominamos muerte. Si hubo muerte (partido del Pseudo-Apolodoro y Diodoro), no era inmortal; si hubo inmortalidad (partido de Ovidio), esta solo afectó al alma. Los dioses griegos prometen la inmortalidad, pero no la dan.

No se la dieron a Arturo, nuevo Heracles en *La túnica de Neso* (1929) de Domenchina. El donjuanesco protagonista de esta novela vanguardista, gongorina y burlona vierte su vida a chorros entre numerosas hembras (Carmen, Julia…) y sesiones de psicoanálisis, único alivio a su neurastenia retroalimentada por su original aleación de heroísmo y trivialidad. Esta enfermedad es su «túnica de Neso»[103] que él mismo se autoinflige (como el hijo de Alcmena al despeñarse del monte Eta) cuando, en un alarde «de buen gusto», se traga diez tabletas de veronal (un barbitúrico) y se sumerge en el interior de la bañera tras prender con su mechero un bidón de bencina con perfume de violeta… A medio camino entre el rebelde seductor de Sevilla y el insigne precursor de los reyes de Esparta, el «señorito Arturo» no iguala a ninguno y queda achicharrado en el reducido horizonte de su cubeta de hierro fundido, como un mequetrefe burlesco cuyos últimos arrepentimientos parecen, sin embargo, redimir.

Gilgamesh y Heracles simbolizan el anhelo de inmortalidad: el primero, espoleado por la pérdida de Enkidu, viaja al extremo del mundo en busca de la eterna perduración, de donde regresa dividido entre la resignación ante el estrepitoso fracaso y la compensación de la fama futura; el segundo, animado por la promesa divina, se ilustra en una serie de trabajos sobrehumanos conducentes, cuando menos lo espera, al temido deceso (cuyo éxito queda a expensas del intérprete). El relato de Gilgamesh comparte, además, un tema mítico reiterativo transcultural: el diluvio sobrevuela como una amenaza no ya contra la inmortalidad de un individuo, sino de la especie humana en su conjunto; la conjuración *in extremis* de esta amenaza establece definitivamente los límites de la vida humana, a modo de intimación de lo que los seres humanos pueden y no pueden anhelar.

La eterna juventud

1. El uróboros

El episodio de la serpiente en la historia de Gilgamesh está cargado de significado. Ningún ofidio posee tantas connotaciones arquetípicas. Por su carácter agrolunar, la serpiente es «el símbolo triple de la transformación temporal, la temporalidad y la perennidad ancestral»[104]. Me detendré en su primer simbolismo.

---

[103] J. J. Domenchina, *La túnica de Neso*, p. 323; véase R. Fernández Urtasun, «El mito en la novela vanguardista española: una mirada oblicua», p. 78.

[104] G. Durand, *Les Structures anthropologiques de l'imaginaire*, p. 364. G. Bachelard ha estudiado de manera pormenorizada las derivadas arquetípicas de la serpiente; véase *La Terre et les rêveries du repos*, 3.ª parte, VIII, pp. 291-322.

La metamorfosis de la serpiente se caracteriza por su sobredeterminación, es decir, obedece a causas variadas que remiten, en nuestro imaginario, a múltiples determinaciones inconscientes. Se resumen en tres:

1. Porque cambia de camisa sin dejar de ser ella misma, la serpiente queda ligada a los símbolos teriomórficos del bestiario lunar.
2. Porque aparece y desaparece al ritmo de la luna, la serpiente es el doble de este astro, el gran símbolo del ciclo temporal.
3. Porque se encava fácilmente entre las grietas del suelo, la serpiente describe un movimiento incesante de ascenso y descenso infernal.

Por lo tanto, una serie de modificaciones terrenas (de apariencia, tiempo y espacio) corresponde a otra serie de significaciones cósmicas (astral, cíclica, ctónica); no extraña que la serpiente sea un símbolo particularmente recurrido para la interpretación del espacio y del tiempo absolutos, de los Cielos y los Infiernos, del comienzo y del final. De nuevo lindamos con la cosmogonía o la escatología, particular o universal.

Este uróboros (οὐροβόρος) que se muerde la cola no es solo un anillo de carne, es la dialéctica material de la vida y la muerte, la inversión inacabada de la materia de muerte y la materia de vida. Por eso inocula un veneno que posee simultáneamente cualidades dañinas y curativas; por eso representa la conciliación de contrarios; por eso, finalmente, encarna la vejez y la juventud. Mejor que ningún otro animal, una serpiente podía robar la planta que había de rejuvenecer a Gilgamesh; solo dos serpientes, enviadas por Hera, podían encontrarse en la cuna de Heracles, y solo con «una serpiente renovada», como hemos visto, podía Ovidio comparar el acontecimiento extraordinario de la metamorfosis del hijo de Alcmena.

2. La fuente de la eterna juventud

Resignada a la mortalidad, la humanidad sueña con la juventud perenne: «Siempre joven, quiero ser siempre joven» (*Forever young, I want to be forever young*), canta Alphaville. Hoy día, quien desea lucir una piel joven y libre de arrugas puede recurrir a infiltraciones de toxina botulínica. Pero no siempre ha existido el bótox. Los antiguos disponían de soluciones menos sofisticadas, como la relatada por Heródoto en sus *Historias*. El emperador Cambises II planeaba conquistar Etiopía; con este fin envió a los «ictiófagos» (habitantes de la antigua Gedrosia, sur de Irán) como embajadores para que, subrepticiamente, espiaran ese reino africano. En sus conversaciones con el príncipe etíope, los emisarios le consultaron sobre la duración de la vida en aquellas tierras y el tipo de alimentación de sus hombres. La media de edad, respondió el soberano, era de ciento veinte años; la comida, carne horneada, y la bebida, leche. Tras la información, la demostración:

> admirados los espías sobre los años, el rey los llevó a una fuente bañándose en la cual salían más lustrosos, como si fuera de aceite; pues de ella salía un olor como de violetas[105].

---

[105] Heródoto, *Historias*, III, 23, F. Rodríguez Adrados (ed.), t. III, p. 15.

Se trata de un acontecimiento asombroso, con evidente función etiológica. El mismo Heródoto escribe: «Estos etíopes a los que enviaba Cambises se dice que eran los más altos y más bellos de todos los hombres» (*ibid.*, III, 20, p. 13); para explicar esta creencia popular, el historiógrafo recurre a la Fuente de la Eterna Juventud, que sitúa en tiempos pasados (Cambises vivió un siglo antes que él) y en lejanas latitudes. Obsérvese la maraña de la embajada: un escritor griego refiere el relato de unos embajadores, los ictiófagos, procedentes de un lugar alejado, enviados cien años antes por el rey de Persia a la remota Etiopía... El distanciamiento espacio-temporal, condición habitual del mito, torna, si no más verosímil, al menos menos increíble el mito de la eterna juventud.

3. Drácula: la sangre rejuvenecedora

Con todo, el mito del rejuvenecimiento continuo no se circunscribe a tiempos antiguos. A este propósito, merece la pena abordar uno de los casos más representativos del ansia humana por exceder los límites escatológicos: Drácula.

Ciertamente, este monstruo es un vampiro depredador, siempre sediento de aumentar, como Don Juan, sus conquistas femeninas; pero Drácula representa sobre todo el «espectro del poder»[106]. Poder sobre las mujeres, poder sobre los hombres y poder sobre la muerte.

En nuestra era (antes han existido en Mesopotamia, India o Grecia), los demonios vampíricos abundan a partir del siglo XVIII, cuando aparece el célebre libro de Dom Calmet, *Tratado sobre las apariciones de los espíritus, los vampiros y los aparecidos de Hungría, Moravia, etc.* (1745), puesto en la picota por Voltaire, en su artículo *«Vampire»*, en las *Cuestiones sobre la Enciclopedia* (*Questions sur l'Encyclopédie*, 1772-1774)[107]. Más tar-

---

[106] B. Stoker, *Dracula*, H. Hindle (ed.), p. xxxiii.

[107] El *Traité sur les apparitions des esprits, et sur les vampires, ou les revenants de Hongrie, de Moravie, etc.* introdujo el tema mítico del vampiro en el mundo académico; aquí utilizo la edición de 1751 (la primera fue publicada sin la aprobación del autor). El ensayo está destinado a «las mentes razonables y sin prejuicios» (Prefacio, t. I, p. ii), puesto que, «sin tomar partido, [...] no da por verdadero y cierto sino lo que lo es en efecto» (p. xiv-xv). La primera parte pasa revista a las apariciones de ángeles, demonios y espíritus en las Sagradas Escrituras y en la literatura clásica, expone casos de magia negra, oráculos y brujería, así como de apariciones, tanto reales como desmentidas. Tras profesar de nuevo medidas de prudencia («si el regreso de los vampiros es real, importa defenderlo y probarlo; si es ilusorio, importa para el interés de la religión desengañar a quienes lo creen verdadero», Prefacio, t. II, p. x), la segunda parte aborda varios casos de resurrección, unos tenidos por verdaderos, otros por falsos. En el capítulo VII relata, con la ayuda del librito *Magia posthuma* de Carl Ferdinand von Schertz (Olomouc, actual Chequia, 1706), diversos sucesos de aparecidos en Moravia. En el VIII («Muertos de Hungría que chupan la sangre de los vivos»), ofrece tres casos de aparecidos, uno de los cuales, acaecido hacia 1715, se ha hecho célebre: en Haidamaque, Hungría, un soldado que comía en casa de un campesino vio sentarse a la mesa a un desconocido, ante la estupefacción de los presentes; su anfitrión falleció al día siguiente. El aparecido resultó ser el padre del paisano, fallecido diez años antes. Varios oficiales, un cirujano y un auditor acudieron al lugar, «exhumaron el cuerpo del espectro, y lo encontraron como un hombre que acaba de expirar, y su sangre como la de un hombre vivo. El conde de Cabreras mandó que le cortaran la cabeza y lo volvieran a meter en su tumba», p. 38. Este mismo conde, capitán de regimiento, informó de otros casos, entre ellos el de un fallecido treinta años antes, «que había regresado tres veces a su casa a la hora de la comida, y había chupado la sangre del cuello, la primera vez a su propio hermano, la segunda a uno de sus hijos, y la tercera a un criado de la casa; y

de, poetas alemanes e ingleses prestan características vampíricas a sus personajes principales: G. A. Bürger en la balada *Lenore* (1773), donde el muerto vuelve en busca de su novia, y Coleridge en *Christabel* (1798-1801), donde Geraldine adopta los rasgos y los gestos de una vampiresa[108]. Las creaciones vampíricas se suceden a lo largo del siglo XIX, entre ellas destacan *Varney el Vampiro*, de J. M. Rymer y T. P. Prest (1845-1847), donde aparece por vez primera la inconfundible dentadura del monstruo[109]; *Carmilla*, de Sheridan le Fanu (1872), y el texto ineludible: *Drácula*, de Stoker (1897).

La historia ya la conocemos: Jonathan Harker viaja de Londres al castillo del conde Drácula, en los Cárpatos, para concluir la transacción de un inmueble que el aristócrata desea adquirir en Inglaterra. Apenas instalado en la fortaleza, el abogado no tarda en percatarse de que es el prisionero de un monstruo que ha recurrido a sus servicios para extender su imperio a otras latitudes.

Aquí me centraré en la edad de Drácula, o, más precisamente, en sus dos edades y su relación con el mito. Acompañémos en su descubrimiento al joven Harker. Tras su llegada a la extraña mansión, le recibe un «hombre alto y viejo» con tal apretón de manos que el abogado no puede evitar una mueca de dolor; extraña desproporción entre la vejez y la fuerza del anfitrión. Su fisonomía es sobrecogedora:

> Su nariz aquilina le daba decididamente un perfil de águila; tenía la frente alta y abombada, y el pelo ralo en las sienes pero abundante en el resto de la cabeza; las espesas cejas se juntaban casi encima de la nariz, y sus pelos daban la impresión de enmarcarla, por lo largos y espesos que eran. La boca, o al menos lo que de la misma percibí bajo su enorme bigote, tenía una expresión cruel, y los dientes, relucientes de blancura, eran extraordinariamente puntiagudos y sobresalían de los labios, cuyo color rojo escarlata revelaba una sorprendente vitalidad en un hombre de su edad. Solo las orejas, muy puntiagudas, eran pálidas; el ancho mentón anunciaba una gran fuerza, y las mejillas, aunque enjutas, eran firmes. El efecto general era el de una palidez extraordinaria[110].

---

los tres murieron de inmediato», *ibid.* El resto del volumen se extiende sobre conjeturas de aparecidos en el mundo antiguo y moderno, los brucolacos (*Vrykolakas*) o aparecidos del folclore griego, y la fascinación que sufren las víctimas de los vampiros. Los relatos y análisis de Calmet propulsaron la recreación del imaginario vampírico.

[108] Véanse S. Faessel, «Vampire», p. 819, y A. Ballesteros, *Vampire Chronicle*. También encontramos estos motivos vampíricos en *El manuscrito encontrado en Zaragoza*, de Jan Potocki (*Manuscrit trouvé à Saragosse*), donde Alphonse refiere las habladurías sobre dos bandidos ahorcados: las gentes pretendían que sus cuerpos, animados por demonios, se descolgaban por la noche y apenaban a los vivos; tanto era así que un teólogo sostenía «que los dos ahorcados eran una especie de vampiros»; «que les deux pendus étaient des espèces de vampires», I, 1, versión de 1810, F. Rosset y D. Triaire (eds.), p. 65. Hungría, Moravia, Rumanía, Inglaterra, España... la epidemia surge en la periferia europea antes de cernirse sobre el centro.

[109] En la primera escena de depredación de esta novela por entregas, el vampiro se precipita sobre su víctima y «le agarra el cuello con sus dientes como colmillos»; «With a plunge he seizes her neck in his fang-like teeth», J. M. Rymer y T. P. Prest, *Varney the Vampire*, I, A. Uyl (ed.), p. 6.

[110] B. Stoker, *Drácula*, II, M. Montalbán (trad.), p. 74; «His face was a strong –a very strong– aquiline, with high bridge of the thin nose and peculiarly arched nostrils; with lofty domed forehead, and hair growing scantily round the temples, but profusely elsewhere. His eyebrows were very massive, almost meeting over the nose, and with bushy hair that seemed to curl in its own profusion. The mouth, so far as I could see it under the heavy moustache, was fixed and rather cruel-looking, with

La desproporción entre edad y fortaleza de Drácula, que Harker había observado a su llegada al castillo, queda reforzada con otra discordancia: la cabeza de Drácula presenta facciones muy marcadas, propias de un anciano, en vivo contraste con el pelo abundante y espeso, la blancura de sus dientes y el color rojizo de sus labios, sorprendentemente vivos para «un hombre de su edad». La disconformidad entre edad aparente y fuerza vital salta a la vista cuando el abogado descubre al conde trepando por los muros exteriores de la fortaleza con la agilidad de una lagartija (la comparación es del mismo Harker, III, p. 41). En fin, estas incongruencias generan un misterio sobrecogedor (como en todo mito) que el protagonista se propone resolver.

Una mañana (por las noches se parapeta en su aposento), el abogado se descuelga desde su ventana y entra en la cámara del señor del castillo. Solo encuentra un montón de monedas de oro, unas cadenas, unos ornamentos… todo cubierto de polvo y manchado: nada de aquello «tenía menos de trescientos años» (IV, p. 55). El enigma adquiere nuevas dimensiones. Harker se arma de valor, atraviesa una pesada puerta y desciende por unas escaleras oscuras hasta entrar en una antigua capilla, donde encuentra, dormido o muerto en una gran caja, al conde Drácula. Terrible hallazgo que no le impide hacer algunas observaciones: ese cuerpo pálido conserva «el calor de la vida» y sus labios están tan rojos como siempre.

Cinco días después, apenas canta el gallo, repite el recorrido para arrancar de las manos del conde la llave y escapar de la fortaleza. Se acerca a la caja de la antigua capilla y se horroriza ante lo que ve:

> Ahí yacía el conde, pero parecía que su juventud había sido renovada, porque el pelo blanco y el bigote se habían tornado oscuros como de gris ferruginoso; sus mejillas estaban repletas y la piel blanca parecía de rojo rubí por debajo; la boca estaba más roja que nunca, porque había gotas de sangre fresca en los labios que goteaban por las comisuras y descendían por la barbilla y el cuello. Incluso los ojos profundos y ardientes parecían como colocados entre la carne hinchada, porque los párpados y las bolsas de debajo estaban abultados. Parecía como si toda aquella horrible criatura simplemente estuviera atiborrada de sangre; yacía como una sanguijuela inmunda, exhausta tras la saciedad[111].

El cabello, el bigote, las mejillas, la piel y los ojos son los síntomas de esta horrenda renovación; la sangre es la causa. Toda la que acaba de beber no solo lo ha saciado (las mejillas están repletas), sino que lo ha «restaurado» (restored, variante según otras versiones). Drácula es una vieja «sanguijuela» que rejuvenece gracias a la sangre.

---

peculiarly sharp white teeth; these protruded over the lips, whose remarkable ruddiness showed astonishing vitality in a man of his years. For the rest, his ears were pale and at the tops extremely pointed; the chin was broad and strong, and the cheeks firm though thin. The general effect was one of extraordinary pallor», M. Hindle (ed.), pp. 24-25.

[111] «There lay the Count, but looking as if his youth had been half renewed, for the white hair and moustache were changed to dark iron-grey; the cheeks were fuller, and the white skin seemed ruby-red underneath; the mouth was redder than ever, for on the lips were gouts of fresh blood, which trickled from the corners of the mouth and ran down over the chin and neck. Even the deep, burning eyes seemed set amongst swollen flesh, for the lids and pouches underneath were bloated. It seemed as if the whole awful creature were simply gorged with blood; he lay like a filthy leech, exhausted with his repletion», ibid., IV, pp. 59-60.

Por eso busca el rojo líquido con ahínco. Una mañana, mientras Jonathan Harker se asea, el conde aparece de improviso. Asustado, el joven se corta con la hoja de afeitar. La sangre brota y comienza a correr por la barbilla. Mientras Harker se vuelve en busca de un apósito, Drácula detecta la sangre y rápidamente agarra con «furia demoníaca» el cuello de su huésped, pero su mano toca inadvertidamente las cuentas del crucifijo de Harker y súbitamente se retiene[112].

El motivo de la reacción vampírica ante la sangre brotando tras un corte ha gozado de un éxito espectacular, particularmente en el cine, sin duda por sus derivadas visuales y dramáticas. Baste recordar dos cintas señeras:

1. En la película muda de Murnau (*Nosferatu*, 1922), Thomas Hutter se hace un tajo en un dedo al rebanar el pan para cenar. El conde Orlok se levanta de improviso y se lanza ávidamente hacia su huésped mientras pronuncia estas palabras que un cartel reproduce: «Se ha herido a usted mismo... ¡Preciosa sangre!»[113]. El objeto religioso salva la situación y el conde, cortésmente, solicita a su huésped un poco más de compañía.
2. En la cinta de Tod Browning (*Dracula*, 1931), Renfield se hace un corte en el dedo con un sujetapapeles. Drácula se acerca subrepticiamente como un poseso, pero el crucifijo que el joven lleva al cuello cae sobre la mano de Renfield y el conde se retira con espanto. Para salir del paso, Drácula ofrece a su huésped un poco de vino, mientras se disculpa por no brindar con él: «Nunca bebo... vino».

Todos los vampiros –no solo Drácula o Nosferatu/Orlok– buscan con ansia la sangre revitalizadora. Recordemos a Carmilla, nombre anagramático de la vampiresa condesa Mircalla Karnstein, en la novela de Le Fanu antes mentada. Laura cuenta el momento crítico en que una comisión imperial abre el féretro en la capilla:

> Se abrió la tumba de la condesa de Karnstein. El general y mi padre reconocieron en ella a la bellísima y pérfida invitada. A pesar de que llevaba enterrada más de ciento cincuenta años, sus facciones estaban llenas de vida. Tenía los ojos completamente abiertos. El cadáver no parecía haber sufrido descomposición.
>
> Los dos médicos que asistían a la ceremonia atestiguaron el hecho prodigioso de que el cadáver respiraba, aunque muy débilmente, y que era posible captar los leves latidos de su corazón. Los miembros conservaban su flexibilidad y la carne era elástica. El féretro de plomo estaba lleno de sangre, que empapaba al cadáver. Se trataba de un caso de vampirismo[114].

---

[112] *Ibid.*, II, p. 33; el objeto religioso es un regalo que le diera al abogado la mujer de un hostelero al enterarse de que se dirigía al nefando castillo.

[113] «You've hurt yourself... The precious blood!»

[114] S. le Fanu, *Carmilla*, p. 93; «The grave of the Countess Mircalla was opened; and the General and my father recognised each his perfidious and beautiful guest, in the face now disclosed to view. The features, though a hundred and fifty years had passed since her funeral, were tinted with the warmth of life. Her eyes were open; no cadaverous smell exhaled from the coffin. The two medical men, one officially present, the other on the part of the promoter of the inquiry, attested the marvellous fact that there was a faint but appreciable respiration, and a corresponding action of the heart. The limbs were perfectly flexible, the flesh elastic; and the leaden coffin floated with blood, in which to a depth

De esta sobrecogedora escena de *Carmilla* toma Stoker «el calor de vida» que desprende Drácula cuando descansa en el ataúd. En ambos casos los cuerpos yacentes presentan síntomas de vigor y juventud que los personajes, y el lector con ellos, atribuyen a la sangre. La capacidad de renovarse a través del tiempo es un mitema del mito del vampiro.

Lógicamente, ni los textos, ni las películas, ni las obras de teatro (muchas de ellas tributarias de Stoker[115]) describen el transcurso de regeneración del monstruo: se limitan a mostrarlo en escenas o fotogramas antes y después de rejuvenecido; en consecuencia, faltan balizas que permitan imaginar el proceso crucial.

Hay una manera de figurarlo: recorriendo el camino inverso, desde la muerte del vampiro. El monstruo posee unas facultades extraordinarias: fortaleza, metamorfosis, hipnosis. Contra él solo caben dos remedios; uno temporal, ahuyentarlo mediante un crucifijo o una planta de ajo, y otro definitivo, matarlo mediante un recurso extremo, como indica el científico holandés Van Helsing: cortarle la cabeza y quemar su corazón o atravesárselo con una estaca[116]. Arthur Holmwood ejecuta esta horrible operación sobre el cuerpo de su propia prometida, Lucy Westenra, fatalmente infectada por el monstruo (XVI, p. 230). Al instante, aquella cara, convertida en «cosa nauseabunda», recupera la dulzura y pureza de la difunta, como una «prenda y símbolo» de que el alma de la joven ha recobrado la paz. El caso del conde es distinto: Jonathan Harker y Quincey Morris atraviesan con un cuchillo la garganta y el pecho de Drácula, que se deshace en polvo y desaparece (XXVII, p. 401). Esto requiere una explicación.

Tras el ataque del conde, el alma de Lucy había abandonado el cuerpo, que de inmediato fue habitado por un alma demoníaca. La perforación con la estaca provoca la auténtica muerte del cuerpo, que en ese instante se libera de la apariencia diabólica y retoma la suya propia, es decir, la correspondiente según el tiempo transcurrido desde la mordedura. El conde Drácula, que había sufrido un ataque similar cientos de años antes, experimenta el mismo proceso, pero de manera exponencial debido al tenor de su posesión diabólica y al paso del tiempo: su cuerpo inanimado, despojado del alma infernal que lo habitaba, queda reducido a su estado correspondiente, esto es, a un cadáver decrépito que colapsa y se desmenuza. A esto me refiero al proponer el recorrido inverso: la degeneración del cuerpo permite imaginar, *a contrario*, lo que debe de ser su regeneración al sorber la sangre de sus víctimas.

Quizá la película que mejor dramatice el final de los vampiros sea *Dracula* (posteriormente titulada *Horror of Dracula*, T. Fisher, 1958). Jonathan Harker entra al atardecer en la cripta donde duermen, con su propia sangre brotándoles de los labios, los cuerpos de Drácula y la mujer vampírica. Determinado a acabar con quienes le han inoculado sangre maldita, se arma de valor y clava una estaca en el corazón de la vampiresa. El director conoce los entresijos del mito: cuando Harker vuelve la mirada hacia el cuerpo de la jo-

---

of seven inches, the body lay immersed. / Here then, were all the admitted signs and proofs of vampirism», S. le Fanu, *Carmilla*, c. XV, p. 102.

[115] Así, p. e., el *Drácula* de Eduardo Bazo y Jorge de Juan, en la sala Marquina de Madrid, enero de 2012.

[116] «cut off his head and burn his heart or drive a stake through it», B. Stoker, *Dracula*, M. Hindle (ed.), XV, p. 217.

ven, ve una anciana canosa y desdentada. Por desgracia, anochece y Drácula toma su revancha. Más tarde, poco antes del amanecer, pelean el doctor Van Helsing y Drácula; este vence y procura morder el cuello del doctor, que logra zafarse y descorre las cortinas para que la luz del sol entre en la sala. Mientras el vampiro grita de dolor e intenta defenderse del resplandor, Van Helsing junta dos candelabros en forma de cruz y los muestra fijamente a Drácula, que de inmediato se deshace en cenizas. Nada más lógico: según dijera el doctor al comienzo, «los archivos muestran que el conde Drácula podría tener quinientos o seiscientos años de vida». Aquí se hace más patente aún la íntima dependencia entre vampiro y sangre. En la cripta, los cuerpos yacentes de los durmientes exhalan un llamativo frescor, aparecen sumamente atractivos y desprenden satisfacción: acaban de saciarse con la sangre de Harker. En la primera escena, la estaca clavada en el corazón provoca la muerte física de la vampiresa; en la segunda, la fuerza espiritual del símbolo cristiano mata al vampiro. En ambas, la muerte los reduce a su identidad histórica.

Más que depredador sexual, Drácula es depredador sanguíneo. El sexo solo ha lugar si está asegurada la supervivencia. La sangre de sus víctimas es, como la planta de la vida, prenda de rejuvenecimiento. A Gilgamesh una serpiente le robó su planta; Drácula comparte con este ofidio algunas características: es un hombre-animal astral, cuyo desarrollo depende del ciclo lunar (solo ataca por la noche, como los lobos o los murciélagos gigantes en los que se transforma); asciende por el aire, como la serpiente por los árboles, cuando adopta forma de niebla (así alcanza a Mina); baja, como la serpiente entre las piedras, a los subterráneos y se desliza por entre las grietas dentro de su ataúd. Drácula pervive siempre joven, es un uróboros.

Drácula es el Diablo exiliado al Infierno que retorna al mundo para revivir entre los hombres. De un modo diverso a Heracles y Gilgamesh, cristaliza un anhelo de inmortalidad. Este mito desvela, por antítesis, el ansia de mortalidad, que veremos a continuación someramente.

La renuncia a la inmortalidad

Frente a la interrupción inesperada de la vida por capricho de las Parcas, existe el tajo mítico que un personaje asesta a su propia vida. No me refiero al suicidio; me refiero a las historias de quienes escinden, mediante un acto enérgico donde interviene la trascendencia, el curso de sus días. Entre varias posibilidades, hemos visto la de Aquiles: ante la alternativa de una vida breve y gloriosa, por un lado, y una existencia prolongada y mediocre, por otro, opta por aquella. Aunque en otro orden, por semejante tesitura atraviesan Raphaël, en *La piel de zapa* de Balzac (1831), y Dorian, en *El retrato de Dorian Gray* de Oscar Wilde (1890-1891): ambos son señores y esclavos de la extensión y dimensión de su vida según sus decisiones vitales, reflejadas en el encogimiento del talismán (*La piel de zapa*) o el envejecimiento del retratado (*El retrato*)[117]. Sin duda hay

---

[117] Véase P. Citron, Intr. a *La Peau de chagrin*, P. Citron (ed.), en *La Comédie humaine*, P.-G. Castex *et al.* (eds.), p. 24. En *The Picture of Dorian Gray*, Wilde sigue la tradición del retrato encantado: el misterioso cambio de la pintura refleja el desorden moral del héroe; véase T. Ziolkowski *Imágenes desencantadas*, A. Martínez Benito (trad.), p. 118. Ambas novelas plantean la problemática de «la

combinación aquí de mito y fantasía; es más, el carácter sagrado de la trascendencia está en entredicho, pero no es menos cierto que estos héroes ilustran, en sentido opuesto a Drácula, posturas diversas frente al tema mítico de la inmortalidad. A continuación abordaré algunos personajes que entablan una relación amarga con una vida inacabable.

1. La Sibila, Titono, los struldbruggs

Tradicionalmente se ha considerado que los años de vida prolongada son una bendición del Cielo; Noé lo corrobora. Existen, sin embargo, textos que apuntan en la dirección opuesta: la vejez puede ser un castigo de los dioses. La antítesis requiere un estudio.

La historia de la Sibila de Cumas es paradigmática a este respecto. El personaje procede del libro VI de la *Eneida*: guía al troyano en su descenso al Hades y ambos escuchan las pláticas de Anquises. Ovidio retoma al personaje; a su regreso del Averno, Eneas prorrumpe en agradecimientos a la Sibila: «para mí serás siempre como una divinidad»[118]. La profetisa desengaña con sencillez al héroe y le relata su historia:

> ...se me ofreció gozar eternamente del reino de la luz, exento de término, si mi virginidad se hacía accesible al amor de Febo. Pero él, con esa esperanza, y con el anhelo de seducirme por dádivas, me dijo: «Elige lo que tú quieras, doncella de Cumas; gozarás de lo que desees». Yo cogí y le mostré un puñado de polvo; le pedí, insensata, alcanzar tantos cumpleaños como granos tenía el polvo; me olvidé de solicitar que aquellos años fuesen también jóvenes hasta el fin[119].

La profetisa no pidió la eternidad; se conformaba con un sucedáneo: una vida larga. Dadivoso, el dios se la concedió. Mas la virgen desdeñó seguidamente el amor de Apolo y se vio privada de la «juventud eterna» (*æternam iuuentam*, v. 140), sin la cual quedaba condenada a una vida de penalidades. Durante «siete siglos» ha soportado la «enfermiza vejez», y aún le quedan «trescientas cosechas, trescientas vendimias», hasta igualar la cantidad de granos de polvo que contenía su puñado (vv. 145-146). En total, más de diez siglos: «Y la Sibila, con labios delirantes, diciendo cosas melancólicas, carentes de adorno y sin unción, con su voz se hace oír miles de años, gracias al dios que está en ella», había dicho Heráclito[120]. Por eso la tilda Ovidio de «longeva Sibila», epíteto que envía a «la anciana preste» o sacerdotisa de la *Eneida* (*longaeva sacerdos*)[121]. La profetisa obtuvo largos años, pero no salud para gozarlos.

---

relación inversamente proporcional entre abyección moral y eterna juventud», D. F. Arranz, *Indios, vaqueros y princesas galácticas*, p. 158.

[118] Ovidio, *Metamorfosis*, XIV, v. 124, A. Ruiz de Elvira (trad.), III, p. 131; «numinis instar eris semper mihi, meque fatebor», H. Magnus (ed.).

[119] *Ibid.*, vv. 132-139, p. 132; «lux aeterna mihi carituraque fine dabatur, / si mea virginitas Phoebo patuisset amanti. / Dum tamen hanc sperat dum praecorrumpere donis / me cupit, "elige" ait, "virgo Cumaea, quid optes: / optatis potiere tuis". Ego pulveris hausti / ostendi cumulum: quot haberet corpora pulvis, / tot mihi natales contingere vana rogavi; / excidit, ut peterem iuvenes quoque protinus annos», *ibid.*

[120] Heráclito, *Fragmentos*, epígrafe 92, J. A. Miguez (trad.), p. 237.

[121] «uiuacisque antra Sibyllæ», Ovidio, *Metamorfosis*, XIV, 104, A. Ruiz de Elvira (trad.), III, p. 130; Virgilio, *Eneida*, VI, v. 628, J. de Echave-Sustaeta (trad.), p. 198, y *Aeneid*, J. B. Greenough (ed.).

Vale también aquí el caso de Titono. La titánida Eos (Aurora) lo amó tanto que rogó a Zeus lo hiciera inmortal, pero olvidó pedir que le diera también la juventud: viéndolo enfermar y envejecer, la amante lo encerró en una cámara (o en un cesto de mimbre, según versiones), donde balbuceaba sin cesar. Finalmente, Aurora lo transformó en una cigarra[122]. Triste final, en cualquier caso, para el amante de una inmortal.

En ambos casos, la desgracia sobreviene por un olvido. También puede proceder de un desliz, como en el caso del rey Yayāti (Iaiati), condenado por el brahmán Kāvya Uśanas a envejecer de inmediato por haber sido infiel a su esposa Devayānī (Devayani) y engendrar tres hijos a la joven princesa Śarmiṣṭhā (Sarmishtha). El rey pleitea y consigue conservar su juventud durante mil años a condición de transferir la vejez a uno de sus hijos: Pūru (Puru) acepta el sacrificio a cambio de heredar realeza, virtud y gloria. Al cabo del tiempo estipulado, el padre devuelve su juventud al hijo, entrega el trono y se retira al bosque, donde muere y asciende al Cielo[123]. Es curioso cómo el mito se mueve ágilmente entre los tiempos, fuera de «nuestro universo humano, para descubrir detrás de él otras regiones del ser, otros niveles cósmicos, habitualmente inaccesibles»[124].

Los textos clásicos e hindú no descienden a los pormenores de la vida y venturas de la Sibila, Titono o Iaiati; se centran en los motivos que originaron su estado de postración. Un relato moderno desvela con todo lujo de detalles la situación de quienes alcanzan gran longevidad o incluso no mueren: *Los viajes de Gulliver* (1726).

Llegado a la tierra de los luggnaggians, el protagonista tiene conocimiento, gracias a su intérprete, de la existencia de los struldbruggs, auténticos seres inmortales (el texto así los denomina en una ocasión: «Immortals»). No son numerosos y los orígenes de su linaje solo obedecen al azar. Todos llevan al nacer un punto rojo circular en la frente, sobre la ceja izquierda, marca infalible de que nunca verán la muerte. Tras el primer contacto con estos curiosos personajes, el héroe exterioriza su envidia: ¡quién pudiera, como esa gente, gozar de una vida inmortal! De ser así, entendería la diferencia entre la vida y la muerte, se haría inmensamente rico, profundamente erudito y proporcionaría a la humanidad un relato veraz de la historia humana… Su cicerone lo desengaña: la vida larga, y menos aún la inmortal, es odiosa si no va acompañada de prosperidad y salud, es decir, «juventud perpetua» («perpetuity of youth»[125]). Pasa entonces a describirle la maldita vida de los struldbruggs: apenas cumplen ochenta años, su vida es una suma de penalidades corporales y espirituales; a medida que envejecen, pierden capacidades, memoria, placeres y se ven despojados de bienes y derechos; hasta tal punto es así que los menos dignos de conmiseración son los desprovistos de cordura. Al término de su estancia entre los luggnaggians, Gulliver reconoce cuán errado estaba:

---

[122] Véanse Pseudo-Apolodoro, *Biblioteca mitológica*, III, 12, 3-4, J. García Moreno (ed.), p. 171; Ovidio, *Obra amatoria I: Amores*, I, XIII, vv. 35-38, F. Socas (trad.), t. I, p. 35-36, y P. Grimal, *Dictionnaire de la mythologie grecque et romaine*, s/v «Tithonos», pp. 461-462.

[123] Véase G. Dumézil, *Mythe et épopée II*, 2.ª parte, cap. II, en *Mythe et épopée. I, II, III*, pp. 838-840.

[124] J.-P. Vernant, *Mythe et pensée chez les Grecs*, en *Œuvres. Religions, rationalités, politique*, I, p. 343.

[125] J. Swift, *Los viajes de Gulliver*, III, X, B. Gárate Ayastuy (trad.), pp. 194-195; *Gulliver's Travels*, p. 231.

Fácilmente podrá el lector creer que, a partir de lo que oí y vi, mi vivo deseo de vida eterna sufrió un duro revés. Empecé a sentirme profundamente avergonzado de las ilusiones placenteras que me había forjado, y pensaba que ningún tirano podría inventar una muerte en que yo no me precipitara con agrado para escapar de una vida tal[126].

La «vida eterna» o «perpetua» a la que se refiere el héroe nada vale sin la «juventud perpetua» a la que se había referido el guía. El anhelo de unir ambas en la vida humana es lo que da razón del mito.

Veamos dos ejemplos más cerca de nosotros. El primero, una escena de *Hombres de maíz*. Los soldados de la Expedicionaria en Campaña de Guatemala, hombres sufridos donde los haya, contemplan la morosa y atormentada muerte de un perro con rabia; uno de ellos prorrumpe:

—Entuavía se medio mueve. ¡Cuesta que se acabe el ajigolón de la vida! ¡Bueno Dios que nos hizo perecederos sin más cuentos... pa que nos hubiera hecho eternos! De solo pensarlo me basquea el sentido[127].

El aguerrido militar agradece a Dios no ser inmortal: la muerte es un alivio frente a la indigencia (el «ajigolón») de una vida deplorable; basta imaginar la eternidad de tal vida para sentir náuseas (la «basca»).

Para el segundo ejemplo recurro a la película de ciencia ficción *In Time* (A. Niccol, 2011), que presenta un mundo sin dinero donde el gen del envejecimiento queda desactivado a los veinticinco años; a partir de entonces la mayoría de los humanos, confinados en guetos, solo dispone de un año de vida, a menos que «ganen» tiempo para prolongar, entre angustias cronológicas, los meses, días, horas, minutos o segundos que se van descontando de un curioso reloj adaptado a sus antebrazos. No así los ricos, que han recibido inmensas sumas de tiempo para despilfarrarlo en barrios de excepción durante una vida sin fin. Así le ocurre a Hamilton, un joven rico de cien años y otros cien por delante que se aventura por un gueto de pobres y al que Will, el protagonista, salva de unos matones dispuestos a desvalijarle de su tesoro temporal. En un momento de la huida, Will previene a Hamilton del riesgo que corre si vuelve por aquella zona; pero Hamilton le revela su hartazgo: «llega un día en el que tienes bastante. [...] Queremos morir»[128]. Aquí no hay mito, por supuesto, tampoco en estas palabras de un líder religioso de nuestro tiempo: «vivir siempre [...] solo sería a fin de cuentas aburrido y al final

---

[126] *Ibid.*, p. 197; «The reader will easily believe, that from what I had heard and seen, my keen appetite for perpetuity of life was much abated. I grew heartily ashamed of the pleasing visions I had formed, and thought no tyrant could invent a death into which I would not run with pleasure from such a life», *ibid.*, p. 235.

[127] M. A. Asturias, *Hombres de maíz*, J. Mejía (ed.), p. 141.

[128] «But the day comes when you've had enough. [...] We want to die». Más bella y punzante es la expresión utilizada por Cocteau en los dos últimos versos de su *Cérémonial espagnol du Phénix*: «La muerte me es agridulce y su amor me evita, / Fénix, el aburrimiento moral de la inmortalidad»; «La mort m'est douce-amère et son amour m'évite / Phénix l'ennui mortel de l'immortalité», p. 24. La fuerza de esta antología resulta de la aleación paradójica de dos términos considerados opuestos por la opinión común.

insoportable»[129]; pero ambas reflexiones aportan un sabio y estoico desengaño ante las falsas ilusiones de la imaginación calenturienta.

2. Las islas de los Bienaventurados o Afortunadas

Hesíodo afirma que las almas de los justos se encuentran en las islas de los Bienaventurados, situadas «lejos de los hombres [...] junto al Océano de profundas corrientes», es decir, más allá de África. La tierra es allí tan fértil que produce hasta tres cosechas anuales[130]. Píndaro, casi dos siglos más tarde, ofrece una pormenorizada descripción de esta «isla de los felices», lugar de recreo de Aquiles, Héctor y tantos otros[131]. Es una lástima que ningún mitógrafo haya precisado, sextante en mano, dónde encontrarlas.

Sí las encontró Reinaldo (Rinaldo), el héroe de la *Jerusalén liberada* de Tasso, aunque no por su voluntad: la maga Armida, seducida por su belleza, lo llevó allí para disuadirlo de su misión en la Cruzada. Decididamente (recuérdese a Odiseo en Eea), a las hechiceras les encanta retener en las islas a sus amantes. Allí hubiera quedado Reinaldo de no ser por sus compañeros Carlos y Ubaldo[132]. El óleo de David Teniers, *Reinaldo huye de las islas Afortunadas* (1628-1630, Museo de El Prado), representa su huida bajo la mirada de Armida, en su carro tirado por hipogrifos.

Retorno a la localización de las Afortunadas. Según refieren a Sertorio unos marineros en Gades, se trata de «islas atlánticas, las dos que están totalmente separadas por un pequeño estrecho, y distan de Libia diez mil estadios y se llaman de los Bienaventurados»; estas islas gozan de clima espléndido, temperatura agradable y tierra fértil, que produce «un fruto suficiente por su cantidad y dulzura para alimentar sin esfuerzos ni trabajo a un pueblo ocioso»[133]. Precarias informaciones. Plinio el Viejo arriesga más: indica la distancia («setecientos cincuenta mil pasos») que, según algunos, separa Gades de las islas Afortunadas, refiere sus frutos y su fauna e, incluso, las enumera: Ombrios, Junonia, Capraria, Ninguaria («recubierta de [...] nieves perpetuas», es decir, Tenerife), Canaria (llamada así «por el gran número de canes de enorme tamaño que allí se

---

[129] «Seguir viviendo para siempre –sin fin– parece más una condena que un don. Ciertamente, se querría aplazar la muerte lo más posible. Pero vivir siempre, sin un término, solo sería a fin de cuentas aburrido y al final insoportable», Benedicto XVI, *Salvados en esperanza*, 10; la inspiración viene de Ambrosio de Milán: «La inmortalidad, en efecto, es más una carga que un bien, si no entra en juego la gracia», *De excessu fratris sui Satyri*, II, 47, J.-P. Migne (ed.), PG, t. XVI, col. 1.327.

[130] Véase Hesíodo, *Trabajos y días*, en *Obras y fragmentos*, A. Pérez Jiménez (trad.), p. 132.

[131] Véase Píndaro, *Olímpica* II, vv. 70-71, R. Bonifaz Nuño (ed.), p. 12; «μακάρων νᾶσος», J. Sandys (ed.).

[132] Tras atravesar los muros del palacio y el laberinto, contemplan la erótica y apacible escena del guerrero en manos de la maga. Aprovechando que esta se retira, ambos se acercan y, tras recriminarle sus «adornos» y «lascivias», consiguen convencerlo de abandonar con ellos la isla. Regresa Armida y, despechada por la resolución de su amado, aborrece su propia vida y clama «a las divinidades del Averno», que reducen su palacio a la nada: «Desvanécense por fin las tinieblas, palidecen los rayos del sol; ni el aire aún se serena, ni el palacio aparece más, no queda vestigio alguno por el que pueda decirse: "Aquí estuvo"»; «Cessa al fin l'ombra, e i raggi il sol riduce / pallidi; né ben l'aura anco è gioconda, / né piú il palagio appar, né pur le sue / vestigia, né dir puossi: "Egli qui fue"», T. Tasso, *Gerusalemme liberata*, R. Fedi (ed.), estr. 69, p. 619.

[133] Plutarco, *Sertorio – Éumenes*, VIII, II-III, *Vidas paralelas*, J. Bergua Cavero *et al.* (trads.), pp. 424-425.

crían»[134])... Plinio está dando gato por liebre: describe el archipiélago de las Canarias, ya fuera del mito.

Importa llamar la atención sobre el tránsito operado: a) las islas donde habitan las almas de los héroes han de ser, lógicamente, en extremo fértiles (Hesíodo y Píndaro); b) las islas en extremo fértiles han de ser, lógicamente también, las denominadas Afortunadas o de los Bienaventurados (Plinio). En este proceso –del mito al mundo conocido, del mundo conocido al nombre del mito–, han desaparecido las almas heroicas de la *Ilíada* –el mito–; solo quedan el lugar y el nombre. El conocimiento de la isla ha provocado su desmitificación.

* * *

Al final de este periplo por el mito de la inmortalidad, llegamos a su opuesto. Heracles podría haber sido inmortal: contaba con la promesa del oráculo. No lo fue: Neso engañó a Deyanira y el héroe quedó tan lastimado que se quitó la vida. Gilgamesh había suplicado ser inmortal. Se conformó con el rejuvenecimiento, pero un descuido frustró este sucedáneo de la inmortalidad. La Sibila de Cumas había pedido larga vida, pero olvidó solicitar con ella la juventud. Desde entonces se resignó a una existencia malograda. Titono había recibido, por capricho e interposición de Eos, la vida a perpetuidad, pero no quedó exento de la degeneración. Los struldbruggs nacían inmortales, pero su vida era una sucesión de penalidades. Los etíopes, gracias a las aguas mágicas de una fuente, gozaban de perenne juventud, pero al final fallecían. Solo Drácula y los vampiros, en fin, se regeneran sin cesar gracias a la sangre que sorben de sus víctimas; solo ellos –a menos de recibir una muerte violenta– son inasequibles a la muerte natural.

¿Qué se puede extraer en claro de todos estos relatos míticos?

Cabría esbozar un estudio del carácter atolondrado de estos héroes: Heracles se deja engañar y viste una túnica de su enemigo; Gilgamesh descuida el talismán destinado a perpetuar su juventud; la Sibila y Eos, respectivamente, olvidan solicitar, junto a la longevidad o la inmortalidad, la propia salud o la juventud de su amado; los struldbruggs son unos malditos del azar. En realidad, sus destinos revelan el sino de nuestra naturaleza: ningún humano, por grande que sea su deseo, puede aspirar a una vida estimable auténticamente inmortal. Solo los vampiros (víctimas asesinadas y de inmediato poseídas) se conforman con su modo de vida: solo estos muertos gozan de vida imperecedera.

En cuanto al espacio, es de reseñar que todos los inmortales viven alejados del resto de los humanos: Utnapishtim y su mujer allende los mares, en un lugar inaccesible (excepto para Gilgamesh, en una única ocasión); Titono está recluido en una cámara para siempre; los desgraciados struldbruggs habitan una región utópica, a la que Gulliver nunca podrá regresar. Estas circunstancias corroboran la hipótesis inicial: la inmortalidad no emana de este mundo sino del otro; tiene una dimensión mítica. En nuestro mundo, los hijos de los hombres anhelan ininterrumpidamente la muerte o se suicidan: Heracles prepara su pira, Gilgamesh su funeral, Frankenstein se pierde en el mar helado...

---

[134] Plinio el Viejo, *Historia natural*, VI, 32, A. Fontán *et al.* (eds.), pp. 411-412.

Aun así, nada doblega el anhelo humano de inmortalidad. Mujeres y hombres consideran la caducidad del cuerpo como un confinamiento del que es preciso escapar para alcanzar la libertad, la vida auténtica. El mito nace del deseo de romper los límites de la humana condición. Imaginamos la inmortalidad y la aureolamos de excelencias; la hemos sublimado sin conocerla. Solo creemos conocer, por haberla presenciado, la muerte ajena, y la cubrimos de espanto. Existe el mitema de la inmortalidad porque morimos; si fuéramos inmortales inventaríamos el mitema de la mortalidad.

Escatología apocalíptica

Acabaré con unas reflexiones sobre la obra antonomástica del acabamiento total. Todas las culturas ofrecen textos reveladores del final absoluto o la «apocalíptica». En la judía destacan las visiones canónicas de Isaías («Libro del Emmanuel», «Apocalipsis», «pequeño Apocalipsis»), Ezequiel, Joel, Zacarías o Daniel y las numerosas apócrifas. En la cristiana, al margen de contados pasajes evangélicos, el Apocalipsis (ἀποκάλυψις, 'desvelamiento', 'revelación', Ap 1, 1) brilla con luz propia: el texto de Juan (o de un autor en él inspirado) ha marcado como ninguno el imaginario colectivo sobre los acontecimientos postreros[135].

No ignoro los múltiples flancos de ataque ofrecidos por este texto, sin duda el más complejo de toda la Biblia. Los historiadores del libro y de su edición han aireado preguntas pertinentes sobre el Apocalipsis: ¿se refiere al presente del siglo primero o a un futuro lejano?; ¿trata de acontecimientos concretos o puramente simbólicos?; ¿representa eventos de acuerdo con un orden cronológico sucesivo o simultáneo? Otros abordan el simbolismo numérico (siete iglesias, siete sellos, siete trompetas, etc.) y su concomitancia con tradiciones aritméticas de raigambre neobabilónica (siete como sinónimo de «plenitud» y «completitud»), neopitagórica (las «siete estrellas» como evocación de los siete planetas), judía (gematría como solución de criptogramas mediante asignación de valores numéricos a caracteres del alfabeto hebreo) y cristiana (transición gradual desde el culto sabatino al dominical). No faltan quienes se han interesado por el tono traumático que atraviesa el texto de cabo a rabo: cristiano en un mundo pagano y exiliado en una isla, el autor llora la persecución sufrida a manos de Roma en carne propia y en la de hermanos como Antipas (véanse 1,9 y 2,13). Imprescindibles y loables análisis que, por lo demás, suelen concluir la concordancia temática entre texto, autor y género: el objeto del vidente de Patmos es proclamar la venida del reino de Dios y garantizar a la

---

[135] También surgen textos apocalípticos en pleno ambiente cristiano, pero de corte gnóstico. Así, el Apocalipsis de Adán, maravillosa simbiosis de Génesis y Apocalipsis, describe la condición de los hombres en estado de ignorancia o muerte espiritual, pero presta particular atención a anticipar el día de la muerte física antes de la disolución del cosmos: entonces «nada aborrecible ha de habitar en su corazón, solo el conocimiento (γνῶσις) de Dios», Apocalipsis de Adán, C. W. Hedrick (ed.), p. 237; véase el comentario en pp. 160-163. En realidad, los primeros libros bíblicos antes mentados son considerados más bien antecedentes a la apocalíptica, literatura plenamente desarrollada por Daniel y otros apócrifos como el 1 Enoc. La apocalíptica es hija de la profecía (a la que sí pertenecen todos esos libros), pero también incorpora elementos sapienciales y una influencia helenística difícilmente rastreable en los textos bíblicos más antiguos.

Iglesia cristiana el triunfo final de la bondad no solo en el ámbito local e interregional, sino universal: su mensaje es individual y corporativo, pero también cósmico[136]. Aquí importa corroborar el aspecto mítico del Apocalipsis.

En efecto, en esta obra observamos lo indicado a propósito de los tiempos de la inmanencia y la trascendencia vistas en el tercer capítulo. Israel ha sufrido lo indecible: guerras arameas, dominio asirio, exilio babilónico, profecías incumplidas, oposición romana y espera prolongada de la parusía ('presencia'). ¿Por qué no dar alas a una situación positiva ajena a este mundo?, ¿por qué no sustituir la esperanza histórica por la escatológica? En este sentido, nuestro relato sería una «mitificación de la esperanza profética y, al mismo tiempo, una escatologización de los mitos cosmogónicos del mundo circundante»[137]. La propuesta no es descartable; a condición de no confundir mito con ilusión, sublimación o falacia.

Profetas ha habido siempre: escuchan y transmiten la revelación divina sobre el futuro; los apocalípticos, además, «ven» una revelación sobre las postrimerías, más allá de una apariencia incoherente que requiere una interpretación simbólica.

El texto heteróclito que nos ocupa comprende dos partes independientes, una epistolar (las cartas a las iglesias de Asia, 1-3) y otra visionaria con evidente función profética (4-22); en ambas los símbolos abundan por doquier. Me limitaré a la simbología cristológica, pues aquí, a diferencia de los Evangelios, Jesucristo sí aparece como prosopomito. Tomaré un extracto de la primera parte y otro de la segunda, suficientes para asimilar una idea del conjunto.

> Yo, Juan, [...] me encontraba en la isla llamada Patmos. [...] Caí en éxtasis el día del Señor, y oí detrás de mí una gran voz, como de trompeta, que decía: «Lo que veas escríbelo en un libro y envíalo a las siete iglesias». [...] Me volví a ver qué voz era la que me hablaba y al volverme vi siete candeleros de oro, y en medio de los candeleros como a un Hijo de hombre (Ap 1, 9-13).

---

[136] Véase R. H. Charles, *Lectures on «The Apocalypse»*, p. 74. Este mismo crítico ha dedicado numerosos estudios a proponer la ecdótica, la autoría y el referente histórico de los acontecimientos narrados en el Apocalipsis joánico; véase *Lectures on «The Apocalypse»*, *passim*. A. Yarbro Collins indaga el papel desempeñado por la simbología de los números (3, 4, 7, 12) y la designación del «Hijo del Hombre»; véase *Cosmology and Eschatology in Jewish and Christian Apocalypticism*, pp. 114-134, así como el trauma resultante de persecuciones reales, traducido en el anhelo de un reordenamiento político inmediato; véase *Crisis & Catharsis*, pp. 111-138. D. E. Aune profundiza en el significado de victoria y derrota escatológica a la luz de las persecuciones sufridas por los cristianos; véase *Apocalypticism, Prophecy and Magic in Early Christianity*, pp. 66-78. L. García Ureña ofrece claves rectoras: cómo la retórica del lenguaje testimonial determina las formas y recursos estilísticos de cara a la transmisión del mensaje; véase *El «Apocalipsis»: pautas literarias de lectura*, pp. 14-15 y 197-198.

[137] «l'apocalyptique apparaît comme une mythisation de l'espérance prophétique et, en même temps, comme une eschatologisation des mythes cosmogoniques du monde environnant», D. Chauvin, «Littératures apocalyptiques», p. 241. Efectivamente, los relatos apocalípticos judíos ejercían una fascinación innegable en las primeras comunidades cristianas, tanto por el «modelo de autoridad reveladora» como por el «modelo de autoridad literaria»; el Apocalipsis de Juan recoge ese atractivo y lo refleja en términos escatológicos de purificación y recompensa para los discípulos fieles; véase D. Frankfurter, «The Legacy of Jewish Apocalypses in Early Christianity», pp. 129-133.

El deportado distingue al Mesías como juez escatológico, al modo descrito siglos antes por Daniel («Yo seguía contemplando en las visiones de la noche: y he aquí que en las nubes del cielo venía como un Hijo de hombre», 7,13) y medio siglo antes por Jesús («pero el Hijo del hombre no tiene dónde reclinar la cabeza», Mt 8, 20). La simbología de sus atributos proporciona claves de lectura: la «túnica talar» indica el sacerdocio; el «ceñidor de oro», la realeza; «su cabeza y sus cabellos […] blancos», la sabiduría y la eternidad; «sus ojos como llama de fuego», la ciencia divina; «sus pies [como] de metal precioso acrisolado en el horno», la pulcritud y la inalterabilidad; «su voz como voz de grandes aguas» y «su rostro, como el sol cuando brilla con toda su fuerza», la majestad; la «espada aguda de dos filos» que sale de su boca, el poderío. La reaparición de estos atributos al comienzo de cada una de las siete cartas, una para cada iglesia, imprime consistencia al conjunto y provee de indicios para la hermenéutica de cada misiva. También lo confirma al final de cada epístola, remachada por promesas de bienaventuranza.

Fijémonos en la conclusión de la primera carta, dirigida a la iglesia de Éfeso: «Al vencedor le daré a comer del árbol de la vida, que está en el Paraíso de Dios» (Ap 2, 7). Reaparece aquí el árbol de Génesis 2, 9: no hay escatología sin cosmogonía. A lo largo del volumen nos hemos encontrado de manera recurrente con este árbol y con el de la «ciencia del bien y del mal» (ibid.), ya sea distinguidos (Frye), confundidos (Durand) o abandonados por Yahveh al Diablo (Madách), pero siempre anhelados:

> Era el Árbol que algunos llamaban del Bien y del Mal, aquel que otros decían el Árbol de la Vida, el árbol que muchos amaban como solo se puede amar a un viejo deseo[138].

Uno significa la inmortalidad (árbol de la vida), otro, el conocimiento (árbol de la ciencia), esto es, una vida plena y eterna en premio a una vida sabia (tal es la ciencia del bien). Junto al árbol, el agua de igual signo: «al que tenga sed, yo le daré del manantial del agua de la vida» (21, 6). En sentido paralelo al Génesis, relato de lo que ocurrió, el Apocalipsis anuncia lo que ocurrirá cuando el universo llegue a su término cósmico y el Señor vuelva; de ahí las expresiones arameas «¡Ven, Señor!» y «El Señor viene» («Marana tha» y «Maran atha», Ap 22, 20 y 2 Co 16, 22, en transliteración griega), fórmulas litúrgicas frecuentes en tiempos inmediatamente posevangélicos para remachar la esperanza de la parusía[139].

---

[138] A. M.ª Matute, *Aranmanoth*, VI, p. 98.

[139] La primera novela de la trilogía *Los gozos y las sombras*, de Torrente Ballester (1957-1962), lleva por título *El Señor llega*, tomado del volumen de cartas redactadas por el padre Hugo que fray Ossorio está preparando para su publicación, todas ellas centradas en la parusía de Jesús (p. 247). Pero el «señor» también designa a Carlos Deza, joven que acaba de romper con una relación sentimental y con su trabajo como psiquiatra en Viena. La imbricación imaginaria entre este protagonista y Jesús no puede ser más estrecha. Durante años, Pueblanueva del Conde ha sufrido la tiranía económica y sexual del cacique Cayetano Salgado, «el Anticristo», según don Baldomero (p. 177). Tras numerosos intentos frustrados por desembarazarse de la opresión, los habitantes del pueblo se convencen de que su salvación vendrá de fuera. En efecto, Deza es soltero, joven y regresa libre de toda traba (como Jesús, crecido en Galilea pero nacido en Judea, a donde vuelve para liberar al pueblo –la humanidad– del yugo del pecado). Tras varias escaramuzas, simbolizadas mediante asechanzas diabólicas de carácter onírico (p. 311), Carlos vence sucesivas batallas gracias a la palabra (el «Verbo») y el amor: devuelve

Después tuve una visión. He aquí que una puerta estaba abierta en el cielo, y aquella voz que había oído antes, como voz de trompeta que hablara conmigo, me decía: «Sube acá, que te voy a enseñar lo que ha de suceder después». Al instante caí en éxtasis. Vi que un trono estaba erigido en el cielo, y Uno sentado en el trono (4, 1).

La segunda parte del Apocalipsis, más extensa, ensancha considerablemente la perspectiva: pasamos de las siete iglesias de Asia menor al conjunto del universo. El Mesías aparece ahora adornado con joyas y fenómenos astrales (jaspe, cornalina, arcoíris), rodeado por sacerdotes («veinticuatro ancianos con vestiduras blancas y coronas de oro sobre sus cabezas») y cuatro ángeles que presiden el mundo físico («el primer viviente como un león; el segundo viviente, como un novillo; el tercer viviente tiene un rostro como de hombre; el cuarto viviente es como un águila en vuelo»), símbolos superlativos de nobleza, fuerza, sabiduría y agilidad, cuyas capacidades reenvían a Ezequiel 1, 5-7, y que más tarde Ireneo de Lyon identifica con los cuatro evangelistas.

Tras una doxología (herencia de Isaías 6, 3) y un rendido homenaje («Eres digno [...] de recibir la gloria, el honor y el poder»), accedemos a la parte propiamente profética, como reclama el género literario del relato. Juan nos ofrece su pronóstico mediante una encantadora combinación de argumentos:

Vi [...] un libro, escrito por el anverso y el reverso, sellado con siete sellos. [...] Pero nadie era capaz, ni en el cielo ni en la tierra ni bajo la tierra, de abrir el libro ni de leerlo. Y yo lloraba mucho porque no se había encontrado a nadie digno de abrir el libro ni de leerlo. Pero uno de los ancianos me dice: «No llores; mira, ha triunfado el León de la tribu de Judá, el Retoño de David; él podrá abrir el libro y sus siete sellos» (5, 1-5).

El «León», con su referencia al León de Judá (Gn 49, 9-10), es, paradójicamente, el «Cordero degollado» (5, 12, o «Cordero de Dios», Jn 1, 29) y, acoplado a la metáfora judía sobre el Mesías, el Pastor («los apacentará», 7, 17), dotado con plenitud de poder y conocimiento, como manifiestan sus «siete cuernos y siete ojos». A medida que el Cordero abre los siete sellos, desfilan otras tantas visiones –la más célebre de las cuales protagonizan los cuatro jinetes montados sobre un caballo blanco, rojo, negro y verdoso (guerra, muerte, hambre y peste)– seguidas, tras un solemne silencio, por el toque sucesivo de siete trompetas anunciadoras de la derrota definitiva de los enemigos, encabezados por el ángel caído (la «estrella [...] caíd[a] del cielo a la tierra», 9, 1).

La carga catequética (castigo y recompensa) siempre es puntuada por el aspecto cronológico. Los dos puntos focales del Apocalipsis (presente y futuro) señalan la dinámica general: el futuro será cualitativamente diferente del presente. En efecto, la situación histórica se encuadra dentro del marco del prólogo, las cartas a las iglesias y el epílogo (1, 1-3, 22, y 22, 10-21), en tanto que el tiempo escatológico fluye en el desarrollo del plan divino en el resto del texto (4, 1-22, 9).

---

de este modo la libertad a las mujeres, simbolizadas en Rosario, barragana de Cayetano (p. 346), y a los hombres, simbolizados en Paquito el Loco (p. 332). Así, la compilación epistolar generadora del título construye de modo metaliterario, en abismo, la tarea «redentora» acometida por el protagonista. Aun privada de relatos míticos, la novela remite de modo incontestable al Apocalipsis joánico.

Esta disposición textual no rompe, al contrario, la unión del conjunto, pues el concilio de las dimensiones presente y futura está relacionado con la disposición estratégica de los contendientes en el combate final, síntesis dinámica que preludia el advenimiento escatológico. A un lado del campo de batalla se encuentran el «Hijo», la «Mujer» y «Miguel» capitaneando a los 144.000 «seguidores» (12 tribus × 12 apóstoles × 1.000), esto es, miríadas de mártires marcados en su frente con el sello del Cordero (7, 4); al otro, el «Dragón», «la Gran Ciudad» y la «Bestia» guiando a sus seguidores marcados con «la cifra de su nombre», 666 (13, 18). Aquellos personifican a Cristo, la Iglesia y el pueblo santo; estos, a Satanás (la serpiente de Gn 3, 14-15, en interpretación cristiana), Roma y los anticristos.

Tras el mirífico choque y la victoria del Cordero sobre la gran Ramera (Babilonia o la idólatra Roma), asistimos al juicio de las naciones. Ante una gran muchedumbre en pie delante del trono, se abre «el libro de la vida»:

Y el mar devolvió los muertos que guardaba, la Muerte y el Hades devolvieron los muertos que guardaban, y cada uno fue juzgado según sus obras. La Muerte y el Hades fueron arrojados al lago de fuego –este lago de fuego es la muerte segunda– y el que no se halló inscrito en el libro de la vida fue arrojado al lago de fuego (20, 13-14).

Conviene recordar aquí lo dicho sobre el tiempo escatológico, inmensurable, infinito e inasible por la historia secuencial. El mar, igualmente infinito, regurgita a los condenados para no recuperarlos nunca («muerte segunda»); los réprobos conocen entonces con espanto el amargor de un tiempo final absoluto, solo descriptible por las palabras escritas sobre el dintel a la entrada del Infierno: «¡perded cuantos entráis toda esperanza!»[140].

Este tiempo escatológico enmarca la gran visión terminal:

Luego vi un cielo nuevo y una tierra nueva –porque el primer cielo y la primera tierra desaparecieron, y el mar no existe ya. Y vi la Ciudad Santa, la nueva Jerusalén, que bajaba del cielo, de junto a Dios, engalanada como una novia ataviada para su esposo. [...] Entonces dijo el que está sentado en el trono: «Mira que hago un mundo nuevo» (21, 1-5).

Cielo y tierra renovados dan una clave para descifrar el libro. Todo el Apocalipsis, subraya repetidas veces Frye, está destinado a revelar el «verdadero sentido de las Escrituras»[141]. Los portentos narrados no deben extraviar al lector o al oyente: solo una lectura simplista invocaría la expectativa de una revolución inminente. La renovación de la tierra y de su orden natural simboliza el descarte del antiguo modo de mirar al mundo: en adelante el hombre ya no está confinado en el tiempo y la historia habituales y contingentes (especie de pantallas a las que había conferido estatuto de realidad única y absoluta). Dicho de otro modo, más allá del aspecto panorámico de este apocalipsis (limitado por las bambalinas del presente y del futuro inmediatos), emerge el aspecto

---

[140] Dante, *Divina comedia*, *Infierno*, III, 9, A. Echeverría (trad.), p. 16; «Lasciate ogni speranza, voi ch'intrate», N. Sapegno (ed.), p. 30.

[141] N. Frye, *The Great Code*, p. 135; un sentido caracterizado por una «fuerza ascensional» («upthrust»), escribe este crítico en otro lugar, *Words with Power*, p. 265.

restaurador del árbol de la vida y del agua de la vida, los dos elementos de la creación original; estamos ante una recreación o metamorfosis ascensional de la que solo conocemos el principio: un apocalipsis panorámico abre paso a otro apocalipsis existencial. La antigua Eva y el antiguo Adán del Génesis son sustituidos por la nueva Eva (María, *mater Ecclesiæ*) y el nuevo Adán (Cristo); la Jerusalén antigua por la nueva (la ciudad de la tierra por la ciudad de Dios), lo antiguo por lo nuevo, en un tiempo inimaginable porque, aunque definitivo, carece de fin.

Conclusión

Todo es cuestión de trascendencia. Trascendencia sobrenatural, sagrada, numinosa. No de otras trascendencias: ni gnoseológica del idealismo filosófico (creadora de mundos mentales porque acusa su incapacidad para acceder a la realidad de este), ni antropológica (reflejo de las angustias más perentorias del carácter de una época o una colectividad), ni fantástica (propia de la imaginación plástica y no sagrada o del género canónico correspondiente), ni religiosa (referida a un mundo venidero, materialmente inaccesible).

El mito no es soluble en la inmanencia: cuestión de trascendencia sobrenatural absoluta, separada de las fantasías imaginativas y de las ilusiones ópticas tanto individuales como colectivas. Y, de pronto, ese mundo trascendente sobrenatural y absoluto entra en contacto con otro semejante al nuestro; no en contacto imaginario o soñado, ni tampoco superficial o epitelial, sino de manera existencial: dos mundos en un mismo tiempo y en un mismo lugar: *hic et nunc*.

Impacto de dos mundos. Estamos lejos de la imaginación romántica y simbolista; asistimos a la confluencia de dos realidades heterogéneas. De esa embestida instantánea, imprevista, brutal, nace la tensión mítica, que atenaza al lector o al espectador y lo suelta, entumecido y agarrotado, una vez desaparecido el mundo sobrenatural. El latigazo mítico deja marcado al personaje de ficción: sobrecogido y atónito, si estaba predispuesto a entrar en relación con el otro mundo; escéptico y socarrón, si prefiere seguir tenazmente su camino mundano.

Todos los casos son posibles. El personaje puede asumir la existencia de otro mundo y comportarse en consecuencia (Don Juan en la obra homónima de Delteil); puede aceptar la existencia del otro mundo, pero rehuir sus conminaciones (Don Juan de Tirso); puede, incluso, negar esa trascendencia (Dom Juan de Molière), retarla (Don Giovanni de Mozart) y pretender humillarla (Don Juan de Pushkin), y puede, finalmente, escamotearla (Don Juan de Frisch, Lenau o Montherlant). La trascendencia permanecerá impertérrita, y el protagonista deberá lidiar con ella a fuerza de brazos o se dará por vencido.

La trascendencia es siempre problemática. La lectura e interpretación de textos míticos en el mundo poscristiano no plantean menos problemas que la lectura e interpretación de textos igualmente míticos en los siglos posteriores a la caída del Imperio romano. A ellos, la mitocrítica cultural viene a aportar soluciones. Este volumen no ha propuesto tener fe en los dioses, ni en Dios, ni en una vida más allá fusionada con el polvo cósmico; solo ha sostenido que tanto una lectura ligera y desenvuelta de los textos míticos como una lectura erudita e histórica poco rigurosas yerran su cometido de medio a medio. El recurso a diversas disciplinas y a textos de múltiples lenguas, tiempos y latitudes no ha obedecido a un prurito de polimatía, sino a motivos heurísticos: manifestar la intimación homogénea que anima los relatos míticos. De una manera u otra, todos estos relatos nos conminan a tomar en serio la postulación de otro mundo que recuerda, de modo *performativo* en el ámbito de la ficción, una responsabilidad más íntima.

Reflexiones poéticas, sin duda; frente a la fraseología de la teología, la poesía del mito. También la estética cuenta, por derecho propio, con un lugar en la mitocrítica cultural, pero no para darle una pátina al mito. Los saltimbanquis de circo se retuercen, doblan y entrelazan, se lanzan unos contra otros, dan brincos sobre sus pies doloridos y están obligados, bajo la mirada severa del capataz, a esbozar una sonrisa para que el público voluble no repare en su desgana marchita... A diferencia del ángel de Rilke, que desde lo invisible les infunde una nueva energía y los eleva por los aires, en el mito hay irrupción de un personaje procedente de un extramundo corporeizado, visible, que modifica el curso y el sentido de la acción. El lector y el crítico experimentan el choque mítico entre dos mundos, hasta entonces inconexos entre sí.

La crítica ha estallado en la segunda mitad del siglo XX dejándonos grandes investigadores de la literatura clásica, moderna y contemporánea; todos han contribuido al desarrollo de la disciplina: han establecido sistemas paradigmáticos y han evidenciado el significado de los relatos míticos en función de sus fuentes, su evolución y su contexto. Algunas de sus opiniones han sido puestas a contribución porque, aquí está su mérito, no se han servido del mito para afianzar otras disciplinas.

Qué duda cabe de que las teorías sobre el pensamiento simbólico, las creencias religiosas, el inconsciente y el imaginario colectivo, la sociología, la historia, la filosofía, la antropología estructural, el estructuralismo lingüístico, las estética de la lectura y la recepción, así como las sabias reflexiones sobre los estudios culturales han sido de gran utilidad para este libro y lo seguirán siendo a muchos investigadores que tomen el relevo.

Cuando ha sido el caso, me ha parecido oportuno señalar las ideologías que lastran algunos enfoques del mito (idealismo autorreflexivo, positivismo cientificista, relativismo radical). Las diferentes lógicas de la inmanencia, bifurcadas en dos concepciones antagónicas (la inmanente trascendente y la inmanente existencial), si no son abiertamente antimíticas, están incapacitadas para entender el mito definido por la mitocrítica cultural. Los extremos se tocan: como hemos visto, esencialismos y existencialismos de ayer y de hoy solo proponen aproximaciones tangenciales al mito, aun cuando, por diversos motivos, meramente instrumentales y retóricos las más de las veces, recurren a él de continuo. Sin embargo, su estudio es sumamente útil en mitocrítica, porque muestra, por relación de oposición, la inmarcesible necesidad de la trascendencia incluso en una sociedad arraigada en la inmanencia. Entretanto, la trascendencia respira a pleno pulmón en los textos propiamente míticos, se oxigena a duras penas en los que le escatiman el aire, da sus últimos estertores en los que la ahogan. Todos, cada uno a su manera, pertenecen al ambiente de la mitocrítica.

* * *

Paralelo al *hic et nunc* del acontecimiento extraordinario, discurre siempre uno de los dos tiempos míticos: *in illo tempore* e *in tempora futura*. No se trata de tiempos pasados ni de tiempos futuros en el decurso histórico de la humanidad; más allá de los milenios y las edades, más allá, incluso, de las eras en las que se conformó nuestro universo o por las que habrá de pasar, el tiempo mítico es igualmente trascendente y absoluto, escindido de nuestras coordenadas espacio-temporales. Y, paradójicamente, no es menos nuestro: el mito lanza destellos caleidoscópicos sobre el origen del cosmos, de los dioses y de los hombres, sobre el destino individual y colectivo. No exijamos al mito una desvelación histórica de lo que pasó ni de lo que pasará; lo hace como sabe, analéptica o prolépticamente.

En su *Teogonía*, Hesíodo nos cuenta que Zeus Olímpico impuso el imperio de la ley y el orden en el universo. Hay una sutil cadena que une el mundo mítico con el nuestro, pero sería infantil esperar que el mito hablara nuestro lenguaje, como satiriza Víctor Hugo a propósito de la semana creadora del Génesis: «¡De modo que el infinito llega hasta el séptimo día!» *(Religiones y religión)*. Cierto: no estamos en condiciones de imponer nuestro calendario a los tiempos míticos. El mito desconoce nuestras mensuraciones («Porque mil años ante tus ojos son como el día de ayer que ya pasó, y como una vigilia de la noche», Sal 90, 4); no condesciende con nuestras impaciencias (a la pregunta «Señor, ¿es ahora cuando vas a restaurar el reino de Israel?», el protagonista de *Los gozos y las sombras* responde con el título del epistolario del padre Hugo: *El Señor llega*); ni comparte nuestras dimensiones raquíticas («Estás condenado a errar por tu esfera, hasta que el último sonido de trompeta llegue a la tumba», G. Croly, *El ángel del mundo*). Eso sí, el mito recuerda que habrá un final (cuando Skol y Hati devoren el Sol y la Luna/ Máni, *Edda mayor*). Acostumbrado a conseguir todo con técnica y dinero, el hombre occidental contemporáneo está mal preparado para saborear la médula del mito; ha empequeñecido su mundo y su mentalidad a lapsos temporales y dimensiones espaciales ridículos en comparación con la grandiosidad del mito.

* * *

Y la luz se hizo. La trascendencia cosmogónica y escatológica sería vana si no nos contara algo nuevo y verdadero. El positivista cateto se mofa de quien le habla de una verdad distinta de la empírica, el místico gazmoño desconfía de la ciencia y otras creencias, el pagano iluminado se desentiende del mundo al que pretende pastorear: cada uno en su ilusión. Obtusos, no han aprendido que existe –paralela al respeto mutuo de los respectivos campos de estudio– una *coincidentia oppositorum*, una armonía posible entre las ciencias empíricas y humanas, entre las esferas experimental, religiosa y mítica.

Resulta que en la mitología no bastan estudios, talento y medios: es necesaria además una gran humildad para aceptar la propia limitación ante la inmensidad; no queramos imponer al Cielo nuestro antojo, como Don Juan, que exige avisos inequívocos (Molière, *Dom Juan*). Sobre todo, se precisa algo que suena a tara en el ámbito universitario hoy día: una apertura al misterio. Por suerte, la divinidad no se desvela tal cual es. Más vale: «si un ángel me cogiera de repente y me llevara junto a su corazón, yo perecería por su existir más potente. [...] Todo ángel es terrible» (Rilke, *Elegías de Duino*). Obsesionados con nuestro mundo material, hemos jibarizado el existente; lógico: los humanos no pueden soportar demasiada realidad (T. S. Eliot, *Cuatro cuartetos*).

La doctrina, la ciencia y la ideología han sustituido al mito. Los hombres profieren verdades, cada uno según su modo y según su lenguaje. La mayoría tira por un solo carril, solo sabe ir por su vía e, ingenua, exige que los demás se conformen a su andadura: antaño, la mitológica; después, la teológica; hoy, la relativista. No se percata de que conviene combinar unicidad con diversidad.

Al cientificista resabiado corresponde el intolerante en los ámbitos religioso y mitológico. De igual modo que no se puede dogmatizar en todo, tampoco se deben leer los mitos de modo literal o presupuestario. Las hermenéuticas en las ciencias humanas no son facultativas: hemos de utilizarlas si no queremos cometer errores de bulto. El detenido y respetuoso análisis textual abre el espíritu para las correspondientes lecturas metafóricas, alegóricas, anagógicas y mistagógicas. ¿Cómo sabremos que no nos hemos descarriado? Cuando nuestra lectura y nuestra vida se hayan abierto a la profundidad del mito y, con ella, a su enigma. La mujer o el hombre que no acepten el misterio están impedidos para la auténtica ciencia; peor aún, no podrán desarrollarse como mujer cabal, como hombre cabal. Tenemos por delante una fascinante tarea humanista.

Agradecimientos

Se imponen aquí, gustosamente, los reconocimientos a diversas instituciones:

1. Ministerio de Ciencia e Innovación, financiador del Proyecto nacional de investigación I+D+I *Antropología mítica contemporánea* (ref. HUM.2007-62226), compuesto por 29 miembros de 4 universidades, 6 facultades y 11 departamentos, durante los años 2007-2011.

2. Ministerio de Economía y Competitividad, financiador del Proyecto nacional de investigación I+D+I *Nuevas formas del mito: una metodología interdisciplinar* (ref. FFI 2012-32594), compuesto por 38 investigadores de 10 universidades, 16 facultades y 23 departamentos, durante los años 2013-2015.

3. Comunidad de Madrid (Consejería de Ciencia, Universidades e Innovación) y Fondo Social Europeo, financiadores de sendos Proyectos de investigación del Programa de actividades de I+D entre grupos de investigación: *Acis & Galatea: actividades de investigación en mitocrítica cultural* (ref. S2015/HUM-3362), compuesto por 125 investigadores, miembros de 10 Grupos de Investigación y diez entidades públicas y privadas (2016-2019), y *Aglaya: estrategias de innovación en Mitocrítica Cultural* (ref. H2019/HUM-5714), compuesto por 150 investigadores, miembros de 13 Grupos de Investigación y 28 entidades públicas y privadas (2020-2023). El presente volumen está parcialmente financiado por la Comunidad de Madrid y el Fondo Social Europeo a través de estos dos Proyectos.

4. Universidad Complutense de Madrid y Banco de Santander, financiadores de *ACIS. Grupo de Investigación de Mitocrítica* (ref. 941730), incluido en el «Campus de Excelencia Internacional» y compuesto por 40 investigadores de 6 universidades, 8 facultades y 17 departamentos, desde 2009 hasta hoy.

5. *Amaltea. Revista de Mitocrítica* (ISSN 1989-1709), que desde 2008 publica anualmente en acceso libre un número monográfico, además de otros artículos de miscelánea, y se ha convertido en una referencia obligada de la reflexión en mitocrítica.

6. Asteria. Asociación Internacional de Mitocrítica, fundada en 2011 y con sede social en Madrid (reg. n.º 597347), que desarrolla una amplia labor de difusión de la investigación en mitocrítica a todos los niveles mediante la convocatoria de certámenes de creación artística, ayudas a la investigación en mitocrítica y congresos de mitocrítica: I Congreso Internacional de Mitocrítica («Mito y subversión en la novela contemporánea», Universidad Complutense, 09-11/03/2011); II Congreso («Mito e interdisciplinariedad», Universidad Complutense, 29-30/10/2012); III Congreso («Mitos en crisis, la crisis del mito», Universidad Complutense, 21-24/10/2014»); IV Congreso («Mito y

emociones», Universidad Complutense, 24-28/10/2016); V Congreso («Mito y creación audiovisual», Universidades de Alcalá, Autónoma de Madrid, Francisco de Vitoria y Complutense, 15-26/10/2018); VI Congreso («Mito y ciencia ficción», Universidad Complutense, 27-30/10/2020) y VII Congreso («Mito: teorías de un concepto controvertido», Universidad Complutense, 25-28/10/2022).

7. Salta a la vista la importancia de la Universidad Complutense de Madrid, que nunca ha escatimado recursos humanos y materiales para ayudarme en esta investigación a través de los Vicerrectorados de Investigación, de Cultura y de la Fundación General. Mención especial merecen el Departamento de Estudios Románicos, Franceses, Italianos y Traducción (pienso con gusto en sus directoras, María Dolores Picazo, Marisa Guerrero y Barbara Fraticelli) y el Instituto de Ciencias de las Religiones (recuerdo con agrado a Juan Antonio Álvarez-Pedrosa y Fernando Amérigo), ambos de la Facultad de Filología: su acogida y apoyo han sido incondicionales desde mi incorporación en 1993 y 2017 respectivamente. Con la mención de los sucesivos decanos de la Facultad de Filología pretendo abarcar al resto de apoyos institucionales: Pilar Saquero (q.e.p.d.), Dámaso López y, en particular, Eugenio Luján han mostrado en todo momento una cordialidad inolvidable.

8. Hago extensivo este agradecimiento a las universidades que me han acogido durante una larga década (la Sorbona, Harvard, Montreal, Oxford), y de modo particular al Instituto de Estudios Avanzados de la Universidad de Durham, donde comenzó el último impulso de este trabajo.

Este volumen obedece tanto a la reflexión como al diálogo. Los compañeros que apostaron por los sucesivos proyectos que fui dirigiendo me sostuvieron con su ayuda intelectual y su comprensión incondicional; no tengo una sola queja de ninguno de ellos y todos son, de uno u otro modo, corresponsables de este libro.

Vayan mis agradecimientos a quienes han formado parte del círculo más estrecho entre los proyectos de investigación ministeriales y el grupo de investigación que he tenido el honor de dirigir: Ana Abril, Rosa Affatato, Mercedes Aguirre, Carmen Alonso, Manuel Álvarez Junco, Carlos Ansótegui, Guadalupe Arbona, André Azevedo, Antonio Ballesteros, Eugenio Bargueño, Esther Bautista, Lidia Benavides, Elena Blanch, Jorge Blas, Richard Buxton, Denis Canellas de Castro, Francisco Javier Capitán, Silviano Carrasco, Lourdes Carriedo, Carlota Cattermole, María Celaya, M.ª Ángeles Chaparro, Alberto Chinchón, José María Contreras, Cristina Coriasso, Laura de la Colina, Eusebio de Lorenzo, Cristina del Pino, Pierre-Jean Dufief, Ángel Luis Encinas, Marta Fernández Bueno, Paula Fernández García, Dolores Fernández, Javier Fernández Vallina, Isabel Fornié, Aida Furnica, María del Val Gago, Montaña Galán Caballero, Ana Gallinal, Isabel García Adánez, Susana García Hiernaux, Germán Garrido, Miguel Gómez Jiménez, Carmen González Castro, Juan González Etxeberria, Isabel González Gil, Isabel Granda, María Luisa Guerrero, Marta Guirao, Ute Heidmann, Richard Hibbit, Francisco Holgado-Sáez, Mehmet Ilgürel, Violeta Izquierdo, Ana Isabel Jiménez, Penelope Kolovou, Valeria Kovachova, Ana Lambea, Ramón López de Benito, Cláudia Malheiros, María del Mar Mañas, Isabelle Marc, Rut Martín, María José Martín Velasco, Patricia Martínez, M.ª Elena Martínez, Luis Martínez Victorio, Gregoria Mateos-Aparicio, Germán Molina, Carmen Morenilla, Cristina Naupert, Gema Navarro, Silvia Nuere, Manuel Pacheco, Marta Peinado, Paloma Peláez, Mercedes Pérez Agustín, M.ª Dolores Picazo, Luis Priego, M.ª del Mar Revilla, Esclavitud Rey Pereira, Juan Carlos Ruiz, Rafael Ruiz, Macarena Ruiz, Mónica Désirée Sánchez Aranegui, Rosario Scrimieri, Pedro Terrón, Paz Tornero, Eva Tresánchez, Antonio Valle, Eduardo Valls, Ana Valtierra, Daniel Vela, Miguel Vila y Cristina Vinuesa.

De los proyectos *Acis & Galatea* y *Aglaya* que he dirigido (ambos de la Comunidad de Madrid, con un total de doscientos setenta y cinco miembros), solo mentaré a los Investigadores Principales de los diferentes Grupos de Investigación, cuya amistad y colaboración han sido cruciales para mi progresiva comprensión del fenómeno mítico: Eva Aladro (U. Complutense), Antonio Alvar (U. de Alcalá), Jaime Alvar (U. Carlos III), Diana Angoso de Guzmán (U. Nebrija), Susanne Margret Cadera (U. de Comillas), Paloma Díaz-Mas (CSIC y RAE), Carmen Flys Junquera (U. de Alcalá), Nicolás Grijalba (U. Nebrija), Montserrat López Mújica (U. de Alcalá), Pablo López Raso (U. Francisco de Vitoria), Amelia Meléndez Táboas (U. Nebrija), Esther Sánchez-Pardo (U. Complutense), Enrique Santos Marinas (U. Complutense) y José María Zamora (U. Autónoma de Madrid).

Estas páginas deben mucho a las reflexiones nacidas con motivo de invitaciones en numerosas universidades para pronunciar conferencias y seminarios sobre la mitocrítica cultural; a continuación menciono alfabéticamente a los colegas que han apostado por estas iniciativas, seguidos de sus respectivas universidades: Luz Eugenia Aguilar González (U. de Guadalajara, México), Saul Andreetti (U. de Essex y U. de Bolonia), Peter Arnds (Trinity College Dublin, Irlanda), David Felipe Arranz (U. Carlos III), Tarek Bouattour (U. de Cartago, Túnez), Margherita Cannavacciuolo (U. Ca' Foscari de Venecia), Ruth Fine (U. Hebrea de Jerusalén), Véronique Gély (U. de La Sorbona), Gunnþórunn Guðmundsdóttir (U. de Islandia), Elvia Guadalupe Espinoza Ríos (U. de Guadalajara, México), Gabriella Giansante (U. G. d'Annunzio, Italia), Ruth Gutiérrez (U. de Navarra), Jan Herman (U. Católica de Lovaina, Bélgica), Benedikts Kalnačs (U. de Letonia, Riga), Roderik Main (U. de Essex, RU), Emmanuel Marigno (U. Jean Monnet-Saint-Étienne, Francia), Eloy Martos (U. de Extremadura), Montserrat Morales Peco (U. de Castilla-La Mancha), Said Mosbah (U. de Cartago, Túnez), Concepción Pérez (U. de Sevilla), Ignacio Ramos Gay (U. de Valencia), Carmen Rivero (U. Westfälische Wilhelms, Münster), François Roudaut (U. Paul Valéry – Montpellier 3), Hélène Rufat (U. Pompeu-Fabra), Michael Rössner (U. Ludwig-Maximilians, Múnich), Gino Scatasta (U. de Bolonia), Robert Segall (U. de Aberdeen, RU), Guadalupe Seijas (U. Complutense), Montserrat Serrano (U. de Granada), Sérgio Guimarães de Sousa (U. do Minho, Portugal) y Pilar Úcar (U. de Comillas).

Mis agradecimientos también se dirigen a quienes, en largas y reposadas conversaciones, han contribuido a la buena marcha de la reflexión en torno a la mitocrítica: Francis Assaf (U. de Georgia, EEUU), Madeleine Bertaud (U. de Nancy), Gabriel-Aldo Bertozzi (U. G. d'Annunzio, Italia), Jan Clarke (U. de Durham, RU), David Hernández (U. Complutense), Indrani Mukherjee (U. Jawaharlal Nehru, India), Steve Myers (U. de Essex), Pietra Palazzolo (U. de Essex), Nickolas Roubekas (U. de Viena), Sanghita Sen (Kalyani Government Engineering College, India), Jean-Jacques Wunenburger (U. Jean Moulin, Lyon 3), etcétera.

De intento he dejado para el final un reconocimiento particular a quienes han aportado, junto a su perenne amistad, una ayuda insustituible, ora en forma de reflexión y diálogo, ora en forma de revisión y corrección, para la concepción y configuración final del volumen (el orden de enumeración es meramente alfabético): Julia Aldama (que en el último tramo del trabajo ha supuesto un apoyo sólido y reconfortante ante la avalancha de quehaceres inesperados), Guillermo Alvar Nuño (que ha revisado con detenimiento los dos últimos capítulos del volumen), Pilar Andrade (cuyos comentarios a la introducción general y al componente emocional del mito han alumbrado ideas inesperadas), Alberto Filipe Araújo (perito sin igual en las teorías del imaginario según los universitarios europeos), Berta Ares (cuya relectura serena del manuscrito ha inspirado confianza en la fundamentación de afirmaciones osadas), José María Barrio (faro que me ha ilustrado para esquivar determinadas expresiones inexactas en el terreno filosófico), Alberto Bernabé (que ha corregido con su habitual perspicacia una serie de errores sobre la literatura griega), Esther Borrego (cuyas indicaciones han acrecido el examen riguroso de algunos textos del Siglo de Oro), Andrew C. Breeze (al que debo numerosas precisiones sobre la literatura en las diversas lenguas celtas), Pierre Brunel (insigne comparatista de los mitos, que desde 1986 me ha proporcionado un ejemplo sin parangón de esfuerzo y generosidad), Leon Burnett (cuya sencilla y erudita conversación ha colaborado en mi conformación de varios principios de la mitocrítica), Vicente Cristóbal (docto conocedor de la cultura latina siempre dispuesto a pulir mis perspectivas sobre el mito), Javier del Prado (que me ha proporcionado, además de su incólume amistad, finos análisis sobre el fenómeno literario), Rosa Falcón (apasionada investigadora cuya lucidez sin par ha sugerido incesantes avances en mi reflexión antropológica y social), Rosa Fernández Urtasun (que desde 1990 no ha dejado de apoyar diferentes empresas investigadoras y ha leído con agudo sentido común y crítico el texto original de este volumen), Macarena García García (cuyas penetrantes observaciones han asegurado la autenticidad y robustez del acercamiento a los antiguos textos hebreos, bíblicos y apócrifos), Juan José García Norro (por su lectura atenta de los pasajes relacionados con las mitologías de la inmanencia), Adrián García Vidal (que me ha sugerido nuevos campos de investigación de la más rabiosa actualidad y ha soportado con paciencia inquebrantable mi natural vehemencia), Véronique Gély (que siempre ha recibido con simpatía y clarividencia intelectual mis propuestas de mitocrítica), Arno Gimber (que ha contrastado mis ideas sobre Nietzsche en el crisol de sus extensos conocimientos sobre este autor), Carmen Gómez (que ha releído, con su amable seriedad de germanista, las páginas sobre Wolfram von Eschenbach, Hegel, Jean Paul, Freud, Heidegger y Thomas Mann), Ana González-Rivas (cuya disponibilidad sin parangón ha permitido que muchas iniciativas académicas y mitológicas hayan salido adelante), Rebeca Gualberto (lúcida en sus acercamientos a la crítica sobre el tema mítico de la tierra baldía y cimiento ideal para asegurar la prosecución de *Amaltea. Revista de Mitocrítica*), André Labertit (que me ha ayudado a comprender, gracias a sus vastos e inigualables recursos epistemológicos de análisis literario, la importancia de decantar los distintos correlatos imaginarios), Antonella Lipscomb (sostén insustituible en seis congresos de mitocrítica y en tantas otras pequeñas labores necesarias para avanzar en la investigación de calidad), Carolina López Fic (precioso apoyo sobrevenido en la última hora para el establecimiento de las entradas en el índice analítico), Asunción López-Varela (que me ha enseñado a ampliar el espectro de estudio en los capítulos de la Introducción y a acoger sin restricciones a todos los estudiantes), Ignacio Márquez Rowe (por sus acertadas puntualizaciones sobre la antigua cultura de Oriente Próximo), Raquel Martín Hernández (lectora idónea de las páginas dedicadas a la magia), Jon Mentxakatorre (cuya familiaridad sin par con la obra de Tolkien ha reconducido acertadamente varias afirmaciones desorientadas), José Antonio Millán (que desde 1991 me ha abierto un amplio surco contra viento y marea, tanto en el proceloso mar universitario como en la profunda reflexión intelectual), Francisco Molina Moreno (garantía inigualable de todas estas páginas gracias a su munificente erudición), Esther Navío (que con su metódica tenacidad e ilimitada disponibilidad doblegó los obstáculos de la primera hora para que nacieran Acis, *Amaltea* y Asteria), Paloma Ortiz de Urbina (que me ha iluminado con rara esplendidez en la comprensión de Wagner), Luis Alberto Pérez-Amezcua (incondicional y ardoroso compañero en múltiples iniciativas de mitocrítica, incluidos los viajes docentes a México), Carlos Sánchez Pérez (revisor exquisito del apartado sobre el esoterismo), Luis Unceta (que me ha ayudado inteligentemente a matizar mis ideas sobre la relación entre mito y ciencia ficción) y Metka Zupančič (cuyo entusiasmo inmerecido me ha permitido descubrir facetas desconocidas en la mitocrítica y acceder a colegas de diversas latitudes).

Bibliografía

Esta selección únicamente incluye los textos y los estudios citados en el volumen (con excepción de los del autor, que solo aparecen aquí referenciados, no en el volumen).

TEXTOS LITERARIOS[1]

ADAM DE LA HALLE, *Le Jeu de la feuillée. Le Jeu de Robin et Marion*, Antonia Martínez Pérez y Concepción Palacios Bernal (ed. bilingüe y trad.), Murcia, Universidad de Murcia, 1989.

AGUIRRE, Francisca, *Ítaca*, Madrid, Tigres de papel, 2017 [1972].

Andanzas y prodigios de Ben-Sirá. Edición del texto judeoespañol y traducción del texto hebreo, Elena Romero (ed. y trad.), Madrid, Consejo Superior de Investigaciones Científicas, 2001.

ANDRADE, Mário de, *Macunaíma, o herói sem nenhum caráter*, Río de Janeiro, Editora Nova Fronteira, 2013.

ANOUILH, Jean, *Antigone*, París, La Table Ronde, 2008.

Antología Palatina (Epigramas helenísticos), Manuel Fernández-Galiano (ed. y trad.), Madrid, Gredos, 1978.

ANTONINO LIBERAL, *Metamorfosis*, José Ramón del Canto Nieto (ed. y trad.), Madrid, Akal, 2003.

Apocalypse of Adam (The): A Literary and Source Analysis, Charles W. Hedrick (ed.), Eugene (OR), Wipf & Stock Publishers, 2005.

Apócrifos del Antiguo Testamento, Alejandro Díez Macho y Antonio Piñero (eds. y trads.), Madrid, Ediciones Cristiandad, 2009, 6 vols.

Apocryphal Old Testament (The), Hedley Frederick David Sparks (ed.), Oxford, Clarendon, 1984.

---

[1] Esta sección contiene tanto los textos de ficción como los de literatura en el sentido tradicional del término. Dada la concepción unitaria del mito en el volumen, ha parecido conveniente ofrecer todos los textos (antiguos, medievales, modernos y contemporáneos) en un solo listado. Las obras anónimas y las antologías aparecen bajo su título (*Beowulf*, Biblia, *Estoire del Saint Graal*, *Fragmentos de épica griega arcaica*, *Mil y una noches*). En reducidos casos, algunos autores aparecen, debido al carácter antológico de la edición utilizada (p. e., Camus) o a la vertiente polifacética de su escritura (p. e., Dante, Tolkien), tanto aquí como en la bibliografía crítica.

Apolonio de Rodas, *The Argonautica*, George W. Mooney (ed.), Londres, Longmans, Green & Co., 1912.
– http://www.perseus.tufts.edu/
—, *Las Argonáuticas*, Manuel Pérez López (ed.), Madrid, Akal, 1991.

Apuleyo de Madauros, *Las metamorfosis o El asno de oro*, Juan Martos (ed.), Madrid, Consejo Superior de Investigaciones Científicas, 2003, 2 vols.

Ariosto, *Orlando furioso*, Cesare Segre y M.ª de las Nieves Muñiz (eds.), 2002, Madrid, Cátedra, 2002, 2 vols.

Arteche, Miguel, *Fénix de madrugada*, Santiago de Chile, Ediciones Rumbos, 1994.

Asimov, Isaac, *Foundation. Foundation and Empire. Second Foundation*, Michael Dirda (intr.), Nueva York, Everyman's Library, 2010.

Asturias, Miguel Ángel, *Hombres de maíz*, José Mejía (ed.), Madrid, Cátedra, «Letras Universales», 2014.

Ateneo de Naucratis, *The Deipnosophists, or Banquet of the Learned of Athenaeus*, Londres, Henry G. Bohn, 1854.
– http://www.perseus.tufts.edu/

Atwood, Margaret, *The Penelopiad*, Edimburgo/Nueva York/Melbourne, Canongate Books, 2005.
—, *Penélope y las doce criadas*, Gemma Rovira Ortega (trad.), Barcelona, Ediciones Salamandra, 2005.

Balzac, Honoré de, *La Peau de chagrin*, Pierre Citron (ed.), en Études philosophiques, en *La Comédie humaine*, Pierre-Georges Castex *et al.* (eds.), París, Gallimard, 1979, t. X.
—, *La Recherche de l'Absolu*, Madeleine Ambrière (ed.), en *ibid.*

Barrès, Maurice, *Le Voyage de Sparte*, París, Émile-Paul, 1906.

Basile, Giambattista, *Il Pentamerone, ossia La fiaba delle fiabe*, Benedetto Crocce (trad. e intr.), Italo Calvino (pref.), Roma y Bari, Laterza, 1974, 3 vols.

Baudelaire, Charles, *Œuvres complètes*, Claude Pichois (ed.), París, Gallimard, 1976, 2 vol.

Beaujoyeux, Baltasar de, *Balet Comique de la Royne*, París, Adrian le Roy *et al.*, 1582.

Benedeit, *El viaje de san Brandán*, María José Lemarchand (pról. y trad.), Madrid, Siruela, 1986.

Beowulf: A Student Edition, George Jack (ed.), Oxford, Clarendon Press, 1997, 2.ª ed. [1994].
– *Beowulf y otros poemas anglosajones (siglos VII-X)*, Luis Lerate y Jesús Lerate (trad.), Madrid, Alianza, 1999 [1986].

Berling, Peter, *Los hijos del Grial*, Helga Pawlowski (trad.), Barcelona, Random House Mondadori, 1996 [1991].

Berosi Chaldei fragmenta, en Jo. Alberti Fabricii, *Bibliotheca Graeca*, Hamburgi, Sumtu Viduæ Felgineriæ,1728, t. XIV.

Beroul, *Tristan*, en *Tristan et Yseut. Les «Tristan» en vers*, Jean-Charles Payen (ed.), París, Éditions Classiques Garnier, 2010.

Bertière, Simone, *Apologie pour Clytemnestre*, París, Éditions de Fallois, 2004.

Bertozzi, Gabriel-Aldo, *Arcanes du désir*, París, L'Harmattan, 2018.

Biblia de Jerusalén, nueva ed., José Ángel Ubieta (dir.), Bilbao, Desclée De Brouwer Española, 1975. Traductores de los textos referenciados:

– Antiguo Testamento. José Goitia: *Éxodo*; Andrés Ibáñez: *Números, Jueces y Proverbios*; José Luis Malillos: *1 Macabeos*; Jesús Moya: *Génesis, Isaías y Jeremías*; Manuel Revuelta: *Job, Salmos, Ezequiel y Daniel*; José Ángel Ubieta: *Levítico y 2 Macabeos*; Marciano Villanueva: *1 Samuel y 2 Reyes*.

– Nuevo Testamento. Antonio M.ª Artola: *Romanos, Corintios, Gálatas y Efesios*; Santiago García: *Hechos de los Apóstoles, Santiago y Judas*; José Goitia: *Hebreos*; Andrés Ibáñez: *Juan y Apocalipsis*; Marciano Villanueva: *Lucas*.

BLAKE, William, *The Complete Poetry & Prose*, David V. Erdman (ed.), Harold Bloom (com.), Nueva York, Anchor Books, 1988, n. ed.

BOCCACCIO, Giovanni, *Los quince libros de la genealogía de los dioses paganos*, M.ª Consuelo Álvarez y Rosa M.ª Iglesias (eds. y trads.), Madrid, Centro de Lingüística Aplicada Atenea, 2007.

—, *Mujeres preclaras*, Violeta Díaz-Corralejo (ed. y trad.), Madrid, Cátedra, 2010.

BOILEAU, *Œuvres en prose. Correspondance*, Antoine-Charles Gidel (ed.), París, Librairie Garnier Frères, 1870-1873, 4 vols.

—, *Arte poética*, en *Poéticas. Aristóteles, Horacio, Boileau*, Aníbal González Pérez (trad.), Madrid, Editora Nacional, 1982.

BOLAÑO, Roberto, *Los detectives salvajes*, Barcelona, Anagrama, 1998.

BORGES, Jorge Luis, *Ficciones*, Madrid, Alianza, 1997 [1944].

—, *El Aleph*, Barcelona, Destino, 2006 [1949].

—, *Poesía completa*, Barcelona, Random House Mondadori, 2011 [1989].

BORON, Robert de, véase ROBERT DE BORON.

BRETON, André, *Nadja*, Dominique Carlat y Alain Jaubert (eds.), París, Gallimard, 2007.

BROWNING, Robert, *The Poetical Works [...]. Complete from 1833 to 1868 and the shorter poems thereafter*, Londres, Nueva York y Toronto, Oxford University Press, 1940.

BUERO VALLEJO, Antonio, *La tejedora de sueños. Llegada de los dioses*, Luis Iglesias Feijoo (ed.), Madrid, Cátedra, 1976.

BUTOR, Michel, *L'Emploi du temps*, París, Les Éditions de Minuit, 1995 [1956].

BYRON, *Complete Poetical Works*, Frederick Page (ed.), John Jump (rev.), Oxford University Press, 1970.

CABALLERO, Fernán [Cecilia Böhl de Faber], *La mitología contada a los niños e historia de los grandes hombres de la Grecia*, Barcelona, Librería de Juan y Antonio Bastinos, 1888.

CALDERÓN DE LA BARCA, Pedro, *Obras completas*, Ángel Valbuena Briones (ed.), Madrid, Aguilar, 1959-1966, 3 vols., 2.ª ed.

CAMÕES, Luis de, *Os Lusíadas*, Lisboa, Antonio Gõçalvez Impresor, 1572.

—, *Los Lusiadas*, Nicolás Extremera y José Antonio Sabio (eds.), Benito Caldera (trad.), Madrid, Cátedra, 1986.

—, *Los Lusiadas. Poesías. Prosas*, Elena Losada Soler *et al.* (eds., ed. bilingüe), Madrid/Córdoba, Espasa-Calpe/Almuzara, 2007.

CAMUS, Albert, *Œuvres*, Raphaël Enthoven (pref.), París, Gallimard, 2013.

Cancionero de 1628, José Manuel Blecua (ed.), Madrid, Consejo Superior de Investigaciones Científicas, Anejo XXXII de *Revista de Filología Española*, 1945.

Cantar de los Nibelungos, Emilio Lorenzo Criado (ed. y trad.), Madrid, Cátedra, 1994.

Capítulos de Rabbí Eliezer (Los). *Pirqê Rabbî 'Elî'ezer*, Miguel Pérez Fernández (ed.), Valencia, Institución S. Jerónimo para la investigación bíblica, 1984.

CARROLL, Lewis, *Alice's Adventures in Wonderland* and *Through the Looking-Glass*, s. l. e., Amazon Classics, 2015.

CERVANTES, *La Galatea*, Francisco López Estrada y María Teresa López García-Berdoy (eds.), Madrid, Cátedra, 1999.

—, *Don Quijote de la Mancha*, Madrid, Espasa-Calpe, 1967.

CHARTIER, Alain, *La Belle dame sans mercy, et les poésies lyriques*, Arthur Piaget (ed.), Ginebra, Librairie E. Droz, 1949 (2.ª ed.).

Chanson de Roland (La), Ian Short (pres. y ed.), París, Librairie Générale Française, 1997.
– *Cantar de Roldán*, Juan Victorio (ed. y trad.), Madrid, Cátedra, 1999.

CHAUCER, Geoffrey, *The Canterbury Tales*, Christopher Cannon (intr.), David Wright (trad.), Oxford, Oxford University Press, 2011.

CHEBBI o al-SHĀBBĪ, Abū al-Qāsim, *Poesía esencial*, Ridha Mami (ed. y trad.), Madrid, Sial Pigmalión, 2016.

CHENG, François, *Enfin le Royaume. Quatrains*, Madeleine Bertaud (ed.), Ginebra, Librairie Droz, 2020.

CHILAM BALAM, *El libro de los libros de Chilam Balam*, Alfredo Barrera Vásquez y Silvia Rendón (trads.), México, Fondo de Cultura Económica, 2005 [1948].

CHRÉTIEN DE TROYES, *Le Conte du Graal, ou le Roman de Perceval*, Charles Méla (ed.), París, Librairie Générale Française, 1990.

—, *Perceval ou le Conte du Graal*, Charles Méla (trad.), Michel Stanesco (pref.), Catherine Blons-Pierre (nt.), París, Librairie Générale Française, 2003.

CLARAMONTE, Andrés de, *Tan largo me lo fiáis. Deste agua no beberé*, Alfredo Rodríguez López-Vázquez (ed.), Madrid, Cátedra, 2008.

CLAUDIANO, *Phœnix*, Maurice Platnauer (trad.), Londres/Nueva York, William Heinemann/G. P. Putnam's Sons, 1922.
– http://www.perseus.tufts.edu/

—, *Poemas*, Miguel Castillo Bejarano (trad.), Madrid, Gredos, 1993, 2 vols.

COCTEAU, Jean, *Antigone. Suivi de «Les Mariés de la Tour Eiffel»*, París, Gallimard, 1948.

—, *Cérémonial espagnol du Phénix*, suivi de *La Partie d'échecs*, París, Gallimard, 1961.

Colección de poesías castellanas anteriores al siglo XV, Tomás Antonio Sánchez (ed.), en *Poetas castellanos anteriores al siglo XV*, Pedro José Pidal y Florencio Janer (eds.), Madrid, Atlas Ediciones, 1966.

COLERIDGE, Samuel Taylor, *The Complete Poems*, William Keach (ed.), Londres, Penguin Books, 1997.

COLLODI, Carlo, *Le avventure di Pinocchio. Storia di un burattino*, Torrazza Piemonte (TO), Amazon Italia, 2020.

COLÓN, Cristóbal, *Textos y documentos completos. Relaciones de viajes, cartas y memoriales*, Consuelo Varela (ed.), Madrid, Alianza, 1982.

—, *Libro de las profecías*, facsímil del original (Biblioteca Capitular y Colombina del Cabildo Catedralicio de Sevilla), Testimonio, 1984.
– http://www.bibliotecapleyades.net/

COLONNA, Francesco, *Sueño de Polífilo*, Pilar Pedraza (ed. y trad.), Barcelona, Acantilado, 2008.

CORNEILLE, Thomas, *Médée. Tragédie en musique*, Amsterdam, Antoine Schelte, 1695.

CORTÁZAR, Julio, *Los reyes*, Buenos Aires, Alfaguara, 1996 [1949].

—, *Rayuela*, Andrés Amorós (ed.), Madrid, Cátedra, 1984.

CROLY, George, *The Angel of the World*, Londres, John Warren, 1820, en *England's Amorous Angels, 1813-1823*, Gayle Shadduck (ed.), Lanham, MD, University Press of America, 1990.

Culhwch and Olwen: An Edition and Study of the Oldest Arthurian Tale, Rachel Bromwich y D. Simon Evans (eds.), Cardiff, University of Wales Press, 1992.

DANTE, *Divina comedia* [*La Comédie*, texto italiano y francés], Jean-Charles Vegliante (ed.), París, Gallimard, 2012.

—, Carlos Alvar (pról.), Abilio Echeverría (trad.), Madrid, Alianza, 2013.

—, *Inferno*, Natalino Sapegno (ed.), Florencia, La Nuova Italia Editrice, 1997 [1955].

DARÍO, Rubén, *Prosas profanas*, José Olivio Jiménez (ed.), Madrid, Alianza, 1992.

De ave Phœnice. El mito del ave Fénix, Ángel Anglada Anfruns (ed.), Barcelona, Bosch, 1984.

DE PIZAN, Christine, *Le Livre de la Cité des Dames*, Éric Hicks y Thérèse Moreau (trad. al francés moderno e intr.), París, Stock, 1986.

DEL PRADO, Javier, *La palabra y su habitante*, Luis Alberto de Cuenca (pres.), Madrid, Ediciones de la Discreta, 2002.

DELLA VORAGINE, Jacques de, *La Légende dorée*, Teodor de Wyzewa (ed.), París, Seuil, 1998.

DELTEIL, Joseph, *Don Juan*, París, Bernard Grasset, 1930.

DÍAZ-MAS, Paloma, *La visita del Comendador*, en *Don Juan*, Fernando Marías (ed.), Madrid, 451 Editores, 2008.

DIDEROT, *Pensées philosophiques, Lettre sur les aveugles, Supplément au voyage de Bougainville*, Antoine Adam (ed.), París, Garnier-Flammarion, 1972.

—, *Jacques le Fataliste et son maître*, Yvon Belaval (ed.), París, Gallimard, 1973.

DIODORO DE SICILIA, *Bibliotheca historica*, Immanel Bekker, Ludwig Dindorf & Friedrich Vogel (eds.), Leipzig, B.G. Teubner, 1888-1890, 2 vols.
  – http://www.perseus.tufts.edu/

—, *Biblioteca histórica*, Francisco Parreu Alasà (trad., I), Juan José Torres Esbarranch (trad., II), Madrid, Gredos, 2001-2004.

DIÓGENES LAERCIO, *Lives of Eminent Philosophers. Diogenes Laertius*, R. D. Hicks (trad.), Cambridge, Harvard University Press, 1972 [1925].
  – http://www.perseus.tufts.edu/

DOMENCHINA, Juan José, *La túnica de Neso*, Enrique García Fuentes (pról.), Madrid, Biblioteca Nueva, 1994.

DOSTOIEVSKI, Fiódor, *Los hermanos Karamazov*, Aquilino Duque (intr.), Augusto Vidal (trad.), Barcelona, Planeta, 1988.

DRUON, Maurice, *Les Rois maudits. Roman historique*, París, Librairie Plon y Éditions del Duca, 1965 [1955], 7 vols.

DU BELLAY, Joachim, *Les Antiquitez de Rome* et *Les Regrets*, E. Droz (ed.), Ginebra y París, Librairie Droz y Minard, 1960.

—, *Antología esencial de la poesía francesa*, Mauro Armiño (ed. y trad.), Madrid, Espasa-Calpe, 2006.

Duce García, Jesús (ed.), *Antología de autómatas en los libros de caballerías castellanos*, Madrid, Universidad de Alcalá, 2016.

Dumas, Alexandre, *Don Juan de Maraña ou la Chute d'un ange*, Loïc Marcou (ed.), *Trois Don Juan*, Pierre Brunel (pref.), París, Éditions Florent-Massot, 1995.

Earliest English Poems (The), Michael Alexander (trad. y ed.), Londres, Penguin Books, 2.ª ed., 1977.

Edda mayor, Luis Lerate (ed. y trad.), Madrid, Alianza, 2012 [1984].

Edda menor, véase Snorri.

Eliano, *De natura animalium. Varia historia, Epistolæ et Fragmenta*, Rudolf Hercher (ed.), París, Ambrosio Firmin Didot, 1858 y Leipzig, Teubner, 1864.
    – http://www.perseus.tufts.edu/

Eliot, Thomas Stearns, *Collected Poems. 1909-1962*, Londres, Faber & Faber, 2002.

—, *La tierra baldía*, Viorica Patea (ed.), José Luis Palomares (trad.), Madrid, Cátedra, «Letras Universales», 2005 [1978].

—, *Cuatro cuartetos*, Esteban Pujals Gesalí (ed. bilingüe), Madrid, Cátedra, «Letras Universales», 1995.

Éluard, Paul, Œuvres complètes, Lucien Scheler y Marcelle Dumas (eds.), París, Gallimard, 1968, 2 vols.

Ennio, *Fragmentos*, Juan Martos (ed. y trad.), Madrid, Gredos, 2006.

Eratóstenes, *Catasterismos*, en *Mitógrafos griegos*, Manuel Sanz Morales (ed. y trad.), Madrid, Akal, 2002.

Esopo, *Fábulas. Vida* y Babrio, *Fábulas*, Carlos García Gual (intr.), Pedro Bádenas de la Peña y Javier López Facal (eds. y trads.), Madrid, Gredos, 1982.

—, *Fables*, Daniel Loayza (ed. y trad.), París, Flammarion, 1995.

Esquilo, *Aeschylus*, Herbert Weir Smyth (ed.), Cambridge, Mass., y Londres, Harvard University Press-William Heinemann, 1926, 2 vols.
    – http://www.perseus.tufts.edu/

—, *Las siete tragedias*, Fernando Segundo Brieva Salvatierra (trad.), Madrid, Editorial Hernando, 1942, 2 vols.

—, *Tragedias completas*, José Alsina Clota (trad.), Madrid, Cátedra, 1983.

Estesícoro, *The Poems*, M. Davies y P. J. Finglass (eds. y trads.), Cambridge, Cambridge University Press, 2014.
    Véase Rodríguez Adrados, F., *Lírica griega arcaica*.

Estrabón, *Geografía*, Madrid, Gredos, libros xv-xvii, Juan Luis García Alonso, M.ª Paz de Hoz García-Bellido y Sofía Torrallas Tovar (trads.), 2015 (edición digital).

Eurípides, *Tragedias*, Juan Antonio López Férez (ed. y trad. t. I), y Juan Miguel Labiano (ed. y trad. t. II-III), Madrid, Cátedra, 1998-2000, 3 vols.

Eusebio de Cesarea, *Evangelicæ præparationis*, Edwin Hamilton Gifford (ed.), Oxford, E Typographeo Academico, 1903.

Fábulas mitológicas en España, José María de Cossío (ed.), Madrid, Istmo, 1998, 2 vols. [1952].

Filón de Alejandría, *Obras completas*, José María Triviño (trad.), Buenos Aires, Acervo Cultural Editores, 1975-1976, 5 vols.

—, *Philo*, F. H. Colson y G. H. Whitaker (trads.), Cambridge, Mass., y Londres, Harvard University Press-William Heinemann, 12 vols.

—, *On the Creation of the Cosmos According to Moses*, David T. Runia (trad.), Leiden, Koninklijke Brill NV, 2001.

Filósofos presocráticos (Los). *Historia crítica con selección de textos*, Geoffrey Stephen Kirk, John Earle Raven y Michael Schofield (eds.), Jesús García Fernández (trad.), Madrid, Gredos, 2008, 2.ª ed.

Filóstrato, *Vida de Apolonio de Tiana*, Alberto Bernabé Pajares (ed. y trad.), Madrid, Gredos, 1992.

Flaubert, Gustave, *Lettres de Flaubert (1830-1880)*, Louis Conard (ed., texto impreso), 1926-1930, Danielle Girard y Yvan Leclerc (eds.)
– http://flaubert.univ-rouen.fr/correspondance

Fragmentos de épica griega arcaica, Alberto Bernabé (ed. y trad.), Madrid, Gredos, 1979.

Frisch, Max, *Don Juan oder Die Liebe zur Geometrie. Komödie in fünf Akten*, Frankfurt am Main, Suhrkamp, 1963.

Fuentes, Carlos, *Los días enmascarados*, México, Era, 1982 [1954].

Gaarder, Jostein, *El mundo de Sofía. Novela sobre la historia de la filosofía*, Kirsti Baggethun y Asunción Lorenzo (trads.), Madrid, Siruela, 1994.

Galvão, Duarte, *Chronica do Muito Alto e Muito Esclarecido Príncipe D. Afonso Henriques, Primeiro Rey de Portugal, [...] fielmente copiada do seu original [...]. Offerecida [...] por Miguel Lopes Ferreyra*, Lisboa Occidental, Officina Ferreyriana, 1726 [1435].

García Lorca, Federico, *Diván del Tamarit, Seis poemas galegos, Llanto por Ignacio Sánchez Mejías*, Andrew A. Anderson (ed.), Madrid, Espasa-Calpe, 1988.

—, *Primer romancero gitano*, Christian de Paepe (ed.), Madrid, Espasa-Calpe, 1991.

Gautier, Théophile, *Romans, contes et nouvelles*, Pierre Laubriet *et al.* (eds.), París, Gallimard, 2002, 2 vols.

Génesis Rabbah I. (Génesis 1-11). Comentario midrásico al libro del Génesis, Luis Vegas Montaner (ed.), Pamplona, Verbo Divino, 1994.

Gide, André, *Romans et récits. Œuvres lyriques et dramatiques*, Pierre Masson *et al.* (eds.), París, Gallimard, 2009, 2 vols.

Gilgameš: Epopeya de Gilgameš, rey de Uruk, Joaquín Sanmartín (ed.), Madrid, Trotta, 2005.

Giraudoux, Jean, *La Guerre de Troie n'aura pas lieu*, Colette Weil (ed.), París, Librairie Générale Française, 1991 [1935].

—, *Ondine*, Colette Weil (ed.), París, Librairie Générale Française, 1990 [1939].

Glück, Louise, *The Wild Iris*, Manchester, Carcanet Press, 1992.

—, *Poems 1962-2012*, Nueva York, Ecco (HarperCollins Publishers), 2012.

Godofredo de Monmouth, *Historia regum Britanniæ*, Albert Schultz (ed.), Halle, Eduard Anton, 1854.

—, *History of the Kings of Britain*, Sebastian Evans (trad.), Charles S. Dunn (revisión), Nueva York, E. P. Dutton, 1958.

—, *Vie de Merlin – Vita Merlini*, Francisque Michel y Thomas Wright (eds. y trads.), París, Firmin Didot Frères, 1837.

—, *The «Prophetia Merlini» of Geoffrey on Monmouth. A Fifteenth-Century English Commentary*, Caroline D. Eckhard (ed.), Cambridge, Mass., The Medieval Academy of America, 1982.

GODOFREDO DE ESTRASBURGO, *Tristan und Isolde*, Karl Simrock (trad. del alto alemán medio), Berlín, Tradition Verlag, 2012.

—, *Tristán e Isolda*, Bernd Dietz (trad.); EILHART VON OBERG, *Tristán e Isolda*, Victor Millet (trad.), Madrid, Siruela, 2001.

GOETHE, Johann Wolfgang, *Fausto, una tragedia*, Albrecht Schöne (ed.), Pedro Gálvez (trad. bilingüe), Carlos Fortea Gil (trad. de *Observaciones…*, *Testimonios…* e *Instrucciones…*), Barcelona, Penguin Random House Grupo Editorial, 2016.

—, *Iphigenie auf Tauris. Ein Schauspiel*, Joachim Angst y Fritz Hackert (eds.), Stuttgart, Philipp Reclam, 2001.

GÓNGORA, Luis de, *Romances*, Antonio Carreño (ed.), Madrid, Cátedra, «Letras Hispánicas», 1982.

—, *Fábula de Polifemo y Galatea*, Jesús Ponce Cárdenas (ed.), Madrid, Cátedra, 2010.

GRABBE, Christian Dietrich, *Don Juan und Faust*, Alfred Bergmann (epíl.), Stuttgart, Philipp Reclam, 1963.

—, *Don Juan y Fausto*, Marcelo G. Burello (trad.) y Regula Rohland de Langbehn (ed. y trad.), Madrid, Cátedra, «Letras Universales», 2007.

GRACIÁN, Baltasar, *Obras completas*, Emilio Blanco (ed.), Madrid, Turner, 1993, 2 vols.

GRACQ, Julien, *Le Roi pêcheur*, París, Librairie José Corti, 1948.

GRAU, Jacinto, *El señor de Pigmalión / El burlador que no se burla*, Madrid, Espasa-Calpe, 1977 [1921].

GRIMM, Jacob y Wilhelm, *Es war einmal… Märchen der Brüder Grimm*, Albert y Edith Schmitz (eds.), Múnich, Max Hueber Verlag, 1987.

—, *Kinder- und Haus-Märchen*, Band 3 (1856) / Anmerkungen [Comentarios].

GUÉRIN, Maurice de, *Journal, lettres et poèmes*, C.-A. de Sainte-Beuve (intr.), G. S. Trebutien (ed.), París, Didier, 1864.

GUILLAUME DE LORRIS y Jean DE MEUNG, *Le Roman de la Rose*, Armand Strubel (ed.), París, Librairie Générale Française, 1992.

—, *Roman de la Rose*, Juan Victorio (ed.), Madrid, Cátedra, 1998.

GUILLÉN, Jorge, *Aire nuestro y otros poemas*, Francisco J. Díaz de Castro (ed.), Madrid, Anaya & Mario Muchnik, 1993 [1973].

HARDY, Thomas, *Jude the Obscure*, Dennis Taylor (ed.), Londres, Penguin Books, 1998.

H. D. [Hilda Doolittle], *Collected Poems (1912-1944)*, Louis L. Martz (ed.), Manchester, Carcanet Press, 1984 [1925].

—, *Helen in Egypt*, Horace Gregory (intr.), Nueva York, New Directions Book, 1961.

HEINE, Heinrich, *Werke und Briefe*, Gotthard Erler (ed.), Berlín y Weimar, Aufbau Verlag, 1980, 10 vols.

—, *Cuadros de viaje. Los dioses en el exilio*, Miguel Ángel Vega Cernuda y Elena Serrano Bertos (trads.), Madrid, Cátedra, 2015.

HERÁCLITO (comentarista), *Refutación o enmienda de relatos míticos antinaturales*, en *Mitógrafos griegos*, Manuel Sanz Morales (ed.), Madrid, Akal, 2002

HERÁCLITO DE ÉFESO, *The Fragments*, Randy Hoyt (ed.).
    – http://www.heraclitusfragments.com/

—, *Fragmentos*, en *Parménides - Zenón - Meliso - Heráclito. Fragmentos*, José Antonio Míguez (trad.), Barcelona, Orbis, 1983 [1975].

HERÓDOTO, *Herodotus*, A.D. Godley (ed.), Cambridge, Mass., Harvard University Press, 1920.
– http://www.perseus.tufts.edu/
—, *Historias*, Jaime Berenguer Amenós (trad., I y II) y Francisco Rodríguez Adrados (trad., III), Madrid y Barcelona, Consejo Superior de Investigaciones Científicas, 1971-2011, 3 vols.
—, *Historia*, Francisco Rodríguez Adrados (intr.), Carlos Schrader (trad.), Madrid, Gredos, 1977-1989, 5 vols.
HESÍODO, *The Homeric Hymns and Homerica*, Hugh G. Evelyn-White (ed.), Cambridge, Mass./Londres, Harvard University Press/William Heinemann Ltd., 1914.
– http://www.perseus.tufts.edu/
—, *Theogony*, and *Works and Days*, Martin Litchfield West (trad.), Oxford, Oxford University Press, 1988.
—, *Obras y fragmentos*, Aurelio Pérez Jiménez [*Obras*] y Alfonso Martínez Díez [*Fragmentos*] (eds. y trads.), Madrid, Gredos, 1978.
—, *Himnos homéricos*, José B. Torres (ed.), Madrid, Cátedra, 2005.
HIGINO, Cayo Julio, *Fábulas*, Javier del Hoyo y José Miguel García Ruiz (trads.), Madrid, Gredos, 2009.
HOFFMANN, E. T. A., *Fantasiestücke in Callot's Manier. Werke 1814*, Harmut Steinecke (ed.), Frankfurt, Suhrkamp, 1993, vol. 2/1.
HOFMANNSTHAL, Hugo von, *Gesammelte Werke*, Bernd Schoeller y Rudolf Hirsch (eds.), Frankfurt, Fischer Taschenbuch Verlag, 1979-1980, 10 vols.
HÖLDERLIN, Friedrich, *Poemas/Gedichte*, Félix de Azúa (pról.), Eduardo Gil Bera (ed. bilingüe), Barcelona, Penguin Random House, 2012.
HOMERO, *The Iliad*, A.T. Murray (ed.), Cambridge, Mass./Londres, Harvard University Press/ William Heinemann Ltd., 1924, 2 vols.
– http://www.perseus.tufts.edu/
—, *Ilíada*, Emilio Crespo Güemes (ed. y trad.), Madrid, Gredos, 1991.
—, *Odisea*, Carlos García Gual (pról.), José Manuel Pabón (trad.), Madrid, Gredos, 2014.
HORACIO, *The Works of Horace*, Christopher Smart (ed.), Filadelfia, Joseph Whetham, 1836.
– http://www.perseus.tufts.edu/
—, *Odes and Epodes*, Paul Shorey y Gordon J. Laing (eds.), Chicago, Benjamin H. Sanborn & Co., 1919.
– http://www.perseus.tufts.edu/
—, *Odas. Canto secular. Epodos*, José Luis Moralejo (ed. y trad.), Madrid, Gredos, 2007.
—, *Satires, Epistles* and *Ars Poetica*, H. Rushton Fairclough (ed.), Londres, William Heinemann, 1929.
– http://www.perseus.tufts.edu/
—, *Sátiras. Epístolas. Arte poética*, José Luis Moralejo (ed. y trad.), Madrid, Gredos, 2008.
HUGO, Víctor, *La Légende des Siècles. La Fin de Satan. Dieu*, Jacques Truchet (ed.), París, Gallimard, 1950.
—, *Les Misérables*, Maurice Allem (ed.), París, Gallimard, 1951.
—, *Œuvres poétiques*, Pierre Albouy (ed.), París, Gallimard, 1964-1974, 3 vols.

—, *Notre-Dame de Paris. Les Travailleurs de la mer*, Jacques Seebacher & Yves Gohin (eds.), París, Gallimard, 1975.

—, *Religions et Religion*, en *Poésie III*, Jean-Claude Fizaine (ed.), París, Robert Laffont, 1985.

—, *Œuvres complètes: Poésies*, Arvensa Éditions, 2019.

IONESCO, Eugène, *Théâtre complet*, Emmanuel Jacquart (ed.), París, Gallimard, 1991.

IQBAL, Muzaffar, *Dawn in Madinah. A Pilgrim's Passage*, Selangor (Malasia), Islamic Book Trust, 2007.

JEAN PAUL [RICHTER], *Werke*, Norbert Miller y Gustav Lohmann (eds.), Walter Höllerer (intr.), Múnich, Carl Hanser, 1959-1967, 6 vols.

JOYCE, James, *Ulysses*, Declan Kiberd (intr.), Londres, Penguin Books, 1992.

—, *Ulises*, Francisco García Tortosa (ed.) y María Luisa Venegas Lagüéns (trad.), Madrid, Cátedra, 2005.

—, *Selected Letters*, Richard Ellmann (ed.), Londres, Faber & Faber, 1975 [1966].

KAFKA, Franz, *Die Verwandlung*, Frankfurt am Main, Fischer Taschenbuch Verlag, 1986.

Kalevala (The): or Poems of the Kaleva District, Elias Lönnrot (comp.), Francis Peabody Magoun, Jr. (trad.), Cambridge, Mass., Harvard University Press, 1963.

– *Kalevala*, Elias Lönnrot (comp.), Agustín García Calvo (pról.), Joaquín Fernández y Úrsula Ojanen (trads.), Madrid, Alianza, 2004, 2.ª ed. [1992].

—, *The Old Kalevala and Certain Antecedents*, Elias Lönnrot (comp.), Francis Peabody Magoun, Jr. (trad.), Cambridge, Mass., Harvard University Press, 1969.

KEATS, John, *Poems*, Gerald Bullett (ed.), Londres, J. M. Dent & Sons, 1964 [1944].

KLOPSTOCK, Friedrich Gottlieb, *Sämmtliche Werke*, Lepizig, G.J. Göfchen Verlag, 1840.

KUNDERA, Milan, *La insoportable levedad del ser*, Fernando Valenzuela (trad.), Barcelona, Tusquets, 1985.

LA FONTAINE, *Fables*, Jean-Charles Darmon y Sabine Gruffat (eds.), París, Librairie Générale Française, 2002.

LABOULAYE, Édouard (ed.), *Contes bleus*, París, Charpentier, 1969, 4.ª ed. [1864].

LACTANCIO, *Institutiones divinae*, Eustaquio Sánchez Salor (trad.), Madrid, Gredos, 1990, 2 vols.

Véase *De ave Phoenice*.

LAMARTINE, Alphonse de, *Les Visions*, Henri Guillemin (ed.), París, Les Belles Lettres, 1936.

—, *Œuvres complètes*, París, Charles Gosselin-Furne-Pagnerre, 1847, 8 vols.

—, *La Chute d'un ange. Fragment du Livre primitif*, Marius-François Guyard (ed.), Ginebra, Droz / Lille, Giard, 1954.

LARBAUD, Valéry, *Œuvres*, Marcel Arland (pref.), G. Jean-Aubry y R. Mallet (nt.), París, Gallimard, 1957.

LE CLÉZIO, J.M.G., *«La Ronde» et autres faits divers. Nouvelles*, París, Gallimard, 1982.

LE FANU, J.T. Sheridan, *Carmilla*, s. n. l., Wildside Press, s. f. [¿2005?].

—, s. n. trad., Santa Fe (Argentina), El Cid Editor, 2004 [e-libro].

LENAU, Nicolaus Niembsch von Strehlenau, *Don Juan. Ein dramatisches Gedicht*, Leipzig, Poeschel und Trepte, 1921 [1844, póst.].

LEVI, Primo, *Se questo è un uomo*, Cesare Segre (posf.), Turín, Einaudi, 2005 [1958].

—, *Si esto es un hombre*, en *Trilogía de Auschwitz*, Pilar Gómez Bedate (trad.), Barcelona, El Aleph, 2005.

—, *Cuentos completos*, Marco Belpoliti (trad.), Barcelona, El Aleph Editores, 2009.

LEVY, Marc, *Toutes ces choses qu'on ne s'est pas dites*, París, Robert Laffont, 2008.

LEWIS, Clive Staples, *The Lion, the Witch and the Wardrobe*, Nueva York, HarperCollins, 2019.

Leyendas de España, Vicente García de Diego (ed.), Carlos García Gual (pról.), Barcelona, Círculo de Lectores, 1999.

Lírica griega arcaica. (Poemas corales y monódicos, 700-300 a.C.), Francisco Rodríguez Adrados (ed. y trad.), Madrid, Gredos, 1980.

LITTELL, Jonathan, *Les Bienveillantes*, París, Gallimard, 2006.

LONGEPIERRE, *Médée*, en *Répertoire du théâtre françois. Tragédies*, M. Petitot (ed.), París, Foucault, 1817, t. I.

LOPE DE VEGA, *El laberinto de Creta*, en *Comedias mitológicas y comedias históricas de asunto extranjero*, Marcelino Menéndez Pelayo, Madrid, Atlas, 1966, t. XIV.

—, Sònia Boadas (ed.), en *Comedias, parte XVI*, ed. crítica PROLOPE, Florence d'Artois y Luigi Giuliani (coords.), Barcelona, Gredos-RBA Libros, 2017, 2 vols.

LOVECRAFT, Howard Phillips, *The Complete Cthulhu Mythos Tales*, Sunand Tryambak Joshi (intr.), Nueva York, Barnes & Noble, 2016.

LUCIANO, *Obras completas*, Federico Baraibar y Zumárraga, Cristobal Vidal y F. Delgado (trads.), Madrid, Librería de la Viuda de Hernando y Cía. – Luis Navarro, 1882-1890, 4 vols.

—, *Œuvres complètes de Lucien de Samosate*, Eugène Talbot (trad.), París, L. Hachette, 2.ª ed., 1866, t. I.

—, *Opera*, Karl Jacobitz (ed.), Leipzig, B. G. Teubner, 1896. – http://www.perseus.tufts.edu/

—, *Lukian Drengekærligheden over for kvindekærligheden*, George Hinge (ed.), – http://trad.glossa.dk/erotes.html [23/02/2019].

—, *Obras*, José Alsina Clota (intr.), Andrés Espinosa y Alarcón (trad. t. I), José Luis Navarro González (trad. t. II y IV), Juan Zaragoza Botella (t. III), Madrid, Gredos, 1981-1992, 4 vols.

—, *Obras*, Montserrat Jufresa y Eulàlia Vintró (eds. y trads.), Madrid, Consejo Superior de Investigaciones Científicas, 2013, t. V.

LUIS DE LEÓN, Fray, *Poesía*, Juan Alcina (ed.), Madrid, Cátedra, 1994.

Mabinogion. Relatos galeses, M.ª Victoria Cirlot (ed. y trad.), Madrid, Editora Nacional, 1982.

MACROBIO, *Comentario al «Sueño de Escipión» de Cicerón*, Fernando Navarro Antolín (ed.), Madrid, Gredos, 2006.

MADÁCH, Imre, *Az ember tragédiája*, Pest, Emich Gusztáv - Magyar Akadémiai Nyomdász, 1861.

—, *The Tragedy of Man*, Thomas R. Mark (trad.), Boulder, Col., East European Monographs – Columbia University Press, 1989.

MAHOMA, *El Corán*, Julio Cortés (ed. y trad.), Barcelona, Herder Editorial, 1986.

MALLARMÉ, Stéphane, *Œuvres complètes*, Bertrand Marchal (ed.), París, Gallimard, 1998-2003, 2 vols.

—, *Prosas*, Javier del Prado (estudio preliminar), Javier del Prado y José Antonio Millán (trads.), Madrid, Alfaguara, 1987.

MALORY, Thomas, *Le Morte d'Arthur*, John Lawlor (intr.), Janet Cowen (ed.), Harmondsworth, Penguin Books, 1969.

MANFREDI, Valerio Massimo, *Odiseo. El juramento*, José Ramón Monreal (trad.), Barcelona, Random House Mondadori/Grijalbo, 2013 [2012].

MANN, Thomas, *Buddenbrooks. Verfall einer Familie*, Berlín, S. Fischer Verlag, 1951 [1922].

—, *Los Buddenbrook*, Isabel García Adánez (trad.), Barcelona, Edhasa, 2008.

—, *Der Zauberberg*, Frankfurt am Main, S. Fischer Verlag, 1986 [1960].

—, *La montaña mágica*, Isabel García Adánez (trad.), Barcelona, Edhasa, 2009.

—, *Doktor Faustus. Das Leben des deutschen Tonsetzers Adrian Leverkühn erzählt von seinem Freunde*, Frankfurt am Main, S. Fischer Verlag, 1956.

—, *Doktor Faustus. Vida del compositor alemán Adrian Leverkühn narrada por un amigo*, Eugenio Xammar (trad.), Barcelona, Edhasa, 2004 (ed. rev.).

MARCIANO CAPELA, *Las nupcias de Filología y Mercurio*, Fernando Navarro Antolín (ed. y trad.), Madrid, Consejo Superior de Investigaciones Científicas, 2006, 2 vols.

MARIE DE FRANCE, *Les Lais*, Jeanne Lods (ed.), París, Honoré Champion Éditeur, 1959.

MARINO, Giambattista, *La strage degl'innocenti*, Ronciglione, Giacomo Menichelli, 1706 [1631].

MARLOWE, Christopher, *Doctor Faustus. A Two-Text Edition (A-Text, 1604 ; B-Text, 1616). Contexts and Sources Criticism*, David Scott Kastan (ed.), Nueva York y Londres, W.W. Norton & Company, 2005.

MATUTE, Ana María, *Aranmanoth*, Barcelona, Círculo de Lectores, 2000.

McCARTHY, Cormac, *The Road*, Nueva York, Alfred A. Knopf, 2006.

MELVILLE, Herman, *Moby Dick*, Londres, Penguin Books, 1994.

MEREZHKOVSKI, Dmitri, *El nacimiento de los dioses. Tutankhamon en Creta* (s. n. t.), Barcelona, CAE, s. f. [1925].

MÉRIMÉE, Prosper, *Colomba – La Vénus d'Ille – Les Âmes du purgatoire*, Maxime Revon (ed.), París, Garnier Frères, 1962.

Midrash Tanḥuma, John T. Townsend (trad. y ed.), Hoboken, NJ, Ktav Publishing House, 1989.

Mil y una noches, Salvador Peña Martín (trad.), Madrid, Verbum, 2018 (2.ª ed.), 4 vols.

MILOSZ, Oscar Vladislas de Lubicz, *Miguel Mañara. Mystère en six tableaux. Faust (traduction fragmentaire)*, París, Librairie Les Lettres, 1957.

MILTON, John, *The Complete Poems*, John Leonard (ed.), Londres, Penguin Books, 1998.

—, *Le Paradis perdu. Essai sur la littérature anglaise* (chap. sur Milton), Claude Mouchard (intr.), François-René de Chateaubriand (pres. y trad.), París, Belin, 1990.

—, *El Paraíso recobrado. Sansón agonista / Paradise Regained. Samson Agonistes*, Joan Curbet (ed. bilingüe), Madrid, Cátedra, 2007.

Mitógrafos griegos, Manuel Sanz Morales (ed.), Madrid, Akal, 2002.

Mitologia dos Orixás, Reginaldo Prandi (ed.), Pedro Rafael (ilustr.), São Paulo, Companhia das Letras, 2001.

MOLIÈRE, *Œuvres complètes*, Georges Couton (ed.), París, Gallimard, 1971, 2 vols.

Monteverdi, Claudio, *L'Orfeo*, Alessandro Striggio (libreto), John Eliot Gardiner (ed.), Hamburgo, Polydor International, 1987.

Montherlant, Henry de, *La Mort qui fait le trottoir (Don Juan)*, en *Théâtre*, J. de Laprade (pref.), Ph. de Saint Robert (pref. compl.), París, Gallimard, 1972.

Moore, Thomas, *The Loves of the Angels*, en *England's Amorous Angels, 1813-1823*, Gayle Shadduck (ed.), Lanham, MD, University Press of America, 1990.

Mort du roi Arthur (La), Emmanuèle Baumgartner y Marie-Thérèse Medeiros (eds. y trads.), París, Honoré Champion, 2007.

Mozart, *Don Giovanni (il Dissoluto punito ossia il Don Giovanni)*, Lorenzo da Ponte (libreto), Berlín, Erato Disques, 1992.

Musset, Alfred de, *La Confession d'un enfant du siècle*, Daniel Leuwers (ed.), París, Flammarion, 1993.

—, *La confesión de un hijo del siglo*, Antonio Martínez Sarrión (trad.), Madrid, Alfaguara, 1987.

Nerval, Gérard de, *Pages choisies. Prose et poésie*, Gilbert Rouger (ed.), París, Librairie Larousse, [1936].

Novelino (El), Isabel de Riquer (ed. y trad.), Madrid, Alianza, 2016.

Orsenna, Érik, *L'Exposition coloniale*, París, Seuil, 1986.

Ortiz, Lourdes, *Los motivos de Circe. Yudita*, Felicidad González Santamera (ed.), Madrid, Castalia, 1991.

Ovidio, *Metamorfosis [Metamorphoses]*, Hugo Magnus (ed.), Gotha, Friedrich Andreas Perthes, 1892.

—, http://www.perseus.tufts.edu/

—, *Metamorfosis*, Antonio Ruiz de Elvira (ed. y trad., t. I-III), Bartolomé Segura Ramos (ed., t. III), Madrid, CSIC, 1994, 3 vols.

—, *Fastos*, Bartolomé Segura Ramos (ed. y trad.), Madrid, Gredos, 1988.

—, *Obra amatoria. I: Amores, II: El arte de amar, III: Remedios de amor*, Antonio Ramírez de Verger (ed.), Francisco Socas (trad.), y *Cremas para la cara de la mujer*, Luis Rivero García (ed.), Francisco Socas (trad.), Madrid, CSIC, 1991.

—, *Amores, Epistulae, Medicamina faciei femineae, Ars amatoria, Remedia amoris*, Rudolf Ehwald (ed.), Leipzig. B.G. Teubner, 1907.

—, http://www.perseus.tufts.edu/

—, *Cartas de las heroínas. Ibis*, Ana Pérez Vega (trad.), Madrid, Gredos, 1994.

Parménides, *Fragmentos del poema*, Agustín García Calvo (trad.), Luis-Andrés Bredlow (ed.), Zamora, Editorial Lucina, 2018.

Pausanias, *Descripción de Grecia*, María Cruz Herrero Ingelmo (intr. y trad.), Madrid, Gredos, 1994, 3 vols.

Perceforest, Jane H. M. Taylor y Gilles Roussineau (eds.), Ginebra, Droz, 1993, 10 vols.

Pérez de Moya, Juan, *Filosofía secreta*, Barcelona, Glosa, 1977, 2 vols.

Perrault, Charles, *Les Contes de Perrault dans tous leurs états*, Annie Collognat y Marie-Charlotte Delmas (eds.), París, Omnibus, 2007.

Pessoa, Fernando, *Livro do desassossego, por Vicente Guedes* (t. I), *Bernardo Soares* (t. II), Teresa Sobral Cunha (ed.), Lisboa, Editorial Presença, 1990-1991, 2 vols.

—, *Libro del desasosiego, compuesto por Bernardo Soares...*, Richard Zenith (ed.), Perfecto E. Cuadrado (trad.), Barcelona, Acantilado, 2002.

—, *Mensagem. Poemas esotéricos*, edición crítica, José Augusto Seabra (coord.), Madrid, Consejo Superior de Investigaciones Científicas – Fondo de Cultura Económica de España, 1993.

—, *Mensaje. Mensagem*, Eduardo Lourenço (intr.), Jesús Munárriz (ed.), Madrid, Ediciones Hiperión, 1997.

PETRARCA, Francesco, *Le familiari*, Ugo Dotti (ed.), Urbino, Universita degli Studi di Urbino – Argalia Editore, 1974, 2 vols.

PETRONIO, *Satyricon*, Michael Heseltine (ed.), Londres, William Heinemann, 1913.
– http://www.perseus.tufts.edu/

—, *Satiricón*, Manuel C. Díaz y Díaz (ed. y trad.), Madrid, CSIC, 1990-1999, 2 vols.

Physiologus [Theobaldi «Physiologus»], Paul T. Eden (ed.), Leiden y Colonia, Brill, 1972.

PÍNDARO, *The Odes*, John Sandys (ed.), Cambridge, Mass./Londres, Harvard University Press/William Heinemann, 1937.
– http://www.perseus.tufts.edu/

—, *Odas y fragmentos. Olímpicas – Píticas – Nemeas – Ístmicas – Fragmentos*, Alfonso Ortega (ed. y trad.), Madrid, Gredos, 1984.

—, *Odas: Olímpicas, Píticas, Nemeas, Ístmicas*, Rubén Bonifaz Nuño (ed. bilingüe), México, Universidad Nacional Autónoma de México, 2005.

PITÁGORAS, *La sabiduría pitagórica*, Federico Macé (ed.), Eduardo Alfonso (trad.), Sevilla, Marsay Ediciones, 2001.

Placides et Timéo, ou Li secrés as philosophes, Claude Alexandre Thomasset (ed.), París y Ginebra, Librairie Droz, 1980.

PLATÓN, *Platonis Opera*, John Burnet (ed.), Oxford University Press, 1903.
– http://www.perseus.tufts.edu/

—, *Phèdre*, en *Œuvres complètes*, t. IV, 3.ª parte, Léon Robin (ed. y trad.), París, Les Belles Lettres, 1961.

—, *Diálogos*, Madrid, Gredos:
– t. I: *Apología, Critón, Eutifrón, Ion, Lisis, Cármides, Hipias Menor, Hipias Mayor, Laques, Protágoras*, Julio Calonge Ruiz, Emilio Lledó Íñigo y Carlos García Gual (trads.), 1981.
– t. II: *Gorgias, Menéxeno, Eutidemo, Menón, Crátilo*, Julio Calonge Ruiz, Eduardo Acosta Méndez, Francisco J. Olivieri y José Luis Calvo (trads.), 1983.
– t. III: *Fedón, El banquete, Fedro*, Carlos García Gual, Marcos Martínez Hernández y Emilio Lledó Íñigo (trads.), 1986.
– t. IV: *República*, Conrado Eggers Lan (ed. y trad.), 1986.
– t. VI: *Filebo, Timeo, Critias*, M.ª Ángeles Durán y Francisco Lisi (trads.), 1992.

PLINIO EL VIEJO, *Naturalis Historia*, Karl Friedrich Theodor Mayhoff (ed.), Leipzig, Teubner, 1906.
– http://www.perseus.tufts.edu/

—, *Historia natural*, libros III-VI, Antonio Fontán, Ignacio García Arribas, Encarnación del Barrio y M.ª Luisa Arribas (eds. y trads.), Madrid, Gredos, 1998.

—, *Historia natural*, libros VII-XI, Encarnación del Barrio Sanz, Ignacio García Arribas, Ana M.ª Moure Casas, L.A. Hernández Miguel y M.ª Luisa Arribas Hernáez (eds. y trads.), Madrid, Gredos, 2003.

Plotino, *The Enneads*, Stephen MacKenna (trad.), John Dillon (abrev. e intr.), Londres, Penguin Books, 1991 [1956].
   Véase también Porfirio.

Plutarco, *Moralia*, Frank Cole Babbitt (ed.), Cambridge, Mass./Londres, Harvard University Press/William Heinemann, 1936.
   – http://www.perseus.tufts.edu/

—, *Obras morales y costumbres*, Manuela García Valdés (ed.), Madrid, Akal, 1987.

—, *Vidas paralelas. I, Teseo – Rómulo, Licurgo – Numa*, Aurelio Pérez Jiménez (trad.), Madrid, Gredos, 1985.

—, *Vidas paralelas. VI, Alejandro – César, Agesilao – Pompeyo, Sertorio – Éumenes*, Jorge Bergua Cavero, Salvador Bueno Morillo y Juan Manuel Guzmán Hermida (trads.), Madrid, Gredos, 2007.

Poe, Edgar Allan, *Selected Writings: Poems, Tales, Essays and Reviews*, David Galloway (ed.), Harmondsworth, Penguin Books, 1967.

Poetae epici Graeci. Testimonia et fragmenta, Alberto Bernabé (ed.), Leipiz, Teubner, 1996 (nueva ed.).

Poetæ latini minores, J. Christian Wernsdorf (ed.), Altenburgo, I. Richter, 1782, 3 vols.

Popol Vuh (Popol Wuj), José Guillén Villalobos (ed.), Ciudad de Guatemala, Litografía Comgráfica, 2002.

—, Miguel Rivera Dorado (ed.), Madrid, Trotta, 2008.

Porfirio, *Vida de Plotino*, y Plotino, *Enéadas I-II*, Jesús Igal (ed.), Madrid, Gredos, 1992.

Potocki, Jan, *Manuscrit trouvé à Saragosse*, versión de 1810, François Rosset y Dominique Triaire (eds.), París, Flammarion, 2008.

Pound, Ezra, *Cantares completos*, Javier Coy (ed.), José Vázquez Amaral (trad. t. I-III), Laura Rovizzi y Juan José Coy Girón (t. II y III) Madrid, Cátedra, 1994-2000, 3 vols.

Prest, Thomas Peckett y Rymer, James Malcolm, *Varney the Vampire; or, the Feast of Blood*, Anthony Uyl (ed.), Woodstock, On., DevotedPublishing, 2017.

Prévert, Jacques, *Paroles*, París, Gallimard, 1949.

Proust, Marcel, *Le Temps retrouvé*, Pierre-Louis Rey (pres.), Pierre-Edmond Robert (ed.), París, Gallimard, 1990.

Pseudo-Apolodoro, *The Library*, James George Frazer (ed.), Cambridge, Mass./Londres, Harvard University Press/William Heinemann Ltd., 1921, 2 vols.
   – http://www.perseus.tufts.edu/

—, *Biblioteca mitológica*, Julia García Moreno (ed.), Madrid, Alianza, 1993.

Pseudo-Dionisio Areopagita, *Sobre los nombres de Dios*, en *Patrologiæ cursus completus. Series græca (PG)*, J.-P. Migne (ed.), París, 1857, t. III.

Pseudo-Esquilo, véase Esquilo.

Pseudo-Longino, *Sobre lo sublime [y «Poética» de Aristóteles]*, José Alsina Clota (ed. bilingüe), Madrid, Bosch, 1996.

Pseudo-Luciano, véase Luciano.

Puccini, Giacomo, *Madama Butterfly*, Giuseppe Giacosa y Luigi Illica (libreto), Leipzig, Arthaus Musik GMBH, 1991.

Pushkin, Alexander, *El convidado de piedra*, en *Obras dramáticas*, Mijaíl Chílikov (ed. y trad.), Madrid, Cátedra, 2004.

Quevedo, «*La Fénix*», Valentina Nider (ed.), *La Perinola*, 6 (2002), pp. 161-180.
— www.cervantesvirtual.com/descargaPdf/la-fnix-0/

—, «Un minibestiario poético de Quevedo», Ignacio Arellano (ed.), *Pliegos volanderos del GRISO* 1, junio de 2002.
— https://dadun.unav.edu/bitstream/10171/6128/1/volandero01_Arellano.pdf

Quinet, Edgar, *Prométhée*, Bruselas, E. Laurent & F. Bonnaire, 1838.

Quinto de Esmirna, *Posthoméricas*, Mario Toledano Vargas (ed. y trad.), Madrid, Gredos, 2004.

Rabelais, François, *Les Cinq Livres*, Jean Céard, Gérard Defaux y Michel Simonin (eds.), París, Librairie Générale Française, «La Pochothèque», 1994.

—, *Gargantúa*, Alicia Yllera (trad.), Madrid, Cátedra, 1999.

Racine, Jean, *Théâtre complet*, Jean-Pierre Collinet (ed.), París, Gallimard, 1983, 2 vols.

Reyes, Alfonso, *Antología. Prosa/teatro/poesía*, México, Fondo de Cultura Económica, 1963.

Rigveda, Die Hymnen des Rigveda, Theodor Aufrecht (ed.), Bonn, Adolph Marcus, 1877, 2 vols.

—, *Hymns of the RigVeda*, Ralph T. H. Griffith (trad.), Benarés, E. J. Lazarus, 1896-1897, 2 vols.

—, *The Rigveda. The Earliest Religious Poetry of India*, Stephanie W. Jamison y Joel P. Brereton (trads.), Nueva York, Oxford University Press, 2014, 3 vols.

Rilke, Rainer Maria, *Elegías de Duino. Los sonetos a Orfeo*, Eustaquio Barjau (ed.), Madrid, Cátedra, 1993.

Rimbaud, Arthur, *Œuvres complètes*, André Guyaux (ed.) y Aurélia Cervoni (colab.), París, Gallimard, 2009.

Ritsos, Yannis, *Helena*, Selma Ancira (trad.), Madrid, Acantilado, 2022.

Robbe-Grillet, Alain, *Les Gommes*, París, Les Éditions de Minuit, 1953.

Robert de Boron, *Le Saint-Graal ou Le Joseph d'Arimathie, première branche des Romans de la Table Ronde*, Eugène Hucher (ed.), Ginebra, Slatkine Reprints, 1967, 3 vols.

Rodríguez Cañada, Basilio, *Cuaderno Mediterráneo. Historias, mitos y leyendas*, Madrid, Sial Pigmalión, 2021.

Rodríguez del Padrón, Juan, *Bursario*, Pilar Saquero Suárez-Somonte y Tomás González Rolán (eds.), Madrid, Editorial de la Universidad Complutense, 1984.

Rojas, Fernando de, *La Celestina*, Esther Borrego (ed.), Madrid, Cooperación Editorial, 2014.

[The] *Romance of Setna Khaemuas and the Mummies (Setna I)*, Robert K. Ritner (trad.), en *The Literature of Ancient Egypt: An Anthology of Stories, Instructions, Stelae, Autobiographies, and Poetry*, William Kelly Simpson (ed.), New Haven, Yale University Press, 2003 (3.ª ed.).

Romancero, Giuseppe di Stefano (ed.), Madrid, Taurus, 1993.

Romancero español. Colección de romances selectos desde el siglo XIV hasta nuestros días, José Bergua (ed.), Madrid, Ediciones Ibéricas, s. f.

Ronsard, Pierre de, *Les Amours et autres poèmes*, François Roudaut (ed.), París, Librairie Générale Française, «Le Livre de Poche», 2021.

Rothfuss, Patrick, *The Name of the Wind*, en *The Kingkiller Chronicle: Day One*, Londres, Gollancz, 2008.

Rousseau, Jean-Jacques, *La Nouvelle Héloïse*, Michel Launay (ed.), París, Flammarion, 1967.

Rowling, J. K., *Harry Potter and the Philosopher's Stone*, Londres, Bloomsbury Publishing, 1997.

Sade, marqués de, *Aline et Valcour ou le Roman philosophique*, Jean Marie Goulemot (ed.), París, Librairie Générale Française, 1994.

Safo, *Poemas y testimonios*, Aurora Luque (nueva ed.), Barcelona, Acantilado, 2020.

Saga de los Volsungos, Javier E. Díaz Vera, Madrid, Alianza, 2019.

Saint-Exupéry, Antoine de, *Le Petit Prince*, París, Librairie Gallimard, 1946.

Santillana, marqués de (Íñigo López de Mendoza, conocido como), *Poesías completas*, Miguel Ángel Pérez Priego (ed.), Madrid, Alhambra, 1983.

Sartre, Jean-Paul, *Huis clos, suivi de Les Mouches*, París, Gallimard, 1947.

—, *Les Mots*, París, Gallimard, 1964.

Schmitt, Éric-Emmanuel, *L'Évangile selon Pilate*, París, Albin Michel, 2000.

Segalen, Victor, *René Leys*, Marie Dollé y Christian Doumet (eds.), París, Librairie Générale Française, 1999.

Séneca, *Tragœdiæ*, Rudolf Peiper y Gustav Richter (eds.), Leipzig, Teubner, 1921.
  – http://www.perseus.tufts.edu/

—, *Tragedias*, Jesús Luque Moreno (trad.), Madrid, Gredos, 1982, 2 vols.

—, *De la tranquilidad del ánimo*, en *Obras escogidas de filósofos*, Adolfo de Castro (ed.), Madrid, Atlas, «Biblioteca de Autores Españoles», 1953.

Shakespeare, William, *The Complete Works*, Stanley Wells y Gary Taylor (eds.), Oxford, Clarendon Press – Oxford University Press, 1988.

Shaw, Bernard, *Man and Superman*, Dan H. Laurence (ed.), Londres, Penguin, 1957.

Shelley, Mary, *Frankenstein, or The Modern Prometheus*, Siv Jansson (ed.), Ware (Hertfordshire), Wordsworth Editions, 1999.

—, *Frankenstein*, Manuel Serrat Crespo (trad.), Barcelona, Plaza & Janés, 1995.

Shelley, Percy Bysshe, *The Complete Poems [...], with Nothes by Mary Shelley*, Nueva York, Modern Library (Random House), 1994.

Snorri Sturluson, *Edda menor*, Luis Lerate (ed.), Madrid, Alianza, 2000.

Sófocles, *Sophocles*, Francis Storr (ed., texto griego e inglés), Londres/Nueva York, William Heinemann/The Macmillan Company, 1912-1913, 2 vols.
  – http://www.perseus.tufts.edu/

—, *Tragedias completas*, José Vara Donado (trad.), Madrid, Cátedra, 1985.

—, *Les Tragiques grecs. Eschyle, Sophocle, Euripide. Théâtre complet*, Victor-Henri Debidour (trad.), Paul Demont y Anne Lebeau (eds.), París, Éditions de Fallois, 1999.

Soumet, Alexandre, *La Divine Épopée*, París, Arthus Bertrand, 1840.

Steinbeck, John, *East of Eden*, Londres, Mandarin Paperbacks, 1952.

—, *Al este del Edén*, Vicente de Artadi (trad.), Barcelona, Tusquets, 2002.

Sterne, Laurence, *The Life and Opinions of Tristram Shandy, Gentleman*, Crhistopher Ricks (intr.), Melvyn New y Joan New (eds.), Londres, Penguin Books, 2003.

—, *La vida y las opiniones del caballero Tristram Shandy y Los sermones de Mr Yorick*, Javier Marías (ed.), Madrid, Alfaguara, 2006.

Stoker, Bram, *Dracula*, Maurice Hindle (ed.), Christopher Frayling (pref.), Londres, Penguin Books, 2003.

—, *Drácula*, Maurice Hindle (intr.), Christopher Frayling (pref.), Mario Montalbán (trad.), Barcelona, Penguin Random House, 2015.

STRAUSS, Richard, *Ariadne auf Naxos*, Hugo von Hofmannsthal (libreto), Londres, EMI Records, 1999.

SWIFT, Jonathan, *Gulliver's Travels*, Londres, Penguin Books, 1994.

—, *Los viajes de Gulliver*, Jorge Edwards (pról.), Begoña Gárate Ayastuy (trad.), Madrid, Unidad Editorial, 1999.

TÁCITO, *Annales*, C. D. Fisher (ed.), Oxford, Clarendon Press, 1906.
   – http://www.perseus.tufts.edu/

—, *Anales. Libros I-VI*, José Luis Moralejo (ed. y trad.), Madrid, Gredos, 1979.

—, *Libros de las historias – Historiarum libri*, Joaquín Soler Franco (trad.), Zaragoza, Institución «Fernando el Católico» (CSIC), 2015.

Talmud: The William Davidson Talmud.
   – https://www.sefaria.org/Sanhedrin?lang=bi

TASSO, Torquato, *Gerusalemme liberata*, Roberto Fedi (ed.), Roma, Salerno Editrice, 1993.

TENNYSON, Alfred, *Poems and Plays*, T. Herbert Warren (ed.), Frederick Page (rev.), Londres, Oxford University Press, 1971 [1953].

TERENCIO, *Comedias*, José Román Bravo (ed. y trad.), Madrid, Cátedra, 2011.

TIRSO DE MOLINA, *El burlador de Sevilla*, Alfredo Rodríguez López-Vázquez (ed.), Madrid, Cátedra, 1995.

TITO LIVIO, *Historia de Roma desde la fundación de la ciudad. (Ab urbe condita)*, Antonio Fontán (ed.), Madrid, CSIC, 1997.

TOLKIEN, J. R. R., *The Silmarillion*, Christopher Tolkien (ed.), Londres, HarperCollins, 2013 [1977].

—, *El Silmarillion*, Cristopher Tolkien (ed.), Rubén Masera y Luis Domènech (trads.), Barcelona, Minotauro, 1984.

—, *Morgoth's Ring: The Later Silmarillion, Part One: The Legends of Aman*, C. Tolkien (ed.), Londres, HarperCollins, 2002 [1993].

—, *The Lord of the Rings*, Peter Beagle (pref.), Nueva York, Del Rey Mass Market Edition, 2018, 3 vols.

—, *El Señor de los Anillos. Apéndices*, Rubén Masera (trad.), Barcelona, Minotauro, 1987.

TORRENTE BALLESTER, Gonzalo, *Los gozos y las sombras*, Madrid, Alianza, 1999 [1954-1962], 3 vols.

—, *Don Juan*, Barcelona, Destino, 1980.

—, *Ifigenia y otros cuentos*, Barcelona, Destino, 1991.

—, *La saga/fuga de J. B.*, Carmen Becerra y Antonio J. Gil González (eds.), Madrid, Castalia, 2010.

TORRI, Julio, *Obra completa*, Serge I. Zaïtzeff (ed.), México, Fondo de Cultura Económica/ProQuest Ebook, 2011.

TOURNIER, Michel, *Le Roi des aulnes*, Philippe de Monès (posf.), París, Gallimard, 1975 [1970].

Trovadores (Los). Historia literaria y textos, Riquer, Martín de (ed.), Barcelona, Planeta, 1975-1983, 3 vols.

Tucídides, *Historiæ*, Henry Stuart Jones y John Enoch Powell (eds.), Oxford University Press, 1942.
- http://www.perseus.tufts.edu/
—, *Historia de la guerra del Peloponeso*, Francisco Romero Cruz (ed.), Madrid, Cátedra, 1988.

Turguénev, Iván, *Fausto*, Barcelona, Petronio, 1971.

Utopías del mundo antiguo. Antología de textos, Jesús Lens Tuero y Javier Campos Daroca (eds.), Madrid, Alianza, 2000.

Valle-Inclán, Ramón del, *Luces de Bohemia*, Alonso Zamora Vicente (ed.), Madrid, Espasa-Calpe, 1995.

Varrón (Marcus Terentius), *Antiquitates rerum divinarum*, Burkhart Cardauns (ed.), Wiesbaden, Franz Steiner Verlag, 1976, 2 vols.

Verne, Jules, *El castillo de los Cárpatos*, Elena Bernardo Gil (trad.), Barcelona, Alba, 2011.

Vigny, Alfred de, *Poèmes antiques et modernes. Les Destinées*, Marcel Arland (pref.), André Jarry (ed.), París, Gallimard, 1990.

Villiers de l'Isle-Adam, Auguste, *L'Ève future*, Nadine Satiat (ed.), París, Flammarion, 1992.

Villamediana, conde de, *Las fábulas mitológicas*, Lidia Gutiérrez Arranz (ed.), Kassel, Reichenberger, 1999.

Villena, Luis Antonio de, *Honor de los vencidos. Antología (1972-2006)*, México, Fondo de Cultura Económica, 2008.

Virgilio, *Bucolics, Aeneid, and Georgics*, J. B. Greenough (ed.), Boston, Ginn & Co. 1900.
- http://www.perseus.tufts.edu/
—, *La Eneida*, José Luis Vidal (intr.), Javier de Echave-Sustaeta (trad.), Madrid, Gredos, 2014.
—, *Bucólicas. Geórgicas. Apéndice virgiliano*, José Luis Vidal (intr.), Tomás de la Ascensión Recio García y Arturo Soler Ruiz (trads.), Madrid, Gredos, «Biblioteca clásica Gredos», 2008.

Voltaire, *Dialogues et entretiens philosophiques*, en *Œuvres complètes*, Basilea, Jean-Jacques Tourneisen, 1786 [1768].
—, *Candide ou l'optimisme, La Princesse de Babylone et autres contes*, Jacques Van den Heuvel (ed.), París, Librairie Générale Française, 1983.

von Eschenbach, Wolfram, *Parzival*, Mittelhochdeutsch/Neuhochdeutsch, Stuttgart, Philipp Reclam, 1996, 2 vols.
—, *Parzival*, Antonio Regales (ed.), René Nelli (epílogo), Madrid, Siruela, 1999.

von Harbou, Thea, *Metrópolis*, Amparo García Burgos (trad.), Barcelona, Orbis, 1985.

Wagner, Richard, *Tristan und Isolde. In Full Score*, Felix Mottl (ed.), Nueva York, Dover Publications, 1973 [Leipzig, C. F. Peters, 1911].
—, *Tristan und Isolde*, Hamburg, Teldec Classics International, 1995.

Wilde, Oscar, *Complete Works*, Londres, HarperCollins, 2003.

Winterson, Jeanette, *Weight*, Edimburgo, Canongate Books, 2005.

Wolf, Christa, *Medea. Stimmen*, Gütersloh, Luchterhand Literaturverlag, 1996.
—, *Medea*, Miguel Sáenz (trad.), Madrid, Debate, 1998.

Yeats, William Butler, *A Vision*, Londres, The MacMillan Press, 1981 [1925].

—, *The Collected Poems*, Londres, MacMillan and Company, 1950.

—, *Antología poética*, Enrique Caracciolo Trejo (ed. y trad.), Madrid, Espasa-Calpe, 1984.

Yourcenar, Marguerite, *Feux*, París, Gallimard, 1974 [1936].

—, *L'Œuvre au noir*, París, Gallimard, 1968.

Zorrilla, José, *Don Juan Tenorio*, Luis Fernández Cifuentes (ed.), Ricardo Navas Ruiz (intr.), Barcelona, Crítica, 1993.

PELÍCULAS Y SERIES DE FICCIÓN[2]

Abre los ojos, Alejandro Amenábar (dir. y guion), Mateo Gil (guion), Sogecine, 1997.

Agents of S.H.I.E.L.D., temporada 1, episodio 1, «Pilot», Joss Whedon (dir.), Joss Whedon, Jed Whedon y Maurissa Tancharoen (guion), 2013.

– temporada 1, episodio 9, «Reparations», Billy Gierhart (dir.), Maurissa Tancharoen & Jed Whedon (guion), 2013.

– temporada 4, episodio 6, «The Good Samaritan», Billy Gierhart (dir.), Jeffrey Bell (guion), 2016.

– temporada 4, episodio 8, «The Laws of Inferno Dynamics», Kevin Tancharoen (dir.), Paul Zbyszewski (guion), 2016.

American Gods, temporada 1, episodio 4.º, «Git Gone», Craig Zobel (dir.), Michael Green y Bryan Fuller (guion), 2017.

– temporada 1, episodio 5.º, «Lemon Scented You», Vincenzo Natali (dir.), David Graziano (guion), 2017.

– temporada 1, episodio 8.º, «Come to Jesus», Floria Sigismondi (dir.), Bekah Brunstetter, Michael Green y Bryan Fuller (guion), 2017.

– temporada 2, episodio 8.º, «Moon Shadow», Christopher J. Byrne (dir.), Aditi Brennan Kapil y Jim Danger Gray (guion), 2019.

Antígona, Yorgos Tzavellas (dir. y guion), Alfa Studios, 1961.

Aquaman, James Wan (dir.), David Leslie Johnson-McGoldrick & Will Beall (guion), Warner Bros. *et al.*, 2018.

Arrival, Denis Villeneuve (dir.), Eric Heisserer (guion), FilmNation Entertainment *et al.*, 2016.

Artificial Intelligence, Stephen Spielberg (dir. y guion), Amblin Entertainment *et al.*, 2001.

Battlestar Galactica (miniserie), Michael Rymer (dir.), Ronald D. Moore y Glen A. Larson (guion), David Eick Productions et al., 2003.

– (serie), Ronald D. Moore (dir.), temporada 1, episodio 10, «The Hand of God», Jeff Woolnough (dir.), Bradley Thompson y David Weddle (guion), 2004.

– temporada 1, episodio 12, «Kobol's Last Gleaming», Michael Rymer (dir.), David Eick (guion), 2004.

---

[2] Clasificación alfabética según título original. Dado el carácter del volumen, aquí se da prioridad al guionista sobre el productor.

Beast from 20 000 Fathoms (The), Eugène Lourié (dir. y guion), Fred Freiberger, Louis Morheim y Robert Smith (guion), Warner Bros., 1953.

Boys (The), Eric Triple (dir.), Sony Pictures *et al.*, 2019-.
- temporada 1, episodio 5, «Good for the Soul», Stefan Schwartz (dir.), Anne Coffell Sounders (guion).
- temporada 1, episodio 6, «The Innocents», Jennifer Phang (dir.), Rebecca Sonnenshine (guion).
- temporada 1, episodio 8, «You Found Me», Eric Kripke (dir.), Anne Cofell Saunders y Rebecca Sonnenshine (guion).

Cinderella, Kay Cannon (dir. y guion), Sony Pictures & Fulwell 73, 2021.

Close Encounters in the Third Kind, Steven Spielberg (dir. y guion), EMI Films, 1977.

Conan the Destroyer, Richard Fleischer (dir.), Stanley Mann (guion), Dino De Laurentiis Company y Universal Pictures, 1984.

Criminal Minds, «The Fisher King, Part 2», temp. 2, ep. 1, Gloria Muzio (dir.), Edward Allen Bernero (guion).

CSI: Miami, «Show Stopper», temp. 8, ep. 12, Sam Hill (dir.), Corey Evett & Matt Partney (guion), 2010.
- «Blood Moon», temp. 2, ep. 13, Scott Lautanen (dir.), Jonathan Glassner & Marc Dube (guion), CBS, 2004.

Daybrakers, The Spierig Brothers (dir. y guion), Lionsgate *et al.*, 2009.

Dracula, Tod Browning (dir.), Garrett Fort (guion), Universal Pictures, 1931.

Expanse (The), temporada 2, episodio 12: «The Monster and the Rocket», Robert Lieberman (dir.), Mark Fergus y Hawk Ostby (guion), Penguin in a Parka *et al.*, 2017.

Game of Thrones, temporada 2, episodio 10: «Valar Morghulis», Alan Taylor (dir.), David Benioff & D.B. Weiss (guion), 2012.
- temporada 5, episodio 6, «Unbowed, Unbent, Unbroken», Jeremy Podeswa (dir.), Bryan Cogman (guion), 2015.

Godzilla, Ishiro Honda (dir. y guion), Takeo Murata (guion), Tōhō, 1954.
- *Godzilla*, Gareth Edwards (dir.), Max Borenstein (guion), Legendary Pictures y Warner Bros., 2014.
- *Godzilla: King of the Monsters*, Michael Dougherty (dir.), Michael Dougherty *et al.* (guion), Legendary Pictures *et al.*, 2019.

Grimm, temporada 2, episodio 9, «La Llorona», Holly Dale (dir.), Akela Cooper (guion), 2012.
- temporada 6, episodio 7, «Blind Love», Aaron Lipstadt (dir.), Sean Calder (guion), 2017.

Groundhog Day, Harold Ramis (dir.), Harold Ramis y Danny Rubin (guion), Pembroke J. Herring y Columbia Pictures, 1993.

Harry Potter and the Philosopher's Stone, Chris Columbus (dir.), Steve Kloves (guion), Warner Bros. *et al.*, 2001.

Harry Potter and the Chamber of Secrets, Chris Columbus (dir.), Steve Kloves (guion), Warner Bros. Pictures *et al.*, 2002.

Harry Potter and the Order of the Phoenix, David Yates (dir.), Michael Goldenberg (guion), Warner Bros. Pictures y Heyday Films, 2007.

Her, Spike Jonze (dir. y guion), Annapurna Pictures y Warner Bros., 2013.

Horror of Dracula (The), Terence Fisher (dir.), Jimmy Sangster (guion), Hammer Film Productions, 1958.

House, M. D., temporada 2, episodio 24, «No Reason», David Shore (dir.), Lawrence Kaplow y David Shore (guion), 2006.

Hunger Games (The), Gari Ross (dir.), Nina Jacobson y Jon Kilik (guion), Color Force, 2012.

In Time, Andrew Niccol (dir. y guion), New Regency *et al.*, 2011.

Indiana Jones and the Last Crusade, Steven Spielberg (dir.), Jeffrey Boam (guion), Lucasfilm Ltd. y Paramount Pictures, 1989.

Inferno, Ron Howard (dir.), David Koepp (guion), Imagine Entertainment y LStar Capital, 2016.

Interstellar, Christopher Nolan (dir. y guion), Jonathan Nolan (guion), Paramount Pictures *et al.*, 2014.

Jesus Christ Superstar, Norman Jewison (guion), Melvyn Bragg y Norman Jewison (guion), Universal Pictures, 1973.

King Kong, Merian C. Cooper y Ernest B. Schoedsack (dir.), James Creelman y Ruth Rose (guion), RKO Pictures, 1933.

Lord of the Rings (The): The Fellowship of the Ring, Peter Jackson (dir.), Fran Walsh *et al.* (guion), New Line Cinema y WingNut Films, 2001.
— *The Two Towers*, ibid., 2002.

Lost, Jeffrey Lieber, J.J. Abrams y Damon Lindelof (dir.), J.J. Abrams *et al.* (prod.), 2004-2010.

Magicians (The), temporada 1, episodio 1, «Unauthorized Magic», 2015. Mike Cahill (dir.), Sera Gamble & John McNamara (guion), 2015.

Man in the High Castle (The), temporada 2, episodio 2, «The Road Less Traveled»: Colin Bucksey (dir.), Rob Williams (guion), 2016.

Mary Shelley's Frankenstein, Kenneth Branagh (dir.), Steph Lady y Frank Darabont (guion), Broadcasting, The IndieProd Company, American Zoetrope y TriStar Pictures, 1994.

Matrix (The), The Wachowski Brothers (dir.), Warner Bros. *et al.*, 1999.

Medea, Pier Paolo Pasolini (dir. y guion), San Marco, S.p.A. *et al.*, 1969.

Métamorphoses, Christophe Honoré (dir. y guion), France 3 Cinéma *et al.*, 2014.

Metropolis, Fritz Lang (dir.), Thea von Harbou (guion), UFA, 1927.

Michael, Nora Ephron (dir. y guion), Pete Dexter y Delia Ephron (guion), Turner Entertainment, 1996.

Moby Dick, John Huston (dir.), John Huston y Ray Bradbury (guion), Moulin Productions, 1956.

My Fair Lady, George Cukor (dir.), Alan Jay Lerner (guion), Warner Bros. Pictures, 1964.

Ninth Gate (The), Roman Polanski (dir.), John Brownjohn *et al.* (guion), Canal+, 1999.

Noah, Darren Aronofski (dir.), Darren Aronofski y Ari Handel (guion), Regency Enterprises *et al.*, 2014.

Nosferatu, eine Symphonie des Grauens, Friedrich Wilhelm Murnau (dir.), Henrik Galeen (guion), Prana-Film GmbH, 1922.

Oblivion, Joseph Kosinski (dir.), Karl Gajdusek y Michael deBruyn (guion), Relativity Media *et al.*, 2013.

Orphée, Jean Cocteau (dir. y guion), André Paulvé (prod.), DisCina, 1950.

Preacher's Wife (The), Penny Marshall (dir.), Robert E. Sherwood y Leonardo Bercovici (guion), Touchstone Pictures y The Samuel Goldwyn Company, 1996.

Prometheus, Ridley Scott (dir.), Jon Spaihts y Damon Lindelof (guion), Scott Free Productions *et al.*, 2012.

Purge (The), James DeMonaco (guion y dir.), Blumhouse Productions *et al.*, 2013.

Pygmalion, Anthony Asquith y Leslie Howard (dir.), G. B. Shaw *et al.* (guion), General Film Distributors y Metro-Goldwyn-Mayer, 1938.

Red Riding Hood, Catherine Hardwicke (dir.), David Leslie Johnson (guion), Appian Way Productions y Warner Bros., 2011.

Resident Evil, Paul W.S. Anderson (dir. y guion), Screen Gems, 2002.

RoboCop, Paul Verhoeven (dir.), Edward Neumeier y Michael Miner (guion), Orion Pictures, 1987.

Sang d'un poète (Le), Jean Cocteau (dir.), Vicomte Charles de Noailles (prod.), 1930.

Snow White and the Huntsman, Rupert Sanders (dir.), Evan Daugherty, John Lee Hancock y Hossein Amini (guion), Roth Films, 2012.

Social Network (The), David Fincher (dir.), Aaron Sorkin (guion), Michael De Luca Productions *et al.*, 2010.

Star Trek III: The Search for Spock, Leonard Nimoy (dir.), Harve Bennett (guion), Paramount Pictures, 1984.

Star Wars: Episode IV – A New Hope, George Lucas (dir. y guion), Lucasfilm y 20th Century Fox, 1977.

Superman Returns, Bryan Singer (dir.), Bryan Singer *et al.* (guion), DC Comics *et al.*, 2006.

Supernatural, temporada 1, episodio 1, «Pilot», *David Nutter (dir.), Eric Kripke (guion)*, 2005.
   – temporada 7, episodio 12, «Time after Time», Philip Sgriccia (dir.), Robbie Thompson (guion), 2012.

Szerelmem, Elektra, Miklós Jancsó (dir.), László Gyurkó y Gyula Hernádi (guion), MAFILM Hunnia Stúdió *et al.*, 1974.

Tale of Tales, Matteo Garrone (dir.), Edoardo Albinati *et al.* (guion), Archimede Film *et al.*, 2015.

Terminator (The), James Cameron (dir. y guion), Gale Anne Hurd (guion), Hemdale *et al.*, 1984.

Terminator 2: Judgment Day, James Cameron (dir. y guion), William Wisher (guion), Carolco Pictures *et al.*, 1991.

Terminator: Dark Fate, Tim Miller (dir.), David Goyer *et al.* (guion), Paramount Pictures *et al.*, 2019.

Titan (The), Lennart Ruff (dir.), Max Hurwitz (guion), Voltage Pictures *et al.*, 2018.

Tomb Raider, Roar Uthaug (dir.), Geneva Robertson-Dworet y Alastair Siddons (guion), Metro-Goldwyn-Mayer *et al.*, 2018.

Transformers, Michael Bay (dir.), Roberto Orci *et al.* (guion), DreamWorks *et al.*, 2007.

Transformers: Age of Extinction, Michael Bay (dir.), Ehren Kruger (guion), Hasbro & Di Bonaventura Pictures, 2014.

Transformers: The Last Knight, Michael Bay (dir.), Art Marcum *et al.* (guion), Hasbro *et al.* (prod.), Paramount Pictures (distr.), 2017.

Transporter 3, Olivier Megaton (dir.), Luc Besson (guion), EuropaCorp *et al.*, 2008.

Twilight Saga (The), Catherine Hardwicke (dir. 1.ª entrega), Chris Weitz (2.ª), David Slade (3.ª), Bill Condon (4.ª y 5.ª), Melissa Rosenberg (guion de las cinco entregas), Temple Hill Entertainment *et al.*, 2008-2012.

Upload, Greg Daniels (dir. y guion), 3 Arts Entertainment *et al.*, 2020.

Watchmen, Zack Snyder (dir.), David Hayter y Alex Tse (guion), Warner Bros. Pictures, 2009.

Westworld, Michael Crichton (dir. y guion), Metro-Goldwyn-Mayer, 1973.

— Jonathan Nolan y Lisa Joy (dir. y guion), HBO Entertainment *et al.*, 2016.

Wrath of the Titans, Jonathan Liebesman (dir.), David Leslie Johnson, Dan Mazeau y Greg Berlanti (guion), Legendary Pictures y Warner Bros. Pictures, 2012.

ESTUDIOS[3]

ABAD CARLÉS, Ana, *Historia del ballet y de la danza contemporánea*, Madrid, Alianza, 2004.

ABRAMS, Meyer Howard, *Natural Supernaturalism: Tradition and Revolution in Romantic Literature*, Nueva York, W.W. Norton & Company, 1973.

ABRIL HERNÁNDEZ, ANA, *A-Maze-ing Narratives: A Semiotic Study of Labyrinths in Joseph Conrad, Jorge Luis Borges and Stuart Moulthrop*, tesis doctoral, Universidad Complutense de Madrid, 2019.

AGAMBEN, Giorgio, *Le Mystère du mal. Benoît XVI et la fin des temps*, Joël Gayraud (trad.), París, Bayard, 2017 [ed. orig.: *Il mistero del male. Benedetto XVI e la fine dei tempi*, Roma, Laterza, 2013].

AGUDO VILLANUEVA, Mario, *Hécate. La diosa sombría*, Madrid, Editorial Dilema, 2020.

AGUIRRE, Mercedes, «El *Cíclope* de Jean Tinguely y Niki de Saint Phalle: la transformación de una figura mitológica en un experimento artístico», en José Manuel Losada (ed.), *Mito y mundo contemporáneo*, Bari, Levante Editori, 2010, pp. 435-441.

—, «Caracterización y representación de los fantasmas en la antigua Grecia», en Mercedes Aguirre Castro, Cristina Delgado Linacero y Ana González-Rivas (eds.), *Fantasmas, aparecidos y muertos sin descanso*, , Madrid, Abada, 2014, pp. 55-65.

— y BUXTON, Richard, *Cyclops: The Myth and its Cultural History*, Oxford, Oxford University Press, 2020.

AGUSTÍN DE HIPONA, *Enarrationes in Psalmos*, en *Opera omnia*, en *Patrologiæ cursus completus. Series latina (PL)*, J.-P. Migne (ed.), París, 1865, t. XXXVI.

—, *La ciudad de Dios*, Santos Santamarta del Río y Miguel Fuertes Lanero (trads.), Victorino Capánaga (intr. y nt.), Madrid, Homo Legens, 2006.

—, *Confesiones*, Ángel C. Vega (ed. y trad.), en *Obras completas*, Madrid, Biblioteca de Autores Cristianos, 1946, t. II.

---

[3] La metodología tradicional sugiere otras disposiciones bibliográficas para los estudios según épocas, materias, etc. Conforme al talante del volumen, he dispuesto aquí todas las referencias de no ficción utilizadas en este volumen: de categorías hablan Aristóteles, Kant y Peirce, y un mismo autor habla de filosofía y estética (Hegel) o de teoría de la literatura y mitología (Frye). La mitocrítica cultural, que integra pensamientos interdisciplinares, pone en diálogo autores de antaño y de hoy.

—, *La Trinidad*, Luis Arias (ed.), en *Obras completas*, Madrid, Biblioteca de Autores Cristianos, 1985, t. V.

Alaimo, Stacey, *Bodily Natures: Science, Environment, and the Material Self*, Bloomington (IN), Indiana University Press, 2010.

Al-Akhras, Sharihan, «The Anima at the Gate of Hell: Middle Eastern Imagery in Milton's *Paradise Lost*», en Ben Pestell, Pietra Palazzolo y Leon Burnett (eds.), *Translating Myth*, Cambridge – Abingdon, Modern Humanities Research Association y Routledge, 2016, pp. 43-57.

Alayza, Cristina, «Acerca del optimismo. Leibniz y la tesis de la armonía universal», *Estudios de Filosofía* 7 (2009), pp. 11-26.

Albiac, Gabriel, *De la añoranza del poder o consolación de la filosofía*, Madrid-Pamplona, I. Peralta Ediciones, 1979.

Albouy, Pierre, *Mythes et mythologies dans la littérature française*, Pierre Brunel (pres.), París, Armand Colin, 1969 [2.ª ed. 2005].

Alonso, Dámaso, *Ensayos sobre poesía española*, Buenos Aires, Revista de Occidente Argentina, 1946.

Alvar, Carlos, *Breve diccionario artúrico*, Madrid, Alianza, 1997.

Alvar Ezquerra, Antonio, *De Catulo a Ausonio. Lecturas y lecciones de poesía latina*, Madrid, Ediciones Liceus, 2009.

Alvar Ezquerra, Jaime, «La herencia pagana de la religión cristiana», en Juan Signes Cordoner *et al.* (eds.), *Antiquae lectiones. El legado clásico desde la Antigüedad hasta la Revolución Francesa*, Madrid, Cátedra, 2005, pp. 124-130.

—, *Religions in the Graeco-Roman World: Myth, Salvation and Ethics in the Cults of Cybele, Isis and Mithras*, Leiden-Boston, Brill, 2008, pp. 74-106.

Alvar Nuño, Antón, «Mito y magia», en Marta González González y Lucía Romero Mariscal (eds.), *Claves para la lectura del mito griego*, Madrid, Dykinson, 2021, pp. 251-276.

Alvarado Marambio, José Tomás, «¿Qué es una "religión"? Tres teorías recientes», *'Ilu. Revista de Ciencias de las Religiones* 21 (2016), pp. 31-49.

Álvarez de Miranda, Ángel, *La metáfora y el mito*, Madrid, Taurus, 1963.

—, *Mito, religión y cultura*, Andrés Ortiz-Osés (ed.), Barcelona, Anthropos, 2008.

Álvarez-Pedrosa, Juan Antonio, «El dios que nace de la roca. Aspectos comparativos del mito del nacimiento de Mitra», *Emerita* 84, 2 (2016), pp. 317-331.

Ambrosio de Milán, *Hexaemeron*, en *Opera omnia*, en *Patrologiæ cursus completus. Series latina (PL)*, J.-P. Migne (ed.), París, 1945, t. XIV.

—, *De excessu fratri sui, ibid.*, t. XVI.

Amit, Gilead, «The Elephant in the Gloom», *New Scientist*, 9 de diciembre de 2017, pp. 28-31.

Anaximandro, *Fragments et témoignages*, Marcel Conche (trad.), París, Presses Universitaires de France, 1991.

Andzel-O'Shanahan, Edyta, «The Mythical Dimension of Human-Environmental Relations in Modern Latin-American Prose Fiction», *Ameryka Łaci ska* 3, 101 (2018), pp. 35-49.

Angosto, Pedro, «De fuego sin humo. Los genios y el simbolismo de sus reinos fantásticos», *Graphiclassic* 7 (2020), pp. 128-137.

ANTOLINI-DUMAS, Tatiana, «Déluge», en Sylvie Parizet (dir.), *La Bible dans les littératures du monde*, París, Les Éditions du Cerf, 2016, t. I, pp. 669-678.

ARAS, Roberto Eduardo, *El mito en Ortega*, Pamplona, EUNSA, 2008.

ARAÚJO, Alberto Filipe, MACHADO DE ARAÚJO, Joaquim, y RIBEIRO, José Augusto, *As lições de Pinóquio. «Estou farto de ser sempre um boneco!»*, Curitiba, Editora CRV, 2012.

— y RIBEIRO, José Augusto, «Ariadna en Naxos bajo el signo de la metamorfosis», en José Manuel Losada y Antonella Lipscomb (eds.), *Mito e interdisciplinariedad. Los mitos antiguos, medievales y modernos en la literatura y las artes contemporáneas*, Bari, Levante Editori, 2013, pp. 243-253.

ARBONA ABASCAL, Guadalupe, *La perplejidad del héroe. Calas en la literatura del siglo XX*, Madrid, Editorial Fragua, 2001.

ARCONADA, Andrés, «Metrópolis», en *Fritz Lang Universum*, Madrid, Notorius Ediciones, 2016, pp. 82-91.

ARELLANO, Ignacio, «Sobre la poética del conceptismo culto: el soneto de Villamediana "Muda selva deidad pisó la mora" y los problemas de la coherencia crítica», *Revista de Literatura* 55, 109 (1993), pp. 487-505.

ARELLANO, Jesús, «Las condiciones del pensamiento radical (trascendental)», en Rafael Alvira (coord.), *Razón y libertad. Homenaje a Antonio Millán-Puelles*, Madrid, Rialp, 1990, pp. 21-28.

ARENDT, Hannah, *La condición humana*, Manuel Cruz (intr.), Ramón Gil Novales (trad.), Barcelona, Paidós, 1993.

—, *¿Qué es la filosofía de la existencia?*, Agustín Serrano de Haro (ed. y trad.), Madrid, Biblioteca Nueva, 2018.

ARGULLOL, Rafael, y Eugenio TRÍAS, *El cansancio de Occidente*, Barcelona, Destino, 1992.

ARIAS, Arturo, *Ensayos Asturianos*, Ciudad de Guatemala, Editorial Cultura, 2017.

ARIÈS, Philippe, *Historia de la muerte en Occidente desde la Edad Media hasta nuestros días*, Francisco Carbajo y Richard Perrin (trads.), Barcelona, Acantilado, 2000 [1975].

ARISTÓTELES, *Metafísica*, Patricio de Azcárate (trad.), México, Espasa-Calpe Mexicana, 1943.

—, *Poética*, Valentín García Yebra (ed. y trad.), Madrid, Gredos, 1974.

—, *Tratados de lógica (Órganon)*, Miguel Candel Sanmartín (trad.), Madrid, Gredos, 1982, 2 vols.

—, *Historia de los animales*, José Vara Donado (trad.), Madrid, Akal, 1990.

—, *Rhétorique*, Michel Meyer (intr.), Charles-Émile Ruelle (trad.), Patricia Vanhemelrych (rev.), Benoît Timmermans (coment.), París, Librairie Générale Française, 1991.

—, *Acerca del alma*, Tomás Calvo Martínez (trad.), Madrid, Gredos, 1994 [1978].

—, *Ética a Nicómaco*, José Luis Calvo Martínez (trad.), Madrid, Alianza, 2001.

—, *Catégories*, Richard Bodéüs (trad.), París, Les Belles Lettres, 2002.

ARIZA, Eva, «Mito y ciencia ficción desde la semántica ficcional», *Amaltea. Revista de Mitocrítica* 12 (2020), pp. 5-12 [https://doi.org/10.5209/amal.66667].

ARNDS, Peter, «*Homo Lupus* as Hunchback: Representation, Subversion and Trauma in Fiction about the Third Reich», en José Manuel Losada y Marta Guirao (eds.), *Myth* and *Subversion in the Contemporary Novel*, Newcastle upon Tyne, Cambridge Scholars Publishing, 2012, pp. 357-370.

ARNOLD, Matthew, *Culture and Anarchy, with Friendship's Garland and Some Literary Essays*, R. H. Super (ed.), Ann Arbor (MI), The University of Michigan Press, 1965.

ARRANZ, David Felipe, *Indios, vaqueros y princesas galácticas. Los rebeldes del cine*, Fernando R. Lafuente (pról.), Madrid, Pigmalión, 2019.

ARREGUI, Jorge V., «Sobre algunas raíces particulares de la razón universal», *Filosofía de la cultura. Actas del IV Congreso Internacional de la Sociedad Hispánica de Antropología Filosófica (SHAF)*, Joan B. Llinares y Nicolás Sánchez Durá (eds.), Valencia, Sociedad Hispánica de Antropología Filosófica, 2001, pp. 311-319.

ASIMOV, Isaac, *Las palabras y los mitos*, Barcelona, Laia, 1979.

ASTIER, Colette, *Le Mythe d'Œdipe*, París, Armand Colin, 1974.

AUERBACH, Erich, *Mímesis. La representación de la realidad en la literatura occidental*, Ignacio Villanueva y Eugenio Ímaz (trads.), México, Fondo de Cultura Económica, 1950 [1942].

AUNE, David E., *Apocalypticism, Prophecy and Magic in Early Christianity: Collected Essays*, Tubinga, Mohr Siebeck, 2006.

AURAIX-JONCHIÈRE, Pascale, en Sylvie Parizet (dir.), «Lilith», *La Bible dans les littératures du monde*, París, Les Éditions du Cerf, 2016, t. II, pp. 1458-1464.

AUSTIN, John L., *Ensayos filosóficos*, J.O. Urmson y G.J. Warnock (eds.), Alfonso García Suárez (trad.), Madrid, Alianza, 1989 [1961].

—, *How to Do Things with Words*, Oxford, Oxford University Press, 1962.

BACHELARD, Gaston, *L'Eau et les rêves. Essai sur l'imagination de la matière*, París, Librairie José Corti, 1942.

—, *L'Air et les Songes. Essai sur l'imagination du mouvement*, París, Librairie José Corti, 1943.

—, *La Terre et les rêveries du repos*, París, Librairie José Corti, 1948.

—, *La Terre et les rêveries de la volonté. Essai sur l'imagination de la matière*, París, Librairie José Corti, 2004, 2.ª ed. [1948].

—, *L'Activité rationaliste de la physique contemporaine*, París, Presses Universitaires de France, 1951.

—, *La Poétique de l'espace*, París, Presses Universitaires de France, 1957.

BACKÈS, Jean-Louis, *Musique et littérature. Essai de poétique comparée*, París, Presses Universitaires de France, 1994.

BACON, Roger, *Opus tertium. Opus minus. Compendium philosophiæ*, en *Opera quædam hactenus inedita*, J. S. Brewer (ed.), Londres, Longman *et al.*, 1859, 3 vols.

BAECHLER, Jean, *Le Devenir*, París, Hermann Éditeurs, 2010.

BAER, Elizabeth Roberts, *Golem Redux: From Prague to Post-Holocaust Fiction*, Detroit (MI), Wayne State University Press, 2012.

BAKHTÍN, Mikhaíl, *L'Œuvre de François Rabelais et la culture populaire au Moyen Âge et sous la Renaissance*, Andrée Robel (trad.), París, Gallimard, 1970.

BALLANCHE, Pierre-Simon, *Orphée*, en *Essais de palingénésie sociale*, París, Jules Didot Aîné, 1829, t. II.

BALLESTEROS, Antonio, «Monsters on the Island: Caliban's and Prospero's Hideous Progeny», *Atlantis. Journal of the Spanish Association for Anglo-American Studies* 19, 1 (1997), pp. 15-20.

—, *Vampire Chronicle: Historia natural del vampiro en la literatura anglosajona*, Zaragoza, UnaLuna Ediciones, 2000.

BALLÓ, Jordi, y PÉREZ, Xavier, *La semilla inmortal. Los argumentos universales en el cine*, Joaquín Jordá (trad.), Barcelona, Anagrama, 1997 [1995].

BAÑULS OLLER, José V., y CRESPO ALCALÁ, Patricia, *Antígona(s): mito y personaje. Un recorrido desde los orígenes*, Bari, Levante Editori, 2008.

BARAGWANATH, Emily, y DE BAKKER, Mathieu (eds.), *Myth, Truth, and Narrative in Herodotus*, Oxford, Oxford University Press, 2012.

BARDÈCHE, Marie-Laure, *Le Principe de répétition. Littérature et modernité*, París, L'Harmattan, 1999.

BARRÈS, Maurice, «Le sentiment en littérature», *Les Taches d'encre 3*, enero de 1885, pp. 8-33.

BARRIO MAESTRE, José María, *El Dios de los filósofos. Curso básico de filosofía*, Madrid, Rialp, 2013.

—, *Introducción a una teoría de la cultura*, Buenos Aires, Universidad Austral, 2021.

BARTHES, Roland, *Œuvres complètes*, Éric Marty (ed.), París, Seuil, 2002, 5 vols.

BARTKOWSKI, John P., y SWEARINGEN, W. Scott, «God Meets Gaia in Austin, Texas: A Case Study of Environmentalism as Implicit Religion», *Review of Religious Research* 38, 4 (1997), pp. 308-324.

BAUDRILLARD, Jean, *La Société de consommation, ses mythes, ses structures*, J. P. Mayer (pref.), París, Denoël, 1970.

—, *L'Échange symbolique et la mort*, París, Gallimard, 1976.

BAUMAN, Zygmunt, *Culture as Praxis*, Londres, Sage Publications, 1999, nueva ed. [1973].

—, *Hermeneutics and Social Science. Approaches to Understanding*, Londres, Hutchinson & Co., 1978.

— y LEONCINI, Thomas, *Generación líquida. Transformaciones en la era 3.0*, Irene Oliva Luque (trad.), Barcelona, Paidós, 2018.

BAUTISTA NARANJO, Esther, *La reescritura del mito de Don Quijote en la novela de lengua inglesa y de lengua francesa de los siglos XIX y XX. Estudio de literatura comparada y mitocrítica*, tesis doctoral, Universidad de Castilla-La Mancha, 2013.

—, *La recepción y reescritura del mito de Don Quijote en Inglaterra (siglos XVII-XIX)*, Madrid, Dykinson, 2015.

BAUZÁ, Hugo Francisco, *Qué es un mito. Una aproximación a la mitología clásica*, Buenos Aires, Fondo de Cultura Económica, 2005.

BECERRA, Carmen, «La versión mítica de *Don Juan* (1963) de Gonzalo Torrente Ballester», en Ana Sofía Pérez-Bustamante (ed.), *Don Juan Tenorio en la España del siglo XX. Literatura y cine*, Madrid, Cátedra, 1998, pp. 487-499.

BECK, Roger, *The Religion of the Mithras Cult in the Roman Empire: Mysteries of the Unconquered Sun*, Oxford, Oxford University Press, 2006.

BECKER, Alfred, *Franks Casket: Zu den Bildern und Inschriften des Runenkästchens von Auzon*, n.º monográfico de *Sprache und Literatur* 5 (1973), 306 pp.

—, *Franks Casket: Das Runenkästchen von Auzon. Magie in Bildern, Runen und Zahlen*, Berlín, Frank & Timme Verlag, 2021.

BECQ, Annie, *Genèse de l'esthétique française moderne. De la raison classique à l'imagination créatrice. 1680-1814*, París, Albin Michel, 1994.

BÉGUIN, Albert, *L'Âme romantique et le rêve. Essai sur le romantisme allemand et la poésie française*, París, Librairie José Corti, 1939.

BELLINI, Giuseppe, *Mundo mágico y mundo real: la narrativa de Miguel Ángel Asturias*, Roma, Bulzone Editore, 1999.

BENEDICTO XVI, *Discurso… en la Universidad de Ratisbona*, 12 de septiembre de 2006.

—, *Discurso… al 56 congreso nacional de la unión de juristas católicos italianos*, 09 de diciembre de 2006.

—, *Discurso… a los cardenales, arzobispos y prelados superiores de la curia romana*, 22 de diciembre de 2006.

—, *Salvados en la esperanza (Spe salvi)*, carta encíclica, 30 de noviembre de 2007.

—, *Jesús de Nazaret. Primera parte: desde el Bautismo a la Transfiguración*, Carmen Bas Álvarez (trad.), Madrid, La Esfera de los Libros, 2007.

—, *Discurso en el Parlamento Federal de Berlín*, 22 de septiembre de 2011.
Véase también Joseph RATZINGER.

BÉNICHOU, Paul, *Le Temps des prophètes. Doctrines de l'âge romantique*, París, Gallimard, 1977.

BENJAMIN, Walter, *Das Kunstwerk im Zeitalter seiner technischen Reproduzierbarkeit. Drei Studien zur Kunstsoziologie*, Frankfurt am Main, Gallimard, 1966.

—, *Conceptos de filosofía de la historia*, Buenos Aires, Agebe, 2011.

BENOIST, Jocely, «Pulsion, cause et raison chez Freud», en Jean-Christophe Goddard (dir.), *La Pulsion*, París, Librairie Philosophique J. Vrin, 2006, pp. 113-138.

BENVENISTE, Émile, *Problèmes de linguistique générale, 1*, París, Gallimard, 1966.

BERGER, Peter L., y LUCKMANN, Thomas, *La construcción social de la realidad*, Buenos Aires, Amorrortu, 2005.

BERISTÁIN, Helena, *Diccionario de retórica y poética*, México, Porrúa, 1995 [1985].

BERNABÉ, Alberto, *Dioses, héroes y orígenes del mundo. Lecturas de mitología*, Madrid, Abada, 2008.

—, «What is a Katábasis?», *Les Études Classiques* 83 (2015), pp. 15-34.

—, «La cosmogonía de las *Metamorfosis* de Ovidio y las *Rapsodias* órficas», *Emerita* 86, 2 (2018), pp. 207-232.

—, y MENDOZA, Julia, «Ser y no ser en el *Rgveda* y en Parménides. Usos diversos de un mismo recurso», en *Lo sagrado y lo profano: las fronteras de lo inefable. X Congreso Internacional de Jóvenes Investigadores en Filosofía*, Universidad Complutense de Madrid, 19-23 de noviembre de 2018 [apuntes de una conferencia no publicada].

BERNÁRDEZ, Enrique, *Los mitos germánicos*, Madrid, Alianza, 2002.

BERNSTEIN, Richard J., *Beyond Objectivism and Relativism: Science, Hermeneutics, and Praxis*, Oxford, Basil Blackwell Publisher, 1983.

BETTINI, Maurizio, y PELLIZER, Ezio, *Le Mythe de Narcisse*, Jean Bouffartigue (trad.), París, Belin, 2010 [2003].

BIARDEAU, Madeleine, «Études de mythologie hindoue (II)», *Bulletin e l'École française d'Extrême-Orient* 55 (1969), pp. 59-105.

BIEDERMANN, Hans, *Encyclopédie des symboles*, Michel Cazenave (dir.), Françoise Périgaut, Gisèle Marie y Alexandra Tondat (trads.), París, Librairie Générale Française, 1996 [1989].

BINETTI, María José, «Kierkegaard como romántico», *Revista de Filosofía* 34, 1 (2009), pp. 119-137.

Blanchot, Maurice, *La Part du feu*, París, Gallimard, 1949.

—, *L'Espace littéraire*, París, Gallimard, 1955.

—, *L'Entretien infini*, París, Gallimard, 1969.

Blanco, Mercedes, «La estela del *Polifemo* o el florecimiento de la fábula barroca (1613-1624)», *Lectura y Signo* 5 (2010), pp. 31-68.

Blanco Casals, María Jesús, «Los *"Infiernos de amor"* del Marqués de Santillana, Juan de Andújar y Guevara: imitación y renovación en la poesía cancioneril», *Historias del Orbis Terrarum* 19 (2017), pp. 72-94.

Blasco Estellés, Josep Ll., «Realismo», en Jacobo Muñoz y Julián Velarde (eds.), *Compendio de epistemología*, Madrid, Trotta, 2000, pp. 491-495.

—, «Trascendental», *ibid.*, pp. 560-564.

Blázquez Martínez, José María, «La mitología entre los hebreos y otros pueblos del Antiguo Oriente», en *Religions de l'Antic Orient*, María Luisa Sánchez León (ed.), Palma de Mallorca, Edicions UIB, 2000, pp. 93-122.

Bloch, Ernst, *El ateísmo en el cristianismo. La religión del éxodo y del reino*, José Antonio Gimbernat Ordeig (trad.), Madrid, Taurus, 1983 [1968].

Bloom, Allan, *The Closing of the American Mind*, Saul Bellow (pról.), Londres, Penguin, 1988 [1987].

—, *Gigantes y enanos. Interpretaciones sobre la historia sociopolítica de Occidente*, Alberto L. Bixio (trad.), Barcelona, Gedisa, 1999 [1991].

Bloom, Harold, *The Anxiety of Influence: A Theory of Poetry*, Oxford, Oxford University Press, 1997, 2.ª ed. [1973].

—, *The Western Canon: The Books and School of the Ages*, Londres, Papermac, 1996.

Blumenberg, Hans, *Arbeit am Mythos*, Frankfurt am Main, Suhrkamp, 1979.

—, *Trabajo sobre el mito*, Pedro Madrigal (trad.), Barcelona, Paidós, 2003.

—, *Ästhetische und metaphorologische Schriften*, Anselm Haverkamp (sel. e intr.), Frankfurt am Main, Suhrkamp, 2001.

Boas, Franz, *Race, Language and Culture*, Nueva York, The Free Press/Londres, Collier-Macmillan, 1966 [1940].

Boitani, Piero, *L'ombra di Ulisse. Figure di un mito*, Bolonia, Il Mulino, 1992.

Bolz, Norbert, «Más allá de las grandes teorías: el *happy end* de la historia», en Gerhart Schröder y Helga Breuninger (comps.), *Teoría de la cultura. Un mapa de la cuestión*, Buenos Aires, Fondo de Cultura Económica, 2005 [2001], pp. 179-190.

Boniolo, Giovanni, «Concepts as representations and as rules», *Revista de Filosofía*, 3.ª época, 14, 25 (2001), pp. 93-115.

Bonnefoy, Yves, *Goya, Baudelaire et la poésie. Entretien avec Jean Starobinski, suivi d'études de John E. Jackson et de Pascal Griener*, Ginebra, La Dogana, 2004.

—, *Goya. Las pinturas negras*, Patricia Martínez (trad.), Madrid, Tecnos, 2018 [2006].

Booth, Wayne C., *A Rhetoric of Irony*, Chicago, The University of Chicago Press, 1974.

Bornay, Erika, *Las hijas de Lilith*, Madrid, Cátedra, 2004 [1990].

Bourdieu, Pierre, *Méditations pascaliennes*, París, Seuil, 1997.

—, *Les Règles de l'art. Genèse et structure du champ littéraire*, nueva ed., París, Seuil, 1998.

Bourgain, Pascale, y Heinzelmann, Martin, «"Courbe-toi, fier Sicambre, adore ce que tu as brûlé". À propos de Grégoire de Tours, *Hist.*, II, 31», *Bibliothèque de l'École des Chartes* 154, 2 (1996), pp. 591-606.

Bozoky, Edina, *Les Secrets du Graal. Introduction aux romans médiévaux français du Graal*, París, CNRS Éditions, 2016.

Brach, Jean-Pierre, y Corsetti, Jean-Paul, «Préface», *Magie du livre, livres de magie*, en *Aries (Association pour la Recherche et l'Information sur l'Ésotérisme)* 12 (1993), pp. 3-12.

Braga, Corin, «Archétypocritique, mythocritique, psychocritique», *Anais do II Congresso Internacional do Centre de Recherches Internationales. A teoria geral do imaginário 50 anos depois: conceitos, noções, metáforas*, Ana Taís Martins Portanova Barros (coord.), Porto Alegre, Imaginalis, 2015, pp. 45-61.

Braidotti, Rosi, *Lo posthumano*, Barcelona, Gedisa, 2015 [2013].

Breeze, Andrew, *Medieval Welsh Literature*, Dublín, Four Courts Press, 1997.

Bremond, Claude, *Logique du récit*, París, Seuil, 1973.

Brentano, Franz, *Von der mannigfachen Bedeutung des Seienden nach Aristoteles*, Hildesheim, Georg Olms Verlagsbuchhandlung, 1960.

Bressolette, Michel, «*Genèse I, 1 – II, 4*: texte polémique, texte poétique», en Martien Bercot y Catherine Mayaux (dir.), *La Genèse dans la littérature. Exégèses et réécritures*, Dijon, Éditions Universitaires de Dijon, 2005, pp. 21-27.

Breton, André, *Entretiens*, París, Gallimard, 1969.

—, *Œuvres complètes*, Marguerite Bonnet *et al.* (eds.), París, Gallimard, 1992-2008, 4 vols.

—, *Manifiestos del Surrealismo*, Andrés Bosch (trad.), Madrid, Visor Libros, 2002.

Brisson, Luc, *Introduction à la philosophie du mythe. 1. Sauver les mythes*, París, Librairie Philosophique J. Vrin, 2005, 2.ª ed.

Brunel, Pierre, *Pour Électre*, París, Armand Colin, 1982.

—, «Le fait comparatiste», en Pierre Brunel et Yves Chevrel (eds.), *Précis de littérature comparée*, París, Presses Universitaires de France, 1989, pp. 29-55.

— (dir.), *Dictionnaire des mythes littéraires*, París, Éditions du Rocher, 1988.

—, *Mythocritique. Théorie et parcours*, París, Presses Universitaires de France, 1992.

—, (coord.), *Mythes et littérature*, París, Presses de l'Université de Paris-Sorbonne, 1994.

—, *Le Mythe d'Électre*, París, Honoré Champion Éditeur, 1995.

—, «La mythocritique au carrefour européen», *Thèlème* 7 (1995), pp. 69-81.

—, *Dix Mythes au féminin*, París, Jean Maisonneuve, 1999.

—, (dir.), *Dictionnaire des mythes d'aujourd'hui*, París, Éditions du Rocher, 1999.

—, (dir.), *Dictionnaire de Don Juan*, París, Robert Laffont, 1999.

—, *Rimbaud sans occultisme*, Fasano-París, Schena Editore-Didier Érudition, 2000.

—, (dir.), *Dictionnaire des mythes féminins*, París, Éditions du Rocher, 2002.

—, *Mythopoétique des genres*, París, Presses Universitaires de France, 2003.

—, *Le Mythe de la métamorphose*, París, Librairie José Corti, 2004.

—, «*Don Quichotte*» *et le roman malgré lui. Cervantès, Lesage, Sterne, Thomas Mann, Calvino*, nueva ed., París, Klincksieck, 2006.

—, «Pénélope, d'Ithaque à Gibraltar», en Pierre Brunel y Giovanni Dotoli (dirs.), *La Femme en Méditerranée*, Alain Baudry & Cie Éditeur y Schena Editore, 2008, pp. 33-54.

—, «Variantes modernes sur le mythe de la métamorphose», en José Manuel Losada y Antonella Lipscomb (eds.), *Myth and Audiovisual Creation*, Berlín, Logos Verlag, 2019, pp. 75-90.

—, *Les Grands Mythes pour les nuls*, París, Éditions First, 2020.

BUENO, Gustavo, *La vuelta a la caverna. Terrorismo, guerra y globalización*, Barcelona, Ediciones B, 2004.

BULFINCH, Thomas, *The Golden Age of Myth & Legend*, Ware, Wordsworth Editions, 1993 [1855].

BURGOS, Jean, *Pour une poétique de l'imaginaire*, París, Seuil, 1982.

BURKE, Edmund, *A Philosophical Inquiry into the Origin of our Ideas of the Sublime and Beautiful*, J. T. Boulton (ed.), Londres, Routledge & Kegan Paul, 1958 [1757].

BURKE, Peter, *A Social History of Knowledge: From Gutenberg to Diderot*, Cambridge, Polity Press, 2000.

BURKERT, Walter, *Religión griega arcaica y clásica*, Helena Bernabé (trad.), Alberto Bernabé (rev.), Madrid, Abada, 2007 [1977].

BURNETT, Leon, «Reaching Beyond Reality: The Emotional Valence of Myth», en José Manuel Losada y Antonella Lipscomb (eds.), *Myth and Emotions*, Newcastle upon Tyne, Cambridge Scholars Publishing, 2017, pp. 135-143.

—, «"The Weight of God": Consciousness in *Galatea 2.2* and *Destination: Void*», en José Manuel Losada y Antonella Lipscomb (eds.), *Mito y ciencia ficción*, Madrid, Sial Pigmalión, 2021, pp. 93-102.

BURTON, Richard F., *Ultima Thule; or, A Summer in Iceland*, Edimburgo, William P. Nimmo, 1875, 2 vols.

BUSCHINGER, Danielle, *Le Graal dans les pays de langue allemande*, París, Honoré Champion Éditeur, 2017.

BUSTOS TÁULER, Álvaro, «Poesía en bibliotecas particulares (1651-1700)», en José María Díez Borque (dir.), *Literatura, bibliotecas y derechos de autor en el Siglo de Oro (1600-1700)*, Madrid, Iberoamericana, 2012.

BUXTON, Richard, «Fantasmas y religión entre los griegos: contextos y control», en Mercedes Aguirre, Cristina Delgado Linacero y Ana González-Rivas (eds.), *Fantasmas, aparecidos y muertos sin descanso*, Madrid, Abada, 2014, pp. 41-53.
Véase M. AGUIRRE.

CACCIARI, Massimo, *El ángel necesario*, Zósimo González (trad.), Madrid, Visor Distribuciones, 1989 [1986].

CACCIOLA, Anna, «La superación de la dicotomía anagramática Ave/Eva en la revisión mítica femenina de posguerra», *Amaltea. Revista de Mitocrítica* 11 (2019), pp. 11-25 [https://doi.org/10.5209/amal.62647].

CADENAS DE GEA, Víctor, «Las teorías del sacrificio primitivo y su significado antropológico. Segunda parte», *Nexo* 4 (2006), pp. 121-148.

CAILLOIS, Roger, *Le Mythe et l'homme*, París, Gallimard, 1972 [1938].

—, «Prestiges et problèmes du rêve», en Roger Caillois y G. E. von Grunebaum (dirs.), *Le Rêve et les sociétés humaines*, París, Gallimard, 1967, pp. 24-46.

CALABRESE, Claudio César, «Agustín de Hipona y su recepción del mito maniqueo. *Contra Epistulam Manichæi quam vocant Fundamenti*», *'Ilu. Revista de Ciencias de las Religiones* 22 (2017), pp. 53-70.

CALAME, Claude, «Entre récit héroïque et poésie rituelle: le sujet poétique qui chante le mythe», en Sylvie Parizet (dir.), *Mythe et littérature*, París, Société Française de Littérature Générale et Comparée – Lucie Éditions, 2008, pp. 123-141.

—, *Qu'est-ce que la mythologie grecque ?*, París, Gallimard, 2015.

CALASSO, Roberto, *Las bodas de Cadmo y Harmonía*, Joaquín Jordá (trad.), Barcelona, Anagrama, 1994.

CALLOW, Heather Cook, «Joyce's Female Voices in *Ulysses*», *The Journal of Narrative Technique* 22, 3 (1992), pp. 151-163.

CALMET, Augustin, *Traité sur les apparitions des esprits, et sur les vampires, ou les revenants de Hongrie, de Moravie, etc.*, París, Debure l'Aîné, 1751, 2 vols. [1745].

CALVINO, Italo, *Perché leggere i classici*, Milán, Arnoldo Mondadori Editore, 1991.

CALVIÑO, Julio, *Historia, ideología y mito en la narrativa hispanoamericana contemporánea*, Madrid, Ayuso, 1987.

CAMPANELLA, Hebe N., «De la tragedia griega al teatro existencialista francés: resignificación del mito de Orestes», *La literatura comparada, hoy. Tercer coloquio internacional de literatura comparada*, Buenos Aires, Pontificia Universidad Católica Argentina, Martha Vanbiessem de Burbridge y Mónica Jongewaard de Boer (eds.), 2007, pp. 123-128.

CAMPBELL, Joseph, *The Hero With a Thousand Faces*, Londres, Fontana Press, 1993 [1949].

—, *The Power of Myth*, entrevista con Bill Moyers, Nueva York, Doubleday, 1988

CAMPRA, Rosalba, *Territorios de la ficción. Lo fantástico*, Sevilla, Renacimiento, 2008.

CAMPS, Assumpta, «Entre la mueca y el artificio: el uso de la parodia en el *Ulises* de James Joyce», *Actas del IX Simposio de la Sociedad Española de Literatura General y Comparada*, Túa Blesa *et al.* (eds.), Zaragoza, Universidad de Zaragoza, 1994, t. II, pp. 65-71.

CAMUS, Albert, *Œuvres*, Raphaël Enthoven (pref.), París, Gallimard, 2013.

CANAVAGGIO, Jean, *«Don Quichotte». Du livre au mythe. Quatre siècles d'errance*, París, Fayard, 2005.

CAPITÁN GÓMEZ, Francisco Javier, «Orfeo y Eurídice en un relato de Julio Cortázar», *Amaltea. Revista de Mitocrítica* 0 (2008), pp. 171-198.

CARLYLE, Thomas, *On Heroes and Hero-Worship*, Londres, Oxford University Press, 1968 [1841].

—, *Los héroes*, Francisco Luis Cardona (ed.), Barcelona, Bruguera, 1967.

CARNAP, Rudolf, *La construcción lógica del mundo*, Laura Mues de Schrenk (trad.), México, Universidad Nacional Autónoma de México, 1988.

—, *Pseudoproblemas en la filosofía. La psique ajena y la controversia sobre el realismo*, Laura Mues de Schrenk (trad.), México, Universidad Nacional Autónoma de México, 1990.

CARO BAROJA, Julio, *Las brujas y su mundo*, Francisco J. Flores Arroyuelo (pres.), Madrid, Alianza, 2003 [1966].

CARRETERO PASIN, Ángel Enrique, «La trascendencia inmanente: un concepto para entender la relación entre "lo político" y "lo religioso" en las sociedades contemporáneas», *Papeles del CEIC* 48 (2009), pp. 1-27.

CASANOVA, Humberto, *Imagining God: Myth and Metaphor*, Barry L. Bandstra (pról.), Eugene (OR), Wipf and Stock Publishers, 2020.

CASSIRER, Ernst, *Philosophie der symbolischen Formen*, t. II: *Das mythische Denken*, Darmstadt, Wissenschaftliche Buchgesellschaft, 1964 [1925].

—, *Mito y lenguaje*, Carmen Balzer (trad.), Buenos Aires, Galatea-Nueva Visión, 1959 [1925].

—, *An Essay on Man*, Nueva York, Doubleday Anchor Books, 1944.

—, *The Myth of State*, New Haven-London, The Yale University Press, 1946.

—, *El mito del Estado*, Eduardo Nicol (trad.), México, Fondo de Cultura Económica, 1968.

Catecismo de la Iglesia Católica, Madrid, Coeditores Litúrgicos *et al.* – Librería Editrice Vaticana, 1993, 3.ª ed. revisada [1992].

CATOGGIO, Leandro, «Las raíces ilustradas de la hermenéutica filosófica», *Eidos* 13 (2010), pp. 26-53.

CAUSSE, Jean-Daniel, «Psychanalyse, mort de Dieu et kénose», *Laval Théologique et Philosophique* 63, 1 (2011), pp. 25-35.

CELLIER, Léon, *L'Épopée humanitaire et les grands mythes romantiques*, París, SEDES, 1971.

CERQUIGLINI, Blanche (ed.), *Métamorphoses. D'Actéon au posthumanisme. Précédé d'un entretien avec Christophe Honoré*, París, Les Belles Lettres, 2018.

CERVIO, Pedro, «Anaximandro», en *Philosophica: Enciclopedia Filosófica*, Francisco Fernández Labastida y Juan Andrés Mercado (eds.), 2014 [http://www.philosophica.info/archivo/2014/voces/anaximandro/Anaximandro.html].

CHAMOUX, François, *La Civilisation grecque*, París, Le Grand Livre du Mois, 2001 [1984].

CHAMPOLLION, Jean-François, *Précis du système hiéroglyphique des anciens Égyptiens*, París, Imprimerie Royale, 1828, 2.ª ed.

CHANTRAINE, Pierre, *Dictionnaire étymologique de la langue grecque. Histoire des mots*, París, Klincksieck, 1968.

CHARLES, Michel, *Rhétorique de la lecture*, París, Seuil, 1977.

CHARLES, Robert Henry, *Lectures on «The Apocalypse»*, Múnich, Klaus-Thomson Organization, 1980 [1922].

CHATEAUBRIAND, François-René de, *Essai sur les révolutions. Le Génie du christianisme*, Maurice Regard (ed.), París, Gallimard, 1978.

—, *Essai sur la littérature anglaise (chapitre sur Milton). «Le Paradis perdu»*, Claude Mouchard (ed.), París, Belin, 1990.

CHAUVIN, Dianièle, «Apocalyptiques (Littératures)», en Sylvie Parizet (dir.), *La Bible dans les littératures du monde*, París, Les Éditions du Cerf, 2016, t. I, pp. 240-255.

CHENG, François, *Pèlerinage au Louvre*, París, Flammarion/Musée du Louvre, 2008.

CHEVALIER, Jean (dir.), y GHEERBRANT, Alain (colab.), *Diccionario de los símbolos*, Barcelona, Herder, 1986 [1969].

CICERÓN, *Cuestiones académicas*, Julio Pimentel Álvarez (trad.), México, Universidad Nacional Autónoma de México, 1990.

—, *Disputaciones tusculanas*, Alberto Medina González (trad.), Madrid, Gredos, 2005.

—, *Las leyes*, Carmen Teresa Pabón de Acuña (ed. y trad.), Madrid, Gredos, 2009.

—, *Sobre la república*, Álvaro D'Ors (trad.), Madrid, Gredos, 1984.

—, *Sobre la naturaleza de los dioses*, Ángel Escobar (trad.), Madrid, Gredos, 1999.

—. *Sobre la adivinación. Sobre el destino. Timeo*, Ángel Escobar (trad.), Madrid, Gredos, 1999.

CIRLOT, Juan Eduardo, *Diccionario de símbolos*, Barcelona, Labor, 1991.

CIXOUS, Hélène, *Le Rire de la Méduse, et autres ironies*, Frédéric Regard (pref.), París, Galilée, 2010 [1975].

CLEMENTE DE ALEJANDRÍA, *Opera quæ extant omnia*, N. Le Nourry (ed.), en *Patrologiæ cursus completus. Series græca (PG)*, J.-P. Migne (ed.), París, 1857, t. VIII-IX.

Cochran, Peter, «*Heaven and Earth* in the Context of Byron's Religious Thought», en Peter Cochran (ed.), *Byron's Religions*, Newcastle upon Tyne, Cambridge Scholars Publishing, 211, pp. 126-143.

Coduras Bruna, María, «La presencia del gigante en el ciclo amadisiano: un paradigma antroponímico caballeresco», *Lectura y Signo* 9 (2014), pp. 105-120.

Cohen, Signe, «The Oracle in Your Pocket: The Mithology of Siri», en José Manuel Losada y Antonella Lipscomb (eds.), *Myth and Audiovisual Creation*, Berlín, Logos Verlag, 2019, pp. 167-177.

Coleman-Norton, P.R., «Ciccro's Doctrine of the Great Year», *Laval Théologique et Philosophique* 3, 2 (1947), pp. 293-302.

Coleridge, Samuel Taylor, *Biographia literaria*, en *The Complete Works*, W. G. T. Shedd (ed.), Nueva York, Harper & Brothers, 1884, t. 3.

Compagnon, Antoine, *Le Démon de la théorie. Littérature et sens commun*, París, Seuil, 1998.

Comrada, Norma, «Golem and Robot: A Search for Connections», *Journal of the Fantastic in the Arts* 7, 2-3 (1996), pp. 244-254.

Comte, Auguste, *Cours de philosophie positive. I*, Michel Serres, François Dagognet y Allal Sinaceur (eds.), París, Hermann, 1998.

Connor, Steven, *The Cambridge Companion to Postmodernism*, Cambridge, Cambridge University Press, 2004.

Cooper, Lydia R., «Cormac McCarthy's *The Road* as Apocalyptic Grail Narrative», *Studies in the Novel* 43, 2 (2011), pp. 218-236.

Copleston, Frederick, *A History of Philosophy*, Nueva York, Doubleday, 1993 [1946-1974], 9 vols.

Corazón González, Rafael, *Filosofía del conocimiento*, Pamplona, EUNSA, 2002.

Corbin, Henry, *Templo y contemplación. Ensayos sobre el islam iranio*, María Tabuyo y Agustín López (trads.), Madrid, Trotta, 2003 [1980].

—, *Histoire de la philosophie islamique*, París, Gallimard, 1986.

—, *L'Homme et son Ange. Initiation et chevalerie spirituelle*, Roger Munier (pref.), París, Fayard, 1983.

Cournaire, Laurent, *L'Existence*, París, Armand Colin/VUEF, 2001.

Courtès, Noémi, *L'Écriture de l'enchantement. Magie et magiciens dans la littérature française du XVIIe siècle*, París, Honoré Champion Éditeur, 2004.

Covarrubias, Sebastián de, *Tesoro de la lengua castellana o española*, Martín de Riquer (ed.), Barcelona, Editorial Alta Fulla, 1998.

Crespi, Enric, *Personajes y temas del Graal. Guía de lectura*, Barcelona, Península, 2002.

Cristóbal López, Vicente, *Mujer y piedra: el mito de Anaxárete en la literatura española*, Huelva, Universidad de Huelva, 2002.

Csapo, Eric, *Theories of Mythology*, Oxford, Blackwell Publishing, 2005.

D'Alembert, Jean Le Rond, *Œuvres*, París, A. Belin *et al.*, t. I, 1821.

Dabezies, André, *Le Mythe de Faust*, París, Armand Colin, 1972.

—, «Faust», en Pierre Brunel (dir.), *Dictionnaire des mythes littéraires*, París, Éditions du Rocher, 1988, pp. 587-598.

Dante, *Convivio*, Giorgio Inglese (ed.), Milán, BUR Classici, 1993.

Darío, Rubén, *Historia de mis libros*, Managua, Nueva Nicaragua, 1988.

Dauphiné, James, «Des mythes cosmogoniques», en Pierre Brunel (ed.), *Dictionnaire des mythes littéraires*, París, Éditions du Rocher, 1988, pp. 374-383.

Davidson, Gustav, *A Dictionary of Angels, including the Fallen Angels*, Nueva York, The Free Press, 1967.

Day, David, *The World of Tolkien. Mythological Sources of «The Lord of the Rings»*, Londres, Octopus, 2003.

De Beauvoir, Simone, «La femme et les mythes», *Les Temps Modernes* 4, 32-34 (mayo-julio de 1948).

—, *Le Deuxième Sexe*, París, Gallimard, 1949/1976.

De Biasi, Pierre-Marc, «Les figures de l'avenir dans le chapitre ii de la *Confession d'un enfant du siècle*», *Littérature* 17 (1975), pp. 43-55.

De Certeau, Michel, «Hagiographie», en *Dictionnaire des genres et notions littéraires*, François Nourissier (pref.) y Pierre-Marc de Biasi (intr.), París, Encyclopædia Universalis/Albin Michel, 1997, pp. 349-358.

de la Colina Tejeda, Laura, Chinchón Espino, Alberto, y López Rodríguez, Mariano, en José Manuel Losada (ed.), *Mito y mundo contemporáneo*, Bari, Levante Editori, 2010, pp. 729-745.

de la Villa, Jesús, «"Hijas espléndidas de la Memoria y de Zeus, Musas"», en M.ª del Val Gago Saldaña y Rosa M.ª Hernández Crespo (eds.), *Una tarde en el Museo. El mundo clásico a través de las pinturas de El Prado*, Madrid, Delegación de Madrid de la Sociedad Española de Estudios Clásicos, 2020, pp. 159-187.

de la Ville de Mirmont, Henri, «Le poète Laevius, iv», *Revue des Études Anciennes* 3, 1 (1901), pp. 11-40.

de Lorenzo, Eusebio, «Prometeo y la poética del idealismo en P.B. Shelley», en José Manuel Losada (ed.), *Mito y mundo contemporáneo*, Bari, Levante Editori, 2010, pp. 143-159.

de Man, Paul, *The Resistance to Theory*, Wlad Godzich (pról.), Manchester, Manchester University Press, 1986.

de Martino, Delio, *«Io sono Giulietta». Letterature & miti nella pubblicità di auto*, Carmen Morenilla y Ruggiero Stefanelli (pres.), Bari, Levante Editori, 2011.

de Rosnay, Joël, *Le Cerveau planétaire*, [París], Éditions Olivier Orban, 1986.

de Rougemont, Denis, *L'Amour et l'Occident*, París, Librairie Plon, 1972 (ed. definitiva).

Deghaye, Pierre, «Le livre merveilleux de l'ermite dans *Henri d'Ofterdingen* de Novalis», *Magie du livre, livres de magie*, en *Aries (Association pour la Recherche et l'Information sur l'Ésotérisme)* 12 (1993), pp. 32-41.

del Pino, Cristina, «Publicidad y mito: un binomio insoluble. El caso de *Mixta* de Mahou y el mito de Ulises», en José Manuel Losada (dir.), *Nuevas formas del mito. Una metodología interdisciplinar*, Berlín, Logos Verlag, 2015, pp. 109-117.

del Prado, Javier, *Cómo se analiza una novela*, Madrid, Alhambra, 1984.

—, *Teoría y práctica de la función poética. Poesía siglo xx*, Madrid, Cátedra, 1993.

—, «De la arqueología mítica al tematismo estructural: síntesis de un proceso», en José Manuel Losada (ed.), *Mito y mundo contemporáneo*, Bari, Levante Editori, 2010, pp. 47-68.

—, «Mitos y crisis de mitos: un problema de conceptos y de terminología», en José Manuel Losada y Antonella Lipscomb (eds.), *Myths in Crisis: The Crisis of Myth*, Newcastle upon Tyne, Cambridge Scholars Publishing, 2015, pp. 71-89.

—, *Voluntad de horizonte y añoranza de morada. Identidad y alteridad en el viaje existencial literario*, Lleida, Pagès Editors, 2021.

Deleuze, Gilles, y Félix Guattari, *Logique du sens*, París, Les Éditions de Minuit, 1969.

—, *Qu'est-ce que la philosophie?*, París, Les Éditions de Minuit, 1991.

Delgado, Carolina, «Mimesis y arquetipo. Filón "rescata" al poeta platónico», *Circe de clásicos y modernos* 19, 1 (2015), pp. 43-57.

Delgado Linacero, Cristina, «Seres maléficos, fantasmas y espíritus en Mesopotamia», en Mercedes Aguirre, Cristina Delgado Linacero y Ana González-Rivas (eds.), *Fantasmas, aparecidos y muertos sin descanso*, Madrid, Abada, 2014, pp. 25-39.

Delgado-Gal, Álvaro, *Buscando el cero. La revolucion moderna en la literatura y en el arte*, Madrid, Santillana, 2005.

Delsol, Chantal, *Les Idées politiques au XXe siècle*, París, Les Éditions du Cerf, 1991.

—, *Les Pierres d'angle. À quoi tenons-nous?*, París, Les Éditions du Cerf, 2014.

—, *La Haine du monde. Totalitarismes et postmodernité*, París, Les Éditions du Cerf, 2016.

Denzinger, Henricus, y Schönmetzer, Adolfus (eds.), *Enchiridion symbolorum definitionum et declarationum de rebus fidei et morum*, Barcelona, Friburgo y Roma, Herder, 36.ª ed., 1976 [1965].

Derrida, Jacques, *La Dissémination*, París, Seuil, 1972.

Descartes, René, *Discours de la méthode*, Geneviève Rodis-Lewis (ed.), París, Flammarion, 1992.

DeSimone, Alison C., «"Médée et son pouvoir", Music and Dramatic Structure in Marc-Antoine Charpentier's *Médée*», *The Opera Journal* 41, 3-4 (2008), pp. 3-25.

Detienne, Marcel, *L'Invention de la mythologie*, París, Gallimard, 1981.

Di Fonte, Fiorella, «La maledizione di Skírnir: studio e analisi», *Scandia: Journal of Medieval Norse Studies* 2 (2019), pp. 184-211.

Diaz, José-Luis, «"Aller droit à l'auteur sous le masque du livre". Sainte-Beuve et le biographique», *Romantisme* 109 (2000), pp. 45-67.

Díaz Genis, Andrea, «El eterno retorno de lo mismo» [http://www.chasque.net/frontpage/relacion/0108/retorno.htm#mitos/] (21 de agosto de 2017).

Diel, Paul, *Le Symbolisme dans la mythologie grecque*, París, Payot, 1966 [1952].

Dokou, Christina, «Amazonoclonomachia in Brian K. Vaughan's *Y: The Last Man*», en José Manuel Losada y Antonella Lipscomb (eds.), *Mito y ciencia ficción*, Madrid, Sial Pigmalión, 2021, pp. 103-112.

Doležel, Lubomír, «Mímesis y mundos posibles», en Antonio Garrido Domínguez (comp.), *Teorías de la ficción literaria*, Madrid, Arco/Libros, 1997 [1988], pp. 69-94.

—, *Historia breve de la poética*, Luis Alburquerque (trad.), Madrid, Síntesis, 1997 [1990].

—, *Heterocósmica. Ficción y mundos posibles*, Félix Rodríguez (trad.), Madrid, Arco/Libros, 1999 [1998].

Dowden, Ken, *The Uses of Greek Mythology*, Londres y Nueva York, Rouledge, 1992.

Dubois, Claude-Gilbert, «Constance et instabilité dans *Dom Juan* de Molière: "Machines désirantes"», en José Manuel Losada y Pierre Brunel (eds.), *Don Juan. Tirso, Molière, Pouchkine, Lenau. Analyses et synthèses sur un mythe littéraire*, París, Klincksieck, 1993, pp. 53-75.

—, «Symbole et mythe», en Danièle Chauvin, André Siganos y Philippe Walter (dirs.), *Questions de mythocritique. Dictionnaire*, París, Éditions Imago, 2005, pp. 331-348.

—, *Mythologies de l'Occident. Les bases religieuses de la culture occidentale*, París, Ellipses, 2007.

Dubost, Francis, *Le Conte du Graal, ou l'art de faire signe*, París, Honoré Champion Éditeur, 1998.

Duch, Lluís, *Mito, interpretación y cultura. Aproximación a la logomítica*, Francesca Babí i Poca y Domingo Cía Lamana (trads.), Barcelona, Herder, 2002, 2.ª ed. [1995 y 1996].

Ducrot, Oswald, y Schaeffer, Jean-Marie, *Nouveau Dictionnaire encyclopédique des sciences du langage*, París, Seuil, 1995.

Dumézil, Georges, *Mythe et Épopée I, II, III*, Joël H. Grisward (pref.), París, Gallimard, 1995 [1968-1973, 3 vols.].

Dupriez, Bernard, *Gradus. Les procédés littéraires. (Dictionnaire)*, París, Unión générale d'Éditions, 1984.

Dupuy, André, *Le Courage de la vérité. Jean-Paul II et la diplomatie pontificale. Les grands dossiers*, Renato R. Martino (pref.), París, Les Éditions du Cerf, 2014.

Durand, Gilbert, *Les Structures anthropologiques de l'imaginaire*, París, Dunod, 1992 [1960].

—, *L'Imagination symbolique*, París, Presses Universitaires de France, 2008 [1964].

—, «À propos du vocabulaire de l'imaginaire. Mythe, Mythanalyse, Mythocritique», *Recherches et Travaux* 15 (1977), pp. 4-19.

—, *Figures mythiques et visages de l'œuvre. De la mythocritique à la mythanalyse*, París, Berg International éditeurs, 1979.

—, «La creación literaria. Los fundamentos de la creación», en Alain Verjat Massmann (ed.), *El retorno de Hermes: hermenéutica y ciencias humanas*, Barcelona, Anthropos, 1989, pp. 20-48.

—, *L'Imaginaire. Essai sur les sciences et la philosophie de l'image*, París, Hatier, 1994.

—, *Introduction à la mythodologie. Mythes et sociétés*, Michel Cazenave (pref.), París, Albin Michel, 1996.

Durkheim, Émile, *Les Formes élémentaires de la vie religieuse. Le système totémique en Australie*, París, Presses Universitaires de France, 1998 [1912].

Durozoi, Gérard, y Roussel, André, *Dictionnaire de philosophie*, París, Nathan, 1997.

Eagleton, Terry, *Culture*, New Haven (CT), Yale University Press, 2016.

Ebbatson, Roger, *Landscapes or Eternal Return: Tennyson to Hardy*, Londres, Palgrave Macmillan, 2016.

Ebeling, Florian, *The Secret History of Hermes Trismegistus: Hermeticism from Ancient to Modern Times*, Jan Assmann (pról.), David Lorton (trad.), Ithaca (NY), Cornell University Press, 2007 [2005].

Eco, Umberto, *Obra abierta. Forma e indeterminación en el arte contemporáneo*, Barcelona, Seix Barral, 1965 [1962].

—, *Apocalípticos e integrados*, Andrés Boglar (trad.), Barcelona, Lumen, 1968 [1964].

Eetessam Párraga, Golrokh, «Lilith en el arte decimonónico. Estudio del mito de la *femme fatale*», *Signa* 12 (2009), pp. 229-249.

Einstein, Carl, «La statuaire des mers du Sud» [*Südsee-Plastiken*, 1926], Isabelle Kalinowski (trad.), *Gradhiva* 14 (2011), pp. 189-193.

Eisler, Riane, *El cáliz y la espada. Nuestra historia, nuestro futuro*, Renato Valenzuela M. (trad.), Santiago de Chile, Cuatro Vientos, 1990 [1987].

EL MOURAD, Dalia, «*L'Emploi du temps* ou l'écriture labyrinthique», *Amaltea. Revista de Mitocrítica* 1 (2009), pp. 49-65.

ELIADE, Mircea, *Le Mythe de l'éternel retour. Archétypes et répétition*, París, Gallimard, nueva ed., 1969 [1949].

—, *Images et symboles. Essais sur le symbolisme magico-religieux*, Georges Dumézil (pról.), París, Gallimard, 1980 [1952].

—, *Le Sacré et le Profane*, París, Gallimard, 1965 [1957].

—, *Mythes, rêves et mystères*, París, Gallimard, 1957.

—, *Aspects du mythe*, París, Gallimard, 1963.

—, *Traité d'histoire des religions*, Georges Dumézil (ed.), París, Payot, 1974 [1964].

ELIOT, Thomas Stearns, *Selected Essays*, Londres, Faber & Faber, 1951 [1932].

—, *Selected Prose*, Frank Kermode (ed.), Londres, Faber & Faber, 1975.

Encyclopédie de Brocéliande, «Les Continuations versifiées du Conte du Graal», [http://broceliande.brecilien.org/], 15 de abril de 2015.

ENTRENA-DURÁN, Francisco, «La sociedad en la era de la globalización: una aproximación sociológica», en José Luis Gómez Ordóñez (coord.), *La cultura de nuestro tiempo*, Granada, Editorial Universidad de Granada, 2018, pp. 107-127.

ERNOUT, Alfred, y MEILLET, Alfred, *Dictionnaire étymologique de la langue latine. Histoire des mots*, París, Klincksieck, 2001 [1985].

ESPARZA, Gustavo, «Pedagogía del mito en J. A. Comenio. De la educación a la formación de la naturaleza humana», en Claudio César Calabrese, Gustavo Esparza y Ethel Junco (coords.), *Mito, conocimiento y acción. Continuidad y cambio en los procesos culturales*, Nueva York, Peter Lang, 2019, pp. 147-181.

ESTRADA DÍAZ, Juan A., «La religión en una sociedad secular», en José Luis Gómez Ordóñez (coord.), *La cultura de nuestro tiempo*, Granada, Editorial Universidad de Granada, 2018, pp. 209-221.

EXTREMERA, Nicolás, «La censura a *Os Lusíadas* en el siglo XVI», *Limite* (2015), pp. 215-239.

FAESSEL, Sonia, «Vampire», en Pierre Brunel (dir.), *Dictionnaire des mythes d'aujourd'hui*, París, Éditions du Rocher, 1999, pp. 815-829.

FAIANO, Alessia, *Metamorfosis de un mito. Don Juan en las reescrituras españolas contemporáneas*, tesis doctoral, Universidad de Verona, 2020.

FALCÓN, Rosa, *Robinson y la isla infinita. Lecturas de un mito*, Madrid, Fondo de Cultura Económica de España, 2018.

FALKENHAYNER, Nicole, «Heroes in/against the Machine. Performing the Friction of Database and Narrative», *Helden. Heroes. Héro* 4, 1 (2016), pp. 103-109.

FAZIO, Mariano, y GAMARRA, Daniel, *Historia de la filosofía, III. Filosofía moderna*, Madrid, Ediciones Palabra, 2002.

FELDT, Laura, «Fictioning Myths and Mythic Fictions: The Standard-Babylonian Gilgameš Epic and Questions of Heroism, Myth, and Fiction», en Nickolas P. Roubekas y Thomas Ryba (eds.), *Explaining, Interpreting, and Theorizing Religion and Myth: Contributions in Honor of Robert A. Segal*, Leiden, Koninklijke Brill NV, 2020, pp. 282-298.

FÉNELON, François, *Traité de l'existence de Dieu, et Lettres sur divers sujets de métaphysique et de religion*, Joseph Arsène Danton (ed.), París, Imprimerie de C. Lahure et Cie., 1860.

FERNÁNDEZ FOLGUEIRAS, Erea, y SANTOS HURTADO, Sara, «La reescritura americana de Antígona en el siglo XX: *La hojarasca*, de G. García Márquez, y *A Time to Die*, de Eric Bentley», en José Manuel Losada (ed.), *Mito y mundo contemporáneo*, Bari, Levante Editori, 2010, pp. 311-330.

FERNÁNDEZ GIL, María Jesús, «La mitificación del nazismo en *El niño con el pijama de rayas*», en José Manuel Losada y Antonella Lipscomb (eds.), *Myth and Audiovisual Creation*, Berlín, Logos Verlag, 2019, pp. 179-189.

FERNÁNDEZ GONZÁLEZ, Ángel-Raimundo, «Diversos acercamientos narrativos a la figura de Don Juan (1898-1998)», en Víctor García Ruiz, Rosa Fernández Urtasun y David K. Herzberger (eds.), *Del 98 al 98. Literatura e historia literaria en el siglo XX hispánico*, n.º especial de *RILCE* 15, 1 (1999), pp. 297-307.

FERNÁNDEZ LIRIA, Pedro, «Reflexiones socrático-platónicas sobre la democracia en el umbral del siglo XXI», *Nexo* 4 (2006), pp. 81-120.

FERNÁNDEZ URTASUN, Rosa, «El mito de Ariadna en la poesía española contemporánea», en José Manuel Losada (ed.), *Mito y mundo contemporáneo*, Bari, Levante Editori, 2010, pp. 397-411.

—, «El mito en la novela vanguardista española: una mirada oblicua», en José Manuel Losada & Marta Guirao (eds.), *Myth and Subversion in the Contemporary Novel*, Newcastle upon Tyne, Cambridge Scholars Publishing, 2012, pp. 67-80.

—, «La lógica emocional y la tensión entre la ciencia y el mito», en J. M. Losada y A. Lipscomb (eds.), *Myth and Emotions*, Newcastle upon Tyne, Cambridge Scholars Publishing, 2017, pp. 81-91.

FERRER, Joaquín, *Filosofía de la religión*, Madrid, Ediciones Palabra, 2001.

FERRIER-CAVERIVIÈRE, Nicole, «Figures historiques et figures mythiques», en Pierre Brunel (dir.), *Dictionnaire des mythes littéraires*, París, Éditions du Rocher, 1988, pp. 603-611.

FERRY, Luc, *Le Sens du beau. Aux origines de la culture contemporaine*, París, Le Livre de Poche, 2002.

FLORES-FERNÁNDEZ, María, «Le paysage thanatique et féminin chez Gustave Moreau. Étude mythocritique de *Orphée sur la tombe d'Eurydice*», Çédille. Revista de Estudios Franceses XX (2021), pp. 287-311.

FLORESCANO, Enrique, *El mito de Quetzalcóatl*, México, Fondo de Cultura Económica, 1995 (2.ª ed., 1993).

FOLGER, Robert, «Passion and Persuasion: Philocaption in *La Celestina*», *La Corónica* 34, 1 (2005), pp. 3-29.

FONTANA, Ernest, «Rossetti's *St. Agnes of Intercession* as Metempsychic Narrative Fragment», *The Journal of Narrative Technique* 26, 1 (1996), pp. 75-84.

FONTANIER, Pierre, *Les Figures du discours*, Gérard Génette (intr.), París, Flammarion, 1977.

FONTENELLE, Bernard Le Bovier de, *De l'origine des fables*, Guido Abbattista (ed.), Florencia, Università degli Studi - ELIOHS (Electronic Library of Historiography), 1998 [1684] [http://www.eliohs.unifi.it/testi/700/fontenelle/fables.htm].

FOUCAULT, Michel, *Les mots et les choses. Une archéologie des sciences humaines*, París, Gallimard, 1966.

—, *Surveiller et punir: naissance de la prison*, París, Gallimard, 1975.

—, *Les Anormaux*, París, Gallimard, 1999.

Fraisse, Luc, *L'Ésthétique de Marcel Proust*, París, C.D.U. & SEDES, 1995.

Francisco, papa, «Discurso a los participantes en el coloquio internacional sobre la complementariedad del hombre y la mujer», 17 de noviembre de 2014.

—, *Exhortación apostólica «Amoris Lætitia»*, 19 de marzo de 2016.

Frankfurter, David, «The Legacy of Jewish Apocalypses in Early Christianity: Regional Trajectories», en James C. VanderKam y William Adler (eds.), *The Jewish Apocalyptic Heritage in Early Christianity*, Assen, Van Gorcum & Comp., 1996, pp. 129-200.

Frazer, James George, *The Golden Bough. A Study in Magic and Religion*, ed. abreviada, George W. Stocking, Jr (intr.), Londres, Penguin, 1996 [1922].

Frege, Gottlob, *Ensayos de semántica y filosofía de la lógica*, Luis M. Valdés Villanueva (ed.), Madrid, Tecnos, 1998 [1904].

Freud, Sigmund, *Studienausgabe*, Alexander Mitscherlich, Angela Richards y James Strachey (eds.), Frankfurt am Main, S. Fischer Verlag, 1969-1975, 11 vols.

—, *Obras completas*, Luis López-Ballesteros y de Torres (trad.), Madrid, Biblioteca Nueva, 1981, 4.ª ed., 3 vols.

—, *Obras completas*, James Strachey (ed.), Anna Freud, Alix Strachey y Alan Tyson (cols.), José L. Etcheverry (trad.), Buenos Aires-Madrid, Amorrortu, 1984, 24 vols. [ed. ingl. 1957].

Friedrich, Hugo, *Humanismo occidental*, Rafael Gutiérrez Girardot (trad.), Buenos Aires, Editorial Sur, 1973.

Frye, Northrop, *Anatomy of Criticism: Four Essays*, Harold Bloom (pref.), Princeton y Oxford, Princeton University Press, 1957 [1990].

—, *The Great Code: The Bible and Literature*, Orlando (FL), Harvest-Harcourt Brace & Company, 1983 [1981].

—, *Words with Power. Being a Second Study of «The Bible and Literature»*, New York, Harvest/HBJ, 1992 [1990].

Fulcanelli, *Las moradas filosofales y el simbolismo hermético en sus relaciones con el arte sagrado y el esoterismo de la Gran Obra*, Barcelona, Plaza y Janés, 1969 [1929].

Fumaroli, Marc, *Le Poète et le Roi. Jean de La Fontaine en son siècle*, París, Éditions de Fallois, 1997.

Gadamer, Hans-Georg, *Gesammelte Werke*, Tubinga, J.C.B. Mohr (Paul Siebeck), 1986-1993.

—, *Mito y razón*, Joan-Carles Mèlich (pról.), José Francisco Zúñiga García (trad.), Barcelona, Paidós, 1993.

—, *Verdad y método*, Ana Agud Aparicio y Rafael de Agapito (trads. t. I), Manuel Olasagasti (trad. t. II), Salamanca, Sígueme, 2004-2005 [1960].

Gago Saldaña, M.ª del Val, «¡Que viene el Coco! Monstruos infantiles del mundo clásico», en M.ª Dolores Jiménez, M.ª del Val Gago, Margarita Paz y Verónica Enamorado (eds.), *Espacios míticos: historias verdaderas, historias literarias*, Madrid-México, Centro de Estudios Cervantinos-Instituto de Investigaciones Filológicas, 2014, pp. 77-96.

Galán Caballero, Montaña, *Los Pegasos del palacio de Fomento. Conjunto escultórico de Agustín Querol, 1860/1909*, Madrid, Ministerio de Agricultura y Pesca, Alimentación y Medio Ambiente, 2017.

Galand, Perrine, «Image», en *Dictionnaire des genres et notions littéraires*, François Nourissier (pref.) y Pierre-Marc de Biasi (intr.), París, Encyclopædia Universalis/Albin Michel, 1997, pp. 369-370.

Galileo Galilei, *Sidereus Nuncius*, Venecia, apud Thomam Baglionum, 1610 [https://digital.libraries.ou.edu/histsci/books/1466.pdf 15/10/2018].

Gallinal, Ana, «Cíborg: el mito post-humano», en José Manuel Losada (ed.), *Mitos de hoy*, Berlín, Logos Verlag, 2016, pp. 61-70.

Gálvez Martín, Rubén, «Historia de una ruta desconocida a través de los Jardines del Descubrimiento de Madrid», en María Teresa Muñoz Serrulla (coord.), *Epigrafía en Madrid, Ab Initio*, n.º extr. 3 (2015), pp. 7-71.

Gambra, Rafael, *Historia sencilla de la filosofía*, Madrid, Rialp, 1999 [1961].

García Berrio, Antonio, y Huerta Calvo, Javier, *Los géneros literarios: sistema e historia*, Madrid, Cátedra, 1995.

García de la Mora, José Manuel, «Mitología y literatura en Ovidio», *La razón del mito. I Congreso de mitología mediterránea*, Gregorio Luri Medrano (coord.), Madrid, Universidad Nacional de Educación a Distancia, 2000, pp. 79-90.

García García, Esperanza Macarena, «¿Judaísmo o Judaísmos? La diversidad en el período del II Templo», *El Olivo* 37, 77 (2013), pp. 5-30.

—, *El origen del mal en la apocalíptica judía: evolución, influjos, protagonistas*, tesis doctoral, Universidad Complutense de Madrid, 2018.

García Gual, Carlos, *Prometeo: mito y tragedia*, Madrid, I. Peralta Ediciones, 1979.

—, *Audacias femeninas*, Madrid, Nerea, 1991.

—, *Introducción a la mitología griega*, Madrid, Alianza, 1992.

—, «El mito de Ulises en la literatura», *Barcarola* 54-55 (1997), pp. 327-335.

—, *La muerte de los héroes*, Madrid, Turner, 2016.

García Morente, Manuel, *Lecciones preliminares de filosofía*, Madrid, Encuentro, 2000 [1938].

—, *Escritos literarios*, José Antonio Millán Alba (pról. y ed.), Madrid, Encuentro y Fundación UNIR, 2021.

García Quintela, Marco V., *Mitos hispánicos. La Edad Antigua*, Madrid, Akal, 2011.

García Ureña, Lourdes, *El «Apocalipsis»: pautas literarias de lectura*, Madrid, Centro Superior de Investigaciones Científicas, 2013.

García Vidal, Adrián, «¿Sueñan los humanos con Galateas eléctricas? El mito de Pigmalión en *Black Mirror* y *Her*», en José Manuel Losada & Antonella Lipscomb (eds.), *Myths in Crisis. The Crisis of Myth*, Newcastle upon Tyne, Cambridge Scholars Publishing, 2015, pp. 129-138.

Gargano, Antonio, «"Animales soñados": Quevedo y el ave fénix», *La Perinola* 19 (2015), pp. 15-50.

Garrido Domínguez, Antonio, *El texto narrativo*, Madrid, Síntesis, 1996.

Gély, Véronique, «Mythes et genres littéraires: de la poétique à l'esthétique des mythes», en Sylvie Ballestra-Puech y Jean-Marc Moura (ed.), *Le Comparatisme aujourd'hui*, Villeneuve d'Ascq, Université Charles-de-Gaulle – Lille 3, 1999, pp. 35-47.

—, *L'Invention d'un mythe: Psyché. Allégorie et fiction, du siècle de Platon au temps de La Fontaine*, París, Honoré Champion Éditeur, 2006.

—, «Pour une mythopoétique: quelques propositions sur les rapports entre mythe et fiction», *Vox Poetica* (2006) [http://www.vox-poetica.org/sflgc/biblio/gely.html], consultado el 4 de febrero de 2018.

GENETTE, Gérard, *Figures III*, París, Seuil, 1972.

—, *Introduction à l'architexte*, París, Seuil, 1979.

—, *Palimpsestes. La Littérature au second degré*, París, Seuil, 1982.

—, *Nouveau Discours du récit*, París, Seuil, 1983.

—, *L'Œuvre de l'art*, París, Seuil, 2010.

GEORGE, Login S., y PARK, Crystal L., «The Multidimensional Existential Meaning Scale: A Tripartite Approach to Measuring Meaning in Life», *The Journal of Positive Psychology* 12, 6 (2017) [https://doi.org/10.1080/17439760.2016.1209546].

GERMAIN, Gabriel, *La Poésie, corps et âme*, París, Seuil, 1973.

GERSON, Lloyd, «Plotinus's Metaphysics: Emanation or Creation?», *The Review of Metaphysics* 46, 3 (1993), pp. 559-574.

GETHIN, Rupert, *The Foundations of Buddhism*, Oxford, Oxford University Press, 1998.

GIBERSON, Karl, y ARTIGAS, Mariano, *Oráculos de la ciencia. Científicos famosos contra Dios y la religión*, Madrid, Encuentro, 2012.

GIL, Juan, *Mitos y utopías del Descubrimiento. 3. El Dorado*, Madrid, Alianza, 1989.

GILLESPIE, Gerald, «The Relevance of Irrelevance: Games and Puzzles in the Humoristic Tradition since the Renaissance», en Darío Villanueva y Fernando Cabo Aseguinolaza (eds.), *Paisaje, juego y multilingüismo*, Santiago de Compostela, Servicio de Publicacións e Intercambio Científico, 1996, pp. 49-66.

GILSON, Étienne, *L'Être et l'Essence*, París, Librairie Philosophique J. Vrin, 2000 [1948].

—, *Introduction aux arts du beau*, París, Librairie Philosophique J. Vrin, 1963.

GIMBER, Arno, «Mito y mitología en el romanticismo alemán», en José Manuel Losada (ed.), *Mito y mundo contemporáneo*, Bari, Levante Editori, 2010, pp. 37-46.

GIRARD, René, *Mensonge romantique et vérité romanesque*, París, Hachette, 1961.

—, *Je vois Satan tomber comme l'éclair*, París, Éditions Grasset & Fasquelle, 1999.

GLIKSOHN, Jean-Michel, *Iphigénie, de la Grèce antique à l'Europe des Lumières*, París, Presses Universitaires de France, 1985.

GOETHE, Johann Wolfgang von, *Werke. Hamburger Ausgabe*, Múnich, Deutscher Taschenbuch Verlag, 1988.

—, *Teoría de la naturaleza*, Diego Sánchez Meca (ed.), Madrid, Tecnos, 2007 [1997].

GOLSORKHI, Damon, y HUAULT, Isabelle, «Pierre Bourdieu. Critique et réflexivité comme attitude analytique en sciences de gestion», *Revue Française de Gestion* 32 (2006), 165, pp. 15-35.

GOMÁ LANZÓN, Javier, *Imitación y experiencia*, Javier Muguerza (pres.), Barcelona, Crítica, 2005 [2003].

—, *Materiales para una estética*, Pamplona, Cátedra Jorge Oteiza/Universidad Pública de Navarra, 2012.

—, «Humana perduración», *ABC cultural*, 25 de febrero de 2017.

—, *Dignidad*, Barcelona, Galaxia Gutenberg, 2019.

GOMBRICH, Ernest Hans, *Story of Art*, Englewood Cliffs, NJ, Prentice-Hall, 1985.

GÓMEZ GARCÍA, Pedro, «Evolución de la diversidad cultural en la sociedad global informacional», *Filosofía de la cultura. Actas del IV Congreso internacional de la Sociedad*

Hispánica de Antropología Filosófica (SHAF), Joan B. Llinares y Nicolás Sánchez Durá (eds.), Valencia, Sociedad Hispánica de Antropología Filosófica, 2001, pp. 669-681.

GÓMEZ JIMÉNEZ, Miguel, *Proyección del mito de Circe en la literatura hispánica: de la época medieval a la contemporaneidad*, tesis doctoral, Universidad Complutense de Madrid, 2018.

—, «De la mujer natural a la belleza artificial en el mito de Galatea y el cine de ciencia ficción», en José Manuel Losada y Antonella Lipscomb (eds.), *Mito y ciencia ficción*, Madrid, Sial Pigmalión, 2021, pp. 29-37.

GONZÁLEZ DELGADO, Ramiro, «Interpretaciones alegóricas del mito de Orfeo y Eurídice por Fulgencio y Boecio y su pervivencia en la *Patrologia Latina*», *Faventia* 25 (2003), pp. 7-35.

GONZÁLEZ ETXEBERRIA, Juan, «Mitos en crisis: la crisis del mito o la supervivencia del eterno retorno», en José Manuel Losada & Antonella Lipscomb (eds.), *Myths in Crisis. The Crisis of Myth*, Newcastle upon Tyne, Cambridge Scholars Publishing, 2015, pp. 345-357.

GONZÁLEZ-RIVAS FERNÁNDEZ, Ana, *Los clásicos latinos y la novela gótica angloamericana: encuentros complejos*, tesis doctoral, Universidad Complutense de Madrid, 2011.

GOODBODY, Axel, «Editorial», *Ecozon@: European Journal of Literature, Culture and Environment* 9, 2 (2018), pp. 1-2.

GORDON, Richard, «Imagining Greek and Roman Magic», en Valerie Flint *et al.*, *Witchcraft and Magic in Europe. II: Ancient Greece and Rome*, Londres, The Athlone Press, 1999, pp. 159-275.

GOSSEREZ, Laurence, «Sous le signe du phénix (Ambroise de Milan, *Exameron*, v, 23, 79-80)», en Marie-Anne Vannier (ed.), *La Création chez les Pères*, Berna, Peter Lang, 2011, pp. 55-75.

GOSETTI-MURRAYJOHN, Angela, «Sappho as the Tenth Muse in Hellenistic Epigram», *Arethusa* 39, 1 (2006), pp. 21-45.

GOUHIER, Henri, *Le Théâtre et l'existence*, París, Librairie Philosophique J. Vrin, 1997.

GRAVES, Robert, y PATAI, Raphael, *Hebrew Myths: The Book of Genesis*, Nueva York, Anchor Books, 1989 [1964].

GRAY, Chris Hables, *Cyborg Citizen: Politics in the Posthuman Age*, Nueva York y Londres, Routledge, 2002.

GREENBLATT, Stephen, *Will in the World: How Shakespeare became Shakespeare*, Nueva York, W.W. Norton & Company, 2004.

—, *The Rise and Fall of Adam and Eve*, Nueva York, W.W. Norton & Company, 2017.

GREGORIO DE TOURS, *Historia franconum*, en *Opera omnia*, en *Patrologiæ cursus completus. Series latina (PL)*, J.-P. Migne (ed.), París, 1849, t. LXXI.

GREIMAS, Algirdas Julien, «La mythologie comparée», en *Du Sens. Essais sémiotiques*, París, Seuil, 1970, pp. 117-134.

—, «Pour une théorie de l'interprétation du récit mythique», en *ibid.*, pp. 185-230.

—, «Folklore et mythologie: problèmes de méthode», en Jocelyne Fernandez-Vest (ed.), *Kalevala et traditions orales du monde*, París, Centre National de la Recherche Scientifique, 1987, pp. 33-38.

GREINER, Frank, *Les Métamorphoses d'Hermès. Tradition alchimique et esthétique littéraire dans la France de l'âge baroque (1583-1646)*, París, Honoré Champion Éditeur, 2000.

GRILLET, Claudius, *La Bible dans Lamartine*, Lyon, Emmanuel Vitte, 1938.

GRIMAL, Pierre, *Dictionnaire de la mythologie grecque et romaine*, París, Presses Universitaires de France, 1951.

GRISWARD, Joël-Henri, «Les fées, l'Aurore et la Fortune», *Études de langue et de littérature françaises offertes à André Lanly*, Nancy, Publications de Nancy II, 1980, pp. 121-136.

GROUPE μ: J. DUBOIS, F. EDELINE, J.-M. KLINKENBERG, P. MINGUET, F. PIRE y H. TRINON, *Rhétorique générale*, París, Seuil, 1982 [1970].

GUALBERTO VALVERDE, Rebeca, «"Where you've nothing else construct ceremonies out of the air": The Ethics of McCarthy's Post-Mythical Apocalypse in *The Road*», en José Manuel Losada & Antonella Lipscomb (eds.), *Myths in Crisis: The Crisis of Myth*, Newcastle upon Tyne, Cambridge Scholars Publishing, 2015, pp. 191-201.

—, *Wasteland Modernism: The Disenchantment of Myth*, Valencia, Publicacions de la Universitat de València, 2021.

GUARDINI, Romano, *La esencia del cristianismo*, Felipe González Vicén (trad.), Madrid, Ediciones Nueva Época, 1945 [1941].

—, *La existencia del cristiano*, Alfonso López-Quintás (trad.), Madrid, Biblioteca de Autores Cristianos, 1997 [1976].

GUERRERO ALONSO, M.ª Luisa, «Una Medea hipermoderna: la madrastra Ravenna de *Snow White & the Huntsman* (2012)», en José Manuel Losada (dir.), *Nuevas formas del mito. Una metodología interdisciplinar*, Berlín, Logos Verlag, 2015, pp. 39-53.

GUIRAND, Félix, y SCHMIDT, Joël, *Mythes et mythologie. Histoire et dictionnaire*, París, Larousse, 2006.

GUMBRECHT, Hans Ulrich, «Desmitificación», en Joan Ramón Resina (coord.), *Mythopoesis: literatura, totalidad, ideología*, Barcelona, Anthropos, 1992, pp. 281-300.

GUNN, James, y CANDELARIA, Matthew (eds.), *Speculations on Speculation: Theories of Science Fiction*, Lanham, MD, The Scarecrow Press, 2005.

GUSDORF, Georges, *Naissance de la conscience romantique au siècle des Lumières*, París, Payot, 1976.

GUTIÉRREZ, Fátima, «Sobre el Tarot y otras mancias en *Vendredi ou les Limbes du Pacifique* de Michel Tournier», *Thélème* 1 (1991), pp. 99-11.

—, «Mitos, amores, palabras y música. Carmen o el desafío de la otra parte», *Thélème* 13 (1998), pp. 55-69.

—, *Mitocrítica: naturaleza, función, teoría y práctica*, Michel Maffesoli (pref.), Lleida, Editorial Milenio, 2012.

GUTIÉRREZ DELGADO, Ruth, «El origen del héroe: nacimiento, misión y necesidad», en Ruth Gutiérrez Delgado (coord.), *El renacer del mito. Héroe y mitologización en las narrativas*, Salamanca, Comunicación Social Ediciones y Publicaciones, 2019, pp. 51-81.

GUTIÉRREZ GARCÍA, Santiago, *Merlín y su historia*, Madrid, Alianza, 1999 [1997].

HABERMAS, Jürgen, *Der philosophische Diskurs der Moderne: Zwölf Vorlesungen*, Frankfurt am Main, Suhrkamp, 1985.

HARARI, Yuval Noah, *Homo Deus. Breve historia del mañana*, Joandomènec Ros (trad.), Penguin Random House, 2016.

HARAWAY, Donna J., *Manifestly Haraway: A Cyborg Manifesto, The Companion Species Manifesto, Companions in Conversation*, Cary Wolfe (intr.), Mineápolis (MN), University of Minnesota Press, 2016.

Harss, Luis, *Los nuestros*, Buenos Aires, Editorial Sudamericana, 1966.

Hastings, Patrick, *«Ulysses» Guide*, 2022 [https://www.ulyssesguide.com/].

Hauskeller, Michael, *Mythologies of Transhumanism*, Cham, Palgrave Macmillan, 2016.

Hazard, Paul, *La Crise de la conscience européenne. 1680-1715*, París, Fayard, 1961.

Hegel, Georg Wilhelm Friedrich, *Werke*, Eva Moldenhauer y Karl Markus Michel (eds.), Frankfurt am Main, Suhrkamp, 1971-1986, 20 vols.

—, *Lecciones sobre historia de la filosofía, I*, Wenceslao Roces (trad.), México, Fondo de Cultura Económica, 2005 [1955].

—, *Estética*, Alfredo Llanos (trad.), Buenos Aires, Ediciones Siglo Veinte, 1983-1985, 8 vols.

—, *Mythologie der Vernunft: Hegels «ältestes Systemprogramm des deutschen Idealismus»*, Christoph Jamme y Helmut Schreider (eds.), Frankfurt am Main, Suhrkamp, 1984.

Heidegger, Martin, *Sein und Zeit*, Tubinga, Max Verlag, 2001 [1927].

—, *Ser y tiempo*, Jorge Eduardo Rivera C. [Cruchaga] (trad.), Santiago de Chile, Editorial Universitaria, 1997, 2.ª ed.

—, *Filosofía, ciencia y técnica* [1936-1953], Francisco Soler y Jorge Acevedo (eds.), Francisco Soler (trad.), Santiago de Chile, Editorial Universitaria, 2003, 4.ª ed.

Hennig, Richard, *Grandes enigmas del universo*, Ángel Sabrido (trad.), Barcelona, Plaza y Janés, 1976 [1950].

Hernández de la Fuente, David, *El despertar del alma. Dioniso y Ariadna: mito y misterio*, Barcelona, Ariel, 2017.

Herreras, Enrique, *La tragedia griega y los mitos democráticos*, Madrid, Biblioteca Nueva, 2010.

Herrero Cecilia, Juan, *«Ariane de J. M. G. Le Clézio y la reescritura del mito del Minotauro en el laberinto de una barriada alienante y fantasmal»*, *Amaltea. Revista de Mitocrítica* 1 (2009), pp. 115-131.

—, *Reescrituras de los mitos en la literatura contemporánea. El mito de Don Quijote, de Pigmalión, del Inmortal, y otros*, Beau Bassin, Editorial Académica Española, 2018.

Hevesi, Alexander, *«Madách and The Tragedy of Man»*, *The Slavonic and East European Review* 9, 26 (1930), pp. 391-402.

Highet, Gilbert, *The Classical Tradition: Greek and Roman Influences on Western Literature*, Oxford, Oxford University Press, 1976 [1949].

Hinterhäuser, Hans, *Fin de siglo. Figuras y mitos*, María Teresa Martínez (trad.), Madrid, Taurus, 1998.

Hirschberger, Johannes, *Abrégé d'histoire de la philosophie occidentale*, Philibert Secretan (trad.), París, Éditions l'Âge d'Homme, 1971 [1961].

Hjelmslev, Luis, *El lenguaje*, María Victoria Catalina (trad.), Madrid, Gredos, 1968.

Hobbes, Thomas, *Leviathan*, Richard Tuck (ed.), Cambridge, Cambridge University Press, 1996.

Horkheimer, Max, y Theodor W. Adorno, *Dialéctica de la Ilustración. Fragmentos filosóficos*, Juan José Sánchez (intr. y trad.), Madrid, Trotta, 1994 [1944/1969].

Houellebecq, Michel, *H. P. Lovecraft contre le monde, contre la vie*, París, Éditions du Rocher, 1991.

Hübner, Kurt, *Crítica de la razón científica*, Ernesto Garzón Valdés (trad.), Barcelona, Alfa, 1981 [1978].

—, *La verdad del mito*, Luis Marquet (trad.), Madrid, Siglo XXI de España, 1996 [1985].

Hugo, Víctor, *Critique: La Préface de Cromwell, Littérature et philosophie mêlées, William Shakespeare, Proses philosophiques des années 60-65*, Yves Gohin (ed.), París, Robert Laffont, 1985.

Hume, David, *Essays and Treatises on Several Subjects*, Londres, A. Millan, 1768, t. II.

Hume, Kathryn, *The Metamorphoses of Myth in Fiction since 1960* [según manuscrito evaluado por J. M. Losada para la editorial Bloomsbury Academic, Nueva York, 2019].

Humm, Alan, «Lilith: The Bible of ben-Sira».
— http://www.lilithgallery.com/library/lilith/The-Bible-of-ben-Sira.html

Hunwick, Andrew, «Tragédie et dramaturgie: les ambiguïtés dans l'*Antigone* d'Anouilh», *Revue d'Histoire littéraire de la France* 96, 2 (1996), pp. 290-312.

Huret, Jules, *Enquête sur l'évolution littéraire*, Daniel Grojnowski (ed.), París, Librairie José Corti, 1999.

Hurley, Robert, «Le genre "évangile" en fonction des effets produits par la mise en intrigue de Jésus», *Laval Théologique et Philosophique* 58, 2 (2002), pp. 243-257.

Husserl, Edmund, *Investigaciones lógicas*, Manuel García Morente y José Gaos (trads.), Madrid, Alianza, 1982, 2 vols.

Hutcheon, Linda, *A Theory of Parody: The Teachings of Twentieth-Century Art Forms*, Urbana y Chicago, University of Illinois Press, 2000 [1985].

Huyn, Hans Graf, *Seréis como dioses. Vicios del pensamiento político y cultural del hombre de hoy*, José Zafra Valverde (trad.), Barcelona, Ediciones Internacionales Universitarias, 1991 [1988].

Hyman, Stanley Edgar, «The Ritual View of Myth and the Mythic», en Thomas A. Sebeok (ed.), *Myth: A Symposium*, Bloomington, IN, Indiana University Press, 1958, pp. 136-153.

Ippolita (colectivo italiano), Lovink, Geert, y Rossiter, Ned, «El supuesto digital: 10 tesis», *Cuadernos de Información y Comunicación* 22 (2017), pp. 13-18.

Ireneo de Lyon, *Adversus hæreses*, René Massuet (ed.), en *Opera omnia*, en *Patrologiæ cursus completus. Series græca (PG)*, J.-P. Migne (ed.), París, 1857, t. VII.

Iser, Wolfgang, *El acto de leer. Teoría del efecto estético*, J. A. Gimbernat (trad. del alemán), Manuel Barbeito (trad. del inglés), Madrid, Taurus, 1987 [1976].

Isidoro de Sevilla, *Etymologiæ*, en *Opera omnia*, Faustino Arévalo (ed.), Roma, Antonium Fulgonium, 1797-1803, 7 vols.

Jacq, Christian, *El mundo mágico del Antiguo Egipto*, Pilar González Bermejo (trad.), Madrid, EDAF, 1991 [1983].

Jakobson, Roman, *Language in Literature*, Krystyna Pomorska y Stephen Rudy (eds.), Cambridge, Mass., y London, The Belknap Press of Harvard University Press, 1987.

Jameson, Fredric, *Documentos de cultura, documentos de barbarie. La narrativa como acto socialmente simbólico*, Tomás Segovia (trad.), Madrid, Visor Distribuciones, 1989.

—, *Teoría de la postmodernidad*, Celia Montolío Nicholson y Ramón del Castillo (trads.), Madrid, Trotta, 1996 [1991].

—, *The Cultural Turn: Selected Writings on the Postmodern, 1983-1998*, Londres, Verso, 1998.

—, *A Singular Modernity: Essay on the Ontology of the Present*, Londres, Verso, 2002.

—, *Las ideologías de la teoría*, Mariano López Seoane (trad.), Buenos Aires, Eterna Cadencia, 2014 [2008].

—, *Las antinomias del realismo*, Juanmari Madariaga (trad.), Madrid, Akal, 2018 [2013].

—, *The Ancients and the Postmoderns*, Londres, Verso, 2015.

JAMME, Christoph, *Introduction à la philosophie du mythe. 2.- Époque moderne et contemporaine*, Alain Pernet (trad.), París, Librairie Philosophique J. Vrin, 1995 [1991].

JAN, Abid Ullah, «Overpopulation: Myths, Facts, and Politics», *Albalagh*, 9 Jamad-ul-Awwal 1424, 9 de julio de 2003.

   – http://www.albalagh.net/

JANÉS, Clara, «Una estrella de puntas infinitas. En torno a Salomón y el *Cantar de los cantares*», Discurso de recepción en la Real Academia Española, 12 de junio de 2016.

JASPERS, Karl, *La filosofía desde el punto de vista de la existencia*, José Gaos (trad.), México D.F., Fondo de Cultura Económica, 1953 [1949].

—, *Los grandes filósofos. Los hombres decisivos: Sócrates, Buda, Confucio, Jesús*, Pablo Simón (trad.), Madrid, Editorial Tecnos, 2002.

JAUSS, Hans Robert, *La historia de la literatura como provocación*, Juan Godo Costa y José Luis Gil Aristu (trads.), Barcelona, Ediciones Península, 2000 [1970].

—, *Experiencia estética y hermenéutica literaria. Ensayos en el campo de la experiencia estética*, Jaime Siles y Ela M.ª Fernández-Palacios, Madrid, Taurus, 1986 [1977].

—, «El lector como instancia de una nueva historia de la literatura», *Estética de la recepción*, José Antonio Mayoral (ed.), Madrid, Arco/Libros, 1987, pp. 59-85.

—, *Las transformaciones de lo moderno. Estudios sobre las etapas de la modernidad estética*, Madrid, A. Machado Libros, 2004 [1989].

JAYNES, Julian, *The Origin of Consciousness in the Breakdown of the Bicameral Mind*, Boston / New York, First Mariner Books, 2000.

JEANNELLE, Jean-Louis, *Jean-Paul Sartre. «Les Mouches»*, Rosny-sous-Bois, Bréal, 1998.

JENNY, Laurent, *L'Expérience de la chute. De Montaigne à Michaux*, París, PUF, 1997.

JOHNSTON, Sarah Iles, *Hekate Soteira: A Study of Hekate's Roles in the Chaldean Oracles and Related Literature*, Atlanta, GA, The American Philological Association, 1990.

JOLLES, André, *Einfache Formen: Legende, Sage, Mythe, Rätsel, Spruch, Kasus, Memorabile, Märchen, Witz*, Elisabeth Kutzer y Otto Görner (pref.), Tubinga, Max Niemeyer Verlag, 1968, 4.ª ed. [1930].

JONES, David M., «El retorno maya: el hacer un ciclo del *Popol Vuh* en *Hombres de maíz*», *Espéculo* (Madrid), 12, 37 (2007-2008).

JORDANES, *Origen y gestas de los godos*, José María Sánchez Martín (ed. y trad.), Madrid, Cátedra, «Letras Universales», 2001.

JOUVE, Vincent, *L'Effet-personnage dans le roman*, París, Presses Universitaires de France, 1992.

JOYCE, James, *Selected Letters*, Richard Ellmann (ed.), Londres, Faber & Faber, 1975 [1957].

JUAN CRISÓSTOMO, «De incomprehensibili Dei natura», en *Opera omnia*, en *Patrologiæ cursus completus. Series græca (PG)*, J.-P. Migne (ed.), París, 1862, t. XLVIII.

JUAN PABLO II, «Discurso en Santiago de Compostela», 09/11/1982.

—, «Discurso a los participantes en la sesión plenaria de la Academia pontificia de las ciencias», 31/10/1992.

—, *El esplendor de la verdad*, carta encíclica, Madrid, Biblioteca de Autores Cristianos, 1993.

—, *Tertio millennio adveniente*, carta encíclica, 1994.

—, *Fides et ratio*, carta encíclica, Madrid, San Pablo, 1998.

—, *Hombre y mujer lo creó: el amor humano en el plano divino*, Alejandro Burgos Velasco (trad.), Madrid, Ediciones Cristiandad, 2000.

Junco, Ethel, «Thomas Mann: el beso mortal de la belleza», *Revista de El Colegio de San Luis* (San Luis Potosí, México), nueva época, 8, 17 (2018), pp. 31-50.

—, «Entre platonismo y discurso de género. A propósito de *La Bella y la Bestia*», *Mito, conocimiento y acción. Continuidad y cambio en los procesos culturales*, Claudio César Calabrese, Gustavo Esparza y Ethel Junco (coords.), Nueva York, Peter Lang Publishing, 2019, pp. 75-90.

Jung, Carl G., *Gesammelte Werke*, Lilly Jung-Merker y Elisabeth Rüf (eds.), Olten y Friburgo, Walter Verlag, 1966-1972, 17 vols.

—, «Über die Archetypen des kollektiven Unbewußten», en *Von den Wurzeln des Bewusstseins. Studien über den Archetypus*, Zürich, Rascher Verlag, 1954.

—, *The Archetypes and the Collective Unconscious*, R. F. C. Hull (trad.), Londres, Routledge, 1968, 2.ª ed.

—, *Los arquetipos y lo inconsciente colectivo*, Carmen Gauger (trad.), Madrid, Trotta, 2002.

—, *Simbología del espíritu. Estudios sobre fenomenología psíquica*, Matilde Rodríguez Cabo (trad.), México, Fondo de Cultura Económica, 1962 [1951].

—, *Mysterium coniunctionis*, Enrique Galán (intr.), Jacinto Rivera de Rosales y Jorge Navarro (trads., t. I y II respectivamente), Madrid, Trotta, 2002, 2 vols. [1963].

Kandinski, Vasili, *Du Spirituel dans l'art, et dans la peinture en particulier*, Philippe Sers (ed.), Nicole Debrand y Bernadette du Crest (trads.), París, Denoël, 1989 [1911].

Kant, Immanuel, *Kritik der reinen Vernunft*, Hamburgo, Felix Meiner, 1956.

—, *Crítica de la razón pura*, Pedro Ribas (ed. y trad.), Madrid, Santillana, 1998.

—, *Grundlegung zur Metaphysik der Sitten*, en *Werke in sechs Bänden*, Rolf Toman (ed.), Colonia, Könemann Verlagsgesellschaft, 1995, 6 vols.

Kerbrat-Orecchioni, Catherine, *La Connotation*, Lyon, Presses Universitaires de Lyon, 1977.

Kerényi, Karl, y Jung, Carl G., *Introducción a la esencia de la mitología. El mito del niño divino y los misterios eleusinos*, Brigitte Kiemann y Carmen Gauger (trads.), Madrid, Siruela, 2004 [primer autor firmante: Jung].

Kermode, Frank, *The Sense of an Ending: Studies in the Theory of Fiction*, Oxford, Oxford University Press, 1966.

Kierkegaard, Søren, *Los estadios eróticos inmediatos o Lo erótico musical*, iról. José Antonio Míguez (iról.), Javier Armada (trad.), Buenos Aires, Aguilar, 1973.

—, *Ou bien... ou bien*, F. Brandt (intr.), F. Prior, O. Prior y M. H. Guigot (trads.), París, Gallimard, 1943.

King, Laura A., y Hicks, Joshua A., «Detecting and constructing meaning in life events», *The Journal of Positive Psychology* 5, 5 (2009) [https://doi.org/10.1080/17439 760902992316].

Kirk, Geoffrey Stephen, «On Defining Myths», en *Sacred Narrative. Readings in the Theory of Myth*, Alan Dundes (ed.), Berkeley/Los Angeles, University of California Press, 1984, pp. 53-61.

—, *El mito. Su significado y funciones en la Antigüedad y otras culturas*, Teófilo de Loyola (trad.), Barcelona, Paidós, 2006 [1970].

Klik, Marcin, «The Crisis of the Notion of Literary Myth in French Literary Studies»», en J. M. Losada y A. Lipscomb (eds.), *Myths in Crisis: The Crisis of Myth*, Newcastle upon Tyne, Cambridge Scholars Publishing, 2015, pp. 91-99.

Kluge, Sofie, *Diglossia. The Early Modern Reinvention of Mythological Discourse*, Kassel, Reichenberger, 2014.

Kobbé, Gustave, *Tout l'opéra*, Marie-Caroline Aubert, Denis Collins y Marie-Stella Pâris (trads.), París, Robert Laffont, 1980-1999 [1976-1997].

Kolakowski, Leszek, *Si Dios no existe… Sobre Dios, el diablo, el pecado y otras preocupaciones de la llamada filosofía de la religión*, Marta Sansigre Vidal (trad.), Madrid, Tecnos, 2007.

Krappe, Alexandre H., *La Genèse des mythes*, París, Payot, 1952.

Kristeva, Julia, Σημειωτικὴ. *Recherches pour une sémanalyse. (Extraits)*, París, Seuil, 1969.

—, *Pouvoirs et limites de la psychanalyse. I: Sens et non-sens de la révolte. II: La révolte intime*, París, Fayard, 1996-1997.

Krugman, Paul, y Wells, Robin, *Macroeconomics*, Nueva York, Worth Publishers, 2015, 4.ª ed.

Kuna, Franz, «Vienna and Prague 1890-1928», en Malcolm Bradbury y James McFarlane (eds.), *Modernism: A Guide to European Literature. 1890-1930*, Londres, Penguin Books, 1991, 2.ª ed., pp. 120-133.

Kwik, Esther, «Les composantes culturelles de la publicité internationale», en José Manuel Losada (ed.), *Tiempo: texto e imagen. Temps: texte et image*, Madrid, Universidad Complutense, 2011, pp. 953-965.

Labarthe, Patrick, *Baudelaire et la tradition de l'allégorie*, Ginebra, Librairie Droz, 1999.

Labertit, André, «Estilística del testimonio apócrifo en el *Quijote*», *Venezia nella letteratura spagnola e altri studi barocchi*, Padua, Liviana Editrice in Padova – Università degli Studi di Pisa, 1973, pp. 137-161.

—, «L'hippogriffe de *La Vie est un songe*. (Notes d'analyse contextuelle d'une métaphore de théâtre», Tilas (*Travaux de l'Institut d'Études Ibériques et Latino-Américaines*) 15 (1975), pp. 105-125.

Lacan, Jacques, *Le Séminaire, Livre VII: L'éthique de la psychanalyse. 1959-1960*, Jacques-Alain Miller (ed.), París, Seuil, 1986.

—, *Le Séminaire, Livre XVIII: L'envers de la psychanalyse. 1969-1970*, Jacques-Alain Miller (ed.), París, Seuil, 1991.

—, *Écrits I, II*, París, Seuil, 1999, nueva ed. [1966].

Lackey, Michael, «The Victorian Sublime», *Litteraria Pragensia* 6, 11 (1996), pp. 68-84.

Lafitau, Jean-François, *Mœurs des sauvages américains, comparées aux mœurs des premiers temps*, París, Saugrain *et al.*, 1724, 2 vols.

Lamartine, Alphonse de, *Cours familier de littérature*, París, Chez l'auteur, 1856-1869, 28 vols.

Lamennais, Hugues-Félicité-Robert de, *Esquisse d'une philosophie*, París, Pagnerre Éditeur, 1840, 2 vols.

Laurent, Jérôme, «Plotin», en Laurent Jaffro & Monique Labrune (eds.), *Gradus philosophique*, París, Flammarion, 1996.

Lavocat, Françoise, *Fait et fiction. Pour une frontière*, París, Seuil, 2016.

Lázaro Carreter, Fernando, *Diccionario de términos filológicos*, Madrid, Gredos, 3.ª ed., 1971.

Le Goff, Jacques, *L'Imaginaire médiéval. Essais*, París, Gallimard, 1985.

Le Guern, Michel, *La metáfora y la metonimia*, Madrid, Cátedra, 1990.

Lecercle, François, *Le Retour du mort. Débats sur la sorcière d'Endor et l'apparition de Samuel (XVIᵉ-XVIIIᵉ siècle)*, Ginebra, Librairie Droz, 2011.

Lecky, William Edward Hartpole, *History of the Rise and Influence of the Spirit of Rationalism in Europe*, Londres, Longmans, Green, and Co., 1910, 2 vols. [1865].

Leibniz, Gottfried Wilhelm, *Principes de la nature et de la grâce fondés en raison. Principes de la philosophie ou Monadologie*, André Robinet (ed.), París, Presses Universitaires de France, 1954.

—, *Discurso de metafísica. Sistema de la naturaleza. Nuevo tratado sobre el entendimiento humano. Monadología. Principios sobre la naturaleza y la gracia*, Francisco Arroyo (ed.), México, Porrúa, 1991.

Léonard, André, *Les Raisons de croire*, París, Fayard, 1987.

Léonard-Roques, Véronique, *Caïn, figure de la modernité (Conrad, Unamuno, Hesse, Steinbeck, Butor, Tournier)*, París, Honoré Champion Éditeur, 2003.

—, *Caïn et Abel. Rivalité et responsabilité*, París, Éditions du Rocher, 2009.

Lessing, Gotthold Ephraim, *Laocoonte*, Eustaquio Barjau (intr. y trad.), Madrid, Tecnos, 1990.

Lévêque, Pierre, *L'Aventure grecque*, París, Armand Colin, 1964.

Lévi-Strauss, Claude, *Les Structures élémentaires de la parenté*, París/La Haya, Mouton & Co., 1967, n. ed. [1948].

—, *Anthropologie structurale*, París, Plon, 1958 y 1974.

—, *La Pensée sauvage*, París, Plon, 1962.

—, *Mythologiques. I: Le Cru et le Cuit*, París, Plon, 1964.

—, *Mythologiques. II: Du Miel aux Cendres*, París, Plon, 1966.

—, *Mythologiques. III: L'Origine des manières de table*, París, Plon, 1968.

—, *Mythologiques. IV: L'Homme nu*, París, Plon, 1971.

Lévy-Bruhl, Lucien, *La Mentalité primitive*, París, Félix Alcan, 1922.

—, *Le Surnaturel et la nature dans la mentalité primitive*, París, Presses Universitaries de France, 1963 [1931].

Lewis, C.S., *The Abolition of Man*, Glasgow, William Collins Sons & Co., 1987 [1943].

Lhote-Crée, Marie-Josèphe, «Le temps judéo-chrétien, temps de l'épreuve. À propos de quelques figures mythiques», en Peter Schnyder (dir.), *Temps et roman*, París, Orizons, 2007, pp. 23-30.

Liddell, Henry George, y Scott, Robert, *A Greek-English Lexicon*, Henry Stuart Jones (rev. y aum.), Roderick McKenzie (col.), Oxford, Clarendon Press, 1940.
– http://www.perseus.tufts.edu/

Lilar, Suzanne, *Le Malentendu du «Deuxième Sexe»*, París, Presses Universitaires de France, 1969.

Lincoln, Bruce, «The Indo-European Myth of Creation», *History of Religions* 15 (1975), pp. 121-145.

—, *Myth, Cosmos, and Society. Indo-European Themes of Creation and Destruction*, Cambridge, Mass., Harvard University Press, 1986.

LIPOVETSKI, Gilles, *Le Bonheur paradoxal. Essai sur la société d'hyperconsommation*, París, Gallimard, 2006.

LIVINGSTONE, David, *Terrorism and the Illuminati. A Three Thousand Year History*, Charleston, SC, BookSurge, 2007.

LODGE, David, *The Modes of Modern Writing: Metaphor, Metonimy, and the Typology of Modern Literature*, Londres, Edward Arnold, 1977.

—, *Language of Fiction: Essays in Criticism and Verbal Analysis of the English Novel*, Londres, Routledge & Kegan Paul, 1966.

LOOMIS, Roger Sherman, *The Grail: From Celtic Myth to Christian Symbol*, Princeton, NY, Princeton University Press, 1991 [1963].

—, *Celtic Myth and Arthurian Romance*, Chicago, IL, Academy Chicago Publishers, 1997.

LÓPEZ GRÉGORIS, Rosario, y UNCETA GÓMEZ, Luis, «Dioses postmodernos y mitología tecnológica: *Ilión* y *Olympo*, de Dan Simmons», *Anabases. Traditions et Réceptions de l'Antiquité* 17 (2013), pp. 201-220.

LÓPEZ RASO, Pablo, «Vicisitudes de lo sagrado en el arte contemporáneo: del silencio al neomisticismo», *Relectiones* 4 (2017), pp. 75-93.

LÓPEZ-PELLISA, Teresa, *Patologías de la realidad virtual. Cibercultura y ciencia ficción*, Naief Yehya (pról.), Madrid, Fondo de Cultura Económica, 2015.

LÓPEZ-VARELA AZCÁRATE, Asunción, «Génesis semiótica de la intermedialidad: fundamentos cognitivos y socio-constructivistas de la comunicación», *Cuadernos de Información y Comunicación* 16 (2011), pp. 95-114.

LOSADA, José Manuel, «Calderón de la Barca: *El laurel de Apolo*», *Revista de Literatura* 51 (1989), pp. 485-494.

—, «El sentimiento trágico en el teatro clásico francés: el caso de *Phèdre*», *Revista de Filología Francesa: Thélème* 4 (1993), pp. 101-118.

—, *Don Juan. Tirso, Molière, Pouchkine, Lenau. Analyses et synthèses sur un mythe littéraire*, José Manuel Losada y Pierre Brunel (eds.), París, Klincksieck, 1993.

—, «La mujer y el ángel caído: soteriología en la época romántica», *Actas del IX Simposio de la Sociedad Española de Literatura General y Comparada*, Túa Blesa *et al.* (eds.), Zaragoza, Universidad de Zaragoza, 1994, t. I, pp. 235-244.

—, «À propos de quelques Cythères méconnues», *Confins*, n.º monográfico: *Voyage à Cythère*, 1 (1995), pp. 21-30.

—, *Tristán y su ángel. Diez ensayos de literatura general y comparada*, Kassel, Reichenberger, 1995.

—, «Le mythe d'Iphigénie en Espagne et sa réception à travers la France», *Thélème. Revista Complutense de Estudios Franceses* 6 (1995), pp. 189-198.

—, «Síntesis francesa del ángel caído», *Thélème. Revista Complutense de Estudios Franceses*, n.º monográfico: *Nuevos caminos del comparatismo*, 8 (1995), pp. 63-82.

—, «Don Juan y trascendencia», *Tirso de Molina: del Siglo de Oro al siglo XX. Actas del Coloquio Internacional*, Ignacio Arellano, Blanca Oteiza, M.ª Carmen Pinillos y Miguel Zugasti (eds.), Madrid, Revista *Estudios*, 1995, pp. 181-211.

—, «L'ange déchu et la pitié compatissante», *Studi francesi* 39 (1995), pp. 285-293.

—, «Culpabilidad en el mito de Don Juan en la literatura europea», *Mito y personaje. III y IV Jornadas de teatro*, María Luisa Lobato, Aurelia Ruiz Sola, Pedro Ojeda Escudero y José Ignacio Blanco (eds.), Burgos, Ayuntamiento de Burgos, 1995, pp. 177-192.

—, «La solitude de l'ange déchu à l'époque romantique», *Litteraria Pragensia* 6 (1996), pp. 23-35.

—, *Bibliography of the Myth of Don Juan in Literary History*, José Manuel Losada (ed.), The Edwin Mellen Press, Lewiston-Queenston-Lampeter, 1997.

—, «Une approche comparatiste sur l'amour de Don Juan», *Neohelicon* 24 (1997), pp. 163-217.

—, «La mujer en el mito de Don Juan», en Kurt Spang (ed.), *Unum et Diversum. Estudios en honor de Ángel-Raimundo Fernández González*, Pamplona, EUNSA, 1997, pp. 345-354.

—, «Amour» [et le mythe de Don Juan], en Pierre Brunel (dir.), *Dictionnaire de Don Juan*, París, Robert Laffont, 1999, pp. 16-23.

—, «Catholicisme [et le mythe de Don Juan]», *ibid.*, pp. 166-168.

—, «Diable [et le mythe de Don Juan]», *ibid.*, pp. 308-318.

—, «Dieu [et le mythe de Don Juan]», *ibid.*, pp. 318-325.

—, «Hispanisme [et le mythe de Don Juan]», *ibid.*, pp. 466-468.

—, «Honneur [et le mythe de Don Juan]», *ibid.*, pp. 472-482.

—, «Sur le caractère hispanique de Don Juan», *Revue de Littérature Comparée* 77 (2003), pp. 197-208.

—, «The Myth of the Fallen Angel. Its Theosophy in Scandinavian, English, and French Literature», en Steven P. Sondrup y Virgil Nemoianu (eds.), *Nonfictional Romantic Prose. Expanding Borders*, Ámsterdam/Filadelfia, John Benjamins, 2004, pp. 433-457 [https://doi.org/10.1075/chlel.xviii.34los].

—, «Don Juan diabólico y periodización literaria», *Letras* 55-56 (enero-diciembre de 2007), pp. 133-146.

—, «El *Dom Juan* de Molière y el *Don Giovanni* de Mozart», *Littérature, langages et arts: rencontres et création. Actas del XV Congreso de la Asociación de Profesores de Francés de la Universidad Española*, Dominique Bonnet, María José Chaves y Nadia Duchêne (eds.), Huelva, Servicio de Publicaciones de la Universidad de Huelva, 2007 [CD].

—, «Victor Hugo et le mythe de Don Juan», en Pierre Brunel (ed.), *Don Juans insolites*, París, Presses de l'Université Paris-Sorbonne, 2008, pp. 79-86.

—, «El mito del ángel caído y su tipología», en Juan Herrero Cecilia y Montserrat Morales Peco (coords.), *Reescrituras de los mitos en la literatura*, Cuenca, Ediciones de la Universidad de Castilla-La Mancha, 2008, pp. 253-271.

—, «Paradigmas e ideologías de la crítica mitológica», *Amaltea. Revista de Mitocrítica* 0 (2008), pp. 39-62.

—, «La nature mythique du Graal dans *Le Conte du Graal* de Chrétien de Troyes», *Cahiers de Civilisation Médiévale* 52, 1 (2009), pp. 3-20.

—, *Mito y mundo contemporáneo. La recepción de los mitos antiguos, medievales y modernos en la literatura contemporánea*, José Manuel Losada (ed.), Bari, Levante Editori, 2010.

—, «The Myth of the Labyrinth / El mito del Laberinto / Le mythe du Labyrinthe / Der Mythos des Labyrinths / Il mito del Labirinto», *Amaltea. Revista de Mitocrítica* 1 (2009), p. v.

—, «The Myth of Arachne/Le mito de Aracné», *Amaltea. Revista de Mitocrítica* 2 (2010), p. v.

—, «Del Olimpo a la Castellana», en Elena Blanch González y Carmen Gómez García (eds.), *Acercándonos a los mitos a través de la iconografía urbana: de Cibeles a Atocha*, Madrid, CERSA, 2011, pp. 9-11.

—, «Fedra y los dioses. (Eurípides, Racine, Unamuno)», *Thélème* 26 (2011), pp. 217-224.

—, «El doble mítico», *Amaltea. Revista de Mitocrítica* 3 (2011), pp. vii.

—, *Myth and Subversion in the Contemporary Novel*, J. M. Losada y A. Lipscomb (eds.), Newcastle upon Tyne, Cambridge Scholars Publishing, 2012.

—, «Minerva guerrera o pensativa», en Elena Blanch González y Carmen Gómez García (eds.), *Acercándonos a los mitos a través de la iconografía urbana: de Cibeles a Sol*, Madrid, CERSA, 2012, pp. 9-11.

—, «Molière et la *comedia* espagnole: le linceul de Pénélope. L'exemple de *Dom Juan*», en Christophe Couderc (ed.), *Le Théâtre espagnol du Siècle d'Or en France. De la traduction au transfert culturel*, París, Presses Universitaires de Paris Ouest, 2012, pp. 17-25.

—, «Prometheus the Rebel/Prometeo rebelde», *Amaltea. Revista de Mitocrítica* 4 (2012), pp. v-vii.

—, *Mito e interdisciplinariedad. Los mitos antiguos, medievales y modernos en la literatura y las artes contemporáneas*, José Manuel Losada y Antonella Lipscomb (eds.), Bari, Levante Editori, 2013.

—, «Torrente Ballester y el mito literario: realidad dual y proceso de mitificación», en Carmen Rivero Iglesias (ed.), *El realismo en Gonzalo Torrente Ballester. Poder, religión y mito*, Madrid, Iberoamericana/Vervuert, 2013, pp. 253-273.

—, «*Los gozos y las sombras*, de Torrente Ballester: una interpretación mítico-escatológica», Esther Navío y José Manuel Losada, *La Tabla Redonda* 23 (2013), pp. 51-68.

—, «The Myth of the Apocalypse/El mito del Apocalipsis», *Amaltea. Revista de Mitocrítica* 5 (2013), pp. v-vii.

—, «Myth and Extraordinary Event», *International Journal of Language and Literature* 2, 2 (2014), pp. 31-55.

—, *Abordajes. Mitos y reflexiones sobre el mar*, José Manuel Losada (dir.), Madrid, Instituto Español de Oceanografía, 2014.

—, «Transferencia de géneros artísticos y función de la imagen mítica», *1.er Certamen Asteria de Creación Artística-Fundación Pons*, Pedro Terrón y Elena Blanch (eds.), Madrid, CERSA, 2014, pp. 4-9.

—, «Mito y símbolo», *Philologia, Universitas, Vita. Trabajos en honor de Tomás González Rolán*, Madrid, Escolar y Mayo, 2014, pp. 525-532.

—, «Female Water Spirits/Figuras femeninas de las aguas», *Amaltea. Revista de Mitocrítica* 6 (2014), pp. iii-v.

—, «De Correos al Cielo», en Elena Blanch González y Carmen Gómez García (eds.), *Acercándonos a los mitos a través de la iconografía urbana: de Cibeles a El Retiro*, Madrid, Brismar, 2015, pp. 9-11.

—, *Myths in Crisis: The Crisis of Myth*, J. M. Losada y A. Lipscomb (eds.), Newcastle upon Tyne, Cambridge Scholars Publishing, 2015.

—, *Nuevas formas del mito. Una metodología interdisciplinar*, J. M. Losada (ed.), Berlín, Logos Verlag, 2015.

—, «Myth and Origins: Men Want to Know», *Journal of Literature and Art Studies* 5, 10 (2015), pp. 930-945.

—, «Myth and Emotions/Mito y emociones/Mythe et émotions», *Amaltea. Revista de Mitocrítica* 7 (2015), pp. v-vi.

—, *Mitos de hoy. Ensayos de mitocrítica cultural*, José Manuel Losada (ed.), Berlín, Logos Verlag, 2016.

—, «El mito y las artes: una exposición mítica», *II Certamen Asteria 2016. Certamen Internacional de Creación Plástica y Mitología*, Pedro Terrón y Elena Blanch (eds.), Madrid, Asteria. Asociación Internacional de Mitocrítica, 2016, pp. 13-40.

—, «El mundo de la fantasía y el mundo del mito. Los cuentos de hadas», *Çédille. Revista de Estudios Franceses* 6 (2016), pp. 69-100 [https://cedille.webs.ull.es/M6/04losada.pdf].

—, «Mythe et transcendance dans la littérature française du xxᵉ siècle», *Plaisance. Rivista di Lingua e Letteratura Francese Moderna e Contemporanea* 13, 38 (2016), pp. 131-145.

—, «Myths in Contemporary Opera/Mythes dans l'opéra contemporain/Mitos en la ópera contemporánea», *Amaltea. Revista de Mitocrítica* 8 (2016), pp. v-vi.

—, «Mito y trascendencia», en Alberto Klein y Hertz Wendel de Camargo (eds.), *Mitos, mídias e religiões na cultura contemporânea*, Londrina, Syntagma Editores, 2017, pp. 147-166.

—, «Sin personaje no hay mito», *Entre mitos. Libros de artista*, exposición proyectada y comisariada por Gema Navarro Goig (Biblioteca «Marqués de Valdecilla», Madrid, 26 de junio-6 de octubre de 2017), Quarto d'Altino, Pixartprinting, 2017, pp. 1-25.

—, «Mito y clasificación social», *Letras* 74-75 (2017), pp. 115-121.

—, «El "mito" de Don Quijote (2.ª parte): ¿con o sin comillas? En busca de criterios pertinentes del mito», en Emmanuel Marigno, Carlos Mata Induráin y Marie-Hélène Maux (eds.), *Cervantès, quatre siècles après: nouveaux objets, nouvelles approches*, Binges, Éditions Orbis Tertius, 2017, pp. 11-32.

—, *Myth and Emotions*, José Manuel Losada y Antonella Lipscomb (eds.), Newcastle upon Tyne, Cambridge Scholars Publishing, 2017.

—, «Le personnage mythique», *Degrés. Revue de synthèse à orientation sémiologique* 45, 169-170 (2017), pp. c1-c18.

—, «Preface: The Myth of the Eternal Return», *Journal of Comparative Literature and Aesthetics, A Special Issue in «The Eternal Return of Myth: Myth updating in Contemporary Literature»*, 40, 2 (2017), pp. 7-10 [https://www.ucm.es/data/cont/docs/119-2018-05-08-JCLA-No40.2.2017.pdf].

—, «Mito y cine en el siglo 21. Editorial/Myth and Cinema in the 21st Century. Editorial/Mythe et cinéma au 21e siècle. Éditorial», *Amaltea. Revista de Mitocrítica* 9 (2017), pp. 11-13.

—, «La culture religieuse. Comment sortir de la jachère?», en Marion Le Corre-Carrasco y Philippe Merlo-Morat (eds.), *L'Enseignement de la culture religieuse*, Saint-Étienne, Publications de l'Université Jean-Monnet de Saint-Étienne, 2018, pp. 21-29.

—, «Myth, Fantasy and Magic. Editorial», *Amaltea. Revista de Mitocrítica* 10 (2018), pp. 1-6.

—, «*La mythologie racontée aux enfants*: une belle et profitable doctrine», *Bérénice, Rivista semestrale di studi comparati e ricerche sulle avanguardie* 22, 55 (2018), p. 47-60.

—, «El mito del eterno retorno», en Ruth Gutiérrez Delgado (coord.), *El renacer del mito. Héroe y mitologización en las narrativas*, Salamanca, Comunicación Social Ediciones y Publicaciones, 2019, p. 119-142.

—, «Mito y tiempo: Madrid profética», en Pilar Úcar Ventura (coord.), *Bajo el cielo mítico de Madrid. Un paisaje escultórico, teatral y cinematográfico*, Madrid, Universidad Pontificia Comillas, 2019, pp. 75-85.

—, «Myth and Women: Virtuous and Perverse. Editorial», *Amaltea. Revista de Mitocrítica* 11 (2019), pp. 1-9.

—, *Myth and Audiovisual Creation*, José Manuel Losada y Antonella Lipscomb (eds.), Berlín, Logos Verlag, 2019.

—, «Mitocrítica y literatura francesa: logros y retos», en M. Carme Figuerola (ed.), *Evocar la literatura francesa y francófona de la modernidad. Homenaje a Àngels Santa*, Lleida, Ediciones de la Universidad de Lleida/Pagès Editors, 2019, pp. 553-561.

—, «Mitos bíblicos: ¿contradictio in terminis?», en Pablo López Raso (coord.), *La Biblia en la era audiovisual. Nuevas formas de contar lo sagrado*, Madrid, Editorial UFV, 2019, pp. 15-30.

—, «Fortunes et infortunes du précepte horatien *utile dulci* dans la littérature française: essai d'interprétation du Classicisme à la Modernité», *Çédille. Revista de Estudios Franceses* XV (abril de 2019), pp. 333-354.

—, «Mito y antropogonía en la literatura hispanoamericana: *Hombres de maíz*, de Miguel Ángel Asturias», *Rassegna iberistica* 43, 113 (2020), pp. 41-56.

—, «Myth and Science Fiction. Editorial», *Amaltea. Revista de Mitocrítica* 12 (2020), pp. 1-3.

—, «Cultural Myth Criticism and Today's Challenges to Myth», en Nickolas B. Roubekas and Thomas Ryba (eds.), *Explaining, Interpreting, and Theorizing Religion and Myth: Contributions in Honor of Robert A. Segal*, Leiden, Brill, 2020, pp. 355-370.

—, «Del símbolo acuático a sus mitos», en Diana Angoso (dir.), *Nammu: aguas primordiales*, Madrid, Fundación Antonio de Nebrija, 2021, p. 9.

—, *Mito y ciencia ficción*, José Manuel Losada y Antonella Lipscomb (eds.), Madrid, Sial Pigmalión, 2021.

—, *El Jardín de las Hespérides. Del mito a la belleza*, catálogo de la exposición del artista Luis Priego, José Manuel Losada (ed. y comisario), Madrid, Ediciones Complutense, 2022.

Lot, Francis Uriah, *The Matter of Britain, Isle of Avalon, King Arthur and the works of Geoffrey of Monmouth*, 2017.
    – https://geoffreyofmonmouth.com/

Lotman, Iuri M., *Universe of the Mind: A Semiotic Theory of Culture*, Ann Shukman (trad.), Bloomington e Indianápolis, Indiana University Press, 1990.

—, *La semiosfera, I. Semiótica de la cultura y del texto*, Desiderio Navarro (trad.), Madrid, Cátedra, 1996.

—, *La semiosfera, II. Semiótica de la cultura, del texto, de la conducta y del espacio*, Desiderio Navarro (trad.), Madrid, Cátedra, 1998.

—, *La semiosfera, III. Semiótica de las artes y de la cultura*, Desiderio Navarro (trad.), Madrid, Cátedra, 2000.

Louette, Jean-François, «Le deuxième sexe dans *Les Mains sales*», *Revue d'Histoire littéraire de la France* 116, 2 (2016), pp. 365-386.

Lovelock, James, «Environment: From God to Gaia», *The Guardian*, 04 de agosto de 1999.

—, «James Lovelock is 99 and one of our greatest thinkers», *The Times*, 14 de agosto de 2018.

Luckhurst, Roger, *Science Fiction*, Cambridge, Polity Press, 2005.

Luri Medrano, Gregorio, «El lenguaje del mito», *La razón del mito. I Congreso de mitología mediterránea*, Gregorio Luri Medrano (coord.), Madrid, Universidad Nacional de Educación a Distancia, 2000, pp. 37-49.

—, «El Prometeo ctónico», *Ex Novo* 5 (2008), pp. 7-20.

Lyotard, Jean-François, *La Condition postmoderne. Rapport sur le savoir*, París, Les Éditions de Minuit, 1979.

Macdonell, Arthur Anthony, *Vedic Mythology*, Estrasburgo, Verlag von Karl J. Trübner, 1898.

Mahlke, Kirsten, «*Popol-Vuh* y mitología maya en *Hombres de maíz* de Miguel Ángel Asturias», *Mapocho* 44 (1998), pp. 45-58.

Main, Rorerick, «Myth, Synchronicity, and the Physical World», en Nickolas P. Roubekas y Thomas Ryba (eds.), *Explaining, Interpreting, and Theorizing Religion and Myth: Contributions in Honor of Robert A. Segal*, Leiden, Brill, 2020, pp. 248-262.

Maiorana, María Teresa, *Rubén Darío y el mito del centauro*, Buenos Aires, L'Amitié Guérinienne, 1961 [trad. del texto francés, 1957-1959].

—, *Estudios, reflexiones, miradas de una comparatista*, Martha Vanbiesem de Burbridge (pról.), Buenos Aires, Fundación María Teresa Maiorana, 2005.

Malinowski, Bronisław, *Los argonautas del Pacífico Oriental*, Barcelona, Planeta-De Agostini, 2 vols., 1986 [1922].

—, *The Dynamics of Culture Change: An Inquiry into Race Relations in Africa*, Phyllis M. Kaberry (ed.), Forge Village, Mass., The Murray Printing Co., 1961 [1945].

Malraux, André, *La Métamorphose des dieux*, París, Gallimard, 1957.

Malthus, Thomas Robert, *An Essay on the Principle of Population*, Washington City, Roger Chew Weightman, 1809, 2 vols.

Mañas Martínez, María del Mar, «Penélope y Ulises en la dramaturgia femenina contemporánea española», en José Manuel Losada (ed.), *Mito y mundo contemporáneo*, Bari, Levante Editori, 2010, pp. 413-434.

Mañero Rodicio, Javier, «Tirando los objetos. Mito y etnografía hacia 1930», en José Manuel Losada y Antonella Lipscomb (eds.), *Mito e interdisciplinariedad. Los mitos antiguos, medievales y modernos en la literatura y las artes contemporáneas*, Bari, Levante Editori, 2013, pp. 387-399.

Manovich, Lev, «Los algoritmos de nuestras vidas», *Cuadernos de Información y Comunicación* 22 (2017), pp. 19-25.

Marañón, Gregorio, *Amiel. Un estudio sobre la timidez*, Madrid, Espasa-Calpe, 1944.

Marcolongo, Andrea, *La medida de los dioses. Un viaje iniciático a través de la mitología griega*, Teófilo de Lozoya y Juan Rabasseda (trads.), Madrid, Taurus, 2019 [2018].

Marcuse, Herbert, *Eros and Civilization: A Philosophical Inquiry into Freud*, Londres, Rouledge & Kegan Paul, 1956.

—, *Eros y civilización*, Juan García Ponce (trad.), Barcelona, Seix Barral, 1968.

—, *Kultur und Gesellschaft*, Frankfurt am Main, Suhrkamp, 1965, 2 vols.

—, *Cultura y sociedad*, E. Bulygin y E. Garzón Valdés (trad.), Buenos Aires, Editorial Sur, 1967.

MARDOMINGO SIERRA, José, *La autonomía moral en Kant*, tesis doctoral, Universidad Complutense de Madrid, 2002.

MARDONES, José M.ª, *El retorno del mito. La racionalidad mito-simbólica*, Madrid, Síntesis, 2000.

MARINA, José Antonio, *Dictamen sobre Dios*, Barcelona, Anagrama, 2001.

MARINAS, José-Miguel, «El fetichismo de lo sagrado», en José Miguel Marinas (ed.), *El diálogo de las creencias. Ética, religión y democracia*, Madrid, Oficina de Arte y Ediciones, 2016, pp. 39-54.

MARITAIN, Jacques, «Le péché de l'ange», *Revue thomiste* 56, 2 (1956), pp. 197-239; reed. en Charles Journet, Jacques Maritain y Philippe de la Trinité, *Le péché de l'ange. Peccabilité, nature et surnature*, París, Beauchesne, 1961.

MARKALE, Jean, *The Grail: The Celtic Originis of the Sacred Icon*, Jon Graham (trad.), Rochester (VT), Inner Traditions International, 1999 [1982].

MÁRQUEZ MARTÍNEZ, Esther, *El mito de Ifigenia en las letras hispánicas. De las recreaciones medievales a las lecturas ilustradas*, tesis doctoral, Universidad de Sevilla, 2021.

MARSHALL, Tod, «*The Wild Irigs*: Short Review», *M noa* 6, 1 (1994), pp. 189-191.

MARTELA, Frank, y STEGER, M. F., «The three meanings of meaning in life: Distinguishing coherence, purpose, and significance», *The Journal of Positive Psychology* 11, 5 (2016) [https://doi.org/10.1080/17439760.2015.1137623].

MARTIN, René, *Mitología griega y romana*, Alegría Gallardo Laurel (trad.), Madrid, Espasa-Calpe, 1996 [1992].

MARTÍN DE VIDALES GARCÍA, María, *El hechizo de la mitología. El placer de transfigurarse en personaje mitológico en el siglo XVIII*, tesis doctoral, Universidad Carlos III de Madrid, 2020.

MARTÍN GARCÍA, José A., «Evolución de la cosmogonía mítica griega: el calendario», en Ignacio J. García Pinilla y Santiago Talavera Cuesta (coords.), *Charisteion. Francisco Martín García oblatum*, Cuenca, Ediciones de la Universidad de Castilla-La Mancha, 2004, pp. 251-287.

MARTÍN HERNÁNDEZ, Raquel, «¡Yo os conjuro, démones de este lugar! Muertos inquietos y magia amorosa», en Mercedes Aguirre, Cristina Delgado Linacero y Ana González-Rivas (eds.), *Fantasmas, aparecidos y muertos sin descanso*, Madrid, Abada, 2014, pp. 67-81.

MARTINET, André, *Elementos de lingüística general*, Julio Calonge (trad.), Madrid, Gredos, 1965 [1960].

MARTÍNEZ GARCÍA, Patricia, «El mito de Ceres en la obra de Yves Bonnefoy: de la hermenéutica a la creación poética», en José Manuel Losada (ed.), *Mito y mundo contemporáneo*, Bari, Levante Editori, 2010, pp. 331-350.

MARTÍNEZ SIERRA, Gregorio, «Hablando con Valle-Inclán de él y de su obra», *ABC* (Madrid), 7 de diciembre de 1928, pp. 3-4.

MARTÍNEZ-FALERO, Luis, *Narciso en España: de los orígenes a la desmitificación del mito*, Madrid, Ediciones Clásicas, 2011.

—, «Literatura y mito: desmitificación, intertextualidad, reescritura», *Signa* 22 (2013), pp. 481-496.

Martínez-Liébana, Ismael, «Notas sobre la doble idea de sensación en la filosofía de la modernidad», *Revista de Filosofía*, 3.ª época, 11, 20 (1998), pp. 275-283.

Martos García, Aitana, «Imaginarios femeninos del agua: de Medusa a la reina Mora», *Lecturas del agua. Un acercamiento interdisciplinar desde la cultura y el turismo*, M.ª Isabel Morales Sánchez, Sara Robles Ávila y María da Natividade Pires (eds.), Madrid, Los Libros de la Catarata, 2016, pp. 285-298.

Marx, Karl, y Engels, Friedrich, *Die deutsche Ideologie*, Berlín, Dietz Verlag, 1960.

—, *La ideología alemana*, Wenceslao Roces (trad.), Barcelona, Grijalbo, 1970.

Masson, Jean-Yves, «Un *Don Juan* sans Commandeur?», en Béatrice Didier y Gwenhaël Ponnau (dirs.), *Le Commandeur et Don Juan*, Nantes, Éditions Opéra, 1994, pp. 93-101.

Mauron, Charles, *Des metaphores obsédantes au mythe personnel. Introduction à la psychocritique*, París, Librairie José Corti, 1995.

Mauss, Marcel, «Esquisse d'une théorie générale de la magie» (colab. H. Hubert), *L'Année Sociologique*, 1902-1903, en *Sociologie et anthropologie*, Claude Lévi-Strauss (intr.), París, Presses Universitaires de France, 1985 [1950].

McLuhan, Marshall, *The Gutenberg Galaxy: The Making of Typographic Man*, Toronto, University of Toronto Press, 1962.

Meletinski, Eleazar M., *El mito. Literatura y folclore*, Pedro López Barja de Quiroga (trad.), Madrid, Akal, 2001 [1993].

Mendoza, Julia Véase Alberto Bernabé.

Mentxakatorre, Jon, *La muerte como don: J. R. R. Tolkien. Hacia una metafísica del arte y la redención*, tesis doctoral, Universidad Autónoma de Madrid, 2019.

—, «J.R.R. Tolkien: el fundamento filosófico de la palabra sub-creadora», *Logos* 22, 3 (2019), pp. 130-155.

—, «Imaginación poética y verdad: contribuciones de los Inklings al Romanticismo», *Estudios Filosóficos* 69, 202 (2020), pp. 459-480.

—, «Trascendencia y tecnociencia: la trilogía cósmica de C. S. Lewis», en José Manuel Losada y Antonella Lipscomb (eds.), *Mito y ciencia ficción*, Madrid, Sial Pigmalión, 2021, pp. 47-58.

Merajver-Kurlat, Marta, *El «Ulises» de James Joyce: una lectura posible*, Nueva York, Jorge Pinto Books, 2008.

Meschonnic, Henri, *Pour la poétique II. Épistémologie de l'écriture. Poétique de la traduction*, París, Gallimard, 1973.

Mikhaïlova-Makarius, Milena, «Le *Roman de la Rose* de Guillaume de Lorris, roman coffret, roman à coffrets», *Cahiers de recherches médiévales et humanistes* 29 (2015) [http://journals.openedition.org/crm/13777; doi: 10.4000/crm.13777].

Millán Alba, José Antonio, «El discurso sobre Dios en *La carretera*, de Cormac McCarthy», *Pensamiento y Cultura* 17, 2 (2004), pp. 182-207.

—, «En la muerte de la filología», *Revista Española de Pedagogía* 71, 254 (2013), pp. 59-69.

Millán-Puelles, Antonio, *Léxico filosófico*, Madrid, Rialp, 2002 [1984].

—, *Teoría del objeto puro*, Madrid, Rialp, 1990.

Mills, Jon, «Deconstructing Myth», en Nickolas P. Roubekas y Thomas Ryba (eds.), *Explaining, Interpreting, and Theorizing Religion and Myth: Contributions in Honor of Robert A. Segal*, Leiden, Brill, 2020, pp. 233-247.

MILNER, Max, *Le Diable dans la littérature française, de Cazotte à Baudelaire, 1772-1861*, París, Librairie José Corti, 1960, 2 vols.

—, *La Fantasmagorie. Essai sur l'optique fantastique*, París, Presses Universitaires de France, 1982.

MITTERAND, Henri, «Littérature», en «Réalisme», *Dictionnaire de la littérature française du XIXᵉ siècle*, París, Encyclopædia Universalis France, 2016, pp. 1196-1212.

MOLINA MORENO, Francisco, «Hacia el paraíso hiperbóreo», en *Homenaje al Profesor José S. Lasso de la Vega*, Luis Gil Fernández, Marcelo Martínez Pastor y Rosa María Aguilar Fernández (eds.), Madrid, Editorial Complutense, 1998, pp. 505-515.

—, «De septentrionis geographia fabulosa in fontibus antiquae et mediae latinitatis», *Romanobarbarica* 15 (1998), pp. 127-142.

—, «In Septentrionem, in Paradisum? La recuperación de un mito en la Edad Media latina», *Actas del II Congreso Hispánico de Latín Medieval*, Maurilio Pérez González (coord.), León, Secretariado de Publicaciones de la Universidad, 1998, vol. II, pp. 679-686.

—, «"Musicienne du silence": introducción a un estudio sobre Urania, la Musa de la Astronomía», en Jesús Peláez del Rosal (ed.), *El dios que hechiza y encanta. Magia y astrología en el mundo clásico y helenístico*, Córdoba, Ediciones El Almendro, 2002, pp. 285-294.

—, *Winged Mythical Singers of Cosmic Music*, 2013 [https://eprints.ucm.es/id/eprint/237 44/5/MythicalSingers1.pdf].

—, «Las *rusalki*: ¿ninfas eslavas de las aguas?», *Amaltea. Revista de Mitocrítica* 6 (2014), pp. 219-246.

—, «Las *rusalki* eslavas orientales: ¿ninfas, sirenas o fantasmas?», en Mercedes Aguirre Castro, Cristina Delgado Linacero y Ana González-Rivas (eds.), *Fantasmas, aparecidos y muertos sin descanso*, Madrid, Abada, 2014, pp. 217-231.

—, «Para el éxtasis y el misterio: dos poemas (no musicales) de Scriabin», *Scherzo. Revista de Música* 30, 304 (2015), pp. 76-85.

—, «Più indù degli indù? Skrjabin, le cosmogonie orfiche e la mitologia vedica», en Luisa Curinga y Marco Rapetti (dir.), *Skrjabin e il Suono-Luce*, Florencia, Firenze University Press, 2018, pp. 75-89.

MOLINIÉ, Georges, *La Stylistique*, París, Presses Universitaires de France, 1993.

MOLIST POL, Esteban, *Dioses, héroes y hombres. Una enciclopedia de la mitología*, Barcelona, Círculo de Lectores, 1966.

MONOD, Jacques, *Le Hasard et la Nécessité. Essai sur la philosophie naturelle de la biologie moderne*, París, Seuil, 1970.

MORALES, Cesáreo, «Marxismo y valores. El punto de vista marxista en axiología», *Logos* 6, 17 (1978), pp. 7-36.

MORALES PECO, Montserrat, *Edipo en la literatura francesa: las mil y una caras de un mito*, Cuenca, Ediciones de la Universidad de Castilla-La Mancha, 2002.

MORENO, Fernando Ángel, *Teoría de la literatura de ciencia ficción. Poética y retórica de lo prospectivo*, Vitoria, PortalEditions, 2010.

MORETTI, Gabriella, «The Other World and the "Antipodes". The Myth of Unknown Countries between Antiquity and the Renaissance», en Wolfgang Haase y Meyer Reinhold (eds.), *The Classical Tradition and the Americas*, Berlín y Nueva York, Walter de Gruyter, 1994, t. I, pp. 241-284.

MORIN, Edgar, *La Complexité humaine*, Heinz Weinmann (ed.), París, Flammarion, 1994.

MOULES, Nancy J. «Hermeneutic Inquiry: Paying Heed to History and Hermes. An Ancestral, Substantive, and Methodological Tale», *International Journal of Qualitative Methods* 1, 3 (2002), pp. 1-21.

MUCHEMBLED, Robert, *Une Histoire du diable. XIIᵉ-XXᵉ siècle*, París, Seuil, 2000.

MÜLLER, F. Max, *Contributions to the Science of Mythology*, Londres, Longmans, Green, and Co., 1897, 2 vols.

MUND-DOPCHIE, Monique, «Fortunes de l'Ultima Thulé dans l'imaginaire occidental», *Bulletins de l'Académie Royale de Belgique* 16,1 (2005), pp. 41-58.

NESTLE, Wilhelm, *Vom Mythos zum Logos. Die Selbstentfaltung des griechischen Denkens von Homer bis auf die Sophistik und Socrates*, Stuttgart, Alfred Kröner Verlag, 1940.

—, *Historia del espíritu griego. Desde Homero hasta finales del siglo V*, Manuel Sacristán (trad.), Madrid, Ariel, 2010.

NEUMANN, Eckhard, *Mitos de artista. Estudio psicohistórico sobre la creatividad*, Miguel Salmerón Infante (trad.), Madrid, Tecnos, 1992 [1986].

NEWMAN, Ernest, *Wagner Nights*, Londres, Putnam & Company, 1949.

NICHOLLS, Angus, «Theory of Myth versus Meta-theory of Myth», en Nickolas P. Roubekas y Thomas Ryba (eds.), *Explaining, Interpreting, and Theorizing Religion and Myth: Contributions in Honor of Robert A. Segal*, Brill, 2020, pp. 219-232.

NIETZSCHE, Friedrich, *Sämtliche Werke*, Giorgio Colli y Mazzino Montinari (eds.), Múnich/Berlín, Deutscher Taschenbuch Verlag/Walter de Gruyter, 1988, 15 vols.

—, *Also sprach Zarathustra*, Herrsching, Manfred-Pawlak-Taschenbuch, 1966.

—, *Así habló Zaratustra*, Andrés Sánchez Pascual (trad.), Madrid, Alianza, 2011.

—, *El nacimiento de la tragedia, o Grecia y el pesimismo*, Andrés Sánchez Pascual (trad.), Madrid, Alianza, 1973.

—, *La ciencia jovial (La gaya scienza)*, Germán Cano (trad.), Madrid, Biblioteca Nueva, 2001.

NORMAN, Larry F., «Historiciser le sublime, ou le classicisme entre modernité et antiquité», *Revue d'Histoire littéraire de la France* 107, 2 (2007), pp. 347-357.

OCHOA, Juan Carlos, «Cuatro mitos para una filosofía de la cultura», *Filosofía de la cultura. Actas del IV Congreso internacional de la Sociedad Hispánica de Antropología Filosófica (SHAF)*, Joan B. Llinares y Nicolás Sánchez Durá (eds.), Valencia, Sociedad Hispánica de Antropología Filosófica, 2001, pp. 567-573.

OINAS, Felix J., *Studies in Finnic Folklore: Homage to the Kalevala*, Männta, Suomalaisen Kirjallisuuden Seura, 1985.

OKTAPODA, Efstratia (dir.), *Mythes et érotismes dans les littératures et les cultures francophones de l'extrême contemporain*, Amsterdam – Nueva York, Editions Rodopi, 2013.

ONFRAY, Michel, *Les Sagesses antiques*, París, Éditions Grasset & Fasquelle, 2006.

O'RAHILLY, Thomas F., *Early Irish History and Mythology*, Dublín, Dublin Institute for Advanced Studies, 1976 [1946].

ORRINGER, Nelson R., «*Luces de Bohemia*: Inversion of Sophocles' Œdipus at Colonus», *Hispanic Review* 62, 2 (1994), pp. 185-204.

ORTEGA Y GASSET, José, *Obras completas*, Madrid, Alianza/Revista de Occidente, 1983, 12 vols.

Ortiz de Urbina, Paloma, «The Siegfried myth in opera and on film: from Richard Wagner to Fritz Lang», en *Germanic Myths in the Audiovisual Culture*, Tubinga, Narr Francke Attempto Verlag, 2020, pp. 17-31.

Otero, Blas de, *Historias fingidas y verdaderas*, Madrid, Alianza, 1980.

Otto, Rudolf, «Chrysostomos über das Unbegreifliche in Gott», *Zeitschrift für Theologie und Kirche* 2, 29 (1921), pp. 239-246.

—, *The Philosophy of Religion Based on Kant and Fries*, E. B. Dicker (trad.), W. Tudor Jones (pref.), Nueva York, Kraus Reprint, 1970 [Londres, Williams & Norgate, 1931].

—, *Das Heilige. Über das Irrationale in der Idee des Göttlichen und sein Verhältnis zum Rationalen*, Múnich, C. H. Beck, 2004.

—, *Ensayos sobre lo numinoso*, Manuel Abella (trad.), Madrid, Trotta, 2009.

Otto, Walter Friedrich, *Los dioses de Grecia*, Jaume Pòrtulas (pról.), Rodolfo Berge y Adolfo Murguía Zuriarrain (trads.), Madrid, Siruela, 2003 [1987].

Packard, Vance, *The Hidden Persuaders*, Londres, Penguin Books, 1981 [1957].

Pageaux, Daniel-Henri, «Une lecture du *Don Quichotte*: des livres au Livre», en Yves Chevrel y Camille Dumoulié (eds.), *Le Mythe en littérature. Essais en hommage à Pierre Brunel*, París, Presses Universitaires de France, 2000, pp. 57-68. Posteriormente publicado en *Les Aventures de la lecture. Cinq essais sur le «Don Quichotte»*, París, L'Harmattan, 2005, pp. 73-86.

Pagès Cebrián, Joan, «Orestes o la perversión del mito: una lectura de *Les Bienveillantes* de Jonathan Littell», *Estudios Clásicos* 137 (2010), pp. 57-68.

Paracelso, *Textos esenciales*, Jolande Jacobi (ed.), Gerhard Wehr (intr.), C.G. Jung (epíl.), Carlos Fortea (trad.), Madrid, Siruela, 1995.

Pareyson, Luigi, *Verità e interpretazione*, Milán, Gruppo Ugo Mursia Editore, 1971, 4.ª ed.

—, *Verdad e interpretación*, Alejandro Llano (pról.), Constanza Giménez (trad.), Madrid, Encuentro, 2014.

Pascal, Blaise, *Pensées*, Léon Brunschvicg (establecimiento del texto), Dominique Descotes (ed.), París, Garnier-Flammarion, 1976.

—, *Pensamientos*, Mario Pajarón (trad.), Madrid, Cátedra, 1998.

Pavel, Thomas, *Univers de la fiction*, París, Seuil, 1986.

Paz, Octavio, *Los hijos del limo. Del romanticismo a la vanguardia*, Barcelona, Seix Barral, 1974.

Pébereau, Michel, «Rationalité économique et mondialisation», *Bulletin de l'Académie des Sciences Morales et Politiques* 10 (2015), pp. 31-57.

Pedraza, Pilar, *Máquinas de amar. Secretos del cuerpo artificial*, Madrid, Valdemar, 1998.

Pedrosa, José Manuel, «Las sirenas, o la inmortalidad de un mito (una visión comparatista)», *Revista Murciana de Antropología* 22 (2015), pp. 239-300.

Peirce, Charles S., «On a New List of Categories», *Proceedings of the American Academy of Arts and Sciences* 7 (1868), pp. 287-298.

—, *Selected Writings (Values in a Universe of Chance)*, Philip P. Wiener (ed.)., Nueva York, Dover Publications, 1966 [1958].

Perelman, Charles, *L'Empire rhétorique. Rhétorique et argumentation*, París, Librairie Philosophique J. Vrin, 1977.

Pérez, Francisco, «La razón de lo pretendidamente ilógico. Un posible puente entre lógica y psicología», *Revista de Filosofía*, 3.ª época, 11, 20 (1998), pp. 77-89.

Pérez Berges, M.ª Lorena, *Influencia de mitos y leyendas en la pintura europea del siglo XIX. La belleza de lo siniestro*, tesis doctoral, Universidad Complutense de Madrid, 2019.

Pérez Gállego, Cándido, «Crítica simbólica y mitológica», en José María Díez Borque (coord.), *Métodos de estudio de la obra literaria*, Madrid, Taurus, 1985, pp. 391-415.

Pérez-Amezcua, Luis Alberto, *Hermes en la encrucijada. Análisis mitocrítico de las novelas líricas de los Contemporáneos*, Zapopan, Sindicato de Trabajadores Académicos de la Universidad de Guadalajara, 2019.

—, «Mito y mistagogía hipermoderna en *American Gods*», José Manuel Losada y Antonella Lipscomb (eds.), *Myth and Audiovisual Creation*, Berlín, Logos Verlag, 2019, pp. 127-138.

—, «Alternativas para el fin del mundo: mito, destino trágico y ciencia ficción», *Amaltea. Revista de Mitocrítica* 12 (2020), pp. 37-45.

Perona, Ángeles, «Holismo», en Jacobo Muñoz y Julián Velarde (eds.), *Compendio de epistemología*, Madrid, Trotta, 2000, pp. 295-297.

Perroy, Édouard, *La Edad Media*, Eduardo Ripoll Perelló (trad.), Barcelona, Destino, 1961 [1955], 2 vols.

Piaget, Jean, *Épistémologie des sciences de l'homme*, París, Gallimard, 1970.

Pico della Mirandola, Giovanni, *Discurso sobre la dignidad del hombre*, Adolfo Ruiz Díaz (ed.), Buenos Aires, Goncourt, 1978.

Piñero, Antonio, «El judaísmo helenizado», en Juan Signes Cordoner *et al.* (eds.), *Antiquae lectiones. El legado clásico desde la Antigüedad hasta la Revolución Francesa*, Madrid, Cátedra, 2005, 117-123.

Pío X, *Motu Proprio*, «*Doctoris Angelici*» de 1914: véase Denzinger – Schönmetzer, *Enchiridium symbolorum*.

Piveteau, Olivier, *El burlador y el santo. Don Miguel de Mañara frente al mito de Don Juan*, Elena Suárez Sánchez (trad.), Sevilla, Cajasol Fundación, 2007, 2 vols.

—, «Un intrus de l'histoire littéraire: Don Juan de Maraña», en Pierre Brunel (dir.), *Don Juans insolites*, París, Presses de l'Université de Paris-Sorbonne, 2008, pp. 65-78.

Poignault, Rémy, «Antigone», en Pierre Brunel (dir.), *Dictionnaire des mythes féminins*, París, Éditions du Rocher, 2002, pp. 129-139.

Pomel, Fabienne, «La force entre Hercule, Hector, les Amazones et les philosophes: approches d'une vertu cardinale au seuil du XVe siècle (autour de l'*Epistre Othéa*)», *Travaux de Littérature* 39 (2016), pp. 65-83.

Portales, Gonzalo, y Breno Onetto, *Poética de la infinitud. Ensayos sobre el romanticismo alemán. Fragmentos del «Athenæum»*, Santiago de Chile, Ediciones Intemperie/Palinodia, 2005.

Pottier, Bernard, *Gramática del español*, Antonio Quilis (trad.), Madrid, Ediciones Alcalá, 1970 [*Grammaire de l'espagnol*, 1969].

—, *Linguistique générale, théorie et description*, París, Klincksieck, 1974.

Poulet, Georges, *La Conscience critique*, París, Librairie José Corti, 1971.

Pound, Ezra, *Literary Essays*, T. S. Eliot (intr.), Nueva York, New Directions Books, 1968 [1954].

Praz, Mario, *La carne, la morte e il diavolo nella letteratura romantica*, Florencia, La Cultura, 1930.

—, *Il patto col serpente. Paralipomeni di «La carne, la morte e il diavolo nella letteratura romantica»*, Giovanni Macchia (intr.), Milán, Edizione Leonardo, 1995 [1972].

PROPHET, Elizabeth Clare, *Fallen Angels and the Origins of Evil: Why Church Fathers Suppressed the Book of Enoch and Its Startling Revelations*, Corwin Springs (MT), Summit University Press, 2000.

PROPP, Vladimir, *Morphologie du conte*, suivi de *Les Transformations des contes merveilleux* (V. Propp) y de *L'Étude structurale et typologique du conte*, de E. Meletinski, Marguerite Derrida, Tzvetan Todorov y Claude Kahn (trads.), París, Seuil, 1965/1970. [1928/1969].

—, *Morfología del cuento*, seguida de *Las transformaciones de los cuentos maravillosos* (V. Propp) y de *El estudio estructural y tipológico del cuento*, de E. Méletinski, Lourdes Ortiz (trad.), Madrid, Editorial Fundamentos, 2006.

PROUST, Marcel, *Contre Sainte-Beuve*, Bernard de Fallois (pref.), París, Gallimard, 1954.

PUCHE DÍAZ, David, «En torno al materialismo nietzscheano», *Nexo* (2004), pp. 103-121.

PUECH, Henri-Charles, *En quête de la Gnose*, París, Gallimard, 1978-1979, 2 vols.

QUINET, Edgar, «Des poëtes épiques – De l'épopée indienne», *Revue des Deux Mondes* 3 (1840), pp. 116-135.

QUINTILIANO, *De institutione oratoria*, *Obra completa*, Alfonso Ortega Carmona (ed.), Salamanca, Publicaciones Universidad Pontificia, 1997-2001, 5 vols.

QUINTO CURCIO RUFO, *Historia de Alejandro Magno*, Francisco Pejenaute Rubio (ed. y trad.), Madrid, Gredos, 1986.

QUIROA, Néstor I., «El *Popol Wuj* en la versión de Francisco Ximénez (1701-1702)» [http://www.cervantesvirtual.com/nd/ark:/59851/bmcp5677].

RAGLAN, lord (Fitzroy Richard Somerset), «Myth and Ritual», en *Myth: A Symposium*, Thomas A. Sebeok (ed.), Bloomington (IN), Indiana University Press, 1958, pp. 122-135.

RAHNER, Hugo, *Mitos griegos en interpretación cristiana*, Lluís Duch (pról.), Carlota Rubies (trad.), Barcelona, Herder, 2003 [1945].

RAMOS GONZÁLEZ, Alicia, «Ateísmo y espiritualidad», *'Ilu. Revista de Ciencias de las Religiones* 21 (2016), pp. 165-183.

RANCIÈRE, Jacques, *Malaise dans l'esthétique*, París, Galilée, 2004.

RANK, Otto, *Hamlet, Don Juan y el psicoanálisis*, Germán Leopoldo García (pról.), Nicolás Gelormini (trad.), Buenos Aires, Letra Viva Ediciones, 1997 [1922].

RATZINGER, Joseph, *Escatología. La muerte y la vida eterna*, Barcelona, Herder, 2007 [1977].

—, *Ser cristiano en la era neopagana*, José Luis Restán (ed.), Madrid, Encuentro, 1995 [1987-1994].

—, *Introducción al cristianismo*, Salamanca, Sígueme, 2001.

—, *Fe, verdad y tolerancia. El cristianismo y las religiones del mundo*, Salamanca, Sígueme, 2005.

—, «Pro eligendo pontifice» (homilía), 18 de abril de 2005.

   Véase también BENEDICTO XVI.

REINACH, Salomon, *Cultes, mythes et religions*, París, Ernest Leroux, 1905-1912, 4 vols.

RENAN, Ernest, *L'Avenir de la science. Pensées de 1848*, París, Calmann-Lévy Éditeurs, 1848.

Renault, Aurélie, «Hilar el mito: incesto y matricidio en *Las Benévolas* de Jonathan Littell», en José Manuel Losada & Marta Guirao (eds.), *Myth and Subversion in the Contemporary Novel*, Newcastle upon Tyne, Cambridge Scholars Publishing, 2012, pp. 265-276.

Requemora, Sylvie, «El Dorado», en Olivier Battistini *et al.* (dirs.), *Dictionnaire des lieux et pays mythiques*, París, Robert Laffont, pp. 431-434.

Resina, Joan Ramon, «Teoría y práctica del mito», en Joan Ramon Resina (ed.), *Mythopoesis: literatura, totalidad, ideología*, Barcelona, Anthropos, 1992, pp. 7-36.

—, «El dilema de la modernidad: ¿historia o mito?», en Joan Ramon Resina (ed.), *Mythopoesis: literatura, totalidad, ideología*, Barcelona, Anthropos, 1992, pp. 251-279.

Reyes, Alfonso, *Obras completas*, México, Fondo de Cultura Económica, 1955-1993, 26 vols.

Richard, Jean-Pierre, *L'Univers imaginaire de Mallarmé*, París, Seuil, 1961.

—, *Études sur le romantisme*, París, Seuil, 1970.

Ricœur, Paul, *Philosophie de la volonté. I. Le Volontaire et l'Involontaire*, Jean Greisch (pref.), París, Éditions Points, 2009 [1950].

—, II. *Finitude et culpabilité*, Jean Greisch (pref.), París, Éditions Points, 2009 [1960].

—, *Le Conflit des interprétations. Essais d'herméneutique*, París, Seuil, 1969.

—, *La Métaphore vive*, París, Seuil, 1975.

—, *Temps et récit*, París, Seuil, 1983-1985, 3 vols.

Risco, Vicente, «Mitología cristiana», en *Obras completas*, Vigo, Galaxia, 1994, t. 6, pp. 367-496.

Rivero, Carmen, «Realidad y simulacro: la desmitificación de la técnica en *Abre los ojos*», en José Manuel Losada y Antonella Lipscomb (eds.), *Myth and Audiovisual Creation*, Berlín, Logos Verlag, 2019, pp. 203-214.

Roas, David, «La amenaza de lo fantástico», en David Roas (dir.), *Teorías de lo fantástico*, Madrid, Arco/Libros, 2001, pp. 7-44.

Robador Ausejo, Oihana, «*Forma*. El ideal clásico en el arte moderno», *Revisiones* 1 (2005), pp. 45-55.

Robbe-Grillet, Alain, *Pour un nouveau roman*, París, Les Éditions de Minuit, 1961.

Rochefort-Guillouet, Sophie (ed.), *La Littérature fantastique en 50 ouvrages*, París, Ellipses/Édition Marketing, 1998.

Rodríguez Adrados, Francisco, «El mito griego y la vida de Grecia», en Antonio Alvar (coord.), *Minerva restituta. 9 lecciones de filología clásica*, Alcalá de Henares, Universidad de Alcalá de Henares, 1986, pp. 39-62.

—, «Mito y fábula», *Emerita* 61, 1 (1993), pp. 1-14.

Rodríguez Salas, Gerardo, «"Close as a Kiss": The Challenge of the Maids' Gyn/Affection in Margaret Atwood's *The Penelopiad*», *Amaltea. Revista de Mitocrítica* 7 (2015), pp. 19-34.

Rodríguez-Monroy, Amalia, «An Other Word: Language and the Ethics of Social Interaction in Bakhtin, Freud and Lacan», *Dedalus* 5 (1995), pp. 23-41.

Rogers, Howard Emerson, «Irish Myth and the Plot of *Ulysses*», *English Literary History* 15, 4 (1948), pp. 306-327.

Romagnoli, Diego, *Mitra: storia di un dio. India*, Palermo, Carlo Saladino Editore, 2011, vol. 1.

Rómar, Antonio, «El mito y la ciencia ficción: polos de la explicación imaginaria de la realidad», *Ensayos sobre ciencia ficción y literatura fantástica. Actas del Primer Congreso Internacional de literatura fantástica y ciencia ficción*, Teresa López Pellisa y Fernando Ángel Moreno Serrano (eds.), Madrid, Asociación Cultural Xatafi – Universidad Carlos III, 2009, pp. 815-825.

Romero López, Dolores, «*Beyond the Fence*, de Pablo Gervás: el teatro musical entre el mito de Prometeo y el cíborg», en Guillermo Laín Corona y Rocío Santiago Nogales (coords.), *Cartografía teatral*, Madrid, Visor Libros, 2019, pp. 617-634.

Romm, James S., *The Edges of the Earth in Ancient Thought. Geography, Exploration, and Fiction*, Princeton (NJ), Princeton University Press, 1992.

Roos, Jacques, *Les Idées philosophiques de Victor Hugo. Ballanche et Victor Hugo*, París, Librairie Nizet, 1958.

Roudaut, François, *Sur le sonnet 31 des «Regrets». Éléments d'histoire des idées à la Renaissance*, París, Classiques Garnier, 2014.

Rousseau, Jean-Jacques, *Du contrat social*, Pierre Burgelin (ed.), París, Flammarion, 1992.

Rousset, Jean, *Le Mythe de Don Juan*, París, Armand Colin, 1976.

—, «Don Juan: les apparitions du Mort», *Mélanges à la mémoire de Franco Simone. France et Italie dans la culture européenne*, Ginebra, Éditions Slatkine, 1981, t. II, pp. 295-305.

Rovira, Rogelio, *Repertorio de definiciones aristotélicas*, Madrid, Escolar y Mayo, 2015.

Roys, Ralph L., «The Maya katun prophecies of the Books of Chilam Balam: Series I», *Contributions to American Anthropology and History*, 57 (1954), pp. 1-60.

Rudwin, Maximilien, *Satan et le satanisme dans l'œuvre de Victor Hugo*, París, Les Belles Lettres, 1926.

—, *The Devil in Legend and Literature*, La Salle (IL), The Open Court Press, 1931.

Ruiz de Alarcón, Hernando, *Tratado de las supersticiones y costumbres gentílicas que hoy viven entre los indios naturales de esta nueva España*, Barcelona, Editorial Linkgua, 2009.

Ruiz de Elvira, Antonio, *Mitología clásica*, Vicente Cristóbal (pról.), Madrid, Gredos, 2011 [1982].

Ruiz Sanjuán, César, «Sentido de lo histórico en la concepción materialista de la historia», *Nexo* 4 (2006), pp. 13-38.

Russo, Paolo, «Visions of Medea: Musico-dramatic transformations of a myth», *Cambridge Opera Journal* 6, 2 (1994), pp. 113-124.

Rutski, Randolph L., «Technologies», en Bruce Clarke y Manuela Rossini (eds.), *The Cambridge Companion to Literature and Posthuman*, Cambridge, Cambridge University Press, 2017, pp. 182-195.

Ryan, Dennis P. (ed.), *Einstein and the Humanities*, Nueva York, Greenwood Press, 1987.

Saavedra, Estefanía Gisele, *«Frankenstein» y la metáfora de la alquimia: una búsqueda hacia la androginia de los opuestos*, tesis doctoral, Universidad Complutense de Madrid, 2020.

Sahagún, Bernardino de, *Historia general de las cosas de la Nueva España*, Barcelona, Editorial Linkgua, 2009 [1540-1585].

Said, Edward W., «Cultura, identidad e historia», en Gerhart Schröder y Helga Breuninger (comps.), *Teoría de la cultura. Un mapa de la cuestión*, Buenos Aires, Fondo de Cultura Económica, 2005 [2001], pp. 37-53.

Sainte-Beuve, Charles-Augustin de, «*Odes et Ballades*, par M. Victor Hugo», *Le Globe, Journal Philosophique et Littéraire* 61, 4 (2 de enero de 1827), pp. 321-323.

—, *Nouveaux Lundis*, 2.ª ed., París, Michel Lévy Frères, Éditeurs, 1870, 2 vols.

Sáiz Lorca, Daniel, *La literatura checa de ciencia ficción durante el período de entreguerras*, tesis doctoral, Universidad Complutense de Madrid, 2006.

Salcedo González, Cristina, «"At least I have the flowers of myself": Revisionist Myth-Making in H.D.'s "*Eurydice*"», *Miscelánea: A Journal of English and American Studies* 62 (2020), pp. 69-89.

Salisbury, John of, *Opera omnia*, J. A. Giles (ed.), Oxford, J. H. Parker *et al.*, 1848, 5 vols.

San Martín, Javier, «Los tres tipos básicos de cultura y su ordenación jerárquica», *Filosofía de la cultura. Actas del IV Congreso internacional de la Sociedad Hispánica de Antropología Filosófica (SHAF)*, Joan B. Llinares y Nicolás Sánchez Durá (ed.), Valencia, Sociedad Hispánica de Antropología Filosófica, 2001, pp. 93-105.

Sánchez Pérez, Carlos, *Hermes Trismegisto: de la mística a la fantasía. Pervivencia de los textos herméticos de la Antigüedad a nuestros días*, tesis doctoral, Universidad Autónoma de Madrid, 2019.

—, «Esoterismo, mito y subversión en *Promethea* de Alan Moore», *Amaltea. Revista de Mitocrítica* 13 (2021), pp. 25-33.

Sánchez Puig, María, «Los cuatro elementos naturales en la mitología precristiana rusa», en *La cristianización de los eslavos*, Juan Antonio Álvarez-Pedrosa (coord.), *'Ilu. Revista de Ciencias de las Religiones*, Anejo XIII, 2004, pp. 97-106.

Santamaría Álvarez, Marco Antonio, «Píndaro y el orfismo», en Alberto Bernabé y Francesc Casadesús (coords.), *Orfeo y la tradición órfica. Un reencuentro*, Madrid, Akal, 2008, pp. 1161-1184.

Santizo, Mario, «La unidad estructural y temática de *Hombres de maíz*», *Anales de Literatura Hispanoamericana* 4 (1975), pp. 115-131.

Sarah, Robert, *Dios o nada*, Gloria Esteban Villar (trad.), Madrid, Ediciones Palabra, 2015.

Sartre, Jean-Paul, «La chronique de J.-P. Sartre», *Europe* 17, 198 (1939), pp. 240-250.

—, *L'Imaginaire. Psychologie phénoménologique de l'imagination*, París, Gallimard, 1940.

—, *L'Être et le Néant. Essai d'ontologie phénoménologique*, París, Gallimard, 1943.

—, *L'Existentialisme est un humanisme*, Arlette Elkaïm-Sartre (ed.), París, Gallimard, 1996 [1946].

—, *Situations, X. Politique et autobiographie*, París, Gallimard, 1976.

Saussure, Ferdinand de, *Cours de linguistique générale*, Rudolf Engler (ed.), Wiesbaden, Otto Harrassowitz, 1989, 2 vols.

—, *Curso de lingüística general*, Amado Alonso (trad.), Madrid, Alianza, 1987.

Scala, André, «Gilles Deleuze», *Encyclopedia Universalis, Thesaurus*.
    – https://www.webdeleuze.com/textes/99

Schajowicz, Ludwig, *Mito y existencia. Preliminares a una teoría de las iniciativas espirituales*, San Juan, Universidad de Puerto Rico, 1962.

Scheler, Max, *Ética. Nuevo ensayo de fundamentación de un personalismo ético*, Juan Miguel Palacios (ed.), Hilario Rodríguez Sanz (trad.), Madrid, Caparrós Editores, 2001 [1913].

—, *Metafísica y axiología, en particular, ética*, Juan Miguel Palacios (trad.), Madrid, Encuentro, 2013.

—, *El puesto del hombre en el cosmos. La idea de la paz perpetua y el pacifismo*, Wolfhart Henckmann (intr.), Vicente Gómez (trad.), Barcelona, Alba, 2000 [1928/1927].

SCHELLING, Friedrich Wilhelm, *Einleitung in die Philosophie der Mythologie*, en *Sämmtliche Werke, Zweite Abtheilung, Erster Band*, Stuttgart y Augsburgo, J. G. Cotta'scher Verlag, 1856.

SCHLEGEL, Friedrich, *Athenäums-Fragmente und andere Schriften*, Karl-Maria Guth (pref.), Berlín, Verlag der Contumax, 2016.

—, *Gespräch über die Poesie*, Hans Eichner (epíl.), Stuttgart, J. B. Metzlersche Verlagsbuchhandlung, 1968.

—, *Conversación sobre la poesía*, Laura S. Carugati y Sandra Giron (eds. y trads.), Buenos Aires, Biblos, 2005.

SCHNEIDER, Marcel, *Wagner*, París, Seuil, 1989 [1960].

SCHOENTJES, Pierre, *Poétique de l'ironie*, París, Seuil, 2001.

SCHOLEM, Gershom G., *On The Kabbalah and Its Symbolism*, Ralph Manheim (trad.), Londres, Routledge & Kegan Paul, 1965 [1960].

SCHOPENHAUER, Arthur, *El mundo como voluntad y representación*, Roberto R. Aramayo (ed.), Círculo de Lectores/Fondo de Cultura Económica de España, 2003.

SCHWARTZ, Howard, *Three of Souls: The Mythology of Judaism*, Oxford, Oxford University Press, 2004.

SCHWENNSEN, Anja, «Myth Lost and Found in Proust's *À la recherche du temps perdu*», en José Manuel Losada y Antonella Lipscomb (eds.), *Myths in Crisis: The Crisis of Myth*, Newcastle upon Tyne, Cambridge Scholars Publishing, 2015, pp. 359-366.

ŠEGA, Agata, «"Dejarse caer para después poder quizá levantarse…" o el tema mitológico del descenso a los infiernos en *Rayuela* de Julio Cortázar», *Ars & Humanitas* 9, 1 (2015), pp. 166-178.

SEGAL, Robert A., «Myth and Literature», en José Manuel Losada y Marta Guirao (eds.), *Myth and Subversion in the Contemporary Novel*, Newcastle upon Tyne, Cambridge Scholars Publishing, 2012, pp. 23-37.

SEIGNEURET, Jean-Charles, *Dictionary of Literary Themes and Motifs (A-J)*, Westport (CT) y Londres, Greenwood Press, 1988, 2 vols.

SELLIER, Philippe, «Qu'est-ce qu'un mythe littéraire?», *Littérature* 55 (1984), pp. 112-126.

SERÉS, Guillermo, «El evemerismo medieval español: de Alfonso el Sabio al Tostado», *La razón del mito. I Congreso de mitología mediterránea*, Gregorio Luri Medrano (coord.), Madrid, Universidad Nacional de Educación a Distancia, 2000, pp. 159-175.

—, *Historia del alma (Antigüedad, Edad Media, Siglo de Oro)*, Madrid/Barcelona, Centro para la Edición de los Clásicos Españoles/Galaxia Gutenberg, 2018.

SERRANO-SORDO, Manuel, «Usos de Homero y parodia en el *Ulysses* de James Joyce (capítulos 12 y 13, "Cíclope", "Nausica")», *Actas del IX Simposio de la Sociedad Española de Literatura General y Comparada*, Túa Blesa *et al.* (eds.), Zaragoza, Universidad de Zaragoza, 1994, t. II, pp. 251-256.

SERVIER, Jean, *L'Utopie*, París, Presses Universitaires de France, 1993 [1979].

SETTIS, Salvatore, «La fortune du Laocoon au XXe siècle», *Revue Germanique Internationale* 19 (2003), pp. 269-301.

Seznec, Jean, *Los dioses de la Antigüedad en la Edad Media y el Renacimiento*, Juan Aranzadi (trad.), Madrid, Taurus, 1983.

Sienkewicz, Thomas J., *Theories of Myth: An Annotated Bibliography*, Lanham (MD), The Scarecrow Press, 1997.

Signes Codoñer, Juan, «La convergencia entre cristianismo y paganismo en el ámbito del pensamiento y la literatura griegas», en Juan Signes Cordoner *et al.* (eds.), *Antiquae lectiones. El legado clásico desde la Antigüedad hasta la Revolución Francesa*, Madrid, Cátedra, 2005, pp. 143-149.

Siguan, Marisa, «Fausto y Don Juan: mitos polivalentes», en Arno Gimber e Isabel Hernández (coords.), *Fausto en Europa. Visiones de los demonios y el humor fáustico*, Madrid, Editorial Complutense, 2009, pp. 19-37.

Simmel, Georg, *Filosofía del dinero*, José Luis Monereo Pérez (ed.), Ramón García Cotarelo (intr. y trad.), Granada, Comares, 2003.

Simon, Marion, «La descente aux Enfers et le Purgatoire dans la littérature française du Moyen Âge», *Revue Luxembourgeoise de Littérature Générale et Comparée* (1992), pp. 94-117.

Sinopoulou, Rosalie, «Myth, tragedy, psychoanalysis: a narrative triangle», en José Manuel Losada y Antonella Lipscomb (eds.), *Mito e interdisciplinariedad. Los mitos antiguos, medievales y modernos en la literatura y las artes contemporáneas*, Bari, Levante Editori, 2013, pp. 413-422.

Skrjabin, Aleksandr Nikoláevič, «Zápisi», *Rússkie propilei* 6 (1919), pp. 120-247.

Slote, Sam, «1904: A Space Odyssey», *Joyce Studies Annual* (2008), pp. 163-171.

Smith, Pierre, «La nature des mythes», en *L'Unité de l'homme. Invariants biologiques et universaux culturels*, Edgar Morin y Massimo Piattelli-Palmarini (pres.), París, Seuil, 1974, pp. 714-730.

Smith, Wiliam Robertson, *Lectures on the Religion of the Semites. Second and Third Series*, John Day (ed. e intr.), Sheffield, Sheffield Academic Press, 1995 [1.ª serie: 1889; la 2.ª y 3.ª no fueron preparadas por el autor para su publicación].

Sontag, Susan, *Against Interpretation, and Other Essays*, Nueva York, Farrar, Straus and Giroux, 1964.

—, *Illness as Metaphor*, Nueva York, Farrar, Straus and Giroux, 1978.

Sorel, Georges, *Réflexions sur la violence*, Claude Polin (pref.), París, Éditions Marcel Rivière et Cie, 1972 [1906].

Souiller, Didier, *La Nouvelle en Europe. De Boccace à Sade*, París, Presses Universitaires de France, 2004.

Soustelle, Jacques, *La Pensée cosmologique des anciens Mexicains (représentation du monde et de l'espace)*, París, Hermann Éditeurs, 1939.

Spaemann, Robert, *Ética: cuestiones fundamentales*, José María Yanguas (pról. y trad.), Pamplona, EUNSA, 2010 [1982].

—, *Ensayos filosóficos*, Leonardo Rodríguez Duplá (trad.), Madrid, Cristiandad, 2004 [1983].

—, *Lo natural y lo racional. Ensayos de antropología*, Rafael Alvira (pról.), Daniel Innerarity y Javier Olmo (trads.), Madrid, Rialp, 1989 [1987].

Spengler, Oswald, *La decadencia de Occidente. Bosquejo de una morfología de la historia universal*, Manuel García Morente (trad.), Madrid, Espasa-Calpe, 1976 [1923], 2 vols.

Spinoza, Baruj, *Ética demostrada según el orden geométrico*, Atilano Domínguez (trad.), Madrid, Trotta, 2000.

Spreitzer, Gretchen, Stephens, John Paul, y Sweetman, David, «The Reflected Best Self field experiment with adolescent leaders: exploring the psychological resources associated with feedback source and valence», *The Journal of Positive Psychology* 4, 5 (2009) [https://doi.org/10.1080/17439760902992340].

Stadthagen Gomez, Helga, «Elementos de brujería en *La Celestina*», *Journal of the Institute of Iberoamerican Studies* 15, 2 (2013), pp. 175-189.

Starobinski, Jean, *La Relation critique (L'Œil vivant. II)*, París, Gallimard, 1970.

Steiner, George, *The Death of Tragedy*, Londres, Faber & Faber, 1961.

—, *Nostalgia del absoluto*, María Tabuyo y Agustín López (trads.), Madrid, Siruela, 2001 [1974].

—, *Después de Babel. Aspectos del lenguaje y la traducción*, Adolfo Castañón (trad.), Madrid, Fondo de Cultura Económica, 1980 [1975].

—, *«Sobre la dificultad» y otros ensayos*, Adriana Margarita Díaz Enciso (trad.), México, Fondo de Cultura Económica, 2001 [1978].

—, *Antigones: How the Antigone Legend Has Endured in Western Literature, Art, and Thought*, Oxford, Oxford University Press, 1984.

—, *Presencias reales. ¿Hay algo «en» lo que decimos?*, Juan Gabriel López Guix (trad.), Barcelona, Destino, 1998 [1989].

—, *Gramáticas de la creación*, Andoni Alonso y Carmen Galán Rodríguez (trads.), Madrid, Siruela, 2001 [2001].

—, *Lecciones de los maestros*, María Condor (trad.), Madrid, Siruela, 2004 [2003].

—, *La idea de Europa*, María Condor (trad.), Mario Vargas Llosa (pról.), Madrid, Siruela, 2005 [2004].

Steinhauser, Monika, «"La lumière de l'image". La notion de l'image chez les surréalistes», *Revue de l'Art* 114 (1996), pp. 68-80.

Sterckx, Claude, *Mythologie du monde celte*, París, Hachette Livre – Marabout, 2009.

Stern, David, y Mirski, Mark Jay (eds.), *Rabbinic Fantasies: Imaginative Narratives from Classical Hebrew Literature*, New Haven y Londres, Yale University Press, 1990.

Stevens, Anthony, *Ariadne's Clue: A Guide to the Symbols of Humankind*, Princeton (NJ), Princeton University Press, 1998.

Stockwell, Peter, *The Poetics of Science Fiction*, Harlow, Pearson Education Limited, 2000.

Stoker, Arnold, *Les Rêves et les songes. Psychologie de la pensée nocturne*, St-Maurice, Éditions Œuvre St-Augustin, 1945.

Storey, John, *Inventing Popular Culture: From Folklore to Globalization*, Malden, Mass., Blackwell Publishing, 2003.

Strauss, Leo, *The City and Man*, Chicago, The University of Chicago Press, 1964.

Strubel, Armand, «Écriture du songe et mise en œuvre de la "senefiance" dans le *Roman de la Rose* de Guillaume de Lorris», en Jean Dufournet (dir.), *Études sur le «Roman de la Rose»*, París, Honoré Champion Éditeur, 1984, pp. 145-179.

Suess, Paulo, *La conquista espiritual de la América española. Doscientos documentos del siglo XVI*, Quito, Abya Yala, 2002.

Szegedy-Maszák, Mihály, «*The Tragedy of Man*: A Reading», Thomas R. Mark (trad.), Boulder (CO), East European Monographs – Columbia University Press, 1989.

Taine, Hippolyte, *Histoire de la littérature anglaise*, 2.ª edición revisada y aumentada, París, Librairie de L. Hachette et Cⁱᵉ, 1866, 4 vols.

Tardieu, Michel, *Le Manichéisme*, París, Presses Universitaires de France, 1997.

Tarski, Alfred, *Logic, Semantics, Metamathematics: Papers from 1923 to 1938*, J. H. Woodger (trad.), Oxford, The Clarendon Press – Oxford University Press, 1956.

Tatarkiewicz, Władysław, *Historia de la estética II: la estética medieval*, Danuta Kurzyka (trad.), Madrid, Akal, 1989 [1962].

Taubes, Jacob, *Del culto a la cultura. Elementos para una crítica de la razón histórica*, Silvia Villegas (trad.), Buenos Aires, Katz, 2007 [1996].

Taylor, Charles, *The Sources of the Self: The Making of the Modern Identity*, Cambridge, Cambridge University Press, 1989.

—, *A Secular Age*, Cambridge, Mass., y Londres, The Belknap Press of Harvard University Press, 2007.

Tertuliano, *De cultu fœminarum*, en *Opera omnia*, en *Patrologiæ cursus completus. Series latina (PL)*, J.-P. Migne (ed.), París, 1844, t. I.

Thesing, Josef, «Globalización y democracia cristiana», *Cuenta y Razón* 110 (1999), pp. 25-32.

Thoman, Lauren, «We Finally Understand The Ending Of *Lost*», 21 de febrero de 2021 [https://www.looper.com/160594/we-finally-understand-the-ending-of-lost/].

Thomas, Marie, «Muse(s)», en Pierre Brunel (dir.), *Dictionnaire des mythes féminins*, París, Éditions du Rocher, 2002, pp. 1407-1414.

Thompson, Stith, *The Folktale*, Nueva York, Holt, Rinehart and Winston, 1946.

—, *Motif-index of folk-literature: a classification of narrative elements in folktales, ballads, myths, fables, mediaeval romances, exempla, fabliaux, jest-books, and local legends*, Bloomington, IN, Indiana University Press, 1955-1958, 6 vols.

Tirole, Jean, *Économie du bien commun*, París, Presses Universitaires de France, 2016.

Todorov, Tzvetan, *Introduction à la littérature fantastique*, París, Seuil, 1970.

—, *Théories du symbole*, París, Seuil, 1977.

—, «Definición de lo fantástico», David Roas (trad.), en David Roas (dir.), *Teorías de lo fantástico*, Madrid, Arco/Libros, 2001, pp. 47-64.

—, «Lo extraño y lo maravilloso», David Roas (trad.), en *Teorías de lo fantástico*, en David Roas (dir.), *Teorías de lo fantástico*, Madrid, Arco/Libros, 2001, pp. 65-81.

Tolkien, J. R. R., «*Beowulf*: The Monsters and the Critics», en Robert Dennis Fulk (ed.), *Interpretations of «Beowulf»: A Critical Anthology*, Bloomington e Indianápolis, Indiana University Press, 1991 [1936], pp. 14-44.

—, *Tree and Leaf*, Londres, HarperCollins, 2001 [1964].

—, *The Letters of J. R. R. Tolkien: A Selection*, Humphrey Carpenter y Christopher Tolkien (eds.), Londres, George Allen & Unwin, 1981.

Tomás de Aquino, *Tratado de los ángeles*, *Suma teológica*, t. III, Aureliano Martínez (ed. bilingüe), Raimundo Suárez (trad.), Madrid, La Editorial Católica, «Biblioteca de Autores Cristianos», 1950.

—, *Escritos de catequesis*, Josep-Ignasi Saranyana (ed.), Madrid, Rialp, 2000.

Tomé Díez, Mario, «¿Qué es la mitocrítica?», *Estudios Humanísticos. Filología* 8 (1986), pp. 133-143.

Touraine, Alain, *Un nouveau paradigme. Pour comprendre le monde aujourd'hui*, París, Fayard, 2005.

Toy, Crawford Howell, y Ginzberg, Louis, «Baruch Apocalypse (Greek)», *The Jewish Encyclopedia*, 1906, t. 2 [http://www.jewishencyclopedia.com/].

Tremblay, Thierry, «Métamorphose, tropologie et anagogie: à propos du *Bain de Diane* de Pierre Klossowski», en Peter Schnyder (dir.), *Métamorphoses du mythe. Réécritures anciennes et modernes des mythes antiques*, París, Orizons, 2008, pp. 543-653.

Trías, Eugenio, *La edad del espíritu*, Barcelona, Destino, 1994.

Véase *supra* Rafael Argullol.

Trousson, Raymond, «La philosophie du pouvoir dans l'*Antigone* de Sophocle», *Revue des Études Grecques* 77, 364-365 (1964), pp. 23-33.

—, *Le Thème de Prométhée dans la littérature européenne*, Ginebra, Droz, 2001.

Turkle, Sherry, *En defensa de la conversación. El poder de la conversación en la era digital*, Joan Eloi Roca (trad.), Futurbox Project, 2017.

Tylor, Edward Burnett, *Primitive Culture: Researches into the Development of Mythology, Philosophy, Religion, Art, and Custom*, Londres, John Murray, 1871, 2 vols.

Unceta Gómez, Luis, «Una Helena posmoderna. *Juicio a una zorra* de Miguel del Arco», *Ágora* 17, 1 (2015), pp. 309-333.

—, «Odiseas del espacio: reescrituras de la *Odisea* en la ciencia ficción», *Maia. Rivista di letterature classiche* 72, 1 (2020), pp. 157-183.

Valéry, Paul, *Variété I, II, III*, París, Gallimard, 1930.

Vamvouri Ruffy, Maria, «Sortir de l'ombre du mythe: Oreste chez Eschyle, Sartre et Ritsos», en Ute Heidmann, Maria Vambouri Ruffy y Nadège Coutaz (dir.), *Mythes (re)configurés. Création, dialogues, analyses*, Lausana, Université de Lausanne, 2013.

van den Broek, Roel, *The Myth of the Phoenix According to Classical and Early Christian Traditions*, Leiden, Brill, 1972.

van Gorp, Hendrik, Delabastita, Dirk, D'hulst, Lieven, Ghesquiere, Rita, Grutman, Rainier, y Legros, Georges, *Dictionnaire des termes littéraires*, París, Honoré Champion Éditeur, 2005.

Vandenberghe, Frédéric, «La condiciones de posibilidad de conocimiento del objeto y del objeto de conocimiento en sociología», *Revue du MAUSS* 24, 2 (2004), pp. 375-387.

Vaquero Turcios, Joaquín, entrevista de Ángeles García, «Una versión "descentralizada"», *El País* martes, 5 de abril de 1977 [http://elpais.com/diario/1977/04/05/madrid/229087460_850215.html].

Varela Olea, M.ª Ángeles, *Don Quijote, mitologema nacional. (Literatura y política entre la Septembrina y la II República)*, Alcalá de Henares, Centro de Estudios Cervantinos, 2003.

—, «Mutación cultural y tránsito del mitologema de don Quijote a su utopía contemporánea», en José Manuel Losada y Antonella Lipscomb (eds.), *Myths in Crisis: The Crisis of Myth*, Newcastle upon Tyne, Cambridge Scholars Publishing, 2015, pp. 333-342.

Vattimo, Gianni, *El fin de la modernidad. Nihilismo y hermenéutica en la cultura posmoderna*, Barcelona, Gedisa, 2007 [1985].

—, *La società trasparente*, Milán, Garzanti, 2000, nueva ed. [1989].

—, *After Christianity*, Luca d'Isanto (trad.), Nueva York, Columbia University Press, 2002.

VELARDE LOMBRAÑA, Julián, «Función», en Jacobo Muñoz y Julián Velarde (eds.), *Compendio de epistemología*, Madrid, Trotta, 2000, pp. 279-282.

VERNANT, Jean-Pierre, «Tragédie», en *Dictionnaire des genres et notions littéraires*, François Nourissier (pref.) y Pierre-Marc de Biasi (intr.), París, Encyclopædia Universalis/ Albin Michel, 1997, pp. 830-839.

—, *Œuvres. Religions, rationalités, politique*, París, Seuil, 2007, 2 vols.

VEYNE, Paul, *Cómo se escribe la historia Foucault revoluciona la historia*, Joaquina Aguilar (trad.), Madrid, Alianza, 1984 [1971].

VIANA, Vanessa Pansani, *As andanças do mito literário de Dom Quixote pelas páginas dos livros didáticos de español*, tesis doctoral, Universidade Estadual Paulista (UNESP), 2022.

VICO, Giambattista, *Della antica sapienza degl'italiani*, Carlo Sarchi (trad.), Milán, Domenico Salvi, 1870.

—, *Scienza nuova*, Franco Amerio (ed.), Brescia, La Scuola Editrice, 1984 [1946].

VIDAL, César, *Los masones. La sociedad secreta más influyente de la historia*, Barcelona, Planeta, 2005.

VIDAL-NAQUET, Pierre, *El mundo de Homero. Breve historia de mitología griega*, M. J. Aubet (trad.), Barcelona, Península, 2002 [2000].

VIEGNES, Michel, *Le Fantastique. Introduction et choix de textes*, París, Flammarion, 2006.

VILA, María del Pilar, *El mito en «Hombres de maíz», de Miguel Ángel Asturias*, Buenos Aires, Editorial Universitaria de Buenos Aires, 1989.

VIRASORO, Miguel Ángel, «El problema del hombre en la filosofía contemporánea», *Philosophia* 30 (1965), pp. 17-39.

VOLTAIRE (F.-M. Arouet), *Lettres philosophiques*, en *Mélanges*, Emmanuel Berl (pref.), Jacques van den Heuvel (ed.), París, Gallimard, 1961.

VON ABELE, Rudolph, «*Ulysses*: The Myth of Myth», *Papers of the Modern Language Association (PMLA)* 69, 3 (1954), pp. 358-364.

VON BALTHASAR, Hans Urs, *Escatología en nuestro tiempo. Las cosas últimas del hombre y el cristianismo*, Antonio Murcia Santos (trad.), Alois M. Haas (pról.), Jan-Heiner Tück (restrospectiva), Madrid, Encuentro, 2008.

VON GLASENAPP, Helmuth, *Les Littératures de l'Inde, des origines à l'époque contemporaine*, Robert Sailley (trad.), París, Payot, 1963 [1961].

VOUILLOUX, Bernard, *Ce que nos pratiques nous disent des œuvres. À travers poétique et esthétique*, París, Hermann Éditeurs, 2014.

WAGNER, Richard, *Wagner on Music & Drama. A selection from Richard Wagner's prose works*, Albert Goldman y Evert Sprinchorn (eds.), H. Ashton Ellis (trad.), Londres, Victor Gollancz Ltd., 1970.

—, *Oper und Drama*, Leipzig, J. J. Weber, 1852 [https://www.projekt-gutenberg.org/wagner/operdram/titlepage.html].

—, *Ópera y drama*, Ángel Fernando Mayo Antoñanzas (trad.), Madrid, Miguel Ángel González Barrio (pról.), Madrid, Akal, 2013.

WAHL, Jean, *Vers la fin de l'ontologie. Étude sur l'«Introduction dans la métaphysique» par Heidegger*, París, Société d'Édition d'Enseignement Supérieur, 1956.

WAJEMAN, Lise, «Ève», en Sylvie Parizet (dir.), *La Bible dans les littératures du monde*, París, Les Éditions du Cerf, 2016, t. I, pp. 859-867.

WALLAS, Guillermina, «Resemantización de materiales indígenas en *Hombres de maíz*: la realidad desde el mito», en Aída Toledo (ed.), *En la mansa oscuridad blanca de la cumbre*, Guatemala, Editorial Cultura, 1999, pp. 131-146.

WALTER, Philippe, *Le Gant de verre. Le mythe de Tristan et Yseut*, La Gacilly, Éditions Artus, 1990.

—, «Conte, légende et mythe», en Danièle Chauvin, André Siganos y Philippe Walter (dirs.), *Questions de mythocritique. Dictionnaire*, París, Éditions Imago, 2005, pp. 59-68.

WALTON, Robyn, «*City of Women*», en Vita Fortunati y Raymond Trousson (eds.), *Dictionary of Literary Utopias*, París, Éditions Honoré Champion, 2000, pp. 119-120.

WATT, Ian, *Myths of Modern Individualism: Faust, Don Quixote, Don Juan, Robinson Crusoe*, Cambridge, Cambridge University Press, 1996.

WATTHEE-DELMOTTE, Myriam, «Antigone écrivain: le tombeau littéraire au féminin», en Metka Zupančič (dir.), *La Mythocritique contemporaine au féminin. Dialogue entre théorie et pratique*, París, Éditions Karthala, 2016, pp. 87-98.

WEBBER, Andrew J., *The «Doppelgänger»: Double Visions in German Literature*, Oxford, Clarendon Press, 1996.

WEBER, Max, «Wissenschaft als Beruf», *Deutsche Zeitschrift für Philosophie* 37, 4 (1989) [extracto del texto original, 1919].

—, *La ciencia como profesión. La política como profesión*, Joaquín Abellán (trad.), Madrid, Espasa-Calpe, 1992.

WEIL, Simone, *La pesanteur et la grâce*, París, Plon, 1948.

—, *La Connaissance surnaturelle*, en *Cahiers*, Marie-Annette Fourneyron, Florence de Lussy y Jean Riaud (eds.), en *Œuvres complètes*, París, Gallimard, 2006, 7 vols.

WEISKEL, Thomas, *The Romantic Sublime: Studies in the Structure and Psychology of Transcendence*, Baltimore, MD, The Johns Hopkins University Press, 1976.

WESTON, Jessie L., *From Ritual to Romance*, Londres, David Nutt, 1894.

WHEATLEY-LOVOY, Cynthia D., «"The Silver Laughter of Wisdom": Joyce, Yeats, and Heroic Farce», *South Atlantic Review* 58, 4 (1993), pp. 19-37.

WHITTAKER, Jason, «The divine image: remaking Blake's myths», *Myth, Literature, and the Unconscious*, Leon Burnett, Sanja Bahun y Roderick Main (eds.), Londres, Karnac Books, 2013, pp. 17-36.

WILKINSON, David, *The Message of Creation: Encountering the Lord of the Universe*, Downers Grove, IL, InterVarsity Press, 2002.

WINCKELMANN, Johann Joachim, *Historia del arte en la Antigüedad*, Joaquín Chamorro Mielke (trad.), Madrid, Akal, 2011 [1764].

WITTGENSTEIN, Ludwig, *Tractatus logico-philosophicus*, Luis M. Valdés Villanueva (ed.), Madrid, Tecnos, 2002.

WUNENBURGER, Jean-Jacques, *Le Sacré*, París, Presses Universitaires de France, 2009, nueva ed. [1981].

—, «Mytho-phorie: formes et transformations du mythe», *Religiologiques* 10 (1994), pp. 49-70.

—, *L'Imaginaire*, París, Presses Universitaires de France, 2016, 3.ª ed. [2003].

—, «Image et image primordiale», en Danièle Chauvin, André Siganos y Philippe Walter (dirs.), *Questions de mythocritique. Dictionnaire*, París, Éditions Imago, 2005, pp. 193-204.

—, «Mytho-pathologie: la dramaturgie des affects. Controverses», en José Manuel Losada y Antonella Lipscomb (eds.), *Myth and Emotions*, Newcastle upon Tyne, Cambridge Scholars Publishing, 2017, pp. 53-59.

YARBRO COLLINS, Adela, *Crisis & Catharsis: The Power of the «Apocalypse»*, Filadelfia (PA), The Westminster Press, 1984.

—, *Cosmology & Eschatology in Jewish & Christian Apocalypticism*, Leiden, Brill, 1996.

YARZA, Ignacio, *Introducción a la estética*, Pamplona, EUNSA, 2004.

YOUNG, Davis A., *The Biblical Flood. A Case Study of the Church's Response to Extrabiblical Evidence*, Grand Rapids, MI-Carlisle, William B. Eerdmans Publishing Company-The Paternoster Press, 1995.

ZIOLKOWSKI, Theodore, *Imágenes desencantadas. Una iconología literaria*, Aurelio Martínez Benito (trad.), Madrid, Taurus, 1980.

ZUPANČIČ, Metka, «Aronofsky's *Mother!* (2017): the disturbing power of syncretic mythical paradigms», en José Manuel Losada y Antonella Lipscomb (eds.), *Myth and Audiovisual Creation*, Berlín, Logos Verlag, 2019, pp. 103-114.

ZWEIG, Stefan, *Zeit und Welt*, Frankfurt am Main, Fischer Taschenbuch Verlag, 1981.

—, *Tiempo y mundo*, José Fernández Z. (trad.), Barcelona, Editorial Juventud, 2004.

Índice mitológico

Este índice incluye personajes literarios e históricos, así como monstruos, objetos y aconte-cimientos míticos; también colaciona temas y mitemas. Los prosopomitos aparecen en versali-tas; los nombres comunes, en redonda: Ángel(es), Hada(s), Maga(s), Monstruo(s).... En ocasiones ha sido necesario uniformizar (p. e., Brunilda frente a Brunhild, Brünnhilde, Brun-hilda). Distingo entre Cielo / Infierno (judío, cristiano, musulmán: metáfora y morada de Dios) y Cielos / Infiernos (metáfora y morada de dioses), así como entre Lucifer, Satanás, Diablo, Demonios y Demon (genio). Las dos referencias a los anticristos no son mitológicas. Estas distinciones (excepto Diablo, por su generalización) son conceptuales y, por tanto, inde-pendientes de la forma que los términos adoptan en las citas del volumen. Con ánimo prope-déutico, diversos prosopomitos aparecen en sus formas alternativas según lenguas y tradiciones (p. e., Hera y Juno). En el volumen he distinguido Odiseo/Ulises de acuerdo con la norma, pero en este índice ambos aparecen bajo «Ulises». Los términos entre paréntesis no tienen valor determinativo ni definitorio, solo orientativo (Leda es más conocida por su condición de aman-te de Zeus que por su matrimonio con Tindáreo). Algunos animales (serpiente) han sido inclui-dos por sus virtuales connotaciones míticas.

El lector observará un número limitado de entradas no mitológicas, tanto de personajes marcadamente históricos (Alejandro Magno) o literarios (Don Quijote) como de objetos (Ar-coíris) o lugares (Arabia Feliz) no necesariamente mitológicos, cuya agrupación en un quinto índice parece injustificada y cuya presencia aquí, en redonda, ofrece la ventaja de resaltar su condición no mitológica.

Los conceptos generales y los términos de utilidad para la disciplina han sido reunidos en el índice analítico.

En fin, los cuatro índices respetan la grafía sobre gentilicios propuesta por el DRAE.

Fantasma 119, 166, 257, 268, 286, 370, 383, 411, 420, 446, 457, 503, 523, 552, 609, 657, 667
Faón (personaje) 203
fármacon 234, 342
Fasolt (gigante) 447
Fauno(s) 40, 213, 507; *véase* Sátiro(s)
Faust, J.G. 485, 511
Fausto 13, 40-42, 61, 63, 78, 93, 122, 145, 154, 231, 237, 326, 328-329, 356, 370, 397, 421, 457, 479, 485, 503, 545-546, 608
Fáustulo (pastor) 495
Febe (titánide) 359, 585
Federico I (emperador) 478
Fedón de Elis (filósofo) 131
Fedra (mujer de Teseo) 61, 131, 207, 367, 434, 441, 489
Felagund, rey (*The Silmarillion*) 411
Felipe IV (rey de Francia) 449, 451
Femme fatale (estereotipo) 609
Fénix (ave) 251, 350, 548, 631-655
Fernán González (conde de Castilla) 203
Fernando II (rey de Aragón) 423, 424
Feronia (deidad de la fertilidad) 348
Filemón (marido de Baucis) 41, 367
Filipo (tetrarca) 368
Filis (mujer de Demofonte) 262
Filomela (hermana de Procne) 320, 367, 413,434, 519, 649
Filtro; *véase* Poción
Fionn mac Cumhaill (héroe irlandés) 513
Flegias (padre de Corónide) 499
Flegreos (campos) 429
Fórcide(s) (hijas de Forcis) 41
Forcis (deidad primordial) 373
Fortuna (deidad romana) 262, 360, 465
Fótide (*Metamorfosis*, Apuleyo) 407
Frankenstein 40, 63, 78, 93, 237, 378, 400, 413, 503, 503, 539, 549-555, 592, 677
Frankenstein (Dr.) 321, 370, 400, 413, 503, 539, 549-555
Freia (deidad nórdica) 447
Freki (lobo de Odín) 482
Freyr (deidad nórdica) 359
Fricka (deidad nórdica) 447
Frodo (*hobbit*) 162, 171, 286, 326
Frollo (*Notre-Dame de Paris*) 155, 432, 457
Fuente de la eterna juventud 666
Fuente de Mímir (*Edda menor*) 493
Furia(s) 434, 609; *véase* Erinia(s)
Fuxi (hermano de Nüwa) 314
Fylgjur (demonio(s)) 364, 378

Gabriel (arcángel) 57, 367
Galahad (caballero artúrico) 40, 562

Galatea (amante de Acis) 374
Galatea (amante de Pigmalión) 164, 408, 552, 559
Galván (caballero) 206
Gandalf (mago) 471
Gangleri (Gylfi) 372, 467, 493
Ganimedes (amante de Zeus) 360, 651
Garbo, G. (actriz) 139
Garland, J. (actriz) 71, 85
Gea (deidad primordial) 359, 372, 426, 576, 585-586, 589, 622, 659, *véase* Tierra
Genio (inspiración poética) 50, 144, 360
Genio(s) 364
Gepetto (*Pinocchio*) 157, 464
Geri (lobo de Odín) 482
Gerión (gigante) 372, 374, 499
Geroncio (padre de s. Jorge) 205
Gerty MacDowell (*Ulysses*) 515
Gewaltigen (Die drei, *Faust*, Goethe) 41
Ghidorah (monstruo) 378
Gigante(s) 40, 157, 234, 275, 294, 331, 359, 370-377, 381, 409, 429, 447, 448, 457, 467, 552, 576, 623, 672
Giges (hecatónquiro) 585
Gilgamesh 55, 366, 485, 510, 658, 659-662, 665, 677
Gilgamus (*De natura animalium*) 662
Ginebra (reina) 206
Giuki (rey burgundio) 470
Glauce; *véase* Creúsa
Glauco (dios marino) 336, 350
Glauco (hijo de Sísifo) 259, 539
Gnomo(s) 40
Godzilla (monstruo) 168, 378
Golden Dawn (orden) 152
Gólem (el) 78, 269, 378, 408, 551, 610-612, 633
Goliat (guerrero filisteo) 65
Gollum (*The Lord of the Rings*) 162, 286
Gomorra (ciudad) 408
Gonzalo de Ulloa (comendador) 398, 450-451
Gorgona(s) 373
Gorgoneion (amuleto) 374
Góttorm (hermanastro de Gudrun) 434
Gracias; *véase* Cárites
Gram[r] (espada) 422, 447
Gregorio VII (papa) 25
Grendel (monstruo) 371
Grial (el) 40, 61, 155, 231, 246-247, 325, 289, 370, 400, 493, 503, 559, 560-572
Grifo(s) (monstruo(s)) 40, 637
Gríma (*The Lord of the Rings*) 336
Grímhildr; *véase* Krimilda
Grímnir (*Eddas*) 178, 180
Gudrun (*S. de los volsungos*) 422, 470

Olorum (deidad yoruba) 595
Olwen (mujer de Culhwch) 472
Ondina(s) 446-449
Ophelia (*Hamlet*) 370
Ops (Abundancia) 69, 508
Oracle, The (*The Matrix*) 169
Oráculo 118, 169, 241, 294, 364, 382, 419, 434, 437, 440, 556, 662, 663, 667, 677
Orco(s) 411
Orcómeno (hijo de Tiestes) 118
Oréade(s) 41, 360
Orestes (hijo de Agamenón) 130-137, 145, 235, 336, 367, 382, 436-438, 519, 623
Orfeo (marido de Eurídice) 136, 220, 229, 262, 309, 347, 367, 401, 408, 429, 477, 489, 503, 621, 626, 631
Oritía (hija de Erecteo) 503
Orlok (conde) 543, 670
Ormuz (Ahura Mazda en persa medio) 359
Orso (*Aranmanoth*) 175
Ortro (monstruo) 374
Oscar (héroe irlandés) 513
Osiris (deidad egipcia) 259, 282, 359, 360, 621
Ostara (deidad nórdica) 69, 72, 96
Othea (diosa de la prudencia) 508
Otón (emperador) 570
Oxalá (deidad yoruba) 595

Palabra mágica 432, 471
Pan (deidad griega) 359, 360, 405, 408, 496, 626
Pancaya (isla) 504, 634, 638
Pándaro (hijo de Licaón) 209
Pandíon I (rey de Atenas) 413
Pandora (primera mujer) 166, 366, 540
Pánfila (*Metamorfosis*, Apuleyo) 407
Paraíso 63, 84, 168, 252-254, 286, 309, 326, 327, 331, 421, 443, 451, 540, 549, 613, 653
Parca(s) 40, 252, 255, 360, 431, 464, 652, 672
Paris (hijo de Príamo) 213, 262, 294, 367, 439, 465, 522, 662
Parnaso (monte) 362, 640
Pasífae (reina de Creta) 201, 367, 441
Patroclo (compañero de Ulises) 131, 221, 383
Pazuzu (demonio mesopotámico) 363
Pedro (apóstol) 284
Pedro (condestable de Portugal) 261
Pegaso (caballo alado) 259, 373, 651
Peleo (padre de Aquiles) 360, 366, 367, 465
Pelias (rey de Yolco) 212
Pellervoinen (deidad finlandesa) 470
Pellinore (sir) 473
Pélope (hijo de Tántalo) 118, 134, 176, 367, 382-383, 435-440
Pelopia (hija de Tiestes) 118

Pelópidas (linaje) 118, 382, 435-436, 449
Pen (*Ulises no vuelve*) 292
Penate(s) 360
Penélope (mujer de Ulises) 235-236, 255, 259, 269-270, 292, 398, 409, 514
Peneo (padre de Dafne) 40, 41, 290
Perceval (caballero) 122, 370, 400, 503, 650-671
Pérez, J. (fray) 423
Pericles (político) 183
Perséfone (Core) 70, 95, 113, 224, 237, 360, 429, 457, 504, 618-623, 631
Perseis (oceánide) 233
Perseo (marido de Andrómeda) 205, 262, 366, 373, 376
Persephone (*The Matrix*) 169
Perún (deidad eslava) 375
Peter Pan (*Peter and Wendy*) 163, 460
Piedra filosofal 77, 151, 432, 561, 570, 583
Piedra Negra de la Kaaba 57, 129
Pigmalión (rey de Chipre) 164, 177, 406-408, 413, 549, 559-560
Pílades (amigo de Orestes) 118, 436
Pilato, Poncio 95, 246, 368
Pinkerton (militar) 121
Pinocho (marioneta) 157, 460, 464, 555
Pinzón, M.A. (navegante) 423, 424
Pinzón, V.Y. (navegante) 424
Píramo (amante de Tisbe) 262, 263
Pirítoo (rey de los lápitas) 214
Pirra (mujer de Deucalión) 203, 366, 640
Pitia/Pitonisa 118, 382, 434, 663, 664
Pitón (serpiente) 289
Planta
    de ajo (Drácula) 671
    de Apolo 642
    de Hermes 234, 348
    de la vida (Gilgamesh) 55, 660, 666, 672
    de Prometeo 457, 467
Pléyades (las siete hermanas) 363, 482
Pluto (madre de Tántalo) 118, 499
Plutón (Hades) 40, 187, 262, 360, 457
Poción
    de amor 263, 269, 321, 341-346, 473, 663
    de muerte 341, 346
    de olvido 341
    de sueño 266
Policronia (madre de s. Jorge) 205
Polidamna (mujer de Ton) 523
Polidoro (hijo de Hécuba) 383
Polifemo (cíclope) 275, 298, 348, 375
Polimnia (musa) 362
Polinices (hijo de Edipo) 80, 184, 240, 367, 380-383, 370
Políxena (princesa de Troya) 262

Índice analítico

Se incluyen aquí términos de conceptos y herramientas útiles para la reflexión en mitocrítica cultural. He distinguido entre conceptos genéricos útiles para la disciplina (profecía) y otros comunes aplicables a personajes (adivino, brujo, maga, sacerdotisa), que aparecen en el índice mitológico. Me he permitido algunos neologismos y conceptos propios (ginecogonía, heterogeneidad biofísica, prosopomito, teratomito). Espero que algunas expresiones excesivamente sintéticas no lleven a confusión (el mitema del «pacto sobrenatural» significa «pacto con seres sobrenaturales»). Quedan fuera términos centrales del libro cuyo vaciado habría resultado inoperante: mito, mitocrítica, literatura, filología, filosofía, arte... Las páginas definitorias de términos medulares para la mitocrítica aparecen en negrita.

Índice de obras

Se incluyen aquí obras de literatura y arte, películas y series de ficción, así como textos fundamentales de la tradición antigua y medieval. Han sido incluidos algunos ensayos modernos y contemporáneos por su incidencia en el terreno de la mitocrítica. Todos aparecen en su lengua original, excepto los transcritos al alfabeto latino.

Índice onomástico

Este índice incluye autores de obras de ficción literaria y artística, de pensamiento y de crítica, así como historiadores y científicos. Los escritores de ficción, artistas y mitógrafos (aun cuando también sean conocidos como pensadores o críticos) aparecen en versalitas. Por requisitos de extensión, no aparecen repertoriados los nombres de editores y traductores.

Harari, Y. N. 116
Haraway, D. 13, 553
Hardwicke, C. 298, 548
HARDY, T. 431
Harrison, J. E. 22, 621
Harrison, T. 13
Harss, L. 596
HARTMANN, V. A. 219, 225, 646
Hauskeller, M. 554
Hawking, S. 98
Hazard, P. 97
Hebbel, F. 477
Heber, R. 337
Hecateo de Mileto 632, 633
Hedrick, C. W. 678
Hegel, G. W. F. 33, 79, 104-107, 196, 200, 313, 317,
    318, 428, 510, 575, 638
Heidegger, M. 70, 76, 101, 104, 107-109, 112, 318,
    629
HEINE, H. 42, 479, 483, 498, 499
Heinlein, R. A. 163
Heinzelmann, M. 481
Helvétius, C.-A. 106
Hennig, R. 562
Henry, M. 104, 297
HERÁCLITO (COMENTARISTA) 295, 506
Heráclito de Éfeso 138, 366, 574, 656, 673
Herder, J. G. 242, 510
Herman, M. 141
Hermes Trismegisto 149, 150, 155
Hermesianacte de Colofón 409
Hernández de la Fuente, D. 225
Hernando del Castillo 262
Heródoto 185, 186, 189, 359, 376, 381, 475, 503,
    504, 522, 584, 586, 632, 634, 638, 666, 667
Herón de Alejandría 552
Herreras, E. 79
Herrero Cecilia, J. 566
HERRERO, M. 423
HESÍODO 186, 188, 199, 221, 251, 276, 277, 349,
    358, 361, 362, 364, 366, 373, 404, 458, 505,
    552, 574, 576, 577, 584-587, 590-593, 618, 632,
    658, 663, 676, 677, 687
Hesse, H. 445
Hevesi, A. 333
Hicks, J. A. 56, 508, 633
Highet, G. 478, 620
HIGINO 20, 407, 417, 487, 519, 591, 620, 663
Hilario de Poitiers 426
Himmler, H. 561
Hinterhäuser, H. 26
Hipódamo de Mileto 162
Hirschberger, J. 345
HITCHCOCK, A. 491

Hjelmslev, L. 139, 535
Hobbes, T. 375
HOFFMANN, E. T. A. 159, 160, 226, 546
HOFFMANN, J. 477
HOFMANNSTHAL, H. VON 223, 225, 235
Hoil de Chumayel, J. J. 427
HÖLDERLIN, F. 431, 510, 664
HOMERO 46, 102, 186-188, 199, 200, 217, 221, 233,
    234, 236, 254, 275, 276, 288, 295, 323, 341,
    348, 349, 358, 373, 374, 384, 405, 513, 515,
    522, 566, 584, 657
HONDA, I. 168, 377
HONORÉ, C. 147
HORACIO 217, 220, 255, 272, 373, 425, 429, 459,
    481, 591, 654
Horapolo 645
Horkheimer, M. 25
HOUELLEBECQ, M. 459
Huault, I. 76
Hubble, E. 243
Hübner, K. 24, 100, 110, 584
Huerta Calvo, J. 196
HUGO, V. 50, 324, 626
Hume, D. 104-106, 506, 509, 510
Hume, K. 63
Humm, A. 609
Hunwick, A. 389-391
HURD, G. A. 164
Huret, J. 208
Hurley, R. 368
HURTADO DE MENDOZA, D. 652
Husserl, E. 88, 101, 108, 117
HUSTON, J. 376
Hutcheon, L. 276
Huyn, H. G. 88
Hyman, S. E. 22

Ibn Umail 153
IBSEN, H. 121, 518
IGLESIAS, C. 201, 252, 269, 299, 421, 507, 620, 678,
    679, 681
IONESCO, E. 218, 414
Ippolita (colectivo) 82
IQBAL, M. 57
IRELAND, D. 163
Ireneo de Lyon 173, 681
IRIARTE, T. DE 414
Iser, W. 55
Isidoro de Sevilla 247, 279, 424, 426, 427, 507
Izambard, G. 55

JACKSON, P. 162, 334, 472
Jacq, C. 456
Jakobson, R. 110, 227, 271, 272, 317

Rutski, L. R. 554
Rymer, J. M. 668

Saavedra, E. G. 150
Sabran, E. de 337, 338
Safo 131, 203, 209, 361, 508, 524
Sagan, C. 98
Sahagún, B. de 599
Said, E. W. 46, 551
Saint Phalle, N. de 299
Sainte-Beuve, C.-A. 49-52
Saint-Exupéry, A. de 22
Saint-Martin, L.-C. de 151, 337
Saint-Pierre (abate de) 97
Salcedo González, C. 310
Saldaña, D. Gz. de Sandoval (conde de) 609, 648
San Martín, J. 183
Sánchez de Badajoz, G. 262
Sánchez Pérez, C. 149, 155
Sanchoniaton 575
Sanders, R. 470
Santamaría Álvarez, M. A. 186
Santiago (apóstol) 416
Santillana (Marqués de) 262
Santizo, M. 596
Santos Hurtado, S. 594
Sanz Morales, M. 295, 619
Sapegno, N. 323, 499, 682
Sarah, R. 66, 76
Sartre, J.-P. 68, 94, 105, 109, 111, 115, 122-129, 138, 235, 240, 306, 307, 390
Saussure, F. de 81, 110, 139, 271, 317, 535
Saxo Grammaticus 119
Scala, A. 403
Scarron, P. 276, 557
Schaeffer, J.-M. 208, 271, 283, 287, 541
Schaffner, F. J. 164
Schajowicz, L. 24, 54, 77, 172, 180, 195
Schedel, H. 646
Scheler, M. 33, 34, 36, 53, 90, 107
Schelling, F. W. J. 106, 107, 109, 242, 249, 251, 510, 584, 586, 625
Schertz, C. F. von 667
Schiller, F. 121
Schlegel, F. 16, 457, 510, 512, 523
Schleiermacher, F. 316
Schmidt, J. 357, 415, 662
Schmitt, E.-E. 527
Schneider, M. 449
Schoedsack, E. B. 377
Schoentjes, P. 276
Schopenhauer, A. 79, 105-107, 144, 219, 332, 345, 448
Schubert, F. 425

Schwartz, H. 409, 410
Schwennsen, A. 141
Scott, R. 592
Scott, W. 459
Šega, A. 430
Segal, R. 77, 78, 111, 146
Segalen, V. 654
Segura de Astorga, J. L. 488
Seigneuret, J.-C. 570
Sellier, P. 20
Séneca 131, 265, 424-426, 428, 442, 469
Serés, G. 506, 623, 655
Servier, J. 162
Sexto Empírico 506, 642
Seznec, J. 507
Shakespeare, W. 51, 119, 121, 132, 263-265, 370, 434, 437, 457
Shaw, G. B. 406, 450, 451, 559, 592
Shelley, M. 25, 150, 160, 226, 413, 503, 549, 550, 591
Shelley, P. B. 144, 539, 591
Shimon bar Yojai 149
Shuttle, P. 561
Sienkewicz, T. J. 15
Signes Codoñer, J. 38
Siguan, M. 485
Simmel, G. 87
Simmons, D. 166, 347
Simon, M. 656
Simplicio de Cilicia 302
Singer, B. 379
Sinopoulou, R. 119
Skriabin, A. 604
Slote, S. 517
Smith, P. 356
Smith, W. R. 33, 573
Snorri Sturluson 21, 477
Snyder, Z. 554
Sócrates 80, 186-188, 202, 256, 257, 288, 361, 369, 629
Sófocles 72, 79, 113, 119, 132-134, 136, 183, 235, 237, 239, 240, 356, 379-381, 384, 385, 387, 397, 398, 416, 440, 441, 451, 519, 536, 537, 594
Sohrawardi, S. 152
Sontag, S. 13, 49, 121, 144, 217
Soranzo, G. 184
Sorel, G. 16, 108, 146
Soto de Rojas, P. 647
Souiller, D. 539
Soumet, A. 337, 338
Soustelle, J. 618
Spaemann, R. 93, 102
Spare, A. O. 152
Spencer, H. 27, 505

Índice general